SIEGFRIED BREYER
SCHLACHTSCHIFFE UND SCHLACHTKREUZER 1905—1970

SIEGFRIED BREYER

SCHLACHTSCHIFFE UND SCHLACHTKREUZER 1905–1970

MIT 922 SEITENRISSEN,
DECKSPLÄNEN, QUERSCHNITTEN
UND DETAILSKIZZEN
SOWIE EINER EINFÜHRUNG:

DIE GESCHICHTLICHE ENTWICKLUNG
DES GROSSKAMPFSCHIFFS

KARL MÜLLER VERLAG

© J. F. Lehmanns Verlag, München.
Genehmigte Lizenzausgabe für Karl Müller Verlag, Erlangen, 1993.

Alle Rechte vorbehalten.
Kein Teil des Werkes darf in irgendeiner Form
(durch Fotokopie, Mikrofilm oder ein ähnliches Verfahren)
ohne die schriftliche Genehmigung des Verlages
reproduziert oder unter Verwendung elektronischer
Systeme verarbeitet, vervielfältigt oder verbreitet werden.

Printed in Spain

ISBN 3-86070-044-8

INHALT

Vorwort	7
Erklärungen und Erläuterungen	9
Abkürzungen und Symbole	14
Appendix für English-speaking-readers	16

Einführung

Die geschichtliche Entwicklung des Großkampfschiffes	23

Hauptteil

Die Großkampfschiffe aller Staaten 1905—1970	
Alphabetische Schiffsliste	119

Großbritannien
Great Britain / Grande Bretagne / Gran Bretagne

Stammtafel	125
Britische Großkampfschiffe 1905—1960	125
Artillerie	126
Bordflugzeuge	127
Farbanstriche und Kennungen	128
Flottenverteilung	128
Radarantennen	128
Tarnungen	129
Torpedoschutznetze	129
Torpedowaffe	129
Werften	129
Die britischen Großkampfschiffe	130
Typendarstellungen	133

Vereinigte Staaten (USA)
United States of America / État-Unis / Stati Uniti

Stammtafel	208
Amerikanische Großkampfschiffe 1905—1969	208
Artillerie	209
Bordflugzeuge	210
Farbanstriche	210
Flottenverteilung	210
Radarantennen	210
Torpedoschutznetze	211
Torpedowaffe	211
Werften	211
Die amerikanischen Großkampfschiffe	212
Typendarstellungen	214

Deutsches Reich
Germany / Allemagne / Germania

Stammtafel	276
Deutsche Großkampfschiffe 1907—1945	276
Artillerie	277
Bordflugzeuge	278
Farbanstrich	278
Radarausstattung	278
Torpedoschutznetze	278
Torpedowaffe	279
Werften	279
Die deutschen Großkampfschiffe	279
Typendarstellungen	282

Brasilien
Brazil / Brésil / Brasile

Artillerie	343
Farbanstrich	343
Torpedoschutznetze	343
Werften	343
Die brasilianischen Großkampfschiffe	343
Typendarstellungen	344

Spanien
Spain / Espagne / Spagna

Artillerie	347
Farbanstrich	347
Torpedowaffe	347
Werften	347
Die spanischen Großkampfschiffe	347
Typendarstellungen	348

Japan
Japan / Japon / Giappone

Stammtafel	350
Japanische Großkampfschiffe 1907—1945	350
Artillerie	351
Bordflugzeuge	352
Farbanstrich	352
Radarausstattung	352
Torpedoschutznetze	352
Torpedowaffe	352
Werften	352
Die japanischen Großkampfschiffe	353
Typendarstellungen	355

Italien
Italy / Italie / Italia

Stammtafel	393
Italienische Großkampfschiffe 1905—1957	393
Artillerie	393
Bordflugzeuge	394
Farbanstrich	394
Radarausstattung	394
Torpedoschutznetze	395
Torpedowaffe	395
Werften	395
Die italienischen Großkampfschiffe	395
Typendarstellungen	396

Rußland – Sowjetunion
Russia – Soviet Union / Russie – Union Soviétique /
Russia – Unione Sovietica

Stammtafel 412
Russische Großkampfschiffe 1908—1956 412
Artillerie 413
Bordflugzeuge 414
Farbanstrich 414
Flottenverteilung 414
Torpedoschutznetze 414
Torpedowaffe 414
Werften 414
Die russischen Großkampfschiffe 414
Typendarstellungen 416

Argentinien
Argentina / Argentine / Argentina

Artillerie 428
Farbanstrich 428
Torpedoschutznetze 428
Torpedowaffe 428
Werften 428
Die argentinischen Großkampfschiffe 428
Typendarstellungen 429

Österreich-Ungarn
Austro-Hungaria / Autriche-Hongrie / Austro-Ungheria

Österreichisch-ungarische Großkampfschiffe 1911—1918 . 431
Artillerie 431
Farbanstrich 431
Torpedoschutznetze 431
Torpedowaffe 431
Werften 431
Die österreichisch-ungarischen Großkampfschiffe 432
Typendarstellungen 433

Frankreich
France / France / Francia

Stammtafel 438
Französische Großkampfschiffe 1905—1968 438
Artillerie 439
Bordflugzeuge 440
Farbanstrich 440
Radarausstattung 440
Torpedowaffe 440
Torpedoschutznetze 440
Werften 440
Die französischen Großkampfschiffe 440
Typendarstellungen 442

Türkei
Turkey / Turquie / Turchia

Artillerie 466
Farbanstrich 466
Die türkischen Großkampfschiffe 466
Typendarstellungen 467

Chile
Chile / Chili / Cile

Artillerie 468
Bordflugzeuge 468
Farbanstrich 468
Torpedoschutznetze 468
Torpedowaffe 468
Werften 468
Die chilenischen Großkampfschiffe 468
Typendarstellungen 469

Griechenland
Greece / Grèce / Grecia

Artillerie 472
Torpedoschutznetze 472
Die griechischen Großkampfschiffe 472
Typendarstellungen 473

Niederlande
Netherlands / Pays-Bas / Olanda

Artillerie 475
Die niederländischen Großkampfschiff-Projekte 475
Typendarstellungen 476

Jugoslawien
Yugoslavia / Yougoslavie / Jugoslavia

Das jugoslawische Großkampfschiff 481
Typendarstellung 481

Portugal
Portugal / Portugal / Portogallo

Allgemeines 482

Polen
Poland / Pologne / Polonia

Allgemeines 483

Bibliographischer Nachweis (zugleich Quellenverzeichnis) 485

Register 491

Vorwort

Schlachtschiffe und Schlachtkreuzer — die Erinnerung an sie ruft Bilder einer längst verklungenen Epoche zurück: Dräuend liegen sie in abgelegenen Buchten vor Anker, in langer Kiellinie durchfurchen sie die See, Rauchfahnen hinter sich herziehend, im Inferno der Seeschlacht die einen brennend, explodierend, sinkend, die anderen schier unverwundbar, ihre mächtigen Geschütztürme dem Gegner zugewandt, Salve um Salve feuernd — wahre Recken der Seemächte von einst. Jahrzehntelang galten sie als deren Kern, und viele Jahre lang dachten die Völker der Erde „in Schlachtschiffen": Ihr Vorhandensein, ihre Zahl bestimmten die Außenpolitik und die strategische Konzeption. Dann begann sich das Bild zu wandeln — dem Schlachtschiff erwuchs ein Rivale in dem sich immer vollkommener entwickelnden Kriegsflugzeug. Ein heftiger Meinungsstreit entbrannte um die Frage: Schlachtschiff oder Flugzeug? Aber die Entscheidung fällt erst Jahre später — und damit werden andere Bilder wachgerufen: Schlachtschiffe im Bombenhagel angreifender Flugzeuge, auf hoher See ebenso wie in den heimischen Stützpunkten. Nicht wehrlos und sicher auch nicht ganz schutzlos, erlagen sie letztlich dennoch ihren neuen, ihren gefährlichsten Gegnern.

Angesichts dieser Bilder treten die Namen berühmter Schiffe und ihrer unglücklichen Gegner vor unser Auge — man denkt an die britischen Schlachtkreuzer des Ersten Weltkrieges, man sieht sie förmlich im Feuer der deutschen Schlachtkreuzer explodieren und untergehen, die **Invincible**, die **Indefatigable** und die **Queen Mary**; man sieht die schwer angeschlagene, vom Bug bis zum Heck brennende **Seydlitz** auf dem Rückmarsch vom Skagerrak, aber trotz ihrer Wunden schwimmend, ein wahrer Triumph des deutschen Kriegsschiffbaus. Und auch die unvergessene **Goeben** wird lebendig, im Mittelmeer und im Schwarzen Meer gegen einen übermächtigen Gegner operierend. Dann: Scapa Flow, das Grab der im Kriege unbesiegten deutschen Hochseeflotte mit ihren so vortrefflichen Schiffen. Von hier bis zu **Hood** und **Bismarck** im Zweiten Weltkrieg und weiter zu **Roma**, **Musashi** und **Yamato** ist es nur ein kurzer Gedankensprung. Schließlich: Man findet zurück zur Gegenwart — Super-Flugzeugträger und große Atom-U-Schiffe mit weitreichenden ballistischen Raketen haben die Rolle der Schlachtschiffe übernommen. Aber seit 1967/68 scheint es, als komme man doch nicht ohne Schlachtschiffe aus, worauf die Wiederindienststellung der amerikanischen **New Jersey** hinweisen könnte. Das Schlachtschiff ist — so scheint es — wiederauferstanden, aber das darf nicht darüber hinwegtäuschen, daß dies nur eine Angelegenheit von begrenzter Dauer sein kann. Die **New Jersey** kann nur Ersatz für das sein, was der amerikanischen Marine fehlt: Ein amphibisches Unterstützungsschiff mit einigen weitreichenden schweren Kanonen.

Diesen meerbeherrschenden Recken von einst ein Denkmal zu setzen, gab ihre Entwicklung genügend Anlaß. Um einer solchen Aufgabe gerecht zu werden, kann man sich nicht allein mit den politischen Hintergründen und mit seekriegsgeschichtlichen Darstellungen begnügen. Genauso wichtig ist die Darstellung des Schiffsmaterials selbst, über das die einzelnen Seemächte je verfügt haben.

Unter diesen Gesichtspunkten habe ich in den frühen 50er Jahren systematisch damit begonnen, zahlreiche Quellen zu erschließen und Material zu sammeln. Zunächst war das mehr als ›Hobby‹ gedacht, doch als immer mehr Material zusammenkam, wuchs allmählich der Gedanke an eine Veröffentlichung in Buchform; seit Ende 1956 wurde dieses Ziel stetig verfolgt. Dabei gewann die Darstellung des Schiffsmaterials selbst immer mehr Übergewicht, so daß die Belange der Seekriegsgeschichte und der Politik immer mehr zurücktreten mußten, was jedoch angesichts der darüber bereits vorliegenden zahlreichen Literatur zumindest zum gegenwärtigen Zeitpunkt nicht mehr allzusehr ins Gewicht fällt. So entstand ein in seiner Art wohl einzigartiges Werk: Es befaßt sich mit einer einzigen ›Gattungs-Familie‹ und allen ihren ›Sprößlingen‹, gleichgültig, welcher Nation sie auch angehört haben. In knapper, aber dennoch erschöpfender Form ist versucht worden, all das als geschlossene Abhandlung darzulegen, was der ›Shiplover‹ schlechthin erwartet oder erhofft.

Ursprünglich war zwar vorgesehen und auch ernsthaft beabsichtigt, überhaupt alle seit dem Bau der französischen Panzerfregatte **Gloire** — der ›Urahne‹ der späteren Schlachtschiffe — erstellten Panzerschiffe, Linienschiffe usw. zu berücksichtigen. Dieses Vorhaben mußte jedoch sehr frühzeitig wieder aufgegeben werden, weil es den Umfang des Werkes erheblich überschritten hätte — ganz abgesehen von dem zusätzlichen Aufwand an Zeit, den dieses Vorhaben erfordert hätte. Es bleibt zu hoffen, daß sich ihrer ein anderer Autor einmal annimmt!

In seinem Aufbau will das Werk die Wünsche all derer erfüllen, die seit Jahren seinem Erscheinen entgegengesehen haben. Einleitend ist die Geschichte der Schlachtschiffe skizziert. Wenn hier und da bestimmte Fakten unerwähnt geblieben sind oder übergangen wurden, bitte ich um Verständnis; da jedoch die ursprüngliche Fassung dieses geschichtlichen Abrisses allein einen Band gefüllt haben würde, mußte dieser überarbeitet und durch Straffungen, Kürzungen und Streichungen auf den vertretbaren Umfang gebracht werden. Der Hauptteil beginnt mit dem alphabetischen Register aller abgehandelten Schlachtschiffe, um ein schnelles Auffinden zu ermöglichen. Es folgen dann Kurzangaben über Schiffsbestände, Artillerie, Bordflugzeuge und dergl. mehr sowie die Tabellen mit den Hauptangaben über die in den daran anschließend folgenden Schiffstypen-Darstellungen erfaßten Schiffe.

Besonders großer Wert wurde auf die zeichnerische Darstellung des abgehandelten Schiffsmaterials gelegt. Ursprünglich waren die Zeichenarbeiten in andere Hände gelegt worden; nachdem etwa die Hälfte aller in Aussicht genommenen Skizzen im Maßstab 1 : 1000 fertiggestellt war, wurde der größte Teil der Originale im Zusammenhang mit einem Verkehrsunfall unbrauchbar. Da der Zeichner danach nicht mehr zu einer Neuaufnahme seiner Arbeiten zu bewegen war, mußte ich notgedrungen im Jahre 1966 diese Arbeiten selbst aufnehmen, wobei von Anfang an ein größerer Maßstab gewählt wurde, der es zuließ, mehr in die jeweilige Skizze ›hineinzulegen‹, als es bei dem einstigen Maßstab möglich gewesen wäre. Ihre Anzahl wuchs dabei erheblich an, weil nunmehr in verstärktem Umfang angestrebt wurde, möglichst jedes Schiff einer Klasse in seiner jeweiligen zeitlichen Erscheinungsform darzustellen. Erst im Frühjahr 1969 konnten die Zeichenarbeiten beendet werden, nunmehr mit dem Ergebnis, daß statt der ursprünglich vorgesehenen Anzahl von etwa 300 jetzt mehr als 900 Skizzen vorliegen.

Um auch den ›Shiplovern‹ der englischsprachigen Welt die Benutzung des Buches zu ermöglichen, sind mehr als 500 deutschsprachigen Begriffen die jeweiligen englischsprachigen Bezeichnungen gegenübergestellt worden. Es bleibt zu hoffen, daß jene den Nutzen davon haben, die der deutschen Sprache nicht mächtig sind.

Naturgemäß taten sich viele Lücken und Unklarheiten auf, von denen aber nur verhältnismäßig wenige trotz intensiver Quellenforschung und -auswertung nicht geschlossen werden konnten. Ob ihre Klärung in Zukunft einmal möglich sein wird, ist ungewiß, doch sollen die Nachforschungen mit dem Erscheinen des Buches keineswegs als abgeschlossen gelten — vielmehr sind jederzeit Hinweise willkommen, genauso, wie es dankbar begrüßt wird, wenn auf Fehler und Irrtümer aufmerksam gemacht wird.

Abschließend bleibt nur noch eines übrig — all denen Dank zu sagen, die durch Hergabe und Vermittlung von Material, Informationen, durch Hinweise auf weiterführende Quellen, kurzum durch ihre tätige Hilfe — und scheint sie ihnen auch noch so unbedeutend gewesen zu sein — zum Gelingen und Abschluß des Buches beigetragen haben. Darin sind auch diejenigen eingeschlossen, die — wissend um das Werden des Buches — durch wiederholten aufmunternden Zuspruch dazu beitragen, daß der Autor seine Geduld nicht verlor!

In diesem Sinne seien genannt die Herren Alexander Bredt†, Priestley C. Coker III., Robert S. Egan, Horst Feistel, Edward C. Fisher, Helmut Giessler, Erich Gröner †, Wilhelm Hadeler, Dr. Dieter Jung, Peter Klepsch, Henri Le Masson, Jürg Meister, Franz Mrva, L. L. von Münching, Augusto Nani, Dr. Jürgen Rohwer, Paul Schmalenbach, Friedrich Paul Schmidt, Stefan Terzibaschitsch, Otmar Wahl, Pierre Warneck und viele andere mehr. Ebensolchen Dank schuldet der Autor den Marineattachés verschiedener Staaten, mit deren bereitwilliger Unterstützung der Zugang zu wertvollem Archivmaterial ermöglicht wurde. Besonderen Anteil daran haben u.a. die Division of Naval History und andere Stellen der US-Navy und das Ufficio Storico der Marine Italiens, sowie Werften, Museen und private Sammlungen vor allem im Ausland. Manchen vergleichbaren Stellen im Inland hingegen ist leider nachzusagen, daß sie am Gelingen des Buches keinen Anteil für sich beanspruchen können. Gleichwohl — die dadurch offenbleibenden Fragen fallen nicht ins Gewicht und konnten größtenteils durch das vorbildliche Entgegenkommen ausländischer Stellen und vieler Freunde im In- und Ausland geschlossen werden. Glücklicherweise konnte die von den ›shiplovers‹ in aller Welt am stärksten gerade in einem aus Deutschland kommenden Buch empfundene Lücke noch während der Drucklegung dieses Bandes geschlossen werden. Immer wieder wurde in der Literatur über die Entwürfe deutscher Nach-Skagerrak-Großkampfschiffe gerätselt und kombiniert. Dem Leiter der Abteilung Marine im Militärgeschichtlichen Forschungsamt der Bundeswehr, Herrn Freg.-Kapt. Friedrich Forstmeier, ist es gelungen, in den umfangreichen, vor einiger Zeit aus England zurückgegebenen Marine-Akten das zu dieser Frage erhalten gebliebene Material aufzufinden. Es wird im Jahre 1970 in einem von ihm bearbeiteten Nachtragsband zu diesem Werk unter dem Titel ›Deutsche Großkampfschiffe 1915—1918. Die Entwicklung der Typenfrage im Ersten Weltkrieg‹ erscheinen und neben einer historischen Darstellung der Diskussionen in den deutschen Führungsgremien zu dieser Frage insgesamt 28 verschiedene Entwürfe von Schlachtschiffen (Linienschiffen), Schlachtkreuzern und schnellen Großkampfschiffen mit technischen Daten und Skizzen vorlegen.

Eine besondere Dankespflicht habe ich gegenüber J. F. Lehmanns Verlag, der nicht nur überhaupt das Erscheinen des Buches sicherstellte, sondern auch die besonderen Wünsche im Hinblick auf Ausstattung und graphische Gestaltung nahezu restlos erfüllt hat.

Ebenso zu Dank verpflichtet bin ich Herrn Dr. Jürgen Rohwer, Leiter der Bibliothek für Zeitgeschichte in Stuttgart, für seine Unterstützung bei den Korrekturen und seine wertvollen Anregungen, die er mir hat zukommen lassen.

Schließlich und endlich habe ich meiner Frau und meinen Kindern für die vielfach bewiesene Geduld beim Werden des Buches zu danken — sicher war es für sie oft genug nicht einfach, dem in seinen freien Stunden in die Arbeit vertieften Gatten und Vater ein Wort zu entlocken.

Wenn den zahlreichen ›Shiplovern‹ und Freunden der Marine und der Seefahrt dieses Buch von Nutzen ist, dann hat es seine Aufgabe erfüllt.

6. Oktober 1969   Siegfried Breyer

Erklärungen und Erläuterungen

1. Allgemeines
Im Hauptteil dieses Buches werden abgehandelt:
a) *Alle* seit 1905 — also seit der **Dreadnought** — gebauten Großkampfschiffe *aller* Nationen;
b) alle begonnenen, jedoch nicht mehr fertiggestellten Großkampfschiffe, und
c) diverse Planungen und Entwürfe, soweit sie realisierbar gewesen wären, dazu einige weitere, die zumeist nur studienhaft betrieben wurden, aber entwicklungsgeschichtlich von Interesse sind.
d) Schließlich sind die jeweils letzten Schlachtschifftypen aus der Zeit vor der **Dreadnought** aufgenommen worden, um Vergleiche mit der danach einsetzenden Entwicklung und deren Ausgangspunkt zu ermöglichen.

Dagegen sind nicht enthalten:
a) Die aus der Zeit zuvor stammenden Schlachtschiffe, Linienschiffe, Panzerschiffe usw., sowie
b) Küstenpanzerschiffe, Monitore und Panzerkreuzer.

2. Anordnung des dargestellten Schiffsmateriales
A. Alphabetisches Schiffsregister (→ p. 119).
B. Typendarstellungen, jeweils innerhalb der einzelnen Nationen klassenweise zusammengefaßt und stets mit dem ältesten Typ beginnend, ohne Rücksicht auf die Gattung, chronologisch nach dem Jahr des Baubeginns geordnet. Hierbei Hauptangaben in Tabellen jeweils gesammelt vor den eigentlichen Typendarstellungen; alle übrigen Angaben und die dazu gehörenden Skizzen bei den Typendarstellungen. — Die einzelnen Nationen sind in der Reihenfolge aufgeführt, wie sie den Schlachtschiffbau aufgenommen haben.

3. Verschiedener Druck außer Titelüberschriften
Schiffsnamen oder als gleichberechtigt anzusehende Schiffsbezeichnungen stets in **halbfetter Schrift**; alle weiteren Angaben in Normalschrift, ergänzende oder erläuternde Angaben in *kursiver Schrift*.

Zu den einführenden Angaben (jeweils vor den Typendarstellungen der aufgeführten Nationen)

Stammtafel: Diese soll das Entwicklungsbild deutlich machen und aufzeigen, aus welchem Typ oder aus welcher Klasse der oder die jeweils nächste hervorgegangen ist. Eindeutige Weiterentwicklungen sind durch ungebrochene Verbindungslinien gekennzeichnet; gebrochene Verbindungslinien besagen hingegen, daß es sich nur um eine Weiterentwicklung im mittelbaren Sinn handelt, wobei der Nachfolgetyp jedoch wesentliche Neuerungen und nicht nur einfache Verbesserungen aufweist.

Die **Zahlentafeln** über die Bestände an Großkampfschiffen haben die Aufgabe, Stärkeverhältnisse für jedes der angegebenen Jahre deutlich und Vergleiche mit anderen Nationen möglich zu machen.

Artillerie: Hier sind die Hauptangaben der in Frage kommenden Geschütze zusammengefaßt nach dem folgenden einheitlichen Tabellenkopf:

1	2	3	4	5	6	7	8
							Bemerkungen
						Feuergeschwindigkeit: Schuß/Minute	
					Schußweite in Hektometern bei angegebener (meist größter) Rohrerhöhung		
				Geschoßgewicht (meist bezogen auf das der Panzersprenggranate) in kg			
			Rohrgewicht (einschl. Verschlußstück) in metrischen t				
		Konstruktionsjahr des Geschützes					
	Rohrlänge in Kalibern (Kaliberzahl mal Geschützkaliber gleich Rohrlänge in m)						
Kaliber in cm (engl. Zoll bzw. inches) und Art der Aufstellung, → Symbole usw.							

Danach folgen Kurzangaben über Bordflugzeuge, Farbanstriche, Radarausstattung, Torpedoschutznetze, Torpedowaffe und Bauwerften; bei letzteren ist jeweils die vollständige Bezeichnung und ggf. auch die geographische Lage angegeben.
Abschließend in gleicher Reihenfolge, wie die Schiffsklassen in den Typendarstellungen aufgeführt sind, die Hauptangaben wiederum nach einem einheitlichen Tabellenkopf (s. S. 10).

Zu den Spalten 2—4:
Die Standard- oder Typverdrängung entspricht den Bestimmungen des Washington-Abkommens von 1922.

1	2	3	4	5	6	7	8	9	10	11	12	13
												Besatzung
											Fahrstrecke in sm/kn	
										Brennstoffvorrat, maximal in englischen ts		
									Brennstoffvorrat, normal, in englischen ts			
								Tiefgang in m				
							Breite in m					
						Länge über Alles (LüA) in m						
					Länge in der Konstruktionswasserlinie (KWL) in m							
				Länge zwischen den Perpendikeln (Lpp) in m								
			größte Verdrängung in englischen ts									
		Konstruktionswasserverdrängung in englischen ts										
	Standard (Typ-) Verdrängung in englischen ts											
Schiffsnamen												

Definition: Standardverdrängung = Gewicht des leeren Schiffskörpers, der Panzerung, der sonstigen Schutzeinrichtungen, der Antriebsanlage und der Schiffsbetriebsanlage (Hilfsmaschinen), aller Waffen und ihrer Munition plus Besatzung und ihren Effekten plus Wasch- und Trinkwasser, also ohne Brennstoff- und Kesselspeisewasservorräte.

Die Konstruktionsverdrängung wird in den einzelnen Marinen nach sehr unterschiedlichen Vorschriften errechnet. Grundsätzlich stellt diese Größe das Gewicht dar, welches das Schiff bei nach dem Entwurf der Konstrukteure errechneter Eintauchung = Konstruktionstiefgang hat, wobei eine bestimmte Menge — die je nach nationaler Vorschrift verschieden ist — an Brennstoff, Speisewasser, Ausrüstung, Munition, Inventar usw. an Bord genommen ist.

Definition: Konstruktionsverdrängung = Gewicht gem. Standardverdrängung plus $\frac{1}{2}$ bis $\frac{3}{5}$ Brennstoff, Speisewasser, Ausrüstung, Inventar usw.

Die Maximal- oder größte Verdrängung (auch: Einsatzverdrängung) gibt das Gewicht des voll ausgerüsteten Schiffes an.

Definition: Standardverdrängung plus maximale Zuladung an Brennstoff, Verbrauchsstoffen, Ausrüstung, Speisewasser, Inventar sowie alle Reserven.

Zu Vorstehendem unbedingt zu beachten: Die bisher veröffentlichten Zahlen, die oft teils erheblich voneinander abweichen, wurden sämtlich auf englische tons umgerechnet. Eine einheitliche Abstimmung auf die Standard- bzw. Typverdrängung war nicht möglich, so daß für etwa die Hälfte aller abgehandelten Schiffe diese Größe fehlt. Am ehesten für Vergleichszwecke eignen sich die Angaben über die Maximalverdrängung, die jedoch auch nicht für alle Schiffe ermittelt werden konnte. *Alle angegebenen Zahlen haben nur rein theoretischen Wert;* zumeist sind sie nach offiziellen oder halboffiziellen nationalen Veröffentlichungen angegeben, die zumeist nur für den ursprünglichen Entwurf Gültigkeit hatten. In fast allen Fällen wuchsen diese angegebenen Verdrängungen teils erheblich infolge nachträglicher Änderungen, Umrüstungen, Umbauten und dgl. an. Diese Gewichtsvermehrungen blieben bis auf wenige Ausnahmen unbekannt. Deshalb sind die eingesetzten Zahlen vielfach als zu niedrig anzusehen!

Zu den Spalten 5—7:
Die Länge zwischen den Perpendikeln (Lpp) — auch Länge zwischen den Loten genannt — gibt die Länge in der KWL vom Schnittpunkt der Spongsungslinie des Vorstevens bis zum Schnittpunkt der Senkrechten durch die Mitte des Ruderschaftes an.

Die Länge in der Konstruktionswasserlinie (L_{KWL}) beruht auf der aus dem konstruktionsmäßig errechneten Gewicht (= Konstruktionsverdrängung) resultierenden Eintauchung des Schiffskörpers.

Die Länge über Alles (LüA) gibt die Länge des Schiffes an, die zwischen geraden, senkrecht durch die äußersten Punkte des über bzw. unter Wasser liegenden Schiffskörpers gezogen wird. *Bei Schiffen mit ausladendem Vorsteven ist die LüA über der KWL, bei Schiffen mit Rammsteven unter der KWL!*

Zu Spalte 8:
Angegeben ist die größte Breite des Schiffskörpers einschl. seiner Ausbauten wie Kasematten, Schwalbennester, T-Wulste, usw. Unberücksichtigt geblieben sind dabei jedoch die überstehenden Teile der Aufbauten wie Brückennocken und dgl.

Zu Spalte 9:
Angegeben ist jeweils der Tiefgang bei Standardverdrängung

(soweit bekannt), sonst der bei Konstruktionsverdrängung. Die Zahl unter dem Bruchstrich bezieht sich dann auf die Maximalverdrängung.

Zu den Spalten 10—11:
Die Brennstoffmenge ›normal‹ bezieht sich in der Regel auf den Beladungszustand bei Konstruktionsverdrängung, ›maximal‹ auf den bei Maximalverdrängung, angegeben in englischen ts. Wegen der Brennstoffart → Abkürzungen.

Zu Spalte 12:
Der Fahrbereich ist die Dampfstrecke, die das Schiff bei maximaler Brennstoffmenge ohne Brennstoffergänzung bei ökonomischer oder einer sonst angegebenen Geschwindigkeit (hinter dem Schrägstrich stehend) zurücklegen kann. Daraus errechnet sich der Aktionsradius: $\frac{1}{2}$ Fahrbereich minus 20% Gefechtsreserve = Aktionsradius.

Zu Spalte 13:
Besatzungsstärke (Kopfzahl). Für jedes Schiff — oft auch innerhalb der gleichen Klasse — war diese meist verschieden und zumindest zeitweise schwankend. Flaggschiffe bzw. Flottenflaggschiffe hatten durchschnittlich eine um 7 bis 10% stärkere Besatzung. Bei durch Bruchstrich unterteilten Angaben bezieht sich die obere Zahl auf die Friedensstärke, die untere auf die Kriegsstärke.

Typendarstellungen

Gliederung: Klassen- bzw. Typbezeichnung, Gattungsbezeichnung, Baudaten, Angaben über Lebenslauf und Endschicksal, alsdann folgend die speziellen Angaben nach diesem Schema:

a) = Allgemeine Angaben
b) = Panzerung und Schutzeinrichtungen
c) = Antriebsanlagen
d) = Bewaffnung
e) = Sonstige Angaben.

Die Klassen- bzw. Typbezeichnung richtet sich nach dem Namen des Typschiffes (in der Regel das Schiff, das zuerst vom Stapel gelaufen ist — Ausnahmen vorhanden!).

Die Gattungsbezeichnung folgt der amtlichen Terminologie in der jeweiligen Landessprache. Die dahinter stehende deutsche Gattungsbezeichnung richtet sich im wesentlichen nach den Begriffsbestimmungen der einschlägigen Flottenverträge zwischen den beiden Weltkriegen. Einen Anspruch auf wörtliche Übersetzung erhebt sie nicht in jedem Fall und war auch nicht beabsichtigt.

Für die Baudaten ist der nachfolgende einheitliche Tabellenkopf maßgebend:

1	2	3	4	5	6

Es bedeuten:

Spalte 1: Schiffsnamen (in **halbfetter Schrift**). Angegeben ist der Name, den das Schiff bei der jeweiligen Marine zuerst führte.

Spalte 2: Etatjahr (Haushaltsjahr). Sind die Mittel über mehrere Haushaltsjahre verteilt gewesen, so ist das Jahr der Bewilligung (meist verbunden mit der Bereitstellung der erforderlichen Mittel) angegeben.

Spalte 3: Bauwerft, möglichst in Kurzform (die jeweils vollen Bezeichnungen im einleitenden Teil jeder Nation). Der Zusatz *Baudock* bedeutet, daß das Schiff in einem solchen erbaut worden ist. Zu diesem Fall gilt als ›Stapellauf‹ der Tag des ersten Aufschwimmens.

Spalte 4: Baubeginn. Im allgemeinen ist der Tag der Kiellegung angegeben. Zu beachten ist jedoch, daß die eigentlichen Bauarbeiten vielfach um 3 bis 5 Monate früher begonnen wurden, bevor es zur Kiellegung kam (Vorfertigung von Konstruktionsteilen usw.).

Spalte 5: Stapellauf. Schiffe, die nicht auf einer Helling, sondern in einem Baudock erbaut wurden → Spalte 3.

Spalte 6: Tag der Fertigungstellung bzw. der Indienststellung. Von da ab bis zur Herstellung der Frontbereitschaft sind im Regelfall 4 bis 6 Monate hinzuzählen.

Daten in eckigen Klammern [ ] geben die Termine an, die gem. Bauverträgen friedensmäßig einzuhalten bzw. vorauszusehen waren.

Lebenslauf und Endschicksal: Angegeben sind alle wichtigeren Ereignisse im Frieden und im Kriege, an denen das Schiff in irgendeiner Form beteiligt war, insbesondere an Gefechten und an Operationen. Haben innerhalb einer Klasse mehrere Schiffe an dem gleichen Gefecht bzw. an der gleichen Operation teilgenommen, so ist dies nur bei dem erstgenannten Schiff näher angegeben, während bei den nachfolgenden nach dem entsprechenden Datum durch einen Pfeil auf das erstgenannte Schiff hingewiesen worden ist. Weiter vielfach Hinweise über die Zugehörigkeit des Schiffes zu Flotten, Verbänden, Stationen usw., dgl. über Umbauten und Modernisierungen mit Angaben über die Umbauzeit und die Umbauwerft. Wenn das Schiff in andere Hände übergegangen ist: Ursache und Umstände. Bei Kampfhandlungen sind vielfach auch Gefechtsschäden und dgl. aufgenommen, gelegentlich auch das Datum, zu welchem Zeitpunkt das Schiff wieder einsatzbereit war. Bei Totalverlusten sind Datum, Ort des Untergangs (und zwar nicht nach Positionen in Längen- und Breitengraden, sondern nach annähernden geographischen Ortsbezeichnungen), Urheber und Ursache sowie — wenn bekannt — die Anzahl der auf ihnen Gefallenen (Toten) angegeben.

Die Laufbahn eines jeden Schiffes ist unbeschadet des etwaigen Abstieges in eine niedrigere Rangklasse oder Übergangs zu einem anderen Typ (z.B. Flugzeugträger) bis zu seinem Ende aufgeführt.

Zu den speziellen Angaben:

a) = **Allgemeine Angaben:** Hinweise über Entstehung, ggf. über Hintergründe des Baues, über die Bauart, über Verwandtschaft mit anderen Klassen oder Entwürfen, über erkennbare fremde Einflüsse (diese können auch unter e) angegeben sein!), Besonderheiten, evtl. Beurteilung, ferner — soweit bekannt — Baukosten in zeitentsprechender Landeswährung.

b) = **Panzerung und Schutzeinrichtungen:** Einzelheiten, Bewertung usw. in *kursiver Schrift*, alsdann folgend Angaben über die Panzerdicken in mm in den wichtigsten Schutzbereichen: Panzerquerschotte / Seitenpanzer / Zitadellpanzer / Horizontalpanzer / Unterwasserschutz / Schwere Artillerie / Mittelartillerie / Kommandoturm / evtl. (Gesamt-)*Panzergewicht in englischen ts* (→ Abkürzungen). Alle Angaben über Panzerdicken zählen von hinten nach vorn und sind ggf. durch Kommas voneinander getrennt. Beispiel: 100—125, 250, 150—125—0 = achtern 100 bis 125, Mittelschiff (Vitalia) 250, vorn 150—125 bis 0. Die Bezeichnung ›getäpert‹ gibt an, daß der Panzer nach der durch einen Pfeil angegebenen Richtung auf die diesem nachgeordnete Dicke verringert ist.

Bei den Türmen der SA und der MA sind die Panzerdicken in dieser Reihenfolge angegeben: Stirnseite, Seitenwände, Decke. Die Panzerdicken der Barbetten zählen von oben nach unten.

Die bei den Panzerangaben über Kommandotürme in Klammern ( ) folgende Zahl gibt die Panzerdicke des vom Kommandoturm bis meist unter das Panzerdeck reichenden Verbindungsschachtes an.

Die in einigen Fällen angegebene T(orpedo)-Schutzbreite nennt den Abstand zwischen der Außenhaut und dem Torpedoschott (bei mehreren T-Schotten des äußersten) in m.

c) = **Antriebsanlagen:** Anzahl, Art und Fabrikat der Hauptmaschinen nebst Anzahl der Wellen (Propeller) / Anzahl und Fabrikat der Kessel und die Art ihrer Feuerung bzw. Heizung / Antriebsleistung nach Konstruktion in PS; Geschwindigkeit nach Konstruktion in kn. Danach folgend — soweit bekanntgeworden — die Probefahrtergebnisse nach Antriebsleistung und Geschwindigkeit. Ferner: Anzahl der Ruder, ggf. Hinweis auf vorhandenen Bugwulst.

Zu beachten ist, daß Maschinen — auch bei Angabe eines bestimmten Fabrikates — vielfach unter Lizenz von der Bauwerft des Schiffes gebaut worden sind!

Die Antriebsleistung ist für Expansions- bzw. Kolbenmaschinen in indizierten PS (iPS), für Turbinen und Motoren in Wellen-PS (WPS) angegeben. *Die angegebenen Werte haben vielfach nur theoretische Bedeutung und richten sich im allgemeinen nach den zugänglichen offiziellen bzw. halboffiziellen Veröffentlichungen. Zwar wurde die Konstruktionsleistung in der ersten Zeit nach Fertigstellung vielfach erreicht bzw. überschritten; die Probefahrtergebnisse hingegen wurden meist nur unter besonders günstigen Bedingungen erreicht und sind daher nicht als unter normalen Bedingungen erreichbare Leistungen zu bewerten. Mit zunehmendem Alter des Schiffes und seiner Maschinen sank die Leistung infolge Korrosion, Materialermüdung und Materialabnutzung meist erheblich ab; dies wirkte sich dann auch entsprechend auf die Geschwindigkeit aus.*

d) = **Bewaffnung:** Anzahl — Kaliber in cm sowie Art und Rohrlänge der Geschütze und ihre Aufstellung (Beispiel: 8-30,5 cm-SK L/45 in je 2 ⚬ vorn und achtern bedeutet 8 Schnelladekanonen des Kalibers 30,5 cm und 45 Kalibern Rohrlänge in je 2 Zwillingstürmen vorn und achtern). Detailangaben zu den Geschützen in den jeweils einleitenden Kapiteln jeder Nation.

Die leichteren Geschütze waren ihrer Zahl nach auf den einzelnen Schiffen teils verschieden, oft schwankend, je nach örtlichen Erfordernissen. Sie sind deswegen in der Regel nur pauschal angegeben, es sei denn, daß genaue Angaben zur Verfügung standen.

Leichte Geschütze, die keine ⚓ waren, also solche unter 5 cm zur T-Boot-Abwehr und zu Salutzwecken, sind vielfach unberücksichtigt geblieben.

Torpedowaffe: Anzahl — Kaliber in cm der Torpedorohre sowie deren Anordnung; Beispiel: 4-55 cm-↓ TR (H, S, B) bedeutet 4 Torpedorohre für 55 cm-Torpedos, als Unterwasserrohre jeweils am Heck, an den Seiten und im Bug angeordnet.

Bei der Bordflugzeug-Ausstattung ist die Anzahl der Flugzeuge und der Katapulte (Flugzeugschleudern) angegeben.

Sperr- und sonstige Defensivwaffen sind im allgemeinen unerwähnt geblieben.

*Die Türme der SA zählen — soweit sie im Text erwähnt werden — von vorn mit **A** beginnend nach achtern!*

e) = **Sonstige Angaben** über Unterschiede bei den einzelnen Schiffen innerhalb einer Klasse, über Umbauten und Veränderungen, Gewichtsgruppenübersichten, Erkennungsmerkmale und dgl. mehr.

Schiffsskizzen

(Einheitlicher Maßstab: 1 : 1250)

Die zeichnerische Darstellung der abgehandelten Schiffe beruht zum größeren Teil auf amtlichen Planvorlagen, darüber hinaus auf der Auswertung von Fotos.

Sämtliche Skizzen — mit Ausnahme einiger weniger in Sonderfällen — sind als Steuerbordansichten, d.h. mit dem Bug nach rechts zeigend, im einheitlichen Maßstab 1 : 1250 (sog. ›Wiking‹-Modellmaßstab) dargestellt. Verschiedentlich sind Schnittzeichnungen im gleichen Maßstab beigefügt, die die innere Unterteilung sowie die Panzerdicken und die Panzerverteilung schematisch deutlich machen. **Dieser Maßstab gilt jedoch nicht für die Querschnitts-Zeichnungen,** die um der besseren Übersicht wegen etwas größer dargestellt sind.

Schiffe, die den Seitenpanzer binnenbords, d. h. von außen nicht sichtbar führen, und von denen auch keine Längsschnitte vorhanden sind: Gebrochene Linien — soweit sie über die Wasserlinie hinaus fortgesetzt sind — bezeichnen die Ausdehnung des Seitenpanzers. Gebrochene Linien unterhalb der Wasserlinie bezeichnen — soweit bekanntgeworden — die Ausdehnung des Torpedoschutzgürtels. Gebrochene Linien in Decksansichten geben den Verlauf der Konstruktionswasserlinie, der Propeller und ihrer Wellen sowie die Position des/der Ruder an, gelegentlich auch von Torpedorohren, Beibooten und sonstigen Einrichtungen.

Weggelassen wurden: Oberdecks-Reelinge, Poller, Spieren, Torpedoschutznetze, Antennen, Flaggenstöcke, Anker, Ankerketten sowie in Einzelfällen kleinere Beiboote, wenn diese andere wichtigere Teile verdeckt hätten. Die Schrauben — Propeller — sind vereinfacht dargestellt.

Alle Geschütze — gelegentlich mit Ausnahme der ⚓-Waffen —, Torpedorohre, Feuerleitgeräte und Radarantennen sind in Nullstellung gezeichnet. Vielfach ist bei Feuerleitgeräten und Radarantennen durch gebrochene Linien der Umriß bei der Frontansicht angedeutet.

Alle Schiffe bzw. Schiffsklassen sind nach ihrer jeweiligen Erscheinungsform dargestellt, die sie zu dem angegebenen Zeitpunkt hatten. Unberücksichtigt geblieben sind die oft zahlreichen kleineren Änderungen, wie sie im Verlauf zahlreicher Dienstjahre vorgenommen wurden. Wo erforderlich, ist jedoch unter e) der Typendarstellungen darauf hingewiesen worden. Alle *wesentlichen* Umbauten und Änderungen sind jedoch zeichnerisch dargestellt.

Die im einleitenden Teil dieses Buches enthaltenen Typskizzen entsprechen jeweils dem gleichen Maßstab, es sei denn, daß ein anderer angegeben ist.

Abkürzungen und Symbole / Abbreviations and symbols

a.	achtern (hinten)	aft	Kl.	Klasse	class
Abm.	Abmessungen	dimensions	KWL	Konstruktionswasserlinie	designed waterline
AEG	Allgemeine Deutsche Elektrizitäts-Gesellschaft		kn	Knoten = 1852 m/h	knots = 1852 metres/h = 6080 feet/h
arg.	argentinisch	Argentinian	L	Länge	length
Art.	Artillerie	artillery	L.	Lafette	mount
B—...	Bug—...	bow...	L/..	Rohrlänge	calibre (barrel length)
B	Breite	beam, width	LCWL	Länge in der Konstruktionswasserlinie	length in the designed waterline
BB	Schlachtschiff	Battleship			
Bb	Backbord	port side	Lpp	Länge zwischen den Perpendikeln	length between perpendiculars
BBC	Brown, Bovery & Cie.				
BBG	Schlachtschiff mit FK-Bewaffnung	Battleship, guided missile	LüA	Länge über Alles	length over all
			Leist.	Leistung	propulsion power, capacity, efficiency factor
BG	Basisgerät (Entfernungsmeßgerät)	base rangefinder			
			LT	Lufttorpedo	aerial torpedo
bras.	brasilianisch	Brazilian	M*	Maschinenraum	engine room
brit.	britisch	British	m	Meter = 100 cm	metre = 100 centimetre
CB	Großer Kreuzer	Large cruiser	MA	Mittelartillerie	medium calibre guns
CBC	Großer Kreuzer/Kommandoschiff	Large Cruiser as a Command Ship	MAN	Motorenwerke Augsburg-Nürnberg	
CC	Schlachtkreuzer	Battle cruiser	mm	Millimeter	millimetre
CV	Flugzeugträger	aircraft carrier	Mio	Million	million
chil.	chilenisch	Chilean	MG	Maschinengewehr	machine gun
cm	Zentimeter	centimeter	Mot*	Motorenraum	motor room
CWL	→ KWL		Mu*	Munitionskammer	ammunition room
Depl.	Deplacement	displacement	MW	Maschinenwaffe	automatic weapon
desgl.	desgleichen	likewise	no.	nordöstlich	north-eastern
DM	Dieselmotor	diesel engine	nw.	nordwestlich	north-western
DR	Deutsches Reich	Germany	ndl.	niederländisch	Dutch
dtsch.	deutsch	German	o.	oben, obere(r)	upper
E*	Elektromotoren	electric engines	Ö	Öl	oil
Exp.	Expansions...	expansion...	oe.	österreich-ungarisch	Austro-Hungarian
feuerg.	...-feuerung	firing	Pz.	Panzer(ung)	armour
FK	Flugkörper	missile	PzD.	Panzerdeck	armoured deck
Frkr.	Frankreich	France	PzQ.	Panzerquerschott	armoured bulkhead
frz.	französisch	French	PS	Pferdestärke	horsepower
FT	Funktelegraphie	wireless telegraphy	russ.	russisch	Russian
G*	Getrieberaum	gearing room	S	Seite	side
Gen*	Generatorenraum	generator room	SA	Schwere Artillerie	heavy artillery
Geschw.	Geschwindigkeit	speed	SK.	Schnelladekanone	quick-firing gun
GB	Großbritannien	Great Britain	sm	Seemeile = 1852 m	nautical mile = 1852 metres
gr.	griechisch	Greek			
H	Heck	stern	so.	südostwärts	south-eastern
hm	Hektometer = 100 m	hundred meters	sw.	südwestlich	south-western
iPS	indizierte PS	indicated horsepower	sp.	spanisch	Spanish
ital.	italienisch	Italian	StB	Steuerbord	starboard side
jap.	japanisch	Japanese	t	Tonne = 1000 kg	metric ton = 1000 kilogramm
K	Kohle	coal			
K*	Kesselraum	boiler room	TBoot	Torpedoboot	torpedo boat
KC	Krupp, zementiert	Krupp, cemented			
KdoT.	Kommandoturm	conning tower			

* kommt nur in Skizzen vor

Abkürzungen und Symbole

ts	tons = 1016 kg	tons = 1016 kg	↯	Flak, Einzellafette	anti-aircraft gun, single mount
Tg	Tiefgang	draught			
TR	Torpedorohr	torpedo tube	↯$_2$	Flak, Zwillingslafette	anit-aircraft gun, twin mount
TSchott	Torpedoschott	torpedo bulkhead			
Tu	Turbine	turbine	↯$_3$	Flak, Drillingslafette	anti-aircraft gun, triple mount
türk.	türkisch	Turkish			
u.	unten, untere(r)	below	↯$_4$	Flak, Vierlingslafette	anti-aircraft gun, quadruple mount
UBoot	Unterseeboot	Submarine			
us.	amerikanisch	American	↯$_6$	Flak, Sechsfachlafette	anti-aircraft gun, sextuple mount
v.	vorn, vordere(r)	fore, forward			
Wh.	Wotan-hart ⎫	special armour material	↯$_8$	Flak, Achtfachlafette	anti-aircraft gun, eigthfold mount
Ww.	Wotan-weich ⎭				
WK I	Erster Weltkrieg	World War I	o—	Einzelturm	single turret
WK II	Zweiter Weltkrieg	World War II	œ	Zwillingsturm	twin turret
x	ex ...	former name ...	œ	Drillingsturm	triple turret
↑	oben, über Wasser	upper, above waterline	œ	Vierlingsturm	quadruple turret
↓	unten, unter Wasser	below, below waterline, submerged	&	Welle, Propeller (Schiffsschraube)[1]	shaft, propeller, screw
→	siehe ..., wurde ...	see ... look at ..., became..	⊙	Getriebe	driving gear, reduction gear
†	Totalverlust	total loss			
×	Seeschlacht, -gefecht	naval battle, naval fight, sea battle	⌀	Durchmesser	diameter
			~	etwa, cirka, nahe bei ...	about
⛵	Schwimmerflugzeug (auch für Flugboot)	floating plane, seaplane (also for flying boat)	∞	nicht erfolgt, ausgeblieben	not realized, cancelled
			£	Pfund Sterling	pound sterling
✈	Rad-(Land-)Flugzeug	land airplane	$	Dollar	dollar
⚓	Katapult, Flugzeugschleuder	catapult			

[1] Dieses Zeichen wird generell verwendet, ohne Rücksicht auf die wirkliche Anzahl der Propellerflügel.

Appendix for English-speaking-readers
Translations of the most important German terms

Abbruch	breaking off
Abgase	exhaust gases
abgewrackt	scrapped
Abkommen	treaty
Abstand	distance
Abmessungen	dimensions
achteraus	aftwards, astern
Achterkante	rear edge
achtern	aft
Achterschiff	after body, quarter, fantail
Änderungen	alterations
Aktionsradius	radius of action
Allgemeine Angaben	general data
Anker	anchor
Anlage	installation, plant
annulliert	cancelled
Anordnung, angeordnet	arrangement, arranged
Antenne	antenna, aerial
Antrieb, Antriebsanlage	propulsion plant
Antriebsleistung	propulsion power
Anzahl	number
Armierung	armament
Artillerie	artillery
Artillerieleitstand, Artilleriemars	fire control platform
Aufbauten, Aufbaudeck	superstructure, superstructure deck
Aufstellung → Anordnung	
Aufzug	elevator
Auftrag	order
Ausbildung	training
Ausdehnung	extension, expansion
Ausrüstung	equipment
außen	outside
Außenhaut	outer plating
Außenpanzer	outer armour
Außerdienststellung	decommissioning
Back, Backsdeck	forecastle, forecastle deck
Backbord	port side
Balkenkran → Kranbalken	
Barbette	barbette
Basisgerät	base rangefinder
Batteriedeck	battery deck
Bau	construction
Bauangaben	building data
Bauauftrag	construction order, building order
Baubeginn	building start
Baudock	building dock
Baujahr	building year
Baukosten	building costs
Baupause	building interval
Baureserve	building reserve
Baustop	building stop
Bauüberlegungen	design studies
Bauvertrag	building contract
Bauwerft	shipyard
Bedienungspersonal	operative personnel, maintenance personel
Beiboote	ship boats
Beischiff	tender
Bemerkungen	remarks
beschädigt, Beschädigung	damaged, damage
Bergung	salvage
Besatzung	complement, crew
Beschießung	bombardement
Besonderheiten	particularities
Bestreichungswinkel	arc of fire
Beurteilung	criticism
Beute	loot
Bewaffnung	armament
bewilligt	authorized, conceded
Biegungsbeanspruchung	bending strain
binnenbords	inboard
Binnenpanzer	inner armour, inside armour
Blindgänger	unexploded bomb, torpedo, mine ...
Blockschiff	block ship
Boden, Bodenpanzer	botto m, bottom armour
Böschung	slope
Bombe	bomb
Bordflugzeug	ship-borne aircraft
Bordkran	shipboard crane
Bootsdeck	boat deck
Bootskran	boat crane
Breite	beam
Breitseite	broadside
Brennstoff, -vorrat	fuel, fuel capacity
Brücke, Brückenaufbau	bridge, bridge superstructure
Brückenturm	bridge tower
Bugwulst	bulbous, Taylor bulge, bow bulge
Bunker	bunker
charakteristisch	charakteristic
Dampf	steam
Dampfrohr	steam pipe
Dampfstrecke	cruising radius
Datum	date
Deck	deck
Decke	ceiling
Deckshaus	deck house

Denkmal	memorial
Dicke	thickness
Dieselmotor	diesel engine
Dienst	service
Doppel-, doppelt	double, twofold
Doppelboden	double bottom
Doppellafette	twin mount
Drehachse	rotation axis
Drehhaube → Basisgerät	
Drehmoment	torque
Dreibeinmast	tripod mast
Dreifachboden	triple bottom
dreifachwirkend	triple acting
Drillingsturm	triple turret
Durchmesser	diameter
Durchschlagskraft	penetration power
Effekten	effects
Einflüsse	influences
Einrichtung	equipment
Einsatz, Einsätze	action, actions
Einsatzverdrängung	full load displacement
Einzelaufstellung	single arrangement
elektrische Schweißung	electrical welding
Ende	end
Endschicksal	final fate
Endtürme	end turrets
Entfernungsmeßgerät	rangefinder
Entwicklung	development
Entwurf	design
Erkennungsmerkmale	identification characteristics
Erprobung	testing, test
Ersatz, Ersatzbau	replacement ship
Etat, Etatsjahr	budget, fiscal year
Expansionsmaschinen	expansion engines
Expansionsraum	buoyancy space
Exerzierschiff	drill ship
Farbanstrich	coat of paint (livery)
Fahrstrecke	radius of action, cruising range
fertig	completed
Fertigstellung	completion
Festigkeit	strength
Festigkeitsverband	structural members of a ship
Feuer	fire
Feuergeschwindigkeit	rate of fire
Feuerhöhe	trunnion height
Feuerlee	disengaged side
Feuerleitgerät	gun fire control gear, fire director
Feuerung	boiler furnance
Fläche	area
Flaggenstock	flag staff
Flaggschiff	flagship
Flak-Artillerie	anti-aircraft armament
Fleckerstand	spotting top
Flottenflaggschiff	fleet flagship
Flottenverteilung	fleet distribution
Flottenvorlage, -gesetz	maritime law
Flügelturm	wing turret
Flugboot	flying boat
Flugdeck	flight deck
Flugkörper	missile
Flugzeug	aircraft
Flugzeugaufzug	aircraft elevator
Flugzeughalle	aircraft hangar
Flugzeugschleuder	catapult
Flugzeugträger	aircraft carrier
Fockmast	fore mast
Freibord	freeboard
Frieden	peace
Frühjahr	spring
Frontbereitschaft	combat-readiness
Funkenflug, -bildung	sparking
Funkentelegraphie	wireless telegraphy
Funkmeß	radar
Gasdruck	gas pressure, blast
Gattung	sort
Gefecht	fight, action
Gefechtsschäden	battle damage
Geräte	apparatus, gears
geplant	planned
geneigt	inclined
Geschütz, -feuer	gun, gun fire
Geschoß	projectile
Geschoßgewicht	projectile weight
Geschwindigkeit	speed
Gesamtgewicht	total weight
Gesetz	law
gestrichen	cancelled, stricken
getäpert	tapered
Getriebe	driving, gear, reduction gear
Gewicht	weight
Gewichtseinsparung	weight saving
Gewichtsverteilung	distribution of weight
Gittermast	lattice mast
Granate	shell, projectile
Großer Kreuzer	Large cruiser
Großkampfschiff	captital ship
Großmast	main mast
größte Verdrängung	full load displacement
Gerundberührung	grounding
halbschwere Artillerie	medium-heavy artillery
Halle, Hallendeck	hangar, hangar deck
Hauptbewaffnung	main armament
Hauptkaliber	main calibre
Hauptmaschinen	main engines
Hauptpanzerdeck	main armoured deck
Haushalt	budget

Appendix for English-speaking-readers

Heck	stern	Küstenpanzer, -verteidiger	coast defence ship
Heimat	home	Kuppel	cupola, dome
Heizung	heating	Ladebaum	derrick (king post)
Heizöl	fuel oil	Lafette	mount
Helling	slipway	Landesegel	landing canvas
Herbst	fall	Landeswährung	national currency
Hilfsmaschinen	auxiliary engines	Länge	length
Hochdruckheißdampf	high-pressure superheated steam	Länge zwischen den Perpendikeln	length between perpendiculars
Höchstdruckkessel	super-high pressure boiler	Länge in der Konstruktionswasserlinie	length in the designed waterline
Höhenrichtwinkel	elevation angle		
horizontal	horizontal	Länge über Alles	length over all
Horizontalpanzer	horizontal armour	längs	along
Hubschrauber	helicopter	Längsschott	longitudinal bulkhead
Hulk	hulk	Laufbahn	career
Indienststellung	commissioning	Laufsteg	gangboard, catwalk
innen	inside	Lebenslauf	course of life
Innenboden	inner bottom	Leihgabe	on loan
Innenpanzer	inner armour	Leistung	result, capacity, performance, output
Innenschutz	inner protection		
Installationsschema	installation scheme	Leitstand	control platform
Inventar	inventory	Leuchtgranate	starshell
Jahr	year	Linienschiff	ship of the line, old battleship
Kaliber	calibre	Löffelbug	spoon bow
Kampfhandlung	action	Luftangriff	air raid
Kampfwert	fighting quality, combative, fighting value	Lüfter	ventilator
		Lufttorpedo	aerial torpedo
Kasematte, Kasemattpanzer	casemate, casemate armour	Luftwaffe	air force
Katapult	catapult	Manövriereigenschaften	manoeuvrability
Kennung, Erkennung	identification	Mars	masthead, mast top
Kernsprengkopf	nuclear warhead	Marschfahrt	cruising speed
Kessel	boiler	Marschmotor, -turbine	cruising engine, cruising turbine
Kesselraum	boiler room		
Kesselspeisewasser	feed water	Maschine	engine
Kiel	keel	Maschinenbau	engine building
Kiellegung	keel laying	Maschinengewehr	machine gun
Klasse	class	Maschinengewicht	weight of driving gear, weight of propulsion plant
Kohle	coal		
Kohlenschutzbunker	protective coal bunker	Maschinenwaffe	automatic weapon
Kolbenmaschine	reciprocating engine	Maßstab	scale
Kommandoturm	conning tower	Mast	mast
Kompaß-Podest	compass platform	Maximalverdrängung	full load displacement
Konstruktionsjahr	year of design	Mehrzweck-	multipurpose
Konstruktionsverdrängung	design displacement	Merkmale	characteristics
Konstruktionswasserlinie	design waterline	Minenboden	mine protection bottom
Konstruktionstiefgang	design draught	Minentreffer	mine hit
Kosten	costs	Mittelartillerie	medium calibre artillery
Kraftwerk	power plant	Mittelmeer	Mediterranean
Kran	crane	Mittelschiff	middle body
Kranbalken	cathead	Mittschiffslinie	centre line
Kransäule, -pfosten	crane post	Modernisierung	modernization
Krieg	war	Monat	month
Kriegsbeute	haul	Monitor	monitor
Kreuzer	cruiser	Motorenantrieb	motor drive

Munition	ammunition	röhrenförmig	tubular
Munitionskammer	ammunition magazine	Röhrenmast	tubular mast
Naheinschlag, -treffer	near miss	Röhrenschornstein	tubular funnel (stack)
Name	name	Rohrgewicht	barrel weight
Namensänderung	name change	Rohrgruppe	group of torpedo tubes
Neigung	incline	Rohrlänge	barrel length
Neubau	new construction	Ruder	rudder
Nische	niche	Rudermaschine	steering engine
Nietenköpfe	rivet head	Rumpf	hull
Nietung	riveting	Saling	spreader, crosstree
nördlich	northern	Schacht	casing
nordwestlich	north-western	Schaden	damage
nordöstlich	north-eastern	Schanz	quarter deck
Oberdeck	main deck, upper deck	Scheinwerfer	searchlight
Oberkante	top edge	Scheinwerferturm, -plattform	searchlight tower, searchligth platform
Öl	oil		
östlich	eastern	Schema	scheme
Ost(en)	east	Schicksal	fate
Panzerdeck	armoured deck	Schiff	ship
Panzerdicke	armour thickness	Schiffbau	shipbuilding
Panzergewicht	armour weight	Schiffskörper	ships body (hull)
Panzergräting	armoured grating	Schiffsbetriebsanlage	auxiliary engines
Panzerkasten	armoured box	Schiffsführung	conning
Panzerkreuzer	armoured cruiser	Schiffsname	ships name
Panzerplatte	armoured plate	Schiffsschraube	screw, propeller
Panzerquerschnitt	armour cross-section	Schiffsskizze	ships drawing, sketch
Panzerquerschott	armoured transverse bulkhead	Schiffsverbände	structural members of a ship
Panzerschiff	armoured ship	Schild	shield
Panzersprenggranate	armour-piercing shell	Schlachtschiff	battleship
Panzerung	armour	Schlachtkreuzer	battle cruiser
Pfahlmast	pole mast	Schlagkraft	hitting power
Pferdestärke	horse power	Schlingerdämpfung	roll stabilisation
Planung	planning	Schlingertank	anti-rolling tank (stabilizing tank)
Plattform	platform		
Podest	sponson, podest, platform	Schnelladekanone	quick-firing gun
Position	position	Schnelles Schlachtschiff	fast battleship
Probefahrt	sea trial	Schornstein	funnel, stack
Probefahrtergebnis	trial result	Schott	bulkhead
Propeller	propeller, screw	Schrägkappe	slop funnel cap
querschiffs	athwartships	Schrägstellung, schräggestellt	inclination, inclined
Querschnitt	cross-section	Schulschiff	training ship
Querschott	transverse bulkhead	Schußrichtung	direction (line) of fire
Rad(Land-)flugzeug	land airplane	Schußweite	range of fire
Rakete	rocket	Schutzbereich	defended objective (defended area)
Rammsteven	ram bow		
Rangklasse	category	Schutzeinrichtung	protective arrangements
Rauchgase	smoke, exhaust gases	Schutzfüllung	protective fuel
Rauchgasabzug	uptake, stack	Schutzschild	protecting shield
Raum	room	Schwalbennest	sponson
Reichweite	range of action	Schwenkwerk	training gear
Reparatur	repair	Schwere Artillerie	heavy artillery
Reserve	reserve	Schwesterschiff	sistership
Richtgerät	directing gear, gun director	Schwimmerflugzeug	floating plane, seaplane
Rohr	barrel	Seemeile	nautical mile

Sichelbug	sickle-shaped bow	Typskizze	type drawing, sketch
Skizze	drawing, sketch	Typverdrängung	type displacement (standard displacement)
Sommer	summer		
Spannung (elektr.)	voltage	überhöht, überhöhend	superimposed
Spant	frame	überhöhte Endaufstellung	superfiring end-arragement
Speisewasser	feed water	Überholung	refit
spezielle Angaben	special notes	über Wasser	afloat
Spiegelheck	transom stern	Umbau	conversion
Splitterschutz	splinter protection	Umgruppierung	reorganisation
splittersicher	splinter-proof	Umrüstung	changing over to new type of equipment
Splitterwirkung	splinter effect		
Sprengziel	bursting target	Untergang	foundering
Sprengversuch	experimental bursting	Unternehmung	operation
Spritzwasser	spray water	Unterscheidungsmerkmale	distinctive characteristics
Stahlrohre	steel pipes	Unterschied, -lichkeit	difference
Stammtafel	genealogical table	Unterschiff	underwater part of the ships hull
Stand	stand, position		
Standardverdrängung	standard displacement	Unterteilung	subdivision
Standbein	vertical leg of a tripod mast	unter Wasser	submerged, under water
Standfestigkeit	stability	Unterwasserschutz	unterwater protection
Stapellauf	launch of a ship	Urheber, Verursacher	caused by ...
Startplattform	flight runway	Ventilation	ventilation
Steigerung	raising	Veränderungen	alterations
Stenge, Stengenmast	topmast	Verbesserung	improvement
Steven	stem	Verbindung	joint coupling, connection
Stirnseite	front side	Verbrauchsstoffe	consumable stores
Stockwerk	story	Verdrängung	displacement
Stützbein	shore	verkauft	sold
Stütze	stanchion, stay, brace	Verlegung	shifting
südlich	southern	Verlust	loss
südöstlich	south-eastern	Verschiebegleise	tracks, rails
südwestlich	south-western	Verstärkung	reinforcement
Täperung	tapering	Versuch	experiment, test, trial
Tarnanstrich	camouflage paint, dazzle paint	Versuchsschiff	experimental vessel
Tarnung	camouflage	vertikale	vertical
Tiefgang	draught	Vertrag	treaty
Torpedo	torpedo	Vierbeinmast	quadrupod mast
Torpedoboot-Abwehr	protection against torpedos	Vierlingsturm	quadruple turret
Torpedorohr	torpedo tube	Viertakt	four-stroke
Torpedoschott	torpedo bulkhead	Vollhorizont	all-round
Torpedoschutznetz	anti torpedo net	Volltreffer	direct hit
Totalverlust	total loss	voraus	forward, ahead
Totalumbau	total conversion	vorgesehen	planned, scheduled for
Tote, Gefallene	killed persons	Vormars	fore top
Träger	carrier	vorn	fore, forward
Trägerkampfgruppe	carrier task force (group)	Vorschiff	forecastle
Treffer	hit	Vorsteven	stem
Treiböl	fuel oil	Wachschiff	guard ship, patrol ship
Trinkwasser	drinking water	Waffen	weapons
Turbine	turbine	Wallgang	compartment
Turboelektrisch	turbo-electric	Waschwasser	washing water
Turm	turret	Wasser	water
Turmmast	tower mast	wasserdicht	watertight, waterproof
Typendarstellungen	type representations	Wassereinbruch	inrush of water

Wasserflugzeug	seaplane, floating plane	Wohnschiff	barrack ship
Wasserlinie	waterline	Wrack	wreck
Wasserrohrkessel	water-tubeboiler	Wulst	bulge, bulb(ous)
Wasserverdrängung	displacement	Zelle	cell
Welle	shaft	Zielsäule	aiming column
Wellenbock	strut	Zielschiff	target ship
Weltkrieg	World War	Zitadelle, Zitadellpanzer	citadel, citadel armour
Werft	shipyard	Zweitakt	two-stroke
westlich	western	Zwillingsturm	twin turret
Winter	winter	Zwittertyp	hybrid type
Wippkran	luffing crane	Zylinder	cylinder

DIE GESCHICHTLICHE ENTWICKLUNG
DES GROSSKAMPFSCHIFFS

Ruderschiffe im Altertum

Das frühe Altertum kannte noch keine ausgesprochenen Kriegs- und Handelsschiffe; jedes Schiff diente in der Regel beiden Zwecken, denn das Befahren der Meere erfolgte stets unter der Wahrscheinlichkeit kriegerischer Ereignisse.

Die ersten regulären Kriegsfahrzeuge scheinen dennoch einige tausend Jahre vor Christi Geburt existiert zu haben. Ausgegrabene Steinreliefs zeigen beispielsweise babylonische Flußfahrzeuge, die aus der Zeit etwa 4000 v. Chr. stammen mögen. Sie lassen bereits recht gut kriegerische Einrichtungen erkennen: Über den Ruderern ein zusätzliches Deck zur Aufnahme Bewaffneter, die ihre Schilde so dicht an dicht an der Außenseite der Bordwand halten, daß damit in gewisser Hinsicht an die Seitenpanzerung der Kriegsschiffe rund 6000 Jahre später erinnert wird. Erkennbar ist auch schon ein Unterwassersporn und eine Hilfsbesegelung.

Alle diese Merkmale blieben Jahrtausende hindurch ohne größere Abänderungen erhalten. Und mit jenen primitiven Fahrzeugen wurden bereits Seeschlachten geschlagen, die weltgeschichtliche Bedeutung erlangten. So entschied im September 480 v. Chr. die Seeschlacht von Salamis das Schicksal des heutigen Europa. Zu dieser Zeit führten die Perser einen Eroberungsfeldzug gegen Griechenland. Themistokles — Begründer der attischen Seemacht — hatte schon 483 v. Chr. in weitblickender Voraussicht den Bau einer großen Flotte durchgesetzt, und mit dieser schlug er die Perser vernichtend, als diese sich anschickten, den Isthmus von Korinth zu umgehen und weiter nach Süden vorzudringen. Seine Flotte bestand aus etwa 200 ›Trieren‹; das waren 35 bis 40 m lange, etwa 4,5 m breite und nicht viel mehr als 1 m tiefgehende Fahrzeuge, die durch Ruderkraft fortbewegt wurden. An jeder Seite waren bis zu drei Ruderreihen angeordnet.[1]

Rammsporn und ›griechisches Feuer‹

Als ›Waffe‹ diente der unter Wasser weit nach vorn vorspringende ›Rammsporn‹. Bei schnellerer Fortbewegung der Triere wirkte dieser als tödliche Waffe, wenn er die hölzernen Bordwände des Gegners durchbohrte und aufriß. Außerdem waren bereits Plattformen vorhanden, die von Bogenschützen besetzt waren. Zwischen Salamis und dem griechischen Festland stellte Themistokles, der große griechische Feldherr, mit seiner Flotte die von Xerxes geführten Perser zum Kampf. Er manövrierte derart geschickt, daß bei den Persern große Verwirrung entstand, die sie zum Abbrechen des Kampfes bewog und den Rückzug nach Asien antreten ließ. Damit war nicht nur Griechenland, sondern schlechthin Europa vor einem der ersten asiatischen Anstürme gerettet.

Hatte man in den Pfeilen der Bogenschützen eine neue Waffe geschaffen, so wußte man sich auch dagegen zu helfen: Über das Deck gespannte Häute sollten die Besatzungsangehörigen vor Schäden und Verlusten schützen. Um diesen Schutz unwirksam zu machen, erhielten dann auch Kriegsfahrzeuge die in der Kriegführung zu Lande schon lange bekannten Wurfmaschinen und Schleudern, mittels derer man größere Steinbrocken auf die gegnerischen Schiffe schießen konnte. Aber auch das Feuer hatte damals schon Eingang in das Seekriegswesen gefunden, nämlich in Form des sogenannten ›griechischen Feuers‹. Das war ein Gemisch aus Schwefel, Werg, Kienspan, gebranntem Kalk und Erdöl, das auch auf dem Wasser brannte. Diese recht dickflüssige Masse wurde aus Rohren verspritzt, ähnlich wie bei den sehr viel später aufgekommenen Flammenwerfern der Heerestruppe. Als Seekampfmittel fand das ›griechische Feuer‹ bis in das 13. Jahrhundert hinein Verwendung. Für die hölzernen Schiffe war es eine erhebliche Gefahr, zumal die damaligen Gefechtsentfernungen ohnehin außerordentlich gering waren.

Rom gegen Karthago — Mittelmeer

Wenig später entbrannte im Mittelmeer der Kampf um die Seeherrschaft zwischen Rom und Karthago. Die seeungewohnten Römer hatten bisher noch nie eine Kriegsflotte besessen, sie waren ausgesprochene Landsoldaten, ohne jeder Erfahrung zur See und auch ohne Beziehung zu ihr. Ihren Gegnern, den Karthagern und Puniern, jenen Nachfahren der Phönizier und Erben einer großen seemännischen Tradition, war hingegen die See längst vertraut. Angesichts dieser Bedrohung gingen die Römer daran, eine Flotte zu bauen, die — als sie fertiggestellt war — etwa 100 ›Penteren‹ und 20 ›Trieren‹ zählte. Als Musterfahrzeug soll eine gestrandete karthagische ›Pentere‹ gedient haben.

Die Enterbrücke

Ein unbekannter römischer Soldat erfand eine neue Waffe, den Corvus oder die Enterbrücke. Mit ihr wurden die neuerbauten römischen Kriegsschiffe ausgerüstet. Diese etwa 10 m lange Enterbrücke war an einem etwa 8 m hohen Pfahl drehbar gelagert und auf dem Vorschiff placiert; sie ließ sich heben und senken und war an ihrem äußersten Ende mit einem Eisendorn versehen, der sich beim Herunterfallen der Brücke tief in das Deck des gegnerischen Fahrzeuges einbohrte und ihn festhielt. Die schwerbewaffneten Römer konnten dadurch an Bord stürmen, um seine Besatzung im Kampf Mann gegen Mann niederzumachen, wobei sich ihre besseren Qualitäten als Landsoldaten vorteilhaft auswirkten.

Im 4. Jahrzehnt vor Chr. führten die Römer einen neuen Schiffstyp ein, die ›Liburne‹.[2] Es war dies ein leichtes, auch zum Segeln brauchbares Ruderschiff, das den ›Trieren‹ geschwindigkeitsmäßig überlegen war. Gleichwohl bestanden ›Trieren‹ und ›Liburnen‹ noch längere Zeit nebeneinander. Einen Höhepunkt erlebte die ›Triere‹ (römisch ›Trireme‹) in der Seeschlacht vor Aktium im Jahre 31 v. Chr., zu Beginn des römischen Cäsarentums. In dieser Schlacht stand Antonius mit etwa 260 Schiffen

---

[1] Die untersten Ruderpforten lagen nur etwa 50 cm über dem Wasserspiegel; dadurch war die Seefähigkeit jener ›Trieren‹ beschränkt und ihre Verluste bei stärkerem Seegang entsprechend hoch (vgl. Foss, Marinekunde, S. 71 ff.).

[2] Die Bezeichnung ›Liburne‹ leitet sich aus einem alten Stamm der Illyrier, den ›Liburni‹, ab, die an der dalmatinischen Küste seßhaft waren und mit ihren schnellen Fahrzeugen auf Seeraub ausgingen.

seinem großen Gegner Oktavian gegenüber, der ebenfalls über etwa 260 Schiffe gebot, darunter auch ›Liburnen‹. Dank dieser schnelleren und wendigeren Fahrzeuge gelang es ihm, Antonius und dessen Flotte eine vernichtende Niederlage beizubringen. Von jetzt ab blieb die Liburne das Hauptkampfschiff der Flotten. In der danach eingeleiteten langen Zeit des Friedens verlor das Kriegsschiff an Bedeutung und spielte gegenüber dem Kauffahrteischiff eine nur noch untergeordnete Rolle.

Die Galeere — Mittelmeer

Etwa um 1000 n. Chr. entstand aus der Liburne die ›Galeere‹, ein ebenfalls wenig seetüchtiges Schiff bis zu etwa 200 Tonnen und 70 Riemen, die von je drei bis fünf Rudersklaven bedient wurden[3]. Dazu kamen gewöhnlich noch zwei bis drei Masten mit Lateinersegeln als Hilfsantrieb. Ihre Waffen waren Rammsporn und Wurfmaschinen, die vorn und achtern auf breit ausladenden Plattformen aufgestellt waren. In dieser Form hielt sich die Galeere als Hauptkampfschiff der Flotten einige Jahrhunderte lang, am längsten bei den Mittelmeerstaaten, nämlich bis in das 16. Jahrhundert hinein. Das hatte seinen guten Grund, denn bei den normalerweise nur recht geringen Windstärken des Mittelmeeres reichte die damals gebräuchliche Segeltakelage noch nicht aus, um den Antrieb durch Menschenhand zu ersetzen. Die letzte große Seeschlacht zwischen Ruderkriegsschiffen fand am 7. Oktober 1571 vor Lepanto statt.[4]

In Nordeuropa: ›Koggen‹

In Nordwesteuropa waren seit dem 12. Jahrhundert bereits größere und seetüchtigere Schiffe entwickelt worden, die ›Koggen‹. Sie hatten nur anfänglich noch Ruderantrieb, fuhren aber bald ausschließlich unter Segeln. Freilich waren hierfür die Windverhältnisse in den nordeuropäischen Seegebieten ungleich günstiger als im Mittelmeerraum. Handelte es sich bei den bisherigen Ruder-Kriegsschiffen fast ausnahmslos noch um ungedeckte Fahrzeuge, so unterschieden sich die Koggen in dieser Hinsicht erheblich von ihnen, insofern nämlich, als sie bald völlig gedeckt waren. Vorn und achtern wuchsen hohe Kastelle heraus, von denen das hintere meist Aufenthaltsräume für die Schiffsführung usw. enthielt, während anfangs nur das Vorderkastell zur Aufnahme der Waffen — meist Schleudern und Wurfmaschinen — benutzt wurde. Etwa mit Beginn der 13. Jahrhunderts wichen die bisherigen Wurfmaschinen und Schleudern den neu eingeführten Geschützen, sämtlich Vorderladern.[5]

Steigerung der Kampfkraft

Etwa von hier ab begann eine treibende Kraft — die den Kriegsschiffbau bis zur Gegenwart hinein beherrscht und in Atem hält — ihre dynamische Wirkung zu zeigen: Der Wunsch nach ständiger Steigerung der Kampfkraft, der Wunsch, jeden möglichen Gegner unter allen Umständen zu überbieten — vielfach der reinen Vernunft widersprechend.

Dieses Streben nach Verstärkung der Kampfkraft hatte eine Vermehrung der Geschütze zur Folge, die logischerweise nur durch Vergrößerung des damit auszurüstenden Schiffes erkauft werden konnte. Zunächst ging man dazu über, auch die Achterkastelle mit Geschützen auszurüsten, doch entsprach dies vor allem dem Wunsch, den Waffengebrauch nicht nur nach voraus zu beschränken, sondern ihn nach achteraus auszudehnen, um sich nachfolgender Gegner erwehren zu können. Naturgemäß kam man mit den beiden Kastellen nicht aus, und so begann man, die Geschütze zwischen den Kastellen an jeder Schiffsseite aufzustellen. Damit änderte sich aber auch die Kampfweise: Focht seither Schiff gegen Schiff noch einen Zweikampf auf allernächste Distanz aus — wobei das Ziel ein Entern des Gegners war und erst in zweiter Linie seine Zerstörung —, so wuchsen nunmehr die Gefechtsentfernungen langsam an, jeweils entsprechend der Geschützreichweite.

Große Widerstandsfähigkeit hölzerner Schiffe

Nun war das damalige Geschütz in seiner Wirksamkeit noch nicht sehr gefährlich, denn die bis zu 1,50 m dicken Bohlenwände der Schiffe boten einen verhältnismäßig sicheren Schutz gegen das Durchschlagen von Geschossen. Daher beschränkte sich der Gebrauch der Geschütze zunächst darauf, den Gegner dadurch manövrierunfähig zu machen, daß man ihm die Takelage zerschoß. Solcherart bewegungsunfähig gemacht, konnte der Gegner dann verhältnismäßig leicht geentert werden.

Primitive Geschütze

Das Geschütz jener Zeit war ein Vorderlader; das Laden war recht umständlich und zeitraubend, denn zu diesem Zweck mußte es auf seiner Lafette mit Taljen binnenbords geholt und danach wieder in Schußstellung gebracht werden, bis die Rohrmündung aus der Geschützpforte (auch Stückpforte genannt) wieder herausragte. Zu diesen Verrichtungen brauchte man viel Personal, je nach Größe des Geschützes vier bis sechzehn Mann. Diese Notwendigkeiten führten einerseits zu hohen Besatzungsstärken, andererseits aber auch zu einem stark anwachsenden Raumbedarf für ihre Unterbringung und Proviantierung.

Geschosse

Als Geschoße dienten eiserne Vollkugeln, als Treibladung ein Pulversack. Die Lafette war nichts anderes als ein hölzernes

---

[3] Diese Tätigkeit war die Strafe von Schwerverbrechern. Aus ihr leitete sich die Bezeichnung ›Galeerensklaven‹ ab.

[4] In jener Schlacht wurden erstmalig auf abendländischer Seite (Spanien, Venedig und Papsttum) Geschütze zum Einsatz gebracht. Nach anfänglichen Erfolgen konnten sie aber den Kampf nicht entscheiden und mußten bald schweigen, da eine Unterscheidung zwischen Freund und Feind in dem Kampfgetümmel nicht mehr möglich war. Erst im Enterkampf wurde die abendländische Seite der Türken Herr. — Eine lebendige Schilderung findet sich hierzu in Nr. 78 der Reihe ›Seefahrt in aller Welt‹ unter dem Titel ›Lepanto — Schlacht der 500 Galeeren‹ (Moewig Verlag, München).

[5] Die ersten Kanonen werden 1327 erwähnt. König Edward III. führte diese neue Waffe auf einem Feldzug gegen Schottland mit. 1246 werden die ersten Schiffe mit Kanonen erwähnt.

Entwicklung des Schlachtschiffs bis 1890

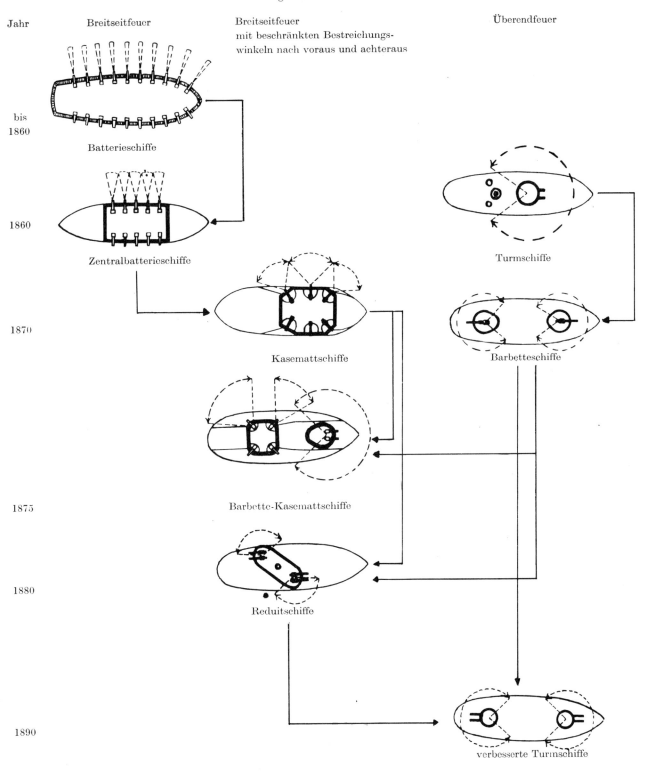

Gerüst, das auf Rollen lief. Etwas später entstanden dann Hinterlader mit auswechselbaren Kammern, sog. ›Kammerstücke‹, die ein etwas schnelleres Schießen zuließen. Doch war es bei ihnen noch nicht möglich, einen so gasdichten Abschluß zu erzielen, daß der Verlust großer Teile der Energie vermieden werden konnte. Deswegen behauptete sich der Vorderlader trotz seiner umständlichen Handhabung noch längere Zeit.

Breitseitaufstellung der Geschütze

Die Breitseitaufstellung der Geschütze setzte sich gewissermaßen von selbst auf allen Kriegsschiffen dieser und der folgenden Zeit fort. Sie erfolgte nicht zuletzt auch der Segeltakelage halber, die eine andere Aufstellung überhaupt nicht oder nur sehr schwer zuließ. Die Entwicklung der Schiffsgeschütze führte zu immer schwerer werdenden Stücken und erreichte bereits gegen Ende des 16. Jahrhunderts Geschoßgewichte bis zu 80 Pfund und bis zu 30 Pfund schwere Treibladungen. Der Stabilität halber mußten die schwersten Geschütze so tief wie möglich aufgestellt werden; sie standen deshalb im untersten Deck, die leichteren Geschütze in den Decks darüber. Sie alle schossen aus Pforten heraus, die bei Seegang geschlossen werden mußten. Das Seitenrichtfeld der Geschütze war daher außerordentlich gering; der größte Teil von ihnen konnte nur nach querab feuern.

Schußfeld und Gefechtsformation

Mit Rücksicht darauf mußte das Schußfeld nach den Seiten hin freigemacht werden, d.h. die Schiffe wurden gezwungen, eine Marsch- und Gefechtsformation einzunehmen, die nach beiden Seiten freies Schußfeld bot und die Schiffe des eigenen Verbands nicht gefährdete. Als Marsch- und noch mehr als Gefechtsformation kam daher nur die Linie (Kiellinie) in Frage. Es lag daher nichts näher, als diese Schiffe ›Linienschiffe‹ zu nennen.[6]

---

[6] In der britischen Marine ›Line-of-Battle-Ship‹ genannt.

Damit wurde eine neue Flottentaktik begründet, die sich jahrhundertelang hielt: Die Kriegsschiffe beider Parteien liefen, jeweils in Kiellinie geordnet, parallel (seltener auf Gegenkurs) nebeneinander, um gegenseitig ihre Breitseiten abzufeuern. Damit konnten sie damals zwar nur unter günstigen Umständen den zu bekämpfenden Gegner versenken oder zerstören. Deshalb strebte man an, diesen zu entern, sobald er durch die Zerstörung seiner Takelage oder durch Inbrandschießen manövrierunfähig geworden war.

Der Wind als Antrieb

Der Wind als einzige Antriebskraft gestattete diesen Schiffen, ohne Rücksicht auf räumliche und zeitliche Grenzen in See zu bleiben. Stützpunkte waren daher so gut wie kaum notwendig, und die Proviant- und Trinkwasserversorgung bedeuteten noch keine unlösbaren Probleme.[7] Die Handhabung der Segeltakelage war an sich einfach, und die an Bord anfallenden Reparaturen konnten zumeist mit eigenen Mitteln ausgeführt werden. Für die wichtigsten Ersatzteile sorgten der Schiffszimmermann und der Segelmacher.

Baustoff Holz

Bei der Verwendung des Baustoffes Holz mit seinen ihm gerade im Salzwasser anhaftenden Mängeln — die letztlich wieder das Anwachsen der Schiffsgröße begrenzten — war das damalige Segel-Linienschiff gegenüber Wind, Strom und Seegang immer im Nachteil. Ganze Linienschiffsflotten gingen durch Naturkatastrophen verloren, wie z.B. die ›unüberwindliche Armada‹ im Jahre 1588 zwischen Schottland und Irland.
Gegenüber den damaligen Kampfmitteln — den eisernen Vollkugeln der Geschütze — war die Standkraft der Linienschiffe

---

[7] So führte z.B. das britische Linienschiff **Queen** ca. 500 ts Wasser mit, was bei voller Wasserabgabe von 4,5 Liter je Tag und Mann einen Tagesverbrauch von 5 ts und demzufolge eine Seeausdauer von 100 Tagen zuließ.

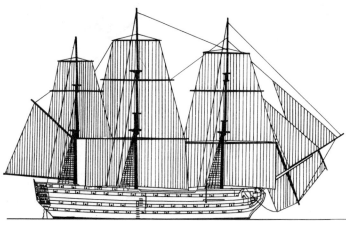

Typ: **Batterieschiff** (Holzbau, Dreidecker)
Panzerungssystem: ohne
Depl.   3100 ts
L   62,8 m
B   16,0 m
T   6,8 m
Antrieb: Segelfläche 3000 qm
Bewaffnung: 30—32 pdr. im unteren Batteriedeck, 28—24 pdr. im oberen Batteriedeck, 30—12 pdr. an Oberdeck, 10—6 pdr. im Kampagnedeck, 2—68 pdr. auf der Back.

Großbritannien: Linienschiff **Victory** (1765)
Maßstab: 1:1000

derart groß, daß die Flotten zur Erzwingung einer Entscheidung wieder auf nähere Distanz gehen mußten. Aber bei den üblichen Dicken der Bordwände war es kaum möglich, diese ernsthaft zu verletzen, also zu durchschlagen. Das führte wiederum dazu, daß in der Linie bald Schiff gegen Schiff einen Zweikampf focht; hatte der Gegner seine Manövrierfähigkeit eingebüßt, dann konnte er zumeist bald danach geentert werden.

Enterkampf

Um wiederum das Entern zu erschweren, wurden die oberen Bordwände der Schiffe stark nach innen eingezogen, so daß beim Längsseitsgehen von zwei Schiffen zwischen den beiderseitigen Oberdecks eine nur schwer überbrückbare Kluft entstand. Derjenige, der entern wollte, wußte sich aber auch hiergegen zu helfen: Er baute weit ausladende Vorsteven, über die die Entermannschaften an Deck des gegnerischen Schiffes stürmen konnten. Das bedeutete freilich, daß das enternde Schiff frontal auf den Gegner zuhalten mußte.

So wuchsen in allen Flotten Linienschiffe als deren Hauptkampfschiffe heran. In ihrer Größe blieben sie mehr als 100 Jahre lang konstant. Sie verdrängten höchstens 1000 ts und waren mit 90 bis 100 Geschützen bewaffnet. Im Hinblick auf ihre Bauart gab es kaum nennenswerte Unterschiede bei den einzelnen Flotten.

Schiffsgröße — Schiffszahl

Zu Beginn des 19. Jahrhunderts hatte das Linienschiff erst eine Größe von maximal 4000 ts erreicht. Demgegenüber war aber die Zahl der zu einem Verband gehörenden Schiffe im Vergleich zu früher stark abgesunken. So kämpfte 1666 Admiral de Ruyter mit 91 gegen 81 britische Schiffe, dagegen Admiral Lord Nelson im Jahre 1805 bei Trafalgar mit nur noch 27 gegen 33 feindliche. Gleichwohl errang Nelson den Sieg, der Englands Seeherrschaft für über ein Jahrhundert sicherte.[8]

Die Dampfmaschine

Nachdem im Jahre 1765 der Engländer James Watt die erste brauchbare Dampfmaschine (englisches Patent 1769) erfunden hatte, bahnte sich langsam ein Umschwung dessen an, was heute allgemein unter ›Technik‹ verstanden wird. Wirklich bahnbrechend wirkte aber erst der amerikanische Ingenieur Robert Fulton, dem es vorbehalten blieb, die Dampfmaschine auch als Antriebsmittel für Schiffe nutzbar zu machen. Er erbaute das erste brauchbare Dampfschiff, die **Clermont**, einen 45,7 m langen, 5,5 m breiten und nur 0,6 m tiefgehenden Raddampfer mit einer 20 PS leistenden Dampfmaschine von Watt. Die erste Fahrt unternahm er am 17. August 1807 auf dem Hudson; der Erfolg war für damalige Verhältnisse verblüffend, denn für die 120 sm lange Strecke von New York nach Albany benötigte die **Clermont** 32 Stunden, wobei sie einen Geschwindigkeitsdurchschnitt von rund 3,7 kn je Stunde erzielte. Schon 1814 folgte der Bau des ersten dampfangetriebenen Kriegsschiffes, der ebenfalls auf die Initiative Fultons zurückging. Es handelte sich um die amerikanische **Demologos**, die recht bemerkenswert war. Man hatte sie aus zwei Schiffsrümpfen zusammengesetzt, um binnenbords das Schaufelrad zum Schutze gegen Treffer unterzubringen. Die Batterie aus zwanzig Kanonen war durch 1,5 m starke Bohlenwände gesichert.

All dies änderte zunächst aber nur wenig an den bestehenden Verhältnissen, denn der Dampfantrieb brachte nicht nur Vorteile, sondern auch einige recht bedeutsam erscheinende Nachteile. Es waren dies:

- Großes Gewicht bei nur geringer Leistung.
- Großer Brennstoffverbrauch, somit große Abhängigkeit von Stützpunkten.
- Geringe Betriebssicherheit.
- Große Verletzbarkeit.

Die Schiffsschraube

Es war verständlich, wenn sich die traditionsbelastete ›Front‹ gegen diese Neuerungen wehrte. Erst nachträgliche Verbesserungen, wie z. B. die Konstruktion einer 1829 von dem Österreicher Ressel erfundenen Schiffsschraube, die die Schaufelräder verdrängte, führten allmählich zum Abbau der Vorurteile und schließlich zur Nutzbarmachung und Einführung der Dampfmaschine, vorerst aber nur als Hilfsantrieb und im Kriegsschiffbau nur zur Fortbewegung im Gefecht. Die Segeltakelage wurde weiterhin beharrlich beibehalten, weil mit ihr ein großer Fahrbereich und damit eine relativ große Unabhängigkeit von Stützpunkten erzielt werden konnte. Das war einer der Hauptgründe, weshalb die Bauart der Schiffe auch weiterhin von ihrer Besegelung beeinflußt wurde. So bestimmten noch in den 30er Jahren des 19. Jahrhunderts die vollgetakelten hölzernen Linienschiffe und Fregatten die Struktur der Flotten. Es blieb auch die Linientaktik, da sich die Geschützaufstellung nicht änderte.

Das Sprenggeschoß

Dem französischen Major Paixhans blieb es vorbehalten, den damaligen Kriegsschiffbau zu revolutionieren, was ihm zunächst jedoch nicht bewußt sein konnte. Er erfand 1819 das Brisanzgeschoß, die Sprenggranate. Sie erhöhte durch ihre Spreng- und Brandwirkung die Schlagkraft des Kriegsschiffes so erheblich, daß das bisherige Gleichgewicht zwischen Standkraft und Schlagkraft zum ersten Male ins Wanken geriet. Gleichzeitig damit begann auch die Entwicklung leistungsfähigerer Geschütze. Dabei gingen die Geschützkonstrukteure zu gezogenen Hinterladern über, die ausschließlich für die Verwendung der neuen Langgeschosse — den von Paixhans erfundenen Sprenggranaten — bestimmt waren.[9]

---

[8] Nelson's Flaggschiff, die **Victory**, deren Kiel 1759 in Chatham gelegt wurde, existiert noch heute als eine Art nationale Reliquie. Sie kann im Hafen von Portsmouth besichtigt werden.

[9] Das erste derartige Geschütz wurde 1837 von dem schwedischen Baron Wahrendorf konstruiert. Dieser führte 1846 zusammen mit einem sardinischen Artillerieoffizier Schießversuche durch, wobei Schußweiten bis zu 5250 m (bisher höchstens 1500 m) erzielt wurden. Eine wesentliche Ursache für diese Steigerung der Reichweite war die günstigere Form des Langgeschosses gegenüber dem bisherigen Kugelgeschoß.

Den Wert dieser neuen Waffe bewies erstmals das Seegefecht bei Eckernförde im Jahre 1849. Dabei sank ein dänisches Holz-Linienschiff unter dem wirkungsvollen Feuer der preußischen Küstenbatterien, während eine Fregatte derart zugerichtet wurde, daß sie aufgegeben werden mußte.[10]

Aus jenen erheblich veränderten artilleristischen Verhältnissen mußten sich zwangsläufig neue Konstruktionsrichtlinien für die zukünftig zu bauenden Kriegsschiffe ergeben. Im Vordergrund allen Bestrebens mußte ein *Schutz* der Schiffe geschaffen werden, um sie der Wirkung neuzeitlicher Waffen widerstehen zu lassen und um ihre eigene Kampfkraft zu erhalten.

Schutz von Schiff und Besatzung

Schon bei den ersten Kämpfen zur See war man dazu übergegangen, Schiffe und Besatzungen gegen die Wirkung der feindlichen Waffen zu schützen:

- Dies ist schon bei den alten babylonischen Flußkriegsschiffen festzustellen, deren Bewaffnete ihre Schilde längs der Bordwand aneinanderreihten, um gegen Pfeile Schutz zu finden.
- Genauso handhaben es die alten Wikinger.
- Im 12. Jahrhundert legten die nordeuropäischen Seefahrer um ihre Schiffe eine Art Schutzgürtel, der aus Eisen beschaffen war und nach vorn in einen Sporn auslief.
- Im tunesischen Krieg Karls V. führte dessen Admiral Andrea Doria eine bleigepanzerte Karrake, die **Santa Anna**, mit.
- Nur wenige Jahre später, während der Belagerung Antwerpens durch die Spanier, bauten die Holländer eine mit Eisenbeplattung versehene Galeone, die **Finis Belli**.
- In den japanisch-koreanischen Kriegen Ende des 16. Jahrhunderts befehligte der koreanische Admiral Yisun-Sin eine gepanzerte Galeere, die **Kwi-Sun**, deren Deck nach Art einer Schildkröte mit Eisen belegt war. Vorn hatte das Fahrzeug einen mächtigen, metallbeschlagenen Drachenkopf, aus dessen Innerem die Besatzung Pfeile und andere Geschosse schießen konnte. Hinten und an den Seiten waren zum gleichen Zweck ebenfalls solche Öffnungen angebracht. Die Oberfläche des gesamten Decks war mit Eisendornen bespickt, um Enterversuche zu erschweren.[11]

- Im 17. Jahrhundert wurden die Bordwände teils dicht an dicht mit schweren, schmiedeeisernen Nägeln beschlagen (wie z. B. die kurbrandenburgische Fregatte **Friedrich Wilhelm zu Pferde**).
- Bei der Belagerung Gibraltars durch die Franzosen und Spanier im Jahre 1782 wurden schwimmende Batterien eingesetzt, deren Oberdeck gewölbt und mit relativ widerstandsfähigem Material (Holzplanken, Eisenbarren, Kork und Leder) belegt war.

Angesichts der für Holzschiffe sehr gefährlichen Brisanzgranate wurde der Ruf nach einem ausreichenden Schutz unüberhörbar. Im Jahre 1834 unternahm Paixhans mit Sprenggranaten ausgedehnte Schießplatzversuche, wobei er die Wirkung gegen Mauerwerk, Holz, Erde usw. feststellen wollte. Nach Abschluß dieser Versuche schlug er zum Schutze von Schiffen eine Panzerung durch eiserne Platten vor. Doch wurden diese Vorschläge zunächst nicht weiter beachtet und zu den Akten gelegt. 1835 schlug ein britischer Ingenieur, John P. Drake, Eisenplatten zum Schutze der Maschinenanlagen von Schiffen vor, und 1841 wartete er mit einem Projekt gepanzerter Blockadeschiffe auf.

Typ: Offenes **Kasemattschiff**

Panzerungssystem: Gürtelpanzerschiff

Depl.   4683 ts norm., 6000 ts max.,
L   126,8 m
B   16,1 m
T   6,4 m

Antrieb: $2 \times \ldots$-Maschinen $= 8600$ iPS $= 17$ kn

Panzerung: Oberdeck 38 mm, Böschungen 172 mm, Seitenpanzer 89 mm.

Bewaffnung: 4—38 cm- und 4—25 cm-Vorderlader.

Zunahme von 923 ts Wasserballast möglich, um im Gefecht bis zum Hauptdeck eintauchen zu können.

USA: Panzerschiff **Stevens Iron Battery** (1854 begonnen, nicht fertiggestellt)

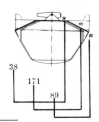
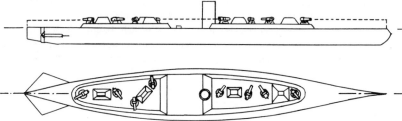

Ein Jahr später empfahl ein amerikanischer Ingenieur, Robert L. Stevens, zum Schutze der amerikanischen Handelshäfen schwimmende Batterien zu bauen, mittels derer feindliche Angriffe abgewehrt werden sollten. Die amerikanischen Behörden nahmen diese Idee — die entwurfsmäßig bereits bis ins letzte Detail ausgearbeitet war — im Prinzip an, entschlossen sich jedoch, zunächst noch einige Versuche durchzuführen, um aus

---

[10] Den Küstenbatterien (zwei 24 Pfünder, sechs 18 Pfünder, zwei 84 Pfünder) standen gegenüber: Linienschiff **Christian VIII.** (84 Geschütze), Fregatte **Gefion** (48 Geschütze) und Korvette **Galathea** (32 Geschütze). Damit verfügten die Dänen über eine mehr als sechzehnfache Übermacht, nämlich 164 : 10!

[11] Trotz seines sicher recht großen Gewichtes soll dieses Fahrzeug verhältnismäßig schnell gewesen sein und große Erfolge errungen haben. So versenkte es angeblich an einem einzigen Tage nicht weniger als 37 japanische Schiffe durch Rammstoß.

deren Resultat die geeignetste Form der Bordwände zu bestimmen. Mit ihnen wurde bewiesen, daß eine Eisenwand von 114 mm Dicke widerstandsfähig genug ist, um allen damals im Gebrauch stehenden Geschossen gewachsen zu sein. Daraufhin wurde der Bau einer derartigen schwimmenden Batterie beschlossen, aber erst 1854 in Angriff genommen. Die Konstruktionsmerkmale dieses Fahrzeuges — nach seinem Konstrukteur als ›Steven's Iron Battery‹ bekanntgeworden — lauteten wie folgt:

- Verwendung von Eisen anstatt von Holz für den Schiffskörper.
- Hohe Geschwindigkeit.
- Zweischrauben-Antrieb.
- Schwere Bewaffnung mit maschinellen Richtmitteln.
- Seitenpanzerung, dazu abgeschrägte Flächen des Panzerdecks zum Schutze gegen steil einfallende Treffer.[12]
- Seitliche Tanks zum Fluten zwecks Verminderung des Freibords und damit der Zielfläche.
- Wegfall der Segeltakelage.

Mit Recht könnte man dieses Fahrzeug als das erste Panzerschiff der Welt bezeichnen, wenn es hätte fertiggestellt werden können. Der bereits recht weit fortgeschrittene Bau mußte jedoch wegen Geldmangels aufgegeben werden.

Aus Eisen, mit Dampfantrieb: das ›Panzerschiff‹

Mit jenem Projekt aber war das eiserne, dampfgetriebene Panzerschiff ›geboren‹. Von nun an fanden die Stevenschen Ideen Anklang.

So hatte der französische Schiffbaukonstrukteur Dupuy de Lôme bereits im Jahre 1845 einen ähnlichen Entwurf vorgelegt. Auch er befaßte sich mit einem eisernen Schiff, dessen gepanzerte Wasserlinie den notwendigen Schutz gegen Granattreffer bieten sollte. Mit einer recht starken Maschinenanlage sollte das Schiff für damalige Verhältnisse außerordentlich schnell werden, und die Geschützzahl wollte er zu Gunsten der Leistungsfähigkeit des einzelnen Geschützes vermindern. Grundsätzlich sollte außer der Wasserlinie auch die Geschützbatterie durch Eisenplatten geschützt werden.

Unterdessen waren auch in England Versuche angestellt worden, die sich mit der Widerstandsfähigkeit zusammengenieteter Eisenplatten gegenüber Sprenggranaten befaßten. Bis zum Jahre 1846 wurden jedoch nur wenig günstige Resultate erzielt, so daß man dort die Pläne für derart zu schützende Schiffe zunächst wieder aufgab. Unter diesen nicht gerade sehr günstigen Gegebenheiten fand auch das Projekt von Dupuy de Lôme nur wenig Gegenliebe.

1847 legte ein anderer Franzose, der Ingenieur Gervaize, ebenfalls ein Projekt vor, das den Bau einer eisengepanzerten Schraubenfregatte vorsah. Dieses Projekt fand bei der französischen Admiralität großen Anklang, wobei ihr die Verwendung als Widder- bzw. Rammschiff vorschwebte.[13] Noch während die Versuche zur Erprobung des vorgeschlagenen Panzerungssystemes vorbereitet wurden, änderte die französische Admiralität ihre Haltung und schob das Projekt zur Seite; wieder einmal hatten Zweifler gesiegt.

›Feuertaufe‹ im Krimkrieg

1853 brach der Krimkrieg aus. Obwohl die russische Marine in ihrer Entwicklung erheblich zurückgeblieben war, hatte sie es dennoch nicht versäumt, mit der Brisanzgranate eine wertvolle Waffe einzuführen. So befehligte Admiral Nachimov einige hölzerne Schiffe, die mit 68 Pfündern für Sprenggranaten ausgerüstet waren. In der Seeschlacht von Sinope am 30. November 1853 setzte er diese gegen ein türkisches Geschwader ein, das wenige Minuten nach Feuereröffnung in Flammen stand. Es war dies das erste Mal in der Seekriegsgeschichte, daß von Kriegsschiffen Sprenggranaten gegen feindliche Schiffe abgefeuert wurden. Von nun an begann der Siegeszug der Sprenggranate; ihr waren die hölzernen Schiffe hoffnungslos unterlegen.

Die gleichen Geschosse verursachten aber auch bei den englischen und französischen Kriegsschiffen schwere Schäden, als diese 1854 Sevastopol beschossen. So schlugen innerhalb von 5 Minuten nacheinander drei Granaten auf dem britischen Linienschiff **Queen** ein, die eine derart verheerende Wirkung zeigten, daß ihre eigenen Geschützbedienungen von Panik ergriffen davonliefen. Unter diesen Umständen war es für die britischen und französischen Kriegsschiffe unmöglich, so nahe an die russischen Seefestungen heranzugehen, daß diese wirkungsvoll unter Feuer genommen werden konnten.[14] Beide Flotten waren daher gezwungen, nach Wegen zu suchen, um ihre Kriegsschiffe vor der Wirkung der russischen Sprenggranaten zu schützen. Zudem gebot die militärische Lage, schnellstens zu einem vernichtenden Schlag gegen die Russen auszuholen. In aller Eile gaben daher zunächst die Engländer einige ›Panzerkanonenboote‹ in Bau, die vermöge ihres geringeren Tiefgangs näher an die Ziele herangehen konnten. Jetzt entschloß sich aber auch die französische Marine — einem Befehl Napoleons III. gehorchend — zum Bau von Panzerbatterien (batteries flottantes). Mit der Ausarbeitung von Entwürfen wurde der Ingenieur Guieysse beauftragt; diese wurden sehr schnell verwirklicht, nachdem bei Schießplatzversuchen gute Ergebnisse erzielt worden waren. Jene Fahrzeuge wurden aber dennoch nicht mehr so rechtzeitig fertig, um — wie ursprünglich geplant — in den baltischen Gewässern eingesetzt werden zu können. Drei von ihnen, **Dévastation**, **Lave** und **Tonnante**, wurden jedoch in das Schwarze Meer verlegt, wo sie am 17. Oktober 1855 an dem Angriff auf die Seefeste Kinburn

---

[12] Die 87 mm dicke Eisenpanzerung sollte auf einer Holzhinterlage ruhen und über der Wasserlinie ein mit 60° gegen die Senkrechte geneigte Kasematte bilden. Der Panzerschutz dieser Kasematte war aus 150 mm starken Eisenplatten im Abstand von 61 mm vorgesehen, die Decke aus einem 1,75 mm starken Blech auf einer 38 mm dicken Holzhinterlage und 6 Platten zu je 20 mm Dicke.

[13] Ein typisches Zeichen der taktischen Auswirkung der ersten eisernen und gepanzerten Kriegsschiffe! Zu dieser Zeit nahm man an, daß sich gepanzerte Schiffe gegenseitig nicht mehr gefährlich werden könnten; die einzige Möglichkeit, den Gegner dennoch zu schädigen, schien darin zu bestehen, ihn durch Rammstoß zu erledigen.

[14] Eine weitere Schwierigkeit bildeten die flachen Küstengewässer, die für die britischen und französischen Kriegsschiffe nicht mehr befahrbar waren.

teilnehmen konnten. Diese kleinen, etwa 1800 ts verdrängenden Einheiten waren selbstredend keine Hochseeschiffe, sondern ausschließlich für den Küsteneinsatz geeignet. Zudem waren sie relativ langsam; die nur 225 PS leistende Maschine reichte für maximal 4 kn Geschwindigkeit. Die Anordnung der Bewaffnung wurde noch ausschließlich nach dem klassischen Vorbild der Batterie- bzw. Breitseit-Aufstellung gewählt.

Die gleiche Bedeutung, die zwei Jahre zuvor die Schlacht von Sinope für die Sprenggranate hatte, erlangte auch die Unternehmung gegen Kinburn: Wo die russischen Sprenggranaten — es handelte sich um solche von 15 cm Kaliber — auf die Eisenplatten der französischen Panzerbatterien auftrafen, hinterließen sie höchstens bis zu 30 mm tiefe Eindrücke, vermochten sie aber nicht zu durchschlagen. Wo die Geschosse aber auf ungepanzerte Schiffsteile trafen, war ihre Wirkung verheerend. So erhielt die **Dévastation** nicht weniger als 29 Treffer über der Wasserlinie und 35 an Deck, **Tonnante** 55 Treffer über der Wasserlinie und 10 an Deck. Dementsprechend waren auch die Personalverluste. Trotz allem gelang es jedoch den französischen Fahrzeugen, die russischen Geschütze zum Schweigen zu bringen und sich selbst zu behaupten. Die Panzerung hatte damit ihre erste Feuerprobe im wahrsten Sinne des Wortes bestanden, und damit konnte die weitere Entwicklung getrost an die seitherigen Erfahrungen anknüpfen. Sie war nicht mehr aufhaltbar.

Das Zeitalter der Panzerschiffe

Mit den im Krimkriege eingesetzten Panzerbatterien hatten die Franzosen zweifellos die Führung an sich gerissen, und es lag daher zumindest für sie selbst nahe, diesen Weg weiter zu beschreiten. Deshalb stellte der Conseil des traveaux im Dezember 1856 einen Reorganisationsplan auf, wonach die Einführung hochseefähiger Panzerschiffe als Kern ihrer neuzeitlichen Flotte beschlossen wurde. Alle technisch dazu berufenen Kreise wurden zur Mitarbeit aufgefordert, um aus einer Mehrzahl von Entwürfen die beste Konstruktion herausfinden zu können. Diese zukünftigen Schiffe sollten drei große Hauptaufgaben übernehmen:

- Die Küstenverteidigung.
- Angriffe auf gegnerische Küstenstützpunkte.
- Kreuzerdienst, also Hochseedienst.

Die zur Mitarbeit ermutigten Schiffbauer legten bis zum Juni 1857 nicht weniger als 18 Entwürfe vor, von denen allerdings die meisten nichts anderes als aptierte Konstruktionen der im Krimkriege eingesetzten Panzerbatterien waren. Nur ein einziger Entwurf, der von Audenet, entsprach den Bedingungen des Conseil des traveaux und fand etwas später in dem Panzerschiff **Couronne** seine Verwirklichung.[15]

Unterdessen waren auf dem Artillerieschießplatz in Vincennes Versuche zur Erprobung von auf Holzhinterlagen befestigten Panzerplatten durchgeführt worden, die durchaus zufriedenstellend verliefen. Dupuy de Lôme entwarf auf Grund der dabei gewonnenen Ergebnisse ein weiteres Panzerschiff, die **Gloire**. Die im Dezember 1857 abgeschlossenen Pläne fanden die Billigung der Marinebehörden und wurden genehmigt. Mit dem Bau des Schiffes konnte schon im März 1858 auf der Kaiserlichen Werft in Toulon begonnen werden.[16]

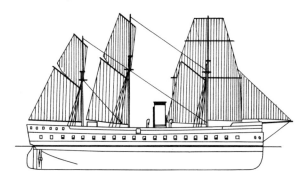

Typ: **Batterieschiff**

Panzerungssystem: Gürtelpanzerschiff (Holzbau mit geschlossenem schmiedeeisernem Gürtelpanzer)

Depl.   5617 ts
L   80,4 m
B   17,0 m
T   8,5 m

Antrieb: 1 × 2 Zyl.-Maschine = 900 nPS/2540 iPS = 12,5 kn

Panzerung: WL 120 mm, Batterie 110 mm

Bewaffnung: 36—16 cm gezogene Hinterlader, davon 34 im Batteriedeck und 2 an Oberdeck

Frankreich: Panzerschiff **Gloire** (1859)

Die **Gloire** wurde das erste hochseefähige Panzerschiff der Welt. Sie war ein barkgetakelter Holzbau, der einen bis zum Oberdeck reichenden, ringsum laufenden Panzergürtel von 120 mm maximaler Dicke hatte. Die Geschütze waren in herkömmlicher Batterie-Anordnung aufgestellt, allerdings nur noch in einem einzigen Batteriedeck, um die Seitenhöhe des Schiffes und damit das aufzubietende Panzergewicht in den Grenzen der Stabilität zu halten.

Dupuy de Lôme — der erst kurze Zeit zuvor das erste Schrauben-Kriegsschiff für die französische Marine, die 1850 vom Stapel gelaufene Fregatte **Napoléon** (13,5 kn), gebaut hatte — war an sich ein Verfechter des eisernen Kriegsschiffes; seine hölzerne **Gloire** widerlegt ihn nur scheinbar. Die französische Stahlindustrie war zu diesem Zeitpunkt jedoch noch nicht leistungsfähig genug, um Schiffbaustahl in solchen Mengen zu liefern, wie sie gefordert werden mußten. So mußte man auch weiterhin bei

---

[15] Die Bedingungen des Conseil des traveaux lauteten: Geschwindigkeit 13 kn, Panzerung an den Seiten 100 mm und bis 1,5 m unter die Wasserlinie reichend, Schutz für die Antriebsschraube durch entsprechende Heckformung, Volltakelung.

[16] Dupuy de Lôme wurde 1857 Chefkonstrukteur der französischen Marine und bestimmte die Struktur des französischen Kriegsschiffbaues bis zum Ende der 70er Jahre.

Holz bleiben. In Voraussicht der zukünftigen Entwicklung nahm der Conseil des traveaux die Pläne der eisenerbauten **Couronne** an, um Erfahrungen zu sammeln.[17] Aus diesem Grunde blieb dieses Schiff Einzelvertreter.

Großbritannien, die beherrschende Seemacht der Welt, war damit ins Hintertreffen geraten; es mußte — so scheint es — schon aus Prestigegründen dieser neueren Entwicklung folgen. So wurde dort im Mai 1859 die Panzerfregatte **Warrior** auf Stapel gelegt, der ein halbes Jahr später das Schwesterschiff **Black Prince** folgte. Um eine möglichst große Geschwindigkeit zu erzielen, verzichteten die Engländer auf einen so ausgedehnten Panzergürtel, wie ihn die französischen Schiffe aufwiesen. Sie waren typische Batterieschiffe.

Das Batterieschiff: Vor und Nachteile

Die panzerschiffbauenden Marinen mußten aber schon bald danach zu der Erkenntnis kommen, daß auch diese gepanzerten Batterieschiffe nicht mehr lange den Gegebenheiten ihrer Zeit entsprechen würden. Tatsächlich stellte das gepanzerte Batterieschiff nur in defensiver Hinsicht etwas Neues dar; in offensiver Hinsicht war man hingegen nicht wesentlich weitergekommen. So stellten diese Schiffe lediglich gepanzerte Ausgaben der alten hölzernen Segellinienschiffe mit ihrer Breitseitbewaffnung dar, wenn man von der Einführung des maschinellen Antriebs und der größeren Geschwindigkeit absieht. Indes, die Zeit drängte nach weiterem Fortschritt.

Der Bau der **Gloire** und der **Warrior** wurde jedoch keineswegs von allen Marinen als der Beginn einer umwälzenden Entwicklung im Kriegsschiffbau erkannt. Es gab noch zu viele traditionsgebundene Gegner, die diese Bauten als kostspielige Modetorheiten ablehnten, ja verfemten. So verstrich das Jahr 1860, ohne daß Schiffe eines umwälzend neuen Typs geschaffen worden waren. Zwar begannen sich die untergeordneten Marinen jetzt ebenfalls gepanzerten Kriegsschiffen zuzuwenden, doch wurden dabei keineswegs neuartige Konstruktionen geschaffen.

In diese Zeit fielen die ersten Anfänge neuer Konstruktionen der großen Seemächte. Sie wirkten insofern revolutionierend, als sie ihre Hauptbewaffnung in drehbaren Türmen erhielten. Anläßlich einer am 29. Juni 1860 im Royal United Service Institute gehaltenen Vorlesung hatte der britische Captain Coles den Vorschlag unterbreitet, ein sehr niederbordiges Schiff zu konstruieren, auf dessen Deck sich einige drehbare Geschütztürme befinden sollten. Coles' Ideen glichen in manchen Einzelheiten denen von Stevens aus dem Jahre 1841.

Die hinderliche Takelage

Indessen, auch die Colesschen Ideen waren nicht so einfach zu verwirklichen, wie es vielleicht den Anschein haben könnte. Beträchtliche Schwierigkeiten mußten überwunden werden, bis sie realisiert werden konnten. Das größte Hindernis war die umfangreiche Takelage mit ihren zahlreichen Wanten, Stags und Abstützungen, die die britische Marine nicht ohne weiteres aufgeben wollte. Die Takelage aber beschränkte von vornherein die Bestreichungswinkel von an Oberdeck aufgestellten Türmen. Ein weiteres großes Hindernis war das große Toppgewicht der Türme, die als schwere Gewichtskörper die Stabilität des Schiffes ungünstig zu beeinflussen drohten. Andererseits kam ausschließlich die Placierung der Türme an Oberdeck in Betracht, wenn man genügend große Bestreichungswinkel erzielen wollte.

Die ersten nach Coles' Ideen gebauten Schiffe waren bezeichnenderweise keine britischen, sondern die einiger damals ganz untergeordneter Marinen, so z. B. **Rolf Krake** (Dänemark) und **Arminius** (Preußen). Es handelte sich bei ihnen um aus Eisen gebaute und mit einem Panzergürtel versehene Küstenfahrzeuge, die an Oberdeck zwei gepanzerte Türme System Coles trugen.

Das Turmschiff

Aus jenen kleinen Vorläufern entstand der Typ des ›Turmschiffes‹, so bezeichnet nach der Art der Aufstellung der Geschütze. Das Turmschiff löste das seitherige Batterieschiff im Prinzip ab, wenn auch noch konstruktionsmäßig gewisse Umwege dazwischengeschaltet waren, auf die noch zurückzukommen ist.

Als im Jahre 1861 zwischen den Nordstaaten und den Südstaaten Amerikas der Sezessionskrieg entbrannte, verlangten beide kriegführende Parteien nach neuen Kriegsschiffen, die ihnen ausschließlich in Gestalt von ›Panzerschiffen‹ vorschwebten. Beide begannen fast gleichzeitig mit der Bearbeitung von Projekten, doch waren die Wege, die sie beschritten, verschieden. Die Konföderierten machten dabei insofern den Anfang, als sie beschlossen, ein größeres Seeschiff entsprechend umzubauen und zu panzern. Die Wahl fiel dabei auf die Fregatte **Merrimack**, die ausgebrannt im Hafen von Norfolk lag.[18]

Die Umbauentwürfe kamen rasch vorwärts und fanden bereits Anfang Juli 1861 die Zustimmung Stephan R. Malbory's, des Secretary of the Navy der Konföderierten. Die Planung umfaßte die Reparatur des Schiffskörpers und der Maschine, den Ausbau der zerstörten Aufbauten und die Montage einer festungsartigen Kasematte aus gepanzertem Material. Mit den Arbeiten begann man alsbald danach. Allerdings konnte das erforderliche Panzermaterial von der schwach entwickelten Stahlindustrie des Südens nicht sogleich hergestellt und geliefert werden. In dieser Situation wußten sich die Konföderierten zu helfen und griffen auf ihre Eisenbahnlinien zurück, deren Schienenstränge teilweise abgebaut wurden und als Panzermaterial Verwendung fanden. **Merrimack** wurde in Höhe der Wasserlinie gewissermaßen ›abgeschnitten‹, und auf dem neu verlegten Oberdeck wurde die mit übereinandergeschraubten Eisenbahnschienen gepanzerte Kase-

---

[17] Die **Couronne** wurde 1858 in Lorient begonnen, lief aber erst 1861 vom Stapel. Wasserverdrängung 6428 ts; L_{CWL} 80,0 m, B 16,7 m, Tg 8,7 m. Maschinenleistung 2900 PS für 12,6 kn Geschwindigkeit. Panzerung: Wasserlinie 140 mm, Batteriepanzer 120 mm. Die Bewaffnung bestand aus 16,4 cm gezogenen Hinterladern.

[18] Die **Merrimack** war erst 1856 als erste einer Serie von 7 Fregatten in Dienst gestellt worden, fiel jedoch einem Brand zum Opfer und blieb bei der Räumung Norfolks als Wrack liegen.

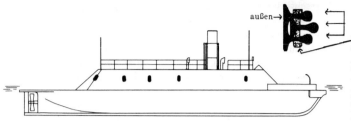

Typ: **Kasemattschiff**
Panzerungssystem: Kasemattpanzerschiff (›Panzerung‹ aus Eisenbahnschienen, vgl. Beiskizze)
Depl.   4500 ts
L   83,8 m
B   12,0 m
T   6,7 m
Antrieb: Eine Maschine = 1200 iPS = 9 kn
Panzerung: Kasematte 51,8 m lang, 0,6 m unter und 2,1 m über die CWL reichend; Wände: 508 mm dickes Fichtenholz und 100 mm dickes Eichenholz, darüber waagerechte Lage Eisenbahnschienen, die zu je dreien zusammengeschraubt waren. Neigung der Wände 45°. Enden der Kasematte flach abgerundet. Kleines Steuerhaus mit schrägen Wänden. Primitiver Sporn.
Bewaffnung: Sämtlich Dahlgren-Kanonen: 6—22,8 cm, 2—17,8 cm, 2—15,2 cm.
USA (Confederate States): Panzerschiff **Virginia** ex Fregatte **Merrimack** (1856).
Maßstab 1 : 1000

matte aufgesetzt, deren Seitenwände um 35° gegen die Senkrechte geneigt waren. Diese Kasematte lief in Höhe des Oberdecks in einen vertikalen Wasserlinienpanzer aus. Vorn hatte der Schiffskörper nur noch einen Freibord von 0,6 m, und am Vorsteven war ein schwerer Eisenkeil montiert, der als Rammsporn benutzt werden sollte. Die innerhalb der Kasematte placierte Batterie schoß aus Stückpforten heraus. Anfang 1862 wurde die **Merrimack** unter dem neuen Namen **Virginia** in Dienst gestellt.
Die Nordstaaten diskutierten Panzerschiffsprojekte erstmals im Mai 1861. Dieser Umstand bewirkte Anfang Juli 1861 die Bildung eines ›Ironclad Board‹, der alle fachlichen Fragen zu untersuchen und zu klären hatte. Bereits am 3. August darauf wurden dem Board 1,5 Millionen Dollar für die ›Construction or completing of iron or steel clad steam ships or steam batteries‹ zur Verfügung gestellt. Nachdem mehr als 100 Vorschläge geprüft worden waren, kam der Board im September 1861 zu dem Ergebnis,

- daß gepanzerte Schiffe nicht in Betracht kommen,
- daß zur Verteidigung von Küsten und zur Verwendung in flachen Gewässern — wie Häfen, Buchten, Flüssen — der Typ eines gepanzerten Kanonenbootes durchaus geeignet erscheint, und daß mit dem Bau solcher Schiffe sofort begonnen werden könne,
- daß jedoch ein erfolgreicher Ansatz solcher Kanonenboote gegen Festungswerke usw. kaum zu erwarten sei,
- daß hölzerne Schiffe zwar ungleich schneller sind als eiserne, aber auch viel weniger gut zu schützen sind,
- daß es vorläufig auch noch zweckmäßiger sei, bei den glatten Kanonen mit Vollkugeln zu bleiben,
- daß der Ankauf von ›Ironclads‹ aus Großbritannien schneller erfolgen könne und auch billiger sei, als dies von den heimischen Werften geboten werden kann,
- daß es aber aus politischen Gründen ratsamer ist, wenn solche Schiffe dennoch in der Heimat gebaut werden, und
- daß drei Typen von Panzerfahrzeugen und ihre Vergabe an heimische Werften empfehlenswert sei.

Der Congress kam der Empfehlung des Board nach und erteilte die folgenden Bauaufträge:
1. Ein gepanzertes Kasemattschiff an die Firma Merrick & Sons;
2. ein gepanzertes Kanonenboot an die Firma Bushnell;
3. ein gepanzertes Turmschiff an den Schweden Ericsson.

Letzterer hatte einen Entwurf geliefert, der von dem Bestreben beherrscht war, die Kampfkraft auf ein Maximum zu steigern und die Standkraft durch neue technische Lösungen zu gewährleisten. Das Prinzip, den Gegner durch einen Salvenhagel mittlerer und leichter Kaliber mattzusetzen, war hier aufgegeben worden. Nunmehr sollten wenige, aber um so schwerere Kaliber wirksame, ja tödliche Schläge austeilen können. Bei einem Minimum an Geschützzahl sollte das Kaliber auf das größtmögliche Maß gesteigert werden; diese wenigen, aber äußerst wirksamen Geschütze — in diesem Fall zwei glatte 28 cm-Vorderlader — sollten in einem einzigen Drehturm, System Ericsson, aufgestellt werden und um 360° drehbar sein, um nach jeder beliebigen Richtung feuern zu können. Das wurde deshalb möglich, weil auf jede Takelage verzichtet wurde. Der geringe Freibord des Schiffes sollte die Ziel-, Treff- und Panzerfläche möglichst klein halten. Der auf einer dicken Holzhinterlage ruhende Seitenpanzer war mit einer Dicke von 127 mm vorgesehen, und das Oberdeck sollte mit einem 25 mm dicken Panzer geschützt werden, der den vitalen Einrichtungen gegen steil einfallende Geschosse Sicherheit geben mußte. Mit 223 mm Dicke war der Kommandostand für damalige Verhältnisse bereits außerordentlich stark geschützt, während der Drehturm für die beiden schweren Geschütze nur 203 mm dick gepanzert war. Dieser maß in der Höhe 2,74 m, hatte einen Durchmesser von 6,09 m und ein Gewicht von 140 ts. Das Oberdeck wies einen starken Überhang nach beiden Seiten auf, wodurch die Schlingerbewegungen gedämpft werden sollten. Die Maschine war für 9 kn Höchstfahrt entworfen. Im übrigen wies das Schiff auch sonst bemerkenswerte Verbesserungen auf, wie z.B. künstlichen Zug für die Kessel, künstliche Lüftung, Panzergrätinge, sowie ein Schweberuder, mit dem ein besseres Manövrieren ermöglicht werden sollte.

Sämtliche Entwurfsmerkmale, wie sie vorstehend geschildert worden sind, fanden in der weltberühmt gewordenen **Monitor** und — laufend verbessert — deren Nachfolgern ihre Verwirklichung. Die Indienststellung der **Monitor** erfolgte am 25. Februar 1862 unter dem Kommando von Leutnant John L. Worden. Im Sezessionskrieg trat das Panzerschiff **Virginia** als erstes in Aktion. Es erschien am 8. März 1862 überraschend auf der Reede von Hampton Roads und griff das nordamerikanische Blockadegeschwader an. Die mit 24 Kanonen bestückte Fregatte **Cumberland** konnte selbst auf kürzeste Distanz der **Virginia** nichts anhaben und wurde von dieser schließlich durch Rammstoß versenkt. Ähnlich erging es der Fregatte **Congress**, die vergeblich ihre Breitseiten auf die **Virginia** abschoß. Sie kam auf einer Untiefe fest und war danach einem zweistündigen Bombardement durch die **Virginia** ausgesetzt, bis sie zuletzt nur noch ein brennendes Wrack war. Dieses Desaster verursachte die Flucht des nordamerikanischen Geschwaders, das bisher die Blockade aufrechterhalten hatte.

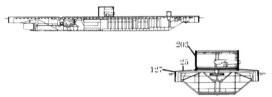

Typ: **Turmschiff**
Panzerungssystem: Gürtelpanzerschiff
Depl.   987 ts
L   52,4 m
B   12,5 m
T   3,2 m
Antrieb: 2 × . .-Maschinen = 320 iPS = 9 kn
Panzerung: WL 127 mm, Deck 25 mm, SA 203 mm
Bewaffnung: 2—28 cm-Vorderlader
USA: Panzerschiff **Monitor** (1862)
Maßstab 1 : 1000

Am nächsten Tage erschien jedoch das Nordstaaten-Panzerfahrzeug **Monitor** auf dem Kampfplatz. Dabei kam es zu jenem geschichtlich bemerkenswerten Zweikampf, aus dem keines der beteiligten Schiffe als Sieger oder als Verlierer hervorging. Dieses Gefecht endete unentschieden, weil es der beiderseitigen Artillerie nicht gelang, die Panzerung des gegnerischen Schiffes zu verletzen und seine Gefechtswerte ernsthaft zu schädigen. Es änderte auch nichts an dem Ausgang dieses Gefechts, daß von der **Virginia** schwere eiserne Vollkugeln verschossen wurden, während von der **Monitor** 170 Pfund schwere Eisenkugeln zum Einsatz kamen, die durch 30 bis 50 Pfund schwere Ladungen (anstatt der bisher üblichen 15 Pfund schweren) auf ihre Flugbahn geschickt wurden. Die beiderseitigen Rammversuche konnten die Schiffe durch entsprechendes Ruderlegen ausmanövrieren.

Damit hatte die Standkraft gegenüber der Schlagkraft wieder ihre ursprüngliche Bedeutung zurückgewonnen. Diese Erkenntnisse gaben dem Panzerschiffbau weiteren starken Auftrieb und führten allein in den Nordstaaten Amerikas zum Bau von weiteren 49 dieser nun allgemein ›Monitore‹ genannten Panzerfahrzeuge.[19]

Das erste britische Turmschiff

Dem Drängen des britischen Captains Coles sowie dem Interesse maßgeblicher Persönlichkeiten der britischen Marine und der Industrie trug die Admiralität schließlich Rechnung, als sie beschloß, nun doch noch zum Bau von derartigen Schiffen überzugehen, freilich zunächst nur versuchsweise und auch nicht ganz den Vorschlägen Coles' entsprechend. So wurde 1862 als erstes britisches Turmschiff die rund 4000 ts verdrängende **Prince Albert** begonnen, deren Bewaffnung aus vier 22,9 cm-Geschützen in vier einzelstehenden Türmen an Oberdeck bestand. In der Wasserlinie war ein 114 mm dicker, ringsumlaufender Panzergürtel angebracht.[20] Außerdem wurde die Fertigstellung eines im Ausbau befindlichen hölzernen Linienschiffes angehalten, um die Umkonstruktion von der Batterieaufstellung zur Turmaufstellung zu ermöglichen.[21]

Die Entwicklung der britischen Turmschiffe wurde jäh unterbrochen, als 1863 der Ingenieur Reed zum Chief constructor der britischen Marine ernannt wurde. Als Ausgangsbasis seiner zukünftigen Konstruktionen nahm er die Zentralbatterie nach dem Vorbild des 1861 vom Stapel gelaufenen französischen Panzerschiffes **Magenta** an und schuf zunächst die Panzerschiffe der **Research**-Klasse.

Dieser Rückschritt erklärt sich wohl sehr einfach: Die bisher gebauten Turmschiffe waren ausnahmslos so klein, daß sie nur für Küstenaufgaben in Frage kommen konnten.[22] Aus ihrer geringen Größe resultierte der niedrige Freibord, um der schweren Turmgewichte halber die Stabilität zu wahren. Mit solchen geringen Freibordhöhen aber waren sie kaum hochseefähig. Nach dem derzeitigen Entwicklungsstand aber schien eine unnatürlich große Deplacementssteigerung unumgänglich, wenn hochseefähige Turmschiffe gebaut werden sollten. Dieses Wagnis wollte Reed bei seinen zukünftigen Konstruktionen nicht eingehen. Deshalb entschied er sich für einen Rückschritt, für das Zentralbatterieschiff, jedoch für das hochseefähige.

Das bisherige Batterieschiff hatte für den Schutz der gesamten Batterie eine zu große Panzerfläche und damit einen zu großen Gewichtsaufwand für die Panzerung beansprucht. Deswegen begannen sich die maßgebenden Marinen mit einer geringeren Anzahl von Geschützen zu begnügen, die in der Schiffsmitte

---

[19] Trotz aller Standkraft dieser Monitore der gegnerischen Artillerie gegenüber bargen sie dennoch wesentliche Mängel in sich, hauptsächlich des geringen Freibords wegen, der die Seetüchtigkeit fast bis zum Nullpunkt verminderte. Einige Monitore sanken ohne jegliche Kampfverletzung nur infolge etwas stärkeren Seeganges.
[20] Die britische Marine ging schon bald (ab dem fünften Neubau seit **Warrior**) zum geschlossenen, ringsumlaufenden Panzergürtel über.
[21] Es handelte sich um die **Royal Sovereign**, die 1849 begonnen und 1864 fertiggestellt wurde. 5080 ts, 5—26,6 cm-Geschütze in 4 Türmen.
[22] Die ersten in der britischen Marine gebauten Turmschiffe wurden deshalb als ›Coast Defence Ships‹ bezeichnet.

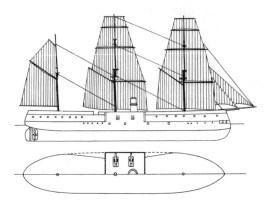

auf engerem Raum zusammengfaßt wurden. Die dementsprechend geringere Ausdehnung der Panzerflächen kostete auch weniger Gewicht.

Das Kasemattschiff

Als direkter ›Nachkomme‹ des Zentralbatterieschiffes entstand das ›Kasemattschiff‹, doch waren für diesen Entwicklungszweig weniger technische als taktische Gründe ausschlaggebend. Mit der Verminderung der Geschützzahl mußte man zunächst einmal versuchen, die verbliebenen Geschütze durch bessere, d.h. größere Bestreichungswinkel besser auszunutzen. Zudem hatte sich die Taktik einschneidend verändert: Einmal waren durch Einführung der maschinellen Antriebskraft die Geschwindigkeit sowie die Dreh- und Manövriereigenschaften der neuen Panzerschiffe gegenüber den alten Segel-Linienschiffen erheblich angewachsen, und zum anderen schien die Standkraft der Panzerschiffe gegenüber den im Gebrauch stehenden Waffen

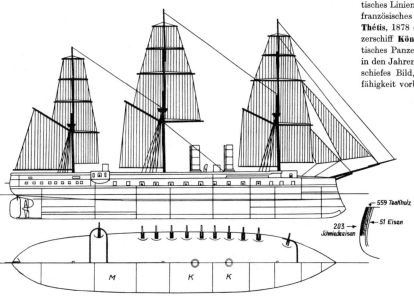

Typ: **Zentralbatterieschiff**
Panzerungssystem: Zitadell-Gürtelpanzerschiff
Depl.   1200 ts
L   56,4 m
B   10,6 m
T   4,6 m
Antrieb: 1 × direktwirkende 2 Zyl.-Maschine = 1040 iPS = 10,3 kn
Panzerung: Wasserlinie und Batterie 114 mm
Bewaffnung: Vier 100 pdr.-Kanonen
Großbritannien: Panzerschiff **Research** (1863)
Maßstab 1 : 1000

derart überlegen zu sein, daß Entscheidungen auf artilleristischer Ebene kaum zu erhoffen waren. Der Rammangriff schien der einzige, erfolgversprechende Ausweg zu sein, zumal die Gefechtsentfernungen noch nicht nennenswert groß waren. Daher beherrschte der Gedanke des Rammangriffs weitgehend die damalige Taktik, weshalb fast alle damaligen Panzerschiffe mit einem Rammsporn versehen wurden.[23] Teilweise wurde sogar die bisherige Gefechtsformation der Kiellinie aufgegeben, und mehrere Marinen gingen zu Formationen über, die den Rammstoß begünstigen sollten, wie z.B. Dwarslinie und Keilformationen. Diese Taktik mußte daher den Gebrauch der seit-

---

[23] Dieses Manöver erschien zu jener Zeit durchaus vertretbar, weil gerammte Schiffe keine allzugroße Widerstandsfähigkeit bewiesen. Bis dahin und auch noch in den späteren Jahren gab es genügend drastische Beispiele: 1862 die nordamerikanische Fregatte **Cumberland** durch das Südstaaten-Panzerschiff **Virginia**, 1866 italienisches Panzerschiff **Ré d'Italia** durch das österreichische Panzerschiff **Ferdinand Max**, 1869 russische Fregatte **Oleg** durch russisches Panzerschiff **Kreml**, 1871 russisches Panzerschiff **Admiral Lazarev** durch Schwesterschiff **Admiral Spiridov**, 1873 spanische Korvette **Fernando El Catolica** durch spanisches Panzerschiff **Numancia**, 1875 britisches Linienschiff **Vanguard** durch britisches Panzerschiff **Iron Duke**, 1877 französisches Panzerschiff **Reine Blanche** durch französisches Panzerschiff **Thétis**, 1878 deutsches Panzerschiff **Großer Kurfürst** durch deutsches Panzerschiff **König Wilhelm**, 1893 britisches Panzerschiff **Victoria** durch britisches Panzerschiff **Camperdown**. Sämtliche aufgeführten Fälle außer den in den Jahren 1862 und 1866 waren Unfälle und ergeben insofern ein etwas schiefes Bild, weil die gerammten Schiffe meist nicht zur Widerstandsfähigkeit vorbereitet waren (kein Verschlußzustand usw.).

Typ: **Batterieschiff**
Panzerungssystem: Gürtelpanzerschiff
Depl.   9603 ts norm., 10591 ts max.
L   112,2 m
B   18,3 m
T   8,2 m
Antrieb: 1 × 2 Zyl. — einfachwirkende Exp.-Maschine = 8000 iPS = 14,0 kn
Panzerung: WL 203 mm, Batterie 203 mm
Bewaffnung: 18—24 cm im Batteriedeck, 5—21 cm (davon 4 im Erker und eine an Oberdeck)
Preußen: Panzerfregatte **König Wilhelm** (1868)

herigen Breitseit-Bewaffnung erheblich einschränken; aus diesem Grunde begann das sog. ›Überendfeuer‹ eine größere Bedeutung zu erlangen.

Die Hauptmerkmale des Kasemattschiffes waren ein dicker, aber nur sehr schmaler Wasserlinienpanzer und darüber eine in den Schiffskörper ›hineingebaute‹ Kasematte, die als Panzerkasten von meist rechteckigem und später bis achteckig werdendem Grundriß meist seitlich über die Bordwand hinausragte. In jener Kasematte erfolgte die Unterbringung der Geschütze. Durch zusätzliche Aufstellung weiterer Geschütze hinter besonderen Schutzschirmen am Bug und am Heck wurde ein direktes Feuer — das ›Überendfeuer‹ — ermöglicht, während den in der Kasematte zusammengefaßten Geschützen meist etwas günstigere Bestreichungswinkel zugewiesen werden konnten.

Allerdings hatten die Bug- und Heckgeschütze den Nachteil starker Behinderung, wenn ihre Verwendung durch überkommendes Wasser nicht überhaupt ausgeschlossen war. Bei den folgenden Bauten versuchte man, diesen Mangel durch besondere Vorrichtungen zu beheben, wie z. B. durch ein seitliches Überstehenlassen der Kasematte (wie auf der deutschen **Kaiser**-Klasse), stark eingezogene Bordwände im Bereich vor und hinter der Kasematte (französische **Dévastation**-Klasse) und schließlich durch die Anordnung der Kasematte in zwei übereinanderliegenden Decks (englische **Alexandra**). So konnten die Bestreichungswinkel der schweren Kasemattgeschütze auf durchschnittlich 100° gebracht werden, wodurch das ›Überendfeuer‹ wesentlich verstärkt wurde.

An sich stellte der Typ des Kasemattschiffes einen relativ befriedigenden Kompromiß zwischen den verschiedenen, sich vielfach widersprechenden Anforderungen dar. Die Seetüchtigkeit war durch den meist großen Freibord recht gut, die Bedienung der Geschütze auch bei stärkerem Seegang möglich, und die Handhabung der Takelage durch die Geschützaufstellung nicht wesentlich beeinträchtigt. Im Vergleich zu ihrem Gewichtsaufwand war die Schlagkraft dieser Schiffe jedoch gering. Dennoch konnte sich diese Gattung relativ lange halten; das letzte Kasemattschiff — die deutsche **Oldenburg** — lief 1885 vom Stapel.

Lissa — und die Folgerungen

Die gepanzerte Ausgabe des alten Holz-Linienschiffes wurde kurz darauf durch ein anderes Ereignis völlig entwertet. Es war dies die Seeschlacht bei Lissa am 20. Juli 1866. Sieht man dabei von Tegetthoffs Rammtaktik ab, so brachte diese Schlacht zwei wichtige Erkenntnisse: Wieder einmal zeigte sich die bis dahin bestehende Leistungsfähigkeit der Geschütze der Panzerung als unterlegen, und zum anderen wurde die Gefahr, die sich aus der leichten Brennbarkeit der hölzernen Schiffsrümpfe ergab, recht drastisch vor Augen geführt.

Die Rammtaktik Tegetthoffs wurde jedoch völlig falsch verstanden. Sie war nichts anderes als ein schon verzweifelt zu nennender Versuch, gegen die materialmäßig überlegenen, wenn auch taktisch schlecht geführten Italiener eine Entscheidung herbeizuführen, weil mit den Geschützen gegen die gepanzerten Schiffe wenig auszurichten war.[24] An sich sollte man glauben, daß die fremden Flotten Tegetthoffs Rammtaktik richtig als das einschätzten, was sie wirklich war. Aber die traditionsgebundene ›Front‹ erlebte hier die ›klassische‹ Seeschlacht und zog teils begeistert völlig falsche Schlüsse daraus, ohne sich darüber im Klaren zu sein, daß sich die Rammtaktik nur solange halten konnte, bis die Leistungsfähigkeit der Geschütze verbessert worden war und ein Nahkampf wie bei Lissa ohnehin nicht mehr in Betracht kommen konnte.

Das äußere Zeichen dieser falschen Erkenntnisse war die Nachahmung dessen, was die maßgebenden Marinen bereits eingeführt hatten, nämlich des Rammstevens. Mit ihm wurden in der Folgezeit nicht nur alle Linienschiffe und Panzerschiffe versehen, sondern auch Kreuzer, Korvetten und Kanonenboote. Der Rammsteven bildete sich nur sehr langsam zurück, blieb aber bis zum Ende des Ersten Weltkrieges erhalten.

---

[24] In dieser Seeschlacht wurde das italienische Panzerschiff **Ré d'Italia** (5700 ts, hölzerner Rumpf mit 178 mm Gürtelpanzer) durch Rammstoß des österreichischen Panzerschiffes **Ferdinand Max** versenkt. Das italienische Schiff war von einer amerikanischen Werft gebaut worden; lange Zeit hielt sich das Gerücht, daß als Baumaterial grünes Holz Verwendung gefunden habe (vgl. Schreier, 100 Jahre Panzerschiffbau [in Marinerundschau 1942, S. 664]). Über die Rammtaktik: Vgl. Keil und Ramme bei Lissa, 20. Juli 1866 [in Marinerundschau 1935, S. 293 ff.].

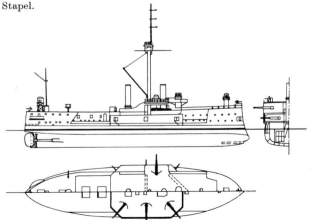

Typ: **Kasemattschiff**

Panzerungssystem: Kasemattpanzerschiff

Depl.   5166 ts norm., 5652 ts max.
L   79,8 m
B   18,0 m
T   6,3 m

Antrieb: 2 × 4 Zylinder — 2 fachwirkende Exp.-Maschinen = 3900 iPS = 13,7 kn

Panzerung: Kasematte 200 mm, WL 300 mm, Deck 30 mm

Bewaffnung: 8—24 cm, 4—15 cm, 4 TR

Deutsches Reich: Panzerschiff **Oldenburg** (1884)

In Großbritannien war unterdessen Captain Coles nicht untätig geblieben. Dort hatte sich die Admiralität inzwischen entschlossen, einen neuen Versuch mit Turmschiffen aufzunehmen, nachdem Coles im übrigen Ausland immer mehr Anklang fand. Die Forderungen der Admiralität gingen nun darauf hinaus, ein *hochsee*fähiges Turmschiff zu bauen. Es wurde in der 1866 begonnenen **Monarch** verwirklicht. Ein Zahlenvergleich mit dem ersten britischen Turmschiff weist die Verbesserungen deutlich aus:

		Prince Albert	**Monarch**
Wasserverdrängung	ts	3880	4814
Länge	m	73,15	100,58
Breite	m	14,63	17,52
Tiefgang	m	6,20	7,92
Freibord	m	2,13	3,65
Bewaffnung (SA)		4—22,8 cm	4—30,5 cm
SA-Aufstellung		4 ○	2 ○

Allerdings war Coles' Entwurf noch in zahlreichen Details auf Weisung der Admiralität abgeändert worden. Erst 1867 erhielt er freie Hand und konnte die von ihm entworfene **Captain** bauen.

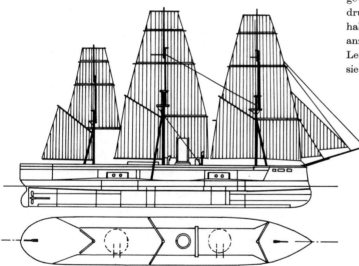

Die **Captain** war ganz aus Eisen erbaut und hatte in der Wasserlinie einen maximal 178 mm dicken Gürtelpanzer. Die Bewaffnung umfaßte vier 30,5 cm-Vorderlader in zwei Coles-Türmen, die aus dem sehr tief gelegenen Batteriedeck — das zugleich das Hauptdeck war — herausragten.[25] Back und Schanz waren durch eine Laufbrücke verbunden, die ihrer großen Breite halber zugleich als Manöverdeck diente und die beiden Türme überspannte, so daß letztere nach den Seiten freien Spielraum hatten, also einen optimalen Seitenrichtbereich. Letzterer wurde weiterhin auch dadurch ermöglicht, weil Coles die Masten anstatt wie bisher durch Stenge und Wanten nunmehr durch eiserne Stützbeine absteifen ließ, womit er den Vorläufer des späteren Dreibeimastes schuf. An und für sich war die **Captain** damit nichts anderes als ein Kompromiß zwischen einem vollgetakelten Hochseeschiff und einem niederbordigen Turmschiff. Der geringe Freibord setzte die Stabilität erheblich herab. Schon bei seiner ersten Reise geriet das Schiff am 6. September 1870 unweit Kap Finisterre in einen schweren Sturm und ging unter, mit ihm sein Schöpfer, Captain Coles, und der größte Teil der Besatzung (472 von 489 Mann). Das war zweifellos ein Rückschlag in der Entwicklung der Turmschiffe. Das Vertrauen in diesen Typ wurde dadurch nicht unerheblich erschüttert.[26]

Das Barbetteschiff

Die französische Marine strebte indessen eine andere Lösung an, denn das bisherige Batterie- und Zentralbatterieschiff einschließlich seiner Abwandlung zum Kasemattschiff schien kaum mehr entwicklungsfähig zu sein, während andererseits das Turmschiff nicht mehr das bisherige Vertrauen zu rechtfertigen schien.[27] Andererseits hatten sich indessen die taktischen Anschauungen gewandelt, und die Waffenentwicklung begann unter dem Eindruck der Erfahrungen von Lissa einen starken Auftrieb zu erhalten: Hatten die bisherigen Geschütze der Panzerung nichts anzuhaben vermocht, so mußte man nunmehr versuchen, ihre Leistungen zu steigern und ihre Aufstellung so zu wählen, daß sie in jener Phase des Gefechts entscheidend eingreifen konnten.

Typ: **Turmschiff**
Panzerungssystem: Gürtelpanzerschiff
Depl. 7767 ts
L 97,5 m
B 16,3 m
T 7,4 m
Antrieb: 2 × Exp.-Maschinen = 5400 iPS = 14,25 kn
Panzerung: WL 178 mm, Türme 254 mm, KdoT. 178 mm
Bewaffnung: 4—30,5 cm Vorderlader, 2—17,8 cm Vorderlader
Großbritannien: Panzerschiff **Captain** (1869)

Es lag nahe, daß man sich an die entwicklungsfähigeren Konstruktionen anlehnte, aber trotz aller Rückschläge schien die künftige Entwicklung ausschließlich dem Turmschiff vorbehalten zu sein.

---

[25] Dadurch betrug der Freibord nur 2,53 m, bei voller Beladung sogar nur noch 1,97 m!

[26] Darüber das Gutachten des Untersuchungsausschußes: »... H. M. Ship **Captain** was capsized by pressure of sail assisted by the heave of the sea; and she sail at the time of her loss (regard being had to the force of the wind and the state of the sea) was insufficient to have endangered a ship endued with a proper amount of stability ...« (Parkes, British Battleships, S. 143).

[27] Die französische Marine lehnte den gedeckten Turm ab, da ihr dieser zu schlecht ventilierbar erschien Ein weiterer Grund zu seiner Ablehnung schien in der Klemmgefahr zu bestehen, die durch Treffer in die Drehvorrichtungen entstehen konnte.

So schufen die Franzosen ab etwa 1867 die Barbette, einen oben offenen gepanzerten Ringwall oder Brustwehr. Über diesen schossen die Geschütze festungsartig hinweg.[28] Zuerst waren solche Barbetten nur für die leichteren Geschütze geschaffen worden, die hauptsächlich für Verfolgungs- oder Rückzugsgefechte eingesetzt wurden. Als sich jedoch die taktischen Anschauungen änderten — nämlich zu jenem Zeitpunkt, da auch die schwereren Geschütze für den Überendkampf größere Bedeutung erlangten — lag es nahe, daß man die bisherige Bewaffnungsanordnung wechselte. Von nun an wurden die leichteren Geschütze nur noch in der Batterie aufgestellt, während man für die schwereren Geschütze die Barbette einführte. Wurden diese anfangs noch innerhalb ihrer Barbette auf sog. Kreisbahnen geschwenkt, so erhielten sie bald darauf Drehscheiben, mit denen sie fest verbunden waren. Etwa gleichzeitig damit entstand ein gepanzerter Schacht für den Munitionsaufzug.

Diese Entwicklung war eine rein französische und begann 1867/68 mit den Korvetten der **Alma**-Klasse; mit dem 1879 vom Stapel gelaufenen Panzerschiff **Amiral Duperré** war sie erst verhältnismäßig spät ausgereift. Erst von diesem Zeitpunkt ab wandten sich auch andere Marinen diesem Entwicklungszweig zu.

Typ: **Barbette-Kasemattschiff**
Panzerungssystem: Gürtelpanzerschiff
Depl. 11 240 ts
L   97,0 m
B   20,0 m
T   8,5 m
Antrieb: 2 × 3fachwirkende Exp.-Maschinen = 7100 iPS = 14,0 kn
Panzerung: WL 559 mm, Barbetten 300 mm, Deck 60 mm
Bewaffnung: 4—34 cm in offenen Barbetten, 14—14 cm im Batteriedeck
Frankreich: Panzerschiff **Amiral Duperré** (1879)

Amiral Duperré war mit vier 34 cm-Geschützen ausgerüstet, die in vier Einzelbarbetten aufgestellt waren. Von ihnen standen die beiden vorderen seitlich von der Brücke, wo sie die Bordwand erheblich überragten, während die beiden anderen hintereinander in der Mittschiffslinie placiert waren. Ohne Zweifel wurden damit recht gute Bestreichungswinkel erzielt. Daneben besaß das Schiff noch vierzehn 14 cm-Geschütze in konventioneller Batterieaufstellung, wobei allerdings auf jeglichen Panzerschutz verzichtet worden war.

Das ›Reduit‹

Aus dieser Entwicklungsrichtung leitete sich eine andere ab, nämlich die des ›Reduits‹. Dieses hatte seine Urform in einem gepanzerten Deckshaus von meist langovalem Grundriß,

aus dem ein oder zwei Geschütze herausschossen, die für Pfortenwechsel eingerichtet waren. Ein solches Reduit befand sich u.a. auf dem ältesten Panzerschiff der deutschen Marine, **Prinz Adalbert**, das darin zwei 17 cm-Ringkanonen trug.[29] Diese Geschütze waren so beschaffen, daß sie auf an Deck verlegten Spuren (Kreisbahnen) bewegt werden und so die Pforten wechseln konnten. Etwas später gingen die Franzosen dazu über, dieses Reduit nicht mehr als geschlossenes Deckshaus zu bauen, und begnügten sich statt dessen mit einer offenen, gepanzerten Brustwehr. Das hatte sich bei Hinterladern des besseren Abzugs der Rauch- und Pulvergase halber als notwendig erwiesen. Damit fielen gleichzeitig die Stückpforten des Reduits fort, und die Geschütze selbst brauchten nicht mehr in festen Spuren bewegt zu werden, weil man den Boden innerhalb der Brustwehr zur Drehscheibe ausbaute und mit dem oder den Geschützen fest miteinander verband. Der Drehmechanismus wurde gewöhnlich ein Deck tiefer installiert. Dabei lag es auch nahe, einen gepanzerten Schacht für den Munitionsaufzug zu installieren. In seinem Endstadium hatte dann die Panzerbrustwehr bzw. das seitherige Reduit kreisförmige Gestalt angenommen. Daraus entwickelte sich schließlich der Barbette-Turm.

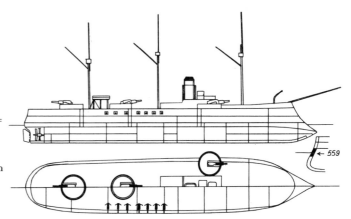

Die Verbesserung der Geschütze

Die Verbesserung der Geschütze konzentrierte sich in der Hauptsache darauf, ihre Durchschlagsleistungen zu erhöhen. Das war nur durch eine Steigerung der Geschoßgewichte zu bewirken, die wiederum zwangsläufig eine Kalibersteigerung zur Folge hatte. Mündungsgeschwindigkeit und Mündungsenergie blieben im allgemeinen auf dem bisherigen Stand, weil die Treibmittel vorerst nicht verbessert werden konnten. So wuchsen bei annähernd gleichbleibenden Mündungsleistungen und Rohr-

---

[28] Ähnliche Schiffe wurden in der britischen Marine als ›Breastwork Monitors‹ bezeichnet.

[29] **Prinz Adalbert** wurde 1864 als Widderschiff **Cheops** für die Konföderierten von einer französischen Werft gebaut und im gleichen Jahr angekauft. Der Kauf wurde kurz danach rückgängig gemacht, aber 1865 erneut und endgültig abgeschlossen. Dieses Schiff war mißlungen und galt als eine minderwertige Konstruktion. Schon 1878 mußte es wegen Unbrauchbarkeit abgewrackt werden.

längen die Kaliber bis Mitte der 70er Jahre auf 40,6 und 45,6 cm bei Rohr- bzw. Geschützgewichten bis zu 110 t an.
Der Steigerung der Durchschlagsleistungen kam eine 1863 eingeführte Granate aus gehärtetem Grauguß entgegen; schon 1865 durchschlug der 20,3 cm-Vorderlader L/15 auf eine Entfernung von 900 m einen 250 mm dicken Walzeisenpanzer.

Geschoßwirkung und Panzer

Unter diesen Umständen mußte es ab Mitte der 70er Jahre zu einem Höhepunkt der Auseinandersetzung zwischen dem Geschütz und seiner Leistungsfähigkeit einerseits und der Panzerung und ihrer Widerstandsfähigkeit andererseits kommen. Das Anwachsen der Kaliber und damit der Leistungen der Geschütze zwang selbstredend zu einer Gegenmaßnahme, die wiederum nur durch Verstärkung der Panzerdicken verwirklicht werden konnte, da die Qualität des Panzermaterials bisher noch nicht wesentlich verbessert worden war. Eine solche Entwicklung mußte schon in kurzer Zeit zu einer enormen Gewichts- bzw. Deplacementssteigerung der Schiffe führen, wenn ihr nicht durch Neuerungen, Vereinfachungen und dgl. Einhalt geboten werden konnte. Es zeigte sich dabei, daß kaum eine Marine ernsthaft daran interessiert war, einer solchen Tendenz zu folgen. Generell zeichneten sich zwei Möglichkeiten ab:

- Einschränkung der Panzerung auf einen schmalen Wasserliniengürtel, dazu lediglich Panzerschutz der Geschützstände sowie ihrer Munitionsaufzüge. Bei dieser Methode konnten die Panzerdicken wesentlich vergrößert werden.
- Zusammenfassung der ›lebenswichtigen‹ Teile und der im Mittelschiff unterzubringenden Artillerie in einem gemeinsamen Panzerkasten, der ›Zitadelle‹, wofür allerdings ein hoher Freibord Voraussetzung war. Hierbei waren die ungepanzerten Teile des Schiffes nur durch ein unter der Wasserlinie liegendes Panzerdeck zu schützen.

Die erste Möglichkeit blieb zunächst nur der französischen Marine vorbehalten (**Amiral Duperré, Terrible, Amiral Baudin, Hoche, Marceau** usw.), und nur wenige andere Marine machten — aber erst viel später — von ihr nur vorübergehend Gebrauch, so z.B. Rußland (**Imperator Nikolaj I.**) und Deutschland (**Brandenburg, Kaiser Barbarossa**).
Die zweite Möglichkeit war eine rein italienische Lösung und wurde von dem damaligen Chefkonstrukteur der italienischen Marine, Benedetto Brin, erstmals auf den Panzerschiffen der **Duilio**-Klasse angewandt. Mit ihnen enstand der Begriff des sog. ›Zitadell-Panzerschiffes‹: Die Geschütztürme standen dabei innerhalb der Zitadelle, d.h. in einem über die lebenswichtigen Teile (Antriebsanlage, Kommandozentrale, Munitionsräume und dgl.) gestülpten Panzerkasten. Die seitlichen Wände dieses Panzerkastens wurden dabei von dem übriggebliebenen Gürtelpanzer gebildet, denn nun fielen die die Schiffsenden umschließenden Gürtelpanzerenden weg. Erhalten blieb neben der Zitadellpanzerung lediglich noch das durchlaufende Panzerdeck. Die Zitadelle nahm einen meist rechteckig verlaufenden Grundriß an; da die Panzerfläche — also die Zitadelle — im Vergleich zum gesamten Schiff verhältnismäßig klein gehalten werden

konnte (in der Regel breitete sie sich über das mittlere Schiffsdrittel aus), hatte man nun die Möglichkeit, den dickstmöglichen Panzer zu verwenden, um somit die lebenswichtigen Teile des Schiffes zumindest theoretisch unverwundbar zu machen. In kürzester Zeit stiegen deshalb die Panzerdicken bis auf über 600 mm an. Allerdings handelte es sich dabei noch keineswegs um homogenen Panzer, sondern gewöhnlich um zwei Plattenlagen, zwischen die eine Teakholzschicht eingeschoben wurde.
Außer der italienischen Marine führte auch die britische und die deutsche Marine den Typ des Zitadell-Panzerschiffes ein, der schließlich bald darauf auch von den anderen panzerschiffbauenden Marinen außer Frankreich übernommen wurde und sich rund zwei Jahrzehnte lang hielt.

Seitenpanzer und Zitadellpanzer:
von links (außen) nach rechts (innen): Teakholz 230
Schmiedeeisen 152
Teakholz 190
Schmiedeeisen 254

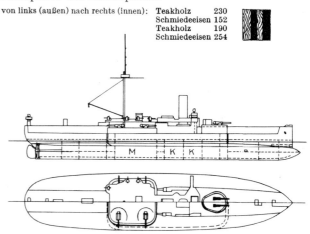

Typ: **Barbette-Kasemattschiff**
Panzerungssystem: Zitadellpanzerschiff
Depl. 7514 ts norm., 7910 ts max.
L 98,2 m
B 18,4 m
T 6,4 m
Antrieb: 2×3 Zylinder — einfachwirkende Exp.-Maschinen + 5600 iPS = 13,0 kn
Panzerung: WL 406 mm, Barbette 254 mm, Deck 75 mm
Bewaffnung: 6—26 cm, 6—8,7 cm
Deutsches Reich: Panzerschiff **Sachsen** (1877)

Typische Vertreter waren die Schiffe der deutschen **Sachsen**-Klasse. Der mittlere Teil ihres Schiffskörpers war zu einem rechteckigen Panzerkasten von 400 mm Dicke an den Seiten gestaltet, in dem sich die Antriebs- und Kommandoanlagen sowie die Munitionsräume befanden. Dieser Panzerkasten barg wiederum eine oben offene Kasematte für vier 26 cm-Kanonen mit Bestreichungswinkeln von achteraus über querab nach voraus, dazu — auf dem Vorschiff — eine Barbette für zwei weitere 26 cm-Geschütze. Das Vorschiff und das Achterschiff waren lediglich durch ein unter der Wasserlinie liegendes Panzerdeck

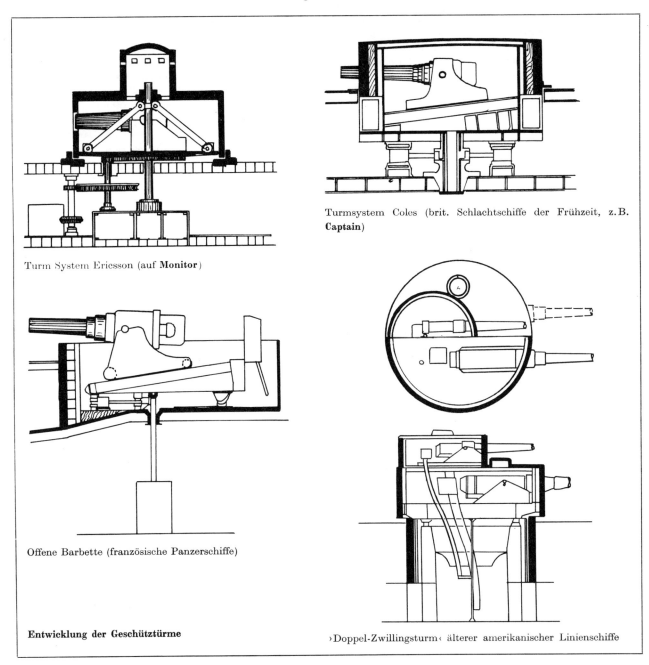

Turm System Ericsson (auf **Monitor**)

Turmsystem Coles (brit. Schlachtschiffe der Frühzeit, z.B. **Captain**)

Offene Barbette (französische Panzerschiffe)

Entwicklung der Geschütztürme

›Doppel-Zwillingsturm‹ älterer amerikanischer Linienschiffe

von 75 mm Dicke sowie durch eine verhältnismäßig gute Raumunterteilung gesichert. Nach vorn und nach achtern wurde die Zitadelle durch dicke Panzerquerschotte abgeschlossen. Selbst bei völliger Zerstörung der Schiffsenden sollte der gepanzerte und daher nur schwer verwundbare Mittelschiffskörper immer noch in der Lage sein, die Schwimmfähigkeit und die Stabilität zu erhalten.

Neue Waffen — neue Taktik

Gleichzeitig begründete dieser Entwicklungszweig eine neue Taktik. Diese stützte sich auf die Verwendung von wenigen Geschützen, jedoch von stärkstem Kaliber. Bei den damals in Frage kommenden Gefechtsentfernungen sollte der Gegner durch die vernichtende Wirkung der neu aufgekommenen panzerbrechenden Geschosse außer Gefecht gesetzt werden. Da es noch keine Schnelladekanonen gab, rechnete man mit einer geringen Trefferwahrscheinlichkeit und damit auch mit einer geringen Trefferdichte, bedingt durch die infolge eines noch immer sehr umständlichen und vor allem zeitraubenden Nachladens nur recht geringe Feuergeschwindigkeit.

Das diagonale Reduit

In dem Bestreben, ein möglichst großes Schußfeld zu schaffen, konstruierten die Italiener auf ihren in den 70er Jahren erbauten Schiffen ab **Duilio**-Klasse ein diagonal zur Mittschiffslinie verlaufendes Reduit als offene Panzerbrustwehr. Innerhalb dieses Reduits standen — gegeneinander versetzt, also diagonal zueinander angeordnet — je zwei schwere Hinterlader. Aus dieser Serie ragen besonders die Schiffe der **Italia**-Klasse heraus. Mit diesen Einheiten entstanden Giganten, die an Größe ihrer Zeit beachtlich weit voraus waren. Sie zu bauen, fühlten sich die Italiener im Hinblick auf ihre Niederlage bei Lissa bewogen.

Allerdings: Es waren Fehlkonstruktionen, denn ein Wasserlinienpanzerschutz fehlte ihnen völlig. Das war wohl darauf zurückzuführen, daß ihre Pläne bereits 1875 entstanden und ganz auf die Anschauungen des Admirals di Saint Bon abgestimmt waren, der in Bezug auf defensive wie offensive Eigenschaften eine Geschwindigkeit gefordert hatte, die allen zeitgenössischen wie auch zukünftigen Gegnern erheblich voraus war. Hohe Geschwindigkeit und stärkstmögliche Bewaffnung forderten aber ihren Tribut in Gestalt enormer Gewichte. Damit waren die Italiener gezwungen, nach neuen Wegen zu suchen, um ein Übergleiten der Hauptkampfschiffe ins Gigantische zu verhindern. Deswegen verzichteten sie kurzerhand auf die schwergepanzerte Zitadelle und überhaupt auf jeden Seitenpanzerschutz; zur Sicherung der Schwimmfähigkeit erhielten sie ein Panzerdeck, und die Stabilität sollte durch ein verhältnismäßig gut durchdachtes Zellensystem gewährleistet werden.

Dieses Reduit fand sich dann abgewandelt als Brustwehr für dahinter stehende *Türme* auf verschiedenen Schiffen dieser Zeit

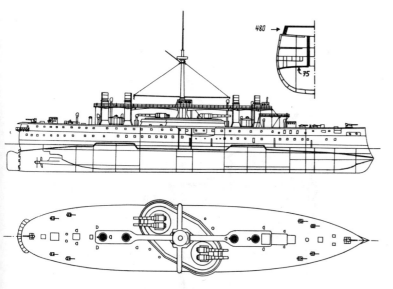

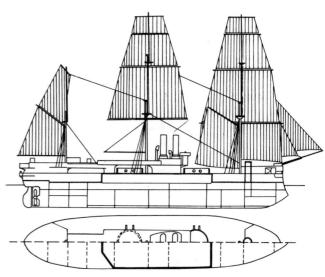

Typ: **Reduitschiff**

Panzerungssystem: Panzerdeckschiff
Depl. 13 678 ts norm., 15 649 ts max.
L 122,0 m
B 22,3 m
T 9,6 m
Antrieb: 1 × 2fachwirkende Exp.-Maschine = 16 000 iPS = 18 kn
Panzerung: WL ohne, Deck 75 mm, Reduit 480 mm, KdoT. 100 mm
Bewaffnung: 4—43,1 cm, 8—15,2 cm, 4—12 cm, 2—7,5 cm, 10—5,7 cm, 4 TR
Italien: Panzerschiff **Lepanto** (1883), sehr ähnlich, jedoch mit insgesamt 6 Schornsteinen: **Italia** (1880)

Typ: **Turmschiff**

Panzerungssystem: Zitadellgürtelpanzerschiff
Depl. 9310 ts
L 91,4 m
B 19,2 m
T 7,6 m
Antrieb: 1 × 2 Zyl.-Exp.Maschine = 7993 iPS = 14,2 kn
Panzerung: WL 305 mm, Zitadelle 254 mm, Deck 76 mm, SA 330 mm, KdoT. 206 mm
Bewaffnung: 4—30,5 cm Vorderlader, 2—22,9 cm Vorderlader, 6—20 pdr.-Hinterlader
Großbritannien: Panzerschiff **Neptune** (1878)

Panzerschutz — Unterwassereinteilung — 45,6 cm Vorderlader

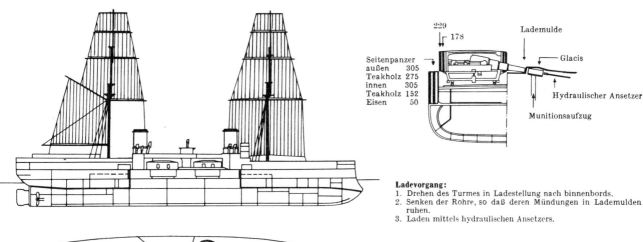

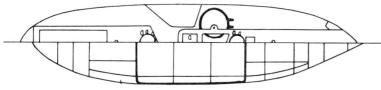

Ladevorgang:
1. Drehen des Turmes in Ladestellung nach binnenbords.
2. Senken der Rohre, so daß deren Mündungen in Lademulden ruhen.
3. Laden mittels hydraulischen Ansetzers.

wieder, doch besaßen alle einen mehr oder weniger vollwertigen, aber immerhin doch *vorhandenen* Wasserlinien- oder Zitadellpanzer.[30]

Der Hauptzweig dieser Entwicklung blieb jedoch dem Turmschiff vorbehalten, nachdem nun einmal der Weg dazu gewiesen war. Die Schiffbauer ließen sich trotz der Rückschläge gerade bei diesem Zweig nicht entmutigen. In Europa wandte sich das Interesse allgemein den Coles-Türmen zu; u. a. rüstete die deutsche Marine ihre Panzerschiffe der **Preußen**-Klasse mit solchen Türmen aus. Auch die russische Marine (**Petr Velikij**) sowie einige nordeuropäische Staaten befaßten sich damit, und in Übersee waren es hauptsächlich die ABC-Staaten, die Interesse gewannen.[31]

Großbritannien hatte ab 1869 nach einem ungewissen Hin und Her[32] wieder eine Reihe von Hochsee-Turmschiffen begonnen[33] und entschloß sich unter dem Eindruck zweier 1873 in Italien entstehender Bauten zur bisher höchsten Steigerung des Turmschiffes, die in der **Inflexible** verwirklicht wurde. Bei den italienischen Bauten handelte es sich um **Duilio** und **Dandolo**, die mit einem bisher unerreichten Schwerstkaliber ausgerüstet

Typ: **Turmschiff**
Panzerungssystem: Zitadellpanzerschiff
Depl. 11 880 ts
L 100,6 m
B 22,8 m
T 8,1 m
Antrieb: 2 × 3 Zylinder Compound-Maschinen = 8407 iPS = 14,75 kn
Panzerung: WL einschl. Zitadelle 609 mm, SA 432 mm, Deck 76 mm, KdoT. 305 mm
Bewaffnung: 4—40,6 cm Vorderlader, 8—10,2 cm
Großbritannien: Panzerschiff **Inflexible** (1876)

werden sollten, dem 45,0 cm-Vorderlader. Großbritannien glaubte sich benachteiligt, wenn es jetzt nicht mitzog, und entwickelte seinerseits ein Schwerstkaliber, den 40,6 cm-Vorderlader, den letzten Vorderlader der britischen Marine überhaupt. Es folgte dann noch Frankreich mit einem 42 cm-Geschütz, während alle übrigen Marinen aus finanziellen und technischen Gründen an dieser Entwicklung nicht teilhaben konnten. So entstanden in diesen Jahren eine Reihe schwerstbewaffneter Panzerschiffe. Ihre Bewaffnungsanordnung war vielfach recht unkompliziert: Entweder trugen sie ihre Geschütze in Türmen oder in Barbetten bzw. Reduits. Und außer **Inflexible** waren sie sämtlich ungetakelt.[34] Letzteres war eine Notwendigkeit, der man sich nicht länger mehr verschließen konnte, um die Bewaffnung durch

---

[30] Erwähnenswert sind hier **Ting Yuen** (China), **Doria** und **Ruggiero di Lauria** (Italien) und **Texas** (USA).

[31] So **Huascar** (Chile), **Los Andes** (Argentinien) und **Riachuelo** (Brasilien).

[32] Wie sehr die britische Konzeption im Hinblick auf die Bewaffnungsanordnung schwankte, ergibt sich aus dem Werk von Parkes. Es lassen sich dabei ungefähr folgende Zeitabschnitte feststellen: 1859—67 Batterie- und Zentralbatterieschiffe, 1861 vorübergehend Turmschiffe, 1866—67 erneut Turmschiffe, 1867—68 Kasemattschiffe und daneben ab 1867 Turmschiffe für den Küsteneinsatz (Breastwork Monitors), 1869—72 wiederum Turmschiffe, 1873—74 Kasemattschiffe und Kasematt-Barbetteschiffe, 1874—80 Turmschiffe, 1880—83 Barbetteschiffe, 1885—86 Turmschiffe, 1889 Barbetteschiffe, seit 1890 endgültig Turmschiffe.

[33] Das waren **Devastation** und **Thunderer** (1869 auf Stapel gelegt, 9330 ts, 4—30,5 cm-Kanonen, Seitenpanzer 305 mm, Geschwindigkeit 13,5 kn) sowie **Dreadnought** (1872 auf Stapel, 10886 ts, 4—31,7 cm-Kanonen, Seitenpanzer 356 mm, Geschwindigkeit 14 kn).

[34] Auf **Inflexible** wurde die Takelung nur bis 1885 beibehalten.

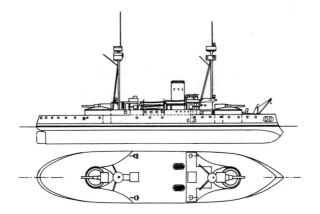

Typ: **Barbetteschiff**
Panzerungssystem: Gürtelpanzerschiff
Depl. 7230 ts
L   83,3 m
B   18,0 m
T   7,5 m
Antrieb: 3fachwirkende Exp.-Maschinen = 14,5 kn
Panzerung: WL 500 mm, Deck 100 mm, Barbetten 240 mm, KdoT. 300 mm
Bewaffnung: 2—42 cm, 4—10 cm
Frankreich: Panzerschiff **Caiman** (1885)

ausreichend große Bestreichungswinkel optimal ausnutzen zu können. Auf getakelten Schiffen war dies nur sehr schwer zu ermöglichen, während Versuche, die Takelung zu reduzieren[35], nicht befriedigend zu verwirklichen waren. Ebenso war kein direktes Bug- oder Heckfeuer möglich, wenn die Takelage beibehalten werden sollte. Inzwischen war jedoch der maschinelle Antrieb so weit vervollkommnet, daß ohne Bedenken auf die Takelage verzichtet werden konnte, wenn auch gegen den Willen der traditionsgebundenen Front. So waren bereits ab 1870 die ersten ungetakelten Hochsee-Panzerschiffe eingeführt worden[36], doch vermochten sie sich zunächst nicht durchzusetzen.

Leistungssteigerung der Antriebsanlage

Verglichen mit seinen ersten Anfängen, war der maschinelle Antrieb jetzt auf einer bereits beachtlichen Entwicklungsstufe angelangt. Die Erhöhung des Dampfdruckes infolge besseren Kesselmaterials, die Einführung der Oberflächenkondensation anstatt der bisherigen Einspritzkondensation sowie der Übergang von der Einzylindermaschine zur Compoundmaschine ermöglichten eine bessere Ausnutzung des Brennstoffes; ebenso ergab sich auch ein günstigeres Maschinen-Einheitsgewicht.

---

[35] Zu beachten ist auch die Lösung des britischen Captain Coles, der die Wanten und Stags der Masten durch eiserne Stützbeine ersetzen ließ.

[36] So u. a. **Devastation** (Großbritannien), **Duilio** (Italien) und **Sachsen** (Deutschland).

Von vornherein war der Dampfantrieb hinsichtlich der erreichbaren Geschwindigkeit dem Segelantrieb überlegen, und mit der inzwischen erzielten Brennstoffersparnis infolge besserer Brennstoffausnutzung und den verbesserten Maschinen, denen auch allgemein eine Erhöhung ihrer Betriebssicherheit zugute kam, wurde die Fahrtstrecke so weit erhöht, daß der maschinelle Antrieb auch für Marschfahrtstufen genügte. Gleichzeitig versprach der Zweischraubenantrieb auch für Gefechtszwecke eine genügende Sicherheit, beispielsweise bei Ausfall einer Maschine.

Torpedo und Mine

In dieser Zeit einer sprunghaften und oftmals verworrenen Entwicklung des Kriegsschiffbaues begann mit der Einführung des Torpedos um 1872 herum ein neues Stadium. Zwar war der Torpedo in seinen ersten Anfängen noch sehr langsam und seine Laufstrecke nur kurz bemessen, während seine Treffsicherheit und seine Sprengwirkung vorerst nur gering waren. Er gewann aber hauptsächlich unter dem Einfluß der ›jeune école‹ — einer seit etwa 1871 von Frankreich ausgehenden neueren Anschauung des gesamten Seekriegswesens — bald die Bedeutung eines taktischen Faktors und beeinflußte den Kriegsschiffbau erheblich. Diese ›jeune école‹ lehrte nichts anderes, als ›daß der Torpedo das große Panzerschiff erschlagen habe‹ und ›daß der Krieg der Zukunft — wenigstens gegen England — der Kampf gegen den Seehandel‹ sein müsse.[37] War diese Prognose zunächst recht kühn und voreilig formuliert, so schien sie dennoch einen wahren Kern zu enthalten. Er kam schon in nächster Zukunft, den Kriegen Japans gegen China (1894/95), Spaniens gegen die Vereinigten Staaten (1898) und Japans gegen Rußland (1904/05) zum Vorschein und zeigte die Gefährdung der großen Panzerschiffe durch die neuen Unterwasserwaffen wie Mine und Torpedo in bedenklicher Weise.

Das Torpedoboot

Bald danach war ein neuer Waffenträger entstanden, das Torpedoboot. Dieser allmählich schneller und gefährlicher werdende Gegner zwang zu einer Vergrößerung der Gefechtsentfernungen, die sich den zunehmenden Laufstrecken der Torpedos anpassen mußte. Nur dadurch, so folgerte man ganz richtig, ließ sich der Gefahr, überraschend von Torpedobooten angegriffen zu werden, begegnen, d. h. sie konnte verringert, aber nicht gänzlich ausgeschaltet werden.

Verworrenes Denken

Wie verworren das damalige seetaktische Denken war, geht aus einer zeitgenössischen englischen Schrift hervor.[38] Die beiden

---

[37] Diese hauptsächlich durch den französischen Admiral Aube entwickelten Theorien trugen wesentlich zur Gestaltung der französischen Marine bei. An erster Stelle eines möglichen Seekrieges stand die ozeanische Kreuzerkriegführung; darum erfuhr der französische Kreuzerbau in den nächsten Jahren eine gewisse Bevorzugung vor dem Panzerschiffbau.

[38] Admiral Sir George Elliot, A Treatise on Future Naval Battles and how to fight them, London 1885 (besprochen in: Gedanken über Seetaktik und Schiffbau vor 50 Jahren [Marine-Rundschau 1936, S. 369ff.]).

Waffen, die zu jener Zeit das Denken völlig beherrschten, waren der Torpedo — und der Rammangriff! Man hatte keinen Zweifel, daß zukünftige Flottenschlachten nur von diesen beiden Seekriegswaffen entschieden würden, während die Geschütze nur in Einzelkämpfen, Schiff gegen Schiff, eine Rolle untergeordneter Bedeutung spielen würden. Während vorher das Geschütz herrschte und durch Zerstörung der Takelage und durch Treffer über der Wasserlinie des Gegners das Gefecht entschied, schien all dies nun überholt. Für eine zukünftige Flottenschlacht galt es als sicher, daß die zur Schlacht aufmarschierenden Flotten ihre Torpedoboote als Angriffsspitze auf den Feind ansetzen würden. Das seegehende Torpedoboot galt — mäßig gutes Wetter vorausgesetzt — als der unumstrittene Herr der Lage.

Schnellfeuerkanonen — Scheinwerfer

Für den Panzerschiffbau brachte diese Entwicklung zwangsläufig eine Reihe bedeutsamer Neuerungen. Zur Abwehr der Torpedoboote schuf man kleinkalibrige, schnellfeuernde Geschütze, die man in meist recht großer Anzahl frei an Oberdeck aufstellte. Solche Geschütze waren schon in der 70er Jahren eingeführt worden, wie z. B. die deutsche 3,7 cm-Revolverkanone[39]. Um 1880 kamen dann Maschinenkanonen bis zu 4,7 cm-Kaliber auf. Bei diesem Entwicklungsstand konnte jedoch nicht haltgemacht werden, denn die zunehmende Widerstandsfähigkeit der Torpedoboote infolge ihrer stetigen Vergrößerung einerseits und die Erhöhung der Torpedolaufstrecken (sie befähigten das Torpedoboot, seine Torpedos aus größerer Entfernung als bisher zu verschießen) andererseits zwang auch zu einer allmählichen Kalibersteigerung dieser Torpedoboot-Abwehrbatterie. Diese mußte sich des Schnellfeuerprinzips bedienen, und das wiederum bewirkte die Ausdehnung des Schnellfeuerprinzips bis zu den mittleren Kalibern. So feuerte ein modernes Schnellfeuergeschütz von 10,2 cm-Kaliber um 1887 pro Minute etwa fünfzehnmal, während es im Vergleich dazu ein 12 cm-Hinterlader nur wenig älterer Konstruktion auf nur höchstens 2 Schuß je Minute brachte.

Dieser beachtliche artilleristische Fortschritt wurde vor allem durch den Übergang zum Mittelpivot anstatt der bisherigen Lafettierung, weiter durch Reibungsbremsen anstatt der unzulänglichen Rücklaufbremsen sowie durch Flüssigkeitsbremsen anstatt der ungenügenden Vorholeinrichtungen ermöglicht. Weitere Neuerungen waren der selbständige Vorlauf des Rohres sowie Verbesserungen der Richtmittel, Verschlußeinrichtungen und die Einführung der Einheitsmunition.

Da für die Torpedoboote nur die Nacht zum Angriff in Betracht kam, stellte man sehr bald weitreichende Scheinwerfer in größerer Anzahl auf, um der Torpedoboot-Abwehrartillerie die Ziele zu beleuchten. Selbstverständlich waren sich die panzerschiffbauenden Marinen darüber klar, daß sie neben der Torpedobootabwehr-Batterie einen weiteren Torpedoschutz entwickeln mußten. Zwei Einrichtungen kamen dafür in Frage: Das Torpedoschutznetz und das Torpedoschott. Ersteres war aber nur für das stilliegende Schiff zu verwenden, während die nachträgliche Installation eines Torpedoschotts bei einem bereits fertiggestellten Schiff kaum mehr zu verwirklichen war.

Schon 1876 war bei der britischen Admiralität der Vorschlag eines Torpedoschutznetzes eingegangen, doch blieb er unbeachtet, weil dafür noch keine echte Notwendigkeit bestand. Dieser Vorschlag sah einen rund um das Schiff laufenden hölzernen Balken vor, von dem eine feste Drahtkrinoline etwa 5 m tief herabreichte. Diese sollte aus waagerechten Eisenstäben bestehen, durch die starkes Stahldrahttauwerk hindurchgeschoren war. Das so entstandene Netz sollte Torpedos auffangen und von der Bordwand fernhalten. Nur der Bug hätte von dem Netz freibleiben und von innen her durch ein ausgebautes Zellensystem geschützt werden sollen. Es lag aber auf der Hand, daß eine solche Einrichtung für ein in Fahrt befindliches Schiff einen fühlbaren Geschwindigkeitsverlust verursacht hätte. Als die Marinen jedoch vor die Tatsache gestellt wurden, ihre Schiffe gegen die Torpedogefahr zu schützen, blieb ihnen nichts anderes übrig, als aufrollbare Netze an beiklappbaren Spieren längs der Bordwand anzubringen.

Schutz vor Torpedos

Die Einführung eines *wirksamen* Torpedoschutzes blieb erst der französischen Marine vorbehalten. Dies geschah um die Jahrhundertwende, in einer etwas späteren Ära des Kriegsschiffbaues, auf die noch zurückzukommen ist.

Der Compound-Panzer

Eine logische Folge der Gesamtentwicklung war die Verbesserung des Panzermaterials — ein typisches Beispiel dafür, wie gerade im Kriegsschiffbau der eine Keil den anderen treibt. Es war klar, daß die Panzerung nur noch mit einer Verbesserung ihrer Qualität den ständig ansteigenden Geschützleistungen Paroli bieten konnte, denn den Panzerdicken waren bestimmte gewichtsmäßige Grenzen gesetzt, die zweifellos erreicht, teils sogar überschritten waren.

1877 wurde der sog. ›Compound‹-Panzer eingeführt; diese Panzerplatten bewiesen auf Grund ihrer weichen und elastischen Rückseite eine gewisse Überlegenheit gegenüber den in etwa der gleichen Zeit aufkommenden Stahlpanzerplatten. Letztere besaßen infolge zu großer Härte eine zu geringe Elastizität. Gegenüber dem bisherigen Walzeisenpanzer bewies der ›Compound‹-Panzer die Überlegenheit des härteren Stahls, der die Geschosse beim Auftreffen zu Bruch gehen ließ. Von dieser Zeit ab wurde dieser ›Compound‹-Panzer bei fast allen Marinen eingeführt, und damit trat die Rivalität zwischen Geschütz und Panzerung wiederum in ein neues Stadium ein. Sie war wohl eine der wesentlichsten Ursachen jener Kalibersteigerung bis zu 45,6 cm.

---

[39] Die deutsche 3,7 cm-Revolverkanone bestand aus einem Bündel von 5 Rohren, welches sich durch eine Handkurbel um seine mittlere Längsachse drehen ließ. Bei jeder Kurbelumdrehung wurde ein Patronengeschoß vor den untersten Lauf gebracht und durch einen gefederten Schlagbolzen abgefeuert. Die Patronengeschosse mußten einzeln mit der Hand durch einen Ladetrichter in den Verschluß geführt werden. Feuergeschwindigkeit je Minute etwa 40 Schuß.

Gezogene Hinterlader gegen ›Compound‹-Panzer

Kaliber cm	Rohrgewicht t	Geschoßgewicht kg	Sprengladung kg	Durchschlag auf 900 m Entfernung bei Stärke in mm der Compoundplatte
43,1	100	908	35,0	609
37,0	63	771	22,7	634
34,3	63	567	18,1	559
30,5	43	324	13,6	457
25,4	26	227	9,1	419

Allerdings zeigte es sich auch, daß die verhältnismäßig kleinen Schiffe — ihre Verdrängungen lagen meist zwischen 10 000 und 12 000 ts — reichlich überbewaffnet waren, worunter insbesondere ihre Seetüchtigkeit und auch ihre Stabilität litt. Da die schweren Turmgewichte möglichst tief gelegt werden mußten, fielen infolgedessen Freibord und Feuerhöhe der Geschütze nur sehr gering aus. Für die schweren Geschütze erwiesen sich die Schiffe vielfach als zu klein, so daß andere wichtige Faktoren darunter litten. Diese Schwierigkeiten traten bei den meisten panzerschiffbauenden Marinen auf, und fast alle Konstruktionen aus den Jahren 1870 bis etwa 1890 zeigten die gleichen Mängel. — Symptome ihrer Zeit.

Die Ursache dieser Mängel war zweifelsfrei in der freiwilligen Beschränkung des Deplacements auf etwa 10 000 bis 12 000 ts zu suchen. Zwar war es damals durchaus schon möglich, größere Schiffe zu bauen, wie es das Beispiel des Panzerschiffes **Italia** mit fast 15 000 ts beweist, doch zeigten alle Seemächte vielfach eine Scheu vor der Überschreitung dieser Grenzen und statt dessen die Tendenz, zu Gunsten einer möglichst großen Anzahl von Panzerschiffen keine allzugroßen Werte in das Einzelschiff zu investieren — eine typische ›Nachwehe‹ aus der Zeit der großen Segel-Linienschiffsflotten!

Unsicherheit über die Entwicklung

Bei den sich überstürzenden Neuerungen auf allen Gebieten der Seekriegswaffen, des Kriegsschiffbaues und auch des taktischen Denkens konnten sicher noch keine klaren Konzeptionen gefaßt werden. Mit jeder technischen Verbesserung traten zwangsläufig neue taktische Fragen auf. Ganz besonders war es die Torpedowaffe, die alle bisherigen Grundlagen der Seekriegsführung über Bord geworfen zu haben schien. Hin- und herwogende Diskussionen über Wert und Unwert dieser neuen Waffe verursachten keine Klärung, sondern allenfalls Resignation und Ratlosigkeit. Wenn daher dem Panzerschiffbau finanzielle und damit auch

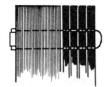

1860:
Zusammengebolzte gehämmerte Schmiedeeisenplatten auf Holzhinterlage

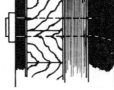

1865:
Walzeisenpanzer auf doppelter Holzhinterlage mit Eisenträgerversteifung, Innenhaut aus Eisenplatten

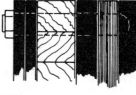

1870:
Sog. ›Sandwich‹-Panzer, mehrere Walzeisenplattenschichten abwechselnd mit Holzschichten, Innenhaut aus zwei Blechlagen

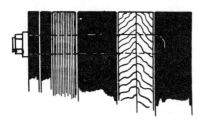

1875:
Verbundpanzer (Compound-Panzer): Stahlbekleidete Schweiß-Eisenplatten, sonstige Anordnung wie bisher

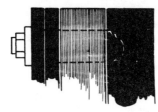

1890:
Nickelstahlpanzer: Stahlplatten mit harter Oberfläche (Nickelzusatz und Zuführung von Kohlenstoff)

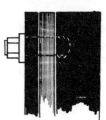

Seit 1902:
Chromnickelstahlpanzer: Zähe Panzerplatten mit glasharter Oberfläche, Innenhaut 30 mm stark

Die Entwicklung des Schiffspanzers (links = innen / rechts = außen)

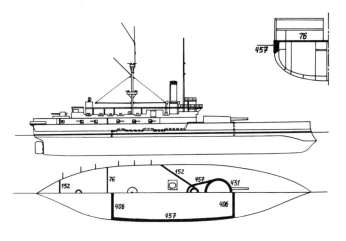

Typ: **Barbetteschiff**
Panzerungssystem: Zitadellpanzerschiff
Depl. 11 020 ts
L   103,6 m
B   21,3 m
T   8,9 m

Antrieb: 2 × 3fachwirkende Exp.-Maschinen = 7500 iPS = 15,3 kn

Panzerung: WL 457 mm, Deck 76 mm, KdoT. 355 mm, SA 431 mm, Barbetten 457 mm

Bewaffnung: 2—41,3 cm Hinterlader, 1—25,4 cm, 12—15,2 cm

Großbritannien: Panzerschiff **Victoria** (1880)

größenmäßige Beschränkungen auferlegt wurden, so ist dies nicht weiter verwunderlich. Man wollte ganz offenbar erst die Konsolidierung und die ›Gesundung‹ der ganzen Entwicklung abwarten.

Das Gefecht vor dem Yalu

Inmitten dieses Resignierens, eigentlich schon in den ersten Anfängen eines neuen Entwicklungstriebes, trat ein Ereignis ein, das alle Marinen und erst recht die Kriegsschiffkonstrukteure aufhorchen ließ. Es war dies der chinesisch-japanische Krieg und das Seegefecht vor dem Yalu am 17. September 1894. Hier traf ein chinesisches Geschwader, dessen Kern aus den beiden Panzerschiffen **Ting Yuen** und **Chen Yuen** bestand[40], mit einem japanischen Flottenverband — 11 Kriegsschiffe, in der Hauptsache moderne geschützte Kreuzer — zusammen. Die Chinesen konnten 22 schwere und 20 mittlere Geschütze alter Art — also noch keine Schnellfeuerkanonen — zum Tragen bringen, während den Japanern neben 12 älteren schweren und 24 mittleren nicht weniger als 66 Schnellfeuergeschütze vom Kaliber 15,2 cm und 12 cm zur Verfügung standen. Die Chinesen

dampften in altertümlicher Formation — die stark an Lissa erinnerte — schwerfällig gegen die Japaner an, die hingegen zwei Geschwader in Kiellinie formierten, mit denen sie gegen den rechten Flügel der Chinesen vorstießen. Diese konnten dadurch eingekreist werden, und fünf ihrer Schiffe wurden innerhalb von zwei Stunden versenkt. Das war deshalb möglich, weil die japanischen Schiffe überlegen geführt wurden und ihre Besatzungen wohl auch besser ausgebildet waren. Diese Vorteile fehlten den Chinesen gänzlich. Hätte ihre Leistungsfähigkeit auf größerer Höhe gestanden, dann wäre aller Voraussicht nach den Japanern eine Niederlage wohl kaum erspart geblieben. Einen durchschlagenden Erfolg konnten aber auch die Japaner nicht erringen, da sie den standfesten chinesischen Linienschiffen nicht beikommen konnten.[41] So scheiterte die japanische Führungskunst und ihr überlegenes artilleristisches Können an der überlegenen Standkraft der chinesischen Schiffe. Allerdings: Damit hatten die Japaner die Seeherrschaft in den chinesisch-japanischen Gewässern errungen, denn von nun ab verließen die chinesischen Kriegsschiffe nicht mehr ihre Häfen.

Lehren für den Kriegsschiffbau

Welche Lehren zog der Kriegsschiffbau aus dieser Auseinandersetzung? Parkes faßt die dabei gewonnenen Erkenntnisse gedrängt zusammen[42]:

- Es zeigte sich der Vorteil einer überlegenen Geschwindigkeit und des offensiven Vorgehens.
- Die Schnellfeuerkanonen bewiesen ihre absolute Überlegenheit gegenüber den herkömmlichen Geschützen.
- Es wurden Maßnahmen erforderlich, durch die die Brandgefahr herabgesetzt werden konnte.
- Die bisherigen Schutzschilde der Geschütze erwiesen sich als wenig sinnvoll, da sie gefährliche Splitterquellen abgaben.
- Die Anhäufung von Munition an exponierter Stelle erwies sich als außerordentlich gefahrbringend.

Vor allem zeigte das Gefecht aber den Wert stark gepanzerter Kriegsschiffe gegen Granatfeuer, gleichzeitig aber auch die verheerende Wirkung der Schnellfeuergeschütze gegen nur leicht gepanzerte und noch wesentlich mehr gegen völlig ungepanzerte Flächen. Insbesondere erwiesen sich die vielen hölzernen Einrichtungen an Bord infolge ihrer leichten Brennbarkeit als akute Gefahrenquellen. Die Konsequenzen, die aus dieser Schlacht gezogen wurden, waren vor allem die Betonung einer starken Mittelartillerie, die Vermehrung der gepanzerten Flächen, und die Vermeidung brennbarer Einrichtungen.

Die Ära des Einheits-Linienschiffes

Um 1890 herum begann die alte Linientaktik wieder aufzuleben, nachdem die neu eingeführte Torpedowaffe größere Gefechtsentfernungen zwischen den kämpfenden Flotten zwingend vorschrieb. Damit trat auch eine allmähliche ›Gesundung‹ der taktischen Anschauungen ein. Begünstigt wurde dies noch da-

---

[40] Beide in Deutschland erbaut, 1881/82 vom Stapel, je 7400 ts, 14,5 kn Geschwindigkeit, 4—30,5 cm-, 4—15 cm- und leichtere Geschütze. Wasserlinienpanzer 355 mm.

[41] Kein einziger japanischer Treffer wirkte panzerbrechend.
[42] Parkes, British Battleships, S. 390.

durch, daß der Panzerschiffbau inzwischen in seiner technischen Entwicklung einen vorläufigen Endpunkt erreicht hatte.

Weitere Entwicklung der Schiffsartillerie

Durch das Wiederaufleben der Linientaktik und der damit verbundenen größeren Gefechtsentfernungen gewann das Breitseitfeuer der schweren Artillerie wieder eine größere Bedeutung. Dies begann sich zunächst mit einem allgemeinen Kaliberrückgang bis auf 34 cm bemerkbar zu machen. Das war möglich, weil verbesserte Treibmittel eine allgemeine Leistungssteigerung der Geschütze zuließen. Kurz vor Beginn der 80er Jahre waren langsamer abbrennende Pulver eingeführt worden, die das bis dahin allgemein im Gebrauch stehende Schwarzpulver endgültig verdrängten. Um diese Treibmittel am vorteilhaftesten auszunutzen, vergrößerte man die Rohrlängen, wodurch wiederum Mündungsgeschwindigkeit, Mündungsenergie und Durchschlagskraft auf größere Entfernungen gesteigert werden konnten. Das um 1885 eingeführte rauchlose Pulver steigerte dann die Geschützleistungen abermals. So konnte die Mündungsgeschwindigkeit infolge Einführung jener langsamer abbrennenden Pulver zunächst von 480 m/sek auf durchschnittlich 650 m/sek und dann dank Einführung der rauchlosen Pulver noch einmal auf 800 m/sek gesteigert werden.

Die vergrößerten Rohrlängen einerseits und die angestiegenen Rohrgewichte andererseits machten die Einführung des Hinterladegeschützes und eine andere Lafettierung notwendig, soweit dies nicht schon geschehen war. So hielt die britische Marine bis 1880 am Vorderlader fest, obwohl englische Geschützfabriken bereits Hinterlader bauten.

Die angestiegenen Gefechtsentfernungen forderten überdies, die Geschütze handlicher zu machen, um mit ihnen eine höhere Feuergeschwindigkeit zu erreichen. Dies gelang durch verschiedene Neuerungen:

- Verbesserung der Verschlußmechanismen.
- Maschinelle Ansetzvorrichtungen.
- Teilweise Anwendung von Metallkartuschen.
- Ausdehnung der Lademöglichkeit auf jede Seitenrichtung und teils auch auf jede Rohrerhöhung.

Die obere Grenze dafür war das 30,5 cm-Geschütz von meist 40 Kalibern Rohrlänge, das bald bei fast allen Marinen vertreten war.

Verbesserung des Panzermaterials

Das ständige Wechselspiel zwischen Geschütz und Panzerung nahm aber auch mit dieser neuen Entwicklung ein neues Stadium ein. Es war dies die Einführung eines wesentlich verbesserten Panzermaterials in den 90er Jahren, nämlich des Nickelstahlpanzers, wie er von den Firmen Simpson (USA), Harvey (Großbritannien) und Krupp (Deutschland) entwickelt worden war. In allen Fällen handelte es sich um Nickelstähle, deren obere Plattenschichten mittels verschiedener Verfahren mit Kohlenstoff angereichert wurden. Dadurch konnte eine enorme Härte erzielt werden. Bei gleicher Widerstandsfähigkeit ließen sich somit die Panzerdicken und damit auch die für die Panzerung aufzubietenden Gewichtsmassen vermindern.

Linienschiffbau in Serien

Unter diesen recht günstigen Umständen begann sich bald ein als einheitlich zu nennender Linienschifftyp herauszuentwickeln. Auch trugen politische Gründe wesentlich dazu bei, die bisher geübten finanziellen und größenmäßigen Beschränkungen im Linienschiffbau zu sprengen. Eine wesentliche Ursache dazu war der englische ›Naval Defence Act‹ von 1889, der vorschrieb, die britische Flotte auf eine solche Stärke zu bringen, daß sie die Seeinteressen des Imperiums gegen die vereinigten Flotten der beiden nächstgrößeren Seemächte — damals Frankreich und Rußland — wahren konnte. Das war der Anlaß zu einer mächtigen Flottenaufrüstung Großbritanniens.

Die Aufgabe der bisherigen größenmäßigen Beschränkungen mußte wohl schon zwangsläufig zu einer beträchtlichen Deplacementssteigerung führen. Dabei ging die britische Marine nicht immer konsequent und zielstrebig vor, sondern verharrte noch in einer Stellung, die zwischen einer zahlenmäßigen Vergrößerung der Schlachtflotte und der Erhöhung des Kampfwertes des einzelnen Schiffes schwankte.

Hatten die 1887 vom Stapel gelaufenen Linienschiffe nur rund 12 000 ts Verdrängung, so erhielten die nächstfolgenden der Stapellaufjahre 1891/92 gleich rund 14 200 ts, um mit den 1892 abgelaufenen Einheiten wieder auf 10 500 ts zurückzugehen und endlich mit den um die Jahrhundertwende gebauten Schiffen auf 14 000 ts anzuwachsen.

Frankreich erreichte 1902 mit seinen Linienschiffen der **République**-Klasse die 15 000 ts-Grenze, Japan diese sogar schon 1898 mit den in England gebauten Einheiten der **Shikishima**-Klasse; die Amerikaner hielten sich mit höchstens 13 000 ts in den üblichen Grenzen, ebenso die deutsche Marine, die nicht wesentlich über 13 000 ts hinausging.

Günstige Folgen dieser Größenentwicklung waren vor allem eine bessere Durchkonstruktion, ein höherer Freibord und damit eine größere Seetüchtigkeit sowie eine längere Fahrstrecke. Der Bau ganzer Serien gleicher Schiffe — in Großbritannien bis zu neun — hatte eine teils erhebliche Einsparung an Baukosten zur Folge und förderte obendrein den taktischen Zusammenhalt der Linienschiffsgeschwader.

Mit dem neuen Panzermaterial war es ermöglicht worden, die Panzerdicken wesentlich zu verringern. So ging die deutsche Marine von 400 mm (**Brandenburg**-Klasse) auf 225 mm (**Wittelsbach**-Klasse) zurück, die Engländer von 508 mm (**Trafalgar**) sogar bis auf teilweise 152 mm zurück (**Canopus**-Klasse), die Franzosen von 450 mm (**Carnot**-Klasse) bis auf 280 mm (**Patrie**-Klasse), und die Amerikaner von 420 mm (**Illinois**-Klasse) auf 279 mm (**Georgia**-Klasse). Dadurch war es möglich geworden, die gepanzerte Fläche über das Schiff zu vermehren, ohne daß hierfür ein wesentlicher Gewichtsmehraufwand notwendig gewesen wäre. Das führte dazu, daß man sogar die bisherige Zitadellpanzerung beibehielt, jetzt aber den Panzergürtel wieder auf die Schiffsenden ausdehnen konnte. Damit entstand als neue Panzerungsmethode die sog. ›Zitadell-Gürtelpanzerung‹, die sich bis Ende des Ersten Weltkrieges hielt. Ihren Ursprung hatte diese Anordnung in dem französischen Panzerkreuzer **Dupuy de Lôme** (1890 vom Stapel), einem Schiff mit um die Steven geschlossenen und bis an das Oberdeck reichenden Gürtelpanzer. Innerhalb seiner Gattung blieb dieses Schiff allerdings das einzige derart geschützte. Seine Panzerungsanordnung wurde etwas abgewandelt vom britischen Kriegsschiffbau übernommen, und zwar insofern abgewandelt, als man dort die Zitadelle und ihre Panzerung zwar beibehielt, jedoch die Zitadell-Seitenwände nach vorn und nach achtern verlängerte. Erstmals erfolgte dies auf den Linienschiffen der **Royal Sovereign**-Klasse (1891/92 vom Stapel).

Die deutsche Marine ging erst 1900 mit den Linienschiffen der **Wittelsbach**-Klasse dazu über, nachdem man zuvor noch an der rein französischen Gürtelpanzerung festgehalten hatte.[43] Die letzten so geschützten deutschen Kriegsschiffe waren die Panzerschiffe der **Brandenburg**-Klasse (1891/92 vom Stapel), die Linienschiffe der alten **Kaiser**-Klasse (1896/1900 vom Stapel), und schließlich auch noch der Große Kreuzer **Fürst Bismarck** (1897 vom Stapel).

Gleichzeitig wurde das bisher meist flach verlaufene Panzerdeck durch Böschungen nach der Unterkante des Gürtelpanzers zu erheblich verbessert, so daß es die Form eines Schildkrötenrückens annahm. Hier waren die Engländer bahnbrechend: Das erste derart geschützte Linienschiff war die 1893 begonnene **Renown**.[44] Der Vorteil dieser Konstruktion bestand darin, daß ein derart an die Unterkante des Gürtelpanzers herangeführtes Panzerdeck in diesem die Wirkung eines guten Widerlagers fand.

Die deutsche Marine konnte für sich noch eine andere Neuerung schaffen: Mit der ab 1895 begonnenen **Kaiser**-Klasse begann eine allen anderen Marinen vorauseilende Entwicklung des sorgfältig ausgebildeten Unterwasserschutzes durch ein enges wasserdichtes Zellensystem, für die der erste Chefkonstrukteur der deutschen Marine, Professor Alfred Dietrich, verantwortlich zeichnete.[45]

Das Torpedolängsschott

Aber auch andere Marinen entwickelten verbesserte Unterwasserschutzeinrichtungen. Da war zunächst die Konstruktion des Torpedolängsschotts, eine Idee französischer Ingenieure. Bisher waren speziell die Maschinenanlagen durch Seitenlängswände aus gewöhnlichem Blech gesichert, weil diese gleichzeitig die Kohlenbunker begrenzten, die ohnehin zum Schutze der Maschinen vor Trefferwirkungen meist an den Schiffsseiten an-

[43] Schreier, a.a.O., S. 749.
[44] Andere Angaben, wonach diese Neuerung erst mit den Schiffen der **Majestic**-Klasse eingeführt wurde, sind irrig.
[45] Evers, Alfred Dietrich, Dem ersten Chefkonstrukteur der Marine zum Gedächtnis (in Marinerundschau 1943, S. 587 ff.).

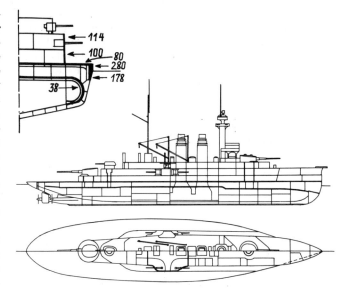

Typ: **Linienschiff**
Panzerungssystem: Gürtelpanzerschiff
Depl. 8948 ts
L 108,0 m
B 22,2 m
T 7,0 m
Antrieb: 3 × 3fachwirkende Exp.-Maschinen = 11500 iPS = 17,5 kn
Panzerung: WL 280 mm, Kasemattpanzer, 114 mm, Deck 80 mm, SA 270 mm, KdoT. 305 mm, T-Schott 38 mm
Bewaffnung: 2—27,4 cm, 7—14 cm, 12—4,7 cm, 2 TR
Frankreich: Linienschiff **Henri IV.** (1899)

geordnet waren. Als neues Material für diese Seitenlängswände wählten die französischen Konstrukteure hochelastisches Nickelstahlblech, das vermöge seiner Elastizität Druck- und Splitterwirkungen von Torpedotreffern abfangen sollte. Die erste Ausführung dieses Torpedoschotts wurde jedoch nicht auf einem französischen Kriegsschiff verwirklicht, sondern auf dem in Frankreich für die russische Marine erbauten Linienschiff **Cesarevič**. Allerdings muß hier auf einen frühen Vorläufer dieses Torpedoschotts hingewiesen werden, mit dem das 1899 vom Stapel gelaufene französische Linienschiff **Henri IV.** versehen war, nämlich mit gepanzerten Wallgangsschotten. Seine Bedeutung als solches erlangte das Torpedoschott jedoch erst von dem russischen Bau **Cesarevič** ab; die Franzosen gingen dann erst mit ihrer **République**-Klasse (1902/03 vom Stapel) endgültig dazu über, während alle anderen Nationen erst nach Beginn der Dreadnought-Ära folgten.

Die österreichische Marine führte auf ihren letzten Vor-Dreadnought-Linienschiffen, der 1908/10 vom Stapel gelaufenen **Radetzky**-Klasse, als Sonderkonstruktion den sog. ›Minenboden‹ ein, der gegen Ansprengungen von unten her schützen sollte.

Dabei wurden statt des üblichen Schiffbaumaterials Panzerbleche verwendet und im Bereich der Antriebsanlage am inneren Boden des Doppelbodens verlegt. Diese Konstruktion konnte sich jedoch nicht bewähren, weil der gepanzerte Minenboden zu nahe am etwaigen Explosionsherd lag und infolge Fehlens eines genügend großen Expansionsraumes durch die Detonation zerstört und damit unwirksam gemacht werden mußte; bewiesen wurde das an den gleichermaßen beschaffenen Großkampfschiffen der **Viribus Unitis**-Klasse im letzten Kriegsjahr zur Genüge. Ähnliches Gedankengut verrieten übrigens auch die viel später erbauten japanischen Schlachtschiffe der **Yamato**-Klasse mit ihrem Bodenpanzer unter den Munitionsräumen, nur war dort der Expansionsraum genügend groß.

Mittel- und Schnellfeuer-Artillerie

Charakteristisch für das in jener Zeit gebaute Linienschiff war auch die stark ausgeprägte Mittelartillerie. Sie entstand aus der kurz zuvor entwickelten und zur Hochblüte gebrachten Schnellfeuer-Artillerie zur Torpedoboot-Abwehr, die mit kleinsten Kalibern begann und mit der zunehmenden Größe und Widerstandsfähigkeit der Torpedoboote immer größere Kaliber erhielt. So wurde das Schnellfeuerprinzip auch auf die Mittelartillerie ausgedehnt. Es gewann erhebliche Bedeutung, weil diese Geschütze bei der großen Feuergeschwindigkeit und der starken Sprengwirkung ihrer Granaten namentlich auf mittlere und nahe Entfernungen verheerende Wirkung versprachen, wie es später bei Tsushima bewiesen worden ist.

Hier war es vor allem die französische Marine, die aus ihren bis dahin entwickelten Schnellfeuergeschützen von 14 bis 16,5 cm Kaliber eine solche Mittelartillerie bildete, wie sie beispielsweise auf dem 1895 vom Stapel gelaufenen Linienschiff **Saint Louis** mit zehn 14 cm-Geschützen eingebaut war. So war das Anwachsen der Panzerflächen eine zwangsläufige Folge der artilleristischen Entwicklung, namentlich aber der Schnellfeuergeschütze.

Die eigentliche Torpedoboot-Abwehr hatten danach Schnellfeuergeschütze kleineren Kalibers zu übernehmen, deren Zahl erheblich zunahm. So führten z. B. die Schiffe der
Majestic-Klasse (Großbritannien) sechzehn 7,6 cm-SK,
Jauréguiberry-Klasse (Frankreich) achtzehn 4,7 cm-SK,
Regina Margherita-Klasse (Italien) zwanzig 7,6 cm-SK,
Monarch-Klasse (Österreich-Ungarn) zwölf 4,7 cm-SK,
Kaiser-Klasse (Deutschland) vierzehn 8,8 cm-SK.

Technische Fortschritte

Die laufende Verbesserung der Antriebsanlagen, insbesondere der Kessel, sowie auch die Einführung der dreifachwirkenden Expansionsmaschine ließen die Geschwindigkeit der Linienschiffe allmählich anwachsen, wobei gleichzeitig die Betriebssicherheit weiter gesteigert werden konnte. Allerdings waren der Leistungssteigerung des einzelnen Maschinensatzes gewisse Grenzen gesetzt, die sich aus der Festigkeit des zur Verfügung stehenden Materials ergaben. Deshalb war die Steigerung der Gesamtleistung nur durch eine Vermehrung der Maschinensätze einschließlich der dazugehörenden Kessel, Wellen und Propeller möglich[46]. Alle diese hier dargelegten Fortschritte kennzeichneten um die Zeit der Jahrhundertwende das Erscheinungsbild des Linienschiffes. Außer der Panzerungsmethode[47] war im großen und ganzen eine beginnende Vereinheitlichung durchaus erkennbar. Diesen Einheitstyp kennzeichneten die folgenden Durchschnittswerte:

- Deplacement zwischen 12 000 und 16 000 ts.
- Panzerung: Seitenpanzer bis 240 mm Dicke, Enden vorn und achtern bis 100 mm Dicke, Hauptpanzerdeck (meist seitlich auf der Unterkante des Gürtelpanzers aufliegend) 50 bis 75 mm dick mit Böschungen an den Seiten, Splitterdeck im Bereich der Zitadelle, Panzerquerwände in allen Decks der Zitadelle, deren eigentlicher Innenraum im Batteriedeck durch Traversen weiter unterteilt war, von denen etwa jede dritte

---

[46] Schreier, a.a.O., S. 751.
[47] Nur die russische Marine wandte sich mit ihren Linienschiffen der **Cesarevič**-Klasse (1901 vom Stapel) vorübergehend noch einmal der französischen Gürtelpanzermethode zu, während Frankreich bis zur Aufnahme des Großkampfschiffbaues daran beharrlich festhielt.

Typ: **Linienschiff** (verbessertes Turmschiff)
Panzerungssystem: Zitadellpanzerschiff
Depl. 14 900 ts
L 118,9 m
B 25,9 m
T 8,3 m
Antrieb: 2 × 3 fachwirkende Exp.-Maschinen = 10 000 iPS = 16,1 kn
Panzerung: WL 229 mm, Deck 102 mm, Barbetten 356 mm, SA 254 mm, KdoT. 356 mm
Bewaffnung: 4—30,5 cm, 12—15,2 cm, 16—7,6 cm
Großbritannien: Linienschiff **Majestic** (1895)

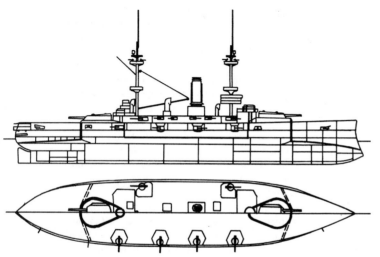

bis in die unteren Decks reichte. Barbetten, Türme und Kommandostand bis zu 300 mm Dicke.

- Unterwasserschutz: Wasserdichtes Mittellängsschott aus gewöhnlichem Schiffbaustahl (später abgelöst von hochelastischem Nickelstahlblech) im Bereich der Antriebsanlage, wodurch diese in zwei Hälften unterteilt wurde. Außerdem wasserdichte Quer- und Längsschotte, wobei eine allmählich enger werdende Unterteilung des Unterschiffs erreicht werden konnte. Gelegentlich gepanzertes Torpedoschott.

- Bewaffnung: Stets vier 30,5 cm-Geschütze (in Deutschland 28 cm), je zwei in einem Turm oder in einer Barbette, dazu als Mittelartillerie zwölf bis vierzehn Geschütze von 12,7 bis 16,4 cm Kaliber in Kasemattaufstellung, gelegentlich auch in kleineren Türmen oder auch in ungeschützten Einzellafetten. Torpedoboot-Abwehr: Zahlreiche Geschütze von 3,7 bis 10,2 cm Kaliber in meist ungeschützter Aufstellung oder in Nischen und dgl. Torpedowaffe: Fest eingebaute Unterwasser-Ausstoßrohre, mit Schußrichtungen nach voraus, querab oder achteraus.

- Maschinenanlage: Zwei bis drei Satz Dreizylinder-dreifachwirkende Expansionsmaschinen, gespeist von sechs bis acht Wasserrohrkesseln mit Kohlenfeuerung. Geschwindigkeit durchschnittlich um 18 kn.

Salventakt und Gefechtsentfernung

Bei den deutschen Linienschiffen war gleichzeitig auch das taktische Prinzip der Schnellfeuerwirkung gegenüber feindlichen Schiffen am schärfsten ausgeprägt. So hatten die Linienschiffe der alten **Kaiser**-Klasse und der ihr folgenden **Wittelsbach**-Klasse eine Hauptbewaffnung von vier 24 cm-Geschützen, obwohl bis dahin in der deutschen Marine das 28 cm-Kaliber vorherrschte und andere Marinen an dem 30,5 cm-Kaliber festhielten. Diese Unterlegenheit nahm die deutsche Marine bewußt in Kauf, weil sie glaubte, daß es in erster Linie darauf ankomme, den Gegner mit einem möglichst dichten Geschoßhagel zu überschütten. Das versprach man sich von einer möglichst starken Mittelartillerie (die bei den zuvor erwähnten Klassen aus je achtzehn 15 cm-SK und zwölf 8,8 cm-SK bestand), von der man schließlich hoffte, daß sie auf die geringeren, besonders für Nordseeverhältnisse in Betracht kommenden Gefechtsentfernungen noch panzerbrechend wirken würde. Zum anderen war aber das 24 cm-Geschütz zu dieser Zeit das größte, das für das Schnelladeprinzip in Frage kam. Hemmend wirkte aber auch das gerade in Deutschland durch finanzielle Gründe beschränkte Deplacement des einzelnen Schiffes. Erst als es gelungen war, das Schnelladeprinzip auch auf das 28 cm-Kaliber auszudehnen, ging die deutsche Marine wieder zu schwereren Geschützen über. Damit kam man deutscherseits gerade noch vor der Jahrhundertwende zurecht, und die ersten Einheits-Linienschiffe, die wieder mit 28 cm-Geschützen bestückt wurden, waren die der **Braunschweig**-Klasse.[48]

---

[48] Assmann, Deutsche Seestrategie in zwei Weltkriegen, S. 16.

Größere Gefechtsentfernungen wurden der Schiffsartillerie in jenem Stadium aufgezwungen, als die Laufstrecke der Torpedos und ihre Geschwindigkeit noch weiter vergrößert worden waren. Damit wurde aber die Wirksamkeit der Mittelartillerie mit ihren Kalibern von durchschnittlich 15,2 cm und höchstens 16,4 cm ernsthaft in Frage gestellt, soweit sie durch diese Entwicklung nicht überhaupt als überholt erschien. Im Hinblick auf die Rohrabnutzung waren die Leistungen der damaligen mittelkalibrigen Schnellfeuergeschütze mit ihren maximalen Mündungsgeschwindigkeiten von 800 bis 900 m/sek kaum noch nennenswert zu steigern. Es schien daher nur der Ausweg zu einer Kalibersteigerung der Mittelartillerie übrigzubleiben. Hier zeigte sich eine geradezu panische Hysterie, jeden um jeden Preis zu überbieten, koste es, was es wolle. Während sich die deutsche Marine in durchaus vernünftigen Grenzen hielt, entwickelten die meisten anderen Seemächte Kaliber, die in Wirklichkeit nichts anderes darstellten als eine sekundäre schwere Artillerie.

Jene Tendenzen mußten wohl zwangsläufig einmal die Ära des ›all big gun ships‹ einleiten. Zunächst aber standen neuere wie auch ältere Linienschiffstypen vor weiteren Bewährungsproben.

Santiago, 4. Juli 1898

Da war zunächst der Spanisch-Amerikanische Krieg und die am 4. Juli 1898 vor Santiago geschlagene Seeschlacht zwischen einem amerikanischen und einem spanischen Geschwader. Auf amerikanischer Seite nahmen fünf Linienschiffe und ein Panzerkreuzer teil, auf spanischer Seite vier mäßig ausgerüstete Panzerkreuzer. Die artilleristische Überlegenheit war auf Seiten der Amerikaner, die Geschütze von 33, 30,5 und 20,3 cm Kaliber einsetzen konnten, während den Spaniern nur solche von 28 cm Kaliber zur Verfügung standen; in keinem Fall handelte es sich um Schnelladekanonen. Im wesentlichen brachte die Schlacht die gleichen Erfahrungen, die bereits während des Chinesisch-Japanischen Seekrieges gemacht wurden. Dazu kam aber noch etwas neues, nämlich der Nachweis der außerordentlichen Wirksamkeit schwerer Kaliber auf größere Entfernungen, und damit immerhin eine annähernd exakte Vorstellung, mit welchen Gefechtsentfernungen künftig zu rechnen sei, denn diese letzte Schlacht war auf Entfernungen von zweitweise bis 50 hm ausgetragen worden. Diese Erkenntnisse führten nunmehr zu einer forcierten Entwicklung von Schnelladekanonen auch für die Schwere Artillerie. Soweit die Erfahrungen des Chinesisch-Japanischen Krieges bisher unberücksichtigt geblieben waren, fanden sie nunmehr eine wesentlich stärkere Beachtung und ihren Niederschlag in neuen Entwürfen.

Rußland gegen Japan 1904/05

Kaum sechs Jahre später, am 8. Februar 1904, brach in Ostasien ein neuer Krieg aus, diesmal zwischen Rußland und Japan. Er ist in der Geschichte des Kriegsschiffbaues als einer der wichtigsten Meilensteine für die Entwicklung der Schlachtschiffe anzusehen. Zunächst wurde die erhebliche Gefährdung des Kriegsschiffes durch die neuzeitlichen Unterwasserwaffen — Torpedo und Mine — recht drastisch vor Augen geführt:

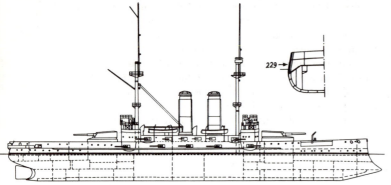

Typ: **Einheits-Linienschiff**

Panzerungssystem: Zitadell-Gürtelpanzerschiff

Depl. 15 440 ts
L 130,0 m
B 23,0 m
T 8,3 m

Antrieb: 2 × 3fachwirkende Exp.-Maschinen = 15 000 iPS = 18,0 kn

Panzerung: WL 229 mm, Deck 76 mm, SA 254 mm, KdoT. 350 mm

Bewaffnung: 4—30,5 cm, 14—15,2 cm, 20—7,6 cm, 5 TR

Japan: Linienschiff **Mikasa** (1900, in England gebaut)

- In der Nacht zum 9. Februar 1904 griffen zehn japanische Zerstörer überraschend die in Port Arthur liegenden Teile der russischen Fernost-Flotte an. Von Torpedos getroffen und zum Teil ernsthaft beschädigt wurden die Linienschiffe **Retvizan** und **Cesarevič** sowie der Große Kreuzer **Pallada**.

- Am 13. April 1904 lief das russische Linienschiff **Petropavlovsk** mit Admiral Makarov an Bord auf eine der von den Japanern gelegten Minen, die unter dem Torpedoraum den Schiffsboden durchschlug; achtzehn Torpedoköpfe gingen hoch, die Kessel und Munitionsräume explodierten. In einer gewaltigen Explosion barst das Schiff auseinander und ging innerhalb von zwei Minuten unter. Wenig später lief auch das Linienschiff **Pobeda** auf eine Mine, blieb jedoch schwimmfähig und vermochte mit eigener Kraft den Hafen zu erreichen. Auf diesem Schiff traf die Explosion einen gefüllten Kohlenbunker, der die Wirkung wesentlich abschwächte.

- Am 15. Mai 1904 stießen nacheinander die beiden japanischen Linienschiffe **Hatsuse** und **Yashima** vor Port Arthur auf Minen. **Hatsuse** erhielt zunächst einen Minentreffer und blieb schwimmfähig; als die übrigen Schiffe des Verbands darauf eine Kursänderung vornahmen, erhielt auch **Yashima** einen Minentreffer, blieb aber ebenfalls schwimmfähig. Beide beschädigten Schiffe wurden in Schlepp genommen, und dabei erlitt **Hatsuse** noch einen zweiten Minentreffer. Innerhalb von zwei Minuten kenterte das Schiff und ging unter. Nach stundenlangen Bemühungen war aber auch **Yashima** nicht mehr zu halten und ging ebenfalls verloren. Einen weiteren schweren Verlust hatten die Japaner einen Tag zuvor erlitten, als der Panzerkreuzer **Kasuga** den Kleinen Kreuzer **Yoshino** derart heftig rammte, daß letzterer infolge des starken Wassereinbruchs kenterte und sank.

- Am 24. Juni 1904 lief das russische Linienschiff **Sevastopol** vor Port Arthur auf eine Mine, blieb aber schwimmfähig. Obwohl die Mine unter einer der Munitionskammern detoniert war, erfolgte keine tödliche Explosion, weil das nachströmende Wasser ein Entflammen der Kartuschen verhinderte.

Tsushima 27. Mai 1905

Im großen und ganzen haben die Ereignisse die Unzulänglichkeit der bisherigen Schiffskonstruktionen gegen Unterwassertreffer herausgestellt. Aber es sollten in diesem Kriege noch manche anderen Erfahrungen gesammelt werden.

Seinen Höhepunkt erreichte der Krieg mit der Seeschlacht in der Korea-Straße, unweit der Insel Tsushima, am 27. Mai 1905. Es war überhaupt das erste Mal in der Geschichte des modernen Kriegsschiffes, das sich *große* Flottenverbände — Linienschiffe, Kreuzer, Zerstörer und Torpedoboote — gegenüberstanden.

Typ: **Einheits-Linienschiff**

Panzerungssystem: Zitadell-Gürtelpanzerschiff

Depl. 12 912 ts norm., 13 380 ts max.
L 118,5 m
B 23,2 m
T 7,9 m

Antrieb: 2 × 3fachwirkende Exp.-Maschinen = 15 300 iPS = 18,0 kn

Panzerung: WL 250, Deck 75 mm, SA 250 mm, KdoT. 250 mm, T-Schott 38 mm

Bewaffnung: 4—30,5 cm, 12—15,2 cm, 16—7,6 cm, 2 TR

Rußland: Linienschiff **Cesarevič** (1901, in Frankreich gebaut)

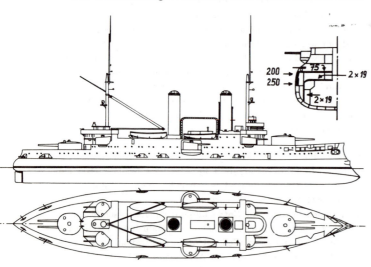

Nach dem Ausfall der russischen Fernostflotte — die Reste, darunter fünf Linienschiffe, fielen bei der Aufgabe von Port Arthur in japanische Hände[49] — traf die in aller Eile aus wesentlichen Teilen der Ostseeflotte zusammengestellte neue Fernostflotte unter der Führung des Admirals Rožestvenskij nach einer sieben Monate langen Reise auf dem ostasiatischen Kriegsschauplatz ein, und es kam dann zu jener in die Geschichte eingegangenen Seeschlacht vor Tsushima.

Die russischen Linienschiffe unterschieden sich in vielfältiger Hinsicht von den japanischen. Die modernsten von ihnen waren die der **Borodino**-Klasse, die jedoch wesentlich weniger verdrängten als die japanischen Schiffe, wodurch sie einen geringeren Grad von Seetüchtigkeit besaßen. Sie waren auch nur in der Wasserlinie mit einem schmalen, ringsumlaufenden Gürtelpanzer geschützt; von den Aufbauten waren nur die Geschütztürme und der Kommandostand gepanzert. Gegen Unterwassertreffer waren sie allerdings mit einem Torpedoschott versehen. Die um durchschnittlich 2000 ts schwereren japanischen Schiffe besaßen dementsprechend eine größere Seefähigkeit, vor allem aber eine wesentlich größere gepanzerte Fläche. Die artilleristische Bewaffnung war hinsichtlich der Kaliberstärken auf beiden Seiten gleich, doch unterschied sie sich in der Aufstellung und in der Anordnung der Mittelartillerie. So waren die 15 cm-Geschütze auf den russischen Linienschiffen teils in kleinen Türmen an den Schiffsseiten zusammengefaßt, während sie auf den japanischen Schiffen einzeln in Kasematten untergebracht waren. Das ergab bei letzteren eine günstigere Feuerverteilung.

Geschwindigkeitsmäßig ließen sich beide Parteien von der Konstruktion her etwa gleichwertig einstufen, doch waren die russischen Linienschiffe häufiger Maschinenstörungen ausgesetzt. Zudem waren sie in einer sieben Monate langen Reise, die zu einem großen Teil durch tropische Gebiete führte, durch Bodenbewuchs und durch die Dauerbeanspruchung ihrer Maschinen stark heruntergekommen und in ihrer Geschwindigkeit fühlbar herabgesetzt; sie betrug noch höchstens 10 kn gegen 15 kn Gefechtsgeschwindigkeit der Japaner.

Die Stabilität der russischen Linienschiffe litt vor allem an der Überladung mit Kohlen, die teilweise sogar in den Räumen über dem Panzerdeck — also außerhalb der dafür vorgesehenen Bunker — angehäuft waren. Schon geringe Wassereinbrüche verursachten so starke Krängungen, daß die zerschossenen Oberdecks vielfach überflutet wurden, wodurch weitere Wassereinbrüche eintraten. Dadurch wurden die Schiffe meist manövrierunfähig und fielen in der Nacht darauf den Torpedoangriffen japanischer Zerstörer zum Opfer.[50]

Verheerend wirkte sich das japanische Artilleriefeuer aus. Erstmals benutzten die Japaner hochexplosible Sprenggranaten, die sie für die 30,5 cm-Geschütze entwickelt hatten. Sie richteten auf den weiten ungepanzerten Flächen der russischen Linienschiffe umfangreiche Zerstörungen infolge Brand- und Sprengwirkung an. Die entstandenen Brände fanden in den angehäuften brennbaren Materialien (Beiboote an Oberdeck, Kohlen über dem Panzerdeck) reichlich Nahrung und entfachten eine solch starke Rauch- und Hitzewirkung, daß vielfach intakte Geschütztürme und Kommandostellen von ihren Besatzungen verlassen werden mußten. Zudem verursachte die erhebliche Splitterwirkung der Granaten unter den Besatzungen hohe Verluste; auch durchschlugen Splitterstücke auf älteren russischen Schiffen den Panzer.[51]

Die japanischen Linienschiffe wurden zwar ebenfalls stark mitgenommen, doch zeigte sich bei ihnen der Vorteil einer wesentlich größeren gepanzerten Fläche. So konnten die russischen Granaten zwar an Deck Zerstörungen schwersten Grades anrichten, doch wurden in keinem Fall ›lebenswichtige‹ Einrichtungen zerstört oder gar Wassereinbrüche verursacht.[52]

Die Japaner verwandten dazu aus gewalztem Stahl angefertigte Granaten; ohne deswegen zu schwer geworden zu sein, konnten sie eine größere Sprengstoffmenge aufnehmen. Diesen Vorteil besaßen die russischen Granaten, die aus Gußstahl beschaffen waren, nicht.

Obwohl die Russen bei Tsushima zahlenmäßig in der Übermacht waren — es standen acht Linienschiffe, drei Panzerkreuzer und drei Küstenpanzerschiffe gegen vier japanische Linienschiffe und acht Panzerkreuzer — verloren sie die Schlacht, weil die Japaner ihre größere Geschwindigkeit taktisch dazu ausnutzten, um das russische Geschwader zu umfassen und zuerst dessen Spitzenschiffe und dann auch die übrigen Einheiten mit schwerem Granatfeuer einzudecken. Zudem war das russische Geschwader uneinheitlich zusammengesetzt — es befanden sich auch älteste und nur noch bedingt kampffähige Schiffe darunter —, und der Ausbildungsstand war mäßig, die Besatzungen teils schon demoralisiert. Unter dem tödlichen Feuer der Japaner geriet das russische Geschwader bald durcheinander, nachdem bis zum frühen Abend vier Linienschiffe gesunken waren. Der Rest des aufgelösten Geschwaders fiel dann in der Nachtschlacht japanischen Zerstörerangriffen zum Opfer.

Folgerungen für Schiffbau und Taktik

Welche Ergebnisse brachte dieser Krieg, und welche Nutzanwendungen zogen die Kriegsschiffbauer daraus?

Da waren zunächst die großen Gefechtsentfernungen, mit denen eigentlich keine Marine zuvor gerechnet hatte; so wurde die Schlacht bei Tsushima zeitweise auf über 70 hm Entfernung aus-

---

[49] Die russische Fernostflotte bestand aus sieben Linienschiffen. Von diesen sanken am 6. Dezember 1904 durch das Feuer japanischer Landbatterien im Hafen von Port Arthur die **Poltava** (nach Granateinschlag explodiert), **Retvizan** und **Peresvet** (nach 8 bzw. 46 Treffern in flachem Wasser gesunken), desgleichen am 7. Dezember 1904 **Pobeda** nach 15 Treffern. Die **Sevastopol** versenkte sich am 1. Januar 1905 außerhalb des Hafens in tiefem Wasser selbst, während die **Cesarevič** bereits im August 1904 in Tsingtao die Internierung suchte, nachdem sie schwer beschädigt worden war. Das siebte Schiff, die **Petropavlovsk**, sank schon im Mai 1904 durch einen Minentreffer.

[50] Hinzu kam, daß die russischen Linienschiffe von vornherein mit erheblichen Konstruktionsmängeln behaftet waren. So gingen z.B. die Schiffe der **Borodino**-Klasse von Anfang an um 0,75 m tiefer, als konstruktionsmäßig errechnet worden war.
[51] Evers, Kriegsschiffbau, S. 36 ff.
[52] Nach japanischen Angaben — mit Vorbehalten aufzunehmen!

getragen und ausschließlich durch die schweren Schiffsgeschütze von 30,5 cm Kaliber entschieden. Die Feuerleitung bewährte sich über alle Erwartungen hinaus[53], und außerdem erwies sich die überlegene Geschwindigkeit als ein Faktor von großem taktischen Nutzen[54]. Auch die Gefahrenseiten des bisherigen Linienschiffes hatten sich warnend gezeigt. Es waren vor allem diejenigen Gefahren, die sich aus einer schlechten Stabilität, einer geringen Seetüchtigkeit und einem unzureichenden Unterwasserschutz ergeben mußten. Die in dieser Hinsicht mangelhaften russischen Schiffe bekamen dies nachdrücklich zu spüren.

Der artilleristische Erfolg aber gab der weiteren Entwicklung des Linienschiffes einen erheblichen Auftrieb. Eine neue Ära mußte beginnen.

Der Schritt zum ›all big gun one caliber battleship‹

Schon vor dem Russisch-Japanischen Krieg, kurz nach der Jahrhundertwende, war die stetige Größensteigerung des Linienschiffes unaufhaltsam geworden. Es war unschwer erkennbar, daß sich eine Weiterentwicklung des bisherigen Einheits-Linienschiffes schon in allernächster Zukunft anbahnen mußte. So hatten die Amerikaner bereits im Jahre 1903 Linienschiffe von 18 000 ts in Auftrag gegeben, während sich die Engländer dagegen mit höchstens 16 000 ts noch in durchaus üblichen Grenzen hielten. Allerdings herrschte zu jener Zeit noch immer der alte britische Grundsatz, zu Gunsten einer größeren Anzahl von Linienschiffen die Verdrängung des Einzelschiffes in mittleren Grenzen zu halten. Nach und nach entstanden dann immer größer werdende Schiffe, die schließlich die 18 000 ts-Grenze überschritten[55]. Sie alle konnten für sich eine Erhöhung ihrer Schlagkraft in Anspruch nehmen, nämlich durch das Dazwischenschalten einer sekundären schweren Artillerie. Das hatte freilich auch einen erheblichen Nachteil: Diese überzüchteten Vertreter des bisherigen Einheits-Linienschiffes mußten mit ihren *zwei* schweren Kalibern die Einheitlichkeit, ja überhaupt die Funktion der Feuerleitung in Frage stellen. Dafür hatten diese Schiffe allerdings einen bedeutsam erscheinenden Vorteil auf ihrer Seite, und zwar deshalb, weil bei ihnen diese halbschweren Geschütze bereits einzeln oder paarweise in Türmen aufgestellt waren. Damit schien der Weg zur Weiterentwicklung bereits eindeutig genug gewiesen — der Weg zum ›all big gun one caliber battleship‹, denn es war nur noch eine Frage der Zeit, bis die beiden schweren Kaliber vereinheitlicht wurden; gemessen an der seitherigen Entwicklung war das nur noch ein einziger Schritt.

Die Entstehung des Begriffs ›all big gun one caliber battleship‹ läßt sich in der Literatur nur schwer verfolgen. Jener Begriff dürfte wohl erstmals mit dem Aufkommen der neueren Feuerleitverfahren geprägt worden sein, denn erst von da ab gewann die Vereinheitlichung der schweren Kaliber ihren eigentlichen Sinn.

Diese neueren Feuerleitverfahren bahnten sich bereits kurz vor der Jahrhundertwende an und wurden durch mehrere technische Errungenschaften und Fortentwicklungen überhaupt erst möglich gemacht, als da waren:
- Die Verbesserung der optischen Instrumente.
- Die Weiterentwicklung der Richtmittel.
- Die Vervollkommnung der Schieß- und Beobachtungsverfahren.

Damit bahnte sich zwangsläufig die Leitung der *gesamten* schweren Artillerie von einer zentralen Feuerleitstelle aus an; die Aufschlagbeobachtung am Ziel gebot zudem die Verwendung nur *eines* Kalibers, und möglichst eines schweren. Die ersten Anfänge dieser Feuerleitverfahren waren bereits bei Tsushima mit Erfolg erprobt worden.

Einen allerersten Ansatz zu solchen ›all big gun one caliber battleship‹ hatte die deutsche Marine bereits 1888/89 nach siebenjähriger Baupause im Panzerschiffbau unternommen. Damals entstanden die vier Panzerschiffe der **Brandenburg**-Klasse, die ab 1893 fertiggestellt wurden. Sie hatten als Hauptbewaffnung je sechs 28 cm-Kanonen in Zwillingstürmen an Bord und eilten damit der Entwicklung um gut 15 Jahre voraus. Zu dieser Zeit gab es kein anderes Panzerschiff in der Welt, das über eine ähnlich starke Bewaffnung — der Rohrzahl nach — verfügte, und deshalb galten diese Schiffe mit Recht als die wohl modernsten ihrer Zeit. In gewisser Hinsicht waren sie also Vorläufer jener späteren ›all big gun one caliber battleships‹.

Leider blieb die deutsche Marine nach diesem ersten Ansatz auf halbem Wege stehen, denn nach Fertigstellung dieser Schiffe ruhte ihr Panzerschiffbau infolge der eingetretenen Ungewißheit für weitere fünf Jahre. Ihre Nachfolger wurden dann wieder als konventionelle Einheiten in Bau gegeben und waren dazu mit den Mängeln eines erheblich geringeren Kalibers (24 cm) behaftet; dabei handelte es sich freilich um die ersten Schnelladekanonen, die die deutsche Marine im Bereich der schweren Artillerie hatte entwickeln lassen.

Wenn der Kriegsschiffbau sich auch nicht an den Lehren und Erfahrungen des ostasiatischen Krieges hätte informieren können, so wäre wohl dennoch die weitere Entwicklung nicht mehr aufzuhalten gewesen, denn sie war folgerichtig und mußte einfach kommen. Sie entsprach letzten Endes den herrschenden Praktiken, die Schlagkraft zu steigern, wodurch auch die Größe ansteigen mußte.

Angesichts der nunmehr gegebenen Notwendigkeit, das Gefecht auf *große* Entfernungen auszutragen und durch die Anwendung des Salvenfeuers eine exakte Feuerleitung zu ermöglichen, kam ohnehin nur das 30,5 cm-Kaliber in Frage, sozusagen als untere Grenze dessen, was man sich hinsichtlich einer großen Reichweite und starker Durchschlagsleistungen versprach.

Dieses ›all big gun battleship‹ war schon einige Zeit vor Tsushima Gegenstand von entwurfsmäßig ausgearbeiteten Gedanken. So hatte der Chefkonstrukteur der italienischen Marine, Vittorio Cuniberti, bereits in dem Anfang 1903 erschienenen

---

[53] Schreier, a.a.O., S. 820.
[54] Evers, a.a.O., S. 38.
[55] Der ›Sprung‹ zu 20000 ts-Schiffen (**Satsuma** und **Aki**) war eine japanische Sonderentwicklung auf Grund der Kriegserfahrungen von 1904/05. Bereits als Großkampfschiffe konzipiert, wurden sie dennoch nur Linienschiffe im seitherigen Rahmen, wenn auch mit zwei schweren Kalibern.

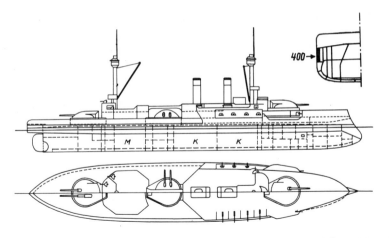

Typ: **Verbessertes Turmschiff**
Panzerungssystem: Zitadell-Gürtelpanzerung
Depl. 9855 ts norm. / 10 501 ts max.
L   115,7 m
B   19,5 m
T   7,9 m
Antrieb: 2 × 3fachwirkende Exp.-Maschinen = 9000
         iPS = 16,0 kn
Panzerung: WL 400 mm, Deck 60 mm, SA 120 mm,
           Barbetten 300 mm, KdoT. 300 mm
Bewaffnung: 6—28 cm, 6—10,5 cm, 8—8,8 cm, 6 TR
Deutsches Reich: Panzerschiff **Brandenburg** (1891)

britischen Flottenhandbuch ›Jane's Fighting Ships‹ das Projekt eines von ihm konzipierten Großkampfschiffes veröffentlicht, das er als ›a ideal battleship for the British Navy‹ bezeichnete. Die Charakteristik dieses Entwurfes lautete:

Wasserverdrängung   17 000 ts
Geschwindigkeit   24 kn
Seitenpanzerdicke   305 mm
Bewaffnung   12—30,5 cm-SK und 18—7,6 cm-SK.

Diesem Entwurf lag also nicht nur eine zahlenmäßig starke und vor allem kalibermäßig vereinheitlichte schwere Artillerie zugrunde, sondern auch eine Geschwindigkeit, wie sie bis dahin im Linienschiffbau wohl noch völlig außerhalb jeder Diskussion stand. Sie entsprach einem taktischen Gedanken, der allerdings erst in der nächsten Zukunft klarer umrissen wurde.

Zur gleichen Zeit schuf Cuniberti für die italienische Marine seine schnelle **Vittorio Emanuele**-Klasse, die übrigens im Hinblick auf ihre Bewaffnungsanordnung gewisse Ähnlichkeiten mit seinem ›ideal battleship for the British Navy‹ hatte. Diese Schiffe liefen 22 kn und hatten damit einen Geschwindigkeitsüberschuß von mehr als 2 kn gegenüber den meisten zeitgenössischen Linienschifftypen.

Einer der eifrigsten Verfechter des ›all big gun battleship‹ war der britische Admiral Lord Fisher. Seit dem Jahre 1900 — zu diesem Zeitpunkt befehligte er noch die britische Mittelmeerflotte — konnte er von dem Gedanken des ›all big gun battleship‹ nicht mehr loskommen. In W. H. Gard, damals Chefkonstrukteur in Malta, fand er einen Gleichgesinnten, der ihm willig Gehör schenkte. Als Lord Fisher später die Kanalflotte übernahm, wechselte auch Gard auf das Inselreich über und stand ihm weiterhin zur Verfügung. Im Auftrage Fisher's — besser gesagt: auf dessen Anregungen hin — arbeitete er bald einige Entwürfe für ein Projekt aus, dem die Bezeichnung HMS. **Untakeable** zugeordnet wurde. Fisher gab zunächst der 25,4 cm-Kanone den Vorzug, weil diese eine wesentlich höhere Feuergeschwindigkeit (3 S/min gegenüber von damals nur 1 S/min bei der 30,5 cm-Kanone) zuließ; selbst als bereits die ersten Erfahrungen des ostasiatischen Krieges vorlagen, schwankte Fisher noch immer zwischen dem 25,4 cm- und dem 30,5 cm-Kaliber. So war bei der ersten Variante des von Gard ausgearbeiteten Projektes (Entwurf ›A‹) noch eine Bewaffnung von 25,4 cm-Kanonen vorgesehen, insgesamt 16 Rohre, von denen jeweils zehn nach jeder Seite feuern konnten. Als Fisher sich dann im

Typ: **Großkampfschiff**
Panzerungssystem: Zitadellgürtelpanzerschiff
Depl. 17 000 ts
L   159,0 m
B   25,0 m
T   8,5 m
Geschwindigkeit: 24 kn
Panzerung: WL 305 mm,
  Zitadelle 305 mm, SA
  305 mm, Deck 152 mm
Bewaffnung: 12—30,5 cm,
  12—7,6 cm
**Großkampfschiff-Entwurf
(1903) von Cuniberti
(›A ideal Battleship for
the British Navy‹)**

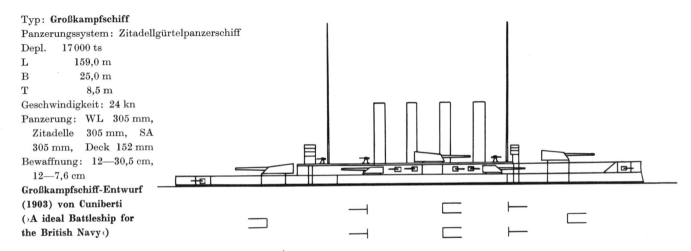

Oktober 1904 endgültig für das 30,5 cm-Geschütz entschieden hatte, entstanden Entwürfe, die nur noch auf dieses Kaliber abgestimmt waren. Damit waren die Grundlagen geschaffen, auf denen für das weitere Vorgehen aufgebaut werden konnte.
Nachdem Sir John Fisher am 21. Oktober 1904 Erster Seelord geworden war, schuf er am 22. Dezember 1904 das ›Committee on Designs‹, in das er je acht Seeoffiziere und Zivilisten (Wissenschaftler, Techniker, Industrielle) berief, darunter auch W. H. Gard. Offensichtlich war das die fällig gewordene Konsequenz der frischen Eindrücke des Seekrieges in Fernost, denn sie gaben den Konstruktionsfragen des neuzeitlichen Kriegsschiffbaues plötzlich ein unerhörtes Gewicht. Die Aufgabe dieses Committee war eng umrissen, nämlich die konstruktiv-grundsätzlichen Fragen zweier neuzeitlicher Kriegsschifftypen sachlich zu klären und festzulegen. Es waren dies je ein ›all big gun battleship‹ und ein neuzeitlicher Panzerkreuzer.
Es entstanden danach eine Reihe von Vor-Entwürfen, die sämtlich auf je zwölf 30,5 cm-Kanonen konzipiert waren.
Am 13. Januar 1905 kam als letzter der Entwurf ›H‹ zur Vorlage, der akzeptiert und im wesentlichen Vorbild für das zu bauende ›all big gun battleship‹ wurde.

Neuer Antriebszweig: Die Turbine

Der Mehrzahl der zuvor ausgearbeiteten Entwürfe lagen noch Kolbenmaschinen zugrunde. Mit ihnen konnten höchste Fahrtstufen für einige Stunden — wie Fisher sie gefordert hatte — *nicht* erreicht bzw. durchgehalten werden. Infolge der ihnen anhaftenden Schwächen ließ sich mit ihnen beim Verbandfahren nur eine kaum über 14 kn hinausgehende Seegeschwindigkeit erreichen. Und es gab zu jener Zeit noch keine Flotte in der Welt, die für 8 Stunden ihre Höchstgeschwindigkeit durchhalten konnte, ohne daß auf den einzelnen Schiffen nicht die Maschinenanlagen zusammenbrachen. Deshalb mußten neue Wege gesucht werden, um eine dauerhaftere Höchstgeschwindigkeit zu erreichen. Dem kam die Einführung der Dampfturbine entgegen.
Dieser neue Schiffsantrieb hatte seinen Siegeszug kurz vor der Jahrhundertwende mit einer kleinen Sensation begonnen: Anläßlich des diamantenen Regierungsjubiläums im Jahre 1897 paradierten große Teile der britischen Flotte auf der Reede von Spithead vor Queen Victoria. Plötzlich brach ein kleines, flinkes Boot mitten in die Flottenschau ein und fuhr in den Sperrbereichen umher. Die britische Flotte besaß kein Fahrzeug, das dem schnellen Eindringling hätte folgen und ihn aus dem Sperrbereich weisen können. ... Es war die **Turbinia**, das erste durch Turbinen angetriebene Schiff der Welt.[56] Sein Erbauer, Sir Charles A. Parsons, Inhaber der Parsons-Marine-Steam-Turbine Co. in Wallsend-on-Tyne, hatte es auf eigene Rechnung gebaut und machte auf diese spektakuläre Weise auf den Turbinenantrieb und seine Vorzüge aufmerksam.[57]

So wurde die Öffentlichkeit und die Admiralität mit dieser neuen Antriebsart — der zuvor kaum Beachtung geschenkt worden war — konfrontiert. Die Folge davon war, daß kurz danach die beiden ersten Turbinen-Zerstörer, **Viper** und **Cobra**, bestellt wurden, von denen der erste mehr als 37 kn erreichte.
Grundsätzlich erzielte die Turbine bei gleichem Maschinengewicht wie die Kolbenmaschine höhere Leistungen und hatte einen geringeren Kohlenverbrauch bei höheren Fahrtstufen.[58] Umgekehrt verhielt es sich jedoch bei geringeren Fahrtstufen (Marschgeschwindigkeit), wo sich ein *höherer* Kohlenverbrauch als bei der Kolbenmaschine bemerkbar machte.[59] So ergaben interessante Vergleichsfahrten zwischen dem ersten britischen Turbinen-Kreuzer, der **Amethyst**, und seinen mit Kolbenmaschinen ausgerüsteten Schwesterschiffen folgende Ergebnisse: Bei 14 kn Geschwindigkeit war die Wirtschaftlichkeit beider Maschinenanlagen etwa gleich, bei 18 kn war das Turbinenschiff um etwa 20% und bei 20 kn um etwa 30% überlegen; bei 10 kn aber — der damals üblichen Marschgeschwindigkeit der Kriegsschiffe, konnte das Turbinenschiff mit einer Tonne Kohle nur 7,42 Seemeilen zurücklegen, während die Kolbenmaschinen damit 9,75 Seemeilen weit kamen. Aus diesen Gründen bauten die Engländer versuchsweise auf ihren ersten Turbinenschiffen noch Kolbenmaschinen für Marschfahrt ein, so in den 1901 auf Stapel gelegten Zerstörer **Velox**.[60] Der zwei Jahre später gebaute Zerstörer **Eden** erhielt hingegen bereits besondere *Marschturbinen*.
Durch die Einführung der Wasserrohrkessel — die die bis dahin üblichen Zylinderkessel ersetzten — konnte außerdem das Gewicht der Antriebsanlagen beträchtlich verringert werden.
Es bedeutete trotz alledem ein großes Wagnis, eine so große Turbinenanlage einzubauen, wie sie für ein Schlachtschiff notwendig war, vor allem deshalb, weil bisher noch gar keine Erfahrungen mit derart großen Turbinenanlagen vorlagen. Die größte Anlage befand sich zu dieser Zeit auf dem 1903 erbauten Kleinen Kreuzer **Amethyst** von 3050 ts und hatte eine Leistung von 14 000 PS, die für 23,6 kn ausreichte. Sonst waren Turbinenanlagen bis höchstens zusammen 8000 PS nur auf einigen wenigen Zerstörern eingebaut.
In Sir Charles A. Parsons stand aber dem Drängen Fisher's eine gewichtige Persönlichkeit zur Seite. Er verbürgte sich nicht nur, 1000 ts Gewicht und 100 000 Pfund Baukosten einzusparen, sondern auch dafür, daß die Turbinensätze zufriedenstellend arbeiten würden. Daher gab man letztendlich der Turbine den Vorzug, und damit begann auch im Schiffsmaschinenbau ein neuer Abschnitt.

Der Wettlauf der Großmächte beginnt

Nachdem solcherart die Haupteigenschaften des modernen ›all big gun battleships‹ festgelegt worden waren, begannen unver-

---

[56] Verdrängung ca. 45 ts, Antriebsleistung 2400 PS, Höchstgeschwindigkeit 34,5 kn.
[57] Parsons hatte bereits 1884 die erste Turbine (18 000 U/min) gebaut. Die Erfindung der Turbine teilten sich Parsons und der schwedische Ingenieur Gustav de Laval.
[58] Etwa 0,63 kg/PS/h gegenüber nur 0,87 kg/PS/h bei der Kolbenmaschine.
[59] Etwa 1,14 kg/PS/h gegenüber nur 0,79 kg/PS/h bei der Kolbenmaschine.
[60] Erhielt zwei Dreifach-Expansionsmaschinen von je 150 iPS für 13 kn Marschgeschwindigkeit.

züglich danach die Konstruktionsarbeiten. Man hätte sie britischerseits in aller Ruhe vornehmen können, wenn nicht eine alarmierende Nachricht von der anderen Seite des Atlantiks durchgedrungen wäre. Und diese Nachricht besagte nichts anderes, als daß man dort — in den Vereinigten Staaten — auf dem gleichen Wege war, die Entwicklung zum ›all big gun battleship‹ zu vollziehen.

Am 3. März 1905 hatte der amerikanische Congress die Mittel für zwei neue Linienschiffe bewilligt. Diese wären an sich noch kein besonderer Grund zur Aufmerksamkeit gewesen, wenn nicht gleichzeitig mit dieser Information bekannt geworden wäre, daß ihre Hauptartillerie im Vergleich zu bisher verdoppelt würde. Das war der Anlaß, daß die Arbeiten in England mit Nachdruck und größtmöglicher Beschleunigung durchgeführt wurden. Es schien so etwas wie das Prestige Großbritanniens als unübertroffene Seemacht der Welt auf dem Spiel zu stehen. Die Geheimhaltung der britischen Vorhaben war bis zur Stunde noch nicht durchbrochen worden, und dies vermochte das weitere Vorgehen zu begünstigen.

Nachdem mit der **Dreadnought** das erste ›all big gun battleship‹ in Dienst gestellt worden war, schien Großbritannien von einem Alpdruck befreit, denn nun waren seiner Meinung nach alle rivalisierenden Flotten übertrumpft. Daß die vor allem als potentielle Gegner in Betracht kommenden Nationen diesen englischen Vorsprung aus finanziellen und technischen Gründen nicht mehr oder nur noch unter größten Mühen aufholen könnten, schien sicher zu sein; jedenfalls hatte man in England keinen Zweifel daran. ›We have the ships, we have the men, we have the money too‹ lautete das englische Schlagwort jener Zeit. Aber diese und ähnliche Worte, die sehr leicht als Prahlerei empfunden werden konnten, waren den Engländern nur Ausdruck ihrer Überzeugung und wohl letztendlich auch ein Mittel zum Zweck. Wie sehr sich Großbritannien politisch und militärisch irrte, sollte schon die nächste Zukunft erweisen.

Der Sprung zum Schlachtkreuzer

Im Vergleich zum Linienschiff war der Panzerkreuzer — Vorstufe des späteren Schlachtkreuzers — bedeutend jüngeren Alters. Seine Urform, die Panzerkorvette, reichte nur bis in die 60er Jahre des 19. Jahrhunderts zurück. Der Panzerkreuzer verdankte seine Entstehung nicht etwa den seinerzeitigen militärischen Bedürfnissen der Flotten, sondern lediglich den vermeintlichen Erfordernissen einer zukünftigen Handels- und Auslandskriegführung. Bis dahin hatte sich weder die Panzerkorvette noch das Panzerkanonenboot bewährt. Zwar besaß die Panzerkorvette im Durchschnitt eine größere Seeausdauer und zum Teil auch eine ausreichende Bewaffnung, doch fehlte ihr stets die überlegene Geschwindigkeit, um Aufgaben der Handels- oder der Auslandskriegführung gerecht werden zu können. Und das Panzerkanonenboot kam ohnedies nie über die Rolle des Küstenverteidigers — also eines ausgesprochen defensiv konzipierten Kriegsschifftyps — hinaus.

In dem Bestreben, etwas Neues zu schaffen, bauten die Russen die schnelle Panzerfregatte **General-Admiral**, die 1873 vom Stapel lief und allgemein als der erste Panzerkreuzer der Welt galt.[61] Dieses Schiff besaß bei leichter Panzerung und Bewaffnung eine ausreichend große Geschwindigkeit, daneben auch noch eine größere Seeausdauer. Mit ihm wurde der Grundstein zur modernen Kreuzerentwicklung gelegt.

Sehr bald fand dieser Typ Nachahmung. Es entstanden der französische Panzerkreuzer **Duguesclin** (1883) sowie die beiden britischen Bauten **Impérieuse** und **Warspite** (1884), doch fehlten diesen Schiffen wiederum die Kreuzereigenschaften. Sie waren an sich wohl nichts anderes als Panzerschiffe zweiten Ranges. Erst mit den britischen Neubauten von **Orlando** ab in der Mitte der 80er Jahre wurden Ansätze dazu erkennbar.

Im Laufe der nächsten Jahre absorbierte der Typ des nunmehrigen Panzerkreuzers die bisherigen großen (aber ungeschützten) Kreuzerfregatten vor relativ hoher Geschwindigkeit. Und damit trat überhaupt erst die *überlegene* Geschwindigkeit in den Vordergrund des Blickfeldes. Praktisch waren das die letzten ›Wehen‹ bei der ›Geburt‹ des Panzerkreuzers!

Seine Panzerung wurzelte naturgemäß in den Anschauungen jener Zeit. Er erhielt einen zitadellähnlichen Panzerkasten (aber von geringerer Seitenhöhe), der ebenfalls die lebenswichtigen Teile deckte. Hierbei ließen sich zwei Entwicklungsrichtungen erkennen:

- Bei der einen Entwicklungsrichtung wurde die Aufstellung der Geschütze an Deck bevorzugt, entweder ganz ungeschützt oder allenfalls hinter leichten Schutzschilden. Im übrigen hatten diese Schiffe einen leichten Gürtelpanzer, und von den zur Bewaffnung gehörenden Teilen waren lediglich die Munitionskammern gepanzert.
- Bei der anderen Richtung waren Kasematten oder auch bereits Türme vorhanden, die unter Panzerschutz standen.

Im Sprachgebrauch konkretisierten nur die Engländer die Unterschiede, indem sie ersteren als ›belted cruiser‹ — also gürtelgepanzerten Kreuzer — bezeichneten, den letzteren hingen ›armoured cruiser‹, also Panzerkreuzer. Der ›gürtelgeschützte‹ Kreuzer glitt später in den ›Kleinen Kreuzer‹ über, und aus diesem entwickelte man schließlich den ›Leichten Kreuzer‹.[62] Durch französische Einflüsse entstand um das Ende der 80er Jahre eine gewisse Aufwärtsbewegung im Panzerkreuzerbau. Die zu jener Zeit einsetzende rapide Entwicklung im Schiff- und Maschinenbau sowie in der Waffentechnik einerseits und die immer größer werdende Abhängigkeit Großbritanniens vom Überseehandel andererseits ließen den französischen Admiral Aube als wirksamste Waffe gegen England den Krieg gegen dessen Zufuhrschiffahrt erblicken. Aube's Ideen fanden zahlreiche Anhänger; sie waren ein Teil dessen, was man unter der ›jeune école‹ verstand, die den französischen Kriegsschiffbau auf Jahre hinaus beeinflußte. Gefordert wurde vor allem der Bau schneller Kreuzer von großem Fahrbereich, die im Kriegsfalle gegen die britischen Convoys operieren und so stark gemacht werden sollten, daß sie auch mit der Convoy-Sicherung fertig werden konnten.

---

[61] Schreier, a.a.O., S. 747.
[62] Schreier, a.a.O., S. 747.

So entstand als erster der Panzerkreuzer **Dupuy de Lôme**, der jahrzehntelang als das ideale Vorbild für diese Gattung galt. Er besaß einen um die Steven reichenden geschlossenen Gürtelpanzer, der bis zum Oberdeck reichte. Besonders auffallend war auch die recht hochentwickelte Form der 19,4 cm-Kuppeltürme, die aus den Barbettetürmen aptiert worden waren.

Dieser Bau war dadurch ermöglicht worden, weil inzwischen ein gehärteter Nickelstahlpanzer eingeführt werden konnte: Dank dessen besserer Qualität dem bisherigen Panzermaterial gegenüber konnten somit die Plattendicken wesentlich verringert werden, ohne daß dabei die Widerstandsfähigkeit gelitten hätte. Dadurch konnte Gewicht eingespart werden, das dazu benutzt wurde, um die Gesamt-Panzerfläche wesentlich zu erweitern. Allerdings blieb **Dupuy de Lôme** in dieser Hinsicht einsam, denn schon die nächsten Panzerkreuzer (**Amiral Charner**-Klasse) erhielten nur noch einen halb so hohen Gürtelpanzer.

Unsicherheit im Panzerkreuzerbau

Was blieb den übrigen Nationen angesichts eines solchen Vorgehens übrig, als der Entwicklung zu folgen? Hier offenbarte sich der Ungeist jener Zeit, den Flottenbau fast ausschließlich nur nach irrealen Gesichtspunkten durchzuführen, anstatt berechtigten militärischen Forderungen und strategischen Gegebenheiten Rechnung zu tragen. ›Was haben die anderen?‹ lautete immer wieder die Frage, die wohl viel richtiger ›Was benötigen wir?‹ hätten lauten müssen.

In einem Punkt unterschieden sich die übrigen Nationen — die sich den Bau von Panzerkreuzern hatten ›aufzwingen‹ lassen — von den Franzosen: Sie hielten an der Zitadellpanzerung fest und deckten Vor- und Achterschiff durch einen meist zwar schwachen, aber immerhin vorhandenen Gürtelpanzer. Das war der Anfang der ›Zitadell-Gürtelpanzerung‹, die dann auch im Linienschiffsbau übernommen wurde.

Nur die Engländer gingen eigene Wege und entwickelten einen schnelleren Typ, nahmen diesem jedoch zu Gunsten eines Panzerdecks und einer möglichst starken Artillerie den Seitenpanzer weg und schützten praktisch nur noch die Kanonen durch Schutzschilde. So entstanden nach und nach die Großen Geschützten Kreuzer der **Blake-, Powerful-** und **Diadem**-Klasse, die jedoch keine Panzerkreuzer im eigentlichen Sinne sein konnten. Danach trat im britischen Panzerkreuzerbau eine Unterbrechung von länger als zehn Jahren ein, und erst ab 1899 liefen wieder britische Panzerkreuzer vom Stapel. Aber auch diese waren ganz ähnlich wie ihre Vorgänger konzipiert; allerdings hatte die Vervollkommnung der Artillerie eine Verstärkung der Schutzeinrichtungen und damit auch wieder einen Seitenpanzer als notwendig erscheinen lassen, und diese Umstände bewirkten wiederum eine Verstärkung der Artillerie. Damit konnte der Panzerkreuzer in ein neues Stadium seiner Entwicklung eintreten.

Schließlich stellte der Durchschnitts-Panzerkreuzer eine verkleinerte Ausgabe des schwerbestückten Linienschiffes dar, dem in den meisten Fällen die zur Durchführung seiner ihm ursprünglich zugewiesenen Aufgaben notwendige hohe Geschwindigkeit fehlte. Auf Grund der bereits aufgezeigten französischen Einflüsse wurden zwar ab etwa 1890 die Geschwindigkeiten langsam gesteigert, aber doch nicht in jenem Maß, das notwendig gewesen wäre, um tatsächlich in dieser Richtung eine Überlegenheit zu schaffen.

Diese Umstände hatten zur Folge, daß der Panzerkreuzer bald einen gewissen Wert für die operative Verwendung innerhalb der Flotte erlangte, und von da ab bewegte sich seine weitere Entwicklung unter diesem Gesichtspunkt. Seine charakteristischen Eigenschaften begannen sich daher nach den Forderungen der Flotte zu richten, und zwar vorwiegend für die Belange des Aufklärungsdienstes. Die ersten speziell für die Aufklärung konstruierten Panzerkreuzer waren die des britischen ›County‹-Typs (Stapellauf 1901/03), bei denen eine hohe Geschwindigkeit (bis 24,8 kn) auf Kosten der Bewaffnung (nur 15,2 cm-Kanonen) erkauft wurde. Mit der nachfolgenden **Devonshire**-Klasse, die ursprünglich ebenfalls nur 15,2 cm-Geschütze erhalten sollte, begann der Übergang zu 19 cm-Geschützen als Hauptartillerie, während die 15,2 cm-Geschütze als Mittelartillerie beibehalten wurden. Gleichzeitig verstärkte man auch den Panzerschutz.

Im Gegensatz zu Großbritannien sah Frankreich dagegen den Panzerkreuzer noch immer vornehmlich als ein Instrument des Handelskrieges an. Von **Jeanne d'Arc** (1899) bis **Waldeck-Rousseau** (1908) legte man dort Wert auf einen möglichst großen Fahrbereich und blieb bei 19,4 cm als Hauptkaliber. Auch im Hinblick auf die Geschwindigkeit hielt man sich mit 23 bis 24 kn eng an die Erfordernisse der Handelskriegführung. Das ist die Erklärung dafür, daß sich in der französischen Panzerkreuzer-Entwicklung kein ausgesprochener Flottentyp findet.

Ähnliche Ansichten wie Frankreich vertrat auch die amerikanische Marine; allerdings gaben die Amerikaner von jeher der Schlagkraft einen breiteren Raum, wenn man von den Einheiten der **Charleston**-Klasse absieht. Mit ihren letzten Panzerkreuzern — denen der **Washington**-Klasse (1905) — näherten sich die Amerikaner dann der britischen Typ-Auffassung: Diese Schiffe erhielten vier 25,4 cm- und sechzehn 15 cm-SK gegenüber vier 23,4 cm- und zehn 19 cm-SK der etwa gleichaltrigen britischen **Minotaur**-Klasse; beider Geschwindigkeit war etwa gleichgroß. Allerdings war die Panzerung der amerikanischen Schiffe mit 127 mm Gürtelmaximum wesentlich schwächer als die der britischen Schiffe mit immerhin 179 mm Seitenpanzerdicke.

Die deutsche Marine war bei der Entwicklung ihrer ›Panzerkreuzer‹[63] zunächst vorwiegend französischen Tendenzen gefolgt, und zwar bis etwa **Fürst Bismarck**, um danach zum Aufklärungs-Panzerkreuzer überzugehen. Durch besondere Verhältnisse — nämlich durch die Abmessungen von Docks und Häfen — war sie aber daran gehindert, sich ausschließlich von militärischen und technischen Gesichtspunkten leiten zu lassen. Sie mußte daher in einem Rahmen bleiben, der jenen Verhältnissen am

---

[63] Die deutsche Marine kannte den Begriff ›Panzerkreuzer‹ für ihre Gattungsvertreter nicht. Diese hießen ›Große Kreuzer‹, und jene Bezeichnung wurde auch noch beibehalten, als die Entwicklung längst zum ›Schlachtkreuzer‹ geführt hatte.

besten entsprach. Daher konnte sie sich nur Schritt für Schritt an diese Entwicklung herantasten, so daß sie erst verhältnismäßig spät — mit den 1906 vom Stapel gelaufenen Schiffen der **Scharnhorst**-Klasse — an das britische Vorgehen aufgeschlossen hatte.

Japan — Vorstufe zum Schlachtkreuzer

Bis zu diesem Zeitpunkt aber hatte der Panzerkreuzer in vielerlei Hinsicht einen gewissen Endpunkt in seiner Entwicklung erreicht, der kaum noch einen wesentlichen Fortschritt zuließ, gemessen an den damaligen schiffbaulichen und maschinenbaulichen Möglichkeiten. Andererseits aber drängten neugewonnene taktische Anschauungen und Möglichkeiten auf einen Fortschritt gerade bei dieser Gattung. In drei Kriegen waren inzwischen mit dem Panzerkreuzer Erfahrungen gesammelt worden:

- Im Japanisch-Chinesischen Krieg 1894/95.
- Im Spanisch-Amerikanischen Krieg 1898.
- Im Russisch-Japanischen Krieg 1904/05.

In keinem dieser Kriege wurde der Panzerkreuzer zur Erfüllung seiner Aufgabe als Aufklärer vor dem Gros der Flotte eingesetzt, geschweige denn zur Führung des Handelskrieges. Er trat in allen Schlachten gewissermaßen als ein Schlachtschiff zweiten Ranges auf, entweder zur Verstärkung der eigenen Schlachtlinie hinter den Linienschiffen, oder aber als selbständiger Panzerschiffverband. So geschah es in den Seeschlachten vor der Yalu-Mündung am 17. September 1894, vor Santiago am 4. Juli 1898 und schließlich bei Tsushima am 27. Mai 1905[64].

Daraus lernte insbesondere die damals noch recht junge japanische Marine und zog eine Konsequenz, die heute eigentlich nur als die einzig mögliche angesehen werden kann: Sie armierte die 1904 auf Kiel gelegten Schiffe der **Ikoma**-Klasse mit 30,5 cm-Geschützen; diesem folgten dann noch die beiden ebenso stark bewaffneten Schiffe der **Ibuki**-Klasse, doch erhielten sie zusätzlich noch eine ›halbschwere‹ Artillerie. Mit ihnen wurde die unmittelbare Vorstufe zum ›Schlachtkreuzer‹ geschaffen.

Großbritannien und namentlich Lord Fisher hatten jedoch bereits Vorarbeiten auch auf diesem Gebiet des Kriegsschiffbaus und der Kriegsschifftypen-Entwicklung geleistet. Das war nicht weiter verwunderlich, denn Fisher war ein Verfechter des Panzerkreuzers mit möglichst schwerster Bewaffnung, den er im Rahmen der Flotte eingesetzt wissen wollte. Schon 1902 hatte er deshalb Entwürfe für einen solchen Typ anfertigen lassen, die wiederum W. H. Gard ausarbeitete. Dieses Projekt wurde unter der Bezeichnung HMS. **Unapprochable** bekannt, und in einer Denkschrift dazu umriß Fisher die besonderen Eigenschaften eines solchen ›schnellen Panzerkreuzers‹. Es ist schon der Mühe wert, sie hier — soweit sie besonders wichtig erscheinen — aufzuzählen:

- Überlegene Geschwindigkeit allen (auch den schnellsten) ausländischen Kreuzern gegenüber.
- Eine Hauptartillerie von 25,4 cm-Geschützen vorn und achtern und eine Sekundärbatterie von 19 cm Kaliber als Schnellfeuerbatterie.
- Panzerschutz für alle Geschütze, um Treffern bis etwa 20,3 cm-Kaliber zu widerstehen.
- Ausrüstung jedes einzelnen Geschützes mit eigenem Beobachtungsstand, Entfernungsmesser und dgl.
- Gute Bestreichungswinkel für alle Geschütze.
- Keine Masten und Gefechtsmarse, nur eine Funkstenge. Notwendigkeit von Masten und Rahen für Signalzwecke angesichts der FT-Entwicklung nicht mehr zu bejahen.
- Motorbetriebene anstatt hydraulisch betriebene Ladebäume; Beiboote aus Stahl und Unterstellmöglichkeit für diese unter dem Panzerdeck.
- Übergang zur Ölfeuerung
- Keine unfangreichen Brückenaufbauten mehr, nur noch kleiner Schiffsführungsstand etwa nach dem Muster der 1895 vom Stapel gelaufenen **Benbow**.
- Turbinenantrieb.
- Vermeidung aller hölzerner Ausrüstungsgegenstände.
- Ausrüstung mit Stockankern.
- Munitionskammern gleich unterhalb der Geschütze, um längere Transportwege zu den Aufzügen zu vermeiden.

Der von Gard ausgearbeitete Entwurf sah einen Panzerkreuzer vor, dessen Charakteristik wie folgt aussah:

Deplacement	14 000 ts bei Öl als Brennstoff,
	15 000 ts bei Kohlen als Brennstoff.
Länge	152,4 m
Breite	21,3 m
Bewaffnung	4—23,4 cm-Kanonen } sämtlich in
	12—19 cm-Kanonen } Zwillingstürmen
Maschinenleistung	35 000 PS
Geschwindigkeit	25 kn
Panzerung	Wasserlinie 152 mm; 23,4 cm-Türme 152 mm; 19 cm-Türme 102 mm; Kommandoturm 254 mm; Panzerdecks bis 64 mm.

Genauso, wie die Lehren des Krieges in Ostasien das Linienschiff betrafen, war auch der Panzerkreuzer angesprochen. Die Anschauungen über seinen taktischen Einsatz hatten sich jetzt konsolidiert und konnten klarer umrissen werden:

- Der Panzerkreuzer soll aufklären, verfolgen oder den Rückmarsch decken sowie eigenen Torpedoboot-Verbänden und Kleinen Kreuzern als Rückhalt dienen.
- Der Panzerkreuzer soll sich unter für ihn *günstigen* taktischen Bedingungen am Gefecht *beteiligen*, aber keine Schlacht schlagen. Hierin bestand überhaupt der Unterschied zwischen der Kampfkraft des Linienschiffes und der des Panzerkreuzers: Der Kampf galt für den Panzerkreuzer nicht als Endzweck, sondern lediglich als ein Mittel zum Zweck. Da zukünftig zu erwarten war, daß Gefechtsbegegnungen nur noch auf große und nur selten auf mittlere Entfernungen stattfinden, versprach der *nahe* Vernichtungskampf die Ausnahme zu werden. Allerdings würde der Kampf beim Ein-

---

[64] Schreier, a.a.O., S. 825.

greifen in die Auseinandersetzung zwischen den Linienschiffen beider Parteien Endzweck, aber nicht mehr im althergebrachten Sinne der Linienschiffsflotten. In erster Linie sollte der Panzerkreuzer dabei die Niederkämpfung der Linienschiffe unterstützen und den Gegner in seiner Bewegungsfreiheit behindern und ihn in gewisser Hinsicht binden.

Aus dieser Aufgabenumgrenzung ließen sich die Haupteigenschaften zukünftig zu bauender Panzerkreuzer folgerichtig ableiten:
- Eine den Linienschiffen *überlegene* und den Kleinen Kreuzern und Torpedobooten *auf die Dauer* zumindest *nahekommende* Seegeschwindigkeit.
- Fahrbereich für längere Operationen bei hoher Geschwindigkeit.
- Kampfkraft in solcher Stärke, daß ein Eingreifen in die Linienschiffskämpfe zumindest erfolgversprechend ist.
- Ebenbürtigkeit mit gleichaltrigen Panzerkreuzern hinsichtlich Geschwindigkeit und Schlagkraft.

Das Richtmaß war dabei Kampfkraft auf große bis mittlere Entfernungen, der die Wahl der entsprechenden Kaliber zu folgen hatte, ebenso die Dicke und die Ausdehnung der Panzerung. Die der Armierung entsprechend zu wählende Panzerung mußte an den lebenswichtigen Teilen wenigstens so stark bemessen sein, daß die gebräuchlichen Kreuzergeschosse beim Auftreffen selbst auf nahe Entfernungen zu Bruch gingen. Dazu mußte die Panzerung eine große Ausdehnung haben und sich besonders auf die Schiffsenden erstrecken, damit die Geschwindigkeit bei entsprechenden Treffern so wenig wie möglich herabgesetzt wurde. Für das Verhältnis Panzerung: Bewaffnung konnten daher die für Linienschiffe gültigen Maßstäbe nicht ohne weiteres übernommen und auf den Panzerkreuzer projiziert werden. In erster Linie sollte der Panzerkreuzer ›sehen‹ und erst dann kämpfen, wenn er die Aufgabe des ›Sehens‹ erfüllt hatte oder er diese Aufgabe nicht ohne zu kämpfen erfüllen konnte. Weiterhin mußte der Panzerkreuzer — der auch den eigenen leichten Seestreitkräften einen Rückhalt bieten sollte und deshalb selbst vielfach feindlichen Torpedoboot-Angriffen ausgesetzt zu werden versprach — einen ausreichenden Unterwasserschutz erhalten.

Um allen Aufgaben gerecht zu werden, benötigte der Panzerkreuzer eine den Linienschiffen überlegene Geschwindigkeit. In den alten Linienschiffsflotten wurde bei den Fregatten mit einem Geschwindigkeitsüberschuß von etwa 3 kn über die Linienschiffe gerechnet; größere Leistungen gestattete die damalige Situation nicht. Relativ betrug damit der Geschwindigkeitsüberschuß etwa 30%. Wurde das gleiche Maß nunmehr auf die neueren Verhältnisse übertragen, so mußte bei einer Durchschnittsgeschwindigkeit der Linienschiffe von etwa 20 kn für die zukünftig zu bauenden Panzerkreuzer etwa 26 bis 27 kn Geschwindigkeit zu fordern sein. Daß einer derartigen Geschwindigkeits-Überlegenheit im Aufklärungsdienst große Bedeutung zukam, lag auf der Hand. Aber sie ließ sich nur erreichen, wenn der Panzerkreuzer beträchtlich vergrößert wurde.

Wie schon an anderer Stelle dargelegt, hatte das im Dezember 1904 von Lord Fisher einberufene Committee on Designs eine zweite große Aufgabe zu lösen, und dies war die Entwicklung eines neuen Panzerkreuzertyps, an den von Anfang an folgende Forderungen gestellt waren:
- Geschwindigkeit etwa 25 kn.
- Bewaffnung: 30,5 cm-Geschütze, dazu Kanonen zur Torpedoboot-Abwehr. Anzahl der 30,5 cm-Geschütze in den Grenzen, die sich mit Geschwindigkeit und Abmessungen vereinbaren lassen.
- Panzerung ähnlich der **Minotaur**-Klasse.

Es entstanden eine Reihe von Entwürfen, die schließlich zur **Invincible**, dem ersten britischen ›Battle cruiser‹ führten; auch hier vollzog man den Bau unter striktester Geheimhaltung.

Überspitzte Forderungen

Mit der **Invincible**-Klasse und ihren Nachfolgern entstanden Schiffe, die wegen der ihnen anhaftenden schwerwiegenden Mängel geradezu berüchtigt geworden sind. Das war hauptsächlich auf die überspitzten militärischen Forderungen zurückzuführen, die an diesen Typ gestellt worden waren. ›Speed is the best protection!‹ behauptete Lord Fisher, und darin sollte er sich sehr täuschen, denn zu Gunsten einer hohen Geschwindigkeit hatte man bei diesen Schiffen auf jeden auch nur annähernd angemessenen Schutz verzichten müssen. Die Panzerung war viel zu schwach, um selbst ein Gefecht mit einem schwächeren Gegner durchhalten zu können oder diesem standzuhalten. Gleichwohl schien Lord Fisher überzeugt, den richtigen Weg eingeschlagen zu haben, und in dieser Auffassung wurde er noch bestärkt, als zwei dieser Schlachtkreuzer gegen das deutsche Kreuzergeschwader im Südatlantik eingesetzt wurden und dieses am 8. Dezember 1914 bei den Falklandinseln vernichteten. Die bitterste Enttäuschung stand aber noch bevor.

Die deutsche Reaktion

Von dem britischen Vorgehen war die deutsche Marine am stärksten betroffen worden. Und nach britischer Meinung war sie zu sehr überrascht, um sich ebenfalls sogleich dem Bau von Großkampfschiffen zuwenden zu können; begründet wurde diese Meinung damit, daß zwei Jahre lang überhaupt kein deutsches Linienschiff begonnen wurde, nämlich vom Sommer 1905 — als die britischen Absichten erstmals gerüchteweise bekanntgeworden waren — bis zum Sommer 1907. Die Meinung war irrig, denn in Wirklichkeit hatte die deutsche Marine bereits umfangreiche Vorarbeiten geleistet, auf die sie sich nunmehr, nachdem Klarheit gewonnen worden war, stützen konnte.[65]

Wie in den vorausgegangenen Abschnitten dargelegt, wurden etwa von der Jahrhundertwende an alle Marinen von der stetigen Größensteigerung im Linienschiffbau beherrscht. Hatte man bisher Linienschiffe bis höchstens etwa 13 000 ts gebaut, so stiegen ihre Größen bald auf 16 000 ts an. Auch die deutsche Marine machte diese Vergrößerung mit und ging von knapp

---

[65] Hallmann, Die Anfänge des deutschen Dreadnought-Baues 1905—08 (in: Marinerundschau 1938, S. 912ff.).

12 000 ts auf rund 13 000 ts über; an dieser mittleren Grenze hielt sie jedoch aus politischen Rücksichten fest. Dazu hatte sie aber noch weitere Gründe, und diese waren keineswegs im Feld der politischen Entscheidungen zu suchen. Es hätte nämlich erheblicher finanzieller Anstrengungen bedurft, wenn man diesen Tendenzen in vollem Umfange gefolgt wäre, denn sowohl der Nordostseekanal als auch die deutschen Häfen und Werften standen ihnen insofern entgegen, als sie nur von Schiffen bis höchstens 15 000 ts — und das war bereits die oberste Grenze! — benutzt werden konnten. Wollte man diese Grenzen überschreiten, so hätte dies größter Aufwendungen bedurft.

Solange die übrigen Flotten eine gewisse Grenze in der Größe ihrer Linienschiffe und damit ihrer Schlagkraft nicht überschritten, konnte dies deutscherseits durchaus hingenommen werden; allerdings war sich die deutsche Marine bereits sehr frühzeitig darüber klar, daß die Vermehrung der schweren Artillerie in Zukunft eine nicht mehr zu vermeidende militärische Notwendigkeit werden würde. Immerhin wurde in den Jahren kurz vor der Jahrhundertwende bereits deutscherseits mit wirksamen Geschützreichweiten von nahezu 100 hm gerechnet. Hinzu kam, daß schon 1903 die Konstruktionsabteilung des Reichsmarineamtes auf Anregung Wilhelms II. die Idee des schnellen und ausschließlich mit schweren Kalibern bestückten Linienschiffes aufgegriffen hatte. Diese Weisung ging auf einen Besuch Wilhelms II. in Italien zurück, wo die Linienschiffe der **Vittorio Emanuele**-Klasse großen Eindruck auf ihn gemacht hatten.[66]

Der von den deutschen Konstrukteuren angefertigte und im März 1904 vorgelegte Entwurf sah bereits ein ausschließlich mit schweren Kalibern bestücktes Linienschiff von etwa 14 000 ts vor, dessen Geschwindigkeit für die damalige Zeit recht hoch war. Zweifellos war dies bereits die Anbahnung zum ›all big gun battleship‹, auch wenn die Verwendung zweier schwerer Kaliber noch im Konventionellen wurzelte. Vorerst konnte man sich deutscherseits jedoch nicht entschließen, ein solches Projekt zu verwirklichen. So beherrschte das bisherige Linienschiff mit vier 28 cm-Kanonen auch weiterhin den deutschen Flottenbau. Dafür verstärkte man nur das Kaliber der Mittelartillerie von 15 auf 17 cm, lehnte aber eine Dreiteilung der Artillerie — wie sie bei der Einschiebung eines schweren Zwischenkalibers und bei der Beibehaltung einer vollwertigen Mittelartillerie entstehen mußte — entschieden ab. Es war wohl sehr richtig erkannt worden, daß eine derartige Dreiteilung nicht nur die Schießverfahren, sondern auch die Feuerleitung erschweren mußte. Selbstverständlich hatte man deutscherseits auch eindeutig diejenigen Vorteile erkannt, die eine verstärkte Bewaffnung und, daraus wieder resultierend, auch die Vergrößerung des Schiffes bringen mußte, nämlich die Verstärkung der Schutzeinrichtungen und eine Steigerung der Maschinenleistung. Dennoch blieb aber der deutsche Kriegsschiffbau auch weiterhin von den politischen Rücksichten beherrscht.

Erst als sich die Unvermeidbarkeit größerer Linienschiffe immer schärfer abzeichnete, wurde die deutsche Marine vor die Alternative gestellt, entweder dieser Tendenz zu folgen oder sich überrunden zu lassen. Letzteres aber konnte nicht im Sinne der mit der Flottengesetzgebung seit 1900 verfolgten seestrategischen Konzeption sein: Fanden in dem Flottengesetz von 1898 mit dem Ziel einer ›Ausfallflotte‹ lediglich taktische Ziele ihren Niederschlag, so hatte sich dies in dem knapp zwei Jahre später verabschiedeten zweiten Flottengesetz elementar geändert, denn hinter letzterem stand die Absicht, im Hinblick auf Großbritannien eine ›Offensivflotte‹ zu bauen.[67] Das war zu dieser Zeit allerdings durchaus noch nicht im Sinne von Tirpitz.[68]

Fernöstliche Schatten

In diesem Moment schuf der Russisch-Japanische Krieg eine völlig neue Situation. Und etwa gleichzeitig erschienen in England die ersten Presseverlautbarungen über ein geplantes ›all big gun one caliber battleship‹. Jene Nachrichten sprachen von etwa 18 000 ts Deplacement; dies wäre an sich noch nicht weiter alarmierend gewesen, wenn es nicht geheißen hätte, daß mit diesem Typ die seit einiger Zeit angestrebte Vermehrung der schweren Artillerie verwirklicht werden sollte.[69] Genaueres wurde indessen nicht bekannt. Zwar fußten jene Nachrichten nicht auf Verlautbarungen offizieller Stellen[70], doch waren sie wiederum nicht so zweifelhaft, als daß sie von der deutschen Marine ohne irgendwelche Reaktion hätten hingenommen werden können. Es blieb daher der deutschen Marine gar nichts anderes übrig, als sich auf die Wahrscheinlichkeit der britischen Absichten einzustellen. Das war dann letztendlich der Grund, weshalb sich Tirpitz entschloß, auch bei den deutschen Linienschiffsneubauten die schwere Artillerie zu verstärken, wobei ursprünglich nur an eine Verdoppelung der bisherigen Rohrzahl gedacht war; dabei hoffte er jedoch, an einem Deplacement von etwa 15 000 ts festhalten zu können[71]. Diese Überlegungen fanden dann in dem Linienschiffs-Projekt ›C‹ ihren Niederschlag, das am 8. Oktober 1905 von Wilhelm II. genehmigt wurde.[72] Im Ganzen gesehen war dieses Projekt nichts weiter als eine verbesserte Kopie des aus dem Vorjahre stammenden Entwurfes, doch hatte man das Kaliber der Schweren Artillerie nunmehr vereinheitlicht, daneben aber auch wieder eine vollwertige Mittelartillerie vorgesehen, die bei dem Entwurf aus dem Vorjahr ganz gefehlt hatte. Bei der geringen Wasserverdrängung von nicht einmal 16 000 ts mußten jedoch die Schutzeinrichtungen und auch die Antriebsanlage erheblich ins Hintertreffen geraten. Solche konstruktiven Schwächen wollte Tirpitz aber

---

[66] Hubatsch, Der Admiralstab und die obersten Marinebehörden in Deutschland 1948—1945, S. 115.

[67] Assmann, Deutsche Seestrategie in zwei Weltkriegen, S. 19.
[68] Hubatsch, Die Ära Tirpitz, S. 69.
[69] Gemeldet wurden seinerzeit acht 30,5 cm- und zehn 23,4 cm-Geschütze.
[70] Von offizieller britischer Seite wurden während des gesamten ersten Baustadiums der **Dreadnought** überhaupt keine Verlautbarungen herausgegeben, weil der Bau ohnehin geheimgehalten wurde.
[71] Hallmann, a.a.O., S. 913.
[72] Hubatsch, Der Admiralstab und die obersten Marinebehörden in Deutschland 1848—1945, Abbildungsteil (Entwürfe zu einem deutschen Großkampfschiff).

nicht riskieren. Daher faßte er den Entschluß, das Deplacement der zukünftig zu bauenden deutschen Linienschiffe auf 19 000 ts zu erhöhen. Das war gleichbedeutend mit äußerst kostspieligen Werftausbauten, wozu noch die Erweiterung des Kaiser Wilhelm-Kanals notwendig wurde[73].

Der Entschluß, mit der Wasserverdrängung auf 19 000 ts hinaufzugehen, fand am 19. September 1905 die Zustimmung des Fürsten von Bülow, seinerzeit deutscher Reichskanzler, und am 4. Oktober 1905 die von Wilhelm II. Schon Ende 1905 ging die fertige Vorlage an den Bundesrat.

Mit der künftig möglichen Wasserverdrängung von 19 000 ts konnte man nunmehr die schwere Artillerie stückzahlmäßig nicht nur verdoppeln, sondern sogar verdreifachen, und zudem blieben genügend Möglichkeiten offen, Schutzeinrichtungen und Antriebsanlagen auf das richtige Maß abzustimmen. Es entstand damit das Projekt G 7 b des Linienschiffs-Entwurfes 1906. Dieses Projekt war die unmittelbare Vorstufe zur **Nassau**-Klasse.

Angesichts seines Vorsprungs mit der **Dreadnought** schien sich Lord Fisher (und mit ihm wohl ganz England) offensichtlich so sehr in Sicherheit gegen eine etwaige Rivalität der deutschen Marine zu wiegen, daß er zunächst ernsthaft an ihrer Fähigkeit zweifelte, ebenfalls den Bau von Schlachtschiffen dieser Größenordnung aufzunehmen.[74]

Nach Hallmann[75] bezogen sich diese Zweifel Lord Fishers jedoch in erster Linie auf die *technische* Fähigkeit Deutschlands, den Großkampfschiffbau aufzunehmen. Es wäre aber mehr als unklug gewesen, wenn er angesichts des Aufstieges gerade der deutschen Technik und noch mehr der deutschen Industrie in dieser Hinsicht Zweifel geäußert hätte. Vielmehr mußten sich diese auf die finanzielle Kraft des Deutschen Reiches beziehen, denn auch damals konnten die dazu erforderlichen Mittel ausschließlich vom Reichstag bewilligt werden. Vielleicht spekulierte Fisher auch auf die Opposition rüstungsfeindlicher Parteien und Abgeordneter des Reichstages?... Immerhin mußte auch ihm bewußt gewesen sein, daß bei einer Aufnahme des deutschen Großkampfschiffbaues nicht nur erhebliche Baukosten für die Schiffe selbst entstehen, sondern daß darüber hinaus umfangreiche Werfterweiterungen und Wasserbauten große Summen in Anspruch nehmen würden. Offensichtlich erwartete Fisher kaum, daß das Deutsche Reich dieser neuen Situation gewachsen sei. Aber schon im Juni 1905 erhielt der gerade eben neu herausgegebene ›Nauticus‹, das offiziöse deutsche Marinejahrbuch, gewisse Sätze, aus denen er hätte unschwer entnehmen können, daß die deutsche Marine in jedem Falle der Entwicklung folgen werde.[76] In der Tat hat Deutschland dann die neue Situation auch gemeistert.

Als Tirpitz schließlich am 7. Dezember 1905 im Reichstag von der notwendig gewordenen Vermehrung der schweren Artillerie sprach, mußten alle Zweifel erlöschen. Jetzt zumindest hätte Lord Fisher erwarten müssen, daß Tirpitz auch dieses Ziel erreichen würde, denn hätte dieser selbst auch nur geringste Zweifel gehabt, so würde er kaum die deutschen Absichten und Pläne öffentlich dargelegt haben. Am 26. Mai 1906 bewilligte schließlich der Reichstag endgültig den neuen Etat, und darunter befanden sich auch die Geldmittel zum Bau der ersten beiden deutschen Großkampfschiffe. Und nur fünf Tage später, am 31. März 1906, wurde das erste von ihnen, die spätere **Nassau**, an die Kaiserliche Werft in Wilhelmshaven vergeben.[77]

Bis zur Bauvergabe des zweiten Schiffes — der **Westfalen** — dauerte es indessen fünf Monate. Dieser relativ lange Zwischenraum konnte den Anschein erwecken, als ob die britischen Zweifel in etwa doch berechtigt waren. Es waren aber lediglich interne Gründe der Bauvergabe-Politik des Reichsmarineamtes, die diese Verzögerung bewirkt hatten: Den Bau großer Kriegsschiffe hatten sich bis zum Jahre 1903 nur vier Privatwerften[78] zusammen mit den Kaiserlichen Werften in Wilhelmshaven und Kiel geteilt. 1904 hatte das Reichsmarineamt eine fünfte Privatwerft — die Aktiengesellschaft ›Weser‹ in Bremen — mit dem Bau des Großen Kreuzers **Gneisenau** ebenfalls zum Bau von großen Kriegsschiffen herangezogen, um den Wettbewerb zu steigern. Diese Werft benötigte aber — verständlicherweise — fast volle vier Jahre, bis sie den Kreuzer abliefern konnte. Das war eine klare Folge aus der Umstellung auf den Kriegsschiffbau. Auch der Beginn des Großkampfschiffbaues konnte das Reichsmarineamt nicht veranlassen, von seiner bisher sehr wirtschaftlichen Bauvergabe-Politik abzuweichen: Schichau und die Kieler Germaniawerft hatten 1903 und 1905 je einen Linienschiffneubau erhalten, der Stettiner Vulcan je einen solchen in den Jahren 1902 und 1905, und Blohm & Voß hatte sich zu einer Spezialwerft für große Kreuzer entwickelt. Damit war es naheliegend, das zweite Großkampfschiff der Aktiengesellschaft ›Weser‹ zu übertragen. Weil die Gewähr bestehen mußte, daß diese Werft der neuen großen Aufgabe gewachsen sein würde, wurden Verhandlungen notwendig, die sich bis zum Oktober 1906 hinzogen.[79]

Eine weitere Ursache dieser Verzögerung ergab sich daraus, daß die in Frage kommenden Werften sämtlich neue Anlagen bauen oder ihre vorhandenen Anlagen erweitern mußten. Immerhin waren die Schiffe der **Nassau**-Klasse ca. 20 m länger und 4,7 m breiter als ihre Vorgänger. Die Erweiterung der Hellinge war besonders dort schwierig, wo der Platz beengt war oder wo — wie in Wilhelmshaven — die Bodenverhältnisse ein Hindernis bildeten. Zwar war und wurde es möglich, dieser Schwierigkeiten Herr zu werden, aber es kostete Zeit.[80]

---

[73] Die Erweiterungsarbeiten am Kaiser Wilhelm-Kanal wurden 1909 aufgenommen und kurz vor Kriegsbeginn 1914 abgeschlossen.

[74] Hallmann, a.a.O., S. 914. Auch Hubatsch, Die Ära Tirpitz, S. 75, spricht sich in diesem Sinne aus (... ›Mit diesem ›Dreadnought-Sprung‹ hoffte der englische Seelord nicht nur die öffentliche Meinung seines Landes beruhigt, sondern auch den aufkommenden deutschen Rivalen aussichtslos abgehängt zu haben ... ‹).

[75] Hallmann, vgl. Fußnote 65.

[76] Nauticus 1905, S. 27, 55 ff.

[77] Hallmann, a.a.O., S. 914.

[78] Es waren dies: ›Vulcan‹, Stettin, die Germaniawerft in Kiel, Blohm & Voß in Hamburg, und Schichau in Danzig.

[79] Hallmann, a.a.O., S. 915.

[80] Hallmann a.a.O., S. 915.

Im übrigen benötigte die Konstruktionsabteilung im Reichsmarineamt längere Zeit für die Ausarbeitung der neuen Entwürfe, und schon deshalb hätten die Werften mit dem Bau der Schiffe nicht eher beginnen können. Nachdem man deutscherseits nun einmal in den Großkampfschiffbau eingetreten war, wollte man — nunmehr von allen Rücksichtnahmen befreit — das denkbar Vollkommenste erreichen und Schiffe konstruieren, die ein Höchstmaß an Gefechtseigenschaften, Seetüchtigkeit, Sinksicherheit und überhaupt einer zweckmäßigsten Gewichtsausnutzung aufwiesen. Es lohnte sich zweifellos, einige Monate zu opfern, denn in dieser Zeit wurden jene wertvollen, systematisch erarbeiteten Grundlagen für den deutschen Großkampfschiffbau geschaffen, auf denen sämtliche späteren Klassen aufbauen konnten. Damit erwies sich diese Verzögerung nicht als das, was die Engländer vermuteten und sicher sogar insgeheim erhofften, nämlich als ein Zeichen von Schwäche und Unfähigkeit; im Gegenteil — sie war ein Zeichen von Stärke und zugleich die Gewähr für höchste Leistung.[81]

Deutschland — Standfestigkeit hat Vorrang

Mit der Konstruktion der deutschen Großkampfschiffe wurde der damalige Marinebaurat Bürkner beauftragt. Nach dem Willen von Tirpitz — so schreibt Bürkner in seinen Erinnerungen[82] — mußte bei den deutschen Großkampfschiffen der äußere Eindruck vermieden werden, Großbritannien gegenüber als Schrittmacher zu erscheinen. Statt dessen sollte bei den nach außen nicht sichtbar in Erscheinung tretenden Einzelheiten alles getan werden, um die Qualität der Schiffe zu steigern, auch dann, wenn dadurch erhebliche Kosten entstanden. Trotz der relativ knappen Etatmittel bewilligte Tirpitz größere Beträge auch für länger währende Versuche, wenn es galt, die Brauchbarkeit neuer Vorschläge festzustellen.[83]

Besonderen Wert legte Bürkner auf einen optimalen Unterwasserschutz zur Erreichung eines möglichst hohen Grades der Sinksicherheit. Damit entstand die ›geradezu bienenwabenartige‹ Unterteilung, die das größte Interesse britischer Fachleute nach dem Kriege erregte.[84] Hierzu gehörten auch die wirkungsvollen Torpedoschotten, die keine andere Marine in dem Maße kannte wie die deutsche, und die sich als besonders nützlich erwiesen.[85]

Die Konstruktion des ausgedehnten Unterwasserschutzes erforderte eine größere Breite der Schiffe, wodurch ihre Stabilität nicht unwesentlich erhöht wurde. Zudem war dadurch auch ein erhöhter Schutz vor seitlichen Wassereinbrüchen erzielt.[86]
Entsprechend den politischen und geographischen Verhältnissen mußte für Deutschland als Hauptseekriegsgebiet die Nordsee in Betracht gezogen werden. Die dort meist herrschenden schlechten Sichtverhältnisse machten jedoch Gefechtsberührungen auf größeren Entfernungen unwahrscheinlich.[87] Daher konnte die deutsche Marine getrost bei dem erprobten und bewährten 28 cm-Kaliber bleiben, das dem britischen 30,5 cm-Kaliber im Hinblick auf die ballistischen Eigenschaften nur geringfügig nachstand. Zugleich aber mußte die bisherige Mittelartillerie beibehalten werden, um sie auf mittlere Entfernungen zum Tragen bringen zu können[88].

Im Ganzen wurden die deutschen Schiffe im Gegensatz zu den britischen sehr viel gründlicher durchentworfen, wobei man auch Einsparungen am Schiffskörper- und am Maschinengewicht erzielen konnte. Dadurch war es wiederum möglich, den Panzer dicker zu halten und die Gesamtpanzerfläche weiter auszudehnen, als dies auf den britischen Schiffen der Fall war.[89] Dabei ist auch zu beachten, daß die Geschwindigkeit der deutschen Schiffe — obwohl sie nominell etwas geringer war — im allgemeinen den englischen Schiffen nicht sehr nachstand.

Mit dem Sommer 1907 setzte dann der Bau der neuen deutschen Großkampfschiffe ein: In der Zeit vom 1. Juni bis zum 12. August wurden nacheinander die vier Schiffe der **Nassau-Klasse** auf Kiel gelegt. Auf Grund des britischen Vorgehens, über den Bau der neuen Großkampfschiffe den Geheimnisschleier auszubreiten, sah sich auch die deutsche Marine zu einem ähnlichen Vorgehen gezwungen. Befriedigt stellte dann das offiziöse deutsche Marinejahrbuch fest:

› Es kann nur ein Vorteil für unsere Landesverteidigung sein und zeugt von militärpolitischem Verständnis, wenn die deutsche Presse bisher nicht versucht hat, den über die neuen Schiffstypen noch ausgelegten Schleier an irgendeiner Stelle zu lüften ...‹[90]

In der Tat war die deutsche Geheimhaltung erfolgreich. Das Ausland und insbesondere England konnten keine konkreten Erkenntnisse in Erfahrung bringen. Dies spiegelte sich nicht zuletzt im britischen Flottenhandbuch wieder, dem ›Jane‹, der ganz offensichtlich darauf angewiesen war, Vermutungen anzustellen.[91]

Deutschlands Flottengesetze und -novellen

Wenige Wochen später mußte man in England erkennen, daß Deutschland eine neue Flottennovelle vorbereitete. Und damit war Lord Fishers Theorie, die deutsche Schiffbauindustrie würde angesichts des englischen Vorgehens zusammenbrechen, ad absurdum geführt.[92]

---

[81] Hallmann, a. a. O., S. 915.
[82] Bürkner, Erinnerungen und Gedanken eines Kriegsschiffbauers, S. 12.
[83] Beispielsweise wurde zur Ermittlung der sachgemäßen Ausführung des Unterwasserschutzes ein schwimmendes Sprengziel von 1500 ts Deplacement unter beträchtlichen Kosten erbaut und in neun Jahre langen Versuchen aufgebraucht (Bürkner, a.a.O., S. 16—17).
[84] Bürkner, a.a.O., S. 13.
[85] Bürkner, a.a.O., S. 17; Evers, a.a.O., S. 41.
[86] Evers, a.a.O., S. 41; Bürkner, a.a.O., S. 14.
[87] Evers, a.a.O., S. 41.
[88] Evers, a.a.O., S. 41; Bürkner, a.a.O., S. 18.
[89] Evers, a.a.O., S. 41.
[90] Nauticus 1906, S. 45; Hallmann, a.a.O., S. 917.
[91] So berichtete der ›Jane‹ über die Hauptbewaffnung der neuen deutschen Großkampfschiffe (**Nassau-Klasse**) in den einzelnen Jahrgängen: 14—28 cm (1907), 10 oder 12—28 cm (1908), 10—28 cm für die beiden ersten Schiffe und 12—28 cm für die beiden letzten Schiffe (1909).
[92] Hallmann, a.a.O., S. 917.

Als im Jahre 1908 diese Flottennovelle verabschiedet wurde, mußte die britische Admiralität die wenig ermutigende Feststellung treffen, daß die deutsche Marine in den nächsten vier Jahren je drei Großkampfschiffe und einen Schlachtkreuzer auf Kiel legen würde. Damit würde sie im Jahre 1914 insgesamt 16 fahrbereite Großkampfschiffe und fünf Schlachtkreuzer besitzen, wenn man die Bauten bis zum Etatjahr 1911 einschließlich mitrechnete. In England hatte man bis 1907 sieben Großkampfschiffe und drei Schlachtkreuzer in Angriff genommen, und nun mußte man sich auch dort die Frage stellen, wieviele der neuen Schiffe in den nächsten Jahren zu bauen seien, wenn man sich einigermaßen einen Vorsprung sichern wollte. Die gewaltige Überlegenheit Englands an Linienschiffen aus der Vor-Dreadnought-Zeit war damit unwiderruflich dahin!

Zu Beginn des Großkampfschiffbaues hatte man sich in Großbritannien bezüglich der Anzahl Mäßigung auferlegt. Man wähnte sich vor Überraschungen völlig sicher, und über die Möglichkeiten eines deutschen Nachdrängens ging man sicher sehr leichtfertig hinweg. Andererseits aber brauchte die derzeit liberale britische Regierung aus grundsätzlichen und parteipolitischen Gründen eine Einsparungspolitik in der Rüstung. Deswegen hatte man von diesen teueren Schiffen zunächst nur wenige auf Stapel gelegt: 1905 ein Linienschiff, 1906 zwei, 1907 drei, 1908 eines, und 1909 drei. Aber diesen zehn Einheiten konnte die deutsche Marine bis zum Sommer 1911 bereits sieben eigene gegenüberstellen.[93]

Die Baukosten der einzelnen Großkampfschiffe waren beträchtlich angewachsen, jedoch nicht nur auf deutscher, sondern auch auf englischer Seite. Damit wurden beiden Staaten erhebliche finanzielle Lasten aufgebürdet. Die nachfolgende Tabelle macht die auf beiden Seiten erheblich ansteigenden Kosten beim Übergang zum Großkampfschiffbau deutlich.

Die deutsche Flottengesetzgebung und ihre Novellen

Flottengesetz von 1898: Künftiger Bestand: 19 Linienschiffe, 8 Küstenpanzerschiffe, 12 Große Kreuzer[1], 30 Kleine Kreuzer[2].

Flottengesetz von 1900: Erhöhung des Bestands auf 38 Linienschiffe, 14 Große[3] und 38 Kleine Kreuzer[4].

Novelle von 1906: Wie vorstehend, jedoch Erhöhung des Bestandes an Großen Kreuzern auf 20.

Novelle von 1908: Neuregelung der Ersatzfristen für Linienschiffe und Kreuzer (20 anstatt bisher 25 Jahre). Ersatzplan bis 1917 geregelt:

Ersatzjahr	Anzahl der zu ersetzenden	
	Linienschiffe	Großen Kreuzer
1908	3	—
1909	3	—
1910	3	—
1911	2	—
1912	1	1
1913	1	1
1914	1	1
1915	1	1
1916	1	1
1917	1	1

Novelle von 1912: Erhöhung des Bestandes auf 41 Linienschiffe, 20 Große Kreuzer[5] und 40 Kleine Kreuzer[6].

[1] Davon 3 für den Auslandsdienst.
[2] Davon 10 für den Auslandsdienst.
[3] 20 beantragt.
[4] 45 beantragt.
[5] Davon 8 für den Auslandsdienst.
[6] Davon 10 für den Auslandsdienst.

Von der Novelle von 1906 ab verstehen sich die angegebenen Zahlen in Großkampfschiffen.

Baukosten britischer und deutscher Linienschiffe

Britische Typschiff (Baubeginn) Mill. £		Deutsche Typschiff (Baubeginn) Mill. Goldmark		
Vor-Dreadnought-Schiffe				
Royal Sovereign	(89)	0,913	Brandenburg	(90)	15,882
Majestic	(94)	0,986	Kaiser Friedrich III.	(95)	21,472
Formidable	(98)	1,022	Wittelsbach	(99)	22,740
Duncan	(99)	1,093	Braunschweig	(01)	23,983
King Edward VII.	(02)	1,382	Deutschland	(03)	24,481
Lord Nelson	(05)	1,540			
Großkampfschiffe				
Dreadnought	(05)	1,783	Nassau	(07)	37,399
Bellerophon	(06)	1,765	Helgoland	(08)	46,196
St. Vincent	(07)	1,754	Kaiser	(09)	44,997

Bei einen kritischen Vergleich der vorgenannten zehn britischen Großkampfschiffe mit den sieben deutschen mußten die Engländer weitere betrübliche Feststellungen treffen: Die sieben

---

[93] Hallmann, a. a. O., S. 919; Howe, Gedanken zur deutschen Wehrpolitik zwischen 1871 und 1914 (in: Schüssler [Herausgeber], Weltmachtstreben und Flottenbau, S. 87 ff.).

deutschen Schiffe trugen insgesamt 84 schwere Geschütze (wenn auch etwa die Hälfte davon nur von 28 cm-Kaliber), die zehn britischen dagegen nur 100. Eine Mittelartillerie fehlte den britischen Schiffen ganz, bei den deutschen Schiffen waren es 90—15 cm-Geschütze. Und den 156 englischen 10,2 cm-Geschützen stellten die deutschen Schiffe 108—8,8 cm-Geschütze gegenüber. — Zwar waren in England die Bauzeiten etwas kürzer, aber dafür waren die deutschen Schiffe qualitativ ungleich besser. Die Genugtuung, allein über fahrbereite Großkampfschiffe zu verfügen, hatte die britische Marine nur bis zum Jahre 1909. Von da ab jedoch begann der deutsche Wettbewerb wirksam zu werden.

Mit dem Entwicklungssprung zum Schlachtkreuzer wurde die deutsche Marine vor die gleiche Entscheidung gestellt, der sie sich kurz zuvor in gleicher Weise gegenübergestellt sah, als Großbritannien seine **Dreadnought** präsentierte. An anderer Stelle ist bereits aufgezeigt worden, daß die Pläne für die drei ersten britischen ›Battle cruisers‹ in großer Heimlichkeit und in aller Stille entstanden sind. Für die außenstehenden Seemächte und namentlich für Deutschland blieben die britischen Absichten daher nicht ohne weiteres erkennbar. Von amtlicher britischer Seite war nur bekanntgegeben worden, daß man sich mit den Bauvorhaben von vier neuen ›Panzerkreuzern‹ beschäftige. Hingegen blieb das Geheimnis ihrer Haupteigenschaften bis zu einem relativ späten Zeitpunkt gewahrt.

Für die deutsche Marine erhob sich daher die Frage, ob Großbritannien nicht etwa doch noch über die bisher praktizierte Größenbeschränkung hinausgehen würde. Allgemein war sich die deutsche Marine darüber klar, daß der britische Panzerkreuzer bisheriger Art kaum noch für die Zwecke des Handelskrieges und der Aufklärung gebaut werden würde. In seiner zukünftigen Gestalt schien er vielmehr auf seinen taktischen Wert in der Flottenschlacht konzipiert. Andererseits aber hatte man bei der **Minotaur**-Klasse, dem letzten britischen Panzerkreuzer-Typ, nicht etwa die schwere Artillerie verstärkt, sondern lediglich die Mittelartillerie. Nur insoweit schienen die britischen Absichten klar zu sein, denn man hatte dort zweifelsfrei die Erfahrungen des ostasiatischen Krieges berücksichtigt. Und nachträglich erhielten die etwas älteren Panzerkreuzer der **Warrior**-Klasse noch eine Zwischenartillerie von vier 19 cm-Kanonen. Trotzalledem, man wußte nicht schlüssig, welchen Weg die Engländer endgültig einzuschlagen beabsichtigten.

Einen gewissen Anhaltspunkt gaben die im britischen Marinehaushalt von 1905 eingesetzten vier Panzerkreuzer[94], über die im Gegensatz zu bisher überhaupt nichts verlautbart wurde. Auch der sonst gut unterrichtete ›Nauticus‹ wußte nichts über diese Schiffe zu sagen.

Erst ein Jahr später nannte der ›Nauticus‹ unter Vorbehalt einige Zahlen: Hier wurde von Schiffen mit etwa 16 000 ts Deplacement gesprochen, die mit acht 23,4 cm-Kanonen ausgerüstet werden sollen.[95] Eine derartige Entwicklung erschien durchaus folgerichtig, doch erwies sich die Nachricht als falsch.[96] Tirpitz war bestrebt, auch den Typ des bisherigen ›Großen Kreuzers‹ nicht allzugroß werden zu lassen; auch wollte er ihn ausschließlich für Aufklärungs- und Sicherungszwecke eingesetzt wissen. Der allgemeinen bisherigen Größensteigerung war er nur zögernd gefolgt, und er ging erst verhältnismäßig spät, nämlich mit der 1904 begonnenen **Gneisenau**, auf rund 12 000 t über. Trotz der herrschenden Unklarheit entschloß sich Tirpitz, im Etat 1905 noch ein zweites Schiff (**Scharnhorst**) zu bauen. Nachdem jedoch bald konkretere Angaben über Größe und Geschwindigkeit der neuen britischen ›Panzerkreuzer‹ (17 500 ts, 25 kn) bekannt geworden waren, entschloß sich Tirpitz, im Etatsjahr 1906 einen Großen Kreuzer von 15 000 t (**Blücher**) zu beantragen. Bei dieser Größe ließen sich die Schutzeinrichtungen und die Panzerung verbessern, die Artillerie auf zwölf 21 cm-Kanonen steigern, und die Geschwindigkeit auf nahezu 26 kn bringen.

Kurz nach dem Baubeginn dieses neuen deutschen Großen Kreuzers enthüllten die Engländer ihr Geheimnis: Es zeigte sich, daß sie in fast revolutionärem Bruch mit der Tradition einen ganz neuen Typ geschaffen hatten, den ›Battle cruiser‹. Es stand für die deutsche Marine sofort fest, daß sie auch diesem britischen Schritt folgen würde.[97] So wurde im Etat 1907 der erste deutsche Schlachtkreuzer, **Von der Tann**, eingesetzt, ein Schiff von rund 20 000 t Deplacement, hoher Geschwindigkeit, jedoch nur acht 28 cm-Geschützen, dafür aber ungleich besserem Schutz, als ihn die britischen Schiffe aufweisen konnten.

Was hatte Großbritannien nun mit dem Bau von **Dreadnought** und **Invincible** vor allem Deutschland gegenüber erreicht?

Entwertung der Vor-Dreadnought-Schiffe

Ohne Zweifel hatte es zunächst einen erheblichen Vorsprung gewonnen; als aber auch Deutschland mit dem Bau solcher Schiffe folgte, mußte man sehr bald einsehen, daß man die zahlreichen eigenen älteren Schiffe geradezu entwertet hatte. In den 90er Jahren hatte sich die britische Marine eine beachtliche Überlegenheit gesichert, auf die sie wohl mit Recht stolz sein durfte. So hatte sie seit dem Jahre 1889 — dem Inkrafttreten des ›Naval Defence Act‹ — bis 1905 insgesamt 46 Linienschiffe erbaut, denen die deutsche Marine lediglich 24 eigene gegenüberstellen konnte. Rechnete man die ältesten — d.h. alle vor 1893 erbauten — ab, so ergab dies ein Verhältnis von 40 britischen gegenüber 20 deutschen Schiffen. Günstiger wurde das Verhältnis für Deutschland erst von der Jahrhundertwende ab: In der Zeit von 1901 bis 1905 baute die britische Marine zwölf, die deutsche Marine zehn Linienschiffe. Das beträchtliche britische Übergewicht beruhte also gerade auf jenen älteren Linienschiffen der Jahre 1893 bis 1900 bei einem Verhältnis von 28 gegenüber zehn deutschen. Noch weit größer als bei den Vor-Dreadnought-Linienschiffen war der britische Vorsprung an Panzerkreuzern gewesen: 35 britische gegen nur 9 deutsche! Aber bei dieser Gattung brachte der Sprung zum Schlachtkreuzer einen besonders schroffen Bruch mit dem Hergebrachten und eine beträchtliche Erhöhung der Kampfkraft des einzelnen Schiffes. Ein Panzerkreuzer konventioneller Art mit seiner dünnen Panzerung und seinen wenigen Geschützen von höchstens 23,4 cm Kaliber war rettungslos verloren, wenn er auf einen Schlachtkreuzer stieß. Die Bedeutung der Panzerkreuzer schmolz daher rasch dahin, weil auch sie entwertet worden waren, nachdem der Schlachtkreuzer geschaffen worden war.

Zusammenfassend läßt sich feststellen:

Großbritannien hatte seine Rechnung ohne die übrigen Marinen — insbesondere ohne die der deutschen Marine — gemacht, indem es selbst seinen erheblichen Bestand an Linienschiffen und Panzerkreuzern entwertet hatte. Zur Wahrung seines Vorsprunges war es nunmehr gezwungen, immer größere und stärkere Bauten in Auftrag zu geben, um dann in der Entwicklung doch immer wieder bedrängt zu werden, als andere Marinen — besonders aber die deutsche — nachstießen. Der Bau dieser Machtinstrumente erlegte dem Britischen Reich erhebliche finanzielle Lasten auf. Und die anderen Marinen, die bisher in aussichtsloser Position standen, erhielten dadurch die Gelegen-

---

[94] Einer davon wurde wieder gestrichen.
[95] Nauticus 1906, S. 80.
[96] Hallmann, a.a.O., S. 916, führt diese Nachrichten auf absichtlich irreführende britische Pressemitteilungen zurück. Er läßt allerdings offen, auf wessen Initiative diese falschen Presseberichte zustande gekommen sind.

[97] Hallmann, a.a.O., S. 917.

heit zum neuen Start. Damit erwies sich die Entwicklung von **Dreadnought** und **Invincible** machtpolitisch als ein wenig taugliches Mittel.

Das Zeitalter der Großkampfschiffe

Ab 1907 wurde der Großkampfschiffbau von allen großen und einigen kleineren Seemächten vorbereitet oder aufgenommen. Die vielfach geradezu errungenen Anschauungen wurden sehr bald allgemeingültig, wobei im wesentlichen — von Ausnahmen abgesehen — die britische Marine die Richtung angab. Das machte sich besonders bei der oftmals nur recht geringen Standkraft der ersten Großkampfschiffe bemerkbar. Im allgemeinen kamen dabei die folgenden Anschauungen zum Vorschein:

- Vielfach schien man damit zu rechnen, daß zukünftige Seegefechte vorwiegend gegen Linienschiffe aus der Vor-Dreadnought-Zeit zu schlagen sein würden. Gegen diese schien ein großes Risiko kaum gegeben.
- Die angestiegenen Gefechtsentfernungen taten ein übriges, solche Auffassungen noch zu bestärken.
- Mittels des tatsächlich erreichten Geschwindigkeitsüberschusses hoffte man, dem langsameren Gegner ein schnell bewegliches Ziel und damit nur eine geringe Aussicht auf Treffermöglichkeiten zu geben. Gegen vereinzelte Treffer erschienen indessen die bestehenden Schutzmaßnahmen ausreichend.
- Im Kampf zwischen Großkampfschiff und konventionellem Linienschiff schien ersteres auf Grund seiner zahlreichen schweren Geschütze alle Chancen zu haben, den schwächeren Gegner niederzukämpfen, bevor dieser in der Lage war, entscheidende oder lebensgefährliche Treffer zu erzielen.

Darüber, daß die in Betracht kommenden gegnerischen Flotten eines Tages nicht mehr mit konventionellen Linienschiffen, sondern mit gleich- oder höherwertigen Großkampfschiffen aufmarschieren könnten, scheint man sich in dieser ersten Zeit der neuen Ära keine großen Sorgen gemacht zu haben. Man vertraute allgemein auf die eigene schwere Artillerie und auch auf den tatsächlich erreichten Geschwindigkeitsüberschuß. Irrlehren wie die von Lord Fisher (›Speed is the best protection!‹) trugen wesentlich zu diesen Fehleinschätzungen bei. Hierbei erhebt sich die Frage, ob die auf den *ersten* Großkampfschiffen zur Aufstellung gekommenen schweren Geschütze wirklich ein so großer Gewinn waren, wie man glaubte annehmen und propagieren zu müssen. Schließlich standen die Linienschiffe der Übergangszeit oftmals nicht sehr weit hinter den ersten Großkampfschiffen zurück, wenn man das Gesamtgeschoßgewicht jeweils einer Breitseite vergleicht. Hier ist davon auszugehen, daß diese Schiffe außer ihren vier 30,5 cm-Kanonen noch eine sekundäre Artillerie von acht bis zwölf mittelschweren Geschützen einsetzen konnten. Gemessen daran ist eine solche Frage deshalb wenigstens von der Theorie her zu verneinen, denn es kam nach damaligen Begriffen in erster Linie darauf an, den Gegner mit einem möglichst dichten Hagel *zahlreicher* schwerer Geschosse zu überschütten. Unzweifelhaft hatte eine derartige Zweiteilung der schweren Artillerie beträchtliche Nachteile, worauf an anderer Stelle schon hingewiesen worden ist. Aber wenn die Salven jener Übergangs-Linienschiffe im Ernstfall erst einmal deckend lagen, dann erfüllten sie ihre Wirkung sicher nicht minder gut. Zudem wiesen diese mittelschweren Geschütze vielfach eine wesentlich höhere Feuergeschwindigkeit auf als die 30,5 cm-Geschütze!

Sämtliche Großkampfschiffe und auch die Schlachtkreuzer der ersten Periode innerhalb der neuen Ära waren mit 30,5 cm-Geschützen bewaffnet. Eine Ausnahme machte nur die deutsche Marine zu Beginn dieser Entwicklung mit dem 28 cm-Kaliber; die Gründe dafür sind an anderer Stelle bereits erörtert worden. Mit anderen Worten: Die artilleristische Auseinandersetzung auf *große* Entfernungen beherrschte nunmehr doktrinär den Kriegsschiffbau. Parallel dazu war auch die zentrale Feuerleitung eingeführt und zum Teil schon wieder verbessert worden; maßgeblichen Anteil daran hatte der britische Admiral Sir Percy Scott. Die Methode der zentralen Feuerleitung bedurfte eines besonders dafür geeigneten Feuerleitstandes von großer optischer Höhe, damit die Aufschlagwirkung am Ziel möglichst genau beobachtet werden konnte. Das wiederum beeinflußte die Mast-Entwicklung jener Großkampfschiffe nicht unwesentlich. Mit ihren ersten Großkampfschiffen gingen Großbritannien und auch die Vereinigten Staaten von der bisher üblichen Mittelartillerie ganz ab, weil sie angesichts der erhöhten Gefechtsentfernungen nicht mehr an deren Einsatzmöglichkeiten glaubten. Aber schon 1911 kamen die Engländer zu der Erkenntnis, daß der Verzicht auf sie mit erheblichen Risiken verbunden war. So hatte Vizeadmiral Landton erklärt, daß bei Flottenmanövern Verbände unerwartet auf Entfernungen von nur 3000 bis 4000 m zusammentrafen; bei dem Fehlen der Mittelartillerie, die aus dieser Entfernung hätte sofort das Feuer eröffnen können, sei daher nichts anderes übriggeblieben, als mit hoher Fahrt abzulaufen, um dann aus größerer Entfernung mit der schweren Artillerie das Gefecht eröffnen zu können.[98]

Das Wettrüsten beginnt in Europa

An der Spitze des nunmehr einsetzenden Wettrüstens lag naturgemäß Großbritannien, während alle anderen größeren Seemächte zum Teil in scharfem Tempo nachdrängten oder aber die Entwicklung zunächst sorgfältig beobachteten, bis sie sich ihrerseits zum Nachfolgen entschlossen.

Großbritannien gab nach der **Dreadnought** ab Winter 1906/07 je drei Schiffe der **Bellerophon**- und der **St. Vincent**-Klasse in Bau, denen dann als Einzelschiffe drei weitere folgten: **Neptune**, **Hercules** und **Colossus**. Sie alle führten zehn 30,5 cm-Geschütze, darüber hinaus nur noch 10,2 cm-Kanonen zur Torpedoboot-Abwehr. Die Aufstellung der schweren Artillerie änderte sich zunächst nur insofern, als ab **Neptune** anstatt der bisherigen ›Flügelaufstellung‹ die ›Diagonalaufstellung‹ angenommen wurde. Dadurch wurden sämtliche zehn Geschütze befähigt, nach beiden Seiten zu feuern.

---

[98] Deutsche Marinezeitung 1911, S. 165.

Nachdem die britische Marine zunächst die Erprobungen mit der **Invincible**-Klasse abgewartet hatte, gab sie die drei Einheiten der **Indefatigable**-Klasse in Bau, die im wesentlichen ein getreues Abbild ihrer Vorgänger wurden; die Baukosten von zwei Schiffen, **Australia** und **New Zealand**, wurden von den nach ihnen benannten Dominien getragen.

Die deutsche Marine ging erst mit ihrer zweiten Großkampfschiff-Serie, der **Helgoland**-Klasse, zum 30,5 cm-Kaliber über, behielt jedoch Rohrzahl und Aufstellung nach dem Vorbild der **Nassau**-Klasse bei. Mit der ab Winter 1909 begonnenen **Kaiser**-Klasse wurde die Rohrzahl der schweren Artillerie auf zehn reduziert, dafür aber die Diagonalaufstellung angenommen, so daß das Breitseitfeuer nicht geschwächt zu werden brauchte. Gleichzeitig ging die deutsche Marine mit der **Kaiser**-Klasse auch zum Turbinenantrieb über. Mit der folgenden **König**-Klasse wurde die Aufstellung der schweren Artillerie erneut geändert, denn nunmehr verzichtete man auf eine seitliche Aufstellung der Mittelschiffstürme und ging zur Aufstellung aller Türme in der Mittschiffslinie über, wobei jeweils die Endtürme überhöht angeordnet wurden.

Nach **Von der Tann** wurden die beiden Einheiten der **Moltke**-Klasse sowie **Seydlitz** erbaut, denen schließlich die Schiffe der **Derfflinger**-Klasse folgten, die jedoch bereits 30,5 cm-Geschütze erhielten.

Die USA gehen neue Wege

Mit dem Jahresbeginn 1910 kamen die beiden ersten amerikanischen Großkampfschiffe, **Michigan** und **South Carolina**, in Dienst. In der allgemeinen Dreadnought-›Psychose‹ fanden sie weit weniger Beachtung, als ihnen eigentlich zugestanden hätte, denn ihre Pläne waren noch *vor* der **Dreadnought** entstanden. In mancherlei Hinsicht stellten erst sie das Urbild des wirklich ›idealen‹ Schlachtschiffes dar. Ihre vergleichsweise zur **Dreadnought** sehr viel längere Bauzeit ließ zudem darauf schließen, daß ihre Entwurfs- und Konstruktionsarbeiten wesentlich sorgsamer durchgeführt worden waren.[99] Zwar waren diese beiden amerikanischen Einheiten etwas kleiner und hinsichtlich der Anzahl schwerer Geschütze etwas schwächer als die **Dreadnought**, doch zeigten sie im Vergleich zu dieser bemerkenswert gut durchdachte Neuerungen. Mit diesen Einheiten beschritten die Amerikaner nicht den Weg, den fast alle anderen Marinen mit Flügel- oder Diagonaltürmen einschlugen; statt dessen schufen sie ein Aufstellungsschema, das sich bis in die jüngste Zeit hinein als das idealste gehalten hat, nämlich die überhöhte Endaufstellung. Dieses Aufstellungsschema gewährleistet *allen* Geschützen einen größtmöglichen Bestreichungswinkel, und darüber hinaus sichert sie auch beim Breitseiteinsatz die volle artilleristische Stärke. Mit den Haushaltmitteln der Jahre 1908 und 1909 folgten danach die Schiffe der **Delaware**-, **Utah**- und **Wyoming**-Klassen; bei ihnen wurde dieses Aufstellungsschema beibehalten, wobei ein bzw. zwei Türme dazwischen eingeschoben wurden, um die Feuerkraft durch Steigerung der Rohrzahl zu vergrößern.

Frankreichs Gesetze zum Flottenbau

Die französische Marine befaßte sich erstmals im Jahre 1907 mit Planungen von Großkampfschiffen. Zur Erörterung standen dabei zunächst Typentwürfe mit jeweils ganz verschiedenen Bewaffnungsmöglichkeiten[100], aber keiner von ihnen fand die Zustimmung des Conseil superieur. Dieser wollte statt dessen doch erst die weitere Entwicklung abwarten und schlug einstweilen einen vergrößerten Typ vor, der sich an die **Danton**-Klasse anlehnen sollte.[101] Darauf wurde zwar der Bau von sechs Schiffen beschlossen, letztendlich dann aber doch nicht mehr in Angriff genommen, weil man sich inzwischen auch französischerseits zum Großkampfschiff-Gedanken durchgerungen hatte. So lange beherrschte allem Anschein nach die ›jeune école‹ den französischen Kriegsschiffbau! 1909/10 entstanden dann die Pläne der **Jean Bart**-Klasse, deren Bau durch ein 1910 in Kraft getretenes Gesetz gesichert wurde. Diesem Gesetz folgten in den Jahren 1912 und 1913 zwei Novellen mit dem Endziel, bis 1920 über 21 dienstbereite Großkampfschiffe zu verfügen. Dieses Programm verteilte sich wie folgt:[102]

Jahr	Anzahl der zu bauenden Schiffe	Frontbereit ab	tatsächlich fertiggestellt
1910	2	1913	2
1911	2	1914	2
1912	3	1915	3
1913	2	1916	—
1914	2	1916	—
1915	2	1916/18	—
1916	2	1918	—
1917	2	1918/19	—
1918	2	1919/20	—
1919	2	1920/21	—
Anzahl	21		7

Der 1914 ausgebrochene Krieg verhinderte die Realisierung dieses Programmes weitgehend. Fertiggestellt wurden lediglich sieben Schiffe, von denen die ersten vier — die der **Jean Bart**-Klasse — 30,5 cm-Geschütze in einer Kombination zwischen überhöhter Endaufstellung und Flügelaufstellung führten, während die drei Schiffe der **Provence**-Klasse 34 cm-Geschütze erhielten.

Italiens Marine zieht nach

Die italienische Marine ging schon im Jahre 1908 zum Bau von Großkampfschiffen über, wobei sich Chefkonstrukteur Cuniberti ein reiches Betätigungsfeld bot. Seine erste Schöpfung war die **Dante Alighieri**, bei der er auch den von Anfang an heftig umstrittenen Drillingsturm einführte. Da er sich nicht zur überhöhten Endaufstellung der Türme entschließen konnte, schuf er in der später nach ihm allgemein benannten ›Cuniberti-Aufstellung‹ etwas Neues, das auch die Russen übernommen haben.

---

[99] Das waren 43 bis 45 Monate gegenüber von nur 17 Monaten der **Dreadnought**.
[100] Entweder 12—30,5 cm oder 16—27,4 cm oder 20—24 cm oder 8—30,5 cm und 8—24 cm-Geschütze.
[101] Deplacement 21 000 ts, Geschwindigkeit 20 kn, Seitenpanzerdicke bis 270 mm, Bewaffnung: 4—30,5 cm-, 12—24 cm- und 18—10 cm-Geschütze.
[102] Nauticus 1914, S. 106ff.

Erst mit den folgenden Bauten der **Conte di Cavour**- und der **Caio Duilio**-Klassen ging die italienische Marine zur überhöhten Endaufstellung der Türme mit einem eingeschobenen Mittelturm über. Bemerkenswert an diesen ersten italienischen Großkampfschiffen war, daß sie um 1 bis 2 kn schneller waren als die meisten ihrer Artgenossen. Dafür haftete ihnen allerdings der Nachteil einer zu geringwertigen Standkraft an.

Rußlands Flotte nach Tsushima

1907 erwog auch die russische Marine erstmals den Bau von Großkampfschiffen. So wurde im Rahmen des Flottenbauprogrammes von 1907 zunächst der Bau von vier solchen Schiffen für die Ostsee beschlossen, doch lehnte die Duma diesen Plan ab, weil ihr Vertrauen in die Marine nur noch sehr gering war — eine typische Nachwehe der Niederlage in Ostasien! Erst 1909 gelang es dem russischen Marineminister, Geldmittel für vier Einheiten bewilligt zu erhalten. Es entstand dann ein Typ, der viele Ähnlichkeiten mit der italienischen **Dante Alighieri** hatte; es waren jedoch nicht nur das Geschützkaliber, die Rohrzahl und die Aufstellung gleich, sondern auch die Geschwindigkeit entsprach dem italienischen ›Vorbild‹.

Rußland im Schwarzen Meer

Sehr bald danach erschien es den Russen notwendig, der Entwicklung im Schwarzmeerraum erhöhte Aufmerksamkeit zu geben. Der alte Erbfeind, die Türkei, hatte 1911 in England zwei Großkampfschiffe in Auftrag gegeben, denen die Russen noch nichts Gleichwertiges entgegenzustellen hatten. Deshalb legte das russische Marineministerium ein Gesetz zum Bau von drei Großkampfschiffen und einigen kleineren Einheiten vor, das die Duma dann auch bewilligte. Demzufolge entstanden die drei Einheiten der gut gelungenen **Imperatrica Marija**-Klasse. Äußerlich und vor allem in der Anordnung ihrer Schweren Artillerie der **Gangut**-Klasse recht ähnlich, besaßen diese Schiffe jedoch eine wesentlich größere Standfestigkeit und entwickelten auch eine Geschwindigkeit, die erheblich über die konstruktionsmäßig berechnete hinausging.[103] Russischerseits wurden sie als die besten Großkampfschiffe ihrer Zeit propagiert, was zwar sicher übertrieben gewesen sein mag, aber eines wahren Kernes nicht entbehrte.

Im Frühjahr 1914 kam eine neue Vorlage für das Schwarze Meer zur Beratung, weil die Türkei inzwischen ein drittes Schlachtschiff, die brasilianische **Rio de Janeiro**, angekauft hatte. Die Duma bewilligte auch diese Vorlage, so daß der Bau eines vierten Schiffes — **Imperator Nikolaj II.** — gesichert war und in Angriff genommen werden konnte.

Japan verstärkt seine Flotte

Mit dem Russisch-Japanischen Krieg war das aufstrebende Japan finanziell verarmt, wenngleich es sich auch im Fernen Osten eine Vormachtstellung erkämpft hatte. Es konnte daher der Aufnahme des Großkampfschiffbaues nicht so schnell folgen wie die meisten übrigen großen Seemächte. Schließlich wurde im Sommer 1908 Graf Katsura wieder Ministerpräsident und zugleich Finanzminister. Durch scharfe Einsparungsmaßnahmen und neue Steuern brachte er den Staatshaushalt allmählich wieder ins Gleichgewicht und ermöglichte der Marine den Bau von zunächst zwei Großkampfschiffen, deren Kosten noch aus dem Kriegsfonds bestritten werden konnten. So war es möglich, daß im November 1908 die beiden ersten japanischen Großkampfschiffe, **Settsu** und **Kawachi**, begonnen werden konnten.[104] Bei diesen beiden Schiffen wählten auch die Japaner das 30,5 cm-Kaliber, mit dem sie während des Krieges zuvor die besten Erfahrungen gemacht hatten. Sie schritten zur ›Sexagonal‹-Aufstellung, wie sie auch auf den deutschen Großkampfschiffen der **Nassau**- und der **Helgoland**-Klasse verwirklicht worden war, und behielten überdies eine starke Mittelartillerie sowie eine ebensostarke Nebenartillerie bei. Zweifellos war dies das Resultat der Erfahrungen des Krieges von 1904/05.

Österreich-Ungarns Flottenbaupläne

Zum Bau von Großkampfschiffen sah sich auch Österreich-Ungarn unter dem Eindruck seines unsicheren Bundesgenossen Italien gezwungen. Deshalb gab Admiral Graf Montecuccoli, seinerzeit Chef der K. und K. Marinesektion, im Jahre 1910 auf eigene Initiative zwei Großkampfschiffe in Auftrag, ohne daß dazu die Mittel von der Volksvertretung bereits bewilligt gewesen wären. Aber als er 1911 seinen Flottenbauplan vorlegte, billigten ihn die Volksvertreter, wodurch nicht nur der Bau der ersten beiden Schiffe gesichert, sondern der von zwei weiteren ermöglicht wurde. Mit diesen Schiffen folgten die Österreicher dem italienischen Vorbild und gingen ihrerseits zu dem immer noch heftig umstrittenen Drillingsturm über; für deren Anordnung wählten sie jedoch die überhöhte Endaufstellung nach dem Vorbild der amerikanischen **South Carolina**-Klasse.

Bestrebungen zur Größenbeschränkung?

Nachdem die Großkampfschiffe aller Staaten immer größer zu werden begannen, wurden sehr bald Stimmen laut, die für eine Einschränkung in dieser Hinsicht eintraten. Grundsätzlich akzeptierten diese Verfechter zwar den Übergang zur vermehrten schweren Einheitsartillerie, doch wollten sie bei einem kleineren Deplacement stehenbleiben[105], etwa bei dem der amerikanischen **South Carolina**-Klasse. Diese Bestrebungen wurden von offiziel-

---

[103] Das deutsche Seekriegswerk (›Der Krieg zur See‹ / ›Der Krieg in den türkischen Gewässern‹, Bd. 1) schildert sehr eingehend die Gefechtsbegegnungen der deutschen **Goeben** und des Kleinen Kreuzers **Breslau**. Beide Schiffe, die konstruktionsmäßig 25,5 bzw. 27 kn laufen sollten, hatten große Mühe, sich dem mit Höchstfahrt anlaufenden **Imperatrica Marija** und **Ekaterina II.** zu entziehen. Allerdings waren die deutschen Schiffe durch Beschädigungen, Bodenbewachs und ausgelaufene Wellenlager und Maschinen nicht mehr fähig, Höchstfahrt zu laufen, da Werft- und Dockmöglichkeiten zur Reparatur nicht zur Verfügung standen.

[104] Jensen, Seemacht Japan, S. 157 ff.
[105] Auch Mahan sprach sich für ähnliche Einschränkungen aus. Ihm schwebten Schlachtschiffe von etwa 18000 ts vor, die nur 19 kn zu laufen brauchten; ihre Bewaffnung sollte aus etwa sechs 30,5 cm- und achtzehn 15,2 cm-Kanonen bestehen, und mit ihrem Brennstoffvorrat sollten sie eine Fahrstrecke von 8000 sm erreichen (Schüddekopf, a. a. O., S. 168).

len britischen Stellen unterstützt. So verbreitete die Londoner Presse im Juli 1911 ein Gerücht, wonach sich die britische Admiralität entschlossen hätte, in der Bauart ihrer zukünftigen Großkampfschiffe eine Änderung herbeizuführen; zwar sollten jene neuen Schiffe eine Verstärkung des Panzerschutzes und des Hauptkalibers erhalten und auch eine größere Geschwindigkeit aufweisen, jedoch ihr Deplacement geringer sein als das der bisher erbauten Schiffe. Während die **Dreadnought** — so wurde weiter berichtet — eine Verdrängung von knapp 18 000 ts aufzuweisen hatte und die letzten bisher fertiggestellten Einheiten schon auf nahezu 27 000 ts angewachsen seien, müsse davon ausgegangen werden, daß eine solche Steigerung auch eine Vergrößerung der vorhandenen Docks sowie die Vertiefung von Kanälen erforderlich mache, so daß zur Zeit ohnehin nur Portsmouth und Devonport für die Reparatur von Schlachtschiffen in Frage kommen würden. Deshalb hätte sich die Admiralität entschlossen, die zukünftig zu bauenden Großkampfschiffe höchstens etwa 17 500 ts groß werden zu lassen und ihnen eine Bewaffnung von sechs 38,1 cm-Geschützen zu geben. Die Admiralität sei der sicheren Annahme, daß dieses Geschütz den 30,5 cm-, 34,3 cm- und 35,6 cm-Kaliber gegenübertreten könne, auch wenn die Verdrängung der derart armierten gegnerischen Schiffe um 50 v.H. größer sein sollte als die des eigenen Schiffes. An diesem Gerücht war nichts Wahres dran, aber das ließ sich zu diesem Zeitpunkt noch nicht erkennen. Daher schrieb die ›Deutsche Marinezeitung‹:[106]

›Wenn die Nachricht sich bewahrheitet, daß man die erstklassigen Kampfschiffe verkleinern will, so bedeutet das entweder ein Herumtasten der englischen Admiralität ohne feste, auf sorgfältigen Versuchen aufgebaute Ziele, oder aber die gänzliche Aufgabe des Linienschiffes zugunsten des großen Panzerkreuzers, denn als etwas anderes kann man die oben geschilderten Schiffe nicht ansehen. Fast scheint es so, als ob für das 38 cm-Geschütz billige Reklame gemacht werden soll, um wieder einmal den Vorsprung zu illustrieren, den England auf maritimen Gebiet inne hat. Daß sechs Geschütze dasselbe leisten wie zehn oder zwölf Geschütze von geringerem Kaliber ist kaum glaublich und man fühlt sich veranlaßt, das alte Sprichwort ›Viele Hunde sind des Hasen Tod‹ als Gegenbeweis anzuziehen. Trotz der hohen Lasten, den der Dreadnought-Bau den Völkern auferlegt, möchte man doch wünschen, daß Deutschland sich von England emanzipiert und gänzlich nach eigenen Plänen seine Flotte aufbaut. Die englische Meldung würde allerdings eine glänzende Begründung der Kreuzerforderungen des Flottenvereins sein, wenn sie wahr ist. Aber an einen so raschen Systemwechsel bei 50 Millionen-Bauten mag man nicht denken und es bleibt anzunehmen, daß die britische Admiralität sich verrechnet hat, genauso, wie sie sich beim Wegfall der Mittelartillerie auf des ersten ›Dreadnought's‹ verrechnete.‹

---

[106] Deutsche Marinezeitung 1911, S. 340.

Spanien

Die spanische Marine folgte offensichtlich diesen oder ähnlichen Ratschlägen, als die Anfang 1910 die drei kleinen Schlachtschiffe der **España**-Klasse in Bau gab. Mit ihnen entstand der kleinste Großkampfschifftyp der Welt. Es waren schwach geschützte Schiffe, die an den Kampfwert keines — auch nicht des schlechtesten — Schlachtschiffes heranreichten.

Brasilien

Nach britischen Plänen entstanden ab 1907 die beiden brasilianischen Schlachtschiffe der **Minas Gerais**-Klasse, für die im wesentlichen das für die ersten britischen Schlachtschiffe Gesagte gelten mag. In gewisser Hinsicht als Gegengewicht ließ Argentinien ab 1910 von amerikanischen Werften zwei Schlachtschiffe folgen, die bei etwa gleichstarker Bewaffnung im Hinblick auf ihren Schutz etwas besser ausfielen und zudem etwas schneller waren. Allerdings hatte man dafür mit dem Deplacement erheblich in die Höhe gehen müssen.

Die höchste Steigerung des mit 30,5 cm-Geschützen bestückten Großkampfschiffes war die ursprünglich für Brasilien begonnene, dann aber an die Türkei verkaufte **Rio de Janeiro**. Sie trug nicht weniger als sieben 30,5 cm-Zwillingstürme. Zweifellos war das eine grandiose Überzüchtung, mit der man sich jedoch mehr Nachteile erkaufte, als dadurch Vorteile gewonnen werden konnten.

Das ›Denken in Schlachtschiffen‹ beginnt

Alle von 1905 bis 1914 erbauten Großkampfschifftypen mit 30,5 cm-Armierung waren hinsichtlich ihrer Rohrzahl und der Aufstellung bzw. Anordnung der Türme verschieden. Herrschten bei den ersten Großkampfschiffsserien durchweg Flügel-, Diagonal- und Sexagonalaufstellung vor, so begann sich ab etwa 1909 insofern ein Wandel abzuzeichnen, als die Türme nunmehr fast ausschließlich noch in der Mittschiffslinie aufgestellt wurden. Die bis zur Aufnahme des Großkampfschiffbaus herrschende ›klassische‹ Mittelartillerie wurde danach nur von drei Seemächten beibehalten, nämlich von Deutschland, Österreich-Ungarn und Japan. Nur wenig später führte aber auch Großbritannien und Italien sie wieder ein; alle übrigen Seemächte begnügten sich auch weiterhin mit leichten Schnellfeuergeschützen zur Torpedobootabwehr. Von ihnen erreichten die beiden großen angelsächsischen Seemächte mit 7,6 cm-Geschützen den absoluten Tiefstand, doch gingen sie später zu 10,2 cm- bzw. 12,7 cm-Geschützen über; die Amerikaner behielten ihr 12,7 cm-Kaliber dann endgültig bei, nämlich bis zu den letzten Großkampfschiffen der modernen Zeit. Ähnliche Kaliber hatten die Russen (12 und 13 cm), die Franzosen (13,8 cm), die Spanier (10,2 cm) und die Brasilianer (12 cm).

Der Turbinenantrieb wurde anfänglich nur zögernd eingeführt; als er sich zu bewähren begann, wurden die bisherigen Kolbenmaschinen aufgegeben.

Der Bau dieser Großkampfschiffe erlegte den Völkern erhebliche finanzielle Lasten auf. Jeder fürchtete, von seinem potentiellen Gegner überflügelt zu werden. Das ›Denken in Schlachtschiffen‹ hatte damit begonnen.

Die ›Flottenpanik‹ von 1909 und die zweite Dreadnought-Periode

Beim Übergang zum Dreadnought-Bau im Jahre 1905 waren *vorwiegend* militärisch-technische Gesichtspunkte ausschlaggebend, wenn man von den militärpolitischen Zielen Großbritanniens absieht. Diese Entwicklung war schon aus technischen Gründen unaufhaltbar geworden. Anders verhielt es sich bei der ›zweiten Dreadnought-Periode‹, deren Beginn in das Jahr 1909 fällt. Sie war vorwiegend auf machtpolitische Ursachen zurückzuführen und unterschied sich von der ersten Periode durch die nunmehr einsetzende Kalibersteigerung, wodurch wiederum das Anwachsen der Schiffsgrößen bewirkt wurde. Die einen Seemächte zogen vor, weil sie ihren Führungsanspruch behaupten wollten, die anderen folgten aus Furcht vor Überbietung — und damit begann das ›Denken in Schlachtschiffen‹ eine weltgeschichtliche und weltbewegende Bedeutung zu erhalten.

Um die Zeit des Ablebens Bismarcks (1898) trieben die Verhältnisse in Europa einer gewissen Umgruppierung der Mächte zu. Großbritannien gab dazu den Anstoß; es hatte Interessengegensätze zu fast allen europäischen Staaten: Frankreich schuf durch den Ausbau seines Kolonialreiches manche Reibungsflächen mit britischen Interessen, Rußland ebenso durch sein Vordringen gegen die Grenzen Indiens und Afghanistans, und der größte Konkurrent im Welthandel war Deutschland. Im Frühjahr 1898 begannen die ersten britischen Versuche, sich von der bisher praktizierten ›splendid isolation‹ freizumachen und Allianzen anzubahnen. So wurde die deutsche Reichsregierung vor eine ihrer wohl größten Entscheidungen gestellt, als Großbritannien wegen einer Allianz mit ihr Fühlung aufnahm, der in dem Angebot einer losen Entente gipfelte. Aber Deutschland lehnte ab, weil es sich nicht zum ›Festlanddegen‹ Großbritanniens gegen Rußland machen lassen wollte. Auch die weiteren bis zum Jahre 1901 betriebenen Verhandlungen blieben erfolglos, weil Deutschland die weltpolitische Lage völlig falsch beurteilte. Selbst die Erklärung Großbritanniens, sich an den Zweibund Rußland-Frankreich zu wenden, falls ein deutsch-britisches Zusammengehen nicht zustande komme, fand keine Beachtung, ja sie wurde als ein Bluff abgetan.[107] Zwar war auch Deutschland durchaus daran interessiert, mit Großbritannien zu einem engeren Einvernehmen zu kommen, aber es wollte anstatt der angebotenen ›losen Entente‹ einen formell vom britischen Parlament gebilligten Bündnisvertrag.[108] Aber hierzu konnte man sich in Großbritannien nicht entschließen — wie konnte auch die erste Seemacht der Welt einem Plan zustimmen, der für Deutschland Streitkräfte forderte, ›daß selbst für die größte Flotte ein Krieg mit ihm ein solches Risiko einschließen würde, daß ihre eigene Überlegenheit gefährdet wäre‹[109], wie die Ziele des deutschen Flottenbaues seit der Novelle von 1900 lauteten. Was Deutschland kaum erwartete, trat nun ein — es erfolgten die Bündnisse Großbritanniens mit Frankreich, Rußland und Japan, die sämtlich bis 1907 unter Dach und Fach gebracht werden konnten.[110] Damit hatte Großbritannien die einst dem Reich gebaute ›goldene Brücke‹ abgerissen. Mit jenen Bündnissen war Großbritannien nunmehr wirklich stark geworden, und es begann schon kurz darauf die berüchtigte Einkreisungspolitik gegen Deutschland.

In diese Zeit fiel auch der Beginn des Dreadnought-Baues in Großbritannien. Aber dann trat ein Umstand ein, der von Großbritannien nicht erwartet wurde, nämlich die Aufnahme des Großkampfschiffbaues durch Deutschland.[111] Noch aber waren die deutschen Großkampfschiffe nicht fertiggestellt bzw. im Dienst, und so konnte man in Großbritannien — zwar enttäuscht und beunruhigt — der Zukunft noch einigermaßen gefaßt ins Auge sehen. Es zeigte sich dann aber recht bald, daß die deutschen Konstrukteure und Werften absolut konkurrenzfähig waren.

Eine weltgeschichtliche Rolle spielte die Flottennovelle von 1908, freilich ohne daß sie sofort in ihrer ganzen Tragweite erkannt worden wäre. Durch die Herabsetzung der Ersatzfristen für Linienschiffe und Große Kreuzer wurde lediglich für vier Jahre das Bautempo erhöht, wodurch das veraltete Schiffsmaterial etwas eher durch Neubauten ersetzt werden konnte. So entstand das ›Vierertempo‹, indem von 1908 bis 1911 jährlich vier Großkampfschiffe erbaut wurden. Zwar war dies eine respektable Leistung, doch sie stieß um so mehr auf das Mißtrauen Großbritanniens, als dessen Schiffbauprogramm im Jahre 1908 nur zwei, 1909 zwar acht, bis 1910 jedoch nur wieder zwei Großkampfschiff-Neubauten vorsah. Es standen sich also insgesamt 20 britische gegen 16 deutsche Neubauten gegenüber, womit ein Verhältnis von 5 : 4 geschaffen worden war, das britischerseits auch durch die Kostenübernahme durch Australien und Neuseeland für je einen weiteren Schlachtkreuzer keineswegs entscheidend verbessert werden konnte. Jene vier Jahre von 1908 bis 1911 stellen einen Zeitabschnitt dar, in dem man allein von einer deutsch-britischen Flottenrivalität sprechen konnte; in diesen vier Jahren steigerte sich die Seerüstung in beiden Staaten bis zur materiellen und wohl auch finanziellen Grenze. Auf beiden Seiten wurde die Öffentlichkeit durch geschickte Propaganda mobilisiert.[112]

Das deutsche Vorhaben — nämlich der schnelle Ersatz des ver-

---

[107] Buckreis, Politik des 20. Jahrhunderts, S. 65.
[108] Schüssler, Deutsche Weltpolitik 1890 bis 1914 (in: Weltmachtstreben und Flottenbau, S. 20).
[109] Hauser, Flottenbau und Weltpolitik (in: Weltmachtstreben und Flottenbau, S. 224).
[110] Schüddekopf, a. a. O., S. 70 ff.
[111] Boie, Von der Bedeutung der Bedeutung der See; Howe, Gedanken zur deutschen Wehrpolitik zwischen 1871 und 1914 (beide: Weltmachtstreben und Flottenbau, S. 165 bzw. 86); Hallmann, a. a. O., S. 914; Hubatsch, Die Ära Tirpitz, S. 75.
[112] Hubatsch, a. a. O., S. 76.

alteten Materials — ließ sich nur bei einer gleichbleibend ausgelasteten Beschäftigung der Bauwerften verwirklichen. Nur dadurch konnten rationelle Arbeit und niedrige Preise erzielt werden. Um diesen Zweck sicherzustellen und nicht zuletzt einer befürchteten Preistreiberei zuvorzukommen[113], wurde eine Reihe von Großkampfschiffen den in Betracht kommenden Werften bereits zugesichert, als sie noch gar nicht bewilligt waren.[114] Zwar war ein solches Verfahren nicht üblich, doch erschien es in Anbetracht der besonderen Ziele als vertretbar, zumal damit keineswegs schon vorzeitige Zahlungen verbunden waren, geschweige denn ein verfrühter Baubeginn. Das ließ Großbritannien jedoch unbeachtet; die dort herrschenden antideutschen Strömungen wurden durch geschickte Entstellungen der deutschen Flottenbautätigkeit weitgehend genährt.[115]
Schon kurz nach der Jahrhundertwende hatte in Großbritannien eine geschickt gesteuerte Pressekampagne gegen Deutschland begonnen, die mit der Zeit und insbesondere nach dem Zustandekommen der ›großen Entente‹ immer mehr an Heftigkeit zunahm. Das waren die Ergebnisse jener unheilvollen, kurzsichtigen deutschen Außenpolitik: Aus bereitwilligen — und sicher nicht uneigennützigen — Partnern hatte man sich Feinde geschaffen.
Die deutsche Flottengesetzgebung und das Ausmaß der deutschen Flottenbautätigkeit — insbesondere aber die vorzeitige Vergabe von Bauaufträgen — waren in Großbritannien geeignet, die letzten Reste einer Zurückhaltung — derer man sich bis dahin wenigstens offiziell noch befleißigte — fallen zu lassen. Das hatte zwar im Jahre 1895 schon begonnen mit dem Ruf ›Germaniam esse delendam‹ (Deutschland muß zerstört werden) in der ›Saturday Review‹[116], und 1904 sprach das Militärblatt ›Army and Navy Gazette‹ ganz offene Drohungen eines Überfalles auf die deutsche Flotte aus[117]; auf der gleichen Ebene lag die Ankündigung des Zivil-Lords der britischen Admiralität Lee vom 3. Februar 1905: ›Wenn ein Seekrieg zu erklären wäre, würde die britische Flotte losschlagen, bevor man auf der anderen Seite Zeit hätte, die Kriegserklärung in der Zeitung zu lesen‹[118] — konnte mit der ›anderen Seite‹ jemand anderes als Deutschland gemeint sein?
Nunmehr sprach aber auch die britische Presse unentwegt von der ›heimlichen deutschen Flottenaufrüstung‹; dadurch trug sie sicher nicht unwesentlich dazu bei, das englische Volk psychologisch auf die Notwendigkeit eines Krieges gegen Deutschland vorzubereiten. Freilich, dabei war nur die Rede von dem Flottenrivalen Deutschland — der unbequeme Handelsrivale wurde meist verschwiegen.
Es setzte damit die berüchtigte ›Flottenpanik‹ ein, die Großbritannien noch größere Lasten auferlegte, um seinen Führungsanspruch zu behaupten. Diese ›Flottenpanik‹ begann 1909, im gleichen Jahre, da Deutschland seinerseits beim Großkampfschiffbau erst auf 30,5 cm überging. Als ›Antwort‹ auf den deutschen Flottenbau bewilligte das britische Parlament im Etatjahr 1909 insgesamt acht Großkampfschiffe.[119] Man dachte dort aber nicht mehr nur an die quantitative Stärke der Schlachtflotte, sondern auch an die qualitativen Werte des einzelnen Schiffes. Das war nur durch Steigerung seiner Schlagkraft möglich; zwar hätte man durchaus am 30,5 cm Kaliber festhalten können, wenn beispielsweise durch Verlängerung der Geschützrohre usw. die Mündungsenergie und damit die Geschoßwirkung vergrößert worden wäre. Aber damit wäre zwangsläufig die Lebensdauer des einzelnen Geschützrohres verkürzt worden, was sowohl in taktischer als auch in strategischer Hinsicht mehr als bedenklich erschien.
Eine andere Lösung bot sich von selbst an — die Steigerung der Geschützkaliber. Sie erwies sich konstruktiv und artilleristisch als das Vorteilhafteste, bürdete aber erhebliche Mehrkosten auf, weil parallel dazu auch die Größe des Schiffes mit anwachsen mußte.
Daneben stand eine dritte und wohl ebenso verlockende Lösung zur Debatte. Es war die Erhöhung der Geschützzahl, wie sie auf dem Extrembau **Rio de Janeiro** bereits zum Ausdruck kam. Mit diesem Schiff, noch aus der ersten Dreadnought-Periode stammend, wollte Brasilien die absolute Überlegenheit gegenüber den Großkampfschiffen Chiles und Argentiniens erkaufen, und deswegen erhielt es vierzehn 30,5 cm-Geschütze in sieben Türmen. Zwei Jahre später aber, im November 1913, begannen die Brasilianer ihren Entschluß zu bereuen, und dies geschah unter dem Eindruck der gerade im Gang befindlichen Kalibersteigerung. Deshalb stellten sie das Schiff zum Verkauf, und als Ersatz bestellten sie in Großbritannien ein neues Schiff, das 38,1 cm-Geschütze erhalten sollte.
Die Lösung mit vierzehn 30,5 cm-Geschützen war keineswegs so vorteilhaft, wie sie zunächst erschienen sein mochte. Vor allem mußte durch die Vielzahl der Türme und ihrer Decksdurchbrechungen die Festigkeit des Schiffes und seiner Verbände ernsthaft beeinträchtigt werden; andere Unzulänglichkeiten waren die Unübersichtlichkeit im Schiffsinneren durch das Einordnen der Munitionsräume zwischen den Räumen der Antriebsanlage, sowie die Verminderung der nutzbaren Bestreichungswinkel der Türme selbst. Hauptsächlich aus diesen Gründen wurde ein derart überzüchteter Typ abgelehnt. Praktisch blieb dieses Beispiel der einzige Versuch in dieser Richtung; allerdings näherten sich die amerikanischen Großkampfschiffe der **Arkansas**-Klasse dieser Lösung bedenklich nahe.
So ging Großbritannien in Jahre 1909 zu einem schwereren Kaliber über und schuf das 34,3 cm-Geschütz, das die Wirkung des 30,5 cm-Geschützes bei weitem übertraf. Mit diesen neuen Geschützen wurden dann drei Gruppen zu je vier Schlachtschiffen und drei Schlachtkreuzern ausgerüstet. Gleichzeitig damit ging man von hier ab zur reinen Mittschiffslinien-Aufstellung aller Türme über, verzichtete aber bis zur vorletzten Gruppe der

---

[113] Bürkner, a.a.O., S. 11.
[114] So zum Beispiel **Oldenburg** an die Schichau-Werft, und **Goeben** an Blohm & Voss.
[115] Howe, a.a.O., S. 90; Nauticus 1909, S. 21, 29.
[116] Assmann, a.a.O., S. 19.
[117] Buckreis, a.a.O., S. 11.
[118] Buckreis, a.a.O., S. 17.

[119] Howe, a.a.O., S. 90.

Großkampfschiff-Neubauten — denen der **King George V.**-Klasse — auf eine vollwertige Mittelartillerie. Diese wurde erst ab 1911 wieder eingeführt, weil das 10,2 cm-Geschütz gegen die immer größer und damit auch widerstandsfähiger werdenden Zerstörer und Torpedoboote nicht mehr ausreichend erschien. Von der ersten Gruppe der neuen Großkampfschiffe ab versuchten die Engländer, die Standkraft durch stärkeren Panzerschutz zu vergrößern. Bei den Schlachtkreuzern hingegen verfielen sie wieder in ihren alten Fehler, indem sie die Schutzeinrichtungen zugunsten hoher Geschwindigkeit *und* starker Armierung trotz genügend großen Deplacements vernachlässigten. Das sollte wenige Jahre später vor dem Skagerrak zur Katastrophe führen.

Vom Jahre 1910 ab belebte sich auch in den USA der Bau von Großkampfschiffen durch eine Kalibersteigerung. Mit dem neugeschaffenen 35,6 cm-Geschütz — das also seinerseits das britische 34,3 cm-Geschütz übertraf — wurde eine ganze Reihe neuer Großkampfschiffe armiert, beginnend mit der **New York**-Klasse. Zugleich änderte sich auch die Turmaufstellung: Erinnerten die Schiffe der **New York**-Klasse noch an die extremen Turmaufstellungen bei der **Utah**- und bei der **Wyoming**-Klasse, so kehrten die nächsten und alle folgenden zu der idealen Aufstellung nach dem Muster der **South Carolina**-Klasse zurück. Die ersten Schiffe dieser Art waren die der **Nevada**-Klasse, bei der die amerikanische Marine auch zum Drillingsturm überging. Mit jenen beiden Schiffen begann auch eine panzerungstechnische Neuentwicklung: Die Abkehr von der bisher bevorzugten Zitadell-Gürtelpanzerung und der Übergang zur sog. ›Floßpanzerung‹, im amerikanischen Sprachgebrauch ›raft body‹ bezeichnet. Zu Gunsten größter Panzerdicken wurden dabei die gepanzerten Flächen auf das unbedingt notwendige Maß beschränkt, so daß sie nur noch die ›lebenswichtigen‹ Teile schützten.

Erhielten die beiden Schiffe der **Nevada**-Klasse noch eine gemischte Zusammensetzung von Türmen der schweren Artillerie — je die Hälfte Zwillingstürme und Drillingstürme — so gingen die Amerikaner schon mit den nächsten beiden Schiffen (**Pennsylvania**-Klasse) konsequent weiter und rüsteten diese ausschließlich mit Drillingstürmen aus. Allerdings wurde der Drillingsturm durch namhafte amerikanische Seeoffiziere und Techniker scharf kritisiert und teilweise abgelehnt, wobei das Schlagwort ›too many eggs in a basket‹ entstand. Vor allem wurde die gemeinsame Lafettierung aller drei Rohre Gegenstand heftiger Kritik. Aber sie war notwendig, um Platz und Gewicht einzusparen. Auch die Schiffbauer hatten gegen den Drillingsturm Einwände zu erheben, und zwar insofern, als besonders bei erhöhten Türmen die Stabilität des Schiffes beeinträchtigt werden konnte.

In dieser Hinsicht wagten die Franzosen noch mehr. Nachdem die **Provence**-Klasse begonnen worden war, entstanden die Entwürfe für die **Normandie**-Klasse. Hatten erstere noch Zwillingstürme erhalten, so übersprangen die Franzosen den Drillingsturm und entschieden sich für den Vierlingsturm, um die Offensivkraft erheblich zu steigern. Anfangs war man sich allerdings nicht ganz sicher, denn die Konstrukteure hatten drei verschiedene Armierungspläne ausgearbeitet und vorgelegt, deren erster sechzehn 30,5 cm-Geschütze in vier Vierlingstürmen vorsah. Vom zweiten Armierungsplan ab gingen sie wieder zu dem inzwischen eingeführten 34 cm-Kaliber über und sahen zwölf Rohre — je zwei Vierlingstürme und Zwillingstürme — vor. Beim dritten Armierungsplan behielt man diese Rohrzahl bei und schlug ihre Aufstellung in drei Vierlingstürmen vor. Der französische Verteidigungsrat entschied sich zwar erst nach langen Beratungen für den dritten Armierungsplan, fand aber bei der Einführung des Vierlingsturmes kein Risiko, denn sonst hätte er wohl kaum ohne vorherige Erprobungen alle fünf Schiffe dafür vorgesehen.[120]

Die Schiffe der **Normandie**-Klasse wurden jedoch — bedingt durch den bald darauf ausbrechenden Krieg — nicht mehr fertiggestellt. Übertroffen werden sollten sie durch vier weitere Schiffe, die gleich sechzehn 34 cm-Geschütze in vier Vierlingstürmen erhalten sollten. Diese waren für 1915 vorgesehen, wurden aber ebenfalls aus kriegsbedingten Gründen nicht mehr begonnen.

Um die gleiche Zeit entstanden auch in Rußland Strömungen, die auf den Bau schwerbewaffneter Großkampfschiffe, darunter auch Schlachtkreuzern, abzielten. Diese Strömungen kamen in einem 1912 verabschiedeten Gesetz zum Aufbau der Flotte zum Ausdruck. Nach jenem Programm sollten bis zum Jahre 1930 insgesamt 24 Schlachtschiffe und 12 Schlachtkreuzer gebaut werden. Bemerkenswert war, daß alle diese 36 Großkampfschiffe für die *Ostsee* vorgesehen waren. Weiter bemerkenswert daran war, daß für die neuzuerbauenden Großkampfschiffe Armierungen von zwölf 40 cm-Geschützen vorgesehen waren — damit hätten sie zweifelsfrei zahlreiche fremde Artgenossen übertrumpft. Zu diesen Plänen schrieb seinerzeit ein russisches Blatt:

›Rußland muß in der Ostsee über eine Flotte verfügen, die so stark ist, daß sie allen Operationen des Gegners, welcher Art sie auch sein mögen, entgegentreten, ihm eine Schlacht liefern und aus dieser siegreich hervorgehen kann. Dies vermag nur eine starke Linienschiffsflotte, die geeignet ist, auf die hohe See zu gehen, die Flotte des Gegners aufzusuchen und eine erfolgreiche Schlacht zu schlagen. Nur durch sie werden die Unverletzbarkeit des Reichsgebietes und der Reichsinteressen gewährleistet. Rußland muß eine Flotte schaffen, die so stark ist, daß sie nicht nur ein gefährlicher Gegner, sondern auch ein erwünschter Verbündeter selbst für die stärkste Seemacht ist. Diesen Forderungen entsprechen zwei aktive und ein Reservegeschwader von je acht Linienschiffen, vier Panzerkreuzern, acht Leichten Kreuzern, siebenunddreißig großen Torpedobooten und zwölf Unterseebooten.‹[121]

Aus diesem Programm wurden zunächst die vier Schlachtkreuzer der **Borodino**-Klasse bewilligt, deren Bau alsbald begonnen wurde. Am 4. April 1914 erklärte der russische Marineminister vor dem Haushaltsausschuß, daß sofort mit dem Bau neuer

---

[120] Nauticus 1913, S. 113.
[121] Novojo Vremya, 12. Oktober 1913.

Schiffe begonnen werden könne, sobald die im Bau befindlichen in Dienst gestellt seien. Er kündigte das Einbringen einer neuen Vorlage — das ›Große Schiffbauprogramm‹ — an, das auf dem 1912 verabschiedeten Flottengesetz fundierte. Der Krieg gebot jedoch der gesamten Entwicklung Halt; auch die bereits begonnenen Schlachtkreuzer der **Borodino**-Klasse konnten nicht mehr fertiggestellt werden.

Unter dem Eindruck des Vorgehens der großen Seemächte mußte sich auch die japanische Marine entschließen, dieser Entwicklung zu folgen. Immerhin stand für Japan die Behauptung seiner Vormachtstellung in Ostasien auf dem Spiel. Schon in den Jahren 1908/09 hatte der japanische Marineminister, Admiral Yamamoto, die Ansicht vertreten, daß die zukünftige Stärke der japanischen Flotte zwölf Großkampfschiffe und acht Schlachtkreuzer betragen müsse. Diese Forderung konnte jedoch infolge der angespannten Finanzverhältnisse nicht verwirklicht werden: Die Kosten hierfür hätten sich auf ca. 400 Millionen Yen belaufen, während nur 80,2 Millionen Yen bewilligt werden konnten. 1910 stellte der neue Marineminister, Vizeadmiral Saito, die Forderung nach zwei Geschwadern zu je acht modernen Großkampfschiffen auf; diese Zahl ergab sich aus der strategischen Überlegung, daß die japanische Flotte jeder anderen in Ostasien verwendbaren Flotte gewachsen sein müsse. Das war praktisch der Beginn jener sog. ›8/8‹-Planung späterer Jahre, die bis zur Washington-Konferenz so viel Staub aufwirbelte.[122]

Im Flottenbauprogramm von 1911 konnte jedoch nur ein einziges neues Großkampfschiff — **Fuso** — eingesetzt werden, dazu allerdings vier Schlachtkreuzer, die sämtlich mit 35,6 cm-Geschützen bewaffnet wurden. Erst im November 1912 erfolgte die Bewilligung dreier weiterer Großkampfschiffe (**Yamashiro, Hyuga** und **Ise**).

Von diesen acht neuen Großkampfschiffen wurde eines zum Bau ins Ausland vergeben, und zwar die **Kongo**, die von dem britischen Konstrukteur Sir George Thurston konstruiert worden war, gewissermaßen als ein Musterschiff. Man muß schon in die Geschichte des japanischen Kriegsschiffbaues zurückblenden, um dies verständlich zu machen: Praktisch standen die japanischen Werften im Bau großer Schiffe erst seit kurz nach der Jahrhundertwende auf eigenen Füßen. Um auch den Bau so großer Kampfschiffe wie der **Kongo** und ihrer Schwesterschiffe aufnehmen zu können, benötigten sie ein einziges Musterschiff. Daraus ist auch die auffallende Ähnlichkeit der **Kongo** mit dem etwa in der gleichen Zeit erbauten britischen Schlachtkreuzer **Tiger** zu erklären. Die **Kongo** war zugleich das letzte Schiff, das ins Ausland vergeben worden war; von da ab wurden nur noch japanische Werften herangezogen.

Die österreich-ungarische Marine sah sich unter den herrschenden Umständen gezwungen, auch der neueren Entwicklung zu folgen, schon deshalb, um das Bündnis für Italien wertvoller zu machen.[123] Innenpolitische Ursachen verzögerten jedoch die Inbaugabe der geplanten neuen Schiffe, und der Kriegsbeginn 1914 warf schließlich alle Planungen um.

Auch die kleineren Seemächte gerieten bald in den Sog dieser Bestrebungen. So erhielt eine deutsche Werft von Griechenland den Auftrag zum Bau eines ›Panzerschiffes‹; nach Ausarbeitung der Pläne änderte die griechische Marine ihre Bestellung und gab ein vollwertiges Schlachtschiff in Bau. Kurz vor Kriegsbeginn bestellten die Griechen ein zweites Schlachtschiff, diesmal bei einer französischen Bauwerft. Infolge des Krieges kam es nicht mehr zur Ablieferung des ersten Schiffes, während das zweite überhaupt nicht mehr begonnen wurde.

Britische Werften bauten für Chile ebenfalls zwei stark bewaffnete Schlachtschiffe, doch wurden beide bei Ausbruch der Krieges beschlagnahmt; nur das eine gelangte nach dem Krieg in chilenische Hände, und aus dem zweiten wurde der britische Flugzeugträger **Eagle**.

Die Türkei sah sich angesichts der Gegensätze zu Griechenland ebenfalls zu einer Verstärkung ihrer Flotte veranlaßt. Diese Bestrebungen fanden in einem 1911 beschlossenen Flottenbauprogramm ihren Ausdruck, das zwei Schlachtschiffe vorsah, deren Bau an britische Werften übertragen wurde. Nur eines von ihnen wurde fertiggestellt, aber nicht unter türkischer Flagge, sondern als die britische **Erin**. Durch eine rechtzeitige Beschlagnahme hatte sich die Royal Navy dieses Schiffes bemächtigen können, bevor es abgeliefert werden sollte. Genauso erging es der **Osman I.**, die ursprünglich für die brasilianische Marine begonnen worden war und unfertig Ende 1913 an die Türkei verkauft worden war.

Kurz vor Kriegsbeginn beschlossen auch Spanien und die Niederlande den Bau von Schlachtschiffen; ähnlichen Bestrebungen folgte Portugal. Doch gebot der Krieg in diesen Fällen ebenso ein vorzeitiges Ende aller Planungen.

Letzte Friedensjahre

In den letzten Friedensjahren vor dem ersten Weltkrieg hatten bereits mehrere Marinen Geschütze noch größerer Kaliber entwickelt, über die nachfolgende Zahlenübersicht Auskunft gibt:

Kaliber cm	Nation	Hersteller	Rohrlänge	Rohrgewicht t	Geschoßgewicht kg	Mündungsgeschwindigkeit m/sek	Mündungsarbeit m/t
37,0	Frkr.	Schneider	L/45	85,0	780,0	785	24 550
38,0	D.R.	Krupp	L/45	83,8	760,0	890	30 680
38,1	GB.	Armstrong	L/45	96,0	885,0	760	26 050
40,6	GB.	Armstrong	L/40	106,7	998,0	710	25 868
40,6	Frkr.	Schneider	L/45	104,2	990,0	760	29 200
40,6	D.R.	Krupp	L/45	101,7	920	890	37 140

Darüber hinaus wurden bei Armstrong und bei Krupp bereits die Vorarbeiten zur Konstruktion von 45,6 cm-Geschützen getroffen, bei Krupp dazu noch die einer 50,8 cm-Kanone. Damit mußte sich wohl schon in absehbarer Zeit eine erneute Kalibersteigerung ankündigen.

---

[122] Jensen, a.a.O., S. 158 ff.
[123] Nauticus 1914, S. 167.

Den Anfang dazu machte Großbritannien im Jahre 1912, als es zum 38,1 cm-Geschütz überging. Als Churchill im Jahre 1911 sein Amt als erster Lord der Admiralität angetreten hatte, waren die Pläne für das Etatjahr 1912 schon weit fortgeschritten. Diese sahen vor, drei Großkampfschiffe auf der Basis der letzten mit 34,3 cm-Geschützen und starker Mittelartillerie bewaffneten Einheiten (**Iron Duke**-Klasse) sowie einen zweiten Schlachtkreuzer nach dem Vorbild **Tiger** in Bau zu geben. Über all diesen Vorhaben lag jedoch Ungewissheit. Diese ergab sich daraus, daß Japan und die USA inzwischen bereits zum 35,6 cm-Kaliber übergegangen war, während man britischerseits noch immer am 34,3 cm-Kaliber festhielt. Außerdem war bekanntgeworden, daß der deutsche Waffenkonzern Krupp an einem 35,6 cm-Geschütz arbeitete, und bestimmte Nachrichten deuteten daraufhin, daß die noch im Bau befindlichen Schlachtschiffe der **König**-Klasse mit diesen Geschützen ausgerüstet werden sollten. Damit schien es für Großbritannien an der Zeit, eine Bestandsaufnahme des bisherigen Großkampfschiffbaues zu machen.[124] Zweifellos mußten zehn 34,3 cm-Geschütze — wie sie für die nächsten Neubauten erwogen worden waren — eine geringere Wirkung am Ziel haben als acht Geschütze vom Kaliber 38,1 cm. Weit wichtiger aber erschien, daß bei einem Verzicht auf den bisher üblichen Mittelturm die Antriebsanlage vergrößert und eine höhere Geschwindigkeit erzielt werden konnte.[125] Diese Überlegungen wurden schließlich ausschlaggebend; in sie einbezogen wurde eine neue taktische Konzeption — die einer ›schnellen Division‹, die sich im Schlachtlinienkampf sehr vorteilhaft auszuwirken versprach.

Churchill blieb es vorbehalten, die britische Seerüstung bis zum Ausbruch des Ersten Weltkrieges auf höchste Vollkommenheit zu bringen. Mit seiner ganzen Energie setzte er sich für den Bau von Schlachtschiffen eines neuen Typs mit 38,1 cm-Geschützen ein. In seiner Rede zum Marineetat 1912 erklärte er u.a.:

› ... Im letzten Jahre sind weitgehende grundsätzliche Änderungen in den Planungen der sogenannten Schlachtkreuzer vorgenommen worden. Diese Schiffe hatten allmählich an Geschwindigkeit wie an Stärke zugenommen. Sie wurden teurer als die größten gleichaltrigen Linienschiffe, waren ihnen aber an Gefechtskraft nicht ebenbürtig. Wir stellten den Grundsatz auf, daß die teuersten Schiffe ... die stärksten sein sollten. Wir haben deshalb ein Schiff konstruiert, zwar von etwas geringerer Geschwindigkeit als unsere Schlachtkreuzer, aber immer noch genügend schnell, um jeder Schlachtflotte in den nächsten Jahren überlegen zu sein, mit schwerer Armierung und stärkerem Panzerschutz als irgendeines der bisherigen Linienschiffe. Anstatt wie im letzten Jahr einen Schlachtkreuzer und drei Linienschiffe auf Stapel zu legen, haben wir uns dafür entschieden, daß alle vier Schiffe von 1912 und die ›Malaya‹ vom neuen Typ sein sollen. Wir werden dann ein Geschwader haben, gegen das kein anderes fertiges, im Bau befindliches oder geplantes Geschwader in der ganzen Welt an Geschützen, Panzer und Geschwindigkeit aufkommen kann ...‹[126]

Das war — auch wenn es unausgesprochen blieb — ein überaus deutliches Eingeständnis der Unzulänglichkeit des Schlachtkreuzers; zweifellos war hier der Wunsch ausschlaggebend, den schnellen und stark bewaffneten, aber nur mäßig geschützten Schlachtkreuzer auch in der Seeschlacht einzusetzen. Seiner bisherigen Bauart nach kam jedoch der Schlachtkreuzer — zumindest der britische — kaum dafür in Frage, weil er dafür viel zu schwach gebaut war. Obendrein war er mit unverhältnismäßig hohen Baukosten verbunden, ohne dabei in der Lage zu sein, im Kampf der Großkampfschiffe eine mitentscheidende Rolle zu spielen. Die taktischen Anschauungen trieben unverkennbar auf das ›schnelle Schlachtschiff‹ zu.

Darüber ließ sich das offiziöse deutsche Marinejahrbuch wie folgt aus:

› ... England verzichtet einstweilen auf den Bau von Schlachtkreuzern, daß man sie aber abschaffen wird, ist außerordentlich unwahrscheinlich. Das taktische Bedürfnis nach einem kampfkräftigen Schiff, das auch dem schnellsten Linienschiff an Geschwindigkeit überlegen ist, wird immer bestehen bleiben ...‹[127]

Unter diesen Aspekten entstanden die fünf Einheiten der **Queen Elizabeth**-Klasse, die als besonders glückliche Konstruktionen galten. Sie leiteten im Schlachtschiffbau eine neue Phase ein. Bei starkem Panzerschutz führten sie die damals stärkste Bewaffnung, hatten einen beträchtlichen Geschwindigkeitsüberschuß, und waren die ersten Großkampfschiffe, deren Kessel nicht mehr mit Kohlen, sondern mit Öl geheizt wurden. Ihnen folgten dann die im Haushaltsjahr 1913 bewilligten fünf Schiffe der **Revenge**-Klasse, die jeweils als konventionelle Linienschiffe entstanden und demzufolge wieder langsamer waren.

Hoffte Großbritannien, mit diesen schwerbestückten Großkampfschiffen nunmehr die deutsche Marine endgültig mattgesetzt zu haben, so mußte es auch diesmal eine Enttäuschung hinnehmen. Die deutsche Marine folgte sofort dieser neuen Entwicklung und begann noch im Jahre 1913 die Schiffe der **Bayern**-Klasse mit gleichstarker Bewaffnung. Zwar waren diese nicht so schnell wie die britische **Queen Elizabeth**-Klasse, dafür aber außerordentlich standfest. Im Gegensatz zu den britischen Bauten war es den deutschen nicht mehr vergönnt, an der Skagerrakschlacht teilzunehmen.

Auch der im Haushaltsjahr 1914 bewilligte Große Kreuzer **Mackensen** und seine drei Nachfolger sollten stärker bewaffnet werden. Für diese Klasse waren je acht 35 cm-Geschütze vorgesehen. Leider konnten sie nicht mehr fertiggestellt werden. Von der **Bayern**-Klasse ab hatte sich die deutsche Marine für die überhöhte Endaufstellung nach dem Urbild der **South Carolina**-Klasse entschieden, und diese Neuerung kam auch den Schlachtkreuzern von der **Derfflinger**-Klasse ab zugute.

Die nächsten Seemächte, die sich noch vor Kriegsausbruch für

---

[124] Parkes, a.a.O., S. 560ff.
[125] Parkes, a.a.O., S. 561.
[126] Höflich, Die britische Kriegsflotte, S. 5ff.
[127] Nauticus 1913, S. 71.

ein stärkeres Kaliber entschieden, waren Italien und Österreich-Ungarn. Italien gab die **Francesco Caracciolo**-Klasse in Bau, Österreich-Ungarn die **Ersatz Monarch**-Klasse. Erstere lehnte sich überaus deutlich erkennbar an die britische **Queen Elizabeth**-Klasse an; ihr stärkstes Wesensmerkmal war die für damalige Verhältnisse sehr hohe Geschwindigkeit von 25 kn, womit die Idee des ›schnellen Schlachtschiffes‹ abermals Auftrieb erhielt. Bemerkenswert an dieser Klasse war ferner, daß sie mit acht 38,1 cm-Geschützen armiert werden sollte. Das Anfang 1914 nach Großbritannien zum Bau vergebene brasilianische Schlachtschiff **Riachuelo** — für das ebenfalls acht 38,1 cm-Geschütze vorgesehen waren — gelangte überhaupt nicht zur Verwirklichung, da der kurz danach beginnende Krieg alle Kräfte Englands beanspruchte.

Der große Einschnitt: 1914

1914 gingen die großen europäischen Flotten unter verschiedenartigen strategischen Konzeptionen in den Krieg. Herrschte bei den Engländern bisher der Plan vor, mit der Schlachtflotte angriffsweise gegen die Deutsche Bucht vorzugehen, um die deutsche Küste eng zu blockieren, so setzte sich unter dem Einfluß Churchills der Plan durch, die ›Grand Fleet‹ im nordschottischen Raum zusammenzuziehen und jede Angriffsabsicht gegen die deutsche Küste aufzugeben. Statt dessen sollte die in jenen Gewässern stationierte britische Flotte die Nordseezugänge blockieren, also eine Fern- und Wirtschaftsblockade aufnehmen. Damit wurde der Brennpunkt des Seekrieges in die Atlantikzugänge hinausgedrängt. Darauf war die deutsche Flotte jedoch keineswegs eingestellt; sie sah bisher die mittlere Nordsee als Entscheidungsfeld an, und ihr ganzes Denken und Handeln war auf die Seeschlacht bezogen. Der deutsche ›Risiko‹-Gedanke war damit nicht nur der politischen, sondern auch der militärischen Wirkung beraubt.[128]

Der Bau von Großkampfschiffen von 1914 bis 1920

Der Ausbruch des ersten Weltkrieges nahm zunächst weder in Großbritannien noch in Deutschland unmittelbaren Einfluß auf den Großkampfschiffbau. Die Arbeiten an den noch nicht abgelieferten Schiffen wurden zum Teil in forciertem Tempo weitergeführt, um diese Schiffe so bald wie möglich in Dienst zu bekommen. Anders verhielt es sich bei den Marinen Frankreichs, Italiens und Österreich-Ungarns, wo die Arbeiten an neuen Großkampfschiffen sehr bald eingestellt werden mußten oder erst gar nicht mehr begonnen wurden; die Kriegs- und Materiallage beanspruchte fast die gesamte Kapazität ihrer Rüstungsindustrie zu Gunsten des an den Landfronten viel dringlicher benötigten Kriegsmaterials. Vor ähnliche Probleme sahen sich aber auch Großbritannien und Deutschland gestellt, so daß der Bau weiterer Großkampfschiffe — von Schlachtkreuzern abgesehen — nicht mehr beschlossen wurde. Die Ursachen dazu waren verschiedener Natur: Die Schiffbauindustrie dieser Länder war infolge eines erheblichen Auftragsüberhangs an U-Booten und leichten Seestreitkräften kaum mehr in der Lage, derart große Schiffe zu bauen; zum anderen vollzog sich schon bald nach Kriegsbeginn ein gewisser Wandel der Anschauungen.

Der Einsatz der britischen Schlachtkreuzer **Invincible** und **Inflexible** gegen das deutsche Kreuzergeschwader unter Vizeadmiral Graf Spee im Dezember 1914 im Südatlantik und ihr Erfolg bei den Falklandinseln gab ihren britischen Verfechtern — unter ihnen namentlich Lord Fisher — erheblichen Auftrieb. Für sie schien der Schlachtkreuzer in gewisser Hinsicht die ›ultima ratio‹ des Seekrieges geworden zu sein. Aus diesem Grunde entschloß sich die britische Marine, zwei als Schlachtschiffe der **Revenge**-Klasse vergebene, bisher noch nicht begonnene Bauten, **Repulse** und **Renown**, in Schlachtkreuzer umzukonstruieren. Ihre Kiellegung erfolgte alsbald. Auch bei diesen beiden Schiffen wurde man der Bedeutung der Schutzeinrichtungen keineswegs gerecht. Statt dessen schlossen sie kalibermäßig an die jüngsten Schlachtschiffe auf und wurden auch erheblich schneller als die zuvor gebauten Schlachtkreuzer. Infolge ihrer sehr geringen Standkraft haben sich diese Schiffe jedoch nie recht bewährt, und sie blieben auch nach mehrfachen Umbauten viel zu schwach.

Zugleich schufen die Engländer einen Sondertyp des Schlachtkreuzers. Diese Entwicklung erfolgte unter dem maßgeblichen Einfluß von Lord Fisher; diesem schwebte der kühne Plan vor, mit zahlreichen leichten Seestreitkräften in die Ostsee einzudringen, um den Russen die Möglichkeit einer Landung im Rücken der deutschen Ostfront — nämlich an der pommerschen Küste — zu geben. Die leichten Seestreitkräfte sollten dabei von drei leichten Schlachtkreuzern (Large Light Cruisers) gedeckt werden. Unter dieser Konzeption — deren Irrealität von vornherein in breiten Kreisen der britischen militärischen Führung erkannt worden war — entstanden die drei berühmt berüchtigten ›Hush-Hush‹-Schiffe **Glorious**, **Courageous** und **Furious**. Die an sie gestellten Forderungen hatten gelautet:

● Maximum an Schlagkraft und Geschwindigkeit.

● Geringer Tiefgang im Hinblick auf die Ostseeverhältnisse.

Diese ›Large Light Cruisers‹ waren praktisch nichts anderes als — weil extrem stark armiert — überzüchtete Leichte Kreuzer. Dementsprechend gering waren die Schutzeinrichtungen und die Panzerung: Der nur 76 mm dicke Seitenpanzer war viel zu schwach, und die Längsfestigkeit war wegen der schwachen Verbände und der großen Turmgewichte überhaupt ernsthaft in Frage gestellt.

Zu dieser Zeit befaßte sich Lord Fisher mit einem noch größeren Projekt. Wäre es verwirklicht worden, hätte man es als den Höhepunkt der britischen ›one bigger, one better‹-Baupolitik bezeichnen können. Es war dies der Entwurf eines neuen Schlachtkreuzertyps unter der Bezeichnung **Incomparable**. Die Arbeiten an diesem Entwurf wurden fertiggestellt, als Fisher die Admiralität verließ. Obwohl die für diesen Typ bestimmten 50,8 cm-Kanonen bereits am 22. Mai 1915 fertiggestellt gewesen sein sollen, unterblieb die Realisierung des Projekts — Großbritannien hatte zu dieser Zeit andere Sorgen.

---

[128] Assmann, a.a.O., S. 29.

1915 gab die deutsche Marine 3 weitere Schlachtkreuzer der **Mackensen**-Klasse in Auftrag; sie wurden jedoch nach Skagerrak umkonstruiert, wobei als Bewaffnung 38 cm-SK vorgesehen waren. Faktisch waren sie keine ›Großen Kreuzer‹ bzw. Schlachtkreuzer mehr, sondern vielmehr der erste deutsche Ansatz zum ›schnellen Schlachtschiff‹.

In Großbritannien blieb man indessen nicht untätig. Dort entstanden ab 1916 die Pläne für vier Schlachtkreuzer vom Typ **Hood**, die ebenfalls mit 38,1 cm-Kanonen wie die letzten Großkampfschiffe bestückt werden sollten. Bei den ersten Entwürfen hatte man jedoch erneut die Standkraft viel zu schwach ausgebildet. Gerade zu diesem Zeitpunkt wurde die Skagerrak-Schlacht geschlagen, die für drei britische Schlachtkreuzer zur Katastrophe wurde. Erst jetzt erkannte die britische Marine die Schwächen ihrer Schlachtkreuzer in vollem Umfang, und sie zog die einzig richtige Konsequenz, als sie die Vorarbeiten an den neuen Schlachtkreuzern einstellen ließ und eine grundlegende Änderung der Pläne unter Berücksichtigung der jüngsten, katastrophalen Erfahrungen erwirkte. Das Ergebnis war eine beträchtliche Verstärkung der Standkraft, die mit einem Deplacementszuwachs von annähernd 5000 ts verbunden war. In dieser Form wurden die Schiffe dann auch begonnen, jedoch — außer dem Typschiff **Hood** selbst — im Herbst 1917 wieder stillgelegt, als britischerseits feststand, daß mit einer Fertigstellung der neuen deutschen Schlachtkreuzer nicht mehr zu rechnen war. Die **Hood** selbst galt lange Zeit als das größte Kriegsschiff der Welt, doch konnte sie trotz aller Verbesserungen ihrem Schicksal nicht entgehen — sie ging 25 Jahre nach der Skagerrakschlacht, fast auf den Tag genau, verloren, und auch ihr wurden die gleichen Schwächen wie die ihrer Schicksalsgefährten zum Verhängnis.

Solange die europäischen Seemächte infolge ihrer außerordentlichen Anspannungen durch den Krieg nicht daran denken konnten, ihre Schlachtflotten zu vergrößern, konnte dies den beiden großen Seemächten diesseits und jenseits vom Pazifik nur recht sein. Sie nutzten die Zeit zu ihrem Vorteil.

Im Februar 1916 wurden die umfangreichen Flottenbaupläne der ehemaligen japanischen Marineminister Yamamoto und Saito angenommen. Diese Pläne waren bereits 1910 erstmals formuliert und vorgelegt worden; sie beinhalteten den sogenannten ›8/8‹-Plan, der den Bau von je acht Schlachtschiffen und Schlachtkreuzern vorsah. Vorläufig bewilligte das japanische Parlament nur die Mittel für die beiden ersten Schiffe des Programms, nämlich für **Nagato** und **Mutsu**. Ihre Inbaugabe verzögerte sich, weil ihre Pläne auf Grund der Skagerrak-Erfahrungen geändert wurden. Sie konnten daher erst nach mehrfacher Umarbeitung der Entwürfe ab Sommer 1917 in Bau gegeben werden. Geschwindigkeitsmäßig schlossen sie an das britische Vorbild **Queen Elizabeth** an. Unverkennbar war also auch bei ihnen das Streben nach einer ›Verschmelzung‹ des langsamen, ebenso stark bewaffneten wie gepanzerten Schlachtschiffes mit dem schnellen, ebenfalls stark bewaffneten, aber weniger standfesten Schlachtkreuzer. Mit **Nagato** und **Mutsu** begann zugleich eine neue Berechnung des ›8/8‹-Planes, und zwar insofern, als sie als die beiden *ersten* Einheiten zählten.

Zugleich waren diese beiden Schlachtschiffe die ersten, die mit modernen 40,6 cm-Geschützen armiert wurden. Zur Entwicklung dieses Kalibers hatten die Japaner in aller Ruhe Gelegenheit, da fast alle anderen Marinen infolge ihrer Kriegsanstrengungen nicht an eine Weiterentwicklung ihrer Schiffsartillerie denken konnten. Zwar hatten bereits vor 1914 deutsche, französische und britische Firmen Geschütze mit Kalibern bis zu 40,6 cm und darüber hinaus zu entwickeln begonnen, doch mußten sie diese Arbeiten wieder einstellen, um den Rüstungsaufgaben für die Landfronten gerecht zu werden. Deshalb kam in diesen Flotten kein Geschütz von mehr als 38,1 cm Kaliber zum Tragen, wenn man dabei von dem mißlungenen Experiment mit den 45,7 cm-Landgeschützen absieht, die auf dem britischen ›Large Light Cruiser‹ **Furious** und auf einigen Monitoren eingebaut wurden. Auf diese Weise konnte sich die japanische Marine artilleristisch einen beträchtlichen Vorsprung sichern.

Japan mußte bei einer weitergehenden Realisierung seiner Flottenbaupläne zu einer akuten Gefahr für die Entente werden, vor allem die Vereinigten Staaten, die um ihre Einflußsphären in Ostasien zu fürchten begannen. Deshalb beschloß die amerikanische Regierung noch vor der Skagerrakschlacht ein gewaltiges Flottenbauprogramm, das im August 1916 angenommen wurde.[129] Dieses sah den Bau einer Flotte ›second to none‹ von nicht weniger als zehn Schlachtschiffen und sechs Schlachtkreuzern neben zahlreichen kleineren Einheiten vor, die innerhalb der nächsten sechs bis sieben Jahre verwirklicht werden sollte. Unverkennbar war dabei der Hintergedanke, das mehr als ein Jahrhundert seinen Rang als Erste Seemacht der Welt behauptende Großbritannien zu überflügeln.

Dieses Programm wurde mit den Einheiten der **Colorado**-Klasse begonnen, die sich in ihrer Gesamtkonstruktion eng an ihre kurz zuvor fertiggestellten Vorgänger der **California**-Klasse anlehnten, aber ebenfalls mit 40,6 cm-Geschützen armiert wurden. Zwar kam ihr Bau zunächst nur schleppend in Gang, während die folgende Klasse von sechs Schlachtschiffen der **South Dakota**-Klasse und die gleichfalls heranstehenden sechs Schlachtkreuzer der **Lexington**-Klasse vorerst noch nicht begonnen wurden. Hierbei war der Wunsch ausschlaggebend, die Skagerrak-Erfahrungen nach Möglichkeit noch nutzbringend zu verwerten, wozu die Pläne noch einmal überarbeitet werden mußten. Als diese Arbeiten dann bis Ende 1917 abgeschlossen waren, kam es erneut zu einer Verzögerung der Inbaugabe, weil im Hinblick auf den deutschen U-Bootkrieg im Atlantik dem Bau

---

[129] Maßgeblicher Initiator dieses Programms war der Commander Moffett der US-Navy. Er schlug seinerzeit vor, die Größe der Großkampfschiffe nicht schrittweise zu steigern, sondern an die auf Grund der Abmessungen des Panamakanals mögliche Höchstgrenze heranzugehen. Demnach war an ein Deplacement von 60 000 ts und an eine Geschwindigkeit von 35 bis 36 kn bei 250 000 PS Maschinenleistung gedacht, während ein Fahrbereich von 2520 sm als ausreichend erachtet wurde. Als Bewaffnung waren zehn 45,7 cm- und sechzehn 15,2 cm-Geschütze empfohlen (Schüddekopf, a.a.O., S. 169).

von 250 Zerstörern und einer größeren Anzahl von U-Jägern der Vorrang eingeräumt werden mußte.

Dieses amerikanische Programm bewog im Winter 1918/19 das japanische Parlament, die Durchführung des längst beschlossenen ›8/8‹-Planes voranzutreiben. Es bewilligte daher den Bau von zwei Schlachtschiffen der **Kaga**-Klasse und von zwei Schlachtkreuzern der **Akagi**-Klasse neben einer Reihe kleinerer Kriegsschiffe, während der Bau von zwei weiteren Schlachtkreuzern der **Akagi**-Klasse zunächst noch verschoben wurde.

Die Durchführung dieses Programmes schien den Japanern notwendig, um einerseits die in Ostasien errungene Vormachtstellung militärisch weiter festigen und sichern zu können, wodurch letzten Endes der sich immer deutlicher abzeichnenden Gegnerschaft zu den USA wirksam begegnet werden sollte.

Die beiden Einheiten der **Kaga**-Klasse schlossen im Hinblick auf ihre Geschwindigkeit an die **Nagato**-Klasse an, waren jedoch nicht so stark gepanzert, hatten dafür aber eine vermehrte schwere Artillerie. Die Schlachtkreuzer der **Akagi**-Klasse übertrafen größenmäßig alle bis dahin gebauten Großkampfschiffe, und nur die britische **Hood**-Klasse reichte an sie heran, doch stand diese wegen ihrer schwächeren Bewaffnung in keinem vergleichbaren Verhältnis zu ihnen.

Das Jahr 1919 sah die japanische Marine in voller Abwehrbereitschaft gegenüber den Vereinigten Staaten, die ihrerseits die von ihnen erworbene Weltstellung mit maritimen Mitteln zu erhalten und zu festigen anstrebten. Daher legte der amerikanische Marineminister Daniels im Winter 1919/20 dem Congress eine neue Flottenvorlage vor, die den Bau von zwei weiteren Schlachtschiffen und eines Schlachtkreuzers vorsah; zugleich sollten die im Bauprogramm von 1916 beschlossenen Großkampfschiffe jetzt endlich zur Ausführung gelangen. Die beiden Schlachtschiffe lehnte der Congress ab, jedoch sicherte er die Bewilligung des Schlachtkreuzers zu.

In den USA wurden daraufhin die sechs Schlachtkreuzer der **Lexington**-Klasse in Bau gegeben, deren erste Entwürfe bereits 1916 entstanden waren. Die Lehren des Krieges gaben jedoch Veranlassung, ihre Pläne vollständig zu ändern. Statt der ursprünglich vorgesehenen 35,6 cm-Geschütze sollten sie nunmehr 40,6 cm-Geschütze erhalten, dazu verbesserte Schutzeinrichtungen. Dieser Vorgang wurde mit der beträchtlichen Deplacementssteigerung um rund 7000 ts erkauft, ein Vorgang, der nur bei der britischen **Hood**-Klasse eine Parallele fand. Gleichzeitig setzte auch der Bau der sechs Schlachtschiffe vom Typ **South Dakota** ein. Sie waren dazu ausersehen, als erste amerikanische Schlachtschiffe der Neuzeit wieder eine vollwertige Mittelartillerie zu erhalten, die auch für die **Lexington**-Klasse vorgesehen war.

Bereits im Winter 1919/20 fanden im japanischen Parlament Verhandlungen über ein neues Flottenbauprogramm statt, das Marineminister Kato unter dem Druck der amerikanischen Außenpolitik ausgearbeitet und vorgelegt hatte. Demnach sollten zusammen 188 neue Kriegsschiffe gebaut werden. Dieser Vorschlag wurde der Budgetkommission vorgelegt, die als endgültiges Programm den Bau von nur 103 Schiffen ermöglichte.

So wichen der vorgelegte und der angenommene Bauplan nicht unerheblich voneinander ab:

Gattung	Vorlage	angenommen
Schlachtschiffe	—	4
Schlachtkreuzer	4	4
Kreuzer 5000—6000 ts	36	12
Große Zerstörer 1300 ts	32	} 32
Mittlere Zerstörer 850 ts	32	
Große U-Boote 1300 ts	34	} 28
Mittlere U-Boote 800 ts	40	
Spezialschiffe	10	18
Kanonenboote	—	5

Zwar war der Bau von 24 Kreuzern, 32 Zerstörern und 46 U-Booten abgelehnt bzw. aufgehoben worden, aber dafür konnten noch vier Schlachtschiffe zusätzlich aufgenommen werden. Zusätzlich durften auch die beiden bisher zurückgestellten Schlachtkreuzer der **Akagi**-Klasse begonnen werden. In einer Sondersitzung im Juli 1920 nahm das japanische Parlament dieses Programm an. Grundlage blieb auch weiterhin der ›8/8‹-Plan, jedoch erfuhr dieser insofern eine Abänderung, als kein Schiff in den beiden ersten Geschwadern älter als acht Jahre (gerechnet vom Zeitpunkt seiner Fertigstellung ab) sein sollte und dann automatisch durch einen Neubau zu ersetzen gewesen wäre. Dieses neue Programm sollte bis 1928 ausgeführt sein. Es hätte sich dann folgendes Bild ergeben:

Ersatzfristen japanischer Großkampfschiffe

veraltet ab:	Schlachtschiffe	Schlachtkreuzer	Als Ersatz zu bauen:	Schlachtschiffe	Schlachtkreuzer
1920	1[1]		sofort		2[2]
1922		4[3]	} bis März 1928	8[5]	
1924—28	4[4]			4	
1927—30	4[6]		1927—30		

[1] **Settsu**
[2] **Atago** und **Takao**
[3] **Kongo**-Klasse
[4] **Fuso, Yamashiro, Ise** und **Hyuga**
[5] **Owari**-Klasse und Neubauten **Nr. 13—16**
[6] **Nagato**- und **Kaga**-Klasse.

Demnach hätten die japanischen Schlachtschiffe ab Beginn des Jahres 1927 umfassen müssen:

Schlachtschiffe	Schlachtkreuzer
2 **Fuso**-Klasse •	4 **Kongo**-Klasse •
2 **Hyuga**-Klasse	4 **Akagi**-Klasse *
2 **Nagato**-Klasse*	
2 **Kaga**-Klasse*	
4 **Owari**-Klasse*	
4 (Neubauten **Nr. 13-16**)*	

Die 16 Schiffe der ersten beiden Geschwader, die nicht älter als 8 Jahre sein durften, sind mit einem * bezeichnet; die 1927 bereits als veraltet geltenden Schiffe sind mit einem • kenntlich gemacht.

Mit den vier Neubauten **Nr. 13—16** wollten sich die Japaner einen beträchtlichen Sprung nach vorn sichern: Bei stärkster Bewaffnung — Geschütze von 45,7 cm Kaliber! — und optimaler Standkraft sollten sie auch im Hinblick auf die Geschwindigkeit den Schlachtkreuzern in nichts zurückstehen!

Selbstverständlich konnte die Baupolitik Großbritanniens von diesen japanischen Machtbestrebungen nicht unberührt bleiben. Einerseits war die japanische Vormachtstellung in Ostasien den Engländern genauso unbequem wie den Amerikanern — beide Mächte mußten wegen der jäh ansteigenden japanischen Exportindustrie ernsthaft um ihre bisherigen Absatzmärkte fürchten —, und andererseits drohte die amerikanische Flotte in nächster Zeit so stark zu werden, daß sie die bisher führende Rolle der britischen Marine als stärkste Seemacht der Welt selbst übernehmen und damit das Prestige Großbritanniens in der Weltöffentlichkeit schwer erschüttern würde. Deshalb bewilligte das britische Parlament im Juli 1922 die Mittel für vier große Schlachtkreuzer, die keine Vermehrungsbauten, sondern Ersatzbauten darstellen sollten. Darüber hinaus befaßten sich die britischen Politiker bereits mit der Planung zweier weiterer Gruppen zu je vier Schlachtschiffen mit 45,7 cm-Geschützen. Großbritannien hoffte dadurch, seine Überlegenheit zur See weiterhin aufrechterhalten zu können.

Gleichwohl versuchte Großbritannien — nach einem langen Krieg finanziell erschöpft und dringend der eigenen Sanierung bedürfend — die auftretenden Spannungen auf friedliche Weise beizulegen. Aus diesen Gründen regte Lord Curzon im Sommer 1921 bei dem amerikanischen Botschafter in London den Gedanken an eine gemeinsame Konferenz zur gegenseitigen Verständigung unter allen Beteiligten an.

Auch in den Vereinigten Staaten hatten weiterblickende Kreise bald erkannt, daß das ursprünglich gesteckte Ziel kaum erreicht werden könne, ohne eine britisch-amerikanische Flottenrivalität heraufzubeschwören. Man mußte dort aber auch der ständig ansteigenden Schiffsgrößen halber an die Schleusenverhältnisse des Panamakanals denken, deren Abmessungen einer unbegrenzten Vergrößerung der Verdrängungen entgegenstanden.[130]

Unter diesen Umständen konnten die Vereinigten Staaten damit rechnen, in naher Zukunft entweder mit einem erheblichen Aufwand an Mitteln, Material und Zeit die Panamakanalschleusen erweitern zu müssen, oder aus dem Wettrüsten auszuscheiden, um hinfort nur noch als drittrangige Seemacht hinter Großbritannien und Japan zu bestehen. Auch war darauf Rücksicht zu nehmen, daß die erneut drohenden finanziellen Lasten nach den Anstrengungen des gerade kürzlich beendeten Krieges sich nur schwer ertragen lassen würden. Mit solchen Überlegungen standen die Amerikaner jedoch nicht allein da. Auch die meisten anderen Staaten bewegten sich in ähnlichen Gedankengängen, da auch sie — und zum Teil noch erheblich mehr — finanziell

›ausgeblutet‹ waren. Deswegen wurden in der breiten Öffentlichkeit Amerikas — von der Presse geschickt gelenkt — diese im Entstehen begriffenen neuen Großkampfschiffs-Flotten heftig bekämpft und abgelehnt, wobei gelegentlich nicht zuletzt auch die Enttäuschung über die vermeintlich geringe militärische Ausnutzung solcher kostspieligen Machtinstrumente im Kriege ein gewichtiges Wort mitsprach. Darüber hinaus begannen namhafte Militärs — wie der amerikanische Flieger-General Mitchell und, in besonders krasser Form, der britische Admiral Sir Percy Scott — einen regelrechten ›Feldzug‹ gegen das Schlachtschiff, das sie als ›überholt‹ abtaten. Für ihre Thesen fanden sie Unterstützung in den zahlreichen Beschußversuchen durch Artillerie, Torpedos und neuerdings auch Bombenwürfen, die bald nach Kriegsende von den Marinen Großbritanniens, der USA und Frankreichs gegen erbeutete deutsche und österreichische Großkampfschiffe durchgeführt worden oder noch im Gange waren.

Der Weg zum Washington-Abkommen

Andererseits zeigte sich aber auch, daß die japanische Vormachtstellung in Ostasien durch ein Wettrüsten zur See kaum mehr gebrochen werden könne. Japan schien zu jedem Opfer bereit, um seine Flottenbaupläne durchzusetzen und zu verwirklichen. Der Gedanke, die japanische Flottenaufrüstung durch entsprechende Verträge und Abmachungen einzudämmen, schien daher immer mehr verlockend. Dafür war freilich der Zeitpunkt auch außerordentlich günstig: Das plötzliche Ende einer steil angestiegenen Kriegskonjunktur hatte in Japan eine starke Arbeitslosigkeit und eine schwere Wirtschaftskrise hervorgerufen, so daß dort die innenpolitische Lage sehr angespannt war. Es war unschwer vorauszusehen, daß die zukünftigen finanziellen Belastungen diese Krise in eine ausweglose Lage treiben würden. Wie immer nach Kriegen wurden solche und ähnliche Überlegungen durch allgemeine pazifistische Strömungen begünstigt. Alle in Betracht kommenden Seemächte begrüßten es daher — zumindest insgeheim — und bejahten, als Präsident Harding am 10. Juli 1921 bei Großbritannien, Japan, Frankreich und Italien anfragen ließ, ob die Einladung zu einer Abrüstungskonferenz von ihnen angenommen werden würde. Am 12. August 1921 erfolgte dann die offizielle Einladung für den 11. November 1921 nach Washington.

Die Bewährungsprobe der Großkampfschiffe 1914—1918

Rein technisch gesehen zeigten sich die während des Krieges von 1914 bis 1918 eingesetzten Großkampfschiffe durch eine relativ große Widerstandsfähigkeit auch schwersten Trefferwirkungen gewachsen, sei es durch Artillerie, Torpedos oder Minen. Außer einer starken Außen- und Binnenpanzerung erwies sich vor allem die sorgfältig ausgebaute Innen-Unterteilung als ein verhältnismäßig sicherer Schutz der Schiffe. Unter Gefechtsbedingungen zeigte die Panzerung meist eine erheblich größere Widerstandsfähigkeit, als dies bei den vorausgegangenen Schießversuchen zutage trat. Eine der fundamentalsten Schwä-

---

[130] Der Panamakanal (1914 fertiggestellt) wurde erstmals am 26. Juli 1920 von amerikanischen Großkampfschiffen passiert (Jensen, a. a. O., S. 209).

chen des Großkampfschiffes war jedoch die meist ungenügende Horizontalpanzerung gegen die auf Grund ihrer größeren Schußweiten immer steiler einfallenden Geschosse.[131]

Von allen Konstruktionen, die in diesem Kriege Kämpfe zu bestehen hatten, erwiesen sich die deutschen als die widerstandsfähigsten. Dies veranlaßte Admiral Scheer, in seinen Erinnerungen folgende Worte mit Bezug auf die Skagerrakschlacht zu schreiben:

> ›... Äußerlich war den im heftigen Feuer gewesenen Linienschiffen kaum etwas anzumerken, da sie weder Schlagseite noch nennenswerte Tiefgangsvermehrung aufwiesen. Bei näherer Betrachtung zeigte es sich jedoch, daß erhebliche Zerstörungen eingetreten waren. Aber der Panzerschutz hatte seinen Zweck, alle lebenswichtigen Teile des Schiffes zu schützen, so vollkommen erfüllt, daß die Bewegungsfähigkeit nicht gelitten hatte. ... Die Panzerkreuzer wurden ebenfalls zunächst auf die Werft genommen, um den Umfang der notwendigen Reparaturen festzustellen. Hier waren die Zerstörungen auch äußerlich sehr viel bedeutender. Es war erstaunlich, daß die Schiffe in diesem Zustand verwendungs- und manövrierfähig geblieben waren. ... Der Gesamteindruck von allen Beschädigungen war der, daß unsere Schiffe durch ihre vorzügliche Konstruktion eine außerordentliche Widerstandsfähigkeit bewiesen hatten ...‹[132]

In dieser Schlacht verloren die Engländer drei ihrer Schlachtkreuzer. Möglicherweise wären ihre Verluste nicht eingetreten, wenn ihr Horizontalschutz — insbesondere im Bereich der Munitionskammern — besser ausgebildet gewesen wäre. Diese Schwäche wurde den britischen Schiffen zum Verhängnis. Als erster Schlachtkreuzer sank die **Indefatigable**, und zwar 27 Minuten nach Feuereröffnung unter dem Beschuß des deutschen Schlachtkreuzers **Von der Tann**. Dabei erhielt die **Indefatigable** zwei 28 cm-Treffer, von denen einer im Vorschiff und der zweite am vorderen schweren Turm einschlugen. 30 Sekunden nach dem Einschlag barst der Schlachtkreuzer unter einer gewaltigen Explosion auseinander; dabei wurden Ausrüstungsgegenstände, wie zum Beispiel eine schwere Dampfpinaß, schätzungsweise bis zu 200 m hochgeschleudert. Nachdem sich der Rauch verzogen hatte, war von dem Schiff nichts mehr zu sehen.[133] Zumindest muß eines der einschlagenden Geschosse alle Decks bis zur Munitionskammer durchschlagen und die Detonation der dort lagernden Munition entfacht haben. Dafür spricht u.a., was einwandfrei beobachtet werden konnte: daß die Geschosse — es handelte sich um Panzersprenggranaten — im Bereich der oberen Decks (also über dem Panzerdeck) nicht detonierten. Erst 30 Sekunden nach dem Einschlag brach das Schiff — vorn beginnend — unter der Explosion auseinander. Damit darf der Beweis als gesichert gelten, daß eines der beiden Geschosse nirgendwo anders als in der Munitionskammer detonierte.

Das gleiche Schicksal erlitt der viel größere und damit relativ widerstandsfähigere Schlachtkreuzer **Queen Mary**. 37 Minuten nach Gefechtsbeginn feuerten die deutschen Schlachtkreuzer **Derfflinger** und **Seydlitz** aus 135 hm Entfernung je eine Salve auf **Queen Mary**. Von den vier 30,5 cm-Granaten der **Derfflinger** trafen drei den britischen Schlachtkreuzer und durchschlugen dessen Panzerdeck. In der gleichen Sekunde schlugen aber auch zwei 28 cm-Granaten der **Seydlitz** ein, durchschlugen ebenfalls das Panzerdeck und detonierten unter diesem. Die Wirkung dieser fünf Treffer war ungeheuerlich. Vorn und achtern schlugen Stichflammen aus dem Schiff, und es wurde unmittelbar danach durch eine schwere innere Detonation auseinandergerissen und in ein einziges Flammenmeer gehüllt. Kurz darauf versanken die beiden Schiffsenden.[134]

Der britische Schlachtkreuzer **Lion**, ein Schwesterschiff der **Queen Mary**, hatte etwas mehr Glück. Er erhielt schon drei Minuten nach Gefechtsbeginn zwei schwere Treffer; eine Granate traf den dritten Turm in einem sehr flachen Auftreffwinkel, durchschlug die Beplattung und detonierte im Inneren des Turmes. Die halbe Turmdecke wurde durch die Detonation über Bord ›geblasen‹, und im Turmunterbau brach ein schwerer Brand aus.[135] Dieser gefährdete die unmittelbar darunter liegenden Munitionskammern erheblich; aber der Turmkommandeur hatte noch im Sterben die Munitionskammern schließen und fluten lassen. Daß hier keine Katastrophe eintrat, war nur seiner Reaktion zu verdanken.[136]

Als dritten Schlachtkreuzer verloren die Engländer die **Invincible**. Diese wurde aus einer Entfernung von 88 hm von den deutschen Schlachtkreuzern **Lützow** und **Derfflinger** beschossen; mit ihrer dritten Salve schon lagen ihre Granaten genau im Ziel. Eine 30,5 cm-Granate durchschlug einen der beiden mittleren Türme, so daß dessen Turmdecke weggeschleudert wurde. Die Stichflammen brachten die darunter befindliche Munition zur Explosion, wobei das Schiff in zwei Teile zerbrach und unterging.

Bei derartigen Munitionskammerexplosionen waren die Personalverluste erschreckend hoch. So wurden von über 1000 Mann der **Indefatigable** nur zwei Mann, von den mehr als 1200 Mann der **Queen Mary** nur acht Mann, und von den ebenfalls mehr als 1000 Mann der **Invincible** nur sechs Mann gerettet. Eine interessante Parallele bot fast genau 25 Jahre später die **Hood**, die ebenfalls durch die Explosion ihrer Munitionskammern in Verlust geriet, wobei von den mehr als 1300 Mann Besatzung nur drei gerettet werden konnten!

Panzerschutz und Trefferwirkung

Es erhebt sich die Frage, wie diese Verluste zu erklären sind. Dazu sei hier nur soviel gesagt: Die deutsche Marine hatte für

---

[131] Evers, a.a.O., S. 54 ff.; Bürkner, a.a.O., S. 15 ff.
[132] Scheer, Deutschlands Hochseeflotte im Weltkrieg, S. 190 ff.
[133] Bennett, Naval Battles, S. 184 ff.
[134] Ein Beispiel für die große Feuergeschwindigkeit der deutschen Schiffsartillerie: **Derfflinger** feuerte innerhalb von 90 Sekunden fünf Salven, von denen die letzte in das bereits auffliegende Schiff einschlug!
[135] Paschen, SMS. ›Lützow‹ in der Skagerrakschlacht (in: Marinerundschau 1926, S. 176, 178).
[136] Über die Einzelheiten dieses Treffers vgl. Fawcett & Hooper, The Fighting at Jutland, S. 87. Siehe hierzu auch Parkes, a.a.O., S. 637.

ihre schweren Panzersprenggranaten einen Verzögerungszünder entwickelt, der mit Sicherheit nur dann ansprach, wenn die Granate den Panzer *durchschlagen* hatte; d.h. also, daß die Granate erst dort detonierte, wo sich die lebenswichtigen Einrichtungen befanden. Diesen Vorteil besaßen die britischen Panzergranaten nicht. Sie detonierten meist schon beim Auftreffen auf den Panzer oder während des Durchschlagens. Dementsprechend konnten sie auch weniger Schaden anrichten. In keinem Fall durchschlugen britische Panzersprenggranaten kalibergleiche Panzerplatten deutscher Großkampfschiffe in detonationsfähigem Zustand.[137] Weiter kam es entscheidend auch auf die Pulverarten an. Während auf den britischen Schiffen das Pulver bei entsprechendem Treffer zumeist explodierte, brannte dieses auf den deutschen Schiffen zumeist ab. Für den betroffenen Turm war das zwar verheerend, jedoch nicht für das gesamte Schiff tödlich. Die Erklärung dazu ist einfach: Die deutsche Marine verwendete metallene Kartuschbüchsen und -hülsen, während die britische Marine noch an den seither üblichen Seidenbeuteln festhielt. Bei Treffern und dadurch hervorgerufenen Bränden ließen erstere die Temperaturen bis zum Entzündungspunkt nur relativ langsam anwachsen, so daß die Fluteinrichtungen (in erster Linie die Berieselungsanlagen[138]) wirksam werden und die Entzündungsgefahr verhindern konnten. Im Gegensatz dazu flammte auf den britischen Schiffen das Pulver sofort auf und detonierte. Zu solchen *Pulver*explosionen kam es auf den britischen Schiffen, und ihr Schicksal wurde noch durch die mangelhaften Schutzeinrichtungen gerade der Munitionsräume begünstigt.[139]

Eines der besten Beispiele für die Reaktion des deutschen Pulvers bei schweren Treffern bot der Schlachtkreuzer **Seydlitz** während der Doggerbankschlacht. Dieser erhielt aus einer Entfernung von 170 hm einen 34,3 cm-Treffer, der von achteraus kommend das Oberdeck vor Turm ›E‹ und die 230 mm dick gepanzerte Barbette des Turmes ›E‹ in Höhe der Umladekammer durchschlug und in dieser zur Detonation kam. Die dort gelagerten Vor- und Hauptkartuschen (ca. 6000 kg Pulver!) wurden zur Entzündung gebracht und brannten unter einer großen Stichflamme ab, gingen aber nicht hoch. Der Brand dehnte sich nach oben in den Turm und seitlich aus, so daß auch der Nachbarturm ausbrannte. Allerdings — und das muß gesagt werden — wurde ein Ausbreiten des Brandes in die darunter gelegenen Granatkammern nur dadurch verhindert, weil sich ein mutiger Pumpenmeister gefunden hatte, der sofort danach die Fluteinrichtungen in Tätigkeit setzte.[140]

Im großen und ganzen zeigte es sich, daß die deutschen Großkampfschiffe bei solch schweren Treffern wesentlich widerstandsfähiger und unempfindlicher waren als die britischen.

Durch derartige Munitionskammer-Katastrophen gingen jedoch nicht nur Schlachtkreuzer verloren, sondern auch Schlachtschiffe. In diesem Kriege waren dies die britische **Vanguard**, die italienische **Leonardo da Vinci**[141], die russische **Imperatrica Marija** und die japanische **Kawachi**.

Die **Imperatrica Marija** lag am Nachmittag des 21. Oktober 1916 auf der Reede vor Sevastopol vor Anker, als die Besatzung ein Zischen hörte und Rauch beobachtete, der etwa bei dem vorderen Turm aus den Luken und Ventilatoren des Vorschiffes sowie aus den Bulleyes drang; stellenweise wurde auch Feuer beobachtet. Etwa zwei Minuten nach dieser Beobachtung erfolgte eine heftige Explosion in Höhe der vorderen 30,5 cm-Kartuschkammer, wobei sich eine Rauch- und Feuersäule von etwa 300 m Höhe erhob. Durch diese Explosion wurde ein Teil der Decke des vorderen Turmes herausgerissen, sowie der vordere Schornstein und der Kommandostand mit dem Fockmast umgeworfen. In der Gegend hinter dem vorderen Turm war ein Loch entstanden, aus dem Feuer und schwarzer Rauch herausdrangen. Alle zwei bis drei Minuten erfolgten vereinzelte Detonationen. Eine zweite heftige Explosion erfolgte 42 Minuten nach der ersten, wodurch das Schiff schneller tiefer sackte und nach Steuerbord krängte, wodurch es schließlich seine Stabilität einbüßte und sank.

Die Untersuchungen hatten damals ergeben, daß der Brand in der vorderen 30,5 cm-Kartuschkammer ausgebrochen war, so daß das dort gelagerte Pulver explodierte. Dies wiederum zog die Explosion einer 13 cm-Granatkammer nach sich, die sich neben den 30,5 cm-Kartuschkammern befanden. Erst als der Brand in der Granatkammer Nahrung fand und die Granaten hochgingen, begann das Schiff zu sinken.

Die auslösende Ursache konnte niemals geklärt werden. Auf jeden Fall aber verneinte der Untersuchungsausschuß die Möglichkeit einer Selbstentzündung des Pulvers[142].

Den Engländern gab der ungenügende Horizontalschutz ihrer Großkampfschiffe sofort nach der Skagerrakschlacht Veranlassung, diese Mängel durch Improvisationen zu beheben. Admiral von Schoultz schrieb darüber[143]:

›... Während der Monate nach der Skagerrakschlacht wurde auf den britischen Schlachtschiffen mit Hochdruck gearbeitet, um ihre Standkraft zu verbessern. Auf allen Linienschiffen wurde der Panzer verstärkt — einige bekamen 300 bis 400 ts neue Panzerplatten, die die Decken der Türme und das Deck um diese verdoppeln sollten. Die Öffnungen zur Förderung der Pulverkartuschen aus den Munitionsräumen wurden mit einer Art sich drehender Trommeln versehen, die diese selbständig gegen Stichflammen schützen sollten. Die Munitions-

---

[137] Vgl. hierzu Punt, Die Überlegenheit der deutschen Schiffsartillerie im Weltkrieg (in: Marinerundschau 1925, S. 205 ff.) sowie Rogge, Englische und deutsche Panzerplatten (in: Marinerundschau 1922, S. 20 ff.).
[138] Bürkner, a.a.O., S. 13.
[139] Vgl. auch Waldeyer-Hartz, Neues aus britischem Munde zur Skagerrakschlacht (in: Marinerundschau 1934, S. 451 ff.).
[140] Busch, Deutsche Seekriegsgeschichte, S. 424, 503 ff.
[141] Behauptungen, wonach es österreichischen Agenten gelungen sei, dieses Schiff zur Explosion zu bringen, erscheinen sehr zweifelhaft; auf alle Fälle konnte die Ursache niemals eindeutig geklärt werden.
[142] Krylov, Die ›Unsinkbarkeit‹ von Schlachtschiffen und die Versenkung des britischen Linienschiffes ›Royal Oak‹ (in: Jahrbuch der deutschen Kriegsmarine 1941, S. 72 ff.).
[143] von Schoultz, Admiral I. R. Lord Jellicoe (in: Marinerundschau 1937, S. 255 ff.).

aufzüge der Geschütze, die während der Schlacht zu langsam gearbeitet hatten, wurden umgeändert. Auf allen Schiffen, selbst Leichten Kreuzern, die noch keine Feuerleitgeräte hatten, wurden ›D. F.‹-(Director firing)-Vorrichtungen eingebaut. Besonders wichtig waren die Änderungen, die am Turmunterbau und an den Munitionsräumen vorgenommen wurden. Der Mangel an Isolierung in diesen Räumen und zwischen ihnen, der als Hauptursache des Untergangs verschiedener Schiffe, besonders der Großen Kreuzer, erkannt wurde, sollte sofort beseitigt werden. Neue stählerne Schotte und Türen mit Ausschnitten nach der Kartuschen- und Geschoßgröße wurden eingebaut, alle Zwischentüren und Öffnungen mit selbsttätig schließenden Klappen versehen usw. ... Die Hauptverbesserungen wurden aber in weniger als drei Monaten durchgeführt, und als die am schwersten beschädigten Schlachtkreuzer ›Lion‹, ›Tiger‹ und ›Princess Royal‹, die in Rosyth und Portsmouth repariert wurden, mit ihren Arbeiten fertig waren, waren die meisten Linienschiffe der Großen Flotte bedeutend stärker als vor der Skagerrakschlacht. Das war jedenfalls mein Eindruck, den ich von HMS ›Hercules‹, HMS ›Benbow‹, auf die ich nach der Seeschlacht übergestiegen war, und anderen Linienschiffen meines ersten Geschwaders gewann, die ich öfters besuchte ...‹

Mine und Torpedo — Unterwassertreffer

Sehr unterschiedlich verhielten sich die Großkampfschiffe bei Unterwassertreffern. So geriet das britische Schlachtschiff **Audacious** Ende Oktober 1914 in eine Minensperre, erhielt durch einen Minentreffer ein Leck, konnte sich aber noch etwa 10 Stunden halten, bevor es schließlich sank. Diesem Schiff genügte eine einzige Mine. Während des Dardanellenunternehmens im Frühjahr 1915 erhielt der britische Schlachtkreuzer **Inflexible** einen Minentreffer; um das unmittelbar bevorstehende Sinken des Schiffes zu verhindern, mußte es eiligst in flaches Wasser geschleppt werden.[144] Anläßlich der Skagerrakschlacht wurde das britische Schlachtschiff **Marlborough** von einem Torpedo des deutschen Kreuzers **Wiesbaden** unter der Brücke getroffen. Das einströmende Wasser drang in die Kesselräume, weil das Torpedoschott durchlöchert worden war. Fünf Kessel fielen dadurch aus, und das Schiff bekam 7° Schlagseite, blieb aber schwimmfähig und konnte mit 17 kn Fahrt den Marsch fortsetzen.

Diese drei Beispiele zeigen recht deutlich das Verhalten verschiedener britischer Konstruktionen. Von den beiden Schlachtschiffen war die **Audacious** das ältere, und ihr Unterwasserschutz war noch nicht so weit ausgebaut wie bei der jüngeren **Marlborough**. Auf letzterer war jedoch das Torpedoschott auch noch nicht widerstandsfähig genug, um eine Gefährdung der lebenswichtigen Einrichtungen zu verhindern. Die **Inflexible** hingegen entbehrte überhaupt jedes wirksamen Unterwasserschutzes.

Ganz anders verhielten sich die deutschen Großkampfschiffe. Im Laufe des Krieges erhielt die **Goeben** einmal zwei, ein anderes Mal sogar drei Minentreffer. Trotz großer Lecks blieb das Schiff nicht nur schwimmfähig, sondern auch — wenngleich nur bedingt — gefechtsklar. Da kein Dock zur Verfügung stand, konnten die Reparaturen nur provisorisch vorgenommen werden, und die endgültige Reparatur erfolgte erst über zehn Jahre später. Der Schlachtkreuzer **Seydlitz** mußte in der Skagerrakschlacht 21 schwere und zwei mittlere Artillerietreffer und dazu einen Torpedotreffer im Vorschiff einstecken. Trotz der erheblichen Beschädigungen und trotz der über 7000 t Wasser im Schiff gelang der Rückmarsch mit eigener Kraft.[145] Ähnlich verhielt sich der schwer getroffene Schlachtkreuzer **Lützow**, der 31 schwere Artillerietreffer und einen Torpedotreffer erhalten hatte; schwere Brände wüteten im Innenschiff, und über 7500 t Wasser waren eingedrungen. Dennoch konnte das Schiff noch eine Zeitlang gehalten werden. Erst als es vorn immer tiefer fiel und die Lenzmittel nacheinander ihren Dienst versagten, mußte es manövrierunfähig verlassen und anschließend durch einen Torpedoschuß eines sichernden Torpedobootes versenkt werden.

Am 19. August 1916 erhielt der Schlachtkreuzer **Moltke** einen Torpedotreffer, der den Bugtorpedoraum aufriß. Auch dieses Schiff blieb schwimm- und gefechtsfähig. Bei einer anderen Unternehmung, am 24. Januar 1918, erlitt der gleiche Schlachtkreuzer eine schwere Havarie, verlor eine Schraube, büßte durch Leckschlagen des Hilfskondensators seine Manövrierfähigkeit ein und mußte schließlich von dem Linienschiff **Oldenburg** in Schlepp genommen werden. Am nächsten Morgen, gerade nachdem die Havarie behoben worden war, traf ein britischer U-Boottorpedo. Aber auch hier erreichte sie — zwar mit 2100 t Wasser im Schiff und unter Wasser laufender Backbordturbine — den Heimathafen mit eigener Kraft.

Als sehr anfällig erwiesen sich die Maschinenanlagen auf britischen Großkampfschiffen. Hierzu ein Beispiel für mehrere: Während der Skagerrakschlacht fielen auf dem Schlachtkreuzer **Lion** sämtliche Maschinen durch schwere Treffer aus. Es gelang nicht, auch nur eine einzige wieder in Gang zu bringen, so daß das Schiff von der **Indomitable** zum Firth of Forth abgeschleppt werden mußte. Selbst bei schwersten Treffern fielen auf deutschen Großkampfschiffen die Maschinen nur in den wenigsten Fällen aus. Ein besonders treffendes Beispiel einer solchen Unempfindlichkeit bot der Schlachtkreuzer **Seydlitz** während der Skagerrakschlacht bzw. auf dem Rückmarsch.

Die deutschen Konstruktionen besaßen eine erheblich größere Widerstandsfähigkeit als die meisten fremden. Das war vor allem auf den sehr viel besser durchkonstruierten Unterwasserschutz zurückzuführen; nicht die Widerstandsfähigkeit des besseren oder dickeren Panzermaterials ließ die deutschen Schiffe dort an der Oberfläche, wo britische Schiffe in den Fluten versanken, sondern eben dieser bessere Unterwasserschutz.

---

[144] Weniger, Der Flottenangriff gegen die Dardanellen (in: Marine-Rundschau 1925, S. 108 ff.).

[145] Das Schiff konnte dabei nur über den Achtersteven fahren; vorn maß der Freibord zuletzt nur noch 2,5 m.

Als sehr wenig widerstandsfähig erwiesen sich die Schlachtschiffe der K. und K. Marine. Von ihnen fiel die **Szent István** im Sommer 1918 einem Angriff italienischer Motortorpedoboote zum Opfer. Darüber schrieb der ehemalige Linienschiffsleutnant Frhr. von Handel-Mazzetti[146]:

› .. Gegen 3½ Uhr hatte der Verband Premuda erreicht; man war mit der Geschwindigkeit wieder auf 14 kn gegangen, als an Steuerbord auf der Höhe des vorderen Kesselraumes eine dumpfe Explosion gehört wurde, der wenige Sekunden später weiter achtern eine zweite folgte. Von einem Gegner war nichts wahrzunehmen, doch wurde bemerkt, daß das Torpedoboot ›76‹ südwärts wendete, einige Schüsse abgab, und Torpedoboot ›81‹ dieser Bewegung folgte. Torpedoboot ›76‹ hatte einen Augenblick vor den Torpedoschüssen zwei gestoppt liegende Motorboote gesichtet und sofort auf diese zugewendet. Im selben Augenblick erfolgten die Torpedotreffer. Die Verfolgung der sich mit größter Geschwindigkeit zurückziehenden Motortorpedoboote war ergebnislos... Auf ›Szent István‹ war zuerst im achteren Kesselraum Wasser eingebrochen, die Schlagseite nahm rasch bis auf 10 Grad zu. Durch Gegentrimmen konnte die Krängung bis auf 7 Grad verringert werden. Man versuchte mit langsamer Fahrt auf Ergulje zu steuern, als die Maschinen gestoppt werden mußten und auch aus dem vorderen Kesselraum Wassereinbruch gemeldet wurde. In der Folge stellte man auch in den anschließenden Räumen Wassereinbruch fest, und an vielen Nähten sickerte das Wasser durch. Abermals versuchte man durch Gegenfluten die stetig zunehmende Krängung zu vermindern; jedoch war an eine Rettung des Schiffes nicht mehr zu denken. Der Dampfdruck fiel, die Pumpen arbeiteten langsamer, und etwa ¾ Stunden vor dem Kentern versagte die elektrische Beleuchtung. Unterdessen waren in einigen Reduits die Deckel der Kabelpassage aufgeflogen, das Schließen war trotz größter Anstrengungen nicht mehr möglich, der Wassereinbruch in die Reduits wurde so stark, daß die Reduittüren geschlossen werden mußten. Der wiederholt erfolgende U-Bootalarm — wohl nur auf Irrtum beruhend — war die Ursache, daß das von ›Tegetthoff‹ durchzuführende Schleppmanöver nicht zur Durchführung kam, und als es gelungen war, die Schlepptrosse zu übergeben, war die Krängung des Schiffes bereits so stark, daß die Trosse gekappt werden mußten. Knapp nach 6 Uhr kenterte ›Szent István‹, und 7 Minuten später verschwand der Kiel unter Wasser...‹

Nicht wesentlich anders verhielt sich das Schwesterschiff **Viribus Unitis**, die im Hafen von Pola durch eine Unterwassersprengladung zum Sinken gebracht wurde. Allerdings wurde dies noch dadurch begünstigt, weil im Zuge der Vorbereitungen für das am nächsten Tage vorgesehene Eindocken sämtliche Türen und Mannlöcher offengeblieben waren und die Bewachung infolge der tags zuvor stattgefundenen Übergabe des Schiffes an den jugoslawischen Nationalrat nur noch mangelhaft durchgeführt wurde. Durch das entstandene Leck konnte Wasser in größeren Mengen einströmen und sich ohne Schwierigkeit im Schiff ausbreiten.

Artillerie- und Torpedobewaffnung

Bei einer Betrachtung der Artillerie und Torpedobewaffnung der damaligen Schlachtschiffe läßt sich folgende Bilanz ziehen: Die überhöhte Mittschiffsanordnung der schweren Artillerie durch die Aufstellung zweier getrennter und auf das Vor- und Achterschiff verteilter Gruppen von Geschütztürmen erwies sich als die zweckmäßigste unter allen. Dabei zeigte sich, daß sich die Türme am wenigsten durch Pulverqualm und Gasdruck behinderten.[147] Die Seiten- bzw. Flügeltürme, die ursprünglich nur den Zweck hatten, als Reserve für den etwaigen Ausfall anderer Türme zu dienen und die Führung des Feuerkampfes nach beiden Seiten hin zu übernehmen, blieben im wesentlichen bedeutungslos. Soweit sie als Reserve betrachtet wurden, konnte man sie ohnehin nur dann einsetzen, wenn die taktische Lage eine Kehrtwendung zuließ. Zudem mußte auch eine starke Streuung entstehen, wenn die ausgeschossenen Rohre der Feuerluvseite von den unbeschossenen der Feuerleeseite abgelöst wurden. Damit verringerten sich zwangsläufig auch die Trefferaussichten.

Die in den Kasematten untergebrachten Geschütze der Mittelartillerie kamen wegen der angestiegenen Gefechtsentfernungen nur noch gegen leichte Seestreitkräfte zum Tragen. Je höher diese Kasemattgeschütze aufgestellt werden konnten, um so größer waren auch ihre nutzbaren Schußweiten, aber diesen Vorteil besaßen die wenigsten Großkampfschiffe.

Die Placierung einer besonderen Flugabwehr-Artillerie erfolgte zunächst aus rein vorbeugenden Gründen; sie erlangte während des ganzen Krieges keine besondere Bedeutung.

Die Unterwasser-Torpedorohre boten den Nachteil, daß sich — bedingt durch ihre Anordnung — schwache Stellen im Schutzsystem nicht vermeiden ließen. Ein solches Beispiel bot der Schlachtkreuzer **Lützow** während der Skagerrakschlacht.[148] Dazu kam, daß sich während des ganzen Krieges keinem einzigen Großkampfschiff eine Chance für einen wirkungsvollen Torpedoschuß bot. Angesichts der schweren Gefährdung des Schiffes durch die eigene Torpedowaffe begann man auf sie allmählich zu verzichten. In einigen Fällen wich man auf Überwasser-Torpedorohre aus, doch hielten sich diese ebenfalls nicht lange.

Ein Kuriosum in dieser Hinsicht war ein Projekt der Torpedoinspektion der deutschen Marine, mit dem man die Schußfolge erheblich steigern wollte. Darüber schrieb der damalige deutsche Chefkonstrukteur:

›... Die Forderung, daß die Schußfolge gesteigert werden müsse, führte schließlich zu einem ungeheuerlichen Projekt der

---

[146] von Handel-Mazzetti, Der Untergang des Linienschiffes ›Szent Istvan‹ (in: Marinerundschau 1925, S. 459ff.).

[147] Evers, a.a.O., S. 55.

[148] Die ›Achillesferse‹ der **Lützow** war der vor dem vordersten Turm angeordnete Torpedobreitseitraum, hinter dem aus Platzgründen das Torpedoschott weggelassen worden war. Zwei schwere Geschosse schlugen an dieser Stelle unterhalb des Seitenpanzers ein, und ihre Sprengwirkung war so groß, daß das gesamte Vorschiff sofort vollief (Paschen, SMS ›Lützow‹ in der Skagerrakschlacht, in: Marinerundschau 1926, S. 179).

Torpedoinspektion, das in einem riesigen Trommelrevolver bestand, in den drei oder vier Torpedos geladen und nacheinander abgeschossen werden sollten. Dieses Phantasieprodukt, das an Platz und Gewicht ganz Unzulässiges forderte, abgesehen davon, ob damit überhaupt eine leistungsfähige Waffe geschaffen wurde, blieb Gott sei Dank auf dem Papier ...‹[149]

Feuerleitung

Bereits sehr frühzeitig erwies sich der Wert hochgelegener Artillerieleitstände, da sie in größerer Höhe wesentlich mehr an Sichtweite zuließen und zudem nicht mehr oder nur noch geringfügig von dem lästigen Rauch der Schornsteine behindert wurden.[150] Als sehr gut erwiesen sich die Artillerieleitgeräte (Director firing), die allerdings in der deutschen Marine nicht eingeführt worden waren. Über sie schrieb der damalige Erste Artillerieoffizier des deutschen Schlachtkreuzers **Lützow**:

›... Ich kann aber nicht unerwähnt lassen, daß uns m.E. zwei Einrichtungen sehr gefehlt haben, die wir hätten besitzen können, wenn die Erkenntnisse ihrer Wichtigkeit damals schon genügend verbreitet gewesen wäre. Beide besaß der Feind, nämlich das Zentralrichtgerät mit Folgezeigersystem, und eine Vorrichtung zur Konstruktion der Gegnerfahrt, den Plottingtisch. Unser Richtungsweiser, ohne den die Schlacht überhaupt nicht hätte durchgeführt werden können, war eine halbe Maßregel. Der Besitz eines Zentralrichtgerätes mit Folgezeiger hätte in der kritischen Zeit zwischen 8 und 9,30 Uhr abends die Lage der deutschen Flotte erheblich verbessert...‹[151]

Wie schnell aber die Technik gerade im Feuerleitwesen damals schon vordrang, ergibt sich aus dem Bericht von Paschen:

›... Die Schwierigkeiten des Treffens auf See unter den heutigen Bedingungen sind zu groß, als daß man nicht Ursache hätte, sich alle Vorteile in einer zweckmäßigen Arbeitseinteilung und mechanischer Arbeitsweise zunutze zu machen. Daß es nicht nur die englische Marine war, die in diesem Punkte anders dachte als wir, möge daraus erhellen, daß die amerikanischen Seeoffiziere nur ein Lächeln über die Rückständigkeit der englischen Feuerleitanlagen hatten, als sie diese 1917 in Scapa Flow besichtigen konnten. Die Anerkennung, die der Gegner wohl oder übel dem überlegenen Schießen der deutschen Schiffe hat zollen müssen, gebührt daher nicht, wie er es darzustellen beliebte, einer überlegenen Feuerleitungseinrichtung, sondern den besseren Leistungen und Eigenschaften des Personals ...‹[152]

Die Kommandotürme, zumeist die am dicksten gepanzerten Anlagen der Schlachtschiffe, zeigten sich fast immer auch den schwersten Treffern gewachsen; in der Mehrzahl hielten sie diesen und den damit verbundenen schweren Erschütterungen stand und blieben zumindest intakt.[153]

Im Gegensatz zu den Großkampfschiffen zeigten die Vor-Dreadnought-Typen eine erheblich geringere Standkraft besonders gegen Unterwassertreffer. Gegen derartige Treffer waren sie höchst verletzbar. Ihre hohe ›Sterblichkeits-Quote‹ ergibt sich aus der folgenden Aufstellung.

Die Verluste an Vor-Dreadnought-Linienschiffen 1914—1918

Name (Nationalität)	Stapellaufjahr	Verlust Datum	Ursache
Benedetto Brin (ital.)	1901	28. 9. 15	innere Explosion
Bouvet (französ.)	1896	18. 3. 15	Minentreffer
Britannia (brit.)	1904	9. 11. 18	Torpedotreffer
Bulwark (brit.)	1899	26. 11. 14	innere Explosion
Cornwallis (brit.)	1901	9. 1. 17	Torpedotreffer
Danton (französ.)	1909	19. 3. 17	Torpedotreffer
Formidable (brit.)	1898	1. 1. 15	Torpedotreffer
Gaulois (französ.)	1896	27. 12. 16	Torpedotreffer
Goliath (brit.)	1898	13. 5. 15	Torpedotreffer
Haireddin Barbarossa (türk.)	1891	8. 8. 15	Torpedotreffer
Irresistible (brit.)	1898	18. 3. 15	Artillerie-/Minentreffer
King Edward VII. (brit.)	1903	6. 1. 16	Minentreffer
Majestic (brit.)	1895	27. 4. 15	Torpedotreffer
Messoudieh (türk.)	1874	13. 12. 14	Torpedotreffer
Ocean (brit.)	1898	18. 3. 15	Artillerie-/Minentreffer
Peresvet (russ.)	1898	5. 1. 17	Minentreffer
Pommern (deutsch)	1905	1. 6. 16	Torpedotreffer
Regina Margherita (ital.)	1901	11. 12. 16	Minentreffer
Russell (brit.)	1901	27. 4. 16	Minentreffer
Slava (russ.)	1903	17. 10. 17	Artillerietreffer
Suffren (französ.)	1899	26. 11. 16	Torpedotreffer
Triumph (brit.)	1903	25. 5. 15	Torpedotreffer
Wien (österr.)	1895	10. 12. 17	Torpedotreffer

Seemacht und Strategie

Während des Ersten Weltkrieges wurden die Großkampfschiffe als *Kampf*instrumente in nur geringem Maße militärisch ausgenutzt. Unter allen beteiligten Seemächten kam es nur zwischen zweien von ihnen zu gefechtsmäßigen Begegnungen von Großkampfschiffen. Der größte dieser Zusammenstöße endete mit dem deutschen Sieg; aber dieser war rein taktischer Natur und vermochte an der seestrategischen Lage nichts zu ändern und konnte somit auf den weiteren Verlauf des Krieges keinen Einfluß haben.

Während der deutsche Flottenbau aus neuerer historischer Sicht strategisch und politisch falsch durchdacht worden war[154], nahm Großbritannien eine ganz andere Haltung an, als Deutschland es jemals vermutet hatte. Großbritanniens Blicke waren auf den Atlantik als seine Lebensader gerichtet; die Nordsee interessierte erst an zweiter Stelle. Mit der weiten Blockade der deutschen Küste schnürte es Deutschland nicht nur von seiner Überseezufuhr ab, sondern verhinderte gleichzeitig auch eine Gefährdung seiner eigenen Versorgung durch deutsche Überwasserstreitkräfte. Großbritannien war sich dessen sicher, daß

---

[149] Bürkner, a.a.O., S. 18 ff.
[150] Evers, a.a.O., S. 55.
[151] Paschen, a.a.O., S. 183.
[152] Paschen, a.a.O., S. 153.
[153] Evers, a.a.O., S. 55.

[154] Boie, a.a.O., S. 172 ff.

die Zeit gegen Deutschland arbeitete. Dieser Einstellung entsprach auch die seestrategische Konzeption der Schlachtflotte, die in Scapa Flow konzentriert war, von wo sie, wie Churchill es darlegte, die Kontrolle der Meere wirkungsvoll durchführen konnte.[155] Dazu bedurfte es keiner Seeschlacht. Aber nach und nach wurde durch deutsche Maßnahmen — wie die Beschießung englischer Küstenstädte durch deutsche Schlachtkreuzer sowie durch die deutschen Angriffe auf den britischen Handelsverkehr mit den skandinavischen Ländern — die britische Aufmerksamkeit stärker auf die Vorgänge in der Nordsee gelenkt. Die dadurch ausgelösten eigenen Gegenmaßnahmen betrachteten die Engländer stets als eine reine Nebenaufgabe, die niemals das Risiko einer Seeschlacht wert waren. Nur unter günstigen Umständen durfte versucht werden, Erfolge gegen deutsche Seestreitkräfte zu erzielen, und ein solcher Versuch führte zur Skagerrakschlacht. Trotz ihrer schweren Verluste hatte die britische Flotte um die Abendstunden die Möglichkeit, ein ›zweites Trafalgar‹ zu erzielen; darüber schrieb ein deutscher Historiker[156]:

> ›... Vielleicht winkte Jellicoe ein ›zweites Trafalgar‹, wenn er um 20,20 Uhr divisionsweise nach Steuerbord (anstatt Backbord!) gedreht und den anlaufenden deutschen Torpedos den Bug (anstatt das Heck!) zum Ausmanövrieren gezeigt hätte ... Das Wesentliche ist aber, daß Jellicoe ein ›zweites Trafalgar‹ gar nicht erstrebt hat! Es kann ihm nicht verborgen geblieben sein, daß er um 20,20 Uhr zu einem entscheidenden Schlag ausholen konnte. Er brauchte es nur zu wollen! Und in Beatty, der mit sechs intakten Schlachtkreuzern an der Spitze der langen englischen Linie stand, mag es gekocht haben, als er vergeblich auf einen entsprechenden Befehl von Jellicoe wartete. Er signalisierte daher um 20,47 Uhr: ›Submit van of battleships follows battlecruisers. We can then cut off whole of enemys battlefleet!‹ Als Jellicoe aber stillschweigend über diese Anregung hinwegging, ließ Beatty seinen Gedanken fallen ...‹

Jellicoe müßte ein schlechter Admiral und Flottenchef gewesen sein, hätte er nur aus leichtfertigen Gründen auf den Ruhm eines neuen britischen Seesieges verzichtet. Aber solch ein auftauchender Wunsch mußte hinter den ganz klar umrissenen Weisungen der Admiralität zurücktreten; dort war man in richtiger Einschätzung der seestrategischen Lage überzeugt, daß Deutschland auch ohne einen britischen Seesieg geschlagen wird.[157] Und die deutsche Flotte konnte dem britischen Seehandel ohnehin nicht gefährlich werden, weil ihre seestrategische Ausgangsbasis schon ihrer geographischen Lage nach isoliert war. Gerade hierin ist die Tragik dieses verlorenen deutschen Krieges begründet: Daß man den Begriff ›Seemacht‹ mit dem bloßen Vorhandensein einer materiell starken Kriegsflotte identifizierte und altgewohnte Machtvorstellungen einfach vom Landheer auf die Marine übertrug.[158] Die ungünstige geographische Lage Deutschlands wurde ausschließlich aus kontinentaler Sicht betrachtet, und nur so konnte darüber hinweggegangen werden, daß eine seestrategische Ausgangsbasis zur Führung des Krieges gegen Großbritannien — der nur durch dessen Abschnürung von seiner überseeischen Zufuhr im Atlantik gewonnen werden konnte — überhaupt nicht gegeben war. Was die Natur Deutschland versagt hatte, hätte durch eine vernünftige und kluge Außenpolitik ausgeglichen werden müssen. Das aber hätte zur Voraussetzung gehabt, daß das deutsche Volk und seine Führer die Bedeutung der See richtig einschätzen. Weil dies nicht der Fall war, verrannte sich die deutsche Außenpolitik in Ziele, die eine Tragödie heraufbeschwören mußten.

Die deutsche Schlachtflotte war in jahrelanger Friedensausbildung auf die Entscheidungsschlacht zur See vorbereitet worden. Dazu hatte man deutscherseits auch allen Grund, bestand doch die *bisherige* britische Operationsplanung in einer *engen* Blockade der Deutschen Bucht. Und unter solchen Umständen mußte es einfach zur Schlacht kommen. Einer solchen konnte die deutsche Flotte ohne ernsthafte Sorge entgegensehen, besaß sie doch in Hinsicht auf ihren Kampfwert viele Vorteile auf ihrer Seite; letztere waren das Ergebnis einer Baupolitik, die unlösbar mit den zu erkennenden gegnerischen Absichten verbunden war.

Aber um das Jahr 1912 wurde die deutsche Konzeption praktisch aus den Angeln gehoben. Das geschah, als die Engländer zu dem Plan einer nunmehr *weiten* Blockade — praktisch eine Blockade der gesamten Nordsee — übergingen; damit wurden Entscheidungsschlachten in der Nordsee nicht mehr wahrscheinlich. Heute mag es als unfaßbar gelten, daß die deutschen operativen Planungen noch nicht einmal bei Kriegsbeginn 1914 dieser neuen Situation Rechnung trugen.[159] Aber der deutsche Admiralstab war noch immer in einem Gedanken verstrickt, der weit mehr Wunschvorstellungen enthielt als Wahrscheinlichkeit: Daß die britische Flotte trotz der von ihr durchzuführenden weiten Blockade alsbald in der Deutschen Bucht erscheinen würde, um die deutsche Flotte zu schlagen.[160] So verriet der deutsche Operationsbefehl rein defensiven Geist: Kleinkrieg mit U-Booten zur Schwächung des Gegners, und erst in zweiter Linie Einsatz der Hochseeflotte.

Und dennoch hätte es für die deutsche Schlachtflotte ein strategisches Ziel gegeben, um das zu kämpfen es sich gelohnt hätte: Die Aufhebung der britischen Blockade im Norden, unter Umständen sogar die Fernhaltung Englands vom Festlande.[161] Beide Ziele wären jedoch nur durch einen entscheidenden Sieg mit nachhaltiger Wirkung — praktisch der Vernichtung der britischen Flotte — zu erringen gewesen. Aber dazu war die deutsche Flotte zahlenmäßig noch nicht stark genug. Selbst wenn sie gleichstark oder gar überlegen gewesen wäre, hätte

---

[155] Churchill, Weltkrisis 1911—1914, S. 179.
[156] Boie, a.a.O., S. 181.
[157] Schüddekopf, a.a.O., S. 203, 206.
[158] Boie, a.a.O., S. 158.

[159] Boie, a.a.O., S. 170; Schüddekopf, a.a.O., S. 143ff.
[160] Boie, a.a.O., S. 173. — Es ist durchaus möglich, daß jene Auffassungen durch den britischen Schlachtkreuzer-Vorstoß in die Deutsche Bucht und das sich daran anschließende Gefecht am 28. August 1914 noch bestärkt worden sind.
[161] Assmann, a.a.O., S. 43.

sie kaum lösbaren Problemen gegenübergestanden: Eine Seeschlacht zur Aufhebung der britischen Blockade mußte sich wohl zwangsläufig in Gewässern abspielen, die weit von den heimischen Küsten und Stützpunkten entfernt waren, also etwa im Gebiet der Shetland-Inseln. Abgesehen von dem an sich schon recht geringen Fahrbereich hätte auch die Belastung der noch kampffähigen Flottenteile durch hilflose Havaristen kritische Situationen heraufbeschworen, die den Flottenchef in seinen Entschlüssen beeinträchtigen mußten. Andererseits konnten etwaige britische Havaristen mit schneller Hilfe rechnen, so daß das Gros der Flotte für Kampfaufgaben frei blieb. Auch hätte auf See kein Brennstoff ergänzt werden können, während andererseits keine nahegelegenen Stützpunkte zur Verfügung standen, wo dies hätte erfolgen können. Angesichts der langen Anmarschwege waren dies äußerst schwere Probleme.

Mit dem geringen Fahrbereich war es für die deutsche Flotte unmöglich, im Nordatlantik einen wirkungsvollen Zufuhrkrieg zu führen. Von der Möglichkeit einer strategischen Fernwirkung machte der deutsche Admiralstab keinen Gebrauch — diese Art von Kriegführung war ihm nicht geläufig. Angesichts der Erfahrungen des Zweiten Weltkrieges läßt sich heute gut vorstellen, welchen Folgen wohl das kurzfristige Auftreten von zwei oder drei deutschen Schlachtkreuzern im Nordatlantik während der Sommermonate 1918 gehabt hätte, als die amerikanischen Truppentransporte mit monatlich 200 000 Mann ihren Höhepunkt erreichten. Für die neueren deutschen Schlachtkreuzer wäre dies damals nichts mehr Unmögliches gewesen — und eine einzige Sichtmeldung hätte vielleicht genügt, um die Truppentransporte u. U. wochenlang in den Abgangshäfen zurückzuhalten. Dies wiederum hätte mit Sicherheit das kontinentale Kampfgeschehen erheblich beeinflussen können.[162] Jene verpaßten Chancen sind um so schwerer zu verstehen, als Großadmiral Tirpitz nur wenige Monate vor Kriegsbeginn unter dem Eindruck der geänderten britischen seestrategischen Konzeption eine Reform des deutschen Schlachtflotteneinsatzes vorschwebte. So plante er die Aufstellung zweier Schlachtkreuzer-Geschwader, mit denen er offenbar die Offensive in Richtung auf den Atlantik und damit auf den britischen Überseehandel zu eröffnen gedachte.[163]

Grundsätzlich standen sich in der Verwendung von Großkampfschiffen während dieses Krieges zweierlei Konzeptionen gegenüber, die — auf einen ganz einfachen Nenner gebracht — etwa so darzustellen sind:

● Die ›strategische Defensive‹ — auf britischer Seite — und
● die ›taktische Offensive‹ — auf deutscher Seite.

Ihren Offensivgeist konnte die deutsche Schlachtflotte angesichts der gegenüber ihren Erwartungen wesentlich veränderten Lage nicht mehr realisieren. Aber selbst wenn sie es gekonnt hätte, wären ihr lediglich Erfolge taktischer Natur zugefallen. Mit ihrer defensiven Haltung griff die britische Flotte als ›fleet in being‹ kampflos in den Gesamtverlauf des Krieges ein; sie war damit zu einem strategischen Faktor von großem Wert geworden. Je größer ihre zahlenmäßige Stärke wurde, um so wirksamer mußte die von ihr ausstrahlende Fernwirkung werden. In durchaus richtiger Beurteilung ihrer Rolle täuschten die Engländer sogar eine größere Stärke vor, als sie in Wirklichkeit hatten. Dies ergab sich aus der Aufstellung der ›Mahalla‹. Die Idee dazu ging von Churchill aus, und mit der Ausführung war Admiral Sir Percy Scott beauftragt worden. An sich war der Gedanke einfach und verband strategische Überlegungen mit taktischen Möglichkeiten: Man baute geeignete Handelsschiffe in Schlachtschiff-Attrappen um, wodurch dem Gegner eine Streitmacht vorgetäuscht werden sollte, während sich die ›echte‹ an ganz anderer Stelle befand. Auch sollte dadurch die Gefährdung durch U-Boote verringert werden. Dennoch erlangten diese Attrappen niemals Bedeutung, denn die deutsche Marine erfuhr rechtzeitig von ihnen und konnte sich auf sie einstellen.

Der Einfluß der Flottenverträge auf den Großkampfschiffbau

Am 12. November 1921 traten in Washington erstmals die Teilnehmer an der Seerüstungskonferenz zusammen. Bei der Eröffnung erklärte der amerikanische Delegationsführer Staatssekretär Hughes u. a.:

›... Bei Erwägung der Grundlage eines Abkommens darüber und der angemessenen zu fordernden Opfer ist es nötig, auf die bestehenden Flottenstärken der großen Seemächte Rücksicht zu nehmen und zwar einschließlich des schon erreichten Stadiums der in Bau befindlichen Schiffe. Das ergibt sich aus der Tatsache, daß die eine Nation so viel Recht hat zum Wettbewerb wie die andere und daß jede Gründe für ihr Vorgehen finden wird. Mit dem, was die eine tut, wetteifern zu können, kann die andere verlangen, und so bleiben wir in der Gewohnheit des Wettrüstens ...‹[164].

Darüber hinaus legte Hughes sofort einen konkreten Abrüstungsplan vor, der folgendes vorsah:

1. Aufhebung aller gegenwärtig laufenden Großkampfschiff-Bauprogramme.
2. Weitere Reduzierung der einzelnen Flotten durch Ausrangierung älterer Schiffe.

In erster Linie waren damit die drei größten Seemächte angesprochen — Großbritannien, die USA und Japan. Ihre Flotten verfügten am 1. Januar 1921 über folgende Bestände:

	Großbritannien	USA	Japan
Schlachtschiffe, fertig	22	20	6
Schlachtschiffe, im Bau	—	10	3
Schlachtschiffe, geplant	8	—	8
Schlachtkreuzer, fertig	8	—	4
Schlachtkreuzer, im Bau	4	6	2
Schlachtkreuzer, geplant	—	—	2
ältere Linienschiffe	12	11	9

---

[162] Howe, a. a. O., S. 137.
[163] Boie, a. a. O., S. 170 ff.

[164] Taschenbuch der Kriegsflotten 1922, S. 355.

Von diesem Abrüstungsplan wurden die einzelnen Seemächte wie folgt betroffen:

Großbritannien
1. Aufgabe der 4 neuen Schlachtkreuzer und der 8 Schlachtschiffe als Anschlußplanungen.
2. Abbruch von 11 Schlachtschiffen und 4 Schlachtkreuzern.
3. Abbruch von 12 älteren Linienschiffen.

USA
1. Abbruch der im Bau befindlichen 9 Schlachtschiffe[165] und 6 Schlachtkreuzer.
2. Abbruch von 2 Schlachtschiffen (**South Carolina** und **Michigan**) und einiger älterer Linienschiffe.

Japan
1. Aufgabe des laufenden Bauplanes (8 Schlachtschiffe und 2 Schlachtkreuzer).
2. Abbruch der im Bau befindlichen Schlachtschiffe **Mutsu**, **Kaga** und **Tosa**.
3. Abbruch der vier im Bau befindlichen Schlachtkreuzer der **Akagi**-Klasse.
4. Abbruch von 9 älteren Linienschiffen.

Insgesamt ergab dies eine Gesamttonnage von mehr als zwei Millionen tons.

Von allen Seemächten war Japan am stärksten betroffen. Deswegen bemühten sich seine Delegierten, eine größere Zahl von Großkampfschiffen zugestanden zu bekommen. Es glückte ihnen dabei nur, die noch im Bau befindliche **Mutsu** ›hinüberzuretten‹. Überhaupt hatte in der japanischen Öffentlichkeit die ursprünglich geforderte Streichung dieses Schiffes heftigen Unwillen hervorgerufen. Dabei wurde eingewandt, daß dieses Schiff im Juni 1921 im Bau weiter fortgeschritten war als das etwa gleichwertige amerikanische Schlachtschiff **Maryland**. Plötzlich sei dessen Fertigstellung mit Hochdruck vorangetrieben und mit den Probefahrten begonnen worden, obwohl wesentliche Teile der Ausrüstung — wie Feuerleitgeräte, leichtere Geschütze und dgl. — noch gar nicht eingebaut waren. Nach japanischen Grundsätzen habe ein Kriegsschiff in jederlei Beziehung fertig zu sein, bevor es die Probefahrten antrete und in See gehe. Unter Beachtung dieser Grundsätze sei **Mutsu** daher erst ganz kurz vor Beginn der Konferenz fertiggestellt worden. Hätte Japan die amerikanischen Absichten gekannt, so argumentierte die japanische Presse weiter, so wäre es ein Leichtes gewesen, dieses Schiff nach amerikanischen Praktiken noch früher fertigzustellen. Offenbar sei es den USA nur darauf angekommen, die Einreihung eines zweiten japanischen Großkampfschiffes mit 40,6 cm-Geschützen zu verhindern, weil sie selbst nur eines davon — die **Maryland** — hätten.

Das den Japanern gegebene Zugeständnis, die **Mutsu** zu behalten, nutzten darauf die amerikanischen Delegierten in geschickter Weise dazu aus, die Forderung nach drei Schlachtschiffen mit 40,6 cm-Geschützen durchzusetzen, wogegen zwei ältere Schiffe (**North Dakota** und **Delaware**) gestrichen wurden. Dem schloß sich auch Großbritannien an und forderte für sich zwei Neubauten mit 40,6 cm-Geschützen; als Ausgleich bot es den Abbruch von vier älteren Schlachtschiffen an.

Nachdem am 15. November 1921 alle Delegierten ihre grundsätzliche Bereitschaft zur Annahme der amerikanischen Vorschläge zum Ausdruck gebracht hatten, gewann der Vertragsentwurf sichtbare Konturen. Soweit er die Großkampfschiffe betraf — zwischen Schlachtschiffen und Schlachtkreuzern wurde kein Unterschied gemacht, sondern einheitlich von ›Capital Ships‹ gesprochen — enthielt er die folgenden Punkte:

A. Quantitative Beschränkungen

1. Festsetzung des zukünftigen Stärkeverhältnisses der Seemächte untereinander anhand von Verhältniszahlen, die sich wie folgt verteilten: Großbritannien : USA : Japan : Frankreich : Italien wie 5 : 5 : 3 : 1,75 : 1,75. Daraus folgend:
2. Festsetzung der Gesamttonnage an ›Capital Ships‹, die jedoch erst im Jahre 1934 erreicht zu werden brauchten:

	Sollbestand 1934 ts	Zum Vergleich: Fertige und im Bau befindliche Großkampfschiffe	
		1914 ts	1920 ts
Großbritannien	525 000	1 091 500	1 296 450
USA	525 000	357 000	1 178 300
Japan	315 000	217 800	569 600
Frankreich	175 000	265 000	290 000
Italien	175 000	258 000	235 700

3. Ausnahmeklausel: Es wurden zugestanden der Bau von 2 ›Capital Ships‹ an Großbritannien sofort (wofür nach Fertigstellung 4 ältere Schiffe auszurangieren waren) sowie je eines in den Jahren 1927 und 1929 für Frankreich und Italien.
4. Baupause für alle übrigen Seemächte auf die Dauer von 10 Jahren, also bis Ende 1931.
5. Zahlenmäßige Begrenzungen an ›Capital Ships‹:
Großbritannien 22 (später 20)
USA 18
Japan 10
Frankreich 7 (dazu 3 ältere Linienschiffe)
Italien 6 (dazu 4 ältere Linienschiffe).
Alle überzähligen Schiffe waren abzurüsten oder abzubrechen.
6. Aufgabe aller laufenden und geplanten Programme, Verzicht auf den Bau oder Erwerb von ›Capital Ships‹, ausgenommen

---

[165] Das zehnte Schiff (**Maryland**) war inzwischen in Dienst gestellt worden.

[166] Mit diesem Flottenabkommen wurde das nach dem Verhandlungsort bezeichnete ›Washington-Deplacement‹ eingeführt, später auch als ›Typverdrängung‹ bezeichnet. Maßeinheit war die englische ›tons‹ = 1016 kg. Die Größe von 35 000 ts ergab sich aus amerikanischen Überlegungen, da diese zu den Abmessungen der Panamakanalschleusen im günstigsten Verhältnis stand. Diese Neuregelung brachte den Vorteil einer gewissen Vereinheitlichung, da insbesondere die Konstruktionsverdrängung bei den einzelnen Marinen sehr unterschiedlich berechnet wurde.

die zugestandenen Neubauten, nach deren Fertigstellung jedoch die zu ersetzenden Schiffe auszurangieren sind.
7. Verzicht auf alle bereits begonnenen Großkampfschiffe; Japan und den USA wurden je 2 der begonnenen Schlachtkreuzer zur Fertigstellung als Flugzeugträger zugestanden.

B. Qualitative Beschränkungen
1. Festsetzung einer zulässigen größten Verdrängung von 35 000 ts nach Standardberechung.[166]
2. Festsetzung eines zulässigen Hauptkalibers für alle ›Capital Ships‹ mit 16 Zoll = 40,6 cm.
3. Festsetzung einer Altersgrenze von 20 Jahren, berechnet vom Tage der Fertigstellung ab. Erst mit dem Erreichen dieser Altersgrenze durften Ersatzbauten begonnen werden.
4. Bei Modernisierungen älterer Schiffe durfte der Deplacementszuwachs nicht mehr als 3000 ts betragen.

Am 6. Februar 1922, nach mehr als dreimonatiger Verhandlungsdauer, unterzeichneten die Delegierten den Vertrag. Erstmals war es damit gelungen, auf hoher Ebene eine allgemeine Abrüstung zu vereinbaren. So stellte das Washington-Abkommen und die ihm vorausgegangene Konferenz einen geschichtlich bemerkenswerten Versuch einer Rüstungsbeschränkung dar. Er blieb jedoch einer der wenigen Erfolge internationaler Abrüstungsverhandlungen. Für die USA bedeutete die Annahme des Vertrages die Anerkennung seiner seit 1916 angestrebten Gleichstellung mit Großbritannien, für dieses aber die Aufgabe seiner jahrhundertealten Stellung als stärkste Seemacht der Welt.

Zunächst sah es so aus, als käme die Ausführung der vertraglichen Verpflichtungen doch nicht zustande, denn Frankreich und Italien ließen sich zur Ratifizierung Zeit. Aus diesem Grunde erklärte der amerikanische Marinestaatssekretär Denby im September 1922, daß vorerst kein einziges amerikanisches Großkampfschiff mehr abgewrackt würde, solange die allgemeine Ratifizierung noch ausstünde. Erst nach wiederholtem Drängen durch die USA ließen sich Frankreich und Italien dazu bewegen, die Ratifizierung vorzunehmen. Damit wurde das Vertragswerk rechtsgültig und besaß bis zum 31. Dezember 1936 Wirkung.

Von da ab kam die Abrüstung zur See in Gang. Wie sie zu erfolgen hatte, war im Vertragswerk sehr genau umrissen worden, denn es enthielt auch Bestimmungen darüber, wie mit den auszurangierenden Schiffen verfahren werden mußte; es kamen in Betracht:
1. Die Versenkung, ohne die Möglichkeit zu haben, das Schiff wieder zu bergen.
2. Die Abrüstung. Dabei mußten die Maschinen, die Kessel, die Panzerung, die Bewaffnung usw. entweder unbrauchbar bzw. zerstört oder ausgebaut werden.
3. Der Umbau zur ausschließlichen Verwendung als Zielschiff. Keine der vertraggebundenen Mächte durfte jedoch mehr als ein Großkampfschiff zu solchen Zwecken herrichten.

Die meisten Staaten entschlossen sich dazu, ihre überzähligen Schiffe zu verschrotten, um wenigstens einen kleinen Gegenwert der in sie investierten Kosten herauszuholen. Nur wenige Schiffe wurden bei Schieß- oder Sprengversuchen versenkt.

Zugleich begann eine andere Baubewegung. Die USA und Japan hatten die Erlaubnis erhalten, je zwei der begonnenen Schlachtkreuzer zu Flugzeugträgern umzubauen und alsdann in Dienst zu stellen. Beide Staaten wählten die im Bau am weitesten vorangeschrittenen Schiffe, nämlich **Saratoga** und **Lexington** (USA) sowie **Akagi** und **Amagi** (Japan).[167] In Japan wurden diese Arbeiten durch eine gewaltige Naturkatastrophe unterbrochen. Am 1. September 1923 überraschte ein außerordentlich starkes Erdbeben Tokio und Yokohama. Dabei wurde der im Umbau befindliche Schlachtkreuzer **Amagi** so stark beschädigt, daß er als zerstört angesehen und abgewrackt werden mußte. An seine Stelle trat das zum Abbruch vorgesehene Schlachtschiff **Kaga**.

Die unablässigen Bemühungen, die allgemeine Rüstung zur See auch weiterhin in einem bestimmten Rahmen zu halten, kam in einer Reihe weiterer Abrüstungskonferenzen zum Ausdruck. 1924 fand in Rom eine solche Konferenz statt, zu der alle Seemächte, die über Großkampfschiffe verfügten, eingeladen worden waren. Eine Einigung kam nicht zustande; die Konferenz scheiterte vor allem an den Forderungen Spaniens und der Sowjetunion.[168]

Die Coolidge-Konferenz von Genf im Jahre 1927 wandte sich vor allem einer Einschränkung der leichten Seestreitkräfte zu und berührte den Schlachtschiffbau nicht.[169] Ebenso verhielt es sich mit dem englisch-französischen Flottenkompromiß von 1928[170] und den englisch-amerikanischen Verhandlungen 1929 anläßlich der Amerikareise des britischen Premierministers MacDonald.

Das Flottenabkommen von London[171] im Jahre 1930 — ratifiziert von Großbritannien, den USA und Japan, abgelehnt von Frankreich und Italien — berührte vornehmlich den Kreuzerbau. Für die Großkampfschiffe wurden die bisherigen qualitativen Bestimmungen beibehalten, die Baupause aber bis zum 31. Dezember 1936 verlängert. Gleichzeitig wurden die Bestände an Großkampfschiffen neu festgelegt:

	Tatsächlicher Bestand Anzahl/ts	Neu festgelegt ab 1. 1. 1931 Anzahl/ts	Demzufolge auszurangieren Anzahl/ts
Großbritannien	20/556 350	15/427 850	5/128 500
USA	18/525 850	15/456 100	3/ 69 750
Japan	10/301 320	9/273 820	1/ 27 500

---

[167] Frankreich ging kurze Zeit später den gleichen Weg und beschloß den Umbau des auszurangierenden Schlachtschiffes **Béarn** zum Flugzeugträger.
[168] Die Sowjetunion beanspruchte für sich allein 490 000 t Großkampfschifftonnage; offenbar wollte sie diese gegen politische Forderungen aushandeln.
[169] Die Flottenabrüstungskonferenz in Genf (in: Marinerundschau 1927, S. 400 ff.); ferner: Nauticus 1936, S. 8.
[170] Nauticus 1936, S. 10.
[171] Nauticus 1936, S. 11, 23.

Diese Neufestsetzung war jedoch nichts anderes als die tatsächliche Angleichung an die Bestimmungen des Washington-Abkommens.

Frankreich lehnte die Ratifizierung mit dem Hinweis ab, aus Rücksicht auf das gerade in Deutschland in Bau gegebene Panzerschiff **Deutschland** nicht mitmachen zu können. Eine Einigung mit Frankreich war nicht zu erzielen.[172] Nach Ablehnung des Vertrages durch Frankreich war auch Italien nicht mehr bereit, sich neue Bindungen auferlegen zu lassen.

Der im Jahre 1931[173] nicht zustandegekommene Pakt von Rom sah vor, die französisch-italienische Seerüstung zu stoppen. Interessant an diesem Vertragsentwurf war eine Bestimmung, wonach beide Staaten bis zum Jahre 1936 nur je zwei Großkampfschiffe zu je 23 333 ts mit 30,5 cm-Geschützen hätten bauen dürfen.

Großbritannien und die USA traten anläßlich der großen Abrüstungskonferenz im Jahre 1932[174] für eine noch weitergehende Einschränkung des Deplacements von Schlachtschiff-Neubauten ein. Die diskutierten Vorschläge bewegten sich zwischen 22 000 ts und 28 cm-Geschützen (britischer Vorschlag) und 25 000 ts und 30,5 cm-Geschützen (amerikanischer Vorschlag). In ähnlichen Dimensionen sah auch der MacDonald-Plan vom Jahre 1933 eine Rüstungsbeschränkung vor.

Nach Ablauf des Washington-Abkommens (Japan hatte Ende 1934 fristgerecht gekündigt) war Großbritannien bestrebt, dieses durch ein neues Vertragswerk zu ersetzen. Diese Bestrebungen fanden ihren Niederschlag im Flottenabkommen von London, das am 26. März 1936 ratifiziert wurde. Allerdings war der Teilnehmerkreis kleiner geworden: Japan und Italien — letzteres wegen seines Angriffes auf Abessinien unter den sog. ›Sanktionen‹ stehend — verweigerten die Teilnahme. Daher wurde der Vertrag lediglich zwischen Großbritannien, den USA (von diesen nur unter Vorbehalt) und Frankreich geschlossen. Hierbei wurde das ›Washington-Deplacement‹ von 35 000 ts beibehalten, aber das Hauptkaliber von 40,6 cm auf 35,6 cm herabzusetzen versucht, falls Japan diesem Vorhaben zustimmen würde. Dazu konnte sich Japan nicht entschließen, und so blieb es bei dem 40,6 cm-Kaliber. Daneben brachte der Vertrag aber noch eine Unterteilung sowie Begriffsbestimmungen der Großkampfschiffe. In Zukunft waren daher zu unterscheiden:

a) Schiffe mit einem Mindestdeplacement von 17 500 ts bis höchstens 35 000 ts, Hauptkaliber bis zu 40,6 cm.

b) Schiffe mit einer Höchstverdrängung von 8000 ts, Hauptkaliber bis 25,4 cm.

Mit der Deplacementsbeschränkung der letzteren versuchte man ganz offensichtlich, in Zukunft die Möglichkeit zum Bau von Einheiten wie der Panzerschiffe der **Deutschland**-Klasse zu verhindern. Offenbar erwartete man, daß bei der geringen Größe von nur 8000 ts keine der **Deutschland**-Klasse vergleichbaren Einheiten zu verwirklichen seien.

Daneben brachte der Londoner Flottenvertrag eine neue Festsetzung der Altersgrenzen. Bei den Großkampfschiffen wurde diese um sechs Jahre hinaufgesetzt, so daß ihr Ersatz erst dann möglich war, wenn seit der Indienststellung 26 Jahre abgelaufen waren. Neu war auch die Vereinbarung des gegenseitigen Nachrichtenaustausches. In Zukunft waren vor Baubeginn das Datum der Kiellegung und der voraussichtliche Zeitpunkt der Indienststellung, die Typverdrängung, die Abmessungen, die Art der Antriebsanlagen, die Art des Brennstoffes und die Zusammensetzung der Bewaffnung gegenseitig bekanntzugeben. Nicht mitteilungspflichtig waren die Dicke der Panzerung sowie die Anordnung der Bewaffnung. Gleichzeitig damit entfielen die bisher geltenden Vereinbarungen über die zahlenmäßigen Bestände an Großkampfschiffen. Der Londoner Flottenvertrag trat mit dem 1. Januar 1937 in Kraft; seine Gültigkeitsdauer war bis zum 31. Dezember 1942 befristet.

Dieses Vertragswerk wurde am 30. Juni 1938 durch einen Zusatzvertrag ergänzt, in dem die drei Vertragspartner unter Berufung auf eine im Londoner Flottenvertrag von 1936 enthaltene ›Gleitklausel‹ die Standardverdrängung von Großkampfschiffen auf 45 000 ts hinaufsetzten. Das Hauptkaliber von 40,6 cm wurde dagegen weiterhin beibehalten. Ursache dieses Zusatzvertrages war die Haltung Japans.

Die japanischen Bestrebungen zielten nämlich unverkennbar darauf hin, die durch das Washington-Abkommen stark eingeschränkte Vormachtstellung im Fernen Osten wiederzugewinnen. Bis zum Jahre 1934 war es der japanischen Marinepolitik gelungen, die Stellung des Inselreiches so zu festigen, daß es allein von einer der beiden angelsächsischen Seemächte kaum mehr gefährdet werden konnte. Als aber die beiden angelsächsischen Seemächte dem japanischen Anspruch auf Gleichberechtigung hinsichtlich der Flottenrüstung auch weiterhin ablehnend gegenüberstanden, kündigte Japan Ende 1934 die bestehenden Flottenverträge.

Von der Jahreswende 1936/37 ab wurde der Neubau von Großkampfschiffen von allen großen Seemächten wieder aufgenommen bzw. vorbereitet. Naturgemäß stellten sich beträchtliche Schwierigkeiten heraus, als es galt, die Forderungen nach großer Schlagkraft, ausreichender Standkraft und großer Geschwindigkeit bei einem 35 000 ts-Schiff auf einen Nenner zu bringen. Großbritannien sah daher für seine Neubauten zunächst ein Hauptkaliber von 35,6 cm vor, Frankreich und Italien gingen zum 38,1 cm-Kaliber über, und nur die USA hielten am 40,6 cm-Kaliber fest, nachdem ihr Angebot, sich auf 35,6 cm zu beschränken, von Japan unbeachtet geblieben war. Dieses ließ, durch keinen Vertrag zur Mitteilung über seine Neubauten verpflichtet, überhaupt nichts verlauten. Das gab vielen Gerüchten guten Nährboden, was insbesondere durch die angelsächsischen Mächte in geschickter Weise propagandistisch ausgenutzt wurde.

Ende Januar 1938 ließ die britische Regierung durch ihren Botschafter in Tokio anfragen, ob die Informationen zutreffend

---

[172] Die Franzosen nutzten im Hinblick auf diese Situation einen Teil der ihnen schon 1922 zugestandenen Neubautonnage für den Bau der **Dunkerque** aus, der bald darauf ein zweites Schiff folgte.

[173] Nauticus 1936, S. 13.

[174] Nauticus 1936, S. 14.

seien, wonach Japan Schlachtschiffe von mehr als 35 000 ts auf Stapel liegen habe. Mit ihrer Antwortnote lehnte die japanische Regierung aus grundsätzlichen Erwägungen und unter Hinweis darauf, daß sie einer vertraglichen Mitteilungspflicht nicht unterliege, jede Auskunft über ihre Flottenbaupläne ab, woraus jedoch nicht geschlossen werden dürfe, daß sich Schiffe im Bau befänden, die über die im Londoner Vertrag festgesetzten Grenzen hinausgingen.[175] Das gab dann den Anstoß dazu, daß die drei Vertragsmächte Großbritannien, USA und Frankreich am 30. Juni 1938 in einem Zusatzvertrag zum Londoner Flottenvertrag von 1936 die Standardverdrängung von Schlachtschiff-Neubauten auf 45 000 ts hinaufsetzten. Gleichwohl erklärte sich Großbritannien bereit, nur auf 40 000 ts zu gehen, und Frankreich kündigte an, die Grenze von 35 000 ts nicht überschreiten zu wollen, falls alle europäischen Seemächte nicht darüber hinausgingen.

Mit der japanischen Erklärung von Anfang 1938 zeigte sich die Weltöffentlichkeit jedoch keineswegs befriedigt. Die Gerüchte über japanische Großkampfschiffe, die die festgesetzten Größenbeschränkungen übertreffen sollten, kamen nicht mehr zum Verstummen. So sah sich der japanische Marineminister Yonai am 8. Dezember 1938 zu der Erklärung veranlaßt, daß Japan keine Schiffe von 40 000 oder 45 000 ts auf Stapel liegen hätte, wie vielfach behauptet werde. Damit sagte er die Unwahrheit, wenn auch diese mit diplomatischem Zungenschlag vorgebrachte Erklärung — nimmt man sie ganz wörtlich — eines gewissen ›Wahrheitsgehaltes‹ nicht entbehrte, denn tatsächlich hatte Japan keine Schlachtschiffe von 40 000 oder 45 000 ts im Bau, sondern solche von über 60 000 ts.

Das Deutsche Reich hatte inszwischen seine Wehrfreiheit wiedererrungen, was für seine Kriegsmarine einen besonderen Ausdruck in dem deutsch-englischen Flottenvertrag von 18. Juni 1935 fand. Das Reich hatte sich dabei verpflichtet, nicht über 35 v. H. der Gesamttonnage Großbritanniens hinauszugehen, und diesen Prozentsatz auch auf die Tonnage jeder einzelnen Schiffskategorie anzuwenden. Im Schlachtschiffbau bedeutete dies für Deutschland eine gesamtzulässige Tonnage von 183 750 ts zu diesem Zeitpunkt. Zugleich hatte die deutsche Regierung zugesichert, die Auffassung Großbitanniens zu unterstützen, wonach eine Wasserverdrängung von 25 000 ts und ein Hauptkaliber von 30,5 cm für den Bau künftiger Schlachtschiffe als ausreichend angesehen würden. Daß Deutschland dieser Standpunkt nicht nur als Vorwand diente, ergibt sich aus der Tatsache, daß zu diesem Zeitpunkt zwei Schlachtschiffe zu je 26 000 ts mit Geschützen von nur 28 cm-Kaliber begonnen worden waren. Allerdings hatten auch noch andere Gründe — die an anderer Stelle erörtert sind — dazu beigetragen, daß es einstweilen bei dieser Beschränkung blieb. Vor allem aber zeichnete sich dieses Vertragswerk durch eine Besonderheit aus: Nachdem die Beschränkungen quantitativer Art für alle übrigen Seemächte beseitigt worden waren, blieb das Deutsche Reich die einzige Macht, die sich solchen Beschränkungen freiwillig

weiterhin unterwarf, und dies nur, um eine neue deutsch-britische Flottenrivalität zu verhindern.

Zuletzt trat auch die Sowjetunion dem Londoner Flottenvertrag von 1936 bei, der auch für Deutschland Gültigkeit erlangt hatte.

Mit allen diesen Vertragswerken wurde die Entwicklung der Schlachtschiffe ab 1922 wesentlich beeinflußt und auf Jahre hinaus zunächst fast völlig unterbrochen. So sehr jene Verträge im Einzelfall zu bejahen waren, ist doch festzustellen, daß sie technisch nicht zum Besten des Schlachtschiffes als *Typ* beitragen konnten, weil sie seine Entwicklung wesentlich gehemmt haben.

Modernisierte Großkampfschiffe und erste Schlachtschiff-Neubauten

Die Signatarmächte des Washington-Vertrages blieben im wesentlichen auf ihr Schiffmaterial angewiesen, das jedoch, von wenigen Ausnahmen abgesehen, nicht mehr zeitgemäß war. Zwar begann die Bedeutung der Großkampfschiffe allmählich zu verblassen, weil sie als kriegsentscheidende Waffe nicht in Erscheinung getreten waren; zudem konnten die Ergebnisse der bald darauf aufgenommenen Versuche diese Auffassungen nur bestätigen. Andererseits hatten sich die Großkampfschiffe während des Krieges grundsätzlich gegen Artilleriefeuer und Unterwasserwaffen bewährt, aber je gründlicher die Kriegserfahrungen ausgewertet wurden, um so mehr mußte man sich zu der Erkenntnis durchringen, daß das Großkampfschiff in der Zukunft nicht mehr unangefochten seine beherrschende Rolle würde spielen können. In dieser Zeit prägte der britische Admiral Sir Percy Scott das Wort von den ›verdammt überflüssigen Schlachtschiffen‹.[176] Der Strukturwandel begann eigentlich damals schon, freilich in einer Form, die sich nach außen hin nur höchst verschwommen abzeichnete. So standen die großen Seemächte bald nach Kriegsende von der Frage, ob sie den Schlachtschiffbau fortsetzen oder einstellen sollten. Wenn alle Kriegserfahrungen bis ins letzte Detail berücksichtigt und nutzbar gemacht werden sollten, so mußte der für Neubauten erforderliche Aufwand alles, was bisher vertretbar erscheinen mochte, in den Schatten stellen. Der Krieg hatte aber bei den meisten Seemächten einen gewaltigen finanziellen Aderlaß herbeigeführt, der vernünftigerweise einer solchen Entwicklung ein kategorisches ›Nein‹ entgegensetzen mußte.

Zur Gefährdung der Großkampfschiffe durch U-Boote war noch eine weitere hinzugekommen, die aus der Luft durch das Kriegsflugzeug, dessen Entwicklung sich in raschem Tempo vollzog. Zwar hatte das Kriegsflugzeug bisher noch keine entscheidenden Schläge führen können, doch sprach alles dafür, daß es schon in absehbarer Zeit zu einem wichtigen Faktor des Seekrieges, ja der Gesamtkriegführung überhaupt werden würde. Den Verfechtern der ›Luftwaffe‹ schien eine derartige Entwicklung

---

[175] Jensen, a.a.O., S. 297 ff.

[176] Dieser sehr weitblickende Admiral erklärte schon 1922: ›Naval strength is no longer measured by the number of battleships a country has, but by the number of aeroplane-carriers and aeroplanes‹ (Macintyre, The Thunder of the Guns — A Century of battleships, S. 241).

durchaus das Recht einzuräumen, in ihr die stärkste Waffe des nächsten Krieges zu sehen. Als Konsequenz mußte daher die Frage gestellt werden, ob sich angesichts einer solchen über kurz oder lang eintretenden Situation der Bau bzw. die Unterhaltung von Großkampfschiffen überhaupt noch lohnte.

Die ersten Großversuche mit Bombenwürfen gegen Schlachtschiffe wurden im Jahre 1921 von der amerikanischen Marine durchgeführt. Neben älteren Schiffen aus der Vor-Dreadnought-Zeit stand das ehemalige deutsche Schlachtschiff **Ostfriesland** zur Verfügung, bei späteren Versuchen das nach den Bestimmungen des Washington-Vertrages abzubrechende unvollendete Schlachtschiff **Washington**. Auf Grund der dabei erzielten Versuchsergebnisse setzte die US-Marine dann im Jahre 1925 einen Ausschuß ein, der die Frage zu prüfen hatte, ob das Schlachtschiff im Hinblick auf die Luftwaffe noch eine Daseinsberechtigung habe. Der Ausschuß kam zu dem folgenden Urteil:

- Es kann nicht gesagt werden, daß durch die Möglichkeit von Bombenangriffen durch Flugzeuge das Schlachtschiff überflüssig geworden ist.
- Das Schlachtschiff verkörpert die höchste und letzte Kampfkraft der Flotte. Alle anderen Kampfeinheiten sind lediglich Hilfsmittel zur Erfüllung der höchsten Aufgabe des Schlachtschiffes: Das Kernstück der Flotte zu sein, die › ultima ratio ‹ des Seekrieges.[177]

Dieses Urteil war gewiß nicht sehr weitblickend, aber — gemessen am Stand der derzeitigen Luftrüstung — zeitentsprechend.

Auch die britische Marine führte ähnliche Versuche durch, jedoch wesentlich später, im Jahre 1931.[178]

Nach dem Wortlaut des Washington-Abkommens war bezüglich des sofort einsetzenden Neubaues von Großkampfschiffen nur Großbritannien eine Ausnahme zugebilligt worden. Dort konnten zwei Schiffe auf Kiel gelegt werden, deren Größe 35 000 ts nicht überschreiten durfte. Großbritannien — das sich dieses Zugeständnis unter Berufung auf amerikanische und japanische Großkampfschiffe mit 40,6 cm-Geschützen eingehandelt hatte — ließ sich diese Chance nicht entgehen. Dort entstanden die beiden Einheiten der **Nelson**-Klasse mit je neun 40,6 cm-Geschützen, weshalb sie viele Jahre lang als die stärksten Großkampfschiffe der Welt galten. Erstmals kam es dabei darauf an, Gewichte in größerem Ausmaß einzusparen, um den Vorschriften des Vertrages gerecht zu werden. Da auf Grund der Kriegserfahrungen eine Vernachlässigung der Standfestigkeit nicht mehr in Betracht kam und Abstriche an der Bewaffnung wenig sinnvoll erschienen, mußte eine geringere Geschwindigkeit in Kauf genommen werden. Als beide Schiffe dann zur Flotte stießen, waren sie durchaus modern, aber mit ihrer Geschwindigkeit von nur 23,5 kn wurzelten sie noch in der alten Zeit. Sie waren damit nichts anderes als Übergangslösungen.

Im Hinblick auf die Baupause entschlossen sich die großen Seemächte, das vorhandene Schiffsmaterial den neuzeitlichen Anforderungen anzupassen. Damit begann eine Periode der Modernisierung von Großkampfschiffen, die fast ebensoviele Geldmittel verschlang, als wenn neue Schiffe in Bau gegeben worden wären. Diese Periode klang erst gegen 1940 aus, als ein neuer Krieg begonnen hatte.

Der Anstoß zu dieser Periode ging von Großbritannien aus. Dort zog man aus den teuer erkauften Kriegserfahrungen die Konsequenzen und verglich vor allem die eigenen Konstruktionen mit den deutschen Großkampfschiffen. Hierbei müssen die britischen Konstrukteure sehr klar die Minderwertigkeit ihrer eigenen Schiffe erkannt haben. Nach außen hin wurde das zwar freilich nicht zugegeben und zu verheimlichen versucht. Trotzdem ließ sich nicht verleugnen, daß die dabei gewonnenen Erkenntnisse von großem Nutzen für den britischen Kriegsschiffbau waren.

Diese Modernisierungsmaßnahmen betrafen fast alle Einrichtungen der Großkampfschiffe:

Baumaßnahmen	Ursache bzw. Zweck der Maßnahmen
Verstärkung des horizontalen Panzerschutzes (insbesondere über den Munitionsräumen)	Schutz gegen Bomben- und steil einfallende Geschoßtreffer
Verbesserungen der inneren Unterteilung	Besserer Schutz gegen Unterwassertreffer und Wassereinbrüche
Anbau von Seitenwulsten	Zusätzlicher Schutz gegen Torpedotreffer
Einbau von Dreifachböden	Besserer Schutz gegen Minentreffer
Verbreiterung des Schiffskörpers	Verbesserung der Querstabilität
Vergrößerung der Höhenrichtwinkel der Geschütze	Steigerung der Schußweiten
Einbau moderner Feuerleiteinrichtungen sowie diverse Änderungen an den Geschützen	Verbesserung der Trefferaussichten und Steigerung der Schußfolge
Ausrüstung mit Katapult(en) und Bordflugzeugen	Aufklärung, Sicherung, auch Artilleriebeobachtung
Umbau und Änderungen an der Antriebsanlage	Steigerung der Geschwindigkeit (durch Umstellung der Kessel auf Ölheizung auch Steigerung des Fahrbereichs, Vereinfachung in der Bedienung und Wartung, Brennstoff- und Personaleinsparung)
Einbau zusätzlicher Brennstoffzellen	Erhöhung der Fahrstrecke
Verbesserung der Schiffsform	Erhöhung der Geschwindigkeit oder als Ausgleich bei Geschwindigkeitsverlust infolge Umbau, z.B. durch Anbringung von Torpedowulsten
Kalibervergrößerung der schweren Artillerie	Stärkere Wirkung am Ziel

Hinzu kam vielfach die Vergrößerung und Modernisierung der Aufbauten, das Zurückversetzen des oder der Schornsteine oder überhaupt die Vereinigung mehrerer Schornsteine (hauptsächlich um Brücke und Mast rauch- und hitzefrei zu machen) sowie oftmals der Einbau neuer Masten zwecks Aufnahme von Waffenleitständen und dgl. in möglichst großer Höhe. Fast immer wurden dabei auch modernere Feuerleiteinrichtungen, Nachrichtenmittel usw. installiert.

---

[177] Report on the Vulnerability of Capital Ships to Air Attacks, London 1936 (hier zitiert nach Marinerundschau 1938, S. 192ff.). Vgl. dazu auch Faber, Flugzeugangriffe auf Kriegsschiffe (in: Marine-Rundschau 1921, S. 472).

[178] Vgl.: Marinerundschau 1931, S. 424. Vgl. ferner englische Stimmen zu den vorausgegangenen amerikanischen Versuchen: Battleships versus Aircraft (in: Engineering vom 27. März 1925), sowie: Bomber versus Battleships (in: Army and Navy Journal vom 25. Februar 1922).

Grundsätzlich ließen sich zwei Arten von Modernisierungen unterscheiden: Einmal die Grundüberholung (engl. ›refit‹) mit Verbesserungen in Einzelbereichen, zum anderen der Totalumbau (engl. ›conversion‹), durch den zumindest theoretisch fast neuwertige Schiffe entstanden.

Der Grundüberholung wurden nach dem Ende des Krieges zunächst fast alle vorhandenen Großkampfschiffe unterzogen, soweit sie nach dem Washington-Abkommen auch weiterhin im Dienst bleiben durften. So erhielten z. B. fast alle in Betracht kommenden britischen Schiffe zunächst Torpedowulste, verbesserte Feuerleitgeräte, Fla-Waffen und dgl. mehr; aber auch gewisse Änderungen an den Antriebsanlagen wurden durchgeführt.

Ein typisches Beispiel dafür boten die britischen Schlachtschiffe der **Queen Elizabeth**-Klasse. In den 20er Jahren wurden sie nacheinander grundüberholt, wobei sie u. a. Torpedowulste erhielten. Dadurch wuchs ihre Breite um 4 m an. Das hatte zur Folge, daß sich ihr Verhältnis L/B verschlechterte, und zwar von bisher 7,13 auf nunmehr 6,29. Ein Geschwindigkeitsverlust von rund 1 kn war daher unausbleiblich, doch nahm man diesen in Anbetracht der gewonnenen erhöhten Standfestigkeit in Kauf. Gleichzeitig wurde auf diesen Schiffen die Silhouette dadurch geändert, daß ihre beiden Schornsteine zusammengezogen und zu einem einzigen vereinigt wurden.[179] Daneben wurden auch zusätzliche Fla-Waffen und neue Feuerleitgeräte eingebaut.

Im Gegensatz dazu wurden die französischen Schlachtschiffe der **Provence**-Klasse vornehmlich zur Verbesserung ihrer Antriebsanlagen und ihrer artilleristischen Schlagkraft modernisiert. Sie erhielten anstatt der bisherigen kohlebeheizten Kessel neue Ölkessel sowie größere Höhenrichtwinkel der schweren Geschütze, dazu Feuerleitgeräte und Fla-Waffen. Nur **Lorraine**, das dritte Schiff dieser Klasse, erhielt zu einem späteren Zeitpunkt auch eine Flugzeugausrüstung, wofür allerdings der mittlere schwere Turm ausgebaut werden mußte.

In ähnlichen Umrissen bewegten sich auch die Modernisierungen sowjetischer Schlachtschiffe. Neben neuen Kesseln und Feuerleiteinrichtungen erhielten diese Schiffe dabei auch eine abgeänderte Silhouette. Sie blieben noch eine Reihe von Jahren brauchbar, wenngleich sie neuzeitlicheren Ansprüchen auch nicht mehr genügen konnten.

Die älteren amerikanischen Schlachtschiffe bis einschl. der **Wyoming**-Klasse erhielten in den Jahren 1925 bis 1927 Torpedowulste, neue Kessel mit Ölheizung sowie Feuerleitgeräte und zusätzliche Fla-Waffen.

Totalumbauten wurden hingegen nur bei relativ wenigen Schiffen durchgeführt. So wurde z. B. der britische Schlachtkreuzer **Renown** in den Jahren 1936—39 einem solchen Totalumbau unterzogen. Dieses Schiff war genauso wie sein Schwester-Schiff **Repulse** eine von Anfang an unbefriedigende Konstruktion im Hinblick auf die Standfestigkeit. Deshalb war zuvor schon mehrfach versucht worden, diese Mängel zu beheben. Dies war jedoch nur unvollkommen gelungen. Als die **Renown** 1936 in die Werft gegangen war, verlor sie sämtliche Aufbauten außer den schweren Geschütztürmen, und auch die Antriebsanlage wurde ausgebaut. Nach dreijähriger Umbauzeit verließ die **Renown** als ein augenscheinlich neues Schiff die Werft. Ihre Antriebsanlage war durch eine völlig neue ersetzt worden, die nicht nur ein wesentlich geringeres Gesamtgewicht hatte, sondern auch beträchtlich weniger Raum beanspruchte (im Verhältnis zur alten Anlage etwa 3:5). Diese reichte für eine Geschwindigkeit von 29 kn aus. Infolge der Raumeinsparung konnten zusätzliche Brennstoffzellen installiert werden, wodurch die Fahrstrecke vergrößert werden konnte. Von der ursprünglich eingebauten Bewaffnung blieben lediglich die drei 38,1 cm-Zwillingstürme erhalten. Für die früheren 10,2 cm-Geschütze kamen zwanzig 11,4 cm-Mehrzweck-Geschütze in leicht gepanzerten ›Kasematt-Türmen‹ an Bord, wodurch der beträchtlich angestiegenen Gefährdung aus der Luft durchaus wirkungsvoll begegnet werden konnte. Gleichzeitig waren — soweit die Gesamtkonstruktion dies zuließ — auch die Schutzeinrichtungen verbessert worden. U. a. hatte man das Panzerdeck im Bereich über den Antriebs- und Munitionsräumen verstärkt, so daß das Schiff nach herkömmlichen Regeln gegen Treffer von zumindest leichteren Bomben als widerstandsfähig angesehen werden durfte. Für die Verbesserung des Unterwasserschutzes hingegen konnte nur wenig getan werden. Außer den bereits einige Jahre zuvor angebauten Torpedowulsten war in dieser Hinsicht nichts vorhanden, was gegen Unterwassertreffer als wirksam anzusehen gewesen wäre. Äußerlich veränderte sich das Schiff erheblich: Anstatt des bisherigen Brückenaufbaus mit dem schweren Dreibeinmast war eine geschlossene kastenförmige Turmbrücke mit einem leichten Dreibeinmast errichtet worden. Die Schornsteine durften kleiner ausfallen und wurden etwas zusammengerückt. Hinter dem achteren Schornstein konnte eine geräumige Flugzeughalle placiert werden, an die sich ein querschiffs verlaufendes Katapult anschloß. Hinzu kamen neue Waffenleiteinrichtungen. Trotz dieses aufwendigen Umbaues blieb **Renown** auch weiterhin das schwächste Schlachtschiff der britischen Flotte. Die seit ihrer Fertigstellung für Umbauten und Modernisierungen investierten Kosten überstiegen die eines Neubaues erheblich, und deswegen fehlte es nicht an Stimmen, die sich gegen derart teuere Maßnahmen richteten. Ganz ähnliche Umbauten wurden zwischen 1935 und 1940 auch auf drei Schlachtschiffen der **Queen Elizabeth**-Klasse durchgeführt, die sich als rentabler im Hinblick auf deren erheblich größere Standfestigkeit zeigten.

Die japanische Marine war in dieser Hinsicht noch konsequenter. Bei Totalumbauten verlängerten sie ihre Großkampfschiffe um mehrere Meter, um ihnen — verbunden mit dem Einbau erheblich leistungsfähigerer Antriebsanlagen — eine größere Ge-

---

[179] Eine ähnliche Zusammenziehung von Schornsteinen erfolgte auch auf den beiden alten deutschen Linienschiffen **Schlesien** und **Schleswig-Holstein** in den 20er Jahren. Vereinigte Schornsteine fanden sich zu jener Zeit vorwiegend im japanischen Kriegsschiffbau (Kreuzer **Yubari**, **Myoko**-, **Mogami**- und **Tone**-Klasse), in Einzelfällen auch im amerikanischen und im schwedischen Kriegsschiffbau (nicht fertiggestellte Schlachtschiffe der **South-Dakota**-Klasse und Küstenpanzerschiff **Gustav V.**).

schwindigkeit zu geben. Diese Maßnahme war auch deshalb notwendig geworden, weil mit dem Anbau von Torpedowulsten die Schiffsbreite erheblich angestiegen war und der Schlankheitsgrad der Schiffe sich dadurch verringerte. In der Tat scheinen die Japaner dieses Problem zufriedenstellend gelöst zu haben, denn alle auf diese Weise modernisierten Großkampfschiffe konnten eine Geschwindigkeitszunahme verzeichnen, zumindest aber — dies auf die Schlachtkreuzer der **Kongo**-Klasse bezogen — ihre ursprüngliche Geschwindigkeit beibehalten.

Ganz ähnlich ging die italienische Marine vor. Auch sie verlängerte ihre alten Schlachtschiffe, und durch den Einbau von neuen Maschinen und Kesseln konnte sie deren Geschwindigkeit beträchtlich steigern. Die schwere Artillerie, die vorher aus 30,5 cm-Geschützen bestand, wurde durch das Ausbohren der Rohre auf 32 cm kalibermäßig verstärkt. Gleichzeitig verbesserte man ihr Schutzsystem.

Nicht ganz so durchgreifend ging die amerikanische Marine bei der Modernisierung ihrer Schlachtschiffe vor. Den Hauptwert legte sie auf die Verbesserung der Standfestigkeit, erst danach rangierte die Verbesserung der Schlagkraft. An eine Erhöhung der Geschwindigkeit hat man in USA nicht gedacht.

Der Stand bei Kriegsbeginn 1939

Mit Kriegsbeginn 1939 waren die meisten der vorhandenen älteren Großkampfschiffe modernisiert. Soweit dies noch nicht geschehen war, unterblieben aber nunmehr derart zeit- und kostenaufwendige Umbauten (wie z.B. der für **Hood** vorgesehene Totalumbau); dies war in erster Linie darauf zurückzuführen, daß die Schiffe an der Front benötigt wurden. Aber nach und nach erhielten sie alle — je nach Möglichkeit — vermehrte Fla-Waffen, verbesserte Feuerleitgeräte, Radar und dgl. mehr. Wenn Schlachtschiffe infolge Gefechtsschäden für längere Zeit in die Werft gehen mußten, wurde dies durch intensive vorgenommene Änderungen auszunutzen versucht. Das zeigte sich besonders bei den am 7. Dezember 1941 in Pearl Harbor schwer beschädigten, teils in flachem Wasser gesunkenen amerikanischen Schlachtschiffen. Fünf von ihnen wurden im Anschluß an ihre Bergung erheblich widerstandsfähiger gemacht und erhielten auch beträchtliche Verbesserungen ihrer Artillerie, so daß sie in den folgenden Kriegsjahren noch eine Reihe wichtiger Aufgaben durchführen konnten.

Der Umbau von Großkampfschiffen zu Flugzeugträgern begann in den 20er Jahren. Hier wurden die Grundlagen für die heutigen Offensiv-Träger-Kampfgruppen gelegt. Insgesamt handelte es sich um neun Großkampfschiffe, die derartigen grundlegenden Umbauten unterzogen werden: An britischen Schiffen waren dies die **Eagle**, die **Furious**, die **Glorious** und die **Courageous**, an amerikanischen die **Lexington** und die **Saratoga**, an japanischen die **Akagi** und die **Kaga**, und letztlich die französische **Béarn**. Von ihnen allen erwiesen sich die **Glorious** und die **Courageous** nach spätem deutschem Urteil als die vollkommensten ihrer Zeit.[180] Mit weitem zeitlichen Abstand folgte dann noch die japanische **Shinano** nach, die — als Schlachtschiff der **Yamato**-Klasse begonnen — auf Grund einer Wandlung der seestrategischen Konzeption als Flugzeugträger fertiggestellt wurde.

Fast eine Parallele zum ersten Umbau des britischen Schlachtkreuzers **Furious**, wobei dieser zu einer Art ›Halb-Flugzeugträger‹ umgewandelt worden war, stellt der Umbau der japanischen Schlachtschiffe der **Hyuga**-Klasse ein Vierteljahrhundert später dar. Der Umbau dieser beiden Schiffe war nach der verlustreichen See-Luftschlacht bei den Midway-Inseln beschlossen worden, bei der die Japaner vier ihrer größten Flugzeugträger verloren hatten, so daß in dieser Schiffskategorie plötzlich ein erheblicher Mangel herrschte. Daher wurden auf den beiden Schlachtschiffen der **Hyuga**-Klasse die zwei achteren 35,6 cm-Türme ausgebaut und statt ihrer eine große Flugzeughalle installiert, in der 22 Flugzeuge Platz finden sollten. Mittels zweier an den Seiten installierter Katapulte sollte ihr Start innerhalb von 20 Minuten ermöglicht werden. Obwohl dieser Umbau zu Ende geführt wurde, kam es nicht mehr zur Ausstattung mit den vorgesehenen Flugzeugen, da die Flugzeugindustrie schon nicht mehr in der Lage war, sie zu liefern. So hatte dieser Umbau letztendlich doch keinen Nutzeffekt mehr. Die beiden Schiffe der **Fuso**-Klasse, die für den gleichen Umbau vorgesehen waren, blieben daher in ihrer seitherigen Erscheinungsform erhalten.

Deutschlands neuer Typ: das ›Panzerschiff‹

Für das Deutsche Reich bestand auf Grund des Versailler Diktates ein grundsätzliches Verbot zum Bau von Linienschiffen über 10000 ts. Als jedoch in den 20er Jahren der Ersatz der veralteten Vor-Weltkriegs- und Vor-Dreadnought-Linienschiffe immer dringlicher wurde, mußte die deutsche Marine überlegen, was sie aus der vorgeschriebenen Größe herausholen konnte. Zur Erörterung stand dabei die Frage, ob im Rahmen dieser Beschränkungen ein stark bewaffneter und gut geschützter, aber zwangsläufig langsamer Typ geschaffen werden sollte, also eine Art Küstenpanzerschiff, oder ein schnellerer, nicht so stark bewaffneter und schwächer geschützter Typ, der eine vielseitigere Verwendung ermöglichen würde. Zunächst neigte man zu einem stark gepanzerten und bewaffneten, dafür aber langsamen Typ. Nach eingehender Prüfung entschloß man sich jedoch zu einem mehr kreuzerartigen, hochseefähigen Typ. Ausschlaggebend wurden schließlich zwei Hauptgesichtspunkte: Bei einer Bewaffnung von sechs 28 cm- und acht 15 cm-Geschützen und einer Panzerung von ca. 100 mm war dieser Typ allen schnelleren gegnerischen Schiffen artilleristisch überlegen; und mit seiner Geschwindigkeit von 26 kn konnte er allen stärkeren Schiffen ausweichen. Auf eine einfache Formel zusammengebracht, ließ sich sagen: Dieser Typ war schneller als jedes stärkere Schiff und stärker als jedes schnellere Schiff. Zu dieser Entscheidung gab ein weiterer Punkt den Ausschlag: Deutschland war inzwischen in der Lage, vom Dampf- zum Dieselantrieb überzuwechseln, wodurch ein beträchtlicher Fahrbereich ermöglicht wurde und die Brennstoff-Frage an Problematik verlor. Dadurch

---

[180] Hadeler, Der Flugzeugträger, S. 36.

bot sich der kreuzerartige, hochseefähige Typ sozusagen von selbst an, da er vermöge seines großen Fahrbereiches besonders für die Handelskriegführung in Frage kommen konnte. Da seinerzeit nur mit einer zukünftigen Gegnerschaft Frankreichs — nicht aber mit der Großbritanniens — gerechnet wurde, sollten diese Schiffe im Falle eines kriegerischen Konfliktes mit Frankreich im östlichen Atlantik gegen die französischen Schiffahrtslinien angesetzt werden. Man hoffte auf diese Weise die feindlichen Seestreitkräfte weitgehend in diesem Seegebiet zu binden und damit den nördlichen Seeweg zum Atlantik für die eigene Schiffahrt freizuhalten.[181] Freilich konnten diese ›Ersatz-Linienschiffe‹ — deutscherseits ›Panzerschiffe‹ genannt — das Schlachtschiff nicht ersetzen. Sie stellten einen mehr kreuzerartigen Typ dar, dessen Bewaffnung extrem gesteigert worden war. Dieser Erkenntnis entsprach die deutsche Kriegsmarine im Jahre 1939/40 dadurch, daß sie diese Schiffe in ›Schwere Kreuzer‹ umbenannte.

Frankreich, dem auf Grund des Washington-Vertrages für die Jahre 1927 und 1929 eine Neubautonnage für Schlachtschiffe von zusammen 70 000 ts zugestanden worden war, die es bisher nicht ausgeschöpft hatte, gab 1932 die **Dunkerque** in Bau, der bald darauf ein zweites Schiff, die **Strasbourg**, folgte. Beide waren 1930/32 entworfen worden und wurden ausschließlich aus politischen Gründen gebaut, vorgeblich als ›Antwort‹ auf die deutschen 10 000 ts-Panzerschiffe, aber sicher auch nicht ohne einen Seitenblick auf das aufwärtsstrebende Italien. Aus finanziellen Gründen begnügten sich die Franzosen mit einem 8500 ts geringeren als dem zulässigen Deplacement, und dabei hofften sie offenbar, bei den übrigen Seemächten Verständnis und Nachahmung zu finden. An sich war dieser Schritt ein gutes Beispiel der Bereitschaft zur Verminderung der Seerüstung, doch fand er später nur in Deutschland (**Scharnhorst**-Klasse) und — im Hinblick auf das Hauptkaliber — in Großbritannien (**King George V.**-Klasse) Nachahmung.

Während der vertraglich vereinbarten Baupause begann Japan — das seit 1922 mit seiner Seerüstung erheblich ins Hintertreffen geraten war — mit den ersten Vorbereitungen, um nach Ablauf der Baupause im Jahre 1931 sofort den Neubau von Schlachtschiffen aufnehmen zu können. Immerhin stand die japanische Marine vor der Notwendigkeit, in den Jahren 1931 bis 1939 neun Großkampfschiffe mit einem Kostenaufwand von 789 Millionen Yen zu bauen.[182] Diese Arbeiten führten zu den Entwürfen von Ersatzbauten für die Schlachtkreuzer der **Kongo**-Klasse; sie blieben durchaus im Rahmen dessen, was der Washington-Vertrag in qualitativer Hinsicht vorgeschrieben hatte. Zu ihrer Verwirklichung kam es jedoch nicht, weil Japan aus politischen und noch mehr aus wirtschaftlichen Gründen gezwungen war, dem Londoner Flottenvertrag von 1930 beizutreten, der die Baupause für Schlachtschiffe um sechs Jahre verlängerte. Erst dieser Umstand gab Japan die Veranlassung, nacheinander sämtliche Großkampfschiffe zum Totalumbau in die Werft zu schicken.

[181] Bensel, Die deutsche Flottenpolitik von 1933 bis 1939, S. 9.
[182] Jensen, a.a.O., S. 248.

Das Zeitalter des modernen Schlachtschiffes

Noch bevor mit dem 31. Dezember 1936 die den Neubau von Schlachtschiffen untersagenden Klauseln der Seerüstungsabkommen erloschen, waren bei allen großen Seemächten die Entwurfsarbeiten für Schlachtschiff-Neubauten in vollem Gange. Die Problematik, der sich die Konstrukteure gegenübergestellt sahen, wog schwer: Es galt, innerhalb der noch immer bindenden qualitativen Grenzen zu bleiben und dennoch möglichst allen neuzeitlichen Erfordernissen in technischer und militärischer Hinsicht weitgehend Rechnung zu tragen.

Wohl hatte es zuvor und auch danach noch kaum an Stimmen gefehlt, die sich weiterhin für eine Verkleinerung der Schlachtschiffe einsetzten. So wollte der britische Captain Acworth überhaupt in die Vor-Dreadnought-Zeit zurückkehren, als er für zukünftig zu bauende Schlachtschiffe kein größeres Deplacement als etwa 12 000 ts forderte.[183] Sicher propagierte er jene Forderung nicht ohne Grund — offenbar wollte er mit einer größeren Anzahl kleinerer Schlachtschiffe die britische Seemacht restauriert wissen. Einen ähnlichen Vorschlag unterbreitete ein anderer britischer Marineoffizier, Leutnant Bennett, in einem Aufsatz, der von der ›Royal United Service Institution‹ preisgekrönt wurde.[184] In jenem Aufsatz hatte Bennett die Anforderungen an ein zeitgemäßiges Schlachtschiff untersucht, und dabei war er zu dem Resultat gekommen, daß die Artillerie hinter den derzeit üblichen Kalibern nicht zu sehr zurückstehen dürfe, daß Panzerung und Schutzeinrichtungen etwa denen der **Nelson**-Klasse entsprechen sollten, und daß die Geschwindigkeit denen der meisten Handelsschiffe gewachsen sein müsse, während der Brennstoffvorrat einen ozeanischen Einsatz gewährleisten sollte. Zusammengefaßt machte er den folgenden Vorschlag: Typdeplacement 27 000 ts, Geschwindigkeit 25 kn, Bewaffnung neun 34,3 cm- und sechzehn 12 cm-Geschütze, Panzerdecksstärke 150 mm, Fahrstrecke 10 000 sm bei 12 kn Fahrt, Länge 200 m, Breite 27,5 m, Maschinenleistung 65 000 WPS. Dieser Entwurf wurde rechnerisch nicht nachgeprüft, sondern nur an ähnlichen Schiffsverhältnissen geschätzt. Auch dieser Vorschlag zielte wohl in erster Linie darauf ab, die *zahlen*mäßige Stärke der britischen Schlachtflotte zu verbessern.

Der seit dem Ausgang des Ersten Weltkrieges schwelende Meinungsstreit ›Flugzeug oder Schlachtschiff?‹ war bisher noch nicht entschieden worden, wurde aber wesentlich von britischer Seite als der damals tonangebenden Seemacht beeinflußt. So hatte der damalige Erste Lord der Admiralität, Viscount Monsell, am 11. Februar 1936 vor dem Oberhaus erklärt: ›Ein solcher Meinungsstreit ist sinnlos, denn wir brauchen beide!‹ Kurze Zeit später kam der Unterausschuß des britischen Reichsverteidigungskommitees — der die ›Verwundbarkeit‹ des Schlachtschiffes durch Luftangriffe zu untersuchen hatte —

[183] Acworth, The Restoration of Englands Seapower. — Weitere Charakteristik des Vorschlages: 17,5 kn Geschwindigkeit, 6500 sm Fahrstrecke, Bewaffnung 6—35,4 cm- und 5—12 cm-Geschütze, 4 leichte Fla-Waffen, Seitenpanzerdicke 305 mm, Panzerdeckstärke 75 mm, kohlenbeheizte Kessel!
[184] Marinerundschau 1935, S. 324.

zu dem folgenden Ergebnis: ›Die Tage des Schlachtschiffes sind weder jetzt noch zukünftig gezählt, und nichts berechtigt zu der Annahme, daß das Flugzeug die Aufgaben des Schlachtschiffes übernehmen, d.h. feindliche Schlachtschiffe vernichten kann‹.[185]

Diese und andere Auffassungen und Stellungnahmen trugen wesentlich dazu bei, das Schlachtschiff beizubehalten, besser gesagt: den Neubau von Schlachtschiffen aufzunehmen, denn ihre Abschaffung stand — obwohl immer wieder gefordert — wohl niemals *ernsthaft* in einer Marine zur Debatte.

Neue zeitliche militärische Forderungen

Die neuerdings geltenden militärischen Forderungen ließen sich seinerzeit wie folgt formulieren:

1. In erster Linie waren Verbesserungen der Schutzeinrichtungen anzustreben, um mit dem zukünftigen Schlachtschiff einen ›langlebigen‹ und möglichst wenig verwundbaren Träger schwerster Waffen zu schaffen und die erheblich angewachsenen Baukosten überhaupt zu rechtfertigen. Insbesondere waren gewisse konstruktive Maßnahmen zum Schutz gegen Luftangriffe unerläßlich geworden. An sich war der defensive Horizontalschutz schon alt und ursprünglich gegen steil einschlagende Geschoßtreffer entwickelt worden. Diese galten früher als Seltenheit, also als Zufallstreffer, und bei den damals üblichen flachen Einfallswinkeln mußte zunächst mit einem Durchschlagen des Seitenpanzers und der Detonation im Oberschiff gerechnet werden. Dies änderte sich mit dem Anwachsen der Geschoßreichweiten und der wirksamen Gefechtsentfernungen, bei denen sich die Möglichkeiten des Überschießens des Seitenpanzers und direkter Treffer im Oberschiff immer mehr in den Vordergrund drängten. Hinzu kam nun neuerdings die Gefährdung durch Flugzeugbomben, denen die vorhandenen Panzerdeckstärken nur noch bedingt gewachsen sein konnten. Um die Sprengwirkung jener Flugzeugbomben einzudämmen, erschienen sog. ›Krepierdecks‹ bis etwa 50 mm Dicke zweckmäßig; meist wurde schon das Oberdeck als derartiges ›Krepierdeck‹ ausgestaltet. Hierfür bot sich in erster Linie hochelastisches Panzermaterial an, das die Bombe durch Nachgeben zur Detonation zwingen und die Detonationswirkung nach außen hin verpuffen lassen sollte. Ein oder zwei darunter liegende Splitterdecks hatten die Aufgabe, etwa durchgeschlagene Splitter aufzufangen und sie im Hinblick auf die lebenswichtigen Einrichtungen im Innenschiff unschädlich zu machen. Dieser Anordnung lagen also sinngemäß die gleichen Auffassungen zugrunde wie der vertikalen Binnenpanzerung. Für die Aufbauten ließ sich aus Gewichtsgründen kein Schutz schaffen. Ihre Verringerung war nicht möglich, da die Tendenz eher eine gegenläufige Richtung angenommen hatte, bedingt durch die wachsende Zahl von Waffenleitständen mit ihren Unterbauten. Abgesehen von der Sprengwirkung verursachte die Flugzeugbombe noch zwei andere Wirkungsarten: Die Brandwirkung und die Wirkung der giftigen Detonationsgase. Brände waren von jeher der gefährlichste Feind jedes Schiffes. Um ihnen möglichst wenig Nahrung zu geben, vermied man Holz und anderes brennbares Material, das durch Leichtmetall und Kunststoffe ersetzt wurde. Im übrigen mußte man sich auch weiterhin auf den vollen Einsatz der Löschmannschaften verlassen und diese durch ein sehr leistungsfähiges Pumpen- und Beflutungssystem unterstützen. Genausowenig war etwas gegen die Gefahr durch Detonations- und Rauchgase zu unternehmen. Absauge- und Be- und Entlüftungseinrichtungen waren das einzige, was man auch weiterhin diesen Gefahren entgegensetzen konnte. Sog. ›gasdichte‹ Brücken und Leitstände waren illusorisch, weil sie sich meist außerhalb des gepanzerten Kommandostandes befanden und nur aus leichtverletzbarem Schiffbaustahl hergestellt waren. Ein einziger und nicht einmal schwerer Treffer genügte, um alle ›Gasdichtigkeit‹ aufzuheben.

2. Bereits im Ersten Weltkrieg hatte sich die Zitadell-Gürtelpanzerung der Artillerie und der Schießtechnik gegenüber als unterlegen gezeigt. Für moderne Schlachtschiffe konnte sie deshalb nicht mehr in Betracht kommen, ganz abgesehen davon, daß es aus Gewichtsgründen nicht möglich gewesen wäre, derart ausgedehnte Flächen, wie sie moderne Schlachtschiffe zwangsläufig bieten mußten, noch ausreichend zu panzern. Die amerikanische Marine war die erste, die sich — schon verhältnismäßig frühzeitig — von dieser Methode abgewandt hatte und dafür eine neue Lösung schuf, die Floßkörperpanzerung, die ausschließlich die lebens- und gefechtswichtigen Einrichtungen des Schiffes deckte, dafür aber in Dicken, die zumindest theoretisch auch schwersten Geschossen standhielten. Aber auch diese Methode schien Nachteile besonderer Art zu haben: Obwohl sie in vielfacher Hinsicht den wohl sichersten Schutz der lebens- und gefechtswichtigen Einrichtungen des Schiffes versprach, mußte damit gerechnet werden, daß derart geschützte Schiffe durch Geschoßtreffer bei voller Erhaltung der Schlagkraft und der Schwimmfähigkeit die Manövrierfähigkeit verlieren konnten. Es mußten deshalb zusätzlich die Schiffsenden und die Rudermaschinenräume unter Panzerschutz gebracht werden.

3. Die Entwicklung der Artillerie war kurz nach dem Ende des Ersten Weltkrieges mit der Kalibersteigerung auf 40,6 cm zu einem Abschluß gekommen. Diese Entwicklungsstufe ließ sich nicht überschreiten, solange die Seerüstungsabkommen für die einzelnen Vertragspartner bindend blieben. Die nun einmal bejahte Notwendigkeit einer weiteren artilleristischen Leistungssteigerung konnte daher nur durch die Steigerung ihrer Reichweite und ihrer Schußfolge und Treffgenauigkeit erreicht werden. Die Steigerung der Reichweite gelang durch Vergrößerung der Höhenrichtbereiche, durch Änderungen der Kartuschladungen, durch Formverbesserung der Geschosse und letzten Endes auch durch die Verlängerung der Geschützrohre. So hatte die durchschnittliche Reichweite eines 30,5 cm-Geschützes während des Ersten Weltkrieges bei 180 hm ge-

---

[185] Gebeschuß, Die fremden Marinen 1937 (in: Jahrbuch der deutschen Kriegsmarine 1938, S. 121 ff.).

legen, während 20 Jahre später das neue deutsche 28 cm-Geschütz ohne Schwierigkeit nahezu an die doppelte Reichweite herankam. Eine schnellere Schußfolge bewirkten Verbesserungen der Förder-, Lade- und Verschlußmechanismen, und eine größere Treffgenauigkeit wurde durch die neuzeitlichen Feuerleitanlagen erzielt. Neben dem rein defensiven Schutz gegen bombentragende Flugzeuge durch die Horizontalpanzerung wurde ein stark ausgeprägter offensiver Schutz notwendig, der nur in Form einer starken, leistungsfähigen Nebenartillerie geschaffen werden konnte. Sie mußte aus *zahlreichen* mittel- und kleinkalibrigen Waffen bestehen, möglichst mit eigenen Feuerleitanlagen versehen sein, eine sehr große Schußfolge haben und in der Lage sein, Einzel- und Massenangriffe hoch- und tieffliegender Flugzeuge abzuwehren.

4. Die Forderung nach hoher Geschwindigkeit leitete sich aus den neuzeitlichen taktischen und strategischen Anschauungen ab. Dafür wurde eine außerordentlich leistungsfähige Maschinenanlage erforderlich, und zugleich mußte der Schiffskörper ein dafür günstiges Verhältnis — besser gesagt: einen hohen Schlankheitsgrad — erhalten. Umgekehrt war aber eine Mindest-Schiffsbreite erforderlich, weil ein jeseits mindestens 4 m breiter Expansionsraum für die Wirksamkeit des Unterwasserschutzsystems nach neueren Erkenntnissen für unerläßlich angesehen wurde. Von dieser vorausgegebenen Breite hatte die Bestimmung der Schiffslänge auszugehen. Das wiederum bewirkte eine größere Ausdehnung der Schutzeinrichtungen und damit einen nicht unbeträchtlichen Gewichtszuwachs — ein typisches Beispiel dafür, wie im Kriegsschiffbau der eine Keil den anderen treibt. Die Antriebsfrage hatte inzwischen erheblich von ihrer Problematik verloren: Durch die Konstruktion von Höchstleistungskesseln und wirtschaftlicher arbeitenden Maschinen (Schnelläuferturbinen mit Untersetzungsgetrieben) konnten das Maschineneinheitsgewicht im Vergleich zu früher wesentlich reduziert werden, wie nachfolgende Tabelle erkennen läßt.

Schiffsname	Stapellaufjahr	Nationalität	Maschinengewicht kg/PS
Warrior	1860	britisch	178,0
Inflexible	1876	britisch	160,0
Wittelsbach	1900	deutsch	90,0
Deutschland	1904	deutsch	82,0
Bayern	1915	deutsch	40,0
West-Virginia	1921	amerikanisch	60,0
Scharnhorst	1936	deutsch	17,5

Zudem waren die Leistungen im Vergleich zu früher durchschnittlich um das Dreifache gesteigert worden. Trotz dieser Errungenschaften wuchs der Raumbedarf für die Antriebsanlagen nicht etwa an, sondern konnte teilweise sogar reduziert werden. Im Zusammenhang mit den günstigeren Schiffsformen war es damit möglich geworden, den neuen Schlachtschiffen eine höhere Geschwindigkeit zu geben.

Aus alledem ist unschwer zu erkennen, daß der Gewichtsbedarf in keinem Verhältnis mehr zu den früher angelegten Maßstäben stehen konnte; zwangsläufig wuchsen damit auch die Baukosten an. Die Nation, die sich den Bau von derart kostspieligen Machtinstrumenten erlauben konnte, mußte mehr als jemals zuvor darauf bedacht sein, diesen Einheiten ein Höchstmaß an Kampfwert zu geben, wenn sie die Investition der Bau- und Unterhaltungskosten rechtfertigen und sichern wollte. Vorerst waren die meisten Seemächte durch die vertraglichen Bindungen der Seerüstungsabkommen noch an die 35 000 ts-Deplacementsgrenze gebunden. Innerhalb von ihr *alle* Forderungen optimal zu erfüllen, war kaum möglich; daher galt es, jeweils eine halbwegs befriedigende oder, extrem formuliert, die am wenigsten schlechte Lösung zu finden. Erst als die Deplacementsgrenze auf 45 000 ts hinausgesetzt worden war, durften die Voraussetzungen als günstiger angesehen werden.

Als erste Seemacht gab Italien 35 000 ts-Schlachtschiffe in Auftrag. Dies erfolgte bereits 1934, da Italien dem Londoner Flottenvertrag von 1930 nicht beigetreten und somit nicht an die bis Ende 1936 verlängerte Baupause gebunden war. Ausgelöst wurde jener italienische Schritt durch das Vorgehen Frankreichs mit der **Dunkerque**. Für diese Schiffe — die **Vittorio Veneto**-Klasse — wählten die Italiener das Kaliber 38,1 cm. Darüber hinaus verwirklichten sie mit dem ›Pugliese‹-Unterwasserschutz ein neuartiges Schutzsystem, das sie erstmals auf dem Flottentanker **Brennero**[186] erprobungshalber installiert hatten.

Ab 1934 trat das Deutsche Reich erstmals nach dem Kriege wieder mit dem Schlachtschiffbau auf den Plan, und zwar mit den beiden Schiffen der **Scharnhorst**-Klasse. Ursprünglich hatte die deutsche Marine geplant, den Panzerschiffbau fortzusetzen und die bereits vorhandenen drei Schiffe der **Deutschland**-Klasse durch zwei weitere zu ergänzen, die jedoch von vornherein eine größere Standkraft und eine höhere Geschwindigkeit erhalten sollten, wodurch mit einer Steigerung des Deplacements auf etwa 19 000 ts gerechnet wurde. Die unverändert übernommene Hauptbewaffnung von sechs 28 cm-Geschützen schien jedoch nicht in einem vernünftigen Verhältnis zur Schiffsgröße zu stehen; diese Überlegungen führten dann zu einem Entwurf von 26 000 ts mit neun 28 cm-Geschützen, doch konnte sich Hitler zunächst nicht dazu entschließen, dem Projekt seine Zustimmung zu erteilen.[187] Erst einige Monate später, im Juni 1934, nachdem Deutschland seinen Austritt aus dem Völkerbund erklärt und die Genfer Abrüstungskonferenz verlassen hatte, stimmte Hitler dem Entwurf zu, ordnete aber gleichzeitig an, daß nur von einem verbesserten 10 000 ts-Typ mit 26 kn Geschwindigkeit gesprochen werden dürfe.[188] In dieser

---

[186] Flottentanker **Brennero**: 1921 vom Stapel gelaufen, Deplacement 9700 ts, Abmessungen 104,6 × 18,0 × 7,5 m, Dreifach-Expansionsmaschinen = 2600 iPS = ca. 10 kn. Bewaffnung: 4—12 cm-SK und 2—7,6 cm-Flak.

[187] Internationaler Militärgerichtshof, Der Prozeß gegen die Hauptkriegsverbrecher vor dem Internationalen Militärgerichtshof (im folgenden stets mit ›IMT‹ zitiert), Bd. XIV, S. 18 ff., 178 ff.

[188] IMT, Bd. XXXIV, S. 775.

Zeit war Deutschland noch gezwungen, außenpolitische Verwicklungen zu vermeiden; aber schon ein Jahr später, als sich Deutschlands Stellung zu festigen begonnen hatte, änderte Hitler seine Meinung über die Bewaffnung der beiden Neubauten; sie schlug sich ins Gegenteil um, denn nunmehr erschien ihm diese im Vergleich zu den französischen Neubauten — **Dunkerque** und **Strasbourg** — zu schwach, und er hielt die deutschen Schiffsneubauten von Anfang an für unterbewaffnet — durchaus mit Recht. Die von ihm geforderte Prüfung der Bewaffnungsfrage ergab im Januar 1935 die Anregung der Flotte, die vorgesehenen 28 cm-Drillingstürme später durch 38 cm-Zwillingstürme zu ersetzen, die ersteren im Hinblick auf ihr Gewicht und ihre Abmessungen durchaus entsprachen. Eine sofortige Umstellung der Neubauten auf 38 cm-Geschütze hätte ihre Fertigstellung um beträchtliche Zeit verzögert, und so entschloß man sich, die Schiffe mit 28 cm-Drillingstürmen fertigzustellen. Ohnehin hatte die deutsche Marine das Drängen Hitlers auf baldige Fertigstellung der Schiffe zu berücksichtigen, gerade im Hinblick auf das Jahr 1937, zu dem die französische **Dunkerque** fertig wurde, der noch nichts Gleichwertiges gegenübergestellt werden konnte.[189] Unter diesen vorwiegend politischen Einflüssen entstanden die Schlachtschiffe **Scharnhorst** und **Gneisenau**. Der von der Marine angestrebte Antrieb durch Dieselmotoren und der damit verbundene große Fahrbereich ließen sich jedoch aus entwicklungstechnischen Gründen nicht verwirklichen. Sie mußte sich daher mit dem Antrieb durch zwar wirtschaftlich arbeitende und auch sonst sehr leistungsfähige Höchstdruck-Turbinenanlagen und einem geringeren Fahrbereich abfinden.

Diese Höchstdruck-Turbinenanlagen standen zu jener Zeit noch in der Entwicklung und hatten ihre technische Reife noch keineswegs voll erreicht; sie bereiteten noch erhebliche Schwierigkeiten und verzögerten die Fertigstellung der Schiffe zudem um einige Monate. Im Kriege litten die Schiffe dann fühlbar unter dem Mangel eines großen Fahrbereichs.

Obwohl diese Einheiten amtlich als ›Schlachtschiffe‹ bezeichnet wurden, stellten sie doch eine Art von Schlachtkreuzern dar, bei denen jedoch nicht mehr die Standkraft gegenüber der Schlagkraft und der Geschwindigkeit in den Hintergrund trat, sondern die Schlagkraft gegenüber Standkraft und Geschwindigkeit. ›Vollwertige‹ Schlachtschiffe im Sinne herkömmlicher Anschauungen wären sie erst dann gewesen, wenn sie zu der großen Standfestigkeit auch eine große Schlagkraft aufzuweisen gehabt hätten.

Das 35 000 ts-Schlachtschiff

Schon ab 1935 ging Frankreich zum Bau von 35 000 ts-Schlachtschiffen über, wozu ihm wiederum das italienische Vorgehen die Handhabe gegeben hatte, — ein typisches Beispiel für die Wechselwirkung politischer Ursachen. Mit der **Richelieu**-Klasse wurden Schiffe geschaffen, die sich im Hinblick auf die Gesamtkonstruktion zwar eng an ihre Vorgänger — die **Dunkerque**-Klasse — anlehnten, aber einen wesentlich höheren Kampfwert erhielten. Kalibermäßig stellten die Franzosen das ›Gleichgewicht‹ zu Italien her, da auch sie zu 38,1 cm übergingen.

Hitlers maritimes Interesse konzentrierte sich entsprechend seiner Einstellung in erster Linie auf den Bau von Großkampfschiffen. Er vertrat in zunehmendem Maße den Standpunkt, daß angesichts der bleibenden deutschen Unterlegenheit zur See jedes einzelne Kriegsschiff, insbesondere aber das Schlachtschiff, entsprechenden Schiffen fremder Seemächte absolut überlegen sein müsse.[190] Dieses Denken beherrschte die Konstruktion bzw. den Bau von deutschen Schlachtschiffen auf Jahre hinaus, praktisch bis zum Ende der nationalsozialistischen Ära.

Nach Abschluß des deutsch-englischen Flottenvertrages hatte Deutschland zwei weitere Schlachtschiffe, **Bismarck** und **Tirpitz**, auf Stapel gelegt, die offiziell 35 000 ts verdrängen sollten und sich damit innerhalb des vertragsmäßigen Rahmens hielten, zumal das zulässige Höchstkaliber von 40,6 cm nicht ausgenutzt wurde und man sich wie die Italiener und Franzosen mit dem 38 cm-Kaliber zufriedengab. Von diesem Kaliber konnte eine so große Leistungsfähigkeit erwartet werden, daß es jedem vorhandenen oder zukünftigen Schiffspanzer gewachsen schien. Hitler, der noch 1933 vor einer Überschreitung des 28 cm-Kalibers zurückgescheut hatte, hielt 1938 diese im Bau schon recht weit vorangeschrittenen Schiffe für zu schwach bewaffnet und auch nicht für genügend schnell.[191] Diese unberechtigte Kritik konnte natürlich keinen Einfluß mehr auf die Konstruktion der Schiffe nehmen. Wenige Jahre später, im Kriege, bewiesen aber gerade sie eine bis dahin nie für möglich gehaltene Standkraft und auch eine beträchtliche Schlagkraft, wie die Vernichtung der **Hood** durch die **Bismarck** innerhalb von wenigen Minuten zeigte. Damit rechtfertigten sich die marineseitigen Auffassungen gegenüber Hitler.

Daß diese Schiffe in Wirklichkeit nicht, wie offiziell angegeben, 35 000 ts Typdeplacement hatten, sondern rund 42 000 ts, war und ist heute noch Gegenstand von Anfeindungen aus dem Ausland und auch im Inland. Es steht jedoch fest, daß ursprünglich von 35 000 ts ausgegangen worden ist; immer neue unverzichtbare militärische Forderungen führten jedoch zu einer beträchtlichen Gewichtssteigerung, so daß die Schiffe tatsächlich schwerer wurden, als es geplant war. Faktisch aber war das belanglos, denn bereits im Juni 1938 war die Deplacementsgrenze unter den Vertragspartnern — zu denen auch Deutschland gehörte — auf 45 000 ts heraufgesetzt worden, und dies hatte der deutschen Marine ohnehin das Recht eingeräumt, bis auf diese Größe heraufzugehen. Das erreichte Deplacement blieb aber noch um einige Tausend tons hinter dem zulässigen zurück!

Die sofort nach Ablauf der Baupause auf Kiel gelegten britischen Schlachtschiffe der **King George V.**-Klasse hielten sich

---

[189] Bensel, a.a.O., S. 21; Raeder, Mein Leben, Bd. I, S. 284 und Bd. II, S. 364; Assmann, a.a.O., S. 116ff.; Ruge, Der Seekrieg 1939—45, S. 23ff.; von Puttkammer, Die unheimliche See — Hitler und die Kriegsmarine, S. 14ff.

[190] von Puttkammer, a.a.O., S. 13ff.; Brennecke, Schlachtschiff ›Bismarck‹ S. 43ff., S. 64.

[191] Raeder, a.a.O., Bd. II, S. 126.

im wesentlichen an die vertragsmäßigen Vorschriften. Wegen ihres relativ schwachen Hauptkalibers — zumal erstmals die deutsche Marine ein schwereres Kaliber hatte als die britische! — waren sie in England lange heftig umstritten. Zwar hätte es die Marine durchaus begrüßt, wenn diese Schiffe mit 38,1 cm-Geschützen armiert worden wären, aber sie konnte sich sachlichen Argumenten nicht verschließen, wonach es aus konstruktiven Gründen im Hinblick auf die vertraglichen Beschränkungen vorteilhafter erschien, sich mit einem schwächeren Kaliber abzufinden und dafür eine ausgewogenere Konstruktion zu erhalten.

Namentlich konservative Kreise, an ihrer Spitze der spätere britische Premier Winston Churchill, empfanden diese Beschränkung als eine höchst unglückliche Lösung und befehdeten das Projekt von Anfang an mit aller Energie. Churchill, der als früherer britischer Marineminister (1911—15) schon einmal den britischen Großkampfschiffbau kräftig vorangetrieben hatte, konnte sich mit den Beschlüssen der Admiralität durchaus nicht abfinden und forderte das höchstzulässige Kaliber. In einem Brief an den damaligen Marineminister, Sir Samuel Hoare, vom 1. August 1936 hatte er bereits seine ersten Gedankengänge niedergelegt. Darin hieß es u. a.:

›... Zum Argument, daß durch die Verstärkung der Bestückung eine Verzögerung im Bau entstehen würde, kann ich mich nicht äußern. Wieder einmal sind wir die einzigen, die sich durch die Verträge benachteiligen lassen. Ich bin aber sicher, daß auch ein 35 000 ts-Schiff mit drei 40,6 cm-Drillingstürmen bestückt werden kann und somit der Bau eines weitaus stärkeren Schiffes als eines mit irgendeiner Kombination von 35,6 cm-Geschützen möglich wäre ... Bedenken Sie, daß die Deutschen mit ihren Geschützen größeren Kalibers weitaus bessere Resultate erzielen; sie schießen mit ihren schweren Geschossen weiter und genauer als wir. Unsere Antwort darauf muß das Großkaliber sein ... Ich würde an Ihrer Stelle auf keinen Fall einer Bewaffnung mit 35,6 cm-Geschützen zustimmen. Die Admiralität wird recht töricht dastehen, wenn man sich auf ... mit 35,6 cm-Geschützen bestückte Schlachtschiffe festlegte, während einige Monate später sowohl Japan als auch die Vereinigten Staaten zu 40,6 cm-Geschützen übergingen. Ich hielte es für besser, mit der Entscheidung zu warten und dann durch Beschleunigung des Baues die verlorene Zeit aufzuholen. Es wäre wirklich bedauerlich, britische Schlachtschiffe zu bauen, von denen jedes sieben Millionen Pfund Sterling kostet, und die dann doch nicht die stärksten der Erde sind. ›Die britische Flotte fährt immer Erster Klasse!‹ pflegte Lord Fisher zu sagen...‹[192]

Aus politischen Gründen mußte Großbritannien, das zu dieser Zeit gerade mit besonderem Nachdruck für die Beibehaltung der mit 35 000 ts festgelegten Größe und für die Herabsetzung des Hauptkalibers von 40,6 cm auf 35,6 cm eintrat, den Bau dieser Schiffe aufnehmen, ehe es Gelegenheit festzustellen hatte, ob auch die übrigen Seemächte diesem Beispiel nachkamen. Sparmaßnahmen taten ein Übriges, um bei dem schwächeren Kaliber zu bleiben. So wurden trotz aller Gegenvorstellungen konservativer Kreise bereits im Mai 1936 die Geschütztürme in Auftrag gegeben.

In den Vereinigten Staaten trat am 27. März 1934 ein neues Flottenbaugesetz — die ›Vinson Trammel‹-Vorlage[193] — in Kraft, das den bisher stark vernachlässigten Ausbau der Flotte im Rahmen der bestehenden Verträge und insbesondere die baldige Aufnahme des Schlachtschiffbaues anstrebte, letzteres aber erst dann, sobald es die vertraglichen Möglichkeiten zuließen. Daran hielten sich die Vereinigten Staaten auch, als Japan die bestehenden Flottenverträge zu einem sehr frühen Zeitpunkt aufkündigte, woran sich bald darauf unschwer erkennen ließ, daß man dort schon in nächster Zukunft den Schlachtschiffbau wieder aufnehmen würde. Aber erst das Jahr 1937 brachte die Bewilligung und Inbaugabe der beiden ersten Schiffe, **North Carolina** und **Washington**. Von vornherein stand zu erwarten, daß die Amerikaner kaum von dem Kaliber 40,6 cm abweichen würden, solange die von britischer Seite angestrebte Verringerung auf 35,6 cm vertragsmäßig nicht für alle übrigen Seemächte bindend wurde. Da diese Einigung nicht zustandekam, hielten die Amerikaner an 40,6 cm für ihre Neubauten fest. Sie begnügten sich dafür mit einer etwas geringeren als derzeit bereits üblichen Geschwindigkeit, und damit brachten sie abermals ihren alten Grundsatz der unbedingten Voranstellung von Schlagkraft und Standkraft vor der Geschwindigkeit zum Ausdruck.

Ab 1938 ging auch die Sowjetunion zum Bau von Schlachtschiffen über, doch war sie dabei zunächst vor kaum lösbare Probleme gestellt, die vor allem in der mangelnden technischen Erfahrung im neuzeitlichen Kriegsschiffbau einerseits und in den besonderen Schwierigkeiten andererseits ihre Begründung hatten, die die Revolution und ihre Nachwirkungen den Werften und der Schwerindustrie gebracht hatten. Zunächst erhoffte sich die Sowjetunion die entsprechende Unterstützung aus Italien und den USA; als die Amerikaner auf Grund des sowjetischen Einmarsches in Polen alle Zusagen annullierten, versuchten die Sowjets, die erforderliche Hilfe aus Deutschland zu erhalten.[194] Die in dieser Hinsicht geführten Verhandlungen verliefen jedoch nicht zur Zufriedenheit der Sowjets. Zwar war ihnen mit dem Verkauf des noch nicht fertiggestellten Kreuzers **L** (ex **Lützow**) ein Zugeständnis gemacht worden, doch forderten sie wesentlich mehr, wie z. B. die vollständigen Konstruktionspläne der **Bismarck**-Klasse, die Lieferung von 38 cm-Geschützen einschließlich der Türme, 40,6 cm-Türme der **H**-Klasse, Feuerleiteinrichtungen und dgl. mehr. Zu mehr als der Zusage von 38 cm-Geschützen und ihrer Türme konnte man sich deutscherseits jedoch nicht entschließen. Die 38 cm-Geschütztürme waren für einen leichteren Schlachtschiff- bzw. Schlachtkreuzertyp vorgesehen, von dem zumindest zwei Schiffe geplant waren.

---

[192] Churchill, Memoiren ›Der Zweite Weltkrieg‹, Bd. I, S. 200.

[193] Gadow, Die fremden Kriegsmarinen (in: Nauticus 1936, S. 47ff.).
[194] IMT, Bd. XXXIV, S. 335, 681—683, 690, 697.

Für den größeren Schlachtschifftyp, von dem sich zwei Bauten ab 1938 in Bau befanden, hatten die Sowjets indessen 40,6 cm-Geschütze bestimmt. Allem Anschein nach haben sie diese Geschütze selbst entwickelt, als es für sie feststand, daß sie diese weder aus den Vereinigten Staaten noch von Deutschland beziehen konnten. Dabei ist es nicht uninteressant, daß die Sowjets ursprünglich an 45,7 cm-Geschütze für ihre Schlachtschiff-Neubauten gedacht hatten; dies ergibt sich aus einem Auftrag an das amerikanische Schiffbaubüro Gibbs & Cox, wonach dieses die Konstruktionszeichnungen für ein 62 000 ts-Schlachtschiff mit 18 Zoll-Geschützen anzufertigen hatte.[195] Etwa zum gleichen Zeitpunkt entstanden auch bei dem italienischen Ansaldo-Konzern Schlachtschiff-Entwürfe in sowjetischem Auftrag.

Der Krieg verhinderte den Weiterbau und die Fertigstellung dieser Schlachtschiffe, von denen eines, noch auf der Helling liegend, in deutsche Hände fiel, als im August 1941 Nikolaev genommen werden konnte.

Die neue Klasse: 45 000 ts

Nachdem am 17. Mai 1938 in den USA ein neues Flottenvermehrungsgesetz angenommen worden war[196], konnten weitere Schlachtschiffe in Auftrag gegeben werden, darunter auch solche von 45 000 ts. Insgesamt waren mit diesem Gesetz sechs Schlachtschiffe bewilligt worden. Die ersten vier von ihnen — die **South Dakota**-Klasse — waren Weiterentwicklungen der **North Carolina**-Klasse; sie unterschieden sich nur äußerlich von diesen. Bewaffnung, Panzerdicken und Geschwindigkeit blieben jedoch im wesentlichen gleich. Infolge einer äußerst raumsparenden Unterteilung und einer vorteilhafteren Anordnung der Antriebsanlage und der Munitionskammern konnte die Zitadelle erheblich verkürzt werden[197], wodurch man auch mit einer geringeren Schiffslänge auskam.[198] Auch die bewilligten 45 000 ts-Schlachtschiffe der **Iowa**-Klasse erhielten die gleiche Bewaffnung, wurden aber erheblich schneller als ihre Vorgänger. Sie standen mit ihren 33 kn Konstruktionsgeschwindigkeit einsam an der Spitze aller jemals gebauten Großkampfschiffe.

Es war wohl die sich immer stärker abzeichnende Gegnerschaft zum Deutschen Reich, die Großbritannien im Jahre 1938 dazu veranlaßte, weitere Schlachtschiffe in Bau zu geben. Es wollte sich mit einer Größe von 40 000 ts Typverdrängung begnügen, legte sich jedoch von allem Anfang auf das 40,6 cm-Kaliber fest. Damit entstanden die Schiffe der **Lion**-Klasse, von denen die beiden ersten unmittelbar vor Kriegsbeginn in Bau gegeben wurden. Sie waren faktisch vergrößerte Ausgaben der **King George V.**-Klasse, nur mit dem Unterschied, daß sie statt der zehn 35,6 cm-Geschütze drei 40,6 cm-Drillingstürme erhalten sollten. Diesen Bauten gegenüber bekundete Churchill ein reges Interesse, und er machte seinen ganzen Einfluß geltend, Neuauflagen der vermeintlichen Fehlkonstruktionen vom Typ **King George V.** zu verhindern. In einem Brief vom 16. August 1941 — also zu einem Zeitpunkt, da die Bauarbeiten an diesen Schiffen längst eingestellt waren — an den damaligen Marineminister A. V. Alexander brachte er zum Audruck:

›... Ich interessiere mich sehr für die Konstruktionspläne für die ›Lion‹ und ›Temeraire‹. Lassen Sie mich bitte genau wissen, wie weit Haupt- und Detailentwürfe gediehen sind ... Von größter Wichtigkeit ist, bei diesen beiden Schiffen die in den fünf ›King George V.‹-Einheiten zutage getretenen Fehler nicht abermals zu machen:
a) Das Zurückgreifen auf die 35,6 cm-Geschütze an Stelle des alterprobten 38 cm-Geschützes ...
Wie ich vernehme und hoffe, sollen die ›Lion‹ und ›Temeraire‹ drei Drillingstürme mit 9—40 cm-Geschützen bekommen, von denen sechs recht voraus schießen; der Heckturm soll so weit nach vorn placiert werden wie nur möglich. Es entspräche meiner Auffassung, wenn alle Türme so nahe aneinander wie möglich gruppiert werden können, damit sie die — auch Kommandoturm und Schornsteine einschließende — Schiffszitadelle bilden, deren Türme zusammen mit der schwersten Seitenpanzerung die Munitionskammern und die lebenswichtigen Maschinenräume schützen. Wenn man das tut, sollte es auch möglich sein, ein 15 cm-Panzerdeck unter der Wasserlinie sehr weit nach vorn, vielleicht bis zum Bug zu ziehen und so Geschwindigkeitsverluste durch Bugschäden zu vermeiden. ... Mir liegt sehr viel daran, den Bau der Schiffe über die derzeitigen Genehmigungen hinaus beschleunigt zu sehen. Doch ehe man sich über die Bauart endgültig schlüssig wird, sollte eine Konferenz einer Anzahl Flottenoffiziere einberufen werden, darunter auch die früheren und gegenwärtigen Kommandanten der ›King George V.‹ und der ›Prince of Wales‹ ...‹[199]

Der Bau der beiden ersten Schiffe dieser Klasse, **Lion** und **Temeraire**, war schon im Oktober 1939 stillgelegt worden, um die Werften für dringender benötigte und schneller zu bauende Einheiten freizubekommen. Am 27. März 1941 hatte Churchill in seiner Eigenschaft als Verteidigungsminister eine Weisung über das laufende Flottenbauprogramm erlassen, wobei er auch die beiden Schiffe der **Lion**-Klasse ansprach:

›... Schwere Schiffbauten, die nicht bis 1942 fertiggestellt werden können, dürfen wir im gegenwärtigen Zeitpunkt nicht ins Auge fassen. Das schließt die Weiterarbeit an der ›Lion‹ und ›Temeraire‹ und die Kiellegung der ›Conqueror‹ und der ›Thunderer‹ aus ... Damit beschränkt sich die Bautätigkeit auf die Fertigstellung der drei verbleibenden Schlachtschiffe der ›King George V.‹-Klasse ...‹[200]

Trotzdem erwog man sehr sorfältig die Wiederaufnahme der Bauarbeiten an **Lion** und **Temeraire**, insbesondere im Hinblick auf die kurz vor ihrer Fertigstellung bzw. Frontbereitschaft

---

[195] Herrick, Soviet Naval Strategy, S. 38 ff.
[196] Dieses sah eine Vermehrung der amerikanischen Flotte um 20 % vor.
[197] Bei der **North Carolina**-Klasse rund 136 m lang, bei der **South Dakota**-Klasse nur noch etwa 120 m.
[198] Die LüA betrug rund 207 m gegenüber 222 m der **North Carolina**-Klasse.

[199] Churchill, a.a.O., Bd. 3, S. 481 ff.
[200] Churchill, a.a.O., Bd. 3, S. 480.

stehenden deutschen Schlachtschiffe **Bismarck** und **Tirpitz**. Dennoch mußte davon abgesehen werden, weil

1. dem Bau von Flugabwehrgeschützen gegenüber dem Bau schwerer Schiffsgeschütze und Geschütztürme der absolute Vorrang eingeräumt werden mußte (Wirkung der deutschen Luftoffensive gegen die britischen Inseln!);
2. der notwendige Bedarf an Panzerplatten für große Kriegsschiffe sich nachteilig auf die Produktion von Panzerkampfwagen auswirken mußte, die besonders in Nordafrika dringend benötigt wurden;
3. zu viele Arbeitskräfte zu den Bauwerften hätten abgestellt werden müssen und damit den anderen Produktionsstätten für Kriegsmaterial entzogen worden wären, und
4. keinerlei Aussichten bestanden, daß diese Schiffe vor Kriegsende überhaupt noch fertiggestellt werden könnten.

An diesem Beispiel läßt sich bereits recht deutlich ablesen, welche Rolle man schon zu jener Zeit dem Großkampfschiff noch zuerkannte. Wäre ihre Fertigstellung aus strategischen bzw. aus anderen kriegswichtigen Gründen erforderlich gewesen, dann hätten sich wohl trotz der bestehenden Engpässe Mittel und Wege zu ihrer Verwirklichung finden lassen. Aber so bestand nur aus taktischen Gründen eine gewisse Notwendigkeit, sie den voraussichtlich zum Einsatz kommenden deutschen Schlachtschiff-Neubauten gegenüberzustellen, doch konnte man notfalls auf sie auch verzichten. Selbstverständlich darf bei diesen Darlegungen nicht übersehen werden, daß letztendlich wohl die Erkenntnis den Ausschlag gab, daß diese Schiffe bis zum Kriegsende kaum mehr fertiggeworden wären.

Zu jener Zeit bestanden aber bereits Überlegungen, ein noch größeres Schlachtschiff zu bauen und dieses mit bereits vorhandenen und seit dem Ende des Ersten Weltkrieges arsenalisierten 38,1 cm-Geschütztürmen zu armieren, so daß damit die Geschützindustrie nicht belastet zu werden brauchte. Den ersten Anstoß dazu hatte im November 1939 Sir Stanley Goodall unter Hinweis auf die in den Arsenalen befindlichen 38,1 cm-Türme gegeben. Darauf schrieb Churchill am 3. Dezember 1939 an den Chef der Marineinspektion:

›... Mit größtem Interesse habe ich ... vernommen, daß es möglich wäre, mit den vier eingesparten 38 cm-Geschütztürmen ein neues Schlachtschiff zu bauen. Es würde sich um einen Schlachtkreuzer handeln — schwer gepanzert und völlig gegen Luftangriffe gesichert. Stellen Sie mir bitte einen Kostenvoranschlag mit Schätzungen der Bautermine zu. Dieses Schiff könnte nach der Fertigstellung der ›King George V.‹-Klasse und vor der Fertigstellung der ›Lion‹ und ›Temeraire‹ eingeschoben werden ...‹[201]

Jener Vorschlag wurde angenommen und mit der Inbaugabe der **Vanguard** im März 1941 verwirklicht.[202] Ihre Fertigstellung war unter günstigen Umständen für das Jahr 1943 in Aussicht gestellt[203]; tatsächlich aber kam sie erst knapp ein Jahr nach Kriegsende in Dienst; ab 1944 ließen sich die Briten offenbar mit dem Weiterbau Zeit, da zu diesem Zeitpunkt nur noch ein einziges deutsches Schlachtschiff — die **Tirpitz** — verwendungsbereit war.

Der Kriegsausbruch in Europa veranlaßte Ende 1939 die Regierung der Vereinigten Staaten, eine weitere Vermehrung der amerikanischen Flotte um 20% zu beantragen. Dieser Forderung wurde, um 14% gekürzt, am 28. Juni 1940 durch Gesetz stattgegeben; damit war die Möglichkeit zum Bau zweier weiterer Schlachtschiffe geschaffen. Nach dem Zusammenbruch Frankreichs gelang es, alle Widerstände im Congress zu beseitigen, und schon am 9. Dezember 1940 wurde das ›Zwei Ozean-Flottenbaugesetz‹ durchgebracht, das zwar die beiden vorangegangenen Baugesetze miteinbezog, aber gleichzeitig eine Vermehrung der Flotte um 70% ermöglichte.[204]

Dieses riesige Programm konnte eigentlich nur mit den japanischen Flottenbauplänen der Jahre 1937 bis 1942 und mit dem deutschen ›Z-Plan‹ von 1939 verglichen werden; es schuf die Voraussetzungen zum Bau von insgesamt 17 Schlachtschiffen, 6 Schlachtkreuzern, 13 Flugzeugträgern, 8 Schweren und 40 Leichten Kreuzern, 295 Zerstörern und 160 U-Booten mit einer Tonnage von zusammen 2 411 000 ts. Nach seiner Durchführung sollte die amerikanische Flotte dann aus 32 Schlachtschiffen, 18 Flugzeugträgern, 73 Kreuzern, 368 Zerstörern und 185 U-Booten bestehen. Als Zeitpunkt dafür war das Jahr 1946 bestimmt. Auf Grund dieses Gesetzes konnten daher sieben weitere Schlachtschiffe und dazu noch sechs Schlachtkreuzer in Bau gegeben werden. Es handelte sich dabei um zwei weitere Schiffe der **Iowa**-Klasse und um fünf der **Montana**-Klasse, bei den Schlachtkreuzern um die der **Alaska**-Klasse. Die Kriegserfahrungen führten jedoch schon 1942 zu einer wesentlich veränderten Flottenbaukonzeption, die in dem im Oktober 1942 zustandegekommenen ›Fünf Ozean-Flottenbaugesetz‹ ihren Niederschlag fand. Zu Gunsten des verstärkten Baues von Flugzeugträgern, Kreuzern, Zerstörern und U-Booten verzichtete man auf die letzten fünf Schlachtschiffe sowie auf drei Schlachtkreuzer.[205]

Der Bau von Schlachtkreuzern der **Alaska**-Klasse ging weniger auf etwa vorhanden gewesene taktische Erfordernisse zurück, als vielmehr auf politische Fakten. Sie dürften als ›Antwortbauten‹ auf vermeintlich im Bau befindliche japanische Handelsstör-Panzerschiffe[206] entstanden sein, die in jener Zeit

---

[201] Churchill, a.a.O., Bd. 1, S. 412.
[202] Parkes, a.a.O., S. 687.
[203] Weisung Churchills im Hinblick auf die Durchführung des Flottenbauprogrammes 1941: ›... Die einzige Ausnahme bildet die ›Vanguard‹, die 1943 fertig werden könnte und das einzige Großkampfschiff wäre, das wir uns auf irgendeine Weise vor 1945 zu beschaffen vermöchten. Da die Geschütze und Türme für sie schon vorhanden sind, ist sehr zu wünschen, daß der Bau des Schiffes, sofern dies im Rahmen der in Absatz 5 vorgesehenen Panzerplatten möglich ist, beschleunigt wird ...‹ (Churchill, a.a.O., Bd. 3, S. 480).
[204] Alleweldt, Die Kriegsmarinen Englands und der USA (in: Nauticus 1944, S. 74).
[205] Dieses Gesetz legte die zukünftige Stärke der amerikanischen Flotte auf 27 Schlachtschiffe, 2 Schlachtkreuzer, 30 Flugzeugträger, 26 Schwere und 71 Leichte Kreuzer, 372 Zerstörer und 369 U-Boote fest.
[206] In der Presseberichterstattung zumeist als 17 000 ts-Schiffe mit 30,5 cm-Bewaffnung bezeichnet.

durch vorwiegend amerikanische Presseberichte fast eine regelrechte Psychose hervorriefen.[207]

Was bisher eindeutig nicht der Fall war, trat durch dieses amerikanische Vorgehen ein: Die große Seemacht auf der gegenüberliegenden Seite des Pazifiks reagierte fast unmittelbar und entwarf nunmehr einen Schlachtkreuzertyp, von dem zwei Schiffe im Rahmen des sog. ›V. Bauprogrammes‹ von 1942/43 verwirklicht werden sollten. Dieses Programm kann nur in Zusammenhang mit den drei zuvor genehmigten Programmen gewertet werden, die eine erhebliche Verstärkung der japanischen Flotte ähnlich wie bis 1921 zum Ziele hatten.

Die japanische Flottenaufrüstung 1937—42

Gattung (Gesamtzahl)	III. Programm 1937/38	IV. Programm 1939/40	Kriegsprogramm 1941	V. Programm 1942/43
Schlachtschiffe (7)	2	2	—	3[1]
Schlachtkreuzer (2)	—	—	—	2[1]
Große Flugzeugträger (8)	2	1	—	5
Leichte Flugzeugträger (23)[2]	—	4	2	17
Geleit-Flugzeugträger (24)[3]	—	2	4	18
Schwere Kreuzer (2)	—	—	2	—
Leichte Kreuzer (19)[4]	2	7	1	9
Zerstörer (94)	15	22	26	31

[1] Kurz darauf wieder annulliert.
[2] z.T. Umbauten aus schnellen Fahrgastschiffen und Troßschiffen.
[3] Umbauten aus Frachtschiffen.
[4] Einschl. Schulkreuzer

Diese amerikanischen und japanischen Schlachtkreuzer-Projekte (von denen nur die amerikanischen verwirklicht werden konnten) waren nicht die einzigen ihrer Art. Auch die Marinen Deutschlands, der Sowjetunion und der Niederlande hatten um 1939/40 derartige Projekte in Arbeit. Ihre Planungen sahen schnelle, nur leicht gepanzerte, aber relativ stark armierte Kampfschiffe nach Art der früheren Schlachtkreuzer vor. Von ihnen sollten die deutschen Schiffe im ozeanischen Zufuhrkrieg eingesetzt werden, die der niederländischen Marine zum Schutze der Besitzungen in Südostasien, wo als Hauptgegner offenbar die schweren Kreuzer der japanischen Marine angesehen wurden. Die sowjetischen Schlachtkreuzer könnten ebenso für den ozeanischen Einsatz konzipiert gewesen sein; sie dürften auf Stalins ehrgeizige Pläne einer ›ozeanischen Flotte‹ zurückzuführen sein.

Dieses Kapitel läßt sich nicht abschließen, ohne daß die berechtigte Frage untersucht wird, ob sich die in Betracht kommenden Seemächte mit ihren in Bau gegebenen ›35 000 ts‹-Schlachtschiffen eindeutig an die Vorschriften der Seerüstungsabkommen gehalten haben.

Legt man die italienischen und deutschen ›35 000 ts‹-Schlachtschiffe (**Vittorio Veneto**-Klasse und **Bismarck**-Klasse) zugrunde, bei denen das Typdeplacement um jeweils rund 6000 ts über das seinerzeit geltende Vertragsmaß hinausgegangen war, dann

zwingen sich Schlußfolgerungen in bezug auf die ›35 000 ts‹-Schlachtschiffe der Siegermächte geradezu auf. Diese Schiffe — im einzelnen die britische **King George V.**-Klasse, die französische **Richelieu**-Klasse und die amerikanischen **North Carolina**- und **South Dakota**-Klassen — lassen sich durchaus mit denen der italienischen und deutschen Marine vergleichen, denn sie waren weder schwächer noch hatten sie einen weniger guten Schutz, noch waren sie wesentlich schneller oder langsamer. Gleichwohl hielten Großbritannien, Frankreich und die Vereinigten Staaten bis lange nach Kriegsende an ihren offiziellen Angaben fest, daß jene Schiffe eine Typveränderung von 35 000 ts haben; die USA haben diese Angaben bis heute noch nicht revidiert.

Nur die Engländer und die Franzosen rückten zu Beginn der 50er Jahre von ihren bisherigen Angaben ab. So werden seither für die **King George V.**-Klasse 38 000 ts angegeben, für die **Richelieu**-Klasse 38 500 ts. Für erstere mögen jene 38 000 ts zutreffend sein.[208] Bei **Richelieu** sind hingegen erhebliche Zweifel angebracht, weil nach revidierten offiziellen Angaben die größte Verdrängung bei mehr als 48 000 ts liegen soll. Hiervon ausgehend, dürfte die Typverdrängung zwischen 40 000 und 42 000 ts liegen, insbesondere unter Berücksichtigung des sehr starken Panzerschutzes, den diese Schiffe haben.

Die amerikanische Marine ist in dieser Hinsicht äußerst zurückhaltend, denn nach wie vor gelten nach ihren Verlautbarungen die Schiffe der **North Carolina**-Klasse und auch der **South Dakota**-Klasse als 35 000 ts-Einheiten. Dieses Größenmaß erscheint um so zweifelhafter, als gerade diese Schiffe von allen vergleichbaren die stärkste Bewaffnung — neun 40,6 cm-Geschütze — erhalten hatten. Wenn die italienische **Vittorio Veneto**-Klasse, die im Hinblick auf ihre neun 38,1 cm-Geschütze in gleicher Aufstellung am ehesten mit den amerikanischen Schiffen verglichen werden kann und bei etwa gleichzubewertenden Schutzeinrichtungen schon rund 41 000 ts Typdeplacement aufwies, dann dürften die amerikanischen Schiffe in dieser Hinsicht nur wenig zurückstehen!

Die Deplacementsgrenze von 35 000 ts, wie sie der Washington-Vertrag und seine Folgeverträge bis Mitte 1938 vorschrieben, wurde mit an Wahrscheinlichkeit grenzender Sicherheit von keiner Seemacht eingehalten. Der technische Fortschritt machte es unvermeidbar, über sie hinwegzugehen, um ein Maximum an Schlagkraft, Standkraft und Geschwindigkeit zu erreichen. Schon der britische Chefkonstrukteur Sir George Thurston hielt in seinem in ›Brassey's Naval Annual 1920/21‹ veröffentlichten

---

[207] Auch Churchill ließ sich durch diese Gerüchte beirren und schenkte ihnen Glauben.

[208] Hierüber Churchill mit Bezug auf die **King George V.**-Klases: ›... Wir haben die Vertragsgrenze um 1750 ts überzogen, während die Amerikaner mit ihren 40,6 cm-Geschützen sie einhalten oder um 200 ts überzogen haben ...‹ (Churchill, a.a.O., S. 484). Dazu die Antwort des Ersten Seelords: ›... Mit der ›King George V.‹ - Klasse beabsichtigten wir ursprünglich ein Schiff von 35000 ts Wasserverdrängung zu bauen, doch wurden während des Baues Erweiterungen beschlossen und einige Gewichtsschätzungen, insbesondere Panzerung, konnten nicht eingehalten werden. So fiel das Schiff um 1750 ts zu schwer aus. Das amerikanische Schiff‹ — dies bezieht sich vermutlich auf die **North Carolina**-Klasse — ›ist wohl auch zu schwer ausgefallen‹ (Churchill, a.a.O., S. 485).

Aufsatz das Anwachsen des Schlachtschiff-Deplacements bis nahezu 60 000 ts für unvermeidbar. Er vertrat dabei die Auffassung, daß in Zukunft davon 32% für die Schutzeinrichtungen und 28% für Bewaffnung und Antrieb aufgewendet werden müssen. Dies hätte eine obere Grenze von etwa 58 000 ts ergeben bei 200 000 Ps Maschinenleistung für 33,5 kn Geschwindigkeit und einer Hauptbewaffnung von acht 45,6 cm-Geschützen. Sicher hatten Sir George Thurston und seine Mitstreiter[209] mit diesen weitblickenden Darlegungen recht; wenn daher einige Seemächte diese Beschränkungen außer Acht gelassen und die Größe ihrer Schlachtschiff-Neubauten ausschließlich nach Zweckmäßigkeitsgründen festlegten, so folgten sie letztendlich jenen Auffassungen.

Letzter Höhepunkt der Epoche: schwimmende Giganten

Während die meisten Seemächte die seit Mitte 1938 geltende obere Deplacementsgrenze für Schlachtschiffe von 45 000 ts respektierten, dachten einige andere teils schon sehr frühzeitig nicht mehr daran, sich in dieser Hinsicht irgendwelche Beschränkungen auferlegen zu lassen; ihnen schwebte eine kleinere Anzahl von Schlachtschiffen vor, die durch radikale Steigerung ihres Kampfwertes alle fremden Bauten übertrumpfen sollten. Die erste Seemacht, die diesen Schritt wagte, war Japan. Dort entstanden ab Herbst 1934 die Pläne für derartige Neubauten, die später in der **Yamato**-Klasse ihre Verwirklichung fanden. Zu dieser Zeit wurde erstmals seit 1921 eine Untersuchung von Projekten mit 46 cm-Geschützen in die Wege geleitet. Die militärische Konzeption forderte von den zukünftig zu bauenden Schlachtschiffen Unversenkbarkeit durch Geschützfeuer und die Fähigkeit, selbst schwerste Schläge austeilen zu können. Im Ganzen wurde beabsichtigt, den Kampfwert dieser Schiffe derart zu steigern, daß es selbst den wirtschaftlich und industriell überlegenen Vereinigten Staaten — deren Gegnerschaft sich immer stärker abzeichnete — schwerfallen müßte, einer solchen Entwicklung zu folgen. Die amerikanische Marine sollte außerdem dazu gezwungen werden, etwaige ›Antwortbauten‹ so groß zu bemessen, daß diese den Panamakanal nicht mehr benutzen könnten. Als obere Grenze hierfür schätzte man in japanischen Marinekreisen ein Typdeplacement von etwa 63 000 ts. Die Entwurfsarbeiten zogen sich bis zum Frühjahr 1937 hin. Vorübergehend erwog man den Einbau von 40,6 cm-Geschützen, doch entschied man sich endgültig für solche von 46 cm, die bisher unerreicht im Kriegsschiffbau dastanden.[210] Insgesamt waren vier dieser gigantischen Schiffe geplant, von denen zwei bald nach Abschluß der Entwurfsbearbeitung und zwei weitere im Laufe des Jahres 1940 begonnen wurden. Ihr Bau erfolgte unter strengster Geheimhaltung; diese erreichte ihren Zweck fast vollkommen, denn erst nach ihrer Fertigstellung wurden ihre Existenz und erst kurz vor Kriegsende ihre tatsächlichen Eigenschaften hinsichtlich Größe und Hauptkaliber bekannt. Bis dahin stand lediglich fest, daß Japan neue Schlachtschiffe gebaut hatte, doch war über Einzelheiten von ihnen nichts in Erfahrung zu bringen.[211] Von den vier begonnenen Schiffen wurden nur zwei fertiggestellt, ein drittes dagegen als Flugzeugträger. Im Ganzen erwies sich diese **Yamato**-Klasse als die wohl optimale Lösung des Schlachtschiff-Problemes einerseits und als eine achtunggebietende Leistung des japanischen Kriegsschiffbaues andererseits, die bis dahin keine Parallele hatte. Schließlich plante die japanische Marine drei weitere Großkampfschiffe, und zwar zwei als verbesserte ›Ausgaben‹ der **Yamato**-Klasse, das dritte hingegen als die Krönung dieser Entwicklung ins Gigantische. Es fußte auf einem Entwurf aus dem Jahre 1938 und sollte mit 50,8 cm-Geschützen bestückt werden. Zur Verwirklichung dieser drei Vorhaben kam es jedoch nicht mehr, da man sich angesichts der ersten Kriegserfahrungen zu einer Änderung der Flottenbau-Konzeption entschließen mußte, bei

---

[209] Im Jahre 1940 schlug ein Marineausschußmitglied des amerikanischen Abgeordnetenhauses den Bau von 80 000 ts-Schlachtschiffen mit 50,8 cm-Geschützen in acht Türmen (!) vor. Einen ähnlichen Vorschlag hatte ein amerikanischer Abgeordneter bereits im Februar 1917 gemacht (Charakteristik: 80 000 ts, L 297 m, B 33 m, Tg 10,37 m, Geschwindigkeit 25 kn, Fahrstrecke 12 000 sm bei Marschgeschwindigkeit, Bewaffnung: 15—45,7 cm-Geschütze in 5 Drillingstürmen, 21—15,2 cm-Geschütze als Mittelartillerie, 4—53,3 cm-TR, Wasserlinienpanzerung maximal 406 mm [vgl. Rivista Marittima Nr. 4/1940, S. 151, hier zitiert nach R-Mitteilungen Juni 1940, S. 182]).

[210] Eigens für den Transport der schweren Geschütze und ihrer Türme wurde ein Spezialtransporter gebaut, die **Kashino**. In seinem Mittelschiff befanden sich zwei große Laderäume, in denen ein Geschützturm (achtern) und die Barbette (davor) untergebracht werden konnten. Die Geschützrohre und ihre Verschlußstücke fanden in einem Laderaum im Vorschiff ihre Unterbringung. Weitere Einzelheiten: Typdeplacement 10 360 ts, L 135,0 m, B 18,8 m, Tg 6,7 m. Maschinen: Turbinen auf 2 Wellen = 4500 PS, 4 Kessel, Geschwindigkeit 14 kn. Bewaffnung: 2—12 cm-Geschütze, 4 FlaMG. Dieses Schiff wurde am 4. September 1942 westlich Okinawa von einem amerikanischen U-Boot versenkt.

[211] Bemerkenswert hierzu die recht unterschiedlichen Angaben der internationalen Flottenhandbücher bis etwa 1943/44! Als Beispiele dafür seien erwähnt: ›Weyer's Taschenbuch der Kriegsflotten 1938‹ — 4 Schiffe, keine Einzelheiten, davon je 2 auf Stapel und geplant; ›Weyer‹ 1941/42: 2 Schiffe zu je 42 500 ts mit 8 oder 9—40,6 cm-Geschützen, auf Stapel liegend; ›Weyer‹ 1943/44: 6 Schiffe, keine Einzelheiten; ›Jane's Fighting Ships 1939‹: 4 Schiffe zu je 40 000 ts mit 8 oder 9—40,6 cm-Geschützen; ›Marinkalender 1940‹: 1 Schiff geplant mit 45,7 cm-Geschützen, zwei weitere zu je 45 000 ts mit 9—40,6 cm-Geschützen im Bau; ›Marinkalender 1942‹: 3 Schiffe mit Namen **Owari**, **Siwami** und **Kii** im Bau, 32 kn, 45,7 cm-Geschütze, dazu zwei weitere mit Namen **Nisshin** und **Takamatsu** im Bau — 45 000 ts, 9—40,6 cm, 30 kn; ›Marinkalender 1943‹: 4 Schiffe mit Namen **Owari**, **Siwami**, **Kii** und **Tosa** im Bau — 32 kn, 45,7 cm-Geschütze, dazu 2 weitere wie bereits 1942 gemeldet; ›Almanacco Navale 1943‹: 4 Schiffe, davon eins mit Namen **Shimusio**, im Bau, 35 000 ts, 30 kn, 9—40,6 cm-Geschütze. Noch 1941 wurden gemeldet: **Takamatsu** (26. Januar 1940 vom Stapel) und **Nisshin** (30. November 1939 vom Stapel) zu 42 000 ts, 8 oder 9—40,6 cm- und 12—12,7 cm-Geschütze (vgl. Marinerundschau 1941, S. 875). — Alle Nachrichten gründeten sich mehr oder weniger auf Vermutungen, z.T. auch auf spekulativen Erwägungen. Dabei ist freilich nicht erkennbar, ob sie auch bereits die Erkenntnisse der Nachrichtendienste beinhalteten. Letzteres ist jedoch nicht zu vermuten, wie beispielsweise aus den Memoiren von Churchill entnommen werden kann. Der erste westliche Beobachter, der diese Schiffe zu sehen bekam, war der deutsche Marineattaché in Japan. Er erhielt im Oktober 1942 die Erlaubnis zur Besichtigung der **Yamato**. Sein Bericht darüber ging an die deutsche Wehrmachtführung und blieb geheim. — Über die Haltung der japanischen Regierung anläßlich einer Anfrage Englands über die im Bau befindlichen japanischen Schlachtschiffe vgl. S. 88/89.

der nunmehr Flugzeugträger an die Stelle der Schlachtschiffe traten.

Die zweite Seemacht, die den Bau derartiger Schlachtschiffe aufnahm, war das wiedererstarkende Deutsche Reich. Die Zuspitzung des Verhältnisses zu Großbritannien führte Ende 1938 zu dem sog. ›Z-Plan‹, als dessen Kern eine Anzahl schwer bewaffneter Schlachtschiffe mit einem erheblichen Fahrbereich vorgesehen war. Dieser Plan war die konsequente Fortführung jenes strategischen Denkens, dessen erste Anfänge sich mit dem Bau der Panzerschiffe vom **Deutschland**-Typ abzeichneten.[212] Bis dahin hatte Hitler gehofft, mit Großbritannien zu einem politischen Übereinkommen zu gelangen. Seine aggressive Politik stieß jedoch auf immer schärfere Ablehnung Englands, das er deshalb ab spätestens Ende 1938 zu den potentiellen Gegnern zählen mußte. Zwei Alternativen ergaben sich bei einer Überprüfung, die man im Hinblick auf einen gegen England zu führenden Seekrieg vornahm: Der erste Plan erwog einen reinen Handelskrieg mit U-Booten und Panzerschiffen und wäre verhältnismäßig schnell und weniger kostspielig zu verwirklichen gewesen, doch erschien er zu einseitig ausgerichtet. Der andere Plan war hingegen nur langfristig und mit einem erheblichen Kostenaufwand durchführbar, doch bot er wesentlich weiterreichende Wirkungsmöglichkeiten. Er sah den Bau einer zahlenmäßig nicht zu großen, dafür aber ausgewogenen und sehr kampfstarken Flotte vor, die außer der Handelskriegführung auch mit Aussicht auf Erfolg gegen feindliche Flottenstreitkräfte hätte operieren können. Obwohl der damalige Oberbefehlshaber der Kriegsmarine, Großadmiral Dr. h. c. Raeder, mit Nachdruck darauf hinwies, daß dieser langfristige Plan zu einem ›Flottentorso‹ führen würde, falls es noch während seiner Ausführung zu einem Krieg mit England komme, beharrte Hitler darauf. Nach seiner Meinung brauchte er die Flotte für seine politischen Zwecke nicht vor dem Jahre 1946.[213]

Die Marine veranschlagte für die Durchführung des ›Z-Planes‹ etwa zehn Jahre, also bis 1948/49; zu diesem Zeitpunkt sollte die deutsche Kriegsflotte aus folgenden Einheiten bestehen:

10 Schlachtschiffe (einschl. der Schiffe der **Bismarck**- und der **Scharnhorst**-Klasse)	22 Leichte Kreuzer einschl. der bereits vorhandenen älteren
12 Panzerschiffe bzw. Leichte Schlachtkreuzer	22 Spähkreuzer
	68 Zerstörer
	90 Torpedoboote
3 Panzerschiffe der **Deutschland**-Klasse	249 U-Boote
	10 Minenschiffe
4 Flugzeugträger	75 Schnellboote und
5 Schwere Kreuzer	227 Geleitboote, Minensuchboote, U-Jäger usw.

Das Endziel war die Indiensthaltung von insgesamt 800 Einheiten. Hitler genehmigte diesen Plan schon im Jahre 1939, doch forderte er die Durchführung innerhalb von sechs anstatt von zehn Jahren; gleichzeitig erkannte er dem Aufbau der Kriegsmarine den absoluten Vorrang gegenüber Heer und Luftwaffe zu.

Fast alle neuzubauenden Schiffe für die ozeanische Kriegführung sollten Dieselantrieb (bzw. gemischten, d.h. aus Dieselmotoren und Dampfturbinen bestehenden Antrieb) erhalten und dadurch einen großen Fahrbereich erzielen können. Durch diese Antriebsart sollte die ungünstige seestrategische Ausgangsbasis Deutschlands verbessert werden; mit ihm konnte der Seekrieg an die Lebensader Großbritanniens, den Atlantik, als dessen empfindlichste Stelle (weil es nicht auf seine überseeischen Zufuhren verzichten konnte) herangetragen werden. Der Dieselantrieb, der damals allein die Voraussetzungen für einen großen Fahrbereich bot, wurde so zur großen Hoffnung der Kriegsmarine.[214]

Die neue seestrategische Konzeption der Kriegsmarine bestand

- im Mineneinsatz im britischen Küstenvorfeld und im Handelskrieg im weiteren Küstenvorfeld durch U-Boote,
- im ozeanischen Zufuhrkrieg durch Panzerschiffe, Kreuzer, Hilfskreuzer und U-Boote, und
- in der Bindung britischer Seestreitkräfte an die britischen Inseln durch eine eigene Bereitschaftsflotte (›fleet in being‹).[215]

Durch den ozeanischen Zufuhrkrieg mit Panzerschiffen, Kreuzern usw. sollte die britische Marine gezwungen werden, ihre Geleitzüge durch stärkste Flottenstreitkräfte sichern zu lassen. Gegen derart stark gesicherte Geleitzüge hätten dann die deutschen Offensiv-Kampfgruppen angesetzt werden sollen, die sich aus jeweils mehreren neuen Großkampfschiffen, einem Flugzeugträger und einer Anzahl von Spähkreuzern und Zerstörern zusammensetzen sollten.[216]

Die Entwürfe für die neuen Großkampfschiffe als Kern des ›Z-Planes‹ gingen bis auf das Jahr 1937 zurück und waren mehrfach geändert worden. Im Hinblick auf die neugefaßten seestrategischen Ziele hatte man an sie die folgenden Forderungen gestellt:

- Gewährleistung eines erheblichen Fahrbereiches, um praktisch unbegrenzt im Atlantik operieren zu können und eine optimale Unabhängigkeit von heimischen Stützpunkten zu erlangen.
- Eindeutige artilleristische Überlegenheit über sämtliche als Gegner in Betracht kommenden Kampfschiffe.
- Große Geschwindigkeit, sowie die Fähigkeit, aus der Marschfahrt heraus ohne ein ständiges Warmhalten der Maschinen sofort auf Höchstfahrt gehen zu können.[217]
- Größtmögliche Standfestigkeit gegenüber feindlicher Waffenwirkung.

Diese Forderungen führten zu der Endplanung von Schiffen mit einem Typdeplacement von rund 56000 ts, die etwa 30 kn schnell waren und acht 40,6 cm-Geschütze als Hauptbewaffnung führ-

---

[212] Fuchs, Der deutsche Kriegsschiffbau (in: Wehrtechnische Monatshefte 1959, S. 60ff.).
[213] Raeder, a.a.O., Bd. II, S. 161.
[214] Bensel, a.a.O., S. 56.
[215] Als ›Kern‹ dieser Bereitschaftsflotte waren die Schlachtschiffe der **Scharnhorst**- und der **Bismarck**-Klasse vorgesehen.
[216] Raeder, a.a.O., Bd. II, S. 152ff.; Assmann, a.a.O., S. 122; Ruge, Der Seekrieg 1939—1945, S. 26ff.; Puttkammer, a.a.O., S. 19ff.
[217] Fuchs, a.a.O., S. 61.

ten. Ihr Fahrbereich betrug 19 000 sm bei Marschgeschwindigkeit, und ihre Schutzeinrichtungen entsprachen überlieferten deutschen Grundsätzen.

Hitler legte dem Bau der neuen Schlachtschiffe größtes Gewicht bei; das veranlaßte ihn, ihre Fertigstellung innerhalb von sechs Jahren zu fordern. Die Kriegsmarine war daher zur Bildung von Schwerpunkten gezwungen, um diese große Aufgabe bewältigen zu können. Den Vorrang gegenüber allen anderen Kriegsschiffneubauten erhielten dabei neben den U-Booten die Schlachtschiff-Neubauten ›als der nur in langfristiger Arbeit zu erstellende Kern der gesamten Flotte‹.[218] Um ihren Bau in Gang zu bringen, ließ Hitler Vollmachten von erheblicher Tragweite erteilen; für sie gab es bisher in der Geschichte des deutschen Kriegsschiffbaues nichts Vergleichbares.

Der Sinn dieser Bauten lag nicht nur darin, mit ihnen im Kriegsfalle eine erhebliche Überlegenheit zu erhalten, sondern mehr noch in der Hoffnung, daß Großbritannien Deutschland gegenüber eher zum Einlenken und zu einem Ausgleich bereit sein würde, wenn der Aufbau der neuen Flotte, insbesondere aber der Bau der neuen Schlachtschiffe — denen Großbritannien zunächst nichts Gleichwertiges hätte entgegensetzen können —, erst einmal ihren Abschluß gefunden hätte. Sie waren also nicht nur als militärisches Werkzeug gedacht, sondern — extrem formuliert — auch als politisches ›Druckmittel‹.[219] Es gebot sich daher von selbst, den Schlachtschiffbau schlagartig und mit größter Beschleunigung durchzuführen, und die Einzelheiten der Schiffe so lange wie möglich geheimzuhalten, ähnlich wie es die Engländer seinerzeit mit ihrer **Dreadnought** praktizierten. Für den Bau der neuen Schlachtschiffe kamen nur vier Werften mit entsprechend großen Hellingen in Frage: Blohm & Voß in Hamburg, die Aktiengesellschaft ›Weser‹ in Bremen, die Deutschen Werke in Kiel und die Kriegsmarinewerft Wilhelmshaven. Nach den entsprechenden Vorbereitungen lief der Bau der beiden ersten Schiffe im Sommer 1939 an, zentral geleitet von einem eigens für diesen Zweck von der Marine in Hamburg eingerichteten Konstruktionsbüro. Schon im Juli und im August 1939 konnten die beiden ersten Schiffe auf Kiel gelegt werden, und die beiden nächsten hätten schon im September und im Oktober 1939 begonnen werden können. Das war nur möglich, weil der Instanzenweg abgekürzt worden war, die Vorarbeiten mit größtmöglicher Beschleunigung durchgeführt wurden und die Materialzulieferungen bevorzugt erfolgten. Unter normalen Umständen hätten die Kiellegungen erst etwa sechs bis acht Monate nach der Auftragserteilung erfolgen können.[220]

Kurz nach Kriegsbeginn mußten die Bauarbeiten eingestellt werden, um die Werftkapazität eiligst für den Bau von U-Booten freizumachen, die jetzt ›als das einzig wirksame operative Seekriegsmittel in der Zeit unserer Schwäche‹[221] erheblich schneller und in wesentlich größerer Anzahl gebaut werden konnten.

Mit Recht erhebt sich die Frage, wie Großbritannien wohl reagiert haben würde, wenn dieser ›Z-Plan‹ und mit ihm die neuen Großkampfschiffe zur Ausführung gelangt wären. Soviel dürfte sicher sein: Tatenlos hätte man auch dort die Dinge nicht treiben lassen, und es wäre aller Voraussicht nach zu einem neuen fieberhaften Wettrüsten gekommen wie seinerzeit vor dem Ersten Weltkrieg. Dennoch wäre kaum damit zu rechnen gewesen, daß Großbritannien bei etwaigen ›Antwort‹-Bauten seinerseits zum Motorantrieb übergehen würde, weil es in diesem Antriebszweig so gut wie keine Erfahrungen hatte. Die Grundlagen dazu hätten wohl nur unter beträchtlichem Zeitaufwand geschaffen werden können; zumindest während dieses Zeitraumes hätten die deutschen Motoren-Schlachtschiffe ihre Überlegenheit wahren können. Aber auch eine größere Anzahl turbinenangetriebener britischer Schlachtschiff-Neubauten hätten die Wirkung der deutschen Großkampfschiffe nur schwer aufheben können, selbst wenn man berücksichtigt, daß ihnen — im Gegensatz zu den deutschen Schiffen — ein weltweit verzweigtes Stützpunktsystem zur Verfügung stand. Selbst bei der relativ kurzen Verfolgung der deutschen **Bismarck** litten die britischen Schlachtschiffe unter erheblichem Brennstoffmangel, der die Frage aufwarf, ob die Operationen nicht besser abzubrechen wäre. Andererseits bewies der Zweite Weltkrieg die Durchführbarkeit einer ozeanischen Seekriegführung ohne feste eigene Stützpunkte selbst mit turbinenangetriebenen Schiffen, wie das Geschehen im pazifischen Raum während der Jahre 1942 bis 1945 zeigte.[222] Die deutsche Konzeption war also nach militärischen Gesichtspunkten durchaus berechtigt.

Mit der Einstellung der Arbeiten an diesen neuen Schlachtschiffen bei Kriegsbeginn endete keineswegs die Entwurfs- und Konstruktionstätigkeit. Sie führte statt dessen zu immer neuen Entwürfen, bei denen jeweils die letzten Erfahrungen des Seekrieges berücksichtigt wurden. Diese Arbeiten gingen zumindest teilweise auf Befehle Hitlers zurück; bereits am 11. Juli 1940 befahl er, die Konstruktionsarbeiten für diese Schiffe wieder aufzunehmen und fortzuführen. Dies erfolgte zu einem Zeitpunkt, zu dem Deutschland mit der Niederwerfung Frankreichs einen seiner größten Waffenerfolge errungen hatte und von nun an nur noch England allein gegenüberstand, freilich nur für eine kurze Zeitspanne.

Bei diesen Arbeiten, so lauteten Hitlers Befehle, war besonderer Wert auf eine starke und dem Entwicklungsstand der Luftkriegführung angepaßte Horizontalpanzerung zu legen. Insbesondere sollten das Oberdeck ›bombensicher‹ gepanzert und die Aufbauten splittersicher gemacht werden.[223]

Unabhängig davon entstanden auf den Reißbrettern Entwürfe zu immer größeren Schlachtschiffen, die nach allgemeiner Mei-

---

[218] Ruge, a.a.O., S. 29.
[219] ›Druckmittel‹ nicht im Sinne einer erpresserischen Politik, sondern als ein u. U. sogar allianzförderndes Mittel zur Erzielung eines Einvernehmens bzw. Bündnisses (vgl. hierzu auch Fuchs, a.a.O., S. 62 und in Marinerundschau 1956, S. 176 ff.).
[220] Fuchs, a.a.O., S. 62; Ruge, a.a.O., S. 30.

[221] Ruge, a.a.O., S. 30.
[222] Fuchs, a.a.O., S. 63 ff.
[223] Brassey's Naval Annual 1948, Fuehrer Conferences and Naval Affairs, S. 115.

nung des Auslandes ernsthaften Bauabsichten gleichgesetzt werden.[224] Dies traf jedoch mit Sicherheit nicht zu, denn sie waren nichts anderes als Studien, an denen die Frage geprüft wurde, bei welcher Größe sich ein Maximum an Standkraft und Sinksicherheit erreichen läßt. Daß man dabei von den ständig anfallenden Erfahrungen des Seekrieges auszugehen hatte lag auf der Hand, und dies wiederum mußte ganz zwangsläufig zu einer immer mehr gesteigerten Vergrößerung der Entwürfe führen. Dabei lag es selbstverständlich nahe, daß man die Steigerung der Standfestigkeit durch die Steigerung der Schlagkraft ergänzte, und nur so versteht es sich, daß die Kalibergrößen bei diesen Studienentwürfen bis auf 50,8 cm anwuchsen. An sich bestand von Seiten des Konstruktionsamtes der Kriegsmarine eine durchaus verständliche Scheu, über das im letzten Entwurf der **H**-Klasse erreichte Typdeplacement hinwegzugehen; die Fahrwasser-, Hafen- und Dockverhältnisse ließen zudem eine beliebige Größensteigerung auch nicht ohne weiteres zu; sie stand damit in einem fast eklatant zu nennendem Gegensatz zu Hitler. Seine Ausführungen und Forderungen in Bezug auf deutsche Schlachtschiff-Neubauten haben wesentlich dazu beigetragen, daß diese Studien mit ›echten‹ Bauabsichten gleichgesetzt werden. Daran hat aber die Kriegsmarine wohl niemals ernsthaft gedacht.

USA ziehen nach

Die letzte Seemacht, die den Schritt zum gigantischen Schlachtschiff mitzumachen begann, waren die Vereinigten Staaten. Nachdem 1940 das ›Zwei Ozean-Flottenbaugesetz‹ durchgebracht worden war, entstanden die Pläne zur **Montana**-Klasse. Im Ganzen gesehen stellten sie eine Weiterentwicklung der **Iowa**-Klasse dar, auch im Hinblick auf das beiden gemeinsame Hauptkaliber von 40,6 cm; von diesen unterschieden sie sich aber durch eine gesteigerte Rohrzahl und durch eine geringere Geschwindigkeit, wofür allerdings die Standfestigkeit erheblich verbessert wurde. Der Bau von zwei Schiffen wurde noch vorbereitet, aber infolge der Neukonzipierung des Flottenbauprogrammes kamen sie nicht mehr zur Verwirklichung. An ihrer Stelle wurden in verstärktem Umfang Flugzeugträger gebaut.

Schlachtschiffe im Zweiten Weltkrieg

Seit der Wiederaufnahme des Schlachtschiffbaues in den 30er Jahren war an sich nichts umwälzend Neues geschaffen worden; man hatte praktisch nur das wiederholt und vervollkommnet, was schon für das Großkampfschiff von 1918 gültig war, und es lediglich dem neuesten Stand der Technik angepaßt. Nach wie vor zeigten alle neuen Schlachtschiffe ›klassische‹ Schemen.[225] Es ließ sich nicht leugnen, daß ihre Entwicklungsfähigkeit damit einen Endpunkt erreicht hatte.

Nachdem am 3. September 1939 der Zweite Weltkrieg ausgebrochen war, mußte es sich zeigen, ob die vorhandenen neuen und die vielfach modernisierten älteren Schlachtschiffe das hielten, was man von ihnen allgemein erwartete.

Das erste Schlachtschiff, das in diesem Kriege verlorenging, war die britische **Royal Oak**, die vor dem ersten Weltkrieg erbaut und später nur geringfügig modernisiert worden war, in erster Linie durch Schutzwulste gegen Torpedotreffer. Diese haben dem Schiff jedoch wenig genutzt; allerdings ist dabei zu berücksichtigen, daß es vermutlich vier, mit Sicherheit aber drei Torpedotreffer[226] erhielt — die Folge war eine Sekundärexplosion der Munition, deren Räume zu schwach geschützt waren.[227]

Wie grundsätzlich sich neuere Schlachtschiffe von älteren unterschieden, zeigt das Beispiel der deutschen **Scharnhorst**, die im Juni 1940 einen Torpedotreffer an Steuerbord in Höhe des achteren Turmes erhalten hatte. Dieser und der Steuerbordachtere 15 cm-Turm fielen aus, und durch das etwa 4×12 m große Leck drangen rund 2500 t Wasser ein, wodurch zunächst die Steuerbordmaschine und dann auch die Mittelmaschine ausfiel. Achtern tauchte das Schiff einen Meter tiefer ein als normal, und die Schlagseite konnte durch das Umtrimmen auf etwa 1 Grad Steuerbord vermindert werden. Die Manövrierfähigkeit des Schiffes blieb nicht nur erhalten, sondern es konnte sogar mit eigener Kraft den Rückmarsch antreten.[228] Ein ähnlich großes Leck durch einen Torpedotreffer, jedoch an nicht ganz so exponierter Stelle, erhielt wenige Tage später das Schwesterschiff **Gneisenau**, der ein Loch von 10×6 m Größe in beide Bordwände riß, so daß ein Verkehrsboot hätte bequem durchfahren können.[229] Zwar waren wesentliche Gefechtswerte nicht beeinträchtigt worden, doch fiel das Schiff für die nächsten Monate aus.

Ganz anders als die deutschen Schlachtschiffe verhielten sich die italienischen; so wurde bei dem britischen Luftangriff auf die im Hafen von Tarent liegenden italienischen Flottenteile im November 1940 drei Schlachtschiffe durch Torpedos getroffen. Die **Littorio** — also eines der beiden neuen ›35 000 ts‹-Schiffe — erhielt zunächst zwei Lufttorpedotreffer, worauf sie sofort zu sinken begann. Aber dem Kommandanten gelang es, das Schiff auf einer nahen Untiefe auf Grund zu setzen, wodurch es vor dem Untergang bewahrt blieb. Wenig später erhielt das Schiff einen dritten Lufttorpedotreffer, und dieser hätte wohl mit Sicherheit sein Schicksal besiegelt, wenn es nicht schon auf Grund gelegen hätte. **Caio Duilio**, eines der älteren, aber grundmodernisierten Schlachtschiffe, bezog nur einen Torpedotreffer; aber auch hier wurde der Untergang des Schiffes vermieden, weil es noch rechtzeitig auf eine Untiefe gesetzt werden konnte.

---

[224] So z. B.: German Warships commenced and projected druing the late War (in: Marine News, August 1949, S. 93); ferner: Hitler wollte das größte Schlachtschiff der Welt bauen (in: Die Seekiste, Dezember 1949, S. 21 ff.).

[225] Hadeler, Kriegsschiffbau, Bd. I, S. 134.

[226] Frank, Prien greift an, S. 34 ff.; Busch, So war der U-Bootkrieg, S. 30 ff.; Brennecke, Jäger — Gejagte, S. 18.

[227] Evers, Bemerkungen zum neuzeitlichen Kriegsschiffbau (in: Nauticus 1943, S. 126 ff.).

[228] Hubatsch, Die deutsche Besetzung von Dänemark und Norwegen, S. 236 ff.; Peter, Schlachtkreuzer ›Scharnhorst‹, S. 10; Busch, Tragödie am Nordkap, S. 24 ff.; Bredemeier, Schlachtschiff Scharnhorst, S. 72 ff.

[229] Hubatsch, a. a. O., S. 242.

Conti di Cavour, ähnlich grundmodernisiert, erhielt ebenfalls nur einen einzigen Lufttorpedotreffer, doch riß dessen Explosion das Schiff von unten her in zwei Teile, so daß es sofort sank. Die geringe Wassertiefe ermöglichte später die Bergung des Schiffes.

Sämtliche Treffer auf den italienischen Schlachtschiffen rührten von 45 cm-Lufttorpedos her, die gegenüber dem normalen 53,3 cm-Torpedo eine um etwa 30% geringere Sprengkraft besaßen. Man kann sich also leicht vorstellen, was geschehen wäre, hätten die Engländer 53,3 cm-Torpedos eingesetzt ...

Die Italiener hatten damit gerechnet, daß ihre Schiffe in dem vor Tarent gelegenen nur 12 bis 15 m tiefen ›Mare Grande‹ vor Lufttorpedos sicher seien, da diese erfahrungsgemäß beim Abwurf tiefer tauchten. Im Hinblick darauf hatten die Engländer ihre Torpedos so gut geregelt, daß diese die eingestellte Tiefe von 10 m ohne Tiefergehen beibehielten; zudem hatten die Torpedos Magnet- und Aufschlagzündung und trafen die Schiffe sehr tief und wirkungsvoll.[230] Diese Fehlkalkulation mag die Ursache dazu gewesen sein, daß der Verschlußzustand der Schiffe zu wenig ernst genommen wurde, zumal die Schiffe selbst ohnehin noch nicht ausreichend gefechtsbereit waren.[231]

Der britische Erfolg von Tarent war keineswegs nur taktischer Natur. Er wirkte sich auch in strategischer Hinsicht aus, sicherte er doch der britischen Mittelmeerflotte für die nächsten Monate die so dringend benötigte Überlegenheit über die italienische Flotte und ermöglichte ihr sogar, beträchtliche Teile in andere Seegebiete zu verlegen, wo sie noch dringender benötigt wurden.

Der Endkampf der ›Bismarck‹

Ein besonderes Kapitel nimmt der tragische Endkampf der deutschen **Bismarck** in Anspruch. Die zahlreichen Artillerietreffer, die sie im Laufe des Endkampfes erhielt, brauchen hier nicht mehr berücksichtigt werden; von Bedeutung war aber der unglückliche Lufttorpedotreffer ausgerechnet in die verwundbarste Stelle jedes Schiffes — in die Ruderanlage, wodurch sie manövrierfähig wurde. Damit war sie ihren Gegnern hoffnungslos ausgesetzt. Trotz stundenlanger Beschießung durch die britischen Schlachtschiffe konnte die **Bismarck** jedoch nicht zum Sinken gebracht werden. Erst als sie ihre gesamte Munition verschossen hatte, wurde sie von der Besatzung zur Sprengung vorbereitet: An den dafür vorgesehenen Stellen wurden Sprengladungen angeschlagen, Zünder eingestellt, und schließlich zusätzlich die Bodenventile geöffnet. Es war dies die Stunde, zu der drei Torpedos des Kreuzers **Dorsetshire** trafen, zwei an Steuerbord, einer an Backbord. Sie waren jedoch zu flach eingestellt, um dem Schiff gefährlich zu werden, und detonierten auf dem schweren Seitenpanzer, wodurch sie allenfalls das bereits begonnene Sinken infolge der eigenen Sprengung beschleunigen, aber nicht verursachen konnten.[232] Als sich die **Bismarck** auf die Seite legte und sank, waren sämtliche Einrichtungen im Innenschiff noch intakt, vor allem die Maschinenanlage, und kein einziger Treffer hatte das Panzerdeck durchschlagen. Erst später erfuhr man — deutscherseits mit Genugtuung — daß nur ein einziger Treffer — von einer 35,6 cm-Granate herrührend — den Seitenpanzer durchschlug, und daß kein einziger Torpedotreffer das Torpedoschott zerstörte — einen besseren Beweis seiner Standfestigkeit konnte das moderne Schlachtschiff kaum mehr bieten.

Trefferwirkung bei älteren und neuen Einheiten

Typisch für die geringe Widerstandsfähigkeit älterer, aber modernisierter Schlachtschiffe war die Versenkung der britischen **Barham** im November 1941 im Mittelmeer. Sie wurde von drei U-Boottorpedos getroffen und sank nach einer Sekundärexplosion der Munitionskammern innerhalb von drei Minuten. Das gleiche Schicksal hätten vier Wochen später vermutlich die Schwesterschiffe **Queen Elizabeth** und **Valiant** geteilt, wenn sie nicht auf einem sehr flachen Liegeplatz vor Anker gelegen, sondern sich in tieferem Wasser befunden hätten. Beide sanken auf Grund, nachdem unter ihnen Sprengladungen hochgegangen waren.

In gewisser Hinsicht trifft dies auch für die amerikanischen Schlachtschiffe zu, die am 7. Dezember 1941 in Pearl Harbor dem japanischen Trägerraid zum Opfer fielen. Von ihnen erhielten allein an Torpedotreffern die **Arizona** einen, die **West Virginia** sieben (!), die **Oklahoma** fünf, die **Nevada** einen, die **California** zwei, und die **Utah** ebenfalls zwei. Von ihnen galten die **West Virginia** und die **California** in bezug auf ihren Unterwasserschutz als die besten der älteren amerikanischen Schlachtschiffe. Trotzdem sanken beide, und nur der geringen Wassertiefe war es wohl zu verdanken, daß sie nicht als Totalverluste abgebucht werden mußten. Allerdings waren sieben Torpedos, wie sie die **West Virginia** erhalten hatte, eine ›Dosis‹, die auch neuere Schlachtschiffe kaum überstehen konnten. Einschränkend muß festgestellt werden, daß der japanische Angriff die amerikanischen Schiffe völlig unvorbereitet traf; daher war auf den wenigsten von ihnen der Verschlußzustand hergestellt, und außerdem fühlte man sich im Hafen nahezu sicher. Nur so ist die Unbekümmertheit zu verstehen, die zu diesem Zeitpunkt geherrscht hat, sowohl an Bord als auch bei der Führung. Schon wenige Stunden später hatte die japanische Marineluftwaffe Gelegenheit, gegen ein modernes Schlachtschiff anzutreten, nämlich gegen die britische **Prince of Wales**, die zusammen mit der alten **Repulse** aus Singapore ausgelaufen war und bald darauf auf der Höhe von Kuantan japanischen Marineflugzeugen zum Opfer fiel. Sie erhielt erst zwei Torpedotreffer achtern, die vermutlich zu der gleichen Zeit an der gleichen Stelle trafen und detonierten; dadurch erlitt das Schiff 11 Grad Schlagseite, seine Geschwindigkeit sank auf etwa 20 kn herab. Durch Gegenfluten wurde die Schlagseite etwas verringert, aber

---

[230] Ruge, a.a.O., S. 115.
[231] Handel-Mazzetti, Der britische Flugzeugangriff auf die italienische Flotte im Hafen von Tarent in der Nacht vom 11. zum 12. November 1940 (in: Marinerundschau 1953, S. 115ff.).
[232] Bidlingmaier, Erfolg und Ende des Schlachtschiffes ›Bismarck‹ (in: Wehrwissenschaftliche Rundschau 1959, S. 261ff.).

nach 20 Minuten überspülte die See die Backbordseite des Achterschiffes, wodurch die schweren Geschütze ausfielen. Bei der nächsten Welle erhielt die **Prince of Wales** noch drei oder vier weitere Torpedotreffer, doch blieb sie zunächst noch schwimmfähig, machte aber kaum mehr Fahrt. So sehr sich die Leckwehrmannschaften auch bemühten — der Untergang war nicht aufzuhalten: Um 13.20 Uhr, etwas mehr als zwei Stunden nach den beiden ersten Torpedotreffern, sank das Schiff. Sein Untergang ist vermutlich auf die nicht sorgfältig genug durchbildete wasserdichte Unterteilung zurückzuführen, denn schon bei den ersten beiden Treffern drang so viel Wasser in das Innenschiff ein, daß eine äußerst bedrohliche Situation entstand. Da das Schiff nach weiteren Treffern tiefer fiel, liegt die Vermutung nahe, daß eine Anzahl von Schotten nicht hielten und dem Wasserdruck nachgaben.

Mit Recht wurde dieser Tag als einer der dunkelsten in der Geschichte des britischen Weltreiches bezeichnet — mit ihm schien sich das Ende einer Epoche sichtbar abzuzeichnen. Dieses Ereignis lehrte, daß das Schlachtschiff einerseits nicht mehr länger uneingeschränkt ohne eigene Unterstützung aus der Luft operieren konnte und es andererseits — daran war zumindest von diesem Zeitpunkt ab nicht mehr zu zweifeln — in dem Flugzeug seinen *gefährlichsten* Gegner gefunden hatte. ›Es ist augenscheinlich, daß auch die besten Geschütze und die beste Bedienung nicht in der Lage sind, den erfolgreichen Angriff von Flugzeugen zu verhindern, wenn die Angreifer über genügend Einsatzbereitschaft verfügen und das angegriffene Schiff ungenügend durch eigene Luftstreitkräfte geschützt ist‹, schrieb kurz nach dieser Niederlage der Fernost-Berichterstatter einer amerikanischen Wochenzeitschrift.[233]

Das Sterben der Giganten

Die beiden japanischen Schlachtschiffe **Yamato** und **Musashi** erhielten eine derart große Trefferdosis, daß ihr Untergang kaum zu vermeiden war. So erzielte die erste Welle der amerikanischen Trägerflugzeuge zunächst acht Torpedotreffer und eine Reihe von Bombentreffern auf der **Musashi**, die vor allem die Aufbauten erheblich beschädigten und den größten Teil der Fla-Bewaffnung außer Gefecht setzten. Das Schiff mußte mit der Fahrt heruntergehen und blieb bald hinter dem Verband zurück. Damit mußte es für die nächste Welle Trägerflugzeuge — die nicht lange auf sich warten ließ — ein noch besseres Ziel bieten. Diese konnten dann wiederum zahlreiche Bomben- und einige Torpedotreffer erzielen, und bald darauf stand die **Musashi** in Flammen. Ein besonders unglücklicher Torpedotreffer ging durch ein Loch, das vor ihm ein anderer Torpedo in den Schiffskörper gerissen hatte, in einen Maschinenraum und detonierte dort. Aber trotz dieser unmittelbar ›lebensbedrohenden‹ Schäden — es wurden mehr als 16 Torpedo- und 18 Bombentreffer gezählt — konnte die Schlagseite zu einem Teil wieder ausgeglichen werden, aber nach einigen weiteren Stunden war das Schiff nicht mehr zu halten; es sank als bewegungsunfähiges Wrack.

Ähnlich erging es auch dem Schwesterschiff **Yamato**. Dieses hatte bei der ersten Welle einen Torpedotreffer an der Backbordseite des Vorschiffes erhalten, der ein großes Loch in den Schiffskörper riß, und etwa gleichzeitig waren auf dem Achterdeck zwei 250 kg-Bomben detoniert. Die zweite Welle erzielte wiederum an der Backbordseite drei Torpedotreffer, wodurch der Schiffskörper noch weiter aufgerissen wurde. Allerdings ließ sich die Geschwindigkeit des Schiffes zunächst noch halten. Danach erhielt sie jedoch weitere Bombentreffer, so daß allmählich die gesamte Fla-Bewaffnung lahmgelegt wurde. Bomben-Naheinschläge verursachten zudem erhebliche Schockwirkungen im Innenschiff; kurz darauf erschien die dritte Angriffswelle, wiederum mit etwa 100 Flugzeugen; in kurzen Abständen trafen fünf Torpedos — abermals sämtlich an Backbord —, und diese rissen riesige Löcher in die unter Wasser liegende Außenhaut. Hier zeigte sich eine Schwäche, die von den japanischen Konstrukteuren zuvor offenbar nicht erkannt worden war, und zwar in der ungünstigen Konstruktion des nach unten hin als Torpedoschott verlängerten Seitenpanzers, vor dem zwar ein Schutzwulst angeordnet war; aber es fehlte an einem genügend großen Expansionsraum für die freiwerdenden Detonationsgase, deren Wirkung durch einen solchen hätte ver-

---

Trefferdiagramm des japanischen Schlachtschiffes **Musashi** am 24. Oktober 1944. Die Zahlen bezeichnen die Nummern der Angriffswellen. ↑ und ↓ Lufttorpedotreffer; Kreuz im Kreis Bombentreffer oder Naheinschläge.

[233] Cecil Brown, Prince of Wales — Repulse — A Lesson (in: Time vom 22. Dezember 1941).

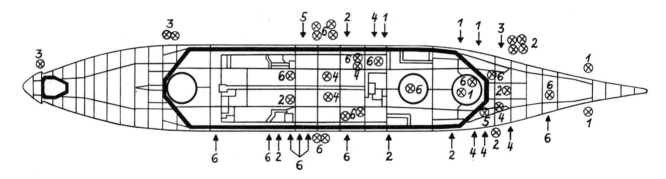

ringert werden können. So verursachten diese Detonationsgase eine Reihe großer Lecks, durch die Wasser ins Schiffsinnere eindringen konnte. Dadurch wiederum entstand eine starke Schlagseite, und um das Schiff vor dem Kentern zu bewahren, mußte es gegengeflutet werden. Drei der vier Turbinen fielen aus, die Geschwindigkeit sank auf 9 kn herab, und damit war das Schiff praktisch schon manövrierunfähig — doch es schwamm. In diesem katastrophalen Zustand überstand es auch noch eine vierte Angriffswelle, wobei es wiederum Bomben- und einige Torpedotreffer erhielt. Erst die fünfte Welle besiegelte sein Schicksal, als ein Torpedo die Ruderanlage traf und das Schiff vollends manövrierunfähig machte. Es legte sich auf die Seite und ging unter.[234]

Todfeinde: Lufttorpedo und Bombe

Mitentscheidend bei diesen Erfolgen gegen Schlachtschiffe war vor allem der *Masseneinsatz* von Flugzeugen, die ihre Ziele Hornissenschwärmen gleich überfielen. Das machte sich um so mehr bemerkbar, als den japanischen Schlachtschiffen jede eigene Unterstützung aus der Luft fehlte. So waren gegen die **Yamato**-Gruppe nahezu 400 Flugzeuge eingesetzt — eine Zahl, mit der auch die weitestblickenden Seeoffiziere wohl niemals gerechnet hatten.[235]

Die Schläge der Luftwaffe bekamen auch ältere japanische Schlachtschiffe zu verspüren; so wurden in den letzten Kriegswochen noch drei von ihnen durch zahlreiche Bombentreffer versenkt.

In den ersten Kriegsjahren hatte sich die vernichtende Wirkung von Flugzeugbomben noch verhältnismäßig wenig bemerkbar gemacht; in allen Fällen blieb es nur bei der meist mehr oder weniger starken Beschädigung des Oberdecks und der Aufbauten bzw. der über dem Panzerdeck liegenden Einrichtungen, so daß die derart getroffenen Schiffe zwar für einige Monate ausfielen, aber nach der Reparatur wieder eingesetzt werden konnten. Im Allgemeinen hielten die Panzerdecks den damals gebräuchlichen Bomben stand, und dies war auch noch im Dezember 1941 vor Kuantan der Fall:

> ›... Wenige Minuten nach dem Sinken der ›Repulse‹ erfolgte ein neuer Bombenangriff auf das Flaggschiff aus großer Höhe. Obwohl es doch wirklich ein leichtes Ziel bot, traf nur eine Bombe, und auch diese durchschlug nicht das Panzerdeck. Admiral Phillips hatte niemals viel von Horizontalbomberangriffen auf Schiffe gehalten, und seine Ansicht bestätigte sich hier: Sie hatten fast keinen Schaden angerichtet. Alles Unheil war durch die Torpedoflugzeuge entstanden; sie hatten ›Repulse‹ versenkt und ›Prince of Wales‹ in ein schwimmendes Wrack verwandelt ...‹[236]

---

[234] Yoshida, YAMATO, — gigantische Selbstaufopferung (in: Unimare Nr. 1/1952, S. 15ff., und in United States Naval Institute Proceedings Nr. 2/1952).

[235] 1940 waren gegen die in Tarent liegenden italienischen Flottenteile nur 20 Flugzeuge eingesetzt, im Dezember 1941 gegen die beiden bei Kuantan versenkten britischen Schlachtschiffe 86 Flugzeuge.

[236] Grenfell, Das Ende einer Epoche, S. 149.

Vor Kriegsbeginn hatten namhafte britische Fachleute die Möglichkeit verneint, daß die Panzerdecks ihrer Schlachtschiffe von Bomben unter einer Tonne Gewicht durchschlagen werden könnten, während sie andererseits den Einsatz von mehr als einer Tonne schweren Bomben für nahezu unmöglich hielten.[237] Die ersten Resultate in diesem Krieg schienen ihre Theorien zu bestätigen. Es kam jedoch anders. Der erste Totalverlust eines Schlachtschiffes durch Bombentreffer erfolgte im Herbst 1943. Es handelte sich um die italienische **Roma**, gegen die erstmals eine neue deutsche Waffe, die von einem Flugzeug ins Ziel gesteuerte Fallbombe ›SD 1400 X‹, eingesetzt wurde. Diese war eine speziell gegen große Kriegsschiffeinheiten entwickelte Panzersprengbombe, deren Fallgeschwindigkeit durch einen Raketenzusatzantrieb derart gesteigert werden konnte, daß sie Panzerdecks bis zu 120 mm Dicke durchschlagen konnte. Bei einem Gesamtgewicht von 1400 kg betrug das Gewicht ihrer Sprengladung 350 kg.

Der italienische Flottenverband, der aus den Schlachtschiffen **Roma, Italia** (ex *Littorio*) und **Vittorio Veneto**, sechs Kreuzern, acht Zerstörern und vier Torpedobooten bestand, wurde von fünfzehn deutschen Kampfflugzeugen des Musters ›DO 217 K‹ angegriffen, von denen jedes eine ›SD 1400 X‹ trug. Die ersten Bomben verfehlten ihr Ziel, aber dann traf eine die **Roma** etwa im Winkel von 40 Grad binnenbords an der Deckskante zwischen den beiden Steuerbord-achteren 9 cm-Flaktürmen, durchschlug den gesamten Schiffskörper vom Oberdeck bis zum Außenboden und detonierte unter dem Schiff, genau unter dem Steuerbord-achteren Kesselraum. Dieser fiel aus, und die Geschwindigkeit sank um ein Drittel herab. Kurz darauf traf die zweite Bombe; die durchschlug in einem Winkel von weniger als 20 Grad das Oberdeck an Backbordseite zwischen dem überhöhten schweren Turm und dem Backbord-vorderen 15 cm-Turm. Das 80 mm dicke Panzerdeck wurde glatt durchschlagen, und die Detonation erfolgte genau in den Munitionskammern, dicht über dem Innenboden. Die Wirkung war ungeheuerlich: Das Schiff wurde durch die hochgehende Munition in zwei Teile zerrissen, kenterte und sank.

Das nächste Schlachtschiff — und dieses war ein nach neuzeitlichen Geschichtspunkten gebautes —, das durch Bombenwürfe versenkt wurde, war die deutsche **Tirpitz**. Zuerst versuchten die Engländer, sie durch Angriffe von Trägerflugzeugen auszuschalten; so erzielten sie bei ihrem Angriff vom 3. April 1944 insgesamt 15 Bombentreffer, sämtlich mit 500 kg-Bomben. Einige von diesen trafen die Turmdecken, hinterließen aber kaum Spuren, geschweige denn Beschädigungen. Andere, die auf das Oberdeck trafen, wurden durch die dünne Panzerung ›abgebremst‹, um dann *über* dem Panzerdeck wirkungslos zu detonieren, d.h. ohne die lebenswichtigen Einrichtungen im Innenschiff zu verletzen. Dafür richteten diese 15 Treffer aber schwere Schäden an den Aufbauten und in den zwischen dem Oberdeck und dem Panzerdeck gelegenen Mannschaftsräumen an, wodurch es auch zu hohen personellen Verlusten kam.

---

[237] Vgl. hierzu Marinerundschau 1935, S. 85.

Die Kampfkraft des Schiffes wurde jedoch nicht wesentlich beeinträchtigt.

Weitere Trägerflugzeugangriffe wurden dann mit 750 kg schweren Bomben geflogen. Am 24. August 1944 durchschlug erstmalig eine solche das Panzerdeck, allerdings ohne zu detonieren. Weil dadurch kein sichtbarer Erfolg eintrat, gingen die Engländer schließlich dazu über, viermotorige Bomber einzusetzen, die je eine Spezialbombe von 5,4 t Gewicht tragen konnten. Der erste derartige Angriff erfolgte am 15. September 1944; aber auch diesmal hatte das Schiff verhältnismäßig Glück, denn nur eine der Bomben schlug unmittelbar neben ihm ein, nachdem sie die an dieser Stelle etwas überhängende Back durchschlagen hatte, und detonierte direkt auf der Wasseroberfläche. Dennoch waren die Schäden, die die **Tirpitz** davontrug, beträchtlich: Durch die Detonationswelle und durch die hochgeschleuderten Wassermassen wurde das ganze Vorschiff aufgerissen und das Oberdeck darüber ›wie ein Kistendeckel‹ nach oben geklappt.[238] Zwar war die **Tirpitz** damit keineswegs vernichtet, dafür aber seeunfähig geworden. Ihre Wiederherstellung lag nach britischen Gesichtspunkten durchaus im Rahmen des Möglichen, und damit bestand die von der **Tirpitz** ausgehende Wirkung — nämlich die Bindung zahlreicher eigener Seestreitkräfte — auch weiterhin fort. Dies schien durchaus verständlich, war doch gerade dieses Schiff während seiner Liegezeit in Norwegen zweimal nach erheblichen Beschädigungen *ohne* jede Dockmöglichkeit wieder repariert worden. Nachdem im Oktober 1944 ein weiterer Angriff mit viermotorigen Bombern mißlang, ereilte die **Tirpitz** am 12. November 1944 das Schicksal. An diesem Tage griffen 32 ›Lancaster‹-Bomber erneut an und erzielten zwei Volltreffer und vier Nahtreffer; die ersteren richteten schwerste Zerstörungen im Schiff an, und die letzteren drückten durch ihre Detonationsgewalt die Backbordseite ein, und die einströmenden Wassermassen brachten das Schiff zum Kentern. Spätestens dieser Erfolg mußte die Überlegenheit des Flugzeuges gegenüber dem Schlachtschiff deutlich gemacht haben, denn derart schweren Bomben konnte keines von ihnen widerstehen. Das wird um so verständlicher, wenn man bedenkt, daß die Sprengladung jeder 5,4 ts-Bombe rund 3000 kg betrug, während die Widerstandsfähigkeit der Panzerung nur auf Sprengladungen von 400 bis 500 kg (und dies war 1933/36 — als die **Tirpitz** entworfen wurde — schon eine beachtliche Größe!) abgestimmt war. Unter diesen Umständen mußten auch die letzten Verfechter der Schlachtschiffe ihre bisherige Meinung revidieren.

Schon lange vor dem Beginn des Zweiten Weltkrieges war das Problem aktuell geworden, ob die zukünftige Luftwaffe nicht etwa einen so erheblichen Einfluß auf die Seekriegführung nehmen würde, daß das Kriegsschiff, besonders aber das Schlachtschiff, entwertet und überhaupt überflüssig würde. Dieses Problem zerlegte sich in zwei Fragenkomplexe, nämlich einmal im Hinblick auf die Wirkung der Luftkriegswaffen am Objekt — also in technischer und taktischer Beziehung, zum anderen aber auf den Einfluß ihrer Wirkung auf die Strategie und auf die Marinepolitik — und damit auf die machtpolitische Konstellation. Zwangsläufig bot sich der erste Fragenkomplex zur Lösung zuerst an: die Versuche der US-Marine bald nach dem Ende des Ersten Weltkrieges mit den Zielschiffen **Ostfriesland** und **Washington** erfolgten nicht zuletzt im Hinblick auf dieses bisher ungelöste Problem. Nach amerikanischen Berichten bedurfte es einer größeren Anzahl mittelschwerer Bomben, um diese Zielschiffe überhaupt zu ›erschüttern‹, und ›ganz schwerer‹ Bomben (jedenfalls das, was man seinerzeit darunter verstand), um sie zum Sinken zu bringen, aber nicht etwa durch Volltreffer, sondern durch Naheinschläge dicht neben den Schiffen, die Schäden unter der Wasserlinie verursachten.

Gegen die Stichhaltigkeit dieser Ergebnisse ist allerdings einzuwenden, daß die Schiffe gestoppt lagen und keine Besatzungen mehr an Bord hatten, die im Ernstfall die entsprechenden Leckwehrmaßnahmen hätten durchführen können — insoweit ergaben jene Versuche also ein verzerrtes Bild. Jahrelang erfolgten dann keine derartigen Versuche mehr — mit den seinerzeit erlangten Erkenntnissen schien man durchaus zufrieden gewesen zu sein. Die unausbleibliche Folge war dann, daß in den Jahren zwischen den beiden Kriegen angestrebt wurde, die Schlachtschiffe ›bombensicher‹, d.h. widerstandsfähiger gegen Bombentreffer zu machen. Verwirklicht wurde dies durch entsprechend dicker gestaltete Panzerdecks, ferner durch vermehrte und verbesserte Fla-Waffen. Aber auch das Flugzeug erhielt bessere Zieleinrichtungen, wurde schneller, leistungsfähiger, schließlich zum sturzflugfähigen Bomber entwickelt, und parallel dazu verlief die Entwicklung zum Torpedoflugzeug. Letzteres wurde insbesondere von den Amerikanern und von den Japanern als die wirksamste Waffe gegen Kriegsschiffe überhaupt angesehen, weil es — ähnlich wie das Torpedoboot — dicht über der Wasseroberfläche fliegen und verhältnismäßig nahe an sein Ziel herangehen konnte, wodurch ihm wesentlich bessere Trefferaussichten zugeschrieben wurden. Unter diesen Umständen bildeten sich schon frühzeitig zwei ›Fronten‹ heraus. Auf der einen Seite stand die konservative ›Front‹ mit den Verfechtern des ›klassischen‹ Schlachtschiffes; sie verneinte entschieden den Wert des Flugzeuges als Waffe gegen große Kriegsschiffe, und sie sah etwaige Erfolge des Flugzeuges ausschließlich als vom Zufall und vom Kriegsglück abhängig. Sie war auch davon überzeugt, daß die Feuerkraft eines Schlachtschiffes zu seiner Verteidigung gegen angreifende Flugzeuge genügte, und daß Entscheidungen im Seekriege ausschließlich durch Schlachtschiffe erfochten würden. Dieser ›Front‹ stand — abgesehen von den extremen Befürwortern der Luftwaffe — eine andere gegenüber, die das Flugzeug als realen Machtfaktor moderner Kriege einschätzte. Sie forderte daher die Vorrangstellung von Flugzeugträgern vor den Schlachtschiffen, doch konnte sie sich nur deshalb nicht durchsetzen, weil dem Flugzeugträger bisher die Bewährungsprobe versagt geblieben war. Dieses Wechselspiel der Ansichten vermochte keine Klarheit über die zukünftige Rolle des Schlachtschiffes zu erbringen, sondern allenfalls Zweifel. Aber gerade jene Zweifel haben dazu beigetragen, daß die großen Seemächte der Ausdehnung der Baupause

---

[238] Brennecke, Schlachtschiff ›Tirpitz‹, 2. Aufl., S. 156.

für Schlachtschiffe, die 1930 abgelaufen war, fast widerspruchslos zugestimmt haben. Daß sie sich dann sechs Jahre später — nach Ablauf der verlängerten Baupause — dann doch für das Schlachtschiff enschieden, war wohl darauf zurückzuführen, daß sie dem Flugzeug als Waffe des im *ozeanischen* Raum — dem eigentlichen Operationsgebiet von Schlachtschiffen — keine Chancen gaben: Als Trägerflugzeug schien es zu langsam, zu klein und zu leicht, um Schlachtschiffen lebensgefährliche Treffer beizubringen. Das landgestützte Flugzeug war dazu schon eher in der Lage, aber seine Reichweite schien derart begrenzt, daß es im ozeanischen Raum überhaupt keine Daseinsberechtigung hatte. So mußte das Schlachtschiff nach wie vor als die ›ultima ratio‹ des Seekrieges gelten. Von einer Überwindung des Schlachtschiffes durch die Luftwaffe konnte also keine Rede sein — das Schlachtschiff hatte nur einen neuen Gegner gefunden. In jenen Gewässern, die von einer feindlichen Luftwaffe beherrscht wurden, hatte das Schlachtschiff zwar mit ernsthaften Gefahren zu rechnen, aber in der Regel waren dies nur Küstengewässer und Binnenmeere; diese mußte das Schlachtschiff aber ohnehin zu meiden versuchen, seitdem ihm in den Unterwasserwaffen ein gefährlicher Gegner erwachsen war.

Selbstverständlich mußte ein zukünftiger Krieg auch Situationen bringen, in denen es galt, Schlachtschiffe in luftgefährdeten Seegebieten einzusetzen. Die Sorge um die Erhaltung dieser Schiffe lastete daher wohl immer schwer auf der Führung. So enthalten Churchills Memoiren einen von ihm am 21. Oktober 1939 an den Ersten Seelord gerichteten Brief, in dem er u.a. wie folgt schrieb:

›... Wir benötigen eine Anzahl Großkampfschiffe, die vor Bombentreffern sicher sind. Durch Torpedowulste und ASDIC-Geräte ist es uns gelungen, sie vor U-Bootangriffen zu schützen. Bestimmt sind die Trefferaussichten einer schweren Fliegerbombe auf ein Schiff nur 100:1; doch besteht immer die Möglichkeit eines Treffers, und das Mißverhältnis zwischen dem Einsatz des angreifenden Flugzeuges und der Gefährdung des angegriffenen Schiffes ist zu groß ... Kurz gesagt: Ich möchte vier bis fünf Schiffe wie Schildkröten panzern, so daß wir sie ohne Sorge in jeden Stützpunkt legen können ... Aber wir müssen ... sie derart schützen, daß wir einem Zufallstreffer einer panzerbrechenden 500 kg-Bombe aus 3000 m Höhe unbesorgt entgegensehen können. Es bedarf hierzu nicht großer baulicher Veränderungen, wie es auf den ersten Blick erscheinen mag: Sie müssen zwei Geschütztürme entfernen und dann die eingesparten 2000 Tonnen in Form eines ebenen Panzerdecks von 15 bis 18 cm Stärke verwenden. Dieses sollte so hoch liegen, wie es vom Gesichtspunkt der Stabilität aus möglich ist. Die zwei freigewordenen Turmfundamente sind mit Fliegerabwehrgeschützen zu bestücken. Das bedeutet also, daß wir die Anzahl der schweren Geschütze von acht auf vier herabsetzen — vier 38 cm-Geschütze dürften genügen, um einen Kampf mit der ›Scharnhorst‹ oder ›Gneisenau‹ erfolgreich zu bestehen. Ehe das neue deutsche Schlachtschiff zum Einsatz kommt, müssen die Schlachtschiffe ›King George V.‹ und ›Prince of Wales‹ einsatzbereit sein. Konzentrieren wir uns also darauf, fünf bis sechs Schiffe fertigzustellen, die vor der Luftwaffe sicher sind und daher in den Heimatgewässern operieren können — und dann die hochwertigen Einheiten auf den Ozean! Herunter mit den schweren Türmen und das Deck mit Stahl pflastern! ... Machen wir uns keine Sorge um das Aussehen der Schiffe! Nehmen Sie die höhergesetzten Türme heraus ... Wenn die Artilleriefachleute sich wirklich hierfür einsetzen, könnte aus diesen Schiffen mit vier Geschützen eine wirkungsvolle Batterie gebildet werden. Doch vor allem müssen sie mit Fliegerabwehrwaffen gespickt und imstande sein, in jedem Gewässer zu schwimmen ...‹[239]

Diese Empfehlung — sie wurde nicht verwirklicht — geht offenbar auf den bei Kriegsbeginn entstandenen Operationsplan ›Catharina‹ der britischen Marine zurück, der jedoch durch die rasche Niederwerfung Polens gegenstandslos wurde.

Wie sehr der Druck der Luftmacht auf Schlachtschiffen lastete, die in ihrem Machtbereich operierten, zeigt wohl am sinnfälligsten der Einsatz der deutschen Schlachtschiffe **Scharnhorst** und **Gneisenau**. Diese hatten einige Wochen lang mit beachtlichen Erfolgen im Nordatlantik Handelskrieg geführt und waren dann zur Überholung in dem westfranzösischen Hafen Brest eingelaufen. Von da ab setzte die britische Führung alles daran, sie auszuschalten. Während des restlichen Jahres 1941 wurden sie aus der Luft angegriffen und mehrfach getroffen, so daß ein erneutes Auslaufen zur Fortführung des Handelskrieges — der seit dem Verlust von **Bismarck** ohnehin zum Erliegen gekommen war — immer wieder vereitelt wurde. So wurde die deutsche Führung gezwungen, beide Schiffe in die Heimat zurückzubeordern; sie wählte dabei den Durchbruch durch den Kanal, und dieser gelang entgegen allen Erwartungen. Taktisch war das zweifellos ein Erfolg, aber hinter diesem verbarg sich die strategische Niederlage: Die kurze Zeit, da deutsche Schlachtschiffe und Kreuzer im Atlantik erfolgreich und nahezu unangefochten Handelskrieg führen konnten, war vorbei. Hieran hatte nicht zuletzt die rasche Entwicklung der Luftwaffe entscheidenden Anteil. Diese konnte von da ab nicht nur schon größere Teile des Atlantiks überwachen, sondern auch die in ihrem Aktionsbereich liegenden deutschen Seestreitkräfte unter ständigem starken Druck halten.

Pearl Harbor und Kuantan bewiesen ebenso, daß das Schlachtschiff hinfort nicht mehr ohne den Schutz eigener Luftstreitkräfte operieren konnte. Die schweren Schläge, die ihm bisher von der Luftwaffe zugefügt worden waren, schienen aber an seiner Stellung vorerst noch nicht viel zu ändern. Noch hielt man es für verfehlt, allein mit Flugzeugträgern ohne die ›sichere‹ Deckung von Schlachtschiffen zu operieren. Deshalb erschienen Kampfgruppen die geeignete Form des Flotteneinsatzes darzustellen, wie sie beispielsweise die Japaner erstmals gegen Pearl Harbor einsetzten: Schnelle Schlachtschiffe, dazu — je nach taktischer Auffassung — als Kern oder auch nur als ›Trabanten‹ Flugzeugträger, sowie Kreuzer und Zerstörer als Sicherungs-

---

[239] Churchill, a.a.O., Bd. I, S. 351 ff.

streitkräfte. Die amerikanische Marine, durch Pearl Harbor ohnehin ihrer meisten Schlachtschiffe beraubt, machte sozusagen aus der Not eine Tugend und stellte aus ihren Flugzeugträgern — die von den Japanern nicht gestellt worden waren — Kampfgruppen auf, die von Kreuzern und Zerstörern gesichert wurden. Dabei machte sie sich die von den Japanern gegen Pearl Harbor vorgeführte neue Kampfform zunutze und baute systematisch darauf auf. Ihren ersten Erfolg damit errang sie schon in der Schlacht in der Korallensee. Den völligen Umschwung und die Wende des Krieges im Pazifik führte sie aber in der Schlacht bei den Midway-Inseln im Juni 1942 herbei. Zum ersten Male in der Seekriegsgeschichte kämpften nicht Schiffe und Flottenverbände gegeneinander, sondern die Schlacht wurde — zum Teil auf größte Entfernungen — ausschließlich von den Trägerflugzeugen beider Seiten ausgetragen.[240] Hierbei verlor die japanische Marine sämtliche vier eingesetzten Flugzeugträger und mit ihnen die Elite des fliegenden Personals. Für das Schlachtschiff war es bezeichnend, daß es nichts an dem Ausgang der Schlacht zu ändern vermochte, obwohl die Japaner mit elf von ihnen aufmarschiert waren. Die Japaner mochten es als einen glücklichen Zufall ansehen, daß ihre Schlachtschiffe ungeschoren blieben; in Wirklichkeit waren diese für die amerikanischen Piloten zweitrangige Ziele, weil sie die japanischen Träger als ungleich wichtiger anzusehen Befehl hatten. Damit hatte die amerikanische Führung ganz klar erkannt, daß die Schlachtschiffe für die Fortführung des Krieges von minderer Bedeutung waren, und daß der Flugzeugträger die Rolle des ›Capital Ship‹ übernommen hatte. Durch die Schlacht bei den Midway-Inseln wurde die japanische Offensivkraft gebrochen; alles, zumindest das meiste, was die Japaner bisher erreichen konnten, hatten sie dem Einsatz ihrer Flugzeugträger zuzuschreiben, deren beste sie nunmehr verloren hatten.

Damit hatte sich die Seekriegführung eindeutig und endgültig gegen das Schlachtschiff entschieden. Es war jetzt nicht mehr in engeren Seeräumen nur die landgestützte Luftwaffe, die gegen Kriegsschiffe hart zuzuschlagen gelernt hatte, sondern im ozeanischen Raum auch die trägergestützten Luftstreitkräfte, mit denen zu rechnen war. Zwangsläufig mußte sich die Rangordnung dahingehend verlagern, daß der Flugzeugträger, sozusagen als ›Flugzeug-Schlachtschiff‹, den Platz *vor* dem ›Geschütz-Schlachtschiff‹ einnahm, aber weniger wegen der zunehmenden Gefährdung des letzteren, sondern in der Hauptsache einfach deshalb, weil das ›Flugzeug-Schlachtschiff‹ mit seinen zahlreichen Bomben- und Torpedoflugzeugen ungleich weiterreichender war und härter zuschlagen konnte, als es dem ›Geschütz-Schlachtschiff‹ selbst mit der schwersten Artillerie möglich gewesen wäre. Zugleich leistete der Flugzeugträger weiträumige Aufklärung, so daß er vor Überraschungen verhältnismäßig sicher war, und darüber hinaus konnte er sich feindlichen Luftangriffen mit seinen Jagdflugzeugen erheblich besser erwehren als das Schlachtschiff mit seiner Fla-Artillerie.[241]

Klassischer Artilleriekampf

Von diesem Zeitpunkt ab setzte die amerikanische Marine ihre wiederhergestellten und neu hinzukommenden Schlachtschiffe der veränderten Lage entsprechend ein. Während die neuen Schiffe vorwiegend als zusätzlicher Fla-Schutz für die Flugzeugträger eingesetzt wurden, leisteten die älteren als ›Fire Support Groups‹ bei der Niederringung des erbitterten japanischen Widerstandes im Zuge des 1942 beginnenden ›Inselspringens‹ wertvolle Dienste. Beide Einsatzarten waren jedoch nur unter dem Schutze der eigenen Luftstreitkräfte möglich.

Im gesamten pazifischen Kriege ist es nur zweimal zu Gefechtsbegegnungen zwischen Schlachtschiffen gekommen. Beide endeten mit der Vernichtung der beteiligten japanischen Schlachtschiffe. So kam bei dem Gefecht in der Nacht zum 15. November 1942 die überlegene Radartechnik der amerikanischen Schlachtschiffe zur Wirkung, als diese das japanische Schlachtschiff **Kirishima** zusammenschossen, das seiner Artillerie die Ziele noch durch Scheinwerferbeleuchtung wies. Die **Kirishima** erhielt neun 40,6 cm- und zahlreiche 12,7 cm-Treffer und geriet in Brand; bald darauf fiel die Ruderanlage aus, und Detonationen erschütterten das Schiff, das schließlich kampfunfähig wurde. Die **Kirishima** hatte aber auch der beteiligten amerikanischen **South Dakota** schwere Schäden zugefügt; diese hatte 42 Treffer erhalten und mußte zur Reparatur in die Werft gehen. Die **Kirishima** hingegen konnte nicht mehr gehalten und mußte schließlich von eigenen Zerstörern versenkt werden.

Das zweite Gefecht zwischen Schlachtschiffen im pazifischen Raum wurde im Herbst 1944 in der Surigao-Straße im Leyte-Golf ausgetragen. Dort standen sich zwei japanische und sechs amerikanische Schlachtschiffe gegenüber; von vornherein waren die Amerikaner im taktischen Vorteil, denn sie standen in der klassischen ›Crossing the T‹-Stellung quer zur Surigao-Straße, durch die der japanische Verband marschierte. Dabei erhielt die **Yamashiro** Treffer durch extrem tief eingestellte amerikanische Zerstörertorpedos, und diesen war es zuzuschreiben, daß sie so schnell sank. Das andere Schiff, die **Fuso**, hielt durch und fiel dem überwältigenden amerikanischen Artilleriefeuer zum Opfer.[242]

Auch auf den übrigen Seekriegsschauplätzen ist es nur zu wenigen Gefechtsbegegnungen zwischen Schlachtschiffen gekommen. Die wohl bedeutungsvollste von ihnen war die zwischen der deutschen **Bismarck** und der britischen **Hood** im Mai 1941. Der Ausgang der Begegnung ist als durchaus folgerichtig zu bewerten. So unterlag die ältere, kalibermäßig ebenbürtige **Hood** der erheblich moderneren **Bismarck**. Darüber schrieb Roskill[243]:

›... The exact cause of the loss of the Hood will never be established for certain. The Admiralty ordered searching enquiries to be made into the disaster, and the final conclusions

---

[240] Die Japaner waren mit vier Flugzeugträgern und 272 Flugzeugen im Gefecht, die Amerikaner mit drei Flugzeugträgern und 223 Flugzeugen.
[241] Hadeler, Der Flugzeugträger als Schlachtschiff (in: Nauticus 1952, S. 115 ff.)
[242] Den zwölf 35,6 cm-Geschützen der **Fuso** standen sechzehn 40,6 cm- und achtundvierzig 35,6 cm-Geschütze der amerikanischen Schlachtschiffe gegenüber.
[243] Roskill, The War at Sea, Vol. I, S. 406.

of the second enquiry were that the fire on the upper deck occured among the 4-inch and U. P.-rocket munition (Unroated Projectile) stowed in that vicinity, but was considered to have been caused by at least one of the main magazines being penetrated by one or more shells from the ›Bismarck‹. The design and protection of this twenty-five-year-old ship were such that penetration of the magazines by modern high-velocity armour-piercing shells was quite possible at those ranges. It would be outside the scope of the volumes attempt detailed and technical discussion of the causes of the disaster ...‹

Die **Hood** teilte mit ihren Vorgängern das gleiche Schicksal, das jenen in der Skagerrakschlacht beschieden war: Die Folge der schweren Treffer war eine Sekundärexplosion der Munition, deren Räume zu mangelhaft geschützt waren.

Im Kampf zwischen **Scharnhorst** und **Duke of York** kam vor allem die überlegene britische Radartechnik des britischen Schlachtschiffes und seiner Sicherungsstreitkräfte zur Wirkung. Diese Überlegenheit ermöglichte es den Engländern, trotz widriger Umstände das deutsche Ziel zu erfassen und niederzukämpfen. Allerdings stand die **Scharnhorst** völlig allein auf sich gestellt einer beträchtlichen Übermacht gegenüber, so daß sie ihr Feuer nicht gegen ein Zeiel konzentrieren konnte. Insgesamt erhielt sie vierzehn Torpedo- und 13 schwere Artillerietreffer. Obwohl sie praktisch bis zur letzten Granate kämpfte, war es ihr nicht möglich, auch nur eines der britischen Schiffe ernsthaft zu beschädigen, weil die eigene Radaranlage gleich zu Beginn des Gefechts ausgefallen war. Daß die **Scharnhorst** trotz der zahlreichen schweren Treffer so lange schwimmfähig blieb, war ihrem gut durchbildeten Unterwasserschutz zuzuschreiben. Sie sank mit laufenden Turbinen und Schrauben, ein Beweis, daß trotz der schweren Treffer die lebenswichtigen Anlagen unversehrt geblieben waren, vor allem deshalb, weil das Torpedoschott standgehalten hatte.

Einsätze eigener Art

Im Mittelmeerraum, wo sich vorwiegend ältere britische und italienische Schlachtschiffe mehrfach gegenüberstanden, kam es bei keinem Gefecht zu einer Entscheidung. Das lag wohl weniger an irgendwelchen technischen Unzulänglichkeiten der beteiligten Schiffe, als vielmehr in der sehr vorsichtigen italienischen Führung, die jeweils das Gefecht nach kurzer Dauer abbrechen ließ. Nur einmal kam es im Mittelmeerraum zur Vernichtung eines Schlachtschiffes durch gegnerische Schlachtschiffe, nämlich bei der ›Operation Catapult‹, jenem britischen Raid gegen die französischen Flottenteile, der diese einem etwaigen Zugriff durch die Achsenmächte entziehen wollte. Der britische Angriff richtete sich gegen die im Hafen von Mers el Kebir bei Oran versammelten französischen Flottenteile, und hier waren die Engländer von Anfang an im taktischen Vorteil, da die französischen Schiffe an ihren Liegeplätzen festlagen und ihnen die Sicht nach der Seeseite zu versperrt war. Als die Franzosen die geforderte Übergabe abgelehnt hatten, eröffneten die britischen Schiffe das Feuer, das sie durch Beobachtung aus der Luft leiteten. Dabei sank das französische Schlachtschiff **Bretagne**, während zwei andere Schlachtschiffe sich beschädigt auf Grund setzen mußten.

Einen wirkungsvollen Einsatz fanden die deutschen Schlachtschiffe zu Jahresbeginn 1941 im Atlantik. Dort konnten sie gegen die britische Versorgungsschiffahrt größere Erfolge erzielen. Die Fortführung der Operationen mußte jedoch aufgegeben werden, nachdem die **Bismarck** — die ebenfalls im Atlantik Handelskrieg führen sollte — gesunken und das deutsche Nachschubnetz von den Engländern aufgerollt worden war. Die in Brest liegenden Schlachtschiffe **Scharnhorst** und **Gneisenau** konnten sich wegen des ständig zunehmenden britischen Druckes aus der Luft dort nicht mehr länger halten und mußten schließlich in die Heimat zurückverlegt werden. Zwar war die Wiederaufnahme dieser Operationen durch Schlachtschiffe für den Herbst 1941 vorgesehen, wobei außer **Scharnhorst** und **Gneisenau** auch die **Tirpitz** eingesetzt werden sollte. Im Hinblick auf die erheblich veränderte seestrategische Gesamtlage verzichtete die deutsche Führung jedoch auf derartige Operationen und verlegte die schweren Schiffe nach Nordnorwegen. Von dort aus wirkten sie weniger durch ihre Angriffe auf Nordrußland-Convoys, sondern viel mehr als feindkräftebindendes Instrument, als eine Art ›Fleet in being‹, die nur durch ihre alleinige Anwesenheit Kräfte des Gegners bindet. Die Folge war, daß die Engländer gezwungen wurden, ihre Eismeer-Geleitzüge durch Schlachtschiffe zu sichern, wobei sie zeitweise sogar auf amerikanische Schlachtschiffe zurückgreifen mußten. Diese fehlten dann an anderen Fronten, wo sie ebenso dringend benötigt wurden.[244]

Abrüsten und außer Dienst stellen?

Daß Hitler um die Jahreswende 1942/43 die Außerdienststellung und Abrüstung der schweren deutschen Einheiten befahl[245], war auf das unentschiedene Gefecht des Schweren Kreuzers **Admiral Hipper** am 31. Dezember 1942 zurückzuführen und stand — objektiv betrachtet — in keinem unmittelbaren Zusammenhang mit der Bewährungsfrage der Schlachtschiffe. Mangels Sachkenntnis — globales Denken war Hitler ebenso fremd wie die See und ihre Gesetze selbst — ließ sich Hitler von der strategischen Bedeutung dieser ›fleet in being‹ nicht überzeugen[246]; wahrscheinlich hätten die deutschen Positionen in Nordnorwegen aufgegeben werden müssen, wenn Hitler diesen Befehl in letzter Konsequenz aufrechterhalten hätte.[247]

Eine ähnliche kräftebindende Wirkung ging von den deutschen Schlachtschiffen **Scharnhorst** und **Gneisenau** aus, als diese in den ersten Monaten des Jahres 1941 im Nordatlantik Handelskrieg führten. Großbritannien wurde dadurch gezwungen, seine lebenswichtigen Geleitzüge durch Schlachtschiffe decken zu

---

[244] Ruge, a.a.O., S. 213.
[245] Nach einem bereits fertig ausgearbeiteten Plan sollte die **Scharnhorst** am 1. Juli 1943 außer Dienst gestellt werden, die **Tirpitz** im Herbst 1943.
[246] Vgl. hierzu Denkschrift SKL — Entwurf — 1. SKl. Ib 154/43 Chefs. (in: IMT Bd. XXXIV, S. 647ff.).
[247] Raeder, a.a.O., Bd. II, S. 283; Ruge, a.a.O., S. 213; Puttkammer, a.a.O., S. 52; Assmann, a.a.O., S. 197.

lassen, und diese mußten von anderen Fronten abgezogen werden. Das wiederum kam vor allem der deutsch-italienischen Kriegführung im Mittelmeerraum und in Nordafrika zugute. Mit Recht darf die Frage aufgeworfen werden, was wohl geschehen wäre, wenn sich die britische Mittelmeerflotte zu dieser Zeit stark genug gefühlt hätte, um den deutsch-italienischen Nachschubverkehr für die Nordafrika-Front zu unterbinden. Die Erfolge der Achsentruppen bei der Zurückeroberung der Cyrenaika wären wohl gänzlich unmöglich gewesen, wenn ihr Nachschubsystem zerschlagen worden wäre. So wenig sichtbar diese Fernwirkung auch war, wurde durch sie dennoch das Kriegsgeschehen erheblich beeinflußt.

Die waffentechnische Entwicklung, die am Ende des Zweiten Weltkrieges ihren Höhepunkt gefunden hatte, trug wesentlich dazu bei, dem Schlachtschiff den Todesstoß zu versetzen. Es schien sicher, daß es in Zukunft keine Rolle mehr spielen konnte.

Das Ende der Schlachtschiffs-Ära

Fast unmittelbar nach dem Ende des zweiten Weltkrieges wurden die Bestände an Schlachtschiffen bei fast allen Flotten drastisch reduziert; nur wenige Schlachtschiffe blieben im aktiven Dienst, die meisten wurden entweder ›eingemottet‹ oder abgewrackt. Diese Maßnahme war allerdings nicht nur eine Folgeerscheinung der sich inzwischen vollziehenden Umstrukturierung der Flotten, sondern auch finanziellen Erwägungen zuzuschreiben: Die riesigen Anstrengungen während des Krieges gerade in dieser Hinsicht drängten auf eine baldige, fühlbare Entlastung durch konsequente Abrüstung. Es lag dabei auf der Hand, daß sich solche Abrüstungsmaßnahmen in erster Linie auf diejenigen Waffen auswirken mußten, die als zweitrangig oder nicht mehr weiter entwicklungsfähig angesehen wurden. Hinzu kam noch ein anderes Faktum: Im August 1945 waren die beiden ersten Atombomben gefallen; ihre fürchterlichen Auswirkungen auf die davon betroffenen japanischen Städte trugen erheblich dazu bei, daß Japan kapitulierte und somit der Zweite Weltkrieg sein Ende fand. In Anbetracht der Entwicklung von Atombomben schien es zunächst, als habe sich allein die Luftwaffe zur kriegsentscheidenden Waffengattung aufgeschwungen, zumal nur sie allein in der Lage war, mit Atombomben zu operieren. Der militärische Wert aller übrigen Teilstreitkräfte schien dadurch ganz erheblich verringert worden zu sein. Über die Rolle der Marine entbrannte bald ein heftiger Meinungsstreit innerhalb der militärischen Führung der Vereinigten Staaten. Die eine Seite vertrat die Theorie, daß die Luftwaffe die allein kriegsentscheidende Waffe der Zukunft geworden sei, und sie forderte deshalb die Konzentration aller Kräfte und Mittel, um sie weiter auszubauen, und zwar auf Kosten der Marinerüstung, insbesondere der großen Kriegsschiffe wie Flugzeugträger und Schlachtschiffe. Die andere Seite — von der Marine vertreten — widersprach diesen Auffassungen heftig und versuchte, die zukünftige Rolle der Marine im Atomzeitalter darzulegen.

Mitten in diesem Meinungsstreit wurde der Entschluß gefaßt, ausgediente Kriegsschiffe erstmals als Zielobjekte für einen großangelegten Atombombenversuch zu verwenden, der unter der Bezeichnung ›Operation Crossroad‹ bekanntgeworden ist. Als Versuchsgebiet wurden die Gewässer um das Bikini-Atoll im Pazifik bestimmt. Zu Zielobjekten wurden mehr als 100 Kriegsschiffe ausgewählt, darunter fünf Schlachtschiffe, zwei Flugzeugträger, vier Kreuzer, 16 Zerstörer und acht U-Boote. Unter diesen Schiffen befand sich auch der Schwere Kreuzer **Prinz Eugen**, der den Amerikanern als Beuteanteil aus der deutschen Kriegsmarine zugefallen war.

Der erste Versuch gelangte am 1. Juli 1946 zur Ausführung. Ein Bomber vom Muster ›B-29‹ warf eine Atombombe, deren Zünder vorher zur Detonation über der Wasseroberfläche eingestellt worden war. Die Wirkung auf den einzelnen Schiffen war ganz verschieden. In Entfernungen von 800 bis 1000 m vom Detonationszentrum wurden Aufbauten teils völlig zerstört, von 1000 bis 1200 m entstanden noch starke Beschädigungen, bis zu 1330 m mittlere und bis zu 1650 m leichtere Schäden. Schlachtschiffe und Kreuzer wurden — sogar bei verhältnismäßig sehr geringem Abstand vom Detonationszentrum — weniger stark in Mitleidenschaft gezogen als leichter gebaute Schiffe mit einer Außenhautdicke bis zu 10 mm. Zwei Schlachtschiffe, die 500 bis 600 m vom Zentrum entfernt waren, wiesen danach zwar Beschädigungen am Schiffskörper und an den Aufbauten auf, doch waren sie schwimmfähig geblieben. Ihre stark gepanzerten Geschütztürme blieben überhaupt völlig intakt. Ein drittes Schlachtschiff, 600 m vom Zentrum entfernt, kam ohne ernsthafte Beschädigungen davon. Bei dem am 25. Juli 1946 durchgeführten zweiten Versuch war der Zünder der abgeworfenen Atombombe zur Detonation *unter* der Wasseroberfläche eingestellt worden. Hier erwies sich als entscheidender Vernichtungsfaktor die Druckwelle unter der Wasseroberfläche. Sie entwickelt eine bedeutend höhere Geschwindigkeit als die Druckwelle in der Luft, wenngleich sie nur kürzere Zeit wirksam ist. Das ergibt sich daraus, daß bei einer Unterwasser-Detonation fast die gesamte freiwerdende Energie zur Kompression und zur Verschiebung der Wassermassen wirkt, während bei der Detonation in der Luft etwa die Hälfte der Energie in Form der Licht- und radioaktiven Sofortstrahlung abgegeben wird. Nachdem die Gase und der Dampf in die Atmosphäre gedrungen sind, verringert sich der Druck im Detonationszentrum bedeutend. Je geringer die Detonationstiefe ist, umso geringer ist die Wirkungszeit der Druckwelle. Stets entstehen im ersten Stadium einer derartigen Detonation haushohe Wellenberge, die bis zu 30 m ansteigen. So wurde hier ein Schlachtschiff neun Sekunden nach der Detonation mit dem Vorschiff um mehr als zehn Meter in die Höhe geworfen, und die zweite gleich nachfolgende Welle zerstörte die Aufbauten.

So schien das Ergebnis festzustehen: Unter günstigen Voraussetzungen konnten Schlachtschiffe überleben, aber weniger günstige Voraussetzungen führten mit Sicherheit zu ihrer Zerstörung. So bemerkenswert die dabei gewonnenen Erkenntnisse auch gewesen sein mögen — sie blieben für das Schlachtschiff belanglos, denn dieses hatte seine Bedeutung zuvor schon verloren.

К-1000

Для информационно-опознавательных актов

подводного флота

Тяжелая военно-морская единица "СОВЕТСКАЯ БЕЛОРУССИЯ"

Действительно с 10-го ноября 1953 года

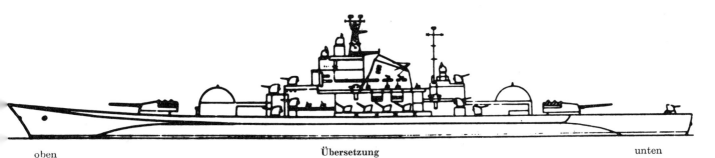

oben	Übersetzung	unten
K—1000		K—1000
Für die Informations- und Erkennungsunterlagen der Schwarzmeerflotte		Für die Informations- und Erkennungsunterlagen der Luftwaffe
Schwere Kriegsmarine-Einheit ›SOVETSKAJA BELOROSSIJA‹		Schwere Kriegsmarine-Einheit ›SOVETSKAJA BELOROSSIJA‹
Gültig ab 10. November 1953		Gültig ab 10. November 1953

(Abbildung in Originalgröße)

К-1000

Для информационно-опознавательных актов

военного воздушного флота

Тяжелая военно-морская единица "СОВЕТСКАЯ БЕЛОРУССИЯ"

Действительно с 10-Го ноября 1953 года

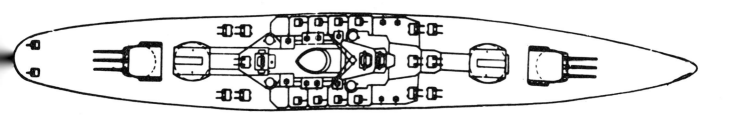

Nachrichtendienstliche Täuschungen

In den ersten Jahren nach Kriegsende kursierten immer wieder Nachrichten, die von fertiggestellten oder noch im Bau befindlichen sowjetischen Schlachtschiffen wissen wollten. Insbesondere war dies in den Jahren 1948 bis 1953 der Fall, und diese Meldungen wurden auch von den einschlägigen Flottenhandbüchern übernommen.[248] Nach manchen dieser Nachrichten sollten diese Schiffe auf ›sibirischen Werften‹ gebaut worden sein, die ihrerseits erst 1948 produktionsfähig wurden. Hauptsächlich die amerikanische Presse aber war es, die von jenen Schiffen phantasiereiche Darstellungen brachte, und die damit den Anschein erweckte, als seien diese Behauptungen tatsächlich erwiesen.[249] Auf solchen Darstellungen waren oft Kuppeln für den Start raketenangetriebener Projektile zu sehen, von denen es hieß, daß sie die konventionelle Artillerie ersetzt hätten. Vielfach wurden in diesem Zusammenhang auch so exakte Zahlenangaben gemacht, daß ihre Glaubwürdigkeit zumindest in Laienkreisen gesichert war. Gelegentlich wurden daher derartige Nachrichten auch vom deutschen Fachschrifttum übernommen.[250] Und dazu — last not least — kursierten auch die verschiedensten Namen dieser angeblichen Schiffe um die Welt — ›Strana Sovetov‹, ›Sovetskaja Belorossija‹, ›Sovetskaja Konstitucia‹, ›Krasnaja Besarabija‹, ›Krasnaja Sibirja‹, ›Lenin‹, ›Sovetskij Sojuz‹. Die Einzelangaben über sie schwankten zwischen 35 000 und 55 000 ts Deplacement und 25 bis 33 kn Geschwindigkeit, als Bewaffnung wurden sechs bis neun 40,6 cm-Geschütze (in einem Falle sogar zwölf 45,7 cm) angegeben, dazu zahlreiche Geschütze mittleren und kleineren Kalibers, und nahezu immer: Kuppeltürme zum Start von Lenk-Flugkörpern.

Seit einigen Jahren ist es bekannt, daß diese Nachrichten von der Sowjetunion offenbar selbst lanciert worden sind, und nicht einmal erfolglos, wie ihre begierige Aufnahme und Weiterverbreitung durch westliche Publikationsorgane bewies; dadurch geschah das, was die Urheber damit erstrebten — denn gerade durch die Presseveröffentlichungen im Westen gewannen jene Meldungen einen realistischen Anstrich. In der Kombination von Schlachtschiffen und Lenk-Flugkörpern erblickten in jenen Jahren die sowjetischen Propagandazentralen offenbar ein geeignetes Einschüchterungsmittel gegenüber der westlichen Welt, mit der sie nichts anderes vortäuschen wollten als überlegene militärische Stärke.

Beweisen lassen sich die vorstehenden Ausführungen durch ein Dokument, das offenbar als ›Spielmaterial‹ in die westliche Welt gelangt ist. Es stellt nicht mehr und nicht weniger als eine Art von Erkennungsunterlage für den innerdienstlichen Gebrauch bei der sowjetischen U-Bootwaffe und bei den sowjetischen Luftstreitkräften dar, wie es in jeder Marine üblich ist — besser gesagt: Als solches *sollte* es wohl wirken. Hier werden zeichnerische Darstellungen von einer ›Schweren Kriegsmarine-Einheit‹ gebracht — ihr Name wird mit ›Sovetskaja Belorossija‹ angegeben — die vom ›10. November 1953 ab gültig‹ gewesen sein sollte. Damit wird unzweifelhaft behauptet, daß ein solches Schiff bzw. Typ tatsächlich vorhanden ist. Wie plump angelegt diese Täuschung ist, geht schon daraus hervor, daß genau die gleiche zeichnerische Darstellung eines solchen Schiffes bereits im Jahrgang 1949/50 von ›Jane's Fighting Ships‹ erschienen war und aus diesem unverändert übernommen wurde. In Wirklichkeit aber haben solche Schiffe niemals existiert!

U-Schiffe statt Schlachtschiffe

Nur wenige Jahre nach dem Ende des Zweiten Weltkrieges kamen aber noch einmal Schlachtschiffe zum Einsatz, und zwar während des Korea-Krieges. Mit ihrer schweren Artillerie leisteten sie dabei von See her umfangreiche Hilfe für die eigene Truppe, genau nach dem gleichen Verfahren, wie es die ›Fire Support Groups‹ während des Krieges im Pazifik praktizierten. Aber auch das vermochte nicht dazu beizutragen, sie typmäßig zu erhalten. Die stürmische Entwicklung der Lenk-Flugkörper-Waffensysteme begann auch den Kriegsschiffbau zu beeinflussen, und die sich dadurch abzeichnenden ganz neuen Möglichkeiten ließen dem Schlachtschiff keinen Raum mehr. Zwar erwog man vorübergehend in der amerikanischen Marine, das Schlachtschiff in neuer Gestalt als ›Raketen-Schlachtschiff‹ zu neuem Leben zu erwecken, doch rückte sie rechtzeitig davon wieder ab, als es für sie feststand, daß sie mit weniger aufwendigen und kleineren Kriegsschiffen auskommen würde, die sich mit weitreichenden Flugkörper-Waffensystemen ausrüsten lassen. Völlig indiskutabel wurden solcherlei Erwägungen, als die Aussicht bestand, große Atom-U-Schiffe mit weitreichenden ballistischen Flugkörpern zu realisieren. Deren Entwicklung wurde der absolute Vorrang eingeräumt und nahm alle Kräfte in Anspruch. Das Ergebnis dieser Anstrengungen sind die ›Großkampfschiffe des Atomzeitalters‹, die ›Polaris‹-Atom-U-Schiffe der US-Marine. Hatte der Flugzeugträger während des Zweiten Weltkrieges den ersten Platz in der Rangfolge der Kriegsschiffe dem Schlachtschiff streitig gemacht, so muß er diesen heute mit jenen ›Polaris‹-Atom-U-Schiffen teilen, wobei letztere ein unverkennbares Übergewicht haben.

›Come back‹ des Schlachtschiffes?

Seit dem Jahre 1957 befand sich kein einziges Schlachtschiff mehr im aktiven Dienst. Bis auf vier amerikanische wurden alle nacheinander abgewrackt. Was niemand mehr erwartet hatte trat aber 1968 ein: Die Wiederindienststellung eines Schlachtschiffes, der amerikanischen **New Jersey**. Hierzu hat der Krieg um Vietnam die Veranlassung gegeben. Die treibende Kraft dazu waren offensichtlich finanzielle Erwägungen, denn man ist davon ausgegangen, daß sieben Vollsalven der **New Jersey** der Bombenlast entsprechen, für die 60 Schlachtflugzeuge ein-

---

[248] Von ›Jane's Fighting Ships‹ bis 1951, von ›Les Flottes de Combat‹ bis 1953.

[249] So u. a. ›Popular Science‹, April 1951, S. 148 ff., und ›Popular Mechanics‹, Juli 1950, S. 76 ff.

[250] U. a.: Freiberg, Zur Entwicklung des heutigen Überwasser-Kriegsschiffes (in: Nauticus 1952, S. 103 ff.), dort jedoch mit gebotener Zurückhaltung und Skepsis.

gesetzt werden müßten, um sie gegen den Feind zu tragen. Und die Reaktivierungskosten von 22 Millionen Dollar entsprachen dem Neuwert von nur neun Schlachtflugzeugen — ein einfaches Rechenexempel also, nicht zuletzt im Hinblick auf die bisherigen relativ großen Flugzeugverluste über diesem Kriegsschauplatz. ... Es kann sich also nur um eine Verlegenheitslösung handeln, die zweifellos mit dem Ende des Vietnam-Krieges gegenstandslos würde. Was die amerikanische Marine für derartige Gegebenheiten benötigt, ist ein amphibisches Unterstützungsschiff mit einigen weitreichenden Geschützen an Bord. Die Entwicklung dazu ist bereits im Gang, und ihre Verwirklichung wird sicher nicht mehr lange auf sich warten lassen. Deshalb darf man sich nicht darüber hinwegtäuschen, daß die Zeiten des Schlachtschiffes endgültig vorbei sind.

DIE GROSSKAMPFSCHIFFE
ALLER STAATEN
1905—1970

Alphabetische Schiffsliste

In alphabetischer Reihenfolge eingeordnet sind alle in diesem Buch abgehandelten Großkampfschiffe sowie die Schiffe des jeweils letzten Vor-Dreadnought-Typs nach folgender Ordnung: **Name** einschl. Ex-**Namen** und / oder spätere **Namen**, (Stapellaufjahr), nationale Zugehörigkeit → Abkürzungsverzeichnis, Hinweis auf Seitenzahl bei den Typendarstellungen.

A → **Ersatz Friedrich Carl** → ›**Noske**‹ (1920) dtsch. → p. 302
A → **Ersatz Monarch** (∞) oe → p. 435
Admiral Graf Spee (1934) dtsch. → p. 307
Admiral Scheer (1933) dtsch. → p. 307
AG 16 → **Utah** / BB 31 (1909) us. → p. 219
AG 17 → **Arkansas** / BB 33 (1911) us. → p. 221
Agamemnon (1906) brit. → p. 133
Agincourt (∞) brit. → p. 160
Agincourt ×**Sultan Osman I.** ×**Rio de Janeiro** (1913) brit. → p. 156
Ajax (1912) brit. → p. 149
Akagi (1925) jap. → p. 377
Aki (1907) jap. → p. 355
Alabama / BB 60 (1942) us. → p. 263
Alaska / CB 1 (1943) us. → p. 271
Alfonso XIII. → **España** (1913) sp. → p. 348
Almirante Cochrane ×**Santiago** ×**Constitution** (1918) chil. → p. 469
Almirante Latorre ×**Valparaiso** ×**Libertad** (1913) chil. → p. 469
Alsace (∞) frz. → p. 464
Amagi (∞) jap. → p. 377
Andrea Doria (1913) ital. → p. 402
Andrej Pervozvannyj (1906) russ. → p. 416
Anson (∞) brit. → p. 188
Anson → **Duke of York** (1940) brit. → p. 200
Anson ×**Jellicoe** (1940) brit. → p. 200
Archangel'sk ×**Royal Sovereign** (1915) russ. → p. 427
Arizona ×**North Carolina** / BB 39 (1915) us. → p. 233
Arkansas / BB 33 / AG 17 (1911) us. → p. 221
Atago (∞) jap. → p. 377
Audacious (1912) brit. → p. 149
Australia (1911) brit. → p. 142

B ×**Nassau** (1908) jap. → p. 380
B → **Ersatz Wien** (∞) oe. → p. 435
Baden (1915) dtsch. → p. 300
Barham (1914) brit. → p. 160
Bayern (1915) dtsch. → p. 300
BB 18 → **Connecticut** (1904) us. → p. 214
 19 → **Louisiana** (1904) us. → p. 214
 20 → **Vermont** (1905) us. → p. 214
 21 → **Kansas** (1905) us. → p. 214
 22 → **Minnesota** (1905) us. → p. 214
 25 → **New Hampshire** (1906) us. → p. 214
 26 → **South Carolina** (1908) us. → p. 214
 27 → **Michigan** (1908) us. → p. 214
 28 → **Delaware** (1909) us. → p. 216

BB 29 → **North Dakota** (1908) us. → p. 216
 30 → **Florida** (1910) us. → p. 219
 31 → **Utah** (1909) us. → p. 219
 32 → **Wyoming** (1911) us. → p. 221
 33 → **Arkansas** (1911) us. → p. 221
 34 → **New York** (1912) us. → p. 225
 35 → **Texas** (1912) us. → p. 225
 36 → **Oklahoma** (1914) us. → p. 229
 37 → **Nevada** (1914) us. → p. 229
 38 → **Pennsylvania** (1915) us. → p. 233
 39 → **Arizona** ×**North Carolina** (1915) us. → p. 233
 40 → **New Mexico** ×**California** (1917) us. → p. 237
 41 → **Mississippi** (1917) us. → p. 237
 42 → **Idaho** (1917) us. → p. 237
 43 → **Tennessee** (1919) us. → p. 243
 44 → **California** (1919) us. → p. 243
 45 → **Colorado** (1921) us. → p. 247
 46 → **Maryland** (1920) us. → p. 247
 47 → **Washington** (1921) us. → p. 247
 48 → **West Virginia** (1921) us. → p. 247
 49 → **South Dakota** (∞) us. → p. 252
 50 → **Indiana** (∞) us. → p. 252
 51 → **Montana** (∞) us. → p. 252
 52 → **North Carolina** (∞) us. → p. 252
 53 → **Iowa** (∞) us. → p. 252
 54 → **Massachusetts** (∞) us. → p. 252
 55 → **North Carolina** (1940) us. → p. 260
 56 → **Washington** (1940) us. → p. 260
 57 → **South Dakota** (1941) us. → p. 263
 58 → **Indiana** (1941) us. → p. 263
 59 → **Massachusetts** (1941) us. → p. 263
 60 → **Alabama** (1942) us. → p. 263
 61 → **Iowa** (1942) us. → p. 266
 62 → **New Jersey** (1942) us. → p. 266
 63 → **Missouri** (1944) us. → p. 266
 64 → **Wisconsin** (1943) us. → p. 266
 65 → **Illinois** (∞) us. → p. 266
 66 → **Kentucky** (1950) us. → p. 266
 67 → **Montana** (∞) us. → p. 273
 68 → **Ohio** (∞) us. → p. 273
 69 → **Maine** (∞) us. → p. 273
 70 → **New Hampshire** (∞) us. → p. 273
 71 → **Louisiana** (∞) us. → p. 273
BBG 1 → **Kentucky** / BB 66 (1950) us. → p. 266
Béarn (1920) frz. → p. 450
Beatty → **Howe** (1940) brit. → p. 200
Bellerophon (1907) brit. → p. 137
Bellerophon → **Thunderer** (∞) brit. → p. 204
Benbow (1913) brit. → p. 151
Bismarck (1939) dtsch. → p. 319
Borodino (1915) russ. → p. 423

Bourgogne (∞) frz. → p. 464
Bretagne (1913) frz. → p. 445

C → Ersatz Budapest (∞) oe. → p. 435
Caio Duilio (1913) ital. → p. 402
California → New Mexico / BB 40 (1917) us. → p. 237
California / BB 44 (1921) us. → p. 243
Canada ×Almirante Latorre ×Valparaiso ×Libertad (1913) brit. → p. 168
CB 1 → Alaska (1943) us. → p. 271
    2 → Guam (1943) us. → p. 271
    3 → Hawaii (1945) us. → p. 271
    4 → Philippines (∞) us. → p. 271
    5 → Puerto Rico (∞) us. → p. 271
    6 → Samoa (∞) us. → p. 271
CBC 1 → Hawaii / CB 3 (1945) us. → p. 271
CC 1 → Lexington ×Constitution (∞) us. → p. 254
    2 → Constellation (∞) us. → p. 254
    3 → Saratoga (∞) us. → p. 254
    4 → Ranger ×Lexington (∞) us. → p. 254
    5 → Constitution ×Ranger (∞) us. → p. 254
    6 → United States (∞) us. → p. 254
Centurion (1911) brit. → p. 149
Clémenceau (∞) frz. → p. 459
Collingwood (1908) brit. → p. 139
Colorado / BB 45 (1921) us. → p. 247
Colossus (1910) brit. → p. 144
Condorcet (1909) frz. → p. 442
Connecticut / BB 18 (1904) us. → p. 214
Conqueror (1911) brit. → p. 146
Conqueror (∞) brit. → p. 204
Constellation / CC 2 (∞) us. → p. 254
Constitution → Almirante Cochrane (1918) chil. → p. 469
Constitution → Lexington / CC 1 us. → p. 254
Constitution ×Ranger / CC 5 (∞) us. → p. 254
Conte di Cavour (1911) ital. → p. 398
Courageous (1916) brit. → p. 181
Courbet (1911) frz. → p. 443
Cristoforo Colombo ×Goffredo Mameli (∞) ital. → p. 405
CV 2 → Lexington (1925) us. → p. 254
CV 3 → Saratoga (1925) us. → p. 254

D → Ersatz Habsburg (∞) oe. → p. 435
D (∞) dtsch. → p. 307
D ×Westfalen (1908) brit. → p. 195
Dandolo → Francesco Caracciolo (1920) ital. → p. 405
Dante Alighieri (1910) ital. → p. 397
Danton (1909) frz. → p. 442
Delaware / BB 28 (1909) us. → p. 216
Delhi → Emperor of India (1913) brit. → p. 151
Demokratija ×Imperator Nikolaj I. (1916) russ. → p. 422
Derfflinger (1913) dtsch. → p. 297
Deutschland (1904) dtsch. → p. 282
Deutschland → Lützow (1931) dtsch. → p. 304
Diderot (1909) frz. → p. 442

Dreadnought (1906) brit. → p. 133
Duke of York ×Anson (1940) brit. → p. 200
Dunkerque (1935) frz. → p. 457
Duquesne (∞) frz. → p. 453

E (∞) dtsch. → p. 307
EAG 128 → Mississippi / BB 41 (1917) us. → p. 237
Eagle ×India ×Almirante Cochrane ×Santiago ×Constitution (1918) brit. → p. 469
Ekaterina II. → Imperatrica Ekaterina II. (1914) russ. → p. 421
Emperor of India ×Delhi (1913) brit. → p. 151
Erin ×Reshadije ×Reshad V. (1913) brit. → p. 158
Ersatz Budapest → C (∞) oe. → p. 435
    Freya → Prinz Eitel Friedrich (1920) dtsch. → p. 302
    Friedrich Carl (1920) dtsch → p. 302
    Gneisenau (∞) dtsch. → p. 304
    Habsburg → D (∞) oe. → p. 435
    Monarch → A (∞) oe. → p. 435
    Scharnhorst (∞) dtsch. → p. 304
    Wien → B (∞) oe. → p. 435
    Yorck (∞) dtsch. → p. 304
Erzherzog Franz Ferdinand (1908) oe. → p. 433
España (1912) sp. → p. 348
España ×Alfonso XIII. (1913) sp. → p. 348

F ×Rheinland (1908) dtsch. → p. 283
Fatikh (∞) türk. → p. 467
Flandre (1914) frz. → p. 450
Flandre (∞) frz. → p. 464
Florida / BB 30 (1910) us. → p. 219
France (1912) frz. → p. 443
France → Richelieu (1939) frz. → p. 459
Francesco Caracciolo ×Dandolo (1920) ital. → p. 405
Francesco Morosini (∞) ital. → p. 405
Friedrich der Große (1911) dtsch. → p. 293
Fürst Bismarck → Ersatz Friedrich Carl (1920) dtsch. → p. 302
Furious (1916) brit. → p. 181
Fuso (1914) jap. → p. 365

Gangut → Oktjabrskaja revoljucija (1911) russ. → p. 417
Gascogne (1914) frz. → p. 450
Gascogne (∞) frz. → p. 464
General Alekseev ×Wolga ×Volja ×Imperator Aleksandr III. (1914) russ. → p. 421
Giulio Cesare (1911) ital → p. 398
Giuseppe Mazzini → Marcantonio Colonna (∞) ital. → p. 405
Glorious (1916) brit. → p. 181
Gneisenau (1936) dtsch. → p. 313
Goeben (1911) dtsch. → p. 290
Goffredo Mameli → Cristoforo Colombo (∞) ital. → p. 405
Graf Spee (1917) dtsch. → p. 302
Großer Kurfürst (1913) dtsch. → p. 294
Guam / CB 2 (1943) us. → p. 271

H (∞) dtsch. → p. 325
Hannover (1905) dtsch. → p. 282

Haruna (1913) jap. → p. 357
Hawaii / CB 3 / CBC 1 (1945) us. → p. 271
Helgoland (1909) dtsch. → p. 287
Hercules (1910) brit. → p. 144
Hiei (1912) jap. → p. 357
Hindenburg (1915) dtsch. → p. 297
Hood (1918) brit. → p. 188
Howe (∞) brit. → p. 188
Howe ˣ Beatty (1940) brit. → p. 200
Hyuga (1917) jap. → p. 367

Idaho / BB 42 (1917) us. → p. 237
Illinois / BB 65 (∞) us. → p. 266
Imperator Aleksandr III. → Volja → Wolga → General Alekseev (1914) russ. → p. 421
Imperator Nikolaj I. → Demokratija (1916) russ. → p. 422
Imperator Pavel I. → Respublika (1907) russ. → p. 416
Imperatrica Ekaterina II. ˣEkaterina II. (1914) russ. → p. 421
Imperatrica Marija (1913) russ. → p. 421
Impero (1939) ital. → p. 407
Indefatigable (1909) brit. → p. 142
Indefatigable (∞) brit. → p. 192
India → Eagle ˣAlmirante Cochrane ˣSantiago ˣConstitution (1918) brit. → p. 168
Indiana / BB 50 (∞) us. → p. 252
Indiana / BB 58 (1941) us. → p. 263
Indomitable (1908) brit. → p. 136
Indomitable (∞) brit. → p. 192
Inflexible (1907) brit. → p. 136
Inflexible (∞) brit. → p. 192
Invincible (1907) brit. → p. 135
Invincible (∞) brit. → p. 192
Iowa / BB 53 (∞) us. → p. 252
Iowa / BB 61 (1942) us. → p. 266
Iron Duke (1912) brit. → p. 151
Ise (1916) jap. → p. 367
Italia ˣLittorio (1937) ital. → p. 407
Ivan Groznyj → Demokratija ˣImperator Nikolaj I. (1916) russ. → p. 422
Izmail (1915) russ. → p. 423

J (∞) dtsch. → p. 325
Jaime I. (1914) sp. → p. 348
Jawus Selim ˣJawus Sultan Selim ˣGoeben (1911) tü. → p. 467
Jawus Sultan Selim ˣGoeben (1911) tü. → p. 467
Jean Bart → Océan (1911) frz. → p. 443
Jean Bart ˣVerdun (1940) frz. → p. 459
Jellicoe → Anson (1940) brit. → p. 200

K ˣHelgoland (1909) brit. → p. 195
K (∞) dtsch. → p. 325
Kaga (1921) jap. → p. 374
Kaiser (1911) dtsch. → p. 293
Kaiserin (1911) dtsch. → p. 293
Kansas / BB 21 (1904) us. → p. 214
Kawachi (1910) jap. → p. 357

Kentucky / BB 66 / BBG 1 (1950) us. → p. 266
Kii (∞) jap. → p. 377
Kinburn (1915) russ. → p. 423
King George V. (1911) → Monarch (1911) → brit. → p. 146
King George V. (1911) brit. → p. 149
King George V. (1939) → p. 200
Kirishima (1913) jap. → p. 357
König (1913) dtsch. → p. 294
König Albert (1912) dtsch. → p. 293
Kongo (1912) jap. → p. 357
Krasnaja Ukraina → Sovetskaja Ukraina (∞) russ. → p. 426
Kronprinz (Wilhelm) (1914) dtsch. → p. 294

L (∞) dtsch. → p. 325
Languedoc (1915) frz. → p. 450
Leonardo da Vinci (1911) ital. → p. 398
Leopard (∞) brit. → p. 155
Lexington ˣConstitution / CC 1 (∞) us. → p. 254
Lexington ˣRanger / CC 4 (∞) us. → p. 254
Lexington / CV 2 (1925) us. → p. 254
Libertad → Valparaiso → Almirante Latorre (1913) chil. → p. 469
Lille (∞) frz. → p. 453
Lion (1910) brit. → p. 146
Lion (∞) brit. → p. 204
Littorio → Italia (1937) ital. → p. 407
Lord Nelson (1906) brit. → p. 133
Lorraine (1913) frz. → p. 445
Louisiana / BB 19 (1904) us. → p. 214
Louisiana / BB 71 (∞) us. → p. 273
Lützow (1913) dtsch. → p. 297
Lützow ˣ Deutschland (1931) dtsch. → p. 307
Lyon (∞) frz. → p. 453

M (∞) dtsch. → p. 325
Mackensen (1917) dtsch. → p. 302
Maine / BB 69 (∞) us. → p. 273
Malaya (1915) brit. → p. 160
Marat ˣPetropavlovsk (1911) russ. → p. 417
Marcantonio Colonna ˣGiuseppe Mazzini (∞) ital. → p. 405
Markgraf (1913) dtsch. → p. 294
Marlborough (1912) brit. → p. 151
Maryland / BB 46 (1920) us. → p. 247
Massachusetts / BB 54 (∞) us. → p. 252
Massachusetts / BB 63 (1941) us. → p. 263
Michigan / BB 27 (1908) us. → p. 214
Mikhail Frunze ˣPoltava (1911) russ. → p. 417
Minas Gerais (1908) bras. → p. 344
Minnesota / BB 22 (1903) us. → p. 214
Mirabeau (1909) frz. → p. 442
Mississippi / BB 41 / AEG 128 (1917) us. → p. 237
Missouri / BB 63 (1944) us. → p. 266
Moltke (1910) dtsch. → p. 290
Monarch ˣKing George V. (1911) brit. → p. 146
Montana/BB 51 (∞) us. → p. 252
Montana/BB 67 (∞) us. → p. 273

Moreno (1911) arg. → p. 429
Musashi (1940) jap. → p. 383
Mutsu (1920) jap. → p. 370

N (∞) dtsch. → p. 325
Nagato (1919) jap. → p. 370
×Nagato (1919) us. → p. 275
Napoli (1905) ital. → p. 396
Nassau (1908) dtsch. → p. 283
×Nassau (1908) jap. → p. 380
Navarin (1916) russ. → p. 423
Nelson (1925) brit. → p. 195
Neptune (1909) brit. → p. 141
Nevada/BB 37 (1914) us. → p. 229
New Hampshire/BB 25 (1906) us. → p. 214
New Hampshire/BB 70 (∞) us. → p. 273
New Jersey/BB 62 (1942) us. → p. 266
New Mexico ×California/BB 40 us. → p. 237
New York/BB 34 (1912) us. → p. 225
New Zealand (1911) brit. → p. 143
Normandie (1914) frz. → p. 450
Normandie (∞) frz. → p. 464
North Carolina → Arizona/BB 39 (1915) us. → p. 233
North Carolina/BB 52 (∞) us. → p. 252
North Carolina/BB 55 (1940) us. → p. 260
North Dakota/BB 29 (1908) us. → p. 216
›Noske‹ → Ersatz Freya (1920) dtsch. → p. 302
Novorossijsk ×Giulio Cesare (1911) russ. → p. 427

Nr. 11 (∞) jap. → p. 377
12 (∞) jap. → p. 377
13 (∞) jap. → p. 380
14 (∞) jap. → p. 380
15 (∞) jap. → p. 380
16 (∞) jap. → p. 380
111 (∞) jap. → p. 383
765 (∞) jap. → p. 391
796 (∞) jap. → p. 391
797 (∞) jap. → p. 383
798 (∞) jap. → p. 391
799 (∞) jap. → p. 391

O (∞) dtsch. → p. 330
Océan ×Jean Bart (1911) frz. → p. 443
Ohio/BB 68 (∞) us. → p. 273
Oklahoma/BB 36 (1914) us. → p. 229
Oktjabrskaja revoljucija ×Gangut (1911) russ. → p. 417
Oldenburg (1910) dtsch. → p. 287
×Oldenburg (1910) jap. → p. 380
Orion (1910) brit. → p. 145
Ostfriesland (1909) dtsch. → p. 287
×Ostfriesland (1909) us. → p. 260
Owari (∞) jap. → p. 377

P (∞) dtsch. → p. 330
Paris (1912) frz. → p. 443

Parizskaja Kommuna ×Sevastopol (1911) russ. → p. 417
Pennsylvania/BB 38 (1915) us. → p. 233
Petropavlovsk → Marat (1911) russ. → p. 417
Philippines/CB 4 (∞) us. → p. 271
Poltava → Michail Frunze (1911) russ. → p. 417
Pommern (1905) dtsch. → p. 282
Posen (1908) dtsch. → p. 283
×Posen (1908) brit. → p. 195
Prince of Wales (1939) brit. → p. 200
Princess Royal (1911) brit. → p. 146
Prinz Eitel Friedrich ×Ersatz Freya (→ ›Noske‹) (1920) dtsch. → p. 302
Prinz Eugen (1912) oe. → p 433
×Prinz Eugen (1912) frz. → p. 456
Prinzregent Luitpold (1911) dtsch. → p. 293
Provence (1913) frz. → p. 445
Puerto Rico/CB 5 (∞) us. → p. 271

Q (∞) dtsch. → p. 330
Queen Elizabeth (1913) brit. → p. 159
Queen Mary (1912) brit. → p. 146

R ×Clémenceau (∞) dtsch. → p. 330
Radetzky (1909) oe. → p. 433
Ramillies (1916) brit. → p. 168
Ranger ×Lexington/CC 4 (∞) us. → p. 254
Ranger/CC 5 (∞) → Constitution us. → p. 254
Regina Elena (1904) ital. → p. 396
Reina Victoria Eugenia (∞) sp. → p. 349
Renown (∞) brit. → p. 168
Renown (1916) brit. → p. 175
Repulse ×Resistance (∞) brit. → p. 168
Repulse ×Resistance (1916) brit. → p. 175
Reshad V. → Reshadije (1913) türk. → p. 467
Reshad-i-Hamiss (∞) türk. → p. 467
Reshadije ×Reshad V. (1913) zürk. → p. 467
Resistance → Repulse (∞) brit. → p. 169
Resistance → Repulse (1916) brit. → p. 175
Resistance (∞) brit. → p. 168
Resolution (1915) brit. → p. 168
Respublika ×Imperator Pavel I. (1907) russ. → p. 416
Revenge (1915) brit. → p. 168
Rheinland (1908) dtsch. → p. 283
Riachuelo (∞) bras. → p. 345
Richelieu ×France (1939) frz. → p. 459
Rio de Janeiro → Sultan Osman I. → Agincourt (1913) bras. → p. 345
Rivadavia (1911) arg. → p. 429
Rodney (∞) brit. → p. 188
Rodney (1925) brit. → p. 195
Roma (1907) ital. → p. 396
Roma (1940) ital. → p. 407
Royal Oak (1914) brit. → p. 168
Royal Sovereign → Archangel'sk (1915) brit. → p. 168

S ˣGascogne (∞) dtsch. → p. 330
Sachsen (1916) dtsch. → p. 300
Salamis ˣVasilefs Georgios (1914) gr. → p. 473
Samoa/CB 6 (∞) us. → p. 271
Santiago ˣConstitution → Almirante Cochrane (1918) chil. → p. 469
Sao Paulo (1909) bras. → p. 344
Saratoga/CC 3 (∞) us. → p. 254
Saratoga/CV 3 (1925) us. → p. 254
Satsuma (1906) jap. → p. 355
Savoie ˣVasilefs Konstantinos (∞) frz. → p. 455
Scharnhorst (1936) dtsch. → p. 313
Schlesien (1906) dtsch. → p. 282
Schleswig-Holstein (1906) dtsch. → p. 282
Settsu (1911) jap. → p. 357
Sevastopol → Parizskaja Kommuna (1911) russ. → p. 417
Seydlitz (1912) dtsch. → p. 292
Shinano (1944) jap. → p. 383
South Carolina/BB 26 (1908) us. → p. 214
South Dakota/BB 49 (∞) us. → p. 252
South Dakota/BB 57 (1941) us. → p. 263
Sovetskaja Rossija → Tretij Internacional (∞) russ. → p. 427
Sovetskij Sojuz (∞) russ. → p. 426
Sovetskaja Ukraina (∞) russ. → p. 426
Stalin → Tretij Internacional (∞) russ. → p. 427
Stalinskaja Konstitucija (∞) russ. → p. 427
St. Andrew (∞) brit. → p. 195
St. David (∞) brit. → p. 195
St. George (∞) brit. → p. 195
St. Patrick (∞) brit. → p. 195
Strasbourg (1936) frz. → p. 457
St. Vincent (1908) brit. → p. 139
Sultan Osman I. ˣRio de Janeiro (1913) türk. → p. 467
Superb (1907) brit. → p. 137
Svobodnaja Rossija ˣImperatrica Ekaterina II. (1914) russ. → p. 421
Szent István (1911) oe. → p. 433

Takao (∞) jap. → p. 377
Tegetthoff (1912) oe. → p. 433
ˣTegetthoff (1912) ital. → p. 405
Temeraire (1907) brit. → p. 137
Temeraire (∞) brit. → p. 204
Tennessee/BB 43 (1919) us. → p. 243
Texas/BB 35 (1912) us. → p. 225
Thunderer (1911) brit. → p. 146
Thunderer (∞) brit. → p. 204
Thüringen (1909) dtsch. → p. 287

ˣThüringen (1909) frz. → p. 456
Tiger (1913) brit. → p. 155
Tirpitz ˣSalamis (1914) dtsch. → p. 305
Tirpitz (1939) dtsch. → p. 319
Tosa (1921) jap. → p. 374
Tourville (∞) frz. → p. 453
Tretij Internacional (∞) russ. → p. 427

Utah/BB 31 /AG 16 (1909) us. → p. 219
United States/CC 6 (∞) us. → p. 254

Valiant (1914) brit. → p. 160
Valparaiso ˣLibertad → Almirante Latorre → Canada (1913) chi. → p. 469
Vanguard (1909) brit. → p. 139
Vanguard (1944) brit. → p. 206
Vasilefs Georgios → Salamis (1914) gr. → p. 473
Vasilefs Konstantinos → Savoie (∞) gr. → p. 473
Vendée (1920) frz. → p. 450
Verdun → Jean Bart (1940) frz. → p. 459
Vergniaud (1910) frz. → p. 442
Vermont/BB 20 (1905) us. → p. 214
Viribus Unitis (1911) oe. → p. 433
Vittorio Emanuele (1904) ital. → p. 396
Vittorio Veneto (1937) ital. → p. 407
Volja ˣImperator Aleksandr III. (1914) russ. → p. 421
Voltaire (1909) frz. → p. 442
Von der Tann (1909) dtsch. → p. 289

Warspite (1913) brit. → p. 160
Washington/BB 47 (1921) us. → p. 247
Washington/BB 56 (1940) us. → p. 260
West Virginia/BB 48 (1921) us. → p. 247
Westfalen (1908) dtsch. → p. 283
ˣWestfalen (1908) brit. → p. 195
Wisconsin/BB 64 (1943) us. → p. 266
Wolga ˣVolja ˣImperator Aleksandr III. (1914) russ. → p. 304
Württemberg (1917) dtsch. → p. 300
Wyoming/BB 32 (1911) us. → p. 221

Yaeyama (1915) jap. → p. 365
Yamashiro (1915) jap. → p. 365
Yamato (1940) jap. → p. 383
Yavuz ˣJawus Selim ˣJawus Sultan Selim ˣGoeben (1911) türk. → p. 467
Yugoslavia ˣViribus Unitis (1911) jug. → p. 481

Z 11 ˣGiulio Cesare → Novorossijsk (1911) russ. → p. 427
Zrinyi (1910) oe. → p. 433

GROSSBRITANNIEN
Great Britain   Grande Bretagne   Gran Bretagne

Stammtafel

Jahr	Schlachtschiffe	Schlachtkreuzer	Schnelle Schlachtschiffe
1905	Dreadnought		
1906	Bellerophon	Invincible	
1907	St. Vincent		
1908			
1909	Neptune / Colossus	Indefatigable / Lion	
1910	Orion		
1911	King George V.		
1912	Iron Duke	Tiger	
1913	Revenge		Queen Elizabeth
1914			
1915		Renown / Courageous	
1916		Hood	
1917			
1918			
1919			
1920			
1921		I—IV	
1922	Nelson		
1937			King George V.
1938			
1939			Lion
1940			Vanguard

Britische Großkampfschiffe 1905—1960

Nachfolgend angegeben sind jeweils die in einem Etatjahr bewilligten sowie die am Jahresende im Dienst befindlichen Großkampfschiffe. Kriegsverluste und sonstige Abgänge jeweils berücksichtigt.

Etatjahr	Schlachtschiffe bewilligt	Schlachtschiffe fertig	Schlachtkreuzer bewilligt	Schlachtkreuzer fertig
1905	1	0	3	0
1906	3	1	0	0
1907	0	1	0	0
1908	1	1	2	3
1909	6	5	3	3
1910	4	7	1	3
1911	4	10	1	4
1912	4[1]	14	0	7
1913	6	18	0	9
1914	0	24[2]	2	10
1915	0	28[3]	3	10
1916	0	33	4	9
1917	0	32	0	12
1918	0	33	0	11
1919	0	33	0	11
1920	0	30	0	9
1921	0	28	4	9
1922	2	17	0	7
1923	0	17	0	7
1924	0	17	0	4
1925	0	17	0	4
1926	0	14	0	4
1927	0	16	0	4
1928	0	16	0	4
1929	0	16	0	4
1930	0	16	0	4
1931	0	12	0	3
1932	0	12	0	3
1933	0	12	0	3
1934	0	12	0	3
1935	0	12	0	3
1936	2	12	0	3
1937	3	12	0	3
1938	2	12	0	3
1939	2	11	0	3
1940	1	12	0	3
1941	0	12	0	1
1942	0	14	0	1
1943	0	14	0	1
1944	0	13	0	1
1945	0	13	0	1
1946	0	14	0	1

[1] Dazu als außeretatmäßiges (5.) Schiff **Malaya**.
[2] Einschl. der beschlagnahmten **Erin** und **Agincourt**.
[3] Einschl. der beschlagnahmten **Canada**.

Großbritannien

Etatjahr	Schlachtschiffe bewilligt	fertig	Schlachtkreuzer bewilligt	fertig	Etatjahr	Schlachtschiffe bewilligt	fertig	Schlachtkreuzer bewilligt	fertig
1947	0	13	0	1	1954	0	5	0	0
1948	0	5	0	0	1955	0	5	0	0
1949	0	5	0	0	1956	0	5	0	0
1950	0	5	0	0	1957	0	1	0	0
1951	0	5	0	0	1958	0	1	0	0
1952	0	5	0	0	1959	0	1	0	0
1953	0	5	0	0	1960	0	0	0	0

Artillerie

Kaliber cm (inches) und Aufstellung	Rohrlänge	Konstruktionsjahr	Rohrgewicht t	Geschoßgewicht kg	Schußweite bei maximaler Rohrerhöhung hm/Grad	Feuergeschwindigkeits/min	Bemerkungen
1. Schwere Artillerie							
45,7 (18″) Mark I ⚬-	L/40	1915	148,0	..	350/40	..	*Nur eingebaut auf* **Furious** *und später auf Monitoren*
40,6 (16″) Mark IV ⚬	L/45	1938	.	.	436/40	2,5	*Vorgesehen für* **Lion**-*Kl., Mantelringrohre*
40,6 (16″) Mark I ⚬	L/45	1923	131,0	907	416/44	2	*Drahtrohre. Turmgewicht 1568 t einschl. 574 t Drehpanzer; Gesamtgewicht mit Munition 2500 t. Einzelwiegen. Barbette-⌀ 12,0 m, Drehscheiben-⌀ 14,6 m. Je Turm 95 Mann Bedienung. Keine Turmsalven wegen Rückstoß! Eingebaut auf* **Nelson**-*Kl. und vorgesehen für 1921er Schlachtkreuzer*
38,1 (15″) Mark I ⚬	L/42	1913	97,0	875	320/30	2	*Drahtrohre. Turmgewicht 1039 t einschl. 422 t Drehpanzer. Rohre durch Zwischenwand getrennt. Barbette-⌀: 9,0 m, Drehscheiben-⌀ 11 m. Höhe von Geschoßkammer bis Geschützplattform 20,0 m. Bedienung je Turm 75 Mann. Eingebaut auf* **Queen Elizabeth**-, **Revenge**-, **Renown**-, **Courageous**- *und* **Hood**-*Kl. sowie auf* **Vanguard**
35,6 (14″) Mark VII ⚬ u. ⚬	L/45	1936	80,0	708	371/44	2	*Mantelringrohre. Turmgewichte: ⚬ 1550 t, ⚬ 900 t. Rohre in Einzelwiegen. Bedienung je Turm 104 Mann. Eingebaut auf* **King George V.**-*Kl.*
34,3 (13,5″) Mark VI ⚬	L/45	1910	80,0	635	238/20	1,5	*Eingebaut auf* **Iron Duke**-*Kl. Ganz ähnlich Mark V — eingebaut auf* **Orion**- *und* **Lion**-*Kl.*
30,5 (12″) Mark XI und Mark XII ⚬	L/50	1905	69,0	385	215/15	2	*Eingebaut auf* **Colossus**- *und* **St. Vincent**-*Kl. sowie auf* **New Zealand** *und* **Australia**
30,5 (12″) Mark X ⚬	L/45	1904	58,0	385	190/13	2	*Eingebaut auf* **Lord Nelson**-, **Dreadnought**- *und* **Bellerophon**-*Kl. sowie auf* **Invincible** *und* **Indefatigable**
23,9 (9,2″) Mark XI ⚬	L/50	.	28,0	172	..	4	*„Halbschwere" Artillerie der* **Lord Nelson**-*Kl.*
2. Mittelartillerie							
15,2 (6″) Mark XI	L/50	1906	8,7	45	147/..	3,5	*Eingebaut auf* **Iron Duke**-, **Queen Elizabeth**-, **Revenge**- *und* **Tiger**-*Kl. Meist als Kasemattgeschütze eingebaut*
15,2 (6″) ⚬	L/50	1923	8,2	45	225/60	6	*Turmgewicht 98 t, mit Munition 120 t. Eingebaut auf* **Nelson**-*Kl. und vorgesehen für 1921er Schlachtkreuzer*
14,0 (5,5″)	L/50	1916	6,3	37,2	162/30	12	*Eingebaut auf* **Furious** *und* **Hood**-*Kl.*

Artillerie / Bordflugzeuge

Kaliber cm (inches) und Aufstellung	Rohr-länge	Konstruktionsjahr	Rohrgewicht t	Geschoßgewicht kg	Schußweite bei maximaler Rohrerhöhung hm/Grad	Feuergeschwindigkeit s/min	Bemerkungen
13,33 (5,25") Mark I ⚓	L/50	1938	4,1	38,5	234/45	10	*Mehrzweckgeschütze. Als ✈ bis 80° Rorerhöhung; Steighöhe 12 000 m. Turmgewicht 80 t. Eingebaut auf* **King George V.**-*Kl. und* **Vanguard**, *vorgesehen für* **Lion**-*Kl.*
10,2 (4")	L/50	1906	2,2	14,0	…/..	9—10	*Eingebaut ab* **Bellerophon**-*Klasse, ganz ähnlich Mark III; eingebaut auf* **Indefatigable**- *und* **Lion**-*Klasse Auf* **Renown**- *und* **Courageous**-*Klasse in Drillingslafetten aufgestellt*
7,6 (3") (12 pdr.)	L/50	1902	0,9	5,6	…/..	15—20	*T-Boot-Abwehr-Artillerie der ersten Großkampfschiffe*

3. ✈-Artillerie

Kaliber cm (inches) und Aufstellung	Rohr-länge	Konstruktionsjahr	Rohrgewicht t	Geschoßgewicht kg	Schußweite bei maximaler Rohrerhöhung hm/Grad	Feuergeschwindigkeit s/min	Bemerkungen
12,0 (4,7") Mark II ✈	L/40	1923	3,5	22,0	152/..	10	*Maximale Rohrerhöhung 85° — Steighöhe 13 000 m. Keine Schutzschilde. Nur eingebaut auf* **Nelson**-*Klasse und vorgesehen für 1921er Schlachtkreuzer*
11,4 (4,5") ✈₂ ⚓	L/45	1937	..	25,0	187/..	12	*Kasemattähnliche Türme! Maximale Erhöhung 85°; Steighöhe 12 600 m. Eingebaut auf totalumgebauten älteren Großkampfschiffen*
10,2 (4")	L/45	1916	3,4	14,0	125/..	8—13	*Nachfolger der 7,6 cm ✈. Maximale Rohrerhöhung 85°; Steighöhe 10 500 m*
10,2 (4") Mark XVI ✈₂	L/50	1935	3,4	16,5	195/..	16—18	*Maximale Rohrerhöhung 85°; Steighöhe 12 500 m*
7,6 (3") ✈	L/45	1914	1,0	5,6	…/..	15—20	*Die ersten ✈-Waffen an Bord britischer Großkampfschiffe!*
4,0 (1,85") ✈ M—18 (2 pdr.)	L/40	1917	0,5	0,9	40/..	80—100	*Auf keinem Großkampfschiff eingebaut! Maximale Rohrerhöhung 80°; Steighöhe 2 500 m. In Einzellafette, jedoch vorgesehen als ✈₈ für 1921er Schlachtkreuzer*
4,0 (1,85") Mark VIII ✈₈ (2 pdr.)	L/50	1931	0,3	0,9	75/..	130—140	*„Multiple pom-pom". Gesamtgewicht 5 t. 8 Rohre in 2 Reihen übereinander. Bedienung 11 Mann. Gurtzuführung. Während des WK II aptiert als ✈₄*
4,0 (1,85") Befors ✈	L/60	1936	0,2	0,9	72/..	90—120	*Nachfolger der „pom-pom", während des WK II eingeführt, sowohl als Einzellafette als auch nach Kriegsende als ✈₆ und ✈₂. Maximale Rohrerhöhung 90°; Steighöhe 5 200 m*

Außerdem: 20 mm-Lewis-✈ (150 S/min), während des WK II vielfach ersetzt durch 20 mm-Oerlikon-✈ (auch als ✈₂) — 180 S/min. Seit ~ 1939 an Bord: 12,7 mm-✈₄ (300 S/min. je Rohr).
Nur vorübergehend (1940—42) im Gebrauch: U. P. batteries (Unrotating Projectile): 20läufiger Werfer von 6—7 t Gesamtgewicht für P.A.C.-Raketen (Parachute and Cable) zu je 16 kg Gewicht und 17 cm ⌀ (Steighöhe 600—800 m).

Bordflugzeuge

Auf Großkampfschiffen waren folgende Bordflugzeug-Muster eingeschifft [Jahr der Einführung]:
1. Sopwith ›Camel‹ [1917] (Rad-Flugzeug! Start von kurzen Startbahnen auf Geschütztürmen, Landung an Bord nicht möglich)
2. Fairey ›III F‹ [1927]
3. Blackburn ›Ripon‹ [1929]
4. Hawker ›Osprey‹ [1931]
5. Supermarine ›Walrus‹ [1933] (Amphibium-Flugboot)
6. Fairey ›Swordfish I‹ [1934]
7. Supermarine ›Sea Otter‹ [1940]

Alle außer Sopwith ›Camel‹ waren katapultierbar. Fest eingeschifft waren sie durchweg ab ~ 1933, vorher nur zu Versuchszwecken. Ab 1943 wurde auf die Mitnahme von Bordflugzeugen verzichtet, da von diesem Zeitpunkt ab genügend Flugzeugträger zur Verfügung standen.
Während des Ersten Weltkrieges führten einzelne Großkampfschiffe vorübergehend einen Beobachtungs- und Sperrballon mit.

Farbanstriche und Kennungen

1910—1914 mittleres Dunkelgrau, teilweise zu hellerem Grau übergehend. Schornsteine farbig wie folgt (Anzahl der Bänder auf den entsprechenden Schornsteinen nach diesem Schema: V = vorn, M = Mitte, H = hinten):

Dreadnought ohne
Bellerophon ohne
Temeraire 2× weiß auf V und H
Superb 2× weiß auf V
St. Vincent 2× weiß auf H
Collingwood 1× weiß auf H
Vanguard 1× rot auf V und H
Neptune 1× weiß auf V und H
Colossus ohne
Hercules 1× weiß auf H
Orion 2× weiß auf V und H
Monarch 2× weiß auf V
Thunderer 3× weiß auf V und H
Conqueror 2× weiß auf V und H
King George V. 1× weiß auf V und H
Centurion 1× weiß auf V
Ajax ohne
Audacious 1× weiß auf H
Invincible 1× weiß auf V, M und H
Indomitable 1× weiß auf H
Inflexible 1× weiß auf V
New Zealand 2× weiß auf H
Australia ohne
Lion ohne
Princess Royal 1× weiß auf H
Queen Mary 1× weiß auf V

1914—1917 wie vorstehend, jedoch keine Schornsteinbänder mehr. Teilweise div. Tarnbemalungen.

1918—1939 Schiffe in der Heimat dunkelgrau, im Mittelmeer hellgrau.

1939—1945 zeitweise div. Tarnanstriche, zuletzt unterer Teil des Rumpfes dunkelgrau, oberer Teil und Aufbauten einheitlich hellgrau.

Allen Schiffen waren ›pendant numbers‹ zugeteilt, die sie jedoch nicht auffällig sichtbar aufgemalt trugen:

I.00	Queen Elizabeth	I.27	Lion
I.01	Malaya	I.28	Nelson
I.02	Valiant	I.29	Rodney
I.03	Warspite	I.32	Howe
I.04	Barham	I.34	Repulse
I.05	Royal Sovereign	I.36	Temeraire
I.06	Revenge	I.41	King George V.
I.07	Ramillies	I.45	Conqueror
I.08	Royal Oak	I.49	Thunderer
I.09	Resolution	I.53	Prince of Wales
I.17	Duke of York	I.72	Renown
I.23	Vanguard	I.79	Anson

Flottenverteilung

Vor dem Ersten Weltkrieg waren Schlachtschiffe einschließlich der Vor-Dreadnought-Typen in den folgenden Flotten vertreten: Kanalflotte, Atlantikflotte, Mittelmeerflotte und Reserveflotte. 1910 erfolgte eine Reorganisation, wobei die Kanalflotte in der 1907 aufgestellten Home Fleet aufging, so daß Großkampfschiffe außer in dieser nur noch in der Mittelmeerflotte und in der Atlantikflotte vertreten waren.

1913 ging auch die Atlantikflotte in der ›Home Fleet‹ auf, die damit die stärkste aller Flotten Großbritanniens wurde. Während des Ersten Weltkrieges hieß diese dann ›Grand Fleet‹. Im August 1914 wurde die ›Channel Fleet‹ wieder gebildet; zu ihr gehörten nur ›Vor-Dreadnought‹-Schiffe. Nach dem Ersten Weltkrieg wurde die ›Grand Fleet‹ in ›Atlantikflotte‹ umbenannt. Von da ab waren Schlachtschiffe nur bei ihr und bei der Mittelmeerflotte vertreten. Ab 1932/33 führte die Atlantikflotte jedoch wieder ihre ursprüngliche Bezeichnung ›Home Fleet‹.

Während des Zweiten Weltkrieges wurden in verschiedenen Räumen Kampfgruppen gebildet, von denen die bekannteste die ›Force H‹ wurde, die, auf Gibraltar gestützt, sowohl im Mittel- und Ostatlantik als auch im westlichen Mittelmeer operierte. Weitere Kampfgruppen dieser Art waren neben der 1939 aufgestellten ›Channel Force‹ die auf Singapore gestützte ›Force G‹. 1942 wurde im südostasiatischen Raum die ›British Eastern Fleet‹ aufgestellt; aus ihr ging im November 1944 die ›British Pacific Fleet‹ hervor. Letztere war zwecks gemeinsamer Operationen mit der US-Flotte gegen Japan gebildet worden und bestand aus den moderneren Einheiten der bisherigen ›British Eastern Fleet‹, die vom gleichen Zeitpunkt ab die Bezeichnung ›British East Indies Fleet‹ führte. Nach dem Zweiten Weltkrieg gehörten die noch vorhandenen Schlachtschiffe — soweit sie im aktiven Dienst blieben — ausnahmslos der ›Home Fleet‹ an. Die Flotten im Indischen Ozean und im Pazifik sowie die ›Forces‹ wurden zum Teil unmittelbar nach Kriegsende aufgelöst.

Radarantennen

Frontreif gewordene Geräte, chronologisch zusammengestellt. Die folgenden Antennen ferngesteuert drehbar auf den Masttoppen:

1939: Radar 79 Y (Luftraum-Warngerät, noch keine genauere E-Messung möglich). Erstes damit ausgerüstetes Schlachtschiff war **Nelson**, auf der noch 1939 der Einbau erfolgte.

1940: Radar 279 (Nachfolger von Radar 79 Y, Standard-Luft-Warngerät, genauere E-Messung möglich, auch gegen Seeziele verwendbar). Installation ab ~ 1941.

Radar 181 (Luftraum-Warngerät, E-Messung für Artillerieeinsatz gegen Seeziele). Installation ab ~ 1942.

1941: Radar 272 und 273 (Seeraum-Suchradar, rotierende Antenne innerhalb eines laternenähnlichen Zylinders aus Kunststoff als Wetterschutz). Installation ab ~ 1941.

1943: Radar 281 B (Weiterentwicklung von Radar 280, Seeraum-Überwachung). Zuerst 1944 auf **Howe** installiert.

Alle nachgenannten Geräte dienten der Entfernungsmessung bzw. Feuerleitung der Artillerie. Die Antennen waren jeweils fest mit dem entsprechenden Feuerleitgerät verbunden und nur gemeinsam mit diesem um die Vertikalachse beweglich.

1940: Radar 282 (E-Messung und Peilrichtung des Zieles für die 4 cm-›pom-pom‹- und 2 cm; noch keine direkte Feuerleitung!). Einbau ab November 1940.

Radar 284 (Feuerleitradar der SA, Einbau ab Dezember 1940).

Radar 285 (dreifache Ausführung von Radar 282, Feuerleitung der 10,2 cm-, 12 cm- und 13,33 cm).

1945: Radar 274 (Antenne von kreissegmentförmigem, ›käseförmigem‹ [daher im englischen Sprachgebrauch als ›cheese aerial‹ bezeichnet!] Grundriß, Feuerleitung der SA und MA).

1946: Radar 275 (Feuerleitradar, bestehend aus 2 geschlossenen, parabolspiegelförmigen Strahlern jeseits auf gleicher Höhe an-

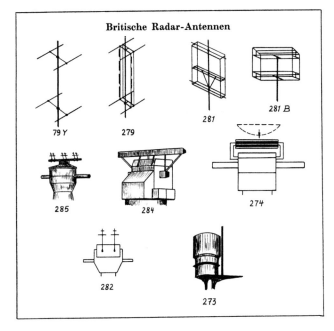

Britische Radar-Antennen

79 Y, 279, 281, 281 B, 285, 284, 274, 282, 273

geordnet an Mark IV-Feuerleitgerät; nach 1946 nur auf **Anson** installiert).

Tarnungen

1. 1914/15 wurden an Masten und Schornsteinen ›range finding baffles‹ aus Hartgummiflächen angebracht. Diese sollten dem Gegner die Identifizierung erschweren. Weil sie den gewünschten Zweck nicht erfüllten, wurden sie spätestens nach der Skagerrakschlacht abgenommen (Beispiel für ›range finding baffles‹ → p. 164).
2. Insgesamt bauten die Engländer während des Ersten Weltkrieges 16 Handelsschiffe zu Schlachtschiff-Attrappen um. Ihre Tarnung mit Geschützen, Masten, Schornsteinen, Aufbauten, Bug und Heck wurde sehr gründlich durchgeführt. Mit ihnen sollte dem Gegner eine Streitmacht vorgetäuscht werden, die in Wirklichkeit an ganz anderer Stelle operierte. Die dafür ausgesuchten Schiffe waren allerdings für diesen Zweck zu langsam; die Geschwaderfahrt betrug nur 7 kn! Das größte Schiff war der deutsche Beutedampfer **Kronprinzessin Cecilie** (ca. 8700 BRT), der zum ›Double‹ von **Ajax** und zum Verbands-Flaggschiff bestimmt wurde. Dazu kamen noch 11 andere Dampfer von 4000 bis 8000 BRT, die als Schlachtschiff-Attrappen hergerichtet wurden, während 4 weitere von 7000 bis 11 600 BRT Schlachtkreuzer-Attrappen wurden. Chef dieser ›Special Service Squadron‹ wurde Captain Haddock. (*Beim Anblick dieser ›dumping ships‹ soll Admiral Jellicoe geäußert haben, daß ›nur ein Fachmann‹ sie von den echten Schiffen unterscheiden könne; das kann wohl kaum als uneingeschränkte Anerkennung eines Kriegsmittels bezeichnet werden! Diese ›Mahalla‹ — so in der deutschen Marine genannt — erlangte jedoch niemals einen praktischen Wert, denn dank der amerikanischen Pressetüchtigkeit hatte die deutsche Marine bereits von ihrer Existenz erfahren, als sie noch gar nicht fertiggestellt war. Diese Nachricht rief auf deutscher Seite nur eine gewisse Unsicherheit vor, was man mit diesen Schiffen eigentlich wollte!*)
3. Während des Zweiten Weltkrieges wurde das ehemalige Schlachtschiff **Centurion** als Attrappe von **Anson** → p. 149, 151 hergerichtet, wofür ähnliche Gründe maßgebend waren. Schon 1939 waren zwei Kühlschiffe als Attrappen von **Revenge** und **Resolution** (und ein drittes als Attrappe des ✈-Trägers **Hermes**) hergerichtet worden. Wegen der ab 1941 immer bedrohlicher werdenden Handelsschiff-Verluste wurden beide Schiffe wieder ›zurückgebaut‹.[1]

Torpedoschutznetze

Soweit T-Schutznetze installiert waren, wurden diese zwischen 1914 und 1916 von Bord gegeben.

Torpedowaffe

Meist ↓ TR von 45,7 cm Kaliber, ab **Neptune**: 53,3 cm Kaliber und nur **Nelson**-Kl. solche von 60,9 cm Kaliber. ↑ TR führten nur neuere Schlachtkreuzer, die z. T. erst nachträglich eingebaut wurden. Neuere Schlachtschiffe erhielten keine TR mehr.

Werften

Bezeichnung der Werft	Erteilte Bauaufträge[3]
Cammell, Laird & Co., Shipbuilding & Engineering, Works, Birkenhead	**Audacious**, [**Howe** (16)], **Rodney** (22), **Prince of Wales**, [**Temeraire** (39)],
Devonport Dockyard[2]	**Indefatigable, Temeraire** (06), **Collingwood, Orion, Lion** (09), **Centurion, Marlborough, Warspite,** [**Agincourt** (13)], **Royal Oak**
Fairfield Shipbuilding & Engineering Co., Ltd., Govan (Glasgow)	**Indomitable, New Zealand, Valiant,** [**Renown** (14)], **Renown** (15), [**Rodney** (16)], [1 Schlachtkreuzer 1921], **Howe** ×**Beatty** (37), [**Conqueror** (39)],
Harland & Wolff, Belfast	**Glorious**
John Brown & Co., Ltd., Shipyard & Engine Works, Clydebank	**Inflexible, Australia, Tiger, Barham, Repulse** ×**Resistance** (15), **Hood,** [1 Schlachtkreuzer 1921], [**Thunderer** (39), **Duke of York, Vanguard** (40)
Palmers Shipbuilding & Engineering Co., Ltd., Greenock	**Hercules, Queen Mary, Resolution,** [**Repulse** ×**Resistance** (15)]
Portsmouth Dockyard[2]	**Dreadnought, Bellerophon, St. Vincent, Neptune, King George V.** (10), **Iron Duke, Queen Elizabeth, Royal Sovereign**
Scotts Shipbuilding & Iron Works, Ltd., Newcastle	**Colossus, Ajax**
Swan, Hunter & Wigham Richardson, Ltd., Newcastle	[1 Schlachtkreuzer 1921], **Anson** ×**Jellicoe** (37)
Thames Iron Works, London	**Thunderer** (09)
Vickers Ltd., Barrow-on-Furness, Birmingham	**Minas Gerais** (bras.), **Vanguard** (07), **Kongo** (jap.), **Princess Royal, Emperor of India, Erin** ×**Reshadije, Revenge, King George V.** (36)

[1] Vgl. Warship International, Vol. VI (1969), Nr.2, S. 165 ff.
[2] Staats- bzw. Marinewerften.
[3] Annullierte Schiffe in eckigen Klammern angegeben, bei Namensgleichheit verschiedener Schiffe jeweils in Klammern dahinter das Etatjahr.

Großbritannien

Bezeichnung der Werft	Erteilte Bauaufträge	Bezeichnung der Werft	Erteilte Bauaufträge
W. G. Armstrong, High Walker, Newcastle-on-Tyne	**Agincourt** ˣ**Sultan Osman I., Almirante Cochrane** (chil.)**, Malaya, Courageous, Furious,** [**Anson** (16)]**, Nelson,** [**Lion** (39)]	W. Beardmore & Co., Glasgow	[**Riachuelo** (bras.)], [**Reshad-i-Hamiss** (türk.)] **Conqueror** (09)**, Benbow, Ramillies,** [1 Schlachtkreuzer 1921]
W. G. Armstrong, Withworth & Co., Elswick	**Sao Paulo** (bras.)**, Invincible, Superb, Monarch, Canada** ˣ**Almirante Latorre,**		

Die britischen Großkampfschiffe

1	2	3	4	5	6	7	8	9	10	11	12	13
Lord Nelson Agamemnon	.	16090 15925	17820 17863	125,0	129,5	135,2	24,2	8,2	900 K + 1090 Ö	2171 K	9180/10	817
Dreadnought	.	18110	21845	149,3	.	160,6	25,0	8,0	900 K + 1120 Ö	2900 K	6620/10 4910/18,4	695 bis 773
Invincible Inflexible Indomitable	.	17420 17290 17410	20135 19975 20125	161,5	.	172,8	23,9	$\frac{7,8}{8,1}$	1000 K + 725 Ö[1]	3084 K	3000/25	784
Bellerophon Superb Temeraire	.	18800	22102	149,3	.	160,3	25,0	8,4	900 K + 842 Ö	2648 K	5720/10 4250/18,3	733
Collingwood St. Vincent Vanguard	.	19560	23030	152,4	.	163,3	25,6	8,7	900 K + 940 Ö	2800 K	6900/10 4250/18,7	758
Neptune	.	19680	22720	155,4	.	166,4	25,9	$\frac{7,3}{8,7}$	900 K + 790 Ö	2710 K	6330/10 3820/18,5	759
Indefatigable Australia New Zealand	.	18500	22080	169,2	.	179,8	24,4	$\frac{7,5}{8,2}$	1000 K + 840 Ö	3170 K	6330/10 3140/22,8 2290/23,5	800
Colossus Hercules	.	20225	23050	155,4	.	166,4	25,9	7,7	900 K + 800 Ö	2900 K	6680/10 4050/18,5	755
Orion Conqueror Monarch Thunderer	.	22200	25870	166,1	.	177,1	26,9	$\frac{7,6}{8,7}$	900 K + 800 Ö	3300 K	6730/10 4110/19	752
Lion Princess Royal	.	26270	29680	201,2	.	213,4	26,9	$\frac{8,0}{8,8}$	1000 K + 1335 Ö	3500 K	5610/10	997
Queen Mary	.	27000	„	.	.	„	27,1		1000 K + 1130 Ö	3700 K	2420/23,9	
King George V. Centurion Audacious Ajax	.	23300	25700	169,2	.	182,1	27,1	8,7	900 K + 800 Ö	3150 K[2]	4060/18,1	759 bis 782
Centurion Umbau z. Zielschiff	~ 18000	.	.	„	.	„	„	~ 6,5	.	.	.	250
Iron Duke Benbow Emperor of India Marlborough	.	25820	30380	176,8	.	189,8	27,4	$\frac{8,4}{9,0}$	915 K + 1067 Ö[3]	3300 K	4840/19 7780/10	925 bis 942 995 bis 1022

[1] **Indomitable** 710 ts Ö.
[2] **King George V.** nur 2870 ts K.
[3] Einschl. 550 ts in Zusatztanks.

1	2	3	4	5	6	7	8	9	10	11	12	13
Tiger (Leopard)	.	28430	35160	201,2	.	214,6	27,5	$\frac{8,6}{10,3}$	+ 450 K 450 Ö	3320 K +3480 Ö	4650/..	1121 bis 1185
Agincourt	.	27500	30250	192,6	198,7	204,5	27,1	8,2	1500 K + 620 Ö	3200 K	.	1115 bis 1267
Erin	.	22780	25250	160.0	.	170,5	27,7	8,7	900 K + 710 Ö	2120 K	5300/10	1070 bis 1130
Canada (India)	.	28600	32120	190,5	.	201,5	28,0	8,9	1150 K + 520 Ö	3300 K	4400/10	1167
Queen Elizabeth Valiant Barham Malaya Warspite	.	27500[4] 29150	30750[4] 33000	182,9 ~	193,4 ~	195,0[5]	27,6	9,0[4] 9,3	650 Ö + 100 K[3]	3400 Ö	4400/..	925 bis 951
wie vorstehend ab 1. Umbau	31100	32107	~35000	,,	,,	,,	31,7	9,4	,,	,,	,,	1124 bis 1184
Warspite ab 1937 Queen Elizabeth Valiant ab 1939/40	30600 ~31000	~32000 32468	~35500 ~36000	,, ,,	,, ,,	,, ,,	,, ,,	,, 9,7	6	6	6	-
Revenge Ramillies Resolution Royal Oak Royal Sovereign	.	25750[4] 28000	28650[4] 31200	176,8	187,3	189,1 191,0[8]	27,0	8,7	900 Ö 900 Ö + 140 K[7]	2500 Ö[4] 3400 Ö	4200/..	908 bis 997
Revenge Resolution Royal Sovereign nach Wulstanbau	29150	.	33000	,,	,,	,,	30,9	,,	,,	,,	,,	,,
Royal Oak Ramillies nach Wulstanbau	,,	.	,,	,,	,,	,,	31,2	,,	,,	,,	,,	,,
Renown Repulse	. .	26500[4] 27947 26500[4] 27333	30100[4] 32727 30100[4] 32074	228,6	240,0	242,4 242,7	27,4	8,2	.	1000 Ö	4243 Ö	-	967 1181 bis
beide ab 1. Umbau	32000	36800	37400	,,	,,	,,	31,3	9,2[9]	-	4289 Ö[10]	3650/..	1205
Renown ab 1939	31988	.	37411	,,	,,	242,4	,,	,,	-	4530 Ö[4]	.	1205
Courageous Glorious	.	18600[4] 19320	22690	224,0	.	239,6	24,7	7,1	750 Ö	3160 Ö	.	829 bis 842 1354 bis
desgl. als ✈ Träger	22500		~26500	224,0	.	239,6[11]	$\frac{24,7}{30,5^{12}}$	8,6	3550 Ö	3940 Ö	3200/..	1380
Furious	.	19100[4] 19513	22890	228,6	.	239,8	26,8	7,3	750 Ö	3160 Ö	.	880
desgl. als ✈ Träger	22450	.	.	,,	.	239,8[11]	27,3 ~32,0[12]	7,6	.	4010 Ö	.	1200

[4] Ursprüngliche Planung.
[5] Einschließlich Heckgalerie 196,8 m.
[6] Vermutlich höher als zuvor, genauere Angaben fehlen.
[7] Für Beiboote und Kombüse.
[8] Nur Revenge (wegen Heckgalerie)
[9] Repulse max. 9,6 m.
[10] Repulse 4243 ts Ö.
[11] Flugdeck-Länge: **Glorious** 195,0 m, **Courageous** 181,0 m, **Furious** 176,0 m.
[12] Untere Zahl: Flugdeck-Breite.

1	2	3	4	5	6	7	8	9	10	11	12	13
Hood **Anson** **Howe** **Rodney**	13	.	36300	41000	246,9	258,4	262,2	31,7	$\frac{7,8}{8,9}$	.	.	.	.
Hood 1920		.	41200	44700	,,	,,	,,	,,	8,7	1200 Ö	4000 Ö	4000/10	1477
Hood 1940		41200	42462	48360	,,	,,	,,	,,	,,	,,	,,	,,	,,
Hood Umbauplan		42500	.	48500	,,	,,	,,	.	.	.	.	.	.
Incomparable Projekt		.	46000	51000	.	304,0	308,0	27,0	10,0	.	5000 Ö	.	.
... ... Schlachtkreuzer ... 1921 ...		~46600	48500	53000	250,0	258,0	260,7	32,2	9,9	.	5000 Ö	.	1716
St. Andrew **St. David** **St. George** **St. Patrick**		.	48500	.	.	.	.	.	.	.	.	.	.
... ×**Westfalen** ... ×**Posen**		.	18569	20210	.	145,6	146,1	26,9	8,6	935 K + 157 Ö	2952 K	9400/10	.
... ×**Helgoland**		.	22437	24312	.	166,5	167,2	28,5	8,9	886 K + 197 Ö	3150 K	3600/18	.
Nelson **Rodney**		33950 33900	~35500	~38000	201,2	214,4	216,4	32,3	9,1	.	4000 Ö	5000/..	$\frac{1314 \text{ bis}}{1361}$ 1640
King George V **Prince of Wales** **Duke of York** **Howe** **Anson**		35000[13] 36750[14] 38000[15]	~40000	44460 . 44790 45360 44510	213,4	225,5	227,1	31,4	$\frac{9,7}{10,9}$	.	3842 Ö	15000/10 6300/20 3200/27	$\frac{1553 \text{ bis}}{1613}$ 1640 bis 2000
Lion **Temeraire** **Thunderer** **Conqueror**		40000	~42000	~47000	225,6	237,7	239,3	32,0	9,1	.	3720 Ö	.	.
Vanguard		42300[13] 44500	~48000	51420	231,7	245,0	248,3	32,9	$\frac{.}{10,9}$	3800 Ö	7000 Ö	9000/20	1600 bis 2000

[13] Ursprüngliche Planung.
[14] Nach modifiziertem Entwurf.
[15] Endgültige Ausführung.

Lord Nelson-Klasse

Battleships = Schlachtschiffe

1	2	3	4	5	6
Lord Nelson	1904	Palmers, Greenock	18. 5. 05	4. 9. 06	... 10. 08

Home Fleet. 1914 Flaggschiff der Kanalflotte. Ab Februar 1915 Einsatz vor den Dardanellen, im Mittelmeer verblieben, bis April 1919 im Schwarzen Meer. Mai 1919 zurück in die Heimat. November 1920 auf Abbruch verkauft. 1921 abgewrackt.

Agamemnon	1904	Beardmore, Glasgow	15. 5. 05	23. 6. 06	25. 6. 08

Home Fleet. 1914 Kanalflotte, ab Februar 1915 Einsatz vor den Dardanellen: 19. und 25. Februar 1915 ✕ gegen türkische Küstenforts. dabei mehr als 50 mal von türkischen Batterien getroffen. Anschließend weiter im Mittelmeer verblieben, vorwiegend in der Ägäis eingesetzt. Februar 1919 in Heimat zurückgekehrt, außer Dienst gestellt, entwaffnet, Umbau zum Fernlenkzielschiff bis April 1923. Danach Zielobjekt für Home Fleet und Mittelmeerflotte. 31. Dezember 1926 auf Abbruch verkauft, abgewrackt.[1]

a) Mit der **Lord Nelson**-Kl. wurden die letzten britischen Vor-Dreadnought-Schlachtschiffe in Bau gegeben. Ihre Pläne entstanden 1904/05, zu einer Zeit also, da die Entwicklung bereits offenkundig auf das ›all big gun battleship‹ zutrieb. Zwar hatte der Konstrukteur, J. H. Narbeth, vor Abschluß der Konstruktionsarbeiten in einem Alternativentwurf eine Hauptbewaffnung von 12—30,5 cm-SK vorgeschlagen. Zu diesem Zeitpunkt war der Russisch-Japanische Krieg bereits in vollem Gange, und weil man nicht wußte, ob und wie er sich etwa ausweiten würde, wollte man keine Zeit verlieren. So verzichtete man auf eine die Inbaugabe verzögernde Umkonstruktion. Wenige Tage nach der Kiellegung beider Schiffe wurde die Schlacht vor Tsushima geschlagen; die bald darauf einsetzende Auswertung aller bis dahin gewonnenen Erfahrungen einerseits und die Priorität andererseits, die man jetzt der Entwicklung des ›all big gun battleship‹ einräumte, führten mit der Zeit dazu, daß die Arbeiten in Verzug gerieten. So mußten Bauzeiten von 44 bzw. 41 Monaten in Kauf genommen werden; das führte dazu, daß beide Schiffe erst 2 Jahre nach der Fertigstellung von → **Dreadnought** in Dienst kamen! Ihre Baukosten betrugen je 1,5 Mio. £.

[1] Ersatz durch → **Centurion**.

b) PzQ.: 203,203/Seitenpzr.: 102,305 (getäpert ↑ 203), 152 (getäpert ↑ 102)/Zitadellpzr.: 203/Horizontalpzr.: o. PzD. (nur vorn!) 32; und PzD. 51—102, 25—51, 102—25 / Unterwasserschutz: Keine T-Schotte! / SA: 30,5 cm Kaliber: Barbetten 305; Türme 305, ..., ...; 23,9 cm Kaliber: Barbetten 152; Türme 203, ..., ... / KdoT.: v. 305 (152); a. 76 (..).

c) 2 × Dreifach-Expansionsmaschinen auf 2 ⚙ / 15 Kessel (Kohle, Öl): **Lord Nelson** Babcock-, **Agamemnon** Yarrow- / Leist. 16750 iPS; Geschw. 18,0 kn. / 1 Ruder.

Probefahrtergebnisse:

Lord Nelson 17445 iPS = 18,7 kn
Agamemnon 17270 iPS = 18,5 kn

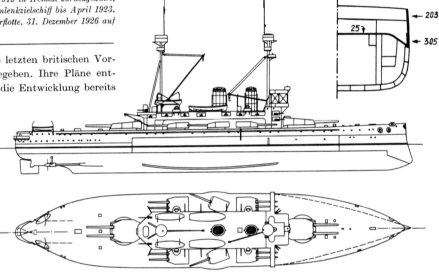

Lord Nelson (1909)

d) 4—30,5 cm-SK L/45 in je 1 ⚙ vorn und achtern / 10—23,4 cm-SK L/45 in je 2 ⚙ und 1 ⚙ auf den Seitendecks / 24—7,6 cm-SK, einzeln, ungeschützt / 5—45,7 cm-↓ TR (4 S, 1 H).

e) Die letzten britischen Schlachtschiffe mit Kolbenmaschinen! Gewichts-Übersicht → **Dreadnought**.

Dreadnought

Battleship = Schlachtschiff

1	2	3	4	5	6
Dreadnought	1905	Dockyard Portsmouth	2. 10. 05	10. 2. 06	3. 12. 06

*Home Fleet: Januar bis März 1907 Erprobungsreise Mittelmeer-Atlantik-Trinidad. — 18. Februar 1915 Versenkung des deutsch. U-Bootes **U 29** in Nordsee durch Rammstoß. Juli 1916 wegen zu geringer Geschwindigkeit aus Grand Fleet herausgezogen, seither Flaggschiff III. Linienschiffgeschwader (ältere Linienschiffe **King Edward**-Kl.) in Sheerness. März bis August 1918 vorübergehend wieder bei Grand Fleet, ab Februar 1919 in Rosyth in Reserve, 31. März 1920 gestrichen. Mai 1921 für 44000 £ an T. Ward & Co., Inver-*

keithing, zum Abbruch verkauft, 2. Januar 1923 nach dort geschleppt, abgewrackt.

a) Dieses erste Großkampfschiff entstand unter der Initiative des Admirals Lord Fisher. Bald nach der Jahrhundertwende hatte er sich in einer Reihe von Studien mit dem ›all big gun one caliber battleship‹ befaßt und durch Chefkonstrukteur W. H. Gard, einem Gleichgesinnten, mehrere Entwurfsstudien anfertigen lassen, denen die Bezeichnung ›**H. M. S. Untakable**‹ zugeordnet wurde. Zunächst gab Lord Fisher noch dem 25,4 cm-SK den Vorzug wegen der größeren Feuergeschwindigkeit (3 S/min gegen nur 1 S/min bei der 30,5 cm-SK). Dementsprechend sah die Studie ›A‹ eine Bewaffnung von 16—25,4 cm-SK vor. Im Oktober 1904 entschloß sich Fisher — nicht zuletzt auch unter dem Eindruck der bisherigen Seekriegserfahrungen in Ostasien — endgültig zur 30,5 cm-SK. Nach der Ernennung Fisher's zum Ersten Seelord (Oktober 1904) schuf er bald darauf — im Dezember 1904 — das ›Committee on Designs‹, das die konstruktiv-grundsätzlichen Fragen des Capital ship der Neuzeit sachlich zu klären und festzulegen hatte. Dieses arbeitete folgende Forderungen aus:

Geschwindigkeit 21 kn
Bewaffnung 30,5 cm-SK, Stückzahl nach Möglichkeit, dazu Torpedoboot-Abwehrgeschütze, jedoch keine Zwischenkaliber. Im Batteriedeck keine Geschütze außer denen zur T-Boot-Abwehr, im übrigen nur soweit wie notwendig.
Panzerung angemessen.
Größe der Schiffe in den für die Häfen und Docks von Portsmouth, Devonport, Malta und Gibraltar verwendbaren Grenzen.

Die zunächst entstehenden Vorentwürfe ›E‹, ›D‹, ›G‹, ›D¹‹ und ›D²‹ sahen sämtlich 12—30,5 cm-SK vor. Da die Entwürfe

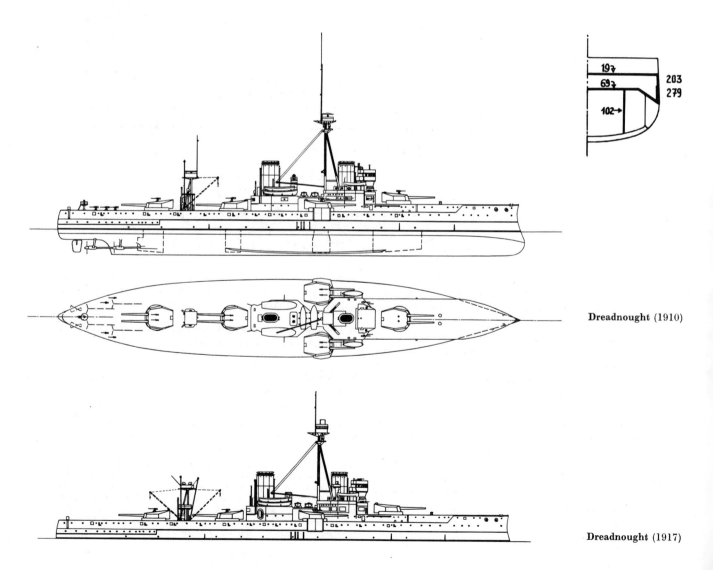

Dreadnought (1910)

Dreadnought (1917)

nicht recht befriedigten, wurden sie abgelehnt. Von ihnen war der Entwurf ›E‹ insoweit recht bemerkenswert, als bei ihm die gesamte SA in der Mittschiffslinie vorgesehen war, überhöht in 2 Gruppen zu je 3 ∞. Da man beim gegenseitigen Überschießen der Türme mit Schäden durch den Gasdruck rechnete, wurde diese an sich recht kühne Lösung abgelehnt. Der Vorentwurf ›D‹ sah die Massierung der SA in Dreieck-Aufstellung zu 2 Gruppen mit je 3 ∞ vorn und achtern vor; die Überlegung, daß bei einem unglücklichen Treffer gleich 50% der gesamten SA ausfallen könnte, gab den Ausschlag dafür, daß auch diese Lösung zurückgewiesen wurde. Chefkonstrukteur Watts wollte daraufhin wieder zum Typ des Übergangs-Linienschiffes mit 4—30,5 cm-SK und einer verstärkten halbschweren Artillerie (16 bis 18—23,4 cm-SK) zurückkehren, doch das Committee lehnte auch diesen Vorschlag ab. Beim Vorentwurf ›G‹ kam man dann auf die sogenannte Sexagonal-Aufstellung der Türme; auch die Entwürfe ›D¹‹ und ›D²‹ zeigten diese Aufstellung, doch war auf letzteren eine erhöhte Back vorgesehen, so daß der vorderste Turm die größte Feuerhöhe erreichte. Ebenso waren die Seitentürme entweder eng zusammengefaßt (›D¹‹) oder weit auseinandergezogen (›D²‹). Am 13. Januar 1905 kam schließlich der Vorentwurf ›H‹ zur Vorlage, der im wesentlichen das Vorbild für **Dreadnought** wurde. Bei ihm hatte man die SA auf 10—30,5 cm-SK verringert, und anstelle der bei den bisherigen Vorentwürfen vorgesehenen achteren Seitentürme nur einen einzigen Turm vorgesehen, der in der Mittschiffslinie stand und so nach beiden Seiten feuern konnte, wodurch wiederum Gewicht eingespart wurde. Gleichzeitig akzeptierte man den bereits bei den Vorentwürfen ›D¹‹ und ›D²‹ vorgeschlagenen Turbinenantrieb.

Die Vorentwürfe von **Dreadnought**:

Entwurf	Konstruktionsverdrängung ts	Antrieb (sämtlich 21 kn Geschw.)	Lpp m	B m	Tg m	Anordnung der Hauptbewaffnung (sämtlich 12-30,5 cm-SK außer Entwurf ›H‹: 10-30,5 cm-SK) vorn→
›E‹	21000	Exp-Maschinen	167,6	25,9	8,3	∞∞ ∞ ∞∞∞
›D‹	19000	,,	158,5	25,6	8,2	∞∞ ∞∞
›G‹	21000	,,	167,6	25,9	8,2	∞∞ ∞ ∞
›D¹‹	18500	Tu	152,4	25,6	8,2	∞ ∞∞ ∞
›D²‹	18500	,,	152,4	25,6	8,2	∞ ∞ ∞ ∞
›H‹	17850	,,	149,4	25,3	8,2	∞ ∞ ∞

Dreadnought wurde in einer Rekordzeit von nur 14 Monaten gebaut, allerdings nach vorheriger Materialanhäufung und -bearbeitung. Der Stapellauf erfolgte bereits 130 Tage nach der Kiellegung! Die nicht sorgfältig genug durchgeführte Konstruktion und der übereilte Bau führten zu gewissen Mängeln, vor allem im Hinblick auf die Standfestigkeit, die — pauschal besehen — geringwertiger war als die der letzten Vor-Dreadnought-Bauten. Auch lag das Schiff tiefer im Wasser als ursprünglich vorgesehen war. Die Baukosten betrugen 1,784 Mio. £.

Vergleichende Gewichtsübersicht	Lord Nelson ts	Dreadnought ts
Schiffskörper	5720	6100
Panzerung	4200	5000
Waffen	3110	3100
Maschinen	1720	2050
Brennstoff	900	900
Ausrüstung	650	650
Gewichtsreserve	200	100
	16500	17900

Vergleichende Panzergewichte	Lord Nelson ts	Dreadnought ts
Seitenpanzer	2000	1940
Munitionskammern	—	250
Decks, Grätinge	1170	1350
Rudermaschinenraum	120	100
Barbetten	800	1260
Kommandoturm	110	100
	4200	5000

b) *Der Unterwasserschutz war denkbar schlecht und beschränkte sich auf ein jeseits nicht durchlaufendes Panzerlängsschott (ausschließlich im Bereich der SA-Munitionskammern), und auf ein einziges Panzerquerschott im Achterschiff. Wassereinbrüche im Vorschiff konnten sich nur schwer lokalisieren lassen.* PzQ.: 279 (nur achtern!) / Seitenpzr.: 102,279 (getäpert ↑ 203), 152 / Horizontalpzr.: o. PzD. 19; und PzD. 76—51—102, 45 (Böschung 70), 38 / Unterwasserschutz: PzLängsschotte 51—102 nur im Bereich der SA-Munitionskammern / SA: Barbetten 279; Türme 279,279, ... / MA ohne Panzerschutz / KdoT.: v. 279 (203); a. 203 (102).

c) 4× Parsons-Tu auf 4 ⚙ / 18 Babcock-Kessel (Kohle, Ölzusatzfeuerg.) / Leist.: 23 000 WPS; Geschw. 21,0 kn (Probefahrtergebnisse: 24 700 WPS = 22,4 kn). / 2 parallele Ruder. **Dreadnought** *war das erste größere Kriegsschiffe mit Tu-Antrieb!*

d) 10—30,5 cm-SK in 5 ∞ (je 1 vorn und 2 achtern, dazu 2 Seitentürme) / 22-, ab 1916: 8—7,6 cm-SK, einzeln, ungeschützt, z. T. paarweise nebeneinander / ab 1916: 2-, später 4—7,6 cm-⚓ / 5—45,7 cm-↓ TR (4 S, 1 H, Heckrohr 1916 ausgebaut). — *Geschoßgewicht einer Breitseite 3085 kg.*

e) *Seit 1917 vordere Stenge kürzer, achtere ganz entfernt, Kompaßpodest auf Schanz ausgebaut, auf Vormars Feuerleitgerät und auf Brücke BG. Diverse weitere Änderungen → Skizzen!*

Invincible-Klasse

Battle cruisers = Schlachtkreuzer

1	2	3	4	5	6
Invincible	1905	Armstrong, Elswick	2. 4. 06	13. 4. 07	20. 3. 08

Home Fleet: 17. März 1913 Kollision mit brit. UBt. **C 34.** *August bis Dezember 1913 Mittelmeerflotte, danach wieder Home Fleet. 28. August 1914* ✕ *Deutsche Bucht. Ab 11. November 1914 (nach Coronel-* ✕ *) zur Jagd gegen deutsches*

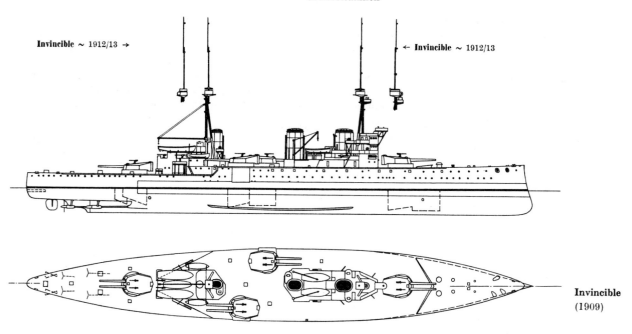

Invincible ~ 1912/13 →   ← Invincible ~ 1912/13

Invincible (1909)

Kreuzergeschwader im Südatlantik eingesetzt: 8. Dezember 1914 ⚔ Falkland-Inseln (hierbei 23 Treffer erhalten). Ab März 1915 wieder Home Fleet/Grand Fleet. 31. Mai 1916 ⚔ Skagerrak, schwere Treffer von → Lützow erhalten, unter schwerer Detonation in 2 Teile zerbrochen und † (1026 Tote, nur 5 Überlebende!).

| **Inflexible** | 1905 | J. Brown, Clydebank | 5. 2. 06 | 26. 6. 07 | 20. 10. 08 |

Home Fleet: 26. November 1911 Kollision mit → Bellerophon, Bugschäden. Ab November 1912 Mittelmeerflotte: 3.—10. August 1914 erfolglos zur Jagd auf deutsche Mittelmeer-Div. angesetzt, 19. August 1914 zur Home Fleet/Grand Fleet zurück: Oktober 1914 Einsatz im Shetland-Gebiet (Sicherung der Canada-Convoys). 4. November 1914 (nach Coronel ⚔!) zur Jagd auf deutsches Kreuzergeschwader im Südatlantik angesetzt: 8. Dezember 1914 ⚔ Falkland-Inseln, danach Verfolgung des Kl. Krz. Karlsruhe ohne Erfolg. 19. Dezember 1914 wieder zurückbeordert zur Home Fleet/Grand Fleet, ab Februar 1915 Mittelmeerflotte, Teilnahme an Dardanellenoperationen (Küstenbeschießungen), dabei 18. März 1915 durch Minentreffer schwer beschädigt, mit 2000 ts Wasser im Schiff nach Gibraltar zur Reparatur abgeschleppt. Ab 19. Juni 1915 wieder Grand Fleet: 31. Mai 1916 ⚔ Skagerrak; 19. August 1916 Operation gegen deutsches Flottenunternehmen in der Nordsee (keine ⚔). Seit Januar 1919 in Reserve, 31. März 1920 außer Dienst gestellt (Chile erwog 1920 vorübergehend Ankauf!). Dezember 1922 verkauft, 1923 abgewrackt.

| **Indomitable** | 1905 | Fairfield, Glasgow | 1. 3. 06 | 16. 3. 07 | 25. 6. 08 |

Home Fleet, ab August 1913 Mittelmeerflotte. 4.—10. August 1914 erfolglos zur Jagd auf deutsche Mittelmeer-Div. angesetzt. August bis November 1914 Dardanellen-Blockade, 3. November 1914 Beschießung von Sedd-el-Bahr auf große Entfernung. Ab Dezember 1914 Grand Fleet: 24. Januar 1915 ⚔ Doggerbank (schleppte schwerbeschädigte → Lion ab!). 31. Mai 1916 ⚔ Skagerrak. Ab Februar 1919 in Reserve, 31. März 1920 außer Dienst gestellt, Dezember 1922 verkauft, 1923 abgewrackt.

a) Das Committee on Designs hatte eine zweite große Aufgabe zu lösen, bevor diese Schiffe begonnen werden konnten. Es war dies die Entwicklung eines neuen Panzerkreuzer-Typs, an den folgende Forderungen gestellt wurden:

Geschwindigkeit 25 kn

Bewaffnung 30,5 cm-SK und T-Boot-Abwehr-Kanonen. Anzahl der 30,5 cm-SK in den Grenzen der mit Geschwindigkeit und Abmessungen zu vereinbarenden Gesetze.

Panzerung ähnlich der **Minotaur**-Kl.

Es entstanden eine Reihe von Vorentwürfen, die schließlich zu der **Invincible**-Kl. führten. Von diesen Vorentwürfen wurde ›E‹ maßgebend; bei der Bauausführung wurde aber neben einigen weiteren Änderungen die erhöhte Back soweit nach achtern geführt, daß auch die beiden Flügeltürme eine größere Feuerhöhe erhielten. Außerdem wurden anstatt der Kolbenmaschinen Turbinen gewählt. Unter noch größerer Geheimhaltung als bei **Dreadnought** setzte der Bau dieser Schiffe Anfang 1906 ein. Sie konnten bereits im Frühjahr 1908 zur Flotte treten. In technischer Hinsicht hielten sie nicht, was man sich ursprünglich von ihnen versprochen hatte. So versagten oft die elektrisch betriebenen Schwenkwerke der schweren Türme (dieser Mangel war in der ersten Zeit trotz laufender Reparaturen überhaupt nicht zu beseitigen!); außerdem waren die ebenfalls elektrisch betriebenen Ladevorrichtungen der schweren Geschütze so mangelhaft durchkonstruiert, daß infolge andauernder Reparaturen oft monatelang kein einziger Schuß abgegeben werden konnte. Die Verbände waren so leicht beschaffen, daß sich gelegentlich eines normalen Eindockens der **Invincible** deren Stahlrahmen des Doppelbodens verzog, ein Zeichen mangelhafter Längsfestigkeit. — Die Baukosten betrugen zwischen 1,635 und 1,677 Mio. £.

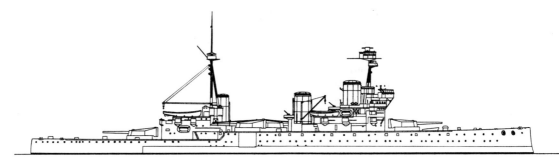

Inflexible (1919)

Die Vorentwürfe zur **Invincible**-Kl.:

Entwurf	Konstruktionsverdrängung ts	Antrieb (sämtlich 25 kn)	Lpp m	B m	Tg m	Anordnung der Hauptbewaffnung (sämtlich 8-30,5 cm-SK außer ›C‹: 6-30,5) vorn →
›A‹	17000	Kolb.-Maschinen	164,5	23,4	8,0	
›B‹	17200	,,	164,5	23,5	8,0	
›C‹	15600	,,	158,5	23,1	7,9	
›D‹	16950	,,	164,5	23,4	8,0	
›E‹	16950	,,	164,5	23,4	8,0	

b) *Bei der Steigerung der artilleristischen Schlagkraft und der Geschwindigkeit ist der Schutz sehr vernachlässigt worden. Man hielt kreuzermäßige Panzerung für ausreichend und glaubte, in der erhöhten Geschwindigkeit den besten Schutz zu haben.* PzQ.: 152,178 / Seitenpzr.: 152,152,102 / Horizontalpzr.: o. PzD. (nur Vorschiff) 19; u. PzD. 64—38 / Unterwasserschutz: PzLängsschotte (nur im Bereich der Munitionskammern) 64 / SA: Barbetten 178; Türme 178,178,... / MA ohne Panzerschutz / KdoT.: v. 254 (102); a. 152 (76). *Nach der Skagerrakschlacht wurden die Schutzeinrichtungen von* **Inflexible** *und* **Indomitable** *verbessert und verstärkt (Turmdecken, Decken der Munitionskammern, Decks rund um die Barbetten). Außerdem erhielten die 10,2 cm-SK Schutzschilde. Ferner: Verbesserungen der Feuerlöscheinrichtungen in den Munitionskammern und deren Fluteinrichtungen.*

d) 4 × Parsons-Tu auf 4 / 31 Yarrow-, **Indomitable** jedoch Babcock-Kessel (Kohle, Ölzusatzfeuerg.) / Leist. 41 000 WPS; Geschw. 25,0 kn./ 2 parallele Ruder.

Probefahrtergebnisse:

Invincible	44875 WPS	— 26,2 kn
Inflexible	43390 WPS	— 25,5 kn
Indomitable	43780 WPS	— 25,3 kn

e) 8—30,5 cm-SK L/45 in ⚭, angeordnet in je 1 Turm vorn und achtern, und 2 diagonal versetzten Seitentürmen / 16—, ab 1917: 12—10,2 cm-SK L/50, einzeln, zuerst ohne, seit 1917 mit Schilden / ab 1917: 1—10,2 cm-↯, 1—7,6 cm-↯ / 5—45,7 cm-↓ TR (4 S, 1 H; Heckrohr 1916 ausgebaut).

f) Bei allen Schiffen war der vordere Schornstein anfangs genau so hoch wie die beiden achteren, doch wurde er um ∼ 2 m erhöht: 1910 auf **Indomitable**, 1911 auf **Inflexible** und erst 1915 auf **Invincible**. Die Maststengen wurden während des Krieges z. T. stark verkürzt, die vordere fiel nach Vergrößerung des Artillerieleitstandes 1917 ganz weg. 1917 erfolgte die Umgruppierung der Scheinwerfer in Türmen seitlich des achtern Schornsteines, ebenso kamen ↯ in Plattformen jeweils direkt hinter den beiden vorderen Schornsteinen zur Aufstellung. Seither befanden sich auf den mittleren Türmen Startplattformen für kleine ✈. Obwohl die Schutzeinrichtungen nach der Skagerrakschlacht verbessert wurden, blieben diese Schiffe auch weiterhin äußerst mangelhaft in ihrer Standfestigkeit.

Bellerophon-Klasse

Battleships = Schlachtschiffe

1	2	3	4	5	6
Bellerophon	1906	Dockyard Portsmouth	3. 12. 06	27. 7. 07	20. 2. 09

Home Fleet: 26. Mai 1911 Kollision mit → Inflexible nahe Portland, 28. August 1914 Kollision mit Frachtschiff St. Clair. 31. Mai 1916 ✕ Skagerrak; 19. August 1916 Operation geg. deutsches Flottenunternehmen in der Nordsee, keine ✕. 1919 in Reserve (Exerzierschiff), November 1921 auf Abbruch verkauft, abgewrackt.

Superb	1906	Armstrong, Elswick	6. 2. 07	7. 11. 07	9. 6. 09

Home Fleet: 31. Mai 1916 ✕ Skagerrak; seit 1918 Mittelmeerflotte (führte nach Kapitulation der Türkei ersten alliierten Flottenverband durch die Dardanellen). 1919 in Reserve (Exerzierschiff), ab 1920 Zielschiff für Artillerie. Dezember 1922 auf Abbruch verkauft, abgewrackt.

Temeraire	1906	Dockyard Devonport	1. 1. 07	24. 8. 07	15. 5. 09

Home Fleet: 31. Mai 1916 ✕ Skagerrak; seit 1918 Mittelmeerflotte. Ab 1919 seegehendes Kadettenschulschiff, 1922 gestrichen, Dezember 1922 auf Abbruch verkauft, abgewrackt.

a) Gemäß Navy Act 1906 wurden die Mittel für diese 3 Schlachtschiffe bereitgestellt, die um die Jahreswende 1906/07 in kurzen Abständen nacheinander begonnen wurden. Sie waren nur wenig verbesserte Nachfolger der → **Dreadnought**, hatten aber einen etwas verbesserten Unterwasserschutz. Die Hauptbewaffnung blieb die gleiche, auch in der Anordnung, jedoch wurde die T-Boot-Abwehrbatterie verstärkt. Baukosten je Schiff 1,676.000 bis 1,751.000 £.

b) PzQ.: 203,102 / Seitenpzr.: 127,254 (getäpert ↑ 203), 229, 178—152 / Horizontalpzr.: o. PzD. 32; u. PzD. 76—51, 38 (Böschung 32) / Unterwasserschutz: T-Schotte 38—51 / SA: Barbetten 229; Türme 279, 279, ... / MA ohne Panzerschutz / KdoT.: v. 279 (203); a. 203 (102).

c) 4 × Parsons-Tu auf 4 ⚙ / 18 Kessel (Kohle, Ölzusatzfeurg.): **Bellerophon** und **Superb** Babcock-, **Temeraire** Yarrow- / Leist. 23 000 WPS; Geschw. 20,75 kn (Probefahrtergebnisse: Bis zu 25 400 WPS = 22,07 kn) / 2 parallele Ruder.

d) 10—30,5 cm-SK L/45 in 5 ⚙ (**Dreadnought**-Aufstellung) / 16—, ab 1914: 14—, ab 1916: 12—10,2 cm- SKL/50, ungeschützt, einzeln, ähnlich wie auf **Dreadnought** / ab 1915: 2—7,6 cm- ⚙, ab 1918 nur **Bellerophon** und **Temeraire** zusätzlich 2—10,2 cm- ⚙ / 3—45,7 cm-↓ TR (2 S, 1 H; Heckrohr 1916 ausgebaut).

e) Gegenüber **Dreadnought** hatte sich die äußere Architektur gewandelt. Die beiden jeweils gleich hohen Dreibeinmasten und auch die gleichhohen Schornsteine vermittelten diesen Schiffen eine Linienführung, die längere Zeit kennzeichnendes Indiz für den britischen Kriegsschiffbau blieb. — 1914 wurden die Maststengen beträchtlich gekürzt. Zugleich vermehrte sich die Zahl der Scheinwerfer, wozu an beiden Masten entsprechende Plattformen errichtet wurden; **Bellerophon** erhielt zusätzlich beiderseits des vorderen Schornsteins hohe Scheinwerfer-Plattformen, die jedoch ~ 1917 wieder verschwanden. Die Brückenaufbauten wurden geringfügig vergrößert, und der achtere KdoT. erhielt auf dem Topp einen kleinen Aufbau. Mit Ausnahme von Turm E verschwanden die 10,2 cm-SK von den übrigen Türmen. 1917 wurden die Scheinwerfer am achteren Mast bei gleichzeitiger Vermehrung umgruppiert; für sie errichtete man geschlossene Turmgruppen. Gleichzeitig erfolgte eine Umgruppierung der MA, wobei insbesondere der Unterbau von Brücke und vord. Schornstein beträchtlich geändert wurde. Auch wuchsen von da ab die Brückenaufbauten stärker an, und der Marsleitstand des vorderen Mastes wurde vergrößert, wobei die Plattform unterhalb davon ein Feuerleitgerät erhielt; hierbei fiel die vordere Maststenge fort. Auf dem achteren Aufbau und auf der Schanz wurden ⚙ aufgestellt, und die Türme B und E erhielten Startplattformen für ⚙. Um diese Zeit erhielt der vordere Schornstein einen hohen, gewölbten Aufsatz.

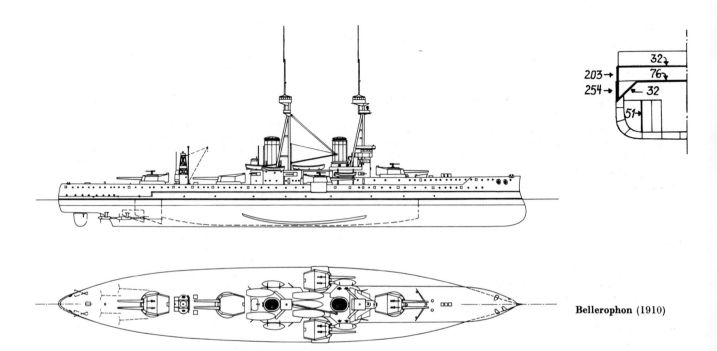

Bellerophon (1910)

Bellerophon (1914)

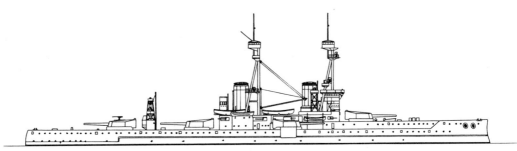

Bellerophon (1918)

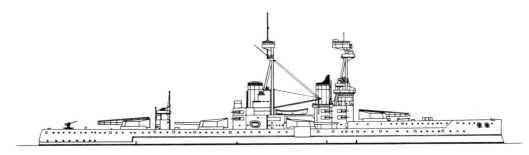

St. Vincent-Klasse

Battleships = Schlachtschiffe

1	2	3	4	5	6
Collingwood	1907	Dockyard Devonport	3. 2. 07	7. 11. 08	19. 4. 10

Home Fleet: Februar 1911 Grundberührung nahe Ferrol (Verbiegung der Bodenplatten!). 31. Mai 1916 ⚔ Skagerrak. 19. August 1916 Operation gegen deutsches Flottenunternehmen in der Nordsee (keine ⚔). Ab Oktober 1919 Artillerieschulschiff, ab Dezember 1919 Tender bei Artillerieschule, ab Juni 1920 in Reserve, ab September 1921 Beischiff für (Kadettenschul-)Schlachtschiff **Colossus***. 17. März 1922 gestrichen, Dezember 1922 verkauft an Cashmore, Newport; abgewrackt.*

| **St. Vincent** | 1907 | Dockyard Portsmouth | 30. 12. 07 | 10. 9. 08 | 3. 5. 09 |

Home Fleet: 31. Mai 1916 ⚔ Skagerrak. 19. August 1916 usw. → **Collingwood**. *Ab Februar 1919 Schulschiff. März 1921 gestrichen, 1. Dezember 1921 verkauft an Stanley, Dover; März 1922 nach dort geschleppt, abgewrackt.*

| **Vanguard** | 1907 | Vickers, Barrow | 2. 4. 08 | 22. 2. 09 | 1. 3. 10 |

Home Fleet: 31. Mai 1916 ⚔ Skagerrak. 19. August 1916 usw. → **Collingwood**. *9. Juli 1917 Scapa Flow durch innere Explosion † (804 Tote).*

a) Als Nachfolger der **Bellerophon**-Kl. entstanden diese 3 weiterhin verbesserten Schiffe, die im Bauprogramm von 1907 eingesetzt worden waren. Auch sie hatten noch viel mit **Dreadnought** gemeinsam, vor allem Stärke und Anordnung der SA. Allerdings war deren Leistungsfähigkeit durch eine größere Kaliberlänge gesteigert worden. Sonst brachten sie gegenüber ihren Vorgängern nichts Wesentliches von Belang, nur waren sie sorgsamer durchkonstruiert. Baukosten: 1,6—1,75 Millionen £.

b) *Im Ganzen entsprach die Panzerung etwa derjenigen der* **Bellerophon**-*Kl.; sie war aber hinsichtlich Ausdehnung und Anordnung etwas abgeändert. Neu waren die Panzerquerschotte nunmehr auch im Vorschiff, die den vitalen Teilen mehr Sicherheit boten, weil diese jetzt praktisch allseitig unter Panzerschutz lagen. Die Panzerquerschotte wurden auch nicht mehr keilförmig zur Mittschiffsachse angeordnet, sondern genau querschiffs zu ihr, also im rechten Winkel.* PzQ.: 203, 127, 102 / Seitenpzr.: 51, 254 (getäpert ↑ 203), 178, 51 / Horizontalpzr.: o. PzD. 19—38; u. PzD. 76, 45, 19 / Unterwasserschutz: T-Schotte 19 / SA: Barbetten 229; Türme 279, 279, . . . / MA ohne Panzerschutz / KdoT.: v. 254 (127); a. 203 (102).

c) 4 × Parsons-Tu auf 4 ⚙ / 18 Kessel (Kohle, Ölzusatzfeuerg.): **St. Vincent** u. **Vanguard** Babcock-, **Collingwood** Yarrow- / Leist. 24500 WPS; Geschw. 21,0 kn / 2 parallele Ruder.

Probefahrtergebnisse:

Collingwood	26319 WPS = 21,5 kn
St. Vincent	25900 WPS = 21,7 kn
Vanguard	25800 WPS = 22,1 kn

d) 10—30,5 cm-SK L/50 in 5 ∞ (**Dreadnought**-Anordnung) / 20—, nach 1914/15: 12—10,2 cm-SK L/50, ungeschützt, einzeln, ähnlich wie auf Vorgängern / ab 1917: 1—10,2 cm-⚓ und 1—7,6 cm-⚓ / 3—45,7 cm-↓ TR (2 S, 1 H; Heckrohr 1916 ausgebaut).

Großbritannien

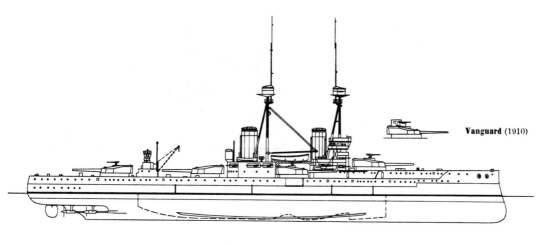
Vanguard (1910)

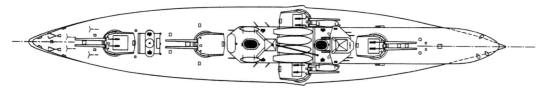
St. Vincent (1909)

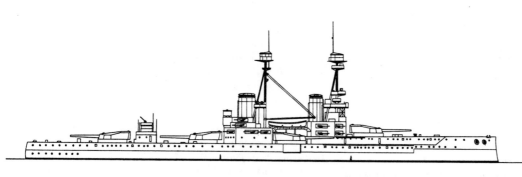
Collingwood (1916/17)

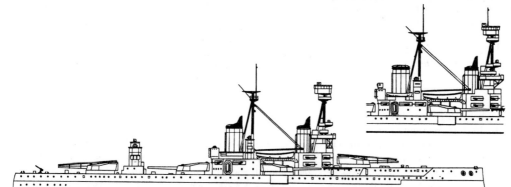
St. Vincent (1919)

Collingwood (1918)

e) Äußerlich entsprachen diese Schiffe weitgehend der **Bellerophon**-Kl. Von dieser unterschieden sie sich eigentlich nur durch den etwas dünneren vord. Schornstein. Versuchsweise war **Vanguard** mit einem nach den Seiten wegklappbaren Gasdruck-Schutzschirm um die 10,2 cm-SK auf Turm A versehen; außerdem hatte dieses Schiff etwas höher herausragende Schornstein-Abdeckungen. 1914 erhielten alle innerhalb der Aufbauten in den Nischen stehenden 10,2 cm-SK Schutzschilde (nur die Achterbatterie von **Collingwood** war davon ausgenommen). 1916/17 erfolgte eine Umgruppierung der 10,2 cm-SK, wobei diese teils übereinander in den dazu entsprechend geänderten Aufbauten vorn und achtern placiert wurden. Die auf den Türmen stehenden 10,2 cm-SK waren bereits zuvor ausgebaut worden. 1916 kam auf dem achteren Aufbau ⚓ zur Aufstellung; an deren Stelle wurden jedoch 1917/18 Scheinwerfertürme errichtet, weshalb die ⚓ auf die Schanz versetzt wurden. 1917 erhielt **Collingwood** auf beiden und **St. Vincent** auf dem vord. Schornstein einen Aufsatz, der 1921 wieder abgenommen wurde. Den E-Meßstand über dem achteren KdoT. führten nur **St. Vincent** und **Vanguard** ab 1917. Die Aufstellung von Scheinwerfertürmen erfolgte 1917/18, und zwar jeseits vom Großmast auf **Collingwood** und **St. Vincent**. Zum gleichen Zeitpunkt wurden auf den Türmen A und E von **Collingwood** ⚓-Plattformen errichtet. Im Zuge der Fortentwicklung des modernen Feuerleitwesens wurde der Artilleriemars auf dem vord. Dreibeinmast von **Collingwood** und **St. Vincent** vergrößert, ebenso die Brückenaufbauten. Der Stand auf dem Großmast fiel 1918/19 weg. Die Stengen beider Masten wurden zuerst beträchtlich gekürzt; 1918 fiel die vordere Stenge ganz weg.

Neptune

Battleship = Schlachtschiff

1	2	3	4	5	6
Neptune	1908	Dockyard Portsmouth	19. 1. 09	30. 9. 09	11. 11. 11

Home Fleet (Flottenflaggschiff 1911 bis August 1914): 23. April 1916 Kollision mit neutralem Dampfer vor der brit. Ostküste. — 31. Mai 1916 ✕ Skagerrak. 19. August 1916 Operation gegen deutsches Flottenunternehmen in der Nordsee, keine ✕. Ab April 1919 in Reserve, September 1922 auf Abbruch verkauft, bis 1923 abgewrackt.

a) Mit diesem Schiff beschritt die britische Marine einen neuen Weg, indem sie die bisherige Anordnung der SA durch eine Verschiebung der Seitentürme änderte: Die Seitentürme wurden diagonal zueinander versetzt, während der seitherige Mittelturm überhöht aufgestellt wurde. Dadurch wurden die Bestreichungswinkel der Türme z.T. erheblich vergrößert, und dies wiederum führte zu einer Steigerung der Breitseit-Feuerkraft. **Neptune** war somit das erste britische Schlachtschiff mit überhöhter Anordnung der SA und auch das erste, dessen sämtliche schweren SK nach beiden Seiten feuern konnten. Den benötigten Platz für die Beiboote, die vollzählig nur in Friedenszeiten an Bord waren, erhielt man durch brückenartige Überbauten (flying bridges), die die beiden Seitentürme überspannten. Baukosten einschl. Bewaffnung 1,669 Mio. £.

b) PzQ.: 229—38, 127—102, 127—102 / Seitenpzr.: 64, 254 (getäpert ↑ 203), 178, 64 / Horizontalpzr.: o. PzD. 32; u. PzD. 76, 45, 38 / Unterwasserschutz: T-Schott 38—51 / SA: Barbetten 229; Türme 279, 279, 102—76 / MA ohne Panzerschutz / KdoT.: v. 279 (127); a. 38 (0).

c) 4 × Parsons-Tu auf 4 ⚙, dazu gesondert Marsch-Tu / 18 Yarrow-Kessel (Kohle, Ölzusatzfeuerg). / Leist. 25 000 WPS; Geschw. 21,0 kn / 2 parallele Ruder. (Probefahrtergebnis: 27 721 WPS = 22,7 kn).

d) 10—30,5 cm-SK L/50 in 5 ⚙ (Seitentürme diagonal, mittlerer Turm überhöht vor dem achteren) / 16—, ab 1915: 14—, ab 1918: 10—10,2 cm-SK L/50, einzeln, ungeschützt / ab 1916: 1—7,6 cm-⚓, ab 1917 dazu 1—10,2 cm-⚓ / 3—45,7 cm-↓ TR (2 S, 1 H; Heckrohr 1916 ausgebaut).

Neptune (1911)

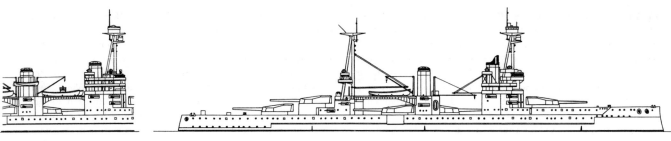

Neptune (1914)   **Neptune (1917)**

e) 1912 wurden die Brückenaufbauten geändert und erweitert, als Folge davon mußte der vord. Schornstein um ~ 2 m erhöht werden. 1913 kamen auf den Brückenaufbauten Scheinwerfer zur Aufstellung, die 1917 umgruppiert wurden. Das vordere fliegende Bootsdeck wurde 1915 ausgebaut und sollte nach Kriegsende wieder eingebaut werden. Dabei wurde hinter dem vord. Schornstein zusätzlich ein Ladebaum installiert, während die kleinen Ladebäume vor dem achteren Schornstein verlängert wurden. Die Verkürzung der Maststengen erfolgte bereits 1914; der Mars auf dem achteren Mast wurde 1916 ausgebaut. **Neptune** war das erste brit. Schlachtschiff mit einem Feuerleitgerät, das auf der Plattform unterhalb des Fockmast-Vormars installiert war. 1916 wurde der vord. Schornstein mit einer Schrägkappe versehen, um die Feuerleitanlagen vor den Rauchgasen zu schützen. Die teilweise Umgruppierung der 10,2 cm-SK begann 1915 und wurde 1918 abgeschlossen, wobei deren Anzahl bis dahin um 6 verringert wurde.

Indefatigable-Klasse

Battle cruisers = Schlachtkreuzer

1	2	3	4	5	6
Indefatigable	1908	Dockyard Devonport	23. 2. 09	28. 10. 09	24. 2. 11

Home Fleet, Februar 1912 bis Februar 1915 Mittelmeerflotte. 3.—10. August 1914 erfolglos zur Jagd auf deutsche Mittelmeer-Div. angesetzt, anschließend Dardanellen-Blockade, hierbei 3. November 1914 Beschießung von Dardanellen-Außenwerken. 31. Mai 1916 ✕ Skagerrak, durch → von der Tann schwer getroffen, nach Explosion auseinandergebrochen und † (1017 Tote, nur 4 Überlebende).

| **Australia** | 1908 | J. Brown, Clydebank | 23. 6. 10 | 25. 10. 11 | 21. 6. 13 |

*Für Australische Marine gebaut, 1913—1914 Flaggschiff. August 1914 Convoy-Sicherung im Südwest-Pazifik. 9.—15. September 1914 Operation gegen Deutsch-Neu Guinea. Dezember 1914 Order zur Verlegung nach England, auf Weg nach dort 6. Januar 1915 deutsches S. S. **Eleonore Woermann** nahe Falkland-Inseln versenkt, 28. Januar 1915 in Portsmouth eingetroffen, Grand Fleet: 22. April*

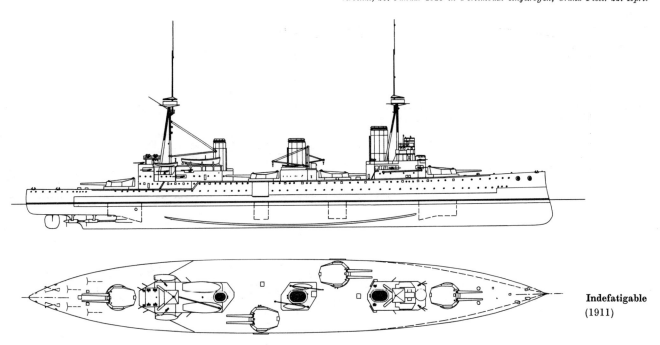

Indefatigable (1911)

1916 Kollision mit → New Zealand, schwer havariert nach Rosyth eingebracht (Reparatur bis 9. Juni 1916). 19. August 1916 usw. → Indefatigable, 12. Dezember 1917 Kollision mit → Repulse, Reparatur bis Anfang Januar 1918. März bis Mai 1918 Versuche mit bordgestützten ✈. Nach Entlassung aus Grand Fleet: 23. April bis 28. Mai 1919 Rückreise nach Australien. 12. Dezember 1921 gem. Washington-Vertrag außer Dienst gestellt. 12. April 1924 vor der austral. Küste nahe South Head selbst †.

New Zealand   1909   Fairfield, Glasgow   20. 6. 10   1. 7. 11   9. 11. 12

Von Neuseeland finanziert und nach Fertigstellung der britischen Marine zur Verfügung gestellt: Home Fleet. 28. August 1914 ✗ Deutsche Bucht, 24. Januar 1915 ✗ Doggerbank. 22. April 1916 Kollision mit → Australia. 31. Mai 1916 ✗ Skagerrak (1 Treffer erhalten, keine Ausfälle). 19. August 1916 usw. → Indefatigable. 17. November 1917 ✗ Deutsche Bucht. Februar 1919 bis Februar 1920 Weltreise mit Adm. Lord Jellicoe an Bord, hierbei 33000 sm zurückgelegt. Gem. Washington-Vertrag außer Dienst gestellt, ab Dezember 1922 abgewrackt.

a) Zugleich mit dem 1908 entworfenen und bewilligten Schlachtkrz. **Indefatigable** hatten sich auf Anregung durch das Mutterland die beiden Dominion-Staaten Australien und Neuseeland entschlossen, im Zuge des Commonwealth-Verteidigungsprogramms ebenfalls je 1 Schlachtkrz. dieses Typs beizusteuern und in England bauen zu lassen. Diese Schiffe wurden von ihnen voll finanziert. Aber nur Australien übernahm auch die Unterhaltung und Unterstellung unter eigenes Kommando, wobei England das Recht eingeräumt wurde, über dieses Schiff im Bedarfsfall zu verfügen, soweit durch seinen Abzug Australien keiner Gefährdung ausgesetzt würde. Neuseeland hingegen stellte den von ihm finanzierten Schlachtkrz. sofort der britischen Marine zur Verfügung und verzichtete auf Unterstellung unter eigenes Kommando. — Dieser Typ war eine nur wenig verbesserte Weiterentwicklung der → **Invincible**-Klasse und genausowenig standfest wie diese. Die wesentlichste Verbesserung war die etwas günstigere Anordnung der beiden diagonal versetzten schweren Türme, wodurch eine bessere Ausnutzung ihrer Bestreichungswinkel erreicht wurde. Im Gegensatz zur **Invincible**-Kl. konnten beide Seitentürme in einem beschränkten Bereich auch nach der jeweils gegenüberliegenden Seite feuern. Die Baukosten beliefen sich auf je rd. 1,7 Mio. £.

b) PzQ.: 102, 102 / Seitenpzr.: 102, 127, 152, 127, 102 / Horizontalpzr.: o. PzD. 25; u. PzD. 51, 25 / Unterwasserschutz: PzLängsschott 64 (nur im Bereich der SA-Munitionskammern!) / SA: Barbetten 178; Türme 178, 178, .. / KdoT.: v. 254 (102—76); a. 25.

c) 4 × Parsons-Tu auf 4 ⚙ / 31 Babcock & Wilcox-Kessel (Kohle, Ölzusatzfeuerg.) / Leist. 44000 PWS; Geschw. 25,0 kn. 2 parallele Ruder.

Probefahrtergebnisse:
Indefatigable 47135 WPS = 26,7 kn
Australia ..... WPS = 26,9 kn
New Zealand 45894 WPS = 26,3 kn

d) 8—30,5 cm-SK L/50, aufgestellt in je 1 ⌒ vorn u. achtern u. 2 diagonal versetzten ⌒ auf den Seitendecks / 16—, ab 1916: **Australia** 14—, **Indefatigable** 12—, **New Zealand** 10—10,2 cm-SK L/50, einzeln, ungeschützt, meist in den Aufbauten / ab 1917: **Australia** 1—10,2 cm-⚓ und 1—7,6 cm-⚓, **New Zealand** nur 1—10,2 cm-⚓ / 3—53,3 cm-↓ TR (2 S, 1 H; Heckrohr 1916 ausgebaut).

e) 1915/16 erfolgten Änderungen des achteren Aufbaus und der Brückenaufbauten bei **Indefatigable**, wobei die achtern aufgestellten 10,2 cm-SK Schutzschilde erhielten und z. T. umgruppiert wurden. Ähnlichen Änderungen wurden auch **Australia** und **New Zealand** unterworfen; diese hatten bei ihrer Fer-

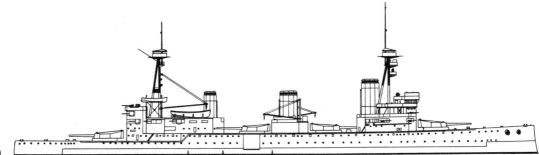
Indefatigable (1916)

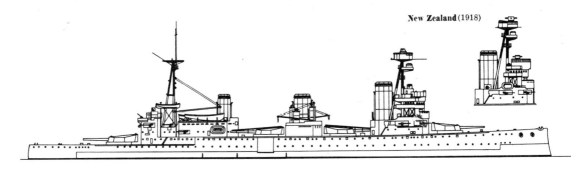
New Zealand (1918)
Australia (1918)

144 Großbritannien

tigstellung zunächst ein ganz ähnliches Aussehen wie **Indefatigable**. Während des Krieges wurde ihre MA reduziert, wobei nur die 10,2 cm-SK von **Australia** Schutzschilde erhielten. Später kamen noch ⚓ hinzu. Die Brückenaufbauten wurden beträchtlich vergrößert, aber verschiedenartig gestaltet. Parallel damit erfolgte die Vergrößerung des Vormars-Leitstandes, auf dem ein BG installiert wurde, wofür die seither dort geführte Stenge wegfiel. Die achtere Maststenge wurde auf allen 3 Schiffen schon frühzeitig gekürzt. 1917 erhielten die Türme B und C von **Australia** und **New Zealand** kleine ⚓-Startplattformen, und um den mittleren Schornstein wurden die für jene Zeit charakteristischen Scheinwerfertürme installiert. Wichtigstes Unterscheidungsmerkmal zur **Invincible**-Kl.: Die Schornsteine hatten im Gegensatz zu dieser einen fast gleichmäßigen Abstand.

Colossus-Klasse

Battleships = Schlachtschiffe

1	2	3	4	5	6
Colossus	1909	Scotts, Greenock	6. 7. 09	9. 4. 10	8. 8. 11

Home Fleet: 31. Mai 1916 ✕ Skagerrak (2 mittl. Treffer erhalten, Juni 1916 wieder einsatzbereit). 19. August 1916 Operation in Nordsee gegen deutsches Flottenunternehmen, keine ✕. Ab 1919 Kadettenschulschiff (war 1919/20 zeitweise mit Farbanstrich aus der viktorianischen Zeit versehen!). 1922 auf Abbruch verkauft, abgewrackt.

| Hercules | 1909 | Palmers, Newcastle | 30. 7. 09 | 10. 5. 10 | 31. 7. 11 |

*Home Fleet: 22. März 1913 nahe Portland Kollision mit Frachter. 31. Mai 1916 ✕ Skagerrak. 19. August 1916 usw. → **Colossus**. Brachte 1919 nach deutscher Kapitulation alliierte Waffenstillstandskommission nach Kiel. 1920 auf Abbruch verkauft, abgewrackt.*

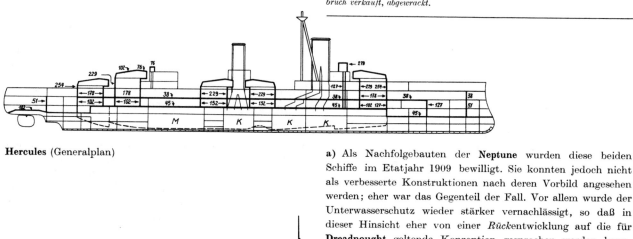

Hercules (Generalplan)

a) Als Nachfolgebauten der **Neptune** wurden diese beiden Schiffe im Etatjahr 1909 bewilligt. Sie konnten jedoch nicht als verbesserte Konstruktionen nach deren Vorbild angesehen werden; eher war das Gegenteil der Fall. Vor allem wurde der Unterwasserschutz wieder stärker vernachlässigt, so daß in dieser Hinsicht eher von einer *Rück*entwicklung auf die für **Dreadnought** geltende Konzeption gesprochen werden kann. Weiterhin rückschrittlich war auch die Anordnung des vord. Schornsteins *vor* dem Mast, eine Quelle ständigen Ärgers wegen der damit verbundenen Rauchbelästigung des Artillerieleitstandes. Mit diesen Bauten ging Großbritannien im Schlachtschiffbau zum 53,3 cm-Kaliber der Torpedowaffe über.

Vorderer Schornstein ab 1912 um 2 m höher!

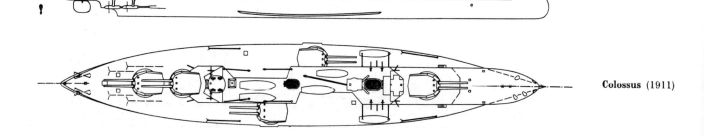

Colossus (1911)

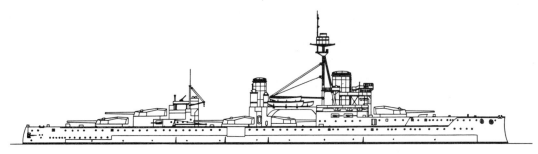

Hercules (1918)

b) *Die Panzerungsanordnung war insoweit geändert worden, als nunmehr zu Gunsten eines etwas dickeren Seitenpanzers auf die Panzerung der Schiffsenden verzichtet wurde. Dafür erhöhte sich die Zahl der Panzerquerschotte um zwei. Das von* **Bellerophon** *bis* **Neptune** *her bekannte T-Schott wurde wieder aufgegeben, statt dessen kehrte man zur alten Anordnung von* **Dreadnought** *zurück, wobei lediglich die SA-Munitionskammern gepanzerte Längsschotte erhielten. Offenbar glaubte man, auf einen so ausgedehnten Unterwasserschutz, wie ihn* **Bellerophon** *bis* **Neptune** *erhalten hatten, verzichten zu können, weil dafür der Seitenpanzer verstärkt worden war.* PzQ.: 51, 203, 102, 127, 63 / Seitenpzr.: 63, 279 (getäpert ↑ 203), 178—63 / Horizontalpzr.: o. PzD. 38, u. PzD. 102, 76, 45, 51 / Unterwasserschutz: PzLängsschott nur im Bereich der SA-Mun.-Kammern 51—102 / SA: Barbetten 279; Türme 254, 279, 102 / MA ohne Panzerschutz / KdoT.: v. 279 (203; a. 76 (..) / Panzergewicht ca. 5000 ts.

c) 4 × Parsons-Tu. auf 4 ✼ / 18 Kessel (Kohle): **Hercules** Yarrow-, **Colossus** Babcock- / Leist. 25 000 WPS; Geschw. 21,0 kn / 2 parallele Ruder (Probefahrtleistungen: **Colossus** 29 000 WPS = 22,6 kn, **Hercules** 28 700 WPS = 21,9 kn).

d) 10—30,5 cm-SK L/50 in ∝ (gleiche Anordnung wie **Neptune**) / 16—, ab 1917: 13—10,2 cm-SK L/50, einzeln ungeschützt in den Aufbauten / ab 1917: 1—10,2 cm-✼ und 1—7,6 cm-✼ / 3—53,3 cm-↓ TR (2 S, 1 H; Heckrohr 1916 ausgebaut).

e) Während auf **Hercules** der vord. Schornstein von Anfang an um ~ 2 m höher war als der achtere, wurde er auf **Colossus** erst 1912 entsprechend erhöht. 1915 Maststenge gekürzt, achteres fliegendes Bootsdeck ausgebaut. 1917/18 vord. Brückenaufbauten teilweise geändert, Feuerleitgerät auf Vormars installiert. 1917 Umgruppierung der Scheinwerfer, deren Stückzahl zugleich verringert wurde; seither standen 4 Scheinwerfer in Einzeltürmen rund um den achteren Schornstein.

Orion-Klasse

Battleships = Schlachtschiffe

1	2	3	4	5	6
Orion	1909	Dockyard Devonport	29. 11. 09	20. 8. 10	2. 1. 12

Home Fleet: 7. Dezember 1912 Kollision mit altem Linienschiff **Revenge** *infolge Ankerkettenbruchs. 31. Mai 1916* ⨯ *Skagerrak. 19. August 1916 Operation gegen deutsches Flottenunternehmen in der Nordsee, keine* ⨯*. Dezember 1922 auf Abbruch verkauft, 1923 abgewrackt.*

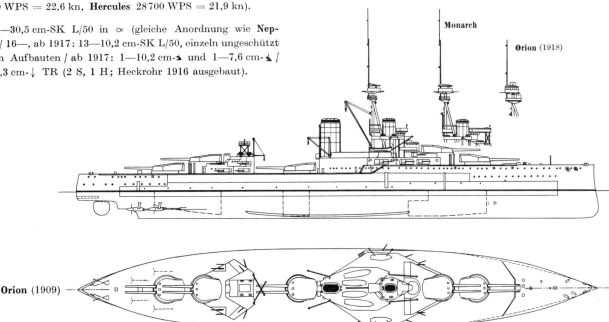

Orion (1909)

Conqueror	1909	Beardmore, Glasgow	5. 4. 10	1. 5. 11	25. 2. 13

Home Fleet: 27. Dezember 1914 Kollision mit → Monarch. 31. Mai 1916 ✗ Skagerrak. 19. August 1916 usw. → Orion. 1922 auf Abbruch verkauft. 1923 abgewrackt.

Monarch ×**King George V.**	1909	Armstrong, Elswick	1. 4. 10	30. 3. 11	6. 4. 12

Home Fleet: 27. Dezember 1914 Kollision mit → Conqueror. 31. Mai 1916 ✗ Skagerrak. 19. August 1916 usw. → Orion. 1922 außer Dienst gestellt, danach Zielschiff bei Bomben-, Torpedo- und Artillerieschießversuchen. 20. Januar 1925 als solches im Feuer von → Revenge †.

Thunderer	1909	Thames Iron Works	13. 4. 10	2. 2. 11	15. 6. 12

Home Fleet: 31. Mai 1916 ✗ Skagerrak. 19. August 1916 usw. → Orion. Ab 1920 Kadettenschulschiff. November 1926 auf Abbruch verkauft, 1927 abgewrackt.

a) Als Deutschland seinerseits zum 30,5 cm-Kaliber überging, reagierte Großbritannien im Jahre 1909 mit einer Steigerung des Kalibers auf 34,3 cm und leitete damit die Periode der ›Super-Dreadnoughts‹ ein. Als erste wurden die im gleichen Jahr bewilligten Schlachtschiffe der **Orion**-Kl. damit ausgerüstet. Zugleich wandte sich Großbritannien von der bisherigen Anordnung eines Teils der SA auf den Seitendecks ab und ging von nun an zur Aufstellung aller schweren Türme in der Mittschiffslinie über. Die Kalibersteigerung bewirkte eine beträchtliche Deplacementssteigerung, die gegenüber den letzten Bauten 2500 ts betrug. Baukosten je Schiff ca. 1,88 Mio. £.

b) *Die Panzerung, insbesondere aber der Seitenpanzer, wurde zwar beträchtlich verstärkt, doch blieb die Wirksamkeit des Unterwasserschutzes weiterhin recht fragwürdig und zu schwach. Hinsichtlich des Gesamtschutzes lag etwa die Konzeption von Hercules-Colossus zugrunde. Neu war — im Gegensatz zu diesen — das Hochziehen des Seitenpanzers bis zum Oberdeck.* PzQ.: 63, 254, 152, 102 / Seitenpzr.: 63, 305 (getäpert ↑ 229), 152, 102 / Zitadellpzr. 203 / Horizontalpzr.: o. PzD. 38; u. PzD. 102, 76, 25, 63 / Unterwasserschutz: Kein T-Schott, nur PzLängsschott 25—45 im Bereich der Munitionskammern / SA: Barbetten 254: Türme 279, 279, 102 —76 / MA ohne Panzerschutz / KdoT.: v. 279 (127); a. 76 (25).

c) 4 × Parsons-Tu auf 4 ✷ / 18 Babcock- (**Monarch** Yarrow-) Kessel (Kohle, Ölzusatzfeuerg.) / Leist. 27 000 WPS; Geschw. 21,0 kn / 2 parallele Ruder.

Probefahrtergebnisse:

Orion	29 108 WPS = 21,0 kn
Monarch	28 555 WPS = 21,9 kn
Thunderer	27 426 WPS = 20,9 kn
Conqueror	28 400 WPS = 22,3 kn

d) 10—34,3 cm-SK L/45 in 5 ∝, davon je 2 vorn und achtern und 1 Mittelturm / 16—, ab 1916/17: 8—10,2 cm-SK L/50 in Kasematten / ab 1919: 1—10,2 cm-⚓ u. 1—7,6 cm-⚓ / 3—53,3 cm-↓ TR (2 S, 1 H; Heckrohr 1916 ausgebaut).

e) Kennzeichnend für diesen Schlachtschifftyp war wieder die Anordnung des vorderen Schornsteins *vor* dem Mast, die jedoch nicht mehr geändert wurde, auch als der Mast durch den Einbau des Zentralfeuerleitgerätes immer mehr an Bedeutung gewann und die Abgase immer lästiger wurden. **Orion** erwies sich bei den ersten Probefahrten durch allzustarke Neigung zum Schlingern als verhältnismäßig schlechtes Seeschiff. Dies wirkte sich auch nachteilig auf die artilleristische Leistungsfähigkeit aus. Erst als die Schlingerkiele geändert wurden, besserte sich die Seefähigkeit etwas. Im Laufe des Krieges wurde die Maststenge verkürzt und der Artilleriemars z.T. mehrfach abgeändert bzw. erweitert, vor allem durch den Anbau einer Plattform unterhalb vom Vormars zur Aufnahme eines Feuerleitgerätes, z.T. auch durch den Einbau einer leicht gepanzerten E-Meßhaube auf dem Artillerieleitstand. Auch der Brückenaufbau wurde erhöht und modernisiert, so daß der vordere Schornstein schließlich nur noch mit ca. 3 m sichtbarer Länge herausragte. Die Scheinwerfer standen ab 1917/18 in 3 kleinen Türmen rund um den achteren Schornstein. Zur gleichen Zeit wurde auf Turm B eine Startplattform für ✈ errichtet, auf **Thunderer** eine solche zusätzlich auch auf Turm D.

Lion-Klasse

Battle cruisers = Schlachtkreuzer

1	2	3	4	5	6
Lion	1909	Dockyard Devonport	29. 11. 09	6. 8. 10	4. 6. 12

Home Fleet: 28. August 1914 ✗ Deutsche Bucht. 24. Januar 1915 ✗ Doggerbank (18 schwere Treffer erhalten, manövrierunfähig von → Indomitable nach Firth of Forth abgeschleppt.) 31. Mai 1916 ✗ Skagerrak (12 schwere Treffer erhalten, ab 19. Juli 1916 wieder einsatzbereit). 19. August 1916 Operation gegen deutsches Flottenunternehmen in der Nordsee, keine ✗. 17. November 1917 ✗ Deutsche Bucht. Gem. Washington-Vertrag außer Dienst, Januar 1924 auf Abbruch verkauft, in Jarrow abgewrackt.

Princess Royal	1909	Vickers, Barrow	2. 5. 10	29. 4. 11	14. 11. 12

Home Fleet: 28. August 1914 ✗ Deutsche Bucht. Oktober bis Dezember 1914 Sicherungsdienst für Canada-England-Convoys. 24. Januar 1915 ✗ Doggerbank. 31. Mai 1916 ✗ Skagerrak (9 schwere Treffer erhalten, ab 15. Juli 1916 wieder einsatzbereit). 19. August 1916 usw. → Lion. 17. November 1917 ✗ Deutsche Bucht. Gem. Washington-Vertrag nach Dezember 1922 nicht mehr im Dienst. Januar 1926 auf Abbruch verkauft, abgewrackt.

Queen Mary	1910	Palmers, Newcastle		6. 3. 11	20. 3. 12	4. 9. 13

Home Fleet: 28. August 1914 ✗ Deutsche Bucht. 31. Mai 1916 ✗ Skagerrak, nach schweren Treffern von → Derfflinger u. → Seydlitz explodiert und † (1278 Tote, nur 9 Überlebende).

a) Diese 3 Schiffe — in der britischen Marine weitverbreitet als ›splendid cats‹ bekannt — waren das Äquivalent zu den ab **Orion**-Kl. erbauten Super-Dreadnoughts, denn sie hatten kalibermäßig mit diesen gleichgezogen und waren außerdem schneller als ihre Vorgänger der → **Indefatigable**-Kl., wozu ein Längenzuwachs von rund 30 m erforderlich geworden war. Gleichzeitig stieg damit die Wasserverdrängung um 8000 ts an. Die Erhöhung des Kampfwertes wurde — wie auf den vorher

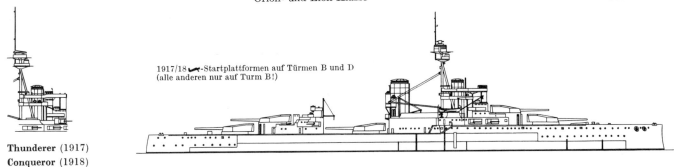

Thunderer (1917)
Conqueror (1918)

Thunderer (1921)

entwickelten Schlachtkreuzern ebenfalls — völlig einseitig gehandhabt, denn die Standkraft wuchs nicht mit der Schlagkraft mit. Im Kriege zeigte sich dann, wie mangelhaft die Standfestigkeit war. **Queen Mary** wurde dies zum Verhängnis, und **Lion** entging zweimal mit knapper Not der Katastrophe. Ursprünglich war noch ein 4. Schiff — → **Tiger** — geplant. Dieses wurde jedoch nach diversen konstruktiven Änderungen und Verbesserungen Einzelgänger in der Ausführung.

Während der Entwurfsarbeiten wurde vorübergehend erwogen, den mittleren Turm nach achtern zu verlegen und ihn überhöht vor Turm D aufzustellen. Dadurch sollten nicht nur die Bestreichungswinkel besser ausgenutzt, sondern auch mittschiffs mehr Raum für weitere Kessel gewonnen werden, um die Geschwindigkeit noch weiter steigern zu können. Statt dessen entschied man sich aus finanziellen Gründen zur Beibehaltung des ursprünglichen Entwurfs.

Außerdem sollte — wie dann auf **Lion** zunächst ausgeführt und bei **Princess Royal** noch begonnen — die Mast-Schornstein-Anordnung von **Orion** beibehalten und die Brücke auf dem KdoT. errichtet werden. Durch die nachträgliche Änderung entstanden zusätzliche Kosten von je rund 60 000 £. Die Baukosten einschl. der Kosten für die Bewaffnung beliefen sich auf je rund 2,08 Mio £. Damit waren diese Schiffe die ersten der britischen Marine, deren Baukosten den Betrag von 2 Mio. £ überschritten.

b) PzQ.: 102, 102 / Seitenpzr.: 102, 127, 229 (getäpert↓ 152), 152, 127, 102 / kein Zitadellpzr. / Horizontalpzr.: o. PzD. 25; u. PzD. 64, 25, 64 / Unterwasserschutz: kein T-Schott, nur PzLängsschott 64 im Bereich der Munitionskammern / SA: Barbetten 229; Türme 229, 229, ... / MA ohne Panzerschutz / KdoT.: v. 254 (102); a. 25. *Panzergewicht 6200 ts = 23% der Konstruktionsverdrängung.*

c) 4 × Parsons-Tu auf 4 ⚓ / 42 Yarrow-Kessel (Kohle, Ölzusatzfeuerg. / Leist. 70000 PWS; Geschw. 27,0 kn / 2 parallele Ruder.

Probefahrtergebnisse:
Lion	73 800 WPS	= 27,0 kn
Princess Royal	78 600 WPS	= 28,5 kn
Queen Mary	78 700 WPS	= 28,0 kn

d) 8—34,3 cm-SK L/45 in 4 ⚓, davon 2 vorn überhöht und je einer im Mittelschiff und achtern / 16—, **Queen Mary** nur 14—, **Lion** und **Princess Royal** ab 1917: 15—10,2 cm-SK L/50 in Kasematten / **Lion** und **Princess Royal** ab 1917: 1—10,2 cm-⚓, 1—7,6 cm-⚓ / 2—53,3 cm-↓ TR (S).

e) **Lion** hatte ursprünglich vorn einen massiven Dreibeinmast, vor dem der vorderste Schornstein stand. Dieser überragte die beiden anderen um ∼ 2,5 m. Der Schiffsführungsstand befand sich genau über dem vorderen KdoT. Während der Probefahrten erwies sich diese Anordnung als überaus unbefriedigend, weil die hohen Temperaturen der entweichenden Rauchgase und der Funkenflug des vorderen Schornsteins bei hoher Fahrt den Aufenthalt auf der Brücke und im Mars unmöglich machten. Noch vor der Indienststellung erfolgte daher der Umbau, wobei der vordere Schornstein um ∼ 5 m nach achtern rückte und die Brücke an dessen ursprüngliche Position versetzt und gleichzeitig vergrößert wurde. Der Dreibeinmast wurde dabei gegen einen einfachen Pfahlmast ausgewechselt, und die beiden achteren Schornsteine wurden um ∼ 2,5 m erhöht, so daß alle 3 Schornsteine gleich hoch wurden. Da mit dem Ausbau des Dreibeinmastes der an diesem angeschlagene Ladebaum wegfiel, kamen beiderseits vom mittleren Schornstein je ein kleiner Pfosten mit Ladebaum hinzu. Auf **Princess Royal** wurden diese Änderungen noch während des Baues durchgeführt.

Queen Mary war rund 700 ts größer und etwas breiter, sonst aber weitgehend gleich. Bei ihr war der mittlere Schornstein im Gegensatz zu ihren Schwesterschiffen im Grundriß nicht oval, sondern kreisrund. Ein anderes Unterscheidungsmerkmal war die vordere 10,2 cm-Batterie, bei der das jeweils überhöhte Geschütz fehlte (daher nur 14 anstatt 16 SK!). **Queen Mary** hatte von Anfang an auf dem vorderen KdoT. ein BG, das die beiden anderen Schiffe erst nachträglich erhielten.

Die Stützbeine am vorderen Mast wurden erst nachträglich angebaut, auf **Queen Mary** vor 1916, auf den anderen danach. **Princess Royal** und **Lion** erhielten 1917 Scheinwerfertürme am achteren Schornstein und am Großmast; außerdem mußten sie ihre jeweils letzte 10,2 cm-SK abgeben (auf **Lion** das der Stb-Seite, auf **Princess Royal** das der Bb-Seite), die dringend zur Armierung kleinerer Kriegsschiffe benötigt wurden. Dafür kamen ⚓ an Bord. 1918 erhielten die Türme C und D Startplattformen für ✈. Seither trug **Lion** (jedoch nicht **Princess Royal**!) auf dem vorderen Schornstein eine Kappe.

Besonderes Erkennungsmerkmal: **Lion** führte die Großmastsaling in Höhe über den Schornsteinen, **Princess Royal** darunter, und bei **Queen Mary** fehlte sie.

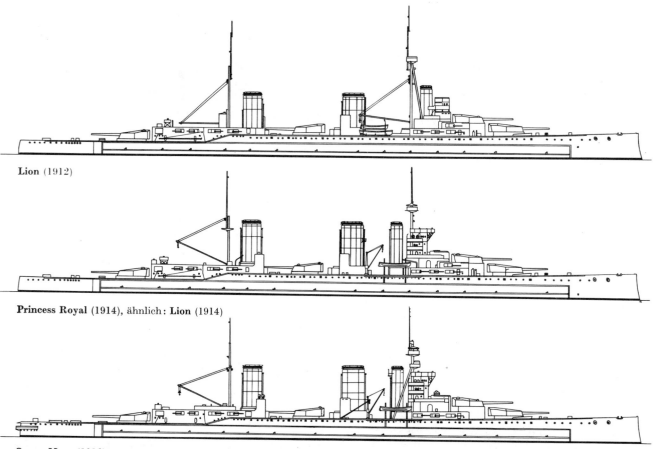

Lion (1912)

Princess Royal (1914), ähnlich: **Lion** (1914)

Queen Mary (1916)

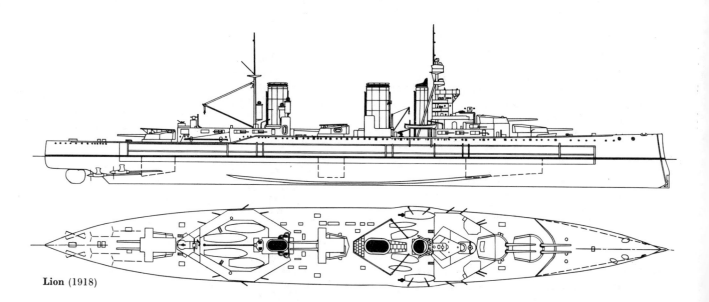

Lion (1918)

King George V.-Klasse
Battleships = Schlachtschiffe

1	2	3	4	5	6
King George V.	1910	Dockyard, Portsmouth	16. 1. 11	9. 10. 11	16. 11. 12

Home Fleet: 31. Mai 1916 ✕ Skagerrak. 19. August 1916 Operation gegen deutsches Flottenunternehmen in der Nordsee, keine ✕. 1919—1923 Mittelmeerflotte. 1923—1926 Artillerieschulschiff. Dezember 1926 auf Abbruch verkauft, 1927 abgewrackt.

Centurion	1910	Dockyard, Devonport	16. 1. 11	18. 11. 11	22. 5. 13

*Home Fleet: 9. Dezember 1912 Kollision mit ital. Frachter **Derna**. 31. Mai 1916 ✕ Skagerrak. 1919—1924 Mittelmeerflotte (zeitweilig im Schwarzen Meer zur Intervention gegen Bolschewisten eingesetzt!). 1924—1926 in Reserve, danach Umbau zum Fernlenk-Zielschiff (Artillerieschießübungen bis 20,3 cm Kaliber), als solches bis Ende 1940 im Dienst. Im Zweiten Weltkrieg abenteuerliche Odyssee: Nach Umbau April bis Mai 1941 bei Dockyard Devonport als ›dummy ship‹ von → **Anson** der neuen → **King George V.**-Kl. Mai 1941 Ausreise mit Kurs Alexandria via Capetown; nach Zwischenstation in Gibraltar Maschinenzusammenbruch, Umkehr nach Gibraltar, Reparatur. Erneute Ausreise gelungen (Kollision vor Freetown mit Transporter **Christiaan Huygens**), über Capetown-Durban-Kilindini Atoll-Aden nach Suez; zurückbeordert nach Kilindini Atoll, auf Marsch nach dort in schwerem Wetter ›Turm‹ A verloren und andere Seeschäden, daher Aden angelaufen (um Rolle zu wahren, wurde dort Gerücht ausgestreut, ›Turm‹ A sei bei Gefecht mit ›Raider‹ zerstört worden!); anschließend 9 Monate in Bombay liegend (dort ›Turm‹ A ersetzt), Mai 1942 zurück nach Aden, dort mit ⚓ ausgerüstet, und weiter nach Port Said. 13.—16. Juni 1942 Operation ›Vigorous‹: Mit 2500 ts Nachschubgütern an Bord im Geleit mit Kurs auf Malta ausgelaufen, bei Luftangriffen Bombentreffer im Vorschiff, Operation abgebrochen, nach Alexandria zurück (dort für den Fall des Vordringens der Achsentruppen nach Ägypten als Blockschiff für Port Said bereitgehalten). November 1942 bis Januar 1944 als Stationär (gleichzeitig schwimmende ⚓-Batterie) im Großen Bittersee; Anf. Februar 1944 reaktiviert, nach Alexandria zurück, auf Marsch nach dort Schäden durch Grundberührung, 21. April 1944 in Gibraltar eingelaufen, 12. Mai 1944 Devonport eingelaufen, in Portsmouth für letzten Einsatz hergerichtet. 9. Juni 1944 vor Normandie-Landekopf als Wellenbrecher auf Grund gesetzt, noch vorübergehend von US-Navy als Hafensignalstation verwendet, dann verrottet und nach und nach abgewrackt.*

Audacious	1910	Cammell, Birkenhead	23. 3. 11	14. 9. 12	21. 10. 13

*Home Fleet: 27. Oktober 1914 vor nordirischer Küste nahe Loch Swilly auf Mine der von dem deutschen Hilfskreuzer **Berlin** geworfenen Sperre gelaufen, nach erfolglosen Abschleppversuchen †.*

Ajax	1910	Scotts, Greenock	27. 2. 11	21. 3. 12	31. 10. 13

*Home Fleet: 31. Mai 1916 ✕ Skagerrak. 19. August 1916 usw. → **King George V.** 1919—1924 Mittelmeerflotte (zeitweilig im Schwarzen Meer usw. → **Centurion**). 1924—1926 in Reserve, November 1926 auf Abbruch verkauft, 1927 abgewrackt.*

a) Mit diesen Schiffen wurde die militärisch-technische Konzeption der → **Orion**-Kl. fortgesetzt. Bewaffnung, Panzerung und Schutzeinrichtungen sowie Geschwindigkeit blieben praktisch gleich, nur änderte sich das äußere Bild. Erwägungen nach Baubeginn, diesen Schiffen anstatt der 10,2 cm-SK wieder eine vollwertige MA zu geben, fanden aus finanzpolitischen Gründen keine Billigung. Baukosten je ~ 1,7 Mio. £.

b) PzQ.: 51, 203, 152, 102 / Seitenpzr.: 64, 305 (getäpert ↑ 229—203), 152—102 / Horizontalpzr.: Oberdeck 25; o. PzD. 38; u. PzD. 102—64 / Unterwasserschutz: Kein T-Schott, nur PzLängsschott 25—45 im Bereich der Munitionskammern und Maschinenräume / SA: Barbetten 254—229; Türme 279, 279, 102 / MA: Kasematten 25—76 / KdoT.: v. 279 (76); a. 152 (102).

c) 4 × Parsons-Tu auf 4 ⚙ / 18 Kessel (Kohle, Ölzusatzfeuerung.): **King George V.** u. **Ajax** Babcock-, sonst Yarrow- / Leist. 27 000 WPS; Geschw. 21,7 kn / 2 parallele Ruder.

Probefahrtergebnisse:
King George V. 28 000 WPS = 21,4 kn
Centurion 28 235 WPS = 21,8 kn
Ajax 28 090 WPS = 21,0 kn
Audacious ..... WPS = ..,. kn

d) 10—34,3 cm-SK L/45 in gleicher Aufstellung wie → **Orion**-Kl. / 16—, ab 1917: 12—10,2 cm-SK L/50 in Kasematten / ab 1917: 2—7,6 cm-⚓, später dafür 2—10,2 cm-⚓ / 3—53,3 cm-↓ TR/ (2 S, 1 H; Heck-TR 1916 ausgebaut). **Centurion** ab Mai 1942: 4—4 cm-⚓ u. 17—2 cm-⚓.

e) **King George V.** und **Centurion** hatten anfangs aktive Schlingerdämpfung; weil diese nicht recht befriedigte, wurde auf sie verzichtet. Die dafür bestimmten Tanks wurden seither für zusätzliche Heizölfüllungen verwendet. Ursprünglich hatten alle Schiffe einen glatten Pfahlmast mit einfachem Beobachtungsstand. Die um 1914 erfolgte Annahme des zentralen Feuerleitsystems machte zunächst dessen Vergrößerung notwendig; dabei wurde die Stenge etwas nach hinten versetzt und sozusagen an den Mars ›angehängt‹. Bald ergab sich die weitere Notwendigkeit, den Mast zur Verminderung der Vibration zu verstärken und damit schwingungsärmer zu machen. Auf **Ajax**, **Centurion** und **Audacious** geschah dies durch den Anbau von Stützbeinen, die weit unterhalb vom Mars angriffen. Eine andere Lösung erfolgte versuchsweise bei **King George V.**, wobei der Mast flanschartig verstärkt wurde. In dieser Form führte **King George V.** den Mast bis 1918; dieser erhielt 1917 auf dem Mars noch ein Feuerleitgerät. 1918 wurde er im Zuge der notwendig gewordenen Vergrößerung des Artillerieleitstandes abgeändert und erhielt nunmehr ebenfalls seitlich abgespreizte Stützbeine, die aber, im Gegensatz zu den Schwesterschiffen, unmittelbar unter der Saling angriffen. Gleichzeitig wurde auch die Brücke modernisiert und auf der Decke des vorderen KdoT. eine schwenkbare BG-Kuppel von 5 m Basislänge installiert; im gleichen Jahr wurde außerdem auch der achtere Aufbau abgeändert. Ab 1917 fielen die jeweils vordersten 10,2 cm-SK — in Pforten am Schiffskörper — weg.

Die Stände für jeweils einen Doppelscheinwerfer hinter dem achteren Schornstein führte nur **Centurion** von 1912—17; sie fehlten auf den übrigen Schiffen. Ab 1917 wurden die Scheinwerfer nicht mehr auf den Brückenaufbauten geführt, sondern in verschieden hohen Türmen rund um den achteren Schornstein (beachte unterschiedliche Anordnung → Skizze). Die Stenge auf dem schweren Ladebaumpfosten zwischen den Schornsteinen wurde nur bis ~ 1914 geführt.

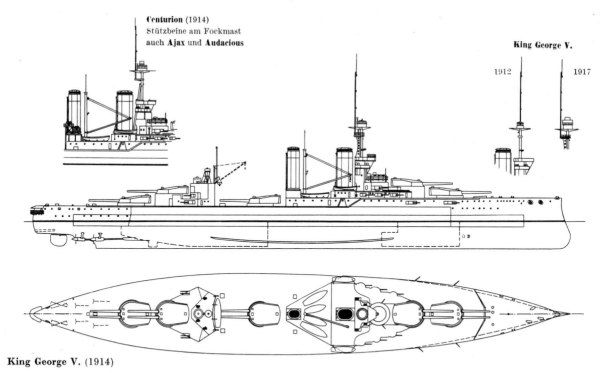

Centurion (1914)
Stützbeine am Fockmast
auch **Ajax** und **Audacious**

King George V.
1912   1917

King George V. (1914)

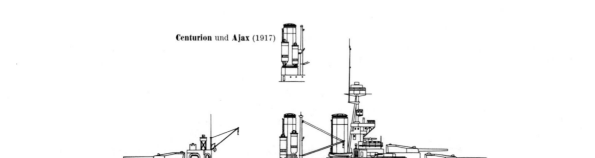

Centurion und **Ajax** (1917)

King George V. (1918)

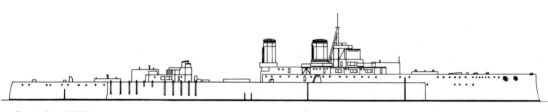

Centurion (1935)

Ab 1927 fuhr **Centurion** als ferngelenktes Zielschiff. Bei diesem Schiff blieb die Höhe von Schornsteinen und Mast zunächst unverändert, und erst ~ 1937 wurden die Schornsteine um ~ 5 m gekürzt. Sämtliche ∝ und die übrige Bewaffnung waren hierzu ausgebaut und die Aufbauten stark reduziert worden. Anfang April 1941 wurde beschlossen, **Centurion** vor Tripolis als Blockschiff auf Grund zu setzen. Hierzu sollte es zur Feindtäuschung als ›dummy ship‹ hergerichtet werden und → **Anson** der neuen → **King George V.-Kl.** vortäuschen. Die Arbeiten wurden innerhalb von 2 Wochen in Devonport durchgeführt; im einzelnen waren dies:

1. Achterer (echter) Schornstein ausgebaut und durch Wellblech-Attrappe ersetzt, die auf Barbette C aufgebaut wurde.
2. Vorderer Schornstein leicht verkürzt.
3. Errichtung verschiedener Aufbauten aus Holz, Leichtmetall und Segeltuch.
4. Errichtung von 3 großen SA-Türmen aus Holz und Segeltuch mit hölzernen ›Geschützrohren‹.
5. Errichtung einer ✈-Hangar-Attrappe im Mittelschiff und zweier Kran-Attrappen.
6. Aufstellung hölzerner Dreibeinmasten.
7. Durch geeignete Farbanstrich-Komposition wurde die Mimikry weiterhin vervollständigt.

Gleichzeitig mußten auch einige Änderungen im Innenschiff durchgeführt werden. So wurden die nunmehr ungenutzten Munitionsräume mit Zusatz-Brennstofftanks versehen. In den Doppelboden wurden außerdem 8 große Metallzylinder eingeschweißt, die hochbrisanten Sprengstoff enthielten. Von ihnen führten Zündkabel zur Brücke, so daß das Schiff — wenn es seine Blockadeposition eingenommen hatte — schnell vernichtet und auf Grund gesetzt werden konnte. Von diesem Zeitpunkt ab führte **Centurion** 2—4 cm-⚓ und 8—2 cm-⚓ an Bord; im Mai 1942 wurde diese Defensivbewaffnung auf 4—4 cm-⚓ und 17—2 cm-⚓ verstärkt.

Iron-Duke-Klasse

Battleships = Schlachtschiffe

1	2	3	4	5	6
Iron Duke	1911	Dockyard Portsmouth	12.1.12	12.10.12	10.3.14

Grand Fleet (Flottenflaggschiff August 1914 bis November 1916): 31. Mai 1916 ⚔ Skagerrak. 19. August 1916 Operation gegen deutsches Flottenunternehmen in der Nordsee, keine ⚔. 1919—1926 Mittelmeerflotte (zeitweilig im Schwarzen Meer bei Intervention gegen Bolschewisten eingesetzt). 1926—1929 Atlantikflotte. Gem. Londoner Flottenvertrag von 1930 abzurüsten, daher 1931—1932 Umbau zum Artillerieschulschiff. 17. Oktober 1939 in Scapa Flow Bombentreffer von deutschen Flugzeugen erhalten, in flachem Wasser auf Grund gesetzt, danach entwaffnet (letzte Geschütze an Küstenverteidigung abgegeben) und Verwendung als stationäres Depot für Hilfskriegsschiffe, März 1946 abgewrackt.

Benbow	1911	Beardmore, Glasgow	30.5.12	12.11.13	7.10.14

*Grand Fleet: 31. Mai 1916 ⚔ Skagerrak. 19. August 1916 usw. → **Iron Duke**. 1919—1926 Mittelmeerflotte (zeitweilig im Schwarzen Meer usw. → **Iron Duke**). Ab 1926 Atlantikflotte. Gem. Londoner Flottenvertrag von 1930 abzurüsten: Januar 1931 auf Abbruch verkauft, abgewrackt.*

Emperor of India	1911	Vickers, Barrow	31.5.12	27.11.13	12.10.14

*Als **Delhi** begonnen, 1913 umgetauft. — Grand Fleet: 31. Mai 1916 ⚔ Skagerrak. 19. August 1916 usw. → **Iron Duke**. 1919—1926 Mittelmeerflotte (zeitweilig im Schwarzen Meer usw → **Iron Duke**, dabei 13. März 1920 Beschießung vorrückender bolschewistischer Kolonnen bei Novorossijsk). 1926—1929 Atlantikflotte. Gem. Londoner Flottenvertrag von 1930 abzurüsten: Nach Außerdienststellung vorübergehend Verwendung als Zielschiff, Dezember 1931 auf Abbruch verkauft, abgewrackt.*

Marlborough	1911	Dockyard Devonport	25.1.12	24.10.12	2.6.14

*Grand Fleet: 31. Mai 1916 ⚔ Skagerrak, dabei von deutschen T Boot T-Treffer erhalten, schwerbeschädigt abgeschleppt. 19. August 1916 usw. → **Iron Duke**. 1919—1926 Mittelmeerflotte (zeitweilig im Schwarzen Meer usw. → **Iron Duke**, dabei 1926—1929 Unterstützung der Weißen bei Krim-Räumung). 1926—1929 Atlantikflotte. Gem. Londoner Flottenvertrag von 1930 abzurüsten: Nach Außerdienststellung Verwendung als Artillerieschulschiff ab 1931, Mai 1932 auf Abbruch verkauft, abgewrackt.*

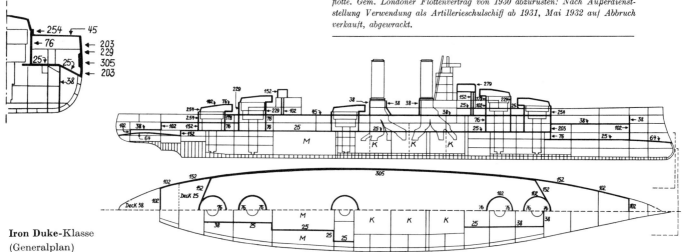

Iron Duke-Klasse (Generalplan)

Großbritannien

1 Anfangs 15,2 cm-SK
2 obere 15,2 cm-SK seit 1915
3 Ursprünglich ohne BG

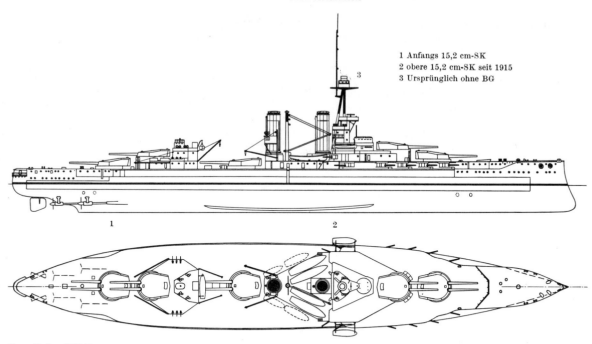

Iron Duke (1916)

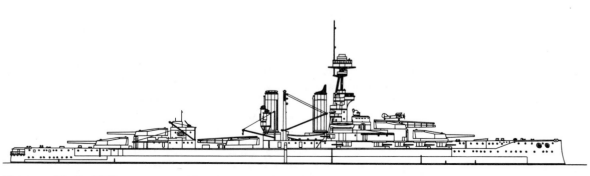

Emperor of India (1918)

ab 1920 (Scheinwerfer erst später)

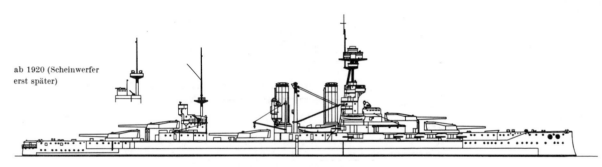

Marlborough (1930)

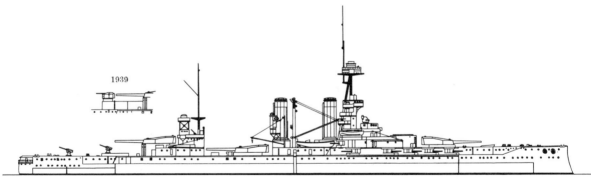

Iron Duke (1935)

a) Nachfolger der **King George V.-Kl.** waren diese 1910/11 entworfenen 4 Einheiten, die nach dem annähernd gleichen Konstruktionsschema entstanden. Panzerung und Bewaffnung blieben praktisch gleich; neu war jedoch die Rückkehr zu einer vollwertigen MA (15,2 cm-SK), die seit → **Dreadnought** aufgegeben worden war. Ihre Wiedereinführung war nunmehr zwingend geworden: Die 10,2 cm-SK und erst recht die 7,6 cm-SK, mit denen die bisherigen Großkampfschiffe ausgerüstet worden waren, erschienen im Hinblick auf die immer größer und damit auch standfester werdenden T-Boote bzw. Zerstörer nicht mehr überzeugend.

Diese Schlachtschiffe waren die letzten der britischen Marine, die noch kohlenbeheizte Kessel erhielten. Gleichzeitig waren es die ersten, die von Anfang an mit ⌁ ausgerüstet waren. Baukosten: Je ~ 1,9 Mio. £.

b) PzQ.: 102, 102, 152, 152, 203, 102 / Seitenpzr.: 102—152, 305 (getäpert ↑ 229—203), 152—102 / Horizontalpzr.: Oberdeck 25; o. PzD. 38; u. PzD. 25 (nach Mai 1916 verstärkt auf 51) — 64 / Unterwasserschutz: Kein T-Schott, nur PzLängsschott 25—38 im Bereich von Munitionskammern und Maschinenräumen- (nicht aber Kessel!) / SA: Barbetten 254; Türme 279, 178, 102 / MA: Kasematten 152 / KdoT.: v. 279 (152); a. 102 (51).

c) 4 × Parsons-Tu auf 4 ⚙ / 18 Kessel (Kohlen- u. Ölfeuerg.): **Iron Duke** u. **Benbow** Babcock-, die anderen Yarrow- / Leist. 29 000 WPS; Geschw. 21,0 kn / 2 parallele Ruder.

Probefahrtergebnisse:

Benbow	32 530 WPS	= 21,5 kn
Emperor of India	29 654 WPS	= 21,3 kn
Iron Duke	29 040 WPS	= 21,6 kn
Marlborough	32 013 WPS	= 21,6 kn

d) 10—34,3 cm-SK L/45 in Anordnung wie → **King George V.-Kl.** / 12—15,2 cm-SK L/45 in Kasematten / 2—7,6 cm-⌁ / 4—53,3 cm-↓ TR (S). — **Iron Duke** seit 1931 nur noch 6—34,3 cm-SK (Türme A, C u. D) / 12—15,2 cm-SK usw. / 2—10,2 cm-⌁, dafür seit 1939: 2—11,4 cm-⌁ in ⌀ / keine TR mehr an Bord.

e) Ursprünglich befanden sich die beiden überhöhten 15,2 cm-SK achtern in Höhe des Turms E; sie wurden 1915 nach vorn unter die Brücke verlegt, um von dort aus durch größere Feuerhöhe auf größere Entfernungen die Bekämpfung von T-Booten aufnehmen zu können. Das Vormars-Feuerleitgerät wurde erst nachträglich eingebaut, ebenso die gepanzerte BG-Haube auf dem vord. KdoT. Dabei wurde auch der Vormarsleitstand vergrößert. 1918 erfolgte eine Umgruppierung der Scheinwerfer, die nunmehr in Türmen beiderseits am achteren Schornstein angeordnet wurden. Außerdem erhielten die Türme B und C Startplattformen für ⌁, die jedoch bald darauf wieder abgegeben wurden. Achtern kam 1920 ein kurzer Pfahlmast mit hoher Stenge zum Einbau, dessen Saling später als Scheinwerfer-Plattform ausgenutzt wurde (**Marlborough** führte zuletzt keine Scheinwerfer mehr auf dieser Plattform; dafür wurde der Aufbau unmittelbar dahinter bis in Salinghöhe erhöht!). **Emperor of India** führte als einziges Schiff seiner Klasse ab 1918 auf dem vord. Schornstein eine hohe Kappe. Die Fockmaststenge wurde auf allen Schiffen während des Krieges verkürzt. Zur Feindtäuschung führten diese Schiffe zwischen 1915 und 1918 am vord. Schornstein und an der Vorkante des Ladebaumpfostens sog. ›range finding baffles‹.

Iron Duke mußte entsprechend dem Londoner Flottenvertrag von 1930 abgerüstet werden und wurde daher 1931/32 zum Artillerieschulschiff umgebaut. Dabei kamen die Türme B und E von Bord, außerdem wurden der vordere KdoT., der schwere Seitenpanzer, die TR sowie ein Teil der Kessel ausgebaut. Seither befand sich über dem achteren KdoT. eine hohe Plattform mit einem Ausbildungs-Feuerleitgerät. Zusätzliche ⌁ kamen achtern zur Aufstellung, eine davon auf der Barbette des Turms E. 1938/39 wurde im unmittelbaren Anschluß an den Turm D ein deckshoher Aufbau errichtet, auf dem zu Versuchszwecken ein 13,3 cm-⌀, jedoch mit 11,4 cm-⌁, aufgestellt wurde.

Großbritannien

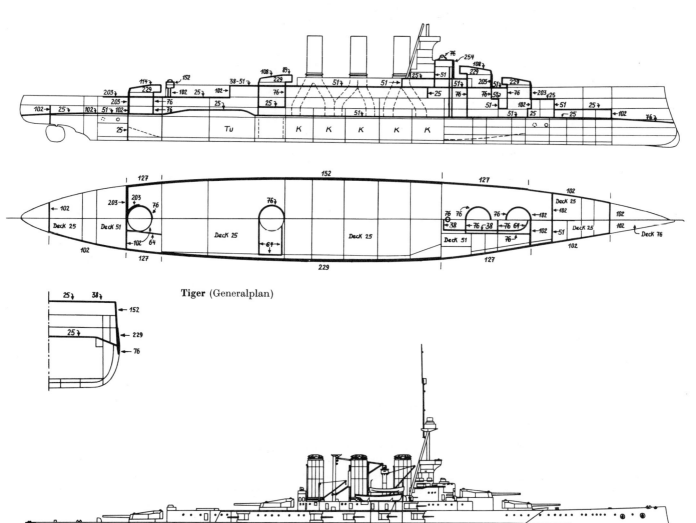

Tiger (Generalplan)

Tiger (1914)

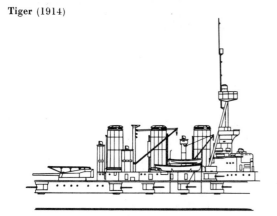

Tiger (1917)

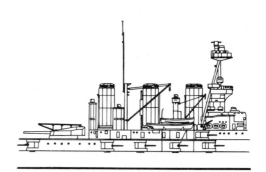

Tiger (1918)

Tiger-Klasse

Battle cruiser = Schlachtkreuzer

1	2	3	4	5	6
Tiger	1911	J. Brown, Clydebank	20. 6. 12	15. 12. 13	3. 10. 14

Grand Fleet: 24. Januar 1915 ✗ Doggerbank (2 schwere Treffer erhalten). 31. Mai 1916 ✗ Skagerrak (17 schwere und 4 mittlere Treffer erhalten, ab 2. Juli 1916 wieder einsatzbereit). 19. August 1916 Operation gegen deutsches Flottenunternehmen in der Nordsee, keine ✗. 17. November 1917 ✗ Deutsche Bucht. 1919—1922 Atlantikflotte. 1924—1929 Artillerieschulschiff. März 1931 außer Dienst gestellt, März 1932 auf Abbruch verkauft, abgewrackt.

Leopard	∞	∞	∞	∞	∞

*Erstmals für Etatjahr 1912 gefordert, dann auf 1914 verschoben, schließlich aufgegeben. Dafür wurde im Etatjahr 1914 → **Agincourt** als 6. Schiff der → **Queen Elizabeth**-Kl. eingeschoben.*

a) Als letztes Glied der britischen Vor-Weltkriegs-Schlachtkreuzer-Entwicklung entstand der Einzelgänger **Tiger**. Ursprünglich als 4. Schiff der → **Lion**-Kl. geplant, wurde sein Entwurf nach dem Ausscheiden Lord Fisher's durch den von Vickers, Barrow, für Japan konstruierten und gebauten Schlachtkreuzer → **Kongo** wesentlich beeinflußt und kurz vor Inbaugabe entsprechend abgeändert, so daß eine leichte Wandlung zum Besseren zu verzeichnen war. **Tiger** war und blieb der einzige britische Schlachtkreuzer mit einer vollwertigen MA, wenn man von → **Hood** mit seinen 14 cm-SK absieht. Zugleich war **Tiger** das erste brit. Kriegsschiff, dessen Maschinen mehr als 100 000 PS leisteten, und das letzte Großkampfschiff mit kohlenbeheizten Kesseln. Seine Baukosten beliefen sich auf 2,6 Mio. £.

b) PzQ.: 102, 102—203, 102, 102 / Seitenpzr.: 102, 127, 229 (getäpert ↓ 76), 127, 102 / Zitadellpzr.: 127, 152, 127, 102 / Horizontalpzr.: o. PzD. (= Oberdeck) 51—64; u. PzD.: 25, 51, 25 (Böschungen 25), 76 / Unterwasserschutz: Kein T-Schott, nur PzLängsschott 64 im Bereich der Munitionskammern / SA: Barbetten 203; Türme 229, 229, 108 / MA: Kasematte 152 / KdoT.: v. 254 (51); a. 152 (102).

c) 4× Brown-Curtis-Tu auf 4 ⚙ / 39 Babcock & Wilcox-Kessel (Kohle, Ölzusatzfeuerg.) / Leist. 108 000 WPS; Geschw. 29,0 kn / 2 parallele Ruder (Probefahrtergebnis: 109 000 WPS = 29,0 kn). *Nach dem ursprünglichen Entwurf war die Antriebsanlage auf 85 000 WPS für 28,0 kn ausgelegt.*

d) 8—34,3 cm-SK L/45, aufgestellt in je überhöht angeordneten ⚬ vorn und achtern / 12—15,2 cm-SK L/50 in Kasematten / 2—7,6 cm-⚓, dafür seit 1918: 2—10,2 cm-⚓ / 4—53,3 cm-↓ TR (S).

e) Zu beachten sind die wesentlichen Übereinstimmungsmerkmale mit den japan. Schlachtkreuzern der → **Kongo**-Kl. (3 Schornsteine fast in gleicher Anordnung, Aufstellungsschema der Türme C und D, vollwertige MA). — Obwohl der Brennstoffvorrat dieses Schiffes verhältnismäßig sehr groß war, ließ sich eine Steigerung des Fahrbereichs kaum erzielen, denn der Tages-Brennstoffverbrauch war zu groß (rund 1245 ts Kohle für 59 500 WPS). Der Konstrukteur, Sir Tennyson d'Eyncourt, war bestrebt, das Schiff mit engrohrigen Wasserrohrkesseln aus-

Gewichtsaufstellung	
Schiffskörper	34,5%
Panzerung	27,0%
Maschinen, Hilfsmaschinen	21,0%
Bewaffnung	12,5%
Ausrüstung	3,0%
Brennstoff	3,0%
	100,0%

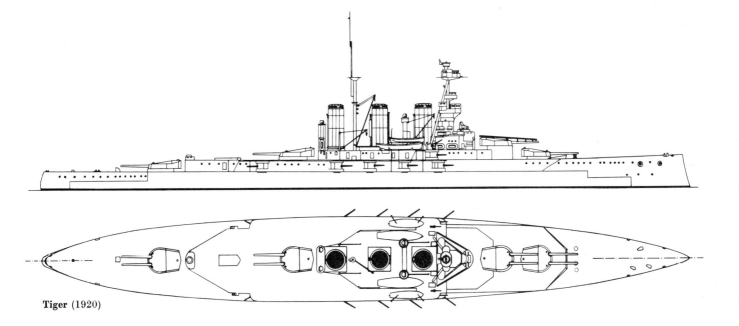

Tiger (1920)

zurüsten, aber die Maschinenbauer zogen noch immer die weitrohrigen Kessel vor, die zwar einige Vorteile hatten, aber wesentlich mehr Gewicht beanspruchten. Ursprünglich gipfelte die Forderung des Konstrukteurs überhaupt darin, auf ✱-Tu und engrohrige Wasserrohrkessel überzugehen, um damit eine Höchstgeschwindigkeit von etwa 32 kn herauszuholen. Selbst Sir Charles Parsons war ein eifriger Verfechter der engrohrigen Kessel; aber auch ihn unterstützten die maßgebenden Behörden so gut wie überhaupt nicht.

1917 kamen Scheinwerfertürme vor und hinter dem achteren Schornstein zur Aufstellung; außerdem erhielt der Turm D eine Startplattform für ✈ und der Marsleitstand wurde vergrößert. Seither fehlten die jeweils neben dem achteren Schornstein befindlichen kleinen Ladebaumpfosten. 1918 erfolgte eine Vergrößerung der Brückenaufbauten und zugleich damit weitere Änderungen am vorderen Mast. Der schwere Ladebaumpfosten zwischen den beiden achteren Schornsteinen trug seither eine hohe Stenge. 1920 wurde dieser Ladebaumpfosten erhöht, ebenso wuchs die Länge der Stenge. Die vor dem achteren Schornstein gruppierten Scheinwerfertürme wurden gleichzeitig von Bord gegeben, und seit dieser Zeit befand sich wieder der kleine Ladebaumpfosten jeseits des achteren Schornsteins an Bord. Neben abermaligen Änderungen am vorderen Mast wurde außerdem das bisherige BG auf dem vord. KdoT. durch ein größeres ersetzt. Die ✈-Plattform auf Turm C wurde 1918 durch eine größere ersetzt, die jedoch auf Turm B montiert wurde.

Agincourt

Battleship = Schlachtschiff

1	2	3	4	5	6
Agincourt	—	Armstrong, Newcastle	14. 9. 11	22. 1. 13	20. 8. 14

Als → **Rio de Janeiro** für Brasilien begonnen, 9. Januar 1914 halbfertig von Türkei angekauft und auf türkische Rechnung als → **Sultan Osman I.** weitergebaut. Kurz vor Ablieferung: 2. August 1914 von brit. Regierung beschlagnahmt und als **Agincourt** fertiggestellt. Grand Fleet: 31. Mai 1916 ✕ Skagerrak; 19. August 1916 Operation gegen deutsches Flottenunternehmen in der Nordsee, keine ✕. Seit 1919 in Reserve (1921 ergebnisloses britisches Angebot an Brasilien wegen Rückkauf). 19. Dezember 1922 an Rosyth Shipbreaking Co. verkauft Ende 1924 eingedockt, in 2 Hälften zerschnitten, nach Ausdocken abgewrackt.

a) Die extremste Lösung des ›all big gun battleships‹ vor dem Ersten Weltkrieg war dieses Schiff, das ursprünglich für Brasilien begonnen, dann an die Türkei verkauft und schließlich von Großbritannien beschlagnahmt wurde. Seine Entwurfsgeschichte ist kurios: Allein 12 Monate dauerte es, bis sich Brasilien für einen der 4 Alternativ-Entwürfe entschieden hatte, die von verschiedenen Konstrukteuren vorgeschlagen worden waren. Diese einzelnen Entwürfe sahen vor:

Entwurf:		1	2	3	4
Konstruktions-					
verdrängung	ts	27 500	31 600	30 500	31 250
Länge pp.	m	192,6	198,1	192,0	198,1
Breite	m	27,1	28,0	27,4	27,5
Tiefgang	m	8,8	8,2	8,6	8,9
Geschwindigkeit	kn	22,0	22,0	23,0	23,0
Panzer Seite	mm	229	305	229	229
Zitadelle	mm	229	203	229	229
SA-Barbetten	mm	229	305	305	305
Schwere Artillerie		14—30,5cm	12—35,6cm	8—40,6 cm	10—38,1 cm
Mittelartillerie		20—15,2cm	14—15,2cm	6—23,8 cm	14—15,2 cm
TBoot-Abwehr		12—7,6 cm	14—10,2 cm	14—15,2 cm	4—7,6 cm
TR		3	3	4	3

Konstrukteure:

[1] Tennyson d'Eyncourt, seinerzeit Konstrukteur bei Armstrong, Elswick.
[2] Vizeadmiral Alexandrino de Alcencar, brasil. Marine.
[3] Admiral de Bacellar, brasil. Marine.
[4] J. R. Perrett, Chefkonstrukteur von Armstrong, Elswick.

Zunächst hatte sich die brasilianische Marine für den Entwurf 2 entschieden und den Auftrag dafür bereits an die Bauwerft erteilt. Inzwischen war jedoch ein neuer Marineminister ernannt worden, der gute Beziehungen zur deutschen Marine unterhielt.

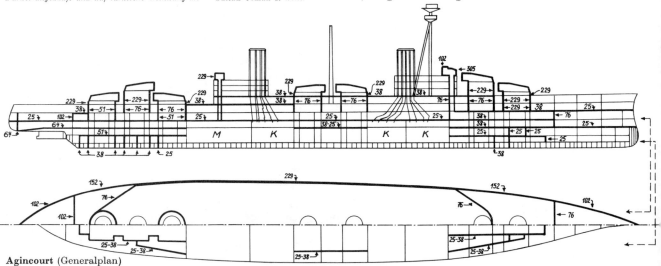

Agincourt (Generalplan)

Agincourt

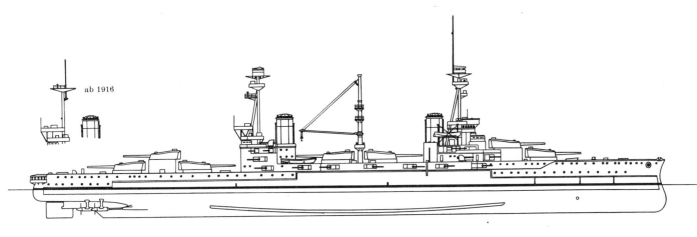

Agincourt (1914)

ab 1916

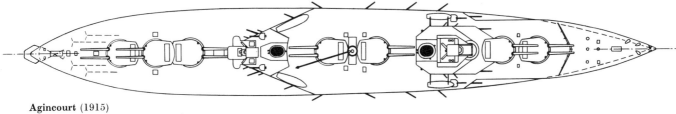

Agincourt (1915)

zeitweise nur die hinteren Scheinwerfertürme am achteren Schornstein

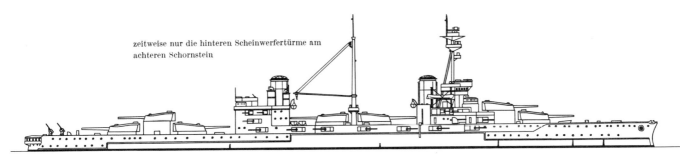

Agincourt (1918)

Die Haltung der deutschen Marine — die im Schlachtschiffbau noch am 30,5 cm Kaliber festhielt, weil sie dieses als völlig ausreichend ansah — beeindruckte und beeinflußte ihn so sehr, daß er sich gegen den Entwurf 2 wandte und es fertigbrachte, diesen zu annullieren und dafür den Entwurf 1 durchzusetzen, allein schon aus Gründen der einheitlichen Munition, da auch die beiden ersten brasilianischen Schlachtschiffe, → **Minas Geraes-Kl.**, 30,5 cm-SK erhalten hatten. Im Herbst 1911 wurde mit dem Bau begonnen, aber 2 Jahre später, im Herbst 1913, begann die brasilianische Marine ihren Entschluß zu bereuen, vor allem unter dem Eindruck der gerade im Gang befindlichen Kalibersteigerung im Großkampfschiffbau. Sie stellte das Schiff daher zum Verkauf, und als Abnehmer erbot sich die Türkei; diese — seit 1911 ständig im Konflikt mit Mittelmeer-Randstaaten — war froh, ihre militärische Schlagkraft zur See durch ein bereits weit fortgeschrittenes Schlachtschiff beträchtlich steigern zu können. Der Weiterbau erfolgte daher auf türkische Rechnung, aber Großbritannien beschlagnahmte das Schiff unmittelbar vor der Ablieferung und stellte es nach einigen technischen Änderungen als **Agincourt** in Dienst.

Die Lösung mit 14—30,5 cm-SK in 7 ⚬ war zweifellos eine Überzüchtung, die für das Schiff manche Gefahrenmomente bringen mußte. Vor allem mußte die Vielzahl der Türme und die dafür notwendigen Decksdurchbrechungen die Festigkeit des Schiffes und seiner Verbände beeinträchtigen. Andere Mängel waren die Unübersichtlichkeit im Schiffsinneren durch das Einordnen der Munitionskammern zwischen die für die Antriebsanlage benötigten Räume; außerdem wurden die inneren Türme (C, D und E) wegen ihrer geringeren Bestreichungswinkel wenig ausgenutzt. Diese Mängel wurden von den damals maßgeblichen Konstrukteuren bald erkannt, und diese lehnten eine solche Überzüchtung in ihrer Mehrheit ab. Deshalb blieb dieses Schiff der einzige Versuch in dieser Richtung. Nur die amerikanische → **Arkansas**-Kl. und später die jap. **Fuso**- und **Ise**-Kl. näherten sich im Hinblick auf die Vielzahl der Türme diesem Beispiel.

b) PzQ.: 64, 76—152, 76 / Seitenpzr.: 102, 152, 229, 152, 102 / Zitadellpzr. 152 / Horizontalpzr.: Oberdeck 0, 38, 0; Batteriedeck 0, 38, 0; o. PzD. 38, 0, 0; mittl. PzD. 25, 25—38, 25 / Unterwasserschutz: Kein T-Schott, nur PzLängsschott 25—38 im Bereich der Munitionskammern / SA: Barbetten 229; Türme 30, 5, 203, ... / MA: Kasematte 152 / KdoT.: v. 305 (76); a. 229 (..).

c) 2× Parsons-Tu auf 4 ⚙ / 22 Babcock & Wilcox-Kessel (Öl, Kohle) / Leist. 34 000 WPS; Geschw. 22,0 kn / 1 Ruder. Probefahrtergebnis: 40 279 WPS = 22,42 kn.

d) 14—30,5 cm-SK L/45, aufgestellt in 7 ⚬, davon je 2 überhöht vorn und achtern und 3 Mitteltürme / 20—, ab 1918: 18—15,2 cm-SK L/50 meist in Kasematten → Skizzen / 10—7,6 cm-SK, einzeln, teils in Kasematten (zuletzt nicht mehr an Bord) / ab 1918: 2—7,6 cm-⚓ / 3—53,3 cm-↓ TR (1 H, 2 S).

e) Als Einzelgänger unverkennbar, wurde dieses Schiff im Laufe seiner wenigen Dienstjahre mehrfach geändert. Seine Fertigstellung erfolgte im entwurfsgemäßen Zustand → Skizze. Die fliegenden Beiboot-Plattformen (›Marble arch boat decks‹) wurden jedoch aus Gründen der Verminderung der Feuergefährdung im August 1914 von Bord gegeben, zugleich damit auch der nach vorn zeigende schwere Ladebaum. Gleichzeitig fiel die achtere Maststenge weg, die vordere wurde verkürzt. 1916 verschwand die Plattform mit den Scheinwerfern am Ladebaumpfosten, ebenso wurden die Stützbeine des achteren Mastes und dessen Marsleitstand ausgebaut → Skizze. 1918 kamen 2—7,6 cm-⚓ hinzu, die auf der Schanz aufgestellt wurden. Die Scheinwerfer gelangten in Türmen rund um den achteren Schornstein (zeitweise befanden sich dort nur die jeseits hinteren Scheinwerfertürme allein!), und der achtere Mast wurde ganz ausgebaut. Statt dessen erhielt der Ladebaumpfosten eine ∼ 6 m hohe Stenge. Bei dieser Gelegenheit wurden auch 2 SK der MA (die auf dem Aufbaudeck unmittelbar hinter dem achteren Schornstein befindlichen) abgegeben, und auf dem vord. Mast wurde ein kleines BG installiert. *Eine nur wenig durchgreifende Modernisierung nach Kriegsende — wobei die Horizontalpanzerung etwas verstärkt und die Kessel ausschließlich auf Ölheizung umgestellt wurden — sollte das Schiff für Brasilien attraktiv machen, dem es von Großbritannien zum Rückkauf angeboten wurde.*

Erin

Battleship = Schlachtschiff

1	2	3	4	5	6
Erin	—	Vickers, Barrow	6.12.11	3.9.13	22.8.14

Als → **Reshadije** ×**Reshad V.** *für Türkei begonnen. Kurz vor Ablieferung: August 1914 von Großbritannien beschlagnahmt, nach Fertigstellung als* **Erin** *in Dienst gestellt: Grand Fleet: 31. Mai 1916* ✕ *Skagerrak; 19. August 1916 Operation gegen deutsches Flottenunternehmen in der Nordsee, keine* ✕. *1919 in Reserve; gemäß Washington-Vertrag von 1922 abzurüsten: 19. Dezember 1922 verkauft an Cox & Danks, Queensborough, 1923 abgewrackt.*

a) 1909 hatte die Türkei erste Verhandlungen in England wegen des Baues von 2 Schlachtschiffen geführt, die 1910 begonnen werden sollten. Die ersten Entwürfe sahen Schiffe von 16 500 ts Konstruktionsverdrängung, 20 kn Geschwindigkeit und mit 6—30,5 cm-SK L/50, 6—23,4 cm-SK L/45, 14—10,2 cm-SK und 4—7,6 cm-SK vor. Nach Änderung der Pläne entstanden Schiffe, die eine deutliche Übereinstimmung mit gleichaltrigen britischen Schlachtschiffen erkennen ließen, nur fielen sie etwas kleiner aus, da auf die begrenzten Dockmöglichkeiten in den türkischen Gewässern Rücksicht genommen werden mußte. Nach dem ersten endgültigen Entwurf sollte der vordere Dreibeinmast hinter dem vorderen Schornstein angeordnet werden, während auf dem achteren Aufbau ein zweiter Dreibeinmast vorgesehen war, der dann von einem einfachen Pfahlmast ersetzt wurde.

b) PzQ.: 102, 127—203, 127—203, 102 / Seitenpzr.: 102, 152, 305 (getäpert ↑ 229), 152, 102 / Zitadellpzr. 203 / Horizontalpzr.:

Erin und Queen Elizabeth-Klasse 159

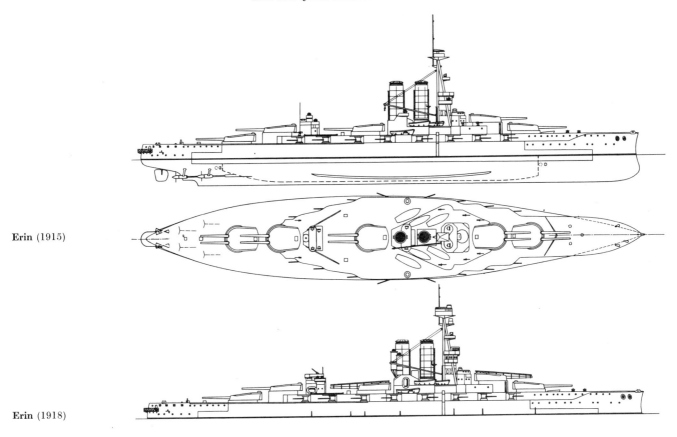

Erin (1915)

Erin (1918)

Oberdeck 38; o. PzD. 38; u. PzD. 76—38 / Unterwasserschutz: T-Schott 38 / SA: Barbetten 254; Türme 279, ..., ... / MA: Kasematten 127 / KdoT.: v. 305 (152); a. 102 (76). *Panzergewicht 4207 ts.*

c) 2× Parsons-Tu auf 4 ☗ / 15 Babcock & Wilcox-Kessel (Kohle, Öl) / Leist. 26 500 WPS; Geschw. 21,0 kn / 2 parallele Ruder.

d) 10—34,3 cm-SK L/45 in ∞, aufgestellt in je 2 Türmen vorn und achtern und 1 Mittelturm / 16—15,2 cm-SK L/50 in Kasematten / ab 1917: 2—7,6 cm-↙ / 4—53,3 cm-↓ TR (S).

e) Der ursprünglich vorgesehene Pfahlmast auf dem achteren Aufbau wurde kurz vor der Fertigstellung ausgebaut. 1917 erfolgten div. Änderungen: Erweiterung der Brückenaufbauten, Änderungen des Mastes durch Vergrößerung des Vormars-Leitstandes und Anbau einer Plattform mit Feuerleitgerät, sowie Umgruppierung der Scheinwerfer in Türmen rund um den achteren Schornstein. Dabei wurde die Maststenge stark gekürzt. Außerdem kamen ↙ an Bord, die ihre Aufstellung auf den frei gewordenen Positionen der Scheinwerfer erhielten. 1918 erhielten die Türme B und C Startplattformen für ✈. Im Ganzen galt **Erin** als ein gut gelungenes Großkampfschiff.

Queen Elizabeth-Klasse

Battleships = Schlachtschiffe

1	2	3	4	5	6
Queen Elizabeth	1912	Dockyard Portsmouth	27. 10. 12	16. 10. 13	19. 1. 15

Mittelmeerflotte: Februar bis Mai 1915 bei Dardanellen-Operationen. Ab Mai 1915: Grand Fleet (1916—1920 Flottenflaggschiff). 19. August 1916 Operation gegen deutsches Flottenunternehmen in der Nordsee, keine ✕. Ab 1920 Atlantikflotte, ab Juli 1924 Mittelmeerflotte. 1926—1927 Umbau, danach wieder Mittelmeer-, ab 1929 Atlantik-, ab 1930 wieder Mittelmeerflotte. August 1937 bis 31. Januar 1941 Totalumbau bei Dockyard Portsmouth (Dezember 1940 zu Restarbeiten nach Rosyth verlegt wegen zu starker Gefährdung durch deutsche Luftangriffe!). Nach Wiederindienststellung Home Fleet, ab Mai 1941 Mittelmeerflotte: Mai 1941 Operationen zur Deckung der Räumung von Kreta, danach mehrere Sicherungsoperationen für Convoys im Mittelmeer. 19. Dezember 1941 in Alexandria liegend durch ital. Kleinkampfmittel (›Maialis‹) schwer beschädigt, nach provisorischer Reparatur September 1942 nach Norfolk/USA zur endgültigen Wiederherstellung, von dort Juni 1943 nach England zurück: Home Fleet. Ab 23. Dezember 1943 Eastern Fleet (28. Januar 1944 in Trincomalee eingetroffen): 19. April 1944 Sicherung von Träger-Operationen gegen Sabang, 17. Mai 1944 wie vorstehend gegen Soerabaja und 25. Juli 1944 wie vorstehend gegen Soerabaja. Oktober bis November 1944 Überholung in Durban. 22. Januar 1945 Deckung der Landung auf Ramree, 26. Januar 1945 wie vorstehend Cheduba-Inseln. April bis Mai 1945 Operationen gegen Rangoon und Sumatra. 12. Juli 1945 zur Home Fleet zurück, ab März 1946 bei Reserveflotte. Juni 1948 gestrichen, ab 7. Juli 1948 abgewrackt in Dalmuir (Rumpf in Troon).

1	2	3	4	5	6
Valiant	1912	Fairfield, Glasgow	31. 1. 13	4. 11. 14	19. 2. 16

Grand Fleet: 31. Mai 1916 ✕ *Skagerrak. 19. August 1916 usw.* → **Queen Elizabeth**. *1919—1924 Atlantik-, ab 1924 Mittelmeerflotte. 1929—1930 Umbau, danach Atlantik- bzw. Home Fleet, ab 1935 Mittelmeerflotte. 1937—1939 Totalumbau bei Dockyard Devonport (Arbeiten bei Kriegsausbruch noch nicht abgeschlossen, Wiederherstellung der Kriegsbereitschaft in mittelamerik. Gewässern!). Ab Februar 1940 Home Fleet: April 1940 während der Operationen um Norwegen eingesetzt. Ab Juni 1940 bei Force ›H‹; 29. August bis 6. September 1940 in östliches Mittelmeer verlegt: 28. September bis 3. Oktober 1940 Sicherung von Malta-Convoy; 18. Dezember 1940 Beschießung von Valona; 3. Januar 1941 Beschießung von Bardia (dabei mit Artillerie in Landkämpfe eingegriffen). 9.—11. Januar 1941 Diversion zur Deckung eines von Westen kommenden Malta-Convoys. 28. März 1941* ✕ *Matapan. 21. April 1941 Beschießung von Tripolis (dabei 20—38,1 cm verfeuert, 6 Schiffe versenkt). 22. Mai 1941 während Kreta-Einsatz 2 Bombentreffer erhalten. 21.—27. Juli 1941 Diversion im östlichen Mittelmeer zur Deckung eines von Westen kommenden Malta-Convoys. 19. Dezember 1941 in Alexandria usw.* → **Queen Elizabeth** *(schwerbeschädigt auf Grund gesetzt, nach Abdichtung und Bergung via Suez—Capetown nach USA zur Reparatur). Ab April 1942 Eastern Fleet, ab Februar 1943 Überholung in England, ab Juni 1943 bei Force ›H‹: Juli 1943 Operationen um Sizilien; September 1943 Operationen gegen Süditalien. Oktober 1943 nach England zur Überholung. Ab Januar 1944 wieder Eastern Fleet: April bis Juli 1944 verschiedene Operationen gegen Sabang und Soerabaja. 8. August 1944 in Trincomalee beim Eindocken schwer beschädigt infolge Dockbruchs, behelfsmäßig repariert nach England zurück, dabei 21. Oktober 1944 am Südausgang des Suezkanals aufgelaufen, erst nach 6 Stunden freigekommen, anschließend via Capetown nach England, dort Januar 1945 eingetroffen. Reparaturarbeiten bei Kriegsende eingestellt, danach Heizerschulschiff in Devonport. August 1948 auf Abbruch verkauft, ab 12. November 1948 in Cairn Ryan abgewrackt (Rumpf in Troon).*

Barham	1912	J. Brown, Clydebank	24. 2. 13	31. 10. 14	19. 10. 15

Grand Fleet: 31. Mai 1916 ✕ *Skagerrak (6 Treffer erhalten, ab 4. Juli 1916 wieder einsatzbereit). 1920—1924 Atlantik-, ab 1924 Mittelmeerflotte. 1927—1928 Umbau, danach wieder Mittelmeer-, ab 1929 Atlantikflotte. 1930—1933 Umbau, ab 1933 Home Fleet, ab 1935 Mittelmeerflotte, seit Dezember 1939 wieder Home Fleet: 28. Dezember 1939 vor Clyde-Mündung durch deutsches U Boot* **U 30** *torpediert, bis April 1940 Reparatur in Liverpool, danach zur Force ›H‹: 3. Juli 1940* ✕ *Mers el Kebir; 9. Juli 1940* ✕ *Punta Stilo; 23.—25. September 1940 Operationen gegen Dakar. Ab November 1940 im östlichen Mittelmeer: 3. Januar 1941 Beschießung von Bardia; 9.—11. Januar 1941 usw.* → **Valiant**; *28. März 1941* ✕ *Matapan; 21. April 1941 Beschießung Tripolis* → **Valiant**: *27. Mai 1941 während Operationen um Kreta Bombentreffer erhalten, vorläufige Reparatur in Alexandria, endgültige in Durban, Juli 1941 zurück in östliches Mittelmeer. 25. November 1941 vor der ägyptischen Küste nahe Sollum durch 3 T-Treffer des deutschen U-Bootes* **U 331** † *(862 Tote).*

Malaya	—	Armstrong, Newcastle	20. 10. 13	18. 3. 15	19. 2. 16

Grand Fleet: 31. Mai 1916 ✕ *Skagerrak (8 Treffer erhalten, ab 27. Juli 1916 wieder einsatzbereit); 19. August 1916 usw.* → **Queen Elizabeth**. *1924—1927 Mittelmeerflotte. 1927—1929 Umbau, danach wieder Mittelmeer-, ab 1930 Atlantikflotte bzw. Home Fleet. 1934—1936 Umbau, ab 1936 Mittelmeerflotte, ab Januar 1940 Home Fleet, ab März 1940 Mittelmeerflotte: 9. Juli 1940* ✕ *Punta Stilo; 18. August 1940 Beschießung von Bardia und Capuzzo; 29. August bis 6. September 1940 Sicherungsoperation, Oktober bis Dezember 1940 verschiedene Convoyschutzoperationen, danach bei Force ›H‹: 9.—11. Januar 1941 Diversion usw.* → **Valiant**; *31. Januar bis 4. Februar 1941 beabsichtigte Operation gegen Genua vorzeitig abgebrochen, am 9. Februar 1941 mit Erfolg wiederholt. 8. März 1941 bei Sicherung eines Sierra Leone — England-Convoys; Fühlung mit* → **Scharnhorst** *und* → **Gneisenau**, *jedoch keine* ✕. *20. März 1941 ca. 250 sm wnw Kap Verden bei SL-Convoy von deutschem U Boot* **U 106** *torpediert, beschädigt,* nach Trinidad, endgültige Reparatur in den USA (erster Lend-lease-Beitrag!). *Juli 1941 Convoy-Sicherung England—Malta, bei Force ›H‹ verblieben: Oktober 1941, März 1942 und Juni 1942 verschiedene Sicherungsoperationen für Malta-Convoys. Juli bis August 1942 Sicherung von Truppentransporten Freetown—Capetown; 25. Februar bis 8. März 1943 Convoysicherung Freetown—England, danach in Scapa Flow verblieben. Dezember 1943 bis Juni 1944 außer Kriegsbereitschaft, diese erst kurz vor Invasionsbeginn wiederhergestellt. 1. September 1944 Beschießung von Ile de Cézembre/ St. Malo. 15. Mai 1945 nach Außerdienststellung nach Portsmouth als Beischiff zur Torpedoschule verlegt. April 1948 auf Abbruch verkauft: Ab 12. April 1948 in Faslane abgewrackt.*

1	2	3	4	5	6
Warspite	1912	Dockyard Devonport	31. 10. 12	26. 11. 13	19. 3. 15

Grand Fleet: 31. Mai 1916 ✕ *Skagerrak (13 schwere Treffer erhalten, ab 20. Juli 1916 wieder einsatzbereit). 19. August 1916 usw.* → **Queen Elizabeth**. *Ab 1919 Atlantikflotte. 1924—1926 Umbau, danach Mittelmeerflotte, ab 1930 Atlantikflotte bzw. Home Fleet. 1934—1937 Totalumbau, danach Mittelmeerflotte. Ab November 1939 Home Fleet: April 1940 während der Operationen um Norwegen eingesetzt, dabei 13. April Angriff auf Narvik. 24. April 1940 zurückverlegt zur Mittelmeerflotte, 14. Mai 1940 in Alexandria eingetroffen: 9. Juli 1940* ✕ *Punta Stilo; 18. August 1940 Beschießung von Bardia; 29. August bis 6. September 1940* → **Malaya**; *28. September bis 3. Oktober 1940* → **Valiant**; *18. Dezember 1940 Beschießung von Valona; 3. Januar 1941 Beschießung von Bardia; 28. März 1941* ✕ *Matapan; 21. April 1941 Beschießung von Tripolis* → **Valiant**; *22. Mai 1941 während der Operationen um Kreta schwere Bombentreffer erhalten, via Suez — Singapore — Pearl Harbor zur Reparatur nach Bremerton/USA. Ab Februar 1942 Eastern Fleet: Februar 1943 Sicherung australischer Truppentransporte nach England, zunächst dort verblieben, ab April 1943 Mittelmeerflotte: 17. Juli 1943 Beschießung von Catania/Sizilien; 11.—16. September 1943 Beschießung von Zielen im Raum Reggio, Salerno u.a., dabei 16. September von deutscher Gleitbombe getroffen, schwer beschädigt von US-Schleppern nach Malta gebracht, nach Anbringung von Leckkästen verlegt nach England zur endgültigen Reparatur. Ab Juni 1944 vor der Normandie-Invasionsküste: Beschießung von Landzielen; 13. Juni 1944 auf Rückmarsch nach England zum Auswechseln der Geschützrohre durch Mine gelaufen, erneut schwer beschädigt, mit eigener Kraft jedoch Rosyth erreicht, nach Behelfsreparaturen erneut vor der Invasionsküste: 25. August 1944 Beschießung von Brest, 10. September 1944 desgl. Le Havre; 1. November 1944 Operationen gegen Walcheren. März 1946 außer Dienst gestellt; 23. April 1947 auf Fahrt zur Abwrackwerft bei Prussia Cove nahe Lands Ends von Schleppern losgerissen, aufgelaufen, erst Juli 1950 geborgen, bei Marazion auf Grund gesetzt und nach und nach abgewrackt.*

Agincourt	1913	Dockyard Devonport	∞	∞	∞

Sollte als 6. Schiff dieser Klasse Januar 1915 begonnen und Herbst 1916 abgeliefert werden. Auftrag nach Kriegsbeginn annulliert.

a) Die 1911 für das darauffolgende Etatjahr vorbereiteten Pläne sahen zunächst neben einem weiteren Schlachtkreuzer der → **Tiger**-Kl. 3 Schlachtschiffe vor, die ebenso wie ihre letzten Vorgänger (→ **Iron Duke**-Kl.) 10—34,3 cm-SK erhalten sollten. Inzwischen waren die USA und auch Japan zu einem noch stärkeren Kaliber (35,6 cm) übergegangen, und zudem lagen in England gewisse Anzeichen vor, wonach auch die deutsche Marine in Kürze zu einem stärkeren Kaliber übergehen würde. Für Churchill, seit 1911 Erster Lord der Admiralität, war dies Veranlassung, seinen ganzen Einfluß auf eine Kalibersteigerung auch im britischen Schlachtschiffbau geltend zu machen. Man entschied sich für die 38,1 cm-SK unter gleichzeitiger Verringerung der Rohrzahl gegenüber den bisher gebauten Schlachtschiffen, nämlich für nur 8 gegenüber bisher 10 Geschützen. Die günstigste Aufstellung dafür war die überhöhte Endaufstellung; so wichtig die Kalibersteigerung auch war, eine andere Möglichkeit schien zumindest ebenso wichtig: Der Verzicht auf einen Mittelturm ließ es zu, die Antriebsanlage zu vergrößern und damit leistungsfähiger zu machen, um so eine höhere Geschwindigkeit als bisher herauszuholen. Unter diesen Aspekten entstanden die Pläne der **Queen Elizabeth**-Kl., die als die ersten schnellen Schlachtschiffe der Welt gelten dürfen, wenn man von der russischen → **Gangut**-Kl. einmal absieht, die jedoch im Hinblick auf ihre geringere Standfestigkeit keine vollwertigen Schlachtschiff-Eigenschaften aufzuweisen hatte, zumal sie auch noch etwas langsamer war. — Im Etatjahr 1912 wurden 4 Schiffe dieses neuen Typs bewilligt, ein 5. Schiff steuerten die Malayischen Staaten als Geschenk bei. Für das Etatjahr 1913 war noch ein 6. Schiff vorgesehen, das an Stelle des für 1912 vorgesehenen und auf 1914 verschobenen 2. Schlachtkreuzers der **Tiger**-Kl. gebaut werden sollte. Sämtliche 5 Schiffe waren im Frühjahr 1915 einsatzbereit und kämpften — außer **Queen Elizabeth** — vor dem Skagerrak mit, bezeichnenderweise nicht im Gros der Schlachtflotte, sondern als schnelle Division mit den Schlachtkreuzern zusammen. Bis nach dem Ersten Weltkrieg waren sie, die innerhalb der britischen Marine als eine besonders gut geglückte Konstruktion galten, der Kern der brit. Schlachtflotte. Als die Vertragslage den Neubau von Schlachtschiffen in ausreichender Zahl unmöglich machte, wurden sie nach und nach unter Berücksichtigung der Kriegserfahrungen umgebaut. Leidlich verjüngt kehrten sie danach zur Flotte zurück. Schließlich erforderte die stark zunehmende Gefährung aus der Luft eine abermalige Modernisierung, die in Form eines Totalumbaus durchgeführt wurde. So gingen ab Mitte der 30er Jahre alle Schiffe bis auf **Barham** noch einmal in die Werft und kehrten danach stärker und standfester geworden zurück. Im Zweiten Weltkrieg leisteten sie noch gute Dienste, aber es zeigte sich bei ihnen immer bedrohlicher, daß sie der Wirkung neuzeitlicher Waffen nicht mehr gewachsen waren. Die Baukosten betrugen im Durchschnitt 2,3 Mio £. Für den 1. Umbau wurden je rund 1 Mio £ und für den Totalumbau je etwa 3 Mio £ aufgewendet.

b) *Analog der alten Faustregel ›Kaliberstärke = Dicke des Seitenpanzers‹ hätte dieser bei der* **Queen Elizabeth**-*Kl. im Maximum eigentlich 381 mm betragen müssen. Von diesem Prinzip war die brit. Marine aber längst abgegangen, nämlich schon seit* **Dreadnought**, *und zwar immer zu Gunsten einer etwas höheren (sich aber kaum auswirkenden) Geschwindigkeit. Diese Tendenz machte sich auch bei der* **Queen Elizabeth**-*Kl. bemerkbar. Bei ihr war der Seitenpzr. keilförmig gestaltet, so daß seine größte Dicke von 330 mm nur über eine Breite von knapp 1,2 m wirksam wurde. Darüber und darunter, davor und dahinter sanken die Panzerdicken bis auf weniger als die Hälfte ab. Zwar hatte man diesen Schiffen nunmehr ein durchlaufendes T-Schott im Bereich der Vitalia gegeben, aber die innere Unterteilung blieb weiterhin — typisch britisch — verhältnismäßig großzellig. Zudem enthielt der Raum zwischen Außenhaut und T-Schott Heizöl, so daß er als Expansionsraum für Detonationsgase wenig wirkungsvoll war. Weitere Heizölbunker lagen hinter dem T-Schott, die ebensowenig als Expansionsräume dienen konnten. Erst mit Anbau von T-Wulsten wurden solche Expansionsräume geschaffen.* PzQ.: 102, 102, 51, 152, 152, 51, 102 / Seitenpzr.: 102—152, 330 (getäpert↑ 152, ↓ 203), 152—102 / Zitadellpzr. 152 / Horizontalpzr.: Oberdeck (Bereich Kasematte!) 25; o.PzD. 32—45; u. PzD. 25 einschließlich Böschungen, über Rudermaschinenraum und ganz vorn jedoch 76 / Rauchfänge 38 / Unterwasserschutz: T-Schott 51, seit 1. Umbau zusätzlich T-Wulst / SA: Barbetten 254—102; Türme 330, 279, 127 / MA: Kasematte 152 / KdoT.: v. 279 (102); a. 152 (102). — Änderungen bei Totalumbau auf **Queen Elizabeth**, **Valiant** und **Warspite**: Horizontalpzr.: o. PzD. 32—76; u. PzD. 32—102 / MA 25 (alter Kasemattpanzer durch neuen Panzer — 51 mm dick — ersetzt).

c) 4× Tu auf 4 ⚓ + Marsch-Tu auf Außen-⚓: **Barham** und **Valiant** Brown-Curtis-, die anderen: Parsons- / 24 Kessel (Öl): **Barham** und **Warspite** Yarrow-, die anderen: Babcock- & Wilcox- / Leist. 75000 WPS; Geschw. 25,0 kn / 2 parallele Ruder. **Warspite**, **Queen Elizabeth** und **Valiant** nach Totalumbau: 4× Parsons-⚙ Tu auf 4 ⚓ / **Warspite** 6, die anderen: 8 Admiralty 3 Trommel-Kessel (Öl) / Leist. 80000 WPS; Geschw. 24,0 kn. **Barham** *und* **Malaya** *behielten bis zuletzt ihre alten Maschinen und Kessel!*

Probefahrtergebnisse:

Queen Elizabeth	75130 WPS
Warspite	77510 WPS
Barham	76575 WPS
Valiant	71112 WPS
Malaya	76074 WPS

Keines der Schiffe erreichte seine Konstruktionsgeschwindigkeit! Die beste Leistung lag bei etwas über 24 kn!

d) 8—38,1 cm-SK L/42 in je 2 überhöht angeordneten ⚓ vorn und achtern / nach Entwurf vorgesehen für alle und nur bis 1915 an Bord **Queen Elizabeth**: 16—, die anderen bis 1916 (**Queen Elizabeth** bis 1915): 14—, danach endgültig 12—15,2 cm-SK L/45 in Kasematten / 2—7,6 cm-⚔, dazu ab 1916: 2—10,2 cm-⚔, dafür ab 1. Umbau einheitlich 4—10,2 cm-⚔ / 4—, ab 1. Umbau nur noch 2—53,3 cm↓ TR (S). Spätere Änderungen: **Barham** ab 1933: 16—4 cm-⚔₈ und 8 MG ⚔₄ / 1 ⛴, 1 ⚓ / ab 1939: 8—10,2 cm-⚔₂ / zuletzt zusätzlich noch 26—2 cm-⚔ / die 2 TR bis zuletzt an Bord. **Malaya** ab 1936: 8—, ab ~ 1943: 12—10,2 cm-⚔₂ / 16—4 cm ⚔₈ und 4—, später 8 MG ⚔₄ / zuletzt zusätzlich bis 31—2 cm-⚔ / 1 ⛴, 4 ⚓ (nur bis 1943). **Warspite** ab 1937: Nur noch 8—15,2 cm usw. / 8—10,2 cm-⚔₂ / 32—4 cm-⚔₈ und 16 MG ⚔₄ / während des Krieges zusätzlich 15—, zuletzt 26—2 cm-⚔ / 1 ⛴ 4 ⚓ (nur bis 1944). — **Valiant** und **Queen Elizabeth** ab 1940: Keine 15,2 cm-SK und keine 10,2 cm-⚔ mehr an Bord, dafür 20—11,4 cm-Mehrzweck-SK in ⚓ / 32—4 cm-⚔₈ und 16 MG ⚔₄, zuletzt zusätzlich bis 52—2 cm-⚔ / 1 ⛴, 4 ⚓ (nur bis 1943).

e) Ursprünglich war eine um 4—15,2 cm-SK stärkere MA (die 2 jeseits achteren Kasematten!) vorgesehen; diese waren nur auf **Queen Elizabeth** eingebaut, aber bereits 1915 wieder entfernt worden (auf allen Schiffen waren aber, teils bis zuletzt, die entsprechenden Kasematteinschnitte vorhanden!). Statt der achteren 15,2-cm-Kasematt-SK erhielten alle je 2—15,2 cm-SK

Gewichtszusammenstellung (nach 1. Entwurf)	
Schiffskörper	8 900 ts
Panzerung	8 600 ts
Maschinen, Hilfsmaschinen	3 950 ts
Bewaffnung	4 550 ts
Ölvorrat, noraml	650 ts
Ausrüstung	750 ts
Gewichtsreserve	100 ts
Konstruktionsverdrängung	27 500 ts
Ölvorrat, maximal	2 750 ts
Kesselspeisewasserreserve	500 ts
Maximale Verdrängung	30 750 ts

in Einzelaufstellung hinter Schilden auf dem Bootsdeck. 1915/16, auf einigen Schiffen etwas später, wurden diese wieder ausgebaut; an ihrer Stelle kamen 2—10,2 cm-[Flak] an Bord, die jedoch beide jeseits in Höhe zwischen den Schornsteinen placiert wurden. Nur **Queen Elizabeth** hatte anfangs — d. h. während der Probefahrten — auf dem achteren Mast einen gedeckten Beobachtungsstand. Sog. ›range finding baffles‹ waren nur vorübergehend — 1916/17 — an Bord, nachweislich auf **Malaya** und **Warspite**. 1917/18 wurden diverse Änderungen auf allen Schiffen durchgeführt; es waren dies die Umgruppierung der Scheinwerfer (für die rund um den achteren Schornstein Türme und am Großmast eine Plattform mit darüber angeordnetem Scheinwerfer-Richtstand installiert wurden), der Einbau von [Flak], und 1918 die Errichtung von Startplattformen für [Flz] auf den Türmen B und C; letztere wurden aber bereits Mitte 1920 wieder von Bord gegeben. Die Maststengen-Anordnung war zeitlich unterschiedlich: Alle hatten durchweg 1916/17 achtern nur eine ganz kurze bzw. überhaupt keine Stenge, während die vordere lang wie von Anfang an blieb (Ausnahme: **Queen Elizabeth** führte vorn und achtern lange Stengen!). Ab 1918/19 war die achtere Stenge wieder lang, während von da ab die vordere fehlte, jedoch mit Ausnahme weiterhin von **Queen Elizabeth**, die vorn die lange Stenge weiter führte, jedoch achtern eine etwas verkürzte Stenge hatte. Scheinwerferstand und Scheinwerfer-Richtstand am Großmast fielen auf allen Schiffen 1924 weg. Die Heckgalerie hatte anfangs nur **Queen Elizabeth**; eine solche war auch für **Barham** und **Warspite** vorgesehen. Nach dem 1. Umbau führten alle Schiffe außer **Malaya** vorübergehend eine Heckgalerie, die jedoch nur auf **Warspite** und **Queen Elizabeth** bis zuletzt vorhanden war.

Der 1. Umbau galt vor allem der Erhöhung der Standfestigkeit gegen Unterwassertreffer. Als erstes Schiff ging 1924 **Warspite** in die Werft, als letztes 1930 **Valiant**. Sie erhielten T-Wulste von ca. 2 m maximaler Breite, wofür eine geringfügige Geschwindigkeitseinbuße (ca. $1/2$ kn) in Kauf genommen wurde. Hinzu kamen neue Feuerleitanlagen und zusätzliche [Flak]. Der vordere Schornstein wurde mit dem achteren zusammengelegt, und es erfolgten auch geringere Änderungen am Brückenaufbau und am vord. Mast, auf dessen Topp ein kleines BG errichtet wurde. Die Hälfte der TR wurde gleichzeitig ausgebaut, bedingt durch die Anbringung der T-Wulste. **Valiant** führte in dieser Form 1920—1933 als einziges Schiff seiner Klasse achtern ein [Kat] und einen [Flz]-Kran.

Danach wurde **Barham** 1930—33 einem weiteren Umbau unterzogen. Hierbei erhielt der Turm C ein [Kat], dazu kam an Bb-Seite des Großmastes ein [Flz]-Kran. Seither trug der Großmast auf halber Höhe ein [Flak]-Feuerleitgerät; um ihn gegen Schwingungen abzusteifen, erhielt er seitlich abgespreizte Stützbeine. Auch auf dem vorderen Masttopp wurde ein [Flak]-Feuerleitgerät installiert. Brückenaufbauten und vord. Mast wurden ebenfalls verändert. Gleichzeitig erhielt **Barham** vermehrte schwere und leichte [Flak] → d), wobei 1939 die bisherigen 10,2 cm-[Flak] gegen 10,2 cm-[Flak]$_2$ ausgetauscht wurden. In dieser Form fuhr **Barham** bis zuletzt.

Die Bedeutung des Flugzeuges als Kriegswaffe war es vor allem, die zu einem zweiten Umbau den Anstoß gab. So ging **Malaya** 1934 als erstes Schiff in die Werft, aber eigentlich nur, um eine [Flak]-Neubewaffnung und Einrichtungen zur Mitnahme von [Flz] zu erhalten. Auf dem bisherigen Bootsdeck wurde ein [Kat] quer über das ganze Oberdeck verlegt, mit dem die [Flz] wahlweise nach der einen oder nach der anderen Seite gestartet werden konnten. Für ihre wetter- und splittersichere Unterbringung diente eine [Flz]-Halle, die kurz hinter dem Schornstein endete. Seither führte **Malaya** die schweren Beiboote in großer Höhe auf dieser [Flz]-Halle. Zur Handhabung der [Flz] und der Beiboote dienten schwere Kräne, von denen je einer auf den seitlichen Aufbaudecks errichtet wurde; dafür entfiel der seitherige Ladebaum des Großmastes. 1943 wurde die [Flz]-Anlage stillgelegt, und auf dem bisherigen [Kat]-Deck wurden Beiboote und seitlich davon weitere 10,2 cm-[Flak]$_2$ aufgestellt. Hinzu kamen zahlreiche leichte [Flak] sowie diverse Radarantennen, wozu der vordere Mast wieder eine Stenge trug. Seit ~ 1943 befand sich auf dem Großmast ein Typ 273-Radar.

Hatte man bei **Malaya** noch darauf verzichtet, so gebot ab Mitte der 30er Jahre die sich immer deutlicher abzeichnende Gefährdung aus der Luft umfassendere Maßnahmen zur Verbesserung des Horizontalschutzes. Das Umbauschema von **Malaya** erwies sich damit als nicht durchgreifend genug. Diese Überlegungen gaben den Anstoß zum Totalumbau der Schiffe. Als erstes wurde **Warspite** dazu bestimmt. Das Modernisierungsprogramm sah dabei folgende Maßnahmen vor:

1. Einbau neuer Kessel und Maschinen.
2. Verstärkung des Horizontalschutzes.
3. Einbau neuer [Flak]-Waffen bei gleichzeitiger Verringerung der MA.
4. Steigerung der SA-Schußweite.
5. Einbau neuer Feuerleiteinrichtungen und Kommandoelemente.
6. Installierung einer Bord-[Flz]-Anlage.

Dieses umfassende Programm bedeutete, daß eigentlich nur der äußere Schiffskörper, die SA und ein Teil der MA erhalten blieben, während alle übrigen Einrichtungen in irgendeiner Form geändert wurden.

Der Einbau neuer raumsparender Maschinen und einer geringeren Anzahl neuer und leistungsfähigerer Kessel gestattete es, die innere Unterteilung weitgehend zu ändern und zu verbessern, also engzelliger zu gestalten. Dabei wurden die PzQuerschotte jeweils etwas nach vorn bzw. nach achtern verschoben. Der vord. Kesselraum wurde als solcher nicht mehr benutzt und konnte anderen Zwecken nutzbar gemacht werden. Der Höhepunkt des inneren Umbaus war die Verstärkung des Horizontalpanzers im Bereich der SA-Munitionskammern auf eine Dicke von 102 mm.

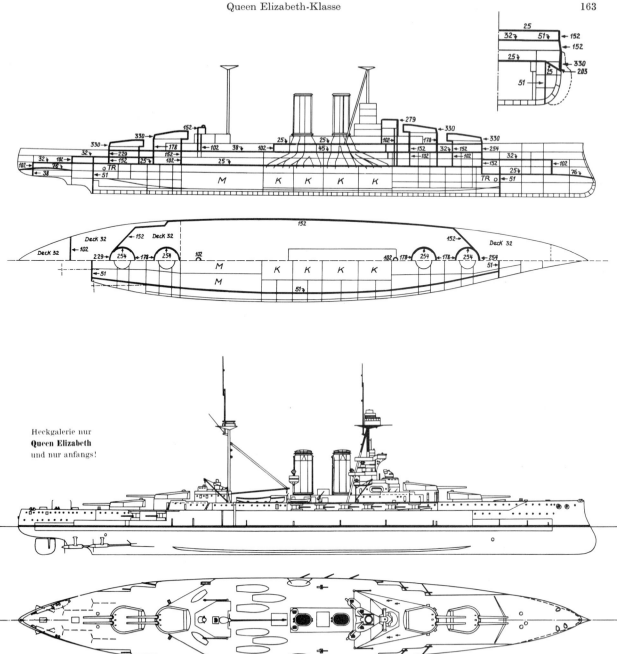

Queen Elizabeth-Klasse (1915), ähnlich **Valiant, Warspite, Malaya** und **Barham**, jedoch ohne 15,2 cm-Achterbatterie

Maststengen-Anordnung:
Alle durchweg ~ 1916/17 achtern ohne Maststenge bzw. ganz kurz und vordere Stenge lang. Ab 1918/19 alle: achtere Stenge lang und ohne die vordere, jedoch **Queen Elizabeth** ab ~ 1918/20: achtern mittellang, vorn lang.

Stände am achteren Mast:
Auf allen 1924 ausgebaut. Gedeckter Stand auf Saling nur vorübergehend auf **Queen Elizabeth**.

-Startbahnen auf Türmen B und C:
Nur von 1918 bis Mitte 1920.

Bewaffnung: An Stelle der 15,2 cm-8K auf Bootsdeck (dort nur bis 1916 vorhanden) später dafür je 1—10,2 cm-．

»Range-finding baffles«: Nur vorübergehend an Bord (1916/17), nachweisbar auf **Malaya** und **Warspite**.

Großbritannien

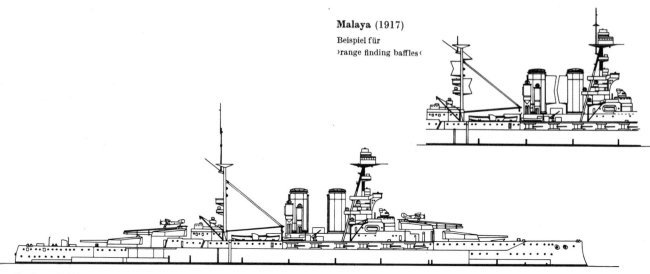

Malaya (1917)
Beispiel für
»range finding baffles«

Barham (1919)

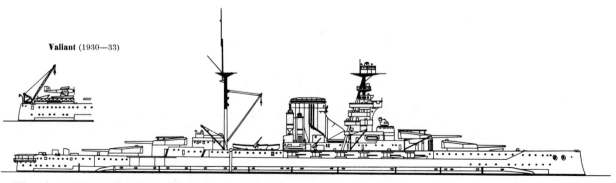

Valiant (1930—33)

Warspite (1926), ähnlich **Queen Elizabeth** und, jedoch ohne Heckgalerie, **Malaya** und **Valiant**

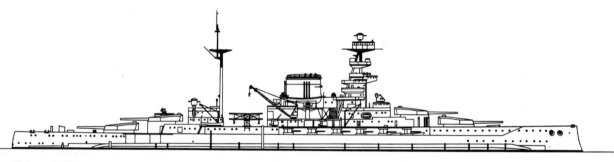

Malaya (1937)

Queen Elizabeth-Klasse

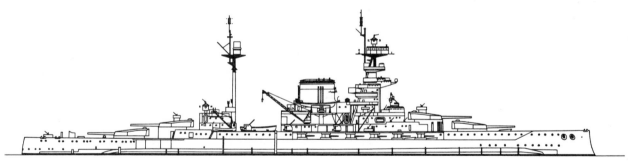

Malaya (1943)

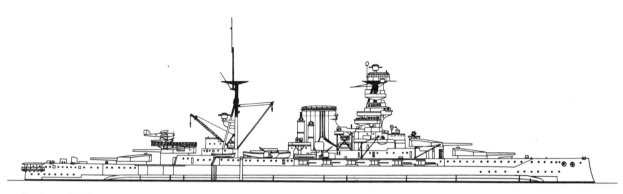

Barham (1940)

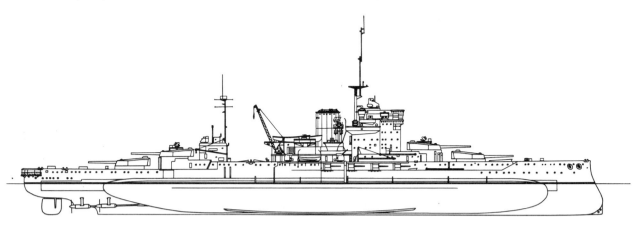

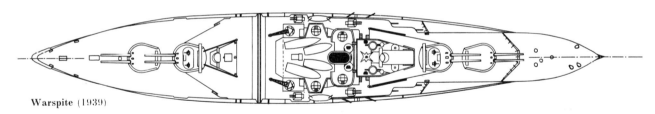

Warspite (1939)

Großbritannien

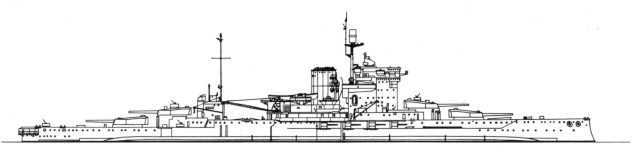

Warspite (1943)

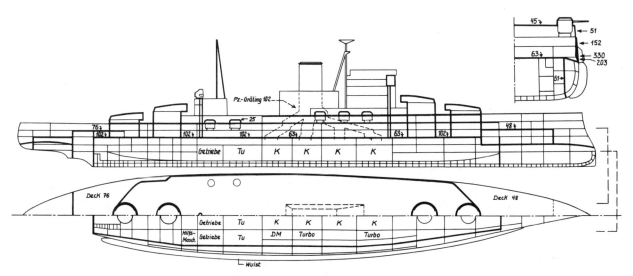

Queen Elizabeth nach Totalumbau (Generalplan)

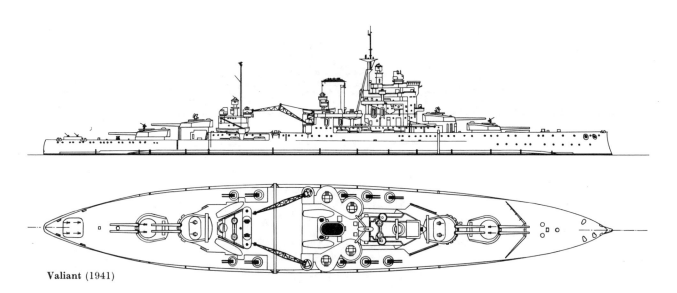

Valiant (1941)

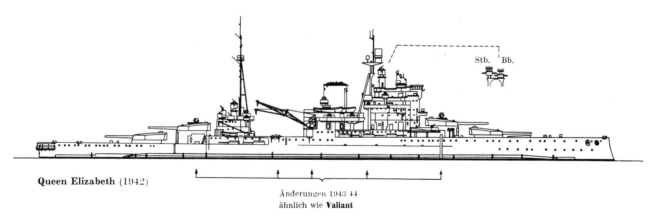

Queen Elizabeth (1942)

Änderungen 1943/44 ähnlich wie **Valiant**

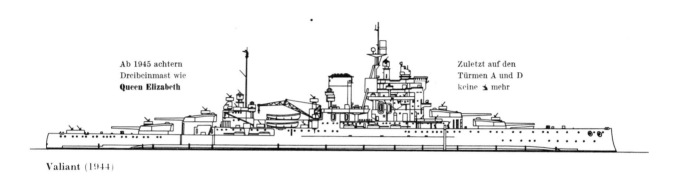

Ab 1945 achtern Dreibeinmast wie **Queen Elizabeth**

Zuletzt auf den Türmen A und D keine ⚓ mehr

Valiant (1944)

Durch die reduzierte Kesselzahl war es möglich, mit nur noch einem Schornstein auszukommen. Vorn wurde ein großer, gasdrucksicherer Brückenturm errichtet, der alle Einrichtungen für die Schiffsführung und für den Waffeneinsatz aufnahm. Auf ihm und seitlich an ihm wurden neue Feuerleitgeräte installiert, und an Stelle des alten Dreibeinmastes wuchs nunmehr ein kurzer Pfahlmast mit hoher Stenge aus dem Brückenturm. Der achtere Aufbau führte seither nur noch einen kurzen Pfahlmast. Die Bord-✈-Anlage wurde nach dem Vorbild von **Malaya** gestaltet, jedoch mit dem Unterschied, daß die ✈-Halle vom Schornstein freigehalten wurde. Die Erhöhungswinkel der SA wurden von 20° auf 30° gesteigert, und von der MA blieben jeseits nur 4—15,2 cm-SK übrig. Dafür konnte die ⚓-Bewaffnung erheblich verstärkt werden, während die TR jetzt sämtlich wegfielen. Kriegsbedingte Änderungen: Ausstattung mit Radar, insbesondere seit ~ 1941 Radar Typ 273 auf dem vord. Mast (deshalb wurde dessen ebenfalls gekürzte Stenge auf die Hinterseite der Saling versetzt!). Der achtere Mast wuchs gleichzeitig in die Höhe, so daß zwischen der Stenge des vorderen Mastes und dem achteren Mast kein so großer Höhenunterschied mehr bestand wie zuvor. Hinzu kamen 15—2 cm-⚓, die sämtlich einzeln in kreisrunden Ständen aufgestellt wurden, davon je 2 nebeneinander auf den Türmen B und C. Die Zahl der 2 cm-⚓ wuchs bis Kriegsende auf 26 an. Ab 1943 war die ✈-Anlage stillgelegt.

Rund 3 Jahre später als **Warspite** gingen **Queen Elizabeth** und **Valiant** in die Werft. Im Prinzip wurden an ihnen die gleichen Änderungen vorgenommen, nur erhielten sie nicht 6, sondern 8 neue Kessel, so daß der vordere Kesselraum im Gegensatz zu **Warspite** nicht frei wurde. Bei diesen Schiffen fiel die gesamte MA weg, ebenso die bisherige schwere ⚓. Dafür kamen 20—11,4 cm-⚓ in ⚭ an Bord. Auch wurde der alte 152 mm-Seitenpzr. über dem Batteriedeck durch neues hochwertiges Panzermaterial (51 mm D-Stahl) ersetzt. Der Brückenturm ähnelte dem von **Warspite**, nur trug er mehr und modernere Feuerleitgeräte. Auf ihm war wie auf den neuen Schlachtschiffen der → **King George V.-Kl.** eine brückenförmige Plattform installiert, auf sich zwei ⚓-Feuerleitgeräte befanden; diese waren der Höhe nach versetzt angeordnet, und zwar mit Rücksicht auf ihren Vollhorizont, der im Hinblick auf ihren geringen Abstand voneinander sonst nicht zu erreichen gewesen wäre. Im Gegensatz zu **Warspite** erhielten beide Schiffe vorn wieder einen Dreibeinmast mit Stenge; nur **Queen Elizabeth** trug auch achtern einen Dreibeinmast, **Valiant** dagegen einen einfachen Pfahlmast ähnlich wie **Warspite**. Im übrigen war der Schornstein dieser beiden Schiffe etwas höher als der von **Warspite**.

Beide Schiffe waren durch einige unverkennbare Merkmale leicht voneinander zu unterscheiden. Abgesehen vom achten Mast ist hierbei folgendes zu nennen: Auf **Valiant** waren die Aufbauten im Bereich des Schornsteins um 1 Deck niedriger als auf **Queen Elizabeth,** und der Scheinwerferstand an der Achterkante des Schornsteins war auf beiden verschieden ausgeführt. Gleiches galt auch für die beiden schweren Kräne seitlich der ✈-Halle. Diese Modernisierung war eine der wenigen in der Geschichte des Kriegsschiffbaus, die nicht durch einen erheblichen Gewichtszuwachs zu erkauft werden brauchten. Man kam mit einem sehr geringen Mehrgewicht aus, wie die folgende Aufstellung erkennen läßt. Die Gewichtsanteile betrugen:

	ursprünglich[1] ts	nach Totalumbau ts	Differenz ts
Schiffskörper, Panzer, Schutzeinrichtungen	21 978	23 141	+ 1 163
Waffen	5 108	5 704	+ 596
Antriebsanlage	3 765	2 280	− 1 485
Ausrüstung	1 256	1 343	+ 87
Konstruktionsverdrängung	32 107	32 468	+ 361

Kriegsbedingte Änderungen: Ab 1940 kam Radar hinzu, darunter Typ 273 ab 1941/42 auf dem vord. Mast. Die ⚓-Bewaffnung wurde laufend verstärkt, und zwar ausschließlich mit 2 cm-⚓. Nur **Valiant** führte vorübergehend auch auf den Türmen A und D 2 cm-⚓. 1944 erhielten beide Schiffe an der Achterkante des Brückenturms einen kastenförmigen Anbau (›box‹), durch den die Stützbeine des vord. Dreibeinmastes hindurchführten. 1943/44 wurde das ⚓ ausgebaut; der freigewordene Platz wurde seither als Bootsdeck benutzt. Später kam dort ein vorfabriziertes Deckshaus dazu. 1945 erhielt auch **Valiant** achtern einen Dreibeinmast, wie ihn **Queen Elizabeth** führte.
Für **Malaya** und **Barham** war eine ähnliche Modernisierung vorgesehen, doch kam diese infolge des Krieges nicht mehr zur Durchführung.

Canada-Klasse

Battleships = Schlachtschiffe

1	2	3	4	5	6
Canada	—	Armstrong, Elswick	27. 11. 11	27. 11. 13	30. 9. 15

Für Chile als **Almirante Latorre** ×*Valparaiso* × *Libertad begonnen, August 1914 von Großbritannien beschlagnahmt und nach Vollendung als* **Canada** *in Dienst gestellt: Grand Fleet: 31. Mai 1916* ✗ *Skagerrak; 19. August 1916 Operation gegen deutsches Flottenunternehmen in der Nordsee, keine* ✗. *April 1920 an Chile zurück, dort als* **Almirante Latorre** *in Dienst gestellt. Weiteres Schicksal →Chile →* **Almirante Latorre.**

---

[1] Gewichtsgruppen entsprechen Zustand nach 1. Umbau!

... [India]	—	Armstrong, Newcastle	22. 1. 13	8. 6. 18	∞

Für Chile als **Almirante Cochrane** ×*Santiago* × **Constitution** *begonnen. August 1914 auf Helling Baustop bis 1917, dabei vorübergehend Fertigstellung und Übernahme als* **India** *erwogen, jedoch nicht durchgeführt. Halbfertiger Schiffskörper von Großbritannien käuflich erworben und Fertigbau als* ✈-*Träger* **Eagle**: *13. April 1920 provisorisch zu Erprobungen in Dienst gestellt, ab November 1920 Weiterbau und endgültige Fertigstellung durch Dockyard Portsmouth, Oktober 1923 fertiggestellt, 1931/1932 grundüberholt. Während des Krieges vorwiegend im Mittelmeer eingesetzt: Juli 1940 erfolgreiche Angriffe eigener Bord-*✈ *auf Schiffsziele vor und nahe Tobruk, dabei 3 ital. Zerstörer und 2 Frachter versenkt; danach bei zahlreichen Operationen zur Versorgung von Malta (29. August bis 6. September 1940 und 14.—19. Dezember 1942), vor allem zum Heranbringen von Jagdflugzeug-Verstärkungen, die im westl. Mittelmeer starteten und nach Malta flogen (5.—9. März 1942, 21.—26. März 1942, 9. Mai 1942, 16.—20. Mai 1942). Während der Malta-Versorgungsoperation ›Pedestal‹ (10.—15. August 1942) im westl. Mittelmeer nördl. Algier am 11. August 1942 durch deutsches U-Boot* **U 73** *mit mehreren T-Treffern* †.

a) bis e) → Chile → **Almirante Latorre**-Kl. (um Vergleiche des ✈-Trägers **Eagle** mit seiner Urform als Schlachtschiff zu ermöglichen, sind Angaben und Skizzen dort zusammengefaßt worden!).

Revenge-Klasse

Battleships = Schlachtschiffe

1	2	3	4	5	6
Revenge	1913	Vickers, Barrow	22. 12. 13	29. 5. 15	... 3. 16

Ursprünglich vorgesehener Name: **Renown.** — *Grand Fleet: 31. Mai 1916* ✗ *Skagerrak. Ab Juni 1920 Mittelmeerflotte (zusammen mit →* **Ramillies** *während des Türkisch-Griechischen Krieges in Ismir); später Atlantikflotte. 1928—1929 Grundüberholung, danach Mittelmeerflotte, 1930—1931 erneute Grundüberholung, danach wieder Mittelmeerflotte, ab 1937 Home Fleet: September 1939 zur Bewachung des Kanals eingesetzt; Oktober 1939 Abtransport des brit. Staatssilberschatzes nach Canada, danach im Sicherungsdienst für Truppentransporte Canada—England. September 1940 Beschießung von Cherbourg auf große Entfernung (Störung der deutschen Invasionsvorbereitungen!). September 1941 in Halifax liegend zur Jagd auf →* **Bismarck** *eingesetzt. Ab April 1942 Eastern Fleet: Februar 1943 Sicherung von Truppentransporten Suez-Australien. September 1943 nach England zurückgekehrt, außer Kriegsbereitschaft gestellt. Ab Mai 1944 Beischiff bei Heizerschule Gairloch. Anfang 1948 verkauft, ab 5. September 1948 in Inverkeithing abgewrackt.*

| **Ramillies** | 1913 | Beardmore, Glasgow Fertigstellung durch Cammell-Laird, Birkenhead | 12. 11. 13 | 12. 9. 16 | ... 9. 17 |

Zunächst wegen Stapelaufschäden erhebliche Bauverzögerungen, dann Grand Fleet. Ab 1920 Mittelmeerflotte (zusammen mit → **Revenge** *während des Türkisch-Griechischen Krieges in Ismir). Ab 1924 Atlantikflotte, 1925—1927 Grundüberholung, danach bis 1932 Mittelmeerflotte. 1932—1933 Grundüberholung, ab 1933 Mittelmeerflotte, ab 1936 Home Fleet: September 1939 Sicherung von Truppentransporten England—Frankreich, danach bei Force ›J‹ in Aden stationiert: Sicherung australischer Truppentransporte. Ab Juni 1940 Mittelmeerflotte: 18. August 1940 Beschießung von Bardia; Oktober 1940 Sicherung für Alexandria-Malta-Convoy; 27. November 1940* ✗ *Kap Teulada während des Verlegungsmarschs nach Gibraltar; seither Convoysicherungsdienst im Atlantik: Februar 1941 Sicherung des Convoys HX-106 (dabei auf →* **Scharnhorst** *und →* **Gneisenau** *gestoßen, jedoch keine* ✗). *Mai 1942 zur Verfolgung von →* **Bismarck** *eingesetzt. Ab Ende 1941 Eastern Fleet: 7. Mai 1942 Beschießung von Diego*

Suarez (Madagaskar), dort 30. Mai 1942 durch japanisches Kleinst-U-Boot torpediert, Reparatur in Durban, September 1942 nach Plymouth zur endgültigen Wiederherstellung, ab September 1943 wieder Eastern Fleet, ab Januar 1944 Home Fleet; Ab 6. Juni 1944 vor der Normandie-Küste, 17. Juni 1944 Beschießung deutscher Stellungen bei Houlgate. Anschließend im westl. Mittelmeer bei der Invasion Süd-Frankreichs: 15.—17. August 1944 Beschießung von Zielen nahe Toulon und Port Cros, 28. August 1944 Beschießung von St. Mandrier. Ende 1944 nach England verlegt, seither Beischiff bei Torpedoschule Portsmouth. Anfang 1948 auf Abbruch verkauft, ab 23. April 1948 in Ryan bzw. Troon (dort Rumpf) abgewrackt.

Resolution	1913	Palmers, Newcastle	29.12.13	14.1.15	…12.16

*Grand Fleet, ab 1919 Atlantik-, ab 1920 Mittelmeerflotte. 1921—1924 Grundüberholung, danach wieder Mittelmeerflotte. 1930—1931 Grundüberholung, bis 1935 Mittelmeerflotte, ab 1936 Home Fleet; September 1939 zur Bewachung des Kanals eingesetzt; Oktober 1939 Abtransport des britischen Staatssilberschatzes nach Canada zusammen mit → **Revenge**, danach Sicherungsdienst für Truppentransporte Canada — England. Ab 12. Mai 1940 vor Narvik eingesetzt, dabei 18. Mai 1940 von 1000 kg-Bombe getroffen (3 Decks durchschlagen). Ab Juni 1940 bei Force ›H‹: 3. Juli 1940 × Mers el Kebir; 9. Juli 1940 Diversion im westlichen Mittelmeer. Ab August 1940 bei Force ›M‹ in Freetown: 23.—25. September 1940 Operation gegen Dakar, hierbei 25. September T-Treffer von franz. U-Boot **Bévéziers** erhalten, Reparatur bis März 1941 in Portsmouth, wegen ständiger Luftangriffe abgebrochen, endgültige Reparatur bis April 1942 in Philadelphia. Danach Eastern Fleet; Februar 1943 Sicherung von Truppentransporten Suez—Australien. September 1943 nach England zurück, ab Mai 1944 Beischiff bei Heizerschule in Gairloch, später in Southampton, zuletzt in Devonport. Anfang 1948 auf Abbruch verkauft, ab 13. Mai 1948 in Faslane abgewrackt.*

1	2	3	4	5	6
Royal Oak	1913	Dockyard Devonport	15.1.14	17.11.14	…5.16

*Grand Fleet; 31. Mai 1916 × Skagerrak; 19. August 1916 Operation gegen deutsches Flottenunternehmen in der Nordsee, keine ×. Ab 1919 Atlantikflotte, 1922—1924 Grundüberholung, 1924—1926 Atlantikflotte, 1926—1934 Mittelmeerflotte, 1934—1935 Grundüberholung, danach Home Fleet; 14. Oktober 1939 in Scapa Flow durch deutsches U-Boot **U 47** † (5 T-Schüsse — mindestens 2 Treffer — innerhalb von 13 Minuten gesunken — 786 Tote).[1]*

Royal Sovereign	1913	Dockyard Portsmouth	15.1.14	29.4.15	…5.16

*Grand Fleet; 19. August 1916 usw. → **Royal Oak**. Ab 1919 Atlantikflotte, 1927—1928 Grundüberholung, dann wieder Atlantikflotte bzw. Home Fleet, 1936 in Reserve, 1937 Grundüberholung, danach Home Fleet; ab Mai 1940 Mittelmeerflotte; 9. Juli 1940 × Punta Stilo. Ab Ende 1941 Eastern Fleet, Ende 1943 nach England zurück. 20.—29. August 1944 als Leihgabe nach Murmansk überführt und als → **Archangelsk** bis 1948 unter sowjetischer Flagge fahrend. 4. Februar 1949 an England zurückgegeben, ab 18. Mai 1949 in Inverkeithing abgewrackt.*

Repulse		Palmers,			
×**Resistance**	1914	Newcastle	∞	∞	∞ [10.16]
Renown	1914	Fairfield, Glasgow	∞	∞	∞ [10.16]

*Diese beiden Schiffe, deren Aufträge im Mai 1914 vergeben wurden und die bis Oktober 1916 abgeliefert werden sollten, wurden nach Kriegsbeginn anulliert. 1915 wurde die Anullierung aufgehoben, beide Schiffe jedoch nach Änderung ihrer Entwürfe als Schlachtkreuzer fertiggestellt, → **Renown**-Kl.*

---

[1] U. a. konnten 2 der 4—38,1 cm-∞ geborgen werden. Mit ihnen wurden die Monitore **Abercrombie** und **Roberts** armiert.

Resistance	1914	∞	∞	∞	∞

Im Hinblick auf den Kriegsausbruch wurde der Bauauftrag für dieses Schiff — zu beginnen Januar 1915 — nicht mehr erteilt.

a) In englischen Marinekreisen waren im Hinblick auf die ausschließlich ölgeheizten Schiffe der → **Queen Elizabeth**-Kl. bald Zweifel aufgetaucht, ob es im Falle eines Krieges immer möglich sein würde, genügend große Ölreserven bereitzustellen. Dies wurde allgemein verneint, und so kam es zu dem Entschluß, bei den 5 im Etatjahr 1913 und bei den 3 im Etatjahr 1914 bewilligten Schiffen wieder zur gemischten Heizung zurückzukehren, wobei die Mehrzahl der Kessel Kohlenfeuerung und nur eine Minderzahl Ölheizung erhalten sollten. Damit ließen sich zwar keine großen Ansprüche hinsichtlich der Geschwindigkeitsleistung geltend machen; bei der konstruktiv möglichen Leistung von 21 kn fügten sich die Schiffe jedoch gut in den Rahmen der Schlachtflotte ein. Eine der ersten Maßnahmen Lord Fisher's nach Rückkehr in sein Amt war, die Entwürfe der Schiffe dahingehend zu ändern, daß nur noch eine Minderzahl von Kesseln Kohlenheizung, die Mehrzahl aber Ölheizung erhalten sollten. Durch diese Maßnahme sollte die Geschwindigkeit gesteigert werden — aber mehr als maximal 23 kn konnten nicht erzielt werden. Als 1917 als Folge des deutschen U-Bootkrieges in England das Öl knapp wurde, waren es vor allem die Schiffe der → **Queen Elizabeth**- und der **Revenge**-Kl., denen erhebliche Verbrauchsbeschränkungen auferlegt wurden.

In vielen Einzelheiten entsprach die **Revenge**-Kl. (auch kurz ›R‹-Kl. genannt) der → **Queen Elizabeth**-Kl., vor allem im Hinblick auf die Bewaffnung. Panzerung und Schutzeinrichtungen wurden jedoch besser ausgebildet als auf diesen Vorgängern.

Von den ursprünglich 8 bewilligten Schiffen dieser Klasse wurden nur die 5 des Etatjahres 1913 fertiggestellt. 2 Schiffe aus dem Etatjahr 1914 entstanden nach Änderung ihrer Pläne als Schlachtkrz., das 3. Schiff wurde nicht gebaut.

b) *Diese Einheiten erhielten, beginnend mit **Ramillies**, ein neues Schutzsystem gegen Unterwassertreffer, den T-Wulst (bulge, im brit. Marinejargon auch als ›blister‹ bezeichnet). Erstmals kam er bei den eigens zur Bekämpfung deutscher Stützpunkte an der flandrischen Küste gebauten Monitoren der **Abercrombie**-, **Lord Clive**-, **Marshall**- und **Erebus**-Kl. zur Anwendung; diese Monitore schienen durch U-Boote und auch durch Minen überaus gefährdet, da ihr Operationsgebiet unmittelbar vor den deutschen Stützpunkten lag. Praktisch waren sie sehr langsame, schwimmende Geschütz-Plattformen mit einem abnormen Längen-Breitenverhältnis von ca. 3,6 bis 4,2. Etwa ein Drittel der Schiffsbreite entfiel auf die T-Wulste, die sich fast über die ganze Schiffslänge erstreckten und am Vor- und Achterschiff allmählich flacher wurden. Ihr Zweck war es, das Detonationszentrum möglichst weit von der eigentlichen Außenhaut fernzuhalten und die Detonationsenergie — die zunächst auf dünne Bleche und Hohlräume traf — wirkungslos nach oben und nach unten in das Wasser verpuffen zu lassen, wobei die noch erhaltene Restenergie in einem der als ›Puffer‹*

gedachten leeren bzw. durchfluteten Zellensystem innerhalb des Wulstes aufgefangen und unschädlich gemacht werden sollte. Der Wulst war seiner Länge nach durch eine wasserdichte Wand halbiert; die äußere Hälfte war leer und in zahlreiche wasserdichte Zellen unterteilt, während die innere infolge Öffnungen am Wulstboden von Wasser durchflutet war. Zusätzliche obere Öffnungen sollten einen Teil der abzufangenden Detonationsgase nach oben außen entweichen lassen. Bei normalem Tiefgang lag die Wulstdecke eben über der Wasserlinie. — Zweimal ist dieser Wulst auf Monitoren zur Wirkung gekommen und hat sich dabei voll bewährt: Am 19. Oktober 1917 wurde **Terror** *auf der Reede von Dünkirchen von deutschen T-Booten angegriffen und erhielt dabei 3 ⬩-Treffer, davon 2 gegen die Bordwand ganz vorn, einen weiteren achtern gegen den Wulst. Während die beiden vorderen Treffer erhebliche Schäden verursachten, die jedoch ihrer Lage nach nicht unmittelbar lebensbedrohend waren, zerstörte der 3. Treffer nur einen Teil des Wulstes. Nicht viel größer war die Wirkung, als am 28. Oktober 1917 ein deutsches Fernlenkboot mit starker Sprengladung im Bug den Monitor* **Erebus** *angriff und genau mitschiffs traf. Das vorn hoch aus dem Wasser liegende Boot schob sich auf den Wulst hinauf; die Sprengwirkung war groß, aber auch hier blieben die Zerstörungen nur auf den Wulst beschränkt, und der eigentliche Schiffskörper trug keinerlei Lecks oder andere Schäden davon. Beide Schiffe konnten eingeschleppt und in verhältnismäßig kurzer Zeit wieder repariert werden. — Der Grundgedanke des Wulstes war also: Außen dünne Wand, die bei der Detonation von Torpedos (bzw. Minen) keine großen Sprengstücke abgibt, dahinter in etwa 2 m Abstand eine weitere dünne Wand, an die sich im kurzen Abstand (∼ 1 m) die Außenhaut des Schiffes anschloß. Weiter nach innen folgten dann die Brennstoffzellen, die in der Regel durch ein T-Schott begrenzt waren.* PzQ.: 102, 38, 152, 152, 152, 152, 102 / Seitenpzr.: 102—152, 330 (nicht getäpert), 152—102 / Zitadellpzr. 152 / Rauchfänge 38 / Horizontalpzr.: Oberdeck im Bereich der SA 19—25; Batteriedeck 19—38; o. PzD. 25—51 (Böschungen 51); u. PzD. nur vorn u. achtern 25—51, über Rudermaschinenraum 76—102 / Unterwasserschutz: T-Schott 25—38; später zusätzlich T-Wulst / SA: Barbetten 254—102; Türme 330, 279, 108 / MA 152 / KdoT.: v. 279 (152); a. 152 (102).

c) 4 × Parsons-Tu auf 4 ⚙ und 4 × Marsch-Tu auf den Außen-⚙ / 18 Kessel (Öl): Babcock & Wilcox-, **Ramillies** und **Royal Oak** jedoch Yarrow- / Leist. 40 000 WPS; Geschw. 23,0 kn / 1 Ruder.

Probefahrtergebnisse:

Royal		
Sovereign	41 115 WPS	= 21,6 kn
Ramillies	42 356 WPS	= 21,5 kn
Revenge	42 962 WPS	= 21,9 kn
Resolution	41 406 WPS	= .... kn
Royal Oak	40 360 WPS	= .... kn

d) 8—38,1 cm-SK L/42 in gleicher Aufstellung wie → **Queen Elizabeth**-Kl. / 14—, ab 1927/28: 12—, **Royal Sovereign** u. **Ramillies** ab 1943: 8—15,2 cm-SK L/45 in Kasematten / 2—7,6 cm-↥, dafür seit 1924/25: 2—, seit 1932/33: 4—10,2 cm-↥ (**Resolution** ab 1936 vorübergehend 2—10,2 cm-↥₂ + 3—10,2 cm-↥), endgültig ab 1936/39 (**Revenge** und **Resolution** erst ab 11.40): 8—10,2 cm-↥₂ / ab 1935/36: 16—4 cm-↥₈ + 8 MG-↥₄, zuletzt dazu 8 bis 12—4 cm-↥, ↥₄ + bis 8—2 cm-↥ / 4—53,3 cm-↓ TR (2 S, 2 B; auf allen bis spätestens 1930 ausgebaut außer **Revenge** u. **Resolution**, die die beiden B-TR bis ∼ 1937 behielten); **Royal Oak** seit 1935: 4—53,3 cm-↑ TR fest eingebaut im Vorschiff mit Schußrichtung nach jeseits querab / **Royal Oak**, **Resolution** u. **Ramillies** seit 1934/35: 1 ⚓, 1 ✈ (1943/44 abgegeben).

e) 1917/18 erhielten alle Schiffe am Schornstein und am achteren Mast Scheinwerfertürme; während des Krieges führten sie vorübergehend am achteren Mast und am Schornstein ›range finding baffles‹. Ab 1922 fiel der Scheinwerferturm am achteren Mast wieder fort. Gleichzeitig wuchsen die Brückenaufbauten an, am

Gewichtszusammenstellung (nach Entwurf)	
Schiffskörper	8 630 ts
Panzerung	8 250 ts
Maschinen, Hilfsmaschinen	2 550 ts
Bewaffnung	4 570 ts
Ausrüstung	750 ts
Ölvorrat, normal	900 ts
Gewichtsreserve	100 ts
Konstruktionsverdrängung	25 750 ts
Ölvorrat, maximal	2 500 ts
Kesselspeisewasser	400 ts
Maximale Verdrängung	28 650 ts

stärksten auf **Revenge**. Auch der Vormars-Leitstand wurde vergrößert, seine Stenge fiel ab Mitte der 30er Jahre weg. **Ramillies** war das erste britische Schlachtschiff, das T-Wulste erhielt, und zwar nachträglich, jedoch noch vor Indienststellung. Die übrigen Schiffe folgten kurz nach ihrer Indienststellung nach. Auf **Royal Oak** und **Ramillies** wurde der T-Wulst 1927 bzw. 1932 vergrößert, so daß er fast bis zum Batteriedeck heranreichte. Für den Anbau dieser T-Wulste konnten Geschwindigkeitsverluste um ∼ 0,3 kn in Kauf genommen werden. 1927/28 erfolgte der Ausbau der jeseits vom Schornstein an Oberdeck aufgestellten 15,2 cm-SK. Die ↥-Bewaffnung wurde 1924/25 kalibermäßig und ab 1932/33 stückzahlmäßig verstärkt. Zwischen 1917 und 1919 erhielten alle Schiffe auf den Türmen B und C Startplattformen für ✈. Da sich diese Anlagen nicht besonders bewährten, wurden sie wenig in Gebrauch genommen und ab 1922/23 wieder ausgebaut. Vorübergehend führten dann **Resolution** und **Royal Sovereign** zu Anfang der 30er Jahre versuchsweise auf der Schanz ein ⚓ mit einem Kran für 1 ✈. **Resolution** war das 1. Schiff dieser Klasse, das auf dem Schornstein eine Kappe trug; diese war seit 1922 vorhanden und bis 1938/39 ein unverkennbares Unterscheidungsmerkmal zu den anderen Schiffen der Klasse. Diese außer **Royal Oak** führten seit 1938/39 ebenfalls eine Kappe auf ihrem Schornstein. **Resolution**, **Royal Oak** und **Ramillies** erhielten 1934/35 auf Turm C ein ⚓, dazu einen ✈-Kran an Bb-Seite des Großmastes, und zwar **Royal Oak** und **Resolution** Wippkräne unterschiedlicher Ausführung und **Ramillies** einen solchen, wie ihn **Resolution** und **Royal Sovereign** anfangs der 30er Jahre auf der Schanz führten. Gleichzeitig erhielten **Resolution**, **Royal Oak** und **Ramillies** am Großmast in ∼ 1/2 Höhe ein ↥-Feuerleitgerät (auf **Royal Oak** erst ∼ 1938 eingebaut); um den Mast gegen Schwingungen abzusteifen, erhielt er Stützbeine. **Royal Sovereign** und **Revenge** behielten ihren Großmast in der ursprünglichen Ausführung, weil bei ihnen die neuen

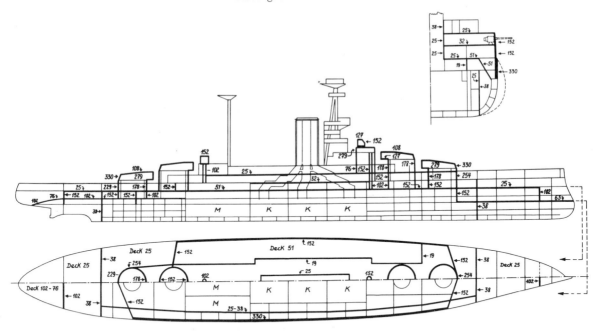

Revenge-Klasse (Generalplan)

⚓-Feuerleitgeräte auf der Hütte dahinter aufgestellt wurden. 1933/34 änderte sich auch die Gestaltung der Scheinwerfertürme am Schornstein. Im Zuge der Erweiterung der Brückenaufbauten wuchs von dort aus ein auf allen Schiffen unterschiedlich ausgeführter Aufbau bis zu den Scheinwerfertürmen heran, so daß beide praktisch miteinander verschmolzen. Die bisherige Lücke zwischen Schornstein und Brücke mit Mast wurde dabei fast ganz geschlossen. Bei dieser Gelegenheit kamen an der Achterkante des Schornsteins beiderseits wannenartige ⚓-Plattformen hinzu. Ferner erhielten die Schiffe auch neue Feuerleitgeräte auf dem Vormars-Leitstand. Ab 1936/39 (**Revenge** und **Resolution** erst ab November 1940) begann die Verdoppelung der schweren ⚓ dergestalt, daß die 10,2 cm-⚓ gegen 10,2 cm-⚓₂ ausgewechselt wurden. Zu Erprobungszwecken führte **Resolution** ab 1936 an Stelle der Stb.-vorderen 10,2 cm-⚓ einen der später eingeführten 11,4 cm-Kasematt-∞, jedoch mit 10,2 cm-Rohren. Alle TR wurden bis spätestens 1930 ausgebaut, jedoch behielten **Revenge** und **Resolution** ihre Bug-TR noch bis ~ 1937. **Royal Oak** führte seit 1935 im Vorschiff 4 fest eingebaute ↑ TR mit Schußrichtung nach querab zu Versuchszwecken. Allgemein fehlte vor Beginn des Zweiten Weltkrieges die Stenge am vorderen Mast, doch wurde diese ab ~ 1940/41 wieder geführt. Der achtere KdoT. wurde entweder vor Kriegsbeginn ausgebaut oder war nicht mehr im Gebrauch. Kriegsbedingte Änderungen: Alle Schiffe erhielten ab 1940/41 Splitterschutz-Schanzkleider um ihre 10,2 cm-⚓₂. Ab 1942/43 führten sie auf dem Großmast ein Typ 273-Radar. Auf **Ramillies** wurden 1944 weitere Radarantennen auf leichten Mastkonstruktionen jeweils hinter dem Schornstein und hinter dem Großmast errichtet, wahrscheinlich zu Versuchszwecken. Nur **Resolution** behielt sein ⚓ bis zuletzt, während dieses auf **Ramillies** ~ 1944 ausgebaut wurde. Auf **Royal Sovereign** und **Ramillies** wurden ~ 1944 die jeweils 2 vordersten 15,2 cm-SK ausgebaut. Nur **Ramillies** und **Royal Sovereign** führten ⚓-Stände auf den Türmen B und C, **Resolution** nur auf Turm B und **Revenge** nur auf Turm C. Bei seinem Einsatz vor Narvik war **Resolution** mit 2 MLC-Landungsbooten (für je 2 leichte Panzer) ausgerüstet. **Revenge** war das einzige Schiff dieser Klasse, das eine Heckgalerie (~ 1935 angebaut) führte. *Im Zuge des Operationsplanes ›Catharina‹ vom 12. September 1939 wurde erwogen, 2 oder 3 Schiffe für Spezialaufgaben in der Ostsee herzurichten. Die überhöhten 38,1 cm-∞ sollten ausgebaut und durch eine sehr starke ⚓-Batterie ersetzt werden. Gleichzeitig war an eine erhebliche Verstärkung des Horizontalpanzers und an den Anbau von maximal 7,5 m breiten (!) T-Wulsten gedacht. Beim Durchfahren flacher Stellen sollte der Tiefgang durch Lenzen der T-Wulste um 2,7 m reduziert werden, und danach sollten die Schiffe durch Fluten ihrer T-Wulste wieder so tiefgehen, daß der Seitenpanzer tief genug unter die Wasserlinie kam, um so besonders gegen Unterwassertreffer zu schützen. Unter gewissen Umständen sollten die Schiffe als Blockschiffe in flachen Gewässern versenkt werden.*

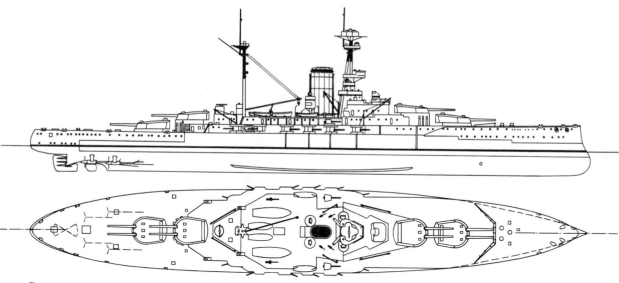

Revenge (1915)

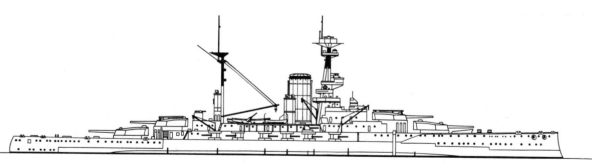

Resolution (1919)

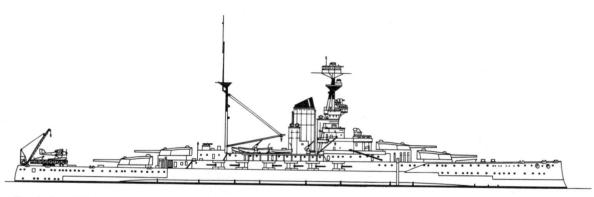

Resolution (1930)

Revenge-Klasse

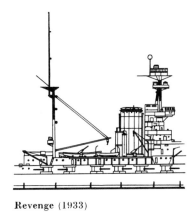
Revenge (1933)

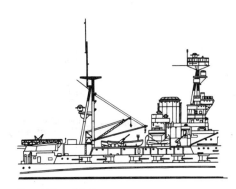
Ramillies (1934)

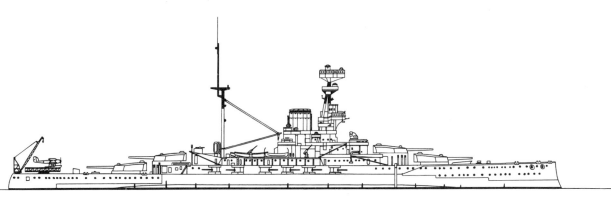
Royal Sovereign (1935)

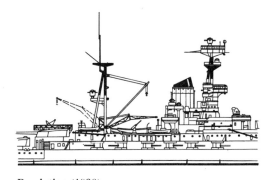
Resolution (1936)
↕-Feuerleitgeräte erst seit 1938

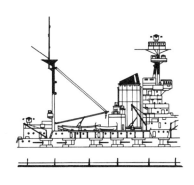
Revenge (1939)

Großbritannien

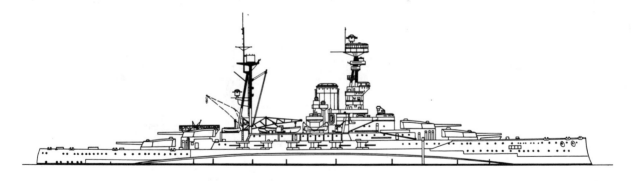

Royal Oak (1939)

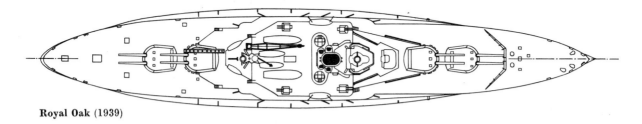

Revenge (1943)

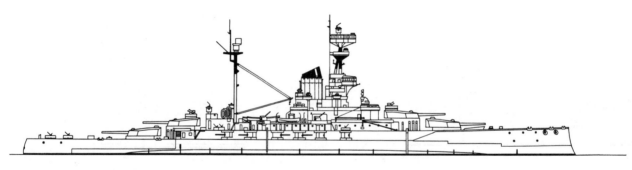

Royal Sovereign (1944)

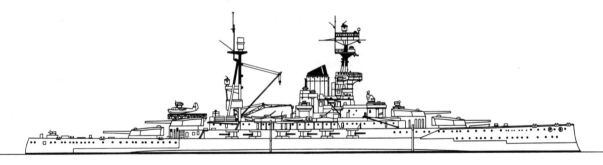

Resolution (1944)

Ramillies (1944)

Renown-Klasse

Battle cruisers = Schlachtkreuzer

1	2	3	4	5	6
Renown	Kriegs-bau-progr.	Fairfield, Glasgow	25. 1. 15	4. 3. 16	20. 9. 16

1916—1923 Grand Fleet bzw. Atlantikflotte. 1923—1926 Umbau. 1926—1936 Atlantikflotte bzw. Home Fleet. Totalumbau 1936 — Juni 1939 bei Dockyard Portsmouth, danach: Home Fleet: 25.—26. September 1939 Operationen in der Nordsee; ab 5. Oktober 1939 von Freetown aus zur Jagd auf deutsche Handelszerstörer eingesetzt; ab Dezember 1939 nach ergebnisloser Verfolgung von → **Admiral Graf Spee** *wieder Home Fleet. April 1940 vor Norwegen eingesetzt, dabei 9. April vor Vestfjord ✕ mit →* **Gneisenau** *und →* **Scharnhosst** *(2 wirkungslose Treffer erhalten); 25. Juli 1940 zur Verfolgung der schwerbeschädigten →* **Gneisenau** *vor der norweg. Küste eingesetzt. Ab August 1940 Force ›H‹: 28. August bis 6. September 1940 Diversion im westl. Mittelmeer; 27. November 1940 ✕ Kap Teulada; 9.—11. Januar 1941 Sicherungsoperation Malta-Convoy; 31. Januar bis 4. Februar 1941 beabsichtigte Operation gegen Genua vorzeitig abgebrochen, diese 9. Februar 1941 mit Erfolg durchgeführt; 2.—12. Mai 1941 Operation ›Tiger‹ — Sicherung von Malta-Großconvoy (dabei 2 leichte Bombentreffer erhalten); Mai 1941 zur Verfolgung von →* **Bismarck** *angesetzt, ab August 1941 wieder Home Fleet: April 1942 Sicherung des US-⤴Trägers* **Wasp** *in das westl. Mittelmeer (Versorgung Malta's mit Jagdflugzeugen!) und Rückmarsch nach England. Ab Oktober 1942 wieder Force ›H‹: 8.—14. November 1942 Unterstützung der Landungsoperationen in NW-Afrika.*

Februar bis August 1943 Überholung in Rosyth, dann Home Fleet. Ab Anfang 1943 Eastern Fleet: Februar bis April 1944 Operationen gegen Sabang, Mai 1944 gegen Soerabaja (Beschießung), August 1944 gegen Nicobaren. 15. Oktober 1944 Sicherung eines Träger-Raids gegen Nicobaren. November 1944 nach Trincomalee verlegt, Dezember 1944 bis März 1945 Überholung in Durban, danach: Home Fleet (einziges verfügbares Schlachtschiff für erwogenen Artillerieeinsatz gegen die schwerbeschädigte → **Tirpitz**!*), jedoch Juli 1945 Besatzung um $^{1}/_{3}$ reduziert, außer Kriegsbereitschaft, seit November 1945 Beischiff in Devonport. 1947 auf Abbruch verkauft, Juli 1948 nach Faslane abgeschleppt, dort abgewrackt. — Während ihrer Laufbahn erfüllte* **Renown** *eine Reihe besonderer repräsentativer und politischer Missionen: Der Prince of Wales benutzte das Schiff mehrmals für seine großen Weltreisen nach dem Ersten Weltkrieg: 1919 nach Canada, 1920 nach Australien-Südostasien, 1921|1922 nach Indien und Japan. Während des Zweiten Weltkrieges von Premier Churchill zur Teilnahme an wichtigen Konferenzen benutzt: August 1943 nach Canada (Quebec), November 1943 nach Alexandria (Cairo und Teheran).*

Repulse ✕**Resistance**	Kriegs-bau-progr.	J. Brown, Clydebank	25. 1. 15	8. 1. 16	18. 8. 16

Der ursprünglich mit Palmer, Yarrow, abgeschlossene Baukontrakt mußte an J. Brown, Clydebank, übertragen werden, weil erstere wegen der erheblichen Vergrößerung des Schiffes zu dessen Bau nicht mehr in der Lage waren! 1916—1919 Grand Fleet: 17. November 1917 ✕ Deutsche Bucht. 1919—1922 Umbau, danach Atlantikflotte. 1934—1936 Umbau bei Dockyard Portsmouth, danach Mittelmeerflotte, ab August 1938 Home Fleet: 7.—9. Oktober 1939 Operation gegen deutsche Streitkräfte in der Nordsee; Dezember 1939 Sicherung von Truppentransporten Canada-England; April 1940 vor Norwegen im Einsatz; 25.

bis 27. Juli 1940 ergebnislose Verfolgung der schwerbeschädigten → **Gneisenau** vor Norwegen; November 1940 Operation gegen deutsche Wetterbeobachtungsschiffe nahe Jan Mayen; Dezember 1940 Sicherung eigener Minenleger vor SO-Küste Islands; Januar 1941 ergebnislos zur Jagd auf → **Gneisenau** und → **Scharnhorst** angesetzt; Mai 1941 während Convoysicherung im Atlantik zur Jagd auf → **Bismarck** angesetzt, ab August 1941 in Capetown, Oktober 1941 nach Ostindien verlegt, 28. November 1941 in Colombo eingelaufen, Bildung der Force ›G‹: 8. Dezember 1941 aus Singapore zur Abwehr japanischer Invasionsflotte ausgelaufen: 10. Dezember 1941 auf Höhe Kuantan bei Angriffen japanischer Marine-Landflugzeuge insgesamt 1 ↟- und 5 ⟵-Treffer erhalten, gekentert: † (327 Tote).

---

a) Kurz vor Beginn des Ersten Weltkrieges hatte sich die britische Marine dem schnellen Schlachtschiff als neuer Entwicklungsstufe zugewandt, und es schien zunächst, als sei damit der Typ des Schlachtkreuzers aufgegeben worden. Wahrscheinlich hätte sich diese neue Entwicklungsrichtung behauptet, wenn der Krieg ihr nicht entgegengewirkt hätte: Die Überbewertung des Erfolgs von → **Invincible** und → **Inflexible** gegen das deutsche Kreuzergeschwader unter Graf Spee vor den Falkland-Inseln führte zu dem — namentlich von Lord Fisher verfochtenen — Projekt, 2 weitere Schlachtkreuzer zu bauen. Man entschloß sich daher, 2 als Schlachtschiffe der → **Revenge**-Kl. vergebene, inzwischen aber wieder annullierte Bauten in Schlachtkreuzer umzukonstruieren, da die seinerzeit damit beauftragten Werften für sie zum Teil bereits erhebliche Materialmengen bereitgestellt hatten. Innerhalb von 10 Tagen — noch im Dezember 1914 — lag der neue Typentwurf vor, und nachdem dieser genehmigt worden war, begannen unverzüglich die Konstruktionsarbeiten. Da die Werft von Palmers, die 1914 den Auftrag für **Repulse** erhalten hatte, im Hinblick auf den nunmehr erheblich vergrößerten Schiffskörper nicht über genügend große Hellinge verfügte, mußte der Auftrag an J. Brown übertragen werden. Lord Fisher wünschte, beide Schiffe nach nur 15 Monaten Bauzeit fahrbereit zu haben; die tatsächliche Bauzeit betrug jedoch 19—20 Monate — immer noch ein Rekord für Kriegsschiffe dieser Größenordnung! Bis zum 21. Januar 1915 waren die Werften im Besitz der ersten Bauunterlagen, und schon 4 Tage später erfolgte die Kiellegung beider Schiffe, genau auf den Geburtstag Lord Fisher's. Bis zum April 1915 wurden die Konstruktionsarbeiten abgeschlossen, und rund 1 Jahr später waren beide Schiffe stapellaufbereit. Die Arbeiten wurden indessen etwas verzögert, weil man sich auf Grund der Skagerrak-Erfahrungen entschließen mußte, nachträglich die Munitionskammern durch zusätzliche Panzerplatten etwas besser zu schützen, wofür ein Mehrgewicht von 500 ts aufgebracht wurde. Die Forderungen, die an beide Schiffe gestellt wurden, erstreckten sich vor allem auf die stärkstmögliche Artilleriebewaffnung und auf hohe Geschwindigkeit. In Betracht kam nur die bereits eingeführte 38,1 cm-SK, wobei man allerdings mit einer stückzahlmäßigen Verringerung um 25% gegenüber → **Tiger** als letztem Schlachtkreuzer vorlieb nehmen mußte, um die Forderung nach hoher Geschwindigkeit erfüllen zu können. Gleichzeitig kehrte die britische Marine wieder zur 10,2 cm-SK für die T-Boot-Abwehr zurück. Die Schutzeinrichtungen und die Panzerung fielen bei der Realisierung dieser beiden Hauptforderungen so schwach aus, daß die Schiffe selbst in England als ›tin cans‹ bezeichnet wurden. Ihre Verbände waren außerordentlich schwach; so mußte **Renown** gleich nach dem Anschießen der vorderen Türme ins Dock gehen, wobei sich zeigte, daß die Verbände den dabei auftretenden Beanspruchungen nicht ganz gewachsen waren. Weil beide Schiffe überhaupt häufig wegen Reparaturen und Störungen in die Werft gehen mußten, hießen sie bald im britischen Marinejargon ›HMS Refit‹ und ›HMS Repair‹.

Die britische Admiralität mußte bald einsehen, daß die Schutzeinrichtungen dieser an sich recht schlagkräftigen Schiffe viel zu schwach waren. Durch mehrere Umbauten und Änderungen versuchte man deshalb, diesen Mängeln abzuhelfen; aber sie erwiesen sich in der Praxis als wenig gewinnbringend und wirksam. Erst bei dem Totalumbau von **Renown** konnte ein gewisser Erfolg erzielt werden, denn nunmehr ließ sich wenigstens der Horizontalschutz etwas verbessern. Dabei trat übrigens der sonst bei einer Modernisierung sehr seltene Fall ein, daß eine Verminderung des Gesamtgewichts erzielt wurde → e). Die Bau- und Modernisierungskosten betrugen:

	Neubaukosten	Umbau 1919/1922	Umbau 1923/1926	Umbau 1934/1936	Umbau 1936/1939
Renown	2 962 578 £	276 256 £	979 927 £	—	3 088 008 £
Repulse	2 627 401 £	860 684 £	—	1 377 748 £	—

b) PzQ.: 76, 102, 102—76, 102 / Seitenpzr.: 76, 152, 102 / Zitadellpzr. 38 / Horizontalpzr.: Oberdeck 38, 25, 19; o. PzD. 19, 0, 0; Haupt-PzD. 0, 51—76—19 mit Böschungen 51, 51—0; u. PzD. 89—51, 0—51, 19—64 / Unterwasserschutz: T-Wulst → Skizzen, kein T-Schott / SA: Barbetten 178; Türme 279, 178, 108 / MA ohne Panzerschutz / KdoT.: 254 (76). Änderungen bei Umbauten: **Repulse** ab 1920: Seitenpzr. 152 durch neuen Seitenpzr. 229 ersetzt, darüber Zitadellpzr. 152 / T-Wulste geändert, d.h. tiefer angreifend. — **Renown** ab 1926: Seitenpzr. 152 durch neuen Seitenpzr. 229 (getäpert ↓ 51) ersetzt, jedoch kein Zitadellpzr. darüber / Horizontalpzr. allgemein verstärkt: Oberdeck 51; o. PzD. 38; Haupt-PzD. einschl. Böschungen 64 / Unterwasserschutz: Anbau von zusätzlichen T-Wulsten, die Seitenpzr. deckten. — **Renown** ab 1939: neue PzQ.: 76, 102, 102, 102, 102 / Seitenpzr. (sämtlich auf 51 mm-Panzerplatten-Lagen) 0—51, 229—51—229—51—102, 102—0 / kein Zitadellpzr. mehr darüber / Horizontalpzr.: Oberdeck 0—51—0, 51—0, 19; o. PzD. 64—89, 102—127, 64, 127—102, 76—0; u. PzD. 89—76, 102, 76—64 / Unterwasserschutz u. SA unverändert / KdoT.: ...

c) 2 × Brown-Curtis-Tu auf 4 ⚙ / 42 Babcock-& Wilcox-Kessel (Öl) / Leist. 120 000 WPS; Geschw. 32,0 kn. **Renown** nach Totalumbau: 4 × Parsons-⚙ Tu auf 4 ⚙ / 8 Admiralty- 3 Trommel-Kessel (Öl) / Leist. 130 000 WPS; Geschw. 29,0 kn / 1 Ruder.

Probefahrtergebnisse:
Repulse 119 025 WPS = 31,70 kn
Renown 126 300 WPS = 32,68 kn
(nach Anbau der Zusatzpanzerung und der zusätzlichen T-Wulste Geschw. nur noch ~ 30,0 kn!)

d) 6—38,1 cm-SK L/42 in ⌒, aufgestellt in 2 Türmen vorn und 1 Turm achtern / 17—, **Renown** ab 1917: 14—, ab 1922: 12—, **Repulse** ab 1922: 15—10,2 cm-SK L/50, aufgestellt in Dreier- und Einzelschilden (letztere entfielen 1922) / 2—, **Repulse** ab 1922: 4—7,6 cm-⚓, für diese jedoch: **Renown** ab 1922: 2—, ab 1923: 4—, **Repulse** ab 1923: 4—10,2 cm-⚓ / ab ~ 1930: 16—4 cm-⚓₈ / 2—53,3 cm-↓ TR (S) — diese jedoch 1922 auf **Repulse** ausgebaut u. durch 8—53,3 cm-↑ TR (S) ersetzt / Nur **Renown** ab 1933: 1 ✈, 2 ⚓. — Änderungen: **Repulse** seit 1936: 12—, ab 1938: 9—10,2 cm-SK L/50 in Dreierschilden / 6—, ab 1936: 8—10,2 cm-⚓, diese ab September 1936 aufgestellt in 2 ⌒ + 4 ⚓ (1941 vorgesehen für alle bisherigen 10,2 cm-SK u. 10,2 cm-⚓: 14—10,2 cm-⚓₂) / 16—, ab 1938: 24—4 cm-⚓₈ / 8—, ab 1940: 16 MG ⚓₄ / 8 TR wie seit 1922 / 1 ⚓, 4 ✈. — **Renown** seit 1939: 20—, ab Sommer 1945: 8—11,4 cm L/45 Mehrzweck-SK in ⌒ / 24—4 cm-⚓₈ / 16 MG ⚓₄ zuletzt dazu bis 62—2 cm-⚓₂, ⚓ / 8—45,7 (53,3?) cm-↑ TR (S) in gleicher Anordnung wie **Repulse** / 1 ✈, 4 ⚓ (nur bis 1943).

e) Beide Schiffe hatten zunächst gleichhohe Schornsteine; kurz nach der Fertigstellung wurde der vordere Schornstein um ~ 2,5 m erhöht. Die Scheinwerfer am achteren Schornstein befanden sich auf **Renown** zunächst auf einem rund um diesen geführten Plattformkranz; **Repulse** führte sie hingegen auf Einzelplattformen, die — ähnlich wie zunächst auch auf → **Glorious** — der Höhe nach versetzt waren. Diese Anordnung wurde 1917 auf beiden Schiffen geändert: Von diesem Zeitpunkt ab führten sie am achteren Schornstein die typischen Rundtürme mit jeweils 1 Scheinwerfer. Gleichzeitig fielen die beiden Scheinwerferstände am vorderen Schornstein weg, die bis dahin sowohl **Renown** als auch **Repulse** geführt hatten. Ab 1917/18 kamen auf den Türmen B und C Startplattformen für ✈ hinzu, die aber bereits 1922 wieder entfernt wurden. Ab 1917 führte **Renown** zwischen den beiden Schornsteinen auf dem Bb-Aufbaudeck ein kleines Deckshaus → Skizze, gleichzeitig fiel auf diesem Schiff die achterste 10,2 cm-Dreierlafette weg, und an deren Stelle wurde das obere Aufbaudeck nach achtern verlängert, wobei es in diesem Bereich auf Stützen gesetzt wurde, die auf dem unteren Aufbaudeck ruhten. Um die gleiche Zeit wuchsen die Brückenaufbauten beider Schiffe etwas an. 1922 fielen die 10,2 cm-Einzellafetten weg, wofür 10,2 cm-⚓ an Bord kamen, deren Zahl 1923/24 verdoppelt wurde. — **Repulse** ging 1919 in die Werft und erhielt einen stärkeren Seitenpanzer und einen gering verbesserten Unterwasserschutz. Dadurch ergab sich ein Gewichtszuwachs von ~ 1600 ts. Bei dieser Gelegenheit wurden die ↓ TR ausgebaut und dafür ↑ TR installiert. **Renown** folgte 1923 nach und erhielt ebenfalls einen stärkeren Seitenpanzer, jedoch nicht den 152 mm-Zitadellpanzer, den seither nur **Repulse** führte. Dafür wurde ein zusätzlicher T-Wulst jeseits angebracht, der den gesamten 229 mm-Seitenpanzer deckte. Der Horizontalpanzer wurde dagegen nur in ganz geringem Umfang verbessert. Bei diesem Umbau kamen auch Plattformen für leichte ⚓ hinzu, und außerdem erfolgte eine Vergrößerung des Mars-Leitstandes. Ab 1933 führte **Renown** auf dem bisherigen Bootsdeck ein schwenkbares ✈, dazu an Bb-Seite einen ⚓-Kran. Die bisher auf dem Bootsdeck angeordnete 10,2 cm-Dreierlafette wurde deswegen auf das achtere Aufbaudeck versetzt, von wo sie Turm C überschießen konnte, also an die gleiche Stelle, wo früher schon einmal eine 10,2 cm-Dreierlafette gestanden hatte.

Repulse wurde 1934/36 einem größeren Umbau unterzogen. Neben Änderungen der Brücke und des vorderen Mastes wurde das Aufbaudeck bis hinter den achteren Schornstein um 1 Deck erhöht und schloß nunmehr mit einer geräumigen ⚓-Halle ab. Das bisherige Bootsdeck fiel weg, dafür wurde die Lücke zwischen ⚓-Halle und achterem Mast durch ein querschiffs über Oberdeck verlegtes ✈ ausgefüllt. Aus dem erhöhten Aufbaudeck ragten nach beiden Seiten Plattformen für leichte ⚓ heraus, darüber wurden kleinere Stände für Scheinwerfer und MG ⚓ errichtet. Seither wurden die Beiboote auf der ⚓-Halle und seitlich daneben untergebracht. Für diese und zugleich für die Bord-⚓ kam auf jeder Seite ein Wippkran zur Aufstellung. Gleichzeitig mit der Installierung neuer Feuerleitgeräte erfolgte auch die Verstärkung der ⚓-Bewaffnung, wobei die 10,2 cm-SK nochmals reduziert wurden. Während des Krieges kam Radar hinzu, und außerdem zusätzliche leichte ⚓-Waffen. Erprobungsweise führte **Repulse** ab September 1936 einen Teil der 10,2 cm-⚓ in den neuen, für die 11,4 cm-⚓ bestimmten ⌒. Auf Grund einer Inspektion im Dezember 1940 wurde festgestellt, daß die Rauchgase des vorderen Schornsteins die Brücke usw. erheblich belästigten. Daher wurde erwogen, den vorderen Schornstein zu erhöhen oder ihn mit einer Schrägkappe zu versehen. Obwohl dieses Vorhaben im Juli 1941 genehmigt wurde, kam es nicht mehr zur Ausführung, ebensowenig wie der im September 1941 beabsichtigte Plan einer in den USA durchzuführenden Umrüstung (Ersatz der 9—10,2 cm-SK und der 8—10,2 cm-⚓ durch insgesamt 14—10,2 cm-⚓₂) verwirklicht werden konnte; desgleichen sollten bei dieser Gelegenheit 4 TR ausgebaut und das achtere PzD. auf 76 mm verstärkt werden (anstatt der Umrüstung auf 14—10,2 cm-⚓₂ stand auch eine solche auf 11,4 cm-⚓₂ zur Debatte).

Renown wurde im Anschluß an **Repulse** ebenfalls einer Modernisierung unterzogen, jedoch in viel tiefer durchgreifender Form. Von dieser kehrte das Schiff leidlich verbessert zurück. Hierbei war vor allem der Horizontalpanzer verstärkt worden, der Seitenpanzer dagegen nur in geringerem Ausmaß. Gleichzeitig erhielt **Renown** neue Tu-Sätze und Kessel. Sämtliche 10,2 cm-SK und ⚓ verschwanden und wurden durch die neuen 11,4 cm-Mehrzweck-SK in ⌒ ersetzt. Dazu kamen zahlreiche leichte ⚓-

Gewichtszusammensetzung (nach Entwurf)	
Schiffskörper	10 800 ts
Panzerung	4 770 ts
Maschinen	5 780 ts
Waffen	3 340 ts
Ausrüstung	680 ts
Gewichtsreserve	130 ts
Ölvorrat normal	1 000 ts
Konstruktionsverdrängung	26 500 ts
Ölvorrat (maximal)	3 000 ts
Speisewasser	600 ts
maximale Verdrängung	30 100 ts

Waffen. Für die gesamte Artillerie kamen auch neue Feuerleitgeräte hinzu. In gleicher Anordnung wie auf **Repulse** wurde eine ✈-Halle errichtet, dazu kam ein 🚤 an Bord, ebenfalls Wippkräne. Die Aufbauten wurden fast völlig verändert; so ermöglichte die geringer gewordene Kesselzahl mit kleineren Schornsteinen als bisher auszukommen und diese zugleich etwas weiter nach achtern zu versetzen. Sämtliche Kommando- und Waffenleitanlagen wurden in einem großen Brückenturm untergebracht, wie er zu dieser Zeit in der britischen Marine modern wurde. Dahinter erhob sich nunmehr ein leichter Dreibeinmast, während an Stelle des seitherigen achteren Dreibeinmastes ein einfacher, kurzer Pfahlmast errichtet wurde. Nachträglich erhielt das Schiff auch noch ↑ TR.

Während sonst derartige Totalumbauten fast ausnahmslos durch teils erheblichen Gewichtszuwachs erkauft wurden, verhielt es sich bei **Renown** wesentlich anders. Dies war vor allem auf die Weiterentwicklung der Antriebsanlagen zurückzuführen, die inzwischen bei zumindest gleicher Leistungsfähigkeit im Gewicht wesentlich leichter geworden waren. Das mit ihnen eingesparte Gewicht konnte anderen Gruppen zugeschlagen werden. Dies macht folgender Vergleich über die einzelnen Gewichtsaufwendungen deutlich:

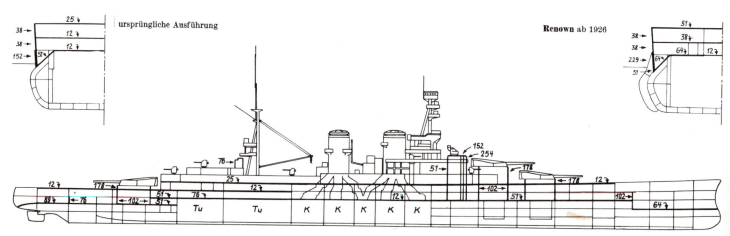

Renown-Klasse (Generalplan)

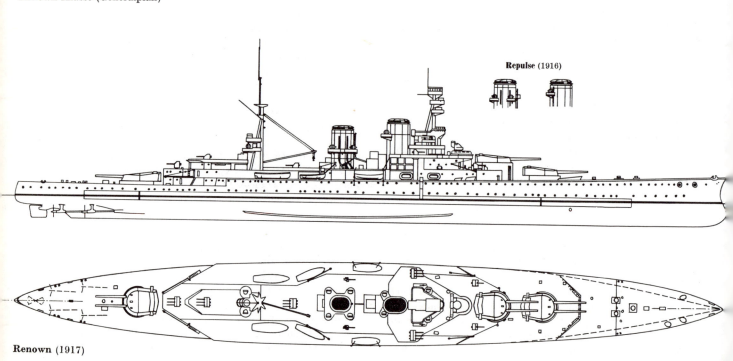

Renown (1917)

Es wogen nach Umbau →	1923/26	1936/39	Differenz
Schiffskörper einschl. Panzer und Schutzeinrichtungen	21 430 ts	21 396 ts	− 34 ts
Waffen	3 400 ts	4 729 ts	+ 1 329 ts
Antriebsanlage	5 890 ts	3 200 ts	− 2 690 ts
Ausrüstung	800 ts	700 ts	− 100 ts
Gewicht des leeren Schiffs	31 520 ts	30 025 ts	− 1 495 ts

Während des Krieges erhielt **Renown** weitere leichte ⚓ und auch Radar (auf vord. Mast: Typ 273-Radar). Um den achteren Mast schwingungsärmer zu machen, erhielt er 1943 Stützbeine. Die Bord-✈ Anlage wurde ~ 1943 ausgebaut; seither befanden sich an dieser Stelle Beiboote und seitlich davon auf konsolartig verbreiterten Plattformen leichte ⚓-Waffen. Im Sommer 1945 wurden die 3 jeseits vordersten 11,4 cm-∞ ausgebaut.

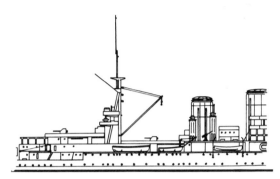

Renown (nur 1917)

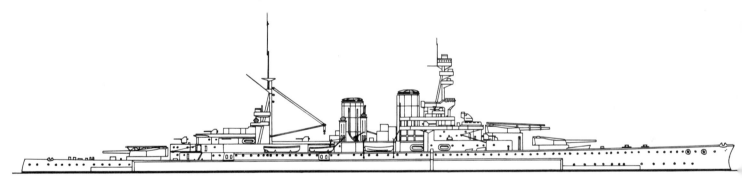

Renown (1922)

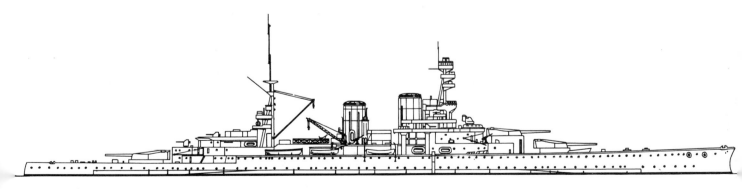

Renown (1933)

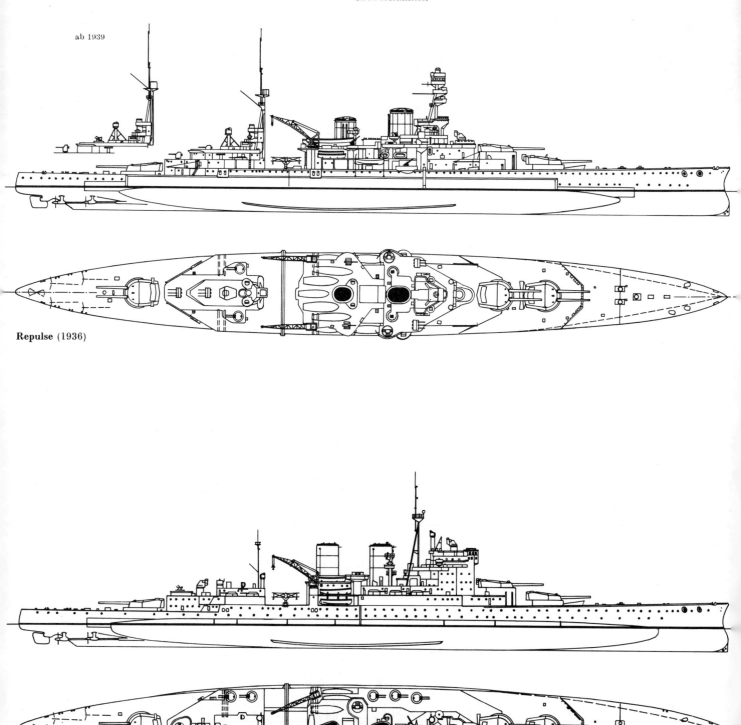

Repulse (1936)

Renown (1939)

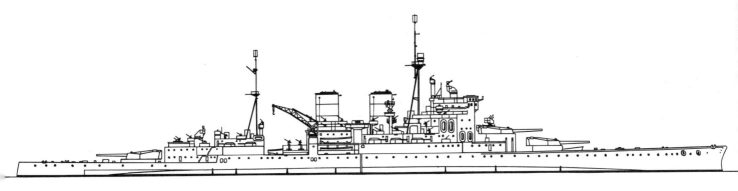
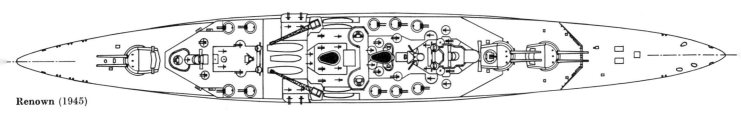

Renown (1945)

Courageous-Klasse

Large light cruisers = Große Leichte Kreuzer

1	2	3	4	5	6
Courageous	Kriegs-bauprogr.	Armstrong, Newcastle	28. 3. 15	5. 2. 16	... 1. 17

Grand Fleet: 17. November 1917 ✗ Deutsche Bucht, hierbei leichte Beschädigungen durch Artillerietreffer erhalten. Seit 1919 Artillerieschulschiff. Ab Juni 1924 Umbau zum ✈-Träger bei Dockyard Devonport, 5. Mai 1928 als solcher fertiggestellt. 17. September 1939 westl. Irland durch T-Treffer des deutschen U-Bootes **U 29** † (514 Tote).

Glorious	Kriegs-bauprogr.	Harland & Wolff, Belfast	1. 5. 15	20. 4. 16	... 1. 17

Grand Fleet: 17. November 1917 ✗ Deutsche Bucht. Seit 1919 Artillerieschulschiff. Ab Februar 1924 Umbau zum ✈-Träger bei Dockyard Rosyth, als solcher Januar 1930 durch Dockyard Devonport (wegen Schließung der Werft Rosyth!) fertiggestellt. 8. Juni 1940 im Nordmeer nahe Jan Mayen durch Artilleriefeuer von → **Scharnhorst** und → **Gneisenau** † (1229 Tote).

Furious	Kriegs-bauprogr.	Armstrong, Newcastle	8. 6. 15	15. 8. 16	26. 6. 17

Kurz vor Fertigstellung zum Kreuzer: März bis Juni 1917 Umbau zum ›Halb‹-✈-Träger → e), anschließend erste Erprobungen. November 1917 bis März 1918 weiterer Umbau → e), danach Grand Fleet: 19. Juli 1918 Unternehmung gegen deutschen Luftschiff-Stützpunkt Tondern (Zerstörung von 2 Marineluftschiffen durch 7 mitgeführte Bord-✈). 1922—1925 erneuter Umbau zum ›echten‹ ✈-Träger durch Dockyard Devonport, als solcher bis 26. Mai 1945 im Dienst; ab 15. März 1948 in Dalmuir und ab 22. Juni 1948 in Troon (Rumpf) abgewrackt.

a) In Wirklichkeit waren sie gar keine ›Schlachtkreuzer‹, als die sie so oft bezeichnet wurden; zwar hatten sie eine hohe Geschwindigkeit und schwerste Geschützkaliber, doch waren ihre Schutzeinrichtungen und ihr Panzer so schwach ausgebildet, daß sie in dieser Hinsicht Leichten Kreuzern entsprachen. Deshalb wurde ihnen die offizielle Typbezeichnung ›Large light Cruisers‹ zugeordnet, denn sie waren nichts anderes als Extremlösungen von Leichten Kreuzern mit Schlachtkreuzer-Kalibern. Dieser Sondertyp verdankte seine Entstehung einem Projekt Lord Fisher's. Schon im Jahre 1909 hatte er vorgeschlagen, in einem Krieg mit Deutschland mit starken Kräften in die Ostsee einzudringen und Landungsoperationen an der pommerschen Küste durchzuführen. Von dort aus sollte gegen Berlin vorgestoßen werden. Gegen Ende 1914 wurde dieses Projekt wieder aufgegriffen und unter dem dynamischen Einfluß Lord Fisher's vorbereitet. Dieser baltische Stoß sollte nur Teilstück einer umfassenden Operation sein, deren weitere Ziele sich gegen die Dardanellen und gegen Flandern gerichtet hätten. Aufgabe der britischen Flotte sollte es sein, mit zahlreichen Schiffen in die Ostsee einzudringen und russischen Heerestruppen die Landung an der Pommernküste zu ermöglichen, während gleichzeitig Diversionsunternehmen gegen die friesischen Inseln anlaufen sollten. Auf Grund dieser Operationsplanung kam es zur Bauvergabe von 162 Kriegsschiffen — — großen und kleinen Monitoren, Leichten Kreuzern, Zerstörern,

Minensuchern, Minenlegern usw. An ihrer Spitze aber standen die 3 Schiffe der **Courageous**-Kl., im britischen Marinejargon als die ›hush-hush cruisers‹ des Lord Fisher bezeichnet. Sie waren vor allem zur Forcierung der baltischen Meerengen vorgesehen; danach sollten sie den leichten Seestreitkräften den notwendigen Rückhalt bieten. Im Hinblick auf die verhältnismäßig flachen dänischen Gewässer durften sie nur einen geringen Tiefgang haben; andererseits aber sollten sie bei hoher Geschwindigkeit die stärkstmöglichen Kaliber tragen. Diese einander widerstrebenden Forderungen führten zwangsläufig zum Verzicht auf jede auch nur annähernd der eigenen Kaliberstärke entsprechende Panzerung. Lord Fisher strebte für diese Einheiten eine Bauzeit von je 12 Monaten an, die allerdings nicht eingehalten werden konnte. Aber selbst 20 Monate Bauzeit für die beiden ersten Schiffe waren in Anbetracht des Krieges noch immer eine gute Leistung zu nennen.

Das Scheitern der Dardanellen-Operationen und der damit verbundene Abgang Lord Fisher's war eine der wesentlichsten Ursachen dafür, daß auf die Durchführung des baltischen Unternehmens verzichtet werden mußte. Gleichwohl wurde der Bau der gerade eben begonnenen Schiffe weitergeführt, weil man in ihnen trotz ihres unzureichenden Schutzes eine begrüßenswerte Verstärkung der Schlachtkreuzer-Flotte sah. Das 3. Schiff, **Furious**, wurde nach einem etwas abgewandelten Entwurf gebaut; während die beiden ersten Schiffe 38,1 cm-SK erhielten, wurden für **Furious** 45,7 cm-SK vorgesehen, die eigentlich für den Einsatz an Land, als Küstengeschütze, entwickelt worden waren. Es war das schwerste Kaliber, das bis dahin auf einem Kriegsschiff zur Aufstellung kam, wenn man von einigen Einzelfällen im vergangenen Jahrhundert — noch lange vor Beginn der Dreadnought-Ära — absieht, bei denen es sich jedoch um Vorderlader handelte.

Diese Schiffe erwiesen sich — wie von Anfang an zu erwarten war — als ausgesprochene Fehlkonstruktionen. Trotz ihrer starken Bewaffnung und trotz ihrer hohen Geschwindigkeit waren sie keineswegs zum Schlagaustausch mit anderen (auch schwächeren) Kriegsschiffen geeignet, ohne sich selbst erheblich zu gefährden, wie das Kreuzergefecht am 17. November 1917 bewies. Schon 15 cm-Treffer führten zu ganz empfindlichen Schäden und Störungen. Auch ihre Festigkeit war ausgesprochen mangelhaft, bedingt durch die gar zu schwachen Verbände einerseits und die hohen Turmgewichte andererseits. Als **Courageous** bei den ersten Probefahrten in einen schweren Sturm geriet, verzogen sich eine Reihe von Außenplatten derart, daß sie erneuert werden mußten.

Dieses krasse Mißverhältnis zwischen Schlagkraft und Standfestigkeit wurde früh erkannt und forderte geradezu heraus, die Schiffe anders zu verwenden, als es ihren Schöpfern ursprünglich vorschwebte. Angesichts der wachsenden Bedeutung der Bordfliegerei lag es nahe, sie zu ⚓-Trägern umzubauen, zumal sie ohnehin gem. Washington-Abkommen hätten ausgemustert werden müssen. Dabei ist bemerkenswert, daß **Courageous** und **Glorious** die besten ⚓-Träger ihrer Zeit wurden und diese Spitzenstellung auf viele Jahre hinaus unangefochten behalten konnten. Es war dies ein Fall in der Geschichte des Kriegsschiffbaus, der wohl nichts Vergleichbares haben dürfte, wenn man bedenkt, daß sie vor dem Umbau ausgesprochene Fehlkonstruktionen waren! **Furious** dagegen beschritt diesen Weg über eine Zwitterstellung, bis sie nach mehreren Umbauten endlich ein ›reinrassiger‹ ⚓-Träger wurde. Konstruktiv fiel sie jedoch lange nicht so gut aus wie ihre Schwesterschiffe.

b) *Bei diesen Schiffen wurde erstmals sog. ›HT-Panzer‹ (high tensive = hochelastisch) verwendet. Dieser sollte vermöge seiner elastischen Eigenschaften auftreffende Geschosse nicht abweisen, sondern ihre Zünder vorzeitig zum Ansprechen bringen. Die Sprengwirkung sollte dann im Innenschiff von einem sinnreichen System leichter Panzerlängsschotte abgefangen werden und so Munitionsräume, Kesselräume, Turbinenräume, Rauchgas-Abzugsschächte und die Ventilationseinrichtungen schützen.* PzQ.: 76, 76, 76, 51 / Seitenpanzer: 0, 76, 51 / Zitadellpzr.: 76 / Horizontalpzr.: Oberdeck 25; o. PzD. (nur über vorderen Munitionsräumen!) 25; Haupt-PzD. 19 (Böschungen 25); u. PzD. (nur achtern) 76—38 / Unterwasserschutz: T-Schott 25—38 / SA: Barbetten 178; Türme 330, 178, 108 (**Furious**: Türme 229, 229, 127) / MA ohne Panzerschutz / KdoT.: v. 254 (51); a. 76 (51) / Innenschutz: Panzerlängsschotte 19 (im Bereich des Mittelschiffs zwischen Haupt-PzD. und Oberdeck).

c) 4 × Parsons ⚙-Tu auf 4 ⚙ (**Furious** jedoch Brown-Curtis-⚙-Tu) / 18 Yarrow-Kessel (Öl) / Leist. 90 000 WPS (**Furious** 94 000 WPS); Geschw. 31,0 kn (**Furious** 31,5 kn) / 1 Ruder.

Probefahrtergebnisse:
Courageous 93 790 WPS = 31,58 kn
Glorious 91 165 WPS = 31,60 kn
Furious 90 820 WPS = 30,0 kn

d) **Courageous** und **Glorious**: 4—38,1 cm-SK L/42 in je 1 ⚙ vorn und achtern / 18—10,2 cm-SK L/50 in Drillingen / 2—7,6 cm-⚙ / 2—53,3 cm-↓ TR (S), ab 1917 dazu: 4—53,3 cm-↑ TR (S), **Glorious** außerdem 8—53,3 cm-↑ TR (S) in Zwillingsrohrgruppen auf der Schanz. **Furious** vorgesehen: 2—45,7 cm-SK L/35 in je 1 ⚙ vorn und achtern / 11—14 cm-SK L/50, einzeln hinter Schilden / 4—7,6 cm-⚙ / 2—53,3 cm-↓ TR (S) + 4—53,3cm↑ TR (S); tatsächlich eingebaut jedoch nur: 1—45,7 cm-SK L/35 (der achtere Turm) / 11—14 cm-SK / 2—7,6 cm-⚙ / 2—53,3 cm-↓ TR (S) + 4—53,3 cm-↑ TR (S).

e) **Glorious** und **Courageous** hatten zunächst Einzelplattformen für die Scheinwerfer am Schornstein, und zwar waren diese bei **Courageous** in gleicher Höhe angeordnet, auf **Glorious** jedoch der Höhe nach versetzt. Nachdem 1918 diese Einzelplattformen gegen Scheinwerfertürme ausgewechselt worden waren, stimmten die Schiffe äußerlich fast völlig überein. Lediglich **Courageous** führte auf der Schanz 4 Gleisstränge für Minen, die auf ~ m 14 paarweise in einem Strak nach außenbords geführt waren. 1918 wurden auf beiden SA-Türmen Startplattformen für ⚓ errichtet. Da die ↓ TR bei Fahrtstufen über 23 kn nicht mehr eingesetzt werden konnten, wurden nachträglich 4 ↑ TR installiert, und zwar paarweise im Batteriedeck zwischen Schornstein und achterem Mast, so daß ihre Schußrichtung nach genau jeseits querab lag. **Glorious** erhielt außerdem 8 TR auf der Schanz, die ebenfalls paarweise mit Schußrichtung nach jeseits querab angeordnet waren[1]. **Furious** wurde noch vor ihrer Fertigstellung zum ✈-tragenden Schiff umgebaut; achtern blieb sie zunächst Träger schwerer Artillerie, vorn wurde sie ✈-Träger. Diese Arbeiten wurden im März 1917 begonnen und im Juli 1917 abgeschlossen. Auf den vorderen 45,7 cm-Turm mit Unterbau wurde verzichtet, und dafür konnte dort eine Halle für 8—10 ✈ errichtet werden. Diese reichte vom KdoT. nur ein verhältnismäßig kurzes Stück nach vorn. Bei einer Länge von 27,0 m und einer Breite von 15,5 m betrug ihre Höhe maximal ~ 4,3 m. In dem unmittelbar vor dem KdoT. liegenden Teil dieser Halle befand sich ein Aufzug von ~ 9 × 5 m Größe. Im vorderen Bereich des Startdecks waren jeseits und dazu noch querdecks angeordnete Palisaden — die versenkt werden konnten — dazu ausersehen, die auf dem Flugdeck stehenden ✈ vor dem Wind zu schützen. Für den Start der ✈ waren auf dem Flugdeck Schienen verlegt, auf denen ein leichter Wagen lief und auf dem das ✈ mit seinen Schwimmern gesetzt wurde; darüber hinaus war aber auch schon der Start von ✈ möglich, nicht aber deren Landung an Bord. *Nach der Fertigstellung des Schiffes wurden unter Führung von Squadron Commander Dunning Versuche durchgeführt, um auf dem Flugdeck auch Landungen zu ermöglichen. Das ✈ mußte dabei im ganz engen Bogen um die Aufbauten herumfliegen und versuchen, über die Schiffsachse zu gelangen; wenn auch der bei hoher Fahrt bestehende Geschwindigkeitsunterschied zwischen Schiff und ✈ im Moment des Aufsetzens gering war, so mußte es — so versprach man sich — möglich sein, das landende ✈ an kurzen, von den Tragflächenspitzen herunterhängenden Tauenden zu greifen und festzuhalten. Der erste Versuch am 2. August 1917 durch Dunning verlief erfolgreich, aber der zweite Versuch am 7. August 1917 mißlang und Dunning fand den Tod.* Weitere Versuche dieser Art wurden daraufhin verboten, aber andererseits zwangen die militärischen Erfordernisse dennoch zur Schaffung von Landemöglichkeiten an Bord. Als neuer Vorschlag kam der Gedanke auf, achtern ein Landedeck zu errichten. Konservative Kreise wehrten sich dagegen, denn eine solche Maßnahme mußte den Ausbau der einzigen 45,7 cm-SK zur Folge haben. Die Admiralität entschloß sich gleichwohl zu diesem weiteren Umbau, der vom November 1917 bis März 1918 durchgeführt wurde. Hierbei wurde der achtere 45,7 cm-Turm ausgebaut, ebenso alle achterlich des Schornsteines befindlichen Aufbauten. Dafür kam ein Landedeck von 86,4 m Länge und 21,3 m Breite an Bord, das mit dem Startdeck beiderseits durch je eine um die Aufbauten herumführende Rampe verbunden wurde. Unter dem Landedeck wurde eine Halle für weitere Flugzeuge (nunmehr ✈!) mit entsprechenden Werkstätten eingerichtet. Der Transport der dort abgestellten ✈ zum Landedeck erfolgte mittels eines Aufzuges. Normal sollte **Furious** nunmehr 16 ✈ mitführen, doch waren zeitweise bis zu 26 an Bord. Als Bewaffnung führte sie in dieser Zeit nur noch 10—14 cm-SK. Zum Abbremsen der landenden ✈ waren Bremsseile quer über Deck gelegt; diese mußten von den an den ✈ angebrachten Haken gegriffen werden und dank ihrer Elastizität die Abbremsung einleiten. Für den Fall des Mißlingens sollten Manila-Leinen, die von einem um ~ 50° nach achteraus geneigten Galgen senkrecht nach unten gespannt waren, das ✈ auffangen, um den sonst drohenden Aufprall auf den Schornstein zu verhindern. In dieser Gestalt führte **Furious** seinen bekannten Angriff auf den deutschen Luftschiffstützpunkt Tondern durch. Indessen zeigte sich beim Bordflugbetrieb, daß die landenden ✈ in der Wirbelzone hinter dem Schornstein hin- und hergerissen wurden und ihre sichere Landung außerordentlich gefährdet war. Um dem zu begegnen, mußte auf die Vorzüge des *schnellen* Schiffes für die Möglichkeit der Landung verzichtet werden, indem die Fahrt auf ~ 8 kn vermindert wurde. Vorerst blieb **Furious** wie sie war, und man verzichtete einstweilen auf eine Landemöglichkeit der ✈. Versuchsweise diente das Landedeck auch zur Unterbringung eines kleinen, unstarren Lenkluftschiffes, das mit gezurrter Gondel gefahren wurde, um in See als U-Bootsicherung eingesetzt zu werden. Erst als sich gegen Ende 1918 durch die bis dahin gemachten Erfahrungen mit dem neuen ✈-Träger **Argus** neue Ansatzpunkte ergeben hatten, verfügte die Admiralität einen nochmaligen Umbau der **Furious** unter sorgfältiger Abwägung aller seither gesammelter Erfahrungen, wozu nunmehr, nach dem Ende des Ersten Weltkrieges, genügend Zeit zur Verfügung stand. Dieser Umbau begann 1922; aus ihm ging das Schiff als ›reinrassiger‹, inselloser ✈-Träger hervor → Skizze. Für die an Bord unterzubringenden 33 ✈ stand ein durchgehendes Hallendeck zur Verfügung. Mittels zweier Aufzüge wurden sie auf das Flugdeck geschafft. ⚓-Möglichkeiten waren dabei nicht geschaffen worden. Die Schiffsführung und die Flugleitung erfolgte aus vorn neben dem Flugdeck angeordneten Schwalbennestern, was sich jedoch in der Folgezeit als äußerst unbequem und schwierig erwies. Deshalb wurden ~ 1930 versenkbare Stände eingebaut, die aus dem Flugdeck herausragten, wenn sie im Betrieb waren. Weil auch diese Einrichtungen nicht genügten, erfolgte 1938/39 ein nochmaliger Umbau, wobei an Stb-Seite des Flugdecks eine Insel mit einem Mast errichtet wurde. Keine Änderung wurde jedoch hinsichtlich der Rauchgasabführung getroffen; die Abgase traten am Heck aus großen seitlichen Öffnungen aus, wo sie allerdings die Anflugzone der zur Landung ansetzenden ✈ erheblich störten. Außerdem wurde durch die

Gewichtsgruppenanteile von **Furious**	
Schiffskörper einschl. Hilfsmaschinen	38,0%
Panzerung	17,0%
Maschinenanlage	11,5%
Waffen	15,5%
Ausrüstung	3,5%
Ölvorrat, normal	14,5%
	100,0%
(bezogen auf Konstruktionsverdrängung und auf ursprüngliche Planung als Kreuzer!).	

---

[1] In dieser Zeit wurde die †-Torpedowaffe an Bord großer Schiffe in der britischen Marine offensichtlich überbewertet; daher kam es zu derart großen Rohrzahlen (die höchste Steigerung erfuhren die 1918 begonnenen Kreuzer der **Emerald**-Kl., die nicht weniger als 16 †-TR in Vierergruppen erhielten!).

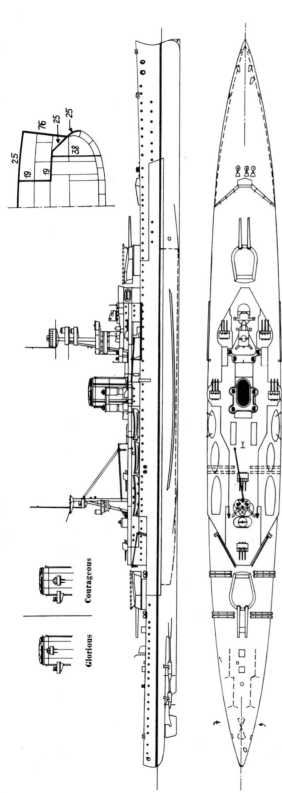

Glorious (1918), ähnlich **Courageous**
(achtern keine TR, dafür Gleise für Minen, jeseits zwei Stränge, die nach außenbords gekrümmt waren [siehe Pfeile] und dort endeten).

Zuerst Scheinwerfer-Plattformen am Schornstein:

Glorious | Courageous

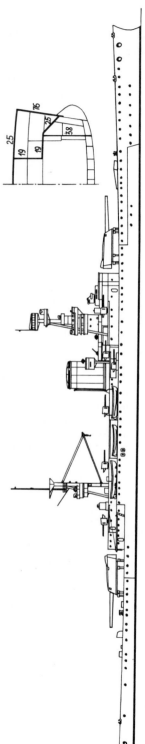

Furious (ursprünglicher Entwurf)

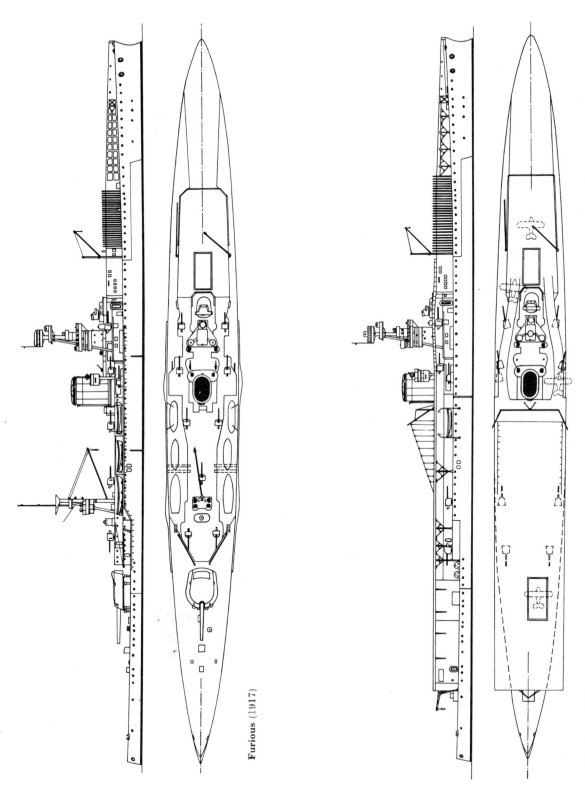

Furious (1917)

Furious (1918)

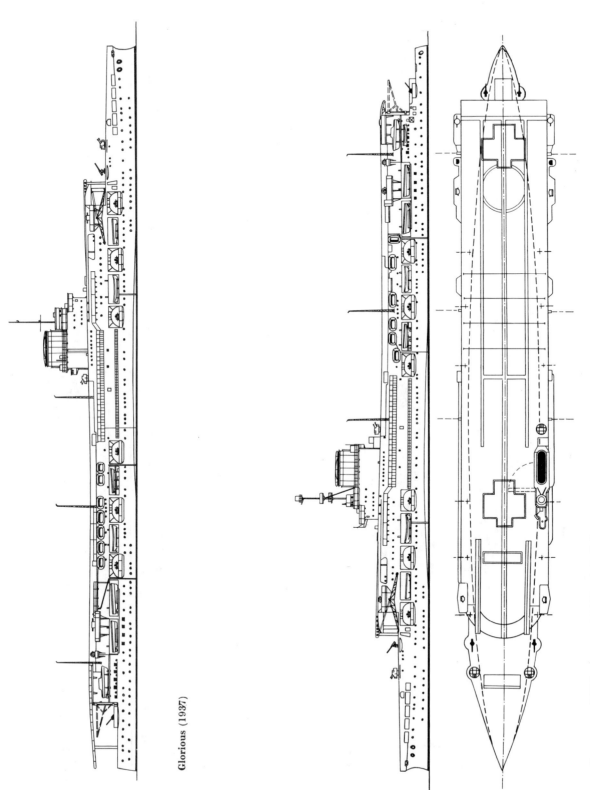

Glorious (1927)

Courageous (1938) Ursprünglich Pfahlmast wie **Glorious**

Courageous-Klasse

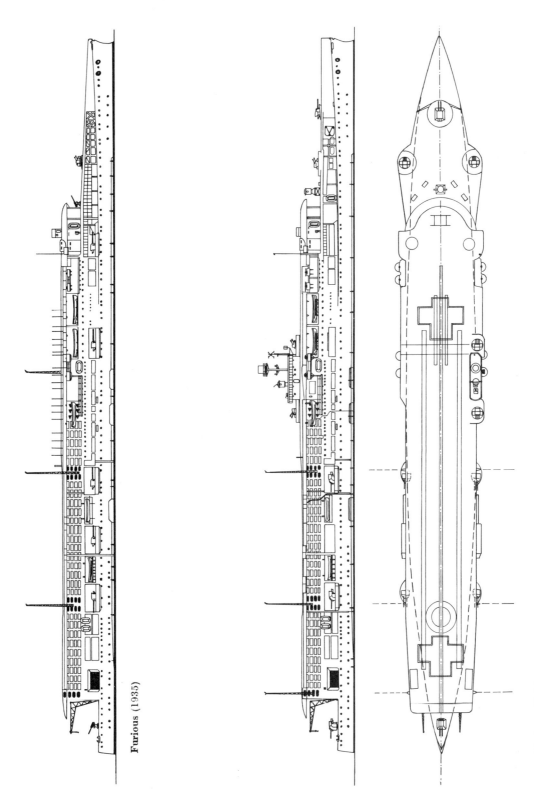

Furious (1935)

Furious (1944)

sperrigen Rauchgasableitungen der Platz im Hallendeck so sehr eingeengt, daß nur 75% auf der **Courageous** und **Glorious** unterzubringenden ⚓ an Bord genommen werden konnten. Bei dem Umbau 1922/25 blieben die 10—14 cm-SK an Bord; dazu kamen 3—10,2 cm-⚓ und 1931 noch 16—4 cm-⚓₈. Beim Umbau 1938/39 wurde diese Bewaffnung geändert: Die 14 cm-SK fielen sämtlich weg, und es kamen dafür 12—10,2 cm-⚓₂ an Bord. Während des Krieges wurden weitere 8—4 cm-⚓₈ und 22—2 cm-⚓ eingebaut. Die ursprünglich installierte Antriebsanlage und die Schutzeinrichtungen blieben bei sämtlichen Umbauten unverändert. Das Flugdeck erhielt eine 25 mm dicke Panzerung. *Bemerkenswert ist der Verbleib der für* **Furious** *vorgesehenen bzw. eingebauten zwei 45,7 cm-SK (und ein Res.-Rohr): Je eine davon erhielten die Monitore* **General Wolfe**, **Lord Clive** *und* **Prince Eugen**, *und zwar auf dem Achterschiff fest eingebaut mit Schußrichtung nach StB-querab. Später gelangten diese SK in den Festungsbauten von Singapore zum Einbau, wo sie 1942 den Japanern in die Hände fielen.*
Courageous und **Glorious** wurden ab 1924 zu ⚓-Trägern umgebaut. Beide unterschieden sich seit 1936 vor allem dadurch, daß **Courageous** einen Dreibeinmast und **Glorious** nur einen einfachen Pfahlmast trugen. Außerdem war auf **Glorious** die Schanz um 1 m höher als auf **Courageous**, und das Flugdeck reichte weiter nach achtern. Im Wesentlichen blieben die Schutzeinrichtungen die gleichen wie früher, nur wurden zusätzlich T-Wulste angebaut, die maximal bis zu 7,6 m hoch waren. Das Flugdeck erhielt eine 25 mm dicke Panzerung; die Bewaffnung bestand aus 12—12 cm-SK L/40 in Einzellafetten in kleinen Nischen seitlich am Schiffskörper; hinzu kamen 4—12 cm-SK L/40, die paarweise nebeneinander vor und hinter dem Flugdeck aufgestellt wurden, sowie 14 MG ⚓. Zuletzt waren zusätzlich 24—4 cm-⚓₈ an Bord (2 auf der Back, 1 hinter der Insel). Maximal konnten 48 ⚓ mitgeführt werden, für deren Start 2 ⚓ vorhanden waren. Die Unterbringung erfolgte in einem Hallendeck, von wo aus der Transport zum Flugdeck durch 2 Aufzüge vorgenommen wurde.

Hood-Klasse
Battle cruisers = Schlachtkreuzer

1	2	3	4	5	6
Hood	Kriegsbauprogr.	J. Brown, Clydebank	1. 9. 16	22. 8. 18	5. 3. 20

1920—1929 Atlantikflotte bzw. Home Fleet. Juni 1929 bis Mai 1931 Modernisierung bei Dockyard Portsmouth, danach wieder Home Fleet. 23. Januar 1935 Kollision mit → **Renown**, *Reparatur in Portsmouth. Ab September 1936 Mittelmeerflotte; Februar bis September 1939 Überholung in Portsmouth, danach Home Fleet; 23. Oktober 1939 bei Vorstoß in die mittlere Nordsee leichten Bombentreffer erhalten. November 1939 zur Jagd auf →* **Scharnhorst** *und →* **Gneisenau** *angesetzt. März bis Mai 1940 Überholung bei Dockyard Devonport. 12.—16. Juni 1940 Sicherung eines Groß-Convoys Australien-Neuseeland-England ab Kap Finisterre (SS* **Queen Mary**, **Empress of Britain**, **Mauretania**, **Aquitania**, **Andes** *und* **Empress of Canada** *mit Commonwealth-Truppen an Bord). Ab 23. Juni 1940 Force ›H‹; 3. Juli 1940* × *Mers el Kebir; ab August 1940: Home Fleet; September 1940 Verlegung von Scapa Flow nach Rosyth mit Order, im Kanal zu operieren, sobald erwartete deutsche Invasion beginnt. Januar bis März 1941 Überholung in Rosyth. 24. Mai 1941 südl. Grönland durch →* **Bismarck** † *(1338 Tote, nur 3 Überlebende).*

Anson	Kriegsbauprogr.	Armstrong, Newcastle	∞	∞	∞
Howe		Cammell, Laird & Co., Birkenhead	∞	∞	∞
Rodney		Fairfield, Glasgow	∞	∞	∞

April 1916 in Auftrag gegeben, Bau wegen Konstruktionsänderung jedoch zunächst nicht begonnen. Aufträge März 1917 annulliert (bis dahin Material für ~ 860 000 £ vorgefertigt; das für **Howe** *und* **Anson** *bestimmte Material wurde später z. T. für →* **Nelson** *und →* **Rodney** *verwertet).*

a) Als die deutschen Vorbereitungen zum Bau der → **Mackensen**-Kl. bekannt wurden, entschloß sich die Admiralität im Jahre 1915 sofort zu einer ›Antwort‹, die gleichzeitig die bereits vorhandenen Schlachtkreuzer der → **Derfflinger**-Kl. übertrumpfen sollte. Die Entwurfsarbeiten begannen sofort, und es wurden eine größere Anzahl von Entwürfen durchgearbeitet und vorgelegt. Da vor Frühjahr 1916 ohnehin keine Werftkapazität zum Bau derart großer Schiffe frei war, konnten die Vorarbeiten ohne Überstürzung durchgeführt werden. Im März 1916 wurde der endgültige Entwurf genehmigt; dieser sah Schiffe von 36 600 ts mit 8—38,1 cm-SK als Hauptbewaffnung vor; gemäß Lord Fisher's Leitspruch ›speed is the best protection‹ sollten sie 32—33 kn laufen, aber wiederum nur schwach gepanzert werden. Der Seitenpanzer sollte dabei noch nicht einmal die Dicke von → **Tiger** erreichen.
Wenige Wochen nach Auftragserteilung wurde die Skagerrakschlacht geschlagen; der Verlust von 3 Schlachtkreuzern wirkte außerordentlich schockierend, denn nun endlich kam den verantwortlichen Stellen sehr drastisch zum Bewußtsein, daß sich derart schwach gepanzerte Schiffe keineswegs für den artilleristischen Schlagabtausch mit gleichstarken Gegnern eigneten. Damit war auch die Standfestigkeit der **Hood**-Klasse in Frage gestellt; aus diesem Grunde entschloß man sich zu einer Änderung des bisherigen Entwurfs, die darauf hinauslief, die Panzerdicken durchschnittlich um 50% zu verstärken. Da die ursprünglich vorgesehene Hauptbewaffnung beibehalten werden sollte, mußte man auf ~ 2 kn Geschwindigkeit verzichten. Der abgeänderte Entwurf sah nunmehr — erstmals im britischen Schlachtkreuzer-Bau — wesentlich bessere Schutzeinrichtungen vor (dickerer Seiten- und Horizontalpanzer, besserer Schutz der Munitionskammern, umfassende Sicherheitsvorkehrungen gegen das Entflammen von Munition u.a.m.). Alle diese Änderungen bewirkten eine Gewichtssteigerung von mehr als 5000 ts.
Obwohl die gesamte Durcharbeitung der Konstruktion bis 1917 dauerte, wurde **Hood** noch im Spätsommer 1916 begonnen, während die 3 Schwesterschiffe bis zur Vollendung der Konstruktionsarbeiten zurückgestellt wurden. Als dann 1917 bekannt wurde, daß die Arbeiten an der → **Mackensen**-Kl. eingestellt worden waren, entschloß sich die Admiralität zum Verzicht auf die 3 Schwesterschiffe. Nur **Hood** wurde als ›non plus ultra‹-Lösung des britischen Großkampfschiffbaus zur Fertigstellung bestimmt. Nachdem sie im Frühjahr 1920 in Dienst gestellt worden war,

galt sie viele Jahre lang als das größte Kriegsschiff der Welt und — jedoch nicht ganz zu Recht, wie sich später folgenschwer ergab — als die vollendetste Lösung des Schlachtschiff-Problems ihrer Zeit. Die Baukosten betrugen 6,250 Mio. £.
Trotz der Verbesserung ihrer Standfestigkeit teilte **Hood** im Zweiten Weltkrieg das Schicksal ihrer Vorfahren. Um das Schiff gegenüber der neuzeitlichen Waffenwirkung widerstandsfähiger zu machen, hätte es einer umfassenden Modernisierung bedurft. Diese war auch vorgesehen, kam aber infolge des Kriegsausbruchs nicht mehr zur Durchführung.

b) *Die Skagerrak-Erfahrungen führten in der britischen Marine zu einem neuen Entwicklungszweig des Schiffspanzers. Jetzt ging man davon aus, daß auftreffende Geschosse ›verzögert‹ werden sollten, wenn sie vom Panzer nicht abgewiesen wurden. Dadurch wollte man bewirken, daß ihre Detonation hinter dem Außengürtel erfolgte. Die Sprengwirkung sollte von den lebenswichtigen Einrichtungen im Innenschiff dadurch ferngehalten werden, daß sie von einer Binnenpanzerung aufgefangen wurde. Als vertikaler Binnenpanzer kam vor allem das bis zum Oberdeck hochgezogene T-Schott in Betracht, und darüber hinaus weitere Panzerlängsschotte und Panzerquerschotte und -traversen als Ergänzung. Das besondere Wesensmerkmal dieser Binnenpanzerung war einmal ihre Anordnung, die an ein gestaffeltes System erinnerte (daher im deutschen Sprachgebrauch auch als ›Staffelpanzerung‹ bezeichnet), und zum anderen die hochelastische Eigenschaft des Panzermaterials selbst, das auch größeren Druckwirkungen — wie sie bei der Detonation schwerer Geschosse stets entstehen — genügend Widerstand entgegensetzen sollte. Im horizontalen Bereich kamen ähnliche Maßnahmen in Betracht, und zwar dadurch, daß auch die oberen Decks durch leichte Panzerung die gleichen Aufgaben gegenüber steil einfallenden Geschossen und Bomben zu erfüllen hatten.
Allererste, tastende Versuche in dieser Richtung waren mit der* → **Renown**-*Kl. gemacht worden; auch die* → **Courageous**-*Kl. gehörte in diese Entwicklungsreihe, wobei allerdings einzuräumen ist, daß zum Zeitpunkt ihrer entwurfsmäßigen Entstehung die Skagerrakschlacht noch nicht geschlagen war und somit noch keine so drastischen Erfahrungen vorlagen. Am konsequentesten gingen die Konstrukteure nunmehr bei* **Hood** *vor. So wurde der Seitenpanzer nicht nur beträchtlich verstärkt, sondern auch auf das Vorschiff und auf das Achterschiff ausgedehnt. Allerdings konnte er dabei nur verhältnismäßig schmal — 3,15 m breit — ausfallen. Es wurde dabei bewußt in Kauf genommen, daß schon bei einer Krängung von 5° die Ober- bzw. die Unterkante des Seitenpanzers in die Schwimmlinie geraten mußte. Um aber ein mögliches Unterschießen des Seitenpanzers zu erschweren, wurde unter ihm noch ein sog. ›Artilleriegang‹ (additional belt) von 76 mm Dicke auf der 38 mm dicken Außenhaut angeordnet. Dazu wurde der Seitenpanzer schräg gestellt, und über ihm befand sich wieder ein Zitadellpanzer von 127 mm Dicke; diese Platten konnten auftreffende Geschosse selbstverständlich nicht abweisen; sie sollten sie lediglich ›verzögern‹ und zur vorzeitigen Detonation zwingen, so daß die Sprengwirkung von der Binnenpanzerung aufgefangen und gleichsam absorbiert werden konnte. Das technische Prinzip dieses ›Staffelpanzers‹ war es also, auftreffende Geschosse vorzeitig zur Detonation zu bringen und ihre Sprengwirkung zu lokalisieren. Daß* **Hood** *im Zweiten Weltkrieg trotzdem durch unglückliche Treffer verlorenging, sprach an sich weniger gegen dieses Panzerungssystem als solches, sondern vor allem gegen die nicht mit der Zeit gegangenen Schutzeinrichtungen der Munitionskammern.*
Bemerkenswert war auch die Gestaltung des Unterwasserschutzes. Expansionsraum war die äußere Hälfte des maximal 2,7 m breiten, organisch in den Schiffskörper eingetrakten T-Wulstes. Es folgte ein (äußerer) Zerstörungsraum, der mit 2,5 m langen, an den Enden geschlossenen Stahlrohren von je 25 mm Durchmesser ausgefüllt war, und danach das um 12° nach außen geneigte Haupt-T-Schott als Außenhaut und zugleich Hinterlage des Seitenpanzers, also als tragender Verband. Daran schloß sich ein weiterer (innerer) Zerstörungsraum an, dessen Füllung aus Heizöl bestand. Abschluß dieses Schutzbunkers war ein weiteres (inneres) T-Schott. Im Abstand von ~ 1 m folgte dann ein die Räume der Antriebsanlage abschließendes Begrenzungsschott aus gewöhnlichem Schiffbaustahl. — Ursprünglich vorgesehene Panzerdicken: Seitenpzr. 203 / PzD. 76 / SA: Barbetten 229; Türme 381 / KdoT.: v. 229—279 (152); a. 38 (19). Ausgeführte Panzerdicken: PzQ.: 127, 127, 127, 127, 127 / Seitenpzr.: 12° geneigter Außenpanzer 152, 305 (getäpert ↑ 178, ↓ 76), 152—127 / Zitadellpzr.: 152, 127, 152 / Horizontalpzr.: Oberdeck 32; o. PzD. 25—51; mittl. PzD. 38—51 mit Böschungen 51; u. PzD. 76—25, 51—38 / Unterwasserschutz: T-Schott 51, 19; T-Wulst / SA: Barbetten 305; Türme 381, 279—305, 127 / MA: Schilde 25 / KdoT.: v. 254 (76); a. 76 (19).

c) 4× Brown-Curtis-⊛ Tu auf 4 ⚙ / 24 Yarrow-Kessel (Öl) / Leist. 144 000 WPS; Geschw. 31,0 kn. Probefahrtergebnis: 151 280 WPS = 31,07 kn / Bugwulst / 1 Ruder.

d) 8—38,1 cm-SK L/42 in je 2 überhöhend angeordneten ⚬ vorn und achtern / Geplant 16—, eingebaut nur 12—, ab 1939: 10—, ab 1940: 6—14 cm-SK L/50, einzeln hinter Schilden / 4—10,2 cm-⚓, dafür seit 1939: 8—, ab 1940: 14—10,2 cm-⚓₂ / ab 1931: 16—, ab 1939: 24—4 cm-⚓₄ bis 15 MG-⚓, dafür seit 1939: 8, zuletzt 20 MG-⚓₄ / ab 1940: 5 U. P. batteries / 2—53,3 cm-↓ TR (S) [1939 ausgebaut] + 4—53,3 cm ↑ TR (S) / nur vorübergehend (1931/32) / 1 ⚓, 1 ⚓ zu Versuchszwecken.

e) Stapelaufgewicht ca. 22 000 ts. — Die starke Maschinenanlage machte eine erhebliche Ausdehnung der Zitadelle erforderlich. Infolge der dadurch bedingten Verschiebung der SA-Türme nach den Schiffsenden hin wurde der verhältnismäßig sehr lange Schiffskörper außerordentlich starken Biegungsbeanspruchungen ausgesetzt. Ursprünglich waren 16—14cm-SK geplant und zunächst auch eingebaut worden; noch vor der Fertigstellung wurden die jeseits achtersten 14 cm-SK wieder ausgebaut. 1920 befanden sich auf den Türmen B und C Startplattformen für ⚓. Bei der Grundüberholung 1929/31 wurden u. a. leichte ⚓-Waffen im Mittelschiff und auf dem achteren Aufbaudeck ein Feuerleitgerät (dazu weitere auf der Brücke) installiert. 1931/32 befand sich auf der Schanz versuchsweise eine Bord-⚓ Anlage mit

Großbritannien

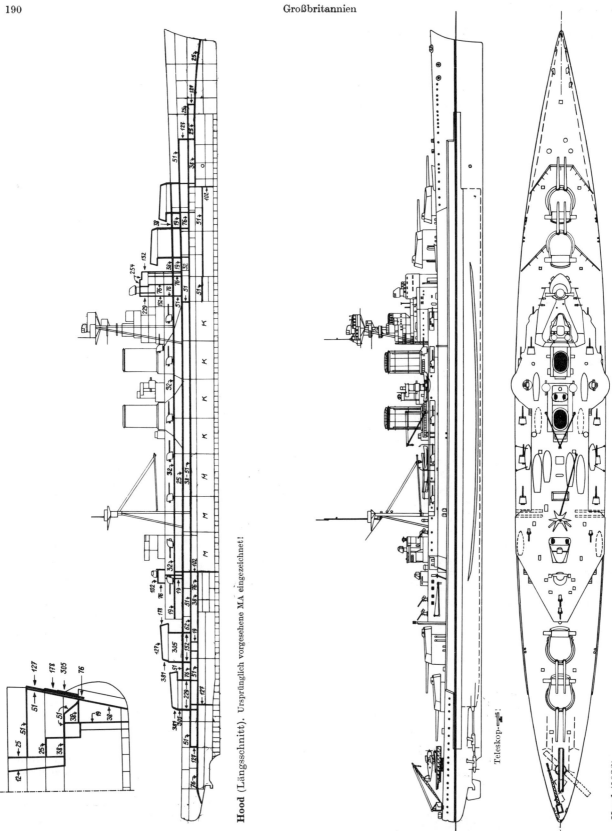

Hood (Längsschnitt). Ursprünglich vorgesehene MA eingezeichnet!

Hood (1932)

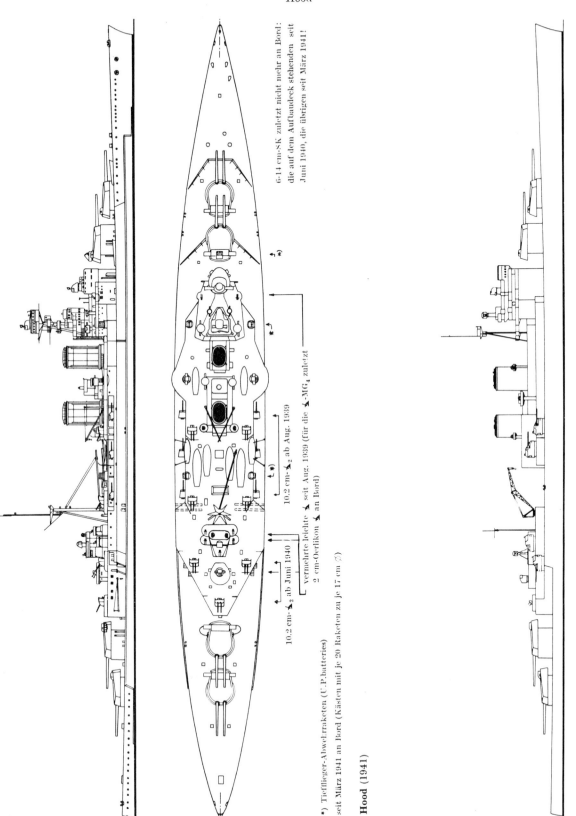

Hood (1941)

*) Tieffflieger-Abwehrraketen (U.P. batteries) seit März 1941 an Bord (Kästen mit je 20 Raketen zu je 17 cm ⌀)

10.2 cm-☇₂ ab Juni 1940
10.2 cm-☇₂ ab Aug. 1939
vermehrte leichte ☇ seit Aug. 1939 (für die ☇-MG₄ zuletzt 2 cm-Oerlikon ☇ an Bord)

6-14 cm-SK zuletzt nicht mehr an Bord; die auf dem Aufbaudeck stehenden seit Juni 1940, die übrigen seit März 1941!

Hood (geplanter Umbau — Giß!)

einem Kran ganz achtern. Die ⚓-Bewaffnung wurde 1939 verstärkt; dabei wurden die 10,2 cm-⚓ gegen ⚓₂ ausgetauscht, wobei gleichzeitig die Positionen gewechselt wurden. Auf dem achteren KdoT. entfiel das BG, wofür dort eine Plattform für ⚓ errichtet wurde. Außerdem kamen MG ⚓ am achteren Aufbau und am Brückenaufbau hinzu. Eine weitere ⚓-Verstärkung erfolgte 1940: Die jeseits auf dem vorderen Aufbaudeck stehenden 14 cm-SK fielen weg, an deren Stelle kamen 10,2 cm-⚓₂ hinzu, ebenso achtern hinter der Hütte. Dazu erhielt **Hood** 5 U. P. batteries → Skizze. 1941 wurden außerdem die jeseits 2 vordersten 14 cm-SK ausgebaut und deren Nischen geschlossen; die MG ⚓ wurden durch 2 cm-⚓ ersetzt, und außerdem kamen diverse Radarantennen (auf Großmast Typ 279, auf den Feuerleitgeräten Typ 282 und Typ 285) hinzu. Auf dem vorderen Mast wurde eine Radarantenne Typ 274 installiert, wofür seither die Stengo wegfiel.

1939 begannen Überlegungen zu einem Totalumbau von **Hood**. *Dabei wurden in Aussicht genommen:*

1. *Einbau neuer Maschinen und Kessel von geringerem Gewicht, geringerem Raumbedarf und größerer Leistung;*
2. *Verbesserung des Unterwasserschutzes;*
3. *Verstärkung des Seitenpanzers und insbesondere des Horizontalpanzers;*
4. *Ausbau des Brückenaufbaus mit KdoT. und Mast, Ersatz durch modernen Brückenturm mit leichtem Dreibeinmast ähnlich wie auf* **Renown**;
5. *Ausbau der 14 cm-SK und der 10,2 cm-⚓₂, Ersatz durch 16—13,3 cm-Mehrzweck-SK in* ∞;
6. *Ausbau der TR;*
7. *Installierung einer Bord-✈-Anlage wie auf den übrigen totalumgebauten Schlachtschiffen.*

Die Durchführung der Maßnahmen 1), 2) und 6) ergab rechnerisch eine Gewichtsverminderung von ~ 4000 ts, die der Maßnahmen 3), 5) und 7) einen Gewichtszuwachs von ~ 4000, von denen etwa 50% allein auf Panzerung und Schutzeinrichtungen entfallen sollten.

Projekt H.M.S. Incomparable

Battle cruiser = Schlachtkreuzer

a) Unter Lord Fisher war die britische Flottenbaupolitik vom Gesetz der Übertrumpfung beherrscht worden, namentlich im Hinblick auf das Geschützkaliber. Während seiner Amtszeit

Gewichtsgruppenübersicht

Schiffskörper	14950 ts =	33,4%
Panzer	13550 ts =	30,3%
Maschinen	5300 ts =	11,8%
Waffen	5250 ts =	11,7%
Ausrüstung	800 ts =	1,8%
Gewichtsreserve	150 ts =	0,4%
Ölvorrat, normal	1200 ts =	2,9%
Konstruktionsverdrängung	41200 ts =	92,3%
Ölvorrat, maximal	2800 ts =	6,3%
Speisewasser	700 ts =	1,4%
Maximale Verdrängung	44700 ts =	100,0%

(Die tragenden Verbände waren teils aus Panzermaterial beschaffen; die entsprechenden Gewichtsanteile sind in der Spalte ›Schiffskörper‹ mit eingeschlossen.)

stieg es von 30,5 cm auf 34,3 cm an; nachdem er im Oktober 1914 erneut Erster Seelord geworden war, setzte er sich für eine weitere Steigerung des Kalibers ein, das inzwischen bei 38, 1 cm angelangt war. So wurde unter seinem Einfluß das 3. Schiff der → **Courageous**-Kl., → **Furious**, zur Ausrüstung mit 45,7 cm-SK bestimmt. Auf sein Betreiben wuchsen weitere Entwürfe auf den Reißbrettern heran; Höhepunkt war das Projekt **Incomparable**, das im Frühjahr 1915 fertig wurde, als er die Admiralität verlassen mußte. Mit 50,8 cm-SK hätte dieses Schiff die absolute artilleristische Spitzenstellung unter allen Großkampfschiffen der Welt erreicht. Die durch den Krieg bewirkten besonderen Umstände ließen es jedoch nicht zur Verwirklichung dieses Projekts kommen, was nach den Skagerrak-Erfahrungen ohnehin nicht mehr angestrebt wurde.

b) Standfestigkeit nicht größer als die der zuvor gebauten Schlachtkreuzer! Seitenpzr. 279 / Horizontalpzr. 102 / SA: Barbetten 356.

c) 4× ✱ Tu auf 4 ✱ / .. Kessel (Öl) / Leist. 180000 WPS; Geschw. ~ 35,0 kn(!).

d) 6—50,8 cm-SK L/.. in 3 ∞ (2 vorn, 1 achtern) / 15—10,2 cm-SK L/50 in Drillingslafetten / 4—10,2 cm-SK-⚓ / 9—4,7 cm-⚓ / 8—53,3 cm-↓ TR (S).

e) Im Ganzen — besonders im Hinblick auf die geringe Standfestigkeit — Weiterentwicklung aus → **Renown**- und → **Courageous**-Kl.!

Schlachtkreuzer 1921

Battle Cruiser = Schlachtkreuzer

1	2	3	4	5	6
...	1921	Swan, Hunter, Newcastle	21. 10. 21	∞	∞
...	1921	Beardmore, Glasgow	21. 10. 21	∞	∞ [1925/
...	1921	Fairfield, Glasgow	21. 10. 21	∞	∞ 26]
...	1921	J. Brown, Clydebank	21. 10. 21	∞	∞

Vorgesehene Namen: **Invincible, Inflexible, Indomitable, Indefatigable** *(Zuordnung in der Reihenfolge der Werften unbestimmt!). Diese 4 Schiffe wurden ›Opfer‹ des Washington-Vertrages: 18. November 1921 Baustop, Aufträge dann Februar 1922 annulliert.*

a) Sehr bald nach dem Ende des Ersten Weltkrieges sah sich die britische Marine veranlaßt, neue Großkampfschiffe in Bau zu geben, die mit stärkstkalibrigen Geschützen armiert werden sollten. Zu diesem Schritt hatte das Verhalten der USA und Japans den entscheidenden Anstoß gegeben, die — vom Kriege nicht unmittelbar betroffen — in aller Ruhe ein neues schweres Schiffsgeschütz von 40,6 cm Kaliber entwickelt und daraufhin eine stattliche Anzahl neuer Großkampfschiffe in Bau gegeben hatten. Wollte Großbritannien seine bisherige Vormachtstellung unter den großen Seemächten nicht verlieren, so mußte

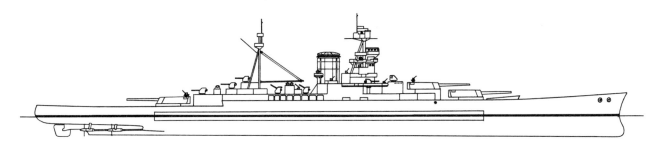
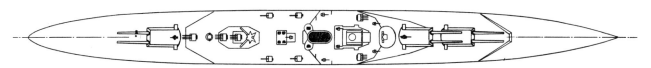

H. M. S. **Incomparable** (Projekt)

es notgedrungen an diesem neuen Wettrüsten teilnehmen. So entstanden als britische ›Antwort‹ die Pläne für 4 Schiffe mit 40,6 cm-SK. Amtlich wurden sie zwar Battle cruisers bezeichnet, doch waren sie in Wirklichkeit bereits ›Schnelle Schlachtschiffe‹, denn außer ihrer hohen Geschwindigkeit sollten sie außerordentlich standfest werden, und dies betraf sowohl die Panzerdicken als auch den Unterwasserschutz. Zu dieser Revision ihrer bisherigen Auffassungen sahen sich die verantwortlichen Stellen auf Grund der bitteren Erfahrungen im Seekrieg 1914—1918 veranlaßt. Zusätzlich gaben auch die ersten Erkenntnisse, die aus dem Studium der hervorragenden Schutzeinrichtungen deutscher Großkampfschiffe gewonnen werden konnten, weitere Impulse. *Erstmals im Großkampfschiffbau wählten die Engländer bei diesen Schiffen eine Heckform, die allgemein als ›Spiegelheck‹ oder — weniger treffend — als ›abgeschnittenes Kreuzerheck‹ bezeichnet wurde. Schleppversuche hatten gezeigt, daß bei hohen Geschwindigkeiten der Formwiderstand von Schiffen mit dieser Heckform geringer ist als der von gleichlangen Schiffen mit üblicher Heckform. Diese Verminderung des Widerstandes ist darauf zurückzuführen, daß sich bei schnellaufenden Schiffen mit Spiegelheck ein hohler Raum hinter dem Heck bildet, der die Länge des Schiffes gleichsam vergrößert und den Wasserabfluß am Hinterschiff günstiger gestaltet, wodurch wiederum die für den Formwiderstand maßgebende Froudesche Zahl kleiner wird. Bei niedrigeren Geschwindigkeiten, bei denen die Heckwelle nicht hinter dem Schiff zurückbleibt, tritt hingegen bei Schiffen mit Spiegelheck eine Saugwirkung des Hinterschiffs ein, die den Schiffswiderstand erhöht.* Die Kündigung der Bauverträge bedeutete für die britische Schiffbauindustrie einen schweren Verlust; aber auch die bereits mit dem Bau der Geschütze und ihrer Türme beauftragten Waffenfabriken drohten zusammenzubrechen und konnten ihren Betrieb nur mit Mühe und Not aufrechterhalten. Dies wird besonders deutlich, wenn man bedenkt, daß die 36—40,6 cm-SK aller 4 Schiffe allein 252 Mio. £ hätten kosten sollen, jedes also 7 Mio. £.

b) *Die teuer erkauften Lehren von Skagerrak hatten die britischen Konstrukteure schon bei → Hood zu einer Revision ihrer Anschauungen und Praktiken im Hinblick auf die Gestaltung der Standfestigkeit veranlaßt. Damals, bei der → Hood-Kl., drängten ihre Verfechter auf baldige Fertigstellung, und deshalb konnten die damals eingeschlagenen neuen Wege nicht bis zur letzten Konsequenz beschritten werden, zumal die Auswertung aller Erfahrungen noch längst nicht abgeschlossen war. Nunmehr wurde die Entwicklung dort wieder aufgegriffen und konsequent fortgesetzt, wo sie seinerzeit unterbrochen worden war. Im wesentlichen entsprach die Panzerung der der → Hood-Kl., nur wurde der schwere Seitenpanzer jetzt noch mehr schräg gegen die Senkrechte gestellt, nämlich um 18° gegenüber nur 12° bei → Hood. Diese Schrägstellung erfolgte nicht nur, um Geschossen gegenüber einen möglichst ungünstigen Auftreffwinkel zu bieten, sondern auch aus Gründen der Gewichtseinsparung. Versuche sollten ergeben haben, daß die Neigung des Seitenpanzers eine Verringerung seiner Dicke zuließ, ohne daß dadurch seine Widerstandsfähigkeit verringert wurde. So sollte bei Schußentfernungen von 150—200 hm ein 10° geneigter Panzer einem ca. 10% dickerem entsprechen, der vertikal angeordnet war. Auf Hood — dem ersten Schlachtschiff mit schräggestelltem Seitenpanzer — sollte deshalb wenigstens theoretisch der schräggestellte 305 mm-Seitenpanzer dem 330 mm-Seitenpanzer der → Queen Elizabeth- und der → Revenge-Kl. gleichwertig gewesen sein. PzQ.: 102—254, 127—305 / Seitenpzr.: 18° geneigter Außenpanzer 305, 356 (getäpert ↓ 152, ↑ 229) / Horizontalpzr.:*

Oberdeck 25; o. PzD. 102—203; u. PzD. 76—203 / Unterwasserschutz ähnlich → **Hood** / SA: Barbetten 356; Türme 431, 356, 203 / MA: Barbetten ..; Türme ... / KdoT.: 305 (...).

c) 4× ⚙ Tu auf 4 ⚓ / .. Kessel (Öl) / Leist. 160 000 WPS; Geschw. 31,0—32,0 kn / 1 Ruder.

d) 9—40,6 cm-SK L/45, aufgestellt in 3 ⚓, davon 2 vor und 1 achterlich des Brückenturms / 16—15,2 cm-SK L/50 in ⚓ / 6—12 cm-↙ / 32—4 cm-↙₈ / 2—60,9 cm↓ TR (S) / 2 ⚓, kein ⚓.

e) Um die Zitadelle möglichst kurz zu halten — dies mit Rücksicht darauf, daß in diesem Bereich stärkstmöglicher Panzer vorgesehen war —, erfolgte die Aufstellung der SA in einem völlig unorthodoxen Rahmen auf engem Raum. Während die beiden vorderen Türme normale Bestreichungswinkel hatten, betrug dieser beim Turm C nur etwa je 120° nach den Seiten. Neu in der britischen Marine war sowohl der Übergang der SA zu ⚓ als auch der Übergang der MA zu Türmen, ebenfalls der

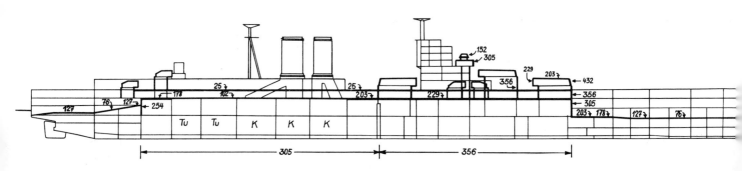

Schlachtkreuzer 1921 (Generalplan)

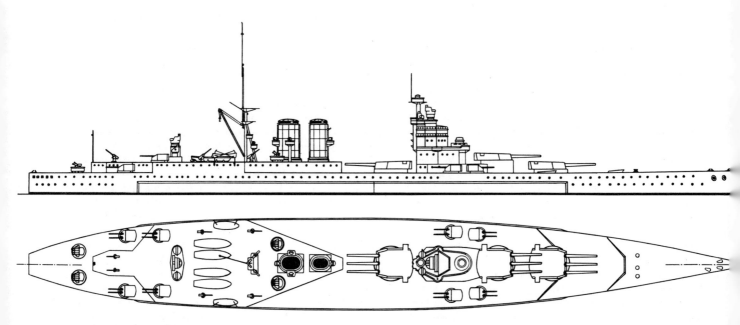

Schlachtkreuzer 1921

massive Brückenturm, dessen Gestaltung vor allem durch die Erfordernisse der neuzeitlichen Feuerleitung bewirkt wurde. In vielerlei Hinsicht stand dieser Entwurf kurze Zeit später Pate für die → **Nelson-Kl.**

St. Andrew-Klasse

Battleships = Schlachtschiffe

1	2	3	4	5	6
St. Andrew	∞	∞	∞	∞	∞
St. David	∞	∞	∞	∞	∞
St. George	∞	∞	∞	∞	∞
St. Patrick	∞	∞	∞	∞	∞

Nur erste Bauüberlegungen und skizzenhafte Entwürfe, die am 17. November 1921 suspendiert und auf Grund des Washington-Vertrages am 9. Februar 1922 endgültig aufgegeben wurden. **Namen sehr zweifelhaft!**

a) Den 4 Schlachtkreuzern des Entwurfsjahres 1921 sollte, sobald es die finanzielle Situation zuließ, eine Gruppe von 4 Schlachtschiffen gleicher Größe folgen, für die 45,7 cm-SK vorgesehen waren. Sie sollten eine ähnlich starke Panzerung wie die Schlachtkreuzer erhalten, dafür aber nicht ganz so schnell werden wie diese.

b) Panzerung und Schutzeinrichtungen ähnlich → **Schlachtkreuzer 1921.** Nähere Angaben fehlen.

c) 4 × ✱ Tu auf 4 ⚓ / .. Kessel (Öl) / Leist. ..... WPS; Geschw. ... kn.

d) 9—45,7 cm-SK L.. in 3 ⚓ / ..—15,2 cm-SK L/.. in ⚓ / ...

Ex-Westfalen = ›D‹, Ex-Posen

Battleships = Schlachtschiffe

1	2	3	4	5	6
...	—	AG. ›Weser‹, Bremen	12. 8. 07	1. 7. 08	16.11.09

Ex-deutsch → **Westfalen.** *5. August 1920 als ›D‹ auf Reparationskonto an Großbritannien ausgeliefert. Unter britischer Flagge nie im Dienst! 1924 in Birkenhead abgewrackt.*

| ... | — | F. Krupp Germaniawerft, Kiel | 11. 6. 07 | 12.11.08 | 31. 5. 10 |

Ex-deutsch → **Posen.** *13. Mai 1920 als Kriegsbeute Großbritannien zugesprochen. Nie unter britischer Flagge im Dienst! 1922 in Dordrecht/Niederlande abgewrackt.*

a) — e) → Deutsches Reich → **Nassau-Kl.**

Ex-Helgoland = ›K‹

Battleship = Schlachtschiff

1	2	3	4	5	6
...	—	Howaldtswerke Kiel	24.11. 08	25. 9. 09	23. 8. 11

Ex-deutsch → **Helgoland.** *5. August 1920 als Ersatz für in Scapa Flow versenkte Schiffe als ›K‹ an Großbritannien ausgeliefert, jedoch nie unter britischer Flagge im Dienst! Nach verschiedenen Versuchen 1924 in Morecambe/England abgewrackt.*

a) — e) → Deutsches Reich → **Helgoland-Kl.**

Nelson-Klasse

Battleships = Schlachtschiffe

1	2	3	4	5	6
Nelson	1922	Armstrong, Newcastle	28.12.22	2. 9. 25	10. 9. 27

Ab 1927 Atlantikflotte bzw. Home Fleet. Ab 7. September 1939 vorübergehend Bewachung der Shetland-Enge. 25.—26. September 1939 Vorstoß in mittl. Nordsee (Sicherung bei Bergung und Einbringung des schwer beschädigten U-Bootes **Spearfish***). 7.—9. Oktober 1939 Operation in mittl. Nordsee (erfolglos gegen* → **Gneisenau***, Krz.* **Köln** *und 9 Zerstörer angesetzt). 30. Oktober 1939 Orkney-Inseln mit Churchill an Bord erfolglos von deutschem U-Boot* **U 56** *angegriffen. 23. November 1939 erfolglos zur Jagd auf* → **Scharnhorst** *und* → **Gneisenau** *angesetzt. 4. Dezember 1939 bei Loch Ewe durch von deutschem U-Boot* **U 31** *gelegte Mine schwer beschädigt, Reparatur bis August 1940! 6.—9.9. 1940 Operation vor Mittelnorwegen (Fernsicherung von* → **Furious***). 13. September 1940 von Scapa Flow nach Rosyth verlegt mit Order, im Kanal zu operieren, sobald erwartete deutsche Invasion beginnt. 25.—26. Januar 1941 erfolglos zur Jagd auf* → **Scharnhorst** *und* → **Gneisenau** *angesetzt. April bis Juni 1941 Convoy-Sicherungsdienst Atlantik, Ende Mai 1941 in Freetown liegend, daher nicht zur Jagd auf* → **Bismarck** *angesetzt. Ab Juni 1941 bei Force ›H‹: 21.—27. Juli 1941 Sicherung für Malta-Versorgungsoperation. 22.—26. August 1941 Sicherung eines gegen Livorno gerichteten Minen-Unternehmens. 24.—30. September 1941 Sicherung für Malta-Convoy, dabei 27. September südl. Sardinien LT-Treffer erhalten, Reparatur in England bis April 1942. Ab August 1942 wieder Force ›H‹: 10.—16. August 1942 Sicherung bei Versorgungs-Operation für Malta. Ab 8. November 1942 während der Landungen in NW-Afrika Sicherungs- und Unterstützungseinsätze. Ab 10. Juli 1943 desgl. Sizilien, ab 9. September 1943 desgl. Salerno-Bucht. November 1943 nach England zurück zur Überholung. Juni 1944 während der Invasion vor der Normandie-Küste, dabei Minentreffer erhalten, 22. Juni 1944 nach Philadelphia/USA zur Reparatur. Januar 1945 nach England zurück, der East Indies Fleet zugeteilt, Juli 1945 in Colombo eingetroffen, Teilnahme an Operationen gegen malayische Inseln; 13. November 1945 Rückmarsch nach England angetreten. Ab August 1946 Schulschiff, Februar 1948 gestrichen, vorübergehend noch Zielschiff für Bombenwürfe, ab 15. März 1949 in Inverkeithing abgewrackt.*

| **Rodney** | 1922 | Cammell-Laird & Co., Birkenhead | 28.12.22 | 17.12.25 | 10.11.27 |

Ab 1927 Atlantikflotte bzw. Home Fleet. Ab 7. September 1939 usw. → **Nelson,** *anschließend infolge Störungen der Ruderanlage bis 31. Dezember 1939 in Reparatur. Ab 7. April 1940 vor Norwegen eingesetzt, dabei 9. April von*

500 kg-Bombe getroffen (PzD. durchschlagen, jedoch nicht explodiert!). 13. September 1940 von Scapa Flow nach Rosyth verlegt usw. → Nelson. Ab November 1940 Convoy-Sicherungsdienst auf Halifax-Route. 25.—26. Januar 1941 erfolglos zur Jagd usw. → Nelson. 15.—16. März 1941 bei Convoysicherung im Atlantik Fühlung mit → Scharnhorst und → Gneisenau, jedoch keine X. Ab 24. Mai 1941 während Convoysicherung im Atlantik zur Jagd auf → Bismarck angesetzt: 27. Mai 1941 Niederkämpfung der Bismarck, anschließend zur Maschinenreparatur nach Boston/USA. Ab September 1941 Force ›H‹: 24.—30. September 1941 Sicherung für Malta-Convoy; November 1941 nach England zurück, vorübergehend im Hvalfjord (Island) stationiert (Maßnahme gegen ausbrechende bzw. zurückkehrende deutsche Schlachtschiffe und Kreuzer). Dezember 1941 bis Mai 1942 Grundüberholung, danach Force ›H‹: 10.—16. August 1942 Sicherung bei Versorgungs-Operation für Malta; ab 8. November 1942 während der Landungen usw. → Nelson, Ab 10. Juli 1943 usw. und ab 9. September 1943 usw. → Nelson. Ab Oktober 1943 Home Fleet. Juni 1944 während der Invasion vor der Normandie-Küste: 26. Juni und 7. Juli 1944 Beschießung von Zielen bei Caen und 12. August 1944 Niederkämpfung deutscher Küstenbatterie auf Alderney. 12.—25. September 1944 Sicherung für Murmansk-Convoy, ab Dezember 1944 in Scapa Flow verblieben, danach in Reserve. Februar 1948 auf Abbruch verkauft, ab 26. März 1948 in Inverkeithing abgewrackt. [Während des gesamten Krieges legte Rodney ~ 156 000 sm zurück! Dabei seit 1942 keine Maschinenüberholung mehr, deshalb zuletzt Zusammenbruch der Maschinenanlage drohend!]

---

a) Mit dem Washington-Abkommen waren Großbritannien 2 Schlachtschiffe innerhalb der nunmehr geltenden qualitativen Grenzen zugestanden worden, mit deren Bau sofort begonnen werden durfte. Dieses Zugeständnis hatten die britischen Verhandlungsteilnehmer ausgehandelt, nachdem sowohl die USA als auch Japan einige bereits fertiggestellte Schlachtschiffe mit 40,6 cm-SK ›hinübergerettet‹ hatten, während andererseits die 1921 in Bau gegebenen britischen Schlachtkreuzer mit 40,6 cm-SK nicht vollendet werden durften, weil sie die höchstzulässige Standardverdrängung von 35 000 ts erheblich überschritten. Die britische Marine nahm gleichwohl die Pläne von 1921 wieder auf, wenn auch in stark abgewandelter Form. Es entstanden damit die ersten Schlachtschiffe, die den Bedingungen des Washington-Abkommens entsprachen. Das Problem der Gewichtsbeschränkung wurde dadurch gelöst, daß die gesamte SA wie schon zuvor bei den Schlachtkreuzer-Projekten auf engem Raum im Vorschiff zusammengefaßt wurde. Dadurch konnte die Ausdehnung der die vitalen Teile umschließenden Zitadelle auf ein Minimum beschränkt werden. Die flächenmäßig eingesparten Gewichte konnten somit der Dicke des Panzers zugute kommen, der — das hatten die Kriegserfahrungen eindeutig gelehrt — besonders im Bereich der schweren Türme und ihrer Munitionskammern sein Maximum erreichen mußte. Außer der auf beste Ausnutzung der Bewaffnungs- und Panzergewichte hinzielenden Gesamtanordnung wurden weitere Gewichtseinsparungen durch Verwendung von leichtem Stahl[1] für den Schiffskörper, leichten Holzarten für die Decks und Inneneinrichtungen und Leichtmetall für viele weniger wichtige Ausrüstungsteile angestrebt. Das dadurch erzielte Untergewicht von 1050 ts (= 3% der zugelassenen Standardverdrängung) läßt die Vermutung zu, daß man mangels einschlägiger Erfahrungen keine zutreffenden Vorstellungen über die tatsächlichen Einsparungsmöglichkeiten hatte. Ein weiterer Grund für die ganz unkonventionelle Anordnung der SA mag wahrscheinlich auch darin zu suchen gewesen sein, daß man die aus den elastischen Biegungsbeanspruchungen des Schiffskörpers bewirkten Bettungsfehler der 3 SA-Türme möglichst klein zu halten versuchte. Der Verzicht auf den vollen Bestreichungswinkel des Turms C dürfte durch das Gewicht der für die Überhöhung der beiden vorderen Türme notwendigen sehr hohen Barbette (diese hätte fast doppelt so hoch werden müssen wie die des Turms B) erzwungen worden sein; gleichwohl waren die Überlegungen über die beste Ausnutzung der SA sehr sorgfältig angestellt worden.[2] Sicher würde ein so hochliegendes schweres Gewicht, das zudem noch ein Hinaufwachsen von Brücke und Kommandoelementen bewirkt hätte, zu Schwierigkeiten bezüglich der Stabilität geführt haben. Der Nachteil des ausfallenden SA-Feuers nach achteraus wurde daher um den Preis der größeren Standfestigkeit in Kauf genommen. Als Ausgleich dafür wurde die MA nach achtern verschoben, wo zudem am ehesten die für ihre Munition und Richtmechanismen notwendigen Räume zur Verfügung standen. Wie schon bei den 1921 geplanten Schlachtkreuzern vorgesehen, wählte man auch jetzt für die MA die Aufstellung in Türmen an Oberdeck, wo sich bessere Bestreichungswinkel erreichen ließen. Mit dem 60,9 cm-Kaliber der T-Waffe folgte Großbritannien dem japanischen Beispiel. Es blieb indessen einmalig in der britischen Marine. Mit ihrer Geschwindigkeit von nur 23 kn wurzelte die Nelson-Kl. noch in der alten Zeit. Eine höhere Geschwindigkeit hätte sich jedoch nur durch eine stärkere Maschinenanlage erkaufen lassen, die aber wesentlich mehr Gewicht gekostet hätte, als dafür zur Verfügung stand. Dieser Gewichtsmehrbedarf wäre auch nur durch Abstreichungen entweder an der Panzerung oder an der Bewaffnung zu erkaufen gewesen; beides konnte jedoch nicht in Betracht kommen: Der Notwendigkeit des bestmöglichen defensiven Schutzes mußte die Geschwindigkeitsfrage untergeordnet werden, und andererseits brauchte Großbritannien diese beiden Schiffe mit ihren 9—40,6 cm-SK als Gegengewicht zu den amerikanischen und japanischen Schlachtschiffen mit ihren 8—40,6 cm-SK. Von vornherein hätte die Mindestzahl an 40,6 cm-SK also 8 betragen müssen, doch wären dafür 4 ∝ notwendig gewesen. Da bei der Turmzahl gespart werden mußte, ergab sich theoretisch die Möglichkeit in 3 Türmen, und zwar in 2 ∝ und 1 ∝. Dabei lag es jedoch auf der Hand, daß an Stelle der ∝ die ∝ gewählt wurde — schon aus Gründen der Überbietung der anderen, und damit kamen die britischen Konstrukteure auf 9 Rohre. Die Frage nach Fockmast und Brücke wurde — ebenfalls wie schon auf den 1921ern Schlachtkreuzern vorgesehen — neuartig gelöst. An Stelle des seither üblichen Dreibeinmastes trat ein 5 Stockwerke hoher Brückenturm, der alle Einrichtungen für die Schiffsführung, den Flottenstab und die Waffenleitung enthielt. Diese Lösung bot den Vorteil einer sehr einfachen und übersichtlichen Anordnung

---

[1] Sog. ›D-steel‹, Zerreißfestigkeit 58—68 kp/mm², Dehnung 17%, Elastizität 27—31,5 kp/mm². Dieses Material war allerdings gegen unsachgemäße Bearbeitung sehr empfindlich.

[2] Vgl. Ships of the World No. 63 (11/1962), S. 44—45).

der Brücke und Stände und gleichzeitig den besten Schutz gegen den Gasdruck der eigenen SA. Zudem war die Standfestigkeit dieser Konstruktion bei Verletzungen durch Treffer der eines Dreibeinmastes überlegen. Ein gewisser Nachteil war die Vergrößerung der Silhouette dem Feind gegenüber. Die Silhouette war auch in anderer Beziehung ungünstig: Die Schiffe hatten ausgesprochen schlechte Manövriereigenschaften, besonders bei seitlichem Wind und in flachen Gewässern. Sie drehten schwer an und brauchten viel Gegenruder zum Stützen, wenn die Bewegung einmal eingeleitet war. Bei Rückwärtsfahrt waren sie ebenso schlecht zu steuern. **Nelson** und **Rodney** wurden unter teilweiser Ausnutzung von Material erbaut, das bereits für → **Anson** und → **Howe** der → **Hood**-Kl. bereitgestellt worden war. Die Baukosten betrugen 7,504 Mio. £ für **Nelson** und 7,617 Mio. £ für **Rodney**. Beide galten lange als die stärksten (wenn auch nicht als die größten) Schlachtschiffe der Welt. Dennoch waren sie nur als Übergangskonstruktionen zu bewerten, weil das Geschwindigkeitsproblem noch nicht befriedigend gelöst war.

b) *Die Gestaltung der Schiffe machte die Wechselwirkung zwischen der SA-Anordnung und der Panzerung besonders deutlich: Die Konzentration der SA im Vorschiff gestattete es, die Zitadelle auf ein Minimum zu beschränken. Dementsprechend konnten die Panzerdicken groß genug ausfallen, um auftreffenden Geschossen hinreichend starken Widerstand entgegenzusetzen. Besonderer Wert wurde auf die Horizontalpanzerung gelegt; diese erreichte über den Einrichtungen der Antriebsanlage eine Dicke von 76 mm, über den besonders gefährdeten Munitionskammern der SA (teilweise auch der MA) dagegen 159 mm. Da gepanzerte Decks ihrer großen Fläche halber immer erhebliches Gewicht beanspruchen, mußte der Seitenschutz in seiner Ausdehnung beschränkt werden. Damit hatte sich die britische Marine von ihrem früheren Grundsatz, möglichst große Flächen nur mittelmäßig zu panzern, abgewandt und war zum amerikanischen* → *›raft body‹-System, der ›Floßkörperpanzerung‹, übergegangen. Neuartig war dabei die Anordnung des Seitenpanzers im Innenschiff, also hinter der eigentlichen Außenhaut. Er war, ähnlich wie bei* → **Hood**, *schräggestellt, wobei er mit seiner äußeren Oberkante etwa 1,3 m von der Außenhaut entfernt war. Mit dieser Anordnung — die sich später auf neueren amerikanischen und französischen Schlachtschiffen wiederfand — wurden 3 Ziele angestrebt:*

1. *Die Außenhaut sollte die Wirkung eines Vorpanzers ausüben, d.h. die Auftreffgeschwindigkeit und damit die Durchschlagskraft von Geschossen vermindern.*
2. *Der schräggestellte Seitenpanzer, der im Mittel etwa dem Auftreffwinkel steil einfallender Geschosse entsprechen sollte, hatte deren Abgleiten zu bewirken (was allerdings durch die spätere Einführung von Kappengeschossen wieder sehr problematisch wurde).*
3. *Bisher hatten sich meist gewisse Schwierigkeiten beim Anpassen des außenliegenden Seitenpanzers an die Schiffsform ergeben, weil sich ein Verziehen der einzelnen Panzerplatten beim Härten nicht immer vermeiden ließ. Bei einem innenliegenden Seitenpanzer brauchte hingegen keine Rücksicht auf die Schiffsform genommen zu werden.*

Auf der Oberkante des Seitenpanzers, genau mit diesem abschließend, lag das einzige Panzerdeck. Der leere Zwischenraum zwischen Außenhaut und Seitenpanzer war von dort aus durch Mannlöcher zugänglich. Achtern setzte sich das Panzerdeck ein Deck tiefer bis über die Ruderanlage fort. Der aus einer Reihe systematischer Sprengversuche entwickelte Unterwasserschutz wurde durch eine sorgfältige wasserdichte Unterteilung erreicht. Das T-Schott, aus 2 Plattenlagen zu je 19 mm Dicke bestehend, war ebenfalls schräggestellt und reichte vom Schiffsboden bis zum Panzerdeck. Der Raum zwischen Außenhaut und T-Schott diente als Expansionsraum, in den oben der auf einer Stützplatte ruhende Seitenpanzer hineinragte. Der Expansionsraum war durch ein Längsschott nochmals unterteilt, wovon der innere Raum als Schutzfüllung geschlossene Stahlrohre wie auf → **Hood** *enthielt. Auf T-Wulste wurde ganz verzichtet; die Granatkammern lagen, als gegen Bodentreffer am wenigsten empfindlich, auf dem Innenboden.* PzQ.: 127, 279, 229 / Seitenpzr.: 22° geneigter Innenpanzer 356, nicht getäpert / kein Zitadellpanzer / Horizontalpzr.: Nur 1 Panzerdeck 76, über Munitionskammern 159 / Unterwasserschutz: T-Schott 2 Lagen je 19, hinter Längsschott aus gewöhnlichem Schiffbaustahl (Schutzfüllung: geschlossene Stahlrohre → **Hood**) / SA: Barbetten 356—381; Türme 406 (Turm C: 457), 305, 178 / MA: Barbetten 25; Türme 38, 25, 25 / KdoT. 330 (152) / *Panzergewicht* = 34% *der Konstruktionsverdrängung.*

c) *Die Anordnung der Antriebsanlage war ungewöhnlich und bemerkenswert, denn die Kessel wurden hinter die Maschinen gelegt, um den Schornstein in möglichst großer Entfernung vom Brückenturm zu halten und diesen von Rauchgasen frei zu halten. Sehr auffällig ist das hohe Einheitsgewicht der Maschinenanlage, das 45,3 kg/WPS betragen haben soll.* 2 × Brown-Curtis-✱ Tu auf 2 ⚙ / 8 Admiralty-Kessel (Öl) / Leist. 45000 WPS; Geschw. 23,0 kn / 1 Ruder. (*Probefahrtergebnisse bei* ~ 46000 *WPS:* **Nelson** *23,5 kn,* **Rodney** *23,8 kn*).

d) 9—40,6 cm-SK L/45 in 3 ⚙ vorn, davon nur der mittlere überhöhend / 12—15,2 cm-SK L/50 in je 3 ⚙ auf den Seitendecks / 6—12 cm-⚓ L/40 ohne Schild / Ab 1933: 8—, ab 1937: 16—4 cm-⚓₈ / 15 MG-⚓, dafür ab ~ 1938: 16 MG-⚓₄ / 2—60,9 cm-↓ TR (S) — 1938/39 ausgebaut / Ab 1934: **Nelson** 1 ✈, **Rodney** 1 ✈, 2 ✈ / Kriegsbedingte Änderungen: **Rodney** ab 1944: 8—10,2 cm-⚓₂, keine 12 cm-⚓ mehr an Bord / beide 32 bis 48—4 cm-⚓₈ / Nur **Nelson** ab 1945 dazu: 16—4 cm-⚓₄ 61 bis 65—2 cm-⚓ / Seit 1943/44 keine ✈ mehr an Bord, ✈ auf **Rodney** ausgebaut.

e) Aus dem Brückenturm ragte zuerst ein schlanker, mastartiger Sockel von ~ quadratischem Grundriß heraus, der auf seinem Topp einen einfachen ⚓-Einsatzstand trug. Auf **Nelson** wurden 1937/38 der Sockel (der nunmehr die Form eines kleineren Turms angenommen hatte und eine abgeschrägte Vorderkante zeigte) und die obere Plattform umgestaltet, wobei auf letzterer neue ⚓-Feuerleitgeräte installiert wurden. Aus der Hinterfront des Brückenturms ragte zuerst eine Gaffel heraus, die später von einem leichten Stengenmast abgelöst wurde. Auf **Rodney** war dieser Sockel zunächst dem von **Nelson** ganz ähnlich; um 1935/36 wurde er jedoch etwas verstärkt und erhielt eine größere Plattform zur Aufnahme neuer ⚓-Feuerleitgeräte. Dieses Erscheinungsbild wurde im wesentlichen bis zuletzt beibehalten; 1941 fielen lediglich auf der oberen Plattform die beiden kleineren ⚓-Feuerleitgeräte weg, die jedoch auf **Nelson** bis zuletzt vorhanden waren. Außerdem gelangte eine große (Radar?)-Kabine auf den Brückenturm oben achtern zum Einbau, die **Nelson** nicht erhielt.

1938 wurden die ↓ TR ausgebaut und über den vorderen Munitionskammern zusätzliche Panzerplatten verlegt. Nur **Rodney** hatte ab 1934 auf Turm C ein ⚓ und führte 2 ⚓, **Nelson** nur 1 ⚓, aber kein ⚓. Beide Schiffe erhielten zum Ein- und Aussetzen der ⚓ an Bb-Seite einen schweren Kran, der im Ruhezustand flach an Deck niedergelegt wurde (**Rodney** hatte dafür zuletzt einen Wippkran an Bord). Diese Kräne blieben an Bord, auch nachdem seit 1943/44 auf die Mitnahme von ⚓ verzichtet wurde.

Ursprünglich hatten beide Schiffe jeseits an Vorkante des Schornsteins ein BG für die MA. 1933/34 wurde das Stb-Gerät ausgebaut und durch einen 4 cm-⚓$_8$-Stand ersetzt; 1937 folgte dies auch beim Bb-Gerät.

Nach Kriegsbeginn wurde die ⚓-Bewaffnung laufend verstärkt. So kamen 1940 auf den Türmen B und C (**Rodney**: Nur Turm B) ⚓-Raketenwerfergruppen (U.P. batteries) zum Einbau, die jedoch schon ~ 1941 wieder abgegeben wurde. An ihre Stelle kamen auf Turm B 8—4 cm-⚓$_8$; je weitere 8—4 cm-⚓$_8$ ersetzten die beiden seitlich achteraus vom Großmast installierten ⚓-Feuerleitgeräte (für diese beiden 4 cm-⚓$_8$ wurde ein neues ⚓-Feuerleitgerät genau zwischen ihnen, unmittelbar hinter dem Großmast, eingebaut). Dazu kamen zahlreiche 2 cm-⚓. Die 12 cm-⚓ erhielten schon frühzeitig (~ 1940) Schutzschilde; auf **Rodney** wurden die 12 cm-⚓ etwa 1944 durch 8—10,2 cm-⚓$_2$ ersetzt. Im Hinblick auf den vorgesehenen Einsatz im Pazifik wurde 1945 die ⚓-Bewaffnung von **Nelson** noch einmal verstärkt; es kamen weitere 16—4 cm-⚓$_4$ Mk 2/Mk 4 amerikanischer Herkunft hinzu, von denen je die Hälfte ihren Platz vor dem Brückenhaus und achterlich vom Schornstein fanden. Deshalb fiel dort das BG auf dem KdoT. fort, an dessen Stelle die die 4 cm-⚓$_4$ aufnehmenden Plattformen errichtet wurden. Bei **Rodney** befand sich seit ~ 1942 auf dem KdoT-BG eine Wanne für 2 cm-⚓. Radarausstattung: **Rodney**: 1939 Typ 79 Y-Antenne auf Großmaststenge; **Nelson** und **Rodney** ab 1940 auf beiden Maststengen Typ 279-Antennen und ab 1941 auf der Großmastsaling Typ 273-Antennensystem (seither Großmaststenge stark verkürzt!). Dazu Antennen Typ 282, 284 und 285 in Verbindung mit den Feuerleitgeräten.

Der Abstand zwischen Brückenturm und Schornstein erwies sich als zu gering, da bei ungünstigem Wind die Rauchgase nach vorn gedrückt wurden und die Führungs- und Leitstände belästigten. Obwohl die Erhöhung des Schornsteins um 4,6 m vorgesehen war — entweder durch eine Kappe oder durch einen Aufsatz — unterblieb diese Maßnahme.

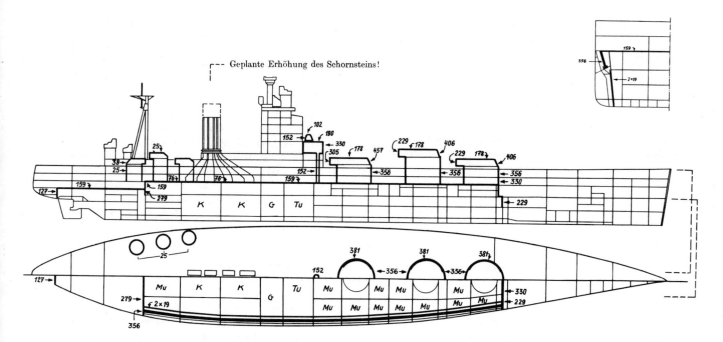

Nelson-Klasse (Generalplan)

Nelson-Klasse

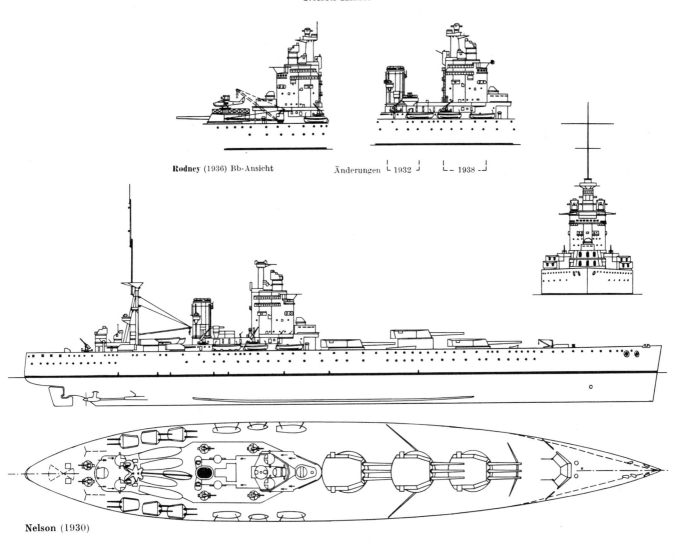

Rodney (1936) Bb-Ansicht   Änderungen 1932   1938

Nelson (1930)

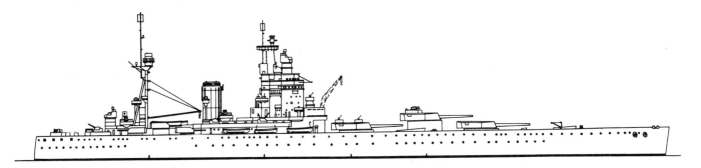

Rodney (1943)

Großbritannien

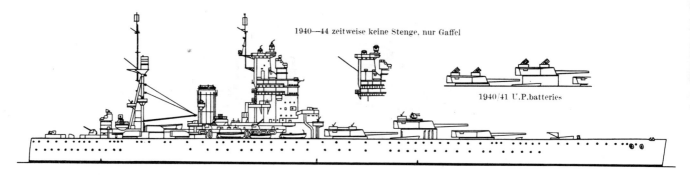

1940—44 zeitweise keine Stenge, nur Gaffel

1940/41 U.P.batteries

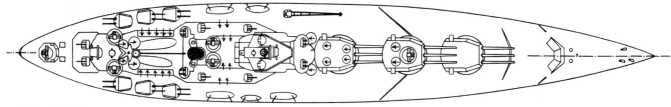

Nelson (1945)

King George V.-Klasse

Battleships = Schlachtschiffe

1	2	3	4	5	6
King George V.	1936	Vickers, Barrow	2. 1. 37	21. 2. 39	11. 12. 40

*Home Fleet: 4. März 1941 Fernsicherung bei Commando Raid gegen Lofoten. 24.—27. Mai 1941 Verfolgung und Niederkämpfung von → **Bismarck**. 24.—28. Dezember 1941 Fernsicherung bei Operation gegen Nordnorwegen, desgl. 21.—23. Februar 1942 gegen Tromsö, dabei erfolglos zur Jagd auf → **Admiral Scheer** angesetzt. 6.—12. März 1942 erfolgloser Ansatz gegen → **Tirpitz** zum Schutz eines Murmansk-Convoys. 8.—21. April und 26. April bis 8. Mai 1942 Sicherungsdienst für Murmansk-Convoys, dabei 1. Mai 1942 Zerstörer **Punjabi** durch Kollision versenkt. Anschließend weitere Convoy-Sicherungseinsätze auf der Murmansk-Route. Ab Mai 1943 bei Force ›H‹, dabei ab 10. Juli 1943 zur Unterstützung der Landungen auf Sizilien bereitgehalten. Februar bis Juli 1944 Grundüberholung in der Heimat. Oktober 1944 via Mittelmeer-Suez zur British Pacific Fleet verlegt, dabei 15. November 1944 Beschießung von Lakida/Milos. Ab 1. April 1945 gemeinsame Operationen mit US-Flotte gegen Okinawa. 4.—5. Mai 1945, 9. Mai 1945, 12.—13. Mai 1945, 15.—16. Mai 1945, 20.—21. Mai 1945 und 24.—25. Mai 1945 Operationen gegen Ziele auf Sakishima Gunto (östl. Formosa), desgl. 17.—18. Juli 1945 gegen Raum Hitachi, desgl. 9.—15. August 1945 gegen japanisches Mutterland. Oktober 1945 zur Überholung nach Sydney verlegt, ab März 1946 wieder Home Fleet, danach in Reserve, seit 14. Juni 1950 in Gareloch liegend. 1957 gestrichen, 20. Januar 1958 nach Dalmuir abgeschleppt, dort abgewrackt (Rumpf in Troon).*

		Cammell-Laird,			
Prince of Wales	1936	Birkenhead	2. 1. 37	3. 5. 39	31. 3. 41

*Home Fleet: Noch im Probefahrtverhältnis stehend und nur bedingt einsatzbereit 24. Mai 1941 ⚔ mit → **Bismarck** und Kreuzer **Prinz Eugen**, erheblich beschädigt abgedreht. 9.—12. August 1941 politische Mission: Mit Churchill an Bord Reise nach Neufundland, in Argentia-Bucht Treffen mit Roosevelt und Verkündung der Atlantic-Charta, auf Rückreise nach Scapa Flow Convoysicherung. 24. September 1941 zur Force ›H‹ abgestellt, Sicherungsoperation für Malta-Convoy, danach zurück zur Home Fleet. Herbst 1941 Order zur Verlegung nach Südostasien: 25. Oktober 1941 aus Greenock ausgelaufen, 27. November 1941 in Singapore eingetroffen. 10. Dezember 1941 östl. Malaya auf Höhe Kuantan von jap. Marineflugzeugen angegriffen, nach zahlreichen L⟵· und ɪ-Treffern zusammen mit → **Repulse** † (327 Tote). Wrack erstmals 23. April 1954 von brit. Zerstörer **Defender** geortet. [Dieses Schiff genoß nach dem unglücklichen Gefecht gegen **Bismarck** in der Royal Navy einen besonders schlechten Ruf, weil es nach mehreren Treffern abgedreht hatte. Es ist jedoch zu bedenken, daß es erst wenige Wochen zuvor in Dienst gestellt worden war und sich immer noch im Erprobungsverhältnis befand. Zudem war die Besatzung noch nicht eingefahren. Beim Gefecht traten vor allem bei der SA laufend Störungen und Versager auf, so daß diese nur sehr eingeschränkt verwendbar war. Zudem fiel durch einen der ersten Treffer die Feuerleitanlage aus. Der Kommandant faßte daher den an sich richtigen Entschluß, sein kaum einsatzbereites Schiff für die weitere Kriegführung zu retten, indem er abdrehte.]*

1	2	3	4	5	6
Duke of York ×**Anson**[1]	1937	J. Brown, Clydebank	5. 5. 37	28. 2. 40	4. 11. 41

*Während der Erprobung Dezember 1941 Reise mit Churchill an Bord nach USA (u. a. erste Zusammenkunft des alliierten Kriegsrats), anschließend Home Fleet: 6.—12. März 1942 usw. → **King George V.** 8.—21. April 1942, 28. Juni bis 4. Juli 1942 und 12.—18. September 1942 Sicherungseinsätze für Murmansk-Convoys. Ab Oktober 1942 Force ›H‹: 8. November 1942 Unterstützung der Landungen in NW-Afrika, 15. November 1942 nach Scapa Flow zurück und Überholung. 4. Oktober 1943 Fernsicherung bei Operation gegen Bodö. 20.—27. Dezember 1943 Fernsicherung eines Murmansk-Convoys, dabei 26. Dezember 1943 ⚔ und Versenkung von → **Scharnhorst**. 30. März 1944 und 21.—26. April 1944 Vorstöße gegen Nordnorwegen. 17. Juli 1944 Sicherung eines Träger-Raids*

---

[1] Änderung des Namens Dezember 1938.

gegen *Kaafjord; 20.—28. September 1944 Sicherungseinsatz für Murmansk-Convoy. September 1944 bis April 1945 Überholung in Liverpool. April 1945 Order zur Verlegung zur British Pacific Fleet: Juli 1945 in Sydney eingetroffen. 9.—15. August 1945 Operationen gegen japanisches Mutterland. Juli 1946 Rückkehr nach Plymouth, seit April 1949 in Reserve, ab September 1951 in Gareloch liegend. 1957 gestrichen. Ab 18. Februar 1958 in Faslane abgewrackt.*

Howe ×Beatty²	1937	Fairfield, Glasgow	1. 6. 37	9. 4. 40	29. 8. 42

*Home Fleet: Ab Dezember 1942 Convoy-Sicherungsdienst auf Murmansk-Route. 21. Mai 1943 zur Force ›H‹ abgeordnet, ab 10. Juli 1943 Reserve bei Landungen auf Sizilien, Oktober 1943 zur Home Fleet zurück, bis Juni 1944 Überholung, danach Eastern Fleet/British Pacific Fleet, Januar 1945 in Sydney eingetroffen. Ab 1. April 1945 Operationen gegen Okinawa. 4.—5. Mai 1945, 9. Mai 1945, 12.—13. Mai 1945, 15.—16. Mai 1945, 20.—21. Mai 1945 und 24.—26. Mai 1945 usw. → **King George V**. Juni 1945 zurück nach Sydney, anschließend Überholung in Durban, September 1945 zur Home Fleet zurück, Januar 1946 in Portsmouth eingetroffen, Schulschiff, danach in Reserve. 1957 gestrichen, ab 2. Juni 1958 in Inverkeithing abgewrackt.*

Anson ×Jellicoe¹	1937	Swan, Hunter, Newcastle	20. 7. 37	24. 2. 40	22. 6. 42

Home Fleet: 12.—18. September 1942 und 22.—31. Dezember 1942 Fernsicherung bei Murmansk-Convoys. 4. Oktober 1943 Fernsicherung bei Raid gegen Bodö. 30. März bis 3. April 1944 und 21.—26. April 1944 Fernsicherung bei Vorstößen gegen Nordnorwegen, anschließend Überholung in Devonport. März 1945 der British Pacific Fleet zugeteilt. 30. August 1945 Besetzung von Hongkong. Nach japanischer Kapitulation vorübergehend Wachschiff vor Tokio. Januar 1946 nach Australien, Juli 1946 nach Portsmouth zurück, Schulschiff, später in Reserve. 1957 gestrichen, ab 17. Dezember 1957 in Faslane abgewrackt.

a) Bei den zum Londoner Flottenvertrag von 1930 führenden Abrüstungsverhandlungen hatte Großbritannien vergeblich versucht, zu einer weiteren Baupause für Schlachtschiffe zu gelangen. Ursache dafür waren einerseits die Scheu vor den enormen Kosten und andererseits Zweifel über den zukünftigen Wert von Schlachtschiffen angesichts des Fortschritts der Luftwaffe. Nicht alle Stellen teilten jedoch diese Zweifel, und insbesondere konservativen Kreisen war die Vorstellung völlig fremd, daß Schlachtschiffe in Zukunft nicht mehr den Kern der Flotten darstellen würden. Zwar konnte die Baupause noch einmal bis 1936 hinausgeschoben werden, aber die Kiellegung von Schlachtschiffen in Frankreich (→ **Dunkerque**), Italien (→ **Littorio**) und Deutschland (→ **Scharnhorst**) gebot eine Überprüfung der eigenen Position, die dazu führte, nunmehr ebenfalls den Neubau von Schlachtschiffen ins Auge zu fassen. Dies erfolgte um die gleiche Zeit, da Großbritannien mit Nachdruck für eine Beschränkung des Hauptkalibers im Schlachtschiffbau auf 35,6 cm eintrat. Sicher geschah das nicht von ungefähr, denn mit gutem Grund vertrat man die Ansicht, daß dieses Kaliber für Schiffe bis 35 000 ts Typverdrängung aus Gewichtsgründen das günstigste sei. Bald nach Beginn der 30er Jahre hatte man eine neue 35,6 cm-SK in Auftrag gegeben, die sich als ein sehr leistungsfähiges Modell erwies und als erste ihrer Art als Mantelringrohr gebaut wurde. Zwar wurde auf britisches Betreiben hin im Londoner Flottenvertrag von 1936 mit amerikanischer Unterstützung die Bestimmung aufgenommen, daß das Hauptkaliber von Schlachtschiffen auf 35,6 cm beschränkt werden sollte, doch erlangte diese Bestimmung keine Rechtsverbindlichkeit, weil Japan nicht zustimmte. So blieb es beim 40,6 cm-Kaliber. Großbritannien entschloß sich dennoch, bei 35,6 cm zu bleiben, nachdem vorübergehend 9—38,1 cm-SK erwogen worden waren. Abgesehen davon, daß die 35,6 cm-SK bereits zur Verfügung stand, lag der Hauptgrund dieser Haltung wohl darin, durch Beschränkung auf ein leichteres Kaliber als 40,6 cm Gewichtseinsparungen zu erlangen, die dem defensiven Schutz zugute kommen konnten. Außerdem strebte man an, die beiden ersten Schiffe bis 1940 fertigzustellen, denn das war der Zeitpunkt, von dem ab man mit einem offenen Konflikt mit Deutschland rechnete. Wollte man daran festhalten, so war man gezwungen, unverzüglich die SA und ihre Türme in Auftrag zu geben. — Die ursprüngliche Planung sah 12—35,6 cm-SK in 3 ⚓ vor. Deshalb gab man im Mai 1936 die ersten 3 ⚓ in Auftrag, die für **King George V**. bestimmt waren, jedoch entschloß man sich bald darauf, auf den überhöhten ⚓ zu verzichten und ihn durch einen ⚓ zu ersetzen. Diese Maßnahme erwies sich deshalb als notwendig, weil Versuche offenbart hatten, daß die Munitionskammern nach der ursprünglichen Planung immer noch unzureichend geschützt waren. Sicher sprachen dabei aber auch gewisse Stabilitätsgründe ein gewichtiges Wort mit; das eingesparte Gewicht kam aber dem besseren Schutz der Munitionskammern zugute. Allerdings bewirkte diese Änderung eine gewisse Verzögerung der Konstruktionsarbeiten, denn es mußten zahlreiche Einzelteile neu konstruiert werden. Bei der MA und bei der schweren ⚓ entschloß man sich zu einem Einheitskaliber, mit dem See- und Luftziele bekämpft werden konnten. Dieses wurde stark genug gestaltet, um Zerstörer abwehren zu können, und es war das damals schwerstmögliche Kaliber zur Bekämpfung hochfliegender Flugzeuge.

Angesichts der auf sich genommenen Kaliberbeschränkung war diese Schlachtschiff-Klasse in Großbritannien lange Zeit heftig umstritten, und konservative Kreise sahen in ihr eine ausgesprochene Fehlkonstruktion.

Durch nachträgliche Änderungen — insbesondere auf Grund der mit → **Bismarck** gemachten Erfahrungen — wurde die Typverdrängung um ~ 3000 ts überschritten, vor allem durch den Einbau weiterer ⚓-Waffen und Geräte, zusätzliche Munition und Heizöl und Verbesserungen in der wasserdichten Unterteilung. Dadurch vergrößerte sich der Tiefgang von konstruktionsmäßig 8,57 m auf 9,75 m.

Bevor diese Schiffe nach durchschnittlich 16 Jahren Dienstzeit abgewrackt wurden, hatte man sie auf die Möglichkeit einer Umrüstung auf FK-Waffensysteme untersucht. Weil dies zu kostspielig gewesen wäre — und aus anderen Gründen — verwarf man diesen Gedanken wieder.

b) *Gegenüber der → **Nelson**-Kl. konnten folgende Verbesserungen erreicht werden: Unterwasserschutz 5,0% statt 4,5%, Horizontalschutz 16,2% statt 11,0%, gesamter Schutz 40% statt 34%. —*

---

[1] Änderung des Namens Februar 1940.

Großbritannien

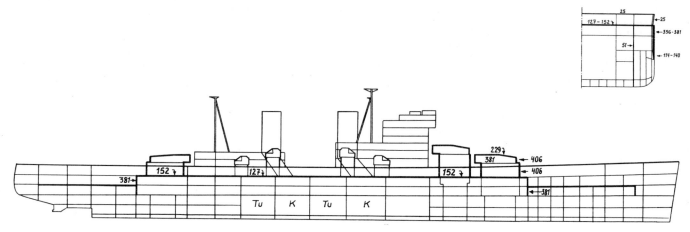

King George V.-Klasse (Generalplan)

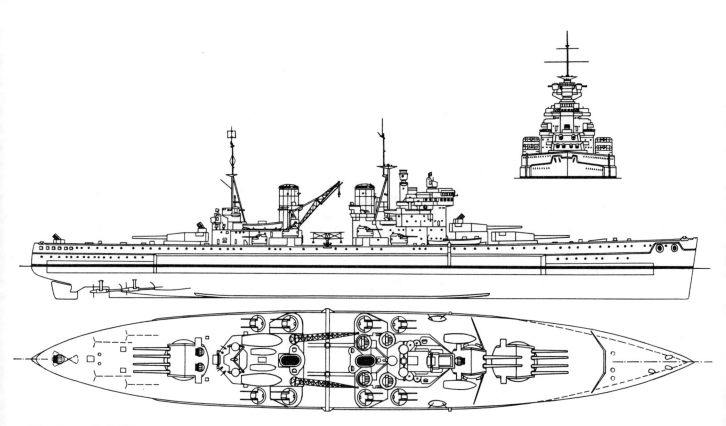

King George V. (1940)

King George V.-Klasse

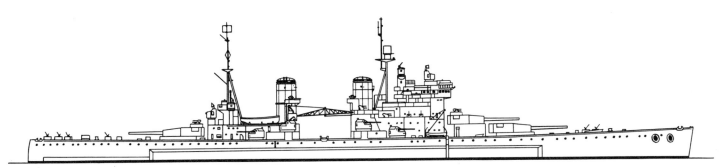

Duke of York (1943)

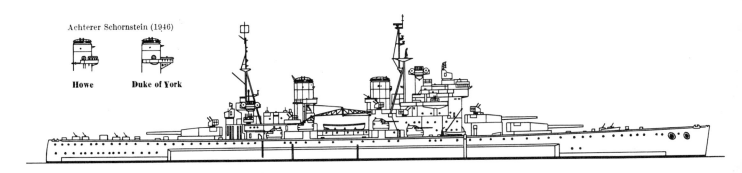

Achterer Schornstein (1946)

Howe **Duke of York**

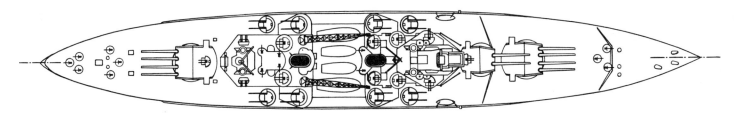

Anson (1946)

Das Panzerungssystem lehnte sich an amerikanische Vorbilder an, besonders im Bereich der Seitenpanzerung, des Horizontalschutzes und in der Anordnung des Unterwasserschutzes. Durch raumsparende Anordnung der Antriebsanlage konnte die Länge der Zitadelle auf ~ 136 m beschränkt werden. Diese wurde durch den Seitenpanzer gedeckt, der jeweils im Bereich der Munitionsräume nochmals verstärkt war. Das PzD. war sehr hoch angeordnet, weil es auf der Oberkante des Seitenpanzers auflag; dieses erreichte seine größte Dicke ebenfalls über den Munitionskammern. PzQ.: 381, 381 / Seitenpzr.: 127, 356—381 (getäpert ↓ 114—140), 127 / Zitadellpzr.: 25 / Horizontalpzr.: Oberdeck 25; PzD. 127—152 / Unterwasserschutz: T-Schott 51 (T-Schutzbreite 4,1 m) / SA: Barbetten 406; Türme 406, 381, 229 / MA 25 / KdoT. 75 (nur splittersicher!) / Panzergewicht ~ 12000 ts.

c) 4× Parsons-⚙ Tu auf 4 ⚓ / 8 Admiralty-Kessel (Öl) / Leist. 110000 WPS; Geschw. 27,5 kn (zu forcieren auf 125000 WPS = 29,2 kn!) / 1 Ruder.

d) 10—35,6 cm-SK L/50 in je 1 ⚓ vorn und achtern und 1 ⚓ vorn überhöhend / 16—13,33 cm-Mehrzweck-SK L/50 in ⚓ / Vorgesehen 32—4 cm-$\textit{l}_8$ + 16 MG-$\textit{l}_4$, jedoch ausgeführt:

King George V.	48—4 $\textit{l}_8$	\} später dazu 8—4 cm-$\textit{l}_4$ Mk 2/Mk 4 amerik. Herkunft, nach Kriegsende weitere 8 bis 10—4 cm $\textit{l}$ / sämtlich 8 bis 16—2 cm $\textit{l}$ und $\textit{l}_2$ / [1]
Prince of Wales	32—4 $\textit{l}_8$	
Duke of York	72—4 $\textit{l}_8$, $\textit{l}_4$	
Howe	56—4 $\textit{l}_8$, $\textit{l}_4$	
Anson	72—4 $\textit{l}_8$, $\textit{l}_4$	

Nur **King George V.** und **Prince of Wales** vorübergehend 8 U. P. batteries / 1 Doppel-🛩, 4 🛩 (nur bis 1943 an Bord).

e) Wie bereits bei den totalumgebauten älteren Schlachtschiffen wurde auch bei diesen Schiffen auf den sonst üblichen schwergepanzerten KdoT. verzichtet, und zwar deshalb, weil die für die Schiffsführung und für den Waffeneinsatz notwendigen Einrichtungen so umfangreich geworden waren, daß es aus Gewichtsgründen nicht mehr vertretbar erschien, auch sie unter schweren Panzerschutz zu stellen. Aus diesem Grunde begnügte man sich damit, diese Einrichtungen nur splittersicher zu gestalten. Die Bord-🛩-Anlage wurde nach dem Vorbild von → **Warspite** usw. gestaltet und erwies sich als so zweckmäßig, daß die deutsche Marine sie nachträglich auf der → **Bismarck**-Kl. berücksichtigte. Je 1 🛩-Halle befand sich beiderseits am vorderen Schornstein. Aus ihnen führten Verschiebegleise zu dem fest eingebauten Quer-🛩, mit dem wechselweise nach beiden Seiten geschossen werden konnte. Die auf dem Wasser niedergehenden 🛩 wurden durch schwere Kräne wieder an Bord genommen. Ab 1943 — nachdem immer mehr 🛩-Träger zur Flotte stießen — wurde auf diese Anlage verzichtet. Das 🛩 wurde ausgebaut, die 🛩-Hallen dienten fortan als Bordkino.

---

[1] Sämtliche Schiffe nach 1945 meist keine 4 cm $\textit{l}_8$ mehr an Bord, dafür die neuen 4 cm $\textit{l}_4$ britischen Modells (bis zu 8), teilweise auch noch die 8—4 cm $\textit{l}_4$ amerikanischen Modells. Die 2 cm $\textit{l}$ wurden durchweg von den 4 cm-$\textit{l}$ abgelöst; letztere kamen aber bald von Bord!

Seither wurden die Beiboote, die zuvor hinter dem achteren Schornstein auf dem Aufbaudeck gefahren worden waren, auf dem einstigen 🛩-Deck gestaut, das zu diesem Zweck geändert wurde. Alle 5 Schiffe waren nur schwer voneinander zu unterscheiden. Die wichtigsten Merkmale waren:

1. Nur **Anson** und **Duke of York** führten jeseits am Brückenaufbau eine erweiterte Plattform für 4 cm-$\textit{l}_8$.
2. Nur bei **Duke of York** sprang die Plattform um den achteren Schornstein auffallend weit nach vorn vor.
3. Nur bei **Howe** befanden sich auf der um den achteren Schornstein geführten Plattform je 1—4 cm-$\textit{l}$, während alle anderen Schiffe dort Scheinwerfer führten.
4. Nur **Duke of York**, **Anson** und **Howe** führten auf dem vorderen Dreibeinmast ein Typ 273-Radar, und dies auch nur während des Krieges.
5. Nur **Anson** erhielt nach Kriegsende neue Feuerleitgeräte für die MA (die gleichen, die der Kreuzer **Superb** und die Zerstörer der **Battle**-Kl. erhalten hatten); diese befanden sich auf der brückenförmig nach beiden Seiten übergreifenden Säule auf der Brücke zwischen SA-Feuerleitgerät und Dreibeinmast und achtern jeseits vom Großmast.
6. Nur **King George V.** führte das außenbords sichtbare MES-Kabel um den Schiffskörper.

Die Absteifungen der Maststengen durch dünne Stützbeine erfolgten erst nach dem Kriege.

Lion-Klasse

Battleships = Schlachtschiffe

1	2	3	4	5	6
Lion	1938	Armstrong, Newcastle	4. 7. 39	∞	∞ [43]
Temeraire	1938	Cammell-Laird, Birkenhead	1. 6. 39	∞	∞ [43]

Aufträge 21. Februar 1939 erteilt. Vorläufiger Baustop Oktober 1939, endgültig 27. März 1941. Aufträge 1944 annulliert. Material auf Hellingen abgebrochen.

Thunderer ×**Bellerophon**	1939	J. Brown, Clydebank	∞	∞	∞ [44]
Conqueror	1939	Fairfield, Glasgow	∞	∞	∞ [44]

Aufträge 16. August 1939 erteilt, jedoch nach Baustop Oktober 1939 (endgültig 1940) nicht mehr begonnen. Aufträge 1941 annulliert.

a) Nachdem die Vertragslage Schlachtschiffe bis zu 45000 ts ermöglichte, entstanden 1938/39 die Entwürfe für die **Lion**-Kl., wobei man sich mit 40000 ts begnügte und wohl die Hoffnung daran knüpfte, daß auch die anderen Seemächte diesem Beispiel folgen würden. Diese 4 Schiffe sollten die ›Antwort‹ auf die der → **Bismarck**-Kl. nachfolgenden Neubauten werden, von denen man um diese Zeit jedoch noch nicht mehr wußte, als daß sie vermutlich mit 40,6 cm-SK bewaffnet werden.

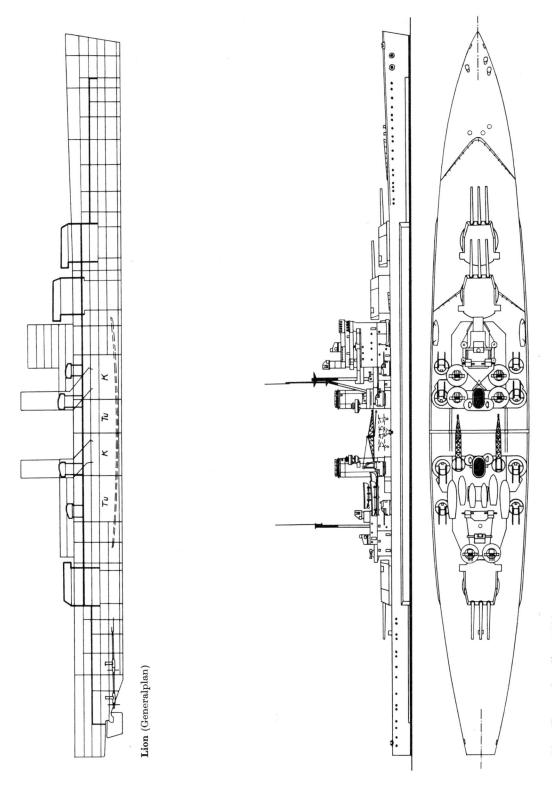

Lion (Generalplan)

Lion (Entwurfsstadium 1939)

Zwar wurde bei der **Lion**-Kl. die technische Grundkonzeption der → **King George V**. -Kl. beibehalten, doch wuchs das Kaliber der SA auf 40,6 cm als obere Grenze des Zulässigen an. Der kurz darauf ausbrechende Krieg verhinderte die Realisierung dieser Vorhaben. Nur 1943/44 wurde noch einmal kurzfristig erwogen, den Bau dieser Schiffe wiederaufzunehmen, doch hatte sich die Seekriegführung bis dahin so grundlegend geändert, daß man diesen Gedanken schon bald wieder verwarf.

b) *Panzerung und Schutzeinrichtungen entsprachen weitgehend denen der* → **King George V**.-*Kl., doch sollte der Seitenpanzer tiefer unter die CWL reichend gestaltet werden. Außerdem war es gewichtsmäßig wieder möglich, einen schwer gepanzerten KdoT. vorzusehen.* PzQ.: ... / Seitenpzr.: ..., 356 (über Munitionskammern 381), ... / Horizontalpzr.: PzD. 152 / Unterwasserschutz: T-Schott 51 (T-Schutzbreite .... m) / SA: Barbetten 356; Türme 406, .., ... / MA 152(?) / KdoT. 406 (...). *Panzergewicht* ~ *14 000 ts.*

c) 4× ✱ Tu auf 4 ⚓ / 8 Admiralty-Kessel (Öl) / Leist. 130 000 WPS; Geschw. 30,0 kn / 1 Ruder.

d) 9—40,6 cm-SK L/50 in 3 ⌒, davon 2 vorn und 1 achtern / 16—13,33 cm-Mehrzweck-SK L/50 in 8 ⌒ / 48—4 cm-⚓₈ / 1 ⚑, 4 ⚒.

e) Im Ganzen genaues Abbild der → **King George V**.-Kl. Späteres Auswechseln des achteren Pfahlmastes gegen Dreibeinmast nicht unwahrscheinlich.

Vanguard
Battleship = Schlachtschiff

1	2	3	4	5	6
Vanguard	Kriegsbauprogr. 1940	J. Brown, Clydebank	2. 10. 41	30. 11. 44	25. 4. 46

Erstes größeres Ereignis Repräsentativ-Rolle: Februar bis Mai 1947 Reise mit brit. Königspaar nach Südafrika, danach bis 1948 Überholung in Dockyard Devonport. Januar bis Juli 1949 im Mittelmeer. Ab November 1949 Schulschiff in Portland, vorübergehend Flaggschiff der Home Fleet. Ab 1955 Flaggschiff der Reserveflotte, zugleich NATO-Stabsquartierschiff in Portsmouth. 7. Juni 1960 außer Dienst gestellt, für 550 000 £ auf Abbruch verkauft; 4. August 1960 im Schlepp beim Auslaufen mit Kurs auf Abwrackhafen auf Grund geraten, von 8 Schleppern flottgemacht, 9. August 1960 in Faslane eingetroffen und dort abgewrackt.

a) Als in Großbritannien bald nach Kriegsbeginn erkannt worden war, daß die für die → **Lion**-Kl. benötigten 40,6cm-SK und ihre Türme kaum rechtzeitig geliefert werden konnten und die Arbeiten an der **Lion**-Kl. aus diesem und anderen Gründen eingestellt wurden, regten im November 1939 der stellvertretende Chef des Admiralstabs und im Dezember 1939 der Leiter der Kriegsschiffbau-Abteilung, Sir Stanley Goodall, ein neues Projekt an. Dieses brauchte nicht an dem artilleristischen Engpaß zu scheitern und war — so schien es — trotz der kriegsbedingten Lage realisierbar. Man hatte sich der 4—38,1 cm-∞ erinnert, die seinerzeit auf → **Glorious** und ← **Courageous** eingebaut worden waren und seit 1925 in Arsenalen lagerten, wo sie als Reserve für die übrigen alten Schlachtschiffe mit 38,1 cm-SK gedacht waren. Das war genau die erforderliche Stückzahl für ein neues Schlachtschiff, zumal sich die 38,1 cm-SK bis dahin ausgezeichnet bewährt hatten. Unter dem Eindruck der sich in Ostasien zuspitzenden Lage sah die Admiralität in diesem Projekt einen wertvollen Zuwachs für die in Singapore stationierten Seestreitkräfte. So wurde beschlossen, diesen Plan zu realisieren; am 14. März 1941 konnte der Bauauftrag vergeben werden. Zwar hoffte man zuerst, das Schiff bis 1943 fertigstellen zu können, doch erfüllten sich diese Erwartungen nicht, zumal die Arbeiten ab ~ 1944 in einem weniger scharfen Tempo ausgeführt wurden. **Vanguard** wurde das größte, jemals bis dahin in England gebaute Kriegsschiff und zugleich das letzte Schlachtschiff der britischen Flotte. Seine Baukosten betrugen einschließlich der bereits vorhandenen Hauptbewaffnung 9 Mio. £.

b) *Panzerung und Schutzeinrichtungen entsprachen wiederum weitgehend denen der* → **King George V**.-*Kl., jedoch fielen die gepanzerten Flächen entsprechend den größer gewordenen Abmessungen des Schiffes größer aus. Die innere Unterteilung und damit der Unterwasserschutz wurden jedoch bedeutend verbessert. So war die Verbindung von Räumen unterhalb des Panzerdecks nur auf Wegen möglich, die grundsätzlich über das Panzerdeck führten!* PzQ.: 381, 381 / Seitenpzr.: ..., 330 (getäpert ↓ 114) bis 356 (getäpert ↓ 140), ... / Horizontalpzr.: PzD. 127—152 / Unterwasserschutz: T-Schott 51 (T-Schutzbreite ... m) / SA: Barbetten 406; Türme 330, 279, 102 / MA 25 / KdoT. .... (nur Splitterschutz?).

c) *Erwähnenswert ist bei diesem Schiff die erstmals im britischen Kriegsschiffbau praktizierte* ›*Kraftwerkstrennung*‹: *Die gesamte Antriebsanlage war in 4* ›*units*‹ *eingeteilt, von denen jede als selbständige Einheit über einen Tu-Satz und 2 Kessel verfügte und in der Lage war, unabhängig von den anderen* ›*units*‹ *das Schiff in Fahrt zu bringen bzw. zu halten.* 4 × Parsons-✱ Tu auf 4 ⚓[1] / 8 Admiralty-Kessel (Öl) / Leist. 130 000 WPS / Geschw. 29,5 kn / 1 Ruder.

d) 8—38,1 cm-SK L/42 in je 2 überhöhend angeordneten ⌒ vorn und achtern[2] / 16—13,33 cm-Mehrzweck-SK L/50 in 8 ⌒ / ursprünglich 60—4 cm-⚓₆ + 4—4 cm-⚓₄ + 7—4 cm-⚓, zuletzt dafür nur 22—4 cm-⚓₂ / Kein ⚑, keine ⚒.

e) Vanguard galt als ein besonders seetüchtiges Schiff. So verzeichnete bei gemeinsamen Manövern im Atlantik die amerikanische → **Iowa** Krängungen bis zu 26°, während auf **Vanguard** nur 15° registriert wurden!

---

[1] Innen 5 Blatt- ⚓, außen 3 Blatt- ⚓.
[2] Vorn: Die von → **Glorious**, achtern: die von → **Courageous**.

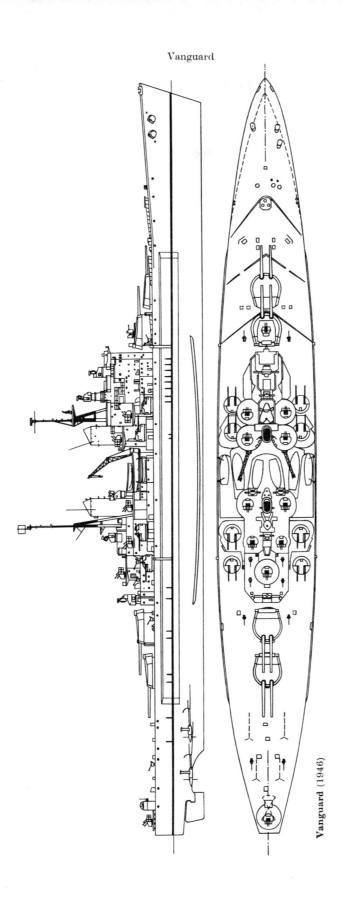

Vanguard (1946)

VEREINIGTE STAATEN (USA)

United States of America   État-Unis   Stati Uniti

Stammtafel

Jahr	Schlachtschiffe	Schlachtkreuzer	Schnelle Schlachtschiffe
1906	South Carolina ⌉		
1907	⌈ Delaware ⌋		
1908	|		
1909	⌊ Florida ⌉		
1910	⌈ Wyoming ⌋		
1911	⌊ Texas ⌉		
1912	⌈ Nevada |		
1913	⌊ Pennsylvania ⌉		
1914	⌈ New Mexico ⌋		
1915	|		
1916	|		
1917	⌊ Tennessee ⌉		
1918	⌈ Maryland ⌋		
1919	|		
1920	⌊ South Dakota		
1921		Lexington	
1937		|	North Carolina ⌉
1938		|	⌈ South Dakota ⌋
1939		|	|
1940		Alaska	⌊ Iowa———Montana

Amerikanische Großkampfschiffe 1905—1969

Nachfolgend aufgeführt sind die jeweils in einem Etatsjahr bewilligten sowie die zum Ende dieses Etatjahres im Dienst befindlichen Großkampfschiffe. Kriegsverluste und sonstige Abgänge sind jeweils berücksichtigt.

Etatjahr	Schlachtschiffe bewilligt	fertig	Schlachtkreuzer bewilligt	fertig
1905	2	0	0	0
1906	1	0	0	0
1907	1	0	0	0
1908	2	0	0	0
1909	2	0	0	0
1910	2	4	0	0
1911	2	6	0	0
1912	1	8	0	0
1913	1	8	0	0
1914	3	10	0	0
1915	2	10	0	0
1916	4	14	4	0
1917	3	15	1	0
1918	3	17	0	0
1919	0	17	1	0
1920	0	18	0	0
1921	0	20	0	0
1922	0	19	0	0
1923	0	21	0	0
1924	0	18	0	0
1925	0	18	0	0
1926	0	18	0	0
1927	0	18	0	0
1928	0	18	0	0
1929	0	18	0	0
1930	0	18	0	0
1931	0	17	0	0
1932	0	15	0	0
1933	0	15	0	0
1934	0	15	0	0
1935	0	15	0	0
1936	0	15	0	0
1937	2	15	0	0
1938	4	15	0	0
1939	0	15	0	0
1940	11	15	6	0
1941	0	15	0	0
1942	0	19	0	0
1943	0	21	0	0
1944	0	23	0	2
1945	0	18	0	2
1946	0	16	0	2
1947	0	15	0	2
1948	0	15	0	2
1949	0	15	0	2
1950	0	15	0	2
1951	0	15	0	2
1952	0	15	0	2
1953	0	15	0	2
1954	0	15	0	2
1955	0	15	0	2
1956	0	15	0	2

Artillerie

Etatjahr	Schlachtschiffe bewilligt	fertig	Schlachtkreuzer bewilligt	fertig	Etatjahr	Schlachtschiffe bewilligt	fertig	Schlachtkreuzer bewilligt	fertig
1957	0	15	0	2	1960	0	8	0	2
1958	0	15	0	2	1961	0	8	0	0
1959	0	10	0	2	1962—69	0	4	0	0

Artillerie

Kaliber cm (inches) und Aufstellung	Rohrlänge	Konstruktionsjahr	Rohrgewicht t	Geschoßgewicht kg	Schußweite bei maximaler Rohrerhöhung hm/Grad	Feuergeschwindigkeits- s/min	Bemerkungen
1. Schwere Artillerie							
40,6 (16″) Mark 1 ⌒	L/45	1919	105,0	952	310/30°	1,5	*Eingebaut auf* **BB 45—48**. *Turmgewicht 1245 ts einschl. 490 ts Drehpanzer. Geschütze durch Schotten voneinander getrennt.*
40,6 (16″) Mark 2 ⌒ und ⌒	L/50	1920	119,6	952	408/46°	.	*Vorgesehen für* **BB 49—54** *und* **CC 1—6**.
40,6 (16″) Mark 6 ⌒	L/45	1936	96,2	1224	371/45°	2	*Eingebaut auf* **BB 55—60**. *Turmgewicht 1437 ts.*
40,6 (16″) Mark 7 ⌒	L/50	1936	107,0	1224	387/45°	2	*Eingebaut bzw. vorgesehen für* **BB 61—71**. *Turmgewicht 1708 ts.*
35,6 (14″) Mark 4 ⌒	L/50	1915	81,7	635	315/30°	1,5	*Eingebaut auf* **BB 40—44**. *Turmgewicht 1127 ts einschl. 411 ts Drehpanzer.*
35,6 (14″) Mark 2 ⌒ und ⌒	L/45	1911	63,0	635	300/30°	1,5	*Eingebaut auf* **BB 34—39**. *Turmgewicht für* ⌒ *864 ts einschl. 355 ts Drehpanzer, Rohre in Einzelwiegen, nur bei* **BB 36—37** *in gemeinsamer Wiege.*
30,5 (12″) Mark 8 ⌒	L/50	1940	54,4	500	336/45°	.	*Eingebaut bzw. vorgesehen für* **CB 1—6**.
30,5 (12″) Mark 7 ⌒	L/50	1910	57,2	394	249/15°	.	*Eingebaut auf* **BB 32—33**. *Turmgewicht 607 ts.*
30,5 (12″) Mark 5—6 ⌒	L/45	.	53,6	394	229/15°	.	*Eingebaut auf* **BB 18—29**.
2. Mittelartillerie							
15,2 (6″) Mark 18	L/53	1919	11,4	47,5	276/..°	4	*Vorgesehen für* **BB 49—54** *und* **CC 1—6**.
12,7 (5″) Mark 15	L/51	1907	5,7	22,7	132/45°	7	*Eingebaut auf* **BB 28—48**.
7,6 (3″) Mark 5—6	L/50	.	1,0	5,9	163/..°	10	*T-Boot-Abwehr-Artillerie auf den älteren Schlachtschiffen bis einschl.* **BB 27**.
3. ⚹-Artillerie							
12,7 (5″) Mark 13 ⚹	L/25	1923	1,9	27,0	180/85°	6	*Eingebaut auf* **BB 36—48**. *Größte Schußhöhe 100 hm.*
12,7 (5″) Mark 12 ⚹ und ⚹₂	L/38	1935	1,9	24,0	161/80°	10	*Eingebaut in* ⌒ *auf* **BB 32** *(seit 1944),* **BB 36**, **BB 38**, **BB 43—44**, **BB 47**, **BB 55—66** *und* **CB 1—6** *und in* ⌒ *auf* **BB 42** *und* **BB 45—46**. *Größte Schußhöhe 114 hm. Turmgewichte:* ⌒ *18 ts,* ⌒ *30 ts.*

Kaliber cm (inches) und Aufstellung	Rohrlänge	Konstruktionsjahr	Rohrgewicht t	Geschoßgewicht kg	Schußweite bei maximaler Rohrerhöhung hm/Grad	Feuergeschwindigkeits-/min	Bemerkungen
12,7 (5″) Mark 16 ⚓₂	L/54	1944	2,7	31,8	237/..°	15	*Vorgesehen für* **BB 67—71**. *Größte Schußhöhe 137 hm.*
7,6 (3″) Mark 10 ⚓	L/50	1917	1,15	5,9	163/..°	10	*Vorübergehend auf* **BB 26—54** *und vorgesehen für* **CC 1—6**. *Größte Schußhöhe 95 hm.*
4 (1,57″) Bofors ⚓₄	L/56	1942	.	0,9	101/85°	150	*Seit 1941/42 auf allen Schiffen als Standardwaffe. Größte Schußhöhe 56 hm.*
2,8 (1,1″) ⚓₄	L/74	1939	.	0,45	.../..°	125	*Nur vorübergehend im Gebrauch, nicht auf allen Schiffen eingebaut.*
2 (0.8″) ⚓	.	.	.	.	50/87°	450	

Bordflugzeuge

1. Vought ›Corsair‹ (1927)
2. Keystone ›OL 9‹ (1930)
3. Curtiss-SOC 4 ›Seagull‹ (1934)
4. Vought-OS 2 U-1 ›Kingfisher‹ (1941)
5. Curtiss SO 3 C-2 ›Seamew‹ (1942)
6. Curtiss-SC-1 ›Seahawk‹ (1944)

Alle Bord-✈ waren katapultierbar und durchweg ab ~ 1927 eingeschifft, vorher nur einzeln zu Versuchszwecken. Erst nach dem Ende des Zweiten Weltkrieges wurde allgemein auf die Mitnahme von ✈ verzichtet. Aus diesem Grunde erfolgte bei den noch im aktiven Dienst gebliebenen Schlachtschiffen (→ **Iowa**-Kl.) der Ausbau der ⚒ und die Abgabe der ✈, wofür nunmehr Hubschrauber an Bord genommen wurden.

Farbanstriche

Bis zum Zweiten Weltkrieg: Perlgrauer oder dunstgrauer Anstrich des Rumpfes und der Aufbauten. Während des Zweiten Weltkrieges: Zuerst kräftiger dunkelgrauer Anstrich über alles, danach Rumpf meist lichtgrau, jedoch dunkelgrau abgesetzt ab Höhe Achterdeck parallel zur Wasserlinie verlaufend, unbeschadet des Decksprungs. Auch verschiedentlich Tarnbemalungen, z. B. **California, Maryland, Tennessee, West Virginia** und **Mississippi** 1944, **Alabama** 1942, **Iowa** und **Missouri** 1944 und **Alaska** 1944, meist großflächige Schemen.
Kennungen: Bis zum Zweiten Weltkrieg führten US-Schlachtschiffe ihre Kennungen nicht sichtbar. Erkennbar erst ab ~ 1942; dabei war lediglich die jeweilige Ziffergruppe an den Rumpfseiten vorn und achtern (teils nur vorn oder nur achtern) aufgemalt. Die Ziffern waren dabei so klein gehalten, daß sie nur auf nahe Entfernungen ausgemacht werden konnten. Erst ab ~ 1950 führten die noch im aktiven Dienst verbliebenen Schlachtschiffe ihre Ziffergruppe so groß auf dem Vorschiff aufgemalt, daß sie auch auf größere Entfernungen lesbar waren.

Flottenverteilung

Vor und während des Ersten Weltkrieges befanden sich die Schlachtschiffe ausschließlich bei der Atlantikflotte. 1917/18 wurden insgesamt 9 von ihnen zur britischen Grand Fleet abgeordnet. Nach dem Ersten Weltkrieg waren die meisten Schlachtschiffe in der Pazifikflotte zusammengefaßt, und nur noch wenige in der Atlantikflotte. Zuletzt, d.h. in den 30er Jahren, befanden sich im Pazifik 12 Schlachtschiffe, im Atlantik dagegen nur 3 als sog. ›Schulgeschwader‹. Daran änderte sich auch im Zweiten Weltkriege nicht viel; die Masse der Schlachtschiffe kam auf dem pazifischen Kriegsschauplatz zum Einsatz. Im Atlantik einschl. seiner Randmeere (Mittelmeer, Nördliches Eismeer, Kanal) kamen dagegen Schlachtschiffe nur sporadisch zum Einsatz. Als nach dem Ende des Zweiten Weltkrieges die meisten Schlachtschiffe ›eingemottet‹ wurden, zeichnete sich ein deutliches Schwergewicht auf der atlantischen Seite ab, wo 8 Schlachtschiffe und 2 Schlachtkreuzer den 7 Schlachtschiffen auf der pazifischen Seite gegenüberstanden. Nachdem ab 1962 nur noch 4 Schlachtschiffe erhalten geblieben sind, befinden sich 3 von diesen auf der atlantischen Seite (davon inzwischen eines für den Krieg in Vietnam reaktiviert) und nur 1 auf der pazifischen Seite.

Radarantennen

Frontreif gewordene Geräte, hier chronologisch zusammengestellt.
Alle nachgenannten Antennensysteme waren ferngesteuert drehbar meist auf den Masttoppen installiert.
1938 ›XAF‹ (Dezember 1938 erstmals eingebaut auf → **New York**).
›CXZ‹ (Dezember 1938 erstmals eingebaut auf → **Texas**).
1939 ›CXAM‹ (Auslieferung ab Mai 1940, erstmals eingebaut auf → **California**[1] am 7. August 1940 sowie auf dem ✈-Träger **Yorktown** und den Kreuzern **Chicago, Pensacola** und **Northampton**. Form: Rechteck, mehr breit als hoch.

1941 ›SC‹ (Form: Etwas breiter als hoch, mit 5 horizontalen und 4 vertikalen Rippen, unterste horizontale Rippe auffallend dick. 1941 erstmals eingebaut auf → **West Virginia**.
1942 ›SRa‹ (kleine, in der Mitte V-förmig geknickte Antenne).
›SG‹ (Form: Mantelsegment eines flachen Zylinders, diente als allgemeines Warngerät und als Navigationshilfe).
1943 ›SK‹ (mehr hohe als breite Antenne in Rechteckform mit einem nicht ganz so breiten Aufsatz darüber).
›SC-2‹ (weitflächiger Rechteckform-Antennenkörper von großer Länge, aber nur geringer Breite mit Aufsatz wie ›SK‹).
1944 ›SK-2‹ (große Hohlspiegelantenne, teilweise als Ersatz für ›SK‹ eingebaut).
1945 ›SP‹ (kleine Hohlspiegelantenne).
Auf den Feuerleitgeräten montiert:
Auf Mark-34 (SA) walzenförmiger, nach hinten mehr spitz zulaufender Antennenkörper.
Auf Mark-37 (MA) entweder breiter, oben und unten geknickter Antennenkörper, oder (nur auf Schiffen der → **Iowa-Kl.** eingebaut) Hohlspiegelantenne.

Torpedoschutznetze

Amerikanische Schlachtschiffe führten zu keiner Zeit T-Schutznetze.

Torpedowaffe

Stets ↓ TR 53,3 cm Kaliber, eingebaut bzw. vorgesehen auf allen Schlachtschiffen bis einschl. **BB 54**. Nur auf **CC 1—6** waren auch ↑ TR gleichen Kalibers vorgesehen. Ab **BB 55** wurde grundsätzlich auf die Torpedowaffe verzichtet.

Werften

Nachfolgend sind alle Werften zusammengefaßt, die im Großkampfschiffbau einschl. wichtigerer Umbauten tätig waren.

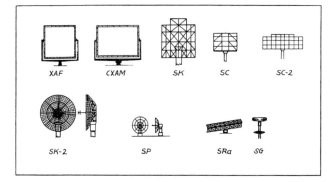

US-Radar-Antennen

Bezeichnung der Werften	Geographische Lage	Erteilte Bauaufträge (Umbauten)
Boston Navy Yard, Boston/Mass.	Ostküste	**(BB 30—31)**
William Cramp & Sons, Ship- & Engineering Co., Philadelphia/Pa.	Ostküste	**BB 26, 32**
Fore River Shipbuilding Co., Quincy/Mass. 1913 umbenannt in: Bethlehem Steel Co., Quincy/Mass.	Ostküste	**BB 29, 36, 54, 59, CC 1**
Newport News Shipbuilding & Dry Dock Co., Newport News/Va.	Ostküste	**BB 28, 35, 38, 41, 46, 48, 53, 58, CC 2, CC 4**
New York Navy Yard, Brooklyn/N.J.	Ostküste	**BB 30, 34, 39, 40, 43, 45, 49, 50, 55, 61, 63, 69, 70**
New York Shipbuilding Co., Camden/N.J.	Ostküste	**BB 27, 31, 33, 37, 42, 47, 57, CC 3, CB 1—6**
Norfolk Navy Yard, Portsmouth/Va.	Ostküste	**BB 52, 60, 66, 71 (BB 33, 34, 35, 36, 39, 41, 42)**
Mare Island Navy Yard, Vallejo/Cal.	Westküste	**BB 44, 51 (BB 38)**
Philadelphia Navy Yard, Philadelphia/Pa.	Ostküste	**BB 56, 62, 64, 65, 67, 68, CC 5—6 (BB 32, 33, 37, 38, 40)**
Puget Sound Navy Yard, Bremerton/Wash.	Westküste	**(BB 36, 43, 44, 45, 46, 48)**

---

[1] Nachdem → **California** am 7.12.41 in Pearl Harbor schwer beschädigt worden war, wurde die unversehrt gebliebene ›CXAM‹-Anlage in einem Armeestützpunkt auf Oahu installiert.

Die amerikanischen Großkampfschiffe

1	2	3	4	5	6	7	8	9	10	11	12	13
Connecticut (BB 18) Louisiana (BB 19) Vermont (BB 20) Kansas (BB 21) Minnesota (BB 22) New Hampshire (BB 25)	.	16000	~18000	.	137.2	139.1	23.2	7.5	900 K	2249 K 2376 K 2405 K 2310 K 2387 K 2287 K	5000/10	827 880
South Carolina (BB 26) Michigan (BB 27)	.	16000	17900	.	137.2	138.0	24.4	7.5	900 K	2380 K	.	869
Delaware (BB 28) North Dakota (BB 29)	.	20380 20000	22400	.	155.4	158.1	26.0	8.3 8.2	1930 K 1930 K + 380 Ö	2668 K 2676 K	9000/12	933
Florida (BB 30) Utah (BB 31)	.	21825	23400	.	155.4	159.0	26.9	8.6	1930 K + 400 Ö	2500 K 2520 K	4600/19 6720/10	1001
desgl. nach Umbau	.	.	.	.	,,	,,	32.3	,,	.	.	.	1
Wyoming (BB 32) Arkansas (BB 33)	.	26000	27700	.	168.9	170.3	28.4	8.7	1990 K + 400 Ö	2641 K 2691 K	8000/10	1063
desgl. nach Umbau	26100	29000	31000	.	,,	,,	32.3	9.7	.	5100 Ö	.	1330
Wyoming 1945	19700	.	.	.	,,	,,	,,	.	.	,,	.	1650 400
New York (BB 34) Texas (BB 35)	.	27000	28400	.	172.2	174.7	29.0	8.7	+ 400 Ö	2850 K 2892 K	10000/10	942 952 1340
desgl. nach Umbau	27000	~29500	32000	.	,,	,,	32.4	9.6	.	5200 Ö	.	1530
Nevada (BB 36) Oklahoma (BB 37)	.	27500	28900	.	175.3	177.8	29.0	8.7	1330 Ö	2037 Ö	10000/10	864 1025
desgl. nach Umbau	29000	.	34000	.	,,	,,	32.9	9.9	.	.	.	1301
Pennsylvania (BB 38) Arizona (BB 39)	.	31400	33000	.	182.9	185.3	29.6	8.8	1500 Ö	2322 Ö	.	915
desgl. ab 1931: Pennsylvania Arizona	33100 32600	.	36500	.	,,	,,	32.4	10.2	.	.	.	1358 2290
New Mexico (BB 40) Mississippi (BB 41) Idaho (BB 42)	.	32000	33500	.	182.9	190.2[2]	29.7	9.1	2200 Ö	3277 Ö	10000/10	1084
desgl. nach Umbau: New Mexico Idaho Mississippi Mississippi 1945	33400 33400 33000 29700	. . . .	36000 ,, 35100 .	.	,, ,, ,, ,,	190.2 ,, 190.7 ,,	32.4	10.4	. Ö . Ö	. Ö . Ö	.	1323 1930 .
Tennessee (BB 43) California (BB 44)	.	32300	34000	.	182.9	190.4	29.7	9.2	2200 Ö	4656 Ö	.	1083
desgl. seit 1929/30: Tennessee California	32300 32600	.	35190	.	,,	,,	,,	,,	,,	,,	.	1480
desgl. seit 1942/43	~37000	.	40500	.	,,	,,	34.8	10.7	.	.	.	2243 bis 2375

[1] Utah als ♆-Schulschiff nur noch 519 Mann.   [2] Mississippi LüA 190,7 m.

Die amerikanischen Großkampfschiffe

1	2	3	4	5	6	7	8	9	10	11	12	13
Colorado (BB 45) Maryland (BB 46) Washington (BB 47) West Virginia (BB 48)	32500 31500 . 31800	32600	33590	.	182.9	190.4 190.2 ,, ,,	29.7	9.3	. Ö	4570 Ö	10000/10	1080 bis 1084
desgl. nach Umbau:												
Colorado	~35000	.	40396			190.4	32.9	10.7	. Ö	. Ö	.	1407
Maryland	~34000	.	39100	.	,,	190.2	,,	,,	. Ö	. Ö	.	1968
West Virginia	37800	.	40354			,,	34.8	10.8	. Ö	. Ö	.	1486 2182
South Dakota (BB 49) Indiana (BB 50) Montana (BB 51) North Carolina (BB 52) Iowa (BB 53) Massachusetts (BB 54)	.	43200	~47000	.	201.2	208.5	32.2	10.0	. Ö	. Ö	.	1191 1351
Lexington (CC 1) Constellation (CC 2) Saratoga (CC 3)	Entw. 1.	34800	~42000	.	259.1	266.5	27.4	9.1	. Ö	. Ö	.	1274
Ranger (CC 4)	Entw. 2.	35300	~43000	.	,,	,,	,,	9.9	. Ö	. Ö	.	,,
Constitution (CC 5) United States (CC 6)	Entw. 3.	43500	~49000	.	,,	,,	32.2	9.1	. Ö	. Ö	.	1315
Saratoga } als Trg. Lexington	33000	.	~36000	.	263.7	270.7	29.8 32.1	9.7	.	8884 Ö	.	1900 bis 2122
Saratoga als Trg. 1943	~35000	.	39000	.	,,	274.7	29.8 39.6	.	.	,,	.	3300
ex-Ostfriesland	.	22437	24312	.	166.5	167.2	28.5	8.9	886 K + 197 Ö	3150 K	3600/18	.
North Carolina (BB 55) Washington (BB 56)	35000³ ~38000	42000	46770 45370	.	214.6	222.1 222.2	32.9 33.0	8.1 10.7	. Ö	6592 Ö 6583 Ö	. .	1880 2339
South Dakota (BB 57) Indiana (BB 58) Massachusetts (BB 59) Alabama (BB 60)	35000³ ~38000	~42000	44374 ,, 45216 44374	.	203.0	207.5 ,, 207.3 207.5	32.9	8.9 11.0	. Ö	6950 Ö 7340 Ö 6950 Ö 7340 Ö	. . . .	1793 2257 bis 2354
Iowa (BB 61) New Jersey (BB 62)[4] Missouri (BB 63) Wisconsin (BB 64) Illinois (BB 65) Kentucky (BB 66)	45000³ ~48500	~52000	57450 ,, 57216 ,, 57600 ,,	.	262.6	270.5 270.6 270.5 270.6 ,, ,,	33.0 ,, ,, ,, ,, ,,	8.8 11.0	. Ö	7073 Ö 7251 Ö ,, ,, ,, ,,	15000/12	1921 2753 bis 2978
Alaska (CB 1) Guam (CB 2) Hawaii (CB 3) Philippines (CB 4) Puerto Rico (CB 5) Samoa (CB 6)	27500³ ~29000	32500	34250	.	241.2	246.6	27.7	8.3 10.4	. Ö	3710 Ö	.	1370 2251
Montana (BB 67) Ohio (BB 68) Maine (BB 69) New Hampshire (BB 70) Louisiana (BB 71)	58000³ 60500	65000	67000³ 70500	.	271.3	280.9	36.9	11.0	. Ö	. Ö	.	3000
ex-Nagato	~38000	.	42785	201.2	221.0	224.5	34.6	9.5	.	5600 Ö	8650/16	.

[3] Offizielle Größenangabe.   [4] **New Jersey** 1968: 54000 ts maximale Verdrängung, 1470 Mann Besatzung.

Connecticut-Klasse

Battleships = Schlachtschiffe

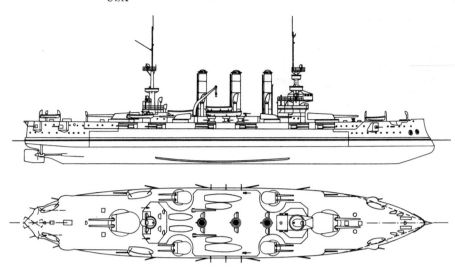

Connecticut (1908)

1	2	3	4	5	6
Connecticut (BB 18)	1902	New York Navy Yard	10. 3. 03	29. 9. 04	29. 9. 06
Louisiana (BB 19)	1902	Newport News Sb.	7. 2. 03	27. 8. 04	2. 6. 06
Vermont (BB 20)	1903	Fore River, Quincy	21. 5. 04	31. 8. 05	4. 3. 07
Kansas (BB 21)	1903	New York Sb., Camden	10. 2. 04	12. 8. 05	18. 4. 07
Minnesota (BB 22)	1903	Newport News Sb.	27. 10. 03	8. 4. 05	9. 3. 07
New Hampshire (BB 25)	1904	New York Sb., Camden	1. 5. 05	30. 6. 06	19. 3. 08

*Kein Schiff dieser Klasse befand sich je im unmittelbaren Kriegseinsatz! Alle wurden 1923 (**Kansas** und **Minnesota** 1924) gestrichen und abgewrackt.*

a) In 3 Serien erbaut, war die **Connecticut**-Kl. eigentlich nicht die letzte Vor-Dreadnought-Entwicklungsstufe der US-Marine, sondern die vorletzte. Ihr folgte nämlich noch die **Mississippi**-Kl.[1], die jedoch kleiner und schwächer ausfiel als die **Connecticut**-Kl. Aus diesem Grunde ist hier die **Connecticut**-Kl. abgehandelt worden. Sie war eine klare Weiterentwicklung der **Virginia**-Kl. (sämtliche Schiffe 1904 vom Stapel) und erhielt bei gleicher Hauptbewaffnung eine kaliberstärkere MA, blieb jedoch mit der Geschwindigkeit um 1 kn hinter der **Virginia**-Kl. zurück.

b) PzQ.: …, … / Seitenpzr.: 102—178, 229—279—229, 118—102, jedoch **Vermont** bis **New Hampshire** 102—178, 229—229—229, 118—102 / Zitadellpzr.: 152—178—152 / Unterwasserschutz: Keine T-Schotte, lediglich Kohlen-Schutzbunker / SA: 30,5 cm Barbetten 254; Türme 305, …, …; 20,3 cm Barbetten 152; Türme 152, …, … / MA: Kasematten 178 / KdoT. 229 (152). *Panzergewicht 3920 ts.*

---

[1] Dies waren **Mississippi (BB 23)** und **Idaho (BB 24)**, die 1914 an Griechenland verkauft wurden und dort als **Lemnos** und **Kilkis** bis 1932 bzw. 1941 im Dienst blieben.

c) 2 × 4 Zyl. 3fachwirkende Expansionsmaschinen von den Bauwerften auf 2 ⚙ / 12 Babcock-Kessel (Kohle). Leist. 16 500 iPS; Geschw. 18,0 kn / 1 Ruder (erreichten bis zu 18,8 kn).

d) 4—30,5 cm-SK L/45 in je 1 ⚙ vorn und achtern / 8—20,3 cm-SK L/45 in je 2 ⚙ auf den Seitendecks / 12—17,8 cm-SK L/45 in Kasematten / 20— 7,6 cm-SK, einzeln / 4—53,3 cm-↓ TR (S).

e) Alle Schiffe erhielten 1910/11 die charakteristischen Gittermasten. 1917/18 wurden auf **Connecticut** und auf **Louisiana** die 17,8 cm-SK ausgebaut, ebenso ein Teil der 7,6 cm-SK.

South Carolina-Klasse

Battleships = Schlachtschiffe

1	2	3	4	5	6
South Carolina (BB 26)	1905	Cramp, Philadelphia	18. 12. 06	11. 7. 08	1. 3. 10

Atlantikflotte. 30. September 1916 bis 3. Januar 1917 Überholung bei Philadelphia Navy Yard. 15. Dezember 1921 außer Dienst gestellt, 10. November 1923 gestrichen, 24. April 1924 auf Abbruch verkauft, abgewrackt.

Michigan (BB 27)	1905	New York Sb. Co.	17. 12. 06	26. 5. 08	4. 1. 10

Atlantikflotte. Juli 1917 und August bis September 1918 Überholung bei Philadelphia Navy Yard. 24. August 1923 gestrichen, 23. Januar 1924 auf Abbruch verkauft, abgewrackt.

a) Durch Gesetz vom 3. März 1905 wurde der Bau von 2 ›first class battleships‹ ermöglicht. Ihre Pläne waren noch vor → **Dreadnought** entstanden, doch wurden die Schiffe wesentlich später als diese fertiggestellt. Das war darauf zurückzuführen, daß ihre Entwurfs- und Konstruktionsbearbeitung sehr viel sorgfältiger durchgeführt wurde. Ihre Bewaffnung fiel zwar etwas schwächer aus, aber dafür wurde ohne Umwege eine Aufstellung gewählt, die sich bis zur Gegenwart als die zweckmäßigste er-

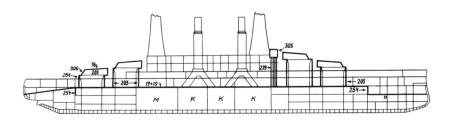

South Carolina-Klasse (Generalplan)

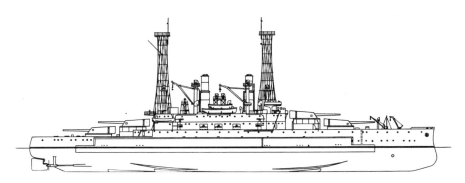

Michigan (1912)

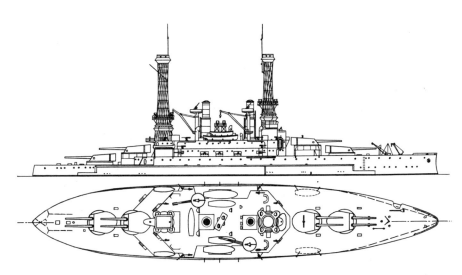

South Carolina (1918)

wiesen hat, die überhöhte Turmaufstellung[1]. Im Gegensatz zu **Dreadnought** konnte man sich jedoch noch nicht zum Tu-Antrieb entschließen, sondern blieb bei den herkömmlichen Kolbenmaschinen. Das wirkte sich nachteilig auf die Geschwindigkeitsleistung aus. Bei der Bemastung gingen die Amerikaner eigene Wege, indem sie den ›Papierkorbmast‹ (paper basket mast) schufen, der allgemein als ›Gittermast‹ bezeichnet wurde. In Wirklichkeit handelte es sich nicht um eine Gitterkonstruktion, sondern um einen Vielrohrmast, bei dem die oben und unten haltenden Ringe gegeneinander verdreht waren, so daß ein Rotations-Hyperboloid entstand. Bei Schießversuchen gegen die Zielschiffe **Kathadin** und **San Marcos** schien der ›Gittermast‹ seine Standfestigkeit bewiesen zu haben, denn er fiel erst nach 13—30,5 cm-Treffern. Den ungeteilten Beifall der ›Front‹ fand er hingegen nie; weil die Marsplattform als Artillerieleitstand völlig ungeschützt war, traten seine Gegner für dessen Unterbringung unter Panzerschutz im Kommandostand ein. Ihre Forderungen setzten sie aber erst viel später durch, nachdem die Standfestigkeit und die Schwingungsverhältnisse des Gittermastes auf die Dauer doch nicht recht befriedigten. Das zeigte sich insbesondere 1918, als ein schwerer Sturm auf **Michigan** den vorderen Gittermast abknickte und an Deck warf[2]. Zunächst aber bestimmte der Gittermast auf Jahre hinaus das ›Gesicht‹ der amerikanischen Schlachtschiffe. Von der **South Carolina**-Kl. ab trat der amerikanische Grundsatz der unbedingten Voranstellung von Schlagkraft und Standfestigkeit vor der Geschwindigkeit immer stärker zutage.

b) *Die Panzerungsanordnung wies bemerkenswert fortschrittliche Züge auf: Der Seitenpanzer wurde nicht gleichmäßig dick ausgeführt, sondern erreichte sein Maximum im Bereich der SA-Munitionskammern. Bedenkliche Schwächen bestanden jedoch im Bereich der Horizontalpanzerung und des Unterwasserschutzes.* PzQ.: 279, 203, 203, 254 / Seitenpzr.: 0, 305 (getäpert ↓ 254) —279 (getäpert ↓ 229)—305 (getäpert ↓ 254), 254 (getäpert ↓ 203) / Zitadellpzr.: 254 (getäpert ↑ 203) / Horizontalpzr.: PzD. 19 + 19 — 38 + 38 / Unterwasserschutz: Kein T-Schott / SA: Barbetten 254; Türme 305, 203, 76 / KdoT. 305 (229) / *Panzergewicht ~ 4000 ts.*

c) 2 × vertikal stehende 4 Zyl.-3fachwirkende Expansionsmaschinen auf 2 ✶ / 12 Babcock-Kessel (Kohle) / Leist. 16 500 iPS; Geschw. 18,5 kn / 1 Ruder. Probefahrtergebnisse: Bis 16 016 iPS = 18,8 kn. *Maschinengewicht 1854 ts.*

d) 8—30,5 cm-SK L/45 in je 2 überhöht angeordneten ∞ vorn und achtern / 22—, zuletzt nur 16—7,6 cm-SK, einzeln, z.T. in kasemattähnlicher Anordnung / seit 1917: 2—7,6 cm-⚓ / 2—53,3 cm-↓ TR (S) / *Gesamtgewicht der Bewaffnung 1150 ts (ohne Türme, Panzer und dgl.)*

---

[1] Allerdings konnten sich die Amerikaner bei ihren ersten Entwürfen noch nicht völlig von den bisherigen Praktiken im Schlachtschiffbau freimachen, denn sie planten zunächst je einen ∞ vorn und achtern und je 2 Einzeltürme auf den Seitendecks.
[2] Vgl. Hough, Dreadnought, S. 39.

e) Diese Einheiten galten zwar als gute Seeschiffe, rollten aber in schwerer See etwas zu stark. Die Marsplattformen waren zuletzt größer und geschlossen. Anstatt der Scheinwerfer befanden sich seit 1917 auf der dazu erweiterten Plattform der Kransäulen je 1—7,6 cm-⚓; seither waren die Maststengen höher und stärker und auch mit Rahen versehen. Gleichzeitig wurden die Scheinwerfer an den Gittermasten vermehrt und auf kleeblattähnlichen Plattformen aufgestellt. Unter diesen Plattformen wurde je eine geschlossene Brückengalerie eingeschoben und am vorderen Mast zusätzlich ein Friedenssteuerstand mit Verbindung zum KdoT. errichtet. Auf das achtere Kompaßpodest — zwischen achterem Schornstein und achterem Mast — wurde seither verzichtet.

Delaware-Klasse

Battleships = Schlachtschiffe

1	2	3	4	5	6
Delaware (BB 28)	1906	Newport News Sb.	11.11.07	6.2.09	4.4.10

Atlantikflotte. 17. Januar 1911 Kesselexplosion mit mittleren Schäden. Ab 25. November 1917 zur brit. Grand Fleet detachiert: Februar bis Juni 1918 Convoy-Sicherungsdienst in nordengl. Gewässern. Juli 1918 als Fernsicherung bei Minenoperationen in nördl. Nordsee eingesetzt. August 1918 nach USA zurück: Nach Überholung bei Boston Navy Yard wieder Atlantikflotte. 18. Oktober 1920 bis 3. Januar 1921 erneute Überholung bei Boston Navy Yard. 10. November 1923 außer Dienst gestellt. 27. November 1923 gestrichen. 5. Februar 1924 für ~ 232 000 $ an Boston Iron & Metall Co. auf Abbruch verkauft, abgewrackt.

North Dakota (BB 29)	1907	Fore River, Quincy	16.12.07	10.11.08	11.4.10

Atlantikflotte. 21. September 1913 bis 19. April 1914 Überholung bei New York Navy Yard. 1. Juli 1915 bis 21. Februar 1917 in Reserve; 27. Juni bis 9. Dezember 1920 Überholung bei New York Navy Yard. 22. November 1923 außer Dienst gestellt, vorübergehend Zielschiff für div. Versuche. 16. März 1931 auf Abbruch verkauft, abgewrackt.

a) Am 29. Juni 1906 und am 2. März 1907 wurden die Mittel für 2 weitere Schlachtschiffe bewilligt, die als erste der US-Navy die 20 000 ts-Grenze überschreiten sollten. Sie erhielten eine um 2—30,5 cm-SK stärkere SA als ihre Vorgänger; die überhöhte Endaufstellung der ∞ wurde zwar beibehalten, aber dadurch erweitert, daß zwischen die achteren ∞ ein weiterer ∞ eingeschoben wurde. Gleichzeitig gingen die Amerikaner von nun ab wieder zu einer MA über, auf die sie vorübergehend verzichtet hatten. Sie wählten jedoch mit 12,7 cm ein schwächeres Kaliber als allgemein gebräuchlich; dieses Kaliber blieb dennoch von nun an im amerikanischen Schlachtschiffbau — von einigen Ausnahmen abgesehen — endgültig. Die Antriebsfrage wurde unterschiedlich gelöst, denn erst das zweite Schiff dieser Klasse erhielt Tu-Antrieb. Gleichwohl wurde damit leistungsmäßig noch nicht viel gewonnen; zu groß waren noch die Schwierigkeiten, mit denen die amerikanische Maschinenbau-Industrie bei der Entwicklung des Tu-Antriebes zu kämpfen hatte.

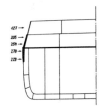
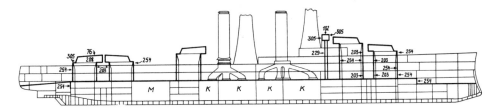

Delaware (Generalplan)

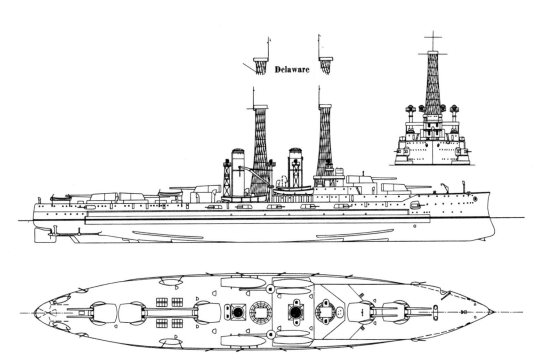

North Dakota (1909)

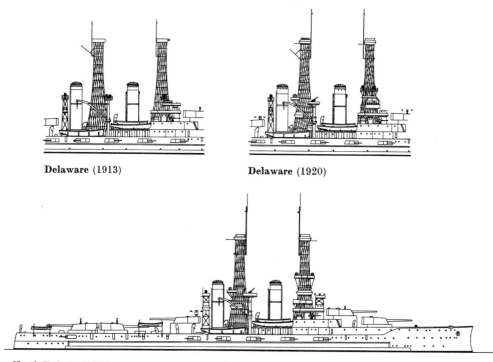

Delaware (1913)   Delaware (1920)

North Dakota (1920)

b) PzQ.: 229, 229 / Seitenpzr.: 76, 279 (getäpert ↓ 229), 0 / Zitadellpzr.: 254 (getäpert ↑ 203) / Horizontalpzr.: PzD. 76 / Unterwasserschutz: Kohlenschutzbunker, kein T-Schott / SA: Barbetten 203—254; Türme 305, 203, 76 / MA: Kasematte 127 / KdoT.: 305 (229).

c) **Delaware**: 2 × 4 Zyl. 3-fachwirkende Expansionsmaschinen, **North Dakota**: 2 × Curtis-Tu, beide auf je 2 ⚙ / 14 Babcock-Kessel (Kohle, Öl) / Leist. 25 000 iPS; Geschw. 21,0 kn / 1 Ruder.

Probefahrtergebnisse:
Delaware   28 570 iPS = 21,44 kn
North Dakota   33 875 iPS = 21,83 kn

d) 10—30,5 cm-SK L/45 in 5 ∞, sämtlich in Mittschiffslinie angeordnet, davon die Türme B und C überhöhend / 14—12,7 cm-SK L/45 in Kasematten / Seit 1919: 2—7,6 cm-↘ / 2—53,3 cm-↓ TR (S).

e) Von allen amerikanischen Schlachtschiffen dieses Zeitabschnitts unterschied sich die **Delaware**-Kl. dadurch, daß der achtere Gittermast *zwischen* den Schornsteinen angeordnet war. — Die Schwalbennest-12,7 cm-SK jeseits unter Turm A befanden sich nur auf **North Dakota** und wurden bald nach Indienststellung wieder ausgebaut. Erst danach kamen je 1—12,7 cm-SK beiderseits unterhalb der Brücke zum Einbau, die jedoch **Delaware** bereits von Anfang an führte. Im Unterschied zu **North Dakota** hatte **Delaware** zuerst hinter dem vorderen Schornstein dicke, verschieden hohe Lüfter; diese wurden 1913 ausgebaut und durch kleinere ersetzt. Seither entfielen auch die seitlich des vorderen Schornsteins stehenden hohen Scheinwerfer-Plattformen; dafür wurde die Kranpfosten-Plattform erweitert und zur Unterbringung von je 2 statt bisher nur 1 Scheinwerfer hergerichtet. Die Anordnung der Gittermast-Stengen war verschieden: Nur **North Dakota** führte diese jeweils an Achterkante der Marsen, **Delaware** die achtere Stenge jedoch an der Vorkante des Marses. Ab 1912/13 führte **Delaware** beide Stengen in gleicher Anordnung wie **North Dakota**. Nach 1918 wurden beide Schiffe weiterhin verändert: Die Brückenaufbauten wurden erweitert, und zwar auf beiden Schiffen verschieden. Gleichzeitig erhielt der vordere Gittermast von **North Dakota** zusätzlich eine Brückengalerie, die jedoch auf **Delaware** fehlte. Die rechteckigen und bisher offenen Marse wurden gleichzeitig durch geschlossene ersetzt. Auf den Kranpfosten-Plattformen verschwanden die Scheinwerfer, und an ihre Stelle traten je 1—7,6 cm-↘. Am vorderen Gittermast entfielen die alten Scheinwerfer-Plattformen; dafür wurde auf **North Dakota** auf ½ Höhe ein Plattformkranz für 4 Scheinwerfer errichtet, während **Delaware** weiter unten, etwa in Schornstein-Höhe, 4 Einzelstände für je 1 Scheinwerfer erhielt, die direkt über dem Schiffsführungsstand angeordnet wurden. Von diesem Zeitpunkt ab führte auch der achtere Gittermast beider Schiffe je 2 Scheinwerferstände. Die seitherigen dünnen Gittermaststengen wurden durch stärkere mit Rahen ersetzt und wieder so angeordnet, wie **Delaware** sie zuerst führte. Seit 1919 befand sich auf Turm C ein BG, bei **Delaware** auch auf Turm B. Versuchsweise führte **North Dakota** ~ 1919/20 eine Startplattform für ✈ auf Turm B ähnlich den britischen Ausführungen um die gleiche Zeit.

Florida-Klasse
Battleships = Schlachtschiffe

1	2	3	4	5	6
Florida (BB 30)	1908	New York Navy Yard	9. 3. 09	12. 5. 10	15. 9. 11

Atlantikflotte; ab 7. Dezember 1917 zur brit. Grand Fleet detachiert, Dezember 1918 zurück nach USA, wieder Atlantikflotte. 20. Juni 1919 bis 5. Januar 1920 Überholung und 25. Juli 1924 bis 24. Juni 1926 Umbau bei Boston Navy Yard. 16. Februar 1931 außer Dienst gestellt, 6. April 1931 gestrichen, bis 30. September 1932 abgewrackt.

Utah (BB 31)	1908	New York Sb., Camden	15. 3. 09	23. 12. 09	31. 8. 11

*Atlantikflotte. September bis November 1918 zum Schutz der atlantischen Seeverbindungen in Bantry Bay (Süd-Irland) liegend. August 1926 bis November 1928 Umbau bei Boston Navy Yard, danach wieder Atlantikflotte. 1930 außer Dienst gestellt. Umbau zum ferngelenkten Zielschiff für Artillerieschieß- und Bombenwurf-Übungen (seit 1. Juli 1931: **AG 16**) bei Norfolk Navy Yard, 1. April 1932 wieder in Dienst gestellt. Seit Juni 1935 auch Schulschiff für ⚓-MG-Bedienungen und Versuchsschiff für leichte ⚓-Waffen, nach Ausrüstung bei Puget Sound Navy Yard Juni bis August 1941 auch für 12,7 cm-⚓. 7. Dezember 1941 in Pearl Harbor 2 LT-Treffer erhalten: † (58 Tote); während der Bergungsversuche einige 12,7 cm-⚓ und leichte ⚓-Waffen abgeborgen, Bergungsarbeiten jedoch wegen außergewöhnlicher Schwierigkeiten aufgegeben. 13. November 1944 gestrichen: Wrack noch heute an Untergangsstelle.*

a) Beim Entwurf dieser beiden mit Gesetz vom 15. März 1908 bewilligten Schiffe wurde zunächst erwogen, sie mit 8—35,6 cm-SK zu armieren. Gleichwohl blieb man bei 10—30,5 cm-SK wie bei der → **Delaware**-Kl. Von dieser unterschied sich die **Florida**-Kl. in der Grundkonzeption nur wenig. Die Baukosten betrugen je ~ 6,5 Mio. $, die Umbaukosten je ~ 3,8 Mio. $.

b) Gemessen an den gleichaltrigen britischen Schlachtschiffen war die Standfestigkeit dieser beiden amerikanischen Schiffe weit besser. Nach dem Ende des Ersten Weltkrieges wurden aber auch an ihnen tiefgreifende Änderungen notwendig. PzQ.: 254, 254, 254 / Seitenpzr.: 165, 279, 254 / Zitadellpzr.: 165—254 / Horizontalpzr.: o. PzD. 127—148 (keine Böschungen); u. PzD. 85—148 (keine Böschungen); 3. PzD. (nur vorn): 85 / Unterwasserschutz: Kohlenschutzbunker, kein T-Schott, seit Umbau:

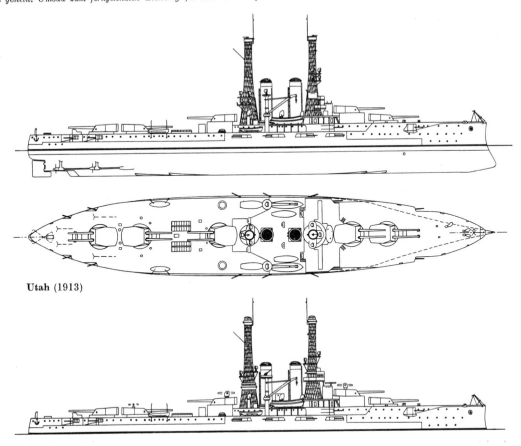

Utah (1913)

Florida (1921)

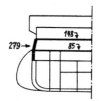

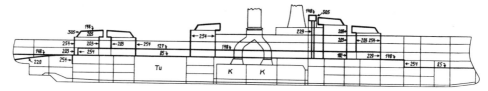

Florida-Klasse nach Umbau (Generalplan)

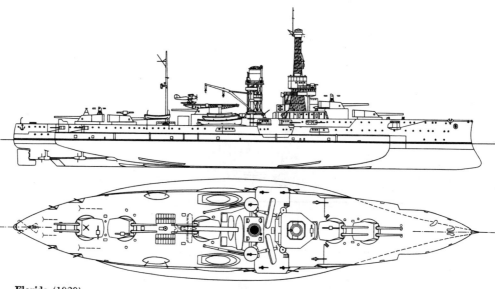

Florida (1929)

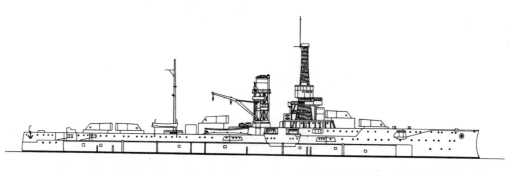

Utah (1937)

T-Wulste / SA: Barbetten 254; Türme 305, 203, 148 / MA: Kasematten 165 / KdoT.: 305 (229).

c) 4 × Parsons-Tu auf 4 ⚙ / 12 Babcock-Kessel (Kohle, Öl) / seit Umbau · 4 × Curtis-⚙-Tu auf 4 ⚙ / 4 White-Forster-Kessel (Öl) / Leist. 44 000 WPS; Geschw. 20,75 kn / 1 Ruder. *Gewicht der gesamten Antriebsanlage: 2064 ts.*

Probefahrtergebnisse:
Florida 40 511 WPS = 22,08 kn
Utah   27 026 WPS = 21,04 kn

d) 10—30,5 cm-SK L/45 in 5 ⚓ in → **Delaware**-Aufstellung / 16—12,7 cm-SK L/51 in Kasematten / ab 1917: 2—, ab 1926/28: 8—7,6 cm-⚓ / nur anfangs 2—3,7 cm-SK auf den Marsen / 2—53,3 cm-↓ TR (S) nur bis 1926/28 / seit Umbau: 1 ⚓, 3 ⚓.

e) Ursprünglich waren auf den Türmen B und C keine BG; diese kamen erst ~ 1917 an Bord. Seither befanden sich auf den oberen Plattformen der Kranpfosten 7,6 cm-⚓. Die um den vorderen Gittermast herumgebaute Brücke wurde später vergrößert. 1920 wurden die jeseits vorderen 12,7 cm-SK ausgebaut und auf das Brückendeck versetzt. Bei dem Modernisierungsumbau 1926/28 wurden der achtere Gittermast durch einen einfachen Pfahlmast und die beiden Schornsteine durch einen einzigen ersetzt. Dazu erfolgten Änderungen der MA-Aufstellung, der Einbau weiterer 7,6 cm-⚓, Verstärkung der Horizontalpanzerung, Verbesserung des Unterwasserschutzes durch den Anbau von T-Wulsten, der Einbau neuer Maschinen und Kessel bei gleichzeitiger Umstellung auf Ölfeuerung sowie die Installierung neuer Feuerleitgeräte und eines ⚓ auf Turm C. Gleichzeitig wurden die TR ausgebaut. *Utah* fuhr nach 1932 als ferngelenktes Zielschiff mit allen Aufbauten usw. wie bisher, aber ohne Geschütze (die Türme der SA blieben ohne Rohre an Bord und wurden ebenso wie die Kasematten der MA dichtgeschweißt) und sonstige Ausrüstung (Feuerleitgeräte, Scheinwerfer und dgl.). Als ⚓-Schulschiff kamen ab 1935 leichte ⚓-Waffen an Bord, dazu 1941 an Stb-Seite 4—12,7 cm-⚓ L/25 und an Bb-Seite 4—12,7 cm-⚓ L/38, ferner div. 4 cm-⚓₄ und 2 cm-⚓.

Wyoming-Klasse
Battleships ~ Schlachtschiffe

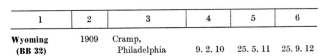

1	2	3	4	5	6
Wyoming (BB 32)	1909	Cramp, Philadelphia	9. 2. 10	25. 5. 11	25. 9. 12

Atlantikflotte. Ab November 1917 zur brit. Grand Fleet detachiert, Dezember 1918 zurück nach USA, ab 1919 vorübergehend Pazifikflotte. 15. September 1919 bis 19. April 1920 Überholung bei Puget Sound Navy Yard und 26. April bis 2. Oktober 1923 bei New York Navy Yard. 1926—1927 Umbau bei Philadelphia Navy Yard. Ab 1. Januar 1931 ›Entmilitarisierung‹ und Rückbau → e) bei Philadelphia Navy Yard, ab Mai 1931 als Schulschiff (AG 17) wieder im Dienst. Ab 1935 auch für amphibische Übungen eingesetzt (dabei erstmalig Soldaten des Marine-Corps eingeschifft!). 16. Oktober 1937 bis 14. Januar 1938 Überholung bei Norfolk Navy Yard. Ab November 1941 ⚓-Schulschiff. 12. Januar bis 3. April 1944 Umbau bei Norfolk Navy Yard. 1. August 1947 außer Dienst gestellt, 16. September 1947 gestrichen, 30. Oktober 1947 auf Abbruch verkauft, 1947/1948 in Newark abgewrackt. [In den Jahren 1942—1945 wurden zahl- reiche ⚓-Bedienungen an Bord ausgebildet, wobei der monatliche Munitionsverbrauch oft erheblich größer war als der vieler anderer Kampfschiffe während des gesamten Krieges im Pazifik! An Bord wurden auch neue ⚓-Feuerleitgeräte erprobt und neue Abwehrverfahren entwickelt, insbesondere gegen die gefürchteten japanischen Kamikaze-Angriffe.]

1	2	3	4	5	6
Arkansas (BB 33)	1909	New York Sb., Camden	25. 1. 10	14. 1. 11	17. 9. 12

Atlantikflotte. Ab Juli 1918 zur brit. Grand Fleet detachiert, Dezember 1918 nach USA zurück. 1919—1921 Pazifikflotte, ab 1921 wieder Atlantikflotte. 1925—1926 Umbau bei Philadelphia Navy Yard, danach Atlantik-, ab 1932 Pazifikflotte, seit 1934 Atlantikflotte. Juli 1941 Unterstützung der Landung auf Island. Zwischen Dezember 1941 und April 1944 Sicherung von 11 Convoys USA-Schottland, USA-Casablanca und USA-Irland; 6. März bis 26. Juli 1942 Umbau bei Norfolk Navy Yard. Ab 6. Juni 1944 vor Normandie-Küste zur Unterstützung der Invasion (u.a. 25. Juni 1944 Beschießung von Cherbourg); danach im westlichen Mittelmeer zur Unterstützung der Invasion in Süd-Frankreich. September 1944 nach USA zurück, nach Grundüberholung in Boston Einsatz im Pazifik: Ab 16. Februar 1945 gegen Iwo Jima, ab 25. März 1945 gegen Okinawa. Oktober 1945 nach USA zurück; nach Außerdienststellung zum Zielobjekt für Bikini-Atombombenversuche bestimmt: Test ›Able‹ (1. Juli 1946) überstanden, schwimmfähig geblieben, bei Test ›Baker‹ (25. Juli 1946) dort †.

a) Der Bau dieser Schiffe, durch Gesetz vom 3. März 1909 ermöglicht und am 14. Oktober 1909 bzw. 25. September 1909 in Auftrag gegeben, folgte dem hektischen Beispiel in Europa. Abermals um 2 schwere SK stärker bewaffnet als ihre Vorgänger, waren sie die letzten US-Schlachtschiffe mit 30,5 cm-SK, wenn man von den viel später gebauten ›Schlachtkreuzern‹ der → **Alaska**-Kl. absieht. Auch hier wurde das Prinzip der überhöhten Endaufstellung der SA-Türme beibehalten, achtern jedoch in doppelter Ausführung. Äußerlich entsprachen diese Schiffe weitgehend der → **Florida**-Kl. Zuerst war eine gemischte Antriebsanlage vorgesehen, bestehend aus Kolbenmaschinen und Turbinen. Nach längerem Schwanken entschloß man sich zum Tu-Antrieb. Das gegenüber der → **Florida**-Kl. erhebliche Mehrgewicht fiel — abgesehen von der stärkeren Bewaffnung — hauptsächlich der Panzerung zu. Angesichts des Krieges in Europa wurde im Mai 1940 die nochmalige Modernisierung von **Arkansas** beschlossen, obwohl das Schiff bis dahin längst veraltet war.

b) PzQ.: 229—279, ... / Seitenpzr.: 127, 279 (getäpert ↓ 229), 127 / Zitadellpzr.: 165 / Horizontalpzr.: 2 PzDecks über SA-Munitionskammern und Antriebsräumen je 25—76 (nach Umbau: o. PzD. 25—51; u. PzD. 51—76)/ Unterwasserschutz: T-Schott 38 (nach Umbau zusätzlich T-Wulste) / SA: Barbetten 279; Türme 305, 229, ... / MA hinter → Zitadellpzr. / Rauchfänge 165 / KdoT. 305 (...).

c) 4 × Parsons-Tu auf 4 / 12 Babcock-Kessel (Kohle, Öl), diese bei Umbau ersetzt durch 4 White-Forster-Kessel (Öl) / Leist. 28 000 WPS; Geschw. 20,5 kn (**Wyoming** seit ~ 1933 nur noch 20 000 WPS, 18,0 kn) / 1 Ruder. *Maschinengewichte vor Umbau:* **Wyoming** *2095 ts,* **Arkansas** *2178 ts.*

Probefahrtergebnisse:
Wyoming   31 437 WPS = 21,22 kn
Arkansas 28 533 WPS = 21,05 kn

d) 12—30,5 cm-SK L/50 in 6 ⌀, aufgestellt in Mittschiffslinie, davon die Türme B, C und E jeweils überhöhend / 21—, ab 1919: 16—12,7 cm-SK L/51, teils in Kasematten, teils frei an Deck usw. stehend / seit 1919: 2—, ab Umbau 1925/28: 8—7,6 cm-⚓ / 2—53,3 cm-↓ TR (S) nur bis Umbau / seit 1926/28: 1 ⚓, 3 ⚓. **Wyoming** seit 1932: 6—30,5 cm-SK usw. (die Türme A, B und F) / 16—12,7 cm-SK usw. / 8—7,6 cm-⚓ wie bisher; ab 1944 keine 30,5 cm-SK, 12,7 cm-SK und 7,6 cm-⚓ mehr an Bord, dafür neue (Schul-)Bewaffnung: 8—12,7 cm-⚓$_2$ L/38 + 2—12,7 cm-⚓ L/38 / 4—7,6 cm-⚓ / 11—4 cm-⚓ (anscheinend nach Bedarf wechselnd). **Arkansas** seit 1942: 12—30,5 cm usw. wie bisher / nur noch 6—12,7 cm-SK usw. / 10—7,6 cm-⚓ / 32—, zuletzt 36—4 cm-⚓$_4$ / bis zu 26—2 cm-MG-⚓ / 1 ⚓, 3 ⚓.

e) 1919 wurden die Marsen geschlossen und erhielten dadurch ein etwas anderes Aussehen. Die Scheinwerfer auf der oberen Plattform der Kranpfosten fielen weg, dafür kamen dort je 1—7,6 cm-⚓ zum Einbau, nachdem die Plattformen entsprechend erweitert worden waren. Die Gittermasten erhielten neue Stände und Brückengalerien, wobei die Scheinwerfer umgruppiert wurden. Gleichzeitig wurden die Brückenaufbauten geändert. Auf den Türmen B, C und E sowie auf der Brücke wurden außerdem BG's installiert. Bei dieser Gelegenheit wurde auch die MA reduziert und ihre Aufstellung teilweise geändert; weil die jeseits vorderste (vor Turm A gelegene) 12,7 cm-Kasematte zu viel Wasser übernahm, wurden diese SK ausgebaut; ebenso entfielen die unterhalb des KdoT. auf dem unteren Aufbaudeck aufgestellten 12,7 cm-SK sowie die im Heck befindliche 12,7 cm-SK. Nur auf **Arkansas** waren für die Buganker nischenförmige Ausbauten vorhanden, die bis ~ 1944 beibehalten und dann durch normale Ankerklüsen ersetzt wurden. Bei ihrem Umbau 1925—28 erhielten beide Schiffe jeseits bis zu 1,95 m breite T-Wulste und eine etwas stärkere Horizontalpanzerung. Der achtere Gittermast wurde gegen einen Dreibeinmast ausgewechselt, die bisherigen Kessel verringert, und durch neue ersetzt. Daher konnte man mit nur noch 1 Schornstein auskommen. Zugleich erfolgte eine Umgruppierung der MA, um deren Einsatz auch bei schlechtem Wetter sicherzustellen. Die vordersten 3 Stb- und Bb-Kasematten wurden ausgebaut und die SK an Oberdeck in einen jeseits über die Schiffsbreite hinausragenden, ungepanzerten, auf den T-Wulsten aufgesattelten Erker versetzt; auf seiner Decke erfolgte die Aufstellung der gesamten schweren ⚓-Bewaffnung. Außerdem wurden die TR ausgebaut und neue Feuerleitgeräte installiert. Auf Turm C kam ein ⚓ zum Einbau; die alten Kräne erhielten größere Ausleger, um die mitgeführten ⚓ ein- und umsetzen zu können. **Arkansas** wurde 1942 nochmals modernisiert. Nunmehr verschwand auch der vordere Gittermast, und als Ersatz kam ein massiver Dreibeinmast an Bord. Von den 12,7 cm-SK blieben nur die 6 in den seitlichen Erkern befindlichen übrig. Außerdem wurde die ⚓-Bewaffnung erheblich verstärkt (die zusätzlich aufgestellten ⚓ gelangten teils an Oberdeck hinter Splitterschutz-Brustwehren, teils in höher gelegenen Plattformen zur Aufstellung). 1944 wurde **Arkansas** nochmals verändert (größere Brückenaufbauten, mehr ⚓, Modifizierung des achteren Mastes) und 1945 erhielt der achtere Mast ein ⚓-Feuerleitgerät. Radarausrüstung: 1942 vorderer Mast Radar ›SG‹ und ›SRa‹, achterer Mast Radar ›SC‹; 1944 vorderer Mast Radar ›SG‹, achterer Mast Radar ›SK‹. **Wyoming** blieb seit dem Umbau bis 1944 nahezu unverändert, jedoch fehlten die Türme C, D und F sowie der Seitenpanzer. 1944 kam anstatt des vorderen Gittermastes ein einfacher Pfahlmast auf die Brücke; die alte Rest-Bewaffnung wurde völlig ausgebaut, und dafür kamen ausschließlich schwere und leichte ⚓ sowie die entsprechenden Feuerleitgeräte an Bord.

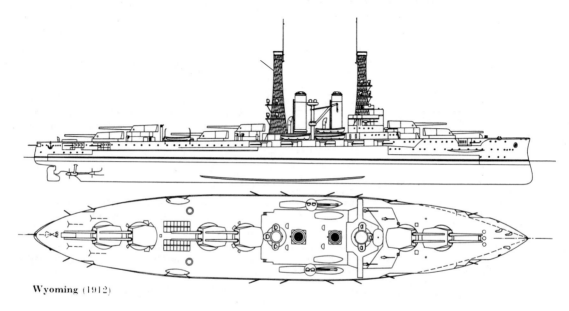

Wyoming (1912)

Wyoming-Klasse

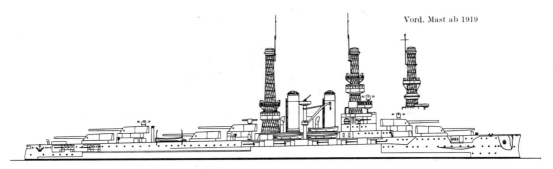

Vord. Mast ab 1919

Arkansas (1921)

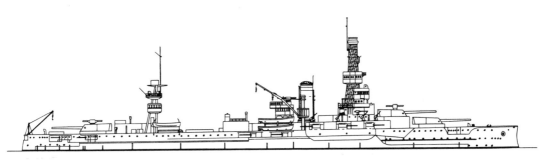

Wyoming (1935)

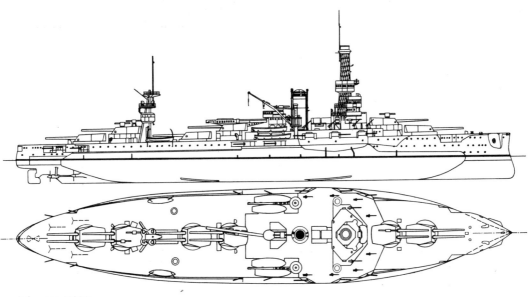

Arkansas (1934)

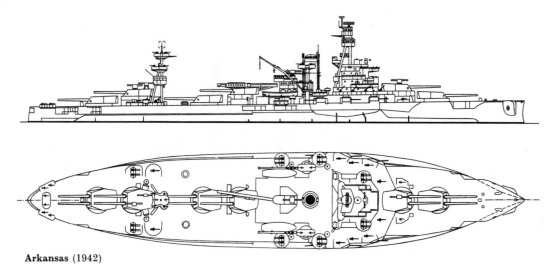

Arkansas (1942)

Achterer Mast ab 1945 →

Arkansas (1944)

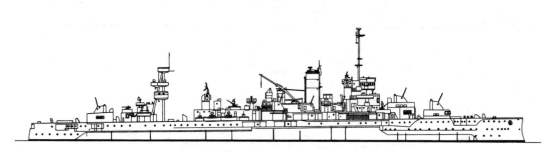

Wyoming (1944)

Texas-Klasse

Battleships = Schlachtschiffe

1	2	3	4	5	6
New York (BB 34)	1910	New York Navy Yard	11. 9. 11	30. 10. 12	15. 4. 14

Atlantikflotte; ab November 1917 zur brit. Grand Fleet detachiert, Dezember 1918 nach USA zurück. Ab 1919 Pazifikflotte. 1926—1927 Umbau bei Norfolk Navy Yard, danach wieder Atlantikflotte. Ab 1938 Schulschiff. 1940—1941 sog. ›Neutralitätspatrouillen‹ im Nordatlantik, a.u. Juli 1941 Teilnahme bei Besetzung von Island. Mai 1941 — Mitte 1942 Radar-Schulschiff. November 1941 bis Februar 1942 Grundüberholung bei Norfolk Navy Yard, dann bis Sommer 1942 Convoy-Sicherungsdienst auf USA-England-Route. 8.—12. November 1942 Unterstützung der Landungen in Französisch-Nordafrika, dabei im Abschnitt Safi-Casablanca eingesetzt (9. November 1942 Niederkämpfung der in Casablanca liegenden → Jean Bart). Dezember 1942 bis März 1943 Convoy-Sicherungsdienst auf der Nordafrika-USA-Route. 7. Juli 1943 bis 10. Juni 1944 Artillerieschulschiff in der Chesapeake-Bay.¹ Ab November 1944 im Pazifik: 16.—19. Februar 1945 gegen Iwo Jima, ab 27. März 1945 für 76 Tage gegen Okinawa (während dieser Zeit wurden mehr als 11000 Schuß 35,6 und 12,7 cm abgefeuert!). 14. April 1945 vor Okinawa von Kamikaze-Flugzeug getroffen, geringe Schäden. Juni 1945 nach Pearl Harbor verlegt, dort neue 35,6 cm- und 12,7 cm-Rohre erhalten. 30. Oktober 1945 außer Dienst gestellt. Als Zielobjekt bei Bikini-Atomwaffen-Versuchen verwendet: Bei Test ›Able‹ (1. Juli 1946) kaum beschädigt, schwimmfähig geblieben, ebenso bei Test ›Baker‹ (25. Juli 1946). 8. Juli 1948 nahe Pearl Harbor durch Selbstversenkung †. [Während des gesamten Seekrieges 1941—1945 legte dieses Schiff 123867 sm zurück und befand sich 414 Tage im Einsatz!]

Texas (BB 35)	1910	Newport News Sb.	17. 4. 11	18. 5. 12	12. 3. 14

Atlantikflotte; ab 30. Januar 1918 zur brit. Grand Fleet detachiert, Dezember 1918 nach USA zurück. 1919 Grundüberholung², danach Pazifikflotte. Umbau bei Norfolk Navy Yard 1925 bis September 1927, anschließend Atlantik-, ab 1931 Pazifikflotte. Ab 1936 Schulschiff im Atlantik. 1941 sog. ›Neutralitätspatrouillen‹ im Nord-Atlantik. Ab Januar 1942 Convoy-Sicherungsdienst auf der USA-England-Route. 8.—12. November 1942 Unterstützung bei Landung in Französisch-Nordafrika, Einsatz im Abschnitt Safi-Casablanca. Ab 1943 Convoy-Sicherungsdienst auf den Routen USA-Gibraltar, USA-Schottland und USA-Irland. Ab 6. Juni 1944 vor der Normandieküste zur Unterstützung der Invasion (u.a. 25. Juni 1944 Beschießung von Cherbourg, Feuer von deutscher 28 cm-Küstenbatterie erwidert, die einige Treffer erzielte, anschließend Reparatur in Plymouth). Ab 15. August 1944 im westl. Mittelmeer zur Unterstützung der Invasion in Süd-Frankreich. September 1944 nach USA zurück, Verlegung in den Pazifik: 15. Februar bis 7. März 1945 Einsatz gegen Iwo Jima, dann nach Ulithi zurück und für Einsatz gegen Okinawa vorbereitet. 25. März bis 20. Juni 1945 gegen Okinawa. Oktober 1945 nach San Pedro verlegt, dort 27. Oktober 1945 außer Dienst gestellt. 21. Januar 1946 nach Norfolk verlegt; 18. Juni 1946 bis 14. Januar 1948 in Hawkins Point (nahe Baltimore) liegend. 20. April 1948 im Schlepp in San Jacinto (Texas) eingetroffen, dort in Kanal eingebaggert und als Museum hergerichtet. [Dieses Schiff legte von 1941—1945 bei 116 Einsätzen 121000 sm zurück und verschoß insgesamt 4278-35,6 cm-Granaten, davon allein 2019 gegen Ziele auf Okinawa!]

a) Das britische Vorgehen der Kalibersteigerung bewog die US-Marine zum gleichen Schritt. Dort wurden mit Congress-Act vom 24. Juni 1910 die Mittel zum Bau dieser beiden Schlachtschiffe (Aufträge erteilt am 1. Mai 1911 bzw. 17. Dezember 1910) bewilligt, deren Hauptkaliber auf 35,6 cm festgesetzt wurde, nachdem zuvor 15—30,5 cm-SK in 5 ∝ zur Debatte gestanden hatten. Die Anzahl der 35,6 cm-SK war zunächst mit 12 erwogen worden, doch hätte dieser Schritt eine Größensteigerung auf rund 30000 ts zur Folge gehabt, ebenso eine beträchtliche Steigerung der Baukosten. So blieb man bei 10 SK und einem Aufstellungsschema, das im wesentlichen dem der → **Delaware-Kl.** entsprach. Im übrigen hatten diese Schiffe viel Ähnlichkeit mit der → **Wyoming-Kl.** Sie blieben auch die letzten Flushdecker bis 1937. Daß sie wieder Kolbenmaschinen und nicht die gerade eben eingeführten Turbinen erhielten, zeugt abermals von den Schwierigkeiten der amerikanischen Schiffsmaschinenbau-Industrie, die endgültig erst ~ 1915 überwunden wurden. Die Baukosten beider Schiffe betrugen je ~ 2,19 Mio. $. Eine im Mai 1940 beschlossene Modernisierung wurde außer div. Änderungen der ⚓-Bewaffnung nicht mehr durchgeführt.

b) PzQ.: 229, 152 / Seitenpzr.: 152, 305, 152 / Zitadellpzr. 229 / Horizontalpzr.: o. PzD 76 (bei Umbau verstärkt auf 95); u. PzD. 76 / Unterwasserschutz: T-Schott 38 (seit Umbau jeseits 2 T-Schotte 19,19, dazu T-Wulste) / SA: Barbetten 305; Türme 356, ..., ... / MA: Kasematte 178 / KdoT. 305 (...).

c) 2×3fachwirkende 4 Zyl.-Expansionsmaschinen auf 2⚓ / 14 Babcock-Kessel (Kohle, Öl) seit Umbau dafür 6 Bureau Express-Kessel (Öl) / Leist. 28000 iPS; Geschw. 21,0 kn / 1 Ruder. *Maschinengewichte (vor Umbau):* **Texas** *1971 ts,* **New York** *2048 ts.*

Probefahrtergebnisse:

New York	29687 iPS	= 21,47 kn
Texas	28373 iPS	= 21,05 kn

d) 10—35,6 cm-SK L/45 in 5 ∝, aufgestellt in je 2 Türmen vorn und achtern und 1 Mittelturm / 21—, ab 1917/18: 16—, ab 1942: 6—12,7 cm-SK L/51 in Kasematten / 2—, ab 1927: 8—, ab 1942: 10—7,6 cm-⚓ / ab ~ 1937: 8—2,8 cm-MG ⚓, dafür ab ~ 1942: 24—, ab 1945: 40—4 cm-⚓ / 36— (**Texas**: 42—), ab 1945: 30— (**Texas**: 36—) 2 cm-⚓ / 4—53,3 cm-TR (S) nur bis Umbau / ab 1927: 1—⚓, 3 ⚓.

e) Während der Probefahrt nur je 1 Scheinwerfer an den Gittermasten, erst danach je 2 auf übereinander angeordneten Plattformen. Achtere Gittermaststenge zuerst an Vorkante des Marses. Ab 1917/18 fast gleiche Änderungen wie → **Wyoming-Kl.**: Geschlossene Marsen, Verdoppelung der Scheinwerfer an den Gittermasten bei gleichzeitiger Umgruppierung, ferner Einbau von geschlossenen Brückengalerien, Errichtung einer zweistöckigen Funkbetriebszentrale zwischen den Schornsteinen, Ausbau der Scheinwerfer-Paare auf den Kranpfosten-Plattformen (auf diese kamen nach Erweiterung je 1—7,6 cm-⚓), Verringerung der MA (Ausbau der jeweils vordersten und achteren Kasematt-SK) sowie Errichtung einer geschlossenen BG-Kuppel auf Turm C und eines offenen BG auf Turm D. 1920 wurden auf **Texas** die Scheinwerfer-Plattformen und die Brückengalerien beider Gittermasten etwas nach oben verlegt

---

¹ Als Artillerieschulschiff wurde **New York** in die Abschnitte ›Schwere Artillerie‹ (35,6 cm-SK) und ›Geleitzerstörer-Artillerie‹ (7,6 cm-SK, 4 cm-⚓ und ⚓-MG) unterteilt; in dieser Zeit absolvierten an Bord 11750 Soldaten aller Dienstgrade ihre Artillerieausbildung.

² Hierbei erhielt **Texas** als erstes US-Schlachtschiff eine ⚓-Startplattform auf Turm B. Am 9. März 1919 fand der erste Start mit einer britischen Sopwith ›Camel‹ ⚓ statt.

und über dem KdoT. ein Friedenssteuerstand mit einer BG-Kuppel errichtet. Bei ihrem Umbau Mitte der 20er Jahre wurden beide Schiffe auf Ölfeuerung umgestellt. Durch Reduzierung ihrer Kesselzahl und den Einbau neuer raumsparender Kessel konnte im Innenschiff erheblich Platz gewonnen werden, so daß unter Hinzufügung der jeseits angebauten T-Wulste von je 1,65 m größter Breite eine Gesamtbreite des Torpedoschutzgürtels von 9,44 m auf jeder Seite erreicht werden konnte. Durch Einbau je eines zusätzlichen T-Schotts und eines dahinter liegenden Begrenzungsschotts sowie eines Dreifachbodens im Mittelschiff konnte der Unterwasserschutz weiterhin verbessert werden. Gleichzeitig erfolgte eine Verstärkung der Horizontalpanzerung. Die Verringerung der Kesselzahl gestattete es, auf einen der beiden ursprünglich vorhandenen Schornsteine zu verzichten. Die um den verbliebenen Schornstein hochgezogenen Dampfrohre waren auf beiden Schiffen auch zeitlich verschieden angeordnet. Die alten Gittermasten wurden durch Dreibeinmasten ersetzt und die Brückenaufbauten erweitert. Hinter dem Schornstein wurde ein turmartiger Aufbau auf einem hohen Podest errichtet. Dieser, die Brückenaufbauten und die Stände am achteren Mast waren auf beiden Schiffen ebenfalls verschiedenartig ausgeführt. Turm C erhielt ein ⚓, und die alten Kräne wurden gegen größere ausgetauscht. Die Umgruppierung der MA erfolgte analog dem Beispiel der → **Wyoming**-Kl., wobei die jeseits vorderen 3—12,7 cm-SK um ein Deck höher in eine neuerrichtete erkerähnliche Großkasematte versetzt wurden. Auf die Decke dieses Erkers kamen jeseits 4—7,6 cm-⚓.

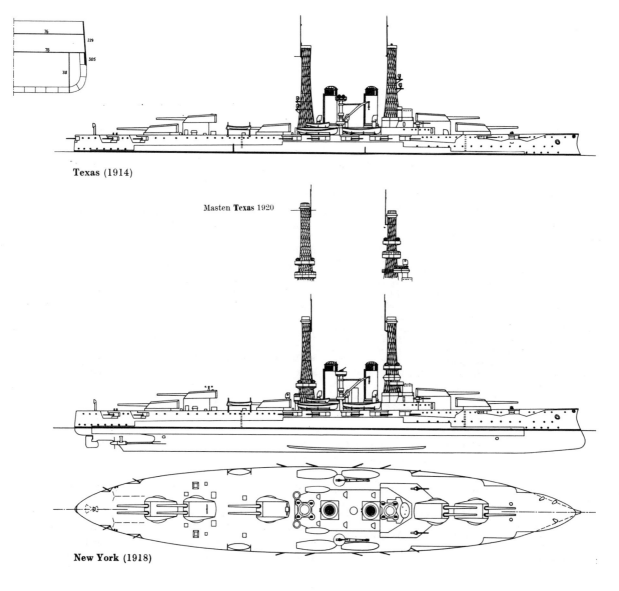

Texas (1914)

Masten **Texas** 1920

New York (1918)

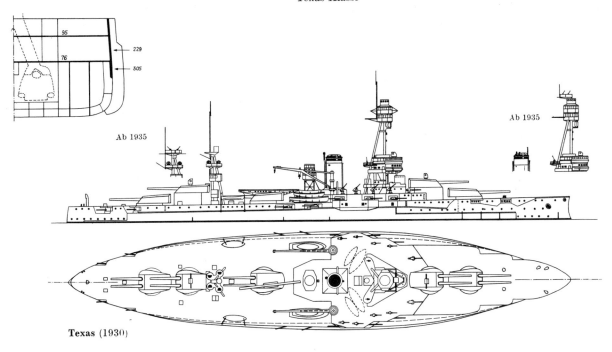

Texas (1930)

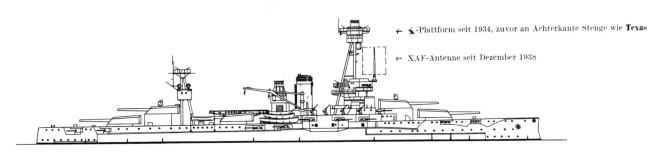

← ↯-Plattform seit 1934, zuvor an Achterkante Stenge wie **Texas**
← XAF-Antenne seit Dezember 1938

New York (1938)

Parallel damit lief die Installation neuer Feuerleitanlagen. Auf Turm B und auf der Brücke wurden BG-Kuppeln angeordnet, während die schon früher errichtete BG-Kuppel auf Turm D etwas weiter nach vorn versetzt wurde. Die TR fielen bei diesem Umbau weg. Seit diesem Umbau, der eine Vergrößerung der maximalen Verdrängung um mehr als 3000 ts bewirkte, erwiesen sich diese Einheiten als langsame und schlechte Seeschiffe; in rauher See waren sie hart im Steuern und in den Bewegungen, dazu überaus naß. Sie rollten oftmals so stark, daß Wasser in die 12,7 cm-Großkasematte eindrang.

1934/35 fielen an beiden Masten die bis dahin geführten hohen Stengen weg: dafür wurden an den Marsen Plattformen für ↯ angebracht, die auf beiden Schiffen am vorderen Mast verschieden ausgeführt waren, → Skizzen. Seither wurden an beiden Masten nur noch kurze FT-Stengen geführt.

New York war das erste amerikanische Schlachtschiff, das eine Radar-Ausrüstung erhielt: Im Dezember 1938 wurde zu Versuchszwecken die vom Naval Research Laboratory entwickelte sehr großflächige ›XAF‹-Antenne über der Brücke installiert. Im gleichen Monat folgte **Texas** mit einer Parallelentwicklung nach, der erheblich kleineren ›CXZ‹-Antenne. 1940/41 wurden die Höhenrichtwinkel der 35,6 cm-SK von 15° auf 30° vergrößert. Nach Kriegsbeginn erhielten beide Schiffe mehr leichte ↯-Waffen. Ab 1942 wurden alle 12,7 cm-SK bis auf die 6 in den Erkerkasematten untergebrachten ausgebaut. Auf **Texas** fielen am vorderen Mast die Mars-↯-Plattformen weg, und dafür wurde dort, ebenso wie auf **New York** (die ihre Mars-↯-Plattformen behielt) die kleine ›SR‹-Radarantenne eingebaut. Die gleiche Antenne errichtete man auch auf dem Aufbau hinter dem Schornstein. Nur **Texas** führte ab ~ 1943 auf Turm B eine

Plattform mit 6—2 cm-⚓. Während bis dahin auf **New York** der vordere Mast sonst unverändert blieb, wurden 1942 auf **Texas** um die Stützbeine kleine Rundplattformen und um das Standbein eine ähnliche Plattform mit einer ›SG‹-Radar-Antenne — deren Kabel senkrecht nach unten weggeführt wurden — errichtet. 1943 erhielt **Texas** am achteren Mast eine ›SK‹-Radarantenne, während auf **New York** eine solche erst 1945 errichtet wurde, jedoch am vorderen Mast, dessen Mars vorher entsprechend abgeändert wurde. Auf beiden Schiffen wurde 1944 (**Texas**) bzw. 1945 (**New York**) der achtere Mast mit zusätzlichen Ständen versehen, so daß er eine kompakte Form erhielt, jedoch auf beiden Schiffen verschiedenartig ausgeführt → Skizzen. 1942 wurden an Oberdeck jeseits neben Turm D 1—7,6 cm-⚓ zusätzlich installiert; 1945 erfolgte eine Umgruppierung der 7,6 cm-⚓, wobei die jeseits vordersten von ihnen nach hinten (jeseits vom achteren Mast) versetzt wurden, während die dort bisher angeordneten 4 cm-⚓₄ nach vorn an deren Stelle traten. Während des Einsatzes vor der Normandieküste im Juni 1944 führte **Texas** am vorderen Mast eine sehr hohe Stenge, dazu verschiedene Installationen zur Erfassung deutscher Radartätigkeit und ferngelenkter Flugkörper, ferner eine Spezialanlage für das britische Loran-Verfahren.

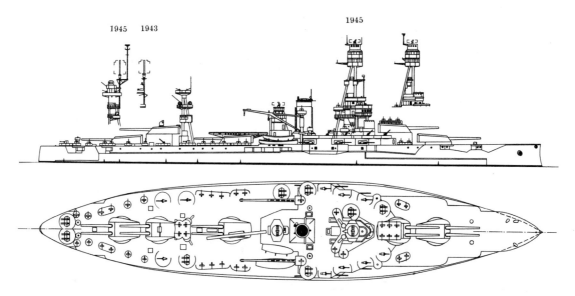

Texas (1942) An Bb-Seite eingezeichnet: ⚓-Bewaffnung 1945

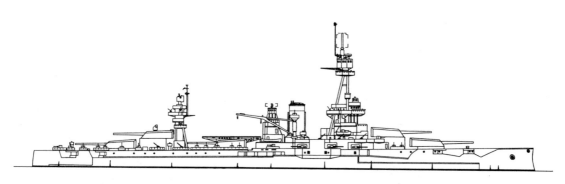

New York (1945)

Nevada-Klasse

Battleships = Schlachtschiffe

1	2	3	4	5	6
Nevada (BB 36)	1911	Fore River, Quincy	4. 11. 12	11. 7. 14	11. 3. 16

*Atlantikflotte. 1917 vorübergehend Schulschiff[1]. August bis Dezember 1918 zum Schutze der atlantischen Seeverbindungswege in der Bantry Bay (Irland) stationiert, danach wieder Atlantikflotte. 17. September 1927 bis 26. November 1929 Umbau bei Norfolk Navy Yard, anschließend erneut Atlantikflotte, ab 1930: Pazifikflotte. 7. Dezember 1941 in Pearl Harbor 1 LT- und 5 Bombentreffer erhalten, in flachem Wasser sinkend auf Grund gesetzt (Personalverluste: 50 Mann). 12. Februar 1942 gehoben, nach behelfsmäßiger Reparatur in Pearl Harbor endgültige Wiederherstellung unter gleichzeitiger Modernisierung bei Puget Sound Navy Yard bis Frühjahr 1943. 11.—18. Mai 1943 Teilnahme an Aleuten-Operationen, ab Juni 1943 im Convoy-Sicherungsdienst USA-England. Ab 6. Juni 1944 vor der Normandieküste zur Unterstützung der Invasion, hierbei u.a. 8. Juni 1944 Artillerieeinsatz auf deutsche Panzerbereitstellungen auf 280 hm Entfernung und am 25. Juni 1944 gegen Cherbourg (während dieser Operationen wurden insgesamt 1216 35,6 cm- und 3531 12,7 cm-Granaten verschossen!). 15.—25. August 1944 im westl. Mittelmeer zur Unterstützung der Südfrankreich-Invasion (Aufgabe: Niederkämpfung der stark befestigten Häfen Toulon und Marseille, die von deutschen Truppen u.a. mit 38,1 cm-SK französischer Schlachtschiffe verteidigt wurden). Anschließend Rückkehr nach USA, nach Austausch der ausgeschossenen 35,6 cm-Rohre Verlegung in den Pazifik; dort eingesetzt 16. Februar bis 7. März 1945 gegen Iwo Jima und 25. März bis 30. Juni 1945 gegen Okinawa (hierbei 27. März 1945 von japanischem Kamikaze-Flugzeug getroffen, keine größeren Schäden; außerdem 5. April 1945 bei Niederkämpfung japanischer Widerstandsnester von Küstengeschütz getroffen, geringe Schäden). 10. Juli bis 7. August 1945 Flotteneinsatz in japanischen Heimatgewässern; anschließend nach Pearl Harbor zurück, dort 30. Oktober 1945 außer Dienst gestellt. Als Zielobjekt bei Bikini-Atomwaffen-Versuchen verwendet: Bei Test ›Able‹ (1. Juli 1946) schwer beschädigt, jedoch schwimmfähig geblieben; bei Test ›Baker‹ (25. Juli 1946) nur leichtere Schäden. Danach Verwendung als Ziel- und Versuchsschiff: Blieb trotz Zündung einer Sprengladung, Nahtreffer eines Fernlenk-Flugkörpers und Beschießung durch → **Iowa** und Kreuzer **Astoria**, **Pasadena** und **Springfield** mit 40,6 cm-, 15,2 cm- und 12,7 cm-SK schwimmfähig! Erst 31. Juli 1948 durch LT-Treffer eines Torpedobombers †.*

Oklahoma (BB 37)	1911	New York Sb., Camden	26. 10. 12	23. 3. 14	2. 5. 16

*Atlantikflotte. August bis Dezember 1918 usw. → **Nevada**. Anschließend wieder Atlantikflotte, ab 1921 Pazifikflotte. 16. September 1927 bis 15. Juli 1929 Umbau bei Philadelphia Navy Yard, dann wieder Atlantik-, ab 1930: Pazifikflotte. 18. Oktober 1935 bis 20. Januar 1936 Überholung bei Puget Sound Navy Yard. 7. Dezember 1941 in Pearl Harbor nach 4 LT-Treffern in flachem Wasser † (415 Tote). Schwierige Bergung — März 1943 begonnen, erst 28. Dezember 1943 mit Eindocken abgeschlossen. Reparatur und Modernisierung nicht mehr lohnend, daher bis 1945 ohne Geschütze und Aufbauten in Pearl Harbor liegend. 22. November 1944 gestrichen. 5. Dezember 1946 für 46 000 $ verkauft an Moore Drydock Co., Oakland, zum Abbruch. 10. Mai 1947 von Pearl Harbor mit Kurs auf Abwrackort San Francisco abgeschleppt, 17. Mai 1947 Schleppverbindung 540 sm nw. Pearl Harbor gerissen, nahe dieser Position nach erfolglosen Bergungsversuchen †.*

a) Die Schießversuche gegen das alte Linienschiff **San Marcos** ×**Texas** im Jahre 1912 waren überaus ergebnisreich. Eines der wichtigsten Ergebnisse war die Feststellung, daß auf zukünftigen Schlachtschiffen der Unterwasserschutz durch tieferes Herunterziehen des Seitenpanzers evtl. zu verbessern war. Andererseits wurde eine beträchtliche Steigerung der Panzerdicken für erforderlich gehalten. Diesen Erkenntnissen trugen die mit Congress Act vom 4. März 1911 bewilligten und am 22. Januar 1912 in Auftrag gegebenen Schlachtschiffe der **Nevada**-Kl. Rechnung. Sie galten als die ersten, bei denen das Prinzip der ›all or nothing protection‹ (diese auf die Dicke des Panzers bezogen, nicht auf seine Ausdehnung!), auch ›raft body‹ genannt, verwirklicht wurde. Kernpunkt dieses Schutzsystems war: Verringerung der gepanzerten Flächen zu Gunsten des dickstmöglichen Panzers ausschließlich im Bereich der lebenswichtigen Einrichtungen. Den Weg dazu hatten schon frühzeitig — noch vor der Jahrhundertwende — britische und französische Konstrukteure gewiesen, Nathaniel Barnaby und Emile Bertin; besonders letzterer nahm mit seinem ›tranche cellulaire‹-Prinzip größeren Einfluß auf die Entwicklung. Gleichzeitig kehrten die Amerikaner bei der Anordnung der SA zum Schema von → **South Carolina/Michigan** zurück, zur überhöhenden Endaufstellung, wobei sie auch den œ einführten. Mit diesem war es möglich, bei im Vergleich zur → **Texas**-Kl. gleichgebliebener Anzahl schwerer SK eine größere Ausdehnung der Zitadelle zu vermeiden, so daß in diesem Bereich dickster Panzer vorgesehen werden konnte. Im Antrieb waren beide Schiffe unterschiedlich: Während man bei **Oklahoma** noch Kolbenmaschinen den Vorrang gab, ging man bei **Nevada** zu Turbinen über, deren einziger Vorteil es war, daß sie im Vergleich zu den Kolbenmaschinen der **Oklahoma** um wenig mehr als 100 ts leichter ausfielen. Ein Leistungsgewinn wurde jedoch mit ihnen nicht erreicht. **Nevada** und **Oklahoma** waren die ersten US-Schlachtschiffe, die ausschließlich ölgeheizte Kessel erhielten. 1925 wurde für **Oklahoma** der Umbau auf 4 doppeltwirkende 2 takt-DM geprüft, aber wegen des zu hohen Gewichts verworfen.

b) Das Mehrgewicht gegenüber der → **Texas**-Kl. fiel hauptsächlich der Panzerung zu. Diese beschränkte sich vornehmlich auf die Erhaltung der Schwimmfähigkeit und auf den Schutz der Antriebsanlagen, der Kommandoeinrichtungen und der Artillerie und ihrer Munitionskammern. Im übrigen war die gepanzerte Fläche — die z.B. bei → **Wyoming** noch 47% des Schiffskörpers betrug — stark zusammengeschrumpft. Die Zitadelle wurde durch einen schmalen, aber sehr dicken Seitenpanzer geschützt und war vorn und achtern durch ebenso dicke Panzerquerschotte abgeschlossen. Der Seitenpanzer ragte fast ebenso hoch über die CWL, wie er unter diese reichte. Die Schiffsenden waren ungepanzert; ihr einziger Schutz war das untere Panzerdeck, das bis zu diesen hinreichte. Lediglich im Achterschiff, im Bereich der Rudermaschinenräume, befand sich noch ein schmaler, aber auch schwächerer Seitenpanzer-Streifen. Zitadell- und Kasemattpanzer fielen ganz weg mit der Begründung, daß mittelschwerer Panzer gegen einen direkten Treffer ohnehin keinen Schutz mehr gewährleisten könne und nur in unerwünschter Weise die Detonation eines Geschosses bewirke. Auch auf den Splitterschutz hatte man keinen Wert mehr gelegt.

---

[1] Für das Personal, das auf den für die Convoy-Sicherung in Bau gegebenen Zerstörer-Neubauten vorgesehen war.

Den Schutz der unteren Räume gegen Treffer von schräg oben übernahmen 2 Panzerdecks, von denen das untere, schwächere sich mit seitlichen Böschungen bis zur Unterkante des Seitenpanzers erstreckte, während das obere und stärkere flach auf der Oberkante des Seitenpanzers auflag. Neu und bemerkenswert war die starke Panzerung der Rauchgasaustritte in den Schornstein. Nur dieser sowie der Schacht des Kommandostandes und die Barbetten der schweren Türme ragten aus dem so geschaffenen Panzerkasten heraus und durchbrachen das ungeschützte Oberdeck. Der Seitenpanzer zeigte auch insofern eine Eigentümlichkeit, als zum ersten Male die vom oberen bis zum unteren Rand reichenden Platten nicht mehr wie früher horizontal in Gängen übereinander, sondern vertikal auf ihrer Hinterlage angebracht wurden. Die frühere Anordnung hatte den Nachteil, daß über die gesamte Länge des Panzers ein Stoß verlief, der sich als Zone von geringerer Widerstandsfähigkeit bemerkbar machte. PzQ.: 343, 343 / Seitenpzr.: 203, 343 (getäpert ↓ 203), 343 (getäpert ↓ 203) / Horizontalpzr.: o. PzD. 76; u. PzD. 38 mit Böschungen 51 / Unterwasserschutz: T-Schott 38 (seit 1. Umbau dafür 3 T-Schotte 19, 19, 19; dazu T-Wulste) / SA: Barbetten 343; Türme 457 (überhöhende Türme nur 406), 229, 127 / MA ohne Panzerschutz / KdoT. 406 (406) / Rauchfänge 343 / *Ursprüngliches Pz.-Gewicht 7664 ts.*

c) *Der Übergang zu Ölkesseln brachte eine wesentliche Raumeinsparung der Antriebsanlage im Vergleich zu früheren Bauten, z. B. gegenüber →* **Delaware** *50% der Länge. Die gesamte Anlage war in der Mitte des Schiffes in einem fast über seine ganze Breite reichenden Raum von nur 24 m Länge zusammengefaßt. Der gesamte Brennstoff wurde im Doppelboden mitgeführt. Seitenbunker fielen ganz weg, und der Übergang zur ausschließlichen Ölfeuerung der Kessel bewirkte den Verzicht auf die Schutzwirkung der dort sonst eingebunkerten Kohlenvorräte. Das für die Verstärkung des Panzers erforderliche Mehrgewicht wurde u. a. aber gerade durch den Übergang zu Ölkesseln gewonnen (Gewichtseinsparung gegenüber →* **Delaware** *30% des Kesselgewichts). Weiter ergab dies die Möglichkeit, nur noch mit einem Schornstein auszukommen, womit auch eine Verringerung der Zielfläche erreicht wurde. Nicht zuletzt gestattete die Einführung der Ölkessel eine Verminderung des Heizerpersonals auf rund 50% des bisherigen Bedarfs.* **Oklahoma** 2 × 3fachwirkende 4 Zyl.-Expansionsmaschinen auf 2 ⚙; **Nevada** 2 × Curtis-Tu + Marsch-⊗ Tu auf 2 ⚙ / 12 Kessel (Öl): **Oklahoma** Babcock-, **Nevada** Yarrow- (seit Umbau dafür 6 Bureau Express-Kessel [Öl]) / Leist.: **Oklahoma** 24 800 iPS; **Nevada** 26 500 WPS; Geschw. 20,5 kn / 1 Ruder.

Probefahrtergebnisse: Maschinengewichte vor / nach Umbau

Nevada	23 312 WPS = 20,53 kn	1880 ts	1860 ts
Oklahoma	21 703 iPS = 20,58 kn	1998 ts	1933 ts

d) 10—35,6 cm-SK L/45, angeordnet in je 1 ⌒ und 1 überhöhend angeordneten ⌒ vorn und achtern / 21—, ab 1918: 12—12,7 cm-SK L/51 in Kasematten / ab 1918: 2—, ab 1925: 8—7,6 cm-⚓ dafür ab 1929: 8—12,7 cm-⚓ L/25 / ab ~ 1935: 8—2,8 cm-MG ⚓ / 2—53,3 cm-⚓ TR (S) nur bis Umbau / seither auch 2 ⚓, 3 ⚓. **Nevada** ab 1942 außer den 35,6 cm-SK völlig neue Bewaffnung: 16—12,7 cm-⚓₂ L/38 / 36—4 cm-⚓₄ / bis 38—2 cm-⚓ / nur noch 1 ⚓, jedoch 3 ⚓ wie bisher.

e) Von den ursprünglich vorhandenen 21—12,7 cm-SK wurden 9 bereits 1917/18 ausgebaut, und zwar die jeseits vordersten, die 3 jeseits achtersten und die in der Heckspitze aufgestellte. Übrig blieben somit nur noch die jeseits 2 SK im vorderen Schiffsbereich sowie die ungeschützt auf dem Aufbaudeck unter der Brücke stehenden. Die meisten der Kasematten hatten Klappenverschlüsse, die nach außen unten fielen.

Etwa 1919 wurden die Marsen geschlossen und die Scheinwerfer an den Gittermasten umgruppiert. Zugleich gelangten auf der Brücke und auf Turm C je ein BG zur Aufstellung, und um die Untermasten wurden geschlossene Brückengalerien herumgebaut. Gleichzeitig erhielten die Schiffe ⚓. Ende der 20er Jahre gingen sie zur Modernisierung in die Werft. Hierbei wurden die bisherigen Kessel um 50% reduziert und durch neue ersetzt. Gleichzeitig erfolgte eine Verbesserung des Unterwasserschutzes dergestalt, daß jeseits bis 1,85 m breite T-Wulste angebaut wurden. Auch die Horizontalpanzerung wurde verstärkt. Dazu kamen neue ⚓ und Feuerleitgeräte an Bord, während die TR ausgebaut wurden. Da die MA bisher zu tief lag und ständig überkommendem Wasser ausgesetzt war, wurde sie ein Deck höher gelegt, aber wiederum in ungeschützten Kasematten. Je 1 ⚓ wurde auf der Schanz und auf Turm C installiert, dazu achtern zunächst ein einfacher Ladebaum, der später durch einen Wippkran ersetzt wurde. Die seitherigen schweren Bordkräne zu beiden Seiten des Bootsdecks wurden durch neue, weitergreifende ersetzt. Anstatt der beiden Gittermasten wurden nunmehr schwere Dreibeinmasten mit Dreistockwerk-Marsen errichtet. Parallel damit lief eine Änderung und Vermehrung der Brückenaufbauten. Hinzu kamen außerdem übereinander gestaffelte Plattformen, die zu beiden Seiten des Schornsteins angeordnet wurden. Zur Steigerung ihrer Reichweite wurden die Höhenrichtwinkel der SA von 15° auf 30° vergrößert. Insgesamt beliefen sich die Modernisierungskosten auf etwa 7 Mio. $ je Schiff. Auf beiden Schiffen wurde der Schornstein etwa 1935/36 um ~ 2 m erhöht; zugleich damit erfolgte eine Änderung der seitlich an ihm angebrachten Stände. Auf **Oklahoma** erhielten beide Masten in ~ $1/2$ Höhe größere Plattformen, die zur Aufnahme von MG ⚓ hergerichtet wurden. Auf dem vorderen Mast von **Nevada** wurde diese Plattform 1940 nochmals verbreitert, und gleichzeitig kam an Stelle des seitherigen kleinen ⚓-BG ein modernes größeres Gerät. Nur **Nevada** trug auf dem Topp des achteren Dreibeinmastes ab 1935 eine ⚓-Plattform, dazu ab 1938 die großen, schräg nach achtern querab zeigenden Gitterrahen. Nachdem **Nevada** 1942 geborgen worden war, wurde sie einem abermaligen Umbau unterzogen. Dabei wurden die Aufbauten weitgehend eingeschränkt und soweit wie möglich zusammengezogen, um für die ⚓-Bewaffnung gute Bestreichungswinkel und ein großes Schußfeld zu schaffen. Vor allem erfolgte der Ausbau der bisherigen schweren Dreibeinmasten; als Ersatz kam vorn ein kleinerer Dreibeinmast und achtern nur ein Stummelmast mit kurzer, erst ab 1943 längerer Stenge an Bord, beide mit Radar (zuerst

›SRa‹-Antenne am vorderen Mast, zusätzlich ab 1943 eine ›SK‹-Antenne). Das Rauchrohr wurde verlängert und ragte, schräg nach achtern abknickend, weit aus dem Schornsteinmantel heraus, wodurch diesem Schiff ein besonderes Gepräge gegeben wurde. Die 12,7 cm-SK entfielen ganz, ebenso die alten 12,7 cm-⚓. Dafür kamen jeseits 8—12,7 cm-⚓₂ in 4 ⚓ an Bord, die überhöhend aufgestellt wurden, dazu zahlreiche leichte ⚓ sowie auch neue Feuerleitgeräte. Auf das 🚢 von Turm C wurde verzichtet, ebenso auf die schweren Deckskräne, für die einfache Ladebäume an Bord kamen.

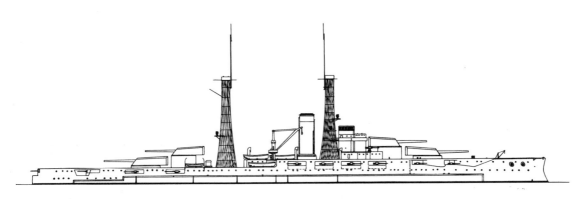

Nevada (1916)

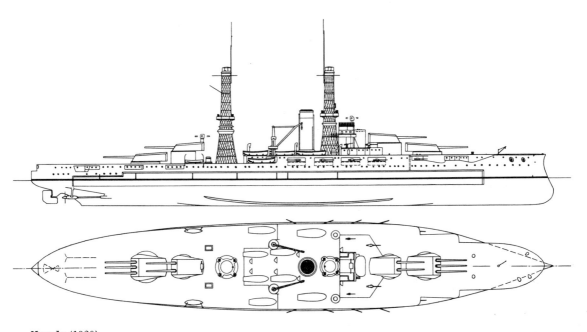

Nevada (1920)

USA

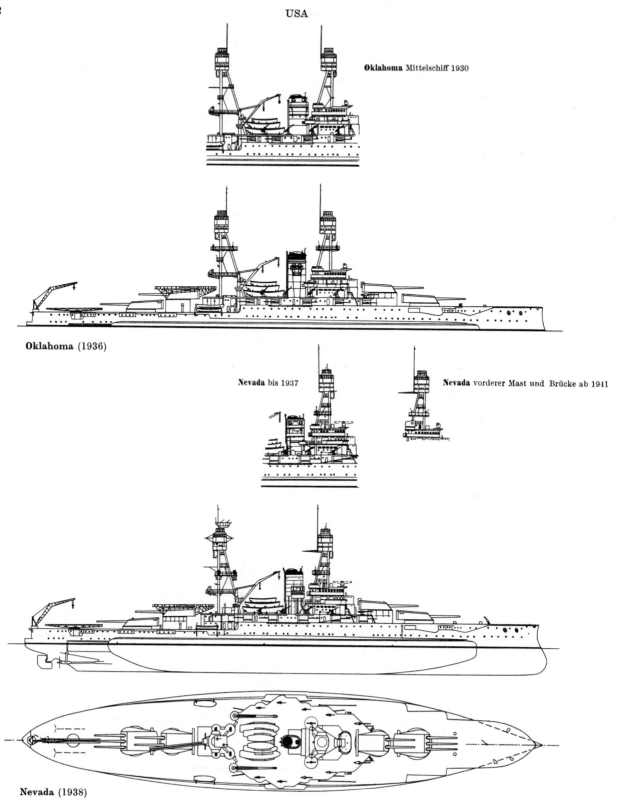

Oklahoma Mittelschiff 1930

Oklahoma (1936)

Nevada bis 1937

Nevada vorderer Mast und Brücke ab 1941

Nevada (1938)

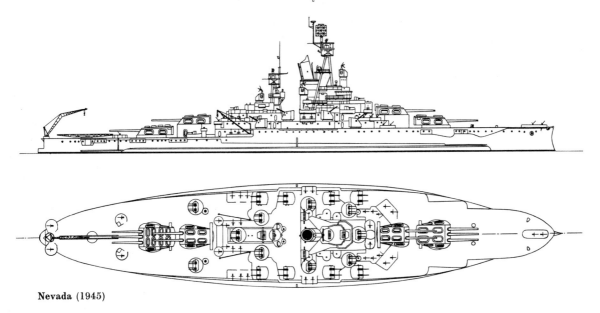

Nevada (1945)

Pennsylvania-Klasse
Battleships = Schlachtschiffe

1	2	3	4	5	6
Pennsylvania (BB 38)	1912	Newport News Sb.	27. 10. 13	16. 3. 15	12. 6. 16

*Atlantikflotte, ab 1922 Pazifikflotte. 1. Juni 1929 bis 8. Mai 1931 Umbau bei Philadelphia Navy Yard, danach wieder Pazifikflotte. 7. Dezember 1941 im Dock in Pearl Harbor liegend 1 Bombentreffer erhalten, mittlere Schäden; 29. Dezember 1941 bis 30. März 1942 Reparatur bei Mare Island Navy Yard; danach Sicherungs- und Ausbildungsdienst vor der kalifornischen Küste. 4. Oktober 1942 bis 5. Februar 1943 Umbau bei Mare Island Navy Yard. 11.—20. Mai 1943 Unterstützung der Aleuten-Operationen. 28. Mai bis 1. August 1943 Reparaturen und zusätzliche Ausrüstung mit Radar usw. bei Puget Sound Navy Yard (dabei 2. Juni 1943 im Dock liegend durch innere Explosion leicht beschädigt). 7.—23. August 1943 erneut im Aleuten-Einsatz, nach Pearl Harbor verlegt. Teilnahme an zahlreichen amphibischen Operationen durch vorbereitende und unterstützende Beschießungen: 25.—29. November 1943 Gilbert-Inseln, 31. Januar bis 8. Februar 1944 Kwajalein, 17.—23. Februar 1944 Eniwetok, 14.—25. Juni 1944 Saipan, 12. Juli bis 3. August 1944 Guam, 12.—14. September 1944 Peleliu, 10. Oktober bis 29. November 1944 Leyte (dabei 24. Oktober ✕ in Surigao-Straße), 4.—18. Januar 1945 Lingayen-Golf, zuletzt 10.—17. Januar 1945 Patrouillendienst in Südchinasee. 13. März bis 12. Juli 1945 Überholung bei Mare Island Navy Yard, danach erneut im Einsatz: 1. August 1945 Wake; 12. August 1945 Achterschiff von LT eines japanischen Torpedoflugzeuges getroffen, schwere Schäden, in flachere Gewässer abgeschleppt, nach vorläufiger Reparatur im Schlepp weiter zur USA-Ostküste: 24. Oktober 1945 Puget Sound Navy Yard erreicht, dort Reparaturen nur zur Wiederherstellung der Steuereigenschaften durchgeführt, da inzwischen als Zielobjekt für Bikini-Atomwaffen-Versuche bestimmt. Sowohl bei Test ›Able‹ (1. Juli 1946) als auch bei Test ›Baker‹ (25. Juli 1946) nur geringe Schäden; zunächst als Forschungsobjekt in Kwajalein verblieben, später dort als Zielschiff verwendet, dabei 10. Februar 1948 von Flugzeugen schwer getroffen und †. [Dieses Schiff zeichnete sich durch besonders hohen Munitionsverbrauch aus: Allein bei den Operationen um Leyte wurden 1800 35,6 cm-, 10000 12,7 cm-, 14000 4 cm- und 1600 2 cm-Granaten verschossen. Als das Schiff im Frühjahr 1945 in die Heimat zurückkehrte, waren seine 35,6 cm-Rohre völlig ausgeschossen; diese wurden durch 5 Rohre von → **Oklahoma** und 6 von → **Nevada** ersetzt.]*

Arizona (BB 39)	1913	New York Navy Yard	16. 3. 14	19. 6. 15	17. 10. 16

Ursprünglich vorgesehener Name: **North Carolina.** *Atlantik-, ab 1921: Pazifikflotte. 15. Juli 1929 bis 1. März 1931 Umbau bei Norfolk Navy Yard, danach erneut Pazifikflotte. 7. Dezember 1941 in Pearl Harbor durch 1 LT und 8 Bomben getroffen: Explosion der Munitionskammern, Schiff in 2 Teile zerrissen und in flachem Wasser † (1177 Tote). Wrackreste noch heute an Untergangsstelle liegend. Seit 1962 nationale Gedenkstätte.*

a) Der seit 1908 geübte Zweierrhytmus bei der Bewilligung von Schlachtschiffen wurde 1912 unterbrochen. In diesem und auch im darauffolgenden Jahr bewilligten die Abgeordneten nur je 1 Schlachtschiff, **Pennsylvania** (22. August 1912, Auftrag erteilt 28. Februar 1913) und **Arizona** (4. März 1913, Auftrag erteilt 24. Juni 1913). Diese wurden praktisch vergrößerte Nachfolger der → **Nevada**-Kl., die generell als Vorbild dienten. Die wesentlichsten Verbesserungen dieser gegenüber waren die um 2 SK vermehrte SA (deren Aufstellung nunmehr ausschließlich in ∞ erfolgte) sowie etwas größere Panzerdicken und eine größere Ausdehnung der Schutzeinrichtungen analog den größer gewordenen Abmessungen der Schiffe.

b) *Panzerung und Unterwasserschutz entsprachen hinsichtlich Anordnung und Dicken im Wesentlichen der → **Nevada**-Kl. PzQ.: 356, 356, 356 / Seitenpzr.: 203, 356 (getäpert ↓ 203), 356 (getäpert ↓ 203) / Horizontalpzr.: o. PzD. 76 (seit Umbau 102); u. PzD. 76, 38 (Böschungen 51), 76 / Unterwasserschutz: T-Schott 38 (seit Umbau dafür 3 T-Schotte 19, 19, 19, und zusätzlich T-Wulste) / SA: Barbetten 343; Türme 457, 229, 127 / MA ohne Panzer / KdoT. 406 (406) / Nach 1941 vermutlich div.*

Verstärkungen der Turmdecken und des Oberdecks im Bereich der SA-Türme. Panzergewicht ursprünglich 8072 ts, nach Umbau ..... ts.

c) 4 × Tu (+ Marsch-⊕ Tu) auf 4 ⚙: **Pennsylvania** Curtis-, **Arizona** Parsons- / 12 Babcock-Kessel (Öl), bei Umbau ersetzt durch 6 Bureau Express-(**Arizona**) bzw. 5 Bureau Express- und 1 White Forster-Kessel [Öl] (**Pennsylvania**) / 1 Ruder.

	Leistung	Geschw.	Probefahrtergebnis	Maschinen-gewicht[1]
Pennsylvania	31 500 WPS	21,0 kn	29 366 WPS = 21,05 kn	2396 ts
Arizona	34 000 WPS	21,0 kn	33 376 WPS = 21,0 kn	2462 ts

d) 12—35,6 cm-SK L/45 in je 2 überhöhend angeordneten ⚙ vorn und achtern / 22—, ab 1920: 14—, ab 1931: 12—12,7 cm-SK L/51 in Kasematten / 4—, ab 1920: 8—7,6 cm-⚓, für diese ab 1931: 8—, ab 1940: ~ 12—12,7 cm-⚓ L/25 / 8—2,8 cm-MG ⚓ seit ~ 1940 / 2—53,3 cm-⚓ TR (S) nur bis 1931 / seither 2⚓, 3⚓. **Pennsylvania** ab 1943: 12—35,6 cm-SK usw. wie bisher / 16—12,7 cm-⚓₂ L/38 / 40—, ab 1945: 45—4 cm-⚓₄ / bis 50—2 cm-⚓ / nur noch 1⚓, 3⚓.

e) 1919/20 wurden ähnliche Änderungen wie bei der → **Nevada**-Kl. durchgeführt; diese betrafen die Reduzierung der MA um 8 Rohre (die jeseits 2 vordersten und achtersten); dazu wurden um beide Gittermasten die typischen kleeblattförmigen Scheinwerfer-Plattformen und etwas unterhalb davon — in ~ $^1/_2$ Masthöhe — die geschlossenen Brückengalerien angebracht. Von da ab stand auf der Brücke eine BG-Kuppel. Gleichzeitig erhielten die Gittermasten neue Marsen. Hinter dem Schornstein erfolgte die Installierung eines kreisrunden Deckshauses (FT-Zentrale). Auf Turm C wurden errichtet: Ein kleines ⚓-BG, etwas vorlich von diesem auf seitlich überstehenden Ständen je 1—7,6 cm-⚓, sowie eine ⚓-Plattform, die auch Turm B erhielt. Die Türme A und B und zusätzlich auch Turm C erhielten BG's, die seitlich aus den Turmwänden herausragten *(diese BG's galten nicht als glückliche Lösung, da sie an einem Schimmereffekt litten, der von den Turmseitenwänden verursacht wurde)*. Beim Umbau 1929—31 erhielten beide Schiffe eine verstärkte Horizontalpanzerung sowie einen verbesserten Unterwasserschutz, u. a. durch Vermehrung der T-Schotte und den Anbau von T-Wulsten. Die erforderliche Breite des verbesserten Unterwasserschutzes konnte vor allem durch kleinere Kessel modernerer Bauart erreicht werden, deren Anzahl auch vermindert wurde. Wie auf der → **Nevada**-Kl. wurde die MA um ein Deck höher aufgestellt, doch erhielt auch sie keinerlei Panzerschutz. Weitere Verbesserungen waren die Steigerung der SA-Schußweiten durch Vergrößerung ihrer Höhenrichtwinkel von 15° auf nunmehr 30°, die Ausstattung mit modernen Feuerleitanlagen, der Ersatz der alten 7,6 cm-⚓ durch die neueren 12,7 cm-⚓ L/51, sowie die Installierung eines ⚓ auf der Schanz und später eines weiteren ⚓ auf Turm C. Für die alten Gittermasten kamen schwere Dreibeinmasten an Bord, außerdem wurden die Brückenaufbauten vermehrt und vergrößert, auf beiden Schiffen aber verschiedenartig ausgeführt. Die alten Lüfter verschwanden von Bord und wurden durch neuere ersetzt. Auch die alten Kräne wurden durch neuere ersetzt, die sowohl bis zum ⚓ auf Turm C als auch bis zum Bootsdeck griffen. Hinter dem achteren ⚓ befand sich ursprünglich ein einfacher Ladebaum, der später durch einen Wippkran ersetzt wurde, wie ihn bald alle Schlachtschiffe und Kreuzer der US-Navy führten. Auf **Pennsylvania** wurde 1938/39 der Schornstein um ~ 1,5 m erhöht. Ab 1940 befand sich jenseits vom vorderen Mast in Brückenhöhe ein moderneres ⚓-Feuerleitgerät; der vordere Dreibeinmast trug seither auch die nach jeseits achtern abgespreizten Gitterrahen. **Arizona** erhielt um diese Zeit auf dem achteren Mars eine ⚓-Plattform, wobei die Stenge wegfiel. Seit ~ 1940 befanden sich zusätzlich weitere 4—12,7 cm-⚓ an Bord. Nach der Reparatur der in Pearl Harbor erlittenen Schäden fuhr **Pennsylvania** zunächst noch im Zustand wie bisher; die zweite Modernisierung folgte dann 1942—43. Außer der 35,6 cm-SK wurden alle übrigen Waffen und nahezu alle Aufbauten entfernt und durch neue ersetzt. An Stelle der 12,7-Kasematt-SK und der 12,7 cm-⚓ kamen moderne 12,7 cm- in ⚙ an Bord, dazu zahlreiche leichte ⚓. Der achtere Dreibeinmast wurde ausgebaut, an seine Stelle kam ein einfacher, dünner Pfahlmast. Hinsichtlich ihrer Radarausstattung waren beide Masten zeitlich verschieden:

1. Zunächst am vorderen Mast (von vorn nach achtern aufgezählt) Radar ›SRa‹, Radar ›SK‹, hohe Stenge. Achterer Mast sehr hoch, etwa bis Unterkante Mars des vorderen Mastes reichend, mit Radar ›SG‹.

2. Ab Sommer 1943 auf vorderem Mast nur noch Radar ›SRa‹ und kleines Navigations-Radar, keine Stenge mehr. Achterer Mast kürzer, mit Radar ›SC‹.

3. Ab 1945: Vorderer Mast Radar ›SK-2‹, dahinter wieder Stenge mit Radar ›SG‹; achterer Mast Radar ›SP‹.

Die Brückenaufbauten vorn und achtern wurden erneuert und erhielten mit Radar kombinierte Feuerleitgeräte. Zugleich mit dem Ausbau des ⚓ vom Turm C erfolgte auch die Abgabe der schweren Deckskräne im Mittelschiff. Für das Ein- und Aussetzen der wenigen an Bord gebliebenen Beiboote kamen einfache Ladebäume an Bord. Die letzten Änderungen wurden im Sommer 1945 durchgeführt. Außer der Radar-Neuausrüstung → vorstehend Ziffer 3) kam auf dem achteren Aufbau ein Feuerleitgerät zum Einbau, und an Stelle des vor der Brücke befindlichen BG's wurde eine weitere 4 cm-⚓₄ Wanne errichtet. Seither hatte der achtere Mast keine Stützbeine mehr. Während der Atomwaffenversuche beim Bikini-Atoll befanden sich verschiedene Meßgeräte an Bord, die u. a. auf den Türmen B und C aufgestellt waren.

Zwei 35,6 cm-⚙ konnten von der gesunkenen **Arizona** abgeborgen werden und fanden neue Verwendung zur Verteidigung von Oahu, Hawaii, wo sie an Land aufgestellt und von der Armee vereinnahmt wurden.

---
[1] Bezogen auf Zustand vor Umbau.

Pennsylvania-Klasse

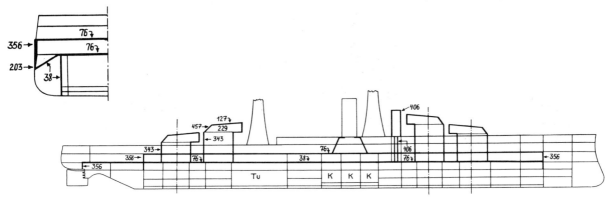

Pennsylvania-Klasse (Generalplan)

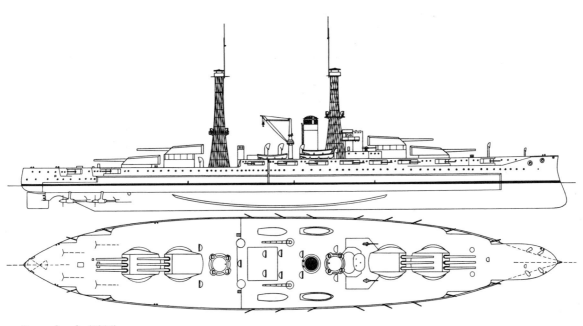

Pennsylvania (1917)

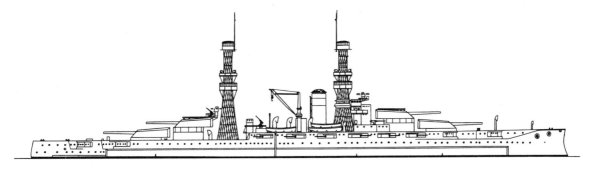

Arizona (1921)

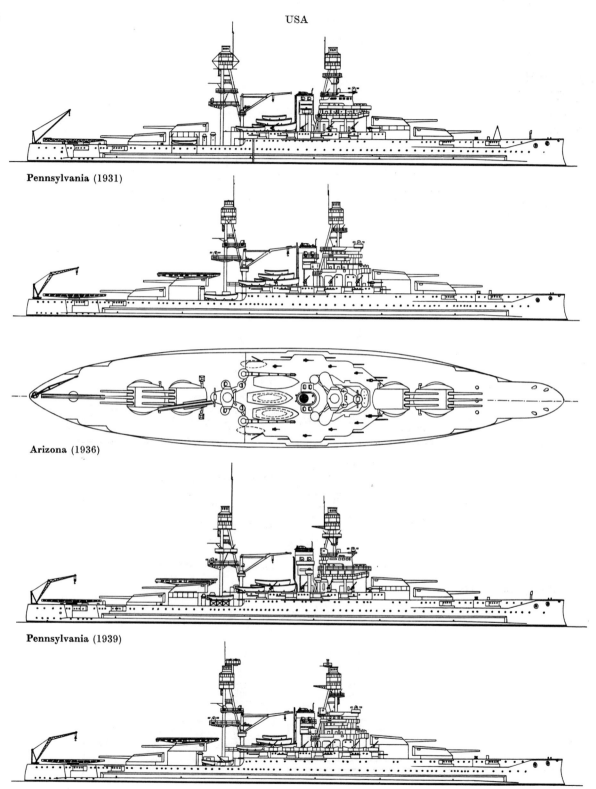

Pennsylvania (1931)

Arizona (1936)

Pennsylvania (1939)

Arizona (1941)

Pennsylvania- und New Mexico-Klasse

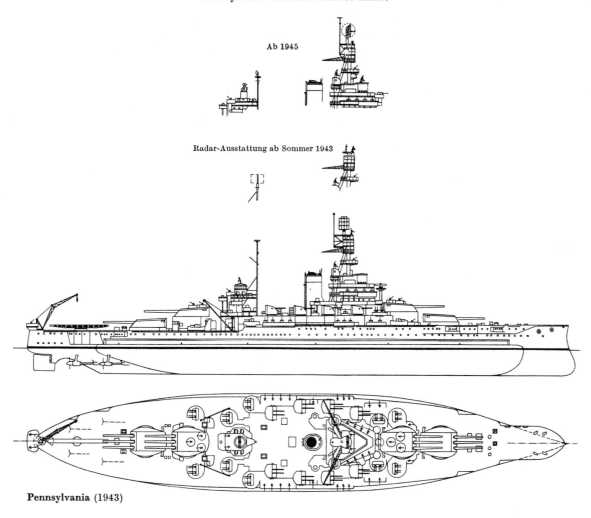

Ab 1945

Radar-Ausstattung ab Sommer 1943

Pennsylvania (1943)

New Mexico-Klasse

Battleships = Schlachtschiffe

1	2	3	4	5	6
New Mexico	1914				
(BB 40)		New York			
×California		Navy Yard	14.10.15	23.4.17	20.5.18

Atlantik-, ab 1919: Pazifikflotte. 5. März 1931 bis 22. Januar 1933 Umbau bei Philadelphia Navy Yard; bis September 1934 im Atlantik verblieben, danach wieder Pazifikflotte. Juni 1941 in Atlantik verlegt, Teilnahme an sog. ›Neutralitätspatrouillen‹ im Nordatlantik. Ab Januar 1942 wieder im Pazifik: Mai bis Juli 1943 Operationen um Aleuten (hierbei 22. Juli 1943 Beschießung von Kiska); 13. November bis 8. Dezember 1943 Operationen gegen Tarawa und Makin; 29. Januar bis 8. Februar 1944 gegen Kwajalein; 30. März 1944 gegen Kavieng, ab 15. Juni 1944 gegen Saipan, ab 12. Juli 1944 gegen Guam. 18. August bis 26. Oktober 1944 Überholung und Neuberohrung bei Puget Sound Navy Yard. Ab 25. November 1944 im Einsatz gegen Leyte und Samar; 15. Dezember 1944 gegen Mindoro; 4.–18. Januar 1945 im Lingayen-Gulf, hierbei 6. Januar während Beschießung von Luzon Kamikaze-Treffer auf Brücke erhalten, nur geringe Schäden. Ab 1. April 1945 im Einsatz gegen Okinawa, dabei besonders heftigen Luftangriffen ausgesetzt (schoß allein am 12. April 1945 innerhalb von 16 Minuten 4 ✈ ab!). 12. Mai 1945 erneut von Kamikaze getroffen, mittlere Schäden, Reparatur 7. Juni bis 8. August 1945 in Leyte, danach nicht wieder zum Einsatz gekommen. 18. Oktober 1945 in Boston eingetroffen, dort 19. Juli 1946 außer Dienst gestellt. 25. Februar 1947 gestrichen, 9. November 1947 an Lipsett Co. auf Abbruch verkauft, 24. November 1947 bis Juli 1948 in Newark abgewrackt.

Mississippi
(BB 41) 1914 Newport News Sb. 5.4.15 25.1.17 18.12.17

Atlantik-, danach Pazifikflotte. 30. Januar 1931 bis 31. August 1932 Umbau bei Norfolk Navy Yard, danach wieder Pazifikflotte. Seit 1941 im Atlantik. Juli bis Dezember 1941 Teilnahme an sog. ›Neutralitätspatrouillen‹ im Nordatlantik. Januar bis Juli 1942 Convoy-Sicherungsdienst USA-England, dann bis November 1942 als Sicherung bei den Midway-Inseln verblieben. Mai bis August 1943 Aleuten-Operationen (hierbei 22. Juli Beschießung von Kiska und 15. August Unterstützung der Landung auf Kiska). Weitere

Operationen: 20. November 1943 gegen Tarawa und Makin; 31. Januar 1944 gegen Kwajalein; 20.—21. Februar 1944 gegen Taroa und Wotje; 20. März 1944 gegen Kavieng. Mai bis Juni 1944 Überholung und Neuerohrung bei Puget Sound Navy Yard, danach weitere Einsätze: 15. Juni 1944 gegen Saipan, 12.—19. September 1944 gegen Peleliu, 18.—25. Oktober 1944 Leyte-Gulf (hierbei 25. Oktober ⚔ Surigao-Straße); ab Januar 1945 im Lingayen-Gulf (dabei 9. Januar 1945 von Kamikaze an Brücke getroffen, nur geringe Schäden); ab 20. April 1945 gegen Okinawa (dabei 5. Juni 1945 erneut von Kamikaze getroffen, geringe Schäden). 1946—1947 Umbau bei Norfolk Navy Yard zum Artillerieschul- und Versuchsschiff (**EAG 128**) als Ersatz für → **Wyoming**. Nach weiterem Umbau 1952 bei Norfolk Navy Yard als Erprobungsschiff für FK-Waffensysteme (u. a. für ›Terrier‹) im Dienst. 31. Juli 1956 außer Dienst gestellt, 28. November 1956 an Bethlehem Steel Co. auf Abbruch verkauft, ab 7. Dezember 1956 in Baltimore abgewrackt. [Während des Krieges im Pazifik war **Mississippi** auf das Niederkämpfen von besonders schwierigen Landzielen spezialisiert worden; allein gegen den schwer befestigten Stützpunkt Shuri auf Okinawa wurden Ende Mai 1945 rund 1300 35,6 cm-Granaten verfeuert, von denen schon die ersten trotz unsichtigen Wetters Volltreffer waren! Vorher waren dort neuere Schlachtschiffe mit 40,6 cm-Granaten erfolglos eingesetzt gewesen.]*

Idaho (BB 42) 1914 New York Sb.,
Camden 20. 1. 15 30. 5. 17 24. 3. 19

Pazifikflotte. 30. September 1933 bis 9. Oktober 1934 Umbau bei Norfolk Navy Yard. Ab Juni 1941 ›Neutralitätspatrouillen‹ im Atlantik. Seit Januar 1942 im Pazifik eingesetzt. 14. Oktober bis 28. Dezember 1942 Überholung bei Puget Sound Navy Yard. 11. Mai bis 2. Juni 1943 Operationen gegen Aleuten. 20. November bis 7. Dezember 1943 gegen Tarawa und Makin. 31. Januar bis 8. Februar 1944 gegen Kwajalein und Majuro. 14.—28. Juni 1944 gegen Saipan. 12.—30. Juli 1944 gegen Guam. 12.—24. September 1944 gegen Peleliu. 22. Oktober 1944 bis 1. Januar 1945 Überholung bei Puget Sound Navy Yard. 16. Februar bis 7. März 1945 gegen Iwo Jima. 25. März bis 20. April 1945 gegen Okinawa (dabei 12. April von LT getroffen). Ab 22. Mai 1945 erneut gegen Okinawa. 3. Juli 1946 außer Dienst gestellt. 16. September 1947 gestrichen. 24. November 1947 verkauft an Lipsett Co. zum Abbruch; 12. Dezember 1947 bis Juli 1948 in Newrak abgewrackt.

a) Ursprünglich sah das 1914er Bauprogramm nur 2 Schiffe vor, **New Mexico** und **Mississippi**. Der Erlös aus dem Verkauf der beiden alten Linienschiffe **Idaho** und **Mississippi** am 30. Juli 1914 an Griechenland[1] ermöglichte jedoch den Bau eines dritten Schiffes, der **Idaho**. Alle wurden durch Congress Act vom 30. Juni 1914 bewilligt, ihre Aufträge wurden am 30. Oktober 1914 bzw. 23. November 1914 bzw. 9. November 1914 erteilt. Sie waren weiterhin verbesserte Nachfolger der mit der → **Nevada**-Kl. begonnenen und mit der → **Pennsylvania**-Kl. fortgesetzten Serie. Neu an ihnen war die Bugform, die von nun ab bis zum Anfang der 30er Jahre kennzeichnend für alle bis dahin gebauten amerikanischen Schlachtschiffe, ⚓-Träger und Schweren Kreuzer wurde. Die Hauptbewaffnung wurde insoweit verbessert, als man bei der SA zu einem längeren Rohr überging, dessen Mündungsarbeit um 17% gegenüber der bisherigen 35,6 cm-SK L/45 (die ursprünglich auch für diese Schiffe vorgesehen war) gesteigert worden war. Die innere Unterteilung wurde verfeinert, der Horizontalschutz verbessert. **New Mexico**, für die ursprünglich noch direkt wirkender Turbinen-Antrieb vorgesehen war, wurde der Prototyp für den Antrieb durch Turbinen mit elektrischer Übertragung. Hierzu entschloß man sich auf Grund der zufriedenstellenden Erfahrungen, die mit dem elektrischen Melville-Mecalpine-Übersetzungssystem auf dem Kohlenversorger **Langley** (der 1921 nach entsprechendem Umbau als erster ⚓-Träger der US-Navy in Dienst kam) gemacht worden waren. Die beiden anderen Schiffe erhielten jedoch — wie von Anfang an vorgesehen — direkt wirkende Turbinen wie ihre Vorgänger. Neu war weiterhin die Anordnung des größten Teils der MA an Oberdeck, wo sie gegen überkommendes Wasser sicherer waren. Im Ganzen wurde dieser Typ als besonders wohlgelungen beurteilt. Der zu Beginn der 30er Jahre erfolgende Totalumbau brachte in vielerlei Hinsicht Gewinn; obwohl nicht die kaliberstärksten, galten sie dennoch bis etwa 1941 als die modernsten amerikanischen Schlachtschiffe. Übrigens hatten sie bei ihrem Umbau auch völlig neue Maschinen und Kessel erhalten, ein Ausnahmefall bei der Modernisierung amerikanischer Schlachtschiffe.

b) *Hinsichtlich Anordnung und Panzerdicken entsprachen die Schutzeinrichtungen weitgehend denen der* → **Pennsylvania**-*Kl. Beim Umbau wurde die Horizontalpanzerung durch zusätzliche Platten verstärkt, die einst für die dem Washington-Abkommen zum Opfer gefallenen Schlachtschiffe der* → **South Dakota**-*Kl.* (**BB 49—54**) *und die Schlachtkreuzer der* → **Lexington**-*Kl.* (**CC 1—6**) *vorgesehen waren. — PzQ.: 356, 356 / Seitenpzr.: 203, 356 (getäpert ↓ 203), 356 (getäpert ↓ 203) / Horizontalpzr.: Batteriedeck 38; o. PzD. 89 (bei Umbau verstärkt auf 152?); u. PzD. 38 mit Böschungen 38—51 (bei Umbau verstärkt auf 102) / Unterwasserschutz: T-Schott 2 Lagen 38 + 38 (seit Umbau dafür je 3 T-Schotte 19, 19, 19, zusätzlich T-Wulste) / SA: Barbetten 343; Türme 457, 229, 127 / MA ohne Panzerschutz / KdoT. 406 (406).*

c) **New Mexico**: *Elektrisch übersetzter Antrieb: 2 × ⊖ Tu, direkt gekuppelt mit 2 Zweiphasen-Generatoren zu je 12 500 kVA und 4242 Volt Spannung, Leistung abgebend an 4 ⚓-Antriebsmotoren zu je 5200 kW / 9 Babcock-Kessel (Öl). Der von den Tu in den direkt gekuppelten Generatoren erzeugte hochgespannte Wechselstrom diente zum Antrieb langsam laufender, mit den ⚓-Wellen gekuppelter Motoren. Vorteile: Rückwärts-Tu überflüssig, da Drehrichtung der ⚓ durch Betätigung der Kummutatoren geändert wurde und schnelle Umschaltung gewährleistet war; weiter: Möglichkeit enger wasserdichter Unterteilung des Innenschiffs; Möglichkeit, alle ⚓ auch bei Ausfall eines Generators weiter zu betreiben, was Geschwindigkeitsverlust durch Mitschleppen nicht mitdrehender ⚓ vermied; ferner Möglichkeit, bei niedriger Geschwindigkeit nur einen Teil der Generatoren mit entsprechend höherer Belastung und besserem Wirkungsgrad zu benutzen. Nachteile: Größerer Gewichts- und Raumbedarf (Gewicht der gesamten Anlage auf* **New Mexico** ~ *55 kg/WPS gegenüber nur 35—40 kg/WPS bei gleichartigen ⊖-Tu!), kleinerer Wirkungsgrad (~ 0,90 bis 0,95 gegenüber 0,98—0,99 bei mechanischem Getriebe), die aus Gewichtsgründen notwendige Anwendung hoher Spannungen, die für das Personal gefährlich waren und trotz schwieriger Isolierungsmaßnahmen keinen ausreichenden Schutz gegen Unbrauchbarkeit durch Nässe bzw. beim Überfluten infolge Gefechtsschäden und dgl. boten.* **Idaho** *und* **Mississippi**: *4 × Tu + Marsch-⊖-Tu auf 4 ⚓ / 9 Babcock-Kessel (Öl).*

---
[1] Dort als **Lemnos** und **Kilkis** in Dienst gestellt.

	Tu-Bauart	Leist.	Geschw.	Gewicht[1]	Probefahrtergebnis	
New Mexico	Curtis	27 500 ePS	21,0 kn	2351 ts	21 197 ePS	= 21,08 kn
Idaho	Parsons	32 000 WPS	21,0 kn	2285 ts	33 100 WPS	= 21,29 kn
Mississippi	Curtis	32 000 WPS	21,0 kn	2298 ts	31 804 WPS	= 21,09 kn

Beim Umbau erhielten alle Schiffe neue Maschinen und Kessel: 4 × Westinghouse-⊙ Tu auf 4 ⊛ / 6 Bureau Express-, **New Mexico** 4 White Forster-Kessel (Öl) / Leist. 40 000 WPS; Geschw. 21,5 kn/ 1 Ruder (bei Probefahrten zwischen 22,0 und 23,0 kn erreicht).

d) 12—35,6 cm-SK L/50, aufgestellt wie → **Pennsylvania**-Kl. / 22—, ab 1920: 14—, ab 1922: 12—12,7 cm-SK L/51 meist in Kasematten / 2—, ab 1920: 4—, ab 1922: 8—7,6 cm-⋏, diese bei Umbau ersetzt durch 8—12,7 cm-⋏ L/25 / seit 1940: 12—2,8 cm-⋏₄ / 2—53.3 cm-⋏ TR (S) nur bis Umbau / Seit ~ 1922: 2⛴, 3⛴. Kriegsbedingte Änderungen: Seit Mai 1942 nur noch 6—, ab 1943: 0—12,7 cm-SK L/51, dafür ⋏-Verstärkungen: 8—12,7cm ⋏ wie bisher, jedoch **Mississippi** ab 1944: 14—12,7 cm-⋏ L/25, **Idaho** ab 1944: 10—12,7 cm-⋏ L/38 / 36 bis 56—4 cm-⋏₄ / 14 bis 44—2 cm-⋏ / Nur noch 1⛴, 3⛴.

e) 1920 wurden die jeseits vordersten und achtersten SK der MA ausgebaut, im ganzen 8 Stück. Nur die Kasematt-SK im Bereich des Mittelschiffs blieben erhalten. Eine weitere Reduzierung der MA erfolgte 1922, wobei die beiden jeseits achteren Kasematten und die auf dem Aufbaudeck achtern angeordneten SK wegfielen. Dafür wurde die bereits 1920 verstärkte ⋏-Bewaffnung verdoppelt. Die beiden Gittermasten erhielten größere Plattformkränze, die später (außer auf **Mississippi**) ebenso wie die Kleeblatt-Scheinwerferstände höher gelegt wurden. 1922 kam auf Turm C ein ⛴ mit Ladebäumen jeseits vom achteren Gittermast hinzu, dem später noch ein ⛴ auf der Schanz und ein Ladebaum folgten. Letzterer wurde anläßlich des Totalumbaus durch einen Wippkran ersetzt. Aus dem zu Anfang der 30er Jahre beginnenden Totalumbau gingen die Schiffe praktisch als völlig erneuert hervor. Sie erhielten neue Maschinen und Kessel, verbesserte Schutzeinrichtungen einschl. bis zu 1,35 m breiter T-Wulste, verstärkte ⋏ und neue Feuerleitgeräte, während auf die TR ganz verzichtet wurde. An Stelle der beiden Gittermasten führten sie nunmehr vorn eine kompakte Turmbrücke, den einzigen Stengenmast dagegen achtern, wo er vor einem hohen Aufbau seinen Platz fand. Der Schornstein wurde um ~ 3 m zurückverlegt und so stark erhöht, daß er mit der Turmbrücke abschloß. Beiderseits des Schornsteins wurden zusätzliche Plattformen und Stände für Scheinwerfer errichtet. Für die Handhabung der schweren Beiboote und der ⛴ kamen neue Kräne an Bord. Der Höhenrichtbereich der SA konnte von 15° auf 30° gesteigert werden. Unterschiede: **New Mexico** wich von seinen Schwesterschiffen insofern ab, als die Plattformen am Schornstein anders gestaltet waren. Weitere Unterscheidungsmerkmale waren bei **New Mexico** die Dampfrohre am Schornstein sowie die nicht in Gitterbauweise gefertigten Ladebäume jeseits vom

achteren Aufbau. — Bereits 1940/41 war eine erste ⋏-Verstärkung vorgenommen worden, wobei zunächst nur leichte Waffen an Bord kamen, die erst später durch verbesserte Modelle ersetzt wurden. 1942 wurde die ⋏-Bewaffnung abermals verstärkt, was zu Lasten der MA ging, von der die beiden jeseits achtersten SK von Bord gegeben wurden. 1943 folgten auch die restlichen SK der MA. Ab 1944 erfolgten weitere, teils erhebliche ⋏-Verstärkungen. **Mississippi** wurde das in dieser Hinsicht schwerstbewaffnete Schiff dieser Klasse, denn sie erhielt 1944 zusätzlich 6—12,7 cm-⋏ L/25 und 1945 weitere 4 cm-⋏₄, im Ganzen 56—4 cm-⋏. Auf **Idaho** kamen 10—12,7 cm-⋏ L/38 in ⊙ zum Einbau, die an beiden Seiten je 3fach übereinander gestaffelt angeordnet wurden. Nur **New Mexico** behielt seine 8—12,7 cm-⋏ L/25 von früher. Die ›fliegenden Plattformen‹ hinter dem Schornstein mit je 5—2 cm-⋏ blieben nur vorübergehend (1942) an Bord, jedoch mit Ausnahme derer von **New Mexico**, die sie in ähnlicher Form, jedoch mit nur je 4—2 cm-⋏ bestückt, noch 1945 an Bord hatte. Für 1945 war für alle 3 Schiffe vorgesehen, sie auf 16—12,7 cm-⋏ L/38 in ⊙ umzurüsten. Dazu ist es jedoch nicht mehr gekommen. Seit 1944 führte der Schornstein eine Schrägkappe; die Scheinwerferplattformen seitlich an ihm waren schon zuvor abgebaut worden, mit Ausnahme eines einzigen Standes, den **Idaho** und **Mississippi** führten. Schon 1941/42 waren die schweren Deckskräne seitlich des Schornsteins abgegeben worden, um der ⋏ ein größeres Schußfeld zu schaffen, und 1941 war auch das ⛴ von Turm C abgegeben worden. Alle Schiffe führten seit 1942 hinter der Turmbrücke einen Pfahlmast mit Stenge, der später zur Aufnahme großer Antennen verstärkt wurde. Die ~ 1944 an Bord genommenen ›SK‹-Radarantennen führten **Idaho** und **New Mexico** am vorderen Mast, **Mississippi** jedoch am achteren Mast, der zu diesem Zweck besonders verstärkt wurde. Außerdem befanden sich noch 2 ›SRa‹-Antennen an Bord, und zwar je 1 auf der Turmbrücke und auf dem achteren Aufbau. **Mississippi** wurde 1946—48 zum Artillerieschul- und Versuchsschiff umgebaut; dabei waren die SA-Türme bis auf den achtersten ausgebaut worden. Nur deren Barbetten blieben noch einige Zeit an Bord. Von ihnen dienten die beiden vorderen zunächst der Aufnahme von Versuchsgeschützen, und auf den seitlichen Aufbaudecks gelangten 12,7 cm-⋏ verschiedener Modelle zur Aufstellung, die mehrmals wechselten, je nach Bedarf. Gleichzeitig wurden die neuesten Feuerleitgeräte und Radaranlagen installiert, wozu der achtere Pfahlmast durch einen schweren Dreibeinmast ersetzt wurde, da er zur Aufnahme der großen ›AN/SPS 8 A‹-Antenne vorgesehen war. Das ⛴ kam von Bord, nur der dazugehörige Wippkran blieb zunächst noch vorhanden. Nach einem weiteren Umbau diente **Mississippi** als Erprobungsschiff für das ›Terrier‹-Schiff-Luft-FK-Waffensystem; zu diesem Zweck wurden die beiden achteren SA-Barbetten und der Turm D ausgebaut und durch einige Deckshäuser ersetzt. Auf ihnen befanden sich in überhöhender Aufstellung 2 Zwillingsstarter. Auch die vorderste SA-Barbette verschwand, und an ihre Stelle kamen 2 vollautomatische 15,2 cm-SK L/47 in ⊙ zur Aufstellung, wie sie die Kreuzer der **Worcester**-Kl. erhalten hatten.

---

[1] Gesamtgewicht der Antriebsanlage.

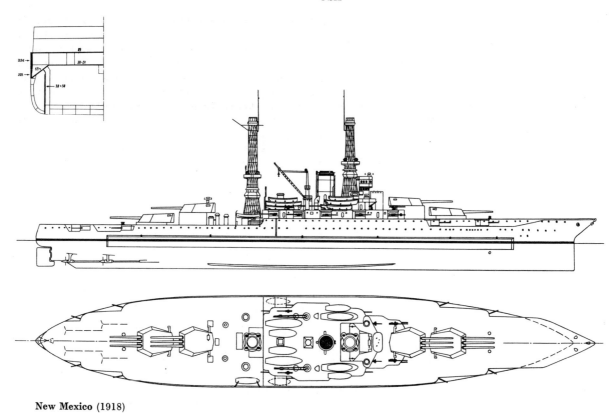

New Mexico (1918)

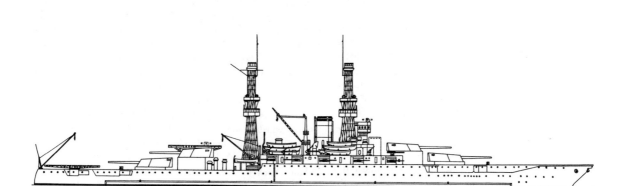

Idaho (1922)

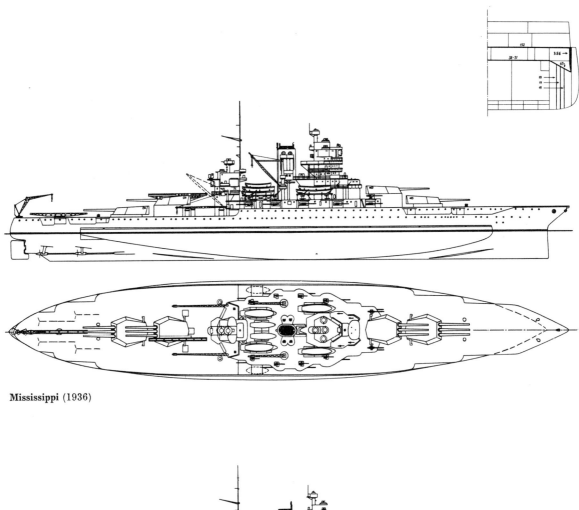

Mississippi (1936)

New Mexico
Mittelschiff 1936

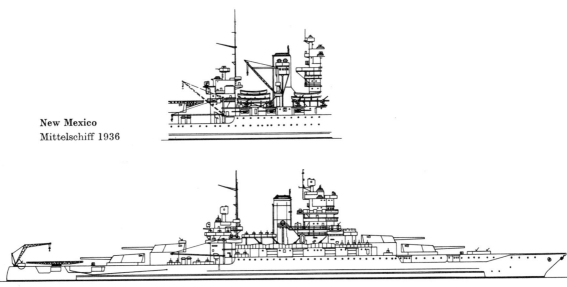

New Mexico (1942), ähnlich Mississippi und Idaho (1942/44)

USA

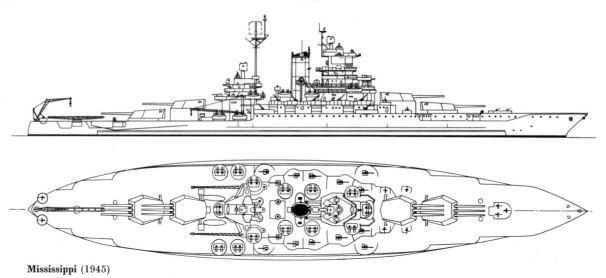

Mississippi (1945)

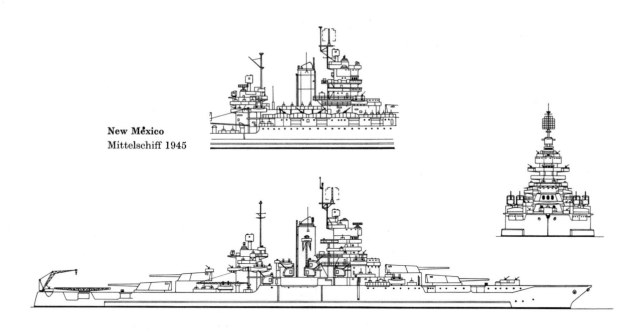

New Mexico
Mittelschiff 1945

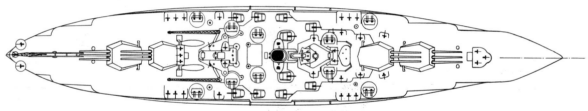

Idaho (1945)

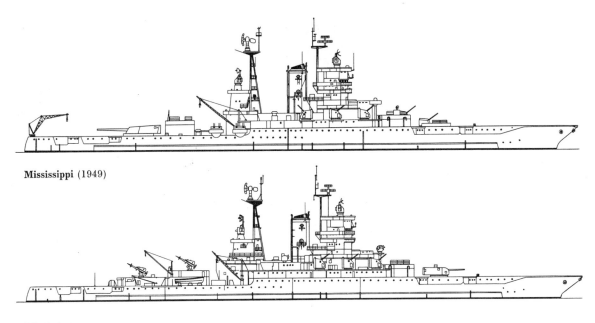

Mississippi (1949)

Mississippi (1955)

Tennessee-Klasse

Battleships = Schlachtschiffe

1	2	3	4	5	6
Tennessee (BB 43)	1915	New York Navy Yard	14. 5. 17	30. 4. 19	3. 6. 20

Pazifikflotte. 7. Dezember 1941 in Pearl Harbor von 2 Bomben getroffen, mäßige Schäden, 20. Dezember 1941 nach Bremerton verlegt, Wiederherstellung bei Puget Sound Navy Yard bis März 1942, danach wieder frontbereit: Mai bis August 1942 in Hawaii zur Sicherung gegen japanische Angriffe verblieben. September 1942 bis Mai 1943 Modernisierung bei Puget Sound Navy Yard. Mai bis August 1943 Teilnahme an Operationen um Aleuten. Danach weitere Einsätze: 13. November bis 8. Dezember 1943 gegen Tarawa, 29. Januar bis 8. Februar 1944 gegen Kwajalein, 17. Februar bis 2. März 1944 gegen Eniwetok, 20. März 1944 gegen Kavieng, 11. Juni bis 10. August 1944 gegen Saipan (hierbei von japanischer Küstenbatterie 3 Treffer erhalten), 12. Juli bis 15. August 1944 gegen Guam, 24. Juli bis 1. August 1944 gegen Tinian, 6. September bis 14. Oktober 1944 gegen Palau, 10. Oktober bis 29. November 1944 gegen Leyte (hierbei 25. Oktober 1944 ✕ Surigao-Straße). Dezember 1944 bis Januar 1945 Überholung bei Puget Sound Navy Yard, danach erneut im Einsatz: 19. Februar bis 16. März 1945 gegen Iwo Jima, 1. April bis 30. Juni 1945 gegen Okinawa (hierbei 12. April 1945 von Kamikaze getroffen, mäßige Schäden), 10. Juli bis 15. August 1945 Operationen in japanischen Heimatgewässern. Ab 8. Dezember 1945 in Philadelphia liegend, zuerst in Reserve, später eingemottet. 1. März 1959 gestrichen, 10. Juli 1959 an Bethlehem Steel Corp. zum Abbruch verkauft, ab Juli 1959 in Baltimore abgewrackt.

California (BB 44)	1915	Mare Island Navy Yard	25. 10. 16	20. 11. 19	8. 10. 21

Pazifikflotte. 7. Dezember 1941 in Pearl Harbor 2 LT- und 3 Bombentreffer erhalten, auf ebenem Kiel in flachem Wasser †, 25. März 1942 gehoben und eingedockt, nach Abdichtung der Lecks 7. Juni 1942 mit eigener Kraft nach Bremerton verlegt, dort Wiederherstellung und gleichzeitig Modernisierung durch Puget Sound Navy Yard. Ab 31. Januar 1944 wieder einsatzbereit: Ab 11. Juni 1944 gegen Saipan (dabei 14. Juni 1944 Treffer durch japanische Küstenbatterie erhalten), 18. Juli bis 9. August 1944 gegen Guam und Tinian, 17. Oktober bis 20. November 1944 gegen Leyte (dabei 25. Oktober 1944 ✕ Surigao-Straße), ab Januar 1945 gegen Luzon (dabei 6. Januar 1945 von Kamikaze getroffen), 23. Januar bis 15. Februar 1945 Reparatur bei Puget Sound Navy Yard, danach erneut im Einsatz: 15. Juni bis 21. Juli 1945 gegen Okinawa, ab 23. Juli 1945 Operationen in Süd-China-See. 15. Oktober 1945 via Singapore - Colombo - Capetown nach Philadelphia verlegt, dort 7. Dezember 1945 eingetroffen, ab 7. August 1946 in Reserve, ab 14. Februar 1947 eingemottet. 1. März 1959 gestrichen, 15. Juni 1959 verkauft an Boston Metalls Co., Baltimore, ab März in Baltimore abgewrackt.

a) Diese am 3. März 1915 bewilligten und am 28. Oktober 1915 in Auftrag gegebenen Schlachtschiffe hatten zwar manches mit ihren Vorgängern der → **New Mexico**-Kl. gemeinsam, aber dennoch zeigten sie vergleichsweise zu diesen beträchtliche Unterschiede. Sie eröffneten die Serie der im Zweiten Weltkrieg besonders bekanntgewordenen ›big five‹, wie sie gemeinsam mit ihren bis dahin äußerlich so gut wie gleichen Nachfolgern der → **Maryland**-Kl. bezeichnet wurden. Der Schiffskörper war dem der → **New Mexico**-Kl. sehr ähnlich, nur fehlten von vornherein die Glaciseinschnitte an den Bordwänden für die Kasematten der MA. Die Hauptbewaffnung blieb die gleiche wie bei der → **New Mexico**-Kl., die MA wurde aber von Anfang an auf ein vernünftiges Mittelmaß hinsichtlich ihrer Stückzahl beschränkt. Die Lehren, die man aus dem bisherigen Verlauf des Seekrieges gezogen hatte, gaben darüber hinaus Veranlassung zu einer weiteren Verbesserung der Schutzeinrichtungen, namentlich des Unterwasserschutzes. Der elektrisch übertragene Antrieb wurde,

USA

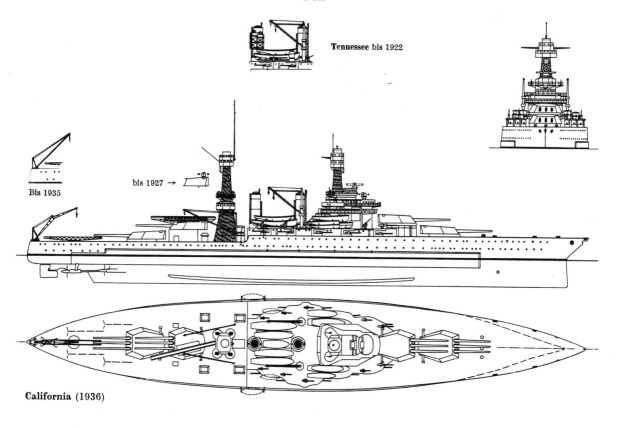

Tennessee bis 1922

Bis 1935   bis 1927 →

California (1936)

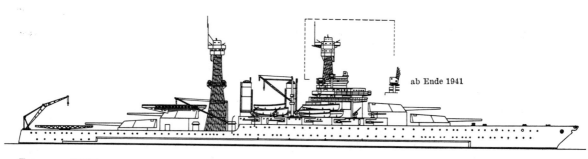

ab Ende 1941

Tennessee (1941)

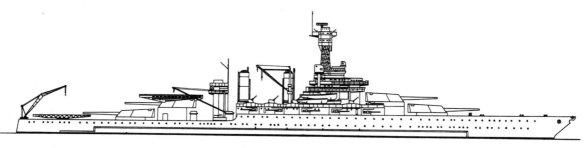

Tennessee (1942)

Tennessee-Klasse 245

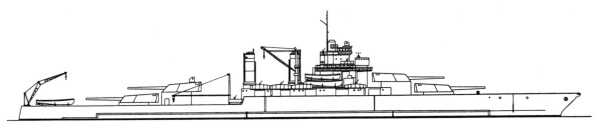

California (Oktober 1942)

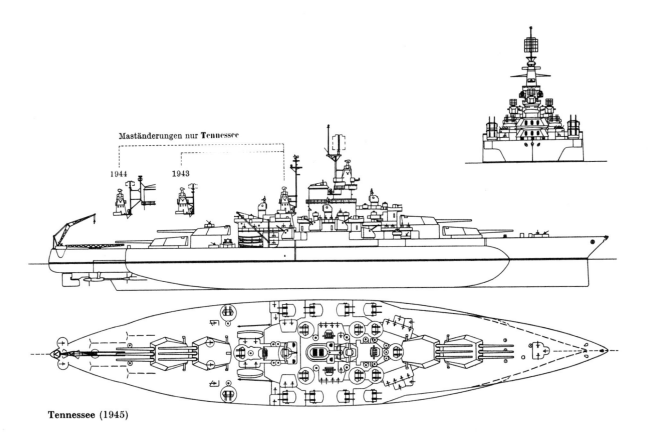

Tennessee (1945)

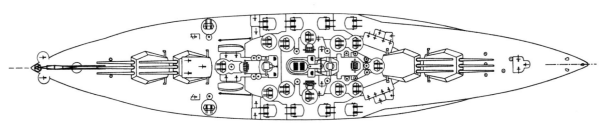

California (1945)

obwohl gewichtsmäßig schwerer als bei der mechanischen Übersetzung, beharrlich beibehalten. Was die Schiffe dieser und der folgenden Klassen einschließlich der Schlachtkreuzer der → **Lexington**-Kl. besonders bemerkenswert machte, war der Übergang zur Typisierung und Standardisierung nunmehr auch im amerikanischen Schlachtschiffbau. Den Anforderungen des Krieges entsprechend waren schon zuvor im Bau von Zerstörern und Kleinkampfschiffen enorme Serien (über 250 Zerstörer, 60 große und mehr als 400 kleine U-Jäger) nach je einem Entwurf unter größtmöglicher Standardisierung und Rationalisierung fast am laufenden Band gebaut worden (im europäischen Kriegsschiffbau war auch während des Krieges niemals eine derartige Festlegung auf einen Typ je Kriegsschiffgattung möglich gewesen; dafür sorgten schon die ständigen Verbesserungswünsche der Front!). Nachdem in den USA gem. Flottengesetz vom August 1916 der Bau von allein 16 Schlachtschiffen und 6 Schlachtkreuzern bevorstand, mußten auch hier bestimmte Formen der Standardisierung und der Rationalisierung gefunden werden, um Zeit und Arbeitskräfte zu sparen. Dieses Streben offenbarte sich z.B. in den ›standard ,bridges‹ und in den Einheits-Gittermasten, mit denen als erste diese Schiffe ausgerüstet wurden. Charakteristisch wurden auch die viertelummantelten, einfachen Röhrenschornsteine, wobei man wieder zum Zweischornstein-Prinzip zurückfand, das seit der → **Nevada**-Kl. aufgegeben worden war.

Für die Modernisierung wurden im April 1939 die Geldmittel bewilligt, doch konnte man sich angesichts des bald darauf ausbrechenden Krieges in Europa und wegen der zunehmenden Spannungen mit Japan nicht dazu entschließen, die Schiffe aus der Front zu ziehen. Erst nachdem sie in Pearl Harbor teils beträchtliche Schäden erlitten hatten und eine umfangreiche Reparatur sowie eine Verbesserung der Schutzeinrichtungen notwendig geworden war, entschloß man sich zu einem Totalumbau. Aus diesem gingen sie wesentlich standfester und auch schlagkräftiger geworden hervor. Äußerlich waren sie überhaupt nicht wiederzuerkennen, und im Bereich des Mittelschiffes erinnerten sie auffallend an die Neubauten der → **South Dakota**-Kl., die kurz zuvor fertig geworden waren. Durch den Anbau von T-Wulsten wirkten sie nunmehr besonders massig, denn das L : B-Verhältnis hatte sich dadurch von 6,41 auf nunmehr 5,48 verändert.

b) PzQ.: 356, 356, 203 / Seitenpzr.: 203, 356 (getäpert ↓ 203), 343 (getäpert ↓ 203) / Horizontalpzr.: Batteriedeck 38; o. PzD. 89 (1942 verstärkt auf 127); u. PzD. 38—51 (1942 verstärkt auf 102) / Unterwasserschutz: Jeseits 3 T-Schotte 19, 19, 19; Schutzbreite ~ 6,5 m; seit 1942 zusätzlich T-Wulste / SA: Barbetten 343; Türme 457, 229, 127 / MA ohne Panzerschutz / Rauchfänge 229—381 / KdoT. 406 (406).

c) Elektrisch übersetzte Anlage: 2 × Tu, gekuppelt mit 2 Dreiphasen-Generatoren zu je 15000 kVA und 3400 Volt Spannung, Leistungsabgabe an 4 ⚓-Antriebsmotoren zu je 4300 kW / 8 Kessel (Öl) / Geschw. 21,0 kn / 1 Ruder.
Probefahrtergebnisse: **Tennessee** 30908 ePS = 21,01 kn, **California** ..... ePS = 21,46 kn. *Die Kesselräume — je 4 an beiden Seiten — befanden sich seitlich von den Tu-Räumen, jeder von ihnen als wasserdichter Raum beschaffen. Die Tu waren in Tandemform angeordnet.*

	Tu-Bauart	Kessel-Bauart	Leist.	Maschinengewicht
Tennessee	Westinghouse	Babcock	28600 ePS	2045 t
California	General Electric	Bureau Express	28500 ePS	1805 t

d) 12—35,6 cm-SK L/50 in gleicher Anordnung wie → **New Mexico**-Kl. / 14—, ab 1922: 12—12,7 cm-SK L/51, meist in Kasematten / 4—, ab 1922: 8—7,6 cm-⚓, diese 1929/30 ersetzt durch 8—12,7 cm-⚓ L/25 / seit ~ 1936: 11—2,8 cm-⚓ / 2—53,3 cm-↓ TR (S) nur bis 1937 / seit 1927: 2 ⚓, 3 ⚓. Nach dem Totalumbau außer den 35,6 cm-SK: 16—12,7 cm-⚓ L/38 in ∞ / 40—, **California** jedoch 56—4 cm-⚓ / 48 bis 52—2 cm-⚓ / Nur noch 1 ⚓, 3 ⚓, **California** jedoch 4 ⚓.

e) Tennessee hatte bis ~ 1922 jeseits am achteren Schornstein einen mehrstöckigen Scheinwerferstand → Beiskizze. Ursprünglich hatten beide Schiffe je 2—12,7 cm-SK mehr an Bord, die auf dem achteren Aufbaudeck in Höhe zwischen den Schornsteinen ihre Position hatten. Sie fielen 1922 bei der ersten ⚓-Vermehrung weg, ebenso die jeseits hinter dem vorderen Schornstein angeordneten niedrigen Rundkuppeln (MA-Leitstände). 1929/30 kam je 1 ⚓ auf der Schanz und auf Turm C zur Aufstellung, dazu achtern ein Ladebaum, der ~ 1935 durch einen Wippkran ersetzt wurde. Das bisher auf Turm C installierte BG fiel zum gleichen Zeitpunkt weg. 1929/30 erfolgte eine zweite ⚓-Vermehrung, wobei die 7,6 cm-⚓ gegen 12,7 cm-⚓ ausgewechselt wurden. Beide Schiffe führten seit ~ 1939/40 nicht mehr die um den achteren Gittermast herumgebaute Brückengalerie. Seither hatten sie an beiden Marsen Plattformen für ⚓-MG. Am achteren Gittermast fiel die seither dort geführte Gaffel fort, während der hohe Stengenmast verkürzt wurde und seine Position wechselt → Skizze. Jeseits vom vorderen Gittermast kam dabei ein großes ⚓-Feuerleitgerät zur Aufstellung. Außerdem wurden um die 12,7 cm-⚓ Splitterschutzwände herumgebaut.

Bei der Reparatur der in Pearl Harbor erlittenen Schäden wurde auf **Tennessee** der achtere Gittermast ausgebaut und durch einen hohen, turmartigen Aufbau mit einem einfachen Stengenmast ersetzt. Die 12,7 cm-⚓ erhielten nunmehr einfache Splitterschutzschilde, und es kamen einige leichte ⚓ hinzu. Auf dem vorderen Gittermast wurde eine ›SRa‹-Radarantenne installiert. In diesem Zustand fuhr **Tennessee** bis zu der im Herbst 1942 beginnenden Modernisierung. **California** verließ Pearl Harbor nach Reparatur der schwersten Schäden in provisorischem Zustand → Skizze, um bald darauf modernisiert zu werden.

Durch die Modernisierung wurden beide Schiffe fast völlig verändert. Von ihrer ursprünglichen Form blieben eigentlich nur der Rumpf, die SA und die Antriebsanlage erhalten. Die weit wichtigste Maßnahme war die Verbesserung der Standfestigkeit. Außer zusätzlichem Horizontalpanzer kamen, einem zweiten

Schiffskörper gleichend, jeseits bis zu 2,55 m breite T-Wulste (›blister‹) hinzu, die den gesamten Seitenpanzer deckten und vom Schiffsboden bis ans Oberdeck griffen. Durch Zusammenlegung der Rauchgasabzüge konnte man nunmehr mit nur einem Schornstein auskommen. Auch die Brückenaufbauten wurden völlig verändert, vor allem vergrößert und erweitert. Aus ihnen ragte nunmehr ein stumpfkegeliger Turmmast heraus, der mit seinem Unterbau einen kompakten Block mit dem Schornstein bildete, ähnlich wie bei der → **South Dakota**-Kl. und bei der →**Iowa**-Kl. Auf die Kasematt-SK der MA wurde verzichtet, ebenso auf die alten 12,7 cm-⚓. An deren Stelle traten in überhöhender Anordnung 12,7 cm-⚓ in ∞, dazu zahlreiche 4 cm-⚓$_4$ in Standardwannen und 2 cm-⚓ in großer Anzahl. Die Feuerleitanlagen wurden ebenfalls völlig erneuert; äußerlich kennzeichnendes Indiz dafür waren die beiden ›Mark-34‹-Geräte der SA und die 4 ›FD‹-Geräte der schweren ⚓. Auf dem vorderen Stengenmast wurde eine ›SK‹-Radarantenne installiert. Bei **California** war der achtere Stengenmast erheblich höher und trug eine ›SP‹-Radarantenne. Bei **Tennessee** war der achtere Stengenmast dagegen viel niedriger; auf diesem war eine ›SC-2‹-Radarantenne installiert, und 1944 wurde an der Achterkante des Schornsteins ein zweiter etwas höherer Mast mit einer ›SG‹-Radarantenne errichtet und durch Streben mit dem Mast dahinter verbunden → Beiskizzen. Das ⚑ auf Turm C war bei diesem Umbau ebenfalls entfernt worden. **California** trug beiderseits im Bereich des Mittelschiffes je 2 Wannen mit 4 cm-⚓$_4$ mehr als **Tennessee**.

Maryland-Klasse

Battleships = Schlachtschiffe

1	2	3	4	5	6
Colorado (BB 45)	1916	New York Sb., Camden	29. 5. 19	22. 3. 21	30. 8. 23

Pazifikflotte. 26. Juni 1941 bis 31. März 1942 Umbau bei Puget Sound Navy Yard, Bremerton. Kriegseinsätze: 8. Dezember 1942 bis 17. September 1943 im Gebiet der Neuen Hebriden und der Fiji-Inseln zur Sicherung gegen japanische Überraschungsangriffe stationiert. 20. November bis 7. Dezember 1943 gegen Tarawa, anschließend Überholung in Bremerton; 21. Januar bis 23. Februar 1944 gegen Kwajalein und Eniwetok, anschließend erneute Überholung in Bremerton. Ab 15. Juni 1944 gegen Saipan, Guam und Tinian (dabei 24. Juli vor Tinian 22 Treffer von japanischer Küstenbatterie erhalten). Nach Reparatur an der amerikanischen Westküste ab 20. November 1944 im Leyte-Golf (dabei 27. November von 2 Kamikaze getroffen). 12.—17. Dezember 1944 gegen Mindoro, ab 9. Januar 1945 im Lingayen-Golf (dabei 9. Januar erneut von japanischer Küstenbatterie getroffen). 1. April bis 22. Mai 1945 gegen Okinawa, ab 6. August 1945 erneut gegen Okinawa. Ab 7. Januar 1947 in Bremerton eingemottet. 1. März 1959 gestrichen, 22. Juni 1959 an Learner Co., Oakland, auf Abbruch verkauft, ab Juli 1959 bei Todd Shipyard, Seattle, abgewrackt.

| **Maryland** (BB 46) | 1916 | Newport News Sb. | 24. 4. 17 | 20. 3. 20 | 21. 7. 21 |

Pazifikflotte. 7. Dezember 1941 in Pearl Harbor durch 2 Bombentreffer beschädigt, Ende Dezember 1941 jedoch mit eigener Kraft nach Bremerton verlegt, Reparatur durch Puget Sound Navy Yard, ab Februar 1942 wieder einsatzbereit. Ab Juni 1942 Sicherungsdienst, zunächst bei den Midway-Inseln, ab August 1943 im Bereich Fiji-Inseln — Samoa, danach bei den Neuen Hebriden. Anschließend Überholung (dabei ⚓-Vermehrung) in Pearl Harbor. Kriegseinsätze: 13. November bis 8. Dezember 1943 gegen Tarawa, danach kurze Überholung bis 13. Januar 1944 in San Francisco. 28. Januar bis 8. Februar 1944 gegen Kwajalein, Februar bis Mai 1944 erneute Überholung und Neubohrung bei Puget Sound Navy Yard. Ab 14. Juni 1944 gegen Saipan (dabei 22. Juni LT-Treffer im Vorschiff erhalten, mittlere Schäden, Reparatur in Pearl Harbor bis August 1944). Ab 6. September 1944 gegen Palau und ab 1. Oktober 1944 gegen Leyte (dabei 25. Oktober ✕ Surigao-Straße; 29. November 1944 durch Kamikaze zwischen vorderen SA-Türmen getroffen, schwere Schäden, Reparatur in Pearl Harbor). Ab 1. April 1945 gegen Okinawa (dabei 7. April von Kamikaze an Stb-Seite vor Turm C getroffen, schwere Schäden), Reparatur und ⚓-Neuausrüstung bei Puget Sound Navy Yard bis August 1945. Seit 3. April 1947 in Bremerton eingemottet. 1. März 1959 gestrichen, 8. Juli 1959 verkauft an Learner Co., Oakland, zum Abbruch. Ab August 1959 bei Todd Shipyard, San Pedro, abgewrackt.

1	2	3	4	5	6
Washington (BB 47)	1916	New York Sb., Camden	30. 6. 19	1. 9. 21	∞

Fertigstellung gem. Washington-Abkommen nicht erlaubt, Weiterbau 8. Februar 1922 aufgegeben, bis dahin zu 75,9% fertig. Nach div. Versuchen 25. November 1924 als Zielschiff †. [Die Testserie begann mit Unterwasser-Sprengversuchen. Drei 2000 Pfund-Bomben und 2 scharfe 400 Pfund-Torpedoköpfe wurden in besonders wirkungsvollen Wassertiefen in unmittelbarer Nähe des Schiffsbodens zur Detonation gebracht. Dabei war das Schiff außerdem 3 Tage lang schwerem Seegang ausgesetzt. Die Besichtigung danach ergab 5° Schlagseite; die Hauptkondensatoren waren unbeschädigt geblieben. Wäre das Schiff in Dienst gewesen, so hätte die Besatzung ohne Inanspruchnahme von Pumpen die Lecks abdichten und das Schiff auf ebenem Kiel halten können, so daß es auch weiterhin gefechts/seefähig geblieben wäre. Nachdem es die 5 Detonationen ohne Reparaturen und Lenzen überstanden hatte, blieb es noch 5 Tage lang schwimmend, bis es durch 14—35,6 cm-Treffer versenkt wurde].[1]

| **West Virginia** (BB 48) | 1916 | Newports News Sb. | 12. 4. 20 | 19. 11. 21 | 1. 12. 23 |

Pazifikflotte. 7. Dezember 1941 in Pearl Harbor nach 6 LT- und 2 Bombentreffern in flachem Wasser auf ebenem Kiel † (105 Tote), erst 30. Mai 1942 gehoben. Nach behelfsmäßiger Reparatur Wiederherstellung und Modernisierung bei Puget Sound Navy Yard bis 4. Juli 1944, danach im Einsatz: Ab 20. Oktober 1944 gegen Leyte (dabei 25. Oktober ✕ Surigaostraße), 15. Dezember 1944 gegen Mindoro, ab 9. Januar 1945 im Lingayen-Golf, ab 19. Februar 1945 gegen Iwo Jima, ab 1. April 1945 gegen Okinawa (dabei 1. April von Kamikaze und 17. Juni von Bomben getroffen, jeweils mittlere Schäden). Seit 9. Januar 1947 in Bremerton eingemottet, 1. März 1959 gestrichen, 17. August 1958 verkauft an Union Minerals & Alloy, Oakland. Ab Januar 1961 abgewrackt bei Todd Shipyard, Seattle.

a) Mit diesen 4 Schlachtschiffen, die mit dem Flottengesetz vom 29. August 1916 bewilligt worden waren und am 15. Dezember 1916 (**BB 46**—**48**) bzw. am 17. Januar 1917 (**BB 45**) in Auftrag gegeben wurden, ging die amerikanische Marine ihrerseits zum 40,6 cm-Kaliber über, nachdem Japan damit den Anfang gemacht hatte. Beide Staaten, vom Krieg in Europa nicht unmittelbar berührt, hatten Zeit, dieses schwerste Schiffsgeschütz zu entwickeln und einzuführen, während man in Europa ganz andere Sorgen hatte und an einen solchen Schritt überhaupt nicht denken konnte. Mit der Ausnahme ihrer SA und der Hauptpanzerung entsprachen diese 4 Einheiten fast völlig der → **Tennessee**-Kl. Alles dort Gesagte gilt für sie sinngemäß.

---

[1] Fotos davon in Hailey-Lancelot, Clear for Action, S. 129—130.

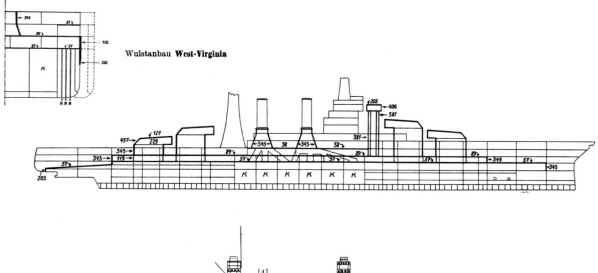

West Virginia, Maryland (1923), sehr ähnlich **Colorado**

1. Katapult und Kran erst seit 1922 (**Maryland**) bzw. noch später.
2. BG nur anfangs, dafür dann [3].
3. Siehe [2]!
4. Alle anfangs Scheinwerfer-Stände am achteren Schornstein (außer **Maryland**) wie zuerst → **Tennessee**.

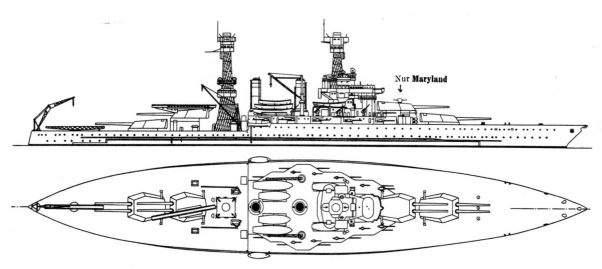

West Virginia, Maryland (1937), ähnlich **Colorado**

Maryland-Klasse

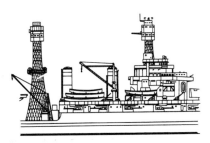

Colorado (Ende 1941)

West Virginia (Dezember 1941)
ähnlich **Maryland**

auf vorderem Schornstein).

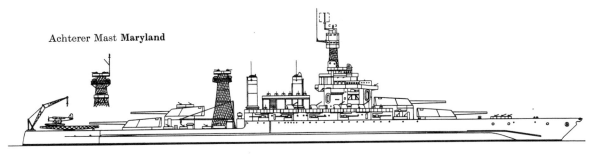

Achterer Mast **Maryland**

Colorado (1943)
ganz ähnlich **Maryland**

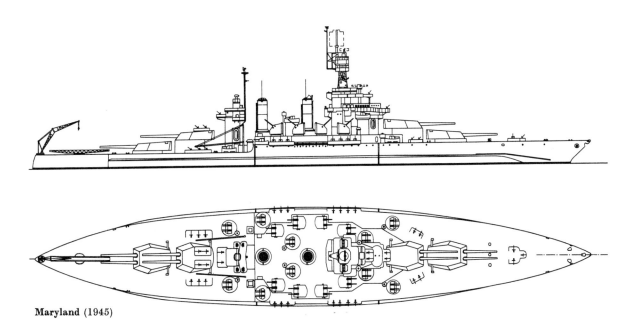

Maryland (1945)

Auch für diese Schiffe wurden im April 1939 die Geldmittel für eine umfassende Modernisierung bewilligt, doch mußten die Arbeiten aus den gleichen Gründen wie bei der → **Tennessee**-Kl. hinausgezögert werden. Es dauerte bis Sommer 1941, ehe das erste Schiff, **Colorado**, in die Werft gehen konnte; aber nach der Katastrophe von Pearl Harbor wurden an ihm die Arbeiten beschleunigt abgeschlossen, um über ein einsatzbereites Schlachtschiff mehr verfügen zu können. Dadurch blieb **Colorado** fast völlig unverändert.

b) *Panzerung und Schutzeinrichtungen entsprachen in der Anordnung und in der Dicke und Ausdehnung denen der → **Tennessee**-Kl.; lediglich der Haupt-Seitenpanzer war analog der SA-Kalibersteigerung auf 406 mm über den vitalen Teilen angewachsen; das Minimum lag dabei immer noch bei 356 mm. 1941/43 wurden die Schutzeinrichtungen verbessert, und zwar bei **West Virginia** fast genau wie bei → **Tennessee-California** durch zusätzlichen Horizontalpanzer und durch den Anbau von maximal 2,55 m breiten T-Wulsten. Bei **Colorado** und **Maryland** waren bereits 1941/42 Seitenwulste angebaut worden, die aber nur maximal 1,6 m breit waren und nicht so hoch angriffen. Später wurde auch auf diesen Schiffen das obere PzD. auf 102 mm verstärkt.* PzQ.: 343, 343, 343 / Seitenpzr.: 203, 406 (getäpert ↓ 203), 356 (getäpert ↓ 203) / Horizontalpzr.: Batteriedeck 38; o. PzD. 89 (bei Umbau auf 102 verstärkt); u. PzD. 38—57 (bei Umbau verstärkt?) / Unterwasserschutz: Jeseits 3 T-Schotto 19, 19, 19 (Schutzbreite 6,6 m); seit Umbau zusätzlich T-Wulste / SA: Barbetten 343; Türme 457, 229, 127 / MA ohne Panzerschutz / Rauchfänge 292 /KdoT. 406 (381).

c) Elektrisch übersetzte Anlage: $2 \times$ Tu, gekuppelt mit 2 Zweiphasen-Generatoren zu 5000 Volt Spannung, deren Leistung an 4 Antriebsmotoren zu je 5424 kW abgegeben wurde / 8 Babcock-Kessel (Öl) / Leist. 28 900 ePS; Geschw. 21,0 kn / 1 Ruder. *Maschinengewicht ~ 2002 ts.*

	Tu-Bauart	Probefahrtergebnisse
Colorado	Westinghouse	37480 ePS = 20,67 kn
Maryland	General Electric	36167 ePS = 21,07 kn
Washington	Westinghouse	∞
West Virginia	General Electric	. . . . . e PS = 21,10 kn

d) 8—40,6 cm-SK L/45, aufgestellt in je 2 überhöht angeordneten ∝ vorn und achtern / 14—, ab 1922: 12—12,7 cm-SK L/51 in Kasematten / 4—, ab 1922: 8—7,6 cm-≜, diese 1928/29 ersetzt durch 8—12,7 cm-≜ L/25 / ab 1937—38: 11—2,8 cm-≜ / 2—53,3 cm-↓ TR (S) nur bis 1928—29 / 2⚓, 3⚓. Kriegsbedingte Änderungen der Nebenartillerie: **Maryland** ab 1942 nur noch 10—12,7 cm-SK L/51 / 8—12,7 cm-≜ L/38 / 16—4 cm-≜₄ / 32—2 cm-≜/nur noch 1⚓, 3⚓; ab August 1945 ohne die 12,7 cm-SK der MA und ohne die 12,7 cm-≜, dafür 16—12,7 cm-≜ L/38 in ∝ / 40—4 cm-≜₄ / nur noch 18—2 cm-≜. **Colorado** seit 1942: Nur noch 10—12,7 cm-SK L/51 / 8—12,7 cm-≜ L/38 / 16—, zuletzt 40—4 cm-≜₄ bis 32—2 cm-≜. **West Virginia** seit September 1944: 16—12,7 cm-≜ L/38 in ∝ / 40—4 cm-≜₄ / 50—2 cm-≜ / nur noch 1⚓, 3⚓.

e) Wie ihre Vorgänger führten auch diese Schiffe genormte Brücken und Einheitsgittermasten. Ursprünglich waren 2 SK der MA mehr an Bord; diese standen auf den Aufbaudeckseiten zwischen den Schornsteinen. Sie wurden 1922 bei der ersten ≜-Vermehrung abgegeben. Außer **Maryland** hatten alle anfangs noch je einen Scheinwerferturm beiderseits am achteren Schornstein ganz ähnlich, wie ihn zuerst auch → **Tennessee** führte → Beiskizze. Sie wurden kurz nach Abschluß der Probefahrten wieder ausgebaut. Als erstes amerikanisches Schlachtschiff erhielt **Maryland** 1922 eine ⚓-Ausrüstung, und zwar auf der Schanz. In den folgenden Jahren wurde diese Ausrüstung vervollständigt, so daß alle Schiffe 2⚓ führten, eines auf der Schanz und eines auf Turm C, dazu die entsprechenden Ladebäume, von denen der ganz achtern stehende später durch einen Wippkran abgelöst wurde. Bei der Installierung des ⚓ auf Turm C fiel das dort bisher befindliche BG fort; dafür kam ein BG auf einem zu diesem Zweck am achteren Gittermast errichteten Ausleger zum Einbau, das jedoch bald danach wieder abgegeben wurde. Das BG auf Turm B führte vorübergehend nur **Maryland**. Seit 1935 trugen diese Schiffe mit Ausnahme von **Colorado** an den Marsen zusätzliche Plattformen für ≜-MG. Auf **West Virginia** fehlten jedoch seit 1941 die ≜-MG-Plattformen am vorderen Mars, nachdem auf diesem eine ›SC‹-Radarantenne installiert worden war → Beiskizze.[1] Seit 1940—41 befanden sich auf allen 3 Schiffen jeseits vom vorderen Gittermast ein großes ≜-Feuerleitgerät, das die seither dort befindlichen kleinen BG ersetzte. Außerdem hatten die alten 12,7 cm-≜ L/25 Behelfs-Schutzschilde erhalten, während um sie zusätzlich noch reelinghohe Splitterschutzwände herumgebaut worden waren. **West Virginia** führte bereits Ende 1941 auf dem vorderen Schornstein eine Schrägkappe; **Maryland** und **Colorado** erhielten diese erst 1942. Als erstes Schiff dieser Klasse hatte **Maryland** 1941 T-Wulste von 1,6 m maximaler Breite erhalten; **Colorado** folgte 1941—42 nach. Diese beiden Schiffe wurden dann im Laufe des Jahres 1942 behelfsmäßig modernisiert. Dabei wurde der achtere Gittermast in Schornsteinhöhe abgeschnitten, und auf dem neu errichteten Toppstand wurden ≜-MG aufgestellt. Nur **Maryland** führte an der Vorkante dieser ≜-Plattform noch eine kurze Stenge mit schräger Flaggengaffel und einen zusätzlichen Plattformkranz unterhalb des Scheinwerferstandes. Die alten 12,7 cm-≜ L/25 wurden zwar gegen die modernen 12,7 cm-≜ L/38 ausgetauscht, jedoch waren für diese noch keine Türme verfügbar; deshalb bekamen sie die gleichen Behelfsschutzschilde, die vorher die 12,7 cm-≜ L/25 erhalten hatten. Dazu kamen zahlreiche leichte ≜-Waffen. Die Kasematt-SK der MA blieben zwar an Bord, nur fielen die beiden auf den Aufbaudeck unterhalb der Brücke aufgestellten SK zu Gunsten weiterer ≜-Waffen fort. Auf dem vorderen Gittermast wurde wie auf **West Virginia** eine ›SC‹-Radarantenne installiert, das ⚓ auf Turm C wurde gleichzeitig ausgebaut.

---

[1] **West Virginia** war eines der ersten mit Radar ausgerüsteten US-Schlachtschiffe. Diese Anlage befand sich zum Zeitpunkt des japanischen Angriffs auf Pearl Harbor bereits an Bord, war aber nicht im Betrieb!

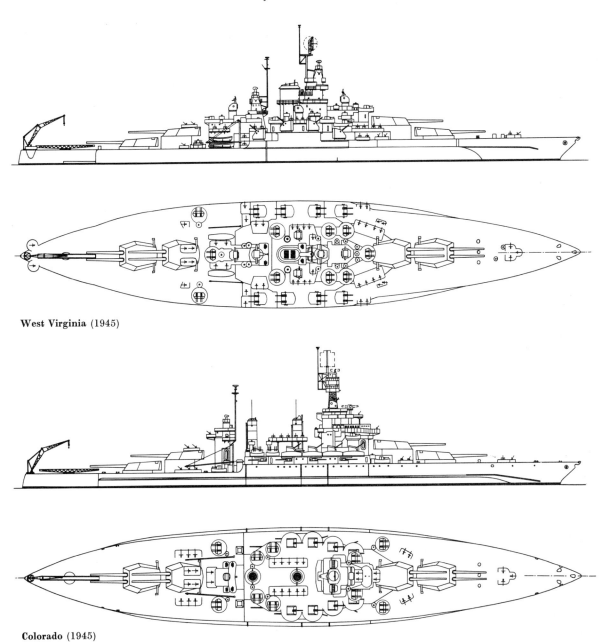

West Virginia (1945)

Colorado (1945)

In dieser Form fuhren **Colorado** und **Maryland** noch bis Ende 1943. Danach wurde auch auf ihnen der achtere Gittermast ganz entfernt; an seine Stelle trat ein turmartiger, mehrgeschossiger Aufbau mit einem einfachen Stengenmast, wie ihn schon → **Tennessee** 1942 vorübergehend führte. Später erhielt dieser Aufbau das ›Mark-34‹-Feuerleitgerät, und der Stengenmast wurde zur Aufnahme einer ›SG‹-Radarantenne verstärkt. Zugleich damit wurde auch die Radar-Ausstattung auf dem vorderen Gittermast erweitert, wo je eine Antenne ›SRa‹ und ›SK‹ installiert wurden. In dieser Form blieb **Colorado** bis zuletzt erhalten, während **Maryland** 1945 noch einmal verändert wurde; auf dieser fielen nunmehr sämtliche 12,7 cm-SK und 12,7 cm-⚓ weg und an beider Stelle traten 16—12,7 cm-⚓ L/38 in ∞. Zugleich damit erfolgte auch eine Umgruppierung der leichten ⚓;

insbesondere fielen die beiden fliegenden ⊁-Plattformen zwischen den Schornsteinen wieder weg, die 1942 errichtet worden waren. Die gleiche Änderung war auch noch für **Colorado** vorgesehen, wurde aber nicht mehr durchgeführt. Lediglich die 12,7 cm-⊁ L/38 erhielten ihre Türme im Tausch gegen die bisherigen Behelfsschutzschilde. **West Virginia** wurde erst sehr spät geborgen und ging nach Behebung der schwersten Schäden zwecks Modernisierung in die Werft. Diese erfolgte nach genau gleichem Schema wie bei der → **Tennessee**-Kl. Von dieser unterschied sich **West Virginia** eigentlich nur durch die ∞ der SA. Weiter abweichend war die Radar-Ausrüstung auf dem vorderen Stengenmast, wo eine ›SK-2‹-Antenne installiert war, nachdem sich dort vorübergehend erst eine ›SK‹-Antenne befunden hatte.

South Dakota-Klasse
Battleships = Schlachtschiffe

1	2	3	4	5	6
South Dakota (BB 49)	1917	New York Navy Yard	15. 3. 20	∞	∞
Indiana (BB 50)	1917	New York Navy Yard	1. 11. 20	∞	∞
Montana (BB 51)	1917	Mare Island Navy Yard	1. 9. 20	∞	∞
North Carolina (BB 52)	1918	Norfolk Navy Yard	12. 1. 20	∞	∞
Iowa (BB 53)	1918	Newport News Sb.	17. 5. 20	∞	∞
Massachusetts (BB 54)	1918	Bethlehem, Quincy	4. 4. 21	∞	∞

Gem. Washington-Abkommen Baustop 8. Februar 1922. Bis dahin Baufortschritt in %/Material auf Helling liegend zum Abbruch verkauft am ..: **BB 49** *38,5% / 24. Oktober 1923,* **BB 50** *34,0% / ... 1923,* **BB 51** *28,0% / ... 1923,* **BB 52** *28,0% / ... 1923,* **BB 53** *32,0% / 17. August 1923,* **BB 54** *11,0% / ... 1922. Sämtlich auf Hellingen abgebrochen.*[1]

a) Letzter Höhepunkt der amerikanischen Schlachtschiff-Entwicklung bis zum Ausgang des Ersten Weltkrieges waren diese 6 Einheiten, deren Bau durch das Flottengesetz von 1916 ermöglicht wurde. Am Beginn ihrer Entwicklung standen teils weit größere Schiffe zur Debatte, die als ›ultima ratio‹ im Schlachtschiffbau galten und hinsichtlich Größe, Geschwindigkeit, Schlagkraft und Standkraft alles Bisherige übertreffen sollten. Dieses Wunschdenken führte u.a. zu einer Studie, bei der 80 000 ts Konstruktionsverdrängung, 35 kn Geschwindigkeit bei 297,3 m LüA und 15—45,7 cm-SK in 5 ∞ bei 406 mm stärkster Panzerung zugrundegelegt worden waren. Die endgültige Planung ging jedoch auf Schiffe von etwas über 40 000 ts und nur 23 kn Geschwindigkeit zurück, die vor allem in der Lage waren, den Panamakanal zu passieren. An dieser Forderung hielt die amerikanische Marine stets fest, denn dadurch konnte sie bei einer militärisch oder politisch notwendigen Verlegung von Schlachtschiffen vom Pazifik in den Atlantik oder umgekehrt viel Zeit sparen. Die Verwirklichung der 6 Schiffe kam nur schleppend in Gang; ein wichtiger Grund dafür war der Wunsch, nach Möglichkeit alle Kriegserfahrungen — insbesondere die der Skagerrakschlacht — nutzbringend zu verwerten. Ende 1917 mußte die Ausführung noch einmal zurückgestellt werden, um dafür vordringlich den Bau von Zerstörern und Kleinkampfschiffen voranzutreiben, die im Atlantik dringend gegen die deutschen U-Boote benötigt wurden. So kam es, daß erst Anfang 1920 mit dem Bau begonnen werden konnte, nachdem die Aufträge am 2. Juli 1918 (**BB 49—52**) bzw. 27. Oktober 1919 (**BB 53**) bzw. 15. November 1919 (**BB 54**) erteilt worden waren. Der Entwurf lehnte sich eng an die → **Tennessee/Maryland**-Kl. an. Die logische Fortsetzung war dabei wieder — wie schon zuvor im amerikanischen Schlachtschiffbau — die Vermehrung der SA-Rohrzahl, nachdem mit der → **Maryland**-Kl. als unmittelbaren Vorgängern das stärkere Kaliber eingeführt worden war. Im Hinblick auf die Geschwindigkeit blieb man jedoch zurückhaltend und gab sich mit einer geringfügigen Steigerung von ca. 2 kn zufrieden. Die Panzerdicken wurden auf ein Maß verringert, das auch gegen schwere Artillerietreffer noch als ausreichend erschien; diese Maßnahme sparte Gewicht, das sowohl der stärkeren Bewaffnung als auch der leistungsfähigeren Antriebsanlage zugute kam. *Meldungen aus den 20er Jahren, wonach für* **Montana** *anstatt der 12—40,6 cm-SK 8—45,7 cm-SK L/45 in 4 ∞ vorgesehen waren bzw. in Erwägung gezogen wurden, werden heute von amtlichen amerikanischen Stellen als unzutreffend bezeichnet.*

b) PzQ.: 203, 343, 343, 343 / Seitenpzr.: 343, 343, 343 (sämtlich nicht getäpert) / Horizontalpzr.: o. PzD. 64—89; u. PzD. 32—57, vorn 152 / Unterwasserschutz: Jeseits 3 T-Schotte 19, 19, 19 (Schutzbreite ~ 6 m) / SA: Barbetten 343; Türme 457, 254—229, 127 / MA ohne Panzerschutz / Rauchfänge 229—343 / KdoT. 406 (406). *Im Ganzen soll die Panzerung um ~ 50% stärker als die der britischen → **Hood** gewesen sein!*

c) Elektrisch übertragene Anlagen: 2 × ⊙ Tu (**Iowa, Massachusetts, South Dakota** und **North Carolina** Westinghouse-, **Indiana** und **Montana** General Electric-), gekuppelt mit 2 Dreiphasen-Generatoren zu je 28 000 kVA und 5000 Volt Spannung, Leistung abgebend an 4 ⊛ Antriebsmotoren zu je 11 200 kW / 16 Babcock-Kessel (Öl) / Leist. 60 000 ePS; Geschw. 23,0 kn / 1 Ruder.

d) 12—40,6 cm-SK L/50 in je 2 ∞ vorn und achtern / 16—15,2 cm-SK L/53, davon 12 in ungepanzerten Kasematten, die anderen offen, ohne Schutzschilde auf dem Aufbaudeck / 4—, endgültige Planung: 6—7,6 cm-⊁ / 2—53,3 cm-↓ TR (S).

---
[1] Die Panzerplatten lagen bis zu 20 Jahre in den Werften herum und wurden erst während des Zweiten Weltkrieges weiterverwertet. Beispiel: Die für **Montana** vorgesehenen 40 und 50 ts schweren Platten wurden 1941/42 in die Panamakanalzone geschafft und dienten dazu, Einrichtungen der Schleusenanlagen bombensicher zu machen. Die 40,6 cm-SK einschl. derer der Schlachtkreuzer der → **Lexington**-Kl. wurden hingegen 1940 in die Küstenverteidigung eingegliedert, wo meist in verbunkerten, festungsmäßig ausgebauten Stellungen eingebaut wurden (vgl. US Naval Institute Proceedings, No. 1/1968, S. 84—98).

e) Wie bei ihren Vorgängern waren auch für diese Schiffe Einheits-Gittermasten und Standard-Brücken vorgesehen. Sie sollten 4 Schornsteine erhalten, je 2 auf gleicher Höhe, die über Oberdeck von einem gemeinsamen Mantel umschlossen wurden. Diese eigenartige Formgebung wurde durch die Lage der Kesselräume bewirkt, die seitlich der Tu-Räume angeordnet waren. *Veröffentlichungen in den USA, die diese Schiffe mit Dreibeinmasten zeigen, haben spekulativen Charakter; sie gehen davon aus, daß die Schiffe nach ihrer Fertigstellung ähnlich wie die älteren US-Schlachtschiffe bis einschl.* → **Pennsylvania**-*Kl. mit Dreibeinmasten ausgerüstet worden wären. Zu der Zeit, als der Bau der* **South Dakota**-*Kl. gestoppt wurde, hatte sich die amerikanische Marine noch nicht von ihrem herkömmlichen Gittermast frei gemacht.*

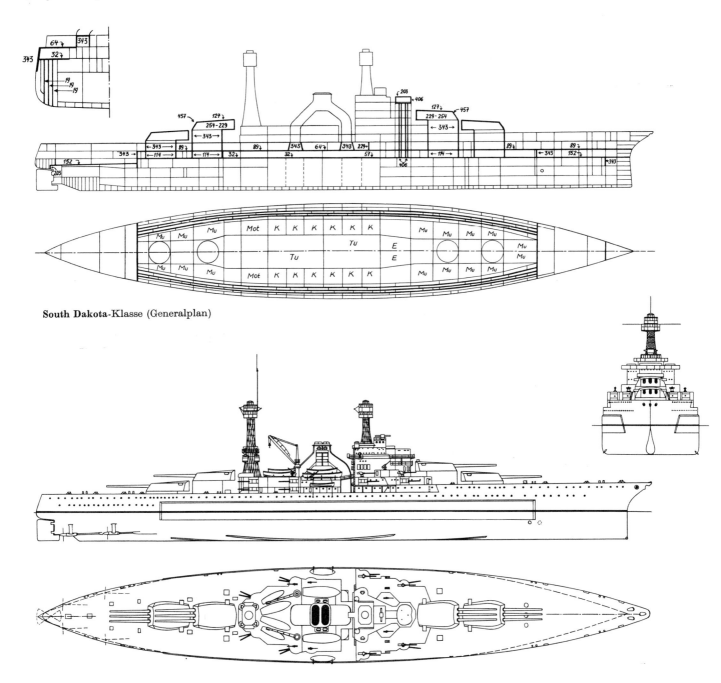

South Dakota-Klasse (Generalplan)

Lexington-Klasse

Battle cruiser = Schlachtkreuzer

1	2	3	4	5	6
Lexington (CC 1) • ˣConstitution	1916	Fore River Quincy	8. 1. 21	∞	∞

8. Februar 1922 Baustop wegen Washington-Abkommen, bis dahin fertig zu 26,7%. Umbau zum ⚓-Träger 1. Juli 1922 bewilligt, als solcher 3. Oktober 1925 vom Stapel und 14. Dezember 1937 in Dienst: **Lexington (CV 2)**. *8. Mai 1942 in der Korallensee durch ⚓ der japanischen ⚓-Träger* **Shokaku** *und* **Zuikaku** *schwer beschädigt; da nicht mehr zu halten, durch US-Zerstörer* **Phelps** *mit T-Schüssen* †.

| **Constellation** (CC 2) | 1916 | Newport News Sb. | 18. 8. 20 | ∞ | ∞ |

8. Februar 1922 Baustop wegen Washington-Abkommen, bis dahin fertig zu 22,7%. 17. August 1923 gestrichen, begonnenes Material auf Helling abgebrochen.

| **Saratoga** (CC 3) | 1916 | New York Sb. | 23. 9. 20 | ∞ | ∞ |

8. Februar 1922 Baustop wegen Washington-Abkommen, bis dahin fertig zu 29,4%. Umbau zum ⚓-Träger bewilligt 1. Juli 1922, als solcher 7. April 1925 vom Stapel und 16. November 1927 in Dienst: **Saratoga (CV 3)**. *11. Januar 1942 nahe Hawaii von japanischem UBoot* **I 6** *torpediert (erreichte trotz Volllaufens von 3 Kesselräumen die US-Westküste!). Nach Wiederherstellung und Modernisierung im Pazifik im Einsatz: 7. August 1942 gegen Guadalcanal und Tulagi, 23.—25. August 1942* ✕ *östl. Salomonen, 31. August 1942 dort von japanischem UBoot* **I 26** *torpediert, nach Wiederherstellung ab Januar 1943 wieder einsatzfähig: 1. November 1943 gegen Bougainville, 5. und 11. November 1943 gegen Rabaul, 20. November 1943 gegen Tarawa und Makin, 28. Januar 1944 gegen Wotje, ab 30. Januar 1944 gegen Kwajalein, Roi, Namur und Eniwetok. Ab 18. April 1944 zur British Eastern Fleet detachiert, Angriffe gegen Sabang und Soerabaja, ab Ende Mai 1944 wieder im Pazifik. 17.—22. Februar 1945 gegen Iwo Jima, dabei 21. Februar 1945 durch 3 Bomben- und 3 Kamikaze-Treffer schwer beschädigt, Rückkehr nach Bremerton zur Reparatur, danach nicht wieder im Einsatz, zunächst in Reserve, dann als Zielobjekt für Bikini-Atombombenversuche bestimmt: Bei Test ›Able‹ (1. Juli 1946) schwimmfähig geblieben, bei Test ›Baker‹ (24. Juli 1946)* †.

Ranger (CC 4) ˣLexington	1916	Newport News Sb. Philadelphia	23. 6. 21	∞	∞
Constitution (CC 5) ˣRanger	1917	Navy Yard Philadelphia	25. 9. 20	∞	∞
United States (CC 6)	1919	Navy Yard	25. 9. 20	∞	∞

8. Februar 1922 Baustop wegen Washington-Abkommen, bis dahin fertig zu 4,0% (CC 4), 13,4% (CC 5) bzw. 12,0% (CC 6). 17. August 1923 bzw. 25. August 1923 (CC 6) gestrichen, begonnenes Material auf den Hellingen abgebrochen.

a) Die US-Navy stand anfangs dem Schlachtkreuzer mit einer gewissen Zurückhaltung gegenüber, weil sie grundsätzlich andere Auffassungen vertrat: Von jeher stellte sie Standfestigkeit und Schlagkraft vor die Geschwindigkeit. Das war der Grund, weshalb sie zunächst keine Schlachtkreuzer in Auftrag gab. Erst 1913 schien man sich von der taktischen Notwendigkeit dieser Gattung überzeugt zu haben, ›da sie militärische Sondereigenschaften besäßen, die anderen Schiffstypen unerreichbar wären‹. Der für 1913—14 geforderte Bau von zunächst 2 Schlachtkreuzern wurde jedoch nicht bewilligt, da man dem Bau von Schlachtschiffen weiterhin den absoluten Vorrang einräumte. Erst als in den ersten Kriegsjahren — noch vor Skagerrak — der Schlachtkreuzer einen gewissen militärischen Wert offenbart zu haben schien, entstanden in den USA neuerdings wieder konkrete Planungen, deren militärische Forderungen vermutlich von den neuesten Entwicklungen anderer Staaten (→ **Renown**-Kl. in Großbritannien und → **Mackensen**-Kl. in Deutschland) beeinflußt wurden. Der Weg wurde mit dem im August 1916 beschlossenen Flottenbauprogramm frei, das den Bau von 6 Schlachtkreuzern sicherstellte. Die erste Planung sah Schiffe von rund 35000 ts Konstruktionsverdrängung mit 35,6 cm-SK vor. Sie sollten mit 35 kn Höchstfahrt eine Geschwindigkeit entfalten, die sonst nur noch Zerstörer erreichten. Diese Leistung konnte nur durch Verzicht auf einen ausreichenden Panzerschutz erkauft werden. Kurz nach Bewilligung dieser Schiffe wurde die Skagerrakschlacht geschlagen, und die Lehren, die sich daraus ergaben, führten zu einer Änderung des bisherigen Entwurfs. Wie sehr man damals jedoch die eigentlichen Kernpunkte dieser Lehren verkannte, ergab sich daraus, daß man das Geschützkaliber von 35,6 cm auf nunmehr 40,6 cm steigerte. Zu einer durchgreifenden Änderung der viel zu schwachen Schutzeinrichtungen — zu der man angesichts des Schicksals von 3 britischen Artgenossen allen Grund gehabt hätte — kam es indessen nicht! Dieser 2. Entwurf entstand 1917/18, und die Bauaufträge wurden während dieser Zeit erteilt (**CC 1**: 26. April 1917, **CC 2** und **CC 4**: 24. Mai 1917, **CC 3**: 5. Mai 1917, **CC 5**: 19. März 1917, **CC 6**: 2. Juli 1918). Ihr Baubeginn mußte hingegen hinausgeschoben werden, und zwar aus den gleichen Gründen, wie sie bei der → **South Dakota**-Kl. (**BB 49—54**) dargelegt sind. So gewann man Zeit, sich am Reißbrett weiterhin mit den Entwürfen zu befassen. Inzwischen waren die Lehren des Seekrieges, insbesondere aber die der Skagerrakschlacht, in ihrem ganzen Ausmaß erkannt worden; so kam es, daß man den bisher vernachlässigten Schutzeinrichtungen endlich die ihnen gebührende Aufmerksamkeit einräumte. Aus diesem Grunde entschloß man sich 1918 zu einer völligen Umarbeitung des Entwurfes, die 1920 abgeschlossen wurde. Sämtliche Verbesserungen wurden dabei — ganz ähnlich wie bei der britischen → **Hood** — mit mehr als 8000 ts Gewichtszuwachs erkauft. Im Anschluß an die Fertigstellung der Konstruktionsarbeiten wurden die Schiffe nunmehr unverzüglich in Bau gegeben, aber keinem von ihnen war die Fertigstellung als Schlachtkreuzer beschieden. Nur 2 von ihnen durften gem. Washington-Abkommen zu ⚓-Trägern umgebaut werden. Diese trugen in den späteren Jahren viel zur ⚓-Träger-Entwicklung bei und sind aus deren Geschichte nicht wegzudenken.

b) Die beiden ersten Entwürfe: PzQ.: 178, 178 / Seitenpzr.: 197, 197, 197 (sämtlich getäpert ↓ 127) / Horizontalpzr.: Oberdeck 45; o. PzD. 38; u. PzD. 51 / Unterwasserschutz: Kein T-Schott, lediglich wulstförmiger Schiffskörper als Detonationsschutz bei Unterwassertreffern / SA: Barbetten 229; Türme

279, 152, 127 / MA ohne Panzerschutz / KdoT. 305 (254). Der endgültige Entwurf: PzQ.: 178, 178 / Seitenpzr.: 12° geneigter Außenpanzer 178, 178, 178 nicht getäpert / Zitadellpzr.: 10° nach innen geneigter Außenpanzer 57 / Horizontalpzr.: Oberdeck 32—57; o. PzD. (nur über den Seiten) 38; u. PzD. 51 / Unterwasserschutz: Jeseits 2 T-Schotte 19, 19, dazu wulstförmiger Schiffskörper / SA: Barbetten 356; Türme 356, ..., ... / MA ohne Panzerschutz / KdoT. 406 (406).

c) Elektrisch übertragene Anlagen: 4 × General Electric-Tu (**Ranger** und **Constellation**: Westinghouse-Tu), gekuppelt mit 4 Dreiphasen-Generatoren zu je 40 000 kVA und 5000 Volt Spannung, Übertragung der Leistung auf 8 ⚓-Antriebsmotoren (je 2 auf jeder ⚓) zu je 16 500 KW / Entwurf 1: 24, Entwurf 2: 20, Entwurf 3: 16 Babcock-Kessel (Öl), **Lexington** jedoch Yarrow-Kessel (Öl) / Leist. 180 000 WPS; Geschw. Entwurf 1—2: 35,0 kn, Entwurf 3: 33,25 kn / Sämtlich 1 Ruder.

d) Entwurf 1: 10—35,6 cm-SK L/50 in je 1 ⚭ und 1 ⚭ vorn und achtern / 20—12,7 cm-SK je zur Hälfte in Kasematten und frei an Deck / 4—7,6 cm-⚒ / 4—53,3 cm-↓ TR (S) im Vorschiff + 4—53,3 cm-↑ TR (S) achtern. Entwurf 2: 8—40,6 cm-SK L/50 in je 2 ⚭ vorn und achtern / 14—15,2 cm-SK L/53 je zur Hälfte in Kasematten und frei an Deck / 4—7,6 cm-⚒ / Torpedowaffe wie Entwurf 1. Entwurf 3: 8—40,6 cm-SK L/50 wie Entwurf 2 / 16—15,2 cm-SK L/53 usw. wie Entwurf 2 / 4—, endgültige Planung: 6—7,6 cm-⚒ / 4 + 4 TR wie Entwürfe 1—2 / Für später vorgesehen: Einrichtung der Schanz zur Aufnahme von ✈.

e) Die Forderung nach sehr hoher Geschwindigkeit machte einen langen Schiffskörper mit möglichst hohem Freibord erforderlich. Aus diesem Grund wurde die Back bis weit nach achtern gezogen, so daß sie ∼ 75,0% der Gesamtlänge des Schiffskörpers beanspruchte. Nur die vordere TR-Gruppe konnte in ↓-Position installiert werden; aus Mangel an dem erforderlichen ↓-Raum mußte die achteren TR in ↑-Position eingebaut werden. Bemerkenswert war auch die Entwicklung einer neuen Bugform, die mit wissenschaftlichen Methoden untersucht worden war, nämlich der Bug- oder Taylorwulst. *Unter Leitung des Konteradmirals D. W. Taylor vom Construction Corps der US Navy hatten seit 1910 systematische Schleppversuche von Modellen stattgefunden, wobei die günstige Wirkung des Bugwulstes für große Schiffe mit über 25 kn Geschwindigkeit festgestellt wurde. Neben der Verringerung des Widerstandes um durchschnittlich 6% brachte dieser Wulst auch den Vorteil, daß er das Vorschiff stützte und so die Biegungsbeanspruchungen des Schiffskörpers verminderte; sein Nachteil war die Bildung eines starken, an der Außenhaut des Vorschiffes hochkriechenden Wasserschleiers bei höheren Fahrtstufen. Dieser ließ sich aber bei entsprechend günstiger Spantenform mit wasserabweisender Wirkung etwas vermindern.* — Für den 1. Entwurf waren 24 Kessel vorgesehen, die aus räumlichen Gründen völlig unorthodox aufgestellt werden mußten: 12 von ihnen standen in Einzelabteilungen beiderseits der 2 langen Tu-Räume unter dem Panzerdeck, die anderen 12 über dem Panzerdeck in einer gepanzerten Box, deren Seiten bis zu 203 mm dick waren. Für diese 24 Kessel wurden 7 Schornsteine erforderlich, von denen 4 in Gruppen zu je 2 auf gleicher Höhe aufgestellt werden sollten. Beim 2. Entwurf wurden anstatt der 35,6 cm-Türme solche mit 40,6 cm-SK vorgesehen, und das Kaliber der MA wurde auf 15,2 cm gesteigert. Die Panzerung wurde nur ganz geringfügig verbessert. Im Zusammenhang mit der Verbesserung der Schutzeinrichtungen stand jedoch die Verringerung der Kesselzahl von 24 auf nur noch 20, so daß diese nunmehr sämtlich *unter* dem Panzerdeck angeordnet werden konnten. Dadurch wiederum ließen sich 2 Schornsteine einsparen. Gleichzeitig entschied man sich für einen vergrößerten KdoT. Der 3. Entwurf sah die endgültige Gestaltung vor. Bemerkenswert war die abermalige Verringerung der Kesselzahl von 20 auf 16 und die der Schornsteine von 5 auf nur noch 2 sowie endlich auch die Verbesserung der Schutzeinrichtungen → b). **Lexington** und **Constellation** waren als Divisions-Flaggschiffe vorgesehen. **Saratoga** und **Lexington**, deren Umbaupläne um Juli 1922 vom Congress genehmigt worden waren, wurden als ✈-Träger fertiggestellt und waren lange Zeit die größten und schnellsten der Welt. Für sie galten seither:

b) PzQ.: 178, 178 / Seitenpzr.: 152, 152,0 (nicht getäpert) / Horizontalpzr.: Flugdeck 25; Hallendeck 12; PzD. 50 / Unterwasserschutz: T-Schott 25 (beachte Form → Skizze), seit 1939 an Bb-Seite Wulst von 0,76 m Breite über ∼ 70% der CWL-Länge primär als Gewichtsausgleich für Insel! **Saratoga** seit 1942 zusätzlich auch an StB-Seite Wulst / SA: Barbetten 152; Türme 38—76.

c) Elektrisch übertragene Anlagen: 4 × General Electric-Tu, gekuppelt mit 4 Dreiphasen-Generatoren zu je 40 000 kVA und 5000 Volt Spannung, übertragen auf 8 ⚓-Antriebsmotoren (je 2 auf jeder ⚓) zu je 16 500 kW / 16 Kessel (Öl): **Lexington** Yarrow-, **Saratoga** White-Forster- / Leist. 180 000 WPS; Geschw. 34,0 kn.

Probefahrtergebnisse:

Lexington	210 000 WPS	= 34,2 kn
Saratoga	212 000 WPS	= 33,91 kn

d) 8—20,3 cm-SK L/55 in je 2 überhöhend angeordneten ⚭ vor und achterlich der Insel / 12—12,7 cm-⚒ L/25 an den Seiten unterhalb des Flugdecks / 1 ⛴, bis 90 ✈. Kriegsbedingte Änderungen: **Lexington** seit März 1942 ohne die 20,3 cm-SK / 12—12,7 cm-⚒ wie bisher / 20—, zuletzt 12—2,8 cm-⚒₄ / zuletzt 18—2 cm-⚒ / 28 ⚒-MG. **Saratoga** seit seit 1941 ohne die 20,3 cm-SK / 12—12,7 cm-⚒ L/25 wie bisher / 12—2,8 cm-⚒₄ / 18—2 cm-⚒ / 28 MG-⚒. Seit 1942: 8—12,7 cm-⚒ L/38 in ⚭ an Oberdeck + 8—12,7 cm-⚒ L/38 an den Seiten wie bisher / bis 96—4 cm-⚒₄ / bis 32—2 cm-⚒ / nur noch 80 ✈ (s. auch S. 260).

e) Beim Umbau mußte die bisherige Verdrängung um ca. 10 000 ts verringert werden, um den Vertragsbedingungen zu genügen, da diese für ✈-Träger eine maximale Typverdrängung von 33 000 ts festgesetzt hatten. Diese Verringerung wurde durch den Wegfall der SA und durch Reduzierung der Panzerdicken möglich. Durch Aufstockung des Schiffskörpers wurde

USA

Lexington-Klasse (Entwurf 1916)

Lexington-Klasse (Entwurf 1917/18)

Lexington-Klasse

257

Lexington-Klasse (Entwurf 1919/20, Generalplan)

Lexington-Klasse (Entwurf 1919/20)

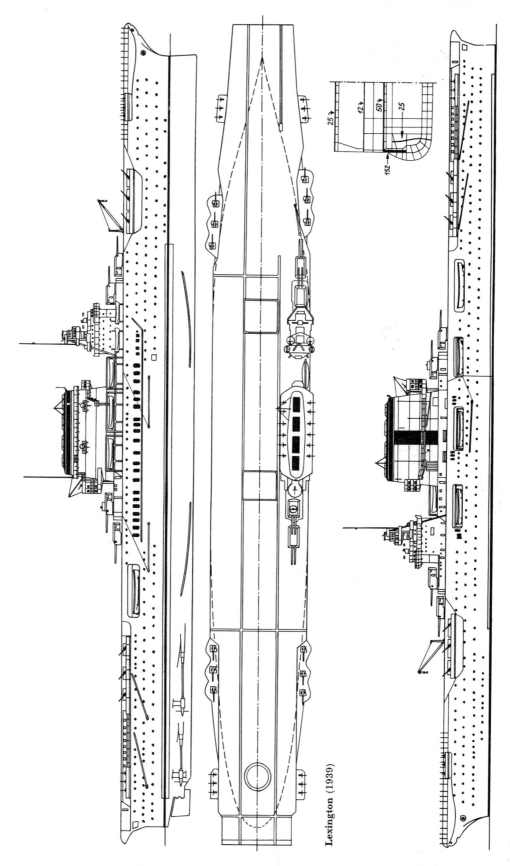

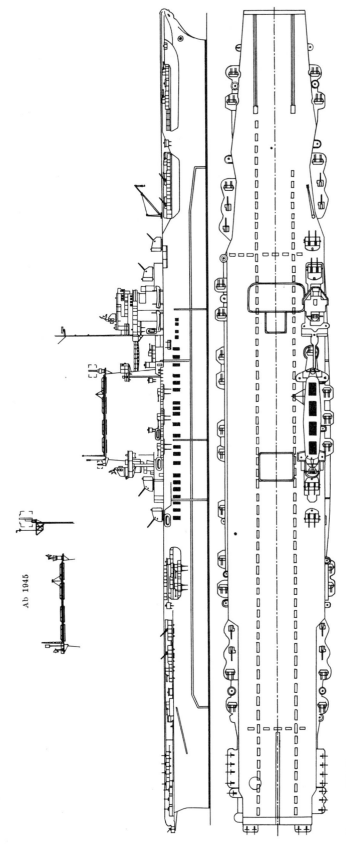

Ab 1945

Saratoga (1944)

für das Flugdeck — das sich über die gesamte Schiffslänge erstreckte — eine Höhe von 18,35 m über der CWL erreicht. Darunter wurde ein geräumiges Hallendeck errichtet, das mit dem Flugdeck durch 2 Aufzüge verbunden war. Die Breite des Flugdecks überstieg die CWL-Breite zunächst nicht wesentlich. Im Mittelschiff wurden an den Schiffsseiten große Öffnungen vorgesehen, wo u.a. die Beiboote gefahren wurden. Auf dem Stb-vorderen Teil des Flugdecks wurde ein fest eingebautes, ~ 21 m langes ⚓ installiert. Die Aufbauten wurden auf einer schmalen Insel an StB-Seite zusammengezogen und umfaßten einen auffallend großen Schornstein und den Brückenblock mit einem Dreibeinmast (ursprünglich war ein Gittermast vorgesehen). Jeweils an den Enden der Insel wurden die 20,3 cm-⚓ aufgestellt. Als Gewichtsausgleich für die Insel wurde 1939 an der Bb-Seite ein Wulst angebaut → b). Die Hauptbewaffnung sollte nach der ursprünglich Planung aus 16—15,2 cm-SK L/53 bestehen, die als Zwillingslafetten seitlich unterhalb des Flugdecks aufgestellt werden sollten, achtern hinter Schutzschilden, vorn in Kasematten. Dazu sollten 12—7,6 cm-⚓ treten, die jeseits des achteren Flugdecks auf etwas unterhalb davon angeordneten Plattformen aufgestellt werden sollten, auf jeder Seite 6. Schließlich waren noch 6 TR in schwenkbaren 3er-Gruppen im Achterschiff geplant. **Saratoga** wurde 1942 modernisiert. Als Ersatz für die für ⚓-Träger ohnehin wertlosen 20,3 cm-SK kamen 12,7 cm-⚓ L/38 in ⚓ an deren Stelle. Die alten 12,7 cm-⚓ L/25 wurden durch neue 12,7 cm-⚓ L/38 ersetzt, wobei jedoch 4 der alten ⚓ wegfielen. Dazu traten zunächst 48—4 cm-⚓ und 47—2 cm-⚓, deren Zahl später nochmals gesteigert wurde. Bei dieser Gelegenheit wurden auch die Brückenaufbauten geändert, und der bisherige Dreibeinmast wurde durch einen einfachen Pfahlmast ersetzt. Hinzu kamen neue Feuerleitgeräte sowie mehrere Radarinstallationen.

Die von beiden Schiffen 1941 bzw. 1942 ausgebauten 20,3 cm-⚓ wurden der Armee übergeben und an wichtigen Punkten zur Verteidigung von Oahu, Hawaii, wieder aufgebaut.

Ex-Ostfriesland

Battleship = Schlachtschiff

1	2	3	4	5	6
.....	∞	Kaiserl. Werft, Wilhelmshaven	19. 10. 08	30. 9. 09	1. 8. 11

*Ex-deutsch → **Ostfriesland**. Als Reparationsleistung USA zugesprochen, 7. April 1920 nach dort überführt. Als Versuchsschiff unter US-Flagge fahrend; Zielobjekt für ›bombing tests‹ vor der virginischen Küste nahe Cape Henry: 20. Juli 1921 erster Versuch: 69 Bomben von 115—1000 kg Gewicht geworfen, davon 13 Treffer. 21. Juli 1921 zweiter Versuch: 11 Bomben zu je 500 kg Gewicht geworfen, 3 Volltreffer, dadurch jedoch nicht lebensgefährdend verletzt, aber Lecks, wodurch in 4 Stunden vorn um 1 m und achtern um 0,3 m tiefergefallen. Danach 6 Bomben zu je 1000 kg, keine Volltreffer, jedoch Naheinschläge einer davon unmittelbar am Schiff: Innerhalb von 10 Minuten †.*

a) — e) → Deutsches Reich → **Helgoland**-Kl.

North Carolina-Klasse

Battleships = Schlachtschiffe

1	2	3	4	5	6
North Carolina (BB 55)	1937	New York Navy Yard	27. 10. 37	13. 6. 40	9. 4. 41

*Frühj. 1942 Abordnung zur brit. Home Fleet vorgesehen wie → **Washington**, jedoch nicht durchgeführt. Ab Juni 1942 im Pazifik: 7.—8. August 1942 Operationen um Tulagi/Guadalcanal;* 23.—25. *August 1942* × *östl. Salomonen; 15. September 1942 südostwärts der Salomonen von japanischem U Boot **I 15** torpediert[1], Reparatur in Pearl Harbor bis 17. November 1942; danach im Gebiet der Salomonen, ab März 1943 Überholung in Pearl Harbor, danach Convoy-Sicherungsdienst im Salomonen-Gebiet bis September 1943. Zahlreiche Einsätze bei amphibischen Operationen und Trägerraids: 20. November 1943 gegen Tarawa und Makin, 29. Januar bis 8. Februar 1944 gegen Kwajalein und Majuro, 16.—17. Februar 1944 gegen Truk, 21.—22. Februar 1944 gegen Marianen, 30. März bis 1. April 1944 gegen Palau, Yap, Ulithi und Wolai, 29. April bis 1. Mai 1944 gegen Ponape und Satawan, 21.—24. April 1944 gegen Neu Guinea, Wakde und andere Ziele, 29.—30. April 1944 gegen Truk, 1.—4. Mai 1944 gegen Saipan (19.—20. Juni 1944* × *Philippinensee), 23. Juli bis 1 Oktober 1944 Überholung bei Puget Sound Navy Yard, danach Teilnahme an den Operationen um die Philippinen bis Januar 1945. Trägerraids: 6.—7. Januar 1945 gegen Luzon, 3.—4. Januar, 9. Januar, 15. Januar und 21. Januar 1945 gegen Formosa, 12. Januar und 16. Januar 1945 gegen Indochina-Küste, 22. Januar 1945 gegen Nansei Shoto. 15. Februar bis 1. März 1945 Operationen gegen Iwo Jima, dabei weitere Trägerraids: 15.—16. Februar und 25. Februar bis 1. März 1945 gegen Honshu, Yokosuka, Raum Tokio u.a., ab 1. April 1945 gegen Okinawa, dabei 6. April 1945 irrtümlich von US-Heeresartillerie beschossen, geringe Schäden. Nach Überholung Mai bis Juni 1945 in Pearl Harbor weitere Trägerraids: 10. Juli 1954 gegen Raum Tokio, 14.—15. Juli 1945 gegen Nord-Honshu und Süd-Hokkaido, 17.—18. Juli 1945 gegen Kure und Kobe, 9.—15. August 1945 gegen Honshu als Mutterland. 27. Juni 1947 außer Dienst gestellt, seither in Bayonne, N.Y., in Reserve. 1. Juni 1960 gestrichen. August 1961 dem US-Staat North Carolina zur Verfügung gestellt, seit 1. Oktober 1961 im Cape Fear River (nahe Wilmington) als nationales Denkmal festgemacht.*

1	2	3	4	5	6
Washington (BB 56)	1937	Philadelphia Navy Yard	14. 6. 38	1. 6. 40	15. 5. 41

*Ab 26. März 1942 zur brit. Home Fleet detachiert: 26. April bis 7. Mai 1942 und 1.—13. Juli 1942 Sicherung von Murmansk-Convoys. August 1942 nach USA zurück, ab September 1942 im Pazifik eingesetzt: 14.—15. November 1942 Savo Island; bis April 1943 Convoysicherungsdienst im Salomonen-Gebiet. Mai bis Juli 1943 Überholung in Pearl Harbor, danach bis Oktober 1943 im Gebiet der Neuen Hebriden. 13. November bis 8. Dezember 1943 Operationen gegen Gilbert-Inseln, 1. Januar 1944 Raid gegen Kavieng, 29. Januar bis 8. Februar 1944 Operationen gegen Kwajalein und Majuro, dabei 2. Februar Kollision mit → **Indiana**, Reparatur bei Puget Sound Navy Yard bis Mai 1944. Zahlreiche weitere Einsätze bei amphibischen Operationen und Trägerraids: 10. Juni bis 11. August 1944 gegen Saipan, Guam, Tinian, Palau, Yap, Ulithi, Iwo Jima, Bonin-Inseln (dabei 19.—20. Juni 1944* × *Philippinensee), 30. August bis 5. Oktober 1944 gegen Palau und Philippinen, 10. Oktober 1944 gegen Okinawa, 11.—14. Oktober 1944 gegen Luzon und Formosa. 6. November 1944 bis 17. Februar 1945 Raids gegen Okinawa, Formosa, Luzon, Indochina, Hongkong, Hainan, Nansei Shoto, Tokio und andere Ziele, 19.—22. 1945 und 23. Februar bis 16. März 1945 gegen Iwo Jima, 18., 19., 29. März und 25. März bis 19. April 1945 gegen Kyushu-Inseln und andere Ziele, ab 1. April 1945 auch gegen Okinawa. Juni bis Oktober 1945 Überholung bei Puget Sound Navy Yard. 27. Juni 1947 außer Dienst gestellt, seither in Bayonne,*

---

[1] Umstritten! Nach japanischen Angaben griff nur **I 19** an; die Amerikaner hingegen sprechen **I 19** den ⚓-Träger **Wasp** (3 T-Treffer) und **I 15** die Teffer auf **North Carolina** und **O'Bannon** zu.

N. Y., in Reserve. 1. Juni 1960 gestrichen, 24. Mai 1961 für 750 000 $ an Lipsett-Co., Kearny, N.J., auf Abbruch verkauft, dort Juli bis Oktober 1961 abgewrackt.

a) Die am 3. Juni 1936 verabschiedete Flottenvorlage ermöglichte den Bau von 2 Schlachtschiffen als Ersatz für die beiden ältesten, → **Arkansas** und → **New York**, jedoch zunächst mit der Einschränkung, daß sie nur dann in Bau zu geben waren, wenn Großbritannien und Japan nach Ablauf der vertraglichen Baupause diesem Beispiel vorangegangen waren. Das Hauptkaliber sollte sich dabei grundsätzlich nach dem der japanischen Neubauten richten. Diese Voraussetzungen erfüllten sich im Laufe des Jahres 1937, als Großbritannien seine → **King George V.-Kl.** in Bau gab und sich die Gerüchte über japanische Schlachtschiff-Neubauten verdichteten. Am 1. August 1937 ergingen daher die Bauaufträge an die Werften, doch mußte die Kiellegung etwas hinausgezögert werden, weil noch verschiedene Abänderungen beim Entwurf notwendig geworden waren. So kam es, daß die USA als letzte der großen Seemächte den Schlachtschiffbau wieder aufnahmen. Obwohl es, vor allem aus Gewichtsgründen, wünschenswert erschien, 35,6 cm-SK als Hauptbewaffnung zu verwenden, hielt man am 40,6 cm-Kaliber fest; die Gründe dazu lagen am Verhalten Japans, das seinen Flottenbau nunmehr unter größter Geheimhaltung betrieb und keine Einzelheiten mehr darüber bekanntgab. Japans Schweigen veranlaßte die USA zu der Vermutung, daß dessen künftige Schlachtschiffe kein geringeres Kaliber als 40,6 cm haben würden. Da für die amerikanische Marine aus Vertragsgründen eine *beträchtliche* Überschreitung der Typverdrängung zunächst nicht in Frage kommen konnte, mußten gewisse Opfer bei anderen Faktoren in Kauf genommen werden; weil man aber weiterhin an dem Grundsatz der unbedingten Voranstellung von Schlagkraft und Standkraft festhielt, ging dies auf Kosten der Geschwindigkeit, die um etwa 20% hinter der der meisten vergleichbaren Neubauten anderer Seemächte zurückblieb. Um Gewichte zu sparen, mußten neue Wege beschritten werden; so wurden diese Schiffe bis zu 35% elektrisch geschweißt. Durch eine neuartige, raumsparende Anordnung der Antriebsanlage konnten außerdem die Vitalia eingeschränkt und dadurch auch Gewichte eingespart werden. Das neuartige Installationsschema der Antriebsanlage war der Grund, weshalb bei diesen und auch bei den nachfolgenden amerikanischen Schlachtschiff-Neubauten der Rumpf noch kurz vor dem Heck etwa die halbe Schiffsbreite erreichte. Baukosten: Je ~ 77 Mio. $.

b) *Die bewährte Floßkörper-Methode wurde bei dieser Klasse fortgesetzt, wenn auch in abgeänderter Form. Der sehr schmale Seitenpanzer schloß mit der vorderen und mit der achteren Barbette ab und war nach außen schräggestellt; oberhalb des schweren Seitenpanzers befand sich im Bereich des Mittelschiffes ein dünner Zitadellpanzer zur Erhöhung des Seitenschutzes, und unterhalb des Seitenpanzers wurden Wulste angeordnet, die den Sprengpunkt auftreffender Torpedos bzw. Minen möglichst weit weg von den vitalen Teilen im Innenschiff halten sollten. Der Erhaltung der Manövrier- und Fahrfähigkeit wurde besondere Aufmerksamkeit* zuteil, indem der Rudermaschinenraum stark gepanzert wurde. *Das Vorschiff war gänzlich ungeschützt, während sich im Achterschiff ein nach innen versetzter vertikaler Panzerstreifen befand. Das Panzerdeck lag auf einer Trägerkonstruktion aus gewöhnlichem Schiffbaustahl, unter der nochmals ein Splitterfangdeck angeordnet war. Auf eine gute Ausbildung des Unterwasserschutzes wurde großer Wert gelegt. Seine wesentlichsten Komponente waren ein Dreifachboden, T-Wulste und T-Schotte.* PzQ.: 280, 280 / Seitenpanzer: 17° geneigter Außenpanzer 305 (getäpert ↓ 168) / Zitadellpzr.: 25 / Horizontalpzr.: Oberdeck 37; o. PzD. 27 + 91 — 117; u. PzD. im Bereich von ⚙ und Rudereinrichtungen 19 + 122, nach den Seiten fortsetzend 338 (getäpert ↓ 236) / Unterwasserschutz: T-Schott...; T-Wulste / SA: Barbetten 406; Türme 406, 231, 178 / MA ohne Panzerschutz / KdoT. 406 (356) / Panzerhaube über Rudermaschinenräumen vorn und achtern 280, Seiten 300, Decke 152.

c) 4 × General Electric-⊙ Tu auf 4 ⚙ / 8 Babcock-Kessel (Öl) / Leist. 121 000 WPS; Geschw. 28,0 kn (erreichten bis 28,5 kn) / 2 parallele Ruder / Bugwulst.

d) 9—40,6 cm-SK L/45 in 3 ∞ (2 vorn, 1 achtern) / 20—12,7 cm-Mehrzweck-SK L/38 in ∞ / vorgesehen 16—2,8 cm-⚓, ausgeführt jedoch 40—, ab 1943/44: 52 bis 60—, **North Carolina** zuletzt 96—4 cm-⚓ / bis 54—2 cm-⚓ / 2 ⛵, 3 ⛵.

e) Der ursprüngliche Entwurf hatte im Schiffskörper noch viel Ähnlichkeit mit der → **Maryland-Kl.** und sah auch eine andere MA und ⚓-Bewaffnung vor. Beim endgültigen Entwurf war der achtere Mast zuerst ganz an der Hinterkante der achteren Aufbauten vorgesehen. Auf Turm C befand sich ursprünglich ein BG, das jedoch ~ 1942 entfernt wurde, wofür dort eine ⚓-Plattform errichtet wurde. Wegen Änderungen und Vermehrung der ⚓-Bewaffnung → Skizzen. Radar-Ausstattung: Auf dem vorderen Stengenmast ursprünglich Antenne ›SC‹, danach Antenne ›SK‹ und zuletzt Antenne ›SK-2‹; auf dem achteren Mast zuerst keine, dann Antenne ›SG‹, zuletzt Antenne ›SP‹. **North Carolina** unterschied sich von **Washington** durch den Plattformkranz um den Turmmast, der bei letzterer fehlte. Die Unterbringung der ✈ war ursprünglich in einem unter Deck versenkten Hangar wie bei den neueren Kreuzern (ab **Brooklyn-Kl.**) geplant. Später wurde aus Gründen der erhöhten Sicherheit darauf wieder verzichtet. Neu war auch das Fehlen der sonst üblichen Bulleyes im Schiffskörper, auch in den ungepanzerten Teilen. Vorteile waren die größere Homogenität des Schiffskörpers durch den Fortfall der die Festigkeit vermindernden Öffnungen, ferner die größere Sicherheit gegen Wassereinbrüche beim Tieferfallen infolge Gefechtsschäden, und die leichtere Kontrolle des kriegsmarschmäßigen Abblendens. Demgegenüber wurden einige Nachteile (schlechtere Lüftung, Fortfall der natürlichen Beleuchtung) bewußt in Kauf genommen.

Gewichtsverteilung (nach Entwurf)

Schiffskörper Hilfsmaschinen Ausrüstung	11 023 ts =	31,4%
Panzer	13 976 ts =	39,9%
Waffen	8 120 ts =	23,2%
Maschinen	1 881 ts =	6,5%
Typverdrängung	35 000 ts =	100,0%

USA

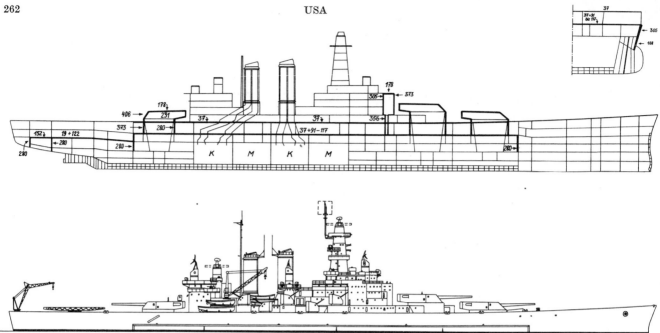

North Carolina (1942)

← nur **North Carolina**

Ab 1945

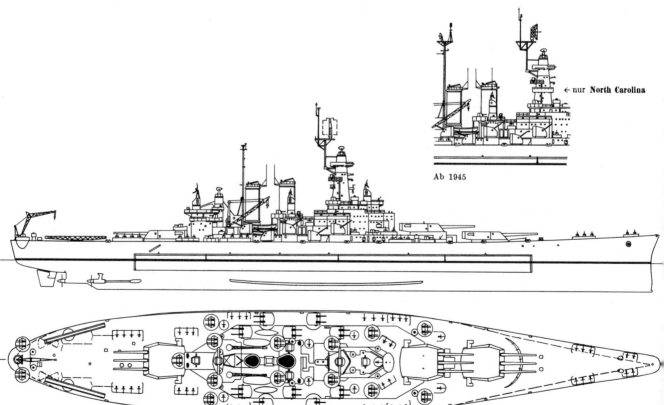

Washington (1944)

South Dakota-Klasse

Battleships = Schlachtschiffe

1	2	3	4	5	6
South Dakota (BB 57)	1938	New York Sb., Camden	5. 7. 39	7. 6. 41	20. 3. 42

26. Oktober 1942 ✕ Santa Cruz-Inseln, dabei 26 japanische Flugzeuge abgeschossen, selbst 1 leichten Bombentreffer erhalten. 15. November 1942 ✕ Savo mit → **Kirishima**, dabei 42 z.T. schwere Treffer erhalten, erheblich beschädigt, 30 Tote, Reparatur bei New York Navy Yard bis Februar 1943. Juni bis Juli 1943 im Nordatlantik zusammen mit Teilen der brit. Home Fleet im Convoy-Sicherungsdienst eingesetzt. Ab September 1943 wieder im Pazifik: Ab 20. November 1943 gegen Tarawa und Makin, danach gegen Nauru, Kwajalein, Roi, Taroa und Wotje; ab 12. April 1944 gegen Hollandia, 29. April 1944 gegen Truk, 1. Mai 1944 gegen Ponape, ab 11. Juni 1944 gegen Marianen (dabei 19. Juni 1944 Bombentreffer erhalten, 27 Tote). Ab 10. Oktober 1944 gegen Philippinen, 20.—25. Oktober 1944 ✕ Leyte; 3.—4. Januar 1945 Trägerraid gegen Formosa und Ryukyu-Inseln; 10.—16. Januar 1945 Vorstoß in Südchina-See; 21. Januar 1945 Trägerraid gegen Formosa; 16.—17. Februar 1945 Trägerraid gegen Raum Tokio, ab 17. März 1945 gegen Okinawa. 10. Juli bis 15. August 1945 Operationen gegen Nord-Honshu und Süd-Hokkaido. Seit Februar 1947 in Philadelphia in Reserve. 1. Juni 1962 gestrichen, 25. Oktober 1962 für 466 665 $ an Lipsett Inc., New York/N.J., auf Abbruch verkauft, dort ab November 1962 abgewrackt.

Indiana (BB 58)	1938	Newport News Sb.	20. 11. 39	21. 11. 41	30. 4. 42

Ab 28. November 1942 im Pazifik eingesetzt: Zunächst Schutz der Operationen gegen Guadalcanal; Januar bis Mai 1943 im Raum Noumea-New Caledonia und Juni bis Juli 1943 in der Korallensee als ›fleet in being‹. August 1943 Operationen gegen Marcus-Inseln, November 1943 gegen Gilbert-Inseln, 8. Dezember 1943 gegen Nauru, 23.—31. Januar 1944 gegen Kwajalein, 1. Februar 1944 Kollision mit → **Washington**, vorläufige Ausbesserung in der Majuro-Lagune, endgültige Reparatur in Pearl Harbor bis April 1944, danach: 1. Mai 1944 gegen Truk und Ponape, 11. Juni bis 10. August 1944 gegen Saipan, 19.—20. Juni 1944 ✕ Philippinen-See, 12. Juli bis 15. August 1944 gegen Guam, 25.—27. Juli 1944 Trägerraids gegen Palau, Yap und Ulithi, 6. September bis 14. Oktober 1944 gegen südliche Palau-Inseln, 9.—24. September 1944 gegen Philippinen, 11. November 1944 bis 24. Januar 1945 Raids gegen Iwo Jima u.a. Ziele, 15. Februar bis 16. März 1945 gegen Iwo Jima und Honshu/Nansei Shoto. 17. März bis 11. Juni 1945 gegen Okinawa (dabei 5. Juni 1945 Taifun-Schäden). 14.—15. Juli 1945 Träger-Raids gegen Honshu und Süd-Hokkaido, 9.—15. August 1945 Trägerraids gegen japanisches Mutterland. 11. September 1946 außer Dienst gestellt, seither in Bremerton in Reserve liegend. 1. Juni 1962 gestrichen. 6. September 1963 verkauft an Nicolai Joffe Corp., Beverley Hills, für 418 387 $ zum Abbruch. November 1963 nach Richmond geschleppt, dort 1964 abgewrackt.

Massachusetts (BB 59)	1938	Bethlehem, Quincy	20. 7. 39	23. 9. 41	15. 5. 42

7.—8. November 1942 gegen Französisch-Nordwestafrika eingesetzt, dabei ✕ mit → **Jean Bart**, leichte Treffer erhalten. November 1943 gegen Gilbert-Inseln eingesetzt, 31. Januar 1944 gegen Marshall-Inseln, 16.—17. Februar 1944 gegen Truk, 21.—24. April 1944 gegen Hollandia, Juni 1944 gegen Saipan, 25.—27. Juli 1944 gegen Palau. 20.—25. Oktober 1944 ✕ Leyte. 3.—4. Januar 1945 Trägerraid gegen Formosa und Ryukyu-Inseln. 10.—16. Januar 1945 Vorstoß in Südchina-See. 21. Januar 1945 Trägerraid gegen Formosa, 16.—17. Februar 1945 desgl. gegen Raum Tokio, danach bis Iwo Jima eingesetzt. Ab 1. April 1945 gegen Okinawa. 14.—15. Juli 1945 Trägerraid gegen Nord-Honshu und Süd-Hokkaido, 9.—15. August 1945 Trägerraids gegen japan. Mutterland. Seit 1947 außer Dienst, seither als Reserve in Norfolk liegend. 1. Juni 1962 gestrichen, 1964 zum Verkauf auf Abbruch ausgeschrieben, 15. Februar 1965 an Staat Massachusetts übereignet, seit 1967 schwimmendes Denkmal in Fall River/Mass.

1	2	3	4	5	6
Alabama (BB 60)	1938	Norfolk Navy Yard	1. 2. 40	16. 2. 42	16. 8. 42

Frühjahr-Sommer 1943 Convoy-Sicherungsdienst im Nordatlantik auf Murmansk-Route zusammen mit brit. Home Fleet, ab August 1943 im Pazifik: 19. November bis 8. Dezember 1943 gegen Gilbert-Inseln, 29. Januar bis 8. Februar 1944 gegen Kwajalein und Majuro, 16.—17. Februar 1944 Raid gegen Truk, 21.—22. Februar 1944 gegen Marianen, 30. März bis 1. April 1944 gegen Palau, Yap, Ulithi und Woleai, 21.—24. April 1944 gegen Hollandia, 29. April bis 1. Mai 1944 gegen Truk, Ponape und Satawan, 11.—24. Juni 1944 gegen Saipan, 19.—20. Juni 1944 ✕ Philippinensee, 12. Juli bis 15. August 1944 gegen Guam, 25.—27. Juli 1944 Trägerraids gegen Palau, Yap und Ulithi, 31. August bis 8. September 1944 desgl. gegen Volcano - Bonin - Yap, 6. September bis 19. Oktober 1944 desgl. gegen Philippinen, Okinawa, Luzon und Formosa. 25.—26. Oktober 1944 ✕ Leyte-Golf. 5.—6. November, 13.—14. November, 20.—22. November und 14.—16. Dezember 1944 Trägerraids gegen Luzon, 3.—4. Januar 1945 desgl. gegen Formosa und Ryukyu-Inseln. 10.—16. Januar 1945 Vorstoß in Südchina-See. 21. Januar 1945 Trägerraid gegen Formosa, 16.—17. Februar 1945 desgl. gegen Raum Tokio. 9. Mai bis 11. Juni 1945 gegen Okinawa. 17.—18. Juli 1945 Trägerraid gegen Raum Tokio. 9.—15. August 1945 Trägerraids gegen japan. Mutterland. 9. Januar 1947 außer Dienst gestellt, seither in Reserve in Bremerton. 1. Juni 1962 gestrichen, 16. Juni 1964 an Staat Alabama übereignet, seit September 1964 nahe Mobile als nationales Denkmal liegend. [Meldungen, wonach zuvor die Maschinenanlage ausgebaut wurde, sind unzutreffend. Es wurden lediglich die ⚙ abgenommen und an Oberdeck gelegt].

a) Am 17. Mai 1939 wurde ein neues Flottenvermehrungsgesetz vom Congress angenommen, womit der Weg zum Bau weiterer Schlachtschiffe frei wurde. Die Planung solcher Schiffe hatte bereits 1936/37 begonnen; sie waren als Ersatzbauten für → **Texas**, → **Nevada**, → **Oklahoma** und → **Pennsylvania** vorgesehen. Ihre Bauaufträge ergingen am 15. Dezember 1938, für das 4. Schiff am 1. April 1939. Die Konstruktion lehnte sich eng an die → **North Carolina**-Kl. an, jedoch waren der Freibord vergrößert und die Länge reduziert worden, während die Breite beibehalten wurde. Zu dieser Lösung war man gekommen, indem die Antriebsanlage und die sonstigen vitalen Teile noch weiter zusammengedrängt wurden, so daß Gewichte eingespart werden konnten. Dadurch mußten auch die Aufbauten auf engerem Raum zusammengefaßt werden, was sich im Hinblick auf die Verringerung der Silhouette als vorteilhaft erwies. So betrug die Länge der Vitalia bei dieser Klasse nur noch 120 m gegenüber 137 m bei der → **North Carolina**-Kl. Das eingesparte Gewicht kam vor allem der Panzerung und den Schutzeinrichtungen zugute, aber weniger durch größere Dicken als durch mehr gepanzerte Flächen. Ein Teil der eingesparten Gewichte mußte auch der stärkeren Antriebsanlage zugeschlagen werden, die 9000 WPS mehr leisten mußte, um die gleiche Geschwindigkeit zu ermöglichen. Das war die Folge des weniger günstigen Schlankheitsgrades dieser Klasse, die bei gleicher Breite um fast 15 m kürzer ausfiel als die → **North Carolina**-Kl. Dieses Verhältnis bewirkte schlechtere Manövriereigenschaften, die jedoch um der Vorteile willen in Kauf genommen wurden. Bemerkenswert kurz waren die Bauzeiten dieser Schiffe, die

USA

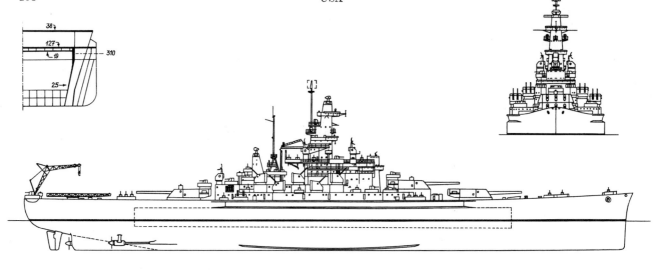

Alabama (1943)

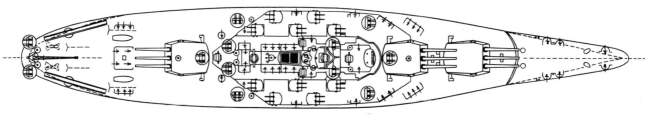

Indiana (1942)

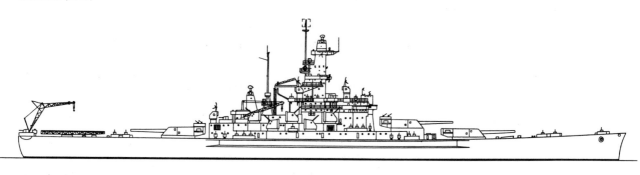

Modernisierte Brücke ab ~1945

Massachusetts (1945)

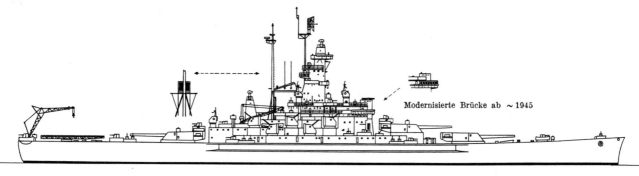

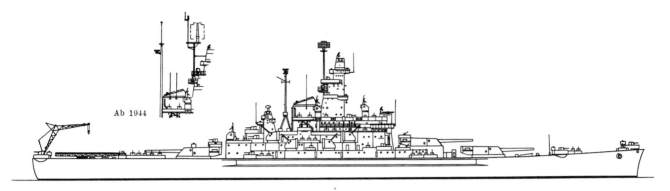

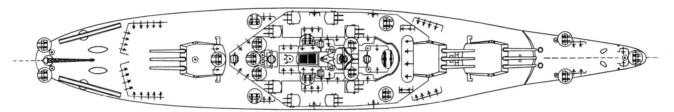

South Dakota (1943)

zwischen 30 und 34 Monaten lagen. Sie wurden vor allem deswegen erreicht, weil die Werften Hand in Hand zusammenarbeiteten. So übernahmen die New York Shipbuilding Co. für Bethlehem und die Newport News Shipbuilding Co. für die Marinewerft Norfolk die Konstruktionsbearbeitung. Im Schnitt betrugen die Baukosten je Schiff etwa 77 Mio. $.

b) *Neu war die Anordnung des seitlichen Schutzes, der erstmals im amerikanischen Kriegsschiffbau als geneigter Innenpanzer ausgeführt wurde. Dieser reichte vom Panzerdeck bis zum Innenboden und verjüngte sich dabei keilförmig auf 25 mm Dicke. Zwischen ihm und der Außenhaut — die von Höhe Panzerdeck abwärts noch erheblich verstärkt war und die Funktion eines leichten Vorpanzers ausüben sollte — entstand ein nach unten breiter werdender und durch 3 Längsschotte unterteilter Raum, der oben, hinter dem Vorpanzer der Außenhaut, eine Schutzfüllung aufnahm. Neu und der Anordnung auf der → Yamato-Kl. sehr ähnlich war auch das unter dem Haupt-Panzerdeck eingezogene Splitterfangdeck, das aus gewöhnlichem Schiffbaumaterial von 15,5 mm Stärke ausgeführt wurde. Sein Abstand zum Panzerdeck betrug nur noch 80 cm (gegenüber 2 m bei der → North Carolina-Kl.). Das Panzerdeck selbst hatte keine Böschungen und griff über den geneigten Innenpanzer bis zur Außenhaut hinweg, wo es seine seitliche Unterstützung in deren Vorpanzer fand, der als tragender Verband in den Schiffskörper einbezogen war. Die drei Längsschotte vor dem Seitenpanzer scheinen T-Schotte gewesen zu sein. Auf die noch bei der → North Carolina-Kl. üblichen T-Wulste wurde verzichtet.* PzQ.: 280, 280 / Seitenpzr.: 19° geneigter Innenpanzer 310 (getäpert ↓ 25) / Horizontalpzr.: Oberdeck 38; o. PzD. 127 auf 19; u. PzD. (nur zwischen achteren PzQ. und Rudermaschinen) 147 auf 19 / Unterwasserschutz: Jenseits 3 T-Schotte .., .., ..; Dreifachboden / SA: Barbetten 280—439; Türme 457, 241, 184 / MA ohne Panzerschutz / KdoT. 406 (406) / Panzerhaube über Rudermaschinen horizontal 208, vertikal 147—343 / PzGewicht ~ 14 200 ts.

c) 4× ⊙ Tu auf 4 ⊛: **South Dakota** und **Massachusetts** General Electric-, die anderen Westinghouse- / 8 Kessel (Öl): **South Dakota** und **Massachussetts** Babcock-, die anderen: Foster Wheeler- / Leist. 130 000 WPS; Geschw. 28,0 kn / 2 parallele Ruder / Bugwulst.

d) 9—40,6 cm-SK L/45 in gleicher Aufstellung wie → **North Carolina**-Kl. / 20—, **South Dakota** stets nur 16—12,7 cm-Mehrzweck-SK L/38 in ∝ / vorgesehen 24—4 cm-⚓₄, jedoch ausgeführt: **Alabama** 32—, ab 1943: 48—4 cm-⚓₄, **Indiana** 24—, ab 1943: 32—4 cm-⚓₄, **Massachusetts** 64—4 cm-⚓₄, **South Dakota** 68—4 cm-⚓₄ / **Alabama** 56—, ab 1943: 42—2 cm-⚓, **Indiana** 50—, ab 1943: 40—2 cm-⚓, **Massachusetts** 30—2 cm-⚓, **South Dakota** 78—2 cm-⚓ / 2 ⚓, 3 ⚓.

e) Gegenüber der → **North Carolina**-Kl. wurden die 12,7 cm-∝ um je 1 Deck höher aufgestellt. Das untere Aufbaudeck griff deshalb fast über die gesamte Decksbreite hinweg. In seinem Bereich war daher das Oberdeck laufgangförmig verbreitert, zumal sich dort die Schlauchanschlüsse für den Brennstoff befanden.[1] Die Nische in den Rumpfseiten des Mittelschiffes ergab sich auch aus der Panzerungsanordnung. Insbesondere der Komplex Brücke-Turmmast-Schornstein zeigte auf allen 4 Schiffen kleinere Unterschiede. Alle hatten anfangs auf dem KdoT. ein drehbares BG; später gelangte unmittelbar dahinter eine Radarantenne ›SRa‹ zur Aufstellung. Der achtere Mast — der aus einem Dreibein-Trägergestell herausragte — war ursprünglich auf allen Schiffen kurz und stand vom Schornstein deutlich abgesetzt. Als erstes Schiff erhielt **Massachusetts** ~ 1944 einen höheren und stärkeren Mast, der sich ganz eng an den Schornstein anlehnte und dazu noch von 2 Stützbeinen abgesteift wurde. Die übrigen Schiffe folgten damit ~ 1945 nach. Die Radarantennen-Ausrüstung auf den Masten wechselte mehrfach.

Es führten:

	achtern zuerst / endgültig		vorn zuerst / endgültig	
South Dakota	—	/ ›SG‹	›SC-2‹ /	›SK‹
Indiana	—	/ ›SG‹	›SC‹ /	›SK‹
Massachusetts	—	/ ›SG‹	›SC-2‹ /	›SK‹, später ›SK-2‹
Alabama	—	/ ›SG‹	›SC‹ /	›SK-2‹

South Dakota war das einzige Schiff seiner Klasse, das auf dem Vormars-BG eine ›SRa‹-Antenne trug. Nur auf **Massachusetts** und **Indiana** befanden sich beiderseits der achteren Aufbauten die schweren Bootskräne. **Indiana** führte erst ab ~ 1944 auf Turm B und auf dem unteren Aufbaudeck beiderseits des KdoT. je 4—4 cm-⚓₄. Auch **Alabama** hatte ursprünglich auf den Türmen B und C keine 4 cm-⚓₄, sondern je 2—2 cm-⚓. **South Dakota** — die als Force-Flaggschiff eingerichtet war — unterschied sich von ihren Schwesterschiffen in der ⚓-Bewaffnung erheblich. Sie führte 2—12,7 cm-⚬ (den jeseits mittleren) weniger; in diesen Positionen waren dafür je 4—4 cm-⚓₄ aufgestellt. Als einziges Schiff seiner Klasse führte sie außerdem direkt über dem Vorsteven in einer Wanne 4—4 cm-⚓₄ und auf Turm B eine nach den Seiten stark überragende Plattform mit 4—2 cm-⚓. Außer **South Dakota** führte nur noch **Massachusetts** bis ~ 1945 auf der Back 8—4 cm-⚓₄ in gleicher Höhe, doch ragten die von **South Dakota** wesentlich stärker über die Oberdeckskanten hinaus als die von **Massachusetts**. Die modernisierte Brücke erhielt nur noch **Massachusetts**.

Wie schon bei der → **North Carolina**-Kl. ausgeführt, erhielten auch diese Schiffe die charakteristische tunnelartige Gestaltung des Hecks zwischen den beiden inneren ⚙, ohne daß diese jedoch dadurch besser geschützt wurden. Dieser Tunnel wurde von den beiden Flossen gebildet, die die jeseits innere ⚙-Welle bis zu ihrem Austritt aus dem Schiffskörper umschlossen.

---

[1] Diese Anordnung war besonders im Hinblick auf die Brennstoffübernahme in See von auf parallelem Kurs mitlaufenden Versorgern getroffen worden, was im Zweiten Weltkrieg für alle amerikanischen Kriegsschiffe entscheidende Bedeutung erlangte.

Iowa-Klasse

Battleships = Schlachtschiffe

1	2	3	4	5	6
Iowa (BB 61)	1940	New York Navy Yard	27. 6. 40	27. 8. 42	22. 2. 43

27. August bis 21. 10. 1943 Ausbildung und Sicherungsdienst in Neufundland-Gewässern (in Bereitschaft gegen → Tirpitz!). 12. November 1943 Einschiffung Präsident Roosevelts nach Casablanca zur Teilnahme an 1. Teheran-Konferenz (während der Überfahrt löste sich am 13. November auf den Begleit-Zerstörer **William D. Porter** *versehentlich ein Torpedo, dem* **Iowa** *nur durch schnelle Kursänderung ausweichen konnte!). Ab 2. Januar 1944 im Pazifik, vorwiegend zur Sicherung von Trägerraids und zur Unterstützung amphibischer Operationen: 29. Januar bis 3. Februar 1944 gegen Kwajalein und Eniwetok; 16.—17. Februar 1944 gegen Truk; 23.—26. Februar 1944 gegen Saipan, Tinian, Rota und Guam; 18.—19. März 1944 gegen Mili-Atoll (Marshall-Inseln), dabei von japanischer Küstenbatterie 2—12 cm-Treffer erhalten, geringe Schäden; 30. März 1944 gegen Palau und Woleai; 22.—28. April 1944 gegen Hollandia, Aitape und Wakde; 29. April 1944 gegen Truk; 1. Mai 1944 gegen Ponape; 11.—24. Juni 1944 gegen Saipan, Tinian, Guam, Rota und Pagan, dabei 19.—20. Juni 1944 See-Luftschlacht in der Philippinen-See; ab 21. Juli 1944 gegen Guam; 25.—27. Juli 1944 gegen Palau, Yap und Ulithi; bis 10. August 1944 auch gegen Tinian; 6. September bis 14. Oktober 1944 gegen Palau und ab 9. September 1944 auch gegen Philippinen; 10. Oktober 1944 gegen Okinawa; 13.—14. Oktober 1944 gegen Luzon und Formosa; 15., 17.—19. Oktober, 5.—6. November, 19.—25. November und 14.—16. Dezember 1944 gegen Luzon. 15. Januar bis 19. März 1945 Überholung bei Hunters Point Shipyard, San Francisco. 25. April bis 11. Juni 1945 gegen Okinawa; 10. Juli bis 15. August 1945 gegen japanische Mutterlandziele; 29. August 1945 vor Tokio eingetroffen. Oktober 1945 nach USA zurück. 24. März 1949 bis 25. August 1951 in Reserve. Danach vor der Korea-Küste mit Einsätzen zur Entlastung bzw. Unterstützung der Heerestruppen: 8.—30. April 1952, 5. Juni bis 12. Juli 1952, 15. Juli bis 3. September 1952, 23. September bis 16. Oktober 1952, danach Überholung bei Norfolk Navy Yard und anschließend Ausbildungsdienst, Auslandsreisen und dgl. bis zur Außerdienststellung am 24. Februar 1958; seither in Philadelphia in Reserve liegend.*

| **New Jersey (BB 62)** | 1940 | Philadelphia Navy Yard | 16. 9. 40 | 7. 12. 42 | 23. 5. 43 |

Seit Januar 1944 im Einsatz im Pazifik, vornehmlich zur Sicherung von Trägerraids und zur Unterstützung amphibischer Operationen: 29. Januar bis 8. Februar 1944 gegen Kwajalein und Majuro; 16.—17. Februar 1944 gegen Truk; 18.—19. März 1944 gegen Mili-Atoll (Marshall-Inseln); 30.—31. März 1944 gegen Palau; 1. April 1944 gegen Woleai; 21.—24. April 1944 gegen Aitape, Humboldt Bay und Tanamerah-Bay; 29. April bis 1. Mai 1944 gegen Truk und Ponape; 11.—24. Juni 1944 gegen Saipan, dabei 19.—20. Juni 1944 See-Luftschlacht in der Philippinensee; 12. Juli 1944 gegen Guam; 25.—27. Juli 1944 gegen Palau, Yap und Ulithi; ab 6. September 1944 gegen Palau und ab 9. September 1944 gegen Philippinen; 10. Oktober 1944 gegen Okinawa; 13.—14. Oktober 1944 gegen Luzon und Formosa; 15. Oktober, 17.—19. Oktober, 5.—6. November, 19.—25. November und 14.—16. Dezember 1944 gegen Luzon; 3.—4. Januar, 9. Januar, 15. Januar und 21. Januar 1945 gegen Formosa; 6.—7. Januar 1945 gegen Luzon; 12. Januar und 16. Januar 1945 gegen China-Küste; 22. Januar 1945 gegen Nansei Shoto; 15.—16. Februar, 25. Februar und 1. März 1945 gegen Honshu und Nansei Shoto; ab 15. Februar 1945 auch gegen Iwo Jima und ab 17. März 1945 gegen Okinawa; 27. April bis 4. Juli 1945 Überholung bei Puget Sound Navy Yard; 17. September 1945 vor Tokio eingetroffen; Februar 1946 nach USA zurückgekehrt. 30. Juni 1948 bis 21. November 1950 in Reserve, danach vor der Korea-Küste mit Einsätzen zur Entlastung bzw. Unterstützung der Heerestruppen: 17.—31. Mai 1951, 3.—15. Juni 1951, 27. Juni bis 19. Juli 1951, 15. August bis 2. September 1951, 16. September bis 6. Oktober 1951, 9.—19. Oktober 1951, 31. Oktober bis 11. November 1951 und 13.—14. November 1951. Nach Überholung bei Norfolk Navy Yard Ausbildungsdienst, Auslandsreisen usw. bis Außerdienststellung am 21. August 1957, seither in Bayonne in Reserve. 1. August 1967 Reaktivierung zum Ein-

Iowa-Klasse

satz vor der Vietnam-Küste angeordnet, seit 6. April 1968 wieder im Dienst. Ab 30. September 1968 Einsatz; Beschießung von Zielen an der nordvietnamesischen Küste. Beschluß Sommer 1969: Soll außer Dienst gestellt und wieder „eingemottet" werden!

1	2	3	4	5	6
Missouri (BB 63)	1940	New York Navy Yard	6. 1. 41	29. 1. 44	11. 6. 44

Seit November 1944 im Pazifik, vornehmlich zur Sicherung von Trägerraids und zur Unterstützung von amphibischen Operationen: 15.—16. Februar, 25. Februar und 1. März 1945 gegen Honshu und Nansei Shoto; ab 15. Februar 1945 auch gegen Iwo Jima; 16. März bis 11. Juni 1945 gegen Okinawa, dabei 11. April von Kamikaze getroffen, geringe Schäden; 10. Juli bis 15. August 1945 gegen Tokio, Honshu, Hokkaido; 29. August 1945 vor Tokio eingetroffen; weltgeschichtliche Rolle am 2. September 1945: Unterzeichnung der japanischen Kapitulation und damit Ende des Zweiten Weltkrieges! Oktober 1945 nach USA zurückgekehrt. 23. September 1947 bis 10. März 1948 Überholung bei New York Navy Yard. Ab September 1950 vor der Korea-Küste zur Entlastung bzw. Unterstützung der Heerestruppen: 14. September bis 1. November 1950, 5. November 1950 bis 24. Januar 1951, 28. Januar bis 22. März 1951; 18. Oktober 1951 bis 30. Januar 1952 Überholung bei Norfolk Navy Yard; erneut im Einsatz vor Korea: 23.—29. Oktober 1952, 31. Oktober bis 23. November 1952, 7.—11. Dezember 1952, 17.—22. Dezember 1952, 28. Dezember 1952 bis 6. Januar 1953, 25. Januar bis 1. Februar 1953, 5.—10. Februar 1953, 22.—26. Februar 1953, 2.—11. März 1953 und 15.—25. März 1953. Nach Überholung bei Norfolk Navy Yard 20. November 1953 bis 2. April 1954 Ausbildung usw.; 26. August 1955 außer Dienst gestellt, seither in Reserve in Bremerton liegend.

| **Wisconsin** (BB 64) | 1940 | Philadelphia Navy Yard | 25. 1. 41 | 7. 12. 43 | 16. 4. 44 |

*Ab Oktober 1944 Einsatz im Pazifik, vornehmlich zur Sicherung von Trägerraids und zur Unterstützung amphibischer Operationen: 14.—16. Dezember 1944 gegen Luzon; 3.—4. Januar 1945 gegen Formosa; 6.—7. Januar 1945 gegen Luzon; 9. Januar 1945 gegen Formosa; 12.—16. Januar 1945 gegen China-Küste und Formosa; 22. Januar 1945 gegen Nansei Shoto; 15.—16. Februar 1945 gegen Honshu und Nansei Shoto; ab 15. Februar 1945 auch gegen Iwo Jima; 25. Februar und 1. März 1945 gegen Honshu und Nansei Shoto; 17. März bis 11. Juni 1945 gegen Okinawa; 10, Juli bis 15. August 1945 gegen japanische Mutterlandziele; 5. September 1945 vor Tokio eingetroffen. Seit Januar 1946 wieder in den USA. 1. Juli 1948 bis 3. März 1951 in Reserve. 21. November 1951 in Japan eingetroffen mit Einsätzen vor Korea zur Entlastung bzw. Unterstützung der Heerestruppen: 28. November bis 15. Dezember 1951, 17.—28. Dezember 1951, 1.—5. Februar 1952, 20. Februar bis 8. März 1952 und 11.—19. März 1952. April 1952 wieder nach USA zurück, danach Ausbildungsdienst, Auslandsreisen usw., dabei 7. Mai 1956 nahe der Virginia-Küste mit Zerstörer **Eaton** kollidiert. 8. März 1958 außer Dienst gestellt, seither in Philadelphia in Reserve.*

| **Illinois** (BB 65) | 1940 | Philadelphia Navy Yard | 15. 1. 45 | ∞ | ∞ |

Baubeginn bereits für 1941/42 vorgesehen, jedoch wegen Überlastung der Werft verschoben. 12. August 1945 Baustop, bis dahin zu 22.0% fertig, Bauvertrag annulliert und Material auf Helling abgebrochen.

| **Kentucky** (BB 66) | 1940 | Philadelphia Navy Yard (Baudock) | 6. 12. 44 | 20. 1. 50 | ∞ |

*Erste Kiellegung bereits am 7. März 1942! Material jedoch wegen Überlastung der Werft infolge Massenauftrags für Landungsschiffe wieder abgetragen. Nach 2. Kiellegung Bauarbeiten bis 17. Februar 1947 weitergeführt, danach erneut Baustop. Ab 17. August 1948 Weiterbau, nach Ausfluten aus Baudock Arbeiten erneut eingestellt, bis dahin zu 69,2% fertiggestellt. Mehrere Umbaupläne zum Raketen-Schlachtschiff (**BBG 1**) endgültig 1958 verworfen. 6. September 1958 gestrichen, ab Februar 1959 in Baltimore abgewrackt. Je 2 der bereits eingebaut*

gewesenen Tu-Sätze erhielten die 1961 bzw. 1963 begonnenen schnellen Kampfgruppen-Versorgungsschiffe **Sacramento (AOE 1)** und **Camden (AOE 2)**. *Die Bugsektion wurde 1956 zur Reparatur der kollidierten* **Wisconsin** *verwendet.*

a) Nachdem Mitte 1938 die zulässige Größe von Schlachtschiffen auf 45 000 ts heraufgesetzt worden war, konnten die seit etwa 1937 in Arbeit befindlichen Pläne für Schlachtschiffe dieser Größenordnung weitergeführt und verwirklicht werden. Am 1. Juli 1939 wurden daher die Aufträge für **BB 61—62**, am 12. Juni 1940 die für **BB 63—64** und am 9. September 1940 die für **BB 65—66** vergeben. Sie erhielten, abgesehen von verbesserten Geschützmodellen, die gleiche Bewaffnung wie die vorangegangenen Neubauten. Der Gewichtszuwachs kam vor allem der Erhöhung der Standfestigkeit und der Steigerung der Geschwindigkeit zugute. Letztere lag konstruktionsmäßig bei 33 kn; amtliche Zahlen über die tatsächlich erreichten Geschwindigkeiten liegen zwar nicht vor, doch gilt es als sicher, daß zumindest die konstruktionsmäßig ausbedungene Geschwindigkeit erreicht wurde, womit die **Iowa**-Kl. den schnellsten Schlachtschifftyp der Welt darstellte! Insoweit nahm sie unter allen seit 1937 gebauten amerikanischen Schlachtschiffen eine Sonderstellung ein, gleichsam als ›schnelle Division‹ wie seinerzeit die britische → **Queen Elizabeth**-Kl.

Ein aufschlußreiches Bild von der Leistungsfähigkeit der im Kriege auf höchsten Touren arbeitenden amerikanischen Schiffbauindustrie vermitteln die Zahlen über die relativ sehr kurzen Bauzeiten. Diese betrug bei **Missouri** 41, bei **Wisconsin** 36 und bei **Iowa** und **New Jersey** sogar nur 32 Monate! Die Baukosten lagen im Schnitt bei etwas mehr als 100 Mio. $ je Schiff.

b) *Wesentlich anders als bei der vorausgegangenen* → **South Dakota**-*Kl. waren Panzerung und Schutzeinrichtungen der* **Iowa**-*Kl. beschaffen. Das Prinzip des Innenpanzers war nicht weiterverfolgt worden, statt dessen kehrte man wieder zum Außenpanzer zurück und verzichtete auch auf seine Schrägstellung. Einziges Attribut an das vorausgegangene Panzerungssystem war die Fortführung des schweren Seitenpanzers durch eine bis fast zum Schiffsboden keilförmig getäperte Panzerlage (ähnlich wie bei der* → **Yamato**-*Kl.!). Der Seitenpanzer schloß nach außen völlig glatt mit dem Schiffskörper ab, da er so eingepaßt war, daß die Kanten und Ecken innen (anstatt, wie meist üblich, außen!) überstanden, wodurch sich im Hinblick auf die hohe Geschwindigkeit auch ein geringerer Widerstand ergab. Großer Wert war auf die Horizontalpanzerung gelegt worden. Addiert erreichte diese 355 mm, jedoch nicht im Bereich der Kesselräume, über denen das untere PzD. fehlte. Typisch war auch das Splitterfangdeck unter dem oberen PzD. Über die Rudermaschinenanlage war eine gepanzerte Box gestülpt, deren Decke das untere PzD. — hier 158 mm dick — bildete; die Seiten waren 343 mm dick, Vorder- und Rückfront je 280 mm. Die 4 durchgehenden Längsschotte jeder Seite waren als T-Schotte ausgebildet; zusätzlich war im Innenschiff ein Dreifachboden eingezogen.* PzQ.: 280, 280—216 / Seitenpzr.: 310, 310, 310 (sämtlich getäpert ↓ 40) / Horizontalpzr.: Oberdeck 38; o. PzD. 121 + 19 und darunter Splitterfangdeck 16; u. PzD. 142 + 19 / Unterwasserschutz: Dreifachboden, jeseits 4 T-

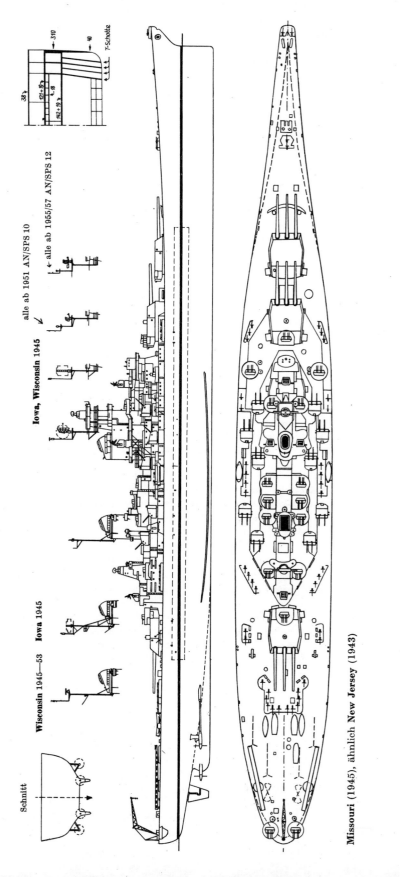

Missouri (1945), ähnlich **New Jersey** (1943)

Wisconsin 1945—53, **Iowa** 1945

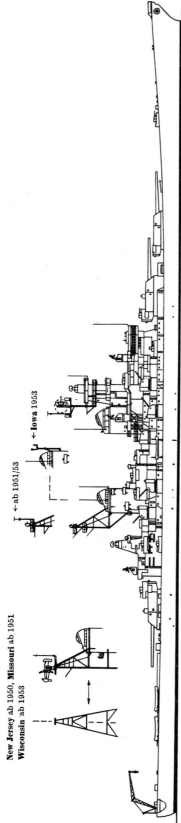

New Jersey (ab 1945), **Missouri** (ab 1947), **Iowa** (ab 1948)

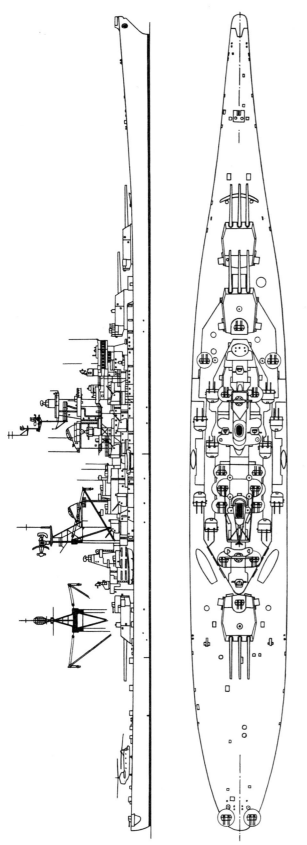

Wisconsin (1958), sehr ähnlich: **Iowa** (1958)

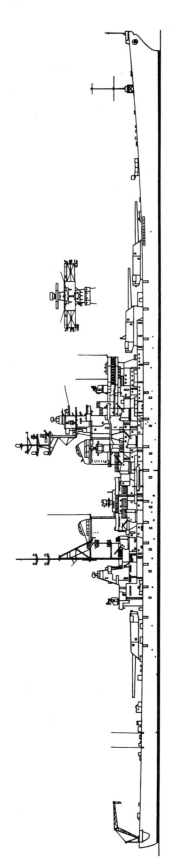

New Jersey (1969)

Schotte .., .., .., .. / SA: Barbetten 280—439; Türme 432 + 64, 241, 184 / MA 25 / KdoT. 445 (406).

c) 4 × ⊙ Tu auf 4 ⚙: Westinghouse-, BB 61 und 63 jedoch General Electric- / 8 Babcock-Kessel (Öl) / Leist. 200 000 WPS; Geschw. 33,0 kn (erreichten bis 212 000 WPS). Bugwulst, ›Tunnelheck‹ wie → **BB 55** usw., 2 parallele Ruder.

d) 9—40,6 cm-SK L/50 in gleicher Aufstellung wie → **BB 55—60**/ 20—12,7 cm-Mehrzweck-SK L/38 in ∝ / leichte ⚓-Waffen unterschiedlich: **BB 61**: 60—4 cm-⚓$_4$, **BB 62**: 64—4 cm-⚓$_4$, **BB 63**—64: 80—4 cm-⚓$_4$ (zuletzt alle nur 56—4 cm-⚓$_4$ an Bord, deren Ersatz durch 30—7,6 cm-⚓$_2$ L/50 vorgesehen war, aber nie durchgeführt wurde / 60—, **BB 63**—64: 49—2 cm-⚓ (zuletzt auf allen ausgebaut) / 2 ⛴, 4 ⛴ nur bis ∼ 1950/51 an Bord, seither dafür bis zu 2 Hubschrauber.

e) Alle Schiffe führten ursprünglich am achteren Schornstein einen einfachen Pfahlmast mit kurzen, am Schornsteinteller abschließenden Stützbeinen. 1945 wurde dieser auf **Iowa** und **Wisconsin** zwecks Einbau einer Radarantenne erhöht und verstärkt, und seither führte **Iowa** daran zusätzliche, höher angreifende Stützbeine. Den freitragenden Dreibeinmast an Achterkante des achteren Schornsteines führten **New Jersey** ab 1945, **Missouri** ab 1947 und **Iowa** ab 1948; nur **Wisconsin** behielt den Mast in der seit 1945 geführten Form, bis er 1953 von einem Vierbeinmast abgelöst wurde, den 1950 bereits **New Jersey** und 1951 auch **Missouri** erhalten hatten, und zwar mit Rücksicht auf das zum gleichen Zeitpunkt auf ihm installierte AN/SPS 8A-Radargerät. In dieser Form führen **New Jersey** und **Missouri** ihren achteren Mast noch heute. 1956 erfolgte auf **Iowa** und **Wisconsin** eine Änderung dergestalt, als sie nunmehr achtern einen massiven Portalmast erhielten. Dies geschah weniger der schweren ›AN/SPS 8 A‹-Radarantenne wegen, als vielmehr deshalb, um jeseits schweres Ladegschirr für die an Oberdeck abzustellenden Beiboote anschlagen zu können; solches Ladegschirr war notwendig geworden, nachdem mit dem Ausbau des ⚓-Kranes auf **Wisconsin** und **Iowa** (nicht aber auf **New Jersey** und **Missouri**!) kein Hebezeug mehr für die Beiboote zur Verfügung stand. Kleinere Unterschiede hatten auch die seitlich auskragenden Plattformen am achteren Schornstein sowie die Brückenaufbauten und die Plattformen um den Turmmast. Alle Schiffe führten ab ∼ 1945 die Brücke in der modernisierten Form → Skizzen. Die leichten ⚓-Waffen unterlagen in ihrer Stückzahl und Verteilung ebenfalls Schwankungen. Ursprünglich nicht an Bord waren die 4 cm-⚓$_4$ auf Turm B (nur **Iowa** führte dort als einziges Schiff seiner Klasse 3—2 cm-⚓) sowie die an Oberdeck beiderseits des achteren Aufbaues stehenden 4 cm-⚓$_4$; letztere wurden ebenso wie die auf dem Vorschiff und die zwischen den Schornsteinen jeseits überhöht angeordneten 4 cm-⚓$_4$ um 1956 wieder ausgebaut. Der Ersatz der 4 cm-⚓$_4$ durch die moderneren 7,6 cm-⚓$_2$ war nach Kriegsende zwar vorgesehen, wurde jedoch nicht mehr verwirklicht. Statt dessen erhielten die Schiffe in den 50er Jahren mit dem Mk 56-Gerät verbesserte Feuerleitanlagen für die leichte ⚓-Bewaffnung. Ab Mitte der 50er Jahre führten **Iowa** und **Wisconsin** 40,6 cm-Granaten mit Kernsprengköpfen[1] an Bord! 1956 erhielt **Wisconsin** nach der Kollision mit dem Zerstörer **Eaton** die 20,72 m lange Vorschiffssektion von **Kentucky**. **New Jersey** wurde im August 1967 zur ›Entmottung‹ und Wiederindienststellung bestimmt, um vor der Vietnam-Küste eingesetzt zu werden. Im Zuge der Reaktivierungsarbeiten wurden auch einige Verbesserungen und Änderungen vorgenommen; am auffälligsten war die Erweiterung des Vormarsstandes mit den beiderseits angehängten Sprechfunkantennen (wichtig für Beschießungen von Landzielen unter Beteiligung vorgeschobener Beobachter oder Beobachtungsflugzeugen!). Ferner wurde auf dem Vorschiff ein hoher Antennenmast errichtet. In die Reaktivierung eingeschlossen wurde die gesamte Antriebsanlage, die SA und die MA. Auf den Wiedereinbau der leichten ⚓-Bewaffnung wurde hingegen verzichtet.

Die Ausrüstung mit Radarantennen war zeitlich auf allen Schiffen verschieden.

Es befanden sich auf den Masten:

Jahr	Achtern	Vorn
1943	keine	›SK‹: **BB 61** und **BB 64**
1944	keine	›SK-2‹: **BB 62** und **BB 63**
1945	›SC-2‹: **BB 61**	
	›SG‹: **BB 64**	
	›SP‹: **BB 62** (**BB 63** ab 1947 und **BB 61** ab 1948)	
1950	›AN/SPS 8A‹: **BB 62** (**BB 63** ab 1951 und **BB 61** ab 1948)	
1951		›AN/SPS 10‹ auf allen Schiffen
1955/57		›AN/SPS 10‹ und ›AN/SPS 12‹ auf allen Schiffen
1968	keine: nur **BB 62**	wie vorstehend

Gewichtszusammenstellung

Schiffskörper[1]	13 500 ts =	28,9%
Panzer	18 700 ts =	41,6%
Bewaffnung	10 800 ts =	24,0%
Maschinen	2 500 ts =	5,5%
Typverdrängung	45 000 ts =	100,0%

[1] Einschl. Hilfsmaschinen und Ausrüstung.

Anmerkung: Diese Zusammenstellung stellt lediglich die vor dem Bau errechneten Gewichte dar und berücksichtigt noch nicht die während des Baues üblicherweise auftretenden Änderungen, die stets einen Gewichtszuwachs mit sich bringen.

In den Nachkriegsjahren wurden zahlreiche Überlegungen darüber angestellt, wie diese Schiffe weiterhin nutzbringend verwendet werden könnten. **Kentucky** *war vorübergehend Gegenstand von Umbau-Überlegungen in einen Raketenträger, wofür 1955 bereits die Bezeichnung BBG = Battleship, guided missile, eingeführt wurde. Die übrigen 4 Schiffe standen gegen Ende 1958 als sog. ›High speed missile monitors‹ zur Diskussion, wobei der Ausbau der schweren Türme und deren Ersatz durch Starteinrichtungen für ballistische Flugkörper ins Auge gefaßt wurde. Auch dieses Projekt scheiterte an der Ablehnung der verantwortlichen Stellen. Schließlich wurde 1961/62 die Möglichkeit eines Umbaus zu ›Command Ships‹ geprüft, die speziell für amphibische Operationen eingerichtet wer-*

---

[1] Sprengstoff-Äquivalent: Dem Wirkungsgrad der auf Hiroshima und Nagasaki geworfenen A-Bomben entsprechend!

den sollten. Diese Pläne sahen u. a. den Ausbau des achteren SA-Turmes und der halben Maschinenanlage vor, während achtern ein Hangar für etwa 12 Transporthubschrauber sowie eine entsprechende Start- und Landefläche errichtet werden sollten. Die freigewordenen Räume der SA — insbesondere deren Munitionskammern — sowie die der halben Maschinenanlage sollten als Lagerräume für das mitzuführende Kriegsmaterial dienen. Durch die Verminderung der Bewaffnung und der Antriebsanlage wären rechnerisch nur noch ~ 1200 Mann Besatzung erforderlich gewesen. Dazu sollten jedoch bis zu 1800 Mann des Marine Corps mit voller Ausrüstung an Bord genommen werden können. Mit der verbliebenen halben Maschinenanlage versprachen sich die Verfechter dieses Projekts eine noch immer ausreichende Geschwindigkeit, die zwischen 26 und 27 kn liegen sollte. Die Umbaukosten wurden auf etwa 65 Mio. $ geschätzt; anscheinend weil diese zu hoch waren, fand auch dieses Projekt keine Zustimmung und wurde nicht verwirklicht. Dennoch warfen diese Studien einigen Nutzen ab, denn sie dienten als Erfahrungsgrundlage beim Entwurf der Schnellen Kampfgruppen-Versorgungsschiffe der **Sacramento**-Kl., deren beide erste auch die einstmals für **Kentucky** bestimmten Tu-Sätze erhielten, womit sie 26 kn erreichen.

Alaska-Klasse

Large Cruisers = Große Kreuzer

1	2	3	4	5	6
Alaska (CB 1)	1940	New York Sb., Camden	17. 12. 41	15. 8. 43	17. 6. 44

Ab Januar 1945 im Pazifik eingesetzt zur Sicherung von Trägerraids und amphibischen Operationen: 15. Februar bis 12. März 1945 gegen Iwo Jima, 17. März bis 28. Mai 1945 gegen Okinawa (dabei Sicherung des am 19. März schwer beschädigten ⚓-Trägers Franklin), 26. Juli bis 7. August 1945 gegen japanisches Mutterland. Seit 17. Februar 1947 in Bayonne, N.J., liegend in Reserve. 1. Juni 1960 gestrichen. 24. Mai 1961 verkauft an Lipsett Co., Kearny, N.J., zum Abbruch, Juli 1961 dort eingetroffen und abgewrackt.

Guam (CB 2)	1940	New York Sb., Camden	2. 2. 42	21. 11. 43	17. 9. 44

Sicherung von Trägerraids: 18.—19. März 1945 gegen Kyushu-Inseln, 10. Juli bis 15. August 1945 gegen japanisches Mutterland. Seit 1947 in Bayonne, N.J., liegend in Reserve. 1. Juni 1960 gestrichen. 24. Mai 1961 verkauft an Boston Metals Co., Baltimore, zum Abbruch. August 1961 in Newark eingetroffen, dort abgewrackt.

Hawaii (CB 3)	1940	New York Sb., Camden	20. 12. 43	11. 3. 45	∞

*August 1945 Baustop — bis dahin uz 82,4% fertig. 1946 nach Philadelphia verlegt zum Umbau als Raketenträger, Arbeiten jedoch nicht mehr begonnen, Planung 17. Februar 1947 aufgegeben. 1952 Umbau zum Tactical Command Ship geplant, umklassifiziert: **CBC 1**, jedoch nicht durchgeführt, daher 9. September 1954 zurückklassifiziert: **CB 3**. 9. Juni 1958 gestrichen. 15. April 1959 verkauft an Boston Metals Co., Baltimore, zum Abbruch. 6. Januar 1960 in Baltimore eingetroffen, dort abgewrackt.*

1	2	3	4	5	6
Philippines (CB 4)	1940	New York Sb., Camden	∞	∞	∞
Puerto Rico (CB 5)	1940	New York Sb., Camden	∞	∞	∞
Samoa (CB 6)	1940	New York Sb., Camden	∞	∞	∞

Bauaufträge 24. Juni 1943 noch vor Kiellegung annulliert.

a) 1940/41 verdichteten sich die Gerüchte, wonach in Japan Panzerschiffe zu je 17 000 ts mit 30,5 cm-SK als Handelsstörer im Bau sein sollten. Es wurde daher mit einem Typ gerechnet, der den deutschen Panzerschiffen gleichzusetzen war. Letztere hatten gerade in den ersten Kriegsjahren dem britischen Gegner erheblichen Schaden zugefügt; diese Erkenntnis und der Wunsch, den zu erwartenden japanischen ›Handelsstörern‹ ein schnelles und schwer bewaffnetes Kriegsschiff entgegenstellen zu können, führte zu der Planung von Schlachtkreuzern, einem Typ, der bisher in der amerikanischen Marine noch nicht vertreten war und von dem überhaupt noch keine eigenen Erfahrungen vorlagen. Jener Mangel an Erfahrungen scheint die Amerikaner veranlaßt zu haben, zumindest in der äußeren Gestaltung der Schiffe Anleihen von fremden Vorbildern aufzunehmen. Dies wird besonders deutlich bei einem Vergleich mit der deutschen → **Scharnhorst**-Kl. Schiffbaulich waren die Schlachtkreuzer der **Alaska**-Kl. nichts weiter als einfache Vergrößerungen der Schweren Kreuzer der **Baltimore**-Kl., von denen die ersten gerade auf den Hellingen lagen. Dazu erhielten sie genau die gleichen Antriebsanlagen wie die ⚓-Träger der **Essex**-Kl., die leistungsfähig genug waren, um 33 kn Fahrt herauszuholen. Auch dies wurde allgemein als ein überzeugender Beweis für die Unkompliziertheit des amerikanischen Kriegsschiffbaus gewertet. Zunächst waren 6 Schiffe geplant, die Bauaufträge sind am 9. September 1940 erteilt worden. Mitte 1943 wurde das Programm auf 3 Schiffe reduziert, offenbar nachdem feststand, daß die Japaner gar keine Handelsstörer gebaut hatten und auch sonst keine lohnenswerten Ziele für diese sehr aufwendigen, aber ihrer relativ schwachen Schutzeinrichtungen halber auch sehr anfälligen Einheiten vorhanden waren. Übrigens wurden sie in der amerikanischen Marine niemals als ›Battle cruisers‹ bezeichnet, sondern stets als ›Large Cruisers‹, also als ›Große Kreuzer‹. Die Baukosten beliefen sich je Schiff auf etwa 74 Mio. $.

b) *Kreuzermäßige Panzerung!* PzQ.: 269, 269 / Seitenpzr.: 0—229, 229—0 (getäpert ↓ 127) / Horizontalpzr.: Oberdeck 37; PzD. 71 (über Munitionskammern 95) / Unterwasserschutz: Kein T-Schott, keine T-Wulste / SA: Barbetten 279—330; Türme 325, 152—133, 127 / MA: Türme 25, 19, 25 / KdoT. 127—269 (229) / Rudermaschinen-Panzerkasten: vertikal 269, horizontal 102.

c) 4 × General Electric-⚙ Tu auf 4 ⚙ / 8 Babcock-Kessel (Öl) / Leist. 150 000 WPS; Geschw. 33,0 kn / 2 parallele Ruder / Bugwulst.

USA

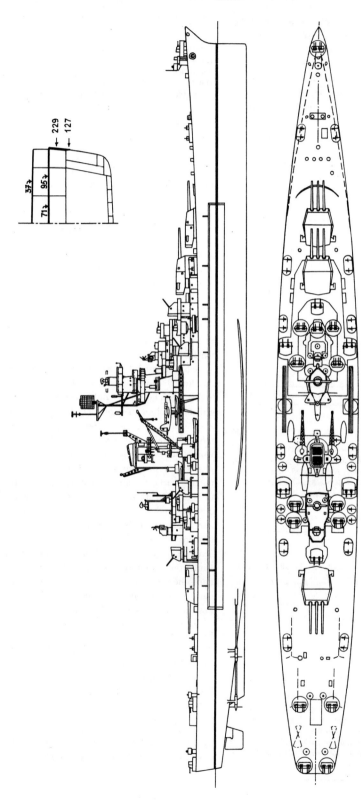

Alaska (1945)

d) 9—30,5 cm-SK L/50 in 2 ⚬ vorn und 1 ⚬ achtern / 12—12,7 cm-Mehrzweck-SK L/38 in ⚬ / 56—4 cm-⚓₄ / 30 bis 34—2 cm-⚓ / 2 ⚑, 4 ⚑.

e) Für die nach Kriegsende stillgelegte **Hawaii** stand zunächst die Umrüstung auf Flugkörper-Waffensysteme im Mittelpunkt der Überlegungen, um dieses bereits recht weit fortgeschrittene Schiff nutzbringend verwerten zu können. Dieses Projekt wurde jedoch bald darauf wieder aufgegeben. Konkretere Formen nahmen dann die Umbaupläne zum Tactical Command Ship an, weshalb 1952 die Umklassifizierung in **CBC 1** erfolgte. Zukünftige Aufgabe der **Hawaii** sollte die taktische Führung von Trägerkampfgruppen werden. Zu diesem Zweck waren eine umfangreiche Ausrüstung mit Radargeräten und Nachrichtenmitteln einerseits und zahlreiche Unterkünfte für Stabs- und Führungspersonal andererseits vorgesehen. Als stärkste Geschütze waren 12,7 cm-⚓₂ betimmt. Obwohl der Umbau bereits genehmigt worden war, unterblieb die Auftragserteilung, weil zunächst die Erfahrungen mit dem inzwischen ebenfalls zum Tactical Command Ship umgebauten Kreuzer **Northampton** abgewartet werden sollten. Später wurde dieses Umbauprojekt nicht mehr weiterbetrieben, vermutlich weil man erkannt hatte, daß diese Aufgabe auch kleinere, nicht so aufwendige Schiffe übernehmen konnten. Am 9. September 1954 wurde **Hawaii** dann als **CB 3** zurückklassiziert.

Montana-Klasse
Battleships = Schlachtschiffe

1	2	3	4	5	6
Montana (BB 67)	1940	Philadelphia Navy Yard	∞	∞	∞
Ohio (BB 68)	1940	Philadelphia Navy Yard	∞	∞	∞
Maine (BB 69)	1940	New York Navy Yard	∞	∞	∞
New Hampshire (BB 70)	1940	New York Navy Yard	∞	∞	∞
Louisiana (BB 71)	1940	Norfolk Navy Yard	∞	∞	∞

Bauaufträge 9. September 1940 erteilt, jedoch kein Schiff mehr begonnen (Baubeginn für **BB 67—68** *vorgesehen für 4. Juli 1941?). Aufträge 21. Juli 1943 annulliert.*

a) Mit dem am 19. Juli 1940 durchgebrachten ›Zwei Ozean-Flottenbaugesetz‹ war eine erhebliche Vermehrung der amerikanischen Flotte möglich geworden. Damit konnten die seit 1938/39 in Arbeit befindlichen Projekte von 58000 ts-Super-Schlachtschiffen verwirklicht werden. 5 Schiffe dieser Größenordnung wurden bewilligt; sie stellten eine Weiterentwicklung der → **Iowa**-Kl. dar, jedoch mit mehr schwerer Artillerie. Auf die für die → **Iowa**-Kl. erreichbare hohe Geschwindigkeit mußte jedoch verzichtet werden, weil bei dieser Schiffsgröße Turbinensätze erforderlich wurden, die erheblich mehr als 50 000 WPS (damals die äußerste Grenze des wirtschaftlich Erreichbaren!) hätten leisten müssen. Daher begnügte man sich damit, ihre Geschwindigkeit an die der → **North Carolina**- und der → **South Dakota**-Kl. anzupassen, um über eine in dieser Hinsicht homogene Flotte neuer Schlachtschiffe zu verfügen, unter denen nur die → **Iowa**-Kl. im Hinblick auf ihre sehr hohe Geschwindigkeit eine Spitzenstellung erreichen sollte. Sonst kam der Gewichtszuwachs fast ausschließlich der Vermehrung der SA und der Ausdehnung des schweren Panzers zugute. Es waren zugleich die ersten Schlachtschiffe, bei denen die Amerikaner auf ihre sonst übliche Forderung nach Passierfähigkeit für den Panamakanal verzichteten. Dieser Schritt erfolgte zu Gunsten einer größeren Sinksicherheit, die durch das Anwachsen der Schiffsbreite erzielt werden sollte. Alle 5 Schiffe sollten in großen Baudocks gebaut und erst kurz vor der Fertigstellung ausgeflutet werden. Keines von ihnen wurde mehr begonnen, weil die Werften zunächst mit dringenderen Aufträgen und zahlreichen Reparaturen ausgelastet waren. Der sich nach der See-Luftschlacht bei den Midway-Inseln abzeichnende Wandel der neuzeitlichen Seekriegführung trug dann ebenfalls wesentlich dazu bei, daß man diese Projekte aufgab. An ihrer Stelle wurde nunmehr der Bau von ⚓-Trägern vorangetrieben, die im Begriff waren, die Rolle der Schlachtschiffe zu übernehmen. Für die 5 Einheiten der **Montana**-Kl. wurden dann die 6 ⚓-Träger der **Midway**-Kl. als die größten, die jemals bis dahin gebaut wurden, eingesetzt.[1]

b) *Bei diesen Schiffen wurden insoweit neue Wege eingeschlagen, als ein zweifacher Seitenpanzer vorgesehen wurde, und zwar ein äußerer, der sich vom Panzerdeck bis zum Ansatz des wulstförmig gestrakten Rumpfes erstreckte, und ein innerer, der — ähnlich wie bei der* → **Yamato**-*Kl.* — *bis zum Schiffsboden verlängert war und zugleich die Funktion des T-Schotts einnahm.* PzQ.: 406—457, 324—387 / Seitenpzr.: ~ 19° geneigter Außenpanzer 406 (getäpert ↓ 255) + 12° geneigter Innenpanzer 178 (getäpert ↓ 83—57), über Magazinen 216 (getäpert ↓ 95) / Zitadellpzr. 38 / Horizontalpzr.: Oberdeck 55; PzD. 129—154 / Unterwasserschutz: T-Schotte 57—25, T-Wulste, Dreifachboden / SA: Barbetten 457—534; Türme 457, 254, 197 / MA: Türme 25, 19, 25 / KdoT. 197—457 (406) / Panzerkasten über Rudermaschinen: vertikal 387—457, horizontal 178 / *PzGewicht* ~ 21 000 ts.

c) 4 × Westinghouse-⚬ Tu auf 4 ⚬ / 8 Babcock-Kessel (Öl) / Leist. 172 000 WPS; Geschw. 28,0 kn / 1 Ruder / Bugwulst.

d) 12—40,6 cm-SK L/50, aufgestellt in je 2 überhöhend angeordneten ⚬ vorn und achtern / 20—12,7 cm-Mehrzweck-SK L/54 in ⚬ / 32—, zuletzt 40—4 cm-⚓₄ / 42 bis 48—2 cm-⚓ / 2 ⚑, 4 ⚑.

e) Im Gegensatz zur → **South Dakota**-Kl. und zur → **Iowa**-Kl. sollte die MA wieder jeweils 1 Deck tiefer aufgestellt werden;

---

[1] **Midway (CVB 41), Franklin D. Roosevelt** ˣ**Coral Sea (CVB 42), Coral Sea (CVB 43)** — sämtlich 1945/46 fertiggestellt; dazu kamen **CVB 44** und **CVB 56—57**, die am 11. Januar 1943 bzw. am 27. März 1945 annulliert wurden.

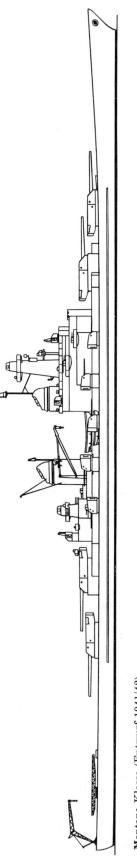

Montana-Klasse (Entwurf 1941/42)

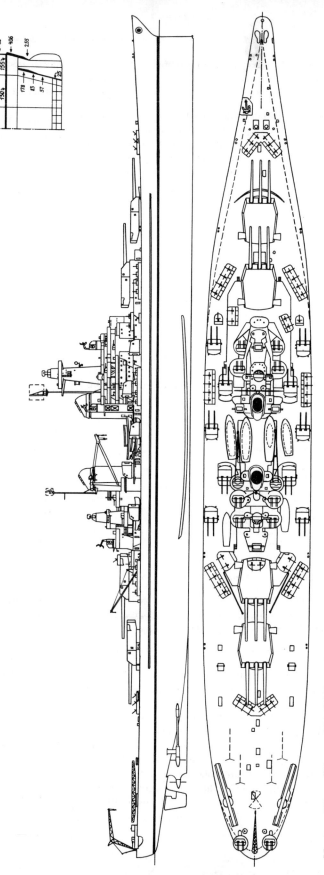

Montana-Klasse (Entwurf 1942/43)

dies war mit Rücksicht auf den Turm C der SA erforderlich geworden, um diesem in vorlichen Richtungen noch einen genügend großen Bestreichungswinkel zu sichern und außerdem die MA-Türme dem Gasdruck der SA zu entziehen. Die **Montana**-Kl. war zur Einführung der neuen 12,7 cm-SK L/54 ausersehen. Die Antriebsanlage wurde außerordentlich raumsparend untergebracht. Sie wurde durch 2 Längs- und zahlreiche Querschotte unterteilt; dies stand in einem gewissen Gegensatz zur → **Iowa**-Kl., deren Antriebsanlage nach dem Kraftwerk-Prinzip angeordnet war. Die Eigenart der Anordnung der Antriebsanlage bewirkte extreme Unterschiede in den ⚓-Wellen-Längen; ähnlich wie bei den japanischen Kreuzern der **Mogami**-Kl. wirkten die vorderen Tu-Sätze auf die Innenwellen, die deshalb erheblich länger ausfielen als die Außenwellen. Das Achterschiff entsprach in seiner Formgebung den bei der → **North Carolina**- und der → **Iowa**-Kl. gehandhabten Praktiken, also mit Kielflossen, aus denen die Innenwellen heraustraten. Ursprünglich war nur 1 Ruder vorgesehen; der endgültige Entwurf sah jedoch 2 Ruder vor, je eines hinter den Innenwellen. Der Bugwulst war vergleichsweise zur → **Iowa**-Kl. erheblich stärker vorgesehen. Nach dem ersten Entwurf waren anstatt eines Großmastes seitlich nach achteraus abgewinkelte Antennenausleger am achteren Schornstein vorgesehen, während eine Radarantenne auf einem kurzen Maststummel an der Vorkante des achteren Schornsteines errichtet werden sollte. Gleichzeitig sollte der vordere Stengenmast aus dem vorderen Schornstein heraustreten und gegen den Turmmast abgesteift werden. Der Brückenblock war in diesem Entwurfsstadium kürzer vorgesehen, weshalb die beiden vorderen SA-Türme ~ 3 m weiter achtern standen. **Maine** war als Force-Flaggschiff vorgesehen, die übrigen als Divisions-Flaggschiffe. *Der in einer nichtoffiziellen amerikanischen Quelle gezeigte Umrüstungsentwurf für 1948 (Ersatz der 2 cm-⚓ und der 4 cm-⚓ durch insgesamt 30—7,6 cm-⚓₂ L/70, Ausbau der ⚓ und der ⚓-Kräne, Austausch der ⚓ gegen Hubschrauber, Ersatz des bisherigen Großmastes gegen Doppelpfosten-Radarmast) ist völlig unwahrscheinlich und muß als bloße Spekulation zurückgewiesen werden!*

Ex-Nagato

Battleship = Schlachtschiff

1	2	3	4	5	6
...	∞	Kure Kaigun Kosho	28. 8. 17	9. 11. 19	25. 11. 20

Ex-japanisch → **Nagato**. *20. September 1945 von USA als Kriegsbeute übernommen und für Atombombenversuche beim Bikini-Atoll hergerichtet. 1. Juli 1946 dort bei Test ›Able‹ nur geringfügig, 25. Juli 1946 bei Test ›Baker‹ völlig zerstört und 29. Juli 1946 †.*

a)—e) → Japan → **Nagato**-Kl.

DEUTSCHES REICH

Germany   Allemagne   Germania

Stammtafel

Jahr	Schlachtschiffe	Schlachtkreuzer	Schnelle Schlachtschiffe
1907	Nassau ⎤	Von der Tann ⎤	
1908	⎡ Helgoland ⎦		
1909	⎣ Kaiser ⎤	⎡ Moltke ⎦	
1910		⎣ Seydlitz	
1911	⎡ König ⎦	⎡ Derfflinger ⎦	
1912	⎣ Bayern		
1913			
1914		⎡ Mackensen ⎤	
1915		Ersatz Yorck ⎦	
1916	Projekte¹	Projekte¹	Projekte¹
1917—27	Panzerschiffe		
1928	Deutschland		
1929—33			
1934		Scharnhorst	
1935			
1936			⎡ Bismarck
1937			
1938	›Kreuzer P‹		
1939		O—Q	⎣ H—N

Deutsche Großkampfschiffe 1907—45

Nachfolgend aufgeführt sind die jeweils in einem Etatjahr bewilligten sowie die zum Ende dieses Etatjahres im Dienst befindlichen bzw. fertigen Großkampfschiffe. Kriegsverluste und sonstige Abgänge sind jeweils berücksichtigt.

Etatjahr	Schlachtschiffe bewilligt	Schlachtschiffe fertig	Schlachtkreuzer bewilligt	Schlachtkreuzer fertig
1907	4	0	1	0
1908	4	0	0	0
1909	2	2	3	0
1910	3	4	0	1
1911	3	7	1	2
1912	3	11	1	3
1913	1	13	1	4
1914	1	17	1	5
1915	0	17	3	6
1916	0	19	3	5
1917	0	19	0	6
1918	0	19	0	6
1919	0	0	0	0
1920	0	0	0	0
1921	0	0	0	0
1922	0	0	0	0
1923	0	0	0	0
1924	0	0	0	0
1925	0	0	0	0
1926	0	0	0	0
1927	0	0	0	0
1928	1*	0	0	0
1929	0	0	0	0
1930	0	0	0	0
1931	1*	0	0	0
1932	1*	0	0	0
1933	0	1*	0	0
1934	0	2*	2	0
1935	1	2*	0	0
1936	1	3*	0	0
1937	0	3*	0	0
1938	0	1 + 3*	0	0
1939	6	2 + 3*	3	0
1940	0	3 + 2*	0	0
1941	0	3 + 2*	0	0
1942	0	2 + 2*	0	0
1943	0	2 + 2*	0	0
1944	0	0 + 2*	0	0
1945	0	0	0	0

¹ Vgl. Forstmeier, Friedrich: Deutsche Großkampfschiffe 1915—1918. Die Entwicklung der Typenfolge im Ersten Weltkrieg (in Vorbereitung; J. F. Lehmanns Verlag, München; voraussichtlich 1970).

* = Panzerschiffe der **Deutschland**-Kl. (hier mit einbezogen, obwohl seit 1940 als ›Schwere Kreuzer‹ bezeichnet!).

Artillerie

Kaliber cm (inches) und Aufstellung	Rohr-länge	Kon-struk-tionsjahr	Rohr-gewicht t	Geschoß-gewicht kg	Schußweite bei maximaler Rohrerhöhung hm/Grad	Feuer-geschwin-digkeit s/min	Bemerkungen
1. Schwere Artillerie							
40,6 (16″) ⚓	L/47	1934	....	...	368/30,0°	...	*Vorgesehen für* **H** *bis* **N**
38,0 (15″) ⚓	L/47	1934	109,2	798	362/35,0°	3	*Eingebaut auf* **Bismarck**-*Klasse, vorgesehen für* **O, P** *und* **Q**
38,0 (15″) ⚓	L/45	1913	105,0	750	204/16,0° später 232/20,0°	2,5	*Vorgesehen für* **Ersatz Yorck**-*Klasse, eingebaut auf* **Bayern**-*Klasse*
35,0 (13,75″) ⚓	L/45	1914	98,1	600	.../...	2,5	*Vorgesehen für* **Mackensen**-*Klasse*
30,5 (12″) ⚓	L/50	1910	68,0	405	162/13,5° später 204/16,0°	1,0	*Auf* **Helgoland-, Kaiser-, König-** *und* **Derfflinger**-*Klasse; Turmgewicht bei* **König**-*Klasse 551 ts*
28,0 (11″) ⚓	L/40	1901	45,3	240	191/31°	1,5	*Eingebaut auf der alten* **Deutschland**-*Klasse*
28,0 (11″) ⚓	L/45	1907	53,5	305	189/20°	1,5	*Eingebaut auf* **Nassau**-*Klasse und* **Von der Tann**
28,0 (11″) ⚓	L/50	1909	77,6	300	181/13,5° später 191/16,0°	...	*Auf* **Moltke**-*Klasse und* **Seydlitz**
28,0 (11″) ⚓	L/54,5	1928	53,2	315	426/45°	2,5	*Eingebaut auf den Panzerschiffen der* **Deutschland**-*Klasse (in Drehlafette C/28) und auf den Schlachtschiffen der* **Scharnhorst**-*Klasse (Dreh-L. C/34)*
2. Mittelartillerie							
17,0 (6,75″)	L/40	?	10,75	62,8	201/22,0°	5	*Als Kasematt-SK auf den alten Linienschiffen der* **Deutschland**-*Klasse*
15,0 (5,9″) ⚓	L/48	1936	8,4	40,0	235/47,0°	10	*Vorgesehen für* **O, P** *und* **Q** *(Turmgewicht 62,5 t)*
15,0 (5,9″)	L/55	1928	9,1	43,3	220/35,0°	10	*Eingebaut auf den Panzerschiffen der* **Deutschland**-*Klasse in Einzellafetten mit Schutzschilden, auf* **Scharnhorst**-*Klasse teils ebenso, sonst in* ⚓ *wie ausschließlich auf* **Bismarck**-*Klasse und auf* **H** *bis* **N**.
15,0 (5,9″)	L/45	..	5,7	46,0	135/... später 168/...	7	*Als Kasematt-SK auf* **Nassau**- *bis* **Bayern**-*Klasse und* **Von der Tann** *bis* **Ersatz Yorck**-*Klasse.*
8,8 (3,9″)	L/35	..	...	9,5	.../...	10	*Torpedoboot-Abwehr-Artillerie auf* **Nassau**- *bis* **König**-*Klasse und auf* **Von der Tann** *bis* **Derfflinger**-*Klasse (teils während des Krieges ausgebaut und durch 8,8 cm-✱ ersetzt).*
3. ✱-Bewaffnung							
12,8 (5,1″)	L/45	1941	...	26,1	206/45,0°	...	*Mehrzweck-SK, vorgesehen für* **Gneisenau** *anläßlich des 1942 begonnenen Umbaues*
10,5 (4,1″) ✱₂	L/65	1932	...	15,1	151/44,0°	15	*Eingebaut in den Doppellafetten C/31 auf* **Scharnhorst**-*Klasse sowie ab 1938 auf* **Lützow** *ex* **Deutschland** *und* **Admiral Scheer**; *in den neueren Doppellafetten C/33 auf* **Bismarck** *(je zur Hälfte C/31 und C/33) und* **Tirpitz**; *vorgesehen in „Flaktürmen 37"* auf* **H**-*Klasse und auf* **O, P** *und* **Q**.

* Als Lösung wurde eine Kombination von 2 Geschützen auf einer Drehscheiben-Lafette mit darüber angeordnetem Funkmeßgerät auf 3 Achsen angestrebt. Näheres ist nicht bekanntgeworden.

Kaliber cm (inches) und Ausstellung	Rohr-länge	Kon-struk-tionsjahr	Rohr-gewicht t	Geschoß-gewicht kg	Schußweite bei maximaler Rohrerhöhung hm/Grad	Feuer-geschwin-digkeit s/min	Bemerkungen
8,8 (3,9″) ⚓₂	L/76	1932	4,2	9,0	176/40,0°	15	*Als ⚓₂ nur 1935—38 an Bord von* **Deutschland** *und* **Admiral Scheer**
8,8 (3,9″) ⚓	L/45	1913	1,2	9,7	141/43,0°	15	*Ab 1915/16 auf den Großkampfschiffen eingebaut, teils als Ersatz der 8,8 cm-SK. Erstausstattung des Panzerschiffes* **Deutschland** *(bis 1935).*
4,0 (1,57″) ⚓	L/56	1928	0,15	0,9	100/45,0°	160	*Modell Bofors. Ab 1944 auf* **Lützow** *und* **Admiral Scheer.**
3,7 (1,46″) ⚓₂	L/83	1930	0,12	0,8	85/35,0°	30	*Halbautomatisch. Auf allen Schlachtschiffen und Panzer-schiffen ab 1933*
3,7 (1,46″) ⚓	L/69	1942	0,11	0,6	84/38,0°	..	*Vollautomatisch. Ab 1944 auf* **Lützow** *und* **Admiral Scheer.**
2,0 (0,8″) ⚓	L/65	1930	...	0,11	40/13,0°	..	*Als ⚓ auf allen Panzerschiffen und Schlachtschiffen ab 1933, als ⚓₄ ab 1941 an Bord. Als ⚓₂ später auf* **Lützow** *und* **Admiral Scheer.**

Bordflugzeuge

Es waren eingeführt worden:
1. Heinkel He-60 [ab 1934],
2. Heinkel He-114 [ab 1938], und
3. Arado Ar-196 [ab 1939].

Mit der He-60 waren die Panzerschiffe der **Deutschland**-Kl. ausgestattet, während die He-114 als deren verbesserter Nachfolger 1938 nur auf **Gneisenau** auftrat. Ab 1939 wurden beide Heinkel-Muster durch die Ar-196 ersetzt.
Sämtliche ⚓ waren schleuderfähig. Bis 1938/39 standen auf den Kriegsschiffen Landesegelvorrichtungen zur Verfügung, die wieder abgegeben wurden, weil sie sich nicht besonders bewährten.

Farbanstrich

Stets grauer Schiffskörper mit hellgrauen Aufbauten, Schornsteinen usw., Schornsteine meist schmale schwarze Oberkante, Masten oberhalb des Schornsteines gelegentlich ebenso. Dunkelgraue Wasserlinie.
Diverse Tarnanstriche führten nur zeitweise während des Zweiten Weltkrieges **Lützow** ×**Deutschland, Admiral Graf Spee, Scharnhorst, Bismarck** und **Tirpitz**.
Fliegerkennung: 1916—18 Turmdecken (jeweils die Endtürme, bei überhöhter Turmaufstellung stets die inneren) breiter weißer Ring auf schwarzem Feld; 1936—38, soweit während des spanischen Bürgerkrieges zur internationalen Seekontrolle abgeordnet: Schwarz-weiß-rotes Band quer über SA-Türme verlaufend.
1939—45: Auf der Back schwarzes Hakenkreuz in weißem Kreisfeld.
Während des Ersten Weltkrieges wurden die Bugwappen im allgemeinen beibehalten, im Zweiten Weltkrieg fehlten sie dagegen von Kriegsbeginn an ebenso wie der am Heck befindliche große Hoheitsadler.

Radarausstattung

Die Entwicklung von Radarverfahren — in Deutschland als ›Funkmessung‹ bekannt geworden — begann bereits 1934 und führte zu dem ›Seetakt‹-Gerät (auch ›DeTe-Gerät‹ = ›Deutsches Technisches Gerät‹ genannt), das zuerst auf der 50 cm- und zuletzt auf der 80 cm-Welle arbeitete und nur Entfernungsdaten, jedoch keine Höhendaten lieferte. Der Antennenkörper (seiner eigenwilligen Form halber im Seemannsjargon auch ›Matratze‹ genannt) bestand aus einem Rechteckrahmen von zunächst $\sim 3{,}5 \times 1{,}5$ m und später bis zu $6{,}5 \times 2{,}0$ m; er wurde an der Stirnseite der großen E-Meß-Drehhauben installiert. **Admiral Graf Spee** erhielt dieses Gerät 1938 als eines der ersten deutschen Kriegsschiffe; es fand seinen Platz an der Vormars-Drehhaube, wo es außer Betrieb aus Tarnungsgründen mit einer Persenning abgedeckt wurde.

Ab 1939 wurden die Geräte planmäßig eingebaut, und zwar zunächst nur ein Gerät je Schiff an dessen Vormars-Drehhaube. Ab 1941/42 wurde auch an der achteren Drehhaube eine solche Antenne installiert. Diese Maßnahme war teils mit der Errichtung eines besonderen Funkmeßstandes auf der Decke der Drehhaube verbunden. Nur bei der → **Bismarck**-Kl. war auch auf der auf dem Kommandostand befindlichen Drehhaube eine solche Antenne installiert.

Als Versuchslösung war 1943/44 bei **Tirpitz** am achteren ⚓-Leitstand ein ›Würzburg‹-Gerät (Parabolspiegel von 3 m Durchmesser) zur Höhenmessung errichtet worden. Dadurch wurde der Bestreichungswinkel des ⚓-Leitstandes etwas verkleinert.

Torpedoschutznetze

Nur die Großkampfschiffe des Ersten Weltkrieges führten T-Schutznetze. Diese wurden nach der Skagerrakschlacht von Bord gegeben und nicht wieder eingebaut.

Torpedowaffe

Ausschließlich ↓-TR für 45 cm-Torpedos (**Nassau**-Kl., **Von der Tann**), 50 cm-Torpedos (alle übrigen), **Bayern**-Kl. und ab **Lützow** bis einschl. **Ersatz Yorck**-Kl. 60 cm-Torpedos vorgesehen).

Die Panzerschiffe der **Deutschland**-Kl.: ↑-TR in Vierergruppen an Oberdeck für 53,3 cm-Torpedos (**Deutschland** ursprünglich noch für 50 cm-Torpedos!). Auf **Scharnhorst**- und **Bismarck**-Kl. nicht von Anfang an vorgesehen, sondern erst auf Grund der Kriegserfahrungen eingebaut (teils von Leichten Kreuzern stammend): Drillings- und Vierlingsgruppen von ↑-TR für 53,3 cm-Torpedos.

↓-TR und fest eingebaute ↑-TR für **H**-Klasse bzw. Schlachtkreuzer **O-Q** vorgesehen.

Werften

Bezeichnung der Werft	geographische Lage	Erteilte Bauaufträge
1. A.G. ›Vulcan‹, Hamburg (seit 1930: Howaldtswerke Hamburg)	Nordsee	**Friedrich der Große, Großer Kurfürst, Württemberg, Ersatz Yorck**
2. A.G. ›Vulcan‹, Stettin	Ostsee	**Rheinland**
3. A.G. ›Weser‹, Bremen (Hauptbetrieb der Deutschen Schiff- und Maschinenbau-AG = Deschimag)	Nordsee	**Westfalen, Thüringen, Markgraf, ›J‹, ›K‹**
4. Blohm & Voß, Hamburg	Nordsee	**Von der Tann, Moltke, Goeben, Seydlitz, Derfflinger, Mackensen, Ersatz Freya, Ersatz Scharnhorst, Bismarck, ›H‹, ›M‹**
5. Friedrich Krupp Germaniawerft Kiel	Ostsee	**Posen, Prinzregent Luitpold, Kronprinz, Sachsen, Ersatz Gneisenau, ›Q‹**
6. Friedrich Schichau, Danzig	Ostsee	**Oldenburg, König Albert, Lützow, Baden, Graf Spee**
7. Howaldtswerke Kiel	Ostsee	**Helgoland, Kaiserin, Bayern**
8. Kaiserliche Werft Kiel (seit 1925: Deutsche Werke Kiel AG)	Ostsee	**Kaiser, Deutschland, Gneisenau, ›N‹, ›O‹**
9. Kaiserliche Werft Wilhelmshaven (ab 1919: Reichsmarinewerft .., ab 1935: Kriegsmarinewerft ...)	Nordsee	**Nassau, Ostfriesland, König, Hindenburg, A = Ersatz Friedrich Carl, Admiral Scheer, Admiral Graf Spee, Scharnhorst, Tirpitz, ›L‹, ›P‹**

Die deutschen Großkampfschiffe

1	2	3	4	5	6	7	8	9	10	11	12	13
Deutschland Hannover Pommern Schlesien Schleswig-Holstein	.	12982	13993	.	125.9	127.6	22.2	8.2	836 K	1693 K	4800/12	743
Projekt 10 A	.	13779	.	.	130.0	.	23.2	7.3	787 K	.	.	.
Projekt C	.	15452	.	.	123.0	.	.	7.8	.	.	.	.
Projekt G 7 b	.	18405	.	136.0	145.0	.	26.5	8.6	920 K	2657 K	.	.
Nassau Westfalen Rheinland Posen	.	18569	20210	.	145.6	146.1	26.9	8.6	935 K [1]	2952 K	9400/10	1008
Helgoland Ostfriesland Thüringen Oldenburg	.	22437	24312	.	166.5	167.2	28.5	8.9	886 K [2]	3150 K	3600/18	1113
Von der Tann	.	19064	21082	.	171.5	171.7	26.6	9.2	984 K	2756 K	4400/14	923/998
Moltke Goeben	.	22616	24999	.	186.0	186.5	29.5	9.2	984 K	2952 K	4120/14	1053
Seydlitz	.	23707	25146	.	200.0	200.6	28.5	9.3	984 K	3543 K	4200/14	1068

[1] Später dazu 157 ts Ö.

[2] Später dazu 197 ts Ö.

Deutsches Reich

1	2	3	4	5	6	7	8	9	10	11	12	13
Kaiser **Friedrich der Große** **Kaiserin** **Prinzregent Luitpold** **König Albert**	.	24333	26573	.	171.8	172.4	29.0	9.1	984 K + 197 Ö [3]	2952 K [3]	7900/12 [3]	1084
König **Großer Kurfürst** **Markgraf** **Kronprinz**	.	25391	28148	.	174.7	175.4	29.5	9.2	984 K + 689 Ö	3543 Ö	8000/12	1136
Derfflinger	.	26180	30707	.	210.0	210.4	29.0	9.6	738 K + 246 Ö	3642 K + 984 Ö	5300/14	1112 bis 1182
Lützow	.	26318		.								
Hindenburg	.	26513	31002	.	212.5	212.8	29.0	9.6				
Bayern **Baden** **Württemberg**	.	28061	31691	.	179.4	180.0	30.0	9.4	886 K + 197 Ö	3346 K + 610 Ö	5016/12	1171 / 1271
Sachsen	.	28345	31987	.	182.4	183.0	,,	,,	788 K + 98 Ö	3150 K + 788 Ö	2000/12 [4]	,,
Mackensen **Ersatz Freya** **Graf Spee** **A**	.	30510	34742	.	223.0	224.0	30.4	8.4 / 9.3	788 K + 295 Ö	3937 K + 1968 Ö	5500/14	1186
Ersatz Yorck **Ersatz Gneisenau** **Ersatz Scharnhorst**	.	32971	37400	.	227.8	228.0	30.4	9.3	788 K + 295 Ö	3937 K + 689 Ö	,,	1227
Wolga	.	22500	.	.	168.0	.	27.4	8.4	1476 K + ... Ö	2952 K + ... Ö	.	1252
Tirpitz (?) (×**Salamis**)	.	19500	.	.	173.7	.	24.7	7.6	... K	... K	.	.
Panzerschiff-Vorprojekte[5]:												
II/10 (1923)	10000	.	.	.	124.0	.	21.4	6.8	. Ö	. Ö	.	.
I/10 (1923)	,,	.	.	.	176.0	.	18.8	6.5	.	.	.	.
II/30 (1925)	,,	.	.	.	132.5	.	22.0	6.5	.	.	.	.
IV/30 (1925)	,,	.	.	.	.	.	.	.	.	.	.	.
V/30 (1925)	,,	.	.	.	.	.	.	.	.	.	.	.
I/28 (1925)	,,	.	.	.	.	.	.	.	.	.	.	.
II/28 (1925)	,,	.	.	.	.	.	.	.	.	.	.	.
VI/30 (1925)	,,	.	.	.	.	.	.	.	.	.	.	.
VII/30 (1925)	,,	.	.	.	.	.	.	.	.	.	.	.
I/35 (1925)	,,	.	.	.	.	.	.	.	.	.	.	.
VIII/30 (1925)	,,	.	.	.	126.0	.	21.0	7.2	.	.	.	.
I/M 26 (1926)	,,	.	.	.	141.0	.	20.2	7.0	.	.	.	.
II/M 26 (1926)	,,	.	.	.	188.0	.	20.7	5.5	.	.	.	.
Deutschland = Lützow	10000[6] 11700	.	15900	.	181.7	186.0	20.6	5.8 / 7.2	. Ö	2854 Ö	10000/20 21500/~10	619 bis 951
Admiral Scheer	,,	.	,,	.	,,	187.9[7] ,,	21.3	5.8 / 7.3	. Ö	2854 Ö	9100/20 19000/~10	1001 bis 1150
Admiral Graf Spee	10000[6] 12100	13880	16200	.	,,	186.0	21.6	5.8 / 7.4	1653 Ö	2756 Ö	8900/20 19000/~10	

---

[3] **Prinzregent Luitpold** 492 ts K normal, 3051 ts K maximal, dazu 98,4 ts Ö normal und 394 ts Ö maximal, Fahrstrecke nur mit Motorenbetrieb 2000/12.

[4] Fahrbereich nur mit Motorenbetrieb.

[5] Entwurfsbezeichnung (Entwurfsjahr). Dem Typ nach waren Kreuzer die Entwürfe I/10 und I/M 26 und II/M 26, ein Monitor der Entwurf I/35; alle anderen waren als kleine Schlachtschiffe zu bewerten.

[6] Offizielle Größenangabe.

	1	2	3	4	5	6	7	8	9	10	11	12	13
Scharnhorst / Gneisenau		26 000[6] 31 850	34 841	38 900	.	226.0	229.8 234.9[8]	30.0	$\frac{8.2}{9.1}$	2756 Ö	6200 Ö	8800/19 10 000/17	$\frac{1669}{1840}$
Gneisenau Umbau-Projekt		~35 000	~39 000	~43 000	.	~236.0	~245.0	30.0	.	.	.	.	.
Bismarck		35 000[6] 41 700	45 172	50 900	.	240.2 241.5[9]	245.0[10] 248.0 251.0[9]	36.0	$\frac{8.7}{10.2}$	3287 Ö	7775 Ö	9280/16	2092
Tirpitz		35 000[6] 42 900	~46 400	52 600	.				$\frac{9.0}{10.6}$	2952 Ö	8641 Ö	10 200/16	2608
Projekt ›Kreuzer P‹		.	.	~31 000	.	235.0	.	27.0	.	.	.	.	.
H J K L M N	Entwurf 1939	52 607	55 453	62 497	.	265.8	277.8	37.2	$\overline{10.2}$	3936 Ö	9842 Ö	19 000/16	2600
desgl., Entwurf ›A‹ von 1940		.	.	.	.	270.0	282.9	37.6	10.0	.	.	.	.
desgl., Entwurf ›B‹ von 1940		.	.	.	.	287.0	299.8	39.2	„	.	.	.	.
desgl., Entwurf 1941		62 989	68 000	76 000	.	275.0	.	39.0	$\frac{11.1}{12.1}$	.	.	20 000/19	.
O P Q		30 500	31 920[11]	35 720[11]	.	246.0	256.5	30.0	$\frac{9.6}{11.2}$	2460 Ö[12]	6300 Ö	14 000/19	1965
R		35 000[6] . 35 000[6]	40 900[6] . 40 900[6]	. . .	.	242.1 „	247.9 „	33.1 „	$\frac{9.7}{10.7}$ „	. .	5905 Ö „	8500/14 „	. .
S													
Ex Sovetskaja Ukraina		46 000 bis 50 000	.	56 000 bis 60 000	.	262.0	.	39.7	9.8	.	.	.	.
Projekt H-42		83 265	90 000	98 000	.	305.2	.	42.8	$\frac{11.8}{12.7}$[13]	.	.	20 000/19[13]	.
Projekt H-43		103 342	111 000	120 000	.	330.2	.	„	$\frac{12.0}{12.8}$[13]	.	.	„	.
Projekt H-44		122 000	131 000	141 500	.	345.1	.	51.5	$\frac{12.7}{13.5}$[13]	.	.	„	.

[6] Offizielle Größenangabe.
[7] Nach Umbau 1939/40.
[8] 1938/39 Vorsteven-Umbau.
[9] Vorsteven-Umbau 1939.
[10] Ursprüngliche Planung (Entwurf 1936/37).
[11] In nichtamtlichen Quellen Typverdrängung mit 32 200 ts und Maximalverdrängung mit 38 200 ts angegeben.
[12] 984 ts Heizöl und 1476 ts Treiböl.
[13] Bei Erhöhung der Fahrstrecke für H-42 bis H-44 auf 25 000/19 durch zusätzlichen Brennstoff wäre der Tiefgang um nur 0,4 m größer geworden, während die Geschwindigkeit um ~0,15 kn vermindert worden wäre.

Deutschland-Klasse

Linienschiffe = Schlachtschiffe

1	2	3	4	5	6
Deutschland	1904	F. Krupp Germaniawerft, Kiel	20. 6. 03	19. 11. 04	3. 8. 06

Flottenflaggschiff bis 1912. 31. Mai 1916 ✕ Skagerrak. Ab 1917 Wohnschiff. 25. Januar 1920 gestrichen, 1920—22 in Wilhelmshaven abgewrackt.

Hannover	1904	Kaiserl. Werft, Wilhelmshaven	11. 04	29. 9. 05	1. 10. 07

31. Mai 1916 ✕ Skagerrak. 1917 Wachschiff im Sund, danach wieder aktiv bis 1935. Umbauten 1920—21 und 1929—30. 1935 gestrichen; trotz Streichung beibehalten, jedoch nicht mehr im aktiven Dienst (vorgesehener Umbau zum Fernlenk-Zielschiff für Flugzeuge nicht mehr durchgeführt). 1944—46 in Bremerhaven abgewrackt.

Pommern	1904	AG ›Vulcan‹, Stettin	4. 04	2. 12. 05	6. 8. 07

1. Juni 1916 ✕ Skagerrak, durch T-Treffer britischer Zerstörer † (839 Tote). Wrack ab 1957 an Untergangsstelle teilweise abgewrackt (Panzermaterial und Buntmetalle).

Schlesien	1904	F. Schichau, Danzig	05	28. 5. 06	5. 5. 08

31. Mai 1916 ✕ Skagerrak. 1917 Exerzierschiff, ab 1918 Seekadetten-Schulschiff. Umbauten 1926—27 und 1935. 4. Mai 1945 nach Minen- und Bombentreffern vor Swinemünde selbst †; Wrack 1949—56 gehoben und abgewrackt.

Schleswig-Holstein	1904	F. Krupp Germaniawerft, Kiel	8. 05	7. 12. 06	6. 7. 08

31. Mai 1916 ✕ Skagerrak. 1917 Beischiff in Bremerhaven, 1918 Wohnschiff in Kiel, danach wieder aktiv, ab 1936 Seekadetten-Schulschiff. Umbauten 1925—26, 1930—31 und 1936. 18. Dezember 1944 in Gotenhafen durch Bombentreffer schwer beschädigt, ausgebrannt, 21. März 1945 dort selbst †. Wrack 1950—56 abgebrochen. Für 1939 Umbau zum Fernlenkzielschiff vorgesehen, nicht durchgeführt. [Weltgeschichtliche Rolle: Gab am 1. September 1939 um 04,45 h mit Feuereröffnung auf die Westerplatte (Danzig) die ersten Schüsse des Zweiten Weltkrieges ab!]

a) Diese 5 Schiffe der **Deutschland**-Kl. waren die zweite Serie eines mit der **Braunschweig**-Kl. neuentwickelten Linienschiffstyps der Kaiserlichen Marine. Bei gleicher Bewaffnung und Geschwindigkeit waren sie lediglich etwas stärker gepanzert. Das Vorgehen anderer Seemächte, eine ›halbschwere‹ Artillerie zwischen schwerer und mittlerer Artillerie einzuschieben, fand bei der deutschen Marine keinen Anklang, weil die Feuerleitung von Batterien dreier Kaliber mit den damaligen Mitteln nur schwer durchführbar gewesen wäre. Das einzige Zugeständnis, das in dieser Richtung gemacht wurde, war die Erhöhung des Kalibers der MA von 15 auf 17 cm.

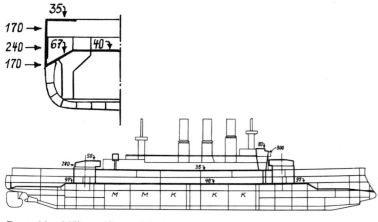

Deutschland-Klasse (Generalplan)

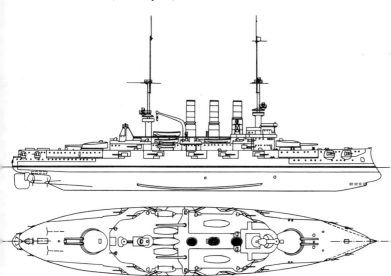

Schlesien (1910)

b) PzQ.: 170, 170 / Seitenpzr.: 100, 225 (getäpert ↓ 140) 100 / Zitadellpzr.: 170 / Horizontalpzr.: PzD. 40 mit Böschungen 67—97 / Unterwasserschutz: Kohlenschutzbunker, keine T-Schotte / SA: Barbetten 250; Türme 280, ..., 50 / MA: Kasematten 160—170 / KdoT.: v. 300 (...); a. 140 (...).

c) 3 × 3fachwirkende Exp.-Maschinen auf 3 ⚙/12 Marinekessel (Kohle, ab 1915 Ölzusatzfeuerg.) / Leist. 200000 iPS; Geschw. 18,0 kn / 1 Ruder.

Probefahrtergebnisse:

Deutschland	18 500 iPS	= 18,2 kn
Hannover	19 620 iPS	= 18,6 kn
Pommern	20 540 iPS	= 18,9 kn
Schlesien	21 818 iPS	= 19,1 kn
Schl.-Holstein	23 456 iPS	= 19,2 kn

d) 4—28 cm-SK L/40 in je 1 ∞ vorn und achtern / 14—17 cm-SK L/40 in Kasematten / 20—8,8 cm-SK L/35 / 6—45 cm-↓ TR (4 S, 1 B, 1 Heck-Bb).

e) Hannover, Schlesien und Schleswig-Holstein nach dem Ersten Weltkrieg mehrfach, die beiden letzteren dabei erheblich umgebaut: Erhielten vorn Röhrenmast mit Artilleriemars, auf Schlesien und Schleswig-Holstein die beiden vorderen Schornsteine vereinigt.

Nassau-Klasse

Linienschiffe = Schlachtschiffe

1	2	3	4	5	6
Nassau	1907	Kaiserl. Werft, Wilhelmshaven	22. 7. 07	7. 3. 08	1. 10. 09

5.—6. März 1916 erfolgloser Vorstoß in die Hoofden. 24. April 1916 Fernsicherung der gegen Yarmouth/Lowestoft angesetzten Schlachtkreuzer. 31. Mai 1916 ✕ *Skagerrak (2 mittlere Treffer erhalten, ab 10. Juli 1916 wieder frontbereit). 18.—19. August 1916 erfolgloser Vorstoß in die Nordsee, desgl. 18.—20. 1916 und am 23. April 1918 bis Höhe Stavanger. 5. November 1919 gestrichen, 7. April 1920 als* **B** *ausgeliefert: japanische Kriegsbeute, Juni 1920 von Japan verkauft an britische Firma, in deren Auftrag in Dordrecht abgewrackt.*

| **Westfalen** | 1907 | AG ›Weser‹, Bremen | 12. 8. 07 | 1. 7. 08 | 16. 11. 09 |

5.—6. März 1916 und 24. April 1916 → Nassau. 31. Mai 1916 ✕ *Skagerrak (1 mittl. Treffer erhalten, ab 17. Juni 1916 wieder frontbereit). 19. August 1916 usw. → Nassau, dabei T-Treffer von brit. U-Boot E 23 erhalten, Reparatur bis 4. Oktober 1916. Weitere Vorstöße 18.—20. Oktober 1916 und 23. April 1918 → Nassau. Teilnahme an Befreiung Finnlands vorübergehend ab 28. Februar 1918. Aus Hochseeflotte 1. September 1918 herausgezogen, Artillerieschulschiff. 5. November 1919 gestrichen, 5. August 1920 als* **D** *an Großbritannien ausgeliefert, 1924 in Birkenhead abgewrackt.*

| **Rheinland** | 1907 | AG ›Vulcan‹, Stettin | 1. 6. 07 | 26. 9. 08 | 30. 4. 10 |

24. April 1916 usw. → Nassau. 31. Mai 1916 ✕ *Skagerrak (1 mittl. Treffer erhalten, ab 10. Juni 1916 wieder frontbereit). 18.—19. August 1916 usw. und 18.—20. 1916 usw. → Nassau. Ab 28. Februar 1918 bei Befreiung Finnlands eingesetzt, dabei 11. April 1918 in der Aalandsee im Nebel festgekommen, 9. Juli 1918 geborgen[1], nach Kiel geschleppt, auf Wiederinstandsetzung verzichtet, seither Wohnschiff. 5. November 1919 gestrichen. 28. Juni 1920 vom Feindbund als* **F** *auf Auslieferungskonto nach Dordrecht verkauft, 29. Juli 1920 nach dort geschleppt und bis 1921 abgewrackt.*

| **Posen** | 1907 | F. Krupp Germaniawerft, Kiel | 11. 6. 07 | 12. 12. 08 | 31. 5. 10 |

5.—6. März 1916, 24. April 1916 usw. → Nassau. 31. Mai 1916 ✕ *Skagerrak (unbeschädigt geblieben!). 18.—19. August 1916, 18.—20. Oktober 1916 usw. → Nassau. Ab 28. Februar 1918 bei Befreiung Finnlands eingesetzt. 23. April 1918 Vorstoß bis Höhe Stavanger. 5. November 1919 gestrichen. 13. Mai 1920 Großbritannien als Kriegsbeute zugesprochen, in dessen Auftrag bis 1922 in Dordrecht abgewrackt.*

---

[1] Zur Bergung waren umfangreiche Maßnahmen erforderlich. So mußten an losen Gewichten von Bord gegeben werden: 697 t Munition, 381 t Gerät, 1758 t Kohlen und das Gewicht der Besatzung in Höhe von 85 t, zusammen also 2921 t. Weiter wurde der gesamte Seitenpanzer im Bereich der Zitadelle sowie der Bugpanzer abgegeben, und mit einem von Danzig herangeführten Schwimmkran konnten sämtliche Geschütze und die Turmdecken von Bord genommen werden. Im Ganzen gelang es, das Schiff um ca. 6400 t zu leichtern. Mit Hilfe von Hebekästen konnte danach die Bergung am 9. Juli 1918 durchgeführt werden. Zunächst wurde Mariehamn (Aalandinseln) angelaufen, wo der Schiffsboden gegen Durchbrechen gesichert wurde. Am 24. Juli 1918 wurde die Heimfahrt mit der Mittelmaschine und mit Assistenz von 2 Schleppern angetreten, und am 27. Juli 1918 machte das Schiff in Kiel fest. Seither lag es dort unverändert in seinem Zustand seit der Bergung. Auf eine Wiederherstellung wurde verzichtet.

---

a) Die deutsche Marine wurde von der britischen **Dreadnought**-Entwicklung keineswegs überrascht, sondern hatte sich schon frühzeitig darauf eingestellt, daß sie in Zukunft kampfstärkere Linienschiffe bauen mußte. Lediglich gewisse politische Rücksichten waren es, die zunächst die Realisierung größerer — d. h. stärkerer — Schiffe dieser Gattung unzweckmäßig erscheinen ließen.

Der erste derartige Entwurf — das Linienschiffs-Projekt Nr. 10 A — datierte bereits vom März 1904 und sollte bei etwa 14 000 ts 12 schwere Rohre erhalten, allerdings zweier verschiedener schwerer Kaliber. Eine Weiterentwicklung, das Projekt C vom Oktober 1905, sah dann schon über 17 000 ts vor, und nur noch 8 schwere Rohre, aber von einheitlichem Kaliber. Bis 1906 entstand dann das Projekt G 7 b von mehr als 18 000 ts mit 12 schweren Rohren, das der Vorläufer der ersten deutschen Großkampfschiffe wurde.

Für diese Entwürfe waren folgende Charakteristika festgelegt:

Entwurfsjahr		Projekt 10 A 1904	Projekt C 1905	Projekt G 7 b 1906
a) Seitenpzr.	mm	100—240	?	?
SA Barbetten	mm	230	?	?
SA Türme	mm	250[1]	?	?
Horizontalpzr.	mm	30/40	?	?
KdoT.	mm	400	?	?
b) Antriebsart		Exp.-Maschinen	Exp.-Maschinen	Exp.-Maschinen
Kesselzahl		12	?	?
Leist.	iPS	20 000	?	20 000
Geschw.	kn	19,5	?	19,8
c) Waffen		4-28 cm-SK L/40	8-28 cm-SK L/40	12-28 cm-SK L/40
		8-24 cm-SK L/40	8-17 cm-SK L/40	12-15 cm-SK L/40
		16-8,8 cm-SK	20-8,8 cm-SK	20-8,8 cm-SK
		6↓TR	?↓TR	6↓TR

[1] 24er Türme einschl. Barbetten nur 200 mm.

Da eingehende Vergleichsschießen gezeigt hatten, daß das 28 cm-Geschütz in seinen Leistungen und Eigenschaften nicht nennenswert hinter dem britischen 30,5 cm-Geschütz zurückstand, blieb die deutsche Marine bei diesem Kaliber. Die Aufstellung der SA gestaltete sich wegen der viel Raum beanspruchenden Kolbendampfmaschinen als nicht recht glücklich. Überhöhte Türme kamen, da der erforderliche Platz für deren Munitionskammern nicht aufgebracht werden konnte, nicht in Betracht; so mußte man die Sexagonalaufstellung wählen und je 2 Türme an den Seiten placieren. Das bedeutete beim Breitseitfeuer den Verzicht auf 2 Türme, die nur das Feuer nach recht voraus bzw. achteraus verstärkten, mithin ein schlecht ausgenutztes Gewicht und trotz Verdreifachung der Rohrzahl nur eine Verdopplung des Geschoßgewichts einer SA-Breitseite im Vergleich zu den Vor-Dreadnought-Schiffen der → **Deutschland**-Kl. Allerdings wurde dieses Aufstellungsschema nicht nur von der Bauweise der Schiffe selbst beeinflußt; man entschloß sich um so leichter dazu, als man eine ausreichend große Feuerleereserve für notwendig hielt.

Angesichts der zunehmenden Sprengwirkung von Granaten und Torpedos legte die deutsche Marine von Anfang an größten

Deutsches Reich

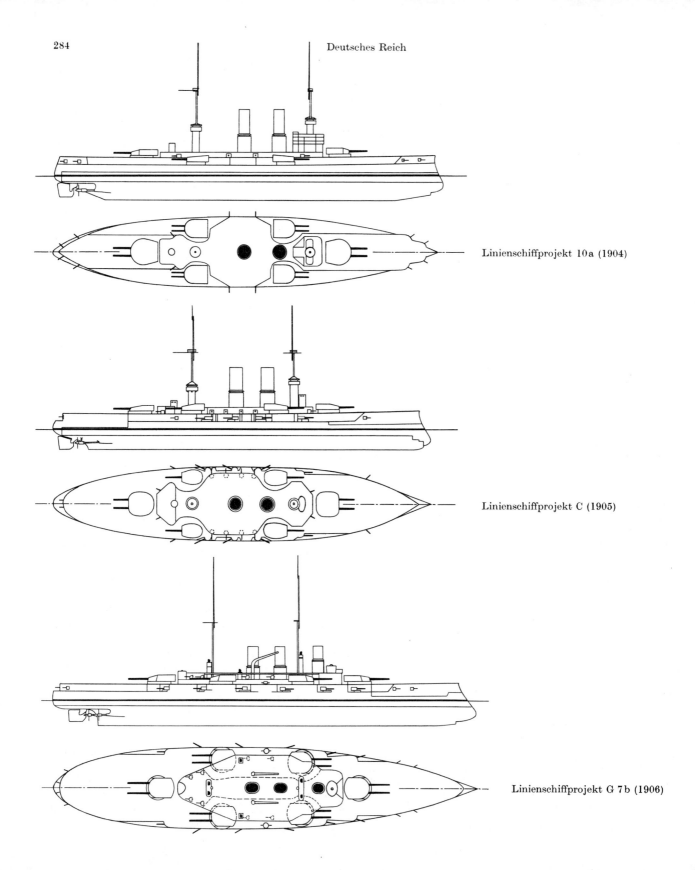

Linienschiffprojekt 10a (1904)

Linienschiffprojekt C (1905)

Linienschiffprojekt G 7b (1906)

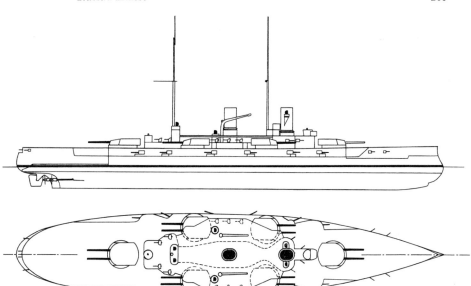

Nassau-Klasse (Vorentwurf)

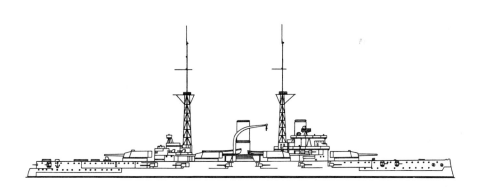

Nassau-Klasse (letzter Vorentwurf)

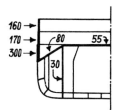
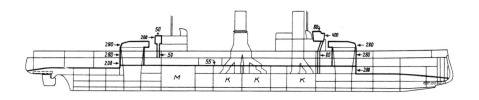

Nassau-Klasse (Generalplan)

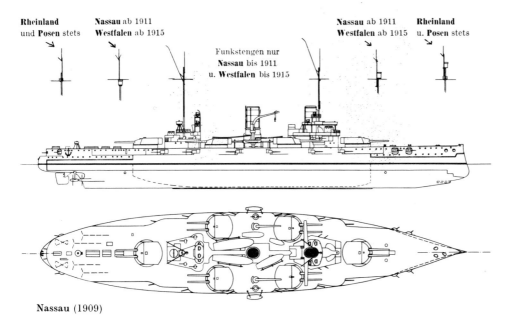

Nassau (1909)

Wert auf den Unterwasserschutz; dieser wurde gründlich durchdacht und systematisch wissenschaftlich und technisch entwickelt. So wurde zur Ermittlung der sachgemäßen Ausführung des Unterwasserschutzes ein schwimmendes Sprengziel von 1500 t Deplacement unter beträchtlichen Kosten gebaut und in 9 Jahre dauernden Versuchen aufgebracht. Besondere Verdienste erwarb sich dabei der damalige Chefkonstrukteur der Kaiserlichen Marine, Geheimer Oberbaurat Dr.-Ing. e.h. Bürkner.[1]

Der Schlußentwurf der 4 Schiffe der **Nassau**-Kl. entstand 1905/06; sie wurden als Ersatzbauten für die veralterten Panzerschiffe **Bayern, Sachsen, Württemberg** und **Baden** in Bau gegeben und kosteten je zwischen 37,3 und 37,9 Mio. Goldmark.

b) PzQ.: 200, 200 / Seitenpzr.: 90, 300, 80 / Zitadellpzr.: 120, 170, 100 / Horizontalpzr.: PzD. 55 mit Böschungen bis 80 / Unterwasserschutz: T-Schott 30 / SA: Barbetten 280: Türme 280, ..., 90 / MA: Kasematten 160 / KdoT.: v. 400 (80); a. 200 (50). *Ausgedehnte wasserdichte Unterteilung (nur **Nassau** hatte 16, die anderen Schiffe jedoch 19 wasserdichte Abteilungen!).*

c) 3 × Dreizylinder-3 fachwirkende Exp.-Maschinen auf 3 ⚙ / 12 Marinekessel (Kohle, ab Ende 1915 Ölzusatzfeuerung) / Leist. 22 000 iPS; Geschw. 19,5 kn. 2 parallele Ruder.

Probefahrtergebnisse:

Nassau	26 244 iPS	= 20,0 kn
Westfalen	26 792 iPS	= 20,2 kn
Rheinland	27 498 iPS	= 20,0 kn
Posen	28 117 iPS	= 20,0 kn

d) 12—28 cm-SK L/45 in Sexagonalaufstellung → Skizze / 12—15 cm-SK L/45 in Kasematten / 16—, ab 1915: 14—, ab 1916/17: 0—8,8 cm-SK / ab 1915: 2—8,8 cm-⚓ / 6—45 cm-↓ TR (1 H, 4 S, 1 B).

e) Der erste Entwurf sah den Fockmast *hinter* dem vorderen Schornstein in Höhe der beiden vorderen SA-Seitentürme vor. Bei einem späteren Zwischenentwurf waren an Stelle der beiden Stahlmasten quadratische Gittermasten — deren Grundriß diagonal zur Schiffslängsachse verlief — mit sehr hohen Signalstengen geplant → Skizze. In der endgültigen Ausführung erhielten die Schiffe Pfahlmasten, jedoch mit dem Fockmast *vor* dem vorderen Schornstein. Nur **Nassau** und **Westfalen** hatten anfangs die schräg nach achtern zeigenden FT-Stengen, und zwar 2 an jedem Mast; diese liefen von der Kreuzrah auseinandergespreizt nach achtern. Sie entfielen ab 1911 auf **Nassau** und ab 1915 auf **Westfalen**. Von diesem Zeitpunkt an befanden sich auf beiden Masten Stände, und zwar beim Fockmast über der Kreuzrah und beim Großmast unterhalb davon. Während des Krieges erhielt der Fockmast einen Fleckerstand.

Die schwanenhalsförmigen Bootskräne waren auf **Nassau** etwas anders gestaltet als bei den übrigen Schiffen. Weitere kleinere Unterschiede waren am Brückenaufbau und an den Nischen der 8,8 cm-SK im Vorschiff feststellbar. Seit 1915 fehlte auf allen Schiffen das achtere Kompaßpodest.

Gewichtsverteilung

Schiffskörper	6240 ts	= 33,6%
Panzer	6537 ts	= 35,2%
Maschinen und Hilfsmaschinen	1355 ts	= 7,3 %
Bewaffnung	2655 ts	= 14,3%
Ausrüstung	798 ts	= 4,3%
Kohlenvorrat	984 ts	= 5,3%
Konstruktionsverdrängung	18 569 ts	= 100,0%

---

[1] Vgl. hierzu Burkhardt, Die Entwicklung des Unterwasserschutzes in der Deutschen Kriegsmarine, Marine-Rundschau 58, Nr. 3—4/1961, S. 151 ff., 204 ff.

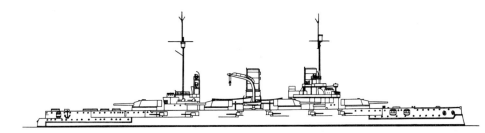

Westfalen (1918),
ähnlich **Posen, Rheinland**
und **Nassau**

Diese Schiffe hatten zunächst keine Schlingerkiele, da man wegen ihrer den früheren Schiffen gegenüber vergrößerten Breite und dem durch die Seitentürme der SA vergrößerten Massenträgheitsmoment nicht mit größeren Schlingerbewegungen rechnete. Infolge Synchronismus mit der Nordseedünung wurden sie aber auf gewissen Kursen auch bei scheinbar glatter See rasch gefährlich groß, so daß der nachträgliche Einbau von Schlingerkielen notwendig wurde.[1]

Helgoland-Klasse

Linienschiffe = Schlachtschiffe

1	2	3	4	5	6
Helgoland	1908	Howaldtswerke, Kiel	24. 11. 08	25. 9. 09	23. 8. 11

*5.—6. März 1916 Vorstoß in die Hoofden; 24. April 1916 Fernsicherung bei Schlachtkreuzer-Vorstoß gegen Lowestoft/Yarmouth. 31. Mai 1916 ⨯ Skagerrak (1 Treffer erhalten, Reparatur bis 16. Juni 1916 bei Kaiserl. Werft, Wilhelmshaven). 19. August 1916 Vorstoß gegen britische Ostküste; 19. Oktober 1916 Vorstoß gegen Doggerbank. 23. April 1918 Vorstoß in nördl. Nordsee. 5. November 1919 gestrichen, 5. August 1920 als Ersatz für in Scapa Flow versenkte Schiffe ausgeliefert an Großbritannien als ›***K***‹; nach verschiedenen Versuchen 1924 in Morecambe/England abgewrackt.*

Ostfriesland	1908	Kaiserl. Werft, Wilhelmshaven	19. 10. 08	30. 9. 09	1. 8. 11

*5.—6. März 1916 und 25. April 1916 usw. → **Helgoland**; 31. Mai 1916 ⨯ Skagerrak; 1. Juni 1916 auf Rückmarsch Minentreffer erhalten, Reparatur in Wilhelmshaven bis 26. Juli 1916. 19. August 1916, 19. Oktober 1916 und 23. April 1918 usw. → **Helgoland**. 5. November 1919 gestrichen, als Reparationsleistung den USA zugesprochen, 7. April 1920 nach dort überführt, dann als Zielobjekt bei ›bombing tests‹ vor der virginischen Küste nahe Cape Henry verwendet: 20. Juli 1921 erster Versuch: 69 Bomben von 115 bis 1000 kg geworfen, davon 13 Treffer. 21. Juli 1921 zweiter Versuch: 11 Bomben zu je 500 kg geworfen, 3 Volltreffer, dadurch jedoch nicht lebensgefährdend verletzt, aber Lecks, wodurch in 4 Stunden vorn um 1 m und achtern um 0,3 m tiefer fallend; danach 6 Bomben zu je 1000 kg, keine Volltreffer, jedoch Naheinschläge, einer davon unmittelbar am Schiff: Innerhalb von 10 Minuten †.*

Thüringen	1908	AG ›Weser‹, Bremen	2. 11. 08	27. 11. 09	1. 7. 11

*5.—6. März 1916, 25. April 1916 usw. → **Helgoland**. 31. Mai 1916 ⨯ Skagerrak. 19. August 1916, 19. Oktober 1916 und 23. April 1918 usw. → **Helgoland**. 5. November 1919 gestrichen, als Reparationsleistung Frankreich zugesprochen,*

---

[1] Hadeler, Kriegsschiffbau, Teil A, S. 69.

*29. April 1920 als ›***L***‹ nach Cherbourg überführt; zunächst als Zielschiff verwendet, 1923—33 in Gâvres-Lorient abgewrackt.*

1	2	3	4	5	6
Oldenburg	1908	F. Schichau, Danzig	1. 3. 09	30. 6. 10	1. 5. 12

*5.—6. März 1916 und 25. April 1916 usw. → **Helgoland**. 31. Mai 1916 ⨯ Skagerrak (1 mittl. Treffer erhalten, ab 16. Juni 1916 wieder einsatzbereit). 18. August 1916, 19. Oktober 1916 und 23. April 1918 usw. → **Helgoland**. 5. November 1919 gestrichen, 13. Mai 1920 als Reparationsleistung Japan zugesprochen, auf Übernahme verzichtet, an britische Firma verkauft, in deren Auftrag 1921 in Dordrecht/Niederlande abgewrackt.*

a) Mit den 1907/08 entworfenen Schiffen der **Helgoland**-Kl. — die 3 alte Küstenpanzerschiffe und 1 altes Panzerschiff ersetzen sollten und daher die Haushaltsbezeichnungen **Ersatz Siegfried, Ersatz Oldenburg, Ersatz Beowulf** und **Ersatz Frithjof** trugen — ging die deutsche Marine ihrerseits zum 30,5 cm-Kaliber über. Sie hielt jedoch an der damals herrschenden Auffassung einer starken Feuerlee-Reserve weiterhin fest, zumal eine andere Aufstellung aus gleichen Gründen wie bei der → **Nassau**-Kl. auch gar nicht ohne weiteres möglich gewesen wäre. Deshalb änderte sich im Vergleich zur → **Nassau**-Kl. nichts an der Aufstellung der SA. Äußerlich gesehen zeigte die Anordnung von 3 Schornsteinen insoweit einen Mangel, als daß dadurch die Silhouette vergrößert wurde. — Im Durchschnitt betrugen die Baukosten je Schiff rund 46 Mio. Goldmark, also etwa ein Fünftel mehr als jedes Schiff der **Nassau**-Kl. Im Verhältnis blieb der Preis jedoch konstant; bei der **Nassau**-Kl. kostete jede Tonne Schiffsgewicht ca. 197 Goldmark, bei der **Helgoland**-Kl. 199 Goldmark.

b) PzQ.: 90, 235—300, 235 / Seitenpzr.: 0, 120, 300 (getäpert ↑ 170), 120, 0 / Zitadellpzr.: 0, 100, 170, 120 / Horizontalpzr.: PzD. 55 mit Böschungen 80 / Unterwasserschutz: T-Schott 30 / SA: Barbetten 270; Türme 300, 250, 170—100 / MA: Kasematten 80—170 / KdoT.: v. 400 (100); a. 200 (50).

c) 3 × 4-Zyl. 3fachwirkende Exp.-Maschinen auf 3 ⚙ / 15 Marinekessel (Kohle, ab 1915 Ölzusatzfeuerung) / Leist. 28 000 iPS; Geschw. 20,0 kn. 2 parallele Ruder.

Probefahrtergebnisse:

Helgoland	31 258 iPS	= 20,8 kn
Ostfriesland	35 500 iPS	= 21,2 kn
Thüringen	34 944 iPS	= 21,0 kn
Oldenburg	34 394 iPS	= 21,3 kn

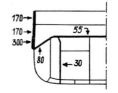

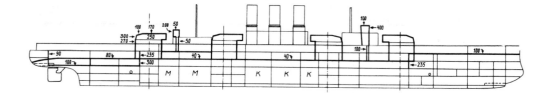

Helgoland-Klasse
(Generalplan)

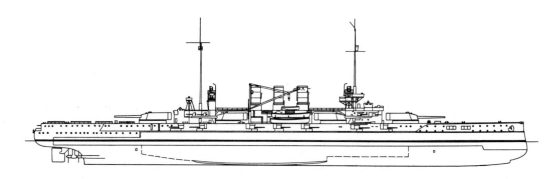

Helgoland (1913)

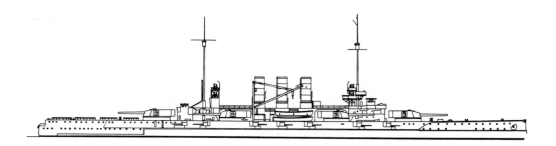

Ostfriesland (1918)

d) 12—30,5 cm-SK L/50 in 6 ∞ (Sexagonalaufstellung) / 14—15 cm-SK L/45 in Kasematten / 14—, ab 1914: 12—, ab 1916/17: 0—8,8 cm-SK in Einzellafetten / ab ~ 1914: 2—8,8 cm-⚓ / 6—50 cm-↓ TR (1 H, 4 S, 1 B).

e) Ursprünglich waren die Schornsteine niedriger; sie wurden später von bisher 18,5 m erhöht: 1913 **Oldenburg** um 3 m auf 21,5 m, 1913 **Thüringen**, 1915 **Helgoland** und 1917 **Ostfriesland** um 1,5 m auf 20,0 m. Die Fleckerstände auf den Masten erhielten alle Schiffe erst während des Krieges. Das achtere Kompaßpodest wurde 1915 ausgebaut. Bei allen wurde das Kombüsen-Abzugsrohr während des Krieges verlängert und mit einem Knick zum achteren Mast zurück- und an diesem hochgeführt.

Gewichtsverteilung		
Schiffskörper	6888 ts =	30,7%
Panzer	8212 ts =	36,6%
Maschinen und Hilfsmaschinen	1773 ts =	7,9%
Bewaffnung	3388 ts =	15,1%
Ausrüstung	987 ts =	4,4%
Brennstoff	1189 ts =	5,3%
Konstruktionsverdrängung	22437 ts =	100,0%

Von der Tann

Großer Kreuzer = Schlachtkreuzer

1	2	3	4	5	6
Von der Tann	1907	Blohm & Voß, Hamburg	25. 3. 08	20. 3. 09	1. 9. 10

28. August 1914 erfolgloser Gegenstoß gegen britischen Schlachtkreuzer-Verband in der Deutschen Bucht. 3. November 1914 Beschießung von Yarmouth (Vorstoß ›J 1‹ der Hochseeflotte). 16. Dezember 1914 Beschießung von Scarborough (Vorstoß ›J 2‹). 5.—6. März 1916 erfolgloser Vorstoß in die Hoofden. 24. April 1916 Beschießung von Yarmouth und Lowestoft. 31. Mai 1916 ✕ Skagerrak Versenkung → **Indefatigable** (4 Treffer erhalten, 2. August 1916 wieder frontbereit). 18.—19. August 1916 ergebnisloser Vorstoß in die Nordsee, desgl. 18. bis 20. Oktober 1916 und 23. April 1918 bis in Höhe Stavanger. Seit 24. November 1918 in Scapa Flow interniert, dort 21. Juni 1919 selbst †. 7. Dezember 1930 gehoben, bis 1934 in Rosyth abgewrackt.

a) Dieser erste deutsche Schlachtkreuzer war die ›Antwort‹ auf den britischen → **Invincible**-Sprung. Zwar begnügte man

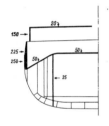

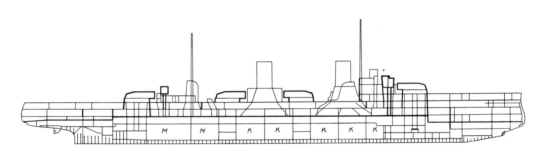

Von der Tann (Generalplan)

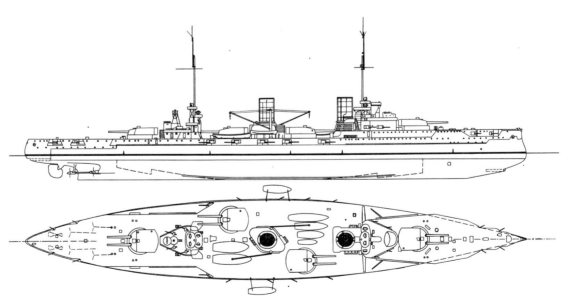

Von der Tann (1910)

sich bei ihm noch mit dem 28 cm-Kaliber (Ausgleich: vollwertige MA!), jedoch war er ungleich standfester als seine britischen Artgenossen. Nach dem Entwurf von 1906/07 waren für ihn noch Gittermasten mit quadratischer Grundfläche wie bei der → **Nassau-Kl.** vorgesehen, doch verzichtete man auf sie, da man ihrer Standfestigkeit im Falle eines unglücklichen Treffers nicht traute. Deshalb erhielt sie Pfahlmasten. Baukosten: 36,5 Mio. Goldmark.

b) PzQ.: 100, 100, 180 / Seitenpzr.: 0—100, 250, 120—100 / Zitadellpzr.: 225 / Horizontalpzr.: Oberdeck 20; PzD. 50 einschl. Böschungen / Unterwasserschutz: T-Schott 25 / SA: Barbetten 230; Türme 230, ..., 90 / MA: Kasematten 150 / KdoT.: v. 250 (...); a. 200 (...).

c) 2×Parsons-Tu auf 4 ⚙ / 18 Marinekessel (Kohle) / Leist. 42 000 WPS; Geschw. 24,8 kn (bei forcierter Fahrt bis 79 007 WPS = 27,4 kn erreicht). *Erstes großes deutsches Kriegsschiff mit Tu-Antrieb!*

d) 8—28 cm-SK L/45 in je 1 ⚙ vorn und achtern und 2 diagonal versetzten ⚙ auf den Seitendecks / 10—15 cm-SK L/45 in Kasematten / 16—, später 12—, ab 1916: 0—8,8 cm-SK / ab 1916: 2—8,8 cm-⚓ / 4—45 cm-↓ TR (1 Stb-H, 2 S, 1 B).

e) Ab 1916 befanden sich auf beiden Masten Fleckerstände. Nach Ausbau der 8,8 cm-SK wurden deren Nischen und Kasematten dichtgesetzt. Auf dem achteren Aufbaudeck — wo bisher jeseits 2—8,8 cm-SK gestanden hatten — befanden sich seither die 8,8 cm-⚓. Das Kompaßpodest auf dem achteren Aufbau fehlte seither. Auf der Schanz etwa auf m 20,0 ab Heckspitze befand sich zuletzt ein an Deck niederlegbarer Kranpfosten.

Gewichtsverteilung		
Schiffskörper	6004 ts =	28,3%
Panzer	6201 ts =	29,7%
Maschinen und Hilfsmaschinen	2805 ts =	13,6%
Bewaffnung	2096 ts =	9,7%
Ausrüstung	1220 ts =	5,7%
Kohlenvorrat	2756 ts =	13,0%
Maximale Verdrängung	21 082 ts =	100,0%

Moltke-Klasse

Große Kreuzer = Schlachtkreuzer

1	2	3	4	5	6
Moltke	1909	Blohm & Voß, Hamburg	7.12.08	7.4.10	30.9.11

28. August 1914 erfolgloser Gegenstoß gegen in Deutsche Bucht eingedrungenen brit. Schlachtkreuzer-Verband. 3. November 1914 Beschießung von Yarmouth (Vorstoß »J 1«). 16. Dezember 1914 Beschießung von Hartlepool (Vorstoß »J 2«). 24. Januar 1915 × Doggerbank. 19. August 1915 bei Unternehmung im Rigaer Meerbusen T-Treffer von brit. UBoot E 1 erhalten, mit 450 ts Wasser im Schiff zurück nach Hamburg zur Reparatur. 5.—6. März 1916 Vorstoß in die Hoofjden. 24. April 1916 Beschießung von Yarmouth/Lowestoft. 31. Mai 1916 × Skagerrak (4 Treffer erhalten, Reparatur bis 39. Juli 1916 bei Blohm & Voß, Hamburg). 19. August 1916 ergebnisloser Vorstoß in die Nordsee, desgl. 17.—20. Oktober 1916 und 5. November 1916. Ab 19. September 1917 vorübergehend Einsatz vor den Baltischen Inseln. 17. November 1917 erfolgloser Entlastungsvorstoß in die westl. Nordsee, desgl. 23. April 1918 in die nördl. Nord-

*see bis Höhe Stavanger, dabei schwere Havarie erlitten, von → **Oldenburg** in Schlepp genommen, dabei 25. April T-Treffer von brit. UBoot E 42 erhalten (mit 2100 t Wasser im Schiff heimgekehrt). Seit 24. November 1918 in Scapa Flow interniert, dort 21. Juni 1919 selbst †; 1927 gehoben, bis 1929 in Rosyth abgewrackt.*

1	2	3	4	5	6
Goeben	1909	Blohm & Voß, Hamburg	7.12.09	28.3.11	2.7.12

*Seit 1912 im Mittelmeer (detachierte Division). 4. August 1914 Beschießung von Philippeville, auf Marsch nach den Dardanellen am 7. August 1914 × mit brit. Leichtem Kreuzer **Gloucester**, 10. August 1914 in Konstantinopel eingelaufen.[1] Aus staatsrechtlichen Gründen Verkauf an die Türkei vorgetäuscht, seit 16. August 1914 daher auch türkischer Name → **Jawus Sultan Selim** gültig. 29. Oktober 1914 Beschießung von Sevastopol, auf Rückmarsch × mit 3 russischen Zerstörern und Versenkung des russischen Minenlegers **Prut**. 18. November 1914 Vorstoß gegen die Krim, dabei × mit Teilen der russischen Schwarzmeerflotte (russ. Linienschiff **Svjatoj-Evstafij** beschädigt, selbst 1 Treffer in 3. Bb-Kasematte erhalten). 26. Dezember 1914 beim Einlaufen in den Bosporus 2 Minentreffer erhalten (je 1 an StB und an Bb, 600 t Wasser im Schiff; da kein Dock zur Verfügung stand, mußte Caisson von 10 m Tiefe und 17 m Länge — Gewicht 360 t — gebaut werden, um Lecks abdichten zu können — Bb-Leck am 28. März 1915 abgedichtet).[2] 1. April 1915 Vorstoß in Schwarzes Meer, Versenkung von 2 russ. Frachtern; Angriff russischer Zerstörer abgewehrt. 9. Mai 1915 erneuter Vorstoß, dabei 10. Mai × mit 5 russischen Linienschiffen (selbst 2 Treffer erhalten, ein russisches Schiff beschädigt). 7. Januar 1916 × mit → **Imperatrica Ekaterina II.** 20. Januar 1918 Auslaufen aus den Dardanellen zum Angriff auf Truppentransporte Saloniki-Palästina, dabei Minentreffer erhalten; bei Angriff auf die Insel Imbros Versenkung der brit. Monitore **Raglan** und **M 28**. Abbruch der Operationen nach 2 weiteren Minentreffern, beim Rückmarsch aufgelaufen, heftigen brit. Luftangriffen ausgesetzt, erst am 26. Januar 1918 freigekommen. 2. Mai 1918 in Sevastopol eingelaufen (dort erstmals nach mehr als 4 Jahren Gelegenheit zum Docken!); 27. Juni 1918 in Novorossijsk eingelaufen. 2. November 1918 endgültig der Türkei überlassen. 1919—26 nicht verwendungsbereit. 1926—30 in Ismir durch französische Penhöet-Werft instandgesetzt[3], als → **Jawus Selim** wieder in Dienst, seit 1936: → **Yavuz**. Seit 1948 Stationär in Ismir. 1963 Rückerwerbsangebot von Bundesrepublik Deutschland abgeschlagen. Zum Verkauf ausgeschrieben.*

a) Noch während die Entwurfs- und Konstruktionsarbeiten für → **Von der Tann** im Gange waren, entstanden die Pläne für 2 weitere Schiffe, deren Bearbeitung im Herbst 1908 abgeschlossen wurde. Obwohl ihr Deplacement vergleichsweise zu ihrem Vorgänger um rund 3500 ts gesteigert wurde, blieb man auch bei ihnen noch beim 28 cm-Kaliber, doch wurde rechtzeitig ein verbessertes Geschützmodell fertig, und überdies entschloß man sich, bei sonst unveränderter Aufstellung einen fünften Turm überhöht vor dem achteren einzuschieben. Dies hatte zur Folge, daß die Back viel weiter a¹s bei → **Von der Tann** nach achtern gezogen wurde. Im übrigen kam der Gewichtszuwachs der Steigerung der Standfestigkeit zugute. Baukosten: **Moltke** 42,6 Mio. Goldmark, **Goeben** 41,5 Mio. Goldmark.

---

[1] Nicht zuletzt dadurch wurde die Türkei ermutigt, an der Seite der Mittelmächte in den Krieg einzutreten!

[2] Die Lecks wurden mit Beton abgedichtet und haben so gut gehalten, daß die eigentliche Reparatur auf Jahre hinausgeschoben werden konnte, ohne daß die Einsatzbereitschaft des Schiffes litt!

[3] Eigens für dieses Schiff ließ die Türkei 1926 von der Flenderwerft Lübeck ein Schwimmdock in Ismir erbauen, in dem es dann von der Penhöet-Werft repariert wurde.

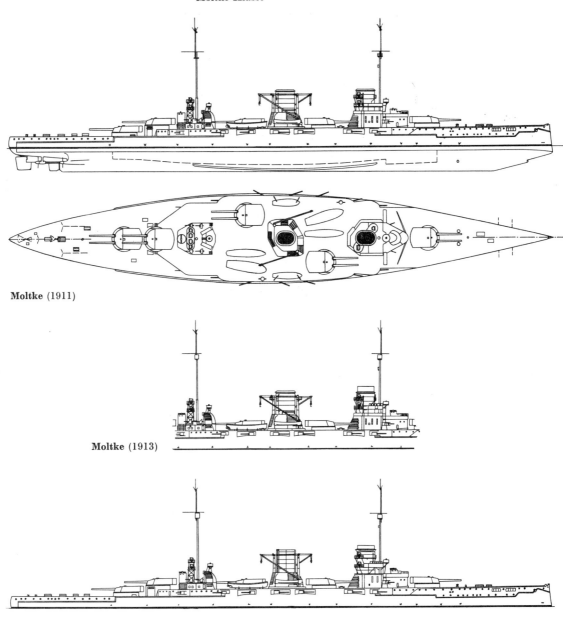

Moltke (1911)

Moltke (1913)

Goeben (1913)

b) PzQ.: ..., ... / Seitenpzr.: 100, 270, 150—100 / Zitadellpzr.: 200 / Horizontalpzr.: Oberdeck über Kasematte 25; PzD. 50 einschl. Böschungen / Unterwasserschutz: T-Schott 50 / SA: Barbetten 250; Türme 230, ..., 90 / MA: Kasematte 150 / KdoT.: v. 350 (...); a. 200 (...).

c) 2×Parsons-Tu auf 4 ⚙ / 24 Marinekessel (Kohle) / Leist. 52 000 WPS; Geschw.

Probefahrtergebnisse:		
Moltke	85 782 WPS	= 28,4 kn
Goeben	85 661 WPS	= 28,0 kn

25,5 kn. 2 Ruder hintereinander. *Das Achterschiff war bei diesen Schiffen so schlank, daß es nicht möglich war, 2 Ruder parallel zueinander einzubauen. Die erforderliche Ruderfläche mußte daher in ein größeres Hauptruder und ein kleineres, davor liegendes Hilfsruder aufgeteilt werden. Obwohl schon bei Versuchen zuvor die Wirkungslosigkeit des Hilfsruders erkannt worden war, behielt man diese Ausführungsform bis zur* → **Derfflinger**-*Kl. bei.*

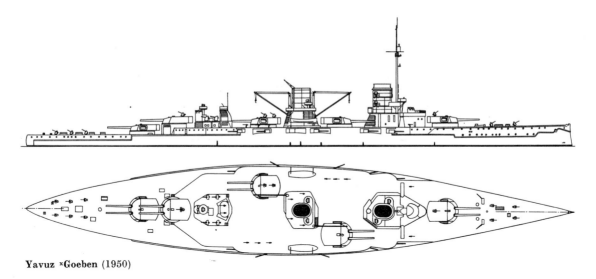

Yavuz ×**Goeben** (1950)

d) 10—28 cm-SK L/50 in 5 ⌘ → Skizze / 12—, **Goeben** ab 1915: 10—15 cm-SK L/45 in Kasematten / 12—, später 8—, ab 1916: 0—8,8 cm-SK / ab 1916: 2 bis 4—8,8 cm-⚓ / 4—50 cm-↓ TR (1 Heck-Bb, 2 S, 1 B).

e) **Moltke** führte den Aufsatz auf dem vorderen Schornstein erst ab ~ 1912. Der achtere Schornstein von **Goeben** war im Gegensatz zu dem von **Moltke** nicht ummantelt. Beide führten ab 1916 keine 8,8 cm-SK mehr; ihre Pforten wurden dichtgesetzt. Seither hatten sie auf dem achteren Aufbaudeck 8,8 cm-⚓. Weitere Unterscheidungsmerkmale → Skizzen. **Goeben** gab 1915 die jeseits vierte (nicht dritte!) 15 cm-SK an die Dardanellen-Befestigungen ab. Diese wurden nicht mehr wieder eingebaut. Seit den 1914 erhaltenen Minentreffern war bei **Goeben** die Schiffsachse um 0,8 m nach StB vertrimmt. Beide Schiffe führten ab 1914 auf dem Fockmast einen Fleckerstand.
Wegen der unter türkischer Regie durchgeführten Änderungen → **Türkei** → **Yavuz**.

Seydlitz

Großer Kreuzer = Schlachtkreuzer

1	2	3	4	5	6
Seydlitz	1909	Blohm & Voß, Hamburg	4. 2. 11	30. 3. 12	22. 5. 13

28. August 1914 erfolgloser Gegenstoß gegen in Deutsche Bucht eingedrungenen brit. Schlachtkreuzer-Verband. 3. November 1914 Beschießung von Yarmouth (Vorstoß ›J 1‹). 16. Dezember 1914 Beschießung von Hartlepool (Vorstoß ›J 2‹). 24. Januar 1915 × Doggerbank (2 schwere Treffer erhalten, beide achtere Türme ausgebrannt, hohe Personalverluste). 25. April 1916 beim Anmarsch zum Angriff auf Lowestoft/Yarmouth Minentreffer erhalten, mit 1400 t Wasser im Schiff Rückmarsch angetreten. 31. Mai 1916 × Skagerrak Versenkung → **Queen Mary** *(21 schwere, 2 mittlere Treffer, dazu T-Treffer von brit. Zerstörer* **Petard** *erhalten, Türme D und E ausgebrannt, trotz über 5300 t Wasser im Schiff mit eigener Kraft rückwärts fahrend heimgekehrt, vorn zuletzt nur noch 2,5 m Freibord!); Reparatur in Wilhelmshaven, ab 16. September 1916 wieder einsatzbereit. 5. November 1916 Vorstoß bis Höhe dänische Westküste; 23. April 1918 Vorstoß bis Höhe Stavanger. Seit 24. November 1918 in Scapa Flow interniert, dort 21. Juni 1919 selbst †. 2. November 1928 gehoben, bis 1930 in Rosyth abgewrackt.*

a) Mit diesem Einzelgänger — dessen Pläne Anfang 1910 fertig geworden waren — wurde die Konzeption der → **Moltke**-Kl. beibehalten. Bei unveränderter Bewaffnung einschließlich ihrer Anordnung wurde die Geschwindigkeit um nur 1 kn erhöht, dafür aber die Standfestigkeit bedeutend gesteigert. Wie richtig diese Maßnahme war, zeigte sich zweimal im Verlaufe des Krieges. Schließlich ist noch die Verbesserung der Seeigenschaften zu nennen; ein sichtbares Indiz dafür war das im Vergleich zu ihren Vorgängern um ein Deck erhöhte Vorschiff. Baukosten: 44,6 Mio. Goldmark.

b) PzQ.: 150, 150 / Seitenpzr.: 0—100, 300, 100 / Zitadellpzr.: 265 / Horizontalpzr.: Oberdeck ...; PzD. 30—80 mit Böschungen 50 / Unterwasserschutz: T-Schott 45 / SA: Barbetten 250; Türme 250, ..., 70 / MA: Kasematten 150 / KdoT.: v. 300 (...); a. 200 (...).

c) 2×Marine-Tu auf 4 ⌘ / 27 Marinekessel (Kohle) / Leist. 67000 WPS; Geschw. 26,5 kn (Probefahrtergebnis: 89738 WPS = 29,12 kn).

d) 10—28 cm-SK L/50 usw. wie → **Moltke**-Kl. / 12—15 cm-SK L/45 in Kasematten / 12—, später 10—, ab 1916: 0—8,8 cm-SK / ab 1916: 2—8,8 cm-⚓ / 4—50 cm-↓ TR (1 Bb-Heck, 2 S, 1 B).

e) Ab 1914 auf vorderem Mast Fleckerstand. Bei der Abgabe der 8,8 cm-SK wurden deren Nischen usw. dichtgeschweißt. Seither auf dem achteren Aufbaudeck 8,8 cm-⚓. Die schweren Ladebäume wurden zuletzt an Oberdeck niedergelegt gefahren. Seither befand sich am achteren Lüfteraufbau ein leichter Ladebaum.

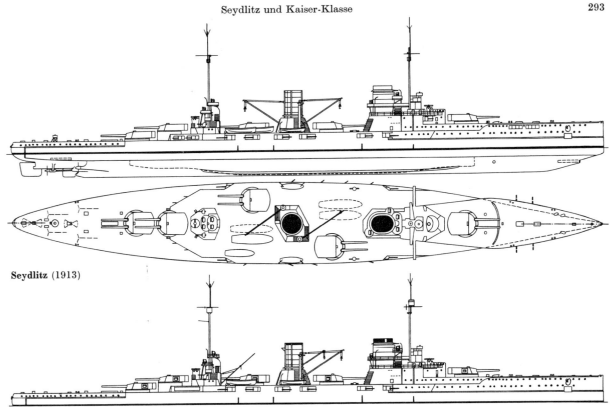

Seydlitz (1913)

Seydlitz (1918)

Kaiser-Klasse

Linienschiffe = Schlachtschiffe

1	2	3	4	5	6
Kaiser	1909	Kaiserl. Werft, Kiel	... 10. 10	22. 3. 11	1. 8. 12

3. November 1914 und 16. Dezember 1914 Fernsicherung bei Schlachtkreuzer-Unternehmen gegen Lowestoft-Yarmouth bzw. Hartlepool-Scarborough-Whitby. 5.—6. März 1916 Vorstoß in die Hoofden. 25. April 1916 Fernsicherung bei Schlachtkreuzer-Vorstoß gegen Lowestoft-Yarmouth. 31. Mai 1916 × Skagerrak (2 Treffer erhalten, August 1916 wieder einsatzbereit). 19. August 1916 Vorstoß gegen brit. Ostküste, 19. Oktober 1916 desgl. gegen Doggerbank, 5. November 1916 desgl. bis Höhe dänische Westküste. Ab 19. September 1917 vorübergehend im Einsatz gegen Baltische Inseln. 17. November 1917 Kreuzergefecht in der Nordsee. 23. April 1918 Vorstoß in nördl. Nordsee. Seit 25. November 1818 in Scapa Flow interniert, 21. Juni 1919 dort selbst †. 20. März 1929 gehoben, bis 1930 in Rosyth abgewrackt.

Friedrich der Große	1910	AG ›Vulcan‹, Hamburg	26. 1. 10	10. 6. 11	15. 10. 12

Flottenflaggschiff von Indienststellung bis Ende 1916. 3. November 1914, 16. Dezember 1914, 5.—6. März 1916 und 25. April 1916 usw. → Kaiser. 31. Mai 1916 × Skagerrak. 19. August 1916, 19. Oktober 1916, ab 19. September 1917 und 23. April 1918 usw. → Kaiser. Ab 25. November 1918 in Scapa Flow interniert, 21. Juni 1919 dort selbst †. 1936 Bergung begonnen, 29. April 1937 erfolgreich abgeschlossen, danach in Scapa Flow abgewrackt.

1	2	3	4	5	6
Kaiserin	1909	Howaldtswerke, Kiel	... 7. 10	11. 11. 11	14. 5. 13

3. November 1914, 16. Dezember 1914, 5.—6. März 1916 und 25. April 1916 usw. → Kaiser. 31. Mai 1916 × Skagerrak. 19. August 1916, 19. Oktober 1916, 5. November 1916, ab 19. September 1917, 17. November 1917 und 23. April 1918 usw. → Kaiser. Ab 25. November 1918 in Scapa Flow interniert, 21. Juni 1919 dort selbst †. 14. Mai 1936 geborgen, danach in Rosyth abgewrackt.

Prinzregent Luitpold	1910	F. Krupp Germaniawerft, Kiel	... 10. 10	23. 3. 11	1. 8. 12

3. November 1914, 16. Dezember 1914, 5.—6. März 1916 und 25. April 1916 usw. → Kaiser. 31. Mai 1916 × Skagerrak. 19. August 1916, 19. Oktober 1916, 5. November 1916, ab 19. September 1917 und 23. April 1918 → Kaiser. Ab 25. November 1918 in Scapa Flow interniert, 21. Juni 1919 dort selbst †. 9. Juli 1931 gehoben, bis 1933 in Rosyth abgewrackt.

König Albert	1910	F. Schichau, Danzig	... 7. 10	27. 4. 12	31. 7. 13

3. November 1914, 16. Dezember 1914, 5.—6. März 1916, 25. April 1916 usw. → Kaiser. 31. Mai 1916 × Skagerrak. 19. August 1916, 19. Oktober 1916, 5. November 1916, ab 19. September 1917 und 23. April 1918 usw. → Kaiser. Seit 26. November 1919 in Scapa Flow interniert, 21. Juni 1919 dort selbst †. 31. Juli 1935 gehoben, bis 1936 in Rosyth abgewrackt.

a) 1907 — noch vor dem Abschluß der Pläne zur → **Helgoland-Kl.** — entstanden die ersten Entwürfe zur **Kaiser**-Kl., die 1909 abgeschlossen wurden. Fünf Schiffe wurden bewilligt und bald darauf in Bau gegeben. Nominal ersetzten sie die gleiche Anzahl von alten Küstenpanzern, und dementsprechend waren ihnen die Haushaltsbezeichnungen **Ersatz Hildebrand, Ersatz Heimdall, Ersatz Hagen, Ersatz Odin** und **Ersatz Ägir** zugeordnet worden. Eine bemerkenswerte Neuerung zeichnete diese Klasse aus: Sie waren die ersten deutschen Schlachtschiffe mit Tu-Antrieb (und auch die ersten mit Öl-Zusatzfeuerung), und für ein Schiff dieser Klasse war sogar ein Groß-Dieselmotor als Marschmaschine vorgesehen. Indessen erwies sich der von Howaldt gebaute Großdiesel noch nicht bordbetriebsreif, so daß auf seinen Einbau verzichtet werden mußte. Zwar war die Entscheidung für den Tu-Antrieb gegen mancherlei Widerstände und Bedenken durchgesetzt worden, aber die erste große Übersee-Erprobung zweier Schiffe — **Kaiser** und **König Albert** zusammen mit dem Kleinen Kreuzer **Straßburg** als detachierte Division — von Dezember 1913 bis Juni 1914 bis nach Südamerika lieferte indessen den Nachweis der Betriebssicherheit dieses neuen Antriebssystems.

Der Übergang zum Tu-Antrieb erleichterte auch die Aufstellung der SA. So erhielten diese Schiffe nur noch 2 Flügeltürme, die diagonal zueinander versetzt waren, so daß jeder von ihnen nach beiden Seiten hin zum Tragen kommen konnte. Dazu konnten statt der bisherigen 2 Endtürme deren 3 eingebaut werden, davon der mittlere überhöht (auch dies erstmals im deutschen Großkampfschiffbau) über dem achteren, so daß insgesamt 5 Türme zur Verfügung standen, also einer weniger als auf der → **Helgoland**-Kl. (und auch auf der → **Nassau**-Kl.); aber sämtliche 5 Türme der **Kaiser**-Kl. konnten nach beiden Seiten hin feuern, gegenüber nur 4 bei ihren Vorgängern! Die Verringerung der SA bei der **Kaiser**-Kl. um 2 auf 10 Rohre bedeutete also nur scheinbar eine Schwächung; tatsächlich war genau das Gegenteil der Fall, denn bei ihr erhöhte sich das Geschoßgewicht einer Breitseite auf 3900 kg gegenüber nur 3120 kg bei der → **Helgoland**-Kl.!

Die Durchschnittsbaukosten betrugen je Schiff 45,6 Mio. Goldmark, also rund 185 Goldmark je Tonne Schiffsgewicht, und damit erheblich *weniger* als bei den ersten deutschen Großkampfschiffen!

b) PzQ.: ..., ..., ... / Seitenpzr.: 0—180, 350 (getäpert ↓ 180), 120 / Zitadellpzr.: 0—130, 180, 120 / Horizontalpzr.: PzD. 60 mit Böschungen 100 / Unterwasserschutz: T-Schott 40 / SA: Barbetten 300; Türme 300, ..., 110 / MA: Kasematten 80—170 / KdoT.: v. 400 (...); a. 200 (...).

c) 3 × Tu auf 3 ⚙ / 16 Marinekessel (Kohle, Ölzusatzfeuerung.) / Leist. 31 000 WPS; Geschw. 21,0 kn. 2 parallele Ruder. —

Prinzregent Luitpold
2 × Tu auf 2 ⚙; vorgesehen auf Mittel-⚙, jedoch nicht eingebaut: 1 Germania 6 Zyl. 2takt-DM / 14 Marinekessel (Kohle, Ölzusatzfeuerung.) / Leist. 26 000 WPS + 12 000 WPS; Geschw. 20,0 kn bzw. 12,0 kn. 2 Ruder usw.

Probefahrtergebnisse:	Leist. WPS	Geschw. kn	Tu-Bauart
Kaiser	55 187	23,4	Parsons
Kaiserin	42 181	22,4	Parsons
Friedrich der Große	41 533	22,1	AEG-Curtis
König Albert	39 813	22,0	Schichau
Prinzregent Luitpold	38 751	21,7	Parsons

d) 10—30,5 cm-SL L/50 in 5 ⚙, davon 2 diagonal versetzt im Mittelschiff → Skizzen / 14—15 cm-SK L/45 in Kasematten / 8—, zuletzt 0—8,8 cm-SK in ungeschützter Einzelaufstellung / 4—, zuletzt nur 2—8,8 cm-⚙ / 5—50 cm-↓ TR (4 S, 1 B).

e) Da der für **Prinzregent Luitpold** bestimmte Großdieselmotor nicht eingebaut werden konnte, wurde der dafür vorgesehene Maschinenraum und die Mittel-⚙ leer gefahren. **Friedrich der Große** diente von Anfang an als Flottenflaggschiff; sein auffallendstes Merkmal von 1913 bis 1914 war die vergleichsweise zu den anderen Schiffen sehr viel größere achtere Brücke, die als Signal- und Paradebrücke diente; auf dem gleichen Schiff wurde Ende 1914 der Absatz des vorderen Schornsteines um 1 m (wie nur bei **Prinzregent Luitpold** von Anfang an) und 1918 nochmals um ~1,5 m erhöht. Auf den Masten befanden sich ursprünglich keine Fleckerstände; diese kamen erst 1914 hinzu. Nur **Friedrich der Große** führte den zweigeschossigen Fleckerstand von 1914 bis 1918 und erhielt zuletzt ebenso wie **Kaiser** vorn einen dicken Röhrenmast mit einem zweigeschossigen Flecker- und E-Meßstand. Die vorderen und achteren Brückenaufbauten sowie auch die Schornsteine bzw. deren Dampfrohre zeigten auf fast allen Schiffen kleinere Unterschiede, am auffallendsten auf **Friedrich der Große** und **Kaiser** im Bereich der vorderen Brückenaufbauten seit 1918, dazu bei **König Albert** in Bezug auf die Dampfrohre, die nur bei diesem Schiff *seitlich* an den Schornsteinen geführt wurden.

König-Klasse

Linienschiffe = Schlachtschiffe

1	2	3	4	5	6
König	1911	Kaiserl. Werft, Wilhelmshaven	.. 10. 11	1. 3. 13	10. 8. 14

5.—6. März 1916 Vorstoß in die Hoofden. 25. April 1916 Fernsicherung bei Schlachtkreuzer-Unternehmen gegen Lowestoft-Yarmouth. 31. Mai 1916 × Skagerrak (10 Treffer erhalten, Reparatur bei Kaiserl. Werft, Kiel, bis 21. Juli 1916). 19. August 1916 Vorstoß gegen engl. Ostküste, 19. Oktober 1916 desgl. gegen Doggerbank, 5. November 1916 desgl. bis Höhe dänische Westküste. 11.—19. Oktober 1917 bei den Baltischen Inseln eingesetzt, dabei 17. Oktober russisches Linienschiff **Slava** *vernichtet. 23. April 1918 Vorstoß in nördl. Nordsee. Seit 6. Dezember 1918 in Scapa Flow interniert, 21. Juni 1919 dort selbst †. 1962 von schottischer Firma Rechte zur Bergung des Wracks erworben.*

Großer Kurfürst	1911	AG ›Vulcan‹, Hamburg	.. 10. 11	5. 5. 13	30. 7. 14

5.—6. März 1916, 25. April 1916 usw. → **König**. *31. Mai 1916 × Skagerrak (8 Treffer erhalten, Reparatur bei AG ›Vulcan‹, Hamburg, bis 17. Juli 1916). 19. August 1916 und 19. Oktober 1916 usw. →* **König**. *5. November 1916 Vor-*

Kaiser- und König-Klasse

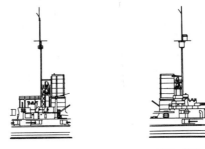

Friedrich der Große: bis 1914   1914—1918

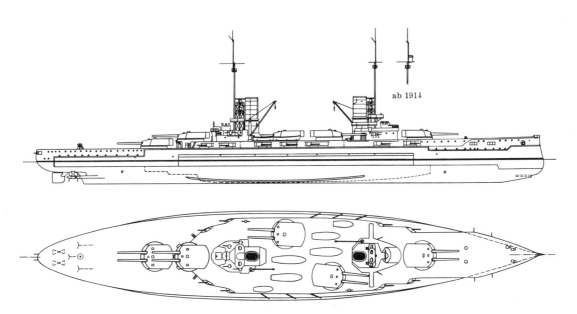

ab 1914

Prinzregent Luitpold (1913)

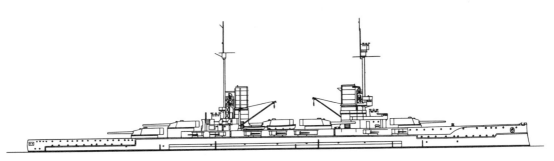

Friedrich der Große (1918)

stoß bis Höhe dänische Westküste, dabei auf Höhe Utsire von brit. U Boot **J 1** torpediert, ab 10. Februar 1917 wieder einsatzbereit. 5. März 1917 Kollision mit Schwesterschiff **Kronprinz (Wilhelm)** in der Helgoländer Bucht, ab 27. April 1917 wieder einsatzbereit. 11.—19. Oktober 1917 Einsatz bei den Baltischen Inseln, dabei Minentreffer erhalten. 24. April 1918 Vorstoß in nördl. Nordsee. Seit 26. November 1918 interniert in Scapa Flow, 21. Juni 1919 dort selbst †. 1936 geborgen und in Rosyth abgewrackt.

1	2	3	4	5	6
Markgraf	1911	AG ›Weser‹, Bremen	.. 11. 11	4. 6. 13	1. 10. 14

25. April 1916 usw. → **König**. 31. Mai 1916 × Skagerrak (5 Treffer erhalten, Reparatur bei AG ›Vulcan‹, Hamburg, bis 20. Juli 1916). 19. August 1916, 19. Oktober 1919, 5. November 1916, 11.—19. Oktober 1917 und 23. April 1918 usw. → **König**. Seit 26. November 1918 in Scapa Flow interniert, 21. Juni 1919 dort selbst †. 1962 Rechte zur Bergung des Wracks von schottischer Firma erworben.

| **Kronprinz** | 1912 | F. Krupp Germaniawerft, Kiel | ... 5. 12 | 21. 2. 14 | 8. 11. 14 |

Name ab 27. Januar 1918: **Kronprinz Wilhelm**. 5.—6. März 1916, 25. April 1916 usw. → **König**. 31. Mai 1916 Skagerrak (unbeschädigt geblieben). 19. August 1916, 19. Oktober 1916 usw. → **König**. 5. November 1916 Vorstoß bis Höhe dänische Westküste, dabei nahe Utsire von brit. U Boot **J 1** torpediert, ab 6. Dezember 1916 wieder einsatzbereit. 5. März 1917 Kollision mit Schwesterschiff **Großer Kurfürst** in der Helgoländer Bucht, Reparatur bis 14. Mai 1917. 11.—19. Oktober 1917 und 23. April 1918 usw. → **König**. Seit 26. November 1919 in Scapa Flow interniert, 21. Juni 1919 dort selbst †. 1962 Rechte von schottischer Frima zur Bergung des Wracks erworben.

a) Im Konstruktionsamt der deutschen Marine entstanden 1909/10 die Entwürfe für diese 4 Schlachtschiffe; von ihnen war nur **König** als Vermehrungsbau (›S‹) vorgesehen, während die 3 anderen ältere Schiffe zu ersetzen hatten und demzufolge die Haushaltsbezeichnungen **Ersatz Kurfürst Friedrich Wilhelm**, **Ersatz Weißenburg** und **Ersatz Brandenburg** führten. Sie waren im wesentlichen Weiterentwicklungen der → **Kaiser**-Kl. und entsprachen diesen in vielen Konstruktionsmerkmalen. Neu war die Aufstellung der SA in einem wesentlich günstigeren Schema, wobei auf die seitherigen Flügeltürme — wie sie noch die → **Kaiser**-Kl. hatte — verzichtet werden konnte, so daß nunmehr *alle* Türme in Mittschiffslinie angeordnet waren. Dies war vor allem deshalb möglich geworden, weil mit dem Übergang zum Tu-Antrieb von der → **Kaiser**-Kl. ab wesentlich mehr Platz im Innerschiff gewonnen werden konnte. — In konsequenter Fortsetzung der mit → **Prinzregent Luitpold** gemachten Anfänge war für *alle* 4 Schiffe zunächst ebenfalls ein Großdiesel als Marschmaschine vorgesehen. Aber auch sie konnten nicht mehr eingebaut werden, weil sie nicht mehr rechtzeitig genug fertig wurden. — Baukosten: Je Schiff rund 45 Mio. Goldmark.

b) PzQ.: 170—200, 170—200 / Seitenpzr.: 0—180, 350, 150—120 / Zitadellpzr.: 130, 180, 120 / Horizontalpzr.: Oberdeck 30; PzD. 60 mit Böschungen 100 / Unterwasserschutz: T-Schott 40 / SA: Barbetten 300; Türme 300, ..., 110 / MA: Kasematten 170 / KdoT.: v. 300—150 (...); a. 200 (...).

c) $3 \times$ Tu auf 3 ⚙ / 3 Öl-Marinekessel + 12 Marinekessel (Kohle) / Leist. 31 000 WPS; Geschw. 21,0 kn. [Die Planung von 1911 sah zunächst für alle 4 Schiffe, dann nur noch für **Großer Kurfürst** und **Markgraf** je 1 MAN 6 Zyl. 2takt-DM von 12 000 PS Leistung für 12 kn Marschfahrt vor; auf ihren Einbau mußte verzichtet werden → a). Dafür wurde dann ein Tu-Satz installiert.] 2 parallele Ruder.

Probefahrtergebnisse:	Leist. WPS	Geschw. kn	Tu-Bauart
König	43 300	21,0	Parsons
Großer Kurfürst	45 100	21,2	AEG-Vulcan
Markgraf	41 400	21,0	Bergmann
Kronprinz	46 200	21,3	Parsons

d) 10—30,5 cm-SK L/50 in 5 ∞, davon je 2 überhöht vorn und achtern / 14—15 cm-SK L/45 in Kasematten / 6—, zuletzt 0—8,8 cm-SK in Kasematten / 2 bis 4—8,8 cm-⚓ / 5—50 cm-↓ TR (1 B, 4 S).

e) Alle Schiffe außer **Kronprinz (Wilhelm)** führten bis 1917 vorn den dünnen Pfahlmast mit kleinem Fleckerstand und Stenge → Skizze. Dieser wurde danach durch einen dickeren ersetzt, der im Topp einen größeren Leitstand mit einem BG trug (nur **König** führte 2 Leitstände übereinander). Zu den

Gewichtsverteilung
Schiffskörper	7973 ts =	31,4%
Panzer	10283 ts =	40,5%
Maschinen und Hilfsmaschinen	2133 ts =	8,4%
Bewaffnung	3073 ts =	12,1%
Ausrüstung	914 ts =	3,6%
Brennstoff	873 ts =	3,3%
Baureserve	178 ts =	0,7%
Konstruktionsverdrängung	25391 ts =	100,0%

Maständerungen von **Kronprinz (Wilhelm)** → Skizzen. Sämtlich zuletzt ohne die 8,8 cm-Kasematt-SK im Aufbaudeck zwischen

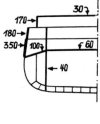

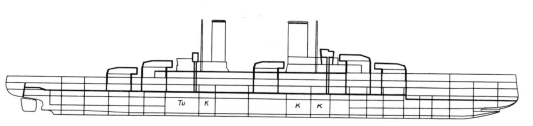

König-Klasse (Generalplan)

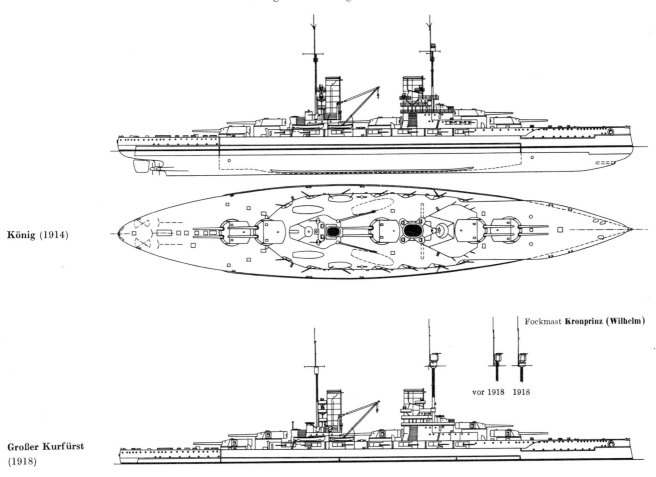

König (1914)

Großer Kurfürst (1918)

Fockmast **Kronprinz (Wilhelm)**
vor 1918   1918

Turm B und Brücke. **Großer Kurfürst** hatte nach seiner Havarie von 1917 bis 1918 einen gerade gebauten (Not-)Steven. Die oberste (Admirals-)Brücke führte nur **König**, ab 1917 auch **Markgraf**. Die Anzahl der 8,8 cm-⚓ war zeitweise verschieden. Diese Schiffe galten als besonders gut gelungen und hatten ruhige, angenehme Bewegungen, was vor allem der artilleristischen Leistung zugute kam.

Derfflinger-Klasse
Große Kreuzer = Schlachtkreuzer

1	2	3	4	5	6
Derfflinger	1911	Blohm & Voß, Hamburg	.. 1. 12	12. 7. 13	1. 9. 14

*Beim ursprünglich angesetzten Stapellauf am 14. Juni 1913 auf Helling stekkengeblieben, erst 4 Wochen später = 12. Juli 1913 gelungen. 16. Dezember 1914 Beschießung von Scarborough (Vorstoß »J 2«). 24. Januar 1915 ✕ Doggerbank (1 Treffer erhalten). 5.—6. März 1916 Vorstoß in die Hoofden. 24. April 1916 Beschießung von Yarmouth/Lowestoft. 31. Mai 1916 ✕ Skagerrak Versenkung → **Queen Mary, Invincible** (schwer beschädigt durch 17 schwere und 4 mittlere Treffer, mit 3000 t Wasser im Schiff zurückgekehrt, provisorische Reparatur in Wilhelmshaven, endgültige durch Howaldtswerke Kiel, ab 15. Oktober 1916 wieder einsatzbereit. 23. April 1918 Vorstoß in die nördl. Nordsee. Seit 24. November 1918 in Scapa Flow interniert, 21. Juni 1919 dort selbst †. 1934 geborgen, 1935—36 in Rosyth abgewrackt, letzte Teile noch bis April 1948.*

1	2	3	4	5	6
Lützow	1912	F. Schichau, Danzig	... 7. 12	29. 11. 13	8. 8. 15

*Bei Probefahrten schwere Tu-Havarie erlitten, daher erst ab März 1916 frontbereit. 24. April 1916 Beschießung von Yarmouth/Lowestoft. 31. Mai 1916 ✕ Skagerrak, Versenkung → **Invincible**, dabei 24 schwere und 1 T-Treffer erhalten, schwer beschädigt mit über 7500 t Wasser im Schiff Rückmarsch angetreten, nicht mehr zu halten, nach Übernahme der Besatzung von Torpedoboot **G 38** durch 2 T-Schüsse † (116 Tote). Wrack 1961—62 an Untergangsstelle z. T. ausgeschlachtet.*

1	2	3	4	5	6
Hindenburg	1913	Kaiserl. Werft, Wilhelmshaven	30. 6. 13	1. 8. 15	10. 5. 17

17. November 1917 erfolgloser Entlastungsvorstoß in die westl. Nordsee (Kreuzergefecht). 23. April 1918 Vorstoß in nördl. Nordsee bis Höhe Stavanger. Seit 24. November 1918 in Scapa Flow interniert, 21. Juni 1919 dort selbst †. Ber-

gung nach mehrfach mißlungenen Versuchen erst 22. Juli 1930 gelungen, 1931–32 in Rosyth abgewrackt.

a) Erst mit diesen Schlachtkreuzern — deren Pläne im Sommer 1911 (**Hindenburg**: Herbst 1912) fertig wurden — ging die deutsche Marine zum 30,5 cm-Kaliber über und zugleich zu einer anderen Konzeption im Hinblick auf die Aufstellung der SA, des Schiffbaues und auch des Antriebes. Man entschied sich bei ihnen in Anbetracht des gesteigerten Kalibers für nur noch 8 Rohre und ihre Anordnung in überhöhter Endaufstellung. Die wesentlichste Neuerung im schiffbaulichen Bereich war der Übergang zur Glattdeckbauweise, wobei die SK der MA erstmals an Oberdeck (und nicht mehr im Batteriedeck wie bei den Vorgängern) aufgestellt wurden (allerdings ließen sich auch dadurch die Feuerhöhen nicht wesentlich verbessern, und sie blieben durch überkommendes Wasser auch weiterhin recht naß!). Im maschinenbaulichen Bereich war der Übergang zur Ölfeuerung eines Teiles der Kessel von großer Bedeutung. Diese Schiffe galten auch architektonisch als außerordentlich gut gelungen: Mit ihrem schlanken Rumpf, mit dem schon weit achtern beginnenden sanft ansteigenden Decksprung, der sehr langen Back und dem harmonischen Gefüge ihrer Aufbauten war ihr Gesamtanblick einer der schönsten im Kriegsschiffbau. **Baukosten: Derfflinger** 56 Mio. Goldmark, **Lützow** 58 Mio. und **Hindenburg** 59 Mio. — Nur **Lützow** und **Hindenburg** waren Ersatzbauten (für Kreuzerkorvette **Kaiserin Augusta** bzw. für Großen Kreuzer **Hertha**), **Derfflinger** dagegen Vermehrungsbau (›K‹).

b) PzQ.: 100, 250, 250 / Seitenpzr.: 100, 300 (getäpert ↓ 150), 120—100—30 / Zitadellpzr.: 230—270 / Horizontalpzr.: Seitliche Aufbaudecks über Kasematten 50; Oberdeck 20—25; PzD. achtern 80, sonst 30—40 einschl. Böschungen / Unterwasserschutz: T-Schott 45 / SA: Barbetten 260; Türme 270, 220, 110—80 (**Hindenburg**: 270, 220, 150) / KdoT.: v. 350 (200); a. 200 (150).

c) 2 × Marine-Tu auf 4 ❀ / 14 Marine-Doppelkessel (Kohle) + 4 Öl-Marine-Doppelender-Kessel / Leist. 63 000 WPS; Geschw. 26,5 kn (**Hindenburg**: 72 000 WPS; 27,0 kn). 2 Ruder hintereinander.

d) 8—30,5 cm-SK L/50 in je 2 überhöht angeordneten ∞ vorn und achtern / 12—, **Lützow** und **Hindenburg** 14—15 cm-SK L/45 in Kasematten / **Derfflinger** 8—8,8 cm-SK einzeln hinter Schilden nur bis 1916 + vorgesehen in Nischen unter der Brücke 4—8,8 cm-SK (nie eingebaut), ab 1916: 8—, zuletzt nur 4—8,8 cm-⚓; **Lützow** stets nur 8—8,8 cm-SK einzeln hinter Schilden; **Hindenburg** 8—8,8 cm-SK, zuletzt nur 4—8,8 cm-⚓ / 4 ↓ TR (1 Bb-Heck, 2 S, 1 B), und zwar für 50 cm-Torpedos auf **Derfflinger**, für 60 cm-Torpedos auf **Lützow** und **Hindenburg**.

e) Nur **Derfflinger** hatte (versuchsweise) aktive Schlingerdämpfung erhalten (die Schlingertanks befanden sich auf dem mittleren Aufbau zwischen den Schornsteinen). — Bei sonst hervorragender Standfestigkeit hatten diese Schiffe eine ›Achillesferse‹: Es war dies der Torpedo-Breitseitraum, hinter dem aus Platzgründen das T-Schott weggelassen worden war. Diese Anordnung wurde **Lützow** zum Verhängnis, denn auf ihr schlugen an dieser Stelle 2 schwere Geschosse unter dem Seitenpanzer ein, und ihre Sprengwirkung war so stark, daß das gesamte Vorschiff vor Turm A sofort vollief.

Probefahrtergebnisse:

Derfflinger 76 600 WPS = 25,8 kn
Lützow 80 988 WPS = 26,4 kn
Hindenburg 95 777 WPS = 26,6 kn

(sog. ›Kriegsmeilenfahrten‹, die unter normalen Bedingungen mindestens 2 kn mehr ergeben hätten).

Gewichtsverteilung (für **Hindenburg**)

Schiffskörper	8139 ts	30,7%
Panzer	9809 ts	37,0%
Maschinen	2916 ts	11,0%
Hilfsmaschinen	556 ts	2,1%
Bewaffnung	2730 ts	10,3%
Ausrüstung	795 ts	3,0%
Frischwasser	86 ts	0,3%
Speisewasser	158 ts	0,6%
Brennstoff	980 ts	3,7%
Baureserve	344 ts	1,3%
Konstruktions-verdrängung	26513 ts	100,0%

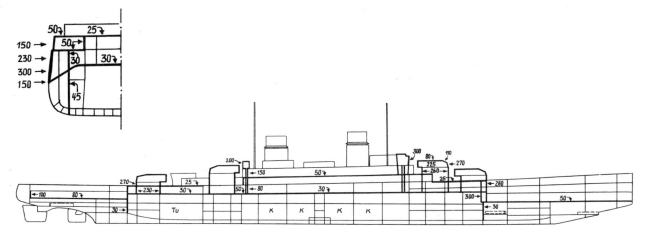

Derfflinger (Generalplan)

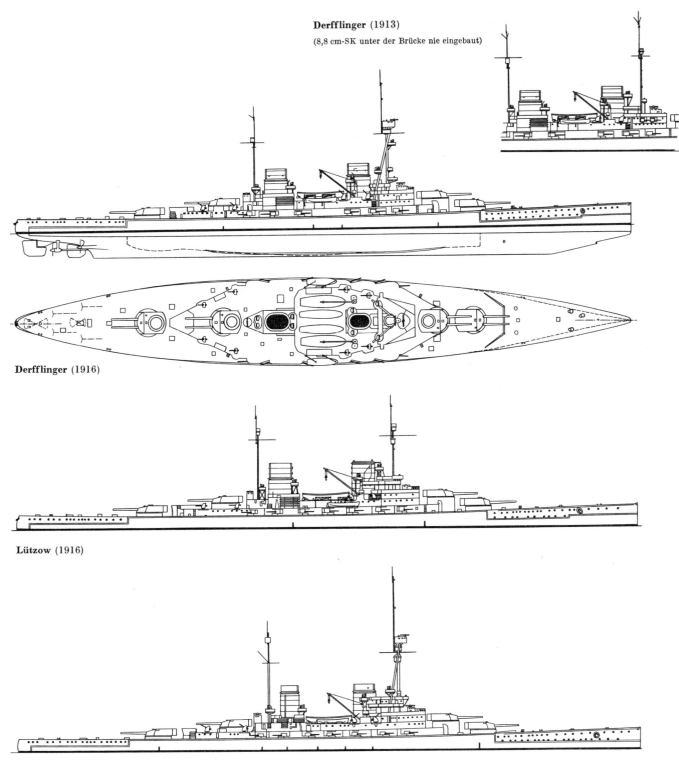

Derfflinger-Klasse

Derfflinger (1913)
(8,8 cm-SK unter der Brücke nie eingebaut)

Derfflinger (1916)

Lützow (1916)

Hindenburg (1918)

Alle 3 Schiffe unterschieden sich äußerlich z.T. beträchtlich voneinander. **Derfflinger** hatte bis nach der Skagerrakschlacht 2 einfache Pfahlmasten mit ganz leichtem Fall ganz ähnlich wie **Lützow**. Ihr vorderer Schornstein war jedoch stets etwas höher als der achtere; bis 1916 befand sich vor dem vorderen Schornstein eine Scheinwerferplattform. Nach der Skagerrakschlacht fiel diese weg und ein breitspuriger Dreibeinmast wurde an Stelle des vorderen Pfahlmastes errichtet. Auf **Lützow** waren die Schornsteine gleich hoch; sie führte stets die glatten Pfahlmasten. **Hindenburg** hatte von Anfang an einen Dreibeinmast und ebenfalls gleich hohe Schornsteine. Die Stenge des Dreibeinmastes konnte eingefahren werden. Wegen der Änderungen der 8,8 cm-SK und der 8,8 cm-⚓ → d) und Skizzen. **Derfflinger** war das erste deutsche Großkampfschiff, das mit 8,8 cm-⚓ ausgerüstet wurde.

Bayern-Klasse

Linienschiffe = Schlachtschiffe

1	2	3	4	5	6
Bayern	1912	Howaldtswerke Kiel	20. 9. 13	18. 2. 15	18. 3. 16

An Skagerrak-X nicht teilgenommen, da noch im Erprobungsverhältnis! 19. August 1916 erfolgloser Vorstoß in Nordsee, desgl. 19. Oktober 1916. Ab 19. September 1917 vorübergehend im Einsatz vor den Baltischen Inseln, dabei 12. Oktober 1917 Minentreffer erhalten. 23. April 1918 Vorstoß in nördl. Nordsee bis Höhe Stavanger. Seit 26. November 1918 in Scapa Flow interniert, 21. Juni 1919 dort selbst †. September 1934 gehoben, bis 1935 in Rosyth abgewrackt.

Baden	1912	F. Schichau, Danzig	29. 9. 13	30. 10. 15	19. 10. 16

*Ab Indienststellung Flottenflaggschiff. 23. April 1918 Vorstoß in nördl. Nordsee bis Höhe Stavanger. Ab 14. Dezember 1918 in Scapa Flow interniert als Ersatz für die ursprünglich dazu bestimmte unfertige → **Mackensen**. 21. Juni 1919 dort von Besatzung zu versenken versucht, von britischen Schleppern jedoch sinkend auf Strand bugsiert; Juli 1919 abgedichtet, danach als Zielschiff benutzt als solches 16. August 1921 südwestl. Portsmouth durch Artilleriefeuer britischer Schlachtschiffe †.*

Sachsen	1913	F. Krupp Germaniawerft, Kiel	... 14	21. 11. 16	∞

Bauauftrag 7. April 1914 erteilt. Arbeiten bei Kriegsende (ca. 9 Monate vor Fertigstellung) eingestellt. 3. November 1919 gestrichen, 1920 auf Abbruch verkauft, 1921 an Arsenalmole in Kiel abgewrackt.

Württemberg	1914	AG ›Vulcan‹, Hamburg	4. 1. 15	20. 6. 17	∞

Bauauftrag 12. August 1914 erteilt. Arbeiten bei Kriegsende (ca. 12 Monate vor Fertigstellung) eingestellt. 3. November 1919 gestrichen, 1921 auf Abbruch verkauft, in Hamburg abgewrackt.

a) Als Großbritannien im Jahre 1909 zum 34,3 cm-Kaliber überging, konnte die deutsche Marine getrost an ihrem 30,5 cm-Geschütz festhalten, denn Versuche hatten gezeigt, daß die deutschen 30,5 cm-Geschosse eine wesentlich größere Durchschlagskraft hatten als britische gleichen Kalibers, und daß die Durchschlagskraft nur um ein Geringes hinter der britischen 34,3 cm-Granate zurückblieb. In jenen Jahren prüfte das Reichsmarineamt auch Aufstellungsmöglichkeiten von ⚓, die gerade eben in den Marinen Italiens, Rußlands und Österreich-Ungarns eingeführt worden waren. Eingehende Vergleiche und Überlegungen sowie die Besichtigung von 30,5 cm-⚓ der → **Viribus Unitis-Kl.** endeten zu Gunsten des ⚓. Die Gründe, die gegen den ⚓ sprachen, waren folgende: Wesentlich größere Decksdurchbrechungen und damit verminderte Festigkeit, problematische Munitionsversorgung des mittleren Rohres, damit verbunden Absinken der Feuergeschwindigkeit des gesamten Turmes, ferner stärkere Drehmomente auf das Turmschwenkwerk wegen des größeren Querabstandes der Rohre von der Drehachse, und Ausfall wesentlicher Gefechtswerte beim Ausfall eines Turmes durch einen unglücklichen Treffer. Für die Annahme des ⚓ sprachen die Verkürzung der Zitadelle und damit die Einsparung von Panzergewicht sowie eine günstigere Aufstellung der SA mit größeren Bestreichungswinkeln. Entscheidend war schließlich die Feststellung, daß 6 ⚓ gewichtsmäßig 4 ⚓ entsprachen, und daß das Geschoßgewicht beim ⚓ des nächsthöheren Kalibers dem eines ⚓ des bisherigen Kalibers fast gleich war. Daher wurde 1913 entschieden, das Kaliber zukünftig zu bauender Schlachtschiffe auf 38 cm (und das von Großen Kreuzern auf 35 cm) zu steigern, jedoch unter Beibehaltung der ⚓.[1] So wurden die 1912 ausgearbeiteten Pläne mit diesem Beschluß abgestimmt und nacheinander 4 Schiffe in Bau gegeben, zwei 1912 und je eines 1913 und 1914. Das erste von ihnen (**Bayern**) galt als Vermehrungsbau (›T‹), die anderen als Ersatzbauten für veraltete Linienschiffe (**Baden** für **Wörth**, **Sachsen** für **Kaiser Friedrich III.** und **Württemberg** für **Kaiser Wilhelm II.**). Von ihnen wurden nur 2 Schiffe fertig, aber nicht mehr rechtzeitig genug, um ihre Bewährungsprobe am Skagerrak abzulegen. Gleichwohl ließ gerade die **Bayern-Kl.** erkennen, daß das Schlachtschiff als Schiffstyp seine Vollkommenheit erreicht hatte. Was dann noch in den 2 Jahrzehnten verbessert werden konnte, betraf Einzelheiten, aber nicht mehr die Gestaltung des Schiffstyps selbst. — Baukosten: Je 49—50 Mio. Goldmark.

b) PzQ.: 170, 200, 200, 200 / Seitenpzr.: 0—100, 350 (getäpert ↓ 170), 200—30 / Zitadellpzr.: 250 / Horizontalpzr.: Aufbaudeck über Kasematten 40; Oberdeck (nur über Zitadelle) 30; PzD. 120—100, 50, 30—40 mit Böschungen 30 / Unterwasserschutz: T-Schott 50 / SA: Barbetten 350; Türme 350, 250, 120 / MA: Kasematten 170 / KdoT.: v. 350 (200); a. 170 (170).

c) 3 × Tu auf 3 ⚙ (**Bayern** Parsons, **Baden** Schichau-, **Württemberg** AEG-Vulcan-) / 11 (**Württemberg** 12) Marinekessel (Kohle) + 3 Öl-Marinekessel / Leist. 48 000 WPS; Geschw. 22,0 kn (**Baden**: 21,0 kn). 2 Ruder.

Sachsen: 2 × Parsons-Tu auf 2 ⚙ + 1 MAN 6 Zylinder 2takt-DM auf 1 (Mittel-) ⚙ / 11 Marinekessel (Kohle) + 3 Öl-Marinekessel / Leist. 28 000 WPS + 12 000 WPS; Geschw. 21,0 kn (DM-Fahrt 12,0 kn).

---

[1] Schmalenbach, Die Geschichte der deutschen Schiffartillerie, S. 76—77.

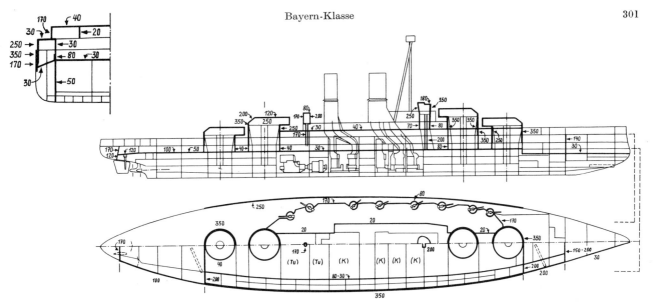

Bayern-Klasse (Generalplan)

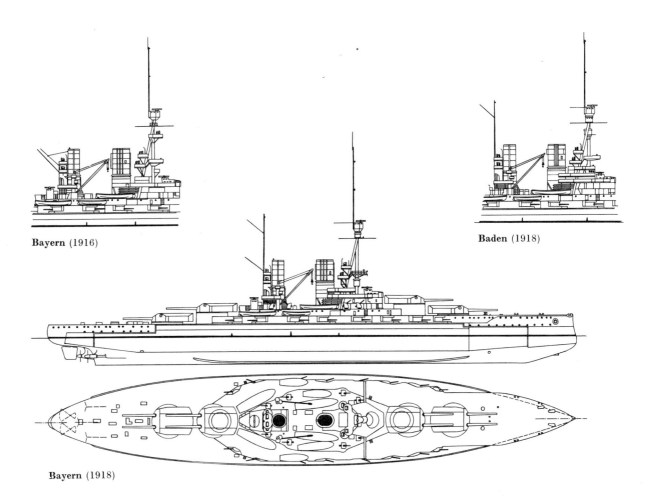

Bayern (1916)

Baden (1918)

Bayern (1918)

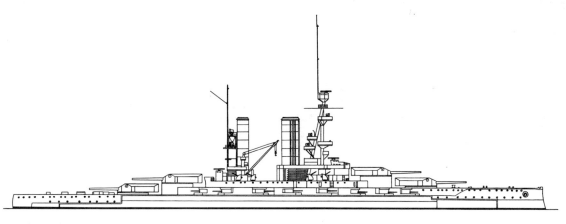

Sachsen (Giß!)

d) 8—38 cm-SK L/45 in je 2 überhöhten ∝ vorn und achtern / 16—15 cm-SK L/45 in Kasematten / Vorgesehen 8—, zunächst 0—, ab 1917 meist nur 4—8,8 cm-⚓ / 5—60 cm-↓ TR (4 S, 1 B), **Bayern** ab 1917 nur noch 1—60 cm-↓ TR (B).

e) **Bayern** und **Baden** erhielten ihren Großmast erst 1917; bis zu diesem Zeitpunkt führten sie dort nur 2 leicht nach den Seiten abgespreizte Antennenausleger und nur wenig höher dazwischen eine Flaggengaffel. Bei **Bayern** unterschied sich der Großmast von dem der **Baden** dadurch, daß er unter der Flaggengaffel noch eine Signal-Doppelgaffel führte. **Bayern** erhielt den gedeckten Stand unterhalb vom Vormars erst 1917; der bisher darunter angeordnete Scheinwerfer kam dabei in Wegfall. Seither war die Fockmaststenge auch etwas kürzer, und von der Vormars-Decke ragten zwei zusätzliche Rahen divergierend nach achteraus.

Baden erhielt 1917 im Gegensatz zu **Bayern** an Stelle der zunächst vorhandenen und wie bei **Bayern** angeordneten Scheinwerfer-Plattform einen zusätzlichen Stand im Fockmast-Standbein, etwa in der Höhe, wo die beiden Stützbeine am Standbein vorbeiliefen; die unterhalb dieses Standes nach schräg vorn und nach achtern zeigenden Rahen wurden nur vorübergehend geführt. Zum gleichen Zeitpunkt wurde unterhalb vom Vormars der gleiche gedeckte Stand errichtet, den auch **Bayern** nachträglich erhalten hatte, und zwar ebenfalls mit den beiden nach achteraus divergierenden Rahen auf seiner Decke. Weitere Unterscheidungsmerkmale waren die Schornsteine beider Schiffe, die Brückenaufbauten usw. → Skizzen.

Keines dieser Schiffe erhielt seine vollzählige 8,8 cm-⚓ Bewaffnung. Bis 1917 waren überhaupt keine 8,8 cm-⚓ an Bord, und nur **Bayern** (nicht **Baden**!) führte seither 4—8,8 cm-⚓ (die achteren). **Württemberg** war wie **Bayern** vorgesehen, **Sachsen** er-

Gewichtsverteilung		
Schiffskörper	8 304 ts =	29,5%
Panzer	11 428 ts =	40,6%
Maschinen	1 998 ts =	7,1%
Hilfsmaschinen	619 ts =	2,5%
Bewaffnung	3 714 ts =	13,2%
Ausrüstung	985 ts =	3,5%
Brennstoff	1 013 ts =	3,6%
Konstruktions-verdrängung	28 061 ts =	100,0%

hielt jedoch wesentlich höhere (24 m gegenüber bisher ~ 20 m) und vollummantelte Schornsteine.

Nach dem Minentreffer von 1917 wurden auf **Bayern** die S-↓ TR ausgebaut.

Mackensen-Klasse

Große Kreuzer = Schlachtkreuzer

1	2	3	4	5	6
Mackensen	1914	Blohm & Voss, Hamburg	30. 1. 15	21. 4. 17	∞ [18 7. 18]

Baustop nach Stapellauf (bei Kriegsende ca. 12 Monate vor der Fertigstellung). Gem. Waffenstillstandsbedingungen zur Auslieferung nach Scapa Flow bestimmt; da noch nicht seefähig, ersatzweise → Baden ausgeliefert. 17. November 1919 gestrichen, Oktober 1921 auf Abbruch verkauft. 1923/24 durch Fa. A. Kubatz, Hamburg, Rosshafen, abgewrackt.

| **Ersatz Freya** | Kriegs-bau-progr. | Blohm & Voss, Hamburg | 1. 5. 15 | 13. 3. 20 | ∞ |

*Vorgesehener Name: **Prinz Eitel Friedrich**. Sommer 1917 Baustop (bei Kriegsende ca. 21 Monate vor Fertigstellung). Stapellauf behelfsmäßig zur Räumung der Helling vorgenommen, dabei von Hamburger Werftarbeitern spottweise* **Noske** ›*getauft*‹. *1920—22 durch Fa. A. Kubatz, Hamburg, Rosshafen, abgewrackt.*

| **Graf Spee** | Kriegs-bau-progr. | F. Schichau, Danzig | 30. 11. 15 | 15. 9. 17 | ∞ |

Baustop nach Stapellauf. Bei Kriegsende ca. 18 Monate vor Fertigstellung. 17. November 1919 gestrichen, 28. Oktober 1921 auf Abbruch verkauft. 1921—23 bei Deutsche Werke AG, Kiel, abgewrackt.

| **A (Ersatz Friedrich Carl)** | Kriegs-bau-progr. | Kaiserl. Werft, Wilhelmshaven | 3. 11. 15 | ∞ | ∞ |

*Vorgesehener Name: **Fürst Bismarck**. Bau auf Helling nur wenig vorangekommen. Bei Kriegsende ca. 26 Monate vor Fertigstellung. 17. November 1919 gestrichen, bis 1922 auf Helling abgebrochen.*

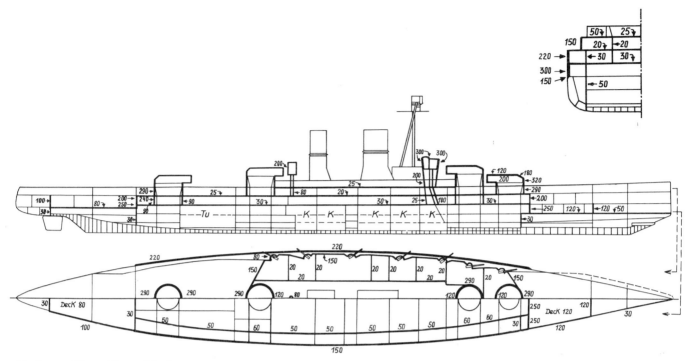

Mackensen-Klasse (Generalplan)

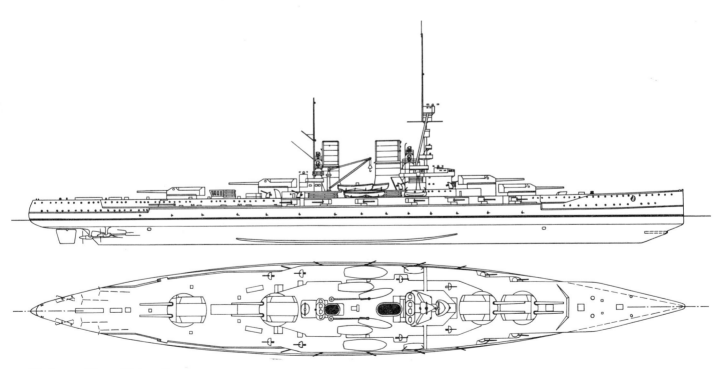

Mackensen-Klasse (Entwurf)

a) Die Bauaufträge für diese Schiffe wurden am 14. August 1914 bzw. 14. August 1914 bzw. 15. April 1915 hzw. 18. April 1915 vergeben. Von ihnen stammte nur das erste Schiff aus dem Friedenshaushalt; das zweite Schiff wurde auf Grund der für das Haushaltsjahr 1915 bereitgestellten Mittel vergeben, die beiden letzteren im Rahmen des Kriegsbauprogramms von 1915. Die 3 ersten Schiffe waren Ersatzbauten (für die Kreuzer II. Klasse **Victoria Louise** und **Freya** sowie für den auf der Doggerbank untergegangenen Großen Kreuzer **Blücher**), und das 4. Schiff war gem. Friedensplanung zunächst als Vermehrungsbau ›A‹ eingestellt, wurde aber endgültig als Ersatzbau für den am 17. November 1914 gesunkenen Großen Kreuzer **Friedrich Carl** geführt. — In ihrer Gesamtkonzeption setzten diese Schiffe die mit der → **Derfflinger**-Kl. begonnene Entwicklung fort, doch stieg das Kaliber auf 35 cm an.[1] Die Baukosten waren je Schiff mit etwa 66 Mio. Goldmark veranschlagt.

b) PzQ.: 100—30, 200—250, 200—250, 120 / Seitenpzr.: 100, 300 (getäpert ↓ 150), 120—30 / Zitadellpzr.: 220 / Horizontalpzr.: Oberdeck 25—30; Batteriedeck 20—25; o. PzD. 30 (keine Böschungen); u. PzD. 80, 30, 120—50 / Unterwasserschutz: T-Schott 50 (im Bereich der Munitionskammern 60); T-Schutzbreite 6 m / SA: Barbetten 290; Türme 320, 200, 110—120 / MA: Kasematten 150 / KdoT.: v. 350 (180); a. 200 (150). **Mackensen**: u. PzD. achtern nur 50, Türme: 300, 200, 100.

c) 4 × Marine-Tu (dazu Marsch-Tu für 12 kn Fahrt) auf 4 ✲ / 24 Einender-Kohlenkessel + 8 Marine-Doppelender-Ölkessel / Leist. 90000 WPS; Geschw. 27,0 kn. 2 parallele Ruder. *Maschinengewicht 3445 t.*

d) 8—35 cm-SK L/50 in Aufstellung wie → **Derfflinger**-Kl. / 14—15 cm-SK L/45 in Kasematten / 8—8,8 cm-⚓ / 5—60 cm-↓ TR (4 S, 1 B).

e) 1920 wurden Erörterungen darüber angestellt, die 3 ersten Schiffe zu Tankmotorschiffen von je 18 500 tdw umzubauen. Mit 4 U-Boot-DM zu je 1200 ePS sollten sie 10 kn Geschwindigkeit erreichen. Wegen Unwirtschaftlichkeit wurden diese Überlegungen jedoch aufgegeben und nicht weiter verfolgt.

Ersatz Yorck-Klasse
Große Kreuzer = Schlachtkreuzer

1	2	3	4	5	6
Ersatz Yorck	Kriegsbauprogr. 1916/17	AG ›Vulcan‹, Hamburg	16	∞	∞
Ersatz Gneisenau		F. Krupp, Germaniawerft Kiel	16	∞	∞
Ersatz Scharnhorst		Blohm & Voss, Hamburg	16	∞	∞

Aufträge vergeben 10. April 1915 bzw. 10. April 1915 bzw. 14. April 1915. Bau ab 1917 nur noch als Arbeitsausgleich betrieben. Baustadium Herbst 1918: etwa 26 Monate und mehr vor der Fertigstellung; nach Kriegsende auf den Helgen abgebrochen.

a) Nach der ursprünglichen Planung von 1915 sollten diese drei Schiffe ebenfalls der → **Mackensen**-Kl. angehören. Sie waren als Ersatzbauten für die im Kriege untergegangenen Großen Kreuzer **Yorck, Gneisenau** und **Scharnhorst** vorgesehen. Nachdem in Deutschland der Bau neuer britischer Schlachtkreuzer mit 38,1 cm-Sk (→ **Renown**-Kl.) bekannt geworden war, entschloß man sich zu einem ebenso großen Kaliber. Die Entwürfe wurden 1916 entsprechend geändert; noch vor deren Abschluß wurden die Bauaufträge vergeben. Die Schiffe wurden zwar noch im Laufe des Sommers 1916 begonnen, doch konnten an ihnen die Arbeiten bald nur noch schleppend durchgeführt werden, bis sie schließlich ganz zum Erliegen kamen.

b) PzQ.: 200, 250 / Seitenpzr.: 100, 300, 120—30 / Zitadellpzr.: 260 / Horizontalpzr.: PzD. 30—90 einschl. Böschungen / Unterwasserschutz: T-Schott 45—50 / SA: Barbetten 300; Türme 250, 250, 150 / MA: Kasematten 150 / KdoT.: v. ∼ 350 (...); a. 200 (...).

c) 4 × Marine-Tu mit Föttinger-Transformatoren auf 4 ✲ / 8 Marine-Doppelkessel (Kohle) + 8 Marine-Doppelenderkessel (Öl) / Leist. 90000 WPS; Geschw. 27,3 kn. 2 parallele Ruder.

d) 8—38 cm-SK L/45 in je 2 überhöht angeordneten ⚓ vorn und achtern / 12—15 cm-SK L/45 in Kasematten / 8—8,8 cm-⚓ / 3—60 cm-↓ TR (2 S, 1 B).

e) Erstmals im deutschen Großkampfschiffbau wurde hier das Ein-Schornstein-Prinzip verwirklicht. Weiterhin bemerkenswert war die wulstähnliche Form des Vorstevens, die durch das Bug-TR in dem im Vergleich zu den Vorgängern weniger stark weggeschnittenen vorderen Totholz bewirkt wurde. Die für **Ersatz Gneisenau** vorgesehenen Generator-DM wurden auf **U 151—154** eingebaut. — Alle weitergehenden Entwürfe für Linienschiffe, Große Kreuzer und schnelle Großkampfschiffe werden in einem späteren Werk behandelt.[2]

Wolga
Linienschiff = Schlachtschiff

1	2	3	4	5	6
Wolga	∞	Russ. Schiffbau-Ges., Nikolajev	7. 7. 12	22. 4. 14	1. 10. 18

Ehemals russ. → **Imperator Aleksandr III.** *Auf Grund Waffenstillstandsabkommen 16. August 1918 in Sevastopol an Deutschland ausgeliefert. 1. Oktober 1918 von deutscher Marine zur Abwehr eines vermuteten neuen Dardanellen-Unternehmens der Alliierten als* **Wolga** *übernommen, Oktober 1918 kurzfristig mit deutscher Stammbesatzung zu Probefahrten in See. Diese 11. November 1918 eingestellt. Bei deutscher Kapitulation an russ. Behörden zurückgegeben. Weiteres Schicksal* → *Rußland* → **Imperatrica Marija**-*Kl.*

a)—e) → **Rußland** → **Imperatrica Marija**-Kl.

---

[1] Soweit diese SK fertiggestellt worden sind, wurden sie in Flandern eingesetzt. Ein Rohr wurde dort mit 578 Schuß belegt, ohne daß die Grenze seiner Lebensdauer überschritten wurde (Schmalenbach, Die Geschichte der deutschen Schiffsartillerie, S. 81).

[2] Forstmeier, Deutsche Großkampfschiffe 1915—1918. Die Entwicklung der Typenfrage im ersten Weltkrieg (in Vorbereitung; J. F. Lehmanns Verlag, München; voraussichtlich 1970).

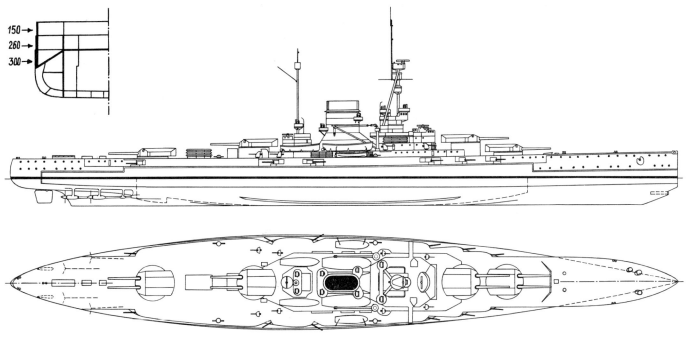

Ersatz Yorck-Klasse (Entwurf)

Tirpitz

Linienschiff = Schlachtschiff

1	2	3	4	5	6
Tirpitz (?)	∞	AG ›Vulcan‹, Hamburg	23. 7. 13	11. 11. 14	∞

Für Griechenland im Bau als → Salamis. Deutsche Marineleitung erwog zeitweilig, dieses Schiff für eigene Flotte fertigzustellen, jedoch mußte dieses nicht mehr sehr ernsthaft betriebene Vorhaben aufgegeben werden, da die Fa. Krupp für die Lieferung einer einbaufähigen SA ca. 2 Jahre benötigt hätte. Von Stapel als **Vasilefs Georgios**. *Bau zum 31. 12. 1914 stillgelegt. Der vorgesehene Name* **Tirpitz** *ist nicht verbürgt!*

a)—e) → Griechenland → Salamis.

Entwürfe der 20er Jahre[1]

a) Auf Grund des Versailler Friedensdiktats waren der deutschen Marine nur 8 völlig veraltete Linienschiffe der → **Deutschland**-Kl. und der **Braunschweig**-Kl. belassen worden, deren Ersatz zugestanden wurde, wenn seit ihrem Stapellauf 20 Jahre verstrichen waren. Für Neubauten war eine Deplacementsgrenze von 10 000 t festgelegt worden; hinsichtlich des Kalibers war eine Begrenzung nicht vorgeschrieben, doch unterlag es kaum irgendwelchen Zweifeln, daß die Siegermächte einem höheren Kaliber

---

[1] Vgl. Sandhofer, Das Panzerschiff ›A‹ und die Vorentwürfe von 1920 bis 1928, in: Militärgeschichtliche Mitteilungen, Bd. I/68, S. 35ff.

als 28 cm nicht zustimmen würden. Stillschweigend hatte das Reich dabei jedoch von dem mit dem Washington-Abkommen neugeschaffenen Typdeplacement insofern Nutzen, als dieses eine etwas günstigere Berechnungsgrundlage abgab und somit etwas mehr Spielraum ermöglichte. Insgesamt gesehen, sollte es diese sehr eng gezogene Verdrängungsgrenze der deutschen Marine unmöglich machen, daraus einen brauchbaren Kampfschifftyp zu entwickeln; die Väter von Versailles zielten darauf ab, die deutsche Marine zu einer reinen Küstenmarine zu degradieren.

Schon sehr frühzeitig begann die deutsche Marine, Erwägungen darüber anzustellen, was angesichts dieser Beschränkungen aus dem Gegebenen herausgeholt werden könne. Die ersten Entwürfe gingen bis auf das Jahr 1920 zurück; an ihnen wurde untersucht, ob es möglich sein würde, die im Kriege bewährten Eigenschaften deutscher Kriegsschiffe auch bei nur 10 000 ts Typdeplacement zu erreichen. Damals rechnete man vor allem mit der Gegnerschaft Frankreichs, und so wünschte man ein kampfkräftiges, standfestes Schiff, das den Kampf mit Aussicht auf Erfolg mit französischen Schlachtschiffen aufnehmen konnte. Der 1923 abgeschlossene Entwurf ›II/10‹ bewies, daß ein Schiff von 10 000 ts theoretisch 4—38 cm-SK tragen konnte, doch seine Standfestigkeit war gering. Dieser Entwurf wurde in mehreren Varianten durchgearbeitet, wobei schwächere Armierung, stärkerer Panzer, größere Länge und Breite wechselten. Stets beanspruchte jedoch der betonte Faktor soviel von dem Hauptgewicht, daß für die übrigen Faktoren nicht mehr genügend übrig blieb. Als Alternativlösung entstand daher der Entwurf ›I/10‹, der ein Schiff mit kreuzermäßigen Eigenschaften vorsah. Er wurde jedoch verworfen, weil er als Ersatz für die Linienschiffe den Seestreitkräften nicht die nötige Kampfkraft geben konnte. So schien es 1923 nicht möglich zu sein, die bewährten Eigenschaften der alten deutschen Kriegsschiffe in der wünschenswerten Weise mit einem 10 000 ts-Schiff zu erreichen. Diese Erkenntnis führte zu einer Pause in der Entwurfsarbeit. Erst 1924 lebten die Diskussionen wieder auf, als Admiral Zenker die Führung der Marine übernahm. Zunächst wurden aber nur zwei Möglichkeiten durchdacht: Monitor oder Kreuzer. Ersterer bot als flachgehendes küstengebundenes Panzerschiff die Möglichkeit starker Armierung und Panzerung. Ein Kreuzer hingegen bot bei schwächerer Bewaffnung und Panzerung die Möglichkeit höherer Geschwindigkeit. Da beide nicht befriedigten, wandte man sich wieder dem Linienschiff zu. Die im Hinblick auf das zugestandene Kaliber bestehende Unsicherheit führte dazu, daß man eine Bewaffnung von 6—30,5 cm-SK in 3 ∝ als militärische Forderung zugrunde legte. So entstand 1925 der Entwurf ›II/30‹, den man erstmals auf DM-Antrieb abstimmte. Unbefriedigend bei ihm war die Nebenartillerie. Die Einplanung von 4—15 cm-SK in Doppellafetten beim Entwurf ›IV/30‹ — wobei die 3 SA-Türme in das Vorschiff verlegt wurden — befriedigte ebenfalls nicht. Weiterhin versuchte man, die MA durch 10,5 cm-⊥ zu ersetzen, aber auch dabei zeigte sich, daß der Seitenpanzer auf 160 bis 180 mm hätte verringert werden müssen. Schließlich entstand in dem Entwurf ›V/30‹ ein Schiff von etwa gleichen Abmessungen mit 6—30,5 cm-SK in je 1 ∝ vorn und achtern, 6—15 cm-SK und 3—8,8 cm-⊥, wobei ein Seitenpanzer von 180 mm und ein 200 mm dick gepanzerter Kommandostand möglich gewesen wären. Wegen der unzureichenden Standfestigkeit verfielen jedoch alle diese Entwürfe der Ablehnung. Weil man den Entwurf ›II/30‹ als den ›am wenigsten ungünstigen‹ ansah, sollte auf seiner Basis ein weiterer Entwurf mit 4—30,5 cm-SK untersucht werden, insbesondere weil es möglich schien, eine Feuergeschwindigkeit von 25 sek je Rohr zu erreichen, was den Anforderungen genügte. So entstand die Entwurfsserie ›VI/30‹ und ›VII/30‹. Da jedoch auch weiterhin offen blieb, ob die Siegermächte nicht auch gegen das 30,5 cm-Kaliber Einspruch erheben würden, entstand parallel dazu die Entwurfsreihe ›I/28‹ und ›II/28‹ unter Zugrundelegung von 28 cm-SK.

Mitte 1925 waren die Dinge soweit herangereift, daß eine Entscheidung getroffen werden mußte. Die Diskussion wogte jedoch noch längere Zeit hin und her, ohne daß man sich einig werden konnte, obwohl der Ersatz der alten Linienschiffe durch Neubauten immer dringender wurde. Es wurden danach noch 2 weitere Entwürfe durchgerechnet, von denen ersterer (›I/35‹) eine Art Monitor war, letzterer dagegen ein mehr kreuzerartiges Schiff mit Schwerer Artillerie.

Eine befriedigende Lösung war auch mit diesen Schiffen nicht erreicht worden. Im August 1925 wurde deshalb entschieden, daß die für 1926 vorgesehene Aufnahme des Linienschiff-Neubaues um ein Jahr zu verschieben sei. Einen erheblichen Fortschritt in der Typenfrage brachten die 1926 abgehaltenen Flottenmanöver. Nunmehr wurde ein Entwurf für ein schnelles Linienschiff gefordert, das seiner Charakteristik nach eigentlich ein Kreuzer mit schwerer Bewaffnung sein sollte. So entstanden die Entwürfe ›I M 26‹ und ›II M 26‹. Beiden lagen nunmehr erstmals klar formulierte und technisch zu verwirklichende militärische Forderungen zu Grunde. Unter dem Eindruck, daß die Aussichten, von Versailles loszukommen und in das Abkommen von Washington einbezogen zu werden, auch weiterhin gering blieben, schien die vorteilhafteste Lösung darin zu bestehen, ein Schiff zu bauen, das den Washingtoner Typen stets in einer Richtung überlegen war, nämlich den Schlachtschiffen an Geschwindigkeit, den Kreuzern an Schwerer Artillerie. Damit wären eigentlich die Dinge soweit ausgereift gewesen; der unerwartete Konzeptionswechsel von Admiral Zenker, der noch 1925 stärkerer Offensivkraft den Vorzug vor dickerem Panzer gegeben hatte und sich angesichts der letzten Entwürfe dazu entschied, doch wieder der Standfestigkeit den Vorzug zu geben, bewirkte eine weitere Verzögerung. Obwohl Admiral Zenker auch im Jahre 1927 noch den ›Linienschiffs-Kreuzer‹ ablehnte und noch ein Entwurf eines 18 kn schnellen, schwer gepanzerten und stark bewaffneten Schiffes durchgerechnet wurde, trieben die Dinge jedoch weiterhin auf das *schnelle* Schiff hin. Bei einem weiteren Entwurf vom März 1927 sah man jetzt ein Schiff von etwa 24 kn vor, aber nunmehr hielt man auch diese relativ große Geschwindigkeit nicht mehr für ausreichend und forderte statt dessen mindestens 26 kn, um sich gegnerischen Schlachtschiffen schnell entziehen und schnellen Kreuzern möglichst lange aufbleiben zu können. Von diesem Zeitpunkt ab strebte die Entwicklung konsequent auf den ›Linienschiffs-Kreuzer‹ zu, auf das ›Panzerschiff‹, zumal aus waffentechnischen Gründen im gleichen Jahr die Hauptbewaffnung der künftig zu bauenden Ersatzschiffe auf 6—28 cm-SK festgelegt wurde. Mitte Juni 1927 entschied sich Admiral Zenker endgültig, nachdem sich aus den Vorentwürfen 4 technisch realisierbare Typen herauskristallisiert hatten:

Typ A: SA 4—38 cm-SK
            Panzerung: 250 mm
            Geschwindigkeit 18 kn

Typ B 1   SA 6—30,5 cm-SK
            Panzerung: 250 mm
            Geschwindigkeit 18 kn

Typ B 2   SA 6—30,5 cm-SK
            Panzerung: 200 mm
            Geschwindigkeit 21 kn

Typ C   SA 6—28 cm-SK
            Panzerung: 100 mm
            Geschwindigkeit 26 bis 27 kn.

Nunmehr sah Admiral Zenker in der Lösung ›C‹ den einzigen, derzeit realisierbaren Weg und empfahl, zunächst 2 Schiffe zu

Die ›Panzerschiffe‹ 307

bauen und erst danach wieder in die Beratungen über den Bau kampfkräftigerer und standfesterer Schiffe einzutreten. Von hier ab führte der Weg zu den → Panzerschiffen der **Deutschland**-Kl.

b) Entwurf ›II/10‹: Seitenpzr. 200 / Horizontalpzr. 30 / KdoT.: v. 200. Entwurf ›I/10‹: Seitenpzr. 80 / Horizontalpzr. 30 /KdoT. v. 100. Entwurf ›II/30‹: Seitenpzr. 200 / Horizontalpzr. 25 / KdoT.: v. 200. Entwurf ›IV/30‹: Seitenpzr. 160 bis 180 / Horizontalpzr. ... Entwurf ›V/30‹: Seitenpzr. 180 / KdoT.: v. 200. Entwurf ›I/28‹: Seitenpzr. 240 / SA 250 / KdoT.: v. 250. Entwurf ›II/28‹: Seitenpzr. 230 / SA 230 / KdoT.: v. 230. Entwürfe ›VI/30‹ und ›VII/30‹: Seitenpzr. 250 / SA 250 / KdoT.: v. 250. Entwurf ›I/35‹: Seitenpzr. 300 / Horizontalpzr. 30 / SA 350 / KdoT.: v. 300. Entwurf ›VIII/30‹: Seitenpzr. 180 / SA 200 / KdoT.: v. 200. Entwürfe ›I M 26‹ und ›II M 26‹: Seitenpzr. 100 / SA 100 / KdoT.: v. 100.

c) Entwurf ›II/10‹: 2 × Tu auf 2 ⚓ / .. Kessel (gemischte Feuerg.) / Leist. 25 000 WPS; Geschw. 22,0 kn. Entwurf ›I/10‹: 2 × Tu auf 2 ⚓ / 10 Kessel (Öl) / Leist. 80 000 WPS; Geschw. 32,0 kn. Entwürfe ›II/30‹, ›IV/30‹, ›V/30‹, ›I/28‹, ›II/28‹, ›IV/30‹ und ›VII/30‹: DM auf 3 ⚓ / Leist. 24 000 WPS; Geschw. 21,0 kn. Entwurf ›I/35‹: DM auf 2 ⚓ / Leist. 16 000 WPS; Geschw. 19,0 kn. Entwurf ›VIII/30‹: DM auf 3 ⚓ / Leist. 36 000 WPS; Geschw. 24,0 kn. Entwürfe ›I M 26‹ und ›II M 26‹: DM auf 2 ⚓ / Leist. 54 000 WPS; Geschw. 28,0 kn.

d) Entwurf ›II/10‹: 4—38 cm-SK in je 1 ⌒ vorn und achtern / 4—15 cm-SK in je 1 Doppellafette auf den Seitendecks / 2—8,8 cm-⚓ / 2—50 cm-↓ TR. Entwurf ›I/10‹: 8—21 cm-SK in je 2 überhöhend angeordneten ⌒ vorn und achtern / 4—8,8 cm-⚓ / 8—50 cm-TR in Zwillingsgruppen an Oberdeck. Entwurf ›II/30‹: 6—30,5 cm-SK in 1 ⌒ vorn und 2 überhöhend angeordneten ⌒ achtern / 3—10,5 cm-⚓ / 2—53,3 cm-↓ TR. Entwurf ›IV/30‹: 6—30,5 cm-SK in 3 ⌒ vorn / 4—15 cm-SK in 2 ⌒ / 3—10,5 cm-⚓. Entwurf ›V/30‹: 6—30,5 cm-SK in je 1 ⌒ vorn und achtern / 6—15 cm-SK / 3—8,8 cm-⚓. Entwurf ›I/28‹: 6—28 cm-SK in je 1 ⌒ vorn und achtern / 4—15 cm-SK in ⌒ / 6—8,8 cm-⚓. Entwurf ›II/28‹: 6—28 cm-SK in 1 ⌒ vorn und 2 diagonal versetzten ⌒ achtern / 4—15 cm-SK / 4—8,8 cm-⚓. Entwurf ›VI/30‹: 4—30,5 cm-SK in je 1 ⌒ vorn und achtern / 4—15 cm-SK in ⌒ / 6—8,8 cm-⚓. Entwurf ›VII/30‹: 4—30,5 cm-SK in 2 vorn diagonal versetzten ⌒ / 4—15 cm-SK in ⌒ / 4—8,8 cm-⚓. Entwurf ›I/35‹: 3—35 cm-SK in 1 ⌒ vorn / 4—15 cm-SK in 2 überhöhend angeordneten ⌒ achtern / 4—8,8 cm-⚓ / 4—53,3 cm-↓ TR. Entwurf ›VIII/30‹: 4—30,5 cm-SK in je 1 ⌒ vorn und achtern / 6—8,8 cm-⚓ / 2—53,3 cm-↓ TR. Entwurf ›I M 26‹: 6—28 cm-SK in je 1 ⌒ vorn und achtern / 8—12 cm-⚓$_2$ / 1 ✈, 2 ⚓. Entwurf ›II M 26‹ wie vorstehend, jedoch zusätzlich 6—3,7 cm-⚓.

e) ...

Deutschland-Klasse

Panzerschiffe[1]

1	2	3	4	5	6
Lützow ˣ**Deutschland**	1928	Deutsche Werke Kiel	5. 2. 29	19. 5. 31	1. 4. 33

Flottenflaggschiff 1933—36. Mehrmaliger Einsatz 1936—37 in spanischen Gewässern (internationale Seekontrolle während des spanischen Bürgerkrieges), dabei 29. Mai 1937 vor Ibiza durch 2 Bombentreffer rotspanischer ✈ beschädigt. 24. August 1939 aus Wilhelmshaven ausgelaufen, zunächst Warteposition südl. Grönland; ab 26. September 1939 Freigabe der Operationen (2 Handelsschiffe mit 6297 BRT versenkt, 1 Prise aufgebracht). Seit 15. November 1939 neuer Name: Lützow. 17. November 1939 Gotenhafen erreicht. 24.—25. November 1939 Handelskriegführung im Skagerrak ohne Erfolg. 9. April 1940 auf Marsch durch den Oslo-Fjord × in der Dröbak-Enge mit norweg. Küstenbatterien, dabei 3—28 cm-Treffer erhalten. 11. April 1940 auf Rückmarsch von brit. U-Boot **Spearfish** *nahe Hansthom T-Treffer erhalten, Achterschiff abgeknickt, Ruder ab ausgefallen, mit 1300 t Wasser im Schiff abgeschleppt, Reparatur bei Dtsch. Werke Kiel, dort 9. Juli 1940 von brit. Bombern 1 Bombentreffer (Blindgänger) erhalten; erst ab Anfang 1941 wieder einsatzbereit. 13. Juni 1941 bei Ausbruchsversuch in den Nordatlantik vor Lindesnes von brit. Flugzeugen 1 LT-Treffer erhalten, schwer beschädigt 14. Juni 1941 in Kiel eingelaufen, dort Reparatur bis Januar 1942 bei Dtsch. Werke. 18.—26. Mai 1942 Verlegungsmarsch nach Narvik. 3. Juli 1942 beim Auslaufen zum Unternehmen ›Rösselsprung‹ durch Grundberührung ausgefallen, später nach Gotenhafen zur Reparatur verlegt. 10.—17. Dezember 1942 erneut nach Nordnorwegen verlegt. 30.—31. Dezember 1942 Einsatz gegen Convoy ›JW. 51 B‹, × auf der Bäreninsel, Rückmarsch nach Altafjord. August 1943 geplante Operation (›Wunderland II‹) in die Karasee nicht durchgeführt. 23. September bis 1. Oktober 1943 Rückmarsch nach Gotenhafen. 6.—13. Oktober 1944 Beschießung sowjetischer Bereitstellungen bei Memel, desgl. 23.—24. Oktober 1944 Ziele auf Sworbe und erneut bei Memel. 8. Februar 1945 desgl. bei Frauenburg. 23. März bis 8. April 1945 desgl. im Raum Gotenhafen-Danzig. 9. April 1945 nach Swinemünde verlegt, 16. April 1945 in der Kaiserfahrt südl. Swinemünde von brit. Bombern mit 5,45 ts-Bomben angegriffen, durch Naheinschläge schwer beschädigt, auf Grund gesetzt; als feste Batterie mit der noch verwendungsbereiten Artillerie noch mehrfach im Abwehrkampf gegen sowjetische Angriffsspitzen, schließlich 4. Mai 1945 durch eigene Sprengungen zerstört; †. September 1947 unter sowjetischer Regie geborgen, nach Leningrad (Königsberg??) abgeschleppt, dort 1948/49) abgewrackt.*

| **Admiral Scheer** | 1931 | Marinewerft Wilhelmshaven | 25. 6. 21 | 1. 4. 33 | 12. 11. 34 |

1936—38 mehrfach wie → **Deutschland** *=* **Lützow** *in spanischen Gewässern. 31. Mai 1937 Beschießung von Almeria (Vergeltung für den Luftangriff auf* → **Deutschland***!). Bei Kriegsbeginn wegen Schwierigkeiten mit der Antriebsanlage nur beschränkt einsatzbereit. 4. September 1939 auf Schillig-Reede von brit. Bombern angegriffen, 3 Bombentreffer (sämtlich Blindgänger!) erhalten. Februar bis September 1940 Grundüberholung und Umbau bei KM-Werft Wilhelmshaven, dabei 20. Juli 1940 erfolglos von brit. ✈ angegriffen. 23. Oktober 1940 von Gotenhafen nach Brunsbüttel, 27. Oktober bis 1. November 1940 von dort in den Atlantik ausgebrochen: 5. November 1940 beim Angriff auf Convoy*

---

[1] Ab Februar 1940 als ›Schwere Kreuzer‹ bezeichnet. Die Namensänderung von **Deutschland** in **Lützow** war schon früher — am 15. November 1939 — erfolgt und fiel nicht, wie seither vielfach behauptet, auf das gleiche Datum. Die Bezeichnung ›Panzerschiff‹ war weder militärisch noch technisch eine klare Aussage. Sie ging vielmehr zurück auf die im Versailler Vertrag enthaltene Typbezeichnung für Linienschiffe ›cuirassé = Panzerschiff; deshalb ordnete seinerzeit Admiral Zenker an, daß bei den Neubauten weder von Linienschiffen noch von Panzerkreuzern gesprochen werden dürfe, sondern ausschließlich von ›Panzerschiffen‹ in Anlehnung an den Vertragstext von Versailles. Dabei ist es dann bis 1940 geblieben!

›HX. 84‹ brit. Hilfskreuzer **Jervis Bay** und 6 Handelsschiffe versenkt, 3 weitere schwer beschädigt. November bis Dezember 1040 im Mittelatlantik, Dezember 1940 bis Februar 1941 im Südatlantik, 20.—22. Februar 1941 Vorstoß in den Indischen Ozean bis nahe der Seychellen. 1. April 1941 in Kiel eingela. fen (Gesamterfolg: 17 Schiffe mit 113233 BRT). 4.—8. September 1941 vorübergehend nach Oslo verlegt, dort erfolglos von brit. Bombern angegriffen, nach Swinemünde zurückverlegt. 23.—29. September 1941 in der Aalandsee (Aufgabe: etwaigen Ausbruch der sowjetischen Ostseeflotte zu verhindern). November 1941 geplanter Ausbruch in den Atlantik zusammen mit → **Tirpitz** unterblieb auf Befehl Hitlers wegen vermuteter Bedrohung Norwegens. 21.—23. Februar 1942 von Brunsbüttel nach Drontheim verlegt, 9.—10. Mai 1942 von dort nach Narvik. 5. Juli 1942 Unternehmung ›Rösselsprung‹ gegen Convoys ›PQ. 17‹ und ›QP. 13‹ kurz nach Auslaufen abgebrochen. 16.—30. August 1942 Unternehmen ›Wunderland‹ gegen den Seeverkehr in der Karasee: 26. August 1942 sowjet. Eisbrecher **Sibirjakov** versenkt, 27. August 1942 Beschießung von Port Dikson, dabei 2 Schiffe beschädigt. November 1942 Rückkehr in die Heimat. Nach längerer Überholung in der KM-Werft Wilhelmshaven: Ausbildungsschiff. 22.—24. November 1944 Einsatz bei Sworbe, 9.—10. Februar 1945 desgl. bei Frauenburg, 9. März 1945 desgl. bei Wollin. Anschließend nach Kiel zur Überholung bei Dtsch. Werke, dort 9. April 1945 bei Angriff brit. Bomber durch 5 Bomben schwer getroffen, gekentert: † (... Tote). Teile des Unterschiffes bis 1948 an Untergangsstelle abgebrochen, Wrack danach mit Trümmerschutt zugeworfen und eingeebnet.

1	2	3	4	5	6
Admiral Graf Spee		Marinewerft Wilhelmshaven	1. 10. 32	30. 6. 34	6. 1. 36

*Flottenflaggschiff 1936—38. Einsätze in spanischen Gewässern 1936—39 wie Schwesterschiffe. 21. August 1939 aus Wilhelshaven ausgelaufen, zunächst Warteposition im Südatlantik, nach Freigabe der Operationen 9 Schiffe mit 50089 BRT im Südatlantik und im Indischen Ozean versenkt. 13. Dezember 1939 vor La Plata-Mündung × mit brit. Kreuzern **Exeter, Ajax** und **Achilles**, dabei mehrere Treffer erhalten; zur Ausbesserung der Schäden Montevideo/Uruguay angelaufen. Da auf Intervention Großbritanniens längerer Aufenthalt von uruguayischer Regierung verweigert und Rückmarschwege vermeintlich von brit.-französ. Seestreitkräften blockiert (Täuschungsmanöver des brit. Intelligence Service!), dort am 17. Dezember 1939 in flachem Wasser gesprengt: †. Ab Oktober 1942 an Untergangsstelle abgewrackt, Reste noch nach länger als 25 Jahren dort sichtbar.*

D	[1934]	KM-Werft Wilhelmshaven	∞ [36]	∞	∞
E	[1935]	Dtsch. Werke Kiel	∞ [37]	∞	∞

*Diese Schiffe wurden entgegen der ursprünglichen Planung nicht als Panzerschiffe auf der Basis **Deutschland** = **Lützow** / **Admiral Scheer** usw. begonnen, sondern als die Schlachtschiffe → **Scharnhorst** und **Gneisenau**, und zwar unter teilweiser Ausnutzung des — für die in der ursprünglich geplanten Version als Panzerschiffe — bereitgestellten Materials.*

a) Der Typ C von den → Entwürfen der 20er Jahre, für den sich Admiral Zenker Mitte 1927 entschieden hatte, kam der endgültigen Ausführung schon recht nahe. Die dabei auftauchenden überaus schwierigen Probleme konnten durch eine Reihe bedeutender technischer Verbesserungen gelöst werden. Das zentrale Problem war dabei die Einsparung von Gewichten. Hier kam vor allem der in den Nachkriegsjahren erzielte große Fortschritt der elektrischen Schweißung sehr gelegen. Dadurch konnten, verglichen mit der sonst üblichen Nietung, Einsparungen von etwa 15% allein am Schiffskörper erreicht werden. Im Ausland wurde dieser Schiffstyp zuerst nicht recht ernst genommen, und spottweise sprach man von ›pocket battleships‹ = ›Westentaschen-Schlachtschiffen‹. Sehr bald schlug dieses Urteil in Anerkennung um, denn durch die Verwirklichung des dieselmotorischen Antriebes konnte eine bedeutende Vergrößerung der Fahrstrecke erzielt werden; zudem konnte auch eine im Verhältnis zur Schiffsgröße unerwartet starke Bewaffnung eingebaut und die Geschwindigkeit so weit gesteigert werden, daß diese Schiffe schneller als alle in dieser Zeit vorhandenen Schlachtschiffe waren, wenn man von 3 Schlachtkreuzern der britischen Marine absieht (die 3 bzw. 4 Schlachtkreuzer der japanischen → **Kongo**-Kl. blieben außer Betracht, da mit einer Gegnerschaft Japans nicht mehr gerechnet zu werden brauchte). Tatsächlich waren diese deutschen Panzerschiffe damit in ihrer Zeit schneller als jedes Schlachtschiff und stärker als jeder Kreuzer! Die in ihnen verwirklichte Idee war selbstverständlich nur begrenzte Zeit gültig, denn mit dem Bau neuer Schlachtschiffe von hoher Geschwindigkeit mußte sie hinfällig werden. Keineswegs war die Entscheidung für das Panzerschiff der Ausdruck eines Operationsplanes oder gar einer strategischen Neukonzeption. In erster Linie war sie eine rein politische Konsequenz, die — unter dem Zwang des Versailler Vertrages stehend — von den technischen Gegebenheiten diktiert wurde. Nacheinander wurden 3 Einheiten, die Panzerschiffe **A** (Ersatz **Preußen**), **B** (Ersatz **Lothringen**) und **C** (Ersatz **Braunschweig**), nach jeweils verbesserten Entwürfen in Bau gegeben. Von diesen wurde das Panzerschiff **A** — bevor es überhaupt vorhanden war — ein wahrhaft ›politisches Schiff‹: Seinetwegen kam es im Reichstag zu erregten politischen Debatten, die als die ›Panzerkreuzerdebatten‹ unlösbar mit der Geschichte der Weimarer Republik verknüpft sind.

Ein 4. Schiff war im Rahmen des ›Schiffbauersatzplanes‹ von 1931 vorgesehen, und der sog. ›Umbauplan‹ vom November 1932 sah insgesamt 6 Panzerschiffe vor; so waren 2 weitere Schiffe (**D** und **E**) in Aussicht genommen und materialmäßig bereits vorbereitet, doch wurden diese dann als die Schlachtschiffe der → **Scharnhorst**-Kl. begonnen und fertiggestellt.

Baukosten: **Deutschland** = **Lützow** 80 Mio. RM, **Admiral Scheer** 90 Mio. RM (Umbaukosten 6,4 Mio. RM) und **Admiral Graf Spee** 82 Mio. RM.

b) *Die Panzerung war so bemessen, daß sie Schutz vor der Artillerie von Kreuzern bieten sollte. Der Seitenpanzer wurde dabei schräggestellt, so daß seine Schutzwirkung noch etwas vergrößert werden konnte (wegen des Prinzips → Großbritannien → Schlachtkreuzer 1921). Ergänzt wurde diese Schutzwirkung noch von den 20 mm dicken Splitterlängsschotten zwischen dem Panzerdeck und dem Oberdeck. Daß auf den beiden ersten Schiffen aus Gewichtsgründen das Panzerdeck nicht über die gesamte örtliche Schiffsbreite ausgebreitet werden konnte, war ungünstig; auf dem etwas größeren 3. Schiff wurde auf den Horizontalschutz der Wallgangsbunker jedoch nicht mehr verzichtet. Die Dicke des Panzerdecks mit 40 bis 45 mm (= zwei Drittel bis halbe Dicke des Seitenpanzers) entsprach modernsten Grundsätzen, doch mußte sie umsomehr ihre Schutzeigenschaften verlieren, je schwerer im Krieg die Bomben wurden. Als Unterwasserschutz besaßen die Panzerschiffe ein schräg gestelltes T-Schott; es reichte bei den beiden ersten Schiffen* nur bis zum Innenboden und erst bei **Admiral Graf Spee** bis zum Außenboden. Die Schrägstellung des T-Schotts erwies sich als günstig, weil es ohne Nischen über eine große Länge durchgeführt werden konnte und so im Zusammenhang mit dem Panzerdeck die Bildung eines langgezogenen Panzerkastens begünstigte. Ein weiterer Unterwasserschutz war nicht durchführbar und wurde nur durch die Füllung der Außen- und Innenräume des Wallganges erreicht, da Versuche ergeben hatten, daß eine Unterwasserdetonation am stärksten zerstörend auf eine Wand wirkt, hinter der sich ein leerer Raum befindet. Vorteilhaft auf **Admiral Graf Spee** war, daß der Seitenpanzer in seiner ganzen Länge um ein Deck höher ausgedehnt werden konnte als auf den beiden ersten Schiffen. PzQ.: ..., ..., ... / Seitenpzr.: 0, 50—60, 0, jedoch **Admiral Graf Spee** 0, 60—80, 0 / Kein Zitadellpzr. / Horizontalpzr.: PzD. 40 (**Admiral Scheer** und **Admiral Graf Spee** jedoch 45) ohne Böschungen / Unterwasserschutz: T-Schott 45 (**Admiral Scheer** und **Admiral Graf Spee** jedoch nur 40), T-Schutzbreite ∼ 4,0 m / SA: Barbetten 100; Türme 140, 85, 85—105 / MA: Schilde 10 / KdoT.: v. 150 (...); a. 50 (..).

c) Für die Verwendung des Dieselantriebes war maßgebend, daß er von allen Projekten den geringsten Anteil an der Schiffslänge beanspruchte. Die Hoffnung, der Motorenantrieb würde auch den geringsten Gewichtsbedarf haben, erfüllte sich jedoch nicht. Für den Dieselmotor sprachen weiterhin die überlegene Wirtschaftlichkeit und die damit verbundene Vergrößerung der Fahrstrecke, ferner die schnelle Betriebsbereitschaft, die Vermeidung der Dampfgefahr, der geringere Personalbedarf, und die Betriebsstoffersparnis beim Ruhen der Anlage. Ein taktischer Vorteil war schließlich das rauchfreie Fahren und die damit verringerte Möglichkeit einer Entdeckung auf See. Diese Vorteile dürfen jedoch nicht über die damals vorhandenen Mängel hinwegtäuschen: Die Nachteile der DM-Anlage bestanden hauptsächlich im Gewichts- und Raumbedarf (letzterer weniger in der Längenausdehnung als vielmehr der Höhe nach!). Auch konnte der Dieselmotor, verglichen mit der Turbine, nur in geringen Grenzen überlastet werden, und außerdem waren die typischen Geräusche und Schwingungen störend. 4 × je 2 MAN 9 Zyl. 2fachwirkende 2takt-DM auf 2 ⚙ für je 2 [**Admiral Scheer** und **Admiral Graf Spee** nur 1] Vulcan-⊙ / Leist. 54 000 WPS; Geschw. 26,0 kn. 1 Ruder. Bugwulst. Für **Admiral Graf Spee** war zeitweise Hochdruckheißdampfantrieb erwogen worden, um die Vorteile dieser neuen technischen Entwicklung (weniger Gewichts- und Raumbedarf, wesentlich höhere Leistung) auszunutzen.

Probefahrtergebnisse:
Deutschland 48 390 WPS = 28,0 kn
Adm. Scheer 52 050 WPS = 28,3 kn
Adm. Gr. Spee ..... WPS = 28,5 kn

d) 6—28 cm-SK L/54,5 in je 1 ⚓ vorn und achtern / 8—15 cm-SK L/55 in Einzellafetten mit Schilden /

Deutschland = Lützow
3—8,8 cm-⚓, dafür ab 1934: 6—8,8 cm-⚓$_2$, ab 1940: 6—10,5 cm-⚓$_2$ / ab 1934: 8—3,7 cm-⚓$_2$, ab November 1944 nur noch 4—3,7 cm-⚓$_2$ + dazu 6—4 cm-⚓ / ab 1934: 10—2 cm-⚓, dafür ab November 1944: 26—2 cm-⚓, ⚓$_2$, ⚓$_4$ /

Admiral Scheer, Admiral Graf Spee
6—8,8 cm-⚓$_2$ (ab September 1939: 6—10,5 cm-⚓$_2$ wie stets **Admiral Graf Spee**) / 8—3,7 cm-⚓$_2$; **Admiral Scheer** ab November 1944 dazu: 6—4 cm-⚓ / 10—2 cm-⚓; **Admiral Scheer** ab 1940 dazu: 2—2 cm-⚓-Heereslafetten; ab November 1944: 24—2 cm-⚓$_2$, ⚓$_4$ (**Admiral Graf Spee** ab Oktober 1939 nur noch 8—2 cm-⚓ infolge Abgabe von 2—2 cm-⚓ an Troßschiff **Altmark**!).

Für 1945 waren die folgenden ⚓-Umrüstungen vorgesehen, doch wurden sie nicht mehr vorgenommen:

10—3,7 cm-⚓ / 28—2 cm-⚓$_2$, ⚓$_4$. | 8—3,7 cm-⚓ / 42—2 cm-⚓$_2$, ⚓$_4$.

Alle (**Deutschland** erst ab 1935): 1 ✈, 2 ✈ / 8—53,3 cm TR (**Deutschland** ursprünglich 50 cm) in Vierlingsgruppen unter gepanzerten Hauben an Oberdeck.

e) Jedes Schiff unterschied sich in wesentlichen Bereichen von den anderen! Alle außer **Deutschland** hatten aktive Schlingerdämpfung. Sie erwiesen sich als gute Seeschiffe, nahmen aber gegen die See angehend viel Wasser über. Erst **Admiral Scheer** wurde mit seinem 1940 geänderten Vorschiff etwas trockener. **Deutschland** erhielt die Schutzhauben über den TR erst kurz nach Indienststellung. 1934 wurde das Bb-Ladegeschirr durch einen Gitterkran ersetzt. 1935 folgte die erste größere Änderung: Seither hatte das Schiff fest verbunden mit dem Schornstein einen Großmast, und außerdem kamen die bisher fehlenden ⚓-Leitgeräte an Bord, dazu zwischen Brückenaufbauten und

Gewichtsverteilung (für **Admiral Graf Spee**)
Schiffskörper	3921 ts	= 28,0%
Panzer	2776 ts	= 20,0%
Maschinen	1651 ts	= 11,8%
Hilfsmaschinen	650 ts	= 5,4%
Bewaffnung	2671 ts	= 19,1%
Ausrüstung	804 ts	= 5,9%
Brennstoff	1407 ts	= 9,8%
Konstruktions-verdrängung	13880 ts	= 100,0%

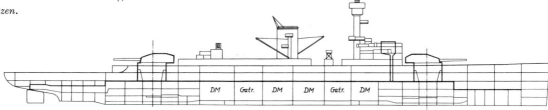

Deutschland (Generalplan)

Schornstein das ⚓, und auf der achteren BG-Haube eine FT-Stenge. Dazu wurden die alten 8,8 cm-⚓ gegen moderne 8,8 cm-⚓$_2$ ausgetauscht, ferner kamen die leichten ⚓-Waffen an Bord. Weitere Änderungen erfolgten am Vormars → Skizzen. Seither zeigten die jeweils unteren Scheinwerfer-Plattformen an den seitlich des Schornsteines befindlichen dicken Ladebaumpfosten nach querab anstatt wie bisher nach achteraus. 1937 wurden diese Pfosten ausgebaut, wofür neue Kräne (unterschiedliche Ausführungen → Skizzen!) an Bord kamen. Für die Scheinwerfer wurde um den Schornstein ein Plattformkranz errichtet, und die Ausleger an Achterkante des Schornsteines wurden verlängert → Skizze. Seither wurde die vordere FT-Stenge wieder wie ursprünglich auf der Vormars-BG-Haube gefahren, um dieser Vollhorizont zu ermöglichen. Ab 1938 führte der Schornstein eine flache Schrägkappe → Beiskizze. Im Zuge der nach dem im April 1940 erhaltenen T-Treffer durchgeführten Reparatur wurde der Vorsteven leicht sichelförmig geändert, wodurch sich die LüA um 1,9 m vergrößerte. 1942 wurde die bisherige Schornsteinkappe durch eine wesentlich höhere ersetzt. Gleichzeitig wurde auf die Vormars-BG-Haube ein Funkmeßstand mit 2 Funkmeßantennen aufgesetzt. Wegen der leichten ⚓-Bewaffnung bei Kriegsende → Skizzen.

Admiral Scheer führte das kleine Ladegeschirr nur an StB und zunächst 2 große Ladegeschirre hinter dem Schornstein; von diesen kam das große StB-Ladegeschirr 1935 wieder in Wegfall. Die vordere FT-Stenge befand sich 1935—38 an der Achterkante des Vormarses und 1938—39 an der Achterkante der Vormars-BG-Haube. Großmast und Ausleger am Schornstein entsprachen der Ausführung auf **Deutschland** von 1935 bis 1937. Der Turmmast wurde 1938 durch den Anbau weiterer Stände und Plattformen geändert, ebenso erfolgte wie bei **Deutschland** die Verlängerung der Ausleger am Schornstein → Skizzen und Beiskizzen. Bei dem 1940 erfolgenden Umbau wurde das Vorschiff und der Vorsteven geändert. An Stelle des Turmmastes wurde ein Röhrenmast ähnlich wie auf **Deutschland** errichtet. Der Schornstein erhielt eine flache Schrägkappe, und außerdem wurde ein neuer Großmast eingebaut, aber nicht mehr wie bisher unmittelbar an Achterkante Schornstein, sondern in ∼ 2 m Abstand dahinter; er erhielt kurze Stützbeine, die am Schornstein angriffen. Um Schornstein und Großmast erstreckte sich ein Plattformkranz, auf dem zunächst 4 Scheinwerfer und 2—2 cm-⚓ aufgestellt wurden. Während das StB-vordere Ladegeschirr beibehalten wurde, kam Bb-achtern ein neuer ⚓-Kran an Bord. 1940—41 hatte **Admiral Scheer** zusätzlich 2—2 cm-⚓ (auf Turm A und hinter Turm B), bei denen es sich um Land- bzw. Heereslafetten handelte. 1942 erfolgten weitere Änderungen: Die Schornsteinkappe wurde wie auf **Deutschland** = **Lützow** erhöht, die Zahl der Scheinwerfer auf dem Plattformkranz um den Schornstein-Großmast um einen verringert. Gleichzeitig fiel die untere Vormars-Galerie weg. Im Zuge der vermehrten Ausstattung mit Funkmeßgeräten erhielt auch die achtere BG-Haube einen Funkmeßstand mit einer entsprechenden Antenne. Die ⚓-Bewaffnung wurde laufend verstärkt; für 1945 war eine weitere Umrüstung → d) vorgesehen, wobei 2 cm-⚓ sogar auf den Schilddecken von 15 cm-SK aufgestellt werden sollten.

Admiral Graf Spee führte im Gegensatz zu **Admiral Scheer** hinter dem Turmmast einen Stengenmast, ferner kurze Stützbeine am Großmast, und stets 2 große Ladegeschirre hinter dem

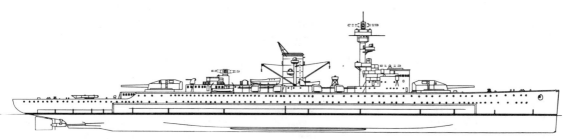

Kalotte über TR erst ab Mitte 1933

Deutschland (1933)

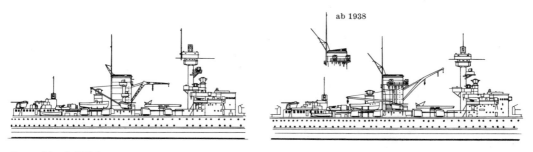

ab 1938

Deutschland (1935)   **Deutschland (1937)**

Schornstein. 1937—38 befand sich zwischen Schornstein und ⚓ an Oberdeck ein Deckshaus (Brotbäckerei). 1938 erfolgten Änderungen am Turmmast, wobei u. a. die beiden Scheinwerferplattformen abgebaut wurden; an der Stirnseite des Turmmastes wurde dafür eine einzige neue Plattform errichtet. Seit Ende 1938 befand sich am Vormars-BG eine aus Tarnungsgründen abnehmbare Funkmeßantenne. Zur Feindtäuschung wurden im Herbst 1939 mit Bordmitteln ein vorn überhöhter Turm und ein zweiter (niedrigerer) Schornstein errichtet. Dieses Mimikry wurde jedoch noch vor dem Gefecht am 13. Dezember 1939 beseitigt, weil es sich im Hinblick auf die Einsatzbereitschaft der Waffen und Geräte als zu sehr störend auswirkte. Nur **Admiral Scheer** und **Admiral Graf Spee** führten bis 1938/39

Landesegel für die Bord-⚓ (an Bb in Höhe der beiden vorderen 15 cm-SK ausschwenkbar auf dem Aufbaudeck liegend). Ab 1940 führten **Lützow** ×**Deutschland** und **Admiral Scheer** MES-Schleifen → Skizzen.

*Während des Krieges — als für sie bereits der Befehl zum Abwracken erteilt worden war — wurde der Umbau von **Lützow** und **Admiral Scheer** zu ⚓-Trägern erörtert. Dazu wäre eine Verlängerung um etwa 20 m erforderlich gewesen, was einen Aufwand von je 2000 t Stahl, 400 Arbeitern und 2 Jahre Umbauzeit bewirkt haben würde. Sie sollten dann noch immer 28 kn laufen können, und ihr Flugdeck wäre nur ∼ 10 m kürzer geworden als das des Schweren Kreuzers **Seydlitz**, dessen Umbau zum ⚓-Träger 1942 vorbereitet worden war.*

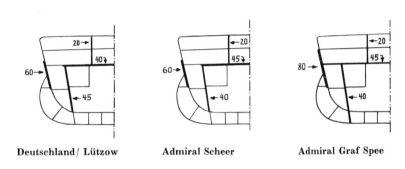

Deutschland/Lützow   Admiral Scheer   Admiral Graf Spee

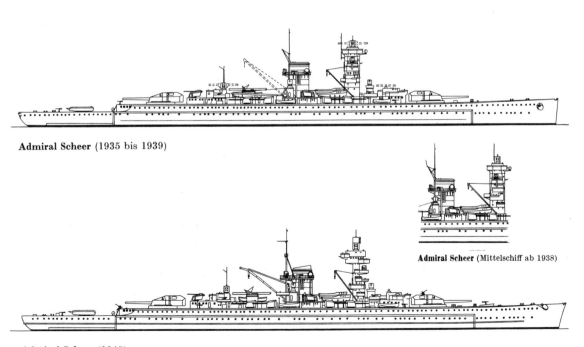

Admiral Scheer (1935 bis 1939)

Admiral Scheer (Mittelschiff ab 1938)

Admiral Scheer (1940)

Deutsches Reich

Admiral Graf Spee (1936—38; Bb-Ansicht)
Aufbau hinter Schornstein (Brotbäckerei) nur 1937-38!

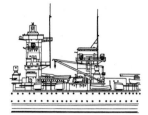

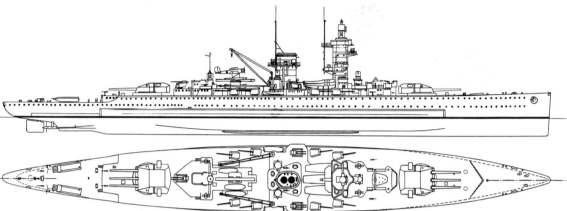

Admiral Graf Spee (1939)

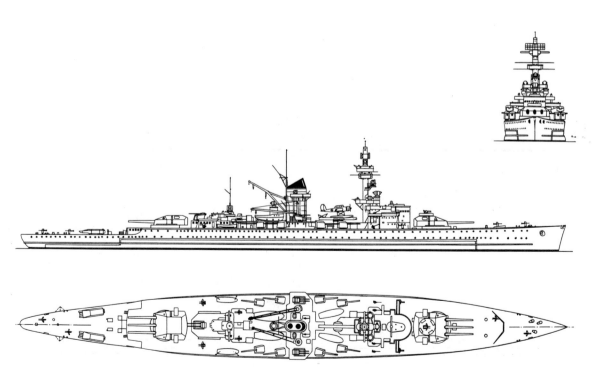

Lützow ×**Deutschland** (1945)

›Panzerschiffe‹ und Scharnhorst-Klasse

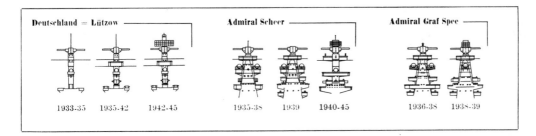

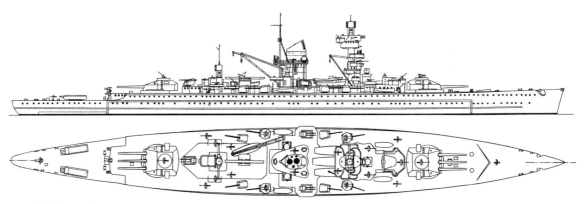

Admiral Scheer (1944)   **Achtung!** Im Decksplan eingezeichnet die für 1945 vorgesehene ⚓-Bewaffnung.

Scharnhorst-Klasse
Schlachtschiffe

1	2	3	4	5	6
Scharnhorst	1934	KM-Werft Wilhelmshaven	16. 5. 35	3. 10. 36	7. 1. 39

Juli bis September 1939 Umbau bei KM-Werft Wilhelmshaven. 4. September 1939 in Brunsbüttel liegend erfolglos von britischen Bombern angegriffen. 21.—27. November 1939 Vorstoß bis südl. Island, dabei 23. November brit. Hilfskrz. **Rawalpindi** vernichtet. 18.—20. Februar 1940 erfolgloser Vorstoß bis Höhe Shetlands—Norwegen-Enge. 9. April 1940 bei Norwegen-Unternehmen auf Höhe Vestfjord mit ✗ → **Renown**. 4.—9. Juni 1940 Vorstoß in das Nordmeer zur Entlastung der Narvik-Front, dabei 8. Juni brit. ✈-Träger → **Glorious** und Zerst. **Acasta** und **Ardent** versenkt; selbst von **Acasta** 1 T-Treffer erhalten, mit Leck 12×4 m und 2500 t Wasser im Schiff in Drontheim eingelaufen dort 11. Juni und 13. Juni 1940 erfolglos von brit. Träger- ✈ **Ark Royal** angegriffen. 20. Juni 1940 nach Kiel zurückgekehrt, dort Reparatur bis Oktober 1940 bei Deutsche Werke, dabei 1./2. Juli 1940 erfolglos von brit. Bombern angegriffen, 28. Dezember 1940 bis 3. Januar 1941 mißglückter Ausbruchsversuch in den Atlantik. 22. Januar bis 23. März 1941: Nach geglücktem Ausbruch Handelskrieg im Atlantik zusammen mit **Gneisenau** (von beiden zusammen 22 Schiffe mit über 115 000 BRT versenkt, dabei dreimal brit. Schlachtschiffe → **Ramillies** → **Malaya** und → **Rodney**, gesichtet, jedoch keine Gefechtsberührung; in 60 Tagen 17 800 sm zurückgelegt), Abschluß der Unternehmung mit Einlaufen in Brest; 23. Juli 1941 nach La Pallice verlegt, dort 24. Juli 1941 bei brit. Luftangriff 5 Bombentreffer erhalten, August 1941 zurückverlegt nach Brest zur Reparatur. 11.—13. Februar 1942 Rückmarsch in die Heimat (Kanaldurchbruch), dabei 2 Minentreffer erhalten, in Wilhelmshaven eingelaufen, 15. Februar 1942 nach Kiel verlegt, dort Reparatur bis Oktober 1942. 11. Januar 1943 bei Verlegung nach Norwegen von brit. Luftaufklärung erfaßt, deshalb Rückkehr nach Kiel. 8.—10. März 1943 nach Nordnorwegen verlegt. 6.—9. September 1943 Unternehmung gegen Spitzbergen. 26. Dezember 1943 Operation gegen Convoy »JW-55 B«, no. vom Nordkap auf überlegene brit. Streitkräfte (→ **Duke of York**) gestoßen, nach 13—35,6 cm-Treffern und 14 bis 15 T-Treffern † (1803 Tote).

1	2	3	4	6	5
Gneisenau	1934	Dtsch. Werke Kiel	3. 35	8. 12. 36	21. 5. 38

Frühjahr 1939 Umbau bei Dtsch. Werke Kiel. 4. September 1939 usw. → **Scharnhorst**. 7.—10. Oktober 1939 erfolgloser Vorstoß bis Höhe südnorweg. Küste. 21.—27. November 1939 und 18.—20. Februar 1940 Vorstöße usw. → **Scharnhorst**. 9. April 1940 bei Norwegen-Unternehmen ✗ mit → **Renown**, dabei 3 Artillerie-Treffer erhalten, darunter 38,1 cm-Treffer im Vormars; 12. April 1940 wieder in Wilhelmshaven eingelaufen. 4.—10. Juni 1940 usw. → **Scharnhorst**. 10./11. Juni 1940 ergebnisloser Vorstoß in das Nordmeer. 20. Juni 1940 beim Auslaufen aus Drontheim zu Diversionsunternehmen unmittelbar nach Verlassen der Schären 1 T-Treffer von brit. U-Boot **Clyde** erhalten, Rückmarsch nach Drontheim. Nach vorläufiger Reparatur 25.—27. Juli 1940 Rückmarsch nach Kiel, Reparatur bis November 1940 bei Dtsch. Werke. 28. Dezember 1940 *bis 3. Januar 1941 und 22. Januar bis 23. März 1941 usw.* → **Scharnhorst**. *In Brest zahlreiche Luftangriffe: 3./4. April 1941 erfolglos, 6. April 1941 1 LT-Treffer erhalten, 10./11. April 1941 im Dock liegend 4 Bombentreffer, 24. Juli 1941 erfolglos. 11.—13. Februar 1942 Rückmarsch in die Heimat usw.* → **Scharnhorst**, *dabei 12. Februar Minentreffer erhalten, 14. Februar 1942 in Kiel eingelaufen, dort 26./27. Februar 1942 im Ausrüstungshafen der Dtsch. Werke liegend bei brit. Luftangriff durch Bomben schwer getroffen (vord. Munitionskammern ausgebrannt, Vorschiff total zerstört). 4. April 1942 nach Gotenhafen verlegt, dort 1. Juli 1942 außer Dienst gestellt, Umbau begonnen, dabei Vorschiff unmittelbar vor Turm A abgebrochen. Januar 1943 Umbaustop. 27. März 1945 vor Hafeneinfahrt geschleppt, dort gesprengt und auf Grund gesetzt; 1947—51 unter polnischer Regie abgewrackt. [Die nach der Außerdienststellung ausgebaute Artillerie wurde zur Küstenverteidigung eingesetzt; so gelangten die 3—28 cm-SK des Turms A in der Hoek van Holland zur Aufstellung, die 6—28 cm-SK der anderen Türme kamen nach Norwegen, wo sie in Felsen verbunkert wurden. Die 15 cm-SK kamen nach Wangerooge.]*

a) Da Hitler nach seiner Machtergreifung im Januar 1933 zunächst an dem 1932 beschlossenen ›Umbauplan‹ festhielt, bestand lediglich die Möglichkeit, noch einige Panzerschiffe des 10 000 t-Typs zu bauen. Die Marine hoffte dabei, die Panzerschiffe → **D** und → **E** — deren Baubeginn für 1936 bzw. 1937 vorgesehen war — um etwa 2 Jahre früher auf Kiel legen zu können. Dies hätte nicht als Aufrüstungsmaßnahme und Verstoß gegen die Friedensvertragsbestimmungen ausgelegt werden können, worauf Hitler großen Wert legte, solange das von ihm angestrebte Flottenabkommen mit Großbritannien noch nicht abgeschlossen war.

Der Bau der französischen → **Dunkerque**-Kl. hatte in zunehmendem Maße die begrenzte Gültigkeitsdauer des ›Panzerschiff-Gedankens‹ unterstrichen, und deswegen war es für die deutsche Marine geboten, alles zu versuchen, um mit den nächsten Neubauten wenigstens in Bezug auf Geschwindigkeit, möglichst aber auch hinsichtlich der Standfestigkeit aufzuholen. Im Rahmen der bisher gezogenen Grenzen war das jedoch nicht möglich. Deswegen mußte die künftige Entwicklung auf eine Vergrößerung der Verdrängung hinauslaufen, gewissermaßen durch eine offizielle Überschreitung der 10 000 t-Grenze.

Nachdem für das Haushaltsjahr 1934 das 4. Panzerschiff bewilligt worden war und Hitler im Dezember 1934 zugestimmt hatte, auch das 5. Schiff noch einzusetzen, begannen die Entwurfsarbeiten. Schon im Juni 1934 hatte Admiral Raeder von Hitler für diese beiden neuen Schiffe eine erhebliche Verstärkung des Panzers und der Schutzeinrichtungen gegenüber den Schiffen der → **Deutschland**-Kl. und eine Verstärkung der SA um einen dritten 28 cm-⚬ gefordert; ersteres bewilligte Hitler, wobei er eine Steigerung auf etwa 19 000 ts zugestand, die aber vorerst noch geheimgehalten werden sollte. Die Verstärkung der SA um einen dritten Turm lehnte er dagegen ab, doch war er schließlich damit einverstanden, daß die Vorbereitungen für dessen späteren Einbau getroffen werden durften.

Schon 1928 waren an einem Studienentwurf die Möglichkeiten zum Bau eines Schlachtkreuzers in der zunächst zugestandenen Größenordnung untersucht worden. Seine Charakteristika waren wie folgt:

			Gewichtsverteilung		
L_{CWL}	m	206,0	Schiffskörper	5492 ts =	28,6%
B	m	25,0	Panzer	4626 ts =	24,1%
T (Konstruktion)	m	7,8	Antrieb	3937 ts =	20,5%
Seitenhöhe	m	13,3	Hilfsmaschinen	492 ts =	2,6%
Maschinen		4 × Tu	Bewaffnung	2362 ts =	12,3%
Antriebsleistung	PS	160 000	Ausrüstung	590 ts =	3,1%
Wellenzahl		4	Typverdrängung	17 499 ts =	91,2%
Geschwindigkeit	kn	34,0	Brennstoff	1378 ts =	7,2%
Brennstoff		3200 t Öl	Speisewasser	315 ts =	1,6%
Panzerdicken			Konstruktions-		
Seitenpanzer	mm	100	verdrängung	19 192 ts =	100,0%
Bug, Heck	mm	80			
Oberdeck	mm	25	Bewaffnung		
Panzerdeck	mm	30/20	8—30,5 cm-SK L/55 in 4 ⚬		
SA Barbetten	mm	250	9—15 cm-SK L/55 in 3 ⚬		
SA Türme	mm	250	4—8,8 cm-⚬		
KdoT.	mm	250			
T-Schott	mm	20			

Dieser Entwurf war unausgewogen. Im Hinblick auf die Geschwindigkeit zweifellos ›überzüchtet‹, war die Bewaffnung zwar ausreichend stark, die Standfestigkeit aber viel zu gering. Wollte man auf ihm aufbauen, so wären unbefriedigende Lösungen nicht zu vermeiden gewesen. So ergab sich auch jetzt ein krasses Mißverhältnis zwischen Größe und Bewaffnung. Dies führte dann dazu, daß sich die Marine mit ihrer Ansicht durchsetzte und bei den beiden Neubauten auf 26 000 ts und 9—28 cm-SK hinaufgehen konnte. Tatsächlich war zunächst an eine Typverdrängung von 26 000 ts gedacht, doch konnte an ihr wegen immer neuer Forderungen nicht festgehalten werden, so daß die tatsächliche Typverdrängung im Laufe der Konstruktionsarbeiten um fast 6000 ts anstieg. Dieser Entwurf hatte die Pläne der → **Mackensen**- und der → **Ersatz Yorck**-Kl. zur Grundlage (worauf die nur unwesentlich veränderten Abmessungen hinwiesen), jedoch nicht im Hinblick auf die SA, die mit 9—28 cm-SK verhältnismäßig schwach war. Die Ansichten in der Marine darüber waren geteilt; einerseits gab es Stimmen, die forderten, das Kaliber unter Beibehaltung der Rohrzahl erheblich — etwa auf 35 bis 38 cm — zu steigern, während andererseits zahlreiche Artillerieoffiziere wegen der erheblich höheren Feuergeschwindigkeit 9—28 cm-SK bevorzugten. Die Entscheidung wurde dann eine politische: Hitler befahl, an den 9—28 cm-SK festzuhalten, da er wegen der bekannten Empfindlichkeit der Engländer bei Kalibererhöhungen nicht darüber hinausgehen wollte.

Nachdem durch die mehrfachen Entwurfsänderungen der Bau der Schiffe schon um ein Jahr verzögert worden war (die Bauaufträge an die Werften waren bereits am 14. Februar 1934 erteilt worden, ohne daß in den folgenden 12 Monaten die Kiellegungen erfolgt waren!), konnte es aber auch aus diesem Grund nicht verantwortet werden, auf ein höheres Kaliber zu gehen, denn bei der langen Dauer von Entwicklung und Bau neuer SK und ihrer Türme wäre eine abermalige Verzögerung um gut 2 Jahre unvermeidlich gewesen.

Auf Anregung der Flotte vom Januar 1935 wurde dann bei Besprechungen mit der Firma Krupp festgestellt, daß es möglich sein würde, in die Barbetten der 28 cm-⚬ auch 38 cm-⚬ einzubauen. Er trifft aber nicht zu, daß von vornherein diese

Umrüstung vorgesehen war. Erst als man 1942 bei **Gneisenau** diesem Problem nähertrat, wurde festgestellt, daß die vorhandenen Barbetten unter gewissen unbedeutenden Anpassungen der kritischen Maße ausgereicht haben würden. Für die Turmtrageschotten wären jedoch Verstärkungen notwendig gewesen. Mithin steht gest, daß das vor dem Krieg als lösbar erkannte Problem erst nach dem schweren Bombentreffer auf **Gneisenau** im Februar 1942 erschöpfend untersucht und durchgearbeitet worden ist.

Der Bau dieser Schiffe — die auch in der Größenordnung von 26 000 ts zunächst noch als ›Panzerschiffe‹ bezeichnet wurden — begann im Frühjahr 1935, kurz vor dem Abschluß des deutsch-britischen Flottenabkommens vom 18. Juni 1935, durch das sie eigentlich erst ›legalisiert‹ wurden. Sie waren ebenfalls als Ersatzbauten vorgesehen, und zwar für die alten Linienschiffe **Elsaß** und **Hessen**, und kosteten rund 143,5 bzw. 146,2 Mio. RM.

b) *Auf diesen Schiffen wurde erstmals das neuentwickelte Panzermaterial ›Wotan hart‹ (Wh) und ›Wotan weich‹ (Ww) verwendet, und zwar auch als Ersatz für den bisherigen Schiffbaustahl im Bereich von Teilen der Außenhaut und des Oberdecks. Dadurch wurde der Schutz über das ganze Schiff wesentlich vermehrt.*[1] *Beide Speziallegierungen ersetzten den KNC-Panzer (Material von gleicher Zusammensetzung wie KC, jedoch nicht cementiert, früher für stark oder doppelt gekrümmte Platten von mehr als 80 mm Dicke verwendet) und den bis zu den Kreuzern der **Königsberg**-Kl. verwendeten Nickelpanzer. Während diese nicht schweißbar waren, ließen sich sowohl ›Wh‹ als auch ›Ww‹ mit einer Spezialelektrode sehr gut schweißen. Die Elektrode mußte jedoch aus Gründen der Rohstoffwirtschaft schon vor dem Krieg äußerst sparsam verwendet werden, so daß eine Ersatzelektrode, welche die in Deutschland besonders knappen Materialien nicht mehr enthielt, entwickelt werden mußte, mit der nahezu gleiche Ergebnisse erzielt wurden. Das ›Wh‹- und ›Ww‹-Material wurde in Dicken von 10 bis 150 mm verwendet und sollte später in noch größeren Dicken hergestellt werden, vermutlich auch als schwerer Seitenpanzer für Schlachtschiffe.* PzQ.: 150—200, 150—200 / Seitenpzr.: 30 Wh, 200, 250 (getäpert ↓ 270, ↑ 170), 20 Wh / Zitadellpzr.: 45 / Horizontalpzr.: Oberdeck 50 Wh; PzD. 20—50 Wh mit Böschungen 105 Wh / Unterwasserschutz: T-Schott 45 Ww; T-Schutzbreite ~ 5,0 m / SA: Barbetten 350—200; Türme 360, 200, 150 / MA: Barbetten 150; Türme 140, 60, 50; 15 cm-Einzelschilde 20 / KdoT.: v. 350 (...); a. 100 (...).

c) *Ursprünglich war ebenfalls Motorenantrieb vorgesehen. Daß man dann zum Hochdruck-Heißdampf-Antrieb überging, hatte mehrere Gründe. Der Hauptgrund war, daß die geforderte Gesamtleistung dreimal so groß war wie die der Panzerschiffe, und dies hätte für Dreischraubenschiffe je Welle mehr als das Doppelte der Wellenleistung der Panzerschiffe bedeutet, bei einem Vierschraubenschiff immer noch mehr als 40 000 WPS je Welle. Solche Leistungen waren jedoch mit den damals vorhandenen Motoren ohne umfassende Weiterentwicklung — deren Dauer nicht abgesehen werden konnte — kaum zu verwirklichen. Dazu kam, daß der Hochdruck-Heißdampfantrieb bereits erprobt war und sich als Hochleistungsanlage einfach anbot.* 3 × ⊕ Tu (**Scharnhorst** BBC-, **Gneisenau** Germania-) auf 3 ⊛ / 12 Wagner-Höchstdruckkessel (Öl) / Leist. 165 000 WPS; Geschw. 32,0 kn (erreichten bei 160 000 WPS 31,5 [**Scharnhorst**] bzw. 31,0 kn [**Gneisenau**]). 2 parallele Ruder. Bugwulst.

d) 9—28 cm-SK L/54,5 in 2 ∝ vorn und 1 ∝ achtern / 12—15 cm-SK L/55 in je 2 ∝ und 2 Einzellafetten hinter Schutzschilden auf den Seitendecks / 14—10,5 cm-⚓₂ L/65 / 16—3,7 cm-⚓₂ / 10 (im Frieden nur 8 an Bord)-2 cm-⚓; **Scharnhorst** zusätzlich ab 1941: 12—, vorübergehend 24—2 cm-⚓₄; **Gneisenau** zuletzt zusätzlich 12—2 cm-⚓₄ / ab 1941: 6—53,3 cm-TR in Drillingsgruppen an Oberdeck / 2, ab 1940: 1 ⚓, 4 ⚓. Umrüstung 1942 vorgesehen für **Gneisenau**: 6—38 cm-SK L/47 in 3 ∝ / 22—12,8 cm-Mehrzweck-SK L/45 in ∝ / div. (bis 56)-3,7 cm-⚓₂ und (bis 28)-2 cm-⚓₄ / 6—53,3 cm-TR in Drillingsgruppen an Oberdeck / 1 ⚓, 3—4 ⚓.

e) Wegen des Entwurfs 1936/37 → Skizze! Beide Schiffe hatten ursprünglich den steilen Vorsteven mit Normalklüsen. Damit erwiesen sie sich im Vorschiff bis zur Brücke als sehr naß, wodurch insbesondere Turm A stark behindert wurde. **Gneisenau**

Gewichtsverteilung		
Schiffskörper	8 223 ts =	23,6%
Panzer	14 006 ts =	40,2%
Antrieb	2 578 ts =	7,4%
Hilfsmaschinen	1 080 ts =	3,1%
Bewaffnung	5 121 ts =	14,7%
Ausrüstung	1 394 ts =	4,0%
Betriebsstoff	2 439 ts =	7,0%
Konstruktionsverdrängung	34 841 ts =	100,0%

erhielt daher im Winter 1938/39 den Atlantikbug, aber zunächst unter Beibehaltung der bisherigen Normalklüsen. Weil diese jedoch erhebliche Spritzwasserbildung verursachten, wurden sie dichtgeschweißt und dafür Decksklüsen installiert. Bei **Scharnhorst** wurde der Vorsteven-Umbau Mitte 1939 vollzogen, wobei außer den Decksklüsen auch eine Stevenklüse angebracht wurde, die bei **Gneisenau** fehlte. Diese Änderung bewirkte eine um 5,1 m größere LüA und eine leichte Besserung der Seeigenschaften, jedoch blieb Turm A auch weiterhin durch überkommendes Wasser behindert. Jenseits neben dem auf einem zylindrischen Sockel befindlichen ⚓ war eine Scheinwerferplattform installiert, die fahrstuhlartig auf und ab gefahren werden konnte, um das ⚓ beim Schwenken nicht zu behindern. **Gneisenau** hatte einen wesentlich kleineren ⚓-Hangar, der erst ab Sommer 1938 an Bord war und ~ Ende 1939 wieder verschwand. **Scharnhorst** führte dagegen von Anfang an den großen Hangar. Weitere Unterschiede: die Stenge am Turmmast (**Gneisenau** führte zunächst eine sehr kurze FT-Stenge auf dem Vormars-BG, **Scharnhorst** stets den großen Stengenmast hinter dem Turmmast), die Ausführung der Bordkräne, die Anordnung des Großmastes (bei **Gneisenau** unmittelbar am Schornstein angehängt und unter dem Plattformkreuz endend, bei **Scharnhorst**

---

[1] ›Wh‹ Zerreißfestigkeit 85—95 kg/mm², Dehnung 20%, Streckgrenze 50—55 kg/mm²;
›Ww‹ Zerreißfestigkeit 65—75 kg/mm², Dehnung 25%, Streckgrenze 38—40 kg/mm².

316 Deutsches Reich

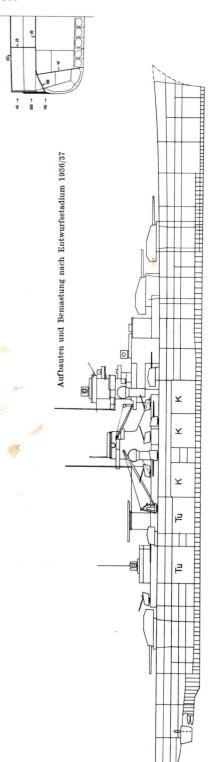

Scharnhorst-Klasse (Generalplan)

Aufbauten und Bemastung nach Entwurfsstadium 1936/37

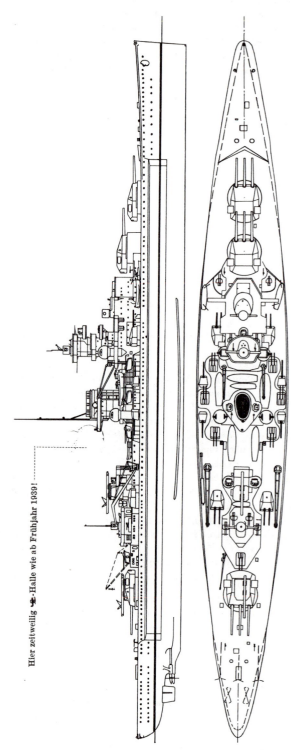

Hier zeitweilig ✠-Halle wie ab Frühjahr 1939!

Gneisenau (1938)

Gneisenau (ab Frühjahr 1939)

Gneisenau (1942)

1940-41

Herbst 1938 bis Frühjahr 1939

Podest nur während des Atlantikunternehmens 1940/41!

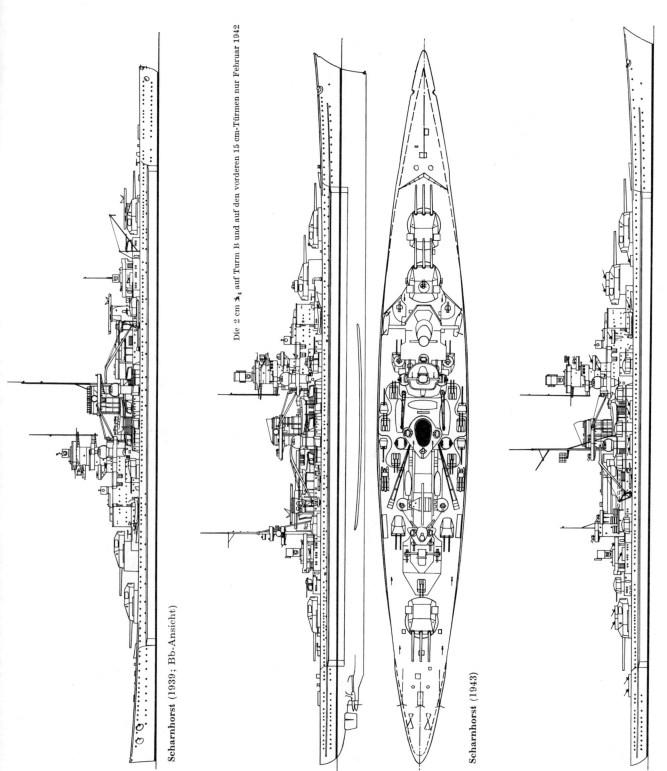

Scharnhorst (1939; Bb-Ansicht)

Die 2 cm Fla auf Turm B und auf den vorderen 15 cm-Türmen nur Februar 1942

Scharnhorst (1943)

Gneisenau (Umbau-Projekt 1942/43; Riß nach amtlichen Aufzeichnungen!)

in ∼ 1 m Abstand ohne direkte Verbindung mit diesem, daher bis unten durchgehend, Rahen viel höher angesetzt), die Schornsteinoberkante (**Gneisenau** stets silbergrau, **Scharnhorst** schwarz). Anläßlich des Vorstevenumbaus erhielt **Gneisenau** eine Schrägkappe auf dem Schornstein (zwei Ausführungen: Zuerst genauso weit wie der Schornstein, ohne Schornsteinteller und ohne sichtbare Dampfrohrstutzen, später enger, mit Schornsteinteller und wieder sichtbaren Dampfrohrstutzen). Ab Frühjahr 1939 führte **Gneisenau** hinter dem Turmmast einen langen Stengenmast wie **Scharnhorst** von Anfang an.

Der Vorstevenumbau von **Scharnhorst** im Sommer 1939 war mit weiteren Änderungen verbunden: Der Großmast rückte um ∼ 27 m nach achtern, so daß er seinen Platz unmittelbar vor dem achteren Stand fand; gleichzeitig wurden an ihm mehrere Plattformen und dgl. angebracht, u. a. für 2 Scheinwerfer. Dadurch, daß der bisherige Sockel verschwand und das ⛴ auf ein nach den Seiten abgespreiztes Trägergestell gesetzt wurde, konnte der ⛴-Hangar um ∼ 8 m verlängert werden; zum Öffnen wurden die beiden vorderen Hallendachteile über das hintere geschoben. Seitlich an den Stützen des ⛴-Trägergestelles wurden Plattformen für Scheinwerfer angebracht. Seither führte der Schornstein eine Schrägkappe.

Beide Schiffe hatten ursprünglich ein zweites ⛴, das auf Turm C etwas nach StB versetzt schwenkbar aufgebaut war. Am Bb-Aufbaudeck davor war ein an Deck niederlegbarer ⛴-Umsetzkran installiert. Diese Einrichtung wurde Ende 1939 auf beiden Schiffen ausgebaut, da sie sich nicht bewährte. Zugleich damit wurde auch die ⛴-Landesegel-Einrichtung abgegeben, die sich an einer ausschwenkbaren Spier an Bb vor dem achteren 15 cm-Turm befand.

Kurz nach Kriegsbeginn erhielten beide Schiffe auf der Vormars-BG-Haube einen Funkmeßstand mit einer Funkmeßantenne, später auch auf der achteren BG-Haube. Die Admiralsbrücke am Turmmast wurde gleichzeitig zu einem geschlossenen Stand umgebaut, die seitlich überstehenden Nocken etwas verkürzt. Seither führten diese Schiffe auch MES-Schleifen.

1941 erhielten beide Schiffe TR, die sich zuvor auf Leichten Kreuzern befunden hatten (**Scharnhorst** erhielt die von **Nürnberg**), jedoch ohne die dazugehörige Feuerleitanlage. Zusätzlich wurden auf **Scharnhorst** gepanzerte Torpedolagerkästen jeseits vom achteren 15 cm-Turm aufgebaut.

Gneisenau führte während der Atlantikunternehmung 1941 hinter dem Schornstein eine 2 cm-L_4-Plattform auf einem hohen Trägergestell.

Auf beiden Schiffen wurde der Schornstein-Plattformkranz nach hinten zur Aufnahme eines 2 cm-L_4 verlängert. Je ein weiterer 2 cm-L_4 gelangten 1941 auf **Scharnhorst** im Austausch gegen die Scheinwerfer auf den Plattformen des ⛴-Trägergestelles zur Aufstellung. Die auf Turm B und auf den vorderen 15 cm-Türmen aufgestellten 2 cm-L_4 führte **Scharnhorst** nur während des Kanaldurchbruchs.

Auf **Gneisenau** wurde 1941 in Brest die ⛴-Anlage völlig umgebaut. Zum Einbau kam ein sehr großer Hangar mit innen befindlichem ⛴; dieses war schwenkbar, so daß die mitgeführten ⛴ nach Öffnen der seitlichen Tore aus dem Hangar gestartet werden konnten. Dabei wurden auch neue ⚓-Stände errichtet und die achtere FT-Stenge um ∼ 10 m nach vorn auf das Hangardach versetzt.

Nach der Außerdienststellung von **Gneisenau** wurde in Gotenhafen das Vorschiff auf 185,7 m abgebrochen und die gesamte Bewaffnung einschl. Geräte usw. von Bord gegeben. Es war geplant, ein neues, in der CWL um 10 m längeres Vorschiff anzusetzen, wobei der Vorsteven fast bis zum Oberdeck scharf ausgeführt und auf einen Bugwulst verzichtet werden sollte. Diese Maßnahme wäre nicht nur im Hinblick auf die beabsichtigte Umrüstung (besserer Auftrieb!) notwendig gewesen, sondern auch, um den Tiefgang und die Trimmlage zu korrigieren (beide Schiffe hatten durch mehrfache Gewichtsvermehrungen während des Baus stark an Freibordhöhe verloren, so daß die Oberkante des Seitenpanzers bei Einsatzverdrängung nur noch 1,2 m über Wasser lag!). Dabei wurde auch untersucht, ob man das Schiff durch Verbreiterung wieder auf den ursprünglichen Tiefgang bringen konnte.

Von der vorgesehenen Umbewaffnung waren nur die 6—38 cm-SK sicher. Die gesamte übrige Bewaffnung — insbesondere der Ersatz der 15 cm-SK und der 10,5 cm-L_2 durch 12,8 cm-Mehrzweck-SK — war hingegen noch nicht endgültig festgelegt. Die Skizze gilt, da sie lediglich unter Zugrundelegung schriftlicher Aufzeichnungen des K-Amtes angefertigt werden konnte, daher als gegißt und ist mit den üblichen Vorbehalten aufzunehmen.

Bismarck-Klasse

Schlachtschiffe

1	2	3	4	5	6
Bismarck	1935	Blohm & Voss, Hamburg	1. 7. 36	14. 2. 39	24. 8. 40

*18. Mai 1941 von Gotenhafen ausgelaufen: Beginn des Unternehmens ›Rheinübung‹. 24. Mai 1941 ✕ in der Dänemarkstraße, dabei → **Hood** versenkt und → **Prince of Wales** beschädigt, selbst 3 Artillerietreffer erhalten. Von britischer Seite zur Jagd angesetzt: 5 Schlachtschiffe, 2 ⛴-Träger, 9 Kreuzer und 18 Zerstörer. 26. Mai 1941 LT-Treffer in Ruderanlage von ⛴ des ⛴-Trägers* **Ark Royal** *seither manövrierunfähig. 27. Mai 1941 ✕ mit → **King George V.** und → **Rodney**, dabei zahlreiche Treffer einschl. 6—7 T-Treffer erhalten, jedoch unter dem PzD. völlig intakt geblieben. Nach Verbrauch der gesamten Munition gesprengt, während des Sinkens noch von Torpedos des brit. Kreuzers* **Dorsetshire** *getroffen: † (1977 Tote, nur 115 Überlebende).*

Tirpitz	1936	KM-Werft, Wilhelmshaven	26. 10. 36	1. 4. 39	25. 2. 41

*19./20. Juli 1940 während der Ausrüstung in Wilhelmshaven erfolglos von brit. Bombern angegriffen. 23.—24. September 1941 Zugehörigkeit zur ›Baltenflotte‹. November 1941 ursprünglich geplantes Auslaufen zusammen mit → **Admiral Scheer** in den Atlantik nicht durchgeführt. Januar 1942 nach Nordnorwegen verlegt. 6.—12. März 1942 erfolglose Operation gegen Convoys ›PQ-12‹ und ›QP-8‹, dabei Angriffe von ⛴ des ⛴-Trägers* **Victorious** *abgewehrt. 27./28. April 1942 in Drontheim erfolglos von brit. Bombern angegriffen. 5. Juli 1942 angelaufenes Unternehmen gegen Convoy ›PQ-17‹ vorzeitig abgebrochen, dabei erfolgloser T-Angriff des sowjetischen U-Bootes* **K-21**.* *6.—9. September*

1942 Unternehmen gegen Spitzbergen (Zerstörung kriegswichtiger Anlagen). 22. September 1943 in der Bogenbucht bei Narvik von brit. Kleinst-U-Booten angegriffen, dabei durch 4 Grundminen von X 6 *und* X 7 *schwer beschädigt, erst ab März 1944 wieder frontbereit. 11./12. Februar 1944 erfolglos von sowjetischen Bombern angegriffen. 3. April 1944 bei Angriff brit. Träger-⚓ (von → Furious, Victorious, Emperor, Searcher, Pursuer und Fencer) 14 Bombentreffer erhalten, erheblich beschädigt. Zweiter Angriff am 5. April 1944 wegen rechtzeitiger Einnebelung erfolglos. 17. Juli 1944 erfolglose Träger-⚓-Angriffe (von → Furious, Indefatigable). 22.—29. August 1944 weitere Träger-⚓-Angriffe (von Formidable, Indefatigable, → Furious, Trumpeter und Nabob), dabei 2 Bombentreffer (davon einer das PzD. durchschlagend) am 24. August 1944, sonst erfolglos. 15. September 1944 Angriff eines von Nordrußland gestarteten brit. Bomberverbandes, dabei erstmals 5,45 ts-Bomben eingesetzt, 1 davon Nahtreffer neben Vorschiff, schwer beschädigt, nicht mehr seefähig. 17. Oktober 1944 nach Tromsö in flaches Wasser als schwimmende Batterie verlegt. 29. Oktober 1944 erneuter Angriff brit. Bomber, ohne Schäden abgewehrt. 12. November 1944 dort erneut von 36 brit. Bombern mit 5,45 ts-Bomben angegriffen, 3 Volltreffer, mehrere Nahtreffer, gekentert: † (1204 Tote). 1948—57 von norwegisch-deutscher Firma am Untergangsort abgewrackt.*

---

a) Seit 1932 waren Entwürfe für vollwertige Schlachtschiffe in Arbeit, mit denen die Kriegsmarine den Anschluß an die Entwicklung erreichen wollte. Diese konnten nach dem Zustandekommen des deutsch-englischen Flottenvertrages verwirklicht werden, nachdem abzüglich der bereits verbauten Tonnage von 82 000 ts noch 101 750 ts offen waren. So wurden 1935 das Schlachtschiff **F** (Ersatz → **Hannover**) und 1936 das Schlachtschiff **G** (Ersatz → **Schleswig-Holstein**) in Bau gegeben. Sie waren entsprechend den geltenden Verträgen als 35 000 ts-Schiffe konstruiert, aber mehrfache Änderungen noch während des Baues führten zu einer beträchtlichen Steigerung ihrer Typverdrängung, die gem. Vereinbarung der Vertragsstaaten im Juni 1938 ohnehin auf 45 000 ts heraufgesetzt wurde, so daß ihre tatsächliche Größe noch immer im Rahmen des Erlaubten war! Auf das höchstzulässige Kaliber von 40,6 cm wurde dagegen verzichtet, und man begnügte sich mit einem neuentwickelten 38 cm-Geschütz, das für vollkommen ausreichend gehalten wurde. Die Wahl der 38 cm-SK lag auch umso näher, als 1934 (auch im Hinblick auf eine Umrüstung der → **Scharnhorst**-Kl.) der Entwicklungsauftrag für ein solches Geschütz erteilt worden war. Der Wunsch, diese Schiffe mit Motorenantrieb auszurüsten, konnte hingegen nicht verwirklicht werden, da die Entwicklung dafür geeigneter Groß-Dieselmotoren noch nicht soweit vorangekommen war.
Diese Schiffe erwiesen sich im Kriege als ungewöhnlich standfest und gehörten zu den besten, die jemals gebaut worden waren. Kein vergleichbarer ausländischer Typ konnte sich mit ihnen messen.
Baukosten: **Bismarck** 196,8 Mio. RM, **Tirpitz** 181,6 Mio. RM.

b) PzQ.: 45—150, 110—220, 145—220 / Seitenpzr.: 0,220, 320 (getäpert ↓ 170, ↑ 270), 220,0 / Zitadellpzr.: 145 / Horizontalpzr.: Oberdeck 50 Wh; PzD. 80—120 Wh, Böschungen 100 Wh / Unterwasserschutz: T-Schott 45; T-Schutzbreite ~ 6 m / SA:

---

* *Gleichwohl wird in der sowjetischen Kriegsliteratur behauptet, daß* **Tirpitz** *getroffen worden sei!*

Barbetten 220—340; Türme 360, 220, 180 / MA: Barbetten 100; Türme 100, 40, 35 / KdoT.: v. 350 (22); a. 150 (50).

c) Ursprünglich war eine turboelektrische Anlage vorgesehen, wobei die einzelnen Kraftwerke in 3 Abteilungen untergebracht werden sollten, seitlich die Kessel, in der Mitte zwischen den Längsschotten die Generatoren. Die 3 ⚙ sollten durch je 1 EM angetrieben werden (Vorteile: Wesentlich einfachere Konstruktion der Turbinen, schnelleres Umschalten auf andere Fahrtstufen und Drehrichtungen, kürzere ⚙-Wellen; Nachteile: Äußerst anfällige Stromübertragung durch Kabel von den Generatoren zu den ⚙-Antriebsmotoren). Da es jedoch äußerst fraglich erschien, ob die mit diesem Antriebssystem auf zivilen Schiffen gewonnenen Erfahrungen sich ohne weiteres auf die ganz andersartigen Verhältnisse auf einem Kriegsschiff übertragen ließen, entstanden so starke Bedenken, daß die Entwürfe geändert und auf Hochdruck-Heißdampfanlagen wie bei der → **Scharnhorst**-Kl. umgestellt wurden.[1]

3 × ⊛ Tu auf 3 ⚙ (**Bismarck**: Blohm & Voss-, **Tirpitz**: BBC-) / 12 Wagner-Höchstdruck-Kessel (Öl) / Leist. 138 000 WPS; Geschw. 29,0 kn. 2 parallele Ruder. Bugwulst.

Probefahrtergebnisse:

Bismarck	150 170 WPS = 30,1 kn
Tirpitz	163 000 WPS = 30,8 kn

d) 8—38 cm-SK L/47 in je 2 überhöht angeordneten ⚯ vorn und achtern / 12—15 cm-SK L/55 in je 3 ⚯ auf den Seitendecks / 16—10,5 cm-⚒₂ L/65 / 16—3,7 cm-⚒₂ / 12—2 cm-⚒, **Tirpitz** zuletzt nur 10—2 cm-⚒ und zusätzlich 40—2 cm-⚒₄ / **Tirpitz** ab 1942: 8—53,3 cm-TR in Vierlingsgruppen an Oberdeck / 1 Doppel-✈, 4—6 ✈.

e) Die ursprüngliche Planung Entwurf 1936/37 → Skizze sah einen 5 m kürzeren Brückenaufbau vor; Schornstein und Großmast waren 7 bzw. 17 m vorlicher geplant, und dahinter sollten überhöht 2 ✈ angeordnet werden. Eine ✈-Halle war noch nicht vorgesehen. Im Ganzen bestand eine große Ähnlichkeit mit der → **Scharnhorst**-Kl. Die Bordfluganlage wurde 1938/39 nach britischen Vorbildern (→ **Warspite**, → **Malaya**, → **Repulse** jeweils nach letztem Umbau) umkonstruiert, wobei das gesamte Oberschiff verändert wurde. Dabei gestaltete man den Vorsteven um 1 m stärker ausfallend, mit dem dann **Bismarck** vom Stapel lief. Gleichzeitig wurde auch für

Gewichtsverteilung **Bismarck**

Schiffskörper	11 474 ts =	25,4%
Panzer	17 256 ts =	38,2%
Antrieb	2 756 ts =	6,1%
Hilfsmaschinen	1 400 ts =	3,1%
Bewaffnung	7 453 ts =	16,5%
Ausrüstung	1 445 ts =	3,2%
Brennstoff	3 388 ts =	7,5%
Konstruktionsverdrängung	45 172 ts =	100,0%

---

[1] Daß man dem turboelektrischen Antrieb zunächst den Vorzug gab, war nicht zuletzt auf den Erfolg des mit einer solchen Anlage ausgerüsteten französischen Fahrgastschiffes **Normandie** zurückzuführen, das damit das ›Blaue Band‹ errang. Um Erfahrungen über die Vorteile und Nachteile der elektrischen Kraftübertragung zu sammeln, waren in Deutschland mehrere Fahrgastschiffe mit diesem Antrieb gebaut worden (**Robert Ley, Scharnhorst, Potsdam**). Diese waren jedoch während der Entwurfsbearbeitung der **Bismarck**-Kl. noch im Bau, so daß noch keine Erfahrungen insoweit vorliegen konnten.

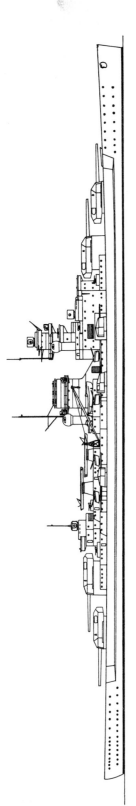

Bismarck-Klasse (Entwurf 1936/37)

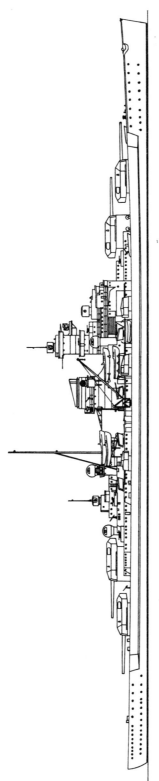

Bismarck-Klasse (Entwurf 1938/39)

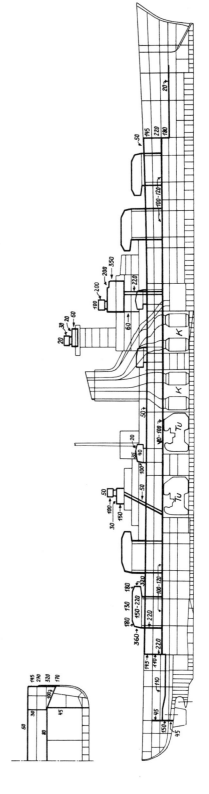

Bismarck-Klasse (Entwurf 1939, Generalplan)

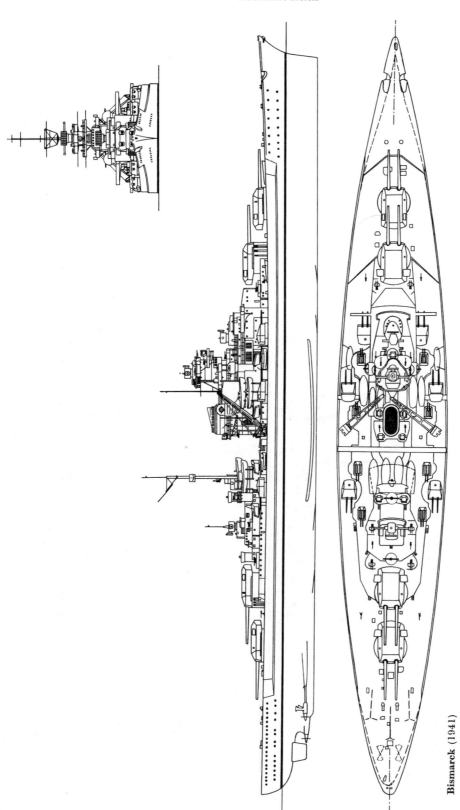

Bismarck (1941)

Bismarck-Klasse

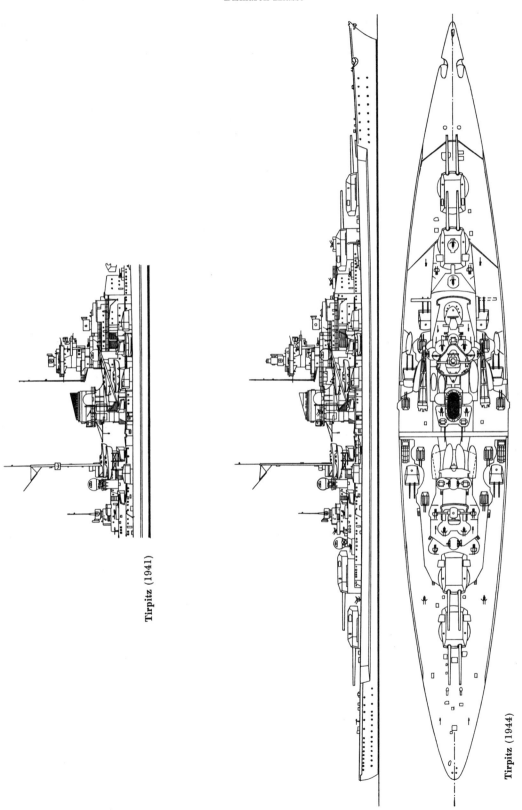

Tirpitz (1941)

Tirpitz (1944)

den Großmast eine Position weiter achtern festgelegt und an ihm zugleich Stützbeine vorgesehen. Statt des Stengenmastes hinter dem Turmmast sollte auf der Vormars-BG-Haube nur eine kurze FT-Stenge ihren Platz finden. Der Brückenaufbau war im vordersten Teil nur 1 Deck hoch, so daß zwischen Brücke und Turm B eine auffallende Lücke entstand. Dies war mit Rücksicht auf den Gasdruck der SA vorgesehen.
Bei der endgültigen Ausführung erhielten die Schiffe den Atlantiksteven (**Bismarck** noch vor der Fertigstellung, **Tirpitz** schon vor dem Stapellauf), so daß ihre LüA um 3 m vergrößert wurde. Auf die Stützbeine des Großmastes wurde verzichtet. Landesegel waren zwar vorgesehen, wurden aber nie installiert. Für die Unterbringung der ✈ standen an jeder Seite des Schornsteines ein Bereitschafts-Hangar (für je 1 ✈) und unter dem Großmast ein großer Hangar für 4 ✈ zur Verfügung. Von ihnen führten Verschiebegeleise zu dem querschiffs angeordneten ⚓, das nach beiden Seiten schießen konnte. Die Stengen beider Masten waren teleskopartig einfahrbar.
Bismarck erhielt nie die Schutzkuppeln für die beiden achteren ⚓-Leitgeräte. Bei ihr war der jeseits im vorderen Teil des Schornstein-Plattformkranzes unter der nach unten wegklappbaren Schutzkuppel befindliche Scheinwerfer 1,5 m höher als auf **Tirpitz** angeordnet. **Bismarck** führte in großer Höhe darüber einen Verbindungslaufsteg zwischen Turmmast und Schornstein, der auch die Aufleger für die Bordkräne aufnahm. Weil bei ihr die Bordkräne ein Deck tiefer und etwas achterlicher als auf **Tirpitz** standen, waren dafür die beiden jeseits zweiten 10,5 cm-$⚓_2$ 3 m vorlicher und ~ 7 m weiter binnenbords aufgestellt. Nur **Bismarck** führte während der Probefahrten die BG-Hauben am Turm A (bei **Tirpitz** waren solche zwar vorgesehen, wurden aber nie eingebaut!). Weitere Unterschiede zu **Tirpitz**: Brückenaufbauten, Turmmast, Schornsteinkappe (diese nur bei **Bismarck** stets silbergrau!) und die Balkenkräne am Schornstein zum Umsetzen der ✈. Im Gegensatz zu **Tirpitz** — deren sämtliche 16—10,5 cm-$⚓_2$ in den moderneren Lafetten C 33 angeordnet waren — führte **Bismarck** die vordere Hälfte der 10,5 cm-$⚓_2$ in den älteren Lafetten C 31 und nur die achtere Hälfte in den Lafetten C 33.
Bei **Tirpitz** war die Schornsteinkappe zuerst schwarz und erst ab ~ 1942 silbergrau bzw. hell. Sie führte stets die Schutzhauben über den achteren ⚓-Leitständen, und die Scheinwerferstände mit ihren Schutzkalotten waren mit dem Plattformkranz um den Schornstein höhengleich. Die Bordkräne waren auf dem Oberdeck und etwas vorlicher als auf **Bismarck** aufgestellt, und deshalb standen die jeseits zweiten 10,5 cm-$⚓_2$ um ~ 3 m weiter achterlich und um ~ 7 m weiter nach außen. 1942 fiel der Fleckerstand des Großmastes weg, und zwischen Schornstein und Turmmast wurde eine Kartoffellast (›Kartoffelkiste‹) errichtet, und über dieser ein Laufsteg zwischen Schornstein-Plattformkranz und Turmmast. Seither befanden sich auch die Vierlings-TR an Bord[1]. Die laufende Verstärkung der ⚓-Bewaffnung entsprach der zunehmenden Bedrohung aus der Luft und führte zum Einbau zahlreicher zusätzlicher ⚓-Waffen, insbesondere von 2 cm-$⚓_4$. Die ✈ waren zuletzt nicht mehr an Bord, da sie der Luftwaffe übergeben werden mußten. Wegen des ~ 1944 noch eingebauten ›Würzburg‹-Gerätes → p. 278.

Projekt ›Kreuzer P‹
Panzerschiffe

a) In seiner ursprünglichen Fassung wies der Z-Plan 12 Panzerschiffe aus, bei denen an einen verbesserten Typ → **Deutschland** gedacht war. An ihn waren die folgenden Forderungen gestellt worden:

Typverdrängung ~ 20 000 bis 21 000 ts
Seitenpanzerdicke 120 mm
Geschwindigkeit 34 bis 35 kn
Fahrstrecke 15 000 sm
Bewaffnung 6—28 cm-SK in ∞ oder ∞, dazu MA, ⚓ und TR

Bei gleicher Hauptbewaffnung und bei nur geringfügig verbessertem Schutz sollten diese Schiffe einen ähnlich großen Fahrbereich wie die der → **Deutschland**-Kl. haben, jedoch eine wesentlich höhere Geschwindigkeit, die nur durch eine entsprechende Vergrößerung des Schiffskörpers zu erreichen war.

Die Arbeiten begannen bereits 1937, und zwar unter der Bezeichnung ›Kreuzer P‹, wobei das ›P‹ auf den Panzerschiffstyp hinweisen wollte. Bis Anfang 1939 wurden 20 Entwürfe durchgerechnet, mit Typverdrängungen von 21 000 bis 31 000 ts bei einer L_{CWL} von 206 bis 235 m. Ausgehend von der Aufstellung der SA in 2∞ war eine Mindest-L_{CWL} von 218 m erforderlich, doch hätte dann auf einen Unterwasserschutzgürtel verzichtet werden müssen, weil der zur Wahrung der geforderten Geschwindigkeit notwendige Schlankheitsgrad nur eine Breite von 25 m zuließ. Da zur Unterbringung der Motorenanlage bei einer Längsausdehnung von 92 m mindestens 19 m Breite erforderlich war, mußte man auf 27 m Schiffsbreite kommen, da für die Wirksamkeit des Unterwasserschutzgürtels ein Minimum von jeseits 4 m Breite vorhanden sein mußte, und dies wiederum hatte eine größere L_{CWL}, nämlich 235 m, zur Folge, womit eine beträchtliche Überschreitung der Verdrängungsgrenze verbunden war.

Auch im Hinblick auf die Schutzeinrichtungen hätten Zugeständnisse gemacht werden müssen. Um 20,3 cm-Granaten gegnerischer Schwerer Kreuzer widerstehen zu können, wären größere Dicken erforderlich gewesen, denn im Handelskrieg, den diese Panzerschiffe in erster Linie führen sollten, wären Begegnungen mit Schweren Kreuzern wahrscheinlich gewesen. Bei den entsprechend der Schiffsgröße zu panzernden Flächen hätten also auch in dieser Hinsicht größere Aufwendungen gemacht werden müssen. Aber auch andere Schwierigkeiten traten auf; so glaubte man nicht, die geforderte kurze Bauzeit von 3 Jahren einhalten zu können, und außerdem standen keine

---

[1] Von einem der 1940 in Narvik gesunkenen Zerstörer abgeborgen und 1943 in Norwegen eingebaut?

28 cm-⚬ mehr zur Verfügung[1], und deren Bau hätte nicht in absehbarer Zeit durchgeführt werden können. Wesentlich die Überlegung, daß die in Entwicklung stehende 38 cm-SK eine viel größere Wirksamkeit besaß und auf den erheblich größer gewordenen Schiffen ohne weiteres eingebaut werden konnte, führte im Frühjahr 1939 zu einer Änderung der Planungen, wobei 3 der vorgesehenen 12 Panzerschiffe durch die Schlachtkreuzer → **O**, **P** und **Q** ersetzt wurden. Nachfolgend wird der Panzerschiff-Entwurf nach dem Stand von ~ Ende 1938 beschrieben.

b) PzQ.: ..., ... / Seitenpzr.: 145 / Zitadellpzr. 60 Wh / Horizontalpzr.: PzD. 60—75 Wh mit Böschungen 110 Wh / Unterwasserschutz: T-Schott ...; T-Schutzbreite ~ 4 m / SA: Barbetten ...; Türme 140, 85, 85—100 / MA ... / KdoT. ...

c) 3 oder 4 × DM auf 3 oder 4 ⚙ / Leist.. ...... WPS; Geschw. 34—35 kn.

d) 6—28 cm-SK L/54,5 in je 1 ⚬ vorn und achtern / 4—15 cm-SK L/55 in je 1 ⚬ vorn und achtern überhöhend über den SA-Türmen / 8—10,5 cm-⚬₂ L/65 / 12—3,7 cm-⚬₂ / 6—2-cm-⚬ / 8—53,3 cm-TR in Vierergruppen an Oberdeck / 1 ⚓, 4 ⚓.

e) Erstmals im deutschen Kriegsschiffbau war hier auch auf großen Schiffen das Spiegelheck vorgesehen. Für je 1 ⚓ war 1 Hangar (jeweils zu beiden Seiten der Schornsteine) vorgesehen, deren Dächer als Barrings für die Beiboote dienten.

H-Klasse
Schlachtschiffe

1	2	3	4	5	6
H	1939	Blohm & Voss, Hamburg	15. 7. 39	∞	∞

10. Oktober 1939 Baustop, bis dahin 1200 t Material verbaut, in Arbeit 3500 t, bestellt 12 000 t. 1940 auf Helling abgebrochen.

J	1939	AG ›Weser‹, Bremen	15. 8. 39	∞	∞

*10. Oktober 1939 Baustop, bis dahin weniger weit fortgeschritten als **H**. 1940 auf Helling abgewrackt.*

K	1939	AG ›Weser‹, Bremen	∞	∞	∞
L	1939	KM-Werft, Wilhelmshaven	∞ [9. 39]	∞	∞
M	1939	Blohm & Voss, Hamburg	∞	∞	∞
N	1939	Dtsch. Werke, Kiel	∞ [10. 39]	∞	∞

*Keines dieser Schiffe wurde mehr begonnen. Aufträge von **M** und **N** 10. Oktober 1939 annulliert, für **K** und **L** ~ 1940.*

---

[1] Vorübergehend war auch an eine 30,5 cm-SK gedacht, bis zu deren Einsatzbereitschaft jedoch ebenfalls mehrere Jahre verstrichen wären.

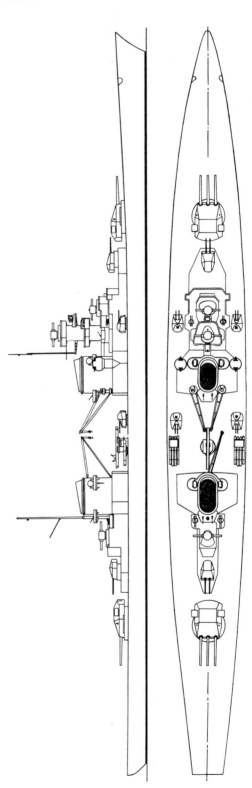

Projekt ›Kreuzer P‹ (Entwurfsstadium ~ Ende 1938)

a) Kernpunkt des Z-Planes sollten diese 6 Schlachtschiffe werden, deren Entwurfsarbeiten bereits 1937 begonnen worden waren. Die Bauzeit war auf je 50 Monate = $4\,^1/_6$ Jahre veranschlagt, und zwar 30 Monate Helling- und 20 Monate Ausrüstungszeit; alle Schiffe sollten bis 1944 fertiggestellt sein. Es war vorgesehen, die an Blohm & Voss und an die AG.›Weser‹ vergebenen jeweils zweiten Schiffe in großen Baudocks zu bauen.
Um dieses Programm mit dem gebotenen Vorrang durchführen zu können, waren beispiellose Vollmachten erteilt und alle bisherigen Zuständigkeiten und Instanzen aufgehoben worden. Die Folge war, daß die ersten Schiffe früher auf Kiel gelegt werden konnten, als dies unter normalen Verhältnissen möglich gewesen wäre. Als die Arbeiten an ihnen eingestellt werden mußten, befanden sie sich bereits in einem Baustadium, das unter den früher üblichen Bedingungen erst 6 bis 8 Monate nach der Kiellegung erreicht worden wäre. Insgesamt befanden sich bei Kriegsbeginn für 3 Schiffe etwa 75 000 t Material in der Bearbeitung, und weitere 30 000 t waren bereits abgewalzt. Baukosten: **H** 240,5, **J** 237,6 Mio. RM, für die anderen ähnliche Beträge (insgesamt wären ca. 1,5 Milliarden RM aufzuwenden gewesen!).

Die gegenüber Schiffen mit Tu-Antrieb grundsätzlich andere Konstruktion dieser Schiffe erforderte ein wesentlich anderes Vorgehen während des Baues auf der Helling. Die Bauweise der Hauptmotoren, die keine Grundplatten üblicher Art mehr besaßen, machte einen Bruch mit der herkömmlichen Schiffbaumethode — von der Mitte ausgehend nach den Enden zu aufzubauen — erforderlich. Das bedeutete, daß das Hinterschiff so weit forciert werden mußte, daß es nach 15 Baumonaten als ›fest‹ bezeichnet werden konnte; Aufbau und Schweißungen mußten dann soweit vorangeschritten sein, daß die Motoren ohne Risiko des Verziehens eingebaut werden konnten. Das Prinzip bestand darin, daß das Motoren-›Gestell‹ — das oben die Zylinder trug — unmittelbar an entsprechend gefertigte Längsverbände angeschlossen wurde. Für den Einbau der Hauptmotoren wurden in 3 Decks Einbauöffnungen von je 3×8 m vorgesehen, für die Getriebe solche von je 3×6 m. Die Motoren sollten in zerlegtem Zustand eingebaut werden. — Wegen des großen Stapelaufgewichts (32 500 t) wären 4 Ablaufbahnen mit einer Belastung von je 260 t/m² erforderlich gewesen.

b) *Panzerung und Schutzeinrichtungen waren so bemessen, daß auch bei schweren Treffern die lebenswichtigen Einrichtungen intakt blieben bzw. nur in geringem Maße Schaden nehmen. Bei der Bemessung des Seitenpanzers, war wie schon bei der →* **Bismarck**-*Kl., die Überlegung ausschlaggebend, zugunsten der Fläche die Dicke in einem gerade noch vertretbaren Maß zu halten, zumal auch bei der H-Kl. ein Zitadellpanzer als oberer Teil des schweren Seitenpanzers vorgesehen war. Aus diesen Gründen glaubte man, mit einer etwas geringeren Seitenpanzerdicke als bei der →* **Bismarck**-*Kl. auskommen zu können, nämlich mit 300 mm anstatt mit 320 mm. Dieser Seitenpanzer deckte in einer Länge von knapp 170 m und einer Höhe von etwa 5 m (mit Zitadellpanzer 7,37 m) alle lebenswichtigen Einrichtungen. Als Maßnahme gegenüber Vorschiffstreffern war im Anschluß an den schweren Seitenpanzer vorn eine Außenhaut aus Wh-Material von 150 mm Dicke vorgesehen, die sich bis zum Vorsteven auf 60 mm verringerte. Die größere Dicke war zum Schutz der Ölzellen vorgesehen. Ähnlich verhielt es sich im Achterschiff, wo aus dem gleichen Material Dicken von 30—90 mm vorgesehen waren. Sämtliche Wh-Platten sollten durch elektrische Schweißung verbunden werden.*

Die Verstärkung der Längsschotte als Splitterlängsschotte über dem Hauptpanzerdeck entsprach auch den Notwendigkeiten der Längsfestigkeit. Neu war die Anordnung von 5 Panzerquerschotten aus 25 mm-Wh-Material in diesem Bereich; sie sollten die Gasdruckwirkung von Bomben und Geschossen, die das Oberdeck durchschlagen hatten, lokalisieren, d. h. in der Längsausbreitung begrenzen. Die Panzerquerschotte unterhalb des Hauptpanzerdecks waren ihrer großen Dicke wegen bemerkenswert und entsprachen dem bei der → **Bismarck**-*Kl. Verwirklichten. Das T-Schott aus 45 mm dicken Ww-Material hatte die gleiche Dicke wie bei der →* **Bismarck**- *und bei der →* **Scharnhorst**-*Kl.; neu war jedoch, daß es geschweißt werden sollte*[1]. *Das 100 mm dicke Hauptpanzerdeck war über den Munitionskammern auf 120 mm verstärkt, um der stark angewachsenen Durchschlagskraft von Bomben einerseits und — infolge der viel größer gewordenen Gefechtsentfernungen — von Geschossen andererseits zu entsprechen. Neuartig war, daß auch die Böschungen der Panzerdecks neben den Munitionskammern dicker ausgeführt werden sollten. Im Vorschiff war ein 50 mm dickes Panzerdeck vorgesehen, um die darunter befindlichen Ölzellen besser zu schützen und die relativ starke Außenhautpanzerung in diesem Bereich durch einen fehlenden oder zu schwachen Horizontalpanzer nicht illusorisch zu machen. Achtern war ebenfalls ein Panzerdeck vorgesehen, wo es die Schutzfunktion vor allem über den Rudermaschinenräumen ausübte. Der Oberdeckspanzer war durchgehend 50 mm dick, im Bereich der SA sogar 80 mm, und nur an den Schiffsenden 30 mm. Seine Funktion sollte darin bestehen, auftreffende Geschosse und Bomben frühzeitig — möglichst über dem Hauptpanzerdeck — zur Detonation zu zwingen, um ein Durchschlagen zu verhindern und so die lebenswichtigen Einrichtungen zu schützen. — PzQ.: 220, 220, 220 / Seitenpzr.: 30—90 Wh, 220, 300 (getäpert ↑ 180), 220, 150—60 Wh / Zitadellpzr.: 150 / Horizontalpzr.: Oberdeck vorn und achtern 30, im Bereich der SA 80, sonst durchgehend 50; PzD.: 100 mit Böschungen 120 (über SA- Munitionskammern 120 mit Böschungen 150); u. PzD. nur achtern 110 und nur vorn 50 / Unterwasserschutz: T-Schott 45 Ww; T-Schutzbreite 5,15 m / SA: Barbetten 240—365; Türme 385; 240; 130 / MA: Barbetten 80; Türme 100, 40, 35 / KdoT.: 385 (...); a. 150 (...).*

c) *12 MAN 9 Zyl. doppeltwirkende 2 takt-DM, je 2 auf die 2 ⊛ mit Synchron-Kupplung der Mittel-⊛, und je 4 auf nur 1 ⊛ jeder der beiden Seiten-⊛ / 2 Öl-Hilfskessel + 2 Abgashilfskessel für den Betrieb der Hilfsmaschinen / Leist. je Motor 13 750 WPS, zusammen 165 000 WPS; Geschw. 30,0 kn.*

---

[1] Noch bei der → **Bismarck**-Kl. war die Schweißung mit Rücksicht auf die verhängnisvollen Folgen, die beim Einreißen einer Schweißnaht befürchtet wurden, abgelehnt worden, obwohl vorher durchgeführte Sprengversuche keinen Anlaß zu solchen Befürchtungen gegeben hatten!

d) 8—40,6 cm-SK L/47 in je 2 überhöhend angeordneten ⌒ vorn und achtern / 12—15 cm-SK L/55 in je 3 ⌒ auf den Seitendecks / 16—10,5 cm-⚓₂ L/65 in ›Flaktürmen 37‹ / 12—3,7 cm-⚓₂ + 4—3,7 cm-⚓₂ neuer Art / 24—2 cm-⚓₄ / 6—53,3 cm-↓ TR (S) / 1⛴, 4⛵.

e) Die mehrfach aptierten Entwürfe sahen 1938 ein kantig abgerundetes Spiegelheck; beim Entwurf von Anfang 1939 → Skizze war die Aufstellung der MA in je 2 ⌒ auf den Seitendecks geplant, und statt der späteren 16 waren nur 12—10,5 cm-⚓₂ vorgesehen. Ähnlich wie bei den Schlachtkreuzern → **O, P,** und **Q** waren während dieses Entwurfsstadiums auch hier die Brückenaufbauten mit dem Turmmast kombiniert, und achtern sollte nur ein ⚓-Leitstand zur Aufstellung gelangen. Zugleich waren die Aufbauten und die Bewaffnung auf engerem Raum zusammengefaßt mit dem Effekt, daß dadurch die Zitadelle etwas kürzer ausfiel.

Gewichtsverteilung		
Schiffskörper	12 302 ts =	22,2%
Panzer	20 570 ts =	36,9%
Maschinen	5 187 ts =	9,4%
Hilfsmaschinen	1 893 ts =	3,5%
Bewaffnung	10 039 ts =	18,1%
Ausrüstung	1 525 ts =	2,8%
Brennstoff	3 937 ts =	7,1%
Konstruktionsverdrängung	55 453 ts =	100,0%

Die der Bauausführung zugrundeliegende Planung von 1939 sah dann wieder normal gestaltete Brückenaufbauten und eine mehr nach vorn bzw. nach achtern gerückte Aufstellung der SA vor. Von der bei der → **Bismarck**-Kl. praktizierten Lösung der Bordfluganlage ging man wieder ab, und statt dessen verlegte man die ⛵-Hallen jeseits neben Turm C auf das Oberdeck. Aus ihnen, deren Tore seitlich aufgeschwungen wurden, führten Verschiebegeleise nach achtern, wo sich direkt unter den Rohren von Turm D ein Dreh-⛴ befand. Diese Lösung war nicht sehr glücklich gewählt, denn zum Starten der ⛵ mußten die Rohre von Turm D ihre größte Erhöhung einnehmen bzw. der Turm mußte nach querab geschwenkt werden; zudem war die Anordnung der Hallen in unmittelbarer Nähe der SA wegen des feuerempfindlichen Flugzeug-Betriebsstoffes nicht ungefährlich, und auch wegen des Gasdrucks der SA war die ganze Anordnung der Bordfluganlage fragwürdig. Unter Beibehaltung der übrigen Anlagen wurde im Herbst 1939 auf das Dreh-⛴ verzichtet und statt dessen auf m 33,0 ab Heckspitze ein doppelseitig schießendes ⛴ quer über die örtliche Decksbreite ($\sim$ 25 m) vorgesehen. Für diese Schiffe waren die 10,5 cm-›Flaktürme 1937‹ vorgesehen; bei diesen handelte es sich um eine Kombination zwischen den 2 Geschützen mit Ziel- und E-Meßgerät auf einer Drehscheibenlafette mit zentraler Munitionsversorgung. Die vergleichsweise zu den ›Wackeltopf‹-Leitständen der bisher damit ausgerüsteten schweren Einheiten wesentlich kleineren ›Wackeltöpfe‹ der **H**-Kl. waren deshalb nicht mehr für die Feuerleitung der 10,5 cm-⚓₂ vorgesehen, sondern vermutlich für die der leichten ⚓-Bewaffnung. Ein Novum für die SA waren Einrichtungen, die das Auswechseln der Seelenrohre mit Bordmitteln gestatten sollten.

Die TR-Bewaffnung war anscheinend im Hinblick auf die Erfordernisse des Tonnagekrieges (um Handelsschiffe schnell zum Sinken zu bringen und die Artilleriemunition für Gefechtsbegegnungen aufzusparen) vorgesehen. Bemerkenswert war, daß es sich um ↓-Rohre handelte, wie man sie während des Ersten Weltkrieges kannte und mit denen damals keine guten Erfahrungen gemacht worden waren[1]. Diese Rohre wurden übereinander angeordnet und divergierten von der Schiffslängsachse um jeseits 10° in Rechtvoraus-Richtung. Bedenklich war, daß sie das vordere PzQ. durchbrachen, dessen Festigkeit damit zwangsläufig herabgesetzt wurde.

Schon kurz nach Beginn des Krieges entstanden Zweifel darüber, ob der Horizontalschutz dieser Schiffe gegenüber Bomben noch ausreichen würde. Zudem erschien auch der Schutz des Schiffsbodens gegen etwaige Minentreffer zu schwach. Daher erwog man Änderungen, doch zeigte es sich, daß diese eine beträchtliche Deplacementssteigerung bewirkt hätten, wenn konsequenterweise alle Forderungen erfüllt worden wären, die auf Grund der bisherigen Kriegserfahrungen zu stellen waren. Bevor es zum Abbruch der beiden noch begonnenen Schiffe kam, wurde noch die Möglichkeit einer Umkonstruktion gründlich untersucht. Dabei ergab sich, daß hier eine Steigerung der Typverdrängung um $\sim$ 5000 ts erforderlich gewesen wäre, wovon 2000 ts der Verstärkung des Horizontalpanzers zukommen mußten. Mit der bisher vorgesehenen Antriebsanlage wäre damit noch immer eine Geschwindigkeit von $\sim$ 29 kn möglich gewesen. Dennoch erschien diese Umkonstruktion nicht mehr durchgreifend genug und man rückte deshalb von ihr wieder ab[2]. Das war ein weiterer Grund, weshalb man auf die Weiterverfolgung der bisherigen Pläne und Bauvorhaben verzichtete.

Fertiggestellt wurde ein Teil der für diese Schiffe bestimmten 40,6 cm-SK, jedoch vermutlich nicht mehr deren Türme[3]. *Diese Geschütze wurden in festen Stellungen zur Küstenverteidigung eingebaut, wo sie unter dem Spitznamen ›Adolf-Kanonen‹ bekannt wurden. 4 davon befanden sich seit 1942/43 in Trondenes bei Harstad in Nordnorwegen, wo sie den strategisch wichtigen Zugang zum Eisenerzhafen Narvik sicherten. 1945 wurden sie von den Norwegern übernommen, und 1954 feuerten sie ihre letzten Übungssalven. Seit 1968 stehen sie zum Stückpreis von umgerechnet 16 000 DM zum Verkauf an Schrottfirmen. 3 weitere dieser Geschütze standen als ›Batterie Lindemann‹ bei Blanc Nez an der Kanalküste und dürften vermutlich den Krieg nicht überlebt haben.*

---

[1] Der Vorteil des Schutzes der T-Waffe gegen Artilleriefeuer wurde durch große Nachteile erkauft: Großer Raumbedarf im Unterschiff, Gefahr vernichtender Sprengwirkung bei der Detonation mehrerer Torpedos als mögliche Folge von Unterwassertreffern, vor allem aber die Schwächung des Unterwasserschutzsystems und der wasserdichten Unterteilung. Diese Gefahren bewirkten seinerzeit bei → **Bayern** nach dem im Oktober 1917 erhaltenen Minentreffer den Ausbau der seitlichen ↓ TR, zumal sich für Großkampfschiffe kaum mehr eine Gelegenheit zum T-Schuß bot.

[2] Diese Studie wurde von Blohm & Voss unter der Bezeichnung ›S 525‹ in Zusammenarbeit mit dem K-Amt des OKM durchgeführt.

[3] Die Sowjetunion bemühte sich Ende 1939, im Rahmen der zwischen ihr und dem Deutschen Reich abgeschlossenen Wirtschaftsverträge auch die Türme von **H** und **J** zu erhalten. Hitler lehnte dies jedoch am 8. Dezember 1939 ab.

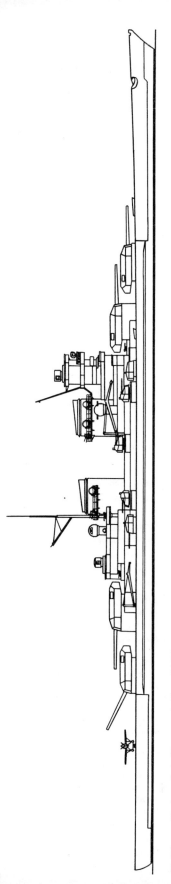

H-Klasse (Entwurfsstadium ~ Anfang 1939)

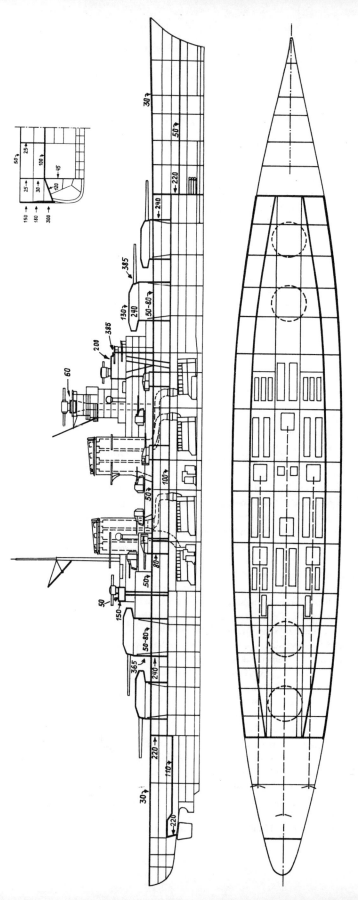

DM = Dieselmotor
E = E-Maschine
G = Getriebe
K = Kessel, Hilfs-

H.-Kl. (Generalplan; endgültiger Entwurf von 1939)

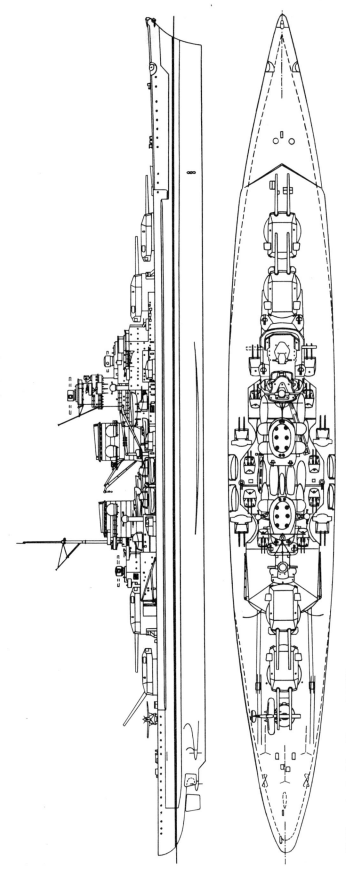

H-Klasse (endgültiger Entwurf 1939)

O—Q

Schlachtkreuzer

1	2	3	4	5	6
O	1939	Dtsch. Werke Kiel	∞	∞	∞
P	1939	KM-Werft Wilhelmshaven	∞	∞	∞
Q	1939	F. Krupp Germaniawerft, Kiel	∞	∞	∞

Keines dieser Schiffe wurde trotz Bauvergabe (für Q noch am 8. August 1939!) mehr begonnen. Nur noch materialmäßige Vorbereitungen.

a) Die Entwurfsarbeiten für diese 3 Schlachtkreuzer liefen seit 1937 parallel mit der Entwurfsserie für die Panzerschiff-Neubauten → ›Kreuzer P‹; erst Anfang 1939 entschloß man sich, 3 der 12 geplanten Panzerschiffe durch diese 3 Schlachtkreuzer zu ersetzen, die dann auch in den Z-Plan aufgenommen wurden. Nachdem im Juli 1939 der endgültige Entwurf festgelegt war, sollten diese Schiffe noch im gleichen Jahre begonnen werden, wobei man hoffte, eine Bauzeit von 3 Jahren einhalten zu können. Dem Bau dieser Schlachtkreuzer (wie auch vorher bei den Panzerschiffs-Projekten) lag die taktische Idee der weiträumigen Handelskriegführung zugrunde, wodurch der Gegner gezwungen werden sollte, seine Handelsschiffahrt zu stark gesicherten Geleitzügen zusammenzufassen, gegen die dann sehr starke eigene Kampfgruppen von Schlachtschiffen angesetzt werden sollten.

Um in den Grenzen der industriellen Fertigungsmöglichkeiten bleiben zu können, war für diesen Typ gemischter Antrieb vorgesehen, d.h. je Schiff 8 DM für Marschfahrtstufen bis zu 27 kn, dazu auf der Mittelwelle Tu-Antrieb[1] für Höchstfahrt. Die für sie vorgesehenen Motoren waren leichter als die für die → H-Kl. bestimmten, doch kamen sie für letztere zum Einbau nicht in Frage, weil sie dafür etwas zu breit waren (jedoch waren sie kürzer als die H-Motoren!).

b) PzQ.: 30—80, 25—100, 25—100 / Seitenpzr.: 0, 100, 180, 110, 0 / Zitadellpzr.: 25, 80, 25 / Horizontalpzr.: Oberdeck 50; PzD. 80, keine Böschungen / Unterwasserschutz: T-Schott 45 Ww; T-Schutzbreite ~ 4,5 m / SA: Barbetten 145—180; Türme 210, 180, 50 / MA: Barbetten 12; Türme 14, 14, 14 / KdoT.: v. 200 (80); a. 50 (0).

---

[1] Vorgesehen war für jeden Schlachtkreuzer ein Tu-Satz des ⚓-Trägers B, da sich dessen 4 Tu-Sätze bereits in der Fertigung befanden und die Schlachtkreuzer vordringlich gebaut werden sollten, während der Bau von B nur wenig gefördert wurde, da man für diesen nach Möglichkeit die mit seinem Schwesterschiff **Graf Zeppelin** gemachten Erfahrungen noch berücksichtigen wollte.

c) Auf den 2 Außen-⚙: 8 MAN 24 Zyl. doppeltwirkende 2takt-DM auf 2 Vulcan-⚙ / Leist. je 14 500 WPS, zusammen 116 000 WPS; Geschw. 27,0 kn.

Auf der Innen-⚙: 1 × BBC-⚙-Tu / 4 Wagner-Höchstdruckkessel (Öl) / Leist. 60 000 WPS; Geschw. 33,4 kn einschl. DM-Betrieb.

1 Zentralruder, davor 2 parallele kleinere Ruder. Kein Bugwulst.

d) 6—38 cm-SK L/47 in 2 ⚙ vorn und 1 ⚙ achtern / 6—15 cm-SK L/48 in 2 seitlichen ⚙ und 1 ⚙ achtern überhöht über SA-Turm C / 8—10,5 cm-⚙₂ L/65 / 8—3,7 cm-⚙₂ / Bis zu 20—2 cm-⚙ / 6—53,3 cm-↑ TR (S) / 1 ⚓, 4 ⚓.

e) Für diese Schiffe war als MA die für Zerstörer konstruierte Torpedoboots-Kanone C 36 in Drehscheiben-Lafette C 38 (Gesamtgewicht 62,5 t) vorgesehen, um Gewicht einzusparen. Beachtenswert waren die Vorentwürfe 1939/I und 1939/II im Hinblick auf die Bordfluganlage; diese wurde ab Entwurf 1939/II britischen Vorbildern (→ **Warspite** nach Umbau u. a.) angeglichen. Beim Entwurf 1939/III wurde das querschiffs angeordnete ⚓ im mittleren Teil überdacht, um Platz zur Aufstellung der Beiboote zu gewinnen. Für die ⚓ war ein großer Hangar hinter dem vorderen Schornstein vorgesehen, dazu jeseits vom achteren Schornstein ein kleinerer. TR waren erst ab Entwurf 1939/II vorgesehen, zunächst als Dreiergruppen an Oberdeck, endgültig fest eingebaut im Batteriedeck mit Schußrichtung nach jeseits querab.

Gewichtsverteilung		
Schiffskörper	8900 ts	= 27,9%
Panzer	8060 ts	= 25,3%
Maschinen	3760 ts	= 11,5%
Hilfsmaschinen	1300 ts	= 4,1%
Bewaffnung	5800 ts	= 18,2%
Ausrüstung	1500 ts	= 4,8%
Brennstoff	2600 ts	= 8,2%
Konstruktionsverdrängung	31 920 ts	= 100,0%

R—S

Schlachtschiffe

1	2	3	4	5	6
R	∞	Arsenal de Brest	17. 1. 39	∞	∞
S	∞	At. & Ch. de la Loire & Penhoët, St. Nazaire		∞	∞

Ehemals französisch → **Clémenceau** *bzw.* → **Gascogne**. *Erstere beim Einmarsch der deutschen Truppen Juni 1940 im Baudock liegend — erst zu 10% vorangekommen — vorgefunden und als deutsche Kriegsbeute unter der Bezeichnung* **Schlachtschiff R** *erklärt. Später zur Räumung des Baudocks schwimmfähig gemacht und in naher Bucht verankert (dort nach anderen Quellen vorübergehend als Attrappe von* → **Scharnhorst** *hergerichtet!). Nach alliierter Invasion Juni 1944 als Blockschiff zur Sperrung der Hafeneinfahrt vorgesehen, jedoch bei US-Luftangriff am 27. August 1944 dort †.* **Gascogne** *beim deutschen Einmarsch noch nicht begonnen gewesen, da Kiellegung frühestens erst für Juni 1940 vorgesehen. Bereitgestelltes Material als deutsche Kriegsbeute unter der Bezeichnung* **Schlachtschiff S** *erklärt und später für andere Rüstungszweige ausgenutzt. Fortführung der Bauarbeiten unter deutscher Regie nie ernsthaft beabsichtigt und durchführbar!*

a)—b) → Frankreich → **Richelieu-Kl.** bzw. → **Gascogne**-Kl.!

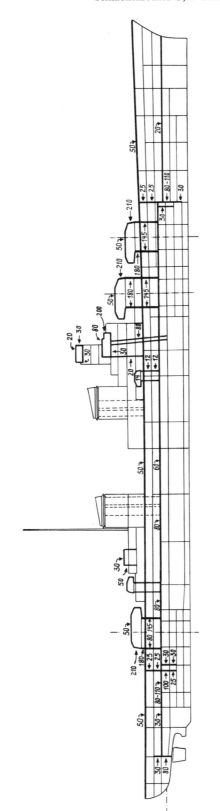
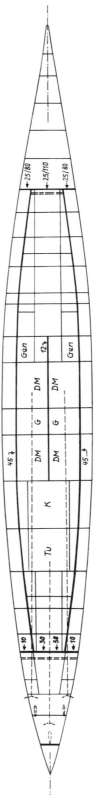

Schlachtkreuzer **O, P** und **Q** (endgültiger Entwurf von 1939)

Deutsches Reich

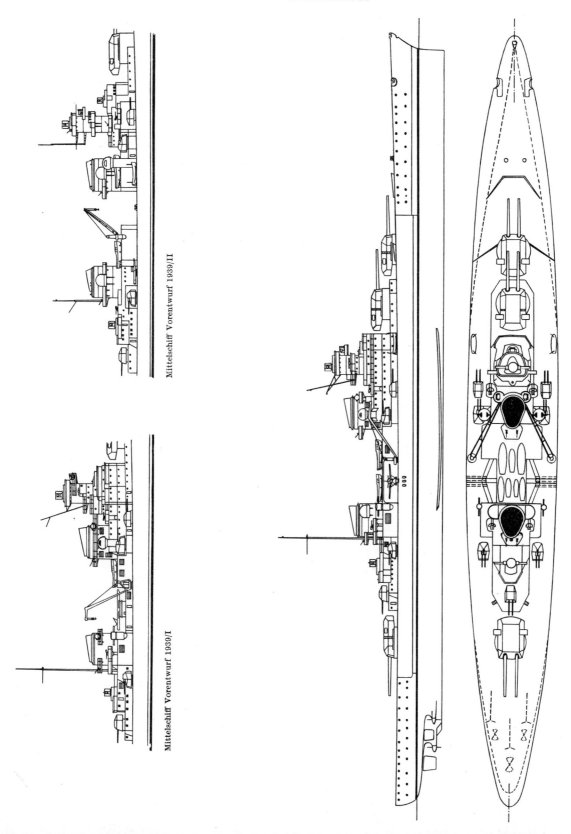

Mittelschiff Vorentwurf 1939/II

Mittelschiff Vorentwurf 1939/I

Schlachtkreuzer **O**, **P** und **Q** (endgültiger Entwurf von 1939)

Ex-Sovetskaja Ukraina
Schlachtschiff

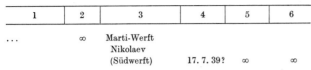

1	2	3	4	5	6
...	∞	Marti-Werft Nikolaev (Südwerft)	17. 7. 39?	∞	∞

*Sowjetischer Schlachtschiff-Neubau → **Sovetskaja Ukraina**, im August 1941 bei Eroberung von Nikolaev auf der Großhelling der Marti-Werft vorgefunden, vorher durch Sprengungen von abrückenden Sowjettruppen nur wenig beschädigt. Es war vorübergehend beabsichtigt, den Rumpf zu Wasser zu bringen. Hauptsächlich wegen der ungenügenden Wassertiefe vor der Helling wurde der Plan aufgegeben. Unter Verwendung ausgeschlachteter Materialteile und dem zweier ebenfalls auf Hellingen vorgefundenen Zerstörern wurden daraufhin 2 Truppentransporter (**Totila** und **Teja**) gebaut. Schlachtschiff-Rumpf bei Räumung Nikolaevs von deutschen Kommandos durch Sprengungen schwer beschädigt, praktisch bis zur Zerstörung.*

a)—e) → Sowjetunion → **Sovetskij Sojuz**-Kl.

Projektstudien ›H-41‹ bis ›H-44‹
Schlachtschiffe

a) Im Jahre 1941 wurde an das K-Amt der Kriegsmarine die Aufgabe gestellt, in einem neuen Entwurf diejenigen Forderungen zu erfüllen, die nunmehr an ein Schlachtschiff gestellt werden mußten. Sicher spielte dabei die Absicht, diesen Entwurf nach einem siegreichen Ende des Krieges zu verwirklichen, zunächst noch eine bedeutende Rolle. Diese Forderungen lauteten:

1. Ausreichender Horizontalschutz,
2. etwa 30 kn Geschwindigkeit,
3. schwere Artillerie im Rahmen der Schiffsgröße, und
4. ausreichender Schutz des Schiffsbodens gegen Minentreffer.

Sie alle mußten von vornherein eine beträchtliche Deplacementssteigerung bewirken, und gerade davor scheute man aus guten Gründen zurück, zumal die Größe schon von ~ 42000 ts der → **Bismarck**-Kl. um etwa 10000 ts auf ~ 52000 ts der → **H**-Kl. angewachsen war, was 1939/40 ohnehin als gerade noch vertretbare Grenze nach oben hingenommen wurde. Sollten alle diese Forderungen erfüllt werden, so mußte ein abermaliges Anwachsen des Deplacements als unvermeidbar in Kauf genommen werden. Dennoch hielt sich der nächsteEntwurf — ›H-41‹ — in noch vertretbaren Maßen. Dieser sah ein Schiff in der Größenordnung der japanischen → **Yamato**-Kl. vor; der Geschwindigkeitszuwachs war dabei eine Folge der Verstärkung des Horizontalpanzers. So sah der erste Alternativentwurf von ›H-41‹ eine 80 mm dicke Panzerung des Oberdecks vor, während die Dicke des Hauptpanzerdecks auf 120 mm Wh mit Böschungen von 130 mm Wh anstieg. Zum ersten Mal ist mit diesem Entwurf auf einer deutschen Konstruktion auch ein Bodenpanzer vorgesehen worden, nämlich ein Dreifachboden, dessen innerster Boden aus 20 mm Ww-Material bestehen sollte. Der zweite Alternativentwurf ›H-41‹ — vom November 1941 stammend — sah keinen verstärkten Oberdeckspanzer vor, dafür aber ein Hauptpanzerdeck aus KC-Material, das 150 mm dick werden sollte. Neu war auf ›H-41‹ der gemischte Antrieb. Weil das vergrößerte Deplacement unausweichlich eine Steigerung der Antriebsleistung nach sich ziehen mußte, wenn die geforderte Geschwindigkeit von 30 kn erreicht werden sollte, mußte hier nach neuen Wegen gesucht werden. Allein mit den Dieselmotoren wäre die dazu benötigte Leistung nicht zu erbringen gewesen; deshalb sah man für die Mittel-⚙ eine Tu-Anlage vor, während für die beiden seitlichen ⚙ der DM-Antrieb beibehalten wurde, jedoch nur noch als Marschantrieb für maximal 22 kn Fahrt, während mit dem Tu-Satz 30 kn herausgeholt werden sollten. Die Bewaffnung von ›H-41‹ sollte sich im Kaliber, in der Zahl der Geschütze und in ihrem Aufstellungsschema nicht ändern. Es waren wohl hauptsächlich die Erfahrungen mit → **Bismarck**, die 1941/42 zu dem verbesserten — d.h.: vergrößerten — Entwurf ›H-42‹ führten. Er sah eine lineare Vergrößerung der letzten ›H‹-Entwürfe vor, wobei Panzerung und Schutzeinrichtungen abermals beträchtlich vergrößert wurden, während die Hauptbewaffnung, die MA und auch die schwere ⚓-Bewaffnung unverändert blieben. Dadurch stieg die Typverdrängung auf über 80000 ts an, eine Steigerung, der im Kriegsschiffbau erst der 1961 fertiggestellte amerikanische ›Atom‹-⚓-Träger **Enterprise** mit rund 76000 ts Typverdrängung nahekam und die voraussichtlich nur mit den ebenfalls nuklear betriebenen ⚓-Trägern der 1968 begonnenen **Nimitz**-Kl. übertroffen wird.
Die Dicke des Seitenpanzers war jetzt auf 380 mm KC angewachsen, während der Zitadellpanzer bei 145 mm KC blieb. Eine größere Verstärkung war für die Horizontalpanzerung vorgesehen, die insgesamt eine Dicke von 350 mm erreichen sollte. Der wesentlichste Zuwachs ergab sich dabei durch das jetzt sehr stark gepanzerte Batteriedeck. Auch der Unterwasserschutz wurde erweitert, und zwar einmal durch die Ausdehnung des Dreifachbodens über die T-Schotte hinaus bis zur Außenhaut, zum anderen durch das Anwachsen der T-Schutzbreite — die bei der → **H**-Kl. 5,15 und bei ›H-41‹ 5,50 m betragen sollte — auf nunmehr 7,65 m. Zwischen der Außenhaut und dem in seiner Dicke unveränderten T-Schott waren 2 Längsschotte vorgesehen; der so unterteilte Raum sah hinter der Außenhaut Leerzellen als Expansionsräume vor, denen die Ölzellen folgten. Der Raum zwischen dem inneren Längsschott und dem T-Schott sollte wiederum leer bleiben, ebenso der Raum zwischen T-Schott und dem in geringem Abstand dahinter liegenden Begrenzungsschott der Antriebsanlage. Neu war auch die erhebliche Verstärkung des Splitterlängsschottes (als obere Fortsetzung des T-Schotts) zwischen dem Hauptpanzerdeck und dem bis 140 mm dicken Batteriedeck. Dafür sind wahrscheinlich auch Festigkeitsgründe maßgebend gewesen.
Mit der Deplacementssteigerung wuchsen auch die äußeren Abmessungen: Das vergrößerte Volumen mußte so gestaltet werden, daß es der Geschwindigkeit entsprach und die größere Antriebsanlage unterzubringen gestattete. Das Höchste, was an Antriebsleistung zu erreichen war, lag bei 280000 WPS. Damit konnten über 32 kn erzielt werden. Allerdings mußte man dafür auf eine 4 ⚙-Anlage übergehen, und zwar auf 2 Motoren-⚙

(außen) und 2 Tu-⚙ (innen). Die Folge davon war ein beträchtlicher Anstieg des Maschinengewichtes. Von diesem Entwurf ›H-42‹ ab wurde auch eine möglichst geschützte Unterbringung von Ruder und ⚙ angestrebt, und zwar dadurch, daß der Schiffskörper im Achterschiff in zwei seitlichen Flossen so nach achtern ausgezogen wurde, daß er eine Art von Tunnel bildete und Ruder und ⚙ von den Seiten her schützte. Diese Form sollte so vor verhängnisvollen T-Treffern wie auf → **Bismarck** schützen. Wie die Manövriereigenschaften eines so großen Schiffes bei dieser Heckform ausgefallen wären, ist offengeblieben und hätte wohl vor Verwirklichung eines solchen Vorhabens umfassender Versuche im ›Manöverteich‹ bedurft.

Am 26. August 1942 fand eine Unterredung zwischen Hitler und Großadmiral Raeder statt, wobei letzterer darlegte, daß der weitere Bau von Schlachtschiffen allein vom Ausgang des Seekrieges zwischen Japan und den USA abhinge. Zwar hätte das Schlachtschiff zur Zeit noch das ›Machtwort‹ zu sprechen, doch würde es wahrscheinlich in einiger Zeit überholt sein, auch wenn es die schwersten Geschütze trage. Deshalb müsse die deutsche Marine unbedingt an ihren ✈-Träger-Projekten festhalten, deren Pläne im Entstehen seien.[1] Wohl stimmte Hitler dem zu, doch ordnete er dennoch Untersuchungen über den Bau schwerster Schiffsgeschütze von 45,5 bis 53,0 cm Kaliber durch die Firma Krupp an. Diese Geschütze waren nach Hitlers Worten für Schlachtschiffe bestimmt, die nach seinem Wunsch die größten bisher gebauten werden und alle technischen und taktischen Forderungen erfüllen sollten.

Von jeher hatte Hitler gefordert, daß das Einzelschiff jedem möglichen Gegner überlegen sein müsse, und zwar weniger durch die Zahl der Rohre als durch Vergrößerung des Kalibers. Dabei hatten ihm schon frühzeitig Größenordnungen zwischen 53,3 und 60,9 cm vorgeschwebt. Solchen Forderungen hatte das OKM bisher nicht entsprochen; als die Pläne der → **H-Kl.** in Arbeit genommen wurden, konnte man sich marineseitig nur zum Kaliber 40,6 cm entschließen. Nachdem Hitler vorgerechnet worden war, daß eine weitergehende Vergrößerung des Geschützkalibers unvermeidbar zu einer Vergrößerung des Deplacements führen müsse und daß die Einsatzmöglichkeiten derart großer Schlachtschiffe bei den ungünstigen Fahrwasserverhältnissen vor den deutschen Nordseehäfen außerordentlich beschränkt sein würden, gab er nach. Die einzige Konzession, die ihm dabei gemacht wurde, war die Möglichkeit einer späteren Ausbohrung der 40,6 cm-SK. Dadurch hätte sich im Höchstfall ein Kaliber von 42—43 cm erreichen lassen.

Im Jahre 1940 prüfte das K-Amt von sich aus die Möglichkeiten, um die Schiffe der → **H-Kl.** mit stärkerkalibrigen Geschützen als 40,6 cm zu armieren. So lagen 2 Typskizzen von Alternativentwürfen vor, deren Bewaffnungsangaben mit einer Ausnahme mit der → **H-Kl.** übereinstimmten: Als SA waren ›8 SK C/34 f in Drh-‹ (8 Geschütze C/34 f in Drehlafetten) angegeben, jedoch kein Kaliber. Möglicherweise hat man hierbei an ein ausgebohrtes 40,6 cm-Geschütz oder auch schon an eine Neuentwicklung mit stärkerem Kaliber auf der Basis der 40,6 cm gedacht, wofür in beiden Fällen das ›f‹ etwa für ›fortentwickelt‹ oder ›Folgeentwicklung‹ o. ä. stehen könnte.[1]

Der Entwurf ›A‹ zeigt ein Schlachtschiff in der Größenordnung des Entwurfes 1939 der → **H-Kl.**, mit gleicher Zitadellänge, jedoch mit nur 6 schweren SK in 3 ⚙, während die übrige Bewaffnung unverändert geblieben ist. Bemerkenswert war, daß man diesem Entwurf schon 4 ⚙ mit gemischtem Antrieb ($^1/_2$ DM, $^1/_2$ Tu) zugrundegelegt hatte. Ganz offenbar war der Entwurf ›A‹ nur eine Vorstudie, die nicht mit letzter Sorgfalt bearbeitet wurde. So zeigt die Original-Typskizze auf beiden Seiten im Bereich des mittleren 15 cm-Turmes zeichnerische Unkorrektheiten (keine Schwenkmöglichkeiten der 15 cm-Türme, da keine entsprechenden Einziehungen des Aufbaudecks!). Es muß also an dem ernsthaften Charakter dieses Entwurfs gezweifelt werden. Der Entwurf ›B‹ sah ein wesentlich größeres Schiff vor, das jedoch ebenfalls als eine lineare Vergrößerung der vorangegangenen Entwürfe zu bewerten ist. Die auf zusammen 240 000 WPS ausgelegte 4 ⚙- Anlage sollte 32,3 kn ermöglichen, wobei es sich ebenfalls um gemischten Antrieb handelte. Kennzeichnend für diesen Entwurf war die Hauptbewaffnung von nunmehr ›8 SK C/34 f‹, für die das beim Entwurf ›A‹ Gesagte gilt. Die Aufstellung der SA und der gesamten nachgeordneten Bewaffnung entsprach dem Entwurf 1939 der → **H-Kl.**

Auf Grund der Weisung Hitlers vom August 1942 entstanden dann weitere Entwürfe, aber nicht etwa, weil sich die Kriegsmarine ihre Verwirklichung zu irgendeinem Zeitpunkt erhoffte, sondern um die Folgen dieser Neigung zum Gigantischen aufzuzeigen. So entstanden Studienprojekte für Schlachtschiffe bis über 130 000 ts Typverdrängung mit Geschützkalibern bis zu 50,8 cm.

Der ›Schlachtschiff-Entwurf 1943‹ (›H-43‹) sah ein Schiff von 330 m Länge und 111 000 ts Typverdrängung vor, dessen Panzerung erheblich verstärkt war, während man die Antriebsanlage von ›H-42‹ beibehielt, mit der noch immer 31 kn Geschwindigkeit zu erreichen gewesen wären. Das Kaliber der SA sollte 50,8 cm betragen, was allein schon zu einem erheblichen Gewichtsanstieg führen mußte. Ein weiterer großer Anteil des Gewichtszuwachses war der Panzerung und den Schutzeinrichtungen zugedacht. Der schwere Seitenpanzer blieb zwar 380 mm dick, doch reichte er jetzt tiefer unter die CWL, wo er bis auf 180 mm getäpert war. Die Anordnung des Horizontalpanzers und auch die Gesamtdicke entsprachen im Wesentlichen dem Entwurf ›H-42‹. Dies galt jedoch nicht für den Unterwasserschutz; neu bei diesem war ein zweites T-Schott von 30 mm Dicke. Gleichfalls war der Längssplitterschutz über dem Panzerdeck verbessert worden.

---

[1] Gemeint war der Umbau des Schweren Kreuzers **Seydlitz** und der Fahrgastschiffe **Potsdam** und **Gneisenau** zu ✈-Trägern, und nicht zuletzt die Fertigstellung von **Graf Zeppelin**.

[1] Bereits 1916 bis 1918 waren verschiedene Studienentwürfe von Großkampfschiffen mit 2 bis 4 ⚙ von 42 cm-Kaliber bearbeitet worden (vgl. Forstmeier, a.a.O.).

›H—41‹ und Projektstudien ›A‹ und ›B‹

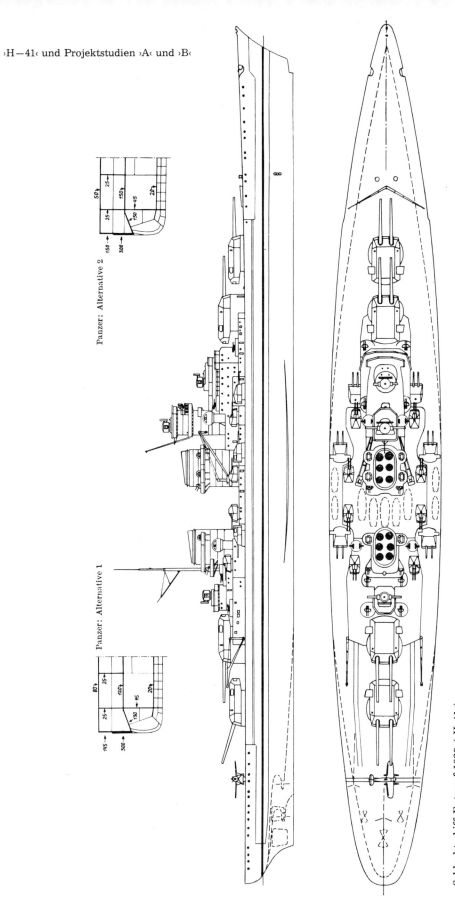

Schlachtschiff-Entwurf 1939 (›H-41‹)

›H—41‹ und Projektstudien ›A‹ und ›B‹

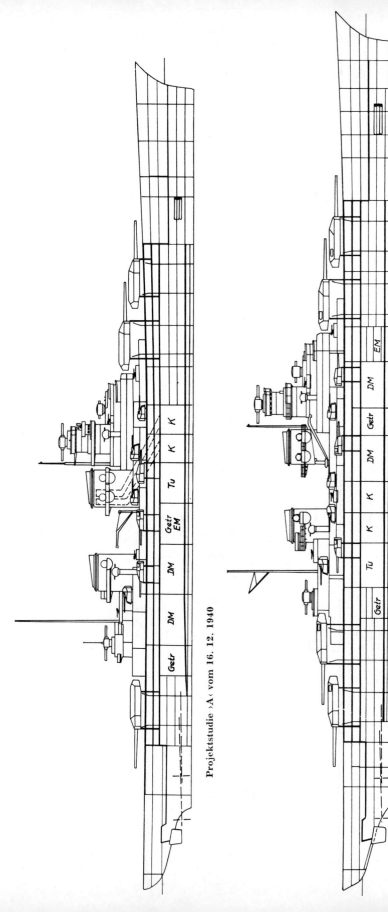

Projektstudie ›A‹ vom 16. 12. 1940

Projektstudie ›B‹ von ~ 1941

Der ›Schlachtschiffentwurf 1944‹ (›H-44‹) schloß diese Studienserie ab. Er ging wiederum von einer Vergrößerung des vorangegangenen Entwurfes aus und brachte eine weitere Verstärkung des Schutzes, jedoch keine weitere Verstärkung der Bewaffnung. Auch die Antriebsanlage blieb unverändert, da mit ihr noch immer 30 kn zu erreichen gewesen wären.
Entgegen den hauptsächlich immer wieder vom Ausland aufgestellten Behauptungen lagen den Entwürfen ab ›H-42‹ niemals Realisierungsabsichten zugrunde! Deswegen sind sie zu keiner Zeit ernsthaft erörtert worden. Bei ihnen handelte es sich um schiffbauliche Untersuchungen, die man, um ihre Durchführung überhaupt zu rechtfertigen, angestellt hat, um damit Vorstellungen zu erlangen, was daraus werden könnte, wenn militärischerseits einmal derartige Forderungen gestellt werden sollten. Wenn diese Arbeiten mit der Absicht der Bauausführung in Zusammenhang gebracht werden, so ist dies nichts als eine böswillige Unterstellung!

b) Schlachtschiff-Entwürfe ›A‹ und ›B‹ von 1940: Keine Angaben verfügbar. — ›H-41‹ Variante 1: Seitenpzr. 300 nicht getäpert / Zitadellpzr. 145 / Horizontalpzr.: Oberdeck 80; PzD. 120 mit Böschungen 130 / Unterwasserschutz: T-Schott 45; Innenboden 20. ›H-41‹ Variante 2: Seitenpzr. 300 nicht getäpert / Zitadellpzr. 150 / Horizontalpzr.: Oberdeck 50; PzD. 150 mit Böschungen 150 / Unterwasserschutz: T-Schott 45; T-Schutzbreite 5,35 m; Innenboden 20. ›H-42‹ Seitenpzr. 300 nicht getäpert / Zitadellpzr. 145 / Horizontalpzr.: Oberdeck 60; o. PzD. 140; u. PzD. 130 mit Böschungen 150 / Unterwasserschutz: T-Schott 45; T-Schutzbreite 7,65 m; Innenboden 30. ›H-43‹: Seitenpzr. 380 nicht getäpert / Zitadellpzr. 145 / Horizontalpzr.: Oberdeck 60; o. PzD. 140; u. PzD. 130 mit Böschungen 150; Splitterfangdeck 20 / Unterwasserschutz: T-Schotte: außen 45, innen 30; T-Schutzbreite ... m; Innenboden 30. ›H-44‹: Seitenpzr. 380 nicht getäpert / Zitadellpzr. 145 / Horizontalpzr.: Oberdeck 60; o. PzD. 140; u. PzD. 130 mit Böschungen 150 bis 200; Splitterfangdeck 20 / Unterwasserschutz: T-Schotte außen 45, innen 30; T-Schutzbreite ... m; Innenboden 30.

c) ›H-41‹: Entweder Anlage von ›H‹: Leist. 165 000 WPS; Geschw. 28,8 kn, oder: 8 MAN 9 Zyl. doppeltwirkende 2takt-DM, je 4 auf 1 ⊚ jeder der beiden Seiten-⊛ + 1 ⊚-Tu auf der Mittel-⊛ / 3 Höchstdruckkessel (Öl) / Leist.: Je DM 15 000 WPS, zusammen 120 000 WPS, Tu 55 000 WPS forcierbar auf 75 000 WPS; Geschw.: DM-Höchstfahrt 22,0 kn, mit Tu: 30,0 kn. 2 parallele Ruder. — Die Schlachtschiff-Entwürfe ›A‹ und ›B‹ von 1940 sowie ›H-42‹ bis ›H-44‹: 8 MAN 9 Zyl. doppeltwirkende 2takt-DM, je 4 auf 1 ⊚ jeder der beiden Seiten-⊛ + 2 × ⊚ Tu / 6 Höchstdruckkessel (Öl).

	Leistung WPS		Geschwindigkeit kn		Ruder
	DM	Tu	DM	DM + Tu	
›A‹	120 000	110 000	..,.	32,2	1 × 2 parallel
›B‹	120 000	120 000	..,.	32,3	1 × 2 parallel
›H-42‹	120 000	150 000[1]	24,0	32,2	2 × 2 parallel
›H-43‹	120 000	150 000[1]	23,0	31,0	2 × 2 parallel
›H-44‹	120 000	150 000[1]	22,5	30,1	2 × 2 parallel

[1] forcierbar auf 160 000 WPS.

d) Schlachtschiff-Entwurf ›A‹ von 1940: 6—.. cm-SK in 2 überhöht angeordneten ∞ vorn und 1 ∞ achtern. Die folgenden sämtlich die SA in je 2 überhöhten ∞ vorn und achtern: Schlachtschiff-Entwurf ›B‹ von 1940: 8—... cm-SK; ›H-41‹ und ›H-42‹: 8—40,6 cm-SK L/47; ›H-43‹ und ›H-44‹: 8—50,8 cm-SK / Sämtlich 12—15 cm-SK L/55 in je 3 ∞ auf den Seitendecks / 16—10,5 cm-⚹₂ L/65 in ›Flaktürmen 37‹ / Schlachtschiff-Entwürfe ›A‹ und ›B‹ von 1940 und ›H-41‹: 16—, ab ›H-42‹: 28—3,7 cm-⚹₂ / ›H-41‹ 24—, ab ›H-42‹: 40—2 cm-⚹₄ / 6—53,3 cm-↓ TR (S) / 1 ⚓, 4 [›H-42‹ und ›H-43‹: 6, ›H-44‹: 9] ⚓.

e) Beachtenswert war bei dieser Studienserie das ab ›H-42‹ vorgesehene Tunnelheck → Skizzen!

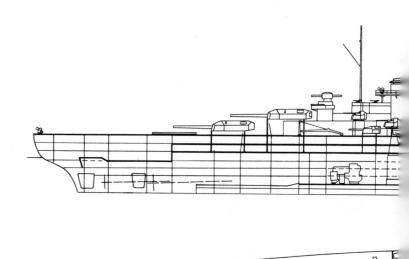

›H—42‹

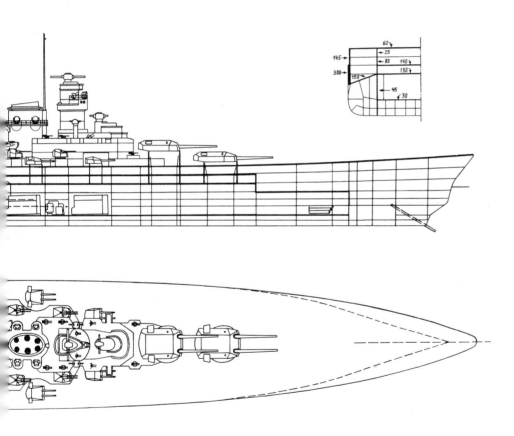

Schlachtschiff-Entwurf 1942 (›H-42‹) (Generalplan)

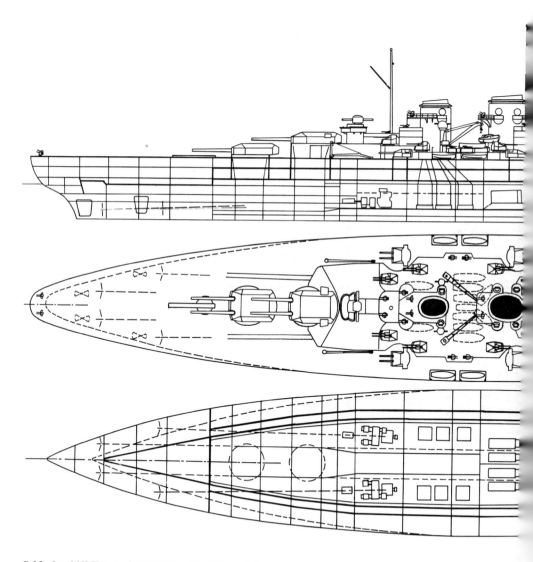

Schlachtschiff-Entwurf 1943 (›H—43‹) (Generalplan)

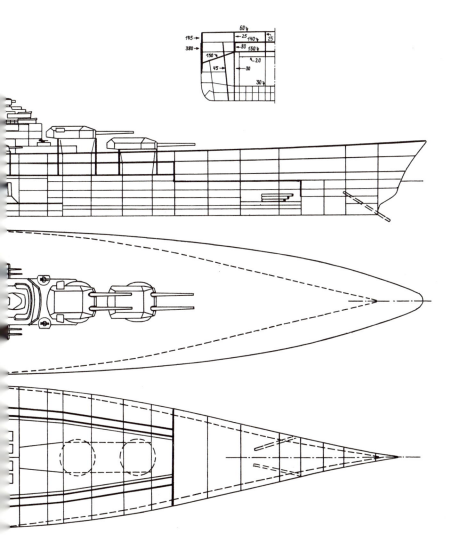

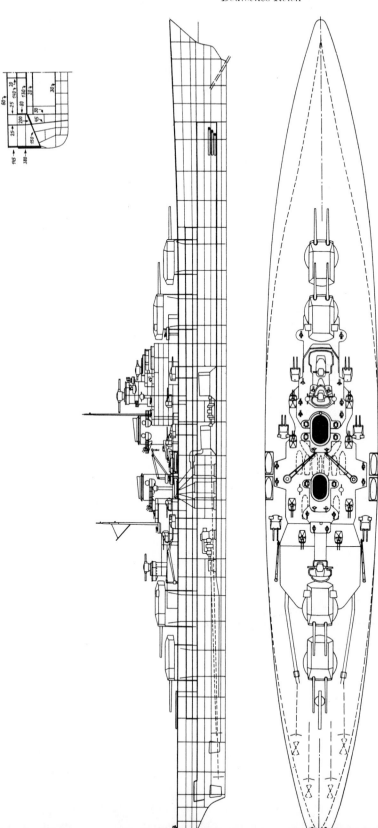

Schlachtschiff-Entwurf 1944 (»H—44«) (Generalplan)

BRASILIEN
Brazil   Brésil   Brasile

Brasilien gab als erster südamerikanischer Staat Schlachtschiffe (→ **Minas Gerais**-Kl.) in Bau und versuchte damit eine Vormachtstellung zu gewinnen. Diesem Streben entsprach auch die Inbaugabe eines dritten Schlachtschiffes (→ **Rio de Janeiro**), das noch vor der Fertigstellung verkauft wurde und durch ein anderes (→ **Riachuelo**) ersetzt werden sollte. Der Erste Weltkrieg machte diesem Plan ein Ende.

Artillerie: Minas Gerais-Kl. sämtliche Geschütze von Armstrong/England: 30,5 cm-SK L/45 in ∞, Konstruktionsjahr 1906, Rohrgewicht 61,9 t, Geschoßgewicht 385,6 kg; 12 cm-SK L/50 in Kasematten, Konstruktionsjahr 1906, Rohrgewicht 3,4 t, Geschoßgewicht 22,4 kg. Die 7,6 cm-⚓ wurden von den USA bezogen, die sie später ersetzenden 10,2 cm-⚓ aus Großbritannien ebenso wie die 4 cm-⚓. **Rio de Janeiro:** → Großbritannien → Seite 156. **Riachuelo:** Vermutlich sollten sämtliche Geschütze ebenfalls aus Großbritannien bezogen werden.

Farbanstrich: Bis nach dem Ersten Weltkrieg dunkelgrau, später mittel- bis hellgrau.

Torpedoschutznetze: Die **Minas Gerais**-Kl. führte bis gegen Ende des Ersten Weltkrieges T-Schutznetze.

Werften: Baukontrakte mit W. G. Armstrong, Withworth & Co., Elswick, und Vickers, Armstrong Ld., Barrow, → Großbritannien → Seite 129.

Die brasilianischen Großkampfschiffe

	1	2	3	4	5	6	7	8	9	10	11	12	13
Minas Gerais / **São Paulo**		.	19 281	.	152.4	162.4	.	25.3	7.6	800 K + 350 Ö	2360 K	8000/10	850
Minas Gerais Umbau		.	.	.	,,	,,	.	,,	,,	.	2200 Ö	.	1087—1113
Rio de Janeiro		.	27 500	30 250	192.6	198.7	204.5	27.1	8.2	1500 K + 620 Ö	3200 K	.	1115
Riachuelo	Entwurf A	.	31 500	.	.	.	208.8	29.2	8.5	.	4000 K + 1000 Ö[1]	.	.
	Entwurf B	.	32 500	.	.	.	210.0	29.2	8.7	.	4000 K + 1000 Ö[2]	.	.
	Entwurf C	.	36 000	.	.	.	225.6	29.9	8.8	.	.	.	.
	Entwurf D	.	,,	.	.	.	,,	,,	,,	.	.	.	.

[1] Alternative: 3500 ts Ö, keine Kohlen
[2] Alternative: Ausschließlich Öl, keine Kohlen

Minas Gerais-Klasse

Encouraçados = Schlachtschiffe

1	2	3	4	5	6
Minas Gerais	1907	Armstrong, Elswick	…07	10. 9. 08	5. 1. 10

1923 bei Navy Yard New York grundüberholt. 1934—37 Umbau durch Staatswerft Rio de Janeiro. Nach Außerdienststellung (1952): Ende 1953 an ital. Abwrackfirma verkauft, 1. März 1954 mit Kurs auf Genua abgeschleppt, dort abgewrackt.

| **São Paulo** | 1907 | Vickers, Barrow | …07 | 19. 4. 09 | .. 7. 10 |

1917—19 bei Navy Yard New York wegen der in Aussicht genommenen Abordnung zur britischen Grand Fleet grundüberholt, Abordnung nicht mehr durchgeführt. 1946 außer Dienst gestellt, aus Liste gestrichen, in den folgenden Jahren zunehmend verrottet, da Käufer nicht gefunden. Erst 1951 an brit. Abwrackfirma verkauft, 20. September 1951 im Schlepp aus Rio de Janeiro mit Kurs auf England ausgelaufen; Schleppverbindung 4. November 1951 während schweren Sturmes 150 sm nördl. Azoren gebrochen, Schiff seither verschollen, auf unbekannter Position †.

a) Brasilien folgte als erster südamerikanischer Staat (und bemerkenswerterweise viel eher als die Großseemächte Frankreich und Rußland) dem Großkampfschiffbau, als es 1906 die Aufträge für diese beiden Schiffe nach Großbritannien vergab. Es entstand ein Typ, der in mancherlei Hinsicht der britischen **Dreadnought** ähnelte. Dafür sprachen die Flügeltürme der SA (die jedoch nicht auf gleichem Spant standen, sondern diagonal gegeneinander versetzt waren) und auch in gewisser Hinsicht die Aufbauten. Neu hingegen war die überhöhte Aufstellung der Endtürme, womit die Konstrukteure offenbar dem amerikanischen Vorbild **South Carolina** folgen wollten.

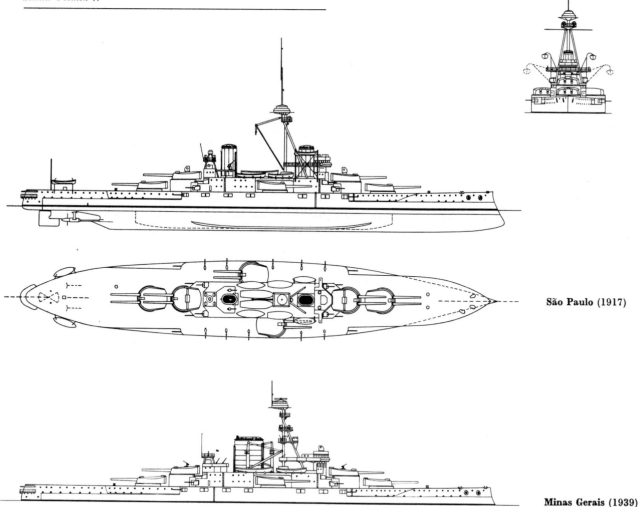

São Paulo (1917)

Minas Gerais (1939)

b) PzQ.: 102, 229—76 / Seitenpzr.: 102—152, 229, 152—102 / Zitadellpzr. 229 / Horizontalpzr.: Oberdeck 32 (nur im Bereich der Zitadelle); o. PzD. 51; u. PzD. 25 / Unterwasserschutz: Kastenförmig ausgebildeter Binnenpanzer von Stb-Panzerdeck über Innenboden bis Bb-Panzerdeck nur im Bereich der Zitadelle: 38 / SA: Barbetten 229; Türme 229, ..., ... / MA: Nur teilweise hinter leichtem Panzerschutz / KdoT.: v. 305 (203); a 229 (76).

c) 2 × dreifachwirk. Exp.-Maschinen auf 2 ⚙ / 18 Babcock-Kessel (Kohle), **Minas Gerais** dafür seit Umbau: 6 Thornycroft-Kessel (Öl) / Leistung 23500 iPS; Geschw. 21,0 kn (bei **Minas Gerais** bei Umbau erhöht auf 30 000 WPS = 22,0 kn)

Probefahrtergebnisse:
Minas Geraes 25 519 iPS = 21,2 kn
São Paulo 25 517 iPS = 21,2 kn

d) 12—30,5 cm SK L/45 in ∞, aufgestellt in je 2 überhöht angeordneten Türmen vorn und achtern und 2 diagonal versetzten Seitentürmen / 22—, ab 1917 bzw. 1923: 12—, **Minas Gerais** ab 1937: 14—12 cm-SK L/50, einzeln hinter Schilden, teils in Kasematten / seit 1917 bzw. 1923: 2—7,6 cm-⚓, **Minas Gerais** dafür seit 1937: 4—10,2 cm-⚓ + 4—4 cm-⚓ / *An Bord wurden auch Torpedos mitgeführt; diese sollten jedoch ausschließlich zur Ausrüstung von Beibooten für taktisch günstige Gelegenheiten dienen.*

e) Anläßlich der in den USA 1917 bzw. 1923 durchgeführten Grundüberholungen wurde auf beiden Schiffen die MA von 22 auf 12 Rohre reduziert, indem jeweils 5 Kasematt-SK im Batteriedeck ausgebaut wurden. Bei dieser Gelegenheit erhielten die Schiffe ⚓. **Minas Gerais** wurde von 1934 bis 1937 einem Umbau unterzogen, wobei die Kesselzahl vermindert und die beizubehaltenden durch neue, leistungsfähigere Ölkessel ersetzt wurden. Der dabei leergewordene vordere Kesselraum diente seither als zusätzlicher Heizölbunker. Der Fahrbereich wurde deshalb etwas gesteigert. Seither führte das Schiff statt der beiden alten Schornsteine nur noch einen einzigen. Brücke, Mast und achterer Aufbau wurden ebenfalls geändert; beiderseits des Schornsteins kamen diagonal angeordnete große Ladebaumpfosten für die Beiboote hinzu. Außerdem konnten neue Feuerleitgeräte und ⚓ installiert werden. Der gleiche Umbau war auch für **São Paulo** vorgesehen, doch wurde er nicht mehr durchgeführt, da er angesichts des schlechten Zustandes von Schiffskörper und Maschinen nicht mehr für lohnenswert gehalten wurde. Von diesem Zeitpunkt ab befand sich **São Paulo** nur noch im Reservestatus und war höchstens noch als Küstenverteidiger verwendbar.

Rio de Janeiro

Encouraçado = Schlachtschiff

1	2	3	4	5	6
Rio de Janeiro	1910	Armstrong, Elswick	14. 9. 11	22. 1. 13	∞

*Unter dem Eindruck der allgemeinen Kalibersteigerung im Schlachtschiffbau hielt die brasilianische Marine ab November 1913 dieses Schiff für ihre Bedürfnisse nicht mehr für ausreichend und entschloß sich, dieses zu verkaufen und dafür ein neues, stärkeres → **Riachuelo** in Auftrag zu geben. Als Abnehmer erbot sich die Türkei, die es nach Ankauf als → **Sultan Osman I.** weiterbauen ließ[1]. Weiteres Schicksal → Großbritannien → **Agincourt**.*

a)—e) → Großbritannien → **Agincourt**.

Riachuelo[2]

Encouraçado = Schlachtschiff

1	2	3	4	5	6
Riachuelo	1914	Armstrong, Elswick	∞	∞	∞

*Als Ersatz für die an die Türkei verkaufte → **Rio de Janeiro** Oktober 1913 nur Entwurfsarbeiten in Auftrag gegeben. Bauauftrag nicht mehr erteilt wegen finanzieller Krise und des bald darauf ausgebrochenen WK I.*

a) Die gesamte Planung wurde an die Armstrong-Werft übertragen mit der Maßgabe, zunächst mehrere Alternativentwürfe auszuarbeiten. Bis zum August 1914 entstanden daraufhin vier Entwürfe (A bis D); eine Entscheidung der brasilianischen Auftraggeber für einen von ihnen fiel jedoch nicht mehr.

b) Entwurf A: Seitenpzr. 305 / Horizontalpzr.: PzD. 51 / SA: Türme 305. Entwurf B: Seitenpzr. 330 / Horizontalpzr.: PzD... / SA: Türme 305. Entwürfe C und D: Angaben fehlen.

c) Entwürfe A und B: 4 × Parsons-Tu auf 4 ⚙ /.. Yarrow-Kessel (Kohle- u. Ölfeuerg.) / Leist. 45 000 WPS; Geschw.: Entwurf A: 23 Kn, Entwurf B: 24 Kn. Entwürfe C und D: Angaben fehlen.

d) Entwurf A: 12-35,6 cm-SK 445 in 6 ∞ zu 3 Gruppen, davon jeweils ein Turm überhöhend / 16-15,2 cm-SK L/45 in Kasematten / 12-7,6 cm-SK / 4-7,6 cm-⚓ / 4 oder 6 ↓-TR. — Entwurf B: 10—38,1 cm-SK L/45 in je 2 ∞ vorn und achtern und einem Mittelturm / 20—15,2 cm-SK 450 in Kasematten / 10—7,6 cm-SK / 4—7,6 cm-⚓ / 6 ↓-TR. — Entwurf C: 10—40,6 cm-SK L/45 / 20—15,2 cm-SK L/45 / 10—7,6 cm / 4—7,6 cm-⚓ / 6 ↓-TR. — Entwurf D: 12—38,1 cm-SK L/45 / 20—15,2 cm-SK L/45 / 10—7,6 cm-SK / 4—7,6 cm-⚓ / 6 ↓-TR.

e) Bei den beiden ersten Entwürfen standen Alternativ-Lösungen zur Debatte: Mit ausschließlich ölgeheizten Kesseln sollte bei Entwurf A eine Geschwindigkeit von 24,0 Kn erreicht werden können, bei Entwurf B sogar 25,5 Kn.

---

[1] Auch Italien zeigte sich an der **Rio de Janeiro** interessiert und bot der Türkei 2 Kreuzer der **Pisa**-Kl. zum Kauf an, wenn diese von dem Ankauf zurückträte. Die Türkei lehnte jedoch ab, weil sie über neuere Typen verfügen wollte, die mindestens der griechischen **Georgios Averoff** gewachsen waren.
[2] Vgl. Warship International, Vol. VI, No. 2, p. 140 ff.

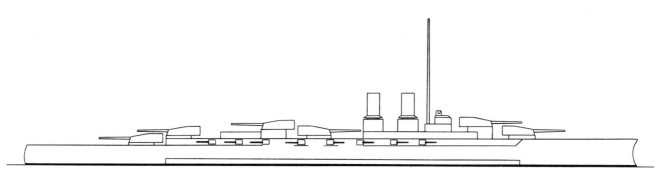

Riachuelo (Entwurf ›A‹)

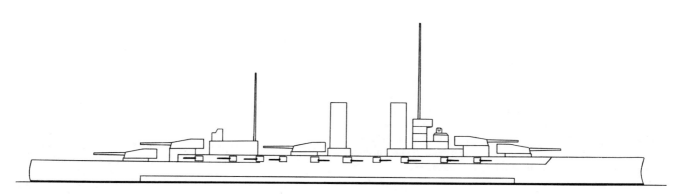

Riachuelo (Entwurf ›B‹)

SPANIEN

Spain Espagne Spagna

Das erste Flottenbauprogramm, das Großkampfschiffe vorsah, wurde 1908 verabschiedet und sah 3 Schlachtschiffe vor, die auch verwirklicht wurden (→ **España**-Kl.). Ein weiteres, 1913 beschlossenes Programm sah noch einmal 3 Schlachtschiffe vor, jedoch von einem größeren und stärkeren Typ. Die Vorarbeiten dazu wurden in einem sehr frühen Stadium eingestellt, da dieses Programm bald danach wieder aufgegeben worden ist (→ **Reina Victoria Eugenia**-Kl.).

Ein 1940 beschlossenes Bauprogramm sah 4 Schlachtschiffe zu je 35 000 ts mit je 8 oder 9—38 cm-SK sowie 14 ›Panzerschiffe‹ zu je 15 000 ts vor, dazu 18 Zerstörer und 14 UBoote. Es war von vornherein offenkundig, daß dieses Programm nur unter größten Anstrengungen und nur in einer längeren Zeit hätte verwirklicht werden können. Zunächst erwog man, nur eines von den 4 geplanten Schlachtschiffen und 3 der vorgesehenen ›Panzerschiffe‹ zu beginnen; selbst dazu ist es jedoch nicht gekommen, da Spanien durch den langen Bürgerkrieg innerlich ausgeblutet und finanziell ruiniert war.

Artillerie
Die auf den Schlachtschiffen der → **España**-Kl. eingebaute Bewaffnung war britischer Herkunft → Großbritannien → Seite 126.

Farbanstrich
Stets mittelgrau, SA-Türme helleres Grau. Unterscheidungsmerkmale bis ~ 1936: **Jaime I.** 2 weiße, **Alfonso XIII.** 1 weißes Band am Schornstein.

Torpedowaffe
Nicht eingebaut.

Werften
Schlachtschiffbau ausschließlich bei Sociedad Espanola de Construction Naval (= S.E.C.), Ferrol (Marinewerft Ferrol). Diese stand bis 1914 unter der Bauaufsicht von Vickers, Elswick.

Die spanischen Großkampfschiffe

	1	2	3	4	5	6	7	8	9	10	11	12	13
España **Jaime I.** **Alfonso XIII.**		.	15452	15840	132.6	.	139.9	23.8	7.7	900 K	1900 K + 20 Ö	6000/10	854
Reina Victoria Eugenia		.	21000	.	.	.	.	.	.	.	.	.	.

España-Klasse

Acorazados = Schlachtschiffe

1	2	3	4	5	6
España	1908	S.E.C., Ferrol	5. 2. 09	5. 2. 12	23. 10. 13

26. August 1923 bei Kap Tres Forcas (Marokko) gestrandet; nach Bergung der SA und weiteren Materials Wrack im Sturm zerschlagen, weitere Bergungsversuche deshalb eingestellt: †.

Alfonso XIII.	1908	S.E.C., Ferrol	23. 2. 10	7. 5. 13	16. 8. 15

*August 1921 bis 1924/25 div. Einsätze zur Niederwerfung des Rifkabylen-Aufstandes. Ab 1931 neuer Name: **España**. Während des Bürgerkrieges auf nationalspanischer Seite: 2. April 1937 Beschießung rotspanischer Stellungen bei Bilbao. 30. April 1937 bei Santander durch ☾-Treffer † (... Tote).*

1	2	3	4	5	6
Jaime I.	1908	S.E.C., Ferrol	5. 2. 12	21. 9. 14	 22

Bau wegen der von Großbritannien aus kriegsbedingten Gründen eingestellten Materiallieferungen 1914—19 stillgelegt. 1923/25 Einsätze während der Niederwerfung des Rifkabylen-Aufstandes, dabei Mai 1924 leichte Schäden durch Treffer einer Rifkabylen-Küstenbatterie. Während des Bürgerkrieges auf rotspanischer Seite, dabei u.a. 28. Juli 1936 und 3. August 1936 Beschießungen von Ceuta und 7. August 1936 desgl. von Algeciras. 13. August 1936 in Malaga durch ☾-Treffer schwer beschädigt, 17. Juni 1937 in Cartagena durch innere Explosion erneut schwer beschädigt, nicht mehr verwendungsbereit, deshalb 1939 in Cartagena abgewrackt.

a) Spanien folgte verhältnismäßig frühzeitig der Entwicklung zum ›all big gun battleship‹, als es mit dem Flottengesetz vom 7. Januar 1908 den Bau von 3 Schiffen dieser Art beschloß. Mit

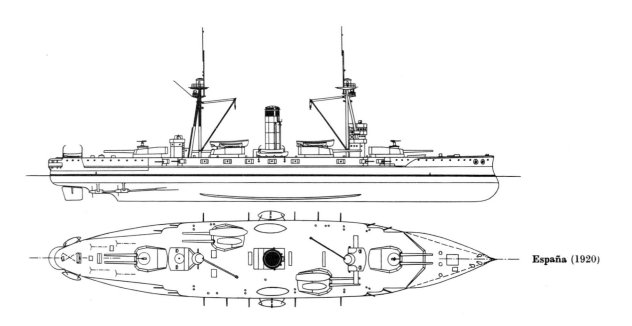

España (1920)

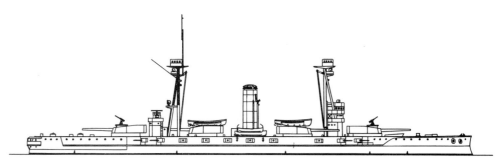

Jaime I. (1936)

britischer Hilfe — die Pläne wurden von Armstrongs ausgearbeitet — entstand ein Typ, der insoweit bemerkenswert war, als man versuchte, eine dem neuzeitlichen Schlachtschiff angepaßte schwere Bewaffnung zu erreichen, ohne die Größenordnung des bisherigen Einheits-Linienschiffes zu überschreiten. Dies ist zweifellos gelungen, jedoch auf Kosten der Standkraft. Die **España**-Kl. offenbarte sich damit als der kleinste, aber auch schwächste Großkampfschifftyp der Welt. Nirgendwo fand er Nachahmung. Die spanische Bauwerft bezog das meiste Material aus Großbritannien, von wo auch die schwere Bewaffnung geliefert wurde.

b) PzQ.: 127, 229 / Seitenpzr.: 102, 229 (getäpert ↑ 203) 102—76 / kein Zitadellpzr. / Horizontalpzr.: PzD. 38 / Unterwasserschutz: PzLängsschotte nur im Bereich des Mittelschiffes 38 / SA: Barbetten 254; Türme 203, …, … / MA: Kasematten 76 / KdoT.: v. 254 (…); a. 76 (…).

c) 4 × Parsons-Tu auf 4 ⚙ / 12 Yarrow-Kessel (Kohle) / Leist. 15 500 WPS; Geschw. 19,5 kn / 1 Ruder (Probefahrtergebnisse: Erreichten bis 23 337 WPS = 20,3 kn).

d) 8—30,5 cm-SK L/50 in 4 ∝, angeordnet in je 1 ∝ vorn und achtern und 2 diagonal versetzten ∝ auf den Seitendecks / 20—10,2 cm-SK L/50 in Pfort-Kasematten / 2—4,7 cm-SK / ab 1927: 2—7,6 cm-⚓ und 2—4,7 cm-⚓ / keine TR / nach 1930 zeitweise 1 ⚓ an Bord, keine ⚓.

e) Charakteristisch für diese Schiffe: Die auf den Seitentürmen festgezurrten Beiboote. Erst ab 1926 die Scheinwerferplattform am achteren Mast. Seit ~ 1930 ohne die breit ausladende Querrah am vorderen Mast und dort ab 1934 keine Stenge mehr.

Gewichtsverteilung		
Schiffskörper	5 600 ts =	35,4%
Panzer	4 750 ts =	29,9%
Maschinen und Hilfsmaschinen	1 320 ts =	8,3%
Bewaffnung	2 250 ts =	14,2%
Brennstoff	1 920 ts =	12,2%
Maximale Verdrängung	15 860 ts =	100,0%

Reina Victoria Eugenia-Klasse
Acorazados = Schlachtschiffe

1	2	3	4	5	6
Reina Victoria Eugenia	∞	S.E.C., Ferrol	∞	∞	∞
…	∞	S.E.C., Ferrol	∞	∞	∞
…	∞	S.E.C., Ferrol	∞	∞	∞

Diese Schiffe sollten 1914/15 begonnen werden und bis 1920 fertiggestellt sein. Sie wurden jedoch zu Gunsten eines Kreuzer-Zerstörer-Bauprogramms aufgegeben.

a)—e) Gemäß einem im April 1913 beschlossenen Flottenbauprogramm sollten 3 weitere Schlachtschiffe gebaut werden. Für sie wurde eine Bewaffnung von 8—34,0 cm-SK und 20—15,2 cm-SK gefordert. Über die ersten Bauüberlegungen hinaus ist es jedoch nicht mehr gekommen.

JAPAN
Japan   Japon   Giappone

Zu beachten ist der Unterschied in der Schreibung japanischer Schiffsnamen nach der 1936 eingeführten amtlichen Rechtschreibung und der trotz aller japanischen Versuche nicht zu verdrängenden ›Rômaji-Kai‹-Schrift (= Lateinschriftgesellschaft).

Beispiele:

›Rômaji-Kai‹-Schrift	amtliche Rechtschreibung
Fuso	Huso
Mutsu	Mutu
Musashi	Musasi

In diesem Buch ist grundsätzlich die ›Rômaji-Kai‹-Schrift angewandt und maßgebend.

Stammtafel

Jahr	Schlachtschiffe	Schlachtkreuzer	Schnelle Schlachtschiffe
1909	┌Kawachi┐		
1910	│ │		
1911	│ │		
1912	│ ┌Fuso│	Kongo	
1913	│ │ │	│	
1914	│ │ │	│	
1915	└Hyuga┘────────────────────────────────┐		
1916			
1917			Nagato┐
1918			│ │
1919			┌Tosa │
1920		Amagi	│ │
1921		└─────	┌Owari │
1922			└Nr. 13—16┘
1923—29			
1930			(Projekte 1930)
1931—36			
1937		┌───────────	Yamato┐
1938—42		›B-64‹/›B-65‹	Super-Yamato┘

Japanische Großkampfschiffe 1907—1945

Nachfolgend sind die jeweils in einem Etatjahr bewilligten sowie die zum Ende dieses Etatjahres im Dienst befindlichen Großkampfschiffe aufgeführt. Kriegsverluste und sonstige Abgänge sind jeweils berücksichtigt.

Etatjahr	Schlachtschiffe bewilligt	Schlachtschiffe fertig	Schlachtkreuzer bewilligt	Schlachtkreuzer fertig
1907	2	0	0	0
1908	0	0	0	0
1909	0	0	0	0
1910	0	0	0	0
1911	1	0	2	0
1912	0	2	2	1
1913	1	2	0	2
1914	2	2	0	2
1915	0	3	0	4
1916	1	3	0	4
1917	1	5	0	4
1918	2	5	2	4
1919	0	5	2	4
1920	0	6	0	4
1921	4	6	0	4
1922	4	6	0	4
1923	0	6	0	4
1924	0	6	0	4
1925	0	6	0	4
1926	0	6	0	4
1927	0	6	0	4
1928	0	6	0	4
1929	0	6	0	3
1930	0	6	0	3
1931	0	6	0	3
1932	0	6	0	3
1933	0	6	0	*3*
1934	0	6	0	3
1935	0	6	0	3
1936	0	6	0	3
1937	2	6	0	3
1938	0	6	0	3
1939	2	6	0	3

Etatjahr	Schlachtschiffe bewilligt	fertig	Schlachtkreuzer bewilligt	fertig	Etatjahr	Schlachtschiffe bewilligt	fertig	Schlachtkreuzer bewilligt	fertig
1940	0	6	0	4	1943	0	7	0	2
1941	0	7	0	4	1944	0	4	0	1
1942	3	8	2	2	1945	0	1	0	0

Artillerie

Kaliber cm (inches) und Aufstellung	Rohrlänge	Konstruktionsjahr	Rohrgewicht t	Geschoßgewicht kg	Schußweite bei maximaler Rohrerhöhung nm/Grad	Feuergeschwindigkeit s/min	Bemerkungen
1. Schwere Artillerie							
50,8 (18,1") ⚓	L/..	..	..	..	../..	..	*Vorgesehen für* **Super-Yamato**-*Kl.*
46,0 (18") ⚓	L/45	1939	181,5	1460	440/45°	..	*Eingebaut auf* **Yamato**-*Kl., Turmgewicht eines* ⚓ *2774 t*
45,7 (18") ⚓	L/45	..	..	..	../..	..	*Vorgesehen für* **Nr. 13—16**
40,6 (16") ⚓	L/45	1918	112,5	993	420/43°	1,3	*Eingebaut auf* **Nagato**-*Kl., vorgesehen für* **Tosa**-, **Amagi**- *und* **Owari**-*Kl., Gewicht des* ⚓ *1205 t einschl. 490 t Drehpanzer*
35,6 (14") ⚓	L/45	1908	95,0	675	380/43°	..	*Eingebaut auf* **Kongo**-, **Fuso**- *und* **Hyuga**-*Kl. (Nur die 35,6 cm-SK auf* **Kongo** *von Vickers!) Gewicht eines* ⚓ *864 t einschl. 355 t Drehpanzer*
36,0 (14,2") ⚓	L/..	..	..	..	../..	..	*Vorgesehen für* ›**B-65**‹-*Kl.*
31,0 (12,2") ⚓	L/50	..	..	..	../..	3	*Vorgesehen für* ›**B-64**‹-*Kl.*
30,5 (12") ⚓	L/45	1904	60,2	385	../..	1	**Kawachi**- *und* **Satsuma**-*Kl. (von Armstrong!)*
30,5 (12") ⚓	L/50	1905	67,1	385	../..	1	**Kawachi**-*Kl. (von Armstrong!)*
25,4 (12") ⚓	L/45	1894	22,5	220	../..	3	**Satsuma**-*Kl. (von Vickers!)*
2. Mittelartillerie							
15,5 (6,1") ⚓	L/60	1933	14,0	55,7	300/45°	10?	*Eingebaut auf* **Yamato**-*Kl.*
15,2 (6")	L/50	1905	9,23	45,3	../..	..	*Als Kasematt-SK auf* **Kongo**-*Kl. und* **Aki**
14,0 (5,5")	L/50	1915	6,30	..	223/35°	12?	*Als Kasematt-SK auf* **Fuso**-, **Hyuga**- *und* **Nagato**-*Kl., vorgesehen für* **Tosa**-, **Amagi**- *und* **Owari**-*Kl. sowie* **Nr. 13—16**
12,0 (4,7")	L/50	1906	3,30	20,4	../..	8?	*Auf* **Satsuma**-*Kl. und* **Kawachi**-*Kl., ungeschützt hinter Schilden. Modell Armstrong*
7,6 (3")	L/40	..	..	5,7	../..	..	*Auf* **Satsuma**-, **Kawachi**- *und* **Kongo**-*Kl.*
3. ✈-Artillerie							
12,7 (5") ✈₂	L/50	1926	4,70	23,1	175/45°	12?	*Auf allen Schlachtschiffen*
12,0 (4,7") ✈	L/45	1921	3,20	20,4	175/45°	10	*Nur vorgesehen für* **Amagi**- *und* **Owari**-*Kl. sowie für* **Nr. 13—16**. *Vorübergehend auf* ⚓-*Trägern* **Kaga** *und* **Akagi**

Kaliber cm (inches) und Ausstattung	Rohr- länge	Kon- struk- tionsjahr	Rohr- gewicht t	Geschoß- gewicht kg	Schußweite bei maximaler Rohrerhöhung hm/Grad	Feuer- geschwin- digkeit s/min	Bemerkungen
10,0 (3,94″) ⚓₂	L/65	1938	3,77	..	213/45°	..	*Vorgesehen für Schlachtkreuzer* **Nr. 795—796** *und Schlacht- schiffe ab* **Shinano** *und* **Nr. 798—799**
8,0 (3,1″) ⚓	L/40	1915	0,66	6,0	118/45°	..	*Erste schwere* ⚓ *an Bord japanischer Schlachtschiffe, später durch 12,7 cm-*⚓₂ *ersetzt*
4,0 (1,57″) ⚓	L/50	1917	0,30	0,9	75/90°	130—140	*Modell Vickers Mk. VIII, nur auf wenigen Schiffen ein- gebaut*
2,5 (1″) ⚓₃	L/..	1940	...	0,275	75/90°	120—160	*Nachbau der britischen 2,5 cm Hotchkiss-*⚓ *Modell 1940, auch als* ⚓₂ *und* ⚓ *auf allen Schlachtschiffen*

Tiefflieger-Abwehrraketen von 120 mm Kaliber, reine (ungelenkte) Sperrfeuerwaffe, zu je 28 bis 30 in Kästen, aus denen sie als Salven verschossen wurden. Vereinzelt seit ~ 1944 an Bord.

Bordflugzeuge
1. ›Sparrow Hawk‹ [brit.], ⚓, 1922 Versuche auf → **Yama- shiro** von Startbühne
2. Nakajima 90—11 und 90—11 b [1933]
3. Kawanishi 94—1 [1935]
4. Kawanishi 95 [1938]
5. Mitsubishi F 1 M 1 [1938]
6. Sasebo 00-F/P [1940]

Alle Bord-⚓ (Nr. 2—5) waren katapultierbar und durchweg ab ~ 1927, teils erst ab 1933/34 eingeschifft. Die Installierung von ⚓ erfolgte erst ab ~ 1932/33.

Farbanstriche
Bis zum Zweiten Weltkrieg meist tief dunkelgrauer Anstrich mit schwarzer Wasserlinie. Während des Zweiten Weltkrieges vor- wiegend dunkel-khakigrüner Anstrich zur Tarnung.

Radarausstattung
An Bord japanischer Schlachtschiffe wurden nur 2 Modelle von Radarantennen geführt:
1. Typ 1 Modell 3 (No. 13)
2. Typ 2 Modell 1 (No. 21)

Typ 1 war ein Luftwarngerät und wurde meist am achteren Mast installiert. Typ 2 diente der Seeraum-Überwachung und wurde auf dem Vortopp geführt. In beiden Fällen handelte es sich um Antennen in Form von Rechteck-Rahmen. Die ersten Geräte auf Schlachtschiffen wurden 1942 installiert.

Torpedoschutznetze
Alle japanischen Schlachtschiffe bis einschließlich → **Hyuga**-Kl. hatten T-Schutznetze, die sie teils bis 1929(!) an Bord behielten.

Torpedowaffe
Bis → **Kawachi**-Kl.: 45,7 cm Kaliber, bis einschl. → **Nagato**-Kl.: 53,3 cm, schließlich für → **Tosa**-, → **Amagi**-, → **Owari**- und → **Nr. 13—16**-Kl.: 60,9 cm vorgesehen, sämtlich in ↓ Rohren, ab **Nagato**-Kl. teils auch in ↑-Rohren. Bei den großen Umbauten wurde auf die T-Waffe verzichtet und sowohl die ↓-Rohre als auch die ↑-Rohre ausgebaut. Nur 1941/42 waren für die geplanten Schlachtkreuzer (→ ›**B—64**‹ / **B—65**‹) noch einmal TR (60,9 cm) vorgesehen.

Werften

amtliche Bezeichnung	deutsche Übersetzung	erteilte Bauaufträge
Kawasaki, Kobe	—	**Haruna, Ise, Kaga, Atago, Nr. 11, Nr. 16**
Kure Kaigun Kosho	Marinewerft Kure	**Kawachi, Fuso Nagato, Akagi, Owari, Nr. 14, Yamato, Nr. 111**
Mitsubishi, Nagasaki	—	**Kirishima, Hyuga, Tosa, Takao, Nr. 12, Nr. 15, Musashi**
Vickers, Barrow	—	**Kongo**
Yokosuka Kaigun Kosho	Marinewerft Yokosuka	**Settsu, Hiei, Yama- shiro, Mutsu, Amagi, Kii, Nr. 13, Shinano**

Bordflugzeuge / Radar / Torpedowaffe / Artillerie

Die japanischen Großkampfschiffe

	1	2	3	4	5	6	7	8	9	10	11	12	13
Entwurf 1903/04		.	17000	.	131.0	140.2	.	24.4	8.5	. K	. K	.	.
Satsuma		.	19372	.	137.2	146.9	.	25.5	8.4	1000 K	2000 K	.	800
Aki		.	19800	.	140.2	150.0	152.1	,,	8.3	,,	2500 K	.	,,
Kawachi		.	20823	.	} .	149.3	152.4	25.7	{ 8.2	1000 K	2500 K	2700/10	999
Settsu		.	21443	.					8.5 } +176 Ö				
Settsu ab 1937		16130	.	21600	.	,,	,,	,,	,,	.	.	.	.
Kongo		26320	27500	.	199.2	211.9	214.6	28.0	8.4	.	4200 K +1000 Ö	8000/14	} 1221
Hiei													
Haruna		,,	27613	.	,,	,,	,,	,,	,,	.	,,	,,	
Kirishima													
Kongo		29330	.	31785	,,	,,	,,	31.0	8.7	.	2661 K +3292 Ö	9500/14	1118
Haruna	1930												
Kirishima													
Hiei	1932	19500	.	25000	,,	,,	,,	28.0	6.3	.	.	.	.
Haruna	1934	32156	.	36601	,,	219.6	222.0	31.0	9.7	.	6330 Ö	10000/18	1437
Kongo	1944	32200	.	36314	,,	,,	,,	,,	9.6	.	,,	9800/18	,,
Hiei	1940	.	.	37000	,,	,,	,,	32.0	9.4	.	,,	10000/18	.
Fuso		29326	30600	30998	192.0	202.7	205.1	28.7	8.7	.	5022 K +1026 Ö	8000/14	1193
Yamashiro													
desgl., Umbau		34700	.	39154	,,	210.0	212.7	33.1	9.7	.	5100 Ö	11000/16	1396
Hyuga		29980	31260	32063	195.1	205.7	208.2	28.7	8.8	.	4607 K +1411 Ö	9680/14	1360
Ise													
desgl., 1. Umbau		36000	.	39657[1]	,,	213.4	215.8	33.8	9.2	.	5113 Ö	7870/16	1376
desgl., 2. Umbau		35350	.	38676	,,	,,	219.6	,,	9.3	.	4249 Ö	9449/16	1463
Nagato		32720	33800	34116	201.2	213.3	215.8	29.0	9.1	.	1600 K 3400 Ö	5500/16	1333
Mutsu													
Nagato	1936	~38000	.	42785	,,	221.0	224.5	34.6	9.5	.	5600 Ö	8650/16	1368
Mutsu	1943	38900	.	43580	,,	,,	224.9	,,	,,	.	,,	,,	,,
Tosa		38500	39330	44200	218.0	227.7	234.1	$\frac{30.5}{31.3}$	9.4	.	1700 K 3600 Ö	5000/16	.
Kaga													
Kaga ✈-Trg.,	1928	29600	.	33693	,,	230.0	~235.0	$\frac{26.9}{30.5}$	7.9	.	5300 Ö	10000/16	.
desgl.,	1936	38200	.	42541	,,	240.3	247.7	$\frac{32.5}{.}$	9.1	.	,,	,,	2019
Amagi		40000	41217	47000	234.8	250.0	252.0	30.8	10.3	.	2000 K +4000 Ö	.	.
Akagi													
Atago													
Takao													
Akagi ✈-Trg.,	1928	26900	.	34364	,,	,,	260.7	$\frac{31.8}{2.90}$	8.1	.	2100 K +3900 Ö	8200/16	.
desgl.,	1938	36500	.	41300	,,	,,	,,	,,	,,	.	6000 Ö	,,	2000
Owari		41400	42600	.	234.9	250.1	252.0	$\frac{30.8}{32.1}$	9.7	.	.	.	.
Kii													
Nr. 11													
Nr. 12													
Nr. 13		.	47500	.	259.1	274.1	279.0	$\frac{30.8}{32.4}$	9.8	.	.	.	.
Nr. 14													
Nr. 15													
Nr. 16													

[1] Ise 40169 ts maximale Verdrängung.

1	2	3	4	5	6	7	8	9	10	11	12	13
Ex-Nassau	.	18569	20120	.	145.6	146.1	26.9	8.6	+ 935 K / 157 Ö	2952 K	9400/10	.
Ex-Oldenburg	.	22437	24312	.	1665	167.2	28.5	8.9	+ 886 K / 197 Ö	3150 K	3600/18	.
Projekte 1930:												
Entwurf Hiraga	35000	39200	.	.	232.0	.	32.2	9.0	. Ö	. Ö	.	.
Entwurf Fujimoto	,,	39250	.	.	237.0	.	32.0	8.7	. Ö	. Ö	.	.
Yamato, Musashi, Shinano, Nr. 111, Nr. 797	65000	69100	72809	244.0	256.0	263.0	36.9 / 38.9	10.4	. Ö	6300 Ö	7200/27	2500
Shinano als ⚓-Trg.	64800	68059	71890	,,	,,	266.0	. / 36.3	10.3	. Ö	8904 Ö	10000/18	2400
Nr. 795, Nr. 796	32000	.	34800	.	240.0	244.6	27.2	8.9	. Ö	4545 Ö	8000/18	.
Nr. 798, Nr. 799	~70000	.	.	.	.	.	.	.	.	.	.	.

Entwurf 1903/04 und Satsuma-Klasse

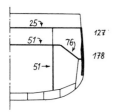

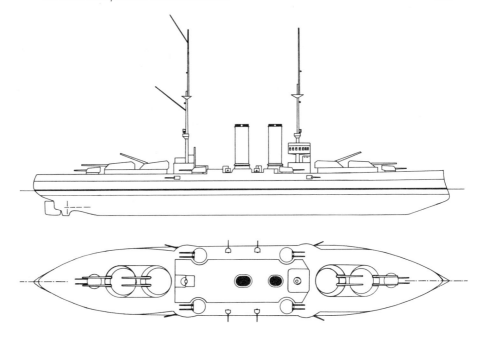

Großkampfschiff-Entwurf
1903/1904

Großkampfschiff-Entwurf 1903/04

Senkan = Schlachtschiffe

a) Schon frühzeitig enstand in Japan eine ausgesprochene Neigung, sowohl im Deplacement als auch in der Zahl der schweren Geschütze über das in anderen Staaten Beabsichtigte hinauszugehen. So entstanden bereits 1903/04 die Pläne für einen Großkampfschifftyp von 17 000 ts, der seiner Zeit ein beträchtliches Stück vorauseilte: Bei ihm war nicht nur die Aufstellung der 8—30,5 cm-SK in je 2 ⚭ vorn und achtern (jeweils in Reduits) vorgesehen, sondern auch 75% der MA sollten in ⚭ aufgestellt werden. Die Panzerung war jedoch außerordentlich schwach, so daß man sich zu einer neuen Entwurfsbearbeitung entschloß, die in der → **Satsuma**-Kl. ihre Verwirklichung fand.

b) PzQ.: keine / Seitenpzr.: 102, 178 (getäpert ↑ 127), 102 / Horizontalpzr.: o. PzD. 25 ohne Böschungen; u. PzD. 51, Böschungen 76 / Unterwasserschutz: Kohlenschutzbunker / SA: Barbetten und Reduits 229; Türme ..., ..., ... / MA: Türme ...; Kasematte 127 / KdoT.: ... (...).

c) Keine Angaben; Geschwindigkeit 18,0 kn / 1 Ruder.

d) 8—30,5 cm-SK in je 2 ⚭ vorn und achtern / 16—15,2 cm-SK in je 1 ⚭ vorn und achtern, je 2 ⚭ auf den Seitendecks und 4 in Kasematten / 4—12 cm-SK, einzeln, ungeschützt / 4—45,7 cm-↓ TR (S).

e) Die jeweils inneren 30,5 cm-⚭ wurden nicht überhöhend angeordnet, sondern hatten gleiche Feuerhöhen wie die äußeren. Bemerkenswert die 15,2 cm-⚭ vor den 30,5 cm-Endtürmen, die in Planungen von **1930** wiederkehrten.

Satsuma-Klasse

Senkan = Schlachtschiffe

1	2	3	4	5	6
Satsuma	1903	Yokosuka Kaigun Kosho	15. 5. 05	15. 11. 06	25. 3. 09
Aki	1903	Kure Kaigun Kosho	15. 3. 05	15. 4. 07	11. 3. 11

*Beide Schiffe auf Etatjahr 1907 übernommen, wegen verspäteter Lieferung der Artillerie usw. (von Großbritannien wegen des Russisch-Japanischen Krieges hinausgezögert!) lange Bauzeit. 1922 gestrichen, 1924 abgewrackt (**Satsuma** vorher noch vorübergehend als Zielschiff verwendet).*

a) Ausgehend von dem → Großkampfschiff-Entwurf 1903/04 entstand der Entwurf zu **Satsuma** und der verbesserten **Aki**. **Sie waren die ersten ›all big gun battleships‹ der Welt, als sie im Frühjahr 1905 — noch vor Tsushima! — auf Kiel gelegt wurden!** Bei ihnen war eine 12—30,5 cm-SK starke SA vorgesehen, die nach folgendem Schema aufgestellt werden sollte: ⚭ ⚭ ⚭ ⚭ ⚭. Da aber die gewaltigen Kriegslasten Japan dem finanziellen Ruin nahegebracht hatten, konnten letztlich nur 4—30,5 cm-SK — die aus Großbritannien bezogen werden mußten — eingebaut werden, weil man sonst keine Mittel mehr zur Bezahlung der in den USA bestellten Turbinen für **Aki** gehabt hätte! So entschloß man sich, die auf den Seitendecks vorgesehenen 8—30,5 cm-SK durch 12—25,4 cm-SK zu ersetzen, die ebenfalls aus Großbritannien bezogen wurden, aber billiger waren. **So wurden diese beiden Einheiten dann auch nur als ›Vor-Dreadnought-Schlachtschiffe‹ fertiggestellt!**

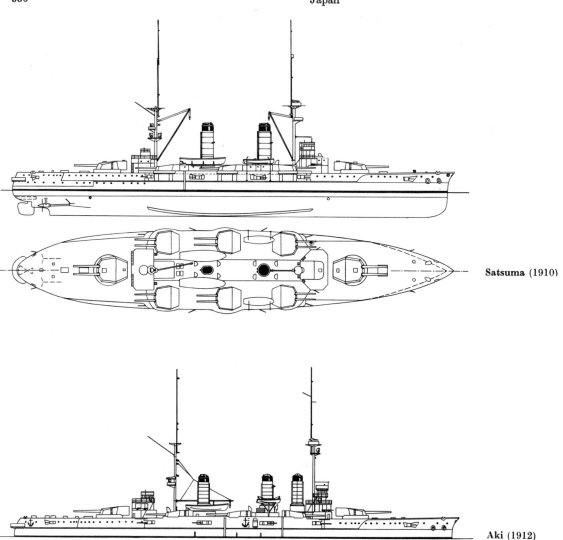

Satsuma (1910)

Aki (1912)

b) Satsuma: PzQ.: ..., ... / Seitenpzr.: 102, 229, 152 / Zitadellpzr. 203 / Horizontalpzr.: PzD. 51—76 / Unterwasserschutz: Kohlenschutzbunker, keine T-Schotte / SA: 30,5 cm-Türme: Barbetten 248; Türme 229, ..., ...; 25,4 cm-Türme: Barbetten ...; Türme 178, ..., ... / MA: Kasematten 152 / KdoT.: 305 (...). **Aki**: PzQ.: ..., ... / Seitenpzr.: 102—127, 229, 127—102 / Zitadellpzr. usw. → **Satsuma**.

c) Satsuma: 2 × 3fachwirkende Exp.-Maschinen (in Japan gebaut) auf 2 ⚙; **Aki**: 2 × Curtis-Tu auf 2 ⚙ / **Satsuma** 20, **Aki** 15 Mijabara-Kessel (Kohle) / **Satsuma** Leist. 17 300 iPS, Geschw. 18,25 kn; **Aki** Leist. 24 000 WPS, Geschw. 20,0 kn / 1 Ruder.

d) Vorgesehen 12—30,5 cm-SK in 4 ⌒ und 4 ⌒, eingebaut jedoch: 4—30,5 cm-SK L/45 in je 1 ⌒ vorn und achtern / 12—25,4 cm-SK L/45 in ⌒ / **Satsuma** 12—12 cm-SK L/50 in Kasematten, **Aki** 8—15,2 cm-SK L/45 in Kasematten / **Satsuma** 6—, **Aki** 12—7,6 cm-SK, einzeln, ungeschützt / 5—45,7 cm-↓ TR (1 H, 4 S).

e) Die äußerlichen Unterschiede zwischen **Satsuma** und **Aki** ergaben sich aus deren verschiedenartigen Antriebsanlagen: Während **Satsuma** noch herkömmlichen Kolbenmaschinenantrieb erhielt, bekam **Aki** Turbinen, die eine andere Anordnung der Kessel und damit auch 3 statt nur 2 Schornsteine erforderlich machten. **Aki** näherte sich damit erheblich der → **Kawachi**-Kl., nur waren im Gegensatz zu dieser die beiden vorderen Schornsteine zu einem Paar zusammengefaßt.

Kawachi-Klasse

Senkan = Schlachtschiffe

1	2	3	4	5	6
Kawachi	1907	Kure Kaigun Kosho	1.4.09	15.10.10	31.3.12

12. Juli 1918 in Tokuyama-Bucht infolge Munitionskammer-Explosion † (... Tote).

Settsu	1907	Yokosuka Kaigun Kosho	18.1.09	30.3.11	1.7.12

7. September 1921 außer Dienst gestellt und abgerüstet, Umbau bei Kure Kaigun Kosho zum Zielschiff bis 1924. 1937—38 Umbau bei gleicher Werft zum Fernlenk-Zielschiff; erneuter Umbau 1940—41 → e). 24. Juli 1945 vor Tsukumo nahe Kure nach ✈-Treffer sinkend auf Grund gesetzt: †. Später geborgen und bis 31. Juli 1947 durch Harima Zosensho, KK Harima, abgewrackt. [Dieses Schiff hatte einen wesentlichen Anteil an der Ausbildung der japanischen Träger-✈-Piloten, was sich erstmals am 7. Dezember 1941 erfolgreich über Pearl Harbor auswirkte.]

a) Das durch den Krieg nahezu verarmte Japan wurde bald nach Friedensschluß vor neue finanzielle Anstrengungen gestellt, um seine gerade eben erworbene Vormachtstellung in Ostasien fortan behaupten und festigen zu können. Es mußte wie die übrigen Großmächte seinerseits zum Dreadnought-Bau übergehen, wenn seine Flotte zukünftigen Aufgaben gewachsen sein sollte. Die vorhandenen Mittel ließen vorerst jedoch den Bau von nur 2 Schlachtschiffen zu, die nach selbständigen Entwürfen japanischer Konstrukteure entstanden. Lediglich die SA mußte aus Großbritannien bezogen werden; für den Bau der Turbinen wurden die erforderlichen Lizenzen erworben. Äußerlich ähnelten diese aus der → **Aki** weiterentwickelten Schiffe in mancherlei Hinsicht der deutschen → **Helgoland**-Kl. Sie führten ebenso wie diese 3 Schornsteine (wenn auch in einer etwas anderen Anordnung), und die Aufstellung ihrer SA entsprach genau der → **Helgoland**-Kl. Bezüglich der Dicken und Ausdehnung des Seitenpanzers sind ebenfalls Parallelen erkennbar. Bemerkenswert war auch die eigenartig anmutende Zusammenstellung der SA, deren Rohre 2 verschiedenartige Kaliberlängen hatten. Im Hinblick auf die einheitliche Feuerleitung mag eine solche Unterschiedlichkeit sicher alles andere als vorteilhaft gewesen sein.

b) PzQ.: ..., ... / Seitenpzr.: 127—229, 305, 229—127 / Zitadellpzr. 229 / Horizontalpzr.: PzD. 51 / Unterwasserschutz: Kohlenschutzbunker, keine T-Schotte / SA: Barbetten 279; Türme 279, ..., ... / MA: Kasematte 152 / KdotT.: v. 254 (...); a. 152 (...).

c) 2 × Tu auf 2 ✶: **Kawachi** Curtis-, **Settsu** Parsons- / 16 Mijabara-Kessel (Kohle) / Leist. 25000 WPS; Geschw. 21,0 kn (Probefahrtergebnis: Bis 27300 WPS = 21,5 kn) / 1 Ruder.

d) 4—30,5 cm-SK L/50 in je 1 ⚭ vorn und achtern + 8—30,5 cm-SK L/45 in je 2 ⚭ auf den Seitendecks (Sexagonalaufstellung) / 10—15,2 cm-SK L/50 in Kasematten / 8—12 cm-SK L/50, einzeln, teils hinter Schutzschilden auf den Aufbauten, teils in Nischen seitlich am Schiffskörper / vorgesehen 16—, eingebaut 12—7,6 cm-SK (auf den SA-Türmen, zuletzt nicht mehr an Bord) / ab ∼ 1918: 4—8 cm-✈ / 3—45,7 cm-↓ TR (1 H, 2 S).

e) Beide Schiffe unterschieden sich durch die strukturelle Gestaltung ihres Vorstevens: Während **Kawachi** noch den alten Steilbug führte, erhielt **Settsu** erstmals den charakteristisch werdenden Sichelsteven. Nach Außerdienststellung wurde **Settsu** zum Zielschiff umgebaut, wozu sämtliche Geschütze und der Seitenpanzer ausgebaut wurden. Ein Kesselraum wurde stillgelegt, um die Geschwindigkeit auf 16 kn herabzusetzen (Auswirkung des Washington-Vertrages!); deshalb wurde auch der mittlere Schornstein ausgebaut. 1937—38 erfolgte ein weiterer Umbau zum Fernlenk-Zielschiff[1], wobei Oberdeck, Brückenaufbauten und Schornsteine eine 25 mm dicke Spezialpanzerung zum Schutze vor den Übungsbomben[2] erhielten. Gleichzeitig wurde ein neuer Seitenpanzer angebaut, um Artilleriefeuer bis 20,3 cm-Kaliber widerstehen zu können. Seither führten die Schornsteine die wulstartig verdickten Aufsätze. Ein weiterer Umbau erfolgte 1940—41. Durch die Installation leistungsfähigerer Kessel (je 4 Mijabara und 4 Kanpon) konnte die Maschinenleistung auf 16000 WPS und die Geschwindigkeit auf 18 kn gesteigert werden. Hierbei erhielt **Settsu** wieder den mittleren Schornstein, während der vordere stark verkleinert wurde. Außerdem wurde auf dem Aufbaudeck in Höhe des mittleren Schornsteins ein Hangar zur splittersicheren Lagerung von Beibooten errichtet. Seither waren 2—13 mm-M-✈ an Bord, 1944 kamen einige 2,5 cm-✈ hinzu.

Kongo-Klasse

Junyo Senkan = Schlachtkreuzer

1	2	3	4	5	6
Kongo	1910	Vickers, Barrow	17.1.11	18.5.12	16.8.13

*September 1929 bis März 1931 erster Umbau; Januar 1936 bis Januar 1937 zweiter Umbau. Kriegseinsätze: 18. Dezember 1941 bis 16. Februar 1942 Deckung der Landungen auf Borneo, Celebes, Sumatra und Amboina; 19.—26. Februar 1942 desgl. Java. 1.—9. April 1942 Operation gegen Ceylon; Juni 1942 desgl. gegen Midway-Inseln; 13.—15. Oktober 1942 desgl. gegen Guadalcanal; 25.—26. Oktober 1942 erneut gegen Guadalcanal. 20.—25. Oktober 1944 Schlacht um Leyte, dabei × mit US-Kriegsschiffen (davon Geleit-✈-Träger **Gambier Bay** und 3 Zerstörer versenkt). 21. November 1944 nw. Formosa durch ←-Treffer des US-U-Bootes **Sealion** † (.... Tote).*

Hiei	1910	Yokosuka Kaigun Kosho	4.11.11	21.11.12	21.11.12

September 1929 bis Dezember 1932 Abrüstung zum Schulschiff. Umbau November 1936 bis Januar 1940, seither wieder als vollwertiges Großkampfschiff im Dienst. Kriegseinsätze: 20. November bis 23. Dezember 1941 Sicherung der am 7. Dezember 1941 gegen Pearl Harbor angesetzten Trägerkampfgruppe; ab 5. Januar 1942 Operationen im Süden: 20.—23. Januar 1942 gegen Rabaul

---

[1] Fernleitschiff wurde der alte Zerstörer **Yakaze**.

[2] Verwendet wurden hierzu nur 10 kg-Bomben aus Abwurfhöhen von nicht mehr als 4000 m.

Japan

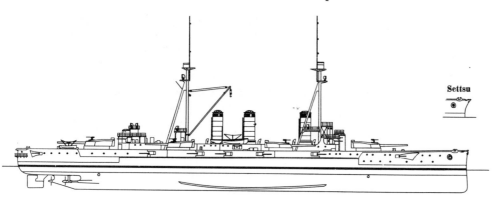

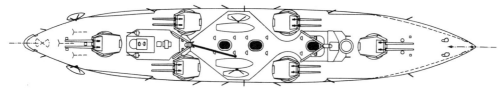 Kawachi (1917)

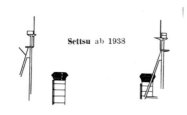 Settsu ab 1938

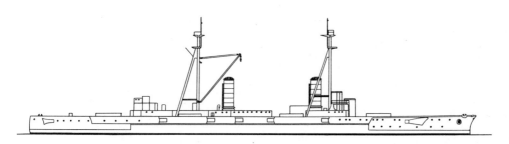 Settsu (1935)

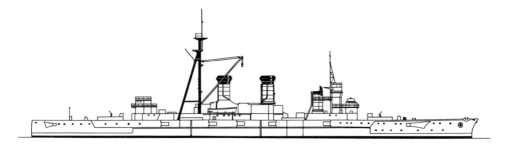 Settsu (1940)

20. Februar 1942 gegen Port Darwin, 28. Februar bis 8. März 1942 gegen Java (dabei 1. März 1942 Versenkung des US-Zerstörers **Edsall** gemeinsam mit → **Kirishima**), 1.—9. April 1942 gegen Ceylon, Juni 1942 gegen Midway-Inseln, 23.—25. August 1942 gegen Guadalcanal, 25.—26. Oktober 1942 erneut gegen Guadalcanal, 12.—13. November 1942 ✕ bei Guadalcanal mit US-Seestreitkräften: Von den Kreuzern **Portland** und **San Francisco** zusammengeschossen (über 100 Treffer), danach ⎯-Treffer von den Zerstörern **Cushing** und **O'Bannon** erhalten, weiter von ⎯ des ⎯-Trägers **Enterprise** angegriffen (2 L-⎯.-Treffer), schließlich von angreifenden B-17-Bombern 1 ⎯-Treffer erhalten: 13. November 1942 † 5 sm nw. der Russell-Inseln. [Beachte die Häufung des ›Schicksalsmonats‹ November in der Laufbahn der **Hiei**: Kiellegung Stapellauf, Fertigstellung und schließlich Untergang jeweils im November!].

1	2	3	4	5	6
Haruna	1911	Kawasaki, Kobe	16. 3. 12	14. 12. 13	19. 4. 15

Sommer 1917 im Süd-Pazifik durch Minentreffer beschädigt (vermutlich Erfolg des deutschen Hilfskreuzers **Wolf**). *Juli 1927 bis Juli 1928 erster Umbau, August 1933 bis September 1924 zweiter Umbau. Kriegseinsätze: 18. Dezember 1941 bis 16. Februar 1942 usw. bis einschl. 25.—26. Oktober 1942 →* **Kongo**. *19.—20. Juni 1944 See-Luftschlacht in der Philippinensee, dabei 20. Juni von US-Träger-⎯ durch ›-Treffer beschädigt. 20.—25. Oktober 1944 Schlacht um Leyte, dabei ✕ mit US-Kriegsschiffen, anschließend in Kure stillgelegt, dort 19. März 1945 von US-Träger-⎯ angegriffen und durch ?-Treffer in flachen Gewässern †. 1945—46 von Harima-Werft Kure abgewrackt.*

Kirishima	1911	Mitsubishi, Nagasaki	17. 3. 12	1. 12. 13	19. 4. 15

März 1927 bis März 1930 erster Umbau; Juni 1935 bis Juni 1936 zweiter Umbau. Kriegseinsätze: 26. November bis 23. Dezember 1941 bis einschl. 13. November 1942 → **Hiei**; *14—15. November 1942 ✕ Savo Island mit US-Schlachtschiffen →* **Washington** *und →* **South Dakota**, *nach 9 schweren Treffern liegengeblieben, zusammengeschossen: 15. November 1942 † (.... Tote).*

a) Da Japan im Bau größter Kriegsschiffe bis zu diesem Zeitpunkt noch keinerlei Erfahrungen gesammelt hatte, mußte es versuchen, ein Modellschiff im Ausland bauen zu lassen. So entstand in Großbritannien der Schlachtkreuzer **Kongo** als Zeitgenosse zur britischen → **Lion**-Kl. von 1910/11. Gegenüber diesen nach den Auffassungen der britischen Admiralität erbauten Schlachtkreuzern offenbarte **Kongo** gewissermaßen die Privatwerft-Auffassung des den Schlachtkreuzer betreffenden Kriegsschiffbauproblems, wofür Sir George Thurston den Entwurf geliefert hatte. Als **Kongo** dann abgeliefert worden war, repräsentierte sie den kampfstärksten Schlachtkreuzertyp, der sogar die britische → **Lion**-Kl. übertraf. **Kongo** wurde daher nicht nur Modell für die 3 in Japan erbauten Schiffe gleichen Typs, sondern auch für die britische → **Tiger**, die ursprünglich als 4. Schiff der → **Lion**-Kl. vorgesehen war. Dies ist auch die Erklärung für die große Ähnlichkeit zwischen **Kongo** und →**Tiger**. Im übrigen repräsentierte **Kongo** das letzte große japanische Kriegsschiff, das im Ausland in Bau gegeben wurde. Für **Hiei** wurde noch 30 v. H. des Materials aus dem Ausland bezogen, während bei den beiden letzten Schiffen auch in dieser Hinsicht Unabhängigkeit erlangt wurde. Gegen Ende der 20er Jahre gingen die Schiffe zu ihrem ersten großen Umbau in die Werft, wobei besonders die Schutzeinrichtungen verstärkt wurden. Infolge des Anbaues von T-Wulsten verloren sie an Geschwindigkeit, weshalb sie von 1930 ab als Senkan = Schlachtschiffe bezeichnet wurden. Nach einem nochmaligen umfassenden Umbau — wobei eine ganz neue Antriebsanlage installiert wurde, mit der sie ihre ursprüngliche Geschwindigkeit sogar bedeutend übertrafen — führte man sie als ›Schnelle Schlachtschiffe‹.

b) PzQ.: 203, 152, 127, 152, 229 / Seitenpzr.: 76—203 (nicht getäpert) —76 / Zitadellpzr.: 152 / Horizontalpzr.: PzD. 51 (seit 1. Umbau: 51—121) / Unterwasserschutz: Kohlenschutzbunker; keine T-Schotte; seit 1. Umbau: T-Wulste / SA: Barbetten 254 (seit 1. Umbau: 280?); Türme 229, ..., ... / MA: Kasematten 152 / KdoT.: v. 254 (254); a. 152 (152). *Bei den Umbauten Verstärkungen außer im Horizontalschutz vermutlich auch in anderen Bereichen, vgl. nachfolgende Panzergewichte: ursprünglich 6502 ts, seit 1. Umbau 10313 ts, zuletzt 10732 ts.*

c) 4 × Parsons-Tu (**Haruna**: Brown-Curtis-Tu) auf 4 ✲ / 36 Yarrow-Kessel (Kohle, Ölzusatzfeuerung) / Leist. 64 000 WPS; Geschw. 27,5 kn. Seit 1. Umbau: 16 Kessel (6 Kohle, 10 Öl) / Leist. wie bisher; Geschw. nur noch 25,9 kn [**Hiei** ab 1932 nur noch 11 Kessel / Leist. 13 800 WPS; Geschw. 18,0 kn] / 2 parallele Ruder. Seit 2. Umbau einschl. **Hiei**: 4 × Kanpon-⊙ Tu auf 4 ✲ / **Haruna** 11, die übrigen: 8 Kanpon-Kessel (Öl) / Leist. 136 000 WPS; Geschw. 30,3 bis 30,5 (**Hiei**: 29,7) kn / 1 Ruder. Probefahrtergebnisse: Bis 136 800 WPS = 30,29 kn (**Hiei**: 137 970 WPS = 29,9 kn). *Das Gesamtgewicht der Antriebsanlage verringerte sich von anfangs 4750 ts beim 1. Umbau auf 3943 ts und beim 2. Umbau auf 2929 ts!*

d) 8—, (**Hiei** 1932—38 nur 6)—35,6 cm-SK L/45 in je 2 überhöhend angeordneten ⚭ vorn und achtern / 16—, seit 2. Umbau 14—, **Kongo** und **Haruna** seit 1944: 8—15,2 cm-SK L/50 in Kasematten (**Hiei** 1932—38 zeitweise 0—15,2 cm-SK!) / **Kongo** 16—, die übrigen 8—7,6 cm-SK einzeln, ungeschützt, auf den Türmen und an Oberdeck (∼ 1918 sämtlich ausgebaut) / ab ∼ 1923: 4—, **Haruna**: 7—, **Hiei**: 2— und ab 1932: 4—8 cm-⚲, ab ∼ 1934 dafür auf **Hiei** 4—12,7 cm-⚲ L/50, auf den übrigen seit 2. Umbau: 8—, **Haruna** und **Kongo** ab 1944: 12—12,7 cm-⚲ L/50 / ab 2. Umbau 4—4 cm-⚲ + 8 MG ⚲₂, dafür ab 1940: 20—2,5 cm-⚲₂, **Haruna** und **Kongo** ab 1943: 34—, ab 1944: 94—, zuletzt bis 118—2,5 cm-⚲, ⚲₂, ⚲₃ / 8—, ab 1. Umbau: 4—, ab 2. Umbau: 0—53,3 cm-↓ TR (S) / seit ∼ 1927 alle außer **Hiei** 2—3 ⛴ an Bord, kein ⛴; seit 2. Umbau: Alle einschl. **Hiei** 1 ⛴, 3 ⛴.

e) **Kongo** und **Hiei** führten mehr kantige, **Haruna** und **Kirishima** mehr gerundete ⚭. Nur **Kongo** hatte anfangs gleichhohe Schornsteine, während bei den übrigen Schiffen der vordere Schornstein von Anfang an um ∼ 2 m höher war als die beiden achteren (seit 1915 auch auf **Kongo**). Die

Gewichtszusammenstellung (Zustand nach 2. Umbau)		
Schiffskörper	13 439 ts =	37,0%
Panzerung, Schutz	10 313 ts =	28,4%
Bewaffnung	5 133 ts =	14,2%
Antriebsanlagen	2 929 ts =	8,1%
Ausrüstung, Brennstoff	4 375 ts =	12,3%
Maximalverdrängung	36 189 ts =	100,0%

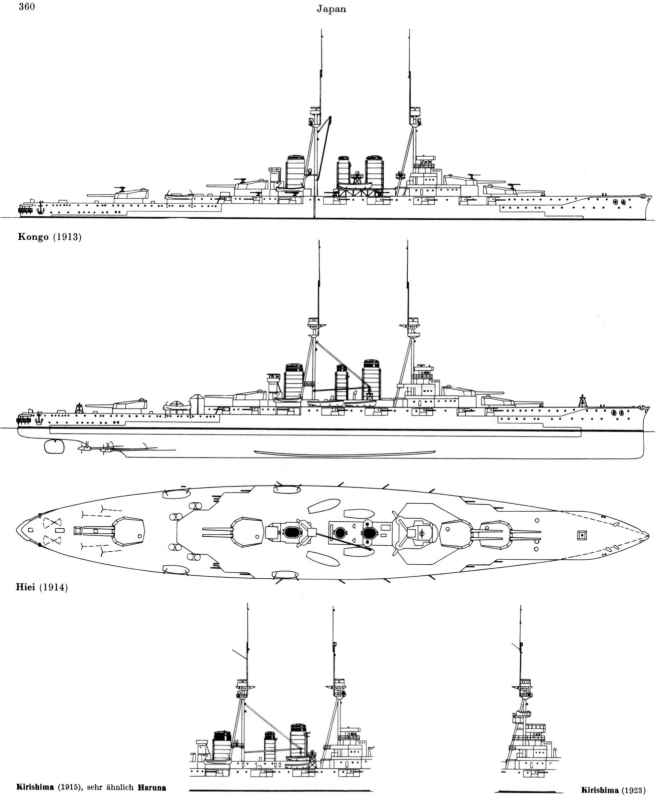

Kongo (1913)

Hiei (1914)

Kirishima (1915), sehr ähnlich Haruna

Kirishima (1923)

Kongo-Klasse

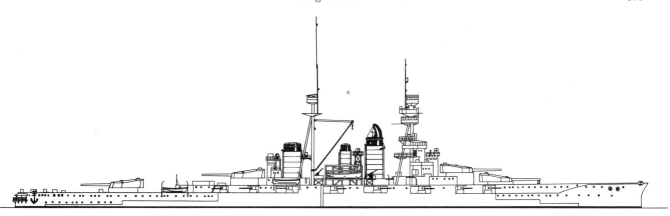

Kongo (1923)

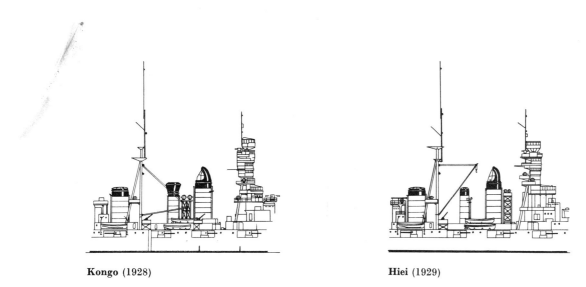

Kongo (1928)　　　　　　　**Hiei** (1929)

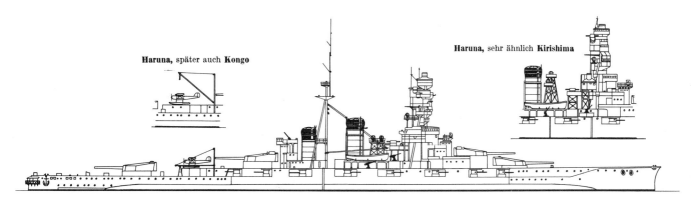

Kongo (1931)

Hiei (1936) (MA zeitweise nicht an Bord)

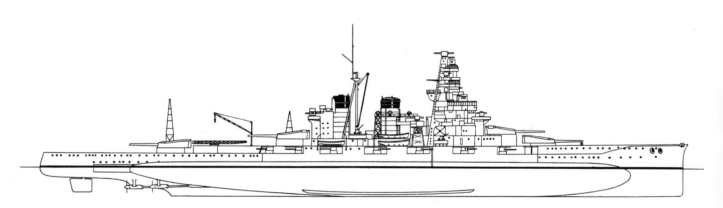

Haruna (1936)

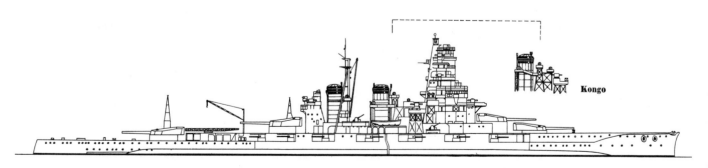

Kirishima (1937)

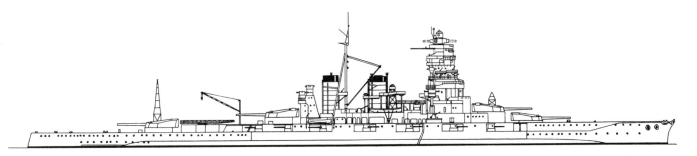

Hiei (1940)

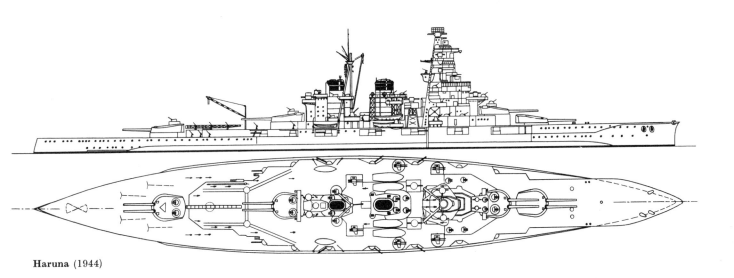

Haruna (1944)

7,6 cm-SK auf den ∞ führte nur **Kongo** und nur anfangs. Während der Probefahrten befanden sich auf **Hiei** und **Haruna** achterlich von Turm C große Meßbehälter an Oberdeck → Skizze. Die Kompaßpodeste auf Back und Schanz hatte nur **Hiei** und nur bis ~ 1914. Weitere Unterscheidungsmerkmale: Brückenaufbauten, Scheinwerferpodeste, Aufstellung der Beiboote.

In den 20er Jahren wurden die Stände und Plattformen um den vorderen Dreibeinmast und um die Brücke vermehrt, vor allem auf **Hiei** und **Kongo**, in geringerem Ausmaß auf **Haruna** und **Kirishima**, die bis zu ihrem 1. Umbau sonst unverändert blieben. Nur **Hiei** und **Kongo** führten ab ~ 1923 bzw. ~ 1925 auf dem vorderen Schornstein eine hohe Kappe. Die zur gleichen Zeit zusätzlich errichteten Scheinwerferstände hatten auf diesen beiden Schiffen unterschiedliche Position (**Hiei** vor dem vordersten Schornstein, **Kongo** zwischen den beiden vorderen Schornsteinen) und auch unterschiedliche Formen → Skizzen. Bei dieser Gelegenheit erhielt **Kongo** jeseits vom mittleren Schornstein eine Bootsschwinge, die jedoch bald darauf wieder ausgebaut wurde. Ab 1927/28 war auf **Hiei** und **Kongo** infolge des Anbaus zahlreicher Stände und Plattformen der vordere Dreibeinmast als solcher kaum noch zu erkennen; zu sehen blieben lediglich die Stützbeine in der unteren Masthälfte. Seither hatten alle Schornsteine von **Kongo** unterschiedliche Höhe, da der mittlere einen nach oben konisch erweiterten Aufsatz erhielt. Seit ~ 1923 befanden sich 8 cm-⚓ an Bord.

Da auf Grund der Vertragslage der Neubau von Schlachtschiffen ausgeschlossen war, wurde eine umfassende Modernisierung der **Kongo**-Kl. beschlossen. Als erstes Schiff ging 1927 **Haruna** in die Werft; **Kirishima** folgte 1929, **Kongo** 1930, während ein solcher Umbau für **Hiei** zunächst nicht vorgesehen wurde, da dieses Schiff auf Grund der bestehenden Flottenverträge als überzählig auszusondern war.

Bei dieser Modernisierung erfolgten umfangreiche Änderungen:

1. *Verbesserung der Schutzeinrichtungen durch den Anbau von T-Wulsten und durch Verstärkung des Horizontalpanzers.*
2. *Ersatz der 36 alten Kessel durch 16 modernere, jedoch noch nicht volle Umstellung auf ölgeheizte Kessel!*
3. *Steigerung der SA-Schußweite auf max. 250 hm durch Vergrößerung ihrer Höhenrichtwinkel von bisher 33° auf 43°.*
4. *Ausbau von 4 ↓ TR (nicht weil sie als überflüssig empfunden wurden, sondern wegen des Wulstanbaus!).*
5. *Provisorische Einrichtungen zur Mitnahme von 2—3 ✈, jedoch kein ⚓.*

Infolge dieser Maßnahmen änderte sich das Aussehen dieser Schiffe erheblich; abgesehen von der pagodenförmigen Gestaltung des vorderen Dreibeinmastes (vgl. Unterschiede zwischen **Kongo** und **Haruna / Kirishima** → Skizzen) führten sie nur noch 2 Schornsteine, von denen der vordere wesentlich höher war als der achtere. Kennzeichnend für diese Schornsteine waren deren oben konisch erweiterte, wulstförmige Verdickungen, mit denen der weithin sichtbare Funkenflug verhindert bzw. reduziert werden sollte. Weitere Unterscheidungsmerkmale: Höhe und Gestaltung der Scheinwerferplattformen vor dem vorderen Schornstein sowie der Unterbau für das ✈-Feuerleitgerät jeseits hinter dem Pagodenmast. Nur auf **Haruna** (und später auch auf **Kongo**) erreichte der Ladebaumpfosten hinter Turm C die Höhe des achteren Schornsteins (→ Skizzen).

Hiei wurde aus Vertragsgründen abgerüstet und zum Schulschiff umgebaut. Dabei wurde der schwere Seitenpanzer abgenommen und die Geschwindigkeit durch den Ausbau von 25 Kesseln auf 18 kn reduziert. Weiter ausgebaut wurden der SA-Turm D sowie die 15,2 cm-SK; letztere befanden sich seit ~ 1936 jedoch wieder an Bord. An Stelle der zunächst eingebauten 8 cm-✈ wurden 1934 die moderneren 12,7 cm-✈ installiert. Auch äußerlich änderte das Schiff sein Aussehen, denn an Stelle der beiden bisherigen vorderen Schornsteine erhielt es nunmehr einen einzigen von röhrenförmiger Form (sozusagen als weithin sichtbares Indiz für die Abrüstung als Schlachtschiff!). Vor diesem neuen Schornstein wurde eine hohe Scheinwerferplattform errichtet. An Stelle des alten vorderen Dreibeinmastes erhob sich nunmehr ein schlanker Pagodenturm. Alle diese Maßnahmen führten zu einer beträchtlichen Gewichtsverminderung, und das war der Grund dafür, daß der Rumpf von **Hiei** viel höher als zuvor aus dem Wasser lag.

Dem ersten Modernisierungsumbau folgte ein zweiter, wobei es in erster Linie darum ging, die Geschwindigkeit der Schiffe zu steigern, da sie auf Grund der neugefaßten strategischen Konzeption dazu ausersehen wurden, im Kriegsfall die Sicherung schneller Trägerkampfgruppen zu übernehmen. Den Anfang damit machte **Haruna**, dann folgten **Kirishima** und **Kongo**, und als letztes Schiff ging **Hiei** in die Werft. Hierbei erhielten sie eine ganz neue Antriebsanlage, wobei die Kesselzahl noch weiter reduziert wurde, und zwar auf 11 bei **Haruna** und 8 bei den übrigen Schiffen. Zur Erzielung eines im Hinblick auf die geforderte Geschwindigkeit von 30 kn günstigeren Schlankheitsgrades wurden die Schiffe über das Heck um ~ 8 m verlängert. Gleichzeitig wurde die Bewaffnung noch einmal geändert. So verschwanden auch die letzten 4 TR; durch Vergrößerung ihrer Höhenrichtwinkel erhielten auch die jetzt um 2 Rohre verminderten 15,2 cm-SK größere Schußweiten. An Stelle der alten 8 cm- kamen modernere 12,7 cm-✈₂ sowie eine Anzahl leichter ✈-Waffen an Bord, ebenso neue Feuerleitgeräte für alle Geschütze. Hinter Turm C wurde ein ⚓ mit Abstellgleisen auf dem Aufbaudeck installiert, dazu an Bb-Seite ein an Deck niederzulegender Kran. Weitere Verbesserungen wurden im Bereich der SA, im Feuerleitsystem, in der Gestaltung der Wohnräume und im Lecksicherungssystem vorgenommen.

Dieser zweite umfassende Umbau änderte das Aussehen der Schiffe abermals. So erhielten sie einen neuen Pagodenturm, mit dem die Brückenaufbauten kombiniert wurden (vgl. diverse Unterschiede an den Pagodentürmen zwischen **Kirishima** und **Haruna / Kongo** → Skizzen). Bei den Schornsteinen, die nunmehr keinen so auffälligen Höhenunterschied mehr hatten, waren folgende Unterscheidungsmerkmale zu beachten: Nur **Kirishima** und **Kongo** hatten konisch nach oben erweiterte Schornsteine. Beide Schiffe waren am vorderen Schornstein einmal an den Dampfrohren zu unterscheiden, zum anderen an den Scheinwerferplattformen an ihm und vor ihm (→ Skizze). Auf **Haruna** wies nur der vordere Schornstein den konisch erweiterten Abschluß auf. Der achtere Schornstein war hingegen etwas dünner als der vordere und verlief nach oben glatt; sein auf **Haruna** wichtigstes Merkmal war, daß er den vorderen Schornstein um ~ 1 m überragte, eine ganz und gar ungewöhnliche und ungebräuchliche Anordnung, die jedoch von der Höhe des dahinter befindlichen Leitstandes diktiert wurde, um diesen rauchfrei zu halten. Deshalb waren an der Hinterkante des achteren Schornsteins Ableitbleche angebracht, durch die vermieden werden sollte, daß der abziehende Rauch sich dort verfing. Ein weiteres, nur auf **Haruna** hindeutendes Merkmal war die enge Anlehnung des achteren Leitstandes an den achteren Schornstein, wodurch die auf den übrigen Schiffen dort vorhandene tiefe Lücke entfiel.

Beim Umbau von **Hiei** wurden die gleichen Arbeiten durchgeführt, aber unter Einschluß derer, die auf den übrigen Schiffen schon beim 1. Umbau erfolgt waren (Verstärkung der Schutzeinrichtungen einschließlich des Anbaues von T-Wulsten). Dabei erhielt **Hiei** einen neuartigen Mastturm als Prototyp des auf der → **Yamato**-Kl. vorgesehenen Mastturmes. Außerdem war **Hiei** das einzige Schiff seiner Klasse, dessen beide Schornsteine glatt nach oben verliefen.

1944 erfolgten auf **Haruna** und **Kongo** kriegsbedingte Änderungen. Sie erhielten Radar (je eines am Mastturm-BG und am achteren Mast) und eine verstärkte ✈-Bewaffnung einschließlich vermehrter 12,7 cm-✈₂; dafür wurde die MA um die Hälfte reduziert. Sonstige Änderungen → Skizzen.

Fuso-Klasse

Senkan = Schlachtschiffe

1	2	3	4	5	6
Fuso	1911	Kure Kaigun Kosho	11. 3. 12	28. 3. 14	8. 11. 15

*April 1930 bis Mai 1933 und September 1934 bis Februar 1935 Modernisierungen. Kriegseinsätze: Juni 1942 während der Midway-Operationen als Fernsicherung der für die Aleuten-Landung vorgesehenen Streitkräfte eingesetzt; 20.—25. Oktober 1944 Operationen um Leyte, dabei 25. Oktober 1944 ✕ Surigao-Straße mit amerikanischen Schlachtschiffen → **Mississippi**, → **Maryland**, → **West Virginia**, → **Tennessee**, → **California** und → **Pennsylvania** sowie Kreuzern **Louisville**, **Portland**, **Minneapolis**, **Denver**, **Columbus**, **Phoenix** und **Boise** sowie **Shropshire** (austral.) und 21 Zerstörern: Durch Artillerie völlig zusammengeschossen und † (... Tote).*

| **Yamashiro** | 1913 | Yokosuka Kaigun Kosho | 20. 11. 13 | 3. 11. 15 | 31. 3. 17 |

*Ursprünglich vorgesehener Name: Yaeyama. Dezember 1930 bis März 1935 Umbau und Modernisierung. Kriegsschicksal genau wie → **Fuso** einschl. 25. Oktober 1944 ✕ Surigao-Straße usw.: Von US-Zerstörern durch ◂—-Treffer † (... Tote).*

a) Mit der **Fuso**-Kl. entstanden die ersten japanischen ›Super-Dreadnought's‹; auch sie erhielten, wie die Schlachtkreuzer der → **Kongo**-Kl., 35,6 cm-SK. Sie waren die Zeitgenossen der amerikanischen → **Pennsylvania**-Kl., aber weniger stark gepanzert als diese. Dafür hatte man jedoch auf die wasserdichte Unterteilung und auf die Sinksicherheit umso größeren Wert gelegt, denn nichts fürchteten die Japaner auf Grund ihrer Erfahrungen im Krieg 1904/05 so sehr wie Minen- und Torpedotreffer. Als die **Fuso**-Kl. neuzeitlichen Ansprüchen nicht mehr genügte, entschloß man sich zum Totalumbau. Fast wären sie 1943/44 ähnlich wie die Schiffe der → **Ise**-Kl. zu ›Halb-◂—-Trägern‹ umgebaut worden, doch der Mangel an geeigneten ◂— stand diesen Erwägungen entgegen.

b) PzQ.: 102, 305, 305, 102 / Seitenpzr.: 102, 203—305 (getäpert ↓ 152), 127—115—102 / Zitadellpzr.: 203 / Horizontalpzr.: PzD. 32—51, seit Umbau 51—98 / Unterwasserschutz: ..., ..., seit Umbau T-Wulste / SA: Barbetten 205; Türme 305, 203, 115 / MA: Kasematten 152 / KdoT.: v. 351 (152); a. 135 (152). *Panzergewicht ursprünglich 8588 ts, seit Umbau 12 199 ts.*

c) 4 ✕ Brown-Curtis-Tu auf 4 ✱ / 24 Mijabara-Kessel (Kohle, Öl) / Leist. 40 000 WPS; Geschw. 23,0 kn. Seit Umbau: 4 ✕ Kanpon-✱-Tu auf 4 ✱ / 6 Kanpon-Kessel (Öl) / Leist. 75 000 WPS; Geschw. 24,7 kn / 1 Ruder. Probefahrtergebnisse: Bis 76 889 WPS = 24,75 kn. *Beim Umbau konnte das Gewicht der gesamten Antriebsanlage von ursprünglich 3554 t auf 2284 t reduziert werden.*

d) 12—35,6 cm-SK L/45 in je 2 überhöhend angeordneten ∞ vorn und achtern und 2 ∞ im Mittelschiff / 16—, ab 1933 bzw. 1935: 14—15,2 cm-SK L/50 in Kasematten / 4—, ab 1929: 6—8 cm-✈ (meist nur 2 an Bord), dafür seit 1933/35: 8—12,7 cm-✈₂ L/50 / seit 1933/35: 16—2,5 cm-✈₂ / 6—53,3 cm-↓ TR (S) nur bis 1933/35 / seit Umbau: 1 ⛴, 3 ✈. *Gesamtgewicht aller Waffen: Ursprünglich 5539 t, zuletzt 6248 t.*

e) Auf dem vorderen KdoT. befand sich zunächst ein einfaches BG, ab ~ 1918 ein Kuppel-BG. Beachtenswert war die unterschiedliche Gestaltung der Brückenaufbauten beider Schiffe → Skizzen. **Yamashiro** trug 1922 auf Turm B eine ◂—-Plattform für diverse Versuche. 1927/28 erhielt der vordere Schornstein eine hohe Haube. Zugleich wurden zahlreiche Stände und Plattformen mit Scheinwerfern und Feuerleitgeräten errichtet, jedoch auf beiden Schiffen jeweils verschieden. Nur **Fuso** führte seither am vorderen Mast noch eine Stenge. **Yamashiro** erhielt bei dieser Gelegenheit zusätzlich eine Scheinwerfer-Plattform vor dem achteren Schornstein, jedoch nicht **Fuso**. Bei dem bald darauf folgenden Totalumbau — **Fuso** machte 1932 den Anfang damit — wurden beide Schiffe durchgreifend modernisiert. Sie wurden über das Heck um 7,6 m verlängert, außerdem wuchs die Breite durch den Anbau von T-Wulsten um mehr als 4 m an. Neben neuen Turbinen kamen neue, raumsparende Kessel an Bord, wodurch die Geschwindigkeit um 1,7 kn gesteigert werden konnte. Ermöglicht wurde dies durch eine nahezu Verdopplung der Antriebsleistung → c). Die Horizontalpanzerung wurde gleichzeitig beträchtlich verstärkt. Durch die Umstellung von Kohle- auf Ölfeuerung konnte auch der Fahrbereich wesentlich — fast um ein Drittel — gesteigert werden. Die Schußweiten der SA und der MA wurden ebenfalls gesteigert, indem man ihre Höhenrichtwinkel vergrößerte; bei der SA von 30° auf 43° und bei der MA von 15° auf 30°. Die TR wurden ausgebaut. Seither trugen beide Schiffe auch modernere ✈-Waffen; insbesondere waren dies die 12,7 cm-✈₂, die teils in wannenartigen Ständen in fast 20 m Höhe über der Wasserlinie aufgestellt wurden. Hinzu kamen weiter 1 ⛴ und 3 ✈. Dieser Umbau veränderte das Aussehen der Schiffe erheblich. Ihr vorderer Schornstein fiel weg; sie erhielten ferner einen neuen pagodenförmigen Turmmast, der jedoch auf beiden Schiffen jeweils ganz verschieden ausgeführt war → Skizzen. Auf **Yamashiro** nahm dieser Turmmast durch einen rückwärtigen Anbau wesentlich mehr Grundfläche ein als auf **Fuso**, und das war der Grund, weshalb im Gegensatz zu **Fuso** der Turm C in Zurrstellung weiterhin nach achteraus zeigte. Während **Fuso** das ⛴ auf Turm C trug, führte es **Yamashiro** auf der Stb-Schanz, wo sich auch Abstellgleise und ein an Deck niederzulegender Kran befanden. Weitere Unterscheidungsmerkmale: Die Scheinwerferplattformen am und um den Schornstein → Skizzen. Auf **Fuso** waren die beiden auf dem vorderen KdoT. angeordneten BG der Höhe nach versetzt, so daß sie sich beim Schwenken nicht gegenseitig behinderten.

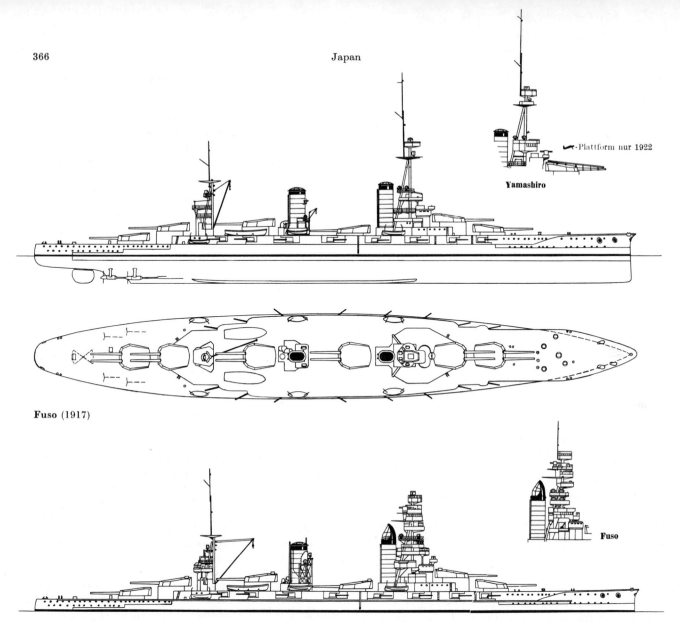

Yamashiro

Fuso (1917)

Yamashiro (1930)

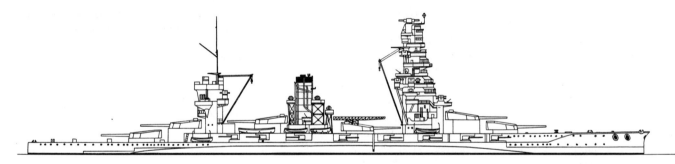

Fuso (1935)

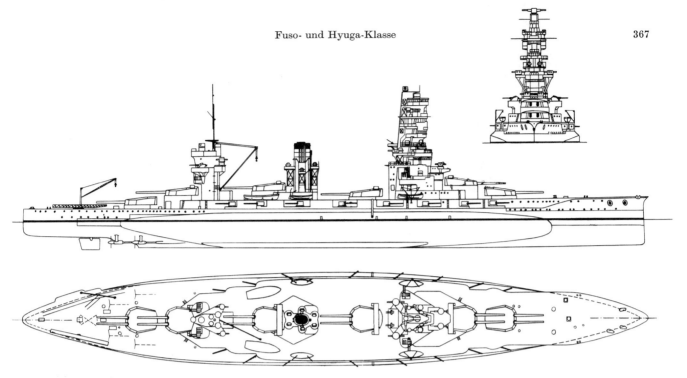

Yamashiro (1936)

Hyuga-Klasse

Senkan = Schlachtschiffe

1	2	3	4	5	6
Hyuga	1914	Mitsubishi, Nagasaki	6. 5. 15	27. 1. 17	30. 4. 18

*Umbau 1926—28 und Überholung 1930—31; Totalumbau Oktober 1934 bis September 1936. Kriegseinsätze: Juni 1942 Midway-Operation, danach Umbau September 1942 bis November 1943 bei Sasebo Kaigun Kosho zum ›Halb‹-⚓-Träger. 20.—25. Oktober 1944 Schlacht um Leyte, dabei 25. Oktober leichten ⚓-Treffer erhalten. Februar 1945 zur Reparatur nach Kure, dort 19. März 1945 erneut ⚓-Treffer erhalten und 28. Juli 1945 bei Angriff von ⚓ des ⚓-Trägers **Ticonderoga** durch 17 ⚓-Treffer schwer beschädigt und in 10 m Wassertiefe auf Grund gesetzt. Nach Bergung ab 4. Juli 1946 durch Harima Zosensho KK., Harima, abgewrackt.*

| **Ise** | 1914 | Kawasaki, Kobe | 10. 5. 15 | 12. 11. 16 | 15. 12. 17 |

*Umbau 1929—30 und Überholung 1930—31; Totalumbau August 1935 bis März 1937. Kriegseinsätze: Juni 1942 Midway-Operation, danach September 1942 bis September 1943 Umbau bei Kure Kaigun Kosho zum ›Halb‹-⚓-Träger. 20.—25. Oktober 1944 Schlacht um Leyte, dabei 26. Oktober leichten ⚓-Treffer erhalten. Februar 1945 zur Reparatur nach Kure, dort 19. März 1945 erneut ⚓-Treffer erhalten und 28. Juli 1945 bei Angriff von ⚓ des ⚓-Trägers **Lexington** schwer beschädigt und in flachen Wasser auf Grund gesetzt. Nach Bergung ab 4. Juli 1946 von Harima Zosensho KK., Harima, abgewrackt.*

a) Nachdem im November 1912 die Mittel für den Bau von 3 weiteren Schlachtschiffen (darunter als erstes → **Yamashiro** der → **Fuso**-Kl.) bewilligt worden waren, konnten im Haushaltsjahr 1914 die beiden Schiffe der **Hyuga**-Kl. vergeben werden. Ursprünglich waren sie als verbesserte Nachfolger der → **Fuso**-Kl. gedacht; die technische Entwicklung brachte es jedoch mit sich, daß beide als selbständige Klasse ausgeführt wurden, obwohl äußerlich die Verwandtschaft mit der **Fuso**-Kl. unverkennbar blieb. Die wichtigsten Verbesserungen betrafen die Bewaffnung: Die beiden Mitteltürme der SA wurden nunmehr hinter dem achteren Schornstein in überhöhender Anordnung zusammengefaßt, wodurch eine bessere räumliche Unterteilung des Innenschiffs zum Nutzen der Antriebsanlage erzielt wurde. Außerdem erhielten diese Schiffe als erste die neuen 14 cm-SK, die die Japaner inzwischen als eigenes MA-Kaliber entwickelt hatten. Zwischen den beiden Kriegen wurden beide Schiffe totalumgebaut, wobei ihr Kampfwert erheblich gesteigert werden konnte. Nach der See-Luftschlacht bei den Midway-Inseln wurde beschlossen, beide zu ›Halb‹-⚓-Trägern umzubauen, um möglichst schnell die schweren Verluste auszugleichen, die bei den Midway-Inseln entstanden waren. Damit entstand ein Zwittertyp zwischen einem Schlachtschiff und einem ⚓-Träger, dem allerdings die praktische Bewährung versagt blieb.

b) PzQ.: ..., ... / Seitenpzr.: 76—127, 305, 127—76 / Zitadellpzr. 203 / Horizontalpzr.: o. PzD. 51; u. PzD. 32 (dieses bei Totalumbau über Munitionskammern und Maschinenräumen verstärkt bis max. 120) / Unterwasserschutz: T-Schotte ..; seit Umbau zusätzlich T-Wulste / SA: Barbetten 305; Türme 305, 203, ... / MA: Kasematte 152 / KdoT.: v. 305 (152); a. 152 (...).

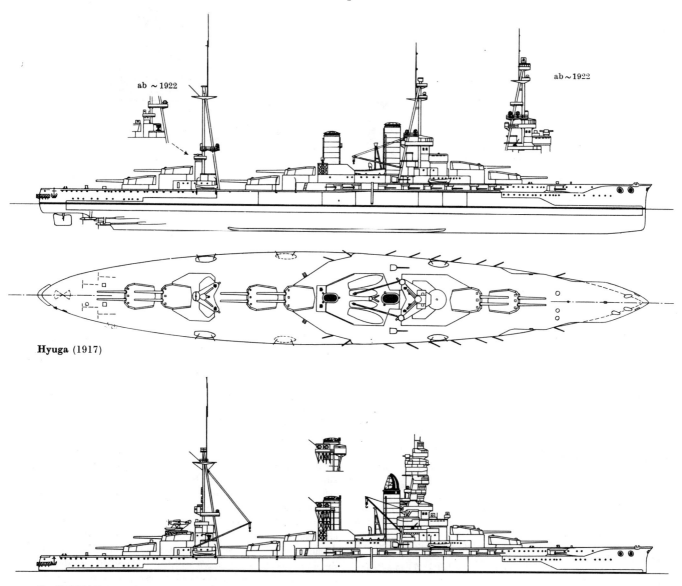

Hyuga (1917)

Ise (1930) (Ab 1933 achtern ⛴ und Kran)

c) 4× Tu auf 4 ⚙ (**Ise**: Brown Curtis-, **Hyuga**: Parsons-) / 24 Kansai-Kessel (Kohle, Öl) / Leist. 45 000 WPS; Geschw. 23,0 kn (erreichten bis 56 000 WPS = 23,6 kn) / 1 Ruder. Gesamte Anlage bei Totalumbau ersetzt: 4× Kanpon-⚙ Tu auf 4 ⚙ / 8 Kanpon-Kessel (Öl) / Leist. 80 825 WPS; Geschw. 25,3 kn / 1 Ruder.

d) 12—35,6 cm-SK L/45 in je 2 ∞ vorn, mittschiffs und achtern / 20—, ab 1937: 16—14 cm-SK L/50 in Kasematten / seit 1921: 4—8 cm-⚓, dafür seit 1934: 8—12,7 cm-⚓₂ und 20—2,5 cm-⚓₂ / 6—53,3 cm-↓ TR (S) nur bis Totalumbau / zeitweilig 1—2 ✈ an Bord, seit 1933: 1⛴, 3 ✈. Seit Umbau 1943—44: 8—35,6 cm-SK usw. / keine 14 cm-SK mehr an Bord / 16—12,7 cm-⚓₂ / 57—, ab Juni 1944: 108—2,5 cm-⚓, ⚓₃ / seit September 1944: 6—12 cm-Werfer 30fach für Tiefflieger-Abwehrraketen / 2 ⛴, 22 ✈.

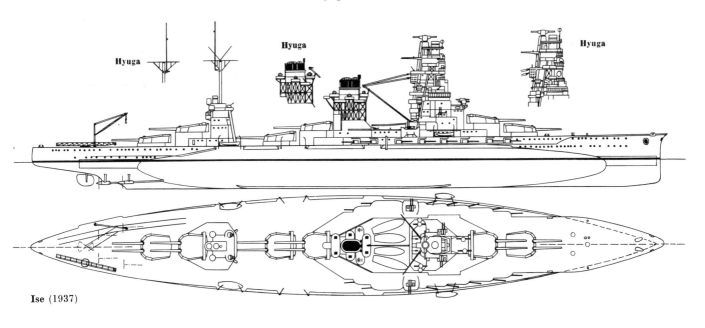

Ise (1937)

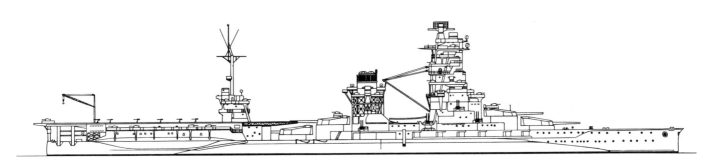

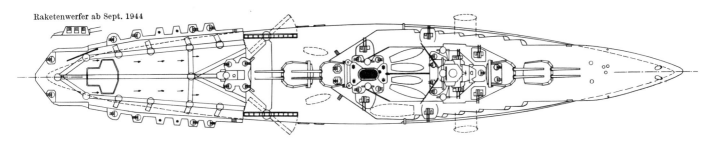

Raketenwerfer ab Sept. 1944

Hyuga (1943) (⚓-Bewaffnung nach dem Stand von Mitte 1944)

e) Bis 1931 änderte sich das Aussehen beider Schiffe nur wenig, abgesehen von einer Ergänzung der Scheinwerfer-Ausrüstung, der E-Meßgeräte und einer geringen Vermehrung der Stände an beiden Masten ab 1922. 1926—28 gingen die Schiffe erstmalig zu einem Umbau in die Werft, wobei der vordere Mast seine pagodenförmige Verkleidung mit zahlreichen Ständen und dgl. erhielt. Seither trug der vordere Schornstein einen hohen, gebogenen Aufsatz. Gleichzeitig wurde am achteren Schornstein eine Plattform für 4 Scheinwerfer angebaut, und der achtere Mast erhielt am Stb-Stützbein einen Ladebaum, mit dem ein auf Turm E mitgeführtes ⚓ ein- und ausgesetzt werden konnte; zur gleichen Zeit erhielten die Türme B, C und D kleine E-Meß-kuppeln. 1933 wurden auf der Schanz ein 🛩 und ein Kran errichtet; außerdem erhielt der achtere Schornstein an seiner Vorderkante einen zusätzlichen Stand. Da diese Modernisierung schon bald nicht mehr den wirklichen Erfordernissen entsprach, wurde ein durchgreifender Totalumbau beschlossen und ab 1934 in Angriff genommen. *Dabei standen folgende Maßnahmen auf dem Programm:*

1. *Verlängerung des Schiffskörpers über das Heck um 7,64 m.*
2. *Verstärkung des Horizontalpanzers auf 120 mm über den Maschinenräumen und Munitionskammern.*
3. *Ersatz der alten Maschinen durch leistungsfähigere ⊙-Tu von geringerem Gewicht.*
4. *Ersatz der alten Kessel durch eine wesentlich geringere Zahl neuzeitlicher, raumsparender Kessel.*
5. *Erhöhung der Standfestigkeit gegenüber Unterwassertreffern durch den Anbau von T-Wulsten zu je 2,59 m maximaler Breite.*
6. *Verbesserung der Schußweiten durch Steigerung der Höhenrichtwinkel bei der SA von 30° auf 43° und bei der MA von 20° auf 30°.*
7. *Verminderung der MA um 4 Rohre.*
8. *Ausbau der TR.*
9. *Aufstellung von neuen ⚓-Waffen.*

Durch die Verlängerung des Schiffskörpers ergab sich ein günstigerer Schlankheitsgrad, der zusammen mit der neueingebauten, leistungsfähigeren Antriebsanlage eine um 1,7 kn höhere Geschwindigkeit ermöglichte. Gleichzeitig gestattete die geringere Zahl von Kesseln, nunmehr mit nur noch einem Schornstein auszukommen, der von mehreren hochaufgebauten Scheinwerferplattformen umrahmt wurde. Ferner wurden an dem fast 40 m über die CWL aufragenden Pagodenmast noch mehr Stände, Plattformen und E-Meßgeräte angehängt, so daß von seiner ursprünglichen Form als Dreibeinmast überhaupt nichts mehr zu bemerken war. Von dem achteren Dreibeinmast blieb lediglich das Standbein erhalten; die Stützbeine wurden in $^1\!/_2$ Höhe gekappt und trugen seither kleine ⚓-Plattformen, die aus dem ebenfalls umgeformten achteren Aufbau herausragten. Der ⚓-Kran war an Oberdeck niederlegbar und hatte seinen Platz

Gewichtsgruppenanteile			
	ursprüngl.	seit 1937	zuletzt
Panzer	9525 ts	12644 ts	12101 ts
Waffen	6016 ts	7296 ts	5156 ts
Maschinen	3592 ts	2604 ts	2715 ts

auf dem in diesem Bereich eigens dazu wulstartig verbreiterten Oberdeck. Unterschiede bestanden zwischen beiden Schiffen am Pagodenturm, bei den Scheinwerferständen um den Schornstein und am achteren Mast, → Skizzen.

Nach den ⚓-Trägerverlusten von Midway wurden beide Schiffe zu ›Halb‹-⚓-Trägern umgebaut, wobei sie als ⚓-Träger nur soweit brauchbar sein konnten, als die ⚓ von ihnen zwar starten, aber nicht wieder auf ihnen landen konnten. Um die erforderlichen ⚓-Einrichtungen installieren zu können, mußten die SA-Türme E und F ausgebaut werden. Dafür wurde an Oberdeck eine über 60 m lange ⚓-Halle errichtet, aus der ein Aufzug die darin abgestellten ⚓ auf das Hallendach zu bringen hatte. Auf diesem führten Schienengleise bis zu den seitlich davor angeordneten 🛩, mit denen die ⚓ gestartet werden sollten. Jedes 🛩 sollte alle 2 Minuten 1 ⚓ starten; vorgesehen waren 22 Sturzbomber des Typs ›14-Shi‹ (JUDY), doch konnten diese angesichts der sich immer mehr verschlechternden Kriegslage nicht mehr geliefert werden. Aus diesem Grunde mußte der vorgesehene Einsatz der Schiffe unterbleiben: sie erhielten lediglich einige ⚓. Da die 🛩 im Oktober 1944 wieder ausgebaut wurden, mußten die ⚓ zum Start ausgesetzt werden. Durch den Ausbau der 🛩 gewannen die Türme C und D ihre bis dahin eingeschränkten Seitenrichtwinkel fast voll zurück. Bei diesem Umbau wurde die gesamte MA ausgebaut und die ⚓-Bewaffnung erheblich verstärkt. Neben einer Verdopplung der 12,7 cm-L_2 gelangten zahlreiche leichte ⚓-Waffen an Bord, die zum Teil an seitlich der ⚓-Halle angehängten Plattformen postiert wurden. Später kamen dort Mehrfachwerfer für ⚓-Raketen zur Aufstellung. Nachdem das Hallendach für den Start bzw. für die Bereitstellung von ⚓ nicht mehr benötigt wurde, fanden auch dort zahlreiche leichte ⚓-Waffen Aufstellung. Gleichzeitig wurden die Schiffe mit Radar ausgestattet.

Nagato-Klasse

Senkan = Schlachtschiffe

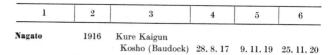

1	2	3	4	5	6
Nagato	1916	Kure Kaigun Kosho (Baudock)	28. 8. 17	9. 11. 19	25. 11. 20

1924 Umbau; April 1934 bis Januar 1936 Totalumbau. Kriegseinsätze: Juni 1942 Operationen Midway-Inseln; 22.—25. Oktober 1944 Schlacht um Leyte, dabei 25. Oktober Versenkung des US-Geleit-⚓-Trägers **Gambier Bay** *und von 3 US-Zerstörern. Danach nach Yokosuka und wegen Ölmangels nicht mehr im Einsatz. 18. Juli 1945 dort bei Luftangriff schwer beschädigt. 20. September 1945 als US-Kriegsbeute übernommen und für Atomwaffenversuche beim Bikini-Atoll bereitgestellt: 1. Juli 1946 dort bei Test ›Able‹ nur geringfügig beschädigt, jedoch 25. Juli 1946 bei Test ›Baker‹ fast völlig zerstört und 29. Juli 1946 †.*

Mutsu	1917	Yokosuka Kaigun Kosho	1. 6. 18	31. 5. 20	24. 10. 21

1924 Umbau; September 1934 bis September 1936 Totalumbau. Kriegseinsätze: Juni 1942 Operationen Midway-Inseln; 23.-25. August 1942 gegen östl. Salomonen. 8. Juni 1943 in Hiroshima-Bucht nahe Kure durch Explosion der achteren Munitionskammern † (1222 Tote). [1947/48 besichtigen US-Taucher das Wrack, konnten aber den Verbleib des achtersten Schiffsviertels nicht mehr feststellen].

a) Während in Europa der Krieg wütete, hatten die beiden großen außereuropäischen Seemächte Zeit, sich im Schlachtschiffbau einen erheblichen Vorsprung zu sichern. Von diesen entwickelte als erste die japanische Marine eine 40,6 cm-SK, mit der alle neuen Schlachtschiffe des sog. ›8/8‹-Programms armiert werden sollten. Die Inbaugabe der beiden ersten Schiffe dieses Programms, **Nagato** und **Mutsu**, verzögerte sich, weil ihre Konstruktion auf Grund der Skagerrak-Erfahrungen überprüft und teilweise abgeändert werden mußte. Diese Verzögerung verursachte später noch einigen Ärger, als die Japaner während der Verhandlungen über den Washington-Vertrag versuchten, die noch nicht ganz fertiggestellte **Mutsu** ›hinüberzuretten‹, was ihnen dann auch gelang. Ursprünglich hatten die USA den Verzicht auf dieses Schiff gefordert, um die Einreihung eines weiteren Großkampfschiffs mit 40,6 cm-SK zu verhindern, da sie selbst nur eines davon fertig hatten. — Mit der **Nagato**-Kl. entstanden nicht nur die ersten Schlachtschiffe der Welt mit 40,6 cm-SK; sie waren auch in anderer Hinsicht bemerkenswert, denn mit ihrer überdurchschnittlich hohen Geschwindigkeit schlossen sie an die britische → **Queen Elizabeth**-Kl. an. Viele Jahre lang bildeten **Nagato** und **Mutsu** den Kern der japanischen Schlachtflotte, und sie galten als besonders gut gelungene Schiffe. Durch gründliche Umbauten wurden sie laufend bis zuletzt modern gehalten. So gut gelungen und kampfstark sie auch waren, ihr Schicksal war wenig ruhmvoll: **Mutsu** sank infolge einer Munitionskammer-Explosion, und **Nagato** wurde nach Kriegsende Versuchsobjekt für Atomwaffenexplosionen.

b) PzQ.: ..., ... / Seitenpzr.: 100—200, 300 (getäpert ↓ 75 und ↑ 200), 200—100 / Horizontalpzr.: Oberdeck über Kasematte 25, seit Umbau bis zu 63; o. PzD. 44, seit Umbau bis zu 69; u. PzD. 50—75 mit Böschungen 75; PzD. über Expansionsraum 66 / Unterwasserschutz: T-Schott 75, seit Umbau zusätzlich T-Wulste/ SA: Barbetten 300, 1941 verstärkt auf 500; Türme 356, ..., ... / MA: Kasematte 19—25 / KdoT.: v. 371 (...); a. 97 (...).

c) 4 × Gihon-Tu auf 4 ⚙ / 21 Kessel (15 Öl, 6 Kohle) / Leist. 80 000 WPS; Geschw. 26,7 kn / 1 Ruder. Seit Umbau 1934—36: 4 × Kanpon-⊙-Tu auf 4 ⚙ / 10 Kanpon-Kessel (Öl) / Leist. 82 000 WPS; Geschw. 25,0 kn / 1 Ruder.

d) 8—40,6 cm-SK L/45 in je 2 überhöhend angeordneten ⚓ vorn und achtern / 20—, ab 1936: 18—, **Nagato** zuletzt 16—14 cm-SK L/50 in Kasematten / 4—8 cm-⚓, dafür ab 1933: 8—12,7 cm-⚓₂ / 4 MG ⚓, dafür seit 1936: 20—2,5 cm-⚓₂ (**Nagato** zuletzt 98—2,5 cm-⚓, ⚓₂, ⚓₃) / 4—53,3 cm-↓ TR (S) + 4—53,3 cm-↑ TR (S) nur bis 1934 / ab 1933: 1 ⚓, 3 ⚓.

e) Mit diesen Schiffen ging nunmehr auch die japanische Marine zu der günstigsten Aufstellung der SA über, die um diese Zeit von nahezu allen Großseemächten bevorzugt wurde. Bemerkenswert war die Gestaltung des vorderen Mastes, der nicht mehr als Dreibeinkonstruktion aufgebaut war, sondern als Sechsbeinkonstruktion. Von Anfang an war er schon auffallend eng umschlossen von Ständen und Plattformen. Der vordere Schornstein stand so dicht dahinter, daß er die führungs- und gefechtswichtigen Einrichtungen durch Qualm erheblich behinderte. Als provisorische Lösung wurde deshalb 1921 eine hohe Schrägkappe auf dem vorderen Schornstein errichtet, der von Anfang an 2 m höher war als der achtere, um ein besseres Abströmen der Rauchgase zu ermöglichen. Viel wurde mit der Schornsteinkappe nicht erreicht, denn 1924 gingen beide Schiffe zu ihrem erstem Umbau in die Werft. Dabei wurde der vordere Schornstein in S-Form so weit zurückgebogen, daß seine Öffnung um ∼ 8 m vom Mast rückte. Seither befand sich am achteren Mast ein zweiter Ladebaum zum Ein- und Aussetzen von 1—2 ⚓, die sich zeitweise an Bord befanden.

Da die japanische Marine zu dieser Zeit noch nicht über ein eigenes brauchbares ✈ verfügte, erwarb sie ein Heinkel-✈, das 1925/26 auf **Nagato** erprobt wurde und zur Entwicklung eines eigenen ✈ führte. Das Heinkel-✈ wurde auf **Nagato** über den Rohren des vorderen SA-⚓ gefahren → Beiskizze.

Ursprünglich hatten beide Schiffe den für die japanische Marine charakteristisch gewordenen Löffelbug. Anfang der 30er Jahre wurde dieser bei **Mutsu** in eine Art Klipperbug umgeändert, den **Nagato** erst anläßlich seines Totalumbaues von 1934—36 erhielt. 1933 erhielten beide Schiffe verstärkte ⚓-Bewaffnung, hinter dem achteren Mast ein ✈, jeseits zwischen den Schornsteinen mehrere hochaufgestellte Plattformen für Scheinwerfer und BG, sowie auf den Türmen B und C Entfernungsmeßgeräte, die bei dem bald darauf folgenden Totalumbau gegen größere ausgewechselt wurden. Seither befand sich der achtere KdoT. nicht mehr an Bord.

1934 gingen sie zu ihrem Totalumbau in die Werft, von dem sie 1936 wesentlich verbessert und modernisiert zurückkehrten. *In den folgenden Bereichen waren umfangreiche Änderungen getroffen worden:*

1. *Verstärkung des Horizontalpanzers über den besonders gefährdeten Einrichtungen auf eine Dicke von zusammen 207 mm.*

2. *Anbau von maximal 2,82 m breiten T-Wulsten mit Schutzfüllung (Stahlrohre wie bei → **Hood**) weit über die Enden der Zitadelle hinaus.*

3. *Einbau neuer Maschinen und Kessel. Dadurch war es möglich, mit nur noch 1 Schornstein auszukommen. Die neue Antriebsanlage war stark genug, um den nunmehr erheblich breiter gewordenen Schiffen immer noch 25 kn Geschwindigkeit zu ermöglichen. Um den dafür erforderlichen Schlankheitsgrad zu erhalten, wurden die Schiffe über das Heck um 8,7 m verlängert.*

Gewichtszusammenstellung (bezogen auf Zustand nach Totalumbau)		
Schiffskörper	11 883 ts =	27,8%
Panzer u. Schutz[1]	13 678 ts =	32,6%
Waffen[2]	7 357 ts =	16,1%
Antriebsanlage[3]	3 179 ts =	7,6%
Ausrüstung	2 909 ts =	6,9%
Brennstoff	3 778 ts =	9,0%
Maximalverdrängung	42 785 ts =	100,0%

[1] Ursprünglich nur 10 395 ts
[2] Ursprünglich nur 5 964 ts
[3] Ursprünglich 3 687 ts

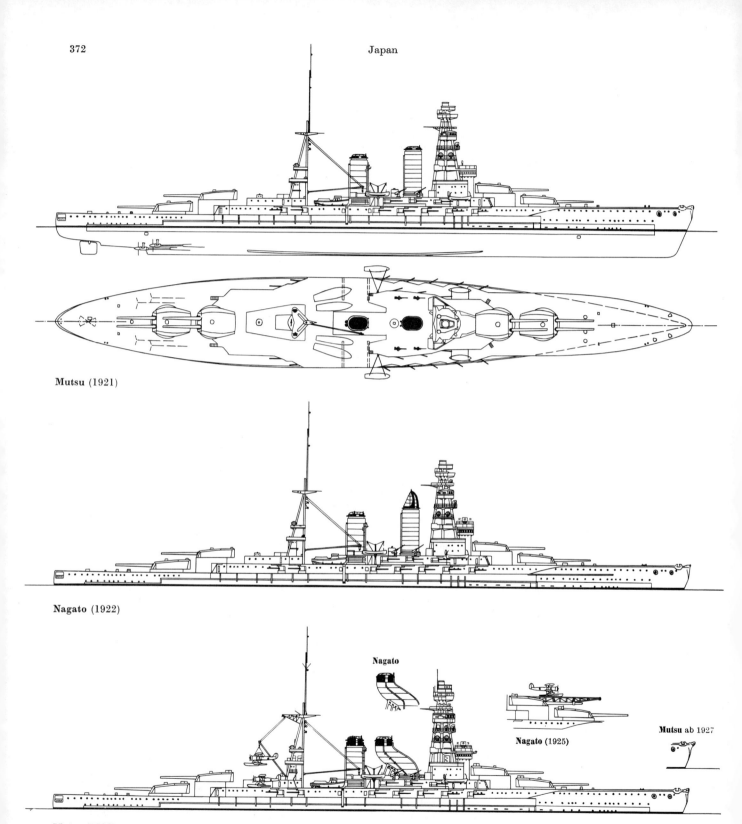

Mutsu (1921)

Nagato (1922)

Mutsu (1926)

Nagato

Nagato (1925)

Mutsu ab 1927

Nagato-Klasse

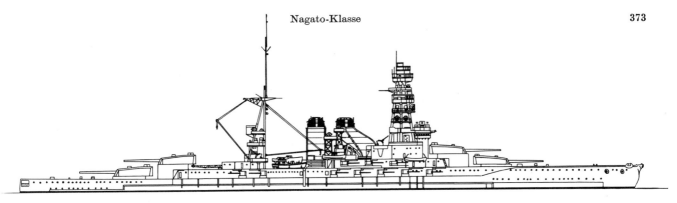

Mutsu (1933)

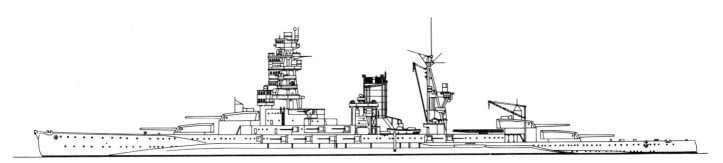

Mutsu (1936; Bb-Ansicht)

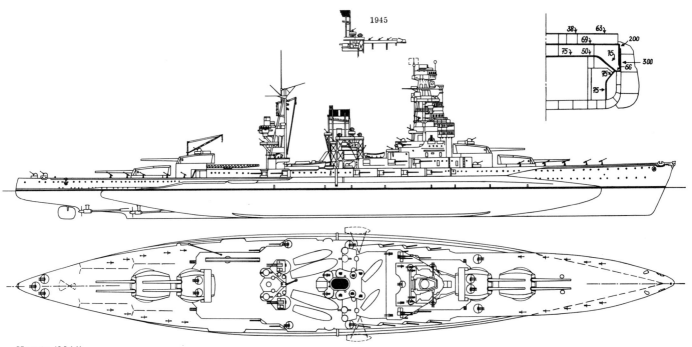

Nagato (1944)

4. Die 40,6 cm-SK erhielten zur Steigerung ihrer Schußweiten größere Höhenrichtwinkel (43° anstatt bisher 30°). Ebenso bei der MA (35° anstatt bisher 20° bis 25°).
5. Ausbau aller TR.
6. Installierung neuer Feuerleiteinrichtungen und Feuerleitgeräte.
7. Einbau von leichten ⊥-Waffen.
8. Einbau eines an Deck niederlegbaren ⚓-Kranes an Bb-Seite in Höhe von Turm C.
9. Diverse Änderungen an den Masten und an den Brückenaufbauten → Skizzen.

Schornstein und Masten unterschieden sich auf beiden Schiffen in Details voneinander → Skizzen. **Nagato** führte ab 1944 Radar an beiden Masten. Seither fehlte auf diesem Schiff die jeseits dritte 14 cm-SK der oberen Kasematten-Reihe. ∼ 1944 gelangte zwischen Schornstein und vorderem Mast eine auf hohen Stützen ruhende Plattform zum Einbau, auf der zusätzliche ⊥-Waffen aufgestellt wurden. Ab Herbst 1944 lag **Nagato** wegen Ölmangels nahe Yokosuka vor Anker; aus Tarnungsgründen waren vom Schornstein und vom achteren Mast die jeweils obersten Teile entfernt worden.

Tosa-Klasse

Senkan = Schlachtschiffe

1	2	3	4	5	6
Tosa	1918	Mitsubishi, Nagasaki	16. 2. 20	18. 12. 21	∞ [7. 22]

Fertigstellung gem. Washington-Vertrag nicht erlaubt, daher 5. Februar 1922 Baustop, Auftrag anschließend annulliert; August 1922 nach Kure abgeschleppt; Juni 1924 verschiedene Sprengversuche in der Hiroshima-Bucht. 9. Februar 1925 in Bungo-Straße durch Artilleriefeuer als Zielschiff †.

Kaga	1918	Kawasaki, Kobe	19. 7. 20	17. 11. 21	∞ [10. 22]

*Ursprünglicher Stapellauftermin (22. September 1921) durch Streiks verzögert. Fertigstellung gem. Washington-Vertrag nicht erlaubt, daher 5. Februar 1922 Baustop, Auftrag anschließend annulliert und Abbruch vorgesehen. Ab 19. November 1923 bei Sasebo Kaigun Kosho als Ersatz für die bei Erdbeben zerstörte → **Amagi** zum ⚓-Träger weitergebaut und 31. März 1928 als solcher in Dienst gestellt. Umbauten Juni bis September 1934 und März 1935 bis Juni 1936. Kriegseinsätze: Dezember 1941 Operationen gegen Pearl Harbor; Anfang Januar 1942 nach Truk verlegt, 23. Januar 1942 Operationen gegen Rabaul, 19. Februar 1942 gegen Port Darwin, anschließend zurück nach Japan zur Überholung. Juni 1942 Operationen gegen Midway-Inseln, dabei 5. Juni 1942 ∼ 130 sm nördl. der Midways durch ⚓ des US-⚓-Trägers **Enterprise** †.*

a) Als Weiterentwicklung der → **Nagato**-Kl. waren 1920 als Bauten Nr. 3 und Nr. 4 des ›8/8‹-Programms die 1918 entworfenen Schlachtschiffe der **Tosa**-Kl. begonnen worden. Auch sie sollten ›High speed battleships‹ werden wie die **Nagato**-Kl.; zu Gunsten einer um 2 Rohre vermehrten SA waren bei ihnen die Panzerdicken verringert worden, aber durch Schrägstellung des Seitenpanzers — erstmals im japanischen Kriegsschiffbau — sollte eine Widerstandsfähigkeit erreicht werden, die einer Panzerdicke von mindestens 300 mm gleichkam. Außerdem wurde zwecks Einsparung von Panzergewicht die Ausdehnung der Zitadelle eingeschränkt — bei der → **Fuso**-Kl. nahm diese noch 65% der LüA in Anspruch, bei der → **Nagato**-Kl. 63,5% und bei der **Tosa**-Kl. nur noch 55,0%. Allerdings mußte dafür in Kauf genommen werden, daß der einzige Schornstein in bedenklicher Nähe des vorderen Mastes und der Kommandoelemente blieb. Der einzige Ausweg, ihn wenigstens etwas von diesen fernzuhalten blieb seine leichte Schrägstellung. **Tosa** und **Kaga** waren zugleich die ersten japanischen Kriegsschiffe, bei denen das Oberdeck zur Verminderung der Biegungsbeanspruchungen kurvenförmig nach achtern heruntergezogen war. Bemerkenswert war ferner der Übergang zu einem größeren Torpedokaliber (bisher 53,3 cm, jetzt 60,9 cm).

Beide Schiffe durften gem. Washington-Abkommen nicht fertiggebaut werden und sollten dem Abbruch verfallen. Als Ersatz für den zum ⚓-Träger umzubauenden Schlachtkreuzer → **Amagi**, dessen unfertiger Rumpf bei einem Erdbeben zerstört wurde, rückte **Kaga** an dessen Stelle und wurde entsprechend umgebaut.

b) PzQ.: 229—280, 254 / Seitenpzr.: 15° schräggestellter Außenpanzer 0, 254, 280, 254, 0, auf gesamter Zitadelle dahinter PzLängsschott 75 als Binnenpanzer / Horizontalpzr.: o. PzD. 100 (über Antriebsräumen 137, über Munitionskammern 163); u. PzD. 70—102, 20—25, 20—50 mit Böschungen 50—102 / Unterwasserschutz: T-Schott 75 (drei 25mm-Plattenlagen) mit Verbindungsstück zum Seitenpzr. 75; Wulstform des Schiffskörpers / SA: Barbetten 229—280; Türme ..., ..., ... / MA kein Panzer vorgesehen / KdoT. 254—356 (76—127).

c) 4 × Brown Curtis-Tu auf 4 ⚙ / 12 Kanpon-Kessel (8 Öl, 4 Kohle) / Leist. 91 000 WPS; Geschw. 26,5 kn / 1 Ruder.

d) 10—40,6 cm-SK L/45 in 5 ⚙: 2 vorn, 3 achtern / 20—14 cm-SK L/50 in Kasematten / 4—8 cm-⊥ / 8—60,9 cm-↑ TR (S).

e) 1922/23 führte **Tosa** außer den SA-Barbetten das Aufbaudeck, das Brückendeck und den KdoT.; auf letzterem waren eine behelfsmäßige Brücke mit seitlichen Nocken und ein einfacher Pfahlmast

Gewichtsverteilung	
Schiffskörper	12833 ts
Panzer und Schutz	14074 ts
Waffen	6379 ts
Maschinen	3533 ts
Ausrüstung	1123 ts
Brennstoff	984 ts
Probefahrtverdrängung	38946 ts

aufgesetzt. Weiter achtern befand sich ein provisorisch errichteter dünner Schornstein für die Schiffsheizung. *In dieser Form diente **Tosa** als Testschiff für ausgedehnte Versuche:*

1. Zündung eines Torpedos mit 350 kg Sprengladung an Bb-Seite in Höhe des Maschinenraumes 4,9 m unterhalb der CWL. Wirkung: Leck 5 × 6 m, Wassereinbruch 1160 ts. T-Schott hielt stand.

2. Zündung einer Mine mit 100 kg Sprengladung an Stb-Seite 56 m vor dem Bug und 3,7 m unterhalb der CWL. Wirkung: Leck 5,8 × 5 m, Wassereinbruch 955 ts, T-Schott hielt stand.

3. Zündung einer Mine mit 150 kg Sprengladung an Stb-Seite 75 m vor Bug in Höhe Turm B. Wirkung: Leck 5,8 × 5 m, Wassereinbruch 726 ts, T-Schott hielt stand.

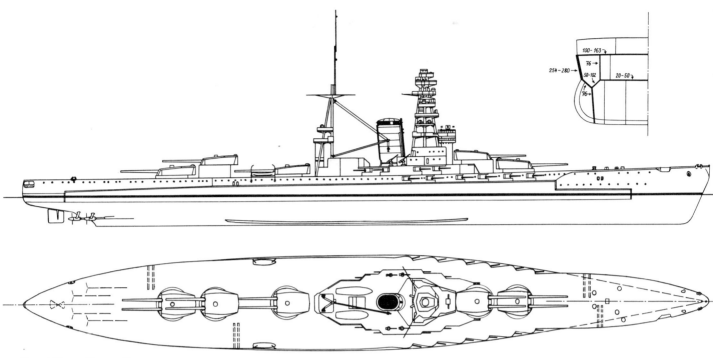

Tosa-Klasse (Entwurf)

4. Beschuß mit einer 40,6 cm Granate, die Wulst in Höhe zwischen Türmen C und D 3,3 m unterhalb der CWL traf, den Rumpf knapp unterhalb des Seitenpanzers und das T-Schott durchschlug und in einer Munitionskammer detonierte. Wirkung: Wassereinbruch 3000 ts, 10° Schlagseite.

Insbesondere der letzte Versuch gab Veranlassung zu einer konstruktiven Änderung des T-Schotts auf den später zu bauenden Kriegsschiffen, wobei der Seitenpanzer nach unten als T-Schott fortgesetzt und durch den Wulst gedeckt wurde; vor allem kamen diese Erkenntnisse später bei der Konstruktion der →**Yamato**-Kl. nutzbringend zur Verwertung.

Kaga wurde ab Ende 1923 zum ⚓-Träger weitergebaut und 1928 als solcher fertiggestellt. Das Konstruktionsschema der etwas früher entworfenen →**Akagi** wurde dabei im wesentlichen beibehalten. Aus dem unteren der beiden Hallendecks führte ein Jäger-Startdeck bis zum Bug. Das obere Hallendeck barg an seiner Stirnseite die Schiffsführungsstände und seitlich daneben je einen 20,3 cm-⚓. Das eigentliche Flugdeck beanspruchte nur ~ 71,0% der LüA. Weitere 20,3 cm-SK befanden sich in Kasematten an den beiden Rumpfseiten des Achterschiffs. Im Gegensatz zu →**Akagi** erhielt **Kaga** zu beiden Seiten einen Rauchabzug, der röhrenförmig an den Außenseiten weit nach achtern und dort nach unten gebogen war. Ab ~ 1933 befand sich ein kleiner Schiffsführungsstand an StB-Seite des Flugdecks vor dem vorderen Klappmast. Damals galten:

c) 4 × Brown Curtis-Tu auf 4 ⚓ wie zuvor / 24 Kanpon-Kessel (Öl) / Leist. 91 000 WPS; Geschw. 27,5 kn / 1 Ruder.

d) 10—20,3 cm-SK L/50 in 2 ⚓ und 6 Kasematten / 12—12 cm-⚓₂ L/50 / 60 ⚓ (keine ⚓, 2 Hallendecks, 2 Aufzüge, Flugdeck-Länge 171,2 m, Länge des Jäger-Startdecks ~ 48,0 m).

In der Zeit von 1934 bis 1936 wurde **Kaga** grundlegend modernisiert. Vorn fiel das Jäger-Startdeck weg, außerdem wurden die 20,3 cm-⚓ ausgebaut; dafür wurden das Flugdeck und die beiden Hallendecks verlängert. Zwecks Verbesserung der Standkraft wurden große T-Wulste von je ~ 1,5 m maximaler Breite angebracht, die im Hinblick auf das breiter gewordene Schiff dessen Verlängerung über das Heck um 10,3 m erforderlich machten, um die geforderte Geschwindigkeit erreichen zu können. Deshalb konnte das Flugdeck auch weiter nach achtern ausgedehnt werden. Seither kam man mit nur noch einem Rauchabzug aus, der an StB-Außenseite aus dem Schiffskörper trat und dort nach unten abgeknickt war. Gleichzeitig wurde an StB eine Insel mit Schiffs- und Waffenleiteinrichtungen installiert. Außerdem kamen neue Maschinen und Kessel an Bord. An Stelle der ausgebauten 20,3 cm-⚓ wurden jeseits achtern 2 Kasematten mehr installiert. Außerdem kamen neue ⚓ an Bord. Von nun an galten für **Kaga**:

c) 4 × Kanpon-⚓ Tu auf 4 ⚓ / 8 Kanpon-Kessel (Öl) / Leist. 127 040 PS; Geschw. 28,3 kn / 1 Ruder.

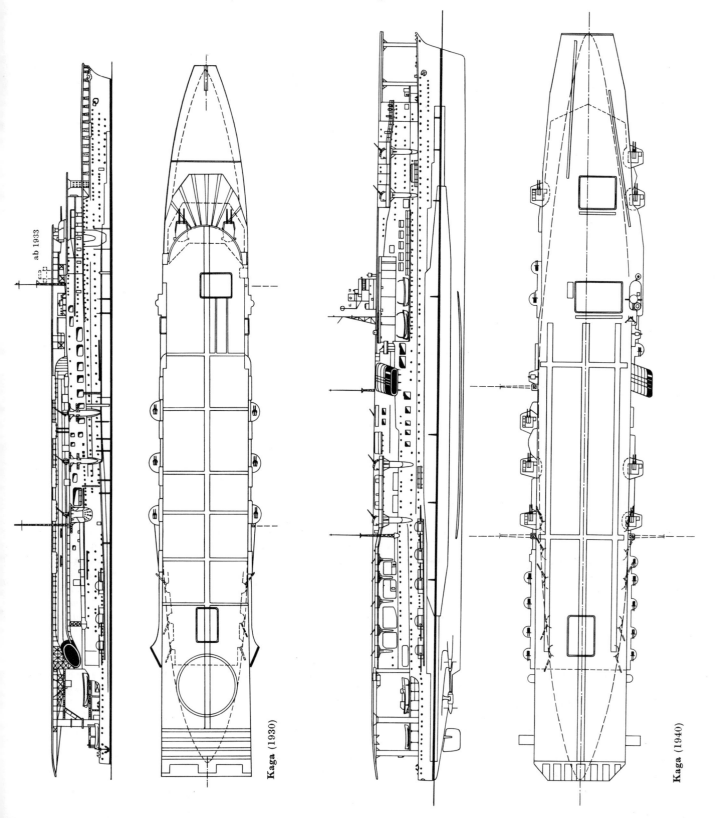

Amagi- und Owari-Klasse

d) 10—20,3 cm-SK L/50 in Kasematten / 16—12,7 cm-⚓₂ L/50 / 22—2,5 cm-⚓₂ / 72 + 25 Reserve-⚓ (keine ⚓, 2 Hallendecks, 3 Aufzüge, Flugdeck-Länge 246,8 m, Flugdeck-Breite 30,5 m).

Kaga bildete zusammen mit **Akagi** bis 1940/41 den Kern der japanischen Trägerflotte; beide gehörten längere Zeit zu den größten ⚓-Trägern der Welt.

Amagi-Klasse
Junyo Senkan = Schlachtkreuzer

Owari-Klasse
Senkan = Schlachtschiffe

1	2	3	4	5	6
Amagi	1918	Yokosuka Kaigun Kosho	16.12.20	∞	∞ [11.23]

Gem. Washington-Abkommen Fertigstellung als Schlachtkreuzer nicht erlaubt, jedoch Fertigstellung als ⚓-Träger zugestanden. Bei Baustop 5. Februar 1922 fertig zu 40,0%. 1. September 1923 durch Erdbeben auf Helling schwer beschädigt, daher abgewrackt und durch → Kaga ersetzt.

Akagi	1918	Kure Kaigun Kosho	6.12.20	∞	∞ [11.23]

Gem. Washington-Abkommen Fertigstellung als Schlachtkreuzer nicht erlaubt, jedoch Fertigstellung als ⚓-Träger zugestanden. Baustop 5. Februar 1922, Weiterbau zum ⚓-Träger ab 19. November 1923 in Kure begonnen, nach Stapellauf (22. April 1925) Arbeiten von Sasebo Kaigun Kosho weitergeführt und 25. März 1927 fertiggestellt. April 1936 bis September 1938 Umbau. Kriegseinsätze: Dezember 1941 Operationen gegen Pearl Harbor; Anfang Januar 1942 nach Truk verlegt; 23. Januar 1942 Operationen gegen Rabaul, 19. Februar 1942 gegen Port Darwin; 22. Februar bis 1. März 1942 gegen Java; 1.—9. April 1942 gegen Ceylon; Juni 1942 Operationen gegen Midway-Inseln, dabei 6. Juni ~ 120 sm nw. der Midway's durch Angriffe von US-Träger-⚓ (von Enterprise und Yorktown) schwer beschädigt, manövrierunfähig von japanischen Zerstörern Arashi, Hagikaze, Maikaze und Nokaze durch T-Schüsse † (... Tote).

Atago	1919	Kawasaki, Kobe	22.11.21	∞	∞ [12.24]
Takao	1919	Mitsubishi, Nagasaki	19.12.21	∞	∞ [12.25]

Gem. Washington-Abkommen Fertigstellung als Schlachtkreuzer nicht erlaubt, daher 5. Februar 1922 Baustop, Aufträge annulliert, Material auf Hellingen abgebrochen.

Owari	1921	Kure Kaigun Kosho	∞	∞	∞ [9.23]
Kii	1921	Yokosuka Kaigun Kosho	∞	∞	∞ [11.23]
Nr. 11	1921	Kawasaki, Kobe	∞	∞	∞
Nr. 12	1921	Mitsubishi, Nagasaki	∞	∞	∞

Gem. Washington-Abkommen Fertigstellung nicht erlaubt, daher nicht mehr begonnen. Aufträge 5. Februar 1922 annulliert.

a) Die 1919 entworfenen Schiffe der **Amagi**-Kl. stellten die Nummern 5—8 des ›8/8‹-Programms dar, denen kurz darauf als Nr. 9—12 die Schiffe der 1920 entworfenen **Owari**-Kl. folgten. Obwohl konstruktiv fast völlig gleich, wurden die Schiffe der **Amagi**-Kl. als ›Schlachtkreuzer‹ bezeichnet, die der **Owari**-Kl. hingegen als ›Schnelle Schlachtschiffe‹. Der Unterschied lag einzig und allein in einer um 0,25 kn höheren Geschwindigkeit der **Amagi**-Kl. und in dem nur wenig dickeren Seitenpanzer der **Owari**-Kl.! Äußerlich zeigten diese Schiffe das Entwurfsschema der **Nagato**-Kl. und führten wie diese 2 Schornsteine, dazu vorn den seither bevorzugten Mehrbeinmast als Sechsbein-Konstruktion. Keines dieser 8 Schiffe durfte fertiggestellt werden, nur für zwei von ihnen war der Umbau zu ⚓-Trägern zugestanden worden. Die Wahl fiel auf die am meisten fortgeschrittenen Bauten, nämlich auf **Amagi** und **Akagi**. Von ihnen fiel bald darauf **Amagi** einem schweren Erdbeben zum Opfer und mußte als irreparabel abgebrochen werden. Dafür rückte → **Kaga** an dessen Stelle.

b) Wie → **Tosa**-Kl., jedoch Seitenpzr. nur 254 (**Amagi**-Kl.) bzw. 293 (**Owari**-Kl.).

c) 4 × Gijutsu Honbu-⚙-Tu auf 4 ⚓ / 19 Kanpon-Kessel (8 Kohle, 11 Öl) / Leist. 131 200 WPS; Geschw. 30,0 (**Owari**-Kl.: 29,75 kn) / 1 Ruder.

d) 10—40,6 cm-SK L/45 in ähnlicher Anordnung wie → **Tosa**-Kl. / 16—14 cm-SK L/50 in Kasematten / 4—12 cm-⚓ L/45 / 8—60,9 cm-† TR (S).

e) Bemerkenswert an diesen Schiffen war die TR-Bewaffnung, die ähnlich wie bei der → **Tosa**-Kl. im Batteriedeck mit Schußrichtungen nach jeseits querab fest eingebaut werden sollte. Jeweils 2 Rohre waren im Vorschiff und im Achterschiff seitlich zueinander versetzt vorgesehen. Als ⚓-Träger zeigte **Akagi** bis 1936 dieses Aussehen: Vom unteren Hallendeck führte ein Jäger-Startdeck bis zum Bug, und auf dem nach vorn verlängerten oberen Hallendeck befanden sich fast genau unter der Vorkante des Flugdecks 2—20,3 cm-⚓ und dazwischen der Schiffsführungsstand. Die beiden Antennenmasten an StB konnten nach außen weggeklappt werden. **Akagi** führte 2 Rauchabzüge, doch waren diese im Gegensatz zu → **Kaga** an StB-Seite angeordnet, fast genau mittschiffs. Von ihnen war der vordere nach außen abwärts geneigt und der hintere nach oben abgewinkelt, wobei er kurz über dem Flugdeck abschloß. In diesem Zustand galten:

c) 4 × Kanpon-⚙-Tu auf 4 ⚓ / 19 Kanpon-Kessel (8 Kohle, 11 Öl) / Leist. 133 000 WPS; Geschw. 32,5 kn / 1 Ruder.

d) 10—20,3 cm-SK L/50 in 2 ⚓ und 6 Kasematten / 12—12 cm-⚓₂ L/50/50 ⚓ (keine ⚓, 2 Hallendecks, 2 Aufzüge, Flugdeck-Länge 189,0 m, Flugdeck-Breite 30,5 m, Länge des Jäger-Startdecks ~ 50 m).

Aus dem Umbau 1936—38 kehrte **Akagi** grundlegend geändert zurück. *Folgende Arbeiten waren ausgeführt worden:*

1. *Ausbau der 20,3 cm-⚓, der Brücke und des Jäger-Startdecks darunter, dafür Verlängerung der Hallendecks nach vorn um ~ 40 m und des Flugdecks um 61,7 m.*
2. *Einbau eines 3. Aufzuges.*
3. *Anbau von T-Wulsten.*
4. *Einbau einer Insel mit Schiffsführungsstand und Flugleitanlagen, jedoch nicht — wie allgemein üblich — an StB, sondern an Bb (Akagi und die 1939 fertiggestellte Hiryu*

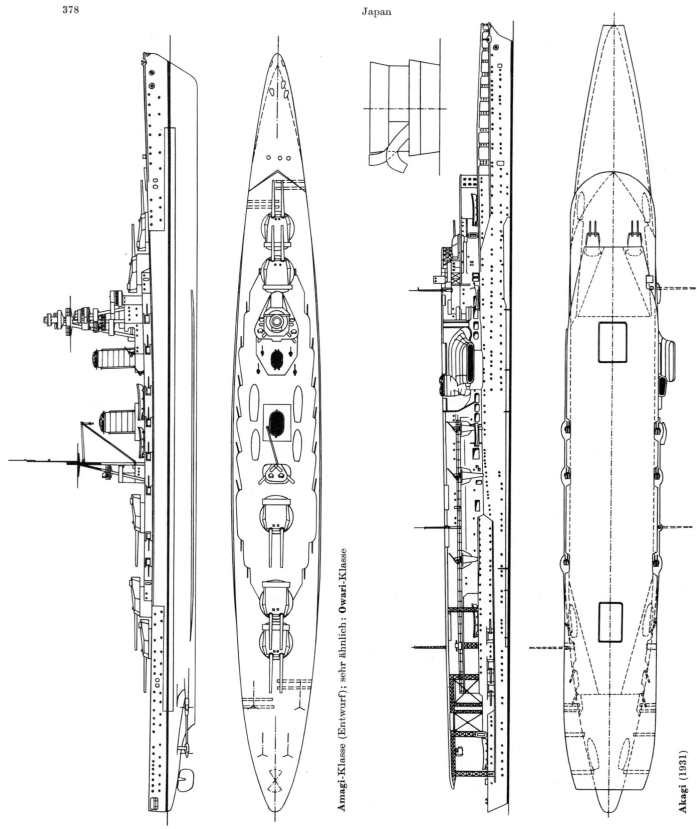

Amagi-Klasse (Entwurf); sehr ähnlich: Owari-Klasse

Akagi (1931)

Amagi-Klasse

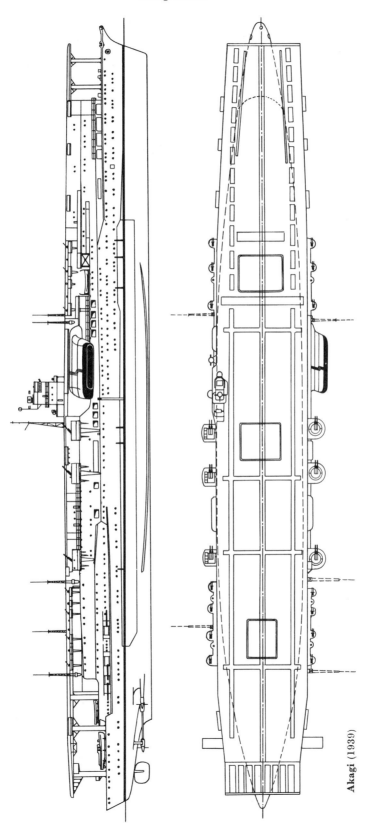

Akagi (1939)

waren die einzigen ⚓-Träger der Welt, deren Insel an Bb-Seite angeordnet waren; sie sind es bis heute geblieben!).

5. *Umstellung der Kessel ausschließlich auf Ölfeuerung.*

6. *Auswechseln der 12 cm-⚓₂ gegen 12,7 cm-⚓₂ und Einbau zahlreicher leichter ⚓-Waffen.*

Seit diesem Umbau galten:

c) Alle Kessel Ölfeuerung. Geschwindigkeit nach Wulstanbau nur noch 31,2 kn.

d) 6—20,3 cm-SK L/50 in Kasematten / 12—12,7 cm-⚓₂ L/50 / 28—2,5 cm-⚓₂ / 66 + 25 Reserve-⚓ (keine ⚓, 2 Hallendecks, 3 Aufzüge, Flugdeck-Länge 249,7 m, Flugdeck-Breite 30,5 m).

Neubau-Projekte Nr. 13—16
Senkan = Schlachtschiffe

1	2	3	4	5	6
Nr. 13	1922	Yokosuka Kaigun Kosho	∞	∞	∞
Nr. 14	1922	Kure Kaigun Kosho	∞	∞	∞
Nr. 15	1922	Mitsubishi, Nagasaki	∞	∞	∞
Nr. 16	1922	Kawasaki, Kobe	∞	∞	∞

Baubeginn für 1922/23 und Fertigstellung bis 1927 vorgesehen. Bau gem. Washington-Abkommen nicht erlaubt, Aufträge daher annulliert.

a) Den Abschluß des ›8/8‹-Programms sollten diese 4 ›Großkampfschiffe der Superlative‹ bilden: Sie wären die größten und stärksten Schlachtschiffe der Welt gewesen, wenn sie hätten verwirklicht werden können. Allein ihr Geschützkaliber hätte eine neue, gesteigerte Form des Wettrüstens zur See bewirkt. Technisch eilten sie ihrer Zeit um mehr als 10 Jahre voraus, denn sie nahmen die Charakteristika des vollausgereiften, schnellen Schlachtschiffes vorweg.

b) Wie → **Tosa**-Kl., jedoch Seitenpzr. 330 und o. PzD. 127—163.

c) 4 × Gijutsu-Honbu-⊕ Tu auf 4 ⊕ / 22 Kampon-Kessel (Öl) / Leist. 150 000 WPS; Geschw. 30,0 kn / .. Ruder.

d) 8—45,7 cm-SK L/45 in je 2 überhöhend angeordneten ∞ vorn und achtern / 16—14 cm-SK L/50 in Kasematten / 4—12 cm-⚓ L/45 / 8—60,9 cm-↑ TR (S).

e) Anordnung der ↑ TR ähnlich wie auf den vorhergehenden neuen Schlachtschiffen und Schlachtkreuzern paarweise im Batteriedeck mit Schußrichtung nach jeseits querab.

Ex-Nassau = B
Senkan = Schlachtschiff

1	2	3	4	5	6
...	∞	Kaiserl. Werft Wilhelmshaven	22. 7. 07	7. 3. 08	1. 10. 09

*Ex-deutsch → **Nassau**. 7. April 1920 als **B** auf Reparationskonto Japan zugesprochen. Nie in Japan angelangt, da auf Übernahme verzichtet und Juni 1920 an britische Firma verkauft; in deren Auftrag in Dordrecht/Niederlande abgewrackt.*

a)—e) → Deutsches Reich → **Nassau**-Kl.

Ex-Oldenburg
Senkan = Schlachtschiff

1	2	3	4	5	6
...	∞	F. Schichau, Danzig	1. 3. 09	30. 6. 10	1. 5. 12

*Ex-deutsch → **Oldenburg**. 13. Mai 1920 auf Reparationskonto Japan zugesprochen, jedoch dort nie angelangt, da auf Übernahme verzichtet. Deshalb an britische Firma verkauft und in deren Auftrag 1921 in Dordrecht/Niederlande abgewrackt.*

a)—e) → Deutsches Reich → **Helgoland**-Kl.

Projekte 1930
Senkan = Schlachtschiffe

a) Während der vertraglichen Baupause begann Japan — dessen Seerüstung dadurch erheblich ins Hintertreffen gekommen war — mit den Vorbereitungen, um nach Ablauf der Pause im Jahre 1931 den Bau von Schlachtschiffen wieder aufnehmen zu können, da für den rechtzeitigen Ersatz der bald veraltenden → **Kongo**-Kl. Sorge getragen werden mußte. Die ersten entwurfsmäßigen Vorbereitungen datieren aus dem Jahre 1930. Sie hielten sich streng an die qualitativen Beschränkungen der geltenden Flottenabkommen. Unter der Leitung von Admiral Hiraga, dem Leiter der Marinekonstruktionsabteilung, der bereits für die Entwürfe der → **Nagato**-, → **Tosa**-, → **Amagi**-, → **Owari**- und → **Nr. 13—16**-Kl. verantwortlich gezeichnet hatte, entstand der erste Entwurf; unabhängig davon schuf Kapt. z. S. Fujimoto, einer seiner Mitarbeiter, einen anderen Entwurf als Alternativlösung. Im Folgenden sind beide Entwürfe nach ihren Schöpfern bezeichnet.

An sich neigte die Marineleitung mehr dem Entwurf Fujimoto zu, doch entfiel die Grundlage zur Verwirklichung, weil Japan aus politischen und wirtschaftlichen Gründen gezwungen war, dem Londoner Flottenvertrag von 1930 beizutreten, der die Baupause für Schlachtschiffe bis zum 31. Dezember 1936 verlängerte. Der Verzicht auf die Weiterbetreibung dieser Projekte gab dann Japan Veranlassung, mit umfassenden Modernisierungen seiner alten Schlachtschiffe zu beginnen.

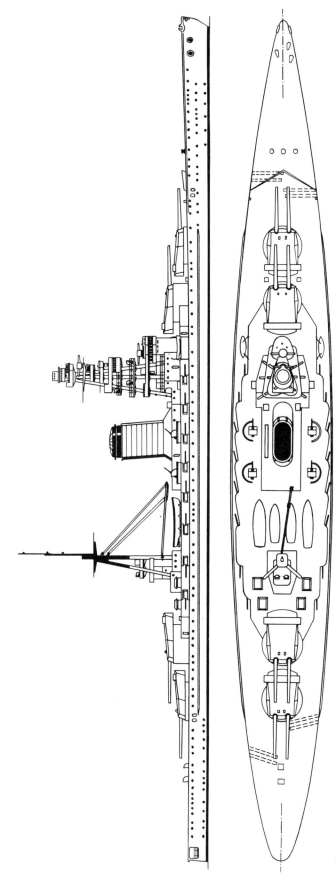

Nr. 13—16 (Entwurf)

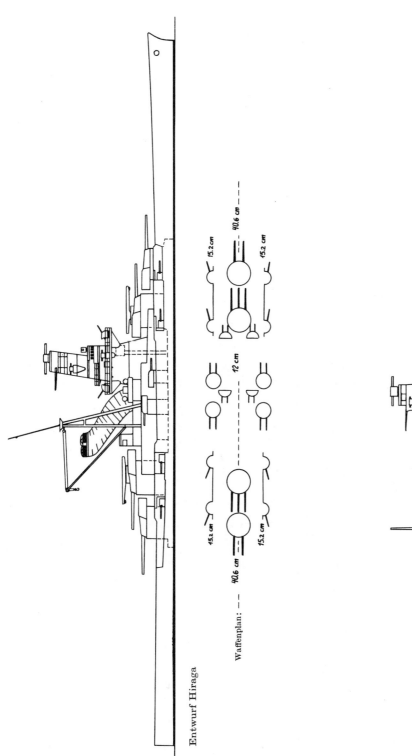

Entwurf Hiraga

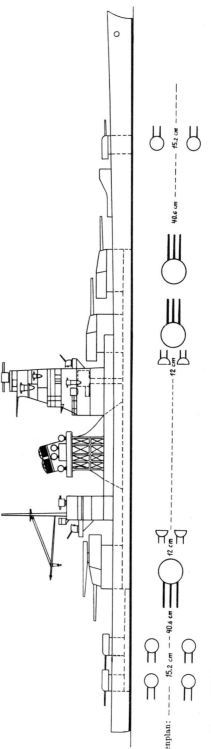

Entwurf Fujimoto

Entwurf Hiraga
b) Geneigter Innenpanzer, keine weiteren Angaben.

c) 4 × ⊙-Tu auf 4 ⊛ / 10 Kessel (Öl) / Leist. 80 000 WPS; Geschw. 26,3 kn / . Ruder.

d) 10—40,6 cm-SK in je 1 ⌒ vorn und achtern und je 1 ⌒ jeweils überhöhend dahinter bzw. davor / 16—15,2 cm-SK in 4 ⌒ und 8 Kasematten / 8—12 cm-↟₂ / 2—60,9 cm-↓ TR (B) / 2 ⛉, 2 ⛋.

Entwurf Fujimoto
Keine Angaben.

4 × ⊙ Tu auf 4 ⊛ / .. Kessel (Öl) / Leist. 73 000 WPS; Geschw. 25,9 kn / . Ruder.

9 oder 10—40,6 cm-SK, entweder in 3 ⌒ oder in 2 ⌒ + 1 ⌒/ 12—15,2 cm-SK in 6 ⌒ / 8—12 cm-↟₂ / 1 ⛉, 2 ⛋.

e) Der Entwurf Hiraga sah ein Schiff mit stark zusammengedrängten Aufbauten und SA-Türmen sowie extrem langem Vor- und Achterschiff vor, um die Zitadelle möglichst klein halten zu können. Damit blieb für die MA nicht viel Platz zur Aufstellung in Türmen übrig, so daß die Mehrzahl von ihr in konventionellen Kasematten aufgestellt werden mußte. Eine recht eigenwillige Lösung zeigte die Antriebsanlage, für die nur verhältnismäßig wenig Raum zur Verfügung stand, der zwischen den Türmen B und C lag und in der Längsausdehnung etwas über 60 m maß. Dieser Raum wurde in 3 Längsabteilungen aufgeteilt, in denen die Antriebsanlage nach dem folgenden Schema angeordnet war: Jeseits außen von achtern nach vorn 2 Kessel / 2 Kessel / 1 Turbinensatz, desgl. mittschiffs 2 Kessel / 2 Turbinensätze. Die Zitadelle war von einem hinter der Außenhaut liegenden Seitenpanzer ähnlich wie auf der → **Nelson**-Kl. umschlossen; dieser griff aber unter die SA-Munitionskammern hinweg, um so den Bodenschutz zu bilden.
Der Entwurf Fujimoto zeigte neuzeitlichere Auffassungen und vor allem eine betont eigenwillige Aufstellung der MA. Die Türme der SA und die Aufbauten waren nicht ganz so sehr zusammengedrängt wie beim Hiraga-Entwurf; die zu panzernden Flächen müssen daher größer gewesen sein, mithin die Panzerdicken geringer. Bei der SA ließ der Konstrukteur 2 Alternativlösungen offen → d). Für die MA wählte er die Aufstellung ausschließlich in Türmen, doch ordnete er diese nicht auf den Seitendecks an, sondern jeweils paarweise auf gleichem Spant im Vor- und Achterschiff. Diese höchst unkonventionelle Anordnung — die in ähnlicher Form schon einmal vor mehr als einem Vierteljahrhundert vorgeschlagen worden war → Großkampfschiff-Entwurf 1903/04 — wurde anscheinend durch die auf engem Raum zusammengedrängte Antriebsanlage bestimmt, da anscheinend im Mittelschiff deswegen kein weiterer Raum für die Unterbringung der MA-Munitionskammern mehr zur Verfügung stand.

Yamato-Klasse

Senkan = Schlachtschiffe

1	2	3	4	5	6

Yamato 1937 Kure Kaigun
Kosho (Baudock) 4. 11. 37 8. 8. 40 16. 12. 41

Juni 1942 Teilnahme an Midway-Operationen. 24. Dezember 1943 vor Truk durch US-U Boot **Skate** *torpediert; 25. Oktober 1944* × *bei Samar gegen US-Flottenverband (Versenkung des Geleit-⛊-Trägers* **Gambier Bay** *und von 3 Zerstörern). 7. April 1945 sw. der Kyushu-Inseln durch zahlreiche US-Träger-⛊ angegriffen, dabei 10 LT- und 23 ↟-Treffer einschl. Nahtreffer erhalten, 2 Stunden nach Angriffsbeginn † (2498 Tote).*

Musashi 1937 Mitsubishi, Nagasaki 29. 3. 38 1. 11. 10 5. 8. 42

29. März 1944 nw. Palau durch US-U Boot **Tunny** *torpediert. 24. Oktober 1944 südl. Luzon von zahlreichen US-⛊ der Träger* **Enterprise, Cabot, Intrepid** *und* **Independence** *angegriffen, dabei 11 LT- und 20 ↟-Treffer erhalten, dazu 18 ↟-Nahtreffer, 4½ Std. nach letztem Angriff † (.... Tote).*

Shinano 1939 Yokosuka Kaigun
Kosho (Baudock) 4. 5. 40 11. 11. 44 19. 11. 44

Sommer 1942 bis einschl. PzD. fertig, zunächst Baustop, dann Weiterbau und Fertigstellung als ⛊-Träger. 29. November 1944 so. Kap Muroto während der Probefahrten von US-U Boot **Archerfish** *durch 6 ⛊-Treffer † (.... Tote).*

Nr. 111 1939 Kure Kaigun
Kosho (Baudock) 7. 11. 40   ∞   ∞

November 1941 — Bauzustand bis dahin 30% — Baustop wegen Material- und Facharbeitermangel und Überlastung der Werften durch ⛊-Trägerbauprogramm. September 1942 Auftrag annulliert. [Teile des Doppelbodens fanden beim Bau des ⛊-Trägers **Katsuragi** *und des U-Kreuzers* **I-400** *sowie beim Umbau des deutschen Fahrgastes* **Scharnhorst** *zum ⛊-Träger* **Shinyo** *Verwendung.]*

Nr. 797 1942 ∞ ∞ ∞ ∞

Bauauftrag nicht mehr vergeben.

a) Um seine Vormachtstellung im Fernen Osten zu festigen und weiter auszubauen, entschloß sich Japan schon frühzeitig, sich keine Beschränkungen mehr auferlegen zu lassen und den Flottenbau künftig unter weitestgehender Geheimhaltung durchzuführen. Kernstück des bald darauf einsetzenden Groß-Flottenbaues waren Schlachtschiffe von gigantischen Abmessungen. Ihrer Grundkonzeption nach sollten sie durch Geschützfeuer unversenkbar und selbst imstande sein, schwerste Schläge auszuteilen. Der politische Leitgedanke gipfelte darin, das einzelne Schiff so stark zu machen, daß selbst die im Hinblick auf ihre Wirtschaft und Industrie überlegenen USA nicht in der Lage sein konnten, ohne weiteres in kurzer Zeit etwas Ebenbürtiges zu bauen. Die zukünftigen japanischen Schlachtschiffe sollten außerdem in einem gewissen Sinne ›provozierend‹ wirken, nämlich dadurch, daß etwaige amerikanische ›Antwort‹-Bauten notwendigerweise so groß werden mußten, daß sie den Panama-

Kanal nicht mehr passieren konnten; als obere Grenze dafür wurde in Japan eine Typverdrängung von etwa 63 000 ts eingeschätzt. Die ersten Entwurfsarbeiten begannen im Herbst 1934; der endgültige Entwurf wurde im März 1937 festgelegt, nachdem zuvor 23 Vorentwürfe → e) durchgearbeitet und mehr als 50 Modelle in den Schleppversuchsanstalten erprobt worden waren. Von vornherein war man dazu entschlossen, eine SA von bisher nie erreichtem Kaliber einzubauen. Die Wahl fiel auf das Kaliber 46 cm, das aus Tarnungsgründen mit ›40,6 cm Typ 94‹ bezeichnet wurde. Es waren die schwersten Geschütze, die jemals auf einem Kriegsschiff zur Aufstellung gelangten. Dabei mußten überaus schwierige Probleme gemeistert werden; die sichere Aufnahme der gigantischen Turmgewichte und der gewaltigen Rückstoßkräfte durch die Verbände des Schiffs gehörten zu den wichtigsten.

Insgesamt waren zunächst 4 Schiffe dieser Klasse vorgesehen, von denen die beiden ersten unmittelbar nach Abschluß der Entwurfsarbeiten in Auftrag gegeben wurden, während die beiden anderen erst 1940 folgten. Die Werften, die mit ihrem Bau betraut wurden, waren bis zu diesem Zeitpunkt noch nicht in der Lage gewesen, Schiffe von so großen Abmessungen zu bauen, ohne dazu umfangreiche Vorbereitungen zu treffen und Erweiterungen vorzunehmen. Die Sohle des Baudocks der Werft in Kure mußte z. B. um ∼ 1 m tiefer gelegt werden, um **Yamato** überhaupt aufschwimmen lassen zu können. Die Mitsubishi-Werft in Nagasaki war noch die einzige, die für den Bau eines solchen Schiffes in Frage kam, denn sie verfügte über eine genügend große Helling; diese mußte selbstverständlich entsprechend verstärkt werden. Für das 3. und 4. Schiff mußten nahe Yokosuka und in Kure erst große Baudocks erstellt werden. Alle Werften standen vor der Notwendigkeit, die Tragfähigkeit ihrer Kräne erheblich zu steigern, um die zum Einbau kommenden schweren Panzerplatten heben zu können. Dazu waren Schwimmkräne bis zu 450 ts Tragfähigkeit zu bauen und viele Gebäude und sonstige Anlagen zu erweitern und zu vergrößern.

Der Bau der Schiffe erfolgte unter strengster Geheimhaltung und von der Öffentlichkeit kaum bemerkt. So wurde die Helling, auf der **Musashi** heranwuchs, mit einem Vorhang von Sisalmatten umgeben, der 2,7 km lang war und mehr als 400 t wog. Auch das Baudock mit **Yamato** wurde mit einem Sisalvorhang abgeschirmt, da dieses von einer nahen Bergkuppe aus eingesehen werden konnte. Für den Transport der SA-Türme vom Herstellerwerk zu den Werften mußte eigens ein Spezialtransporter gebaut werden, der nach seiner Fertigstellung ebenfalls hinter einem Sisalvorhang verborgen gehalten wurde.[1] Der dadurch bewirkte große Sisalverbrauch führte zeitweilig sogar zu einer besonders für die Fischerei fühlbaren Verknappung. Ebenso sorgfältig wurde der Stapellauf der **Musashi** getarnt. Zu diesem Zweck sperrten Polizeieinheiten die gegenüberliegende Seite von Nagasaki hermetisch ab; das Schiff lief in aller Heimlichkeit und ohne Zeremoniell in den frühen Morgenstunden des 1. November 1940 vom Stapel. Mit seinem Stapellaufgewicht von 35 737 t stand es an 2. Stelle hinter dem bisher größten Stapellaufgewicht von 37 287 t, das der britische Fahrgaster **Queen Mary** erreichte. Der Yamato-Kl. kamen wesentliche Erfahrungen und Erkenntnisse zugute, die seit dem Ende des Ersten Weltkrieges gesammelt bzw. gewonnen worden waren. Dazu gehörte auch die sog. ›Kanpon-Linie‹, bei der das Schiff seine größte Breite zweckmäßigerweise erst hinter der Schiffsmitte erreicht; diese ging auf einen Vorschlag von Kapt. z. S. Fujimoto zurück, der sie bei den 1930 projektierten → 35 000 ts-Schlachtschiffen erstmals verwirklichen wollte. Diese ›Kanpon-Linie‹ hing auch eng mit der Verminderung der Biegungsbeanspruchungen des Schiffskörpers zusammen: Kennzeichnend hierfür war der wellenförmige Decksstrak, der das etwas vorlicher als mittschiffs auftretende Biegungsmoment berücksichtigen und aufheben sollte. Im Ganzen offenbarte sich in der Yamato-Kl. eine respektgebührende Leistung der japanischen Schiffbauer. Im Hinblick auf ihre Wasserverdrängung und auf ihre Größe wurden diese Schiffe erst nach dem Ende des Zweiten Weltkrieges von den großen amerikanischen Angriffs-⚓-Trägern übertroffen.

b) Panzerung und Schutzeinrichtungen der **Yamato**-*Kl. ließen eine eigenwillige Lösung erkennen: Die Schiffe wurden nach dem Floßkörper-Prinzip konstruiert. Das ›Floß‹ bestand aus einem relativ kurzen Seitenpanzer von 410 mm gleichbleibender Dicke und 20° Neigung nach außen; nach unten verjüngte sich der Seitenpanzer keilförmig bis auf 75 mm Dicke. Das auf einem Deck von 10 mm starkem hochfestem Stahlmaterial aufliegende Panzerdeck von 200 mm Dicke (Böschung 230 mm) war beiderseits auf der Oberkante des Seitenpanzers aufgesetzt. Nach vorn und nach achtern wurde der so entstandene Panzerkasten durch auffallend schräggestellte Panzerquerschotte abgeschlossen, so daß er sämtliche lebenswichtigen Einrichtungen umschloß und diese auch nach oben abdeckte. Aus dem ›Floß‹ ragten nur die Barbetten der SA und der MA, die Panzerschächte für die Kommandoelemente sowie der Rauchgasschacht heraus. Letzterer wurde nicht, wie vielfach früher üblich, durch eine Panzergräting geschützt, sondern durch eine 14 × 15 m große und 380 mm dicke Panzerplatte, die Bohrungen von je 180 mm Durchmesser aufwies, so daß ∼ 55% der gesamten Platte ausgelocht war. Zusätzlich wurde die Rauchfangführung darüber durch 50 mm dicke Platten geschützt, um Bomben noch vor dem Auftreffen auf die gelochte Platte — unter der die Abgasschächte der 12 Kessel zusammenliefen — zur Detonation zu zwingen.*

Ein besonderes ›Krepierdeck‹ war nicht geschaffen worden; die gesamte horizontale Panzerung bestand aus einem 200—230 mm dicken Panzerdeck, das so berechnet worden war, daß es nur von

---

[1] Spezialtransporter **Kashino**, 1. Juli 1939 bei Mitsubishi, Nagasaki, begonnen, 26. Januar 1940 vom Stapel, 10. Juli 1940 fertiggestellt. Typverdrängung 10 360 ts, Probefahrt-Verdrängung 11 000 ts. Abmessungen 135 × 18,8 × 6,7 m. Antrieb: 2 × BBC-⊙ Tu auf 2 ⚓, 2 La Mont-Kessel (Öl), Leist. 4500 ePS, Geschw. 14,0 kn. Bewaffnung 2—12 cm-⚓, 4 MG-⚓₂. Dieses Schiff besaß 3 große Laderäume und entsprechendes Ladegeschirr. Im vordersten Laderaum wurden die Geschützrohre untergebracht, im mittleren die Teile der Barbette, und im achteren die Teile des Turms. **Kashino** ging am 4. September 1942 westl. Okinawa durch T-Treffer des US-U-Bootes **Haddock** verloren.

mehr als *1000 kg* schweren Bomben aus Abwurfhöhen von mehr als *2400 m* durchschlagen werden konnte. Interessant an diesem Panzerdeck war die Anordnung von *9 mm* dicken Splitterfangblechen im Abstand von *85 cm* darunter (die sich auch an den Innenseiten der schweren Panzerquerschotte befanden!). Diese Splitterfangbleche hatten die Aufgabe, Nietenköpfe und durchschlagende Sprengstücke abzufangen. Es ist möglich, daß sie vor allem im Hinblick auf die genietete Bauweise der Schiffe eingebaut wurden. Im Hinblick auf den Gasdruck der SA war das Oberdeck jeweils vor den Endtürmen durch Panzermaterial verstärkt worden. Eine weitere sehr interessante Lösung war der Schutz der Munitionskammern vor Unterwasserdetonationen. Dieser Schutz wurde dadurch erreicht, daß der sich nach unten fortsetzende Seitenpanzer in einem scharfen Knick nach innen abwärts unter den Munitionskammern hindurch — gleichsam als ein ›horizontales T-Schott‹ — geführt wurde, wo er *50—80 mm* dick war. Zwar war diese Methode nicht ganz neu (vgl. die ›Minenböden‹ österreichischer und brasilianischer Schlachtschiffe), doch unterschied er sich von allem bisher Gewesenen durch einen ausreichend großen Expansionsraum ($\sim 4m$) zum ›Verarbeiten‹ der bei solchen Treffern auftretenden Detonationsenergie.

Der Unterwasserschutz war sehr ausgedehnt. Dies geht aus einem Vergleich mit anderen älteren japanischen Schlachtschiffen hervor:

Typschiff	Baubeginn	Wasserdichte Räume bzw. Unterteilung		insgesamt
		unter	über	
		dem Panzerdeck		
Yamashiro	1913	574	163	737
Nagato	1916	865	224	1089
Yamato	1937	1065	82	1174

Über dem Panzerdeck hatte die **Yamato**-Kl. also eine wesentlich geringere Anzahl wasserdichter Räume als **Yamashiro** und **Nagato**. Die Ursache war darin zu suchen, daß das Panzerdeck der **Yamato**-Kl. im Vergleich zu den älteren Schiffen wesentlich höher angeordnet war und dementsprechend auch eine erheblich größere Anzahl wasserdichter Räume decken mußte.

In Fortführung des Haupt-Seitenpanzers — dessen Unterkante auf einer Stringerplatte auflag — folgte ein etwa *8 m* hoher und von oben *200 mm* allmählich auf *75 mm* getäperter Außenpanzer von 14° Neigung, der Festigkeitsverband und T-Schott zugleich war. Dieser und teilweise auch der darüber liegende Seitenpanzer wurden von einem maximal *3 m* breiten T-Wulst gedeckt, der auch als Expansionsraum diente. Hinter dem Außenpanzer zogen sich 2 dünne, vom Doppelboden bis zum Panzerdeck reichende Splitterlängsschotte hin, die — bedingt durch die genietete Bauweise der Schiffe — vor allem abgesprengte Nietenköpfe und Panzerschrauben abfangen sollten. PzQ.: 300, 300 / Seitenpzr.: 20° geneigter Außenpanzer 410 / Horizontalpzr.: Oberdeck jeweils vor Endtürmen 35—50; PzD. 200 mit Böschungen 230; Lochplatte über Rauchfang 380 / Unterwasserschutz: T-Schott (= verlängerter Seitenpanzer) 200—75; Bodenpanzer unter SA-Türmen 50—80; T-Wulst / SA: Barbetten außen 560, innen 50; Türme 650, 250, 270 / MA: Barbetten 75; Türme ..., ..., ... / KdoT. 500 (300).
Ab **Shinano**: Seitenpzr. nur 400 statt 410; PzD. 190 statt 200; Barbetten 530 statt 560.

c) $4 \times$ Kanpon-⊕-Tu auf 4 ⚙ / 12 Kanpon-Kessel (Öl) / Leist. 150 000 WPS; Geschw. 27,0 kn / 2 Ruder hintereinander / Erreichten bis 153 555 WPS = 27,46 kn.

d) 9—*46 cm*-SK L/45 in 2 ⚙ vorn und 1 ⚙ achtern / 12—, ab Ende 1943: 6—*15,5 cm*-SK L/60 in ⚙ / 12—, **Yamato** ab 1944 (für **Musashi** vorgesehen, jedoch nicht mehr eingebaut) 24—*12,7 cm*-$⚓_2$ / 24—*2,5 cm*-$⚓_3$, die laufend verstärkt wurden:

Yamato	**Musashi**
ab Herbst 1943: 36—*2,5 cm*-$⚓_3$	ab Herbst 1943: 36—*2,5 cm*-$⚓_3$
ab April 1944: 98—*2,6 cm*-⚓,$⚓_3$	ab Anf. 1944: 54—*2,5 cm*-$⚓_3$
ab Juli 1944: 152—*2,5 cm*-⚓,$⚓_3$	ab April 1944: 116—*2,5 cm*-⚓, $⚓_3$
ab April 1945: 87—*2,5 cm*-$⚓_3$ + 63—*2,5 cm*-⚓, zusammen 150 Rohre	zuletzt: 105—*2,5 cm* $⚓_3$ + 25—*2,5 cm*-⚓, zusammen 130 Rohre

/ 4 MG $⚓_2$ / 2 ⚓, bis 7 ⚓. Ab **Shinano** vorgesehen: 9—*46 cm*-SK / 6—*15,5 cm*-SK / 16 bis 20—*10 cm*-Mehrzweck-SK L/65 in ⚙ / ...—*2,5 cm*-$⚓_3$ / 2 ⚓, 7 ⚓.

e) Ab Anfang 1935 wurden 23 Entwürfe durchgearbeitet, die folgende Eigenschaften aufwiesen:

›*A*—*140*‹ vom 10. März 1935: *69 500 ts* Probefahrt-Depl., Abm. $294 \times 41,2 \times 10,4 m$. Antrieb: Tu = *200 000 PWS* = *31,0 kn*. Fahrstrecke *8000/18 sm/kn*. 9—*46 cm*-SK in 3 ⚙ vorn, 12—*15,5 cm*-SK in 4 ⚙, 12—*12,7 cm*-$⚓_2$, 24—*2,5 cm*-$⚓_2$.

›*A*‹ vom 1. April 1935: *68 000 ts* Probefahrt-Depl., Abm. $277 \times 40,4 \times 10,3 m$. Antrieb: Tu = *132 000 WPS* + DM = *68 000 ePS* = *30,0 kn*. Fahrstrecke *9200/18 sm/kn*. Bewaffnung wie ›*A*—*140*‹.

›B_2‹ vom 1. April 1935: *62 000 ts* Probefahrt-Depl., Abm. $247 \times 40,4 \times 10,3 m$. Antrieb: Tu = *140 000 WPS* = *27,5 kn*. Fahrstrecke *9200/18 sm/kn*. 8—*46 cm*-SK in je 2 ⚙ vorn und achtern, sonst wie ›*A*—*140*‹.

›*G*‹ vom 25. Mai 1935: *65 838 ts* Probefahrt-Depl., Abm. $273 \times 37,7 \times 10,4 m$. Antrieb: Tu = *70 000 WPS* + DM = *55 000 ePS* = *28 kn*. Fahrstrecke *9000/18 sm/kn*. Bewaffnung wie ›*A*—*140*‹.

›G_1—*A*‹ vom 30. Juli 1935: *61 000 ts* Probefahrt-Depl., Abm. $245,5 \times 38,9 \times 10,4 m$. Antrieb: Tu = *60 000 WPS* + DM = *55 000 ePS* = *26,0 kn*. Fahrstrecke *6600/16 sm/kn*. Bewaffnung wie ›*A*—*140*‹.

›*O*‹ vom 10. August 1935: *59 500 ts* Probefahrt-Depl., Abm. $244 \times 38,9 \times 10,4 m$. Antrieb Tu = *55 000 WPS* + DM = *55 000 ePS* = *26,0 kn*. Fahrstrecke *6600/16 sm/kn*. Bewaffnung 8—*46 cm*-SK in 2 ⚙ + 1 ⚙ sämtlich vorn, sonst wie ›*A*—*140*‹.

›*O*‹ vom 12. August 1935: *60 000 ts* Probefahrt-Depl., Abm. $249 \times 38,9 \times 10,4 m$. Antrieb Tu = *55 000 WPS* + DM = *55 000 ePS* = *26,0 kn*. Fahrstrecke *7200/16 sm/kn*. Bewaffnung wie ›*O*‹ vom 10. August 1935.

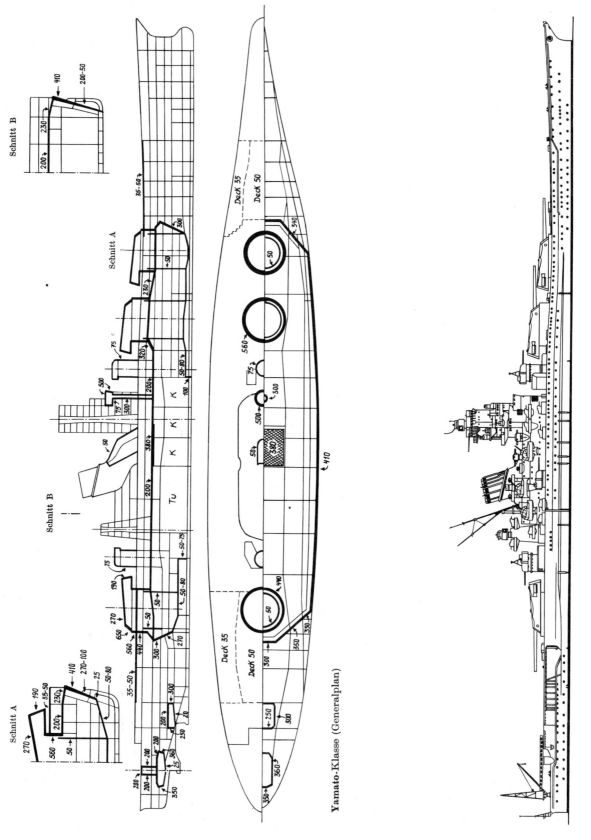

Yamato-Klasse (Generalplan)

Yamato (1942)

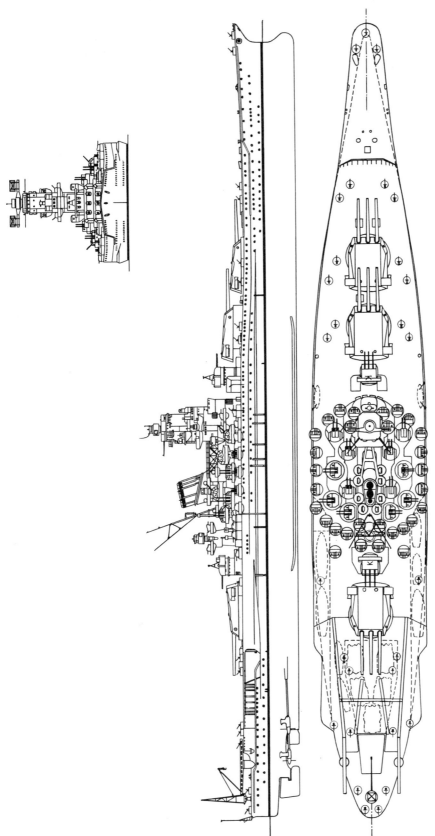

Yamato (1944)

›O‹ vom 14. August 1935: 60 950 ts Probefahrt-Depl., Abm. 249 × 38,9 × 10,4 m. Antrieb $Tu = 65000$ WPS + DM = 65 000 ePS = 27,0 kn; sonst wie ›O‹ vom 10. August 1935.

›F‹ vom 14. August 1935: 60 350 ts Probefahrt-Depl., Abm. 268 × 38,9 × 10,4 m. Antrieb $Tu = 65000$ WPS + DM = 65 000 ePS = 27,0 kn. Fahrstrecke 7200/16 sm/kn. 8—46 cm-SK in 1 ⚬ und 1 ⚬ vorn und 1 ⚬ achtern, sonst wie ›A—140‹.

›G_0—A‹ vom 14. August 1935: 65 450 ts Probefahrt-Depl., Abm. 268 × 38,9 × 10,4 m. Antrieb $Tu = 75000$ WPS + DM = 70 000 ePS = 28,0 kn. Fahrstrecke 7200/16 sm/kn. Bewaffnung wie ›A—140‹.

›K‹ vom 1. August 1935: 50 059 ts Probefahrt-Depl., Abm. 221 × 36,0 × 10,1 m. Antrieb $Tu = 40000$ WPS + DM = 40 000 ePS = 24,0 kn. Fahrstrecke 6600/16 sm/kn. 8—46 cm-SK in 2 ⚬ und 1 ⚬, sämtlich vorn, sonst wie ›A—140‹.

›O‹ vom 5. August 1935: 51 900 ts Probefahrt-Depl., Abm. 235 × 37,0 × 10,3 m. Antrieb $Tu = 50000$ WPS + DM = 45 000 ePS = 26,0 kn. Fahrstrecke 6600/16 sm/kn. Sonst wie ›K‹.

›O‹ vom 5. August 1935: 53 900 ts Probefahrt-Depl., Abm. 246 × 37,0 × 10,3 m. Antrieb $Tu = 65000$ WPS + DM = 65 000 ePS = 28,0 kn. Fahrstrecke 6600/16 sm/kn. Sonst wie ›K‹.

›O‹ vom 5. August 1935: 53 600 ts Probefahrt-Depl., Abm. 237 × 37 × 10,3 m. Antrieb $Tu = 50000$ WPS + DM = 50 000 ePS = 26,0 kn. Fahrstrecke 7200/16 sm/kn. Sonst wie ›K‹.

›G_2—A‹ vom 30. August 1935: 63 450 ts Probefahrt-Depl., Abm. 262 × 38,9 × 10,4 m. Antrieb $Tu = 73000$ WPS + DM = 70 000 ePS = 28,0 kn. Fahrstrecke 7200/16 sm/kn. 9—46 cm-SK in 3 ⚬ vorn, sonst wie ›A—140‹.

›I‹ vom 30. Juli 1935: 65 050 ts Probefahrt-Depl., Abm. 268 × 38,9 × 10,4 m. Antrieb $Tu = 73000$ WPS + DM = 70 000 ePS = 28,0 kn. Fahrstrecke 7200/16 sm/kn. 10—40,6 cm-SK in je 1 ⚬ und 1 ⚬ vorn und achtern, 8—15,5 cm-SK in 2 ⚬, 16—12,7 cm-⚓$_2$, 24—2,5 cm-⚓$_2$.

›J_0‹ vom 30. Juli 1935: 52 000 ts Probefahrt-Depl., Abm. 242 × 36,2 × 10,1 m. Antrieb $Tu = 60000$ WPS + DM = 60 000 ePS = 27,5 kn. Fahrstrecke 7200/16 sm/kn. 9—40,6 cm-SK in 3 ⚬ vorn, 9—15,5 cm-SK in ⚬, 12—12,7 cm-⚓$_2$, 24—2,5 cm-⚓$_2$.

›O‹ vom 10. August 1935: 53 000 ts Probefahrt-Depl., Abm. 244 × 36,6 × 10,2 m. Antrieb $Tu = 65000$ WPS + DM = 65 000 ePS = 28,0 kn, sonst wie ›J_0‹.

›J_2‹ vom 30. Juli 1935: 54 030 ts Probefahrt-Depl., Abm. 255 × 38,5 × 10,2 m. Antrieb $Tu = 65000$ WPS + DM = 70 000 ePS = 29 kn. Fahrstrecke 6000/18 sm/kn., sonst wie ›J_0‹.

›J_3‹ vom 30. August 1935: 58 400 ts Probefahrt-Depl., Abm. 252 × 38,9 × 10,2 m. Antrieb $Tu = 65000$ WPS + DM = 70 000 ePS = 28 kn. Fahrstrecke 7200/16 sm/kn. 12—40,6 cm-SK in je 2 ⚬ vorn und achtern, sonst wie ›J_0‹.

›F_3‹ vom 5. Oktober 1935: 61 000 ts Probefahrt-Depl., Abm. 246 × 38,9 × 10,4 m. Antrieb $Tu = 75000$ WPS + DM = 60 000 ePS = 27,0 kn. Fahrstrecke 4900/16 sm/kn. 9—46 cm-SK in 2 ⚬ vorn und 1 ⚬ achtern, 12—15,5 cm-SK in ⚬, 12—12,7 cm-⚓$_2$, 24—2,5 cm-⚓$_2$, 16 MG ⚓$_4$.

›F_4‹ vom 5. Oktober 1935: 62 545 ts Probefahrt-Depl., Abm. 248 × 38,9 × 10,4 m. Antrieb $Tu = 75000$ WPS + DM = 60 000 ePS = 27,0 kn. Fahrstrecke 7200/16 sm/kn. Sonst wie ›F_3‹.

›F_5‹ vom 20. Juli 1936: 65 200 ts Probefahrt-Depl., Abm. 253 × 38,9 × 10,4 m. Antrieb $Tu = 75000$ WPS + DM = 60 000 ePS = 27,0 kn. Sonst wie ›F_3‹.

Endgültiger Entwurf vom März 1937: 68 200 ts Probefahrt-Depl., Abm. 256 × 38,9 × 10,4 m. Antrieb $Tu = 150000$ WPS = 27,0 kn. Fahrstrecke 7200/16 sm/kn. 9—46 cm-SK in 2 ⚬ vorn und 1 ⚬ achtern, 12—15,5 cm-SK in ⚬, 12—12,7 cm-⚓$_2$, 24—2,5 cm-⚓$_2$, 8 MG-⚓$_4$.

Vom zweiten Vorentwurf ab waren für die beiden inneren Wellen Tu und für die beiden äußeren DM vorgesehen. Zu dieser Zeit verfügte die japanische Marine über einen doppeltwirkenden Zweitakt-DM von 10 000 ePS Leistung (eingebaut auf dem UBoot-Tender **Taigei** und vorgesehen für die Troßschiffe **Tsurugisaki** und **Takasaki**), so daß an sich keinerlei Bedenken gegen einen entsprechenden Marsch-Antrieb für die neuen Schlachtschiffe bestanden. Im Herbst 1936, wenige Wochen nach Abschluß des letzten Vorentwurfs, standen die Konstrukteure plötzlich unerwarteten Schwierigkeiten gegenüber, die eine grundlegende Änderung des bisherigen Entwurfs notwendig machten: Bei den DM stellten sich nach dem Einbau in die Troßschiffe erhebliche Mängel heraus, die ihren Ersatz durch Tu erforderlich machten. Da die Maschinenräume der neuen Schlachtschiffe durch 200 mm dicke Panzerplatten abgedeckt werden sollten, mußte es außerordentlich schwierig und zeitraubend sein, die DM bei späteren Schäden oder Änderungen wieder auszubauen. Diese Überlegungen gaben dazu Veranlassung, auf die DM zu verzichten und den Antrieb ausschließlich auf Tu umzustellen, wie es bei dem ersten Vorentwurf geplant gewesen war.

Durch sorgfältige Ermittlung der günstigsten Schiffsform gelang es, den natürlichen Widerstand erheblich zu verringern. So betrug die Verminderung des Wasserwiderstandes bei der Höchstgeschwindigkeit von 27 kn infolge des im Unterschiff birnenförmig gestalteten Vorstevens 8,2%. Verbesserungen des Schiffsbodens, der ⚓ und der Wellenböcke ermöglichten eine weitere Verminderung. Die Birnenform des Vorstevens erbrachte eine Einsparung von 1900 PS und die Verbesserung an den ⚓ und ihrer Wellen eine solche von 475 PS. Alle Einsparungen zusammen einschließlich der Außenhautverbesserungen ergaben 15 820 PS.

Bemerkenswert war auch der massig wirkende Turmmast; dieser bestand aus 2 konzentrischen Zylindern. Der innere hatte ~ 1,5 m Durchmesser und eine 20 mm dicke Panzerung. Durch ihn liefen wichtige Kabel- und Nachrichtenverbindungen sowie ein Fahrstuhl für 4 Mann. Der Raum zwischen dem kreisförmigen inneren und dem achteckigen äußeren Zylinder wurde für Stabs- und Karteräume ausgenutzt. Ganz oben befand sich ein 15 m-BG, darüber der Artillerieleitstand mit 150 mm-Panzerung. Unter dem BG folgte der nur leicht gepanzerte MA-Leitstand, und um diesen herum der offene ⚓-Leitstand mit seinen Ziel-

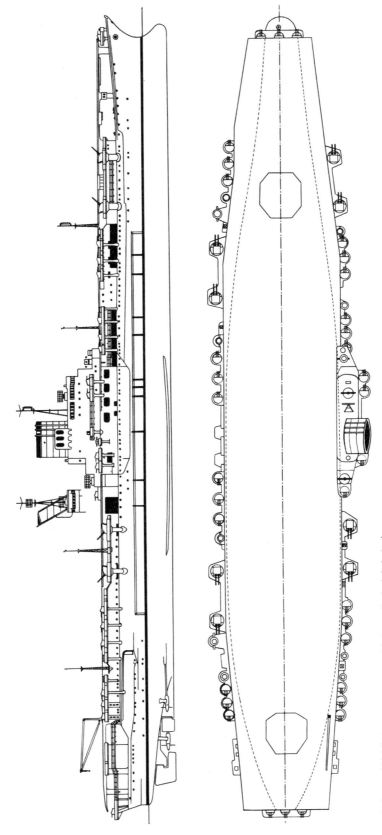

Shinano (1944) (Kran einschließlich Pfosten an Deck niederlegbar)

säulen. Auf $^1/_2$ Höhe des Turmmastes (der das Oberdeck um mehr als 12 Stockwerke bis zur Höhe von ~ 28 m über der CWL überragte) befand sich die obere Brücke, die nach vorn kastenförmig 5 m weit vorgebaut und nach hinten offen war. Seitlich davon befanden sich je 3 Scheinwerfer und Scheinwerfer-Richtgeräte, in der Mitte die Karten-, Signal- und Radarräume, darunter eine größere Brücke mit Nocken als Signalstände, und am Fuß ein kuppelartiger ⚓-Meßstand.

Ein schwacher Punkt in der Gesamtkonstruktion waren die 15,5 cm-∞, weil sie infolge ihrer unzureichenden Panzerung den Schutz der Munitionskammern gefährdeten. Das bewies ein späterer Bombentreffer, der nach Durchschlagen der Turmdecke und der Barbette in einer Munitionskammer detonierte.

Infolge des Gasdrucks der SA — der in 15 m Entfernung 7 kg/qcm betrug, gegenüber nur 3,5 kg/qcm bei der 40,6 cm-SK — ließen sich an Oberdeck keine Beiboote aufstellen. Aus diesem Grunde wurden für sie Schuppen unter dem Oberdeck errichtet, und zwar beiderseits der ⚓-Halle und des Turms C. Diese Schuppen ragten z. T. über die Bordwand hinaus und konnten achtern durch Doppeltore geschlossen werden. Das Aussetzen der Beiboote erfolgte mittels Taljen an Schienen unter dem weit ausladenden Oberdeck. Aus gleichem Grunde wurden auch die mitgeführten ⚓ in einer Halle unter dem Oberdeck abgestellt. Sie wurden von dem Kran durch eine abdeckbare Lukenöffnung herausgehoben, um entweder auf ein Abstellgleis oder auf eines der beiden ⚓ gesetzt zu werden. Der Gasdruck der SA war auch die Ursache dafür, daß sogar die leichten ⚓-Waffen Schutzschilde erhalten mußten. Später, als die Gefährdung aus der Luft immer mehr zunahm, verzichtete man auf alle Rücksichten dem Bedienungspersonal gegenüber, und es wurden zahlreiche ⚓-Waffen ohne Schutzschilde zusätzlich aufgestellt.

Im Herbst 1943 wurden auf **Yamato** und **Musashi** die 15,5 cm-Seiten-∞ ausgebaut, um Platz für eine stärkere ⚓-Bewaffnung zu gewinnen. **Yamato** erhielt zunächst als provisorische Verstärkung 12—2,5 cm-⚓$_3$ und im Februar 1944 zusätzlich jenseits 6—12,7 cm-⚓$_2$. Diese waren auch für **Musashi** vorgesehen, bei der im April 1944 die entsprechenden Versteifungen eingezogen wurden. Der Mangel an 12,7 cm-⚓$_2$ machte jedoch die vorgesehene ⚓-Verstärkung unmöglich. Dafür wurden jenseits 9—2,5 cm-⚓$_3$ eingebaut. In der nachfolgenden Zeit wurde die ⚓-Bewaffnung beider Schiffe immer mehr verstärkt. Radarantennen befanden sich seit 1944 an Bord.

Nach dem Verlust von 4 großen ⚓-Trägern bei den Midway's entschlossen sich die Japaner, das 3. Schiff dieser Klasse, **Shinano**, nicht als Schlachtschiff, sondern als ⚓-Träger fertigzustellen. Ursprünglich war vorgesehen, **Shinano** in eine Art ›schwimmenden Flugplatz‹ umzugestalten, gewissermaßen als Ergänzung zu anderen ⚓-Trägern, auch zu Landbasen. Nach diesem ersten Plan sollte das Schiff ohne eigene ⚓ und entsprechende Wartungsmöglichkeiten nur eine Art von ⚓-Hilfsschiff werden. Noch vor dem Abschluß der diesbezüglichen Entwurfsarbeiten entschloß man sich jedoch zum Umbau in einen vollwertigen ⚓-Träger. Wegen der großen Umbauschwierigkeiten und der damit verbundenen Verzögerungen mußte das Projekt gegen den Widerstand maßgeblicher Persönlichkeiten der japanischen Marine durchgesetzt werden. Die ersten Umbaupläne sahen daher nur Platz für 18 ⚓ vor; im September 1942 kam es dann zum Schlußentwurf, der Räume für insgesamt 47 ⚓ vorsah, eine im Vergleich zur Größe des Schiffes immer noch sehr geringe Zahl.

Bei einem Vergleich mit der **Yamato**-Klasse ergaben sich folgende Unterschiede in der Gewichtsverteilung:

	Yamato	Shinano
Schiffskörper	23 846 ts	28 472 ts
Panzerung und Schutzeinrichtungen	22 534 ts	23 852 ts
Waffen	11 660 ts	2 062 ts
Antrieb	5 218 ts	4 878 ts
Ausrüstung	4 742 ts	7 632 ts
Konstruktionsverdrängung (nach Entwurf)	68 000 ts	66 896 ts

Da das 200 mm dicke Panzerdeck auf **Shinano** bereits eingezogen war, konnte lediglich ein Hallendeck errichtet werden. Das gesamte Flugdeck war 100 mm dick gepanzert und infolge Holzmangels mit einem Sägemehl-Zement-Überzug versehen. Die 180 mm dick gepanzerten Munitionskammern wurden in Magazine für Bomben, Torpedos und Bordwaffenmunition umgebaut, und in die bereits eingebauten Barbetten der SA wurden schnelle Munitionsaufzüge installiert. Der Seitenpanzer war nur 200 mm dick, aber zusätzlich wurden breite T-Wulste angesetzt.

Wie bereits bei dem von Anfang an als solchem erbauten ⚓-Träger **Taiho** war auch bei **Shinano** der Schornstein um ~ 26° nach außen abgewinkelt. Für **Shinano** galt seither:

b) Wie **Yamato**-Kl., jedoch: Seitenpzr. 200 / Flugdeck 75—100 / SA-Barbetten (= Munitionsaufzüge) 175 / Lüftungseinrichtungen usw. bis zu 38 / *Sämtliche Flugbenzin-Tanks außerhalb der Zitadelle unterhalb des Seitenpanzers in von 2000 t Wasser durchfluteten Räumen!*

c) Wie **Yamato**-Kl., Geschw. 27,3 kn.

d) 16—12,7 cm-⚓$_2$ / 105—, zuletzt 155—2,5 cm-⚓, ⚓$_3$ / 12 Gruppen zu je 28 Werfern für 12 cm-Tiefflieger-Abwehrraketen / 42, maximal 47 ⚓ / 1 Hallendeck, 2 Aufzüge, keine ⚓, Flugdeck-Länge 255,0 m, Flugdeck-Breite 39,4 m, größte Breite Flugdeck 53,0 m.

Das geplante 5. Schlachtschiff, Bau-**Nr. 797**, sollte **Shinano** und Nr. 111 entsprechen und — wie auch bei diesen geplant — von Anfang an eine verringerte MA zu Gunsten einer stärkeren ⚓-Bewaffnung erhalten, nämlich nur 6—15,5 cm-SK in ∞, aber eine größere, anscheinend noch nicht festgelegte Anzahl (16 bis 20) der neuen 10 cm-Mehrzweck-SK L/65 in ∞.

Projekt ›B—64‹ / ›B—65‹
Cho Ko Junyokan = Schlachtkreuzer

1	2	3	4	5	6
Nr. 795	1942	∞	∞	∞	∞
Nr. 796	1942	∞	∞	∞	∞

Aufträge nicht mehr erteilt.

a) In der noch vor dem Kriegsbeginn im Pazifik erarbeiteten ersten Fassung des V. Flottenbau-Ergänzungsprogramms für 1942/43 waren 2 Schlachtkreuzer enthalten, die jedoch nicht als solche bezeichnet wurden, sondern als ›Super-A-Typ-Kreuzer‹, also ganz ähnlich wie die Einheiten der amerikanischen → **Alaska-Kl.** Die Entwurfsarbeiten an diesem Projekt ›B—64‹ begannen im Sommer 1940, wobei der Unterwasserschutz an einem maßstäblichen Modell entwickelt wurde. 1941 erfolgten dann die ersten Erprobungen eines neuentwickelten 31 cm-Geschützes für diese Schiffe. Als gegen Jahresende 1941 die tatsächlichen Eigenschaften der amerikanischen → **Alaska-Kl.** bekannt wurden, entschloß man sich zu einem schwereren Kaliber der SA, um gegenüber den amerikanischen Schiffen nicht zurückzustehen; damit entstand das Projekt ›B—65‹. Nach dem erfolgreichen Angriff auf Pearl Harbor — wobei die eingesetzten japanischen ⚓-Träger die überragende Bedeutung dieses Kriegsschiffstyps erstmalig unter Beweis stellten — wurden diese Projekte fallengelassen. An ihre Stelle traten dann 20 ⚓-Träger, und zwar 5 große einer verbesserten **Taiho-Kl.** und 15 vom Typ **Unryu**[1].

b) *Der Seitenpanzer war so berechnet, daß er 30,5 cm-Granaten auf Gefechtsentfernungen zwischen 200 und 300 hm widerstehen sollte. Der Horizontalpanzer sollte Bomben bis zu einem Gewicht von 800 kg standhalten; zuletzt wurde er so verstärkt, um selbst Bomben von 1000 kg zu trotzen. PzQ.: ..., ... / Seitenpzr.: 20° geneigter Außenpanzer 190 / Horizontalpzr.: PzD. 125 / Unterwasserschutz anscheinend ganz ähnlich* → **Yamato-Kl.** / SA: *Barbetten ...; Türme ..., ..., ... / KdoT. ... (...).*

c) 4 × Kanpon-⊛ Tu auf 4 ⊛ / 8 Kanpon-Kessel (Öl) / Leist. 160 000 WPS; Geschw. 33—34 kn / 2 Ruder hintereinander.

[1] Von ersteren wurde keiner mehr begonnen, und von der **Unryu**-Kl. kamen nur 2 Schiffe in Dienst, während 3 weitere unvollendet blieben.

d) Projekt ›B—64‹: 9—31 cm-SK L/50 in 3 ⚭; Projekt ›B—65‹ 6—36 cm-SK in 3 ⚭ / 16—10 cm-Mehrzweck-SK L/65 in ⚭ / 8—2,5 cm-↯₂, endgültig: 12—2,5 cm-↯₃ / 8 MG ↯₂ / 8—60,9 cm-TR schwenkbar in Vierergruppen(?) / 1 ⛵, 3 ⛵.

e) Äußerlich sollten diese beiden Schiffe weitgehend der → **Yamato-Kl.** ähnlich werden (Aufstellung der SA, Anordnung und Form des Turmmastes und des Schornsteines). Auch die Anordnung des Seitenpanzers — der vermutlich als tragender Verband ausgebildet war — dürfte der **Yamato-Kl.** weitgehend entsprochen haben. Die Unterbringung des einzigen ⛵ entsprach hingegen der auf Kreuzern. Davor war eine geräumige ⛵-Halle vorgesehen, in der 2—3 ⛵ mit zusammengefalteten Tragflächen untergebracht werden konnten. Für die Artillerie war folgende Dotierung in Aussicht genommen: 540 × 31 bzw. 35,6 cm, 2640 × 10 cm, 10 000 × 2,5 cm, 6000 Schuß MG-Munition. Die TR-Bewaffnung war anscheinend nur für das Projekt ›B—64‹ vorgesehen.

›Super-Yamato‹-Klasse
Senkan - Schlachtschiffe

1	2	3	4	5	6
Nr. 798	1942	∞	∞	∞	∞
Nr. 799	1942	∞	∞	∞	∞

Aufträge nicht mehr erteilt.

a)—e) Das V. Flottenbau-Ergänzungsprogramm für 1942 sah neben einem verbesserten 5. Schiff der → **Yamato-Kl.** zwei noch stärkere Schlachtschiffe vor, deren erster Entwurf (A—150) 1941 in Bearbeitung war. Bei einer Typverdrängung von ~ 70 000 ts und ähnlichen Abmessungen wie die → **Yamato-Kl.** sollten diese 6—50,8 cm-SK in 2 ⚭ vorn und 1 ⚭ achtern als Hauptbewaffnung erhalten. Besondere Aufmerksamkeit wurde der weiteren Verbesserung der Schutzeinrichtungen zuteil. So waren bereits 1 : 1-Modelle der Munitionskammern und Umladeräume gebaut worden, um deren bestmöglichen Schutz ermitteln zu können. Auch wurden dazu ballistische Versuche zur Entwicklung einer 50,8 cm-SK durchgeführt. Über diese Vorbereitungen hinaus ist es jedoch nicht weiter gekommen, denn die veränderte seestrategische Lage des Jahres 1942 zwang zur Aufgabe dieser Bauvorhaben.

Japan

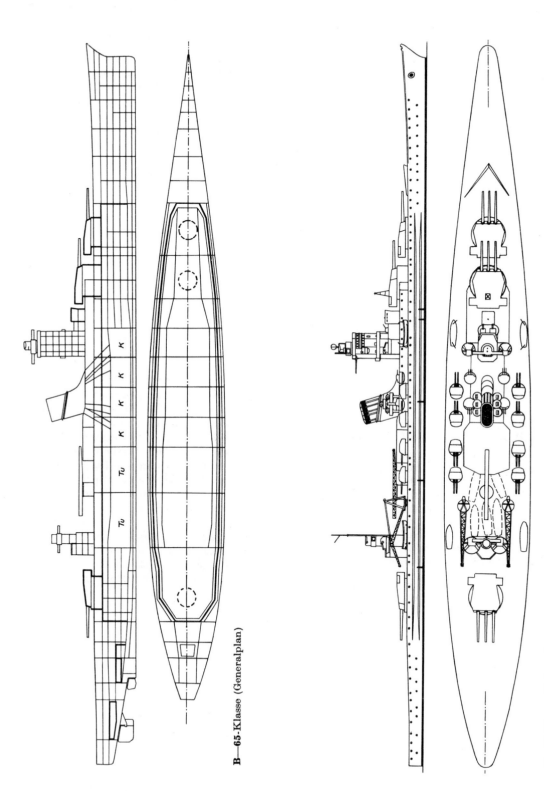

B—65-Klasse (Generalplan)

B—65-Klasse (Entwurf)

ITALIEN
Italy   Italie   Italia

Stammtafel

Jahr	Schlachtschiffe	Schlachtkreuzer	Schnelle Schlachtschiffe
1907	Dante Alighieri		
1908			
1909			
1910	Conte di Cavour ⎤		
1911	Caio Duilio ⎦		
1912			
1913			
1914			Francesco Caracciolo
1934			Vittorio Veneto

Italienische Großkampfschiffe 1905—1957

Nachfolgend aufgeführt sind die jeweils in einem Etatjahr bewilligten sowie die zum Ende des Etatjahres im Dienst befindlichen bzw. fertiggestellten Großkampfschiffe. Kriegsverluste und sonstige Abgänge sind dabei jeweils berücksichtigt.

Etatjahr	bewilligt	fertig	Etatjahr	bewilligt	fertig
1905	0	0	1914	4	3
1906	0	0	1915	0	5
1907	1	0	1916	0	5
1908	0	0	1917	0	5
1909	0	0	1918	0	5
1910	3	0	1919	0	5
1911	2	0	1920	0	5
1912	0	0	1921	0	5
1913	0	1	1922	0	5

Etatjahr	bewilligt	fertig	Etatjahr	bewilligt	fertig
1923	0	5	1940	0	6
1924	0	5	1941	0	6
1925	0	5	1942	0	7
1926	0	5	1943	0	5
1927	0	5	1944	0	5
1928	0	4	1946	0	5
1929	0	4	1947	0	5
1930	0	4	1948	0	3
1931	0	4	1949	0	2
1932	0	4	1950	0	2
1933	0	4	1951	0	2
1934	2	4	1953	0	2
1935	0	4	1954	0	2
1936	0	4	1955	0	2
1937	0	4	1956	0	2
1938	2	4	1957	0	0
1939	0	4			

Artillerie

Kaliber cm (inches) und Austellung	Rohrlänge	Konstruktionsjahr	Rohrgewicht t	Geschoßgewicht kg	Schußweite bei maximaler Rohrerhöhung hm/Grad	Feuergeschwindigkeit s/min	Bemerkungen
1. Schwere Artillerie							
38,1 (15″) ⌒	L/40	1914	82,0	875	.	.	Vorgesehen für **Francesco Caracciolo**-Kl., später in Monitore eingebaut.
38,1 (15″) ⌒	L/50	1934	102,4	882	428/35°	1,5	Eingebaut in **Vittorio Veneto**-Kl. Turmgewicht 1600 t
32,0 (12,6″) ⌒, ⌒	L/43,8	1934	64,0	525	286/27°	2	Die von Ansaldo ausgebohrten alten 30,5 cm-Rohre, die in ihre alten Lafetten eingesetzt wurden. Nach Umbau auf **Conte di Cavour**- und **Caio Duilio**-Kl. Gewichtsangaben: ⌒ 880 t, ⌒ 600 t. Höhenrichtbereich bei **Caio Duilio**-Kl. 30°.
30,5 (12″) ⌒, ⌒	L/46	1909	64,1	452	240/27°	1	Modell Vickers-Armstrong! Eingebaut auf **Dante Alighieri** und auf **Conte di Cavour**- und **Caio Duilio**-Kl.

Kaliber cm (inches) und Ausstellung	Rohr-länge	Kon-struk-tionsjahr	Rohr-gewicht t	Geschoß-gewicht kg	Schußweite bei maximaler Rohrerhöhung hm/Grad	Feuer-geschwin-digkeit s/min	Bemerkungen
\multicolumn{8}{c}{**2. Mittelartillerie**}							
15,2 (6")	L/50	1909	6,5	48	.	6	Modell Vickers Armstrong! Nur eingebaut auf **Caio Duilio**-Kl. und vorgesehen für **Francesco Caracciolo**-Kl. (sämtlich Kasematt-SK)
15,2 (6") ⚓	L/55	1934	8,9	50	249/45°	4,5	Eingebaut auf **Vittorio Veneto**-Kl.
13,5 (5,3") ⚓	L/45	1937	6,0	32	200/45°	6	Eingebaut auf **Caio Duilio**-Kl. bei Umbau. Gewichts-angaben: 53,5 t ohne Panzer, überhöhte Türme 64,5 t
12,0 (4,7")	L/50	1909	3,7	22,1	.	6	Modell Vickers Armstrong! Eingebaut in **Dante Alighieri** (Kasematt- und Turm-SK) und auf **Conte di Cavour**-Kl. (Kasematt-SK)
12,0 (4,7") ⚓	L/50	1933	3,0	22,1	195/42°	6	Eingebaut auf **Conte di Cavour**-Kl. bei Umbau. Turm-gewicht 34 t
7,6 (3")	L/50	1909	.	5,6	.	30	Torpedoboot-Abwehr der alten Schlachtschiffe, bei Totalumbauten ausgebaut
\multicolumn{8}{c}{**3. ✈-Bewaffnung**}							
10,0 (3,9") ✈₂	L/47	1928	2,0	15,0	152/...	9	Eingebaut auf **Conte di Cavour**-Kl. bei Umbau. Höhen-richtbereich —5° +85°. Gesamtgewicht 12,8 t
9,0 (3,6") ✈	L/50	1939	1,49	10,0	130/...	12	Eingebaut auf **Caio Duilio**-Kl. bei Umbau und auf **Vittorio Veneto**-Kl. Höhenrichtbereich —3° +75°. Steighöhe 110 hm
7,6 (3") ✈	L/40	1917	0,7	6,0	150/...	10	Die ersten ✈-Waffen der alten Schlachtschiffe bis Totalumbau! Höhenrichtbereich —10° +65°. Ohne Schutzschilde.
4,0 (1,57") ✈	L/39	1917	0,5	0,9	40/...	80	Vorgesehen für **Francesco Caracciolo**-Kl.
3,7 (1,46") ✈₂, ✈	L/54	1932	.	.	80/...	120	Auf allen Schlachtschiffen ab 1937. Gewicht der 3,7 cm-✈₂ 3,6 t. Steighöhe 40 hm. Höhenrichtbereich bis +80°
2,0 (0,8") ✈₂	L/65	1940	.	0,14	55/...	125	Auf allen Schlachtschiffen ab 1940/41. Höhenrichtbereich —10° +80°. Steighöhe 30 hm. Rohre diagonal zueinander versetzt

Bordflugzeuge

Ab ~1927 befand sich vorübergehend auf einigen älteren Schlachtschiffen ein Flugboot des Musters ›Macchi M 18‹ an Bord. Sein Start erfolgte durch ein im Vorschiff angeordnetes starres ⚓. 1939 wurde der moderne Borderkunder ›Ro 43‹ eingeführt, den nur die Schiffe der **Vittorio Veneto**-Kl. erhielten. Ab Anfang 1943 waren Versuche im Gang, diese Schiffe mit schnellen Heeres-Jagdflugzeugen (›Re. 2000‹) auszurüsten. Ihr Start erfolgte mit Hilfe des ⚓, doch konnten sie nicht wassern und an Bord zurückgeholt werden, sondern mußten versuchen, einen Flugplatz auf dem Festland zu erreichen.

Farbanstrich

Bis ~1920 dunkelgrauer, danach meist lichtgrauer Rumpf einschließlich der Aufbauten. Während des Zweiten Weltkrieges zeitweise Tarnbemalungen.

Radarausstattung

Nur die Schiffe der **Vittorio Veneto**-Kl. erhielten noch solche Antennen (entwickelt und gebaut von einer italienischen Firma), die sie auf ihrem Vormars-BG führten.

Torpedoschutznetze

Torpedoschutznetze wurden von italienischen Schlachtschiffen längstens bis 1918/19 geführt, später jedoch nicht mehr.

Torpedowaffe

Eine Torpedowaffe war nur auf den alten italienischen Schlachtschiffen vertreten. Es handelte sich um 45 cm-↓ TR, die jedoch spätestens beim Totalumbau der Schiffe ausgebaut wurden.

Werften

Die folgenden italienischen Werften waren zum Bau von Schlachtschiffen herangezogen worden:

Arsenale di La Spezia[1]	**Conte di Cavour, Andrea Doria, Dante Alighieri, Caio Duilio, Francesco Caracciolo**
Cantieri di Castellamare di Stabia[1]	
Cantieri Ansaldo, Genova	**Giulio Cesare, Cristoforo Colombo, Impero,** dazu Fertigstellung von **Caio Duilio**
Cantieri del Tirreno, Genova	Totalumbau von **Caio Duilio** und **Giulio Cesare**
Cantieri Odero, Genova	**Leonardo da Vinci, Marcantonio Colonna**
Cantieri Orlando, Livorno	**Francesco Morosini**
Cantieri Riuniti dell' Adriatico, Trieste[2]	**Vittorio Veneto, Roma,** Umbau von **Andrea Doria** und **Conte di Cavour**

[1] Marinewerften.
[2] Früher österreich-ungarisch ›Stabilimento Tecnico Triestino‹.

Die italienischen Großkampfschiffe

1	2	3	4	6	6	7	8	9	10	11	12	13
Vittorio Emanuele	.	13035	14192					$\frac{8.0}{8.6}$ $\frac{7.9}{8.4}$	1000 K	2276 K	11000/10 10000/10	
Regina Elena	.	12691	13804	132.6	.	144.6	22.4					700
Napoli	.	12833	14112					$\frac{8.0}{8.5}$ $\frac{7.9}{8.4}$	1000 K	2162 K	9000/10	
Roma	.	12791	13950									
Dante Alighieri	.	19500	21800	158.4	164.9	168.1	26.6	$\frac{9.2}{9.7}$	700 K 300 Ö	2400 K + 600 Ö	5000/10	970
Conte di Cavour Guilio Cesare Leonardo da Vinci	21751	23088	25086	169.0	.	176.1	28.0	$\frac{8.7}{9.4}$	570 K + 350 Ö	1450 K + 850 Ö	4800/10	1000 bis 1197
Conte di Cavour Giulio Cesare Umbau	23619	26140	29100	,,	.	186.4	,,	$\frac{9.2}{10.4}$	.	2500 Ö	3100/20	1236
Caio Duilio Andrea Doria	.	22694	25200	169.0	.	176.1	28.0	$\frac{8.9}{9.5}$	606 K + 314 Ö	1488 K + 886 Ö	4800/10	1000
desgl. nach Umbau: Caio Duilio Andrea Doria	23887	26434 25924	29391 28882	,,	.	186.9	,,	$\frac{9.1}{10.4}$	.	2250 Ö	4250/12	1495
Francesco Morosini Francesco Caracciolo Cristoforo Colombo Marcantonio Colonna	29260	32800	34000	201.6	.	212.1	29.6	$\frac{8.8}{9.5}$	1800 Ö	3500 Ö	8000/10	.
ex-Tegetthoff	.	21730	22500	151.4	160.0	161.0	27.3	$\frac{8.2}{8.6}$	900 K	2000 K	4200/10	.
Projekt 1928/29	23000	.	~27000	.	184.5	190.0	26.0	8.0	. Ö	. Ö	.	.
Vittorio Veneto Italia	35000[1] 41167 35000[1] 41377	43624 43835	45752 45963	224.5	232.4	236.0[2] 237.8	32.9	$\frac{9.6}{10.5}$	.	4000 Ö	4580/16	$\frac{1830}{1872}$
Roma Impero	35000[1] 41650	44050	46215	,,	,,	240.7	,,	9.7	.	,,	,,	$\frac{1930}{1960}$

[1] Offizielle Größenangabe
[2] Vor dem Vorsteven-Umbau

Vittorio Emanuele-Klasse
Navi di Battaglia = Schlachtschiffe[1]

1	2	3	4	5	6
Vittorio Emanuele	1901	Cant. di Castellamare di Stabia	18. 9. 01	12. 10. 04	1. 8. 08

Während des ital.-türk. Krieges: 5. Oktober 1911 Operationen gegen Tobruk, 18. und 20. Oktober 1911 Beschießungen von Bengasi. 1. April 1923 gestrichen, abgewrackt.

| **Regina Elena** | 1901 | Arsenale di La Spezia | 27. 3. 01 | 19. 6. 04 | 11. 9. 07 |

15. März 1923 gestrichen, abgewrackt.

| **Napoli** | 1902 | Cant di Castellamare di Stabia | 21. 10. 03 | 10. 9. 05 | 1. 9. 08 |

Während des ital. türk. Krieges: 10. November 1911 Operationen gegen Tobruk, Beschießung von Derna und Bengasi. 18. April 1912 Beschießung von Dardanellen-Befestigungen. 3. September 1926 gestrichen, 1926/27 in Savona abgewrackt.

| **Roma** | 1905 | Arsenale di la Spezia | 20. 9. 03 | 21. 4. 07 | 17. 12. 08 |

Während des ital.-türk. Krieges: 10. November 1911 Operationen gegen Bengasi. 18. April 1912 Beschießung von Dardanellen-Befestigungen. 13. Oktober 1927 gestrichen, abgewrackt.

a) Konstrukteur dieser letzten italienischen Vor-Dreadnought-Linienschiffe war Vittorio Cuniberti, bedeutendster Exponent des ›all big gun battleships‹. Mit diesen Schiffen schuf er einen Übergangstyp mit ›halbschwerer‹ Artillerie neben der eigentlichen schweren. In seiner Zeit galt dieser Typ als wohl gelungen, vor allem im Hinblick auf seinen Geschwindigkeitsüberhang gegenüber gleichaltrigen Linienschiffen.

b) PzQ.: 200, 200 / Seitenpzr.: 250, 250, 100 / Zitadellpzr. 200 / Horizontalpzr.: PzD. 37—50 / Unterwasserschutz: Kohlenschutzbunker / SA: Barbetten 250; Türme 250, ..., ...; 20,3 cm-Türme: Barbetten 150; Türme 150, ..., ... / Leichte Artillerie: Soweit in Kasematten: 80 / KdoT. 250 (...).

c) 2 dreifachwirkende Expansionsmaschinen auf 2 ⚙ / Kessel (Kohle): **Regina Elena** und **Vittorio Emanuele** 28 Belleville-, **Napoli** 22 und **Roma** 18 Babcock & Wilcox- / 1 Ruder.

	Leist.	Geschw.	Probefahrtergebnis
Regina Elena	19000 iPS	21,0 kn	19298 iPS = 20,83 kn
Vittorio Emanuele	19000 iPS	21,0 kn	19424 iPS = 21,36 kn
Napoli	20000 iPS	22,0 kn	19618 iPS = 22,15 kn
Roma	20000 iPS	22,0 kn	19610 iPS = 22,18 kn

d) 2—30,5 cm-SK L/40 in je 1 ⚬ vorn und achtern / 12—20,3 cm-SK L/45 in je 3 ⚬ auf den Seitendecks / 16—, **Napoli** und **Roma**: 24—7,6 cm-SK / 10—, **Napoli** und **Roma**: 2—4,7 cm-SK / 2—45 cm-↓ TR (S).

e) Alle Schiffe hatten verschiedenes Aussehen: **Regina Elena** entsprach zwar weitgehend **Vittorio Emanuele**, jedoch waren ihre Schornsteine um ~ 2,5 m kürzer. Auf **Roma** und **Napoli** waren die Schornsteine anfangs 10 m hoch; später wurden sie um 5 m erhöht. Im Gegensatz zu den beiden ersten Schiffen hatten die Schornsteine von **Roma** und **Napoli** je 2 Absätze. Diese Schiffe hatten auch andere Brückenaufbauten und führten keinen Fockmast. Nur **Roma** erhielt während des Krieges einen solchen.

[1] 1921 reklassifiziert zu ›corazzata costiera‹ = Küstenpanzerschiffe.

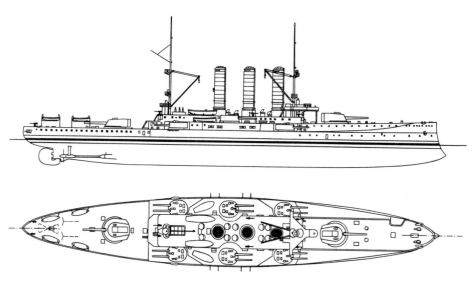

Vittorio Emanuele (1908)

Dante Alighieri
Nave di Battaglia = Schlachtschiff

1	2	3	4	5	6
Dante Alighieri	1907	Cant. di Castellamare di Stabia	6.6.09	20.8.10	15.1.13

Einziger Einsatz im Ersten Weltkrieg: 2. Oktober 1918 Beschießung von Durazzo. 1923 umgebaut. 1. Juli 1928 gestrichen, abgewrackt.

a) Als sich Italien im Jahre 1907/08 dazu entschloß, ebenfalls den Bau von Großkampfschiffen aufzunehmen, bot sich Chefkonstrukteur Cuniberti ein reiches Betätigungsfeld. Mit **Dante Alighieri** schuf er das erste Schlachtschiff der Welt mit ∞. Allerdings konnte er sich noch nicht zur überhöhten Turmaufstellung entschließen. Statt dessen führte er die nach ihm benannte Cuniberti-Aufstellung der SA ein, der sich bald darauf auch im russischen Schlachtschiffbau → **Gangut**-Kl. usw. wiederfand. Bemerkenswert war auch die überdurchschnittlich hohe Geschwindigkeit, die freilich auf Kosten der Panzerung ging. Zeitweise galt **Dante Alighieri** deshalb als das schnellste Schlachtschiff der Welt. Seine Baukosten betrugen 65 Mio. Lire.

b) PzQ.: ..., ... / Seitenpzr.: 76—100, 250 (getäpert ↓ 170), 150 / Zitadellpzr. 100 / Horizontalpzr.: Oberdeck 16; o. PzD. 30; u. PzD. 20 / Unterwasserschutz: Kohlenschutzbunker / SA: Barbetten ...; Türme 250, ..., ... / MA: Kasematten und Türme 100 / KdoT. v. 280 (200); a. 200 (...).

c) 3 × Parsons-Tu auf 3 ⚙ / 23 Blechhynden-Kessel (7 Öl, 16 Kohle und Ölzusatzfeuerg.) / Leist. 32 200 WPS; Geschw. 23,0 kn / 2 Ruder hintereinander. (Probefahrtergebnis: 35 000 WPS = 24,2 kn!).

d) 12—30,5 cm-SK L/46 in 4 ∞, Aufstellung → Skizzen / 20—12 cm-SK L/50 in 4 ∞ und 12 Kasematten / 16—, zuletzt 12—7,6 cm-SK auf den Türmen / 3—45 cm ↓ TR (2 S, 1 H).

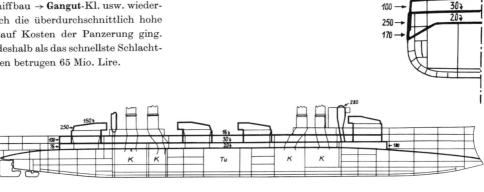

Dante Alighieri (Generalplan)

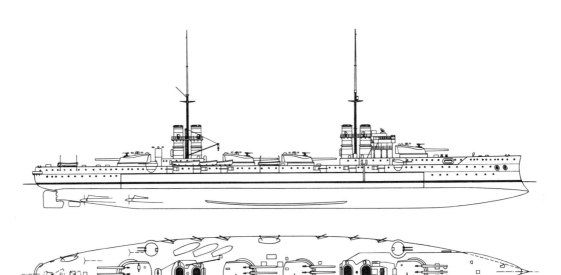

Dante Alighieri (1913)

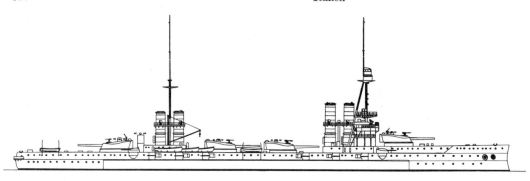

Dante Alighieri
(1927)

e) Beim Umbau 1923 wurde der vordere Pfahlmast durch einen Dreibeinmast ersetzt und dieser nunmehr vor dem vordersten Schornstein aufgestellt. Gleichzeitig wurden die beiden vorderen Schornsteine um ~ 3 m erhöht. Ab 1925 wurde zeitweise 1 ⚓ mitgeführt, das auf Turm C abgestellt wurde.

Conte di Cavour-Klasse
Navi di Battaglia = Schlachtschiffe

1	2	3	4	5	6
Conte di Cavour	1910	Arsenale di La Spezia	10. 8. 10	10. 8. 11	1. 4. 15

*Während des Ersten Weltkrieges keine operativen Einsätze. 1925 vorläufiger Umbau, seit 12. Mai 1928 in Reserve. 12. Oktober 1933 bis 1. Juni 1937 Totalumbau bei Cant. Riun. dell'Adriatico, Triest. Einsätze im Zweiten Weltkrieg. 9. Juli 1940 ⚔ Punta Stilo gegen → Malaya, → Warspite und → Royal Sovereign. 31. August bis 5. September 1940 erfolgloser Ansatz gegen Malta-Convoy. 7.—8. September 1940 erfolgloser Ansatz gegen brit. Force ›H‹. 28. September bis 3. Oktober 1940 erfolgloser Ansatz gegen Teile der brit. Mittelmeerflotte. 12. November 1940 in Tarent von ✈ des brit. ✈-Trägers **Illustrious** angegriffen, 1 LT-Treffer erhalten und in flachem Wasser †. Juli 1941 gehoben und nach Triest zur Reparatur abgeschleppt. Dort Arbeiten Anfang 1943 lagebedingt eingestellt. 10. September 1943 dort von den Italienern in flachem Wasser selbst †, später von deutschem Bergungskommando gehoben. 15. Februar 1945 dort bei US-Luftangriff schwer getroffen und erneut †. Erst 1951/52 geborgen und abgewrackt.*

Giulio Cesare	1910	Cant. Ansaldo, Genova	24. 6. 10	15. 10. 11	14. 5. 14

*Während des Ersten Weltkrieges keine operativen Einsätze! 1926 vorläufiger Umbau. Seit 1928 Artillerieschulschiff. 25. Oktober 1933 bis 1. Oktober 1937 Totalumbau bei Cant. del Tirreno, Genova. Einsätze im Zweiten Weltkrieg: 9. Juli 1940 ⚔ Punta Stilo usw. → **Conte di Cavour**, dabei von → **Warspite** 1–38,1 cm-Treffer erhalten; nach Reparatur ab 31. August 1940 wieder frontbereit. 27. November 1940 ⚔ Kap Teulada mit brit. Force ›H‹. 8. Januar 1941 in Neapel bei brit. Luftangriff durch 3 Bomben-Naheinschläge leicht beschädigt. 8.—10. Februar 1941 erfolgloser Ansatz gegen brit. Force ›H‹. 15.—18. Dezember 1941 bei Fernsicherung für Nordafrika-Convoy am 17. Dezember ergebnisloses ⚔ mit brit. Kreuzern und Zerstörern. 3.—6. Januar 1942 Fernsicherung für 3 Nordafrika-Convoys, danach bis Ende 1942 wegen Frontunbrauchbarkeit in Tarent, ab Januar 1943 in Pola als Ausbildungs- und Wohnschiff. Bei ital. Kapitulation 12. September 1943 nach Malta überführt, ab 28. Juni 1944 wieder in Tarent. Gem. Friedensvertrag vom 10. Februar 1947 als Reparationsleistung UdSSR zugesprochen, Dezember 1948 nach Augusta überführt, von dort 3. Februar 1949 an UdSSR als → **Z 11** ausgeliefert und als → **Novorossijsk** in Schwarzmeerflotte übernommen. ~ 29. Oktober 1955 auf Sevastopol-Reede durch Minentreffer (?) †, Einzelheiten unbekannt.*

1	2	3	4	5	6
Leonardo da Vinci	1910	Cant. Odero, Genova	18. 7. 10	14. 10. 11	17. 5. 15

Während des Ersten Weltkrieges keine operativen Einsätze! 2. August 1916 in Tarent durch Explosion der Munitionskammern † (249 Tote)[1], 17. November 1919 gehoben, 23. Januar 1921 gestrichen, abgewrackt.

a) Am 2. Dezember 1909 erfolgte die Bewilligung von 3 weiteren Schlachtschiffen, deren Geldmittel im darauffolgenden Haushaltsjahr aufgebracht wurden. Sie waren bereits 1908 entworfen worden und entsprachen in vielerlei Hinsicht der → **Dante Alighieri**. Das traf vor allem auf das Kaliber der SA zu, nicht aber auf deren Aufstellungsschema. Bei ihnen wurde das vermeintliche Wagnis überhöhter Türme in Kauf genommen, doch entschied man sich dabei für ∝, die über die ∞ hinwegschossen. Um die größtmögliche Rohrzahl zu erhalten, wurde ein 5. Turm — ebenfalls ein ∝ — eingeschoben, was die unorthodoxe Zahl von 13 SK ergab (nur eines weniger, als die zur gleichen Zeit heranwachsende → **Rio de Janeiro** erhielt! Dabei standen allerdings deren 7 Türme in einem auffallenden Mißverhältnis zu den nur 5 Türmen dieser italienischen Neubauten!). 1933 gingen **Cavour** und **Cesare** zum Totalumbau in die Werft — nicht zuletzt unter dem Eindruck der französischen → **Dunkerque**! — und kehrten 1937 zur Flotte zurück. Ihr erstes größeres Debut gaben sie im Mai 1938 bei der großen Flottenparade im Golf von Neapel aus Anlaß des Staatsbesuches Hitlers. Um vieles waren sie zwar kampfstärker, moderner, vor allem aber auch schneller geworden; indessen blieb ihr schwerwiegender Nachteil der auch weiterhin zu schwache Schutz.

b) PzQ.: ..., ... / Seitenpzr.: 130, 250 (getäpert ↑ 220, ↓ 170), 130—80 / Zitadellpzr.: 130 / Horizontalpzr.: Oberdeck nur im Bereich der vorderen Türme 43; Batteriedeck 13—15; o. PzD. 30; u. PzD. 24 mit Böschungen 40 / Unterwasserschutz: Kohlenschutzbunker / SA: Barbetten 240; Türme 280, 240, 85 / MA: Kasematten 110—130 / KdoT.: v. 280 (100); a. 180 (100). — Ab Umbau 1933—37: PzQ.: 80, 80 / Seitenpzr.: 130, 250 (ge-

---

[1] Diese Explosion wurde italienischerseits auf einen Sabotageanschlag österreichischer Agenten zurückgeführt, doch fehlen bis heute dafür alle Indizien.

Conte di Cavour-Klasse

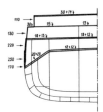

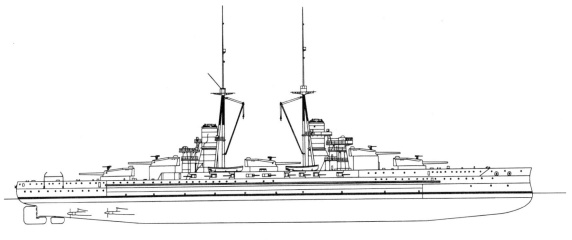

Giulio Cesare (1914)

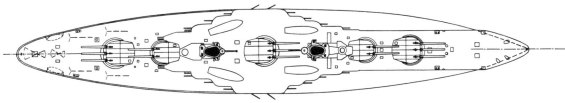

Leonardo da Vinci (1915)

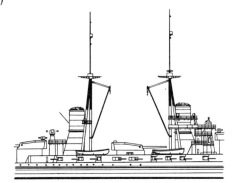

Conte di Cavour (1917)

400 Italien

Giulio Cesare

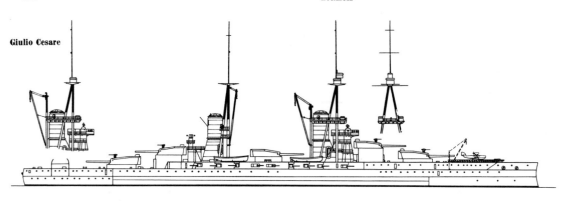

Conte di Cavour (1927)

24 Breyer, Schlachtschiffe

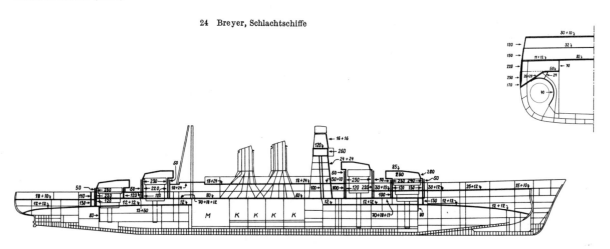

Conte di Cavour-Klasse (Generalplan; Zustand nach Umbau)

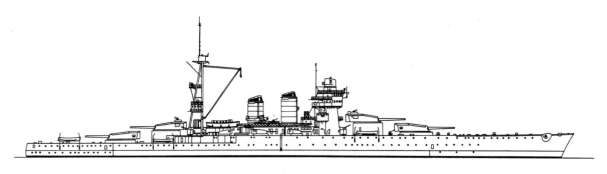

Conte di Cavour (1937)

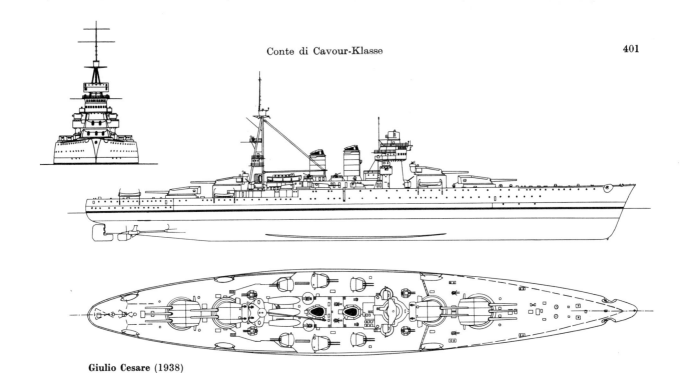

Giulio Cesare (1938)

täpert ↑ 220, ↓ 170), 130 / Zitadellpzr. 150 (getäpert 70) / Horizontalpzr.: Backdeck 40—42; Oberdeck 10—40, 13, 43—25; o. PzD. 27, 80—100, 0; u. PzD. 24, 0, 24 mit Böschungen 40 / Unterwasserschutz: System Pugliese, T-Schott 40 / SA: Barbetten 280—290; Türme 280, 230, 85 / MA: Türme 120 / KdoT. 260 (100).

c) 3 × Parsons-Tu auf 4 ⚙ / 20 Blechhynden-Kessel (8 Öl, 12 Kohle, Ölzusatzfeuerg.), jedoch **Cesare** 24 Babcock-Kessel 12 Öl, 12 Kohle, Ölzusatzfeuerg.) / Leist. 31 000 WPS; Geschw. 21,5 kn. Gesamte Anlage bei Totalumbau ersetzt: 2 × Belluzzo-⊙ Tu auf 2 ⚙ / 8 Yarrow-Kessel (Öl) / Leist. 93 000 WPS; Geschw. 28,0 kn / 2 Ruder hintereinander.

Probefahrtergebnisse:	alte Anlage	neue Anlage
Conte di Cavour	31 278 WPS = 22,2 kn	93 433 WPS = 28,08 kn
Giulio Cesare	30 700 WPS = 21,5 kn	93 490 WPS = 28,25 kn
Leonardo da Vinci	32 800 WPS = 21,6 kn	

d) 13—30,5 cm-SK L/46 in 3 ⊙ und 2 ⊙, Aufstellung → Skizzen / 18—12 cm-SK L/50 in Kasematten / 13—, **L. da Vinci** jedoch 14—7,6 cm-SK L/50 auf den Türmen / ab ∼ 1920: 6—7,6 cm-⚓ L/40 / 3—45 cm-↓ TR (2 S, 1 H) / Seit ∼ 1926: 1 ✈, 1 ⚓. Bei Umbau gesamte Bewaffnung geändert: 10—32 cm-SK L/43,8 in je 1 ⊙ und 1 ⊙ vorn und achtern / 12—12 cm-SK L/50 in ⊙ / 8—10 cm-⚓₂ L/47 / 16—3,7 cm-⚓₂ / 12—2 cm-⚓₂ / Vorgesehen für beide Schiffe, eingebaut nur vorübergehend auf **Cavour**: 2 ✈, 4 ⚓.

e) **Leonardo da Vinci** unterschied sich von ihren Schwesterschiffen dadurch, daß sie allein die doppelte Anzahl von Ladebäumen führte; diese waren jeweils an den Stützbeinen beider Masten angebracht. Auch die Brückenaufbauten waren etwas anders gestaltet, und auf der Back befand sich 1—7,6 cm-SK. Auf allen wurden die TR bereits 1916/17 wieder ausgebaut.

Conte di Cavour und **Giulio Cesare** gingen 1925 zu ihrem ersten Umbau in die Werft, wobei der vordere Dreibeinmast ausgebaut und durch einen nunmehr zwischen Brückenaufbauten und Schornstein gerückten Vierbeinmast ersetzt wurde. Von dem ursprünglich vorhandenen Dreibeinmast blieb jedoch das etwas über der Schornsteinoberkante abgeschnittene Standbein als Ladebaumpfosten stehen; dieser war bei **Giulio Cesare** ∼ 2 m höher als auf **Conte di Cavour**.

Etwa 1926 erhielten beide Schiffe eine ✈-Anlage, die an der Bb-Seite der Back fest eingebaut wurde. Der zur Übernahme des ✈ erforderliche Kran ruhte aufrichtbar daneben auf dem Bb-Batteriedeck. Das mitgeführte ✈ wurde auf der Decke des mittleren SA-Turmes festgezurrt.

Im Herbst 1933 begann der Totalumbau dieser Schiffe; während der rund 43 Monate langen Umbauzeit wurden folgende Arbeiten ausgeführt:

1. *Verlängerung des Schiffskörpers um 10,3 m durch Ansetzen einer neuen Vorschiffssektion mit neuem Vorsteven.*

2. *Installierung einer völlig neuen, nur noch auf 2 ⚙ arbeitenden Antriebsanlage (bei der StB-Anlage stand der Tu-Satz vor den Kesseln, bei der Bb-Anlage genau umgekehrt). Dadurch und im Zusammenhang mit der Verlängerung des Schiffskörpers konnte die Geschwindigkeit erheblich gesteigert werden.*

3. *Weitgreifende Änderungen der Bewaffnung durch Wegfall des Mittelturmes, durch das Ausbohren der alten 30,5 cm-Rohre auf 32 cm-Kaliber, durch den Ersatz der 12 cm-Kase-*

matt-SK durch modernere 12 cm-SK in Türmen, durch den Einbau neuer ⚓-Waffen, und durch die Installierung neuer Feuerleitgeräte.

4. Umfassende Änderungen der Schutzeinrichtungen: Im wesentlichen wurde davon die Horizontalpanzerung und der Unterwasserschutz betroffen. Erstere wuchs durch Verstärkung und Einziehen neuer Panzerdecks auf zusammen 135 mm an, während letzterer durch das sog. Pugliese-System[1] verbessert wurde. Auch die Barbetten der SA-Türme wurden verstärkt; sie erhielten einen zusätzlichen 50 mm-Außenpanzer.

5. Errichtung völlig neuer Aufbauten → Skizzen. Typisch für den italienischen Kriegsschiffbau jener Jahre war dabei der pilzförmige Turmmast mit seiner massigen BG-Kuppel. Der achtere KdoT. wurde nicht wieder eingebaut.

Durch diese umfassenden Modernisierungsarbeiten verschoben sich die einzelnen Gewichtsgruppen z. T. beträchtlich. Sie betrugen:

	ursprüngliche Ausführung	nach Umbau	Differenz
Schiffskörper	7017 ts = 32,3%	6454 ts = 27,7%	— 472 ts
Panzerung	6122 ts = 28,1%	9349 ts = 39,6%	+ 3227 ts
Antriebsanlage	1732 ts = 8,0%	1201 ts = 5,1%	— 531 ts
Waffen, Munition	3317 ts = 15,3%	3198 ts = 13,5%	— 119 ts
Ausrüstung	2205 ts = 10,1%	2342 ts = 10,0%	+ 137 ts
Verschiedenes	1357 ts = 6,2%	984 ts = 4,1%	— 374 ts
Standardverdrängung	21751 ts = 100,0%	23619 ts = 100,0%	+ 1868 ts

Die ursprünglich vorgesehenen ⚓ wurden nur auf **Conte di Cavour** eingebaut, aber nach Beendigung der Probefahrten wieder abgegeben, da sie insbesondere die MA und die ⚓ zu stark behinderten.

Beide Schiffe unterschieden sich seit ihrer Modernisierung nur geringfügig voneinander. Außer kleineren Abweichungen am Brückenturm waren es vor allem die ⚓-Plattformen und die BG's auf den überhöhten SA-Türmen: Bei **Conte di Cavour** befanden sich diese ⚓-Plattformen genau über dem jeweiligen BG, bei **Giulio Cesare** über der Turmhinterkante. Auch befanden sich deren Turm-BG's etwas weiter vorn als bei **Giulio Cesare**. Die Verkleidungen der Turm-BG's waren bei den ∞ beider Schiffe kleiner als die der ∞.

Während des Zweiten Weltkrieges zeigte sich die Notwendigkeit eines weiteren Umbaus zur Verstärkung der Schutzeinrichtungen. Wegen Materialmangels kam es jedoch nicht mehr dazu.

---

[1] Damit beschritten die Italiener, an ihrer Spitze Chefkonstrukteur Pugliese, völlig neue Wege, die sie allerdings erstmals schon auf dem 1921 vom Stapel gelaufenen Flottentanker **Brennero** erprobt hatten. Dieser neuartige Unterwasserschutz bestand aus einem viertelkreisförmig zur Außenhaut gebogenen T-Schott. Der so begrenzte Raum enthielt Heizöl und in seinem Zentrum einen leeren Zylinder von 3,6 m maximaler und nach den Schiffsenden kleiner werdendem Durchmesser. Dieser im englischen Sprachgebrauch als ›shock absorbing cylinder‹ bezeichnete Hohlkörper sollte als Expansionsraum dienen und den Detonationsstoß aufnehmen.

Caio Duilio-Klasse

Navi di Battaglia = Schlachtschiffe

1	2	3	4	5	6
Caio Duilio	1911	Cant. di Castellamare di Stabia, Fertigstellg. durch Cant. Ansaldo, Genova	24. 2. 12	24. 4. 13	10. 5. 15

Während des Ersten Weltkrieges keine operativen Einsätze! 8. April 1925 durch Explosion des mittl. SA-Turmes beschädigt, erst ab April 1928 wieder im aktiven Dienst. 1. April 1937 bis 15. Juli 1940 Totalumbau bei Cant. del Tirreno, Genova. Einsätze während des Zweiten Weltkrieges: 31. August bis 5. September 1940 erfolgloser Ansatz gegen brit. Mittelmeer-Convoy. 7.—8. September 1940 erfolgloser Ansatz gegen brit. Force ›H‹. 29. September bis 3. Oktober 1940 erfolgloser Ansatz gegen Teile der brit. Mittelmeerflotte. 12. November 1940 in Tarent durch ⚓ des brit. ⚓-Trägers **Illustrious** *angegriffen, 1 LT-Treffer erhalten, jedoch schwimmfähig geblieben. 15.—18. Dezember 1941 Fernsicherung für Nordafrika-Convoy, dabei 17. Dezember ⚔ mit brit. Kreuzern und Zerstörern. 3.—6. Januar 1942 Fernsicherung für 3 Nordafrika-Convoys, 22. bis 25. Januar 1942 für weiteren Convoy. 13.—16. Februar 1942 erfolgloser Ansatz gegen brit. Malta-Convoy; ab März 1942 nicht mehr operativ eingesetzt. Bei ital. Kapitulation 9. September 1943 nach Malta überführt, Juni 1944 nach Italien zurück, seither vorwiegend als Schulschiff eingesetzt. 15. September 1956 gestrichen, 1957/58 abgewrackt.*

| **Andrea Doria** | 1911 | Arsenale di La Spezia | 24. 3. 12 | 30. 3. 13 | 13. 6. 16 |

Während des Ersten Weltkrieges keine operativen Einsätze. 8. April 1937 bis 26. Oktober 1940 Totalumbau bei Cant. Riun. dell'Adriatico, Trieste. Einsätze während des Zweiten Weltkrieges: 8.—10. Februar 1941 erfolgloser Ansatz gegen brit. Force ›H‹. 15.—18. Dezember 1941 Fernsicherung für Nordafrika-Convoy, dabei 17. Dezember ⚔ mit brit. Kreuzern und Zerstörer. 3.—6. Januar 1942 Fernsicherung für 3 Nordafrika-Convoys. 22.—25. Januar 1942 Fernsicherung für weiteren Nordafrika-Convoy. 13.—16. Februar 1942 erfolgloser Ansatz gegen brit. Malta-Convoy, ab März 1942 nicht mehr operativ eingesetzt. Bei ital. Kapitulation 9. September 1943 nach Malta überführt, Juni 1944 nach Italien zurück, seither vorwiegend als Schulschiff eingesetzt. 1. November 1956 gestrichen, 1957/58 abgewrackt.

a) Diese 1911 entworfenen und bewilligten Einheiten waren praktisch Schwesterschiffe der → **Conte di Cavour**-Kl. Von ihnen unterschieden sie sich eigentlich nur durch den Übergang ihrer MA zum 15,2 cm-Kaliber. In den Bereichen der SA, der Schutzeinrichtungen und des Antriebs entsprachen sie dagegen im wesentlichen ihren Vorgängern. Auch sie gingen mehr als 20 Jahre nach ihrer Fertigstellung zum Totalumbau in die Werft und kehrten wesentlich verjüngt zurück. Aber auch bei ihnen blieb der Schutz weiterhin fragwürdig.

b) PzQ.: …, … / Seitenpzr.: 130, 250 (getäpert ↑ 220, ↓ 170), 130 / Zitadellpzr. 130 / Horizontalpzr.: Backdeck (nur im Bereich der SA) 44; Oberdeck 8, 44, 23; o. PzD. 26, 31, 8; u. PzD. 22—24, 24, 24—20, Böschungen 40 / Unterwasserschutz: Kohlenschutzbunker / SA: Barbetten 230—240; Türme 240, 230, 85 / MA: Kasematten 110—130 / KdoT.: v. 320 (100); a. 160 (100). Ab Umbau 1937—40: PzQ.: 80, 80 / Seitenpzr.: 130, 250 (getäpert ↑ 220, ↓ 170), 130 / Zitadellpzr.: 150 (getäpert 150) / Horizontalpzr.: Oberdeck 40; Batteriedeck 32;

Caio Duilio-Klasse

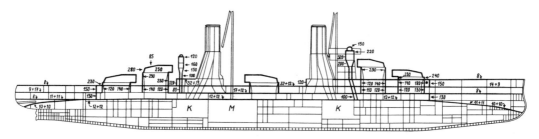

Caio Duilio-Klasse (Generalplan)

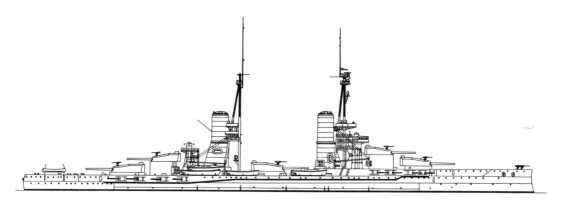

Andrea Doria (1916)

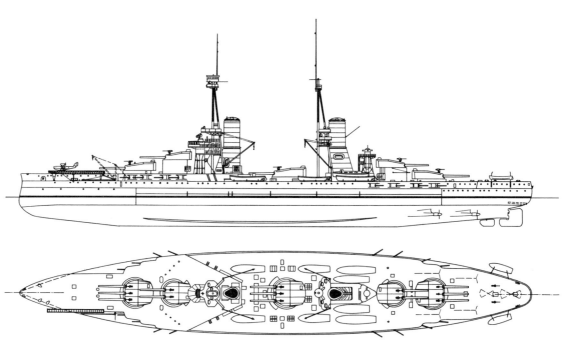

Andrea Doria (1928; Bb-Ansicht)

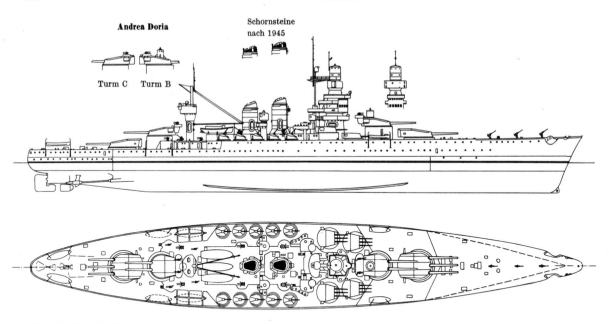

Caio Duilio (1940)

o. PzD. 80; u. PzD. 50, Böschungen 40 / Unterwasserschutz: System Pugliese, T-Schott 40 / SA: Barbetten 280—290; Türme 280, 230, 85 / MA: Türme 130 / KdoT. 260 (100).

c) 3 × Parsons-Tu auf 4 ⚙ / 20 Yarrow-Kessel (8 Öl, 12 Kohle, Ölzusatzfeuerg.) / Leist. 32 000 WPS; Geschw. 21,5 kn. Gesamte Anlage bei Umbau ersetzt durch: 2 × Belluzzo-⚙ Tu auf 2 ⚙ / 8 Yarrow-Kessel (Öl) / Leist. 85 000 WPS; Geschw. 27,0 kn / 2 Ruder hintereinander.

d) 13—30,5 cm-SK L/46 in gleicher Aufstellung wie → **Conte di Cavour**-Kl./16—15,2 cm-SK L/45 in Kasematten /8—7,6 cm-SK, meist auf den SA-Türmen / 2—45 cm-↓ TR (H) / ab ~ 1926: 1 ⚓, 1 ✈. Seit Umbau dafür: 10—32 cm-SK L/43,8 in je 1 ∝ und 1 ∝ vorn und achtern / 12—13,5 cm-SK L/45 in ∝ / 10—9 cm-↯ L/50 / 12—3,7 cm-↯₂, zuletzt 19—3,7 cm-↯, ↯₂ / 16—2 cm-↯ / keine ✈-Ausrüstung.

e) Im ursprünglichen Zustand unterschieden sich beide Schiffe so gut wie nicht voneinander. Ab ~ 1926 führten sie an der Bb-Seite der Back ein fest eingebautes ✈ mit einem auf dem Bb-Batteriedeck aufrichtbaren Ladebaumpfosten zum Ein- und Aussetzen des ✈, das außer Gebrauch auf dem mittleren SA-Turm festgezurrt wurde. Seither führten sie auf dem vorderen KdoT. eine Kuppel mit 3 kleinen übereinandergestaffelten BG.

Kurz bevor die Modernisierung der **Conte di Cavour**-Kl. abgeschlossen wurde, gingen auch diese beiden Schiffe zum Totalumbau nach ähnlichem Schema in die Werft. Sie unterlagen dort — mit individuellen Unterschieden — den gleichen Änderungen wie jene:

1. *Verlängerung des Schiffskörpers um 10,8 m durch Ansetzen einer längeren Vorschiffssektion mit neuem Steven.*

2. *Installierung einer völlig neuen, nur noch auf 2 ⚙ arbeitenden Antriebsanlage, wodurch die Geschwindigkeit beträchtlich gesteigert werden konnte.*

3. *Weitgreifende Änderungen der Bewaffnung durch Wegfall des Mittelturmes, durch das Ausbohren der alten 30,5 cm-SK auf 32 cm Kaliber, durch den Ersatz der alten 15,2 cm-Kasematt-SK durch 13,5 cm-SK in ∝, durch den Einbau neuer ↯-Waffen, und durch die Installierung moderner Feuerleitgeräte. Die TR wurden gleichzeitig ausgebaut.*

4. *Errichtung völlig neuer Aufbauten, deren architektonische Gestaltung sichtbar von der → **Vittorio Veneto**-Kl. beeinflußt wurde.*

Obwohl ursprünglich vorgesehen, erhielten diese Schiffe keine ✈-Einrichtungen.

Äußerlich unterschieden sich diese beiden Schiffe durch die Anordnung der ↯-Plattformen auf den überhöhten SA-Türmen, ebenfalls durch deren BG-Anordnung, genau wie auf der → **Conte di Cavour**-Kl. Auf Turm B wurde jedoch abweichend von diesen ein zylinderförmiges Feuerleitgerät aufgestellt, das sich bei **Andrea Doria** weiter vorn als auf **Caio Duilio** befand.

Francesco Caracciolo-Klasse

Navi di battaglia = Schlachtschiffe

1	2	3	4	5	6
Francesco Caracciolo	1914	Cant. di Castellamare di Stabia	12. 10. 14	12. 5. 20	∞ [18]

Vorgesehener Name: Dandolo. Auftrag April 1914 vergeben. März 1916 Baustop; Arbeiten ab Oktober 1919 zur Räumung der Helling — Stapellauf! — weitergeführt; nach Stapellauf nach La Spezia abgeschleppt. 25. Oktober 1920 für 6 Mio. Lire an Societa di Navigazione Generale Italiana zwecks Umbau zum Schnellfrachter (25 300 BRT, 2 Tu, 20 000 WPS, 18 kn) verkauft. November 1920 nach Baia (nahe Neapel) überführt, Pläne jedoch wegen Unwirtschaftlichkeit aufgegeben, Rumpf 1921 abgewrackt.

1	2	3	4	5	6
Francesco Morosini	1914	Cant. Orlando, Livorno	27. 6. 15	∞	∞ [18]
Cristoforo Colombo ×Goffredo Mameli	1914	Cant. Ansaldo, Genova	14. 3. 15	∞	∞ [18]
Marcantonio Colonna ×Giuseppe Mazzini	1914	Cant. Odero, Genova	3. 3. 15	∞	∞ [18]

Aufträge April 1914 vergeben, Bauverträge Anfang 1916 anulliert, Bauarbeiten bis dahin in den ersten Anfängen, Material abgebrochen.

---

a) Im Jahre 1912 entstanden die Pläne für neue Schlachtschiffe, für die von vornherein folgende Forderungen gestellt wurden: 38,1 cm-SK in ∞ (!), Panzerdicken 350—400 mm, Geschwindigkeit 24—25 kn. Bis zum Februar 1913 waren mehrere Alternativentwürfe geschaffen worden, über die ein Admiralitätsausschuß zu entscheiden hatte. Für diesen handelte es sich zunächst darum, sich für einen Entwurf mit 12—38,1 cm-SK in ∞ oder für einen solchen mit nur 9—38,1 cm-SK, ebenfalls in ∞, dazu 20—15,2 cm-SK, zu entscheiden. Ersterer hatte ein rechnerisches Deplacement von ~ 35 000 ts, letzterer nur ~ 29 000 ts. Zwar legte man sich zunächst auf das 29 000 ts-Projekt fest, doch wurde dieses bald darauf wieder verworfen. Endgültig angenommen wurde schließlich ein verbesserter Entwurf, der in seinen Haupteigenschaften etwa der britischen → **Queen Elizabeth**-Kl. entsprach, aber noch etwas schneller werden sollte als diese. Zugleich beschloß man, 4 Einheiten zu bauen, die auch die ›Antwort‹ auf die etwa zur gleichen Zeit in Österreich-Ungarn bewilligte → **Ersatz Monarch**-Kl. darstellen sollten. Durch die Kriegsumstände bewirkt, kamen diese Projekte nicht mehr zur Ausführung bzw. zur Fertigstellung. Nur ein Schiff gedieh auf der Helling weiter voran, doch mußte dieses ebenso wie das Material der anderen abgebrochen werden. Die für diese Klasse bestimmten 38,1 cm-SK L/40 wurden in Monitore (**Faa di Bruno, Alfredo Cappellini, Monte Santo, Pasubio** und **Sabotino**) eingebaut.

b) PzQ.: ..., ... / Seitenpzr.: 150, 300, 150 / Zitadellpzr. 230 / Horizontalpzr.: Oberdeck über Kasematten 16; PzD. 30 mit Böschungen 35 / Unterwasserschutz: 2 T-Schotte 25, 10 / SA: Barbetten 300; Türme 400, 150, ... / MA: Kasematten 150 / KdoT.: v. 340 (...); a. 300 (...).

c) 4 × Parsons-⊙ Tu auf 4 ⚙ / 20 Yarrow-Kessel (Öl) / Leist. und Geschw. 70 000 WPS = 25,0 in, forcierbar auf 105 000 WPS = 28,0 kn / 2 Ruder hintereinander.

d) 8—38,1 cm-SK L/40 in je 2 ∞ vorn und achtern / 12—15,2 cm-SK L/45 in Kasematten / 12—4 cm-⚓.

e) Während der Konstruktionsarbeiten wurde der ursprüngliche Entwurf — für den noch 18—15,2 cm-SK und 24—7,6 cm-SK vorgesehen waren → Skizze — abgeändert. Die MA erfuhr dabei eine Reduzierung auf 12 Rohre, während auf die 7,6 cm-SK der Torpedobootabwehr ganz verzichtet wurde. Dafür wurde eine ⚓-Bewaffnung vorgesehen. Während der Entwurfsarbeiten wechselten die Formen der Schornsteine und ihrer Aufsätze mehrfach. Interessant war auch die Gestaltung des Vorstevens ähnlich wie auf der japanischen → **Nagato**-Kl. Bevor **Francesco Caracciolo** verkauft wurde, standen Pläne zum Umbau in einen ⚓-Träger zur Debatte. Sie wurden jedoch nicht weiter verfolgt, weil man vom Wert dieses neuen Kriegsschifftyps noch nicht überzeugt war.

Gewichtszusammenstellung		
Rumpf einschl. Horizontalpanzerung	11 082 ts =	37,5%
Vertikalpanzerung	6 151 ts =	21,8%
Einrichtungen pp.	2 702 ts =	9,2%
Antrieb	3 405 ts =	11,5%
Bewaffnung	5 610 ts =	19,0%
Sonstiges	310 ts =	1,0%
Leeres Schiff	29 260 ts =	100,0%

Ex-Tegetthoff

Nave di Battaglia = Schlachtschiff

1	2	3	4	5	6
....	∞	Stab. Tecnico Triestino	24. 9. 10	21. 3. 12	14. 7. 13

*Ex-österreich-ungarisch → **Tegetthoff**; nach Kriegsende Italien zugesprochen. 25. März 1919 ausgeliefert, bis 1923 ohne Verwendung in Venedig liegend. Nie unter italienischer Flagge im Dienst! 1924/25 in La Spezia abgewrackt.*

a)—e) → Österreich-Ungarn → **Viribus Unitis**-Kl.

Projekt 1928/29

Navi di battaglia = Schlachtschiffe

a) Italien war auf Grund des Washington-Abkommens das Recht zugestanden worden, vor Ablauf der Baupause 70 000 ts Schlachtschifftonnage in Auftrag zu geben. Es wurden daher rechtzeitig Überlegungen angestellt, ob und wie die verfügbare Tonnage am zweckmäßigsten verwertet werden könnte. So entstand 1928/29 der Entwurf für ein 23 000 ts-Schlachtschiff mit 38,1 cm-SK. Unter Beibehaltung dieser Verdrängung wäre man in der Lage gewesen, die gegebenen 70 000 ts durch 3 Schiffe zu verbauen. Da man — ähnlich wie bei französischen Projekten dieser Art → **Dunkerque**-Kl. — auch hier rechtzeitig genug die Fragwürdigkeit dessen erkannte, was unter Beschreitung dieses Weges optimal erreichbar war, unterblieb die Realisierung. Die weiteren Entwurfsarbeiten führten dann zur → **Vittorio Veneto**-Kl.

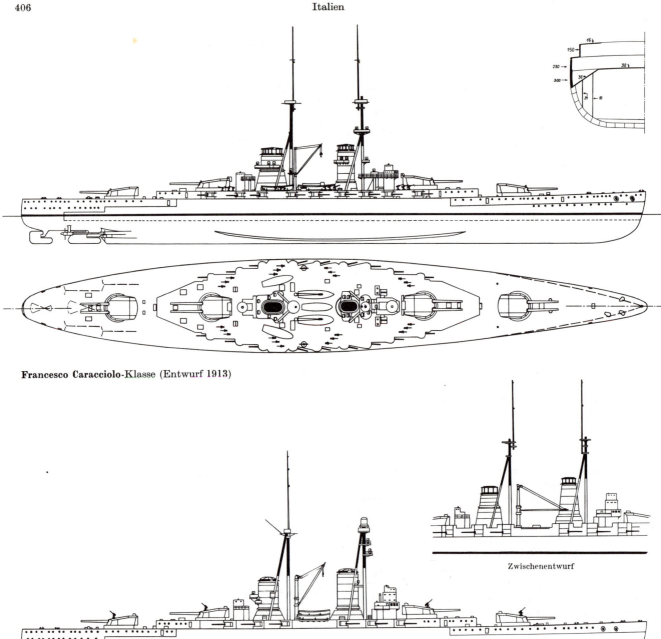

Francesco Caracciolo-Klasse (Entwurf 1913)

Francesco Caracciolo-Klasse (Entwurf 1914)

Zwischenentwurf

b) Keine Angaben verfügbar. Unter Zugrundelegung allgemein gültiger Maßstäbe konnte mit Maximaldicken des Panzers gerechnet werden, die im Bereich dessen lagen, was bei der → **Dunkerque**-Kl. erreicht worden ist.

c) 4 × ⊚ Tu auf 4 ⚙ / .. Kessel (Öl) / Leist. ..... WPS; Geschw. 28—29 kn / 1 Ruder.

d) 6—38,1 cm-SK in 2 ⚬ vorn und 1 ⚬ achtern / 8—12 oder 15,2 cm-SK in ⚬ / 12—10 cm-⚙₂ L/47 / 6—4 cm-⚙ / 2 ⚓, 4 ⚓.

e) Beachtenswert die große Ähnlichkeit mit zeitgenössischen Schweren Kreuzern der italienischen Marine, insbesondere mit **Pola**!

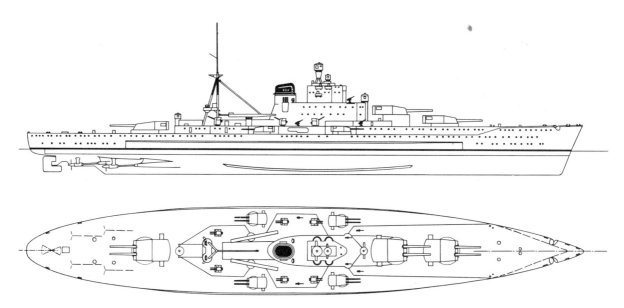

Schlachtschiff-Projekt 1928/29

Vittorio Veneto-Klasse
Corazzate = Schlachtschiffe*

1	2	3	4	5	6
Vittorio Veneto	1934	Cant. Riun. dell' Adriatico, Trieste	28. 10. 34	25. 7. 37	28. 4. 40

31. August bis 5. September 1940 erfolgloser Ansatz gegen brit. Malta-Convoy. 7.—8. September 1940 erfolgloser Ansatz gegen brit. Force ›H‹. 28. September bis 3. Oktober 1940 erfolgloser Ansatz gegen Teile der brit. Mittelmeerflotte. 27. November 1940 ✕ Kap Teulada mit Force ›H‹. 8.—10. Februar 1941 erfolgloser Ansatz gegen Force ›H‹. 28. März 1941 ✕ Kap Matapan gegen → brit. Kreuzer **Orion, Ajax, Gloucester** *und* **Perth** *(austral.), dabei LT-Treffer von ⚓ des ⚓-Trägers* **Formidable** *erhalten, bis August 1941 in Tarent in Reparatur. 26.—29. September 1941 erfolgloser Ansatz gegen Malta-Convoy. 13.—18. Dezember 1941 Fernsicherung für Nordafrika-Convoys, dabei 14. Dezember von brit. U-Boot* **Urge** *torpediert, bis Frühjahr 1942 in Reparatur. 13.—16. Juni 1942 erfolgloser Ansatz gegen Malta-Convoy, danach keine operativen Einsätze mehr. 5. Juni 1943 in La Spezia bei US-Luftangriff t-Treffer erhalten. Nach ital. Kapitulation 11. September 1943 in Malta eingelaufen, 14. September 1943 zur Internierung nach Alexandria verlegt, seit 17. Oktober 1943 im Lake Amaro (Südausgang Suezkanal) liegend. Februar 1946 nach Italien zurück. Gemäß Friedensvertrag zu Gunsten Großbritanniens zum Abwracken bestimmt: 1. Februar 1948 außer Dienst gestellt, 1948—1950 in La Spezia abgewrackt.*

1	2	3	4	5	6
Italia ˣ**Littorio**	1934	Cant. Ansaldo, Genova	28. 10. 34	22. 8. 37	6. 5. 40

31. August bis 5. September 1940 usw., 7.—8. September 1940 usw., 28. September bis 3. Oktober 1940 usw. → Vittorio Veneto. 12. November 1940 in Tarent durch 3 LT-Treffer von ⚓ des brit. ⚓-Trägers **Illustrious** *schwer beschädigt,*

mit Vorschiff in flachem Wasser auf Grund; Reparatur bis August 1941 in Tarent. 26.—29. September 1941 usw. → Vittorio Veneto. 13.—18. Dezember 1941 Fernsicherung für Nordafrika-Convoys, dabei 17. Dezember erfolgloses ✕ mit brit. Kreuzern und Zerstörern. 13.—16. Juni 1942 usw. → Vittorio Veneto dabei 15. Juni von brit. Langstreckenbombern getroffen und kurz danach LT-Treffer erhalten, Reparatur bis Februar 1943. 19. Juni 1943 in La Spezia bei US-Luftangriff erneut getroffen. Ab 30. Juni 1943 neuer Name: **Italia**. *9. September 1943 bei Überführung nach Malta von deutschen Flugzeugen angegriffen, dabei 1 Gleitbombentreffer SD 1400 X auf der Back erhalten, dazu Heck-Naheinschlag, beschädigt. 11. September 1943 in Malta eingelaufen. 14. September 1943 zur Internierung nach Alexandria verlegt, ab 18. September 1943 im Lake Amaro (Südausgang Suezkanal) liegend. Februar 1947 nach Italien zurück. Gemäß Friedensvertrag zu Gunsten der USA zum Abwracken bestimmt: 1. Juni 1948 außer Dienst gestellt, danach in La Spezia abgewrackt.*

1	2	3	4	5	6
Roma	1938	Cant. Riun. dell' Adriatico, Trieste	18. 9. 38	9. 6. 40	14. 6. 42

Keine operativen Einsätze mehr! 5. Juni 1943 in La Spezia t-Treffer erhalten. 9. September 1943 gemäß Kapitulationsbestimmungen aus La Spezia mit Kurs auf Malta ausgelaufen, dabei von deutschen Flugzeugen angegriffen, durch 1 Gleitbombentreffer SD 1400 X † (1254 Tote).

1	2	3	4	5	6
Impero	1938	Cant. Ansaldo, Genova	14. 5. 38	15. 11. 39	∞

1. Juni 1940 wegen zu starker Gefährdung durch befürchtete französische Angriffe unfertig nach Brindisi verlegt. Weiterbau später wegen Stahlmangels eingestellt. 22. Januar 1942 nach Venedig verlegt, später nach Triest, dort 8. September 1943 als deutsche Beute übernommen und als Ziel- und Versuchsobjekt benutzt. 20. Februar 1945 bei US-Luftangriff †, später geborgen und Oktober 1947 nach Venedig abgeschleppt, dort auf Strand gesetzt und bis 1950 abgewrackt. [Die hin und wieder publizierte Darstellung, dieses Schiff sei zum Umbau in einen ⚓-Träger vorgesehen gewesen, ist völlig unbegründet und falsch!]

---

* *Die wörtliche Übersetzung dafür lautet ›Panzerschiffe‹. Diese Bezeichnung wurde in den 30er Jahren amtlich in der italienischen Marine eingeführt.*

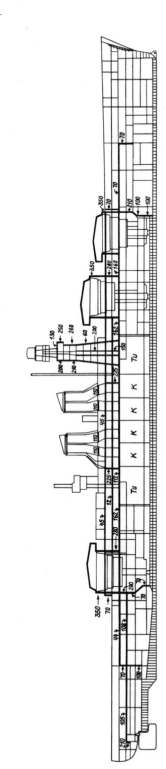

Vittorio Veneto-Klasse (Generalplan)

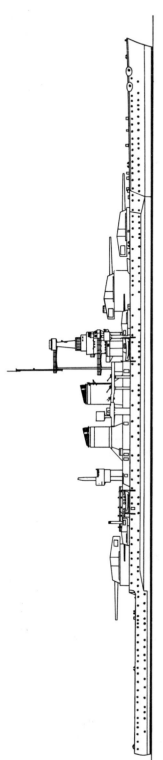

Littorio (1940)

Vittorio Veneto-Klasse

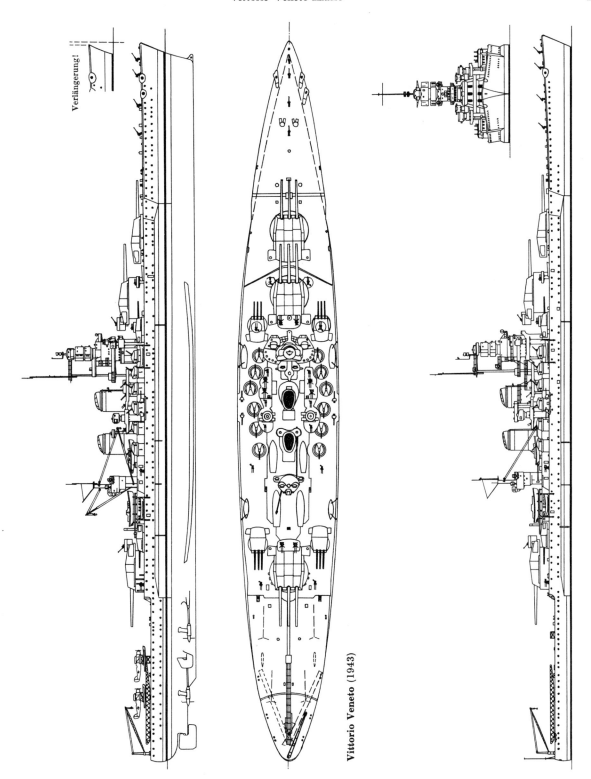

Vittorio Veneto (1943)

Roma (1943)

a) Nachdem Frankreich die Ratifizierung des Londoner Flottenvertrages abgelehnt hatte und seinerseits zur Wiederaufnahme des Schlachtschiffbaues geschritten war, zeigte sich Italien nicht mehr länger bereit, sich Bindungen auferlegen zu lassen. Dort wurde an die 1928/29 untersuchten Projekte angeknüpft, die zunächst zu einem Projekt eines 28 bis 29 kn schnellen 35 000 ts-Schlachtschiffes mit 6—40,6 cm-SK in 3 ∞ führten. Der endgültige Entwurf sah dann etwas größere Schiffe vor, die mit 9—38,1 cm-SK in 3 ∞ bewaffnet wurden.

b) Bei dieser Klasse schufen die italienischen Kriegsschiffbauer ein besonderes und im Hinblick auf die steilen Einfallswinkel von Granaten und Bomben sehr sinnreiches Schutzsystem: Die wulstförmig gestaltete Außenhaut bildete den äußeren Abschluß, auf deren eingeschnürter Oberkante der um 14° nach außen geneigte schwere Seitenpanzer auflag, während der Abschluß nach innen von einem vom Schiffsboden bis zum Hauptpanzerdeck reichenden Längsschott aus 7—9 mm dickem Panzermaterial gebildet wurde, das zugleich auch das Begrenzungsschott gegen die Räume der Antriebsanlage war. Hinter dem schweren Seitenpanzer folgte im Abstand von nicht ganz 2 m ein Panzerlängsschott von 36 mm Dicke mit gleicher Neigung nach außen, dem ein zweites Panzerlängsschott von 24 mm Dicke nachgeordnet war, jedoch mit 25° Neigung nach innen. Auf dem Außenpanzer und den beiden Panzerlängsschotten ruhte das Hauptpanzerdeck. In Höhe der Unterkante des Seitenpanzers begann das maximal 40 mm dicke T-Schott, das von da aus einen Halbkreis schlug und dann schräg nach unten außen auf den Doppelboden zulief. Der mit Heizöl gefüllte Raum zwischen dem T-Schott und der inneren Doppelwand des Schiffskörpers enthielt einen leeren Zylinder, der im Maximum 3,8 m Durchmesser erreichte und sich nach den Schiffsenden zu verjüngte. Dieser Zylinder diente als Expansionsraum und sollte die Detonationsstöße aufnehmen.[1] Achterlich vom Turm C wich der von da ab nur noch 240 bis 100 mm dicke Seitenpanzer in das Innenschiff zurück, wobei er mehr die Gestalt einer Panzerdecksböschung annahm und so vor allem die achteren Munitionskammern und die Rudermaschinen deckte. Im Ganzen erfüllten Panzerung und Unterwasserschutz nur bedingt die Erwartungen. PzQ.: 100, 70, 100, 70 / Seitenpzr.: 100—250, 350 (dahinter PzLängsschotte 36 und 24), 130—60 / Zitadellpzr. 70 / Horizontalpzr.: Oberdeck 36—45; o. PzD. 12; Haupt-PzD. 44, 100—162, 70; u. PzD. (nur achtern) 105 / Unterwasserschutz: System Pugliese, T-Schott 40 / SA: Barbetten 350; Türme 290, 210, 100 / MA: Barbetten 100; Türme 135, 60, 35 / KdoT. 260 (200).

c) 4 × Belluzzo-⊙ Tu auf 4 ⚙ / 8 Yarrow-Kessel (Öl) / Leist. 140 000 WPS; Geschw. 30,0 kn / 2 Ruder hintereinander.

Probefahrtergebnisse:
Vittorio Veneto 134 616 WPS = 31,42 kn
Italia 139 561 WPS = 31,29 kn

d) 9—38,1 cm-SK L/50 in 2 ∞ vorn und 1 ∞ achtern / 12—15,2 cm-SK L/55 in ∞ / 12—9 cm-⚔ L/50 / 20—3,7 cm-⚔ / 20—, ab 1942: 28—2 cm-⚔ / 4—12 cm-Kanonen L/40 für Leuchtgranaten / 1 ⚓, 3 ⚓.

e) Diese Schiffe galten architektonisch als besonders gut gelungen und zählten zu den formschönsten der Welt. Der ursprüngliche Entwurf sah achtern noch einen hohen Dreibeinmast (ähnlich wie → **Conte di Cavour** nach Umbau) vor; außerdem sollten im Mittelschiff — ähnlich wie bei den Leichten Kreuzern der **Giuseppe Garibaldi**-Kl. — jeseits ein ⚓ installiert werden, jedoch mit einer ⚓-Halle jeweils davor. Zwischenzeitlich wurde erwogen, mit nur 1 Schornstein auszukommen.

Gewichtsvergleich

	Vittorio Veneto		**Italia**	
Schiffskörper	10 402 ts =	28,0%	10 440 ts =	28,2%
Panzerung, Schutzeinrichtungen	13 331 ts =	35,9%	13 453 ts =	36,1%
Antriebsanlage	2 366 ts =	6,4%	2 266 ts =	6,1%
Bewaffnung	6 465 ts =	17,4%	6 461 ts =	17,3%
Hilfsmaschinen, Ausrüstung	4 576 ts =	12,3%	4 582 ts =	12,3%
Leeres Schiff	37 140 ts =	100,0%	37 202 ts =	100,0%

Vittorio Veneto und **Italia** liefen mit einem leicht sichelförmigen Vorsteven vom Stapel, wobei die LüA = 236,0 m betrug. Nach den Probefahrten erhielten sie einen bis zur CWL geradlinigen Vorsteven, wodurch sich die LüA um 1,8 m vergrößerte. Auch **Roma** und **Impero** führten zuerst diesen sichelförmigen Vorsteven, doch waren diese von Anfang an um ~ 3 m länger als

---

[1] In der Geschichte des Kriegsschiffbaues hatte dieser von Chefkonstrukteur Pugliese entwickelte und nach ihm benannte Unterwasserschutz einen bemerkenswerten Vorläufer: Nachdem die französische Marine 1894 in Lorient grundlegende Versuche durchgeführt hatte, schuf deren damaliger Chefkonstrukteur Emile Bertin für das 1897 begonnene Linienschiff **Henri IV.** den ersten Unterwasserschutz unter Verwendung von Panzermaterial, wobei dieser zu einer ähnlichen Lösung wie später Pugliese kam. Er zog unter dem auf dem sehr schmalen Seitenpanzerstreifen aufliegenden Hauptpanzerdeck ein zweites Panzerdeck ein, das an den Seiten in ein Panzerlängsschott von 38 mm Dicke überging. Dieses war aber nicht etwa senkrecht oder geneigt eingezogen, sondern halbkreisförmig gestaltet und lehnte sich an die doppelwandige Außenhaut und auf den inneren Doppelboden an, war also dem späteren italienischen Prinzip genau entgegengesetzt gestaltet; ein regelrechter Expansionsraum fehlte allerdings. Nach innen hin wurde der so geschaffene Schutzraum durch ein gewöhnliches Längsschott abgegrenzt. Mit diesem Prinzip wollte Bertin gegen auftreffende Torpedos und Minen gleichsam ein ›Polster‹ schaffen, das den Detonationsstoß auffing und zurückwies. Während des Baues von **Henri IV.** wurde dann noch ein wirklichkeitsnaher Versuch unternommen, wozu ein Caisson einen Schiffskörper simulierte, der dem Original im Hinblick auf Panzerung, Unterteilung und Schotten genau entsprach. Seine Größe betrug etwa 12,7 m Länge, 4,2 m Höhe, 7,6 m Tiefgang und 490 ts Gewicht. Zu den durchgeführten Versuchen schrieb die in Paris erscheinende ›Yachting Gazette‹ u. a. folgendes: ›Der 45 cm-Torpedo mit einem scharfen Gefechtskopf und einer Ladung von rund 100 kg Schießbaumwolle sowie einem Druckluftbehälter, dessen Inhalt dem Restdruck am Ende der Laufstrecke entsprach, wurde an der Seite des Caissons in einer Tiefe von 3,3 m durch elektrische Zündung zur Detonation gebracht. Diese bewirkte eine hohe Wassersäule und das sofortige Sinken des Caissons. Unter großen Schwierigkeiten konnte dieser gehoben werden, wobei festgestellt wurde, daß die Detonation ein großes Loch an der Seite verursacht hatte, wodurch der Doppelboden brach.‹ Damit erwies sich schon sehr frühzeitig die geringe Wirksamkeit dieses Prinzips, genauso wie mehr als 40 Jahre später bei dem neuentwickelten italienischen Prinzip.

ihre Schwesterschiffe, wobei sie auch einen höheren Deckssprung hatten als jene. **Roma** erhielt den neuen Steven noch vor der Fertigstellung, **Impero** jedoch nicht mehr.

Italia unterschied sich von **Vittorio Veneto** so gut wie überhaupt nicht; das einzige deutlicher wahrnehmbare Unterscheidungsmerkmal waren die ⚓-Plattformen auf den jeweils vorderen MA-Türmen und beiderseits an Vorkante Barbette Turm B, die nur **Vittorio Veneto** ab 1942 (genau wie **Roma** von Anfang) führte, nicht aber **Italia**.

In den Aufbauten unterschied sich **Roma** von seinen Schwesterschiffen ebenfalls nicht nennenswert. Bei ihr fehlte die Plattform an der Vorkante des achteren Schornsteines; dafür befand sich am vorderen Schornstein eine Plattform mit einem Laufgang, den die anderen Schiffe nicht führten. Kennzeichnend für **Roma** war auch die obere BG-Kuppel auf dem Turmmast, die von einer ellipsenförmigen Plattform umschlossen wurde, während bei **Vittorio Veneto** und **Italia** nach beiden Seiten nur kurze Nocken heraussprangen. Ab 1943 führten alle Schiffe auf dem Turmmast eine Radarantenne.

1942 erfolgten auf **Italia** Versuche mit landgestützten Jagdflugzeugen des Typs ›Reggiane 2000‹. Ihr Start erfolgte vom ⛴ aus, doch vermochten sie nicht zu wassern, sondern mußten versuchen, einen Flugplatz auf dem Festland zu erreichen.

RUSSLAND/SOWJETUNION
Russia/Soviet Union   Russie/Union Sovietique   Russia/Unione Sovietica

Stammtafel

Jahr	Schlachtschiffe	Schlachtkreuzer	Schnelle Schlachtschiffe
1909	Gangut		
1910			
1911	⌐Imperatrica Marija┘		
1912		Borodino	
1913			
1914	└Imperator Nikolaj I.⌐		
1915			
1916	Projekt 1916/17		
1917			
1918—37			
1938			Sovetskij Sojuz
1939			
1940		Tretij Internacional	

Die russischen Großkampfschiffe 1908—1956

Nachfolgend aufgeführt sind die jeweils in einem Etatjahr bewilligten sowie die zum Ende des Etatjahres fertigen Großkampfschiffe. Kriegsverluste und sonstige Abgänge sind jeweils berücksichtigt.

Etatjahr	Schlachtschiffe bewilligt	fertig	Schlachtkreuzer bewilligt	fertig
1908	4	0	0	0
1909	0	0	0	0
1910	0	0	0	0
1911	3	0	0	0
1912	0	0	4	0
1913	0	0	0	0
1914	1	4	0	0
1915	0	6	0	0
1916	0	5	0	0
1917	0	6	0	0
1918	0	5	0	0
1919	0	5	0	0
1920	0	4	0	0
1921	0	4	0	0
1922	0	3	0	0
1923	0	3	0	0
1924	0	3	0	0
1925	0	3	0	0
1926	0	3	0	0
1927	0	3	0	0
1928	0	3	0	0
1929	0	3	0	0
1930	0	3	0	0
1931	0	3	0	0
1932	0	3	0	0
1933	0	3	0	0
1934	0	3	0	0
1935	0	3	0	0
1936	0	3	0	0
1937	0	3	0	0
1938	2	3	0	0
1939	0	3	0	0
1940	0	3	2	0
1941	0	2	0	0
1942	0	2	0	0
1943	0	2	0	0
1944	0	3	0	0
1945	0	3	0	0
1946	0	3	0	0
1947	0	3	0	0
1948	0	3	0	0
1949	0	3	0	0
1950	0	3	0	0
1951	0	3	0	0
1952	0	3	0	0
1953	0	3	0	0
1954	0	3	0	0
1955	0	2	0	0
1956	0	0	0	0

Artillerie

Kaliber cm (inches) und Aufstellung	Rohrlänge	Konstruktionsjahr	Rohrgewicht t	Geschoßgewicht kg	Schußweite bei maximaler Rohrerhöhung hm/Grad	Feuergeschwindigkeit s/min	Bemerkungen
1. Schwere Artillerie*							
40,0 (15,75″)	..	.	...	...	.../...	..	Projekt von 1916/17
40,6 (16″) ⚓	L/50	1940?		1132,0	366/35°	..	Vorgesehen für **Sovetskij Sojuz**-Kl.
38,0 (15″) ⚓	L/47		Deutsches Reich		Bismarck-Kl.		Vorgesehen für **Tretij Internacional**-Kl.
35,6 (14″) ⚓	L/45	.	82,0	675,0	.../...	..	Vorgesehen für **Borodino**-Kl.
30,5 (12″) ⚓	L/52	1912	49,0	324,0	250/25°	1,7	Eingebaut auf **Gangut**- und **Imperatrica Marija**-Kl. Turmgewicht 720 t. Bei Rohrerhöhung +24° (nur **Gangut**) 10 hm geringere Schußweite! Türme beider Klassen verschiedenartig ausgeführt → Skizzen![1]
30,5 (12″) ⚓	L/40	.	42,8	324,0	.../..	..	Hauptartillerie der **Andrej Pervozvannyj**-Kl.
20,3 (8″) ⚓	L/50	.	14,3	96,0	.../..	..	›Halbschwere‹ Artillerie der **Andrej Pervozvannyj**-Kl.
2. Mittelartillerie							
18,0 (7,1″) ⚓	L/57	1933	...	97,5	360/..	6	Untersucht für Projekt ›U.P. 41‹
15,0 (6″) ⚓	L/50	1938	...	50,0	275/..	10	Alternativen für **Sovetskij Sojuz**- und **Tretij Internacional**-Kl.
13,0 (5,1″) ⚓	L/50	1936	...	27,0	250/..	10	
13,0 (5,1″)	L/55	1913	...	...	.../..	..	Eingebaut in **Imperatrica Marija**-Kl., vorgesehen für **Borodino**-Kl.
12,0 (4,7″)	L/50	...	2,3	20,5	145/20°	8	Kasematt-SK der **Gangut**-Kl.; auch auf **Andrej Pervozvannyj**-Kl.
3. ✈-Bewaffnung							
10,0 (3,9″) ✈	L/56	1934	...	15,8	240/..	12—15	Größte Erhöhung +85°, Steighöhe 140 hm. Alternative für Neubauten
7,6 (3″) ✈, ✈₂	L/55	1934	0,7	6,6	150/..	15—20	Größte Erhöhung 85°, Steighöhe 70 hm
7,5 (2,95″) ✈	L/30,5	1914	0,7	5,5	100/..	10—12	Während des WK I an Bord von Schlachtschiffen eingebaut

* Angaben über die Artillerie der Schlachtschiffe **Archangel'sk** ×**Royal Sovereign** → Großbritannien und **Novorossijsk** ×**Giulio Cesare** → Italien.

[1] Russische 30,5 cm-SK erwiesen sich während des Ersten Weltkrieges den deutschen 30,5 cm-SK als überlegen. So machten → **König** und → **Kronprinz (Wilhelm)** am 17. Oktober 1917 die Beobachtung, daß sie mit ihren modernen 30,5 cm-SK den 30,5 cm-SK L/40 des bereits 1903 vom Stapel gelaufenen russischen Linienschiffes **Slava** in der Reichweite unterlegen waren. Durch Minensperren behindert, konnten sie sich nicht so weit nähern, daß sie das Feuer erwidern konnten; sie mußten ohnmächtig zusehen, wie **Slava** die deutschen Minensucher beschoß. Ähnliche Erfahrungen machte → **Goeben** am 8. Januar 1916 mit → **Ekaterina II**. Nur kurze Zeit vermochte **Goeben** das Feuer zu erwidern; dann war der Gegner außer Reichweite der 28 cm-SK und beschoß die **Goeben** bis auf 230 hm Entfernung! (Schmalenbach, Die Geschichte der deutschen Schiffsartillerie, S. 96).

Rußland / Sowjetunion

Kaliber cm (inches) und Ausstellung	Rohr- länge	Kon- struk- tionsjahr	Rohr- gewicht t	Geschoß- gewicht kg	Schußweite bei maximaler Rohrerhöhung hm/Grad	Feuer- geschwin- digkeit s/min	Bemerkungen
6,35 (2,5″) ↧	L/..	....	2,5	...	......	.....	*Wie vorstehend*
4,7 (1,85″) ↧	L/..	....	...	...	......	.....	*Während des WK I auf* **Imperatrica Marija** *eingebaut*
4,5 (1,8″) ↧	L/46	1932	0,11	1,43	90/..	30	*Auf den umgebauten Schiffen der* **Gangut**-*Kl. bis ~ 1942/43*
3,7 (1,46″) ↧	L/67	1939	...	0,72	60/..	100	*Steighöhe 40 hm, größte Erhöhung 85°. Als Ersatz der 4,5 cm-*↧ *eingebaut; mit und ohne Schutzschild*
1,27 (0,5″) ↧₄	L/..	1938	...	0,04	../..	300	*Rohre nebeneinander, Munition gegurtet*

Bordflugzeuge

1. KOR-1 [ab 1934]
2. KOR-2 (BE-4) [ab 1939].

Beide Muster waren schleuderfähig. Mit der KOR-1 wurden die alten Schlachtschiffe der **Gangut**-Kl. ausgerüstet, während die KOR-2 für die Schlachtschiff- und Kreuzerneubauten vorgesehen war.

Farbanstrich

Keine Angaben verfügbar.

Flottenverteilung

Die von den Ostseewerften gebauten Schiffe waren ausschließlich für die Ostseeflotte bestimmt, die von Schwarzmeer-Werften für die Schwarzmeerflotte. Einzige Ausnahme: Parižskaja kommuna ×Sevastopol wurde 1930 von der Ostsee in das Schwarze Meer verlegt. Ab 1940 Bau von Schlachtkreuzern für die Nordflotte in Leningrad und Nikolaev.

Torpedoschutznetze

Während des Ersten Weltkrieges nur vorübergehend an Bord.

Torpedowaffe

Ausschließlich ↓-TR für 45,7 cm-Torpedos.

Werften

Bezeichnung der Werft	Geographische Lage	Aufträge
Baltische Schiffswerft und Maschinenfabrik Petrograd, nach 1918: Ordzonkidze-Werft Leningrad	Ostsee	Sevastopol, Petropavlovsk, Izmail, Kinburn, Sovetskij Sojuz
Admiralitätswerft Petrograd[1] (zuvor: Société Franco-Russe); nach 1918: Marti-Werft, Leningrad	Ostsee	Gangut, Poltava, Borodino, Navarin, Tretij Internacional
Russische Schiffbau-Gesellschaft Nikolaev[2] (früher: Ivanov & Bunge); nach 1918: Marti-(Süd-)Werft Nikolaev	Schwarzes Meer	Imperatrica Marija, Imperator Nikolaj I., Sovetskaja Ukraina
Gesellschaft Nikolajever Fabriken, Nikolaev; nach 1918: Marti-(Nord-)Werft Nikolaev	Schwarzes Meer	Imperator Aleksandr III. Ekaterina II., Stalinskaja Konstitucija

[1] Technische Leitung: John Brown & Co., England.
[2] Technische Leitung: Vickers, England.

Die russischen Großkampfschiffe

	1	2	3	4	5	6	7	8	9	10	11	12	13
Andrej Pervozvannyj Imperator Pavel I.	.	17125	18306	.	138.4	140.2	24.4	8.2	1500 K	3100 K	6000/12 1440/18	933	
Gangut Sevastopol Petropavlovsk Poltava	.	23000	25850	.	179.8	182.9	26.9	8.3	1000 K + .. Ö	3000 K + 1170 Ö	900/23 4000/16	1125	
Marat Umbau	23606	24605	25727	.	181.0	184.8	,,	$\frac{.}{9.3}$	.	2500 Ö	1120/23	$\frac{1100}{1286}$	
Gangut Umbau	23256	.	26692	.	,,	,,	,,	$\frac{.}{9.5}$	.	1900 Ö	1290/23	$\frac{1087}{1277}$	
Sevastopol Umbau	23016	.	,,	.	,,	,,	,,	$\frac{.}{9.6}$	.	.	.	$\frac{1400}{.}$	

1	2	3	4	5	6	7	8	9	10	11	12	13
Imperatrica Marija **Imperator Aleksandr III.**	.	22 600	~24 000	167.8	.	.	27.3	8.3	1200 K + 720 Ö	3000 K + ... Ö	1000/21	1252
Ekaterina II.		23 783	.	169.8	.	.	27.9	„				
Imperator Nikolaj I.	.	27 300	.	.	182.0	.	28.9	9.0	860 K + ... Ö	2300 K + 720 Ö	.	.
Borodino **Navarin** **Kinburn** **Izmail**	~28 000	32 500	38 000	.	221.9	228.6	30.5	$\frac{8.7}{10.2}$	650 K + ... Ö	1950 K + 1575 Ö	3830/16	.
Projekt 1916/17	.	.	.	.	.	.	.	.	.	.	.	.
Projekt U.P. 41	42 000	45 470	~50 000	236.0	.	248.9	35.5	9.0	.	.	.	.
Sovetskij **Sojuz** **Sovetskaja Ukraina**	46 000 bis 50 000	.	56 000 bis 60 000	.	.	~262.0[1]	~39.7[1]	~9.8	.	.	.	.
Tretij Internacional **Stalinskaja Konstitucija**	42 000 ?	45 000 ?	.	.	.	242.0 ?	36.3 ?	9.0 ?	.	.	.	.
Archangel'sk	29 150	.	33 000	176.8	187.3	189.1	30.2	8.7	900 Ö + 140 K	3400 Ö	4200/..	.
Novorossijsk	23 619	26 140	29 100	168.9	.	186.4	28.0	$\frac{9.1}{10.4}$	.	2500 Ö	3100/20	.

[1] Von allen bisher veröffentlichten Angaben sind diese die zuverlässigsten, da auf Grund von Luftaufnahmen eine nahezu exakte Vermessung möglich war!

Andrej Pervozvannyj-Klasse

Linejnyj Korabl' = Schlachtschiffe

1	2	3	4	5	6
Andrej Pervozvannyj	1903	Galerni-Werft, Petersburg	28. 4. 03	20. 10. 06	9. 10

Ostseeflotte. 18. August 1919 während des alliierten Interventionsfeldzuges in Kronstadt von brit. MTB **S 31** *torpediert. Nach provisorischer Reparatur nur noch bis ~ 1920 im Dienst; 1921 außer Dienst gestellt, zunächst in Kronstadt verblieben, ~ 1923 in Leningrad abgewrackt.*

1	2	3	4	5	6
Imperator Pavel I.	1903	Baltische Werft, Petersburg	15. 4. 04	7. 9. 07	10. 10

Ostseeflotte. Seit Februar 1917 neuer Name: **Respublika.** *Nur noch bis ~ 1920 im Dienst, ~ 1921 außer Dienst gestellt, vorübergehend noch in Kronstadt verblieben, ~ 1923 abgewrackt.*

a) Als stärkste Vertreter des mit der **Evstafi**-Kl. geschaffenen Übergangs-Linienschiffstyps der russischen Marine entstanden kurz nach der Jahrhundertwende die ersten Pläne für diese beiden Einheiten, die gem. Bauvertrag noch bis zum Sommer 1908 abgeliefert werden sollten. Die ursprüngliche Konzeption sah eine verbesserte Ausgabe der **Borodino**-Kl. von 1901 vor. Bedingt durch die politische und wirtschaftliche Konstellation auf Grund des Krieges in Ostasien wurden sie jedoch erst nach Bauzeiten von mehr als 7 Jahren fertig. Da man versucht hatte, die Erfahrungen des Krieges nach Möglichkeit noch zu berücksichtigen, ergaben sich weitere Verzögerungen, weil die Pläne während des Baues z. T. erheblich geändert wurden. Außerdem stellte sich heraus, daß die für sie bestellten Maschinen nicht in die Maschinenräume paßten, weshalb aufwendige Änderungen erforderlich wurden. Als die Schiffe dann endlich fertig wurden, waren sie von der Entwicklung bereits weit überholt. So kam ein 1905 beschlossenes Zehnjahresbauprogramm — das den Bau von insgesamt 8 Schiffen dieser Klasse vorsah — nicht mehr zum Tragen.

b) PzQ.: ..., ... / Seitenpzr.: 89, 216, 102 (sämtlich ↓ 76) / Zitadellpzr.: 102, 127 / Horizontalpzr.: o. PzD. 51; u. PzD. 38—57 / Unterwasserschutz: T-Schott 51 / SA: Barbetten 203; Türme 203, 254, ...; 20,3 cm-Türme: Barbetten 127—102; Türme 152, 127, 51 / MA: Kasematten 127—89 / KdoT.: v. 203 (...); a. 152 (...). *Panzergewicht 4400 ts.*

c) 2 × dreifachwirkende Expansionsmaschinen auf 2 ⚙ / 28 Belleville-Kessel (Kohle) / Leist. 17 600 iPS; Geschw. 18,0 kn. Probefahrtergebnis: Bis 17 775 iPS = 18,6 kn / 1 Ruder.

d) 4—30,5 cm-SK L/40 in je 1 ⚬ vorn und achtern / 14—20,3 cm-SK L/50, diese in je 2 ⚬ auf den Seitendecks und in 6 Großkasematten / 12—12 cm-SK L/50 in Kasematten / 3—45,7 cm-↓ TR (1 H, 2 S).

e) Die ursprüngliche Planung sah zunächst einfache Pfahlmasten vor; eingebaut wurden dann jedoch ~ 30 m hohe Gittermasten, die aber im Winter 1916/17 — weil zu stark vibrierend — bei **Imperator Pavel I.** um die Hälfte und bei **Andrej Pervozvannyj** sogar um ~ 75% gekürzt und durch hohe Signalstengen ersetzt wurden. Nur **Imperator Pavel I.** hatte die schwanenhalsförmigen Bootskrane, **Andrej Pervozvannyj** dafür schwere Ladebäume.

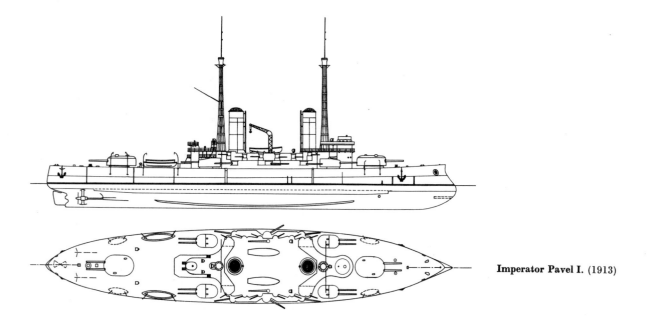

Imperator Pavel I. (1913)

Gangut-Klasse
Linejnyj Korabl' = Schlachtschiffe

1	2	3	4*	5	6
Gangut	1908	Admiralitätswerft, Petersburg	15. 6. 09	7. 10. 11	... 1. 14

Stets Ostseeflotte: 9. Juni 1915 Deckung der Verlegung des Linienschiffes **Slava** *in den Rigaer Meerbusen. 27. August 1915 Deckung für Minenoperation, desgl. 11./12. November 1915 und 5./6. Dezember 1915. Ab 1919 wegen Unbrauchbarkeit nicht mehr im Dienst (die MA 1920 ausgebaut und an Land eingesetzt). 1926—28 Grundreparatur, danach als* **Oktjabrskaja revoljucija** *wieder im Dienst. 12. Oktober 1931 bis 4. August 1934 Modernisierung bei Balt. Werft, Leningrad. Kriegseinsätze: 12. Oktober 1939 und 2. Januar 1940 während des Krieges gegen Finnland Beschießung von Saarenpä. 23. September 1941 in Kronstadt durch 6—8 ı getroffen, 4. April 1942 dort nochmals 4 ı-Treffer; Reparatur bei Balt. Werft bis November 1942. 15. Januar 1944 von der Neva aus Beschießung deutscher Verteidigungsstellungen bei Oranienbaum. Seit ~1956 nicht mehr im Dienst, vermutlich abgewrackt. Die von verschiedenen Quellen gemeldete Umbenennung in* **Gangut** *während des Jahres 1942 ist nicht belegt!*

Sevastopol	1908	Baltische Werft, Petersburg	15. 6. 09	29. 6. 11	.. 11. 14

*Ostseeflotte: 27. August 1915 → * **Gangut**. *Seit 1919 wegen Unbrauchbarkeit nicht mehr im Dienst, nach Reparatur 1926—28 als* **Parižskaja kommuna** *wieder im Dienst. Dezember 1929 bis Januar 1930 in das Schwarze Meer überführt, dabei erhebliche Seeschäden im Atlantik, deshalb Brest zur Notreparatur angelaufen. 1936—39 grundmodernisiert. Kriegseinsätze: 31. Dezember 1941 Beschießung der Stellungen nahe Sevastopol, desgl. 26.—28. Februar 1942 und 21.—22. März 1942 im Raum Kerč. Seit Sommer 1942 wieder alter Name:* **Sevastopol**. *Seit ~1956 nicht mehr im Dienst, ~1958 abgewrackt?*

Petropavlovsk		Baltische Werft, Petersburg	15. 6. 09	9. 9. 11	... 1. 14

*Stets Ostseeflotte: 9. Juni 1915 → * **Gangut**, *11./12. November 1915 und 5./6. Dezember 1915 Deckung von Minenoperationen. Während der alliierten Interventionsfeldzuges 17. August 1919 in Kronstadt durch brit. MTB* **S 88** *torpediert, in flachem Wasser †, geborgen, Wiederherstellung bis ~1921, danach als* **Marat** *wieder im Dienst. 1926—28 Grundreparatur (neue Geschützrohre und Kessel), 1931—33 Modernisierung bei Balt. Werft. Mai 1937 auf Spithead-Reede und Teilnahme an internationaler Krönungsflottenschau. 19. Dezember und 24. Dezember 1939 Beschießung von Saarenpää (Finnland). 15.—17. September 1941 in Kronstadt liegend von deutscher Heeres-Fernartillerie mehrfach getroffen, 23. September 1941 dort durch ı-Treffer schwer beschädigt, auf Grund gesetzt, praktisch † (Wrack blieb dort bis Kriegsende liegen und feuerte Januar 1944 mit provisorisch wiederhergestellten Türmen B, C und D auf deutsche Stellungen bei Oranienbaum!). Seit 1943 wieder alter Name:* **Petropavlovsk**. *Kurz nach Kriegsende nach Leningrad abgeschleppt, dort zunächst liegengeblieben, erst ~1953 abgewrackt.*

Poltava	1908	Admiralitätswerft, Petersburg	15. 6. 09	10. 7. 11	.. 12. 14

Stets Ostseeflotte. 1920 umbenannt in **Mikhail Frunze**. *1922 durch Brand weitgehend zerstört, in der Neva auf Grund gesetzt; nach Ausbau der SA usw.: Stationäres Wohnschiff in Leningrad, gleichzeitig »Ersatzteillager« für Schwesterschiffe und nach und nach ausgeschlachtet. Noch 1942 im Kohlenhafen von Leningrad liegend festgestellt. ~1946 abgewrackt oder noch später?*

a) Im Haushaltsjahr 1907 wurden die Mittel für die ersten russischen Großkampfschiffe in Aussicht gestellt, worauf zunächst eine öffentliche Ausschreibung für den Entwurf erfolgte.

---

* Hier Datum der Kielweihe angegeben!

Insgesamt gingen 51 Entwürfe in- und ausländischer Konstrukteure und Werften ein. 10 von diesen kamen in die engere Wahl, und unter diesen befand sich nur ein einziger russischer! Als bester Entwurf wurde indessen ein von der deutschen Werft Blohm & Voß, Hamburg, gefertiger bewertet, doch konnte er nicht zur Verwirklichung kommen, weil die Duma die endgültige Bewilligung davon abhängig machte, daß diese Schiffe auf russischen Werften gebaut werden.

Darauf fertigten russische Konstrukteure einen neuen Entwurf an, der typische Cuniberti-Einflüsse erkennen ließ. Sie schufen dabei einen Kompromißtyp zwischen Linienschiff und Schlachtkreuzer, der jedoch keineswegs besonders geglückt ausfiel. Bei stärkstmöglicher Bewaffnung verzichtete man auf einen ausreichend starken Panzerschutz und wählte statt dessen eine für die damalige Zeit überdurchschnittlich hohe Geschwindigkeit. Vorübergehend erwogen die russischen Konstrukteure dabei sogar den Einbau von Dieselmotoren für Marschfahrtstufen, doch kamen sie davon wieder ab, da sich der Großdieselmotor als noch nicht genügend bordbetriebssicher erwiesen hatte.

Mit der Durchführung der Konstruktion wurde die britische Werft John Brown, Ltd., Clydebank, beauftragt, die auch die Bauaufsicht übernahm. Im Sommer 1910 mußten die Arbeiten an den auf den Hellingen liegenden Rümpfen unterbrochen werden, da sich Zweifel an der genügenden Festigkeit ihrer Verbände ergeben hatten. Nach einigen Änderungen konnten die Arbeiten dann wieder aufgenommen werden.

Ursprünglich sollte der Bau dieser Schiffe je 3 Jahre dauern. Aber die vielfachen Mißstände der russischen Marineverwaltung und der Werften führten zu einer erheblich längeren Bauzeit; dementsprechend fielen auch die Baukosten aus. Hinterher wurde festgestellt, daß diese um 40% geringer gewesen wären, wenn man die Schiffe im Ausland hätte bauen lassen.

b) *Die geforderte hohe Geschwindigkeit machte erhebliche Gewichtsaufwendungen für die Antriebsanlage erforderlich, die am Gesamtpanzergewicht eingespart werden mußten. Da man sich zudem für eine möglichst große Ausdehnung des Panzers in der Fläche ausprochen hatte, mußten seine Dicken entsprechend gering bleiben. Mit maximal 225 mm im Bereich der lebenswichtigen Einrichtungen blieb dieser Schutz gegen panzerbrechende Geschosse viel zu schwach. Ebenso war die Panzerung der SA-Türme mit einer maximalen Dicke von nur 203 mm keineswegs ein wirksamer Schutz zur Erhaltung der Schlagkraft. Zur Verstärkung des Seitenschutzes war im Schiffsinneren zwischen Panzerdeck und Oberdeck in ~ 3,4 m Abstand von der Außenhaut ein Panzerlängsschott von 76—102 mm Dicke eingezogen, das praktisch das bis zum Panzerdeck reichende T-Schott fortsetzte. Dieser Binnenpanzer erstreckte sich zwischen den beiden Endtürmen. Da die SA-Türme um je 200 t schwerer ausfielen, als ursprünglich geplant worden war, mußten weitere Abstriche an der Gesamtpanzerung gemacht werden. PzQ.: 225, 225, 125 / Seitenpzr.: 102, 225, 127 (dahinter PzLängsschott 51) / Zitadellpzr.: 125, 75 (dahinter PzLängsschott 38) / Horizontalpzr.: Oberdeck über Kasematten 125; PzD. 37—25 mit Böschungen 37 / Unterwasserschutz: T-Schott*

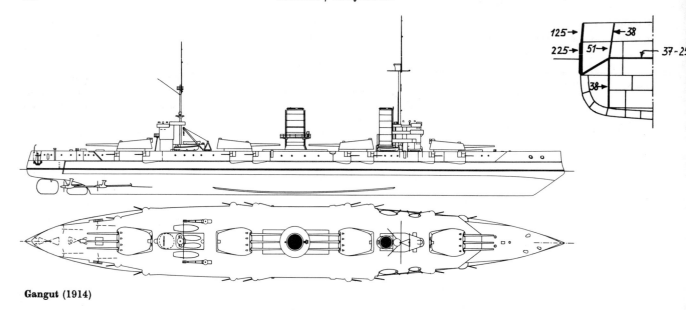

Gangut (1914)

Pariżskaja kommuna (1930)

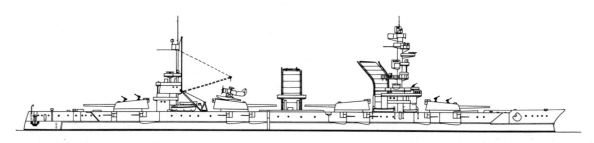

Marat (1939)

Gangut-Klasse

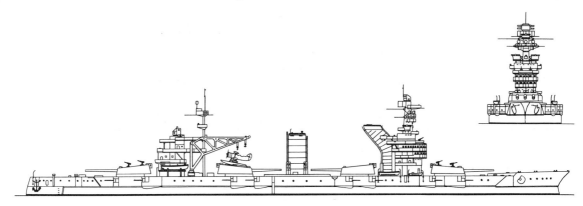

Oktjabrskaja revoljucija (1939)

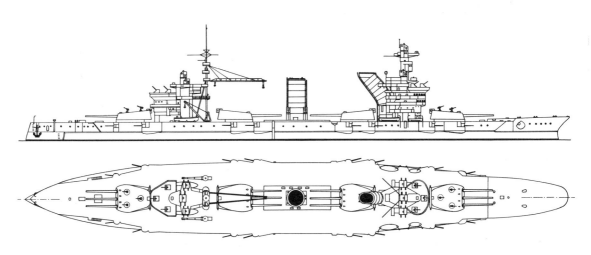

Parižskaja kommuna (1939)

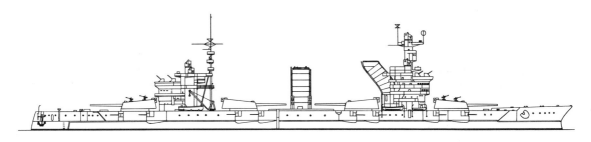

Sevastopol (1948)

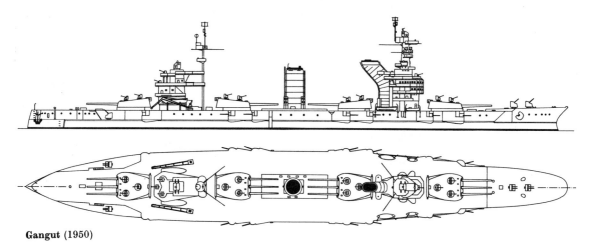

Gangut (1950)

38 / SA: Barbetten 203; Türme 203, 127, ... / MA: Kasematten 125 / KdoT.: v. 254 (125); a. 254? (125).

c) 4 × Parsons-Tu auf 4 ⚙ / 25 Yarrow-Kessel (Kohle, Ölzusatzfeuerg.), bei Umbau ersetzt durch 12 Yarrow-Normand-Kessel (Öl) auf **Oktjabrskaja revoljucija** (auch **Parižskaja kommuna**?), **Marat** seither nur noch 22 statt der ursprünglichen 25 Kessel, diese jedoch auf Ölfeuerung umgestellt / Leist. 42 000 WPS; Geschw. 23,0 kn (erreichten bis ~ 50 000 WPS = 23,4 kn) / 2 Ruder hintereinander.

d) 12—30,5 cm-SK L/52 in ⚬ (›Cuniberti-Aufstellung‹) / 16—, **Oktjabrskaja revoljucija** zuletzt nur 12—12 cm-SK L/50 in Kasematten / 6—7,5 cm-↟ / 4—45,7 cm-↓ TR (S) vermutlich zuletzt nicht mehr vorhanden. ↟-Bewaffnung auf allen unterschiedlich seit Umbau: **Marat** ~ 7—4,5 cm-↟, dafür zuletzt 6—7,6 cm-↟ + 16 MG-↟$_4$; **Oktjabrskaja revoljucija** ~ 6—4,5 cm-↟ + 24 MG-↟$_4$, dafür zuletzt 8—7,6 cm-↟$_2$ + 16—3,7 cm-↟; **Parižskaja kommuna** ~ 6—4,5 cm-↟ + 16 MG-↟$_4$, dafür zuletzt 6—7,6 cm-↟ + 12 bis 16—3,7 cm-↟ + 24 MG-↟$_4$ / ab ~ 1933 zeitweise 1 ✈ an Bord (**Oktjabrskaja revoljucija** 2 ✈).

e) Keine besonders geglückte Konstruktion! Als besonders ungünstig war die Aufstellung der MA direkt unterhalb der SA-Türme zu nennen, so daß sich beide beim Schießen vermutlich gegenseitig behinderten. Außerdem wirkten die Geschützpforten der MA an diesen wichtigen und besonders schutzbedürftigen Stellen als gefährliche Geschoßfänger. Bei hoher Fahrt nahmen die Schiffe viel Wasser über, und darüber hinaus galten sie als sehr unwohnlich, schlecht lüftbar und unsanitär.
Ursprünglich waren für alle Schiffe Gittermasten vorgesehen. Sie erhielten jedoch Pfahlmasten, nachdem sich bei den Linienschiffen der → **Andrej Pervozvannyj**-Kl. solche Gittermasten nicht bewährt hatten. Ab 1926 gingen alle außer **Poltava** zum Umbau in die Werft, doch wurden nur sie wenig modernisiert. Die baulichen Maßnahmen betrafen neben dem Einbau neuer Kessel und Geschützrohre vor allem die Formverbesserung des Vorschiffes zusammen mit einer Änderung des Vorstevens, weiter den Einbau eines neuen, stärkeren vorderen Mastes mit Artilleriemars und BG-Hauben, sowie die Änderung des vorderen Schornsteines, der nach hinten abgeknickt wurde, um die Brückenaufbauten möglichst rauchfrei zu halten. Gleichzeitig wurden auch die vorderen Brückenaufbauten und der achtere Aufbau geändert.
Als erstes Schiff wurde **Parižskaja kommuna** 1926—28 einer Grundreparatur unterzogen, aus der sie äußerlich nur geringfügig verändert hervorging. Lediglich der vordere Schornstein war im obersten Drittel etwas nach hinten abgeknickt worden. Während der Überführungsfahrt in das Schwarze Meer geriet das Schiff in einen schweren Sturm, der das Vorschiff derart beschädigte, daß in Brest ein Notsteven eingezogen werden mußte.
Marat folgte 1931—33. Bei ihr wurde die Back um ~ 1 m erhöht, aber nicht durch Hochziehen nach vorn, sondern durch einfache Aufstockung, so daß die Vorschiffsspanten etwas günstiger ausgeformt werden konnten, wozu auch der gleichzeitig angebaute sichelförmige Ansatz des Vorstevens beitrug (Erfahrungen der **Parižskaja kommuna** im Atlantik 1929!). Auch hier wurde der vordere Schornstein oben nach achtern geknickt, aber etwas stärker als auf **Parižskaja kommuna**. Zugleich kam an Stelle des vorderen Pfahlmastes ein Röhrenmast; außerdem wurde der vordere Brückenaufbau und auch der achtere Aufbau geändert. Dieses Schiff führte ein ✈ mit, das auf der Decke des Turmes C festgezurrt wurde. Zum Ein- und Aussetzen wurde am achteren Mast ein Ladebaum angebracht, der außer Gebrauch soweit aufgetoppt werden konnte, daß er parallel zum achteren Mast stand.
Oktjabrskaja revoljucija wurde 1931—34 umgebaut und den gleichen Änderungen unterworfen. Brücke, Röhrenmast und achterer Aufbau fielen jedoch anders aus; insbesondere waren am achteren Aufbau 2 Balkenkräne parallel nebeneinander errichtet worden, die nicht nur zum Ein- und Aussetzen des ebenfalls auf Turm C abgestellten ✈ dienten, sondern auch

für einige kleine MTB, die zeitweise an Bord mitgeführt worden sein sollen. Der vordere Schornstein wich in seiner Gestaltung insofern von den beiden umgebauten Schwesterschiffen ab, als er S-förmig zurückgebogen wurde. Zuletzt befanden sich die beiden Balkenkräne nicht mehr an Bord, und auf Schanz und Back waren schwere ⚓ aufgestellt.

Als letztes Schiff ging **Parižskaja kommuna** von 1937 bis 1939 in die Werft und kehrte von diesem Umbau ganz ähnlich wie **Oktjabrskaja revoljucija** zurück. Brücke, vorderer Mast und vorderer Schornstein unterschieden sich nur in Details von denen der **Oktjabrskaja revoljucija**. Abweichend davon wurde jedoch der achtere Aufbau geändert, dessen Mast gleichzeitig Stützbeine erhielt. An ihm wurden ebenfalls 2 parallel nebeneinander angeordnete Ladebäume angebracht, die sich von denen der **Oktjabrskaja revoljucija** unterschieden; ab ~ 1943/44 befanden sie sich jedoch nicht mehr an Bord. Ein weiteres Unterscheidungsmerkmal zu **Oktjabrskaja revoljucija** waren die achteren BG-Kuppeln, die — der Seite nach überhöht — gestaffelt angeordnet wurden, ähnlich wie die am vorderen Mast. Im Ganzen wurde **Parižskaja kommuna** am unfassendsten umgebaut. Ob — wie in letzter Zeit vermutet — diesem Schiff zuletzt auch T-Wulste (nach amerikanischem Vorbild weit nach oben gezogen) angebaut worden sind, ließ sich bisher nicht zuverlässig klären. Während des Zweiten Weltkrieges oder kurz danach wurden die auf den Decken der SA-Türme postierten ⚓ (bei denen es sich anfangs vermutlich um 4,5 cm-⚓ und nicht um die immer wieder gemeldeten 7,6 bzw. 7,5 cm-⚓ handelte!) gegen moderne 3,7 cm-⚓ ausgetauscht. Bei **Oktjabrskaja revoljucija** wurden nach Ende des Zweiten Weltkrieges die beiden jeseits achteren 12 cm-SK ausgebaut. Dafür wurden dort auf dem Batteriedeck jeweils 2—7,6 cm-⚓₂ postiert, ferner nochmals 4—7,6 cm-⚓₂ auf der Back. Dazu erhielt das Schiff zahlreiche 3,7 cm-⚓ neuesten Modells auf den Türmen und auf den Aufbauten ähnlich wie **Parižskaja kommuna**, jedoch im Gegensatz zu dieser mit Schutzschilden. Gleichzeitig wurden die schweren Bordkräne abgegeben, sowohl die von **Oktjabrskaja revoljucija** als auch auf **Parižskaja kommuna**. Bei **Oktjabrskaja revoljucija** wurden sie durch moderne Wippkräne beiderseits des achteren Mastes ersetzt (möglicherweise handelte es sich dabei um die seinerzeit für den Kreuzer **Tallin** (ex-deutsch ›L‹ ×Lützow) gelieferten Kräne!)

Oktjabrskaja revoljucija war das einzige Schiff dieser Klasse, das noch mit Radar ausgerüstet wurde; die Antennen wurden auf beiden Maststengen installiert.

Daß **Parižskaja kommuna** nach der Überführung in das Schwarze Meer bis zur Grundmodernisierung 1936—39 vorn einen Dreibeinmast führte — wie oft behauptet und in früheren Skizzen dargestellt[1] — wurde bisher nicht nachgewiesen.

Von **Poltava** wird gelegentlich auch behauptet, daß vor 1941 ihr Umbau in einen ⚓-Träger zur Debatte gestanden haben soll. Auch dies ist z. Z. nicht zu belegen, gilt aber als völlig unwahrscheinlich.

---

[1] Z.B. noch in ›Weyers Taschenbuch der Kriegsflotten 1941/42‹, Seite 364.

Die ~ 1951/52 veröffentlichten Nachrichten, wonach diese Schiffe 1947 auf 211 m LüA verlängert und unter Fortfall eines SA-Turmes mit FK-Startern ausgerüstet worden seien, haben sich als völlig haltlos erwiesen!

Imperatrica Marija-Klasse

Linejnyj Korabl' = Schlachtschiffe

1	2	3	4*	5	6
Imperatrica Marija	1911	Russ. Schiffbau-Ges., Nikolaev	30. 11. 11	1. 11. 13	6. 7. 15

*Seit 12. Juli 1915 Schwarzmeerflotte: 1. Oktober 1915 Aufnahmestellung für Flotte nach Beschießung der türkischen Kohlenhäfen; 21. Oktober 1915 desgl. bei Demonstration vor der bulgarischen Küste. 23./25. Dezember 1915 Vorstoß gegen türkische Kohlenhäfen, bis Februar 1916 drei weitere Operationen. 22. Juli 1916 ✕ mit deutschem Kleinen Kreuzer **Breslau**. 20. Oktober 1916 in Sevastopol durch Explosion der Munitionskammern † (225 Tote). Mai 1919 geborgen, 1926/27 in Sevastopol abgewrackt.*

| **Ekaterina II.** | 1911 | Ges. Nikolaever Fabriken, Nikolaev | 30. 11. 11 | 6. 6. 14 | 5. 10. 15 |

*1915 Name geändert: **Imperatrica Ekaterina II.** Seit November 1915 Schwarzmeerflotte: 24./26. Dezember 1915 Vorstoß gegen bulgarische Küste, bis Februar 1916 drei weitere Operationen, dabei 7./8. Januar 1916 ✕ mit → **Goeben**, 4./5. April 1916 ✕ mit deutschem Kleinen Kreuzer **Breslau**; 19./21. September 1916 Beschießung der türkischen Kohlenhäfen, weitere Vorstöße und Beschießungen 5.—9. Januar 1917 und 23.—25. Februar 1917. Ab 29. April 1917 neuer Name: **Svobodnaja Rossija**. Deckungsoperationen 17./18. Mai, 24./25. Mai, 24./25. Juni 1917 (dabei 25. Juni ✕ mit **Breslau**), 19./20. Juli und 27. August 1817. Bei Ansatz gegen **Breslau** am 1. November 1917 bolschewistische Meuterei. Auf Grund des Waffenstillstandes Auslieferung an Deutschland vorgesehen, jedoch verhindert: 16. Juni 1918 vor Novorossijsk durch T-Schüsse des Zerstörers **Kerč** †. 1930 erfolglose Bergungsversuche, nicht mehr wiederholt.*

| **Imperator Alexsandr III.** | 1911 | Russ. Schiffbau-Ges., Nikolaev | 30. 11. 11 | 15. 4. 14 | ... 6. 17 |

*Ab Herbst 1917 Schwarzmeerflotte: Ab 29. April 1917 neuer Name: **Volja**. Nur ein Einsatz: 1. November 1917 als Deckung für Operation gegen Bosporus, vorzeitig abgebrochen. Während des Krim-Feldzuges 30. April 1918 von Sevastopol nach Novorossijsk verlegt, auf Grund deutschen Ultimatums 16. August 1918 nach Sevastopol zurück. 1. Oktober 1918 von deutscher Marine zur Abwehr eines vermuteten neuen Angriffs auf die Dardanellen übernommen; neuer Name: **Wolga**. Oktober 1918 kurzfristig mit deutscher Stammbesatzung in See, bei Kapitulation Deutschlands an russische Behörden zurückgegeben, 1919 vorübergehend unter britischer Flagge. Während des Bürgerkrieges auf ›weißer‹ Seite unter neuem Namen: **General Alekseev**. Nach Räumung der Krim zunächst Konstanza/ Rumänien angelaufen, ab Dezember 1920 in Bizerta interniert. Oktober 1924 von Frankreich Rückgabe an Sowjetunion angeboten; da Zustand zu schlecht, dort verblieben und bis ~1936 abgewrackt.*

a) In den Jahren 1910/11 entstanden die Pläne für 3 neue Schlachtschiffe, die als die ersten russischen Großkampfschiffe im Schwarzen Meer stationiert werden sollten. Ihre Bauaufträge wurden noch 1911 vergeben. Im Gegensatz zu ihren Vorgängern → **Gangut-Kl.** stellten sie ›reinrassige‹ Schlachtschiffe dar, zwar

* Hier Datum der Kielweihe angegeben!

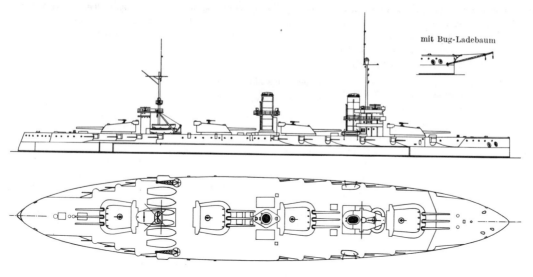

Imperatrica Marija (1915)

mit gleichstarker Bewaffnung wie jene, aber mit erheblich verbesserter Standkraft. Die Ähnlichkeit mit der → **Gangut**-Kl. war nur äußerlich und wurde weitgehend durch das gleiche Aufstellungsschema der SA bewirkt. Im Ganzen galt diese Klasse als wohlgelungen. Baukosten je 30 Mio. Rubel.

b) PzQ.: ..., ... / Seitenpzr.: durchgehend 263, dahinter PzLängsschott 50 / Zitadellpzr. → MA / Horizontalpzr.: o. PzD. 38; u. PzD. 38 / Unterwasserschutz: T-Schott 50 / SA: Barbetten 203; Türme 305, ..., ... / MA: Kasematten 127 / KdoT.: v. 305 (...); a. 127 (...) *Panzergewicht 7036 ts.*

c) 4 × Parsons-Tu (**Imperator Aleksandr III.**: Brown Curtis-) auf 4 ⚙ / 20 Yarrow-Kessel (Kohle, Ölzusatzfeuerg.) / Leist. 26 500 WPS (**Ekaterina II.**: 27 000 WPS); Geschw. 21,0 kn / 2 Ruder hintereinander (Probefahrtergebnis: **Imperator Aleksandr III.** erreichte bis 29 700 WPS = 21,4 kn).

d) 12—30,5 cm-SK L/52 in 4 ⚙ (›Cuniberti-Aufstellung‹) / 20—, **Imperator Aleksandr III.** ab 1916 nur 18—13 cm-SK L/55 in Kasematten /4—7,5 cm-SK, einzeln, ohne Schilde / 4—7,6 cm-↑ / 4—45,7 cm-↓ TR (S).

e) Anfangs waren auch für diese Schiffe Gittermasten vorgesehen. Sie erhielten jedoch aus gleichen Gründen wie bei der → **Gangut**-Kl. einfache Pfahlmasten. Äußerlich unterschieden sie sich von dieser durch folgende Merkmale:

1. Beide Schornsteine hatten gleichgroßen Durchmesser und wirkten viel schlanker.
2. Für die 30,5 cm-SK wurden andere Türme verwendet; diese hatten auch größere E-Meßhauben.
3. Turm B zeigte in Nullstellung nach recht voraus.
4. Am Vorsteven konnte ein weit nach vorn ragender Gitter-Ladebaum angebracht werden, dessen laufendes Gut über ein darüber befindliches Gerüst als Rollenträger lief. Mit diesem Gerüst, aber ohne den Ladebaum, erschien der Vorsteven gegen hellen Hintergrund oft leicht sichelförmig (→ Beiskizze).

Die jeseits vorderste 13 cm-Kasematte verursachte wegen ihrer starken Neigung, überkommendes Wasser aufzunehmen, erhebliche Gefahrenmomente für die Schiffe. Deshalb wurden diese 1916 auf **Imperator Aleksandr III.** ausgebaut, nicht aber auf **Ekaterina II.**, bei der die jeseits vorderste 13 cm-Kasematte ~ 2 m achterlicher angeordnet war und viel weniger naß war. Das ursprünglich 4. Schiff dieser Klasse folgt im nächsten Kapitel.

Imperator Nikolaj I.

Linejnyj Korabl' = Schlachtschiff

1	2	3	4	5	6
Imperator Nikolaj I.	1914	Russ. Schiffbau-Ges., Nikolaev	28. 1. 15	18. 10. 16	∞

*Ursprünglich vorgesehener Name: **Ivan Groznyj**. Auftrag März 1914 erteilt, für Schwarzmeerflotte bestimmt. März 1918 erst zu 25% vorangeschritten. Ab 29. April 1917 neuer Name: **Demokratija**. Beim Abzug der deutschen Truppen von diesen demoliert; Weiterbau später aufgegeben. 1922/23 in Nikolaev abgewrackt.*

a) Ursprünglich als 4. Schiff der → **Imperatrica Marija**-Kl. geplant, wurden die Pläne unter dem Eindruck der ersten Erfahrungen mit der → **Gangut**-Kl. und Versuchen mit dem alten Linienschiff **Česma** geändert, um diesem Neubau eine größere Standfestigkeit zu ermöglichen.

b) Ähnlich → **Imperatrica Marija**-Kl., jedoch Seitenpzr.: 270, dahinter PzLängsschott 75 / Horizontalpzr.: Batteriedeck 63; PzDeck 35 / MA: Kasematten 75 / KdoT.: v. 400 (..) / *Pz-Gewicht 9417 ts.*

c) 4 × Brown-Curtis-Tu auf 4 ✯ / 25 Yarrow-Kessel (Kohle, Ölzusatzfeuerg.) / Leist. 29 700 WPS; Geschw. 23,0—24,0 kn / 2 Ruder hintereinander.

d) 12—30,5 cm-SK usw. wie → **Imperatrica Marija**-Kl., jedoch Umrüstung auf 8—40,0 cm-SK in gleichem Aufstellungsschema erwogen / 20—13 cm-SK usw. / sonstige Bewaffnung ähnlich wie → **Imperatrica Marija.**

e) Während des ersten Baustadiums wurde eine Änderung der Bewaffnung auf 12—35,6 cm-SK erwogen. Davon kam man wieder ab, weil dies eine Bauverzögerung um ~ 1 Jahr bewirkt hätte.

Borodino-Klasse

Bronenosnij Kreiseri = Schlachtkreuzer

1	2	3	4*	5	6
Borodino	1912	Admiralitätswerft, Petersburg	1.1.14	14.7.15	∞ [17]
Navarin	1912	Admiralitätswerft, Petersburg	1.1.14	..11.16	∞ [17]

Aufträge Oktober 1912 erteilt. Bauarbeiten Anfang 1917 eingestellt, daher März 1918 noch unfertig. **Borodino** *November 1923 nach Bremen,* **Navarin** *1923 nach Hamburg verkauft, beide dort abgewrackt. [Die in Deutschland für* **Navarin** *bestellten Tu wurden nicht mehr ausgeliefert, sondern als Hauptmaschinen für die Kleinen Kreuzer* **Brummer** *und* **Bremse** *ausgenutzt.]*

Kinburn	1912	Baltische Werft, Petersburg	1.1.14	30.10.15	∞ [17]

Auftrag September 1912 erteilt. Bauarbeiten Anfang 1917 eingestellt, daher März 1918 noch unfertig. 1923 nach Kiel zum Abbruch verkauft, dort abgewrackt.

Izmail	1912	Baltische Werft, Petersburg	1.1.14	22.6.15	∞ [17]

Auftrag September 1912 erteilt. Einziges Schiff dieser Klasse, bei dem während des Krieges die Bauarbeiten stärker vorangetrieben wurden. Fertigstellung zu Anfang 1918 erwartet, jedoch infolge der Revolutionswirren Arbeiten eingestellt. Konkrete Planungen über Fertigstellung und gleichzeitige Modernisierung in den späteren Jahren erwogen und möglicherweise abgeschlossen, jedoch nicht verwirklicht; bis 1931 vorhanden, danach abgewrackt.

a) Im Zuge des ›Kleinen Schiffbauprogrammes‹ als Teil des ›Großen Bauprogrammes‹ wurden 1912 die Mittel für diese 4 Schlachtkreuzer bewilligt, die für die Stationierung in der Ostsee vorgesehen waren. Auch sie hatten äußerlich noch viel Ähnlichkeit mit den Schlachtschiffen der → **Gangut**-Kl., jedoch ging man bei ihnen von der bisherigen Flushdeck-Bauweise ab und entschloß sich für eine erhöhte Back, vermutlich mit Rück-

---

* Kielweihe aller Schiffe am 19. Dezember 1912.

sicht auf die geforderte hohe Geschwindigkeit. Die Aufstellung der SA entsprach wieder dem Cuniberti-Schema, doch sollten die beiden mittleren Türme in Nullstellung nach recht achteraus zeigen, was anscheinend von dem Installationsschema der Antriebsanlage bewirkt wurde. Zwar wurden die Einheiten der **Borodino**-Kl. als ›Schlachtkreuzer‹ bezeichnet, doch entsprachen sie im Hinblick auf ihre große Standfestigkeit und der nicht allzuhohen Geschwindigkeit wesentlich mehr Schlachtschiffen; sie können daher am ehesten mit der britischen → **Queen Elizabeth**-Kl. verglichen werden. Keines dieser Schiffe wurde mehr fertiggestellt; 3 von ihnen endeten in Deutschland als Schrott.

b) PzQ.: ..., ... / Seitenpzr.: 100—240, 305, 240—100 / Zitadellpzr.: 100, 180, 100 / Horizontalpzr.: PzD. 63 / Unterwasserschutz: ... / SA: Barbetten 305; Türme 305, 240, ... / MA: Kasematten 152 / KdoT.: v. ... (...); a. ... (...).

c) 4 × Tu (**Navarin**: Vulkan-, die anderen: Franko-Russo-) auf 4 ✯ / 25 Yarrow-Kessel (16 Kohle, 9 Öl) / Leist. 68 000 WPS; Geschw. 26,6 kn / 2 Ruder hintereinander.

d) 12—35,6 cm-SK[1] L/45 in ∞ (›Cuniberti-Aufstellung‹) / 24—13 cm-SK L/55 in Kasematten / 8—7,5 cm-SK / 4—6,3 cm-✯ / 6—53,3 cm-↓ TR (S).

e) Bemerkenswert an diesen Schiffen waren die zweistöckigen Kasematten der MA im Vorschiff. Unzweckmäßig angeordnet waren auch hier wieder einige der direkt unterhalb der schweren Türme angeordneten MA-Kasematten. Ob nachträglich — wie gelegentlich publiziert — für diese Schiffe Dreibeinmasten vorgesehen waren, ist z. Z. nicht nachprüfbar.

Projekt 1916/17

Linejnyj Korabl' = Schlachtschiffe

Zum Zeitpunkt der russischen Kapitulation bestand ein Projekt, das den Bau von 4 Schlachtschiffen für die Ostsee vorsah. Diese sollten mit je 12—40 cm-SK bewaffnet werden. Näheres ist über sie nicht bekanntgeworden.

Projekt ›U.P. 41‹*

Linejnyj Korabl' = Schlachtschiff

a) In der zweiten Hälfte der 30er Jahre beschloß die Sowjetunion, im Rahmen des 1938 beginnenden dritten Fünfjahres-Flottenbauprogrammes auch Schlachtschiffe zu bauen. Da sie dazu nicht ohne weiteres in der Lage war, mußte sie fremde Hilfe in Anspruch nehmen. Deshalb beauftragte sie das Ufficio

---

[1] Während des Krieges wurde erwogen, diese Schiffe mit vorhandenen 30,5 cm-SK L/52 auszurüsten, anscheinend weil die 35,6 cm-SK nicht rechtzeitig fertig wurden.

* ›U.P.‹ = Abkürzung für **U**fficio **P**rogetti Navali in Genua.

Progetti Navali in Genua (das Marinekonstruktionsbüro des Ansaldo-Konzerns, zu dem die Sowjetunion rege geschäftliche Beziehungen unterhielt[1]) am 14. Juli 1936 mit der Ausarbeitung von Plänen. Wenige Monate später, am 24. November 1936, wandte sie sich auch an die USA, um schwere Geschütze und Panzermaterial geliefert zu erhalten. Die Genehmigung dazu gab die amerikanische Regierung am 1. Oktober 1937; sie umfaßte die Lieferung von 9—40,6 cm-SK einschließlich von 3 ∝, 900 Granaten dieses Kalibers und von Panzerplatten. An sich schwebten der Sowjetunion 45,7 cm-SK vor, doch gaben sie sich schließlich mit 40,6 cm-SK zufrieden, da für 45,7 cm-SK amerikanischerseits keine Ausfuhrgenehmigung zu erwarten war.[2] Gegen Ende 1937 wandten sich die sowjetischen Auftraggeber erneut an die USA, um von der Firma Gibbs & Cox oder von der New York Shipbuilding Co. Konstruktionspläne von Schlachtschiffen anfertigen zu lassen. Nach deren Ausarbeitung beabsichtigte sie, den Bau eines Schiffes auszuschreiben und Angebote von 3 verschiedenen Werften[3] einzuholen. Ein zweites Schiff sollte dann nach diesem ›Modell‹ vermutlich von einer sowjetischen Werft gebaut werden.

---

[1] Ansaldo war wesentlich am Entwurf und bei der Bauleitung des Kreuzers **Kirov** beteiligt; außerdem baute dieser Konzern für die Sowjetunion den Großzerstörer **Taškent** sowie die Sicherungsschiffe **Kirov** und **Dzcržinskij**.
[2] Das lag offenbar weniger daran, daß ein solches Geschütz nicht vorhanden war; vielmehr ist davon auszugehen, daß — wenn die USA über ein solches Geschütz verfügt hätten — die Ausfuhrgenehmigung nicht erteilt worden wäre, um einer Kalibersteigerung im Schlachtschiffbau über 40,6 cm hinaus (die möglicherweise zu einem sowjetischen Vorsprung und zu einem neuen Wettrüsten geführt hätte) rechtzeitig Einhalt zu gebieten.
[3] Bethlehem Shipbuilding Co., New York Shipuilding Co. und Newport News Shipbuilding Co.

Von der Firma Gibbs & Cox erfuhr die US-Regierung bald darauf, daß sie den Auftrag zur Anfertigung von Plänen für ein 62 000 ts-Schlachtschiff mit 45,7 cm-SK übernommen hatte. Zwar war offenkundig, daß die Sowjetunion nicht in der Lage war, derart große Schiffe zu bauen, es sei denn mit amerikanischer Hilfe, aber dies hätte die USA vermutlich politisches Kapital gekostet, und davor scheute man begreiflicherweise zurück. Dennoch waren die USA bereit — und dies ließen sie die sowjetischen Auftraggeber wissen —, für sie ein Schlachtschiff zu bauen, wenn dieses 45 000 ts und 40,6 cm Kaliber nicht überschreiten würde. Von hier ab wurde ein amerikanischer Marineoffizier beauftragt, alle für die Sowjets ausgearbeiteten Pläne vor ihrer Übergabe zu prüfen. Zwar hatten die Sowjets mittlerweile Verbindungen zu dem französischen Rüstungskonzern Schneider-Creusot in St. Etienne angebahnt und dessen Bereitschaft zur Konstruktion und zum Bau von 45,7 cm-SK eingehandelt, aber offenbar hatten sie gleichzeitig erkannt, daß damit noch nicht das Problem des Baues von Schiffen in der ihnen vorschwebenden Größenordnung gelöst war. Dies wird der Grund gewesen sein, weshalb sie wenige Monate danach Gibbs & Cox wissen ließen, daß die inzwischen ausgearbeiteten Pläne für ein 62 000 ts-Schlachtschiff mit 45,7 cm-SK ›nicht akzeptabel‹ seien. Statt dessen wünschten sie nunmehr Pläne für ein 45 000 ts-Schlachtschiff mit 40,6 cm-SK und gutem Schutz. Am 9. Oktober 1939 — nach dem Einmarsch sowjetischer Truppen in Ost-Polen — stellte Gibbs & Cox seine Arbeiten vorläufig ein. Schließlich gab am 18. November 1939 auch das US Navy Department der Firma Gibbs & Cox zu verstehen, daß es unter den gegebenen Verhältnissen nicht mehr erwünscht war, derartige Arbeiten für die Sowjetunion zu Ende zu führen. Mit Schreiben vom 28. No-

---

Zu den sowjetischen Schlachtschiff-Neubauten ab 1938/39:

Auf Grund verschiedentlich erreichbarer Unterlagen konnten jeweils unterschiedliche Skizzen der sowjetischen Schlachtschiff-Neubauten angefertigt werden. Da sie jedoch kritischer Betrachtung zumeist nicht standhalten und zudem voneinander teils stark differieren, wurde davon abgesehen, sie alle in diesem Buch zu veröffentlichen. Leider war es nicht möglich, Fotos von den im Zentralen Marinemuseum in Leningrad ausgestellten Modellen verschiedener Schlachtschiffe zu erhalten. Von diesen konnten lediglich einige dürftige Beschreibungen besorgt werden, auf Grund derer gewisse Rückschlüsse gezogen werden können. Im einzelnen handelt es sich um die folgenden Modelle:

1. Modell eines Schlachtschiffes ähnlich der italienischen → **Vittorio Veneto-Kl.**, jedoch Flushdeck-Konstruktion; 2 Schornsteine. Als SA 3 ∝, dazu 16 bis 18 schwere ⚓. Hierbei handelt es sich möglicherweise um eine Darstellung der → **Sovetskij Sojuz-Kl.**
2. Modell eines Schlachtschiffes mit einem Schornstein und SA in 3 ∝; unverkennbar deutsche Einflüsse in der architektonischen Ausführung. Möglicherweise handelt es sich um eine modifizierte Nachbildung der deutschen → **Bismarck-Kl.**
3. Modell eines Schlachtschiffes (vermutlich Schlachtkreuzer) mit wiederum typisch italienischen Einflüssen; im Ganzen den italienischen Schweren Kreuzern der **Zara-Kl.** sehr ähnlich. SA in 4 ∝, zwei Schornsteine ein weitem Abstand voneinander. Auf der Schanz 2 ⚓ nebeneinander.
4. Modell eines Schlachtkreuzers mit zwei weit auseinander stehenden Schornsteinen und 1 ⚓ zwischen diesen. SA in 4 ∝. Sehr langer bzw. schlanker Rumpf. Hierbei könnte es sich um eine Nachbildung der → **Tretij Internacional-Kl.** handeln.

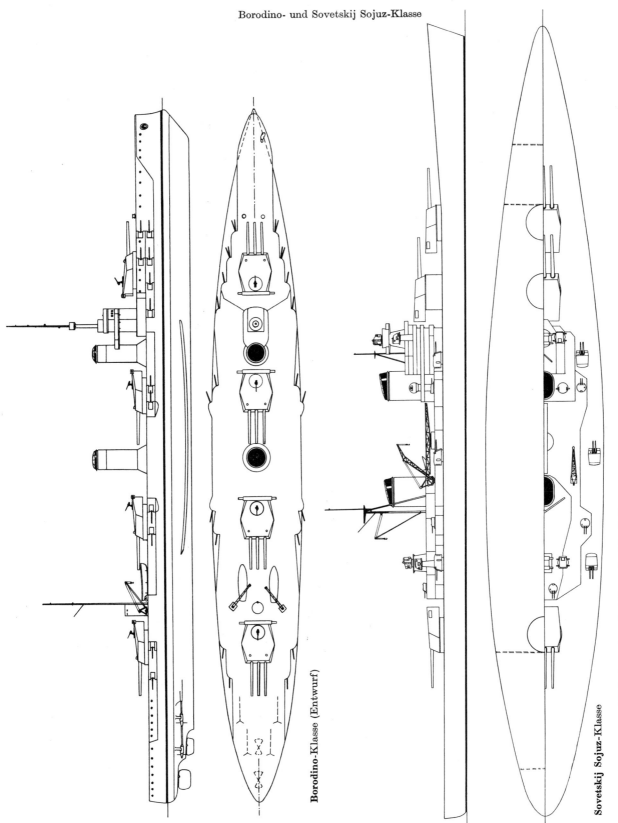

Borodino-Klasse (Entwurf)

Sovetskij Sojuz-Klasse

Achtung, Giß! Diese Skizze stellt die Auswertung aller bisher zugänglicher Quellen dar. Sie hat volle Gültigkeit im Hinblick auf die Proportionen des Schiffskörpers und die Positionen der Barbetten (schwere Türme) und der T-Schotten (Auswertung von Luftaufnahmen des 1941 in Nikolaev vorgefundenen Schlachtschiffrumpfes — vgl. obere Hälfte des Decksplans!). Für die Rekonstruktion der übrigen Bewaffnung und der Aufbauten sind im wesentlichen Einzelinformationen hauptsächlich aus osteuropäischen Quellen zugrunde gelegt.

vember 1939 teilten Gibbs & Cox mit, daß der Auftrag an die Sowjetunion zurückgegeben worden sei.

So standen den Sowjets vor Aufnahme des Schlachtschiffbaues nur der 62 000 ts-Schlachtschiff-Entwurf von Gibbs & Cox (von dem Einzelheiten nicht bekanntgeworden sind) sowie der Entwurf ›U.P. 41‹ von Ansaldo zur Verfügung; letzteren dürften sie 1937/38 erhalten haben. Nachfolgende Angaben beziehen sich auf den Entwurf ›U.P. 41‹.

b) PzQ.: 350—145; 350—145 / Seitenpzr.: 6° geneigter Außenpanzer 335 (getäpert ↓ 145) / kein Zitadellpzr. / Horizontalpzr.: Oberdeck 55; PzD. 65 mit Böschungen 35 / Unterwasserschutz: System Pugliese → Italien → **Vittorio Veneto**-Kl. / SA: Barbetten 350; Türme 400, 145, 195 / MA: Barbetten 145; Türme 178, 60, 90 / schwere ⚓-Türme 100, 40, 50 / KdoT.: v. 335 (...); a. 200 (...).

c) 4 × Stalin-⊙ Tu auf ... ⚙/8 Kessel (Öl) / Leist. 177 538 WPS; Geschw. 32,0 kn.

d) 9—40,6 cm-SK in 2 überhöhend angeordneten ⚬ vorn und 1 ⚬ achtern / 12—18 cm-SK in ⚬ / 24—10 cm-⚓₂ / 48—4,5 cm-⚓₄ / 24 MG-⚓₂ / 1 ⛴, 4 ✈.

e) . . . .

Sovetskij Sojuz-Klasse

Linejynj Korabl' = Schlachtschiffe

1	2	3	4	5	6
Sovetskij Sojuz	1938	Ordzonikidze-Werft, Leningrad	28. 8. 38	∞ [11. 41]	∞

Baustop Herbst 1940 zu Gunsten vermehrter Heeresrüstung. Teile der Bewaffnung ab Oktober 1940 in Küstenbefestigungen eingebaut. Ab Anfang 1941 anscheinend nur schleppender Weiterbau. Juni 1941 praktisch stapellaufbereit (Antriebsanlage eingebaut, alle Decks geschlossen). Bei oder kurz nach dem deutschen Angriff erneuter Baustop; während der Belagerung Leningrads Panzer- und anderes Material für Verteidigungszwecke ausgebaut. Nach Kriegsende auf Helling zu Sektionen zerschnitten und einzeln zu Wasser gebracht und abgeschleppt (die letzten von ihnen noch 1949 auf der Neva beobachtet!).[1]

Sovetskaja Ukraina	1938	Marti (Süd), Nikolaev	17. 7. 39	∞ [11. 42]	∞

*Name auch mit **Krasnaja Ukraina** (?)[2] angegeben. Juni 1941 zu 75% (?) stapellaufbereit. 18. August 1941 bei Eroberung Nikolaevs von deutschen Truppen auf der Helling vorgefunden und beschlagnahmt, zuvor von abziehenden Sowjettruppen durch Sprengungen nur geringfügig beschädigt. Vorübergehend deutscherseits beabsichtigt, Rumpf zu Wasser zu bringen (hauptsächlich wegen der geringen Wassertiefe vor der Helling[3] wurde der Plan aufgegeben, da der Arbeitsaufwand zum Wegbaggern zu groß gewesen wäre). Unter Verwendung ausgeschlachteter Materialteile und dem Material von 2 ebenfalls auf Hellingen der gleichen Werft vorgefundenen Zerstörerrümpfen wurden daraufhin die Truppen-*

transporter **Totila** und **Teja** gebaut. *Bei Räumung von Nikolaev am 18. März 1944 von deutschen Kommandos gesprengt (dadurch Rumpf um 5° bis 10° zur Seite gekippt). Bei oder kurz nach Kriegsende abgewrackt.*

---

a) Schneller als es nach den damaligen Verhältnissen zu erwarten gewesen wäre, gaben die Sowjets im Sommer 1938 das erste Schlachtschiff in Bau. Vermutlich haben sie dazu weitgehend auf den Ansaldo-Entwurf → ›U.P. 41‹ zurückgegriffen und unter dessen Zugrundelegung einen neuen Entwurf für einen größeren Typ ausgearbeitet, möglicherweise auch unter Verwertung des von Gibbs & Cox ausgearbeiteten Entwurfes für ein 62 000 ts-Schlachtschiff. Dies läßt sich ohne Zwang aus der tatsächlichen Größe dieser Neubauten schließen, die bei **Sovetskaja Ukraina** deutscherseits auf 46 000 ts geschätzt wurde und inzwischen von östlichen Quellen mit 59 000—60 000 ts (dies vermutlich die Maximalverdrängung!) beziffert wird. Auch dürften den Sowjets die Konstruktion und der Bau von 40,6 cm-SK gelungen sein, die etwa 1943/44 fertig wurden. Entgegen allen anderslautenden Meldungen dürfte auch der Bau der Antriebsanlagen in der Sowjetunion zumindest begonnen worden sein. Daß diese ebenfalls aus den USA bezogen werden sollten, war zu keiner Zeit Verhandlungsgegenstand mit den USA.

Keineswegs standen die von der Sowjetunion begehrten und ihnen am 11. Februar 1940 zugesprochenen Pläne der deutschen → **Bismarck**-Kl. im unmittelbaren Zusammenhang mit dem Bau der **Sovetskij Sojuz**-Kl. Höchstenfalls dienten sie — wenn sie überhaupt noch geliefert wurden! — in Details zur Lösung technischer Einzelprobleme. 40,6 cm-SK und dazugehörige ⚬ (entworfen und vorgesehen für die Schlachtschiffe der → **H**-Kl.) wurden von den Sowjets zwar ebenfalls gefordert, aber deutscherseits abgelehnt.

Der Bau dieser Schiffe lief in der Sowjetunion unter der Bezeichnung ›Projekt 23‹.

b) Angaben fehlen außer Unterwasserschutz: System Pugliese → Italien → **Vittorio Veneto**-Kl.

c) Vermutlich turboelektrischer Antrieb auf 4 ⚙ / Tu von Stalin-Turbinenwerken Leningrad / 8 Kessel (Öl)) / Leist. 164 000 WPS; Geschw. 30,0 kn.

d) 9—40,6 cm-SK L/50 in 2 überhöht angeordneten ⚬ vorn und 1 ⚬ achtern / 12—13 cm-SK L/50 in ⚬ oder 12—15 cm-SK L/50 in ⚬ / 12—7,6 cm-⚓₂ oder 8—10 cm-⚓ / leichte ⚓-Bewaffnung ... / 1 ⛴, 3—4 ✈.

e) Ein Teil der 40,6 cm-SK soll im Raum Leningrad gegen deutsche Truppen von Land aus eingesetzt gewesen sein, vermutlich als ortsfeste Batterien.[4] Bei der MA sind 12—13 cm-SK in 6 ⚬ (genau die gleichen, die später auf den Zerstörern der **Ognevoj**- und der **Skoryj**-Kl. eingebaut wurden) als wahrscheinlicher anzusehen als 12—15 cm-SK; letztere waren nur in ⚬ ver-

---

[1] In Leningrad zum Arbeitseinsatz befindliche deutsche Kriegsgefangene konnten so das Pugliese-Schutzsystem gut erkennen!

[2] Dieser Name ist an sich unwahrscheinlich, da er mit **Cervona Ukraina** praktisch bereits vorhanden war!

[3] Diese Helling war erst kurz zuvor für die Aufnahme des Schlachtschiffbaues errichtet worden!

[4] Ein 40,6 cm-Geschoß soll im Zentralen Marinemuseum Leningrad ausgestellt sein.

fügbar, jedoch konnten auf den verfügbaren Fotos keine entsprechenden Turmunterbauten festgestellt werden. Bei den 13 cm-∞ wären dagegen viel weniger große Unterbauten erforderlich gewesen.
Im Ganzen hat die **Sovetskij Sojuz**-Kl. eine große Ähnlichkeit mit der italienischen → **Vittorio Veneto**-Kl. aufgewiesen, jedoch im Gegensatz zu dieser als Flushdeck-Konstruktion und mit einer etwas anderen Gestaltung der Brückenaufbauten.
Verschiedentlich wurde nach dem Ende des Zweiten Weltkrieges behauptet, für diese Schiffe seien Kasematt-SK vorgesehen gewesen. Dies dürfte sich jedoch kaum auf die MA beziehen; vielmehr ist davon auszugehen, daß sich dies auf die 8,5 cm-$*_2$ *beziehen könnte, die später auf den Zerstörern der* **Ognevoj**- *und der* **Skoryj**-*Kl. eingebaut wurden. Hierbei handelte es sich um fast kreisrunde, vorn schräg angeschnittene Türme, die als eine Art von ›Halb-Kasematt-Türme‹ (ganz ähnlich den 11,4 cm-*$*_2$ *in* ∞ *der umgebauten britischen Schlachtschiffe* → **Renown**, → **Queen Elizabeth**, → **Valiant**) *anzusehen sind.*

Tretij Internacional-Klasse
Bronenosnij Kreiseri = Schlachtkreuzer

1	2	3	4	5	6
Tretij Internacional	1939?	Marti-Werft, Leningrad	Anfang 1940	? ∞	∞

Name auch mit **Sovetskaja Rossija** *und* **Stalin** *angegeben. Bauarbeiten nach Juni 1941 (oder schon Frühjahr 1940?) eingestellt, bis dahin Rumpf bis über PzD. fertig. Möglicherweise Juli 1945 behelfsmäßig zur Räumung der Helling vom Stapel und bei Sprengversuchen bis ~1950 aufgebraucht.*[1]

| **Stalinskaja Konstitucija** | 1939? | Marti (Nord), Nikolaev | ? | ∞ | ∞ |

Möglicherweise nur Bauvorbereitungen; höchstenfalls Juni 1941 gerade begonnen gewesen und über allererste Anfänge nicht hinausgekommen.

a) Die Inbaugabe dieser Schiffe geht vermutlich auf die deutsche Zusage zurück, 16—38 cm-SK in 8 ∞ sowie die erforderlichen Feuerleitanlagen zu liefern. Deutscherseits war man zunächst der Meinung, daß jedes Schiff nur 6—38 cm-SK erhalten sollte, und daß die überzähligen Türme als Reserve vorgesehen seien. Die Auslieferung dieses Materials wurde von deutscher Seite absichtlich verzögert und kam nicht mehr zustande. Die Tu sollten vom Werk Baden/Schweiz der BBC geliefert werden; ob sie noch in die Sowjetunion gelangt sind, ist unbekannt geblieben.

[1] Auf Grund der deutschen Luftaufklärung 1941/42 war zunächst vermutet worden, bei diesem Schiff handele es sich um einen ⚓-Träger. Erst nach Kriegsende stellte es sich heraus, daß es ein Schlachtkreuzer war.

Diese Schiffe wurden frühzeitig von deutscher Seite als ›42 000 ts-Projekt‹ angesprochen; offenbar handelte es sich um Schlachtkreuzer, die zum Einsatz bei der Nordflotte vorgesehen waren.
In neueren Veröffentlichungen wird die Größe dieser Schiffe auch mit nur 30 000 t angegeben, womit vermutlich die Typverdrängung gemeint ist. Dies scheint jedoch auf eine Unterbewertung zurückzuführen zu sein. Ihre bekanntgewordenen Abmessungen decken sich auffällig mit denen der deutschen → **Bismarck**-*Kl., so daß es nicht abwegig sein dürfte, sie als eine dieser nachempfundene Konstruktion zu bewerten, womit die seinerzeit vorgenommene deutsche Schätzung auf 42 000 ts gerechtfertigt gewesen wäre.*

b) Keine Angaben verfügbar.

c) 4(?) BBC-⊛ Tu auf 2(?) ⚙ / . . Kessel (Öl) / Leist. 157 812 WPS; Geschw. 32,0 kn.

d) 8—38 cm-SK L/47 in 4 ∞ / 12—13 cm-SK L/50 in ∞ oder ähnlich / 12—10 cm-⚓ oder ähnlich / leichte ⚓-Bewaffnung . . . / 1 ⚓, . . ⚓.

e) . . .

Archangel'sk
Linejnyj Korabl' = Schlachtschiff

1	2	3	4	5	6
Archangel'sk	∞	Dockyard Portsmouth	15. 1. 14	29. 4. 15	. . . 5. 16

Brit. Schlachtschiff → **Royal Sovereign**. *20.—29. August 1944 als Leihgabe nach Murmansk überführt und an UdSSR übergeben. Bis 1948 unter sowjetischer Flagge fahrend bei der Nordflotte. 4. Februar 1949 an Großbritannien zurückgegeben.*

a)—e) → Großbritannien → **Revenge**-Kl.

Novorossijsk
Linejnyj Korabl' = Schlachtschiff

1	2	3	4	5	6
Novorossijsk	∞	Cant. Ansaldo, Genova	24. 6. 10	15. 10. 11	14. 5. 14

Ehemals italienisch → **Giulio Cesare**, *gem. Friedensvertrag vom 10. Februar 1947 Sowjetunion zugesprochen als Reparationsleistung, 3. Februar 1949 als* **Z. 11** *ausgeliefert, danach Schwarzmeerflotte. 29. Oktober 1955 auf Sevastopol-Reede durch Minentreffer (?) oder innere Explosion †. Bergung?*

a)—e) → Italien → **Conte di Cavour**-Kl.

ARGENTINIEN
Argentina   Argentine   Argentina

Ende 1908 wurde eine Rüstungsvorlage angenommen, die den Bau von 2 Schlachtschiffen (→ **Rivadavia**-Kl.) zum Ziel hatte. Diese Vorlage erhielt im Januar 1909 Gesetzeskraft. Dabei wurde die Regierung ermächtigt, erforderlichenfalls ein drittes Schlachtschiff in Bau zu geben.

Die beiden ersten Schlachtschiffe wurden zur Enttäuschung der britischen Schiffbauindustrie — die fest mit den Aufträgen gerechnet hatte — an amerikanische Werften vergeben. Auch deutsche Werften hatten sich — anfangs mit durchaus guten Erfolgsaussichten — um diese Aufträge beworben.

Ende 1912 wurde vom Senat der Bau des dritten Schlachtschiffes gegen den Einspruch des Finanzministers beschlossen, doch konnte dieser Beschluß nicht aufrechterhalten werden.

Von hier ab begnügte sich Argentinien mit den beiden vorhandenen Schlachtschiffen und befaßte sich nicht mehr mit Vermehrungsplänen.

Artillerie

Die SA der → **Rivadavia**-Kl. bestand aus 30,5 cm-SK L/50 Mk. VII amerikanischen Modells → USA → Seite 209. Auch die MA war amerikanischer Herkunft: 15,2 cm-SK L/50 in Kasemattaufstellung, Konstruktionsjahr 1910, Rohrgewicht 8,5 t, Geschoßgewicht 47,6 kg; 10,2 cm-SK L/50, einzeln, hinter Schilden, Konstruktionsjahr 1910, Rohrgewicht 2,6 t, Geschoßgewicht 15,0 kg. Die später eingebauten 7,6 cm-↓ waren vermutlich ebenfalls amerikanischer Herkunft.

Farbanstrich

Stets hellgrau, Masten über Schornsteinen schwarz, Schornsteinteller ebenso.

Torpedoschutznetze

Nicht eingeführt.

Torpedowaffe

53,3 cm-↓ TR.

Werften

→ USA → Seite 211.

Die argentinischen Großkampfschiffe

	1	2	3	4	5	6	7	8	9	10	11	12	13
Rivadavia Moreno	}	.	28000	30000	169.8	176.0	178.3	29.5	8.5	1600 K + 660 Ö	4000 K	7000/15 11000/11	1050
Moreno Umbau		27720	.	~31000	,,	,,	,,	,,	,,	. Ö	3600 Ö	8500/10	1215

Rivadavia-Klasse

Acorazados = Schlachtschiffe

1	2	3	4	5	6
Rivadavia	1908	Fore River, Quincy	25. 5. 10	28. 6. 11	.. 12. 14

1924—25 in den USA modernisiert. 1937 Teilnahme an Krönungs-Flottenschau vor Spithead, anschließend Besuch in Deutschland (Hamburg). 1956 gestrichen; 8. Februar 1957 an Fa. Ardemsa, Genua, zum Abbruch verkauft, Mai 1957 nach dort geschleppt und abgewrackt.

Moreno	1908	New York Sb., Camden	9. 7. 10	23. 9. 11	... 3. 15

*1924—25 in den USA modernisiert. 1937 → **Rivadavia** (Bremen). Februar 1957 gestrichen. 8. Februar 1957 an Boston Metals Co., Boston/USA, verkauft, via Panamakanal nach Japan geschleppt und von Hikari-Co. abgewrackt.*

a) Diese beiden an amerikanische Werften vergebenen Schiffe waren eigenwillige Kombinationen von verschiedenen Auffassungen beim Großkampfschiffbau. Im Ganzen waren sie ein Zwischentyp von Schlachtschiffen und Schlachtkreuzern, denn es waren sowohl eine genügend große Standfestigkeit und eine optimale Bewaffnung als auch eine überdurchschnittlich hohe Geschwindigkeit gefordert. Im Hinblick auf diese Konzeption können sie am ehesten mit der → **Gangut**-Kl. verglichen werden. Die Turmaufstellung der SA offenbarte amerikanische *und* britische Einflüsse: Erstere waren in der überhöhten Anordnung der Endtürme (→ **South Carolina**-Kl.!) zu erblicken, letztere in den diagonal versetzten Seitentürmen, die in dieser Form erstmals bei der → **Invincible**-Kl. und bei → **Neptune** der britischen Marine ausgeführt wurden. Übrigens waren diese beiden Einheiten die einzigen in den USA erbauten Großkampfschiffe mit Seitentürmen! Die Betonung einer vollwertigen MA dürfte vor allem auf deutsche Einflüsse zurückgehen. In der äußerlichen Architektur waren wiederum amerikanische *und* britische Einflüsse deutlich: Der Gittermast vorn als typisch amerikanische Lösung, und, im Gegensatz zu diesem, der Pfahlmast achtern mit seiner sternförmig ausgebildeten Saling; letzterer war typisch für britische Konstruktionen der Jahre 1909—1910 (→ **Lion**, → **King George V.**). Charakteristisch für britische Schlachtschiffe jener Zeit war auch der Unterwasserschutz, soweit er die Anordnung der Panzerlängsschotte betrifft, jedoch nicht im Hinblick auf den Bodenpanzer. Die Dreiwellenanlage der Maschine erinnerte wieder an das um diese Zeit in Deutschland bevorzugte Prinzip.

b) PzQ.: ..., ... / Seitenpzr.: 102, 203—279 (getäpert ↓ 127), 203—127 / Zitadellpzr.: 152 / Horizontalpzr.: o. PzD. 38; u. PzD. 76 / Unterwasserschutz: PzLängsschotte nur im Bereich der SA-Munitionskammern 76; Bodenpanzer 19 / SA: Barbetten 305; Türme 305, 229, 76 / MA: Kasematten 152 / KdoT.: v. 305 (...); a. 229 (....) *Panzergewicht* 7600 ts *(davon 680 ts für Unterwasserschutz).*

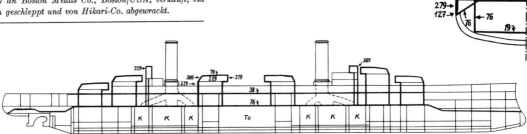

Rivadavia-Klasse (Generalplan)

c) 3 × Curtis-⊝ Tu auf 3 ⚙ / 18 Babcock-Kessel (gemischte Feuerg., bei Umbau auf Öl umgestellt) / Leit. 39 500 WPS (bei Umbau erhöht auf ~ 45 000 WPS); Geschw. 23,0 kn / 1 Ruder (erreichten bei Probefahrten bis 39 750 WPS = 22,5 kn).

d) 12—30,5 cm-SK L/50, aufgestellt in je 2 überhöhend angeordneten ⚬ vorn und achtern und 2 diagonal versetzten ⚬ auf den Seitendecks / 12—15,2 cm-SK L/50 in Kasematten / anfangs 16—, endgültig 8—10,2 cm-SK L/50, einzeln, ungeschützt / seit Umbau: 4—7,6 cm-⚬ / seit ~ 1940: 4—4 cm-⚬ / 2—53,3 cm-↓ TR (S).

e) Anfangs befanden sich auf den Türmen B, C, D und E je 2—10,2 cm-SK in Einzelaufstellung; später wurden auf den Türmen C und D Beiboote gefahren. Bei dem Umbau 1924—25 wurden außer der Umstellung der Kessel auf Ölfeuerung neue Feuerleitgeräte installiert; seither trugen die Türme B und E auf ihren Decken je eine BG-Haube. An Stelle des Pfahlmastes wurde gleichzeitig ein Dreibeinmast errichtet, und die Stenge des Gittermastes war seither wesentlich kürzer. Die auf der Back befindlichen Lüfter kamen von Bord.

Zuletzt führte **Moreno** auf dem vorderen Schornstein eine Schrägkappe, und am Gittermast befanden sich seither 2 breit ausladende Gitterrahen.

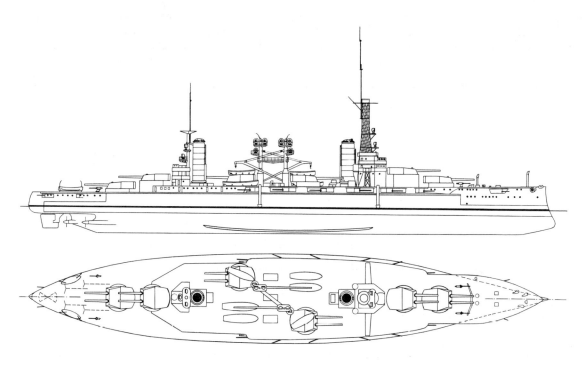

Moreno (1915) (Ursprünglich auf den Türmen B, C, D und E je 2—10,2 cm SK in Einzelaufstellung nebeneinander!)

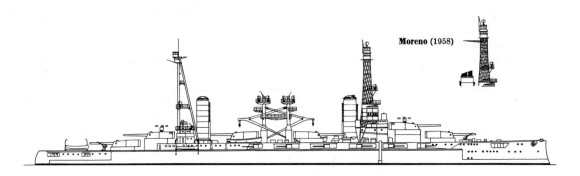

Rivadavia (1935)

ÖSTERREICH-UNGARN
Austro-Hungaria   Autriche-Hongrie   Austro-Ungheria

Österreichisch-ungarische Großkampfschiffe 1911—1918
Nachfolgend aufgeführt sind die jeweils in einem Etatjahr bewilligten sowie die zum Ende des Etatjahres fertigen Großkampfschiffe. Kriegsverluste und sonstige Abgänge sind jeweils berücksichtigt.

Etatjahr	Schlachtschiffe bewilligt / fertig	Etatjahr	Schlachtschiffe bewilligt / fertig
1911	4 / 0	1915	0 / 4
1912	0 / 1	1916	0 / 4
1913	0 / 2	1917	0 / 4
1914	4 / 3	1918	0 / 2

Artillerie

Kaliber cm (inches) und Aufstellung	Rohrlänge	Konstruktionsjahr	Rohrgewicht t	Geschoßgewicht kg	Schußweite bei maximaler Rohrerhöhung nm/Grad	Feuergeschwindigkeit s/min	Bemerkungen
1. Schwere Artillerie							
35,5 (14") ⚭ ⚭	L/45	1914	79,3	710	..../..	..	*Vorgesehen für* **Ersatz Monarch**-*Kl.*
30,5 (12") ⚭ ⚭	L/45	?	54,3	450	..../..	2	*Eingebaut auf* **Viribus Unitis**- *und* **Radetzky**-*Kl.*
24,0 (9,4") ⚭	L/45	1901	27,5	215	..../..	2,5	*„Halbschwere" Artillerie der* **Radetzky**-*Kl.*
2. Mittelartillerie							
15,0 (5,9")	L/50	?	6,3	45,5	..../..	..	*Eingebaut auf* **Viribus Unitis**- *und vorgesehen für* **Ersatz Monarch**-*Kl.*
10,0 (3,9")	L/50	1910	2,0	13,8	..../..	20—25	*Eingebaut auf* **Radetzky**-*Kl.*
9,0 (3,6")	L/45	?	1,2	11,4	..../..	..	*Vorgesehen für* **Ersatz Monarch**-*Kl.*
7,0 (2,75")	L/50	?	0,5	4,5	..../..	..	*Eingebaut auf* **Radetzky**- *und* **Viribus Unitis**-*Kl.*
3. ✈-Bewaffnung							
7,5 (3") ✈	L/50	?	...	...	..../...	..	*Eingebaut auf* **Viribus Unitis**-*Kl.*

Farbanstrich
Keine Angaben vorhanden.

Torpedoschutznetze
Die seit Indienststellung vorhandenen T-Schutznetze wurden ab Frühjahr 1918 von Bord gegeben.

Torpedowaffe
Ausschließlich ↓-TR für 53,3 cm-Torpedos.

Werften
1. Danubius Vereinigte Schiffbau- und Maschinenfabrik, Fiume (einziger Auftrag: **Szent István**).
2. Marinearsenal Pola (keine Schlachtschiff-Aufträge erhalten, jedoch solche vorgesehen).
3. Stabilimento Tecnico Triestino (Aufträge: **Viribus Unitis, Tegetthoff, Prinz Eugen, Ersatz Monarch**).

Die österreichisch-ungarischen Großkampfschiffe

1	2	3	4	5	6	7	8	9	10	11	12	13
Radetzky **Erzherzog Franz Ferdinand** **Zrinyi**	.	14 500	.	131.0	136.6	139.0	25.0	8.1	750 K	1350 K	.	830
Viribus Unitis **Tegetthoff** **Prinz Eugen** **Szent István**	.	21 730	22 500	151.4	160.0	161.0	27.3	$\frac{8.2}{8.6}$	900 K	2000 K	4200/10	962 bis 988 / 1050
Ersatz Monarch **Ersatz Wien** **Ersatz Budapest** **Ersatz Habsburg**	.	24 605	.	.	172.0	175.2	28.5	8.4	1085 K + 855 Ö	1425 K + 1425 Ö	.	.

Radetzky-Klasse
Linienschiff = Schlachtschiffe

1	2	3	4	5	6
Radetzky	1907	Stab. Tecnico Triestino	26. 11. 07	3. 7. 09	1. 10. 10

24. Mai 1915 Beschießung von Ancona. November 1918 vorübergehend in jugoslawischer Hand, dann USA zugesprochen, in deren Auftrag 1920 in Italien abgewrackt.

Erzherzog Franz Ferdinand	1907	Stab. Tecnico Triestino	12. 9. 07	30. 9. 08	1. 7. 10

24. Mai 1915 Beschießung von Ancona. Ab 1919 in Venedig interniert, 1920 abgewrackt.

Zrinyi	1907	Stab. Tecnico Triestino	15. 11. 08	12. 4. 10	1. 7. 11

24. Mai 1915 Beschießung von Ancona. November 1918 vorübergehend in jugoslawischer Hand, dann USA zugesprochen, in deren Auftrag 1920 in Italien abgewrackt.

a) Mit diesen 3 Schiffen war auch Österreich-Ungarn dem Beispiel anderer Seemächte insofern gefolgt, als sie eine ›halbschwere‹ Artillerie erhielten. Sie galten als gut gelungen und bildeten zusammen mit den wenig später gebauten Großkampfschiffen der → **Viribus Unitis**-Kl. den Kern der österreichischen Flotte.

Viribus Unitis-Klasse
Schlachtschiffe = Schlachtschiffe

1	3	3	4	5	6
Viribus Unitis	1911	Stab. Tecnico Triestino	24. 7. 10	20. 6. 11	6. 10. 12

*1914—18 Flottenflaggschiff. 24. Mai 1915 Beschießung von Ancona. 1. November 1918 in Pola nach Übergabe an Bevollmächtigte des südslawischen Nationalrates (unter neuem Namen **Yugoslavia**?) von 2 ital. Seeoffizieren durch Zeitzündermine zum † in 20 m Wassertiefe gebracht (~400 Tote). 1920—30 an Untergangsstelle abgewrackt.*

Tegetthoff	1911	Stab. Tecnico Triestino	24. 9. 10	21. 3. 21	14. 7. 13

24. Mai 1915 Beschießung von Ancona. Nach Kriegsende Italien zugesprochen. 25. März 1919 ausgeliefert, bis 1923 ohne Verwendung in Venedig liegend. 1924/25 in La Spezia abgewrackt.

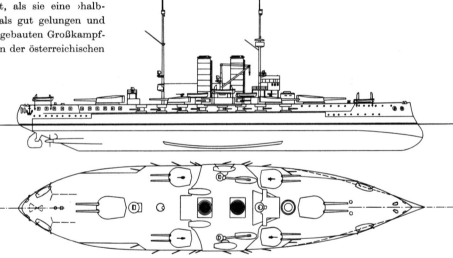

Erzherzog Franz Ferdinand (1912)

b) PzQ.: 152, 152 / Seitenpzr.: 100, 230, 100 /Zitadellpzr.: 150 / Horizontalpzr.: PzD. 50—36 / Unterwasserschutz: ... / SA: Barbetten 250; Türme 250, ..., ...; 24 cm-Türme: Barbetten ...; Türme 200, ..., ... / MA: Kasematten 120 / KdoT.: v. 200 (...); a. 120 (...). Panzergewicht 3150 ts.

c) 2 × dreifachwirkende Exp.-Maschinen auf 2 ⚙ / 12 Yarrow-Kessel (Kohle) / Leist. 20 000 iPS; Geschw. 20,0 kn / 1 Ruder.

d) 4—30,5 cm-SK L/45 in je 1 ⚬ vorn und achtern / 8—24 cm-SK L/45 in je 2 ⚬ auf den Seitendecks / 20—10 cm-SK L/50 in Kasematten / 6—7 cm-SK / 3—45 cm-↓ TR (2 S, 1 H).

e) ....

Prinz Eugen	1911	Stab. Tecnico Triestino	16. 1. 12	30. 11. 12	8. 7. 14

*24. Mai 1914 Beschießung von Ancona. 9.—10. Juni 1918 Vorstoß in Südadria. Nach Kriegsende Frankreich zugesprochen, 25. August 1920 ausgeliefert nach Toulon, vorübergehend als Zielschiff für Bomber benutzt; 28. Juni 1922 südl. Toulon als Zielschiff von → **France** und → **Bretagne** †.*

Szent István	1911	Danubius, Fiume	29. 1. 12	17. 1. 14	17. 11. 15

*August 1914 kurz nach Kriegsbeginn aus Sicherheitsgründen nach Pola verlegt und dort fertiggestellt. 11. Juni 1918 bei Vorstoß in Südadria nahe Premuda durch T-Treffer des ital. MTB **MAS 15** † (89 Tote).*

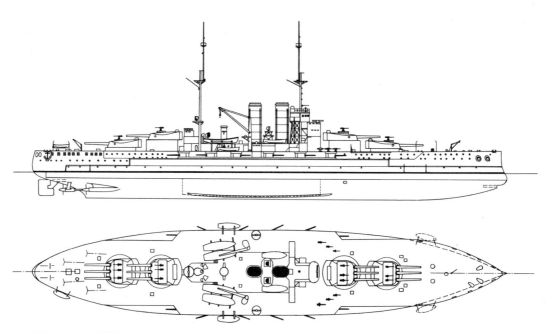

Prinz Eugen (1914)

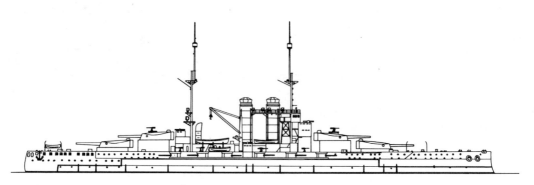

Szent István (1918)

(Tellerförmige Abdeckungen über den Schornsteinen ebenso **Viribus Unitis** seit 1917; auf den Türmen B und C nur noch je 2—7,5 cm SK)

a) Unter dem Eindruck des Vorgehens seines unsicheren italienischen Bundesgenossen sah sich die österreich-ungarische Doppelmonarchie ebenfalls zur Aufnahme des Großkampfschiffbaus veranlaßt. Einer der maßgebendsten Verfechter war Admiral Graf Montecuccoli, seit 1904 Chef der österreichischen Marinesektion. Ohne daß die parlamentarischen Voraussetzungen dazu schon vorlagen, gab er auf eigene Verantwortung bei dem Stabilimento Tecnico Triestino 2 Großkampfschiffe in Bau, weil dieses Werftunternehmen sonst in Kürze infolge der mangelhaften Auftragslage ohnehin seinen geschulten Stamm von Facharbeitern hätte entlassen müssen, der dann bei einer späteren Aufnahme des Großkampfschiffbaues nicht mehr ohne weiteres verfügbar gewesen wäre. Andererseits wollte Graf Montecuccoli nicht bis zur nächsten Tagung der Volksvertreter warten, zumal sich dafür noch gar kein Zeitpunkt absehen ließ. Der Erfolg gab seiner Initiative recht, denn der 1911 von ihm vorgelegte Flottenbauplan wurde von den Delegierten angenommen und sicherte nicht nur den Bau dieser beiden, sondern darüber hinaus noch zweier weiterer Großkampfschiffe. Insgesamt legte dieser Plan die Stärke der K. und K. Marine auf zukünftig 16 Schlachtschiffe, 12 Kreuzer, 24 Zerstörer, 72 Torpedoboote, 12 U-Boote, 8 Donau-Monitore und 12 Donau-Patrouillenboote fest.

Dieser Akt entbehrte nicht eines Kuriosums: Die Zustimmung der ungarischen Volksvertreter mußte durch das Zugeständnis einer Beteiligung der bis dahin sehr bescheidenen ungarischen Schiffbauindustrie erkauft werden. Das einzige ungarische Unternehmen dieser Art, dem das zuvor verabschiedete Programm zu einem überraschenden Aufschwung verhelfen sollte, war die Danubius-Werft in Fiume. Bisher hatte diese nur kleinere und weniger wichtige Bauten ausgeführt und war zum Bau großer Schiffe überhaupt nicht geeignet. Jetzt erhielt sie Aufträge für 1 Schlachtschiff, 2 Kreuzer und mehrere Zerstörer; weil sie diesen Anforderungen nicht gewachsen war, mußte unter erheblichem Geldaufwand erst eine umfassende Erweiterung der Werftanlagen vorgenommen werden. So wurde der Bau des 4. Schiffes dieser Klasse erheblich verzögert.

Architektonisch hatte die **Viribus Unitis**-Kl. viel Ähnlichkeit mit den Übergangs-Linienschiffen der → **Radetzky**-Kl.; der wesentliche Unterschied bestand darin, daß die SA in überhöhter Mittschiffsaufstellung angeordnet war und nicht in Sexagonalaufstellung wie bei der **Radetzky**-Kl. Damit war Österreich dem Vorgehen der USA bei der → **South Carolina**-Kl. gefolgt, und zudem auch dem italienischen Vorbild → **Dante Alighieri** im Hinblick auf die Anordnung der SA in ⌀.

b) PzQ.: ..., ... / Seitenpzr.: 100, 280, 100 / Zitadelle 180—200 / Horizontalpzr.: o. PzD. 48; u. PzD. nur achtern und vorn 48 / Unterwasserschutz: T-Schott 36 (nur im Bereich der Antriebsanlage), gleichzeitig als Bodenschutz ausgebildet (sog. ›Minenboden‹) / SA: Barbetten 280; Türme 200 später 305, ..., ... / MA: Kasematten 100 / KdoT.: v. 250—280 [später 356] (...); a. 250 (...).

c) 2 × Parsons-, **Szent István** jedoch AEG-Tu, auf 4 bzw. 2 ⚙ / 12 Kessel (Kohle): Yarrow-, **Szent István** jedoch Babcock- / Leist. 25 000 WPS; Geschw. 20,0 kn / 2 parallele Ruder. Probefahrtergebnis: **Viribus Unitis** bis 20,8 kn.

d) 12—30,5 cm-SK L/45 in je 2 überhöhten ⌀ vorn und achtern / 12—15,0 cm-SK L/50 in Kasematten / 18—, zuletzt 12—7 cm-SK, einzeln auf den SA-Türmen und an Oberdeck / ab 1918 auch 2—7,5 cm-⚓ / 4—53,3 cm-↓ TR (1 H, 2 S, 1 B), jedoch **Tegetthoff** und **Viribus Unitis** nur die S-TR.

e) Während der Fertigstellungsarbeiten wurde die Panzerung der SA-Türme von 280 auf 305 mm und die des v. KdoT. von 250 auf 356 mm verstärkt, wodurch das Deplacement um einige Hundert ts überschritten werden mußte; dies hatte ein Tiefertauchen der Schiffe um nur 0,04 m zu Folge. Der achtere Mast erhielt bald nach Fertigstellung eine 2. Scheinwerfer-Plattform (die obere). Ursprünglich befanden sich je 3—7,5 cm-SK auch auf den Türmen A und D; später wurden diese jedoch entfernt und seither befanden sich auf den Türmen B und C nur noch je 2—7,5 cm-SK. Ab ∼ 1917 trugen diese Schiffe (außer **Prinz Eugen** und **Tegetthoff**?) über ihren Schornsteinen tellerförmige Abdeckungen; diese ruhten auf ∼ 1 m hohen, allseits nach außen geneigten Stützen im Abstand von je ∼ 1,50 m, zwischen denen die Rauchgase entweichen konnten. **Szent István** führte im Unterschied zu den anderen Schiffen hinter dem achteren Schornstein einen großen Lüfter; auf diesem Schiff war zuletzt ein von der Brücke bis zur Vorkante des achteren Schornsteines reichender Stand mit insgesamt 6 Scheinwerfern angeordnet.

Ersatz Monarch-Klasse

Schlachtschiffe = Schlachtschiffe

1	2	3	4	5	6
A (Ersatz Monarch)	1914	Stab. Tecnico Triestino	∞	∞	∞ [1. 16]

Baubeginn für 8. August 1914 vorgesehen, jedoch wegen Kriegsausbruch zurückgestellt und später ganz aufgegeben. Nur die 35,5 cm-SK (nur 2 Rohre?) für dieses Schiff wurden weitergebaut und kamen an der Landfront gegen Italien zum Einsatz.

B (Ersatz Wien)	1914	∞	∞	∞	∞ [3. 16]
C (Ersatz Budapest)	1914	∞	∞	∞	∞ [17]
D (Ersatz Habsburg)	1914	∞	∞	∞	∞ [17]

*Baubeginn vorgesehen für **B** am 9. Oktober 1914, für die beiden anderen im Frühjahr 1915, jedoch wegen Kriegsausbruch zurückgestellt und später ganz aufgegeben. Je ein Schiff sollte an Stab. Tecnico Triestino, Danubius, Fiume, und Marinearsenal Pola vergeben werden; welches Schiff von welcher Werft gebaut werden sollte, wurde nicht mehr entschieden.*

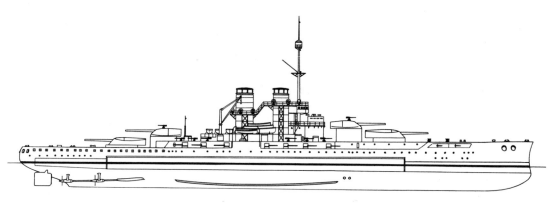

Ersatz Monarch-Klasse (Vorentwurf 1913/14)

a) Wegen der im Südosten eingetretenen Umwälzungen erwartete Österreich-Ungarn ab 1913 wesentliche maritime Machtverschiebungen im Mittelmeer. Daher forderte die Marine vier weitere Großkampfschiffe als Ersatzbauten für veraltete Linienschiffe, nicht zuletzt, um das österreichische Bündnis für Italien wertvoller zu machen. Der schwerfällige Staatsapparat der Doppelmonarchie wirkte jedoch den Bestrebungen der Marine entgegen, denn die Einberufung der den Etat beratenden Delegationen wurde von Monat zu Monat verschoben, so daß die Hoffnung der Marine, etwa im März 1914 mit dem Bau der beiden ersten Schiffe beginnen zu können, zunichte gemacht wurden. Die Folge davon war eine verhängnisvolle Auswirkung auf die in Frage kommenden Werften, die nunmehr infolge ausgebliebener Aufträge zahlreiche Facharbeiter entlassen mußten. Erst am 1. Juli 1914 trat ein neues Gesetz in Kraft und sicherte u. a. den Bau der 4 geforderten Schlachtschiffe, von denen 2 sofort und 2 im Frühjahr 1915 begonnen werden sollten. Für jedes Schiff waren rund 82 Mio. Kronen (etwa 70. Mio. Goldmark) als Baukosten veranschlagt worden. Der bald darauf ausgebrochene Krieg machte jedoch ihren Bau unmöglich.

b) PzQ.: 150—130, 150—130 / Seitenpzr.: 40, 200, 310, 140, 40 / Zitadellpzr. 150 / Horizontalpzr.: o. PzD. 18 + 18; u. PzD. 18 + 18 / Unterwasserschutz: T-Schott 36 (nur im Bereich der Antriebsanlage!) / SA: Barbetten 320; Türme 250, ..., ... / MA: Kasematten 150 / KdoT. 320 (...).

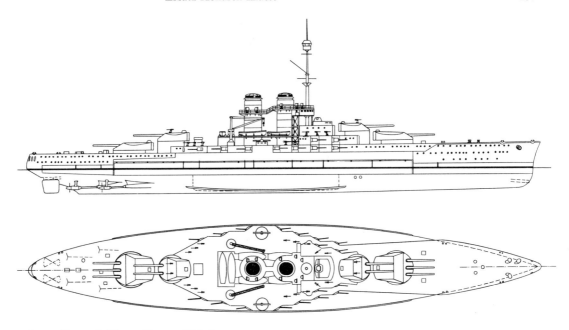

Ersatz Monarch-Klasse (Entwurf 1914)

c) 2× Tu auf 4 ⚙ / 9 Kessel (Kohle) + 6 Kessel (Öl), zus. 15 Kessel / Leist. 31 000 WPS; Geschw. 21,0 kn / 2 parallele Ruder.

d) 10—35,5 cm-SK L/45, aufgestellt in je 1 ⚬ und 1 überhöhenden ⚬ vorn und achtern / 14—15 cm-SK L/50 in Kasematten / 20—9 cm-SK L/45, einzeln auf den überhöhten SA-Türmen und an Oberdeck / 6—53,3 cm-↓ TR (1 H, 4 S, 1 B).

e) Im Ganzen sollten diese Schiffe viel Ähnlichkeit mit denen der → **Viribus Unitis**-Kl. haben, aber nicht als Glattdeckausführungen wie diese, sondern mit erhöhter Back. Die Ausdehnung des T-Schottes beschränkte sich ebenso wie bei der → **Viribus Unitis**-Kl. wiederum nur auf die Räume der Antriebsanlage. Sie deckten jedoch nicht die übrigen Räume, wie zum Beispiel die Munitionskammern der SA.

FRANKREICH
France France Francia

Stammtafel

Jahr	Schlachtschiffe	Schlachtkreuzer	Schnelle Schlachtschiffe
1910	Courbet ⎤		
1911			
1912	⎡Provence⎦		
1913	⎣Normandie⎤		
1914		(diverse Projekte)	
1915	Lyon ⎦		
1916			
1917—30			
1931			Dunkerque ⎤
1932			
1933			
1934			
1935			⎡Richelieu⎦
1936			
1937			
1938			⎣Gascogne
1939			

Französische Großkampfschiffe 1905—1968

Nachfolgend aufgeführt sind die jeweils in einem Etatjahr bewilligten sowie die zum Ende dieses Etatjahres im Dienst befindlichen Großkampfschiffe. Kriegsverluste und sonstige Abgänge sind jeweils berücksichtigt.

Etatjahr	Schlachtschiffe bewilligt	fertig	Etatjahr	Schlachtschiffe bewilligt	fertig	Etatjahr	Schlachtschiffe bewilligt	fertig	Etatjahr	Schlachtschiffe bewilligt	fertig
1905	0	0	1917	0	7	1930	0	6	1950	0	3
1906	0	0	1918	0	7	1931	1	5	1951	0	3
1907	0	0	1919	0	7	1932	0	5	1952	0	3
1908	0	0	1920	0	7	1933	0	5	1953	0	2
1909	0	0	1921	0	7	1934	1	5	1954	0	2
1910	2	0	1922	0	6	1935	2	5	1955	0	2
1911	2	0	1923	0	6	1936	0	5	1956	0	2
1912	3	0	1924	0	6	1937	0	5	1957	0	2
1913	4	2	1925	0	6	1938	2	7	1958	0	2
1914	1	4	1927	0	6	1939	0	7	1959	0	2
1915	4	6	1928	0	6	1940	2	7	1960	0	2
1916	0	7	1929	0	6	1941	0	7	1961	0	2
						1942	0	4	1962	0	2
						1943	0	4	1963	0	2
						1944	0	3	1964	0	2
						1945	0	2	1965	0	2
						1946	0	2	1966	0	2
						1947	0	2	1967	0	2
						1948	0	2	1968	0	1
						1949	0	2	1969	0	0

Artillerie

Kaliber cm (inches) und Aufstellung	Rohr- länge	Kon- struk- tionsjahr	Rohr- gewicht t	Geschoß- gewicht kg	Schußweite bei maximaler Rohrerhöhung hm/Grad	Feuer- geschwin- digkeit s/min	Bemerkungen
1. Schwere Artillerie							
40,6 (16″) ⚓	L/50	..	..	..	../..	..	*Projekt von 1939/40, nicht ausgeführt*
38,0 (15″) ⚓	L/45	1935	110	890	436/35°	2	*Eingebaut bzw. vorgesehen für **Richelieu**- und **Gascogne**-Kl., Turmgewicht 2476 t einschl. 1706 t Drehpanzer + Bar- bette = 622 t, zusammen 3098 t*
34,0 (13,4″) ⚓	L/55	1912	69,6	554	252/23°	2	*Eingebaut auf **Provence**-Kl., Turmgewicht 800 t, davon 330 t Panzer. Das gleiche Geschütz vorgesehen in ⚓ für **Normandie**- und **Lyon**-Klasse*
33,0 (13″) ⚓	L/52	1933	65,0*	560	420/35°	3	*Eingebaut auf **Dunkerque**-Kl., Turmgewicht 1165 t (über- höhter Turm: 1265 t), davon 430 t Panzer*
30,5 (12″) ⚓	L/45	1906/10	54,7	432	263/23°	1,5	*Eingebaut auf **Courbet**-Kl., Turmgewicht 561 t, davon 234 t Panzer*
2. Mittelartillerie							
15,2 (6″) ⚓	L/55	1930	8,0	53,9	270/45°	10	*Auf **Richelieu**-Kl., vorgesehen für **Gascogne**-Kl. Turm- gewicht 306 t einschl. 66 t Drehpanzer*
13,86 (5,5″)	L/55	1910	5,3	39,5	161/25°	5—6	*Als Kasematt-SK auf **Courbet**- und **Provence**-Klasse, vor- gesehen für **Normandie**- und **Lyon**-Klasse*
13,0 (5,1″) ⚓ ⚓	L/45	1933	3,7	32,0	210/45°	10—12	*Mehrzweck-SK der **Dunkerque**-Klasse; Höhenrichtbereich + 75°, dabei 14 km Steighöhe. Gewichte: ⚓ 200 t einschl. 165 t Drehpanzer, mit Barbette 319 t; ⚓ 68,4 t einschl. 46 t Drehpanzer*
3. ⚓-Bewaffnung							
10,0 (3,9″) ⚓₂	L/45	1939	..	..	../..	8	*Vorgesehen für **Clémenceau** und **Gascogne**, eingebaut auf **Jean Bart**. Sog. ›Pseudo-Doppelturm‹. Höhenrichtbereich — 10° + 90°. Turmgewicht 46,6 t*
10,0 (3,9″) ⚓	L/45	1932	1,5	14,9	154/45°	10	*Eingebaut auf **Lorraine**, **Provence** und **Richelieu**. Höhenrichtbereich — 10°+ 70°, Steighöhe 10 km*
9,0 (2,9″) ⚓	L/50	1928	1,6	9,5	150/39°	9—10	*Vorübergehend auf **Jean Bart** der **Richelieu**-Klasse als Behelfslösung*
7,5 (2,9″) ⚓	L/50	1924	1,0	5,9	150/..	15	*Auf **Courbet**- und **Provence**-Klasse eingebaut. Höhen- richtbereich — 10° = 90°, Steighöhe 10 km*
5,7 (2,25″) ⚓₂	L/60	1950	...	2,6	145/..	130	*Auf **Jean Bart** eingebaut. Turmgewicht 15 t. Höhenricht- bereich bis = 80°, Steighöhe 9,0 km*
5,7 (2,25″) ⚓	..	...	...	...	.../..	..	*Anscheinend Behelfslösungen aus dem WK I, keine*
4,7 (1,85″) ⚓	..	...	...	...	.../..	..	*Angaben verfügbar*
4,0 (1,57″) ⚓₄	L/56	1942	..	0,9	101/85°	150	*Modell Bofors, von den USA zur Verfügung gestellt, eingebaut auf **Richelieu** und als ⚓ auf **Lorraine***
3,7 (1,46″) ⚓	L/60	1933	0,3	0,75	72/..	85	*Auf den älteren Schlachtschiffen und als ⚓₂ auf **Dunkerque**-Klasse, Höhenrichtbereich — 15° + 80°*

* Ohne Verschluß.

Kaliber cm (inches) und Aufstellung	Rohr-länge	Kon-struk-tionsjahr	Rohr-gewicht t	Geschoß-gewicht kg	Schußweite bei maximaler Rohrerhöhung hm/Grad	Feuer-geschwin-digkeit s/min	Bemerkungen
3,7 (1,46″) ⚓₂	L/48	1935	0,3	0,75	72/..	150 ⎫	*Vorgesehen für* **Clémenceau** *und* **Gascogne**-*Klasse in*
3,7 (1,46″) ⚓₄	L/48	1935	0,3	0,75	72/..	... ⎭	*ferngesteuerten, splittersicheren Türmen*
2,0 (0,8″) ⚓	..	..	..	..	50/87°	450	*Auf* **Lorraine** *und* **Richelieu**
1,32 (..) ⚓₄	..	1929	0,03	0,052	65/..	70	*Auf allen Schlachtschiffen eingebaut oder vorgesehen, Höhenrichtbereich + 85°.*

Bordflugzeuge

1. Gourdou-Leseurre GL 810 (1931) — ursprünglich vorgesehen für **Dunkerque**-Kl.
2. Loire 130 (Flugboot) [ab 1935]
3. Loire 210 [Einführung vorgesehen für 1939/40]

Alle ✈ waren katapultierbar. Start ausschließlich von Groß-⚓ aus.

Farbanstrich

Wechselnd: Im Atlantik mittelgrau, im Mittelmeer blaßgrau. Wasserlinie schwarz. Während des WK I keine Tarnbemalungen, jedoch die älteren Schlachtschiffe zeitweise während des WK II.

Radarausstattung

Ab 1940 wurden von der Fa. Sadir entwickelte und gebaute Radargeräte für die Verwendung auf Kriegsschiffen einsatzbereit. Als erstes Schlachtschiff wurde im Mai 1941 **Richelieu** in Dakar damit ausgerüstet, nachdem der Flottillenführer **Le Terrible** die Ausrüstung nach dort gebracht hatte. Im Juli 1941 folgte der Einbau von Radargeräten auf der in Toulon liegenden **Strasbourg**; auf jedem der 4 Turmmastausleger befand sich seither eine solche Antenne. **Jean Bart** war zunächst das letzte französische Schlachtschiff, das 1941 eine solche Ausrüstung erhielt. 2 solcher Antennen wurden auf kurzen Stengen am Turmmast eingebaut, und zwar eine an Vorkante der Vormarsgalerie und eine überhöht hinter der Vormars-BG-Haube. 1943/44 erhielten **Richelieu** und **Lorraine** verschiedene Radarantennen amerikanischer Herkunft, und erst 1952/53 wurden auf **Jean Bart** und **Richelieu** neue Geräte französischer Entwicklungen eingebaut.

Torpedowaffe

Nur die alten Schlachtschiffe waren mit TR ausgerüstet, und zwar für 45 cm-Torpedos. Es handelte sich um ↓-Rohre.

Torpedoschutznetze

Befanden sich vor und während des Ersten Weltkrieges vorübergehend an Bord französischer Schlachtschiffe.

Werften

Amtliche Bezeichnung	deutsche Übersetzung	Geographische Lage	Erteilte Bauaufträge
Arsenale de Brest	Marinewerft	Atlantikküste	**Courbet, Provence, Flandre, Duquesne, Dunkerque, Richelieu, Clémenceau**
Arsenale de Lorient	Marinewerft Lorient	Atlantikküste	**Jean Bart, Gascogne (I), Tourville**
Ateliers & Chantiers de la Loire, St. Nazaire		Atlantikküste	**France, Normandie**
Forges & Chantiers de la Méditerranée, La Seyne		Mittelmeerküste	**Paris, Bretagne, Béarn, Lille**
Ateliers & Chantiers de la Loire & Penhoët, St. Nazaire		Atlantikküste	**Lorraine, Lyon, Strasbourg, Jean Bart, Gascogne (II)**
Forges & Chantiers de la Gironde, Bordeaux		Atlantikküste	**Languedoc**

Die französichen Großkampfschiffe

	1	2	3	4	5	6	7	8	9	10	11	12	13
Danton **Condorcet** **Diderot** **Voltaire** **Mirabeau** **Vergniaud**		17 597	18 400	19 450	.	144.9	146.6	25.8	9.2	965 K	2027 K	3370/10 1750/18	921

Bordflugzeuge / Farbe / Radar / Torpedoschutz / Werften

1	2	3	4	5	6	7	8	9	10	11	12	13
Courbet Jean Bart France Paris	22189	25000	26000	158.5	164.9	168.0	27.9	9.0	906 K + 310 Ö	2706 K	4200/10 1140/20	1085 bis 1108
Provence Bretagne Lorraine	.	23230	~28500	.	164.9	166.0	26.9	$\frac{8.9}{9.8}$	900 K + 300 Ö	2680 K	4700/10 2800/13	1124
desgl. seit Umbau	21838	23177	~28500	.	,,	,,	,,	,,	.	2600 Ö	7000/10	1130
Lorraine 2. Umbau	~21300	.	26700	.	,,	,,	,,	,,	.	,,	,,	977
Normandie Languedoc Flandre Gascogne Béarn	.	24832	.	170.6	175.6	176.4	27.0	8.7	900 K + 300 Ö	2700 K	1800/21.5[1] 3400/16[2] 6600/12	1200
Béarn Trg.	21796	.	27951	,,	,,	182.6	$\frac{27.1}{35.2}$	9.3	.	2160 Ö	6000/10 4500/18	$\frac{875}{651}$
Lyon Lille Duquesne Tourville	.	29600	.	190.0	.	194.5	29.0	9.2	.	.	.	.
Schlachtkreuzer-Entwürfe: Projekt Gille	.	28100	.	205.0	.	.	27.0	9.0	. K + 630 Ö	2833 K	6300/15 4240/20.3 1660/28.0	1299
Projekte von Durand-Viel: ›A‹	.	27065	.	.	210.0	.	27.0	8.7	. K	1810 K 1050 Ö	3500/16	.
›B‹	.	,,	.	.	208.0	.	,,	,,	. K	.	,,	.
Savoie	.	23230	~28500	.	164.9	166.0	26.9	$\frac{8.9}{9.8}$	900 K 300 Ö	2680 Ö	4700/10 2800/13	.
ex-Thüringen	.	22437	24312	.	166.5	167.2	28.5	8.9	886 K + 197 Ö	3150 K	3600/18	.
ex-Prinz Eugen	.	21730	22500	151.4	160.0	161.0	27.3	$\frac{8.2}{8.6}$	900 K	2000 K	4200/10	.
Dunkerque Strasbourg	26500	(30750) (31400)	35500	209,1	.	214.5	31.1	$\frac{8.6}{9.6}$	3600 Ö	6500 Ö	7500/15 3600/31	$\frac{1381}{1431}$
Richelieu	35000[3] 38500	40900[3] 43293	47548	242.1	.	247.8	33.0	$\frac{9.6}{10.7}$	.	6796 Ö	5500/18 2500/26 1800/32	1550
Jean Bart	35000[3] 42806	40900[3] 46500	49850	,,	.	,,	35.5	$\frac{9.2}{9.9}$	.	6476 Ö	5850/18 2700/26 1800/32	2134
Clémenceau	35000[3] .	40900[3] .	.	,,	.	,,	33.1	$\frac{9.7}{10.7}$	.	6000 Ö	,,	1670
Gascogne	35000[3] .	40900[3] .	.	,,	.	,,	,,	,,	.	,,	,,	1670

[1] Mit allen Maschinen.
[2] Nur mit Expansionsmaschinen!
[3] Ursprüngliche Planung.

Danton-Klasse

Cuirassés d'Escadre = Schlachtschiffe

1	2	3	4	5	6
Danton	1906	Arsenal de Brest	10. 1. 08	4. 7. 09	1. 6. 11

*19. März 1917 im westlichen Mittelmeer (südlich Sardinien) durch ←-Schuß des deutschen U-Bootes **U 64** † (... Tote).*

Condorcet	1906	At. & Ch. de la Loire, St. Nazaire	23. 8. 07	20. 4. 09	25. 7. 11

1931 gestrichen, seither Beischiff bei Torpedoschule, zuletzt Hulk, Kasernenschiff, 27. November 1942 in Toulon durch Sprengung beschädigt, schwimmfähig geblieben, vorübergehend von deutscher Marine als Unterkunftsschiff benutzt. August 1944 durch alliierten Luftangriff schwer beschädigt, in flachem Wasser †, 14. Dezember 1945 geborgen, 1947 gestrichen, bis 1959 abgewrackt.

Diderot	1906	At. & Ch. de la Loire, At. Nazaire	20. 10. 07	19. 4. 09	1. 8. 11

1936 gestrichen, 1937 abgewrackt.

Voltaire	1906	F. & Ch. de la Méditerranné, La Seyne	20. 7. 07	16. 1. 09	1. 8. 11

20. Oktober 1918 in der Ägäis nahe Milos durch Unterwasserexplosion (Minentreffer?) schwer beschädigt. 1935 gestrichen, 1939 abgewrackt.

Mirabeau	1906	Arsenal de Lorient	4. 5. 08	28. 10. 09	1. 8. 11

13. Februar 1919 vor der Krim-Küste gestrandet, April 1919 nach Leichterung[1] geborgen, 1921/22 als Zielschiff benutzt. Verbleib?

[1] Vorderer 30,5 cm-∞ einschl. Barbette sowie Seitenpanzer abgenommen!

1	2	3	4	5	6
Vergniaud	1906	Ch. de la Gironde, Bordeaux	11. 07	12. 4. 10	22. 9. 11

*16. August 1914 Adria ✕ mit österr. Kreuzer **Zenta**; 1. September 1914 Beschießung von Cattaro; Februar bis September 1919 im Schwarzen Meer zur Intervention gegen Bolschewisten eingesetzt. Ab 1. Oktober 1919 in Reserve. 27. Oktober 1921 gestrichen, bis 1926 Versuchsobjekt für Spreng- und andere Versuche. 27. November 1928 auf Abbruch verkauft, 1929 abgewrackt.*

a) Gegenüber den knapp 15 000 ts verdrängenden Linienschiffen der **Patrie**-Klasse bedeutete die Steigerung auf 18 000 ts bei den 6 Linienschiffen der **Danton**-Kl. einen beachtlichen Sprung. Die Deplacementssteigerung wurde zugunsten einer Verstärkung der SA bei nur mäßiger Erhöhung der Geschwindigkeit ausgenutzt. Obwohl bereits 1904 ›all big gun battleships‹ vorgeschlagen worden waren, konnte man sich zu diesem Schritt noch nicht entschließen und wählte neben den fast obligatorischen 4—30,5 cm-SK noch 12—24 cm-SK als ›halbschwere Artillerie‹.[2] Letztere entsprach dem Wunsch, nicht auf die Massenwirkung schnellfeuernder Geschütze verzichten zu müssen. Baukosten: Je 55 Mio. Francs.

b) PzQ.: ... / Seitenpzr.: 150, 270, 150 / Horizontalpzr.: o. PzD. 48; u. PzD. 45 / Unterwasserschutz: T-Schott 45 / SA: 30,5 cm-SK: Barbetten 280; Türme 300, ..., ...; 24 cm-SK: Barbetten 220; Türme 220, ..., ... / MA: Ohne Panzerschutz / KdoT. 300 (...). *Panzergewicht 4950 t.*

[2] Zum Vorschlag gelangten ein Typ mit 20—24 cm-SK und 21—22 kn Geschwindigkeit, und ein Typ von ~ 18 000 ts mit 16-27,4 cm-SK und 20,25 kn Geschwindigkeit sowie Seitenpanzer 220—130 mm und SA-Panzer 300 mm (vgl. Nauticus 1905, S. 98).

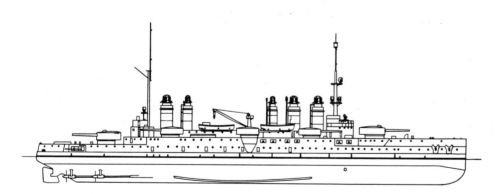

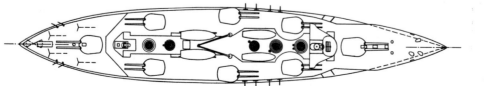

Danton (1912)

c) 4 × Parsons-Tu auf 4 ⚙ / 26 Kessel (Kohle): **Condorcet, Diderot** und **Vergniaud** Niclausse-, die anderen: Belleville- / Leist. 22 500 WPS; Geschw. 19,25 kn / 1 Ruder.

d) 4—30,5 cm-SK L/45 in je 1 ⚙ vorn und achtern / 12—24 cm-SK L/49,5 in ⚙ auf den Seitendecks / 16—7,5 cm-SK in Kasematten / 10—4,7 cm-SK / 2—45,0 cm-↓ TR (S). [Während des ersten Weltkrieges zusätzlich 12—7,5 cm-⚙ eingebaut, je 2 auf den 24 cm-⚙].

e) **Condorcet** und **Voltaire** wurden 1923—24, **Diderot** 1925 modernisiert und erhielten einen besseren Unterwasserschutz. Seither einige Schiffe ohne den Großmast. **Condorcet** führte vorübergehend als Torpedoschulschiff einige Decks-TR, dafür aber keine 7,5 cm-⚙.
Diese Einheiten waren die letzten französischen Schlachtschiffe mit dem bis dahin charakteristischen glockenförmigen Rumpfquerschnitt.

Courbet-Klasse
Cuirassés d'Escadre = Schlachtschiffe

1	2	3	4	5	6
Courbet	1910	Arsenale de Brest	1. 9. 10	23. 9. 11	19. 11. 13

Während des ersten Weltkrieges im Mittelmeer eingesetzt: 16. August 1914 ✕ vor alban. Küste, Versenkung des österr. Kreuzers **Zenta**. *1921—1922 und 1927 bis 1928 Umbau. Ab 1931 Schulschiff. Ab 19. Juni 1940 nahe Cherbourg vorübergehend zur Küstenverteidigung eingesetzt, Beschießung vorrückender deutscher Heereseinheiten; anschließend nach Portsmouth verlegt, dort 3. Juli 1940 von Engländern interniert, später den FNFL zur Verfügung gestellt: Verwendung als ⚙- und Radar-Schulschiff. 10. Juni 1944 im Zuge der Invasion nahe Ouistreham als Wellenbrecher auf Strand gesetzt, dort 17. August 1944 von 2 bemannten deutschen Torpedos (›Marder‹) getroffen, beschädigt. Später dort abgewrackt.*

| **Jean Bart** | 1910 | Arsenale de Lorient | 15. 11. 10 | 22. 9. 11 | 15. 6. 13 |

Juli 1914 Reise Staatspräsidents Poincaré nach Petersburg. Während des Ersten Weltkrieges im Mittelmeer eingesetzt: 16. August 1914 usw. → **Courbet**; *21. Dezember 1914 in Otranto-Straße von österr. U Boot* **U 12** *durch ←-Schüsse schwer beschädigt, mit über 1000 t Wasser im Schiff nach Malta eingebracht. 1919 vorübergehend im Schwarzen Meer — Teilnahme an Intervention gegen Bolschewisten, dabei 16. April 1919 Beschießung von Odessa. 1922—23 und 1928—29 Umbau, ab 1931 Schulschiff. Seit 1937 neuer Name:* **Océan**. *Zuletzt stationäres Schulschiff und Hulk, 27. November 1942 in Toulon selbst †, von deutscher Marine als Zielschiff benutzt, 1944 bei alliiertem Luftangriff ⚙-Treffer erhalten, 1944 geborgen, bis 14. Dezember 1945 abgewrackt.*

| **France** | 1911 | At. & Ch. de la Loire, St. Nazaire | 30. 11. 11 | 7. 11. 12 | 8. 14 |

Während des Ersten Weltkrieges im Mittelmeer eingesetzt: 16. August 1914 usw. → **Courbet**. *26. August 1922 in Quiberon-Bucht bei schwerem Sturm gestrandet: †, später Teile abgeborgen und abgewrackt.*

| **Paris** | 1911 | F. & Ch. de la Méditerranée, La Seyne | 10. 11. 11 | 28. 9. 12 | 1. 8. 14 |

Während des Ersten Weltkrieges im Mittelmeer eingesetzt: 16. August 1914 usw. → **Courbet**. *1923—24 und 1928—29 Umbau; seit 1931 Schulschiff. Ab 5. Juni 1940 nahe Le Havre vorübergehend zur Bekämpfung anrückender deutscher Heereseinheiten eingesetzt, dabei 11. Juni 1940 leichten Bombentreffer erhalten, zur Reparatur nach Brest entlassen, von dort 19. Juni 1940 nach Plymouth verlegt, dort 3. Juli 1940 von Engländern interniert, nach Repatriierung der französ. Besatzung polnischem Marinepersonal als Wohnschiff zur Verfügung gestellt, keine Kriegsverwendung mehr. 21. August 1945 nach Brest zurück, nicht mehr in Dienst gestellt, langsam verrottet, da erst 21. Dezember 1955 zum Abwracken freigegeben. 1956 abgewrackt.*

a) Die französische Marine verhielt sich zunächst im Bau von Großkampfschiffen zurückhaltend, da sie noch die weitere Entwicklung abwarten wollte. So entstanden erst 1909/10 die Entwürfe für die ersten 4 Schlachtschiffe, deren Inbaugabe ein 1910 in Kraft getretenes Gesetz sicherte. Die Aufstellung der SA glich der brasilianischen → **Minas Gerais**-Kl. weitgehend, doch standen — abweichend von diesen — die seitlichen ⚙ auf gleichem Spant und waren nicht diagonal versetzt. Bemerkenswert war auch die betont starke MA, deren Kaliber mit 13,86 cm allerdings schwächer war als das allgemein vorherrschende 15,2 cm-Kaliber; aber maßgebend für die Einführung des etwas schwächeren Kalibers war dessen große Feuergeschwindigkeit im Hinblick auf die besonderen Aufgaben der Torpedoboot-Abwehr. Die Schiffe der **Courbet**-Kl. galten zwar als recht sorgfältig durchkonstruiert, doch veralteten sie nach 1918 sehr rasch, da durchgreifendere Modernisierungsmaßnahmen an ihnen unterblieben.

b) *Bei der Panzerung dieser Schiffe wählten die Franzosen einen Mittelweg. In Anbetracht der Wirkung von Sprenggranaten über Wasser und der Geschoßwirkung unter Wasser glaubten sie, auf eine große Ausdehnung der gepanzerten Flächen keineswegs verzichten zu können. Zwar wurden die Panzerdicken gegenüber den zuletzt erbauten Linienschiffen → **Danton**-Kl. erhöht und die geringstzulässige Dicke auf 180 mm festgesetzt; es wurden jedoch keineswegs die Dicken erreicht, die für die amerikanische und selbst für die britische Marine üblich waren. Bemerkenswert bei den französischen Schiffen war die verhältnismäßig weit unter die CWL reichende Ausdehnung des Seitenpanzers, eine Anordnung, die wohl in erster Linie auf die Besorgnis vor Unterwassertreffern zurückzuführen war. PzQ.: ..., ... / Seitenpzr.: 180, 270, 180 / Zitadellpzr. 180 / Horizontalpzr.: Oberdeck 30, über der Zitadelle 40; Batteriedeck 12; o. PzD. 45; u. PzD. 40 mit Böschungen 70 / Unterwasserschutz: Keine T-Schotte / SA: Barbetten 280; Türme 290, 250, 100 / MA Kasematte 180 / KdoT. 300 (270).*

c) 4 × Parsons-Tu auf 4 ⚙ / 24 Kessel (Kohle, Ölzusatzfeuerg.): **Courbet** und **Jean Bart** Belleville-, die anderen: Niclausse- (**Courbet** erhielt 1929 im Austausch engrohrige Wasserrohrkessel, die ursprünglich für die → **Normandie**-Kl. vorgesehen waren!) / Leist. 28 000 WPS; Geschw. 20,0 kn / 1 Ruder. Probefahrtergebnisse: **Paris** 21,7 kn, **Jean Bart** 22,6 kn, **Courbet** 22,0 kn.

d) 12—30,5 cm-SK L/45, aufgestellt in je 2 überhöhend angeordneten ⚙ vorn und achtern und 2 seitlichen ⚙ auf gleichem Spant / 22—13,86 cm-SK L/55 in Kasematten / Ab 1927/29: 4—, ab 1935—36: 5—, **Paris** 7—7,5 cm-⚙ / 4—45 cm-↓ TR (S) nur bis 1927—29 / Ursprünglich auch bis zu 30 Minen an Bord.

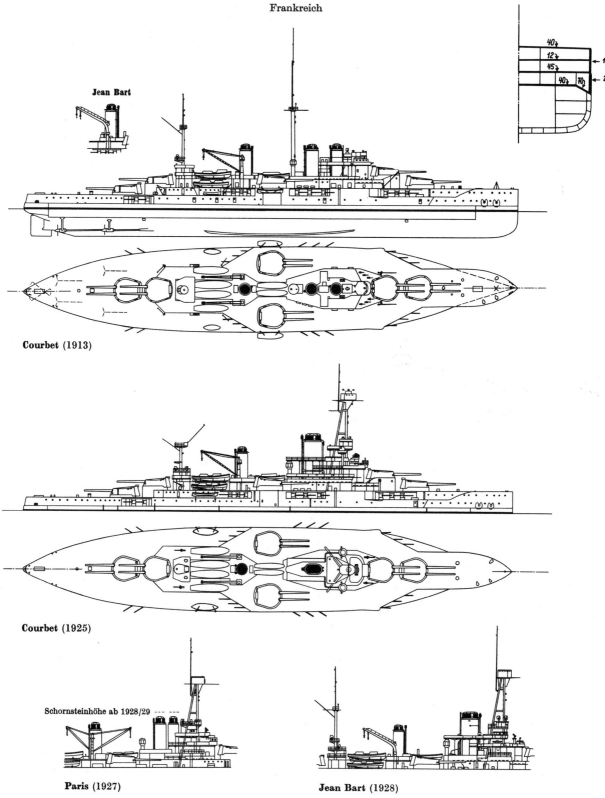

Jean Bart

Courbet (1913)

Courbet (1925)

Schornsteinhöhe ab 1928/29

Paris (1927)

Jean Bart (1928)

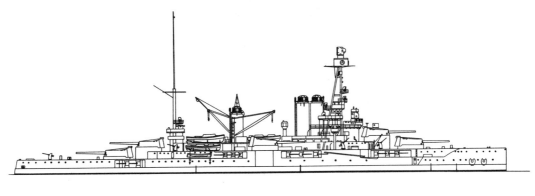

Paris (1938)

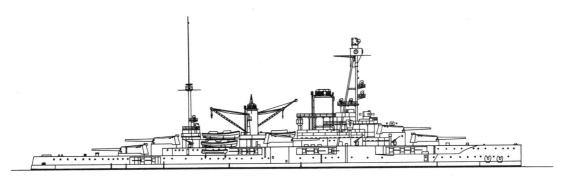

Courbet (1938)

e) Jean Bart unterschied sich von seinen Schwesterschiffen durch den typischen Schwanenhals-Bootskran, während die anderen Schiffe ladebaumähnliche Kräne an massiven Pfosten (die auf allen verschieden ausgeführt waren!) hatten. **Courbet** führte ab 1918 vorübergehend einen Fesselballon mit; um dessen Halteseilen genügend Bewegungsfreiheit zu sichern, wurde der achtere Mast bis auf einen kurzen Stumpf gekürzt. **Paris** führte ~ 1920 versuchsweise auf Turm B eine ⤴-Startplattform ähnlich wie auf britischen Schlachtschiffen.

Bei ihrem ersten Umbau änderten **Courbet, Paris** und **Jean Bart** ihre äußere Erscheinungsform: Der bisher hinter den beiden vorderen Schornsteinen stehende Mast verschwand bis auf einen kurzen Stumpf; statt dessen wurde an der Achterkante der gleichfalls abgeänderten Brückenaufbauten ein Dreibeinmast mit Marsleitstand und Stenge errichtet. Auf **Jean Bart** und **Courbet** wurden die beiden vorderen Schornsteine durch einen einzigen, erheblich breiteren und höheren ersetzt. Nur **Paris** behielt vorn seine 2 Schornsteine, die jedoch jetzt so eng aneinandergestellt wurden, daß sie optisch wie ein einziger breiter wirkten. 1928/29 gingen **Paris** und **Courbet** nochmals in die Werft; dabei erhielten sie neue Kessel, Feuerleitgeräte und ⤴-Waffen. Auf **Paris** wurden dabei die beiden vorderen Schornsteine um ~ 2 m erhöht. Mit dem Einbau des großen Mars-BG entfiel die seither am vorderen Mast geführte Stenge. Gleichzeitig änderten sich die Brückenaufbauten geringfügig, und der schwere Bb-Ladebaum wurde verlängert. Von diesem Umbau ab führte **Courbet** seinen achteren Mast wieder in der ursprünglichen Form. Die typisch französischen Antennenspreizen beiderseits am achteren Schornstein erhielten 1938/39 nur **Paris** und **Courbet**. Auf **Courbet** fehlten sie zuletzt.

Provence-Klasse

Cuirassés d'Escadre = Schlachtschiffe

1	2	3	4	5	6
Provence	1912	Arsenal de Brest	1. 5. 12	20. 4. 13	... 6. 15

*Umbauten 1922—23, 1927 und 1932—33. September 1939 im Mittelmeer eingesetzt, April 1940 kurzfristig im östl. Mittelmeer. 3. Juli 1940 in Mers el Kebir durch britische Schlachtschiffe → **Hood**, → **Barham** und → **Resolution** zusammengeschossen, brennend auf Untiefe gesetzt, später geborgen und 8. November 1940 nach Toulon überführt; dort 27. November 1942 selbst †. 11. Juli 1943 unter deutscher Regie gehoben, u. a. 2-34 cm-SK ausgebaut und als Küstenbatterie nahe Toulon aufgestellt. 1944 von deutschen Streitkräften als Blockschiff(?) †, April 1949 gehoben und abgewrackt.*

1	2	3	4	5	6
Bretagne	1912	F. & Ch. de la Méditeranée, La Seyne	1. 7. 12	21. 4. 13	… 9. 15

Umbauten 1921, 1925 und 1932—34. September 1939 im Mittelmeer, April 1940 kurzfristig im östl. Mittelmeer. 3. Juli 1940 in Mers el Kebir durch britische Schlachtschiffe → Hood, → Barham und → Resolution zusammengeschossen, nach schweren Treffern explodierend gekentert und † (997 Tote). 1952 geborgen und abgewrackt.

Lorraine	1912	At. & Ch. de la Loire et Penhoët, St. Nazaire	1. 8. 12	30. 9. 13	… 7. 16

Umbauten 1921—22, 1926—27 und August 1934 bis Januar 1936. September 1939 im Mittelmeer, November 1939 Goldtransport nach USA, danach wieder im Mittelmeer, ab April 1940 im östl. Mittelmeer: 21. Juni 1940 Beschießung von Bardia. 3. Juli 1940 in Alexandria von Engländern interniert, ab 31. Mai 1943 den FNFL zugeteilt und nach Dakar verlegt. Ab 15. August 1944 im Einsatz vor südfranzös. Invasionsküste, 1.—13. September 1944 Beschießungen von Porquerolles und St. Mandrier. Ab Dezember 1944 auf Blockadestellung in der Girondemündung, 15. April 1945 Unterstützung des Angriffs auf deutsche Atlantikfestung Royan-Gironde Nord. Ab 1945 Schulschiff und Hulk. 17. Februar 1953 gestrichen, 18. Dezember 1953 von französischer Schrottfirma gekauft, Januar 1954 nach Pergaillon bei Toulon zum Abwrackbetrieb, dort abgewrackt.

a) Als Ersatz für die alten Linienschiffe **Carnot**, **Charles Martel** und die 1911 gesunkene **Liberté** wurden diese 3 Schiffe ab Mitte 1912 begonnen, kamen aber erst nach Kriegsausbruch in Dienst. Im wesentlichen waren sie eine Weiterentwicklung der →**Courbet**-Kl. und galten ebenso wie diese als verhältnismäßig gut durchkonstruiert, wenngleich auch ihr Unterwasserschutz in der Fachpresse immer wieder als unzulänglich bezeichnet wurde. Entsprechend anderen Vorbildern ging die französische Marine bei ihnen zu einem stärkeren Geschützkaliber über. Hinsichtlich der SA-Aufstellung blieb sie beim Schema von →**Courbet**, jedoch mit der Ausnahme, daß statt der beiden Flügeltürme ein zentraler Turm aufgestellt wurde. Sie folgte damit dem britischen Beispiel von →**Orion** bis →**Iron Duke**, das inzwischen auch andere Seemächte (Deutschland, Italien) angenommen hatten. Die MA, die Schutzeinrichtungen und die Maschinenanlage blieben dagegen im wesentlichen die gleichen wie auf der →**Courbet**-Kl. Schiffbaulich wurden gewisse Verbesserungen geschaffen; so war es möglich, infolge des Wegfalls der Seitentürme Panzerlängsschotte als Schutz gegen Unterwassertreffer einzuziehen, wobei auch die wasserdichte Unterteilung besser ausfiel. Zur Dämpfung ihrer Rollbewegungen erhielten diese Schiffe außerdem Schlingertanks. Besondere Aufmerksamkeit wurde auch den Schiffsführungs- und Waffenleiteinrichtungen zuteil; je ein Reserve-Artillerieleitstand wurde in den überhöhten Türmen eingerichtet, und der vorderste Turm konnte als Reservestand für die Schiffsführung benutzt werden.

b) PzQ.: …, … / Seitenpzr.: 160, 270, 160 / Zitadellpzr. 80—180 / Horizontalpzr.: Oberdeck 30—40; o. PzD. 40; u. PzD. 40 mit Böschungen 70 / Unterwasserschutz: PzLängsschott 8 *(zu schwach, um Funktion als T-Schott ausfüllen zu können!)* / SA: Barbetten 248, die der überhöhten Türme jedoch 270; Türme 400[1], 154, 72 / MA: Kasematte 180 / KdoT. 314 (…).

[1] Nur der Mittelturm! Die überhöhten Endtürme 250, die anderen 340.

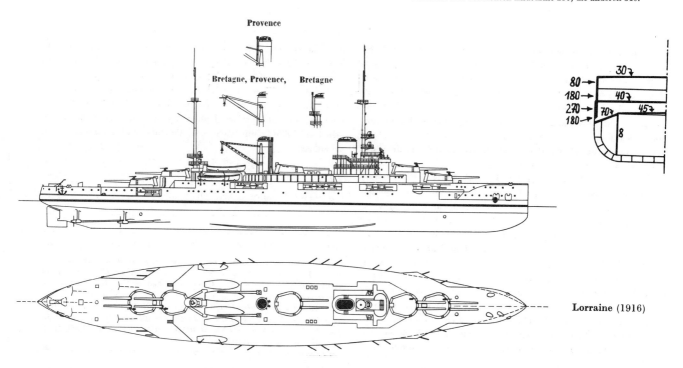

Lorraine (1916)

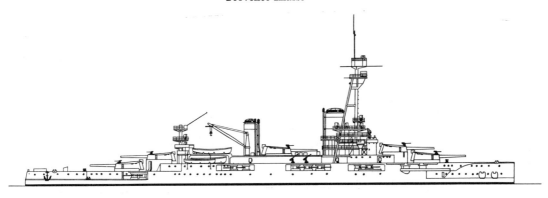

Bretagne (1922)

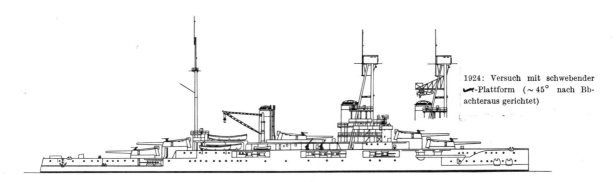

Lorraine (1922)

1924: Versuch mit schwebender ⌇-Plattform (~45° nach Bb- achteraus gerichtet)

c) 2 × Parsons-Tu auf 4 ⚙ / 24, **Provence** nur 18 Kessel (Kohle, Ölzusatzfeuerg.): **Bretagne** Niclausse-, **Provence** Belleville-, **Lorraine** Guyot du Temple- (diese beim 2. Umbau umgestellt auf reine Ölfeuerung); beim 3. Umbau alle ersetzt durch je 6 Indret-Kessel (Öl) / Leist. 29 000 WPS, beim 3. Umbau gesteigert auf 43 000 WPS; Geschw. 20,0 kn / 1 Ruder (erreichten bis zu 21,4 kn).

d) 10—34 cm-SK L/55, aufgestellt in je 2 überhöhend angeordneten ∞ vorn und achtern und 1 ∞ im Mittelschiff / 22—, ab 1. Umbau: 18—, ab 3. Umbau: 14—13,86 cm-SK L/55 in Kasematten / Ab 1. Umbau 4—, ab 3. Umbau 8—7,5 cm-⚓, **Provence** 1936—39: 4—10-cm-⚓₂, + 4—7,5 cm-⚓ / Seit 3. Umbau: 4—3,7 cm-⚓ + 8 MG-⚓₄ / 4—45 cm-↓ TR (S), diese bei 3. Umbau entfernt / Ursprünglich auch bis 30 Minen an Bord / **Lorraine** seit 1936 nur noch 8—34 cm-SK usw. / 14—13,86 cm-SK usw. / 8—10 cm-⚓₂ / 4—, später 8—3,7 cm-⚓ + 8 MG-⚓₄ / keine TR mehr vorhanden / 1 ⚓, 4 ⚓ / seit 1943: 8—34 cm-SK usw. / 14—13,86 cm-SK usw. / 8—7,5 cm-⚓ / 14—4 cm-⚓ / 25—2 cm-⚓ / kein ⚓ und keine ⚓ mehr an Bord.

e) Diese Schiffe wechselten ihr äußeres Erscheinungsbild mehrmals. Ihre ursprüngliche Ausführung war zunächst einheitlich. Unterschiedlich ausgeführt waren dabei die Kranpfosten und die Kräne, vgl. Beiskizzen. Nur **Bretagne** führte an der Achterkante des vorderen Schornsteines ein nach oben leicht ausgebogenes Dampfrohr; im Gegensatz zu den anderen Schiffen dieser Klasse befand sich dagegen bei **Provence** ein Dampfrohr an der Achterkante des achteren Schornsteines. Seit 1918 war auf **Bretagne** der achtere Mast bis auf einen Stummel gekürzt, wofür die gleichen Gründe wie bei → **Courbet** maßgebend waren.

Der 1. Umbau diente vor allem der Steigerung der Geschütz-Reichweiten und der Verbesserung der Feuerleitung. Deshalb wurden die Höhenrichtwinkel der SA von bisher 18° auf nunmehr 23° vergrößert und an Stelle des vorderen Pfahlmastes ein Dreibeinmast mit Marsleitstand und Stenge installiert. **Bretagne** erhielt als einziges Schiff dieser Klasse auf einer unterhalb des Marsleitstandes vorspringenden Plattform versuchshalber ein Feuerleitgerät britischer Herkunft. Bei diesem Umbau wurden auch die Brückenaufbauten erweitert und der vordere Schornstein erhöht, und zwar auf **Bretagne** und **Provence** um ~ 4 m, auf

Frankreich

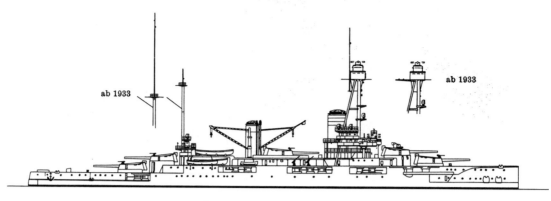

Lorraine (1928)

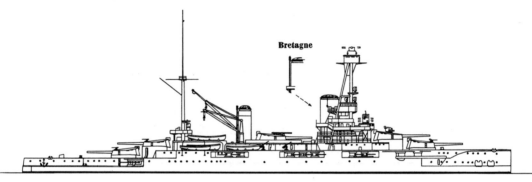

Provence (1928)

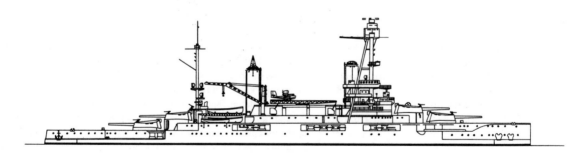

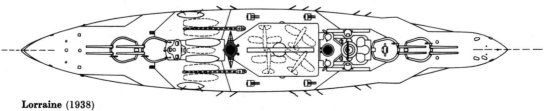

Lorraine (1938)

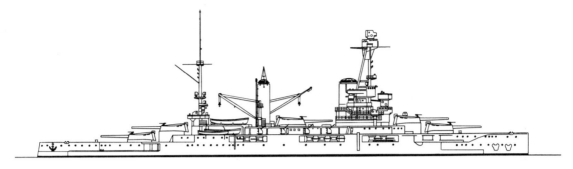

Provence (1940)

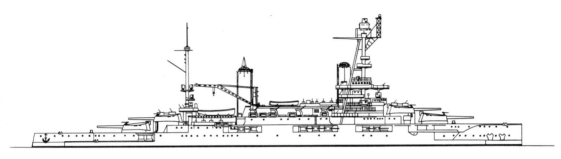

Lorraine (1944)

Lorraine zunächst nur um ~ 2 m. Die MA wurde um die beiden jeseits vordersten 13,86 cm-SK reduziert, wofür die ⌁-Bewaffnung verstärkt wurde. In diesem Zustand befand sich 1924 am vorderen Mast von **Lorraine** eine nach Bb-achteraus zeigende Schweberampe zu Erprobungszwecken, an der nach dem Vorbild der amerikanischen Marineluftschiffe **Akron** und **Macon** ein kleines ⌁ angehängt und gestartet werden konnte. Dieser Versuch bewährte sich jedoch nicht und wurde bald darauf wieder aufgegeben.

Der 2. Umbau diente vorwiegend der Umstellung der Kessel auf Ölfeuerung. Seither führte **Bretagne** den achteren Mast wieder in der ursprünglichen Form. Auf **Lorraine** wurde nunmehr der vordere Schornstein um weitere ~ 2 m erhöht, so daß dieser nunmehr genau so hoch war wie der vordere Schornstein von **Provence** und **Bretagne**. Es erfolgte außerdem der Einbau neuer Feuerleitgeräte, vor allem auf dem Marsleitstand, der auf **Bretagne** entsprechend geändert und den Marsleitständen der Schwesterschiffe angeglichen wurde. **Lorraine** fuhr ab ~ 1933 ohne die Fockmaststenge; der achtere Mast war seither verkürzt, führte aber dafür eine längere Stenge.

Beim 3. Umbau erhielten die Schiffe neue Kessel; der achtere Schornstein wurde dabei soweit erhöht, daß er mit dem vorderen gleich war, und führte seither die abgespreizten Antennenausleger. Die Brückenaufbauten wurden abermals erweitert. Das bisherige Mars-Feuerleitgerät wurde nunmehr durch ein 6 m-BG und dieses später durch ein 8 m-BG ersetzt. Für die abermals um 4 SK (die beiden jeseits achtersten) reduzierte MA erfolgte eine Verdoppelung der schweren ⌁. Gleichzeitig erhielten diese Schiffe neue 34 cm-Rohre, die ursprünglich für die → **Normandie**-Kl. vorgesehen waren. Auch der Innenschutz wurde verbessert; wohl deshalb konnte auf je ~ 10 m Seitenpanzer ganz vorn und ganz achtern verzichtet werden, nachdem neue Panzerquerschotte eingezogen worden waren.

Der Umfang des 3. Umbaus wurde bei **Lorraine** wesentlich erweitert. Abgesehen von den zuvor genannten Maßnahmen wurde der mittlere 34 cm-⌀ ausgebaut und durch ein 23 m-⚓ auf einer geräumigen ⚓-Halle ersetzt (das Einstellen der ⚓ erfolgte seitlich vom Aufbaudeck aus). Um den erforderlichen Platz für diese Anlage zu gewinnen, mußte der achtere Schornstein um ~ 5 m zurückversetzt und der vordere Schornstein durch einen dünneren ersetzt werden, der zudem um ein Geringeres höher war als der achtere. Für die alten Kräne kamen neue an Bord. 1943 fiel das ⚓ weg; die ⌁-Bewaffnung wurde geändert und erweitert → d). Seither führte **Lorraine** vor dem Marsleitstand eine Radarantenne amerikanischer Herkunft auf einer gittermastähnlichen Stenge. Gleichzeitig erhielt der vordere Mast zusätzliche Stände. **Provence** führte von 1936—39 anstatt der jeseits dritten 7,5 cm-⌁ erprobungsweise je eine 10 cm-⌁$_2$.

Normandie-Klasse[1]

Cuirassés d'Escadre = Schlachtschiffe

1	2	3	4	5	6
Normandie	1913	At. & Ch. de la Loire, St. Nazaire	18. 4. 13	19. 10. 14	∞ [3. 16]

Baustop August 1914 außer Stapellaufvorbereitungen, dann Arbeiten ganz eingestellt (bis dahin vorangeschritten: Rumpf/Maschinen/SA = 65/70/40%). Kessel in Torpedoboote[2], Maschinen später in → Béarn eingebaut. 18. April 1922 gestrichen und Aufträge annulliert. Für 1,8 Mio. Francs an italienische Abwrackfirma verkauft, 1924/25 in Italien abgewrackt.

Languedoc	1913	F. &. Ch. de la Gironde, Bordeaux	18. 4. 13	1. 5. 15	∞ [3. 16]

Baustop August 1914 außer Stapellaufvorbereitungen, dann Arbeiten ganz eingestellt (bis dahin vorangeschritten Rumpf/Maschinen/Kessel/SA = 49/73/96/26%). 18. April 1922 gestrichen und Aufträge annulliert. 1924 auf Abbruch nach Port Bouc verkauft, dort Mai 1925 infolge undicht gewordener Verschlüsse †, später geborgen und ab Juni 1929 abgewrackt.

Flandre	1913	Arsenal de Brest	1. 10. 13	20. 10. 14	∞ [6. 17]

Baustop August 1914 außer Stapellaufvorbereitungen, dann Arbeiten ganz eingestellt (bis dahin vorangeschritten Rumpf/Maschine/SA = 65/60/51%). Kessel in U-Bootjäger eingebaut. 18. April 1922 gestrichen und Auftrag annulliert. Juli 1924 auf Abbruch verkauft, ab Oktober 1924 in Toulon abgewrackt.

---

[1] Zur Baugeschichte vgl. Le Masson, Les Cuirassés a tourelles quadruples, in ›Revue Maritime‹ No. 203, Oktober 1963, S. 1172ff.

[2] **Aventurier**-Kl. (für Argentinien im Bau gewesen) und **Actos**-Kl. (für Argentinien begonnen, nicht abgenommen, von Griechenland angekauft, während des Krieges von französischer Marine benutzt).

1	2	3	4	5	6
Gascogne	1913	Arsenal de Lorient	1. 10. 13	20. 9. 14	∞ [6. 17]

Baustop August 1914 außer Stapellaufvorbereitungen, danach Arbeiten ganz eingestellt (bis dahin vorangeschritten Rumpf/Turbinen/Expansionsmaschinen = 60/44/75%). Kessel in Torpedoboote eingebaut → Normandie. 18. April 1922 gestrichen und Auftrag anulliert. 13. September 1923 auf Abbruch verkauft, 1923/24 in Lorient abgewrackt.

Béarn	1914	F. & Ch. de la Méditerranée, La Seyne	10. 1. 14	4. 20	∞ [1. 17]

*Vorgesehener Name **Vendée** 1914 geändert. Baustop August 1914 (bis dahin vorangeschritten Rumpf/Maschinen/Kessel/SA = 25/17/20/8 bis 10%). Arbeiten ab ~ Dezember 1918 wieder aufgenommen, jedoch nur für Stapellaufvorbereitungen. 1921/22 mit provisorisch hergerichtetem Teil des Oberdecks als Flugdeck diverse Versuche mit ⌒. Ab 4. August 1923 Umbau zum ⌒-Träger, als solcher 1. September 1926 in Dienst gestellt, endgültig fertig erst Mai 1927. Juni 1940 nach Fort de France/Martinique entkommen, demilitarisiert bis Juli 1943, dann nach New Orleans/USA zum Umbau als Flugzeugtransporter. Ab Oktober 1945 im Einsatz vor Französisch-Indochina. Seit ~ 1947/48 Schulhulk. Zuletzt stationäres Depotschiff für U-Boote in Toulon. Seit 5. November 1966 zum Verkauf auf Abbruch ausgeschrieben, 31. März 1967 nach Italien zum Abwracken.*

a) Der Bau der zunächst 4 Schiffe umfassenden **Normandie**-Kl. war durch das Flottengesetz vom 30. März 1912 ermöglicht worden. Die Bauaufträge für **Normandie** und **Languedoc** wurden am 12. Dezember 1912 und die für **Gascogne** und **Flandre** am 30. Juli 1913 erteilt. **Béarn** wurde am 3. Dezember 1913 als 5. Schiff bewilligt, um den Divisionsverband von 4 Schiffen aufrechterhalten zu können; sie sollte zusammen mit den 3 Schiffen der → **Provence**-Kl. operieren.

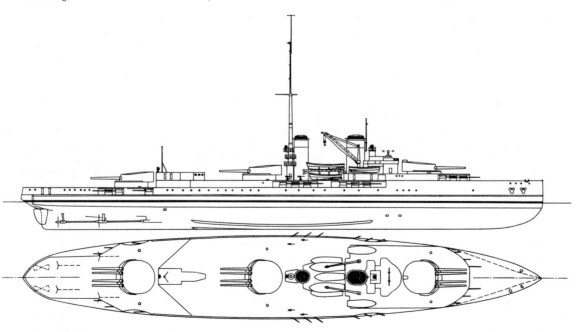

Normandie-Klasse (Entwurf)

Normandie-Klasse

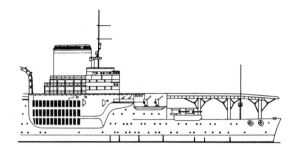

Béarn (bis 1935)

16 m hohe Klappmasten
auf 25,0 und 70,0 (an Stb.) sowie 169,0 (an Bb.)

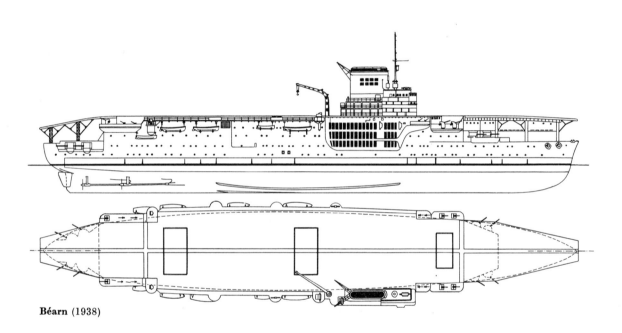

Béarn (1938)

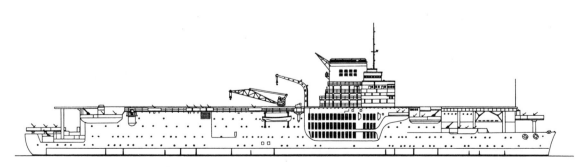

Béarn (1945)

In dieser Zeit entschied sich die französische Marine endgültig für die Einführung des ⚭, doch war man sich zunächst über das Kaliber und auch über die Anordnung der SA nicht einig. Der 1. Entwurf sah bei 25 000 ts Konstruktionsverdrängung 16—30,5 cm-SK in 4 ⚭ (je 2 vorn und achtern) vor. Dies hätte, trotz Steigerung der Rohrzahl, einen Rückschritt gegenüber der → **Provence**-Kl. bedeutet, die bereits 34 cm-SK erhalten hatte. So entstand ein 2. Entwurf mit 12—34 cm-SK, die in je 1 ⚭ und 1 ⚭ vorn und achtern (die beiden ⚭ dabei in überhöhender Anordnung) aufgestellt werden sollten. Für beide Entwürfe war außerdem eine MA von 20—13,86 cm-SK vorgesehen, die in Zwillingsanordnung — d. h. je 2 SK innerhalb einer gemeinsamen Kasematte — aufgestellt werden sollten. Weiterhin kennzeichnend für beide Entwürfe war ihre große Ähnlichkeit mit der vorausgegangenen → **Provence**-Kl., vor allem im Hinblick auf die Anordnung von Schornsteinen und Masten. Statt für den 2. Entwurf entschied man sich für einen 3. Entwurf, der die gleiche Rohrzahl und das gleiche Kaliber vorsah, aber eine wesentlich andere Aufstellung. Bei diesem sollten die 12—34 cm-SK in 3 ⚭ zusammengefaßt werden, und zwar in je einem ⚭ vorn und achtern und einem ⚭ im Mittelschiff. Dadurch konnte erreicht werden, daß der vordere und der achtere schwere Turm gegenüber der → **Courbet**-Kl. um je ~ 10 m weiter vom Bug bzw. vom Heck abgerückt wurden, so daß die Schiffsenden entlastet werden konnten. Gleichzeitig konnte dadurch die Ausdehnung der Zitadelle verringert werden; darüber hinaus konnte man eine Gewichtseinsparung um fast 560 t erreichen.[1] Bei der MA verzichtete man auf die ursprünglich vorgeschlagene Zwillingsanordnung und blieb bei der konventionellen Aufstellung.

Da bei einer reinen Tu-Anlage der Kohlenverbrauch unverhältnismäßig hoch gewesen wäre, entschied man sich für eine gemischte Anlage, nämlich für Kolbenmaschinen und für Turbinen. Erstere sollten vor allem für Marschfahrt benutzt werden. Die Turbinen waren nur für Vorwärtsfahrt eingerichtet.

Béarn sollte gegenüber den 4 anderen Schiffen einige Verbesserungen erhalten, vor allem im Antrieb (ausschließlich Turbinen). Der Krieg verhinderte die Vollendung dieser Schiffe. Sie wurden nur soweit weitergebaut, daß sie vom Stapel laufen konnten, um die Hellinge zu räumen. Danach blieben sie teils jahrelang unfertig liegen. Ein Teil der für sie bestimmten Kessel wurde in Torpedoboote und Kleinkampfschiffe eingebaut, während ein Teil der Geschütze — soweit sie fertiggestellt worden sind — dem Heer zur Verfügung gestellt und an verschiedenen Fronten eingesetzt wurde.[2] Nach langen Beratungen wurde — schon im Hinblick auf das Flottenabkommen von Washington — beschlossen, auf diese Schiffe zu verzichten, jedoch mit Ausnahme von **Béarn**, deren Umbau zum ✈-Träger erwogen wurde.

---

[1] Gewicht eines 34 cm-⚭ = 1030 t, eines 34 cm-⚭ = 1500 t. Daraus ergaben sich: 2 × ⚭ = 2060 t + 2 × ⚭ = 3000 t, zusammen 5060 t, gegenüber 3 × ⚭ = 4500 t!

[2] Ein Teil der 34 cm-SK wurde auf das Kaliber 40,0 cm (15,75") ausgebohrt. Von ihnen fielen einige in deutsche Hand und wurden gegen französische Landziele eingesetzt. Andere fertiggestellte 34 cm-SK wurden nach Kriegsende in Schiffe der → **Provence**-Kl. als Ersatz für deren alte eingebaut.

b) PzQ.: ..., ... / Seitenpzr.: 120, 300, 180 / Zitadellpzr. 180 / Horizontalpzr.: o. PzD. 50; u. PzD. 50 mit Böschungen 70 / Unterwasserschutz: T-Schott 10 auf 10 auf 10 (T-Schutzbreite ~ 3 m) / SA: Barbetten 284; Türme 340, 250, 100 / MA hinter → Zitadellpzr. / KdoT. 300 (...).

c) 2 × Tu (nur für Vorwärtsfahrt): **Normandie** und **Flandre** Parsons-, **Languedoc** Schneider-Zoelly-, **Gascogne** Rateau-, auf 2 ⚙ innen + 2 dreifachwirkende Expansionsmaschinen auf 2 ⚙ außen / **Normandie** und **Gascogne**: 21 Guyot du Temple-Kessel (Kohle, Ölzusatzfeuerg.), **Flandre** und **Languedoc** 28 Belleville-Kessel Kohle, Ölzusatzfeuerg.) / Abweichend davon **Béarn**: 4 × Parsons-Tu auf 4 ⚙ / 21 Niclausse-Kessel (Kohle, Ölzusatzfeuerg.) / Leist. 40 000 WPS; Geschw. 21,5 kn, ohne Tu: 16 kn maximal (Steigerung bis auf 45 000 WPS = 22 kn vorgesehen). *Unterschiedlicher Durchmesser der ⚙: Innen Dreiblatt-⚙ mit Durchmesser = 3,34 m, außen Vierblatt-⚙ mit Durchmesser = 6,37 m!* **Béarn** *4 Dreiblatt-⚙ mit Durchmesser je 3,34 m. 2 parallele Ruder.*

d) 12—34 cm-SK L/45 in 3 ⚭ / 24—13,86 cm-SK L/55 in Kasematten / 4—4,7 cm-↕ / 6—45 cm-↓ TR (S). *Die ⚭ waren durch ein Panzerlängsschott unterteilt, um Splitterwirkungen zu lokalisieren. Leitung aller 4 SK vom Kdo-Stand (Platz für 1 Offizier und 1 E-Messer) aus, der achtern im Turm angeordnet war. Vermutlich war nicht beabsichtigt, ganze Turmsalven zu feuern, da hierdurch die Unterbauten zu stark beansprucht worden wären. Im vorderen ⚭ war außerdem noch ein Reserve-Schiffsführungsstand vorgesehen.*

e) Bevor diese Schiffe gestrichen und die Aufträge annulliert wurden, kam es noch zu Diskussionen und Beratungen darüber, ob nicht doch noch ihre Fertigstellung ermöglicht werden sollte, wobei die bisherigen Kriegserfahrungen soweit wie möglich zu berücksichtigen waren. Für notwendig gehalten wurden u. a.:

1. *Steigerung der Geschwindigkeit von 21,5 kn auf 24 kn, wozu eine Steigerung der Antriebsleistung auf 80 000 WPS notwendig gewesen wäre.*
2. *Verbesserung des Unterwasserschutzes durch Anbau von T-Wulsten zu je max. 1 m Breite.*
3. *Erhöhung der SA-Schußweite von 160 hm auf 250 hm.*
4. *Verbesserung des Innenschutzes.*
5. *Ersatz der 44 cm-↓ TR durch solche von 55 cm.*
6. *Einbau eines Dreibeinmastes mit Feuerleitstand, ferner von 2 MA-Feuerleitständen und von 3 BG mit großer Basislänge für die SA.*
7. *Installation neuer, stärkerer Scheinwerfer.*
8. *Einrichtungen für die Mitnahme eines ✈, jedoch für dieses keine Startmöglichkeit.*

Für **Béarn** wurden zusätzlich vorgeschlagen:

9. *Ersatz der Niclausse-Kessel durch 8 Ölkessel neuester Bauart und der bisherigen Tu durch ⚙-Tu mit einer Gesamtleistung von 80 000 WPS für 24—25 kn Fahrt, und schließlich*

10. eine Untersuchung darüber, ob ein ganz neuer 34 cm-⚓ mit größerer Schußweite entwickelt werden konnten und, falls das nicht zweckmäßig erschien, die Entwicklung von 40 cm-⚓ zu erörtern.

Der Verwirklichung dieser Modernisierungsvorschläge standen jedoch die erheblichen finanziellen Aufwendungen entgegen, zu denen man infolge der erheblichen Belastungen durch den Krieg eigentlich kaum mehr in der Lage gewesen wäre. Zudem hatte auch Italien auf seine → **Caracciolo**-Kl. verzichtet, so daß der Entschluß zur Aufgabe der **Normandie**-Kl. und zur Unterzeichnung des Washington-Abkommens leicht fiel.

Béarn diente nach dem Stapellauf für Start- und Landeversuche von ✈, wozu ein Teil des Oberdecks behelfsmäßig als Flugdeck eingerichtet worden war. Diese Versuche befriedigten und führten zu der Entscheidung, das Schiff als ✈-Träger fertigzustellen Diese Arbeiten begannen am 4. August 1923 in La Seyne und wurden im Mai 1927 endgültig abgeschlossen. Seither galten:

b) Seitenpzr. 83, 83, 83 / Horizontalpzr.: Flugdeck 25; PzD. 24 bis 120 / MA 70.

c) Erhielt die ursprünglich für **Normandie** bestimmte Anlage: 2 × Parsons-Tu + 2 dreifachwirkende Expansionsmaschinen zusammen auf 4 ⚙ / 12 Guyot du Temple-Kessel (Öl) / Leist.: Tu 22 200 WPS, ExpMasch. 15 000 iPS; Geschw. 21,5 kn.

d) 8—15,5 cm-SK L/55 in Kasematten / 6—7,5 cm-⚓ / 8—3,7 cm-⚓ / 12 MG / 4—55 cm-↑ TR (S) / 40 ✈ / 2 Hallendecks / keine 🛫 / 3 Aufzüge / Flugdeck-Länge ~ 183 m, -breite ~ 31 m, -höhe über CWL 15,25 m / Als ✈-Transporter keine 15,5 cm-SK usw. mehr, dafür völlig neue Bewaffnung: 4—12,7 cm-⚓ / 24—4,0 cm-⚓₄ / 26—2 cm-⚓.

e) Ursprünglich 16 m hohe Klappmasten auf m 25,0 und 70,0 an Bb und auf m 169,0 an StB. Diese wurden bei der Überholung 1935 ausgebaut. Dabei wurde unter das auf Stützen über der Back ruhende vordere Flugdeck ein zusätzliches Deck eingezogen. Außerdem div. Änderungen im Bereich der Insel (Brücke, Mast, Schornstein, vgl. Antennenausleger).

Beim Umbau zum ✈-Transporter 1943 in New Orleans wurde die gesamte alte Bewaffnung ausgebaut und durch eine neue ersetzt → d), für die zusätzliche Stände vorn und achtern errichtet wurden. Die Verkürzung des Flugdecks vorn und achtern stand damit in unmittelbarem Zusammenhang. Gleichzeitig erhielt das Schiff an Bb einen zusätzlichen Kran.

Lyon-Klasse *
Cuirassés d'Escadre = Schlachtschiffe

1	2	3	4	5	6
Lyon	1915	At. & Ch. de la Loire & Penhoêt, St. Nazaire	∞	∞	∞
Lille	1915	F. & Ch. de la Méditerranée, La Seyne	∞	∞	∞
Duquesne	1915	Arsenale de Brest	∞	∞	∞
Tourville	1915	Arsenale de Lorient	∞	∞	∞

Keines dieser Schiffe wurde mehr begonnen. Auftragserteilung für die beiden ersten Schiffe vorgesehen für 1. Januar 1915, für die beiden letzten 1. April 1915, jedoch nicht mehr erfolgt.

a) Wiederum auf das Flottengesetz vom 30. März 1912 gestützt, sollten 1915 vier weitere Schlachtschiffe in Bau gegeben werden, deren Namen bereits am 3. Dezember 1913 festgelegt worden waren. Die ersten Planungen entstanden ab Sommer 1913 und sahen linear vergrößerte Schiffe der → **Normandie**-Kl. vor, jedoch mit stärkerer Bewaffnung. Bei dieser war man sich zunächst nicht einig, ob die dadurch vorgesehene Steigerung der Offensivkraft durch Erhöhung des Kalibers oder durch Steigerung der Rohrzahl erreicht werden sollte. So wurden verschiedene Geschützkaliber erörtert. Unter Zugrundelegung des 34 cm-Kalibers konnte man auf einem 27 500 ts-Schiff 14 Rohre, auf einem Schiff von 28 500 bis 29 000 ts 16 Rohre aufstellen. Beim 38 cm-Kaliber konnten hingegen auf einem 27 500 ts-Schiff nur noch 8 Rohre, auf einem 28 500 bis 29 000 ts-Schiff 10 Rohre aufgestellt werden; sogar 20—30,5 cm-SK in 5 ⚓ wurden vorgeschlagen und erörtert!

Man entschied sich für einen Mittelweg — Steigerung der Rohrzahl unter Beibehaltung des 34 cm-Kalibers. Dabei wurden abermals zwei Alternativentwürfe erörtert, deren erster 14—34 cm-SK vorsah, der zweite jedoch 16—34 cm-SK. Beim ersten Entwurf dieser Reihe wäre man mit einem 27 500 ts-Schiff von 185 m Länge (CWL), 28 m Breite und 8,65 m Tiefgang ausgekommen, dessen 14—34 cm-SK in 3 ⚓ und 1 ⚓ aufgestellt werden konnten. Die endgültige Entscheidung fiel am 24. November 1913 zugunsten des Entwurfs mit 16—34 cm-SK in 4 ⚓. Der bald darauf ausbrechende Krieg setzte diesen Projekten jedoch ein rasches Ende, und es kam nicht mehr zum Baubeginn. Die bis zu diesem Zeitpunkt noch nicht abgeschlossenen Konstruktionsarbeiten wurden nicht mehr fortgesetzt.

b) Ähnlich → **Normandie**-Kl., Einzelheiten nicht mehr entschieden, nur soweit festgelegt, daß Zitadellpzr. nur noch 120 mm dick sein sollte. Neuartiger Unterwasserschutz in Aussicht genommen.

---

* Zur Entstehungsgeschichte vgl. Le Masson, Des cuirassés qui auraient pu être ..., in: ›Revue Maritime‹ No. 204, November 1963, S. 1291 ff.

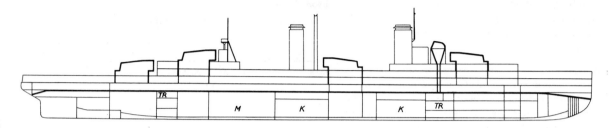

Lyon-Klasse (Generalplan)

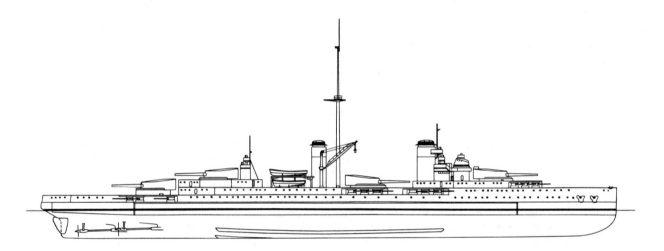

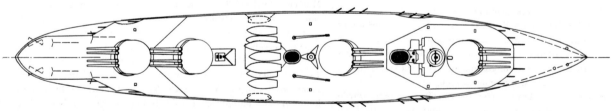

Lyon-Klasse (Entwurf)

c) Tu und dreifachwirkende Expansionsmaschinen auf 4 ⚙ / .. Kessel (Kohle, Ölzusatzfeuerg.) / Leist. 44 000 WPS; Geschw. 23,0 kn / 2 parallele Ruder.

d) 16—34 cm-SK L/45 in 4 ⚙, davon 1 vorn, 1 im Mittelschiff und 2 achtern / 24—13,86 cm-SK in Kasematten / ..—4 cm oder 4,7 cm-⚓ / 6—.. cm-↓ TR (S).

e) Der Entwurf mit 14—34 cm-SK entsprach genau dem endgültigen Entwurf, nur war statt des im Mittelschiff vorgesehenen ⚙ ein ⚙ vorgesehen. Die in ›Flottes de Combat 1917‹ veröffentlichte Skizze der **Lyon**-Kl. in modifiziertem Entwurfszustand (Schornsteine dicht beieinander, dazwischen Großmast, die 34 cm-⚙ in überhöhender Endaufstellung) entsprach lediglich einer Darstellung, wie sie kurz zuvor von den ›United States Naval Institute Proceedings‹ als nach den bisherigen Kriegserfahrungen anzustrebende Neukonstruktion für zweckmäßig gehalten wurde. Ein amtlicher Charakter fehlte dieser Darstellung völlig.

Schlachtkreuzer-Entwürfe

Croiseurs de bataille = Schlachtkreuzer

a) 1913/14 entstanden mehrere Schlachtkreuzer-Entwürfe, für die folgende Charakteristik gefordert worden war: 28 000 ts Konstruktions-Verdrängung, 27 kn Geschwindigkeit, 8—34 cm-SK, 1200 Mann Besatzung. Da die französische Marine nach dem Flottengesetz vom 30. März 1912 bis zum Jahre 1922 einen Bestand von 28 Schlachtschiffen erreichen sollte, wäre es nicht ausgeschlossen gewesen, daß sich darunter auch Schlachtkreuzer befunden hätten. Vorprojekte waren bereits 1913 von den Konstrukteuren Gille und Durand-Viel angefertigt worden und hätten möglicherweise als konstruktiver Ausgangspunkt angesehen werden können. Diese Projekte sind im folgenden nach ihren Konstrukteuren bezeichnet.

Projekt Gille	Projekte Durand-Viel
Dieses Projekt sah mehr ein schnelles Schlachtschiff als einen Schlachtkreuzer vor, da eine ausreichend große Standfestigkeit vorgesehen war.	3 Alternativen standen am Anfang dieser Projekte: 1. Langsames Schlachtschiff von 32 000 ts mit 10—38 cm-SK in 5 ⚓, oder von 29 000 ts mit 9—38 cm-SK in 3 ⚓, oder von 30 000 ts mit 16—34 cm-SK in 4 ⚓. 2. Schnelles Schlachtschiff von 27 500 ts mit 10—38 cm-SK in 2 ⚓ und 2 ⚓, oder mit 14—34 cm-SK in 2 ⚓ und 3 ⚓. 3. Schlachtkreuzer mit 8—34 cm-SK oder 8—37 cm-SK, die als Entwürfe ›A‹ und ›B‹ Gestalt annahmen.

b) Seitenpzr. max. 270.

	Projekte ›A‹ und ›B‹ ganz ähnlich wie → **Normandie-Kl.**, Seitenpzr. jedoch 280 max.
c) 4 × Tu auf 4 ⚓ / 52 Belleville-Kessel (Kohle, Ölzusatzfeuerg.) / Leist. 80 000 WPS; Geschw. 28,0 kn.	Projekt ›A‹: 4 × Tu auf 4 ⚓ / 21 Belleville-Kessel (Kohle, Öl) / Leist. 74 000 WPS; Geschw. 27,0 kn.

Projekt ›B‹: Entweder 4 × Tu auf 4 ⚓ / 18 Belleville-Kessel (10 Kohle, 8 Öl) / Leist. 63 000 WPS; Geschw. 26,0 kn, oder 4 × ⚙-Tu auf 4 ⚓ / 18 Belleville-Kessel wie vorstehend / Leist. 80 000 WPS; Geschw. 27,0 kn.

| **d)** 12—34 cm-SK in 3 ⚓ (vorn 1, achtern 2) / 24—13,86 cm-SK in Kasematten / 6—... cm-↓ TR (S). | Projekt ›A‹: 8—34 cm-SK in 2 ⚓ / 24—13,86 cm-SK in Kasematten / 4—45 cm-↓ TR (S). |

Projekt ›B‹: 8—37 cm-SK in 2 ⚓ / 24—13,86 cm-SK in Zwillingsaufstellung in Kasematten / 4—45 cm-↓ TR (S).

e) ...

Savoie

Cuirassé d'Escadre = Schlachtschiff

a) Unter diesem Namen war bei Beginn des Ersten Weltkrieges an die Einreihung des von Griechenland zum Bau an At. & Ch. de la Loire & Penhoët, St. Nazaire, vergebenen Schlachtschiffes → **Vasilefs Konstantinos** vorübergehend gedacht. Dieses Vorhaben wurde aufgegeben, da der Heeresrüstung auf Grund des bis-

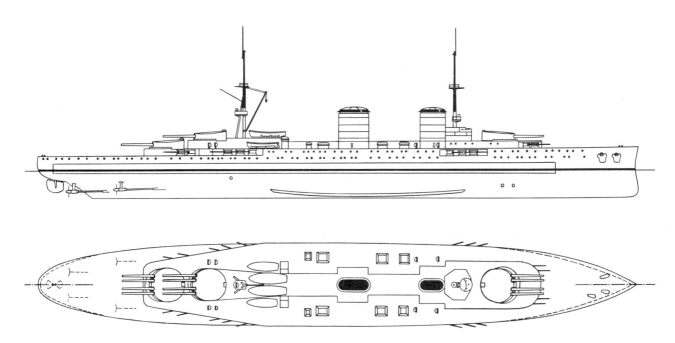

Schlachtkreuzer-Projekt 1913, Entwurf M. Gille

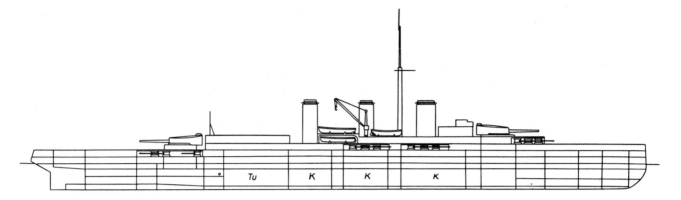

Schlachtkreuzer-Projekt 1913, Entwurf 1 von Durand-Viel

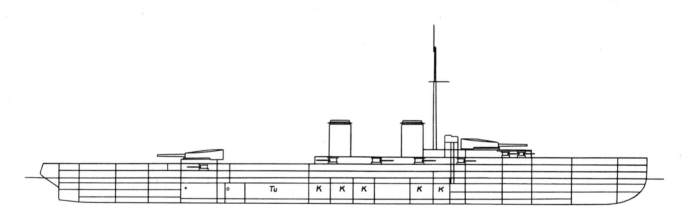

Schlachtkreuzer-Projekt 1913, Entwurf 2 von Durand-Viel

herigen Kriegsverlaufes der unbedingte Vorrang eingeräumt werden mußte.

b)—e) → **Provence**-Kl.

Ex-Thüringen = ›L‹

Cuirassé d'Escadre = Schlachtschiff

1	2	3	4	5	6
…	∞	AG. ›Weser‹, Bremen	2. 11. 08	27. 11. 09	1. 7. 11

*Ex-deutsch → **Thüringen**. Frankreich auf Reparationskonto als **L** zugesprochen, 29. April 1920 nach Cherbourg überführt, vorübergehend als Zielschiff verwendet. 1923—24 in Gâvres-Lorient abgewrackt.*

a)—e) → Deutsches Reich → **Helgoland**-Kl.

Ex-Prinz Eugen

Cuirassé d'Escadre = Schlachtschiff

1	2	3	4	5	6
…	∞	Stab. Tecnico Triestino	16. 1. 12	30. 11. 12	8. 7. 14

*Ex-österreich-ungarisch → **Prinz Eugen**. Nach Kriegsende Frankreich zugesprochen, 25. August 1920 nach Toulon überführt, vorübergehend als Zielschiff für Bomber, endgültig als Artillerie-Zielschiff verwendet, als solches 28. Juni 1922 südl. Toulon von → **Bretagne** und → **France** †.*

a)—e) → Österreich-Ungarn → **Viribus Unitis**-Kl.

Dunkerque-Klasse
Bâtiments de ligne = Schlachtschiffe

1	2	3	4	5	6
Dunkerque	1931	Arsenale de Brest (Baudock)	24. 12. 32	2. 10. 25	1. 5. 37

*Atlantikgeschwader: Ab 21. Oktober 1939 zusammen mit Kreuzern als ›Force I‹ zur Jagd auf deutsche Handelsstörer im Atlantik angesetzt, desgl. 25. November bis 2. Dezember 1939 im Nordatlantik auf → **Scharnhorst** und → **Gneisenau**. 11.—30. Dezember 1939 Goldtransport nach Kanada, auf Rückmarsch Sicherung eines kanad. Truppentransport-Convoys. Ab 27. April 1940 im Mittelmeer: 3. Juli 1940 in Mers el Kebir durch Artilleriefeuer von → **Hood**, → **Barham** und → **Resolution** schwer beschädigt, 6. Juli 1940 dort erneut bei Angriffen britischer Träger-⚓ beschädigt (Lufttorpedo traf längsseits liegendes kleines Fahrzeug, dessen Wasserbomben hochgingen und großes Leck in **Dunkerque** rissen!). Nach behelfsmäßiger Reparatur 20. Februar 1942 nach Toulon überführt, dort 27. November 1942 im Dock liegend durch Sprengung gefechtswichtiger Einrichtungen weitgehend demoliert. Erst August 1945 ausgedockt, in entlegener Bucht verankert, langsam verrottet, 1958 für 253 Mio. Francs auf Abbruch verkauft, abgewrackt.*

Strasbourg	1934	At. & Ch. de la Loire & Penhoët, St. Nazaire (Baudock)	25. 11. 34	12. 12. 36	12. 38

*Atlantikgeschwader: Ab 5. Oktober 1939 erfolglos zur Jagd auf → **Admiral Graf Spee** angesetzt. 27. April 1940 ins Mittelmeer verlegt: 3. Juli 1940 in Mers el Kebir von brit. Geschwader angegriffen, leicht beschädigt ausgelaufen und nach Toulon entkommen; dort. 27. November 1942 selbst †; 17. April 1943 Bergung unter italienischer Regie, teilweise ausgeschlachtet[1]. Wrack Mai 1944 zur Konservierung an französische Marine zurückgegeben, an entlegener Stelle verankert, dort 18. August 1944 bei US-Luftangriff durch schwere Bombentreffer erneut †. August 1945 geborgen, bis 1951 nahe Giens als Versuchsobjekt für Unterwassersprengversuche benutzt; Mai 1955 für 452 Mio. Francs auf Abbruch verkauft, abgewrackt.*

a) Durch den Washington-Vertrag waren Frankreich 175 000 ts Schlachtschiff-Tonnage zugestanden worden; da sich unter den belassenen Schlachtschiffen auch 3 völlig veraltete → Danton-Kl. befanden, erhielt es das Recht, 1927 und 1929 je einen Neubau auf Stapel zu legen. Außerdem wäre für die in Verlust geratene → **France** ein Ersatzbau möglich gewesen. Die ersten Untersuchungen von Neubauprojekten begannen bereits 1924. Bezeichnenderweise dachte man zuerst an eine Art von Schlachtkreuzern, die dazu bestimmt gewesen wären, feindliche Schwere Kreuzer zu jagen und zu vernichten. Damit kehrte man zu dem ursprünglichen Prinzip des Panzerkreuzers zurück. Anfangs war an Schiffe von 17 500 ts gedacht (die Hälfte von 35 000 ts!), die 33 bis 36 kn schnell werden sollten. Als Bewaffnung wurden 8—30,5 cm-SK[2] vorgeschlagen, die in ⚭ innerhalb einer leicht gepanzerten Zitadelle im Mittelschiff diagonal zueinander versetzt aufgestellt werden sollten. Obwohl der französische Marineminister im Sommer 1925 zwei Schiffe dieser Art forderte, unterblieb ihre Verwirklichung, da man die Fragwürdigkeit des auf diesem Wege erreichbaren Kampfwertes rechtzeitig genug erkannte. Im Zuge weitergehender Entwurfsarbeiten setzte man zunächst die Geschwindigkeit herab, wobei gleichzeitig der Schutz — der bisher nur ganz schwach ausgeprägt war — verbessert werden konnte. So gelangte man allmählich auf 26 000 ts Typverdrängung und beim endgültigen Entwurf auf 26 500 ts. Den wohl letzten entscheidenden Anstoß zum Bau der **Dunkerque** gaben die → deutschen 10 000 ts-Panzerschiffe, von denen das erste 1929 begonnen worden war. Als deren Gegengewicht war die **Dunkerque** in erster Linie gedacht, der 2 Jahre später die **Strasbourg** folgte. Beide sollten auch einen Ausgleich zu den italienischen Schlachtschiff-Neubauten schaffen, deren Bau unmittelbar bevorstand.

Wohl vornehmlich aus finanziellen Gründen begnügten sich die Franzosen bei beiden Schiffen mit einer geringeren Typverdrängung, als ihnen vertragsgemäß eigentlich zugestanden hätte. Sie hofften vermutlich dabei, auch bei anderen Seemächten Verständnis und die Bereitschaft zur Nachahmung zu finden. Auch kalibermäßig blieben sie hinter dem Erlaubten zurück: Nachdem man zunächst eine Bewaffnung von 8—30,5 cm-SK oder 6—38 cm-SK erwogen hatte, entschloß man sich zu einem ganz neuen Kaliber: 33 cm.

Diese beiden Neubauten zeigten bemerkenswerte Konstruktionsmerkmale, vor allem im Hinblick auf die Aufstellung der SA. Diese wurde, ähnlich wie auf der → Nelson-Kl., auf dem Vorschiff zusammengefaßt, und zwar in 2 ⚭. Um den gleichzeitigen Ausfall beider ⚭ durch einen unglücklichen Treffer zu vermeiden, wurden sie in einem erheblichen Abstand — 27 m — voneinander aufgestellt. Für die Wahl des ⚭ gab vor allem die Gewichtseinsparung den Ausschlag: Gegenüber 4 ⚭ von 6240 t Gesamtgewicht wurden durch die Wahl von 2 ⚭ 1720 t eingespart, also rund 27,5%. Voraussetzung dafür war, daß die 4 Rohre nicht unabhängig voneinander in Einzelwiegen gelagert wurden, denn sonst wäre der Barbettedurchmesser zu groß geworden. Aus diesem Grunde wurden das rechte und das linke Rohrpaar jeweils in einer gemeinsamen Wiege gebettet. Mit der SA gab es manche Schwierigkeiten: Bei Schußrichtungen nach wenig achterlicher als querab wurde die Schiffsführung durch Knall, Feuer und Rauch derart belästigt, daß die vollen Bestreichungswinkel nicht ausgenutzt werden konnten. Auch machte die Aufnahme der starken Rückstoßkräfte durch die Schiffsverbände Schwierigkeiten — auf diesen notgedrungen sehr leicht gebauten Schiffen traten wiederholt erhebliche Schießschäden auf.

Auch die MA — hier erstmals im Schlachtschiffbau Mehrzweck-SK — wurde zum Teil in ⚭ aufgestellt; sie befriedigten aber nicht ganz bei der Bekämpfung schneller Flugzeuge, da sie dafür zu schwerfällig waren. Für die an Bord zu nehmenden ✈ wurde das gesamte Achterschiff reserviert; dort standen ein großes ⚓, ein Kran und — auch erstmals im Schlachtschiffbau — eine geräumige Halle zur Verfügung, in der die ✈ sicher gegen Witterung und Seeschlag abgestellt und gewartet werden konnten. Durch sorgfältige Ermittlung einer geeigneten Schiffsform und durch die Beschränkung der für die vorgeschriebene Geschwin-

---

[1] So gelangten ein Teil der Aufbauten, die Panzerplatten eines 33 cm-Turmes und sogar das ✈ als Schrott nach Italien!

[2] Bemerkenswert die außerordentlich großen Anforderungen an dieses evtl. neuzuentwickelnde Geschütz: Kaliberlänge 55, Mündungsgeschwindigkeit 695 m/sek, Schußweite 440 hm.

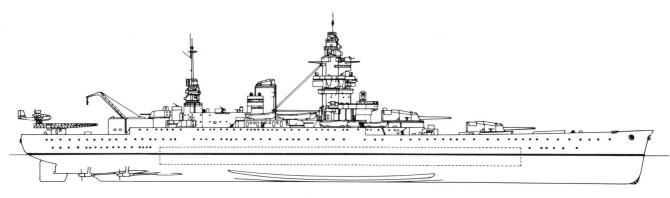

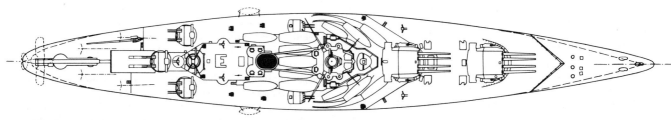

Dunkerque (1937)

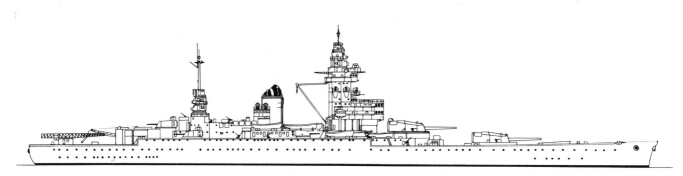

Strasbourg (1939)

digkeit notwendigen Schiffslänge auf ein relativ kleines Maß sowie letztendlich durch die mit der leichten Antriebsanlage erzielte Gewichtseinsparung gelang es den französischen Schiffbauern, mit dieser geringen Typverdrängung auszukommen; freilich ging dies zu Lasten des Gesamtkampfwertes der Schiffe.

b) *Durch die Zusammenfassung der SA in 2 ⚓ konnte die Panzerung auf eine verhältnismäßig kurze Zitadelle von rund 126 m Länge = 60% der Schiffslänge beschränkt werden. Der Seitenpanzer wurde nicht außen angeordnet, sondern hinter der Außenhaut im Innenschiff; dort war er mit einer Neigung von 12° gegen die Senkrechte versehen. Der maximal 1,5 m breite Raum dazwischen wurde mit Schaumstoff ausgefüllt; dieser sollte bei Leckwerden der damit ausgefüllten Räume das Eindringen größerer Wassermassen verhindern, weil er selbst angeblich kein Wasser aufnahm. Damit war ein Nachteil verbunden, denn ein Gegenfluten konnte mithin nicht in Betracht gezogen werden. Insgesamt soll der Unterwasserschutz gegen Torpedos bis 300 kg Kopfladung berechnet gewesen sein. Im Ganzen erreichte der Anteil der Panzerung an der Konstruktionsverdrängung mit 36,8% den höchsten bis dahin verbuchten Wert, obwohl sich alle Dicken in Bereichen bewegten, die gerade noch als untere Grenze des Vertretbaren bezeichnet werden müssen. Ein unbestreitbarer Nachteil war das lange, ungeschützte Vorschiff: Bei Treffern oberhalb der Wasserlinie mußten durch die Bugwelle und durch das Stampfen im Seegang Wassereinbrüche bewirkt werden, die zu einer empfindlichen Kopflastigkeit und damit zu einem Geschwindigkeitsverlust hätten führen können!* PzQ.: 127—228, 98—198 / Seitenpzr.: 12° schräggestellter Innenpanzer 195—241, 241, 241 / kein Zitadellpzr. / Horizontalpzr.: o. PzD. 115—130; u. PzD. 40 mit Böschungen 50 / Unterwasserschutz: T-Schott 30, dieses vorn und achtern 40; T-Schutzbreite 7 m / SA: Barbetten 345; Türme 330, 250, 150 / MA: Barbetten 120; Türme 90, 80, 90 / KdoT. 270 (...). *Panzergewicht 11 200 t.*

c) 4 × ⚙-Tu (**Dunkerque** Rateau-, **Strasbourg** Parsons-) auf 4 ⚙ / 6 Indret-Kessel (Öl) / Leist. 112 500 WPS; Geschw. 29,5 kn (bei Probefahrten bis 135 585 WPS = 31,06 kn erreicht) / 1 Ruder.

d) 8—33 cm-SK L/52 in 2 überhöhend angeordneten ⚓ vorn / 16—13 cm-Mehrzweck-SK L/45 in 3 ⚓ und 2 ⚓ / 8—3,7 cm-⚓₂ / 32 MG-⚓₄ / 1 ⚓, 4 ⚓.

e) Ursprünglich hatten beide Schiffe einen flachen Schornsteinaufsatz; dieser wurde 1938/39 durch einen höheren ersetzt. **Strasbourg** unterschied sich von **Dunkerque** durch einen etwas anderen Turmmast und auch durch etwas andere Brückenaufbauten → Skizzen. Das bei **Dunkerque** auf dem KdoT. installierte BG befand sich auf **Strasbourg** auf der obersten Turmmastgalerie.

Die seitlich des KdoT. befindlichen Beiboote lagerten auf kleinen Wagen, die auf Verschiebegleisen liefen. Dadurch konnten sie soweit nach achtern geschoben werden, bis sie von einem der Bootsladebäume erfaßt werden konnten.

Ein besonderes Charakteristikum für beide Schiffe war der mehrstöckige, massive Turmmast (in dem ein Fahrstuhl verkehrte) mit seinen 3 übereinander gestaffelten BG-Kuppeln, die um eine gemeinsame Achse schwenkbar waren. Bemerkenswert war dabei die Anhäufung von großen Gewichtsmassen hoch oben im Topp: Die unterste Kuppel, 40 t schwer, diente der SA-Feuerleitung; die mittlere, 25 t schwer, und die obere, 20 t schwer, dienten der Feuerleitung der MA.

Richelieu-Klasse

Bâtiments de ligne = Schlachtschiffe

1	2	3	4	5	6
Richelieu	1935	Arsenale de Brest (Baudock)[1]	22. 10. 35	17. 1. 39	15. 6. 40

18. Juni 1940 — kurz vor Fertigstellung — nach Dakar verlegt, dort 8. Juli 1940 von ⚓ des britischen ⚓-Trägers **Hermes** *angegriffen und durch LT-Treffer beschädigt; 23.—25. September 1940 bei erneutem brit. Angriff Artillerieduell mit →* **Resolution***. Später zu FNFL übergegangen. 15. Februar bis August 1943 endgültige Fertigstellung durch New York Navy Yard, 19. November 1943 endgültig in Dienst gestellt, zunächst der britischen Home Fleet zugeteilt: Februar 1944 Sicherung einer gegen Nordnorwegen operierenden Trägerkampfgruppe. März 1944 der British Eastern Fleet zugeteilt: 19. April 1944 Operationen gegen Sabang, 17. Mai 1944 gegen Soerabaja, Juni 1944 gegen Andamanen, 25. Juli 1944 gegen Sabang, anschließend Rückmarsch nach Europa, 10. September 1944 in Toulon eingelaufen, danach Überholung in Gibraltar; März 1945 erneut der British Eastern Fleet zugeteilt: 11. April 1945 Operationen gegen Sumatra, 30. April 1945 gegen Nicobaren, 2. Mai 1945 gegen Andamanen, 15.—16. Mai 1945 gegen japanischen Schw. Kreuzer* **Haguro** *angesetzt, der jedoch von britischen Zerstörern versenkt wurde. Anschließend bis Dezember 1945 in Französ. Indochina geblieben, dann nach Europa zurück, März 1946 in Cherbourg eingetroffen. Seit 1956 in Reserve, Sommer 1965 zum Verkauf auf Abbruch ausgeschrieben, 13. August 1968 nach Spezia zum Abwrackbetrieb abgeschleppt.*

Jean Bart	1935	At. & Ch. de la Loire & Penhoët, St. Nazaire (Baudock)[2]	12. 12. 36	6. 3. 40	1. 5. 55 [12. 40]

19. Juni 1940 erst zu 77% fertig von St. Nazaire ausgebrochen, den unmittelbar danach eintreffenden deutschen Heeresverbänden entkommen, Casablanca angelaufen. 8. November 1942 dort von US-Seestreitkräften angegriffen, Feuer mit

---

[1] Im ›Salou‹-Baudock begonnen. Weil dieses zu klein war, mußte eine ~ 40 m lange Sektion des Vorschiffs bis zum Bug später in einem anderen, größeren Dock angesetzt werden. Genauso war es zuvor bereits → **Dunkerque** ergangen. Nach Ausflutung von **Richelieu** wurde im gleichen Baudock **Clémenceau** begonnen.

[2] Dabei wurde eine seemännische und navigatorische Höchstleistung vollbracht: Das Schiff schwamm im Ausrüstungsbecken der Werft, das jedoch durch einen Erddamm vom Fahrwasser getrennt war. Normalerweise sollten die Probefahrten erst im Oktober 1940 begonnen werden, so daß bis dahin reichlich Zeit gewesen wäre, die Zufahrt zum Fahrwasser herzustellen. Die plötzlich eingetretene, überaus kritische Lage zwang jedoch zum raschen Handeln: Am 25. Mai 1940 wurde mit dem Wegbaggern des Erddammes begonnen; beendet wurden diese Arbeiten am 19. Juni 1940 gegen 02,00 h. Nur 90 Minuten später wurde das Schiff herausbugsiert, lief dabei auf Grund, kam aber wieder frei; gerade als es das Fahrwasser erreicht hatte, griffen deutsche Fliegerverbände an, doch konnten diese nur 1 leichten Treffer erzielen. Nacheinander kamen alle Anlagen in Gang, die bisher noch nicht erprobt werden konnten. Mit eigener Kraft erreichte das Schiff am 22. Juni 1940 Casablanca.

einzigem 38 cm-Turm erwidert, von → **Massachusetts** *mehrere 40,6 cm-Treffer erhalten, außerdem mehrere Bombentreffer, schwer beschädigt bis Kriegsende dort verblieben; Oktober 1945 zur Fertigstellung nach Brest verlegt, dort Arbeiten wegen Geldmangels erheblich verzögert (zeitweise wurde erwogen, den Weiterbau ganz einzustellen, doch wehrte sich die Öffentlichkeit mit Erfolg dagegen!). Erste Probefahrten Januar 1949, die ⚓-Bewaffnung erst Winter 1951/52 eingebaut. November 1956 Teilnahme an Suez-Operationen. Seit Sommer 1961 außer Dienst, Verwendung als stationärer Artillerieschultender. Ende 1968 an japanische Firma auf Abbruch verkauft, ab April 1969 verschrottet.*

1	2	3	4	5	6
Clémenceau	1938	Arsenal de Brest (Baudock)[1]	17. 1. 39	∞	∞ [1. 4. 43]

Bauunterbrechung von September 1939 bis 6. Dezember 1939. Beim Einmarsch deutscher Truppen noch im Baudock liegend, erst zu 10% vorangeschritten, zur deutschen Kriegsbeute → R erklärt, später zur Räumung des Baudocks behelfsmäßig schwimmfähig gemacht und in naher Bucht verankert (3600 ts-Rumpftorso von 130 m Länge, 20 m Breite und 10 m Höhe). Nach alliierter Invasion Juni 1944 Verwendung als Blockschiff zur Sperrung der Hafeneinfahrt vorgesehen, jedoch bei US-Luftangriff am 27. August 1944 dort †. Bergung ab 23. Februar 1948; von September 1948 bis 1. August 1951 abgewrackt.

a) Die ersten 1934 untersuchten Entwürfe führten schon nach verhältnismäßig kurzer Zeit zur Festlegung eines Typs, der am ehesten als eine vergrößerte → **Dunkerque** bezeichnet werden konnte. Nachdem zuvor eine Bewaffnung erwogen worden war, die aus 12 SK eines Kalibers zwischen 34 und 35 cm in 3 ⚭ bestehen sollte, entschloß man sich, die Grundkonzeption der → **Dunkerque**-Kl. beizubehalten, was andererseits bedeutete, daß nur 8 Rohre als SA eingebaut werden konnten. Man beschränkte sich dabei auf das Kaliber 38 cm, weil keine andere europäische Marine höher ging und selbst Großbritannien sich mit 35,6 cm begnügte. Daß man der → **Dunkerque**-Konzeption weiterhin den Vorzug gab, lag wohl daran, daß die Mehrzahl aller als Gegner in Betracht kommenden Schlachtschiffe kaum schneller war als 22 kn. Somit konnte man berechtigt hoffen, die Stellung zum Gegner mit einem 30 kn-Schiff ohne nennenswerte Schwierigkeiten selbst bestimmen zu können. Auch die Schutzeinrichtungen wurden aus dem **Dunkerque**-Vorbild abgeleitet. Nach dem Abschluß des deutsch-englischen Flottenabkommens beanspruchte Frankreich für den Ausbau seiner Flotte volle Handlungsfreiheit und entschloß sich zur Verwirklichung der im wesentlichen abgeschlossenen Entwürfe; noch im Haushaltsjahr 1935 wurde das erste Schiff eingesetzt, das zweite folgte im gleichen Jahr als Nachbewilligung. Für sie waren anfangs die Namen **France** und **Verdun** vorgesehen. Ein drittes Schiff wurde nach dem Münchener Abkommen im Herbst 1938 bewilligt. Baukosten: **Richelieu** 1227 Mio. Francs, **Jean Bart** 1400 Mio. Francs, und **Clémenceau** 1450 Mio. Francs.

b) *Die Panzeranordnung und die Schutzeinrichtungen entsprachen im wesentlichen dem → **Dunkerque**-Schema, allerdings unter Hinzufügung eines leichten Schutzes für das Achterschiff. Das lange Vorschiff blieb dagegen bis auf ein unter der CWL liegendes 40 mm-Panzerdeck ebenfalls so gut wie ungeschützt.* PzQ.: 251, 251—383/Seitenpzr.: 15° geneigter Innenpanzer 327 + 18 durchgehend/ kein Zitadellpzr. / Horizontalpzr.: o. PzD. 150—170; u. PzD. 100, 40—50 mit Böschungen 100—50 / Unterwasserschutz: T-Schott 30, ganz achtern 50; T-Schutzbreite 8,4 m; **Jean Bart** zusätzlich T-Wulst, seither T-Schutzbreite 9,5 m / SA: Barbetten 405; Türme 430, 270, 195 / MA: Barbetten 100; Türme 130, 70, 70 / KdoT. 340 (...) / *Panzergewicht 16 400 ts* bei **Richelieu** = 37% *der Einsatzverdrängung.*

c) 4 × Parsons-⊖ Tu auf 4 ⚙ / 6 Indret-Kessel (Öl) / Leist. 150 000 WPS; Geschw. 30,0 kn / 1 Ruder (**Richelieu** erreichte bei 155 000 WPS = 32,0 kn, **Jean Bart** bei 176 030 WPS = 32,13 kn).

d) Vorgesehen für **Richelieu, Jean Bart**: 8—38 cm-SK L/45 in 2 überhöhend angeordneten ⚭ vorn / 15—15,2 cm-SK L/55 in ⚭ / 12—10 cm-⚓₂ L/45 / 8—3,7 cm-⚓ / 24 MG-⚓₄ / 2 ⚓, 3 ⚓. Ausgeführt auf **Richelieu** 8—38 cm-SK usw. / 9—15,2 cm-SK usw. / 12—10 cm-⚓ usw. / 16—3,7 cm-⚓ / seit 1943 keine 3,7 cm-⚓ mehr an Bord, dafür aus amerikanischen Beständen: 56—4 cm-⚓₄ und 19—4 cm-⚓, letztere nur vorübergehend an Bord / 14 bis 50—2 cm-⚓ / ⚓ und ⚓ nicht mehr an Bord. Ausgeführt auf **Jean Bart**: 8—38 cm-SK usw. / 9—15,2 cm-SK usw. / 12—9 cm-⚓₂ / 5—3,7 cm-⚓, ⚓₂ / 22 MG-⚓ / endgültige ⚓-Bewaffnung: 24—10 cm-⚓ L/45 / 28—5,7 cm-⚓₂ / 8 bis 20 MG-⚓ nur vorübergehend / keine ⚓, keine ⚓. Vorgesehen für **Clémenceau**: 8—38 cm-SK usw. / 12—15,2 cm-SK L/55 in ⚭ / 12—10 cm-⚓ L/45 / 20—3,7 cm-⚓₂, ⚓₄* / 32 MG-⚓₄ / keine ⚓, keine ⚓.

e) Für alle Schiffe war ursprünglich die Trennung zwischen Schornstein und achteren Leitständen ähnlich wie → **Dunkerque** vorgesehen; nachträglich wurde diese Anordnung geändert, auf **Richelieu** und **Jean Bart** noch während der Ausbauarbeiten, und zwar durch deren Zusammenfassung, so daß die Schornsteinöffnung unter dem Leitstand schräg nach achtern herausgezogen wurde. Die Gründe dazu waren wohl in dem Wunsch nach Rauchfreiheit des Turmmastes und des achteren Leitstandes zu suchen; vor allem gab diese Anordnung aber noch den Vorteil, ohne zusätzlichen Gewichtsaufwand eine größere optische Höhe für die achteren BG-Kuppeln zu erreichen.

Richelieu wurde noch mit der ⚓-Halle und den 2 ⚓ fertiggestellt; diese wurden jedoch 1941/42 in Dakar wieder ausgebaut. Bei der 1943 in New York durchgeführten Modernisierung erhielt das Schiff eine stärkere und modernere ⚓-Bewaffnung sowie auch Radar. Die oberste der auf dem Turmmast installierten BG-Kuppeln wurde dabei ausgebaut. Zugleich erfolgten diverse Änderungen am Turmmast selbst. Diese Änderungen sollen einen Gewichtszuwachs von ~ 3500 ts bewirkt haben.

Jean Bart hatte von 1940 bis zur Fertigstellung nach Kriegsende noch nicht alle Waffen an Bord; nur der vorderste ⚭ war feuerbereit, vom zweiten fehlten noch die SK, ebenso waren die

---

[1] *Im ›Salou‹-Baudock begonnen. Weil dieses zu klein war, mußte eine ~ 40 m lange Sektion des Vorschiffs bis zum Bug später in einem anderen, größeren Dock angesetzt werden. Genauso war es zuvor bereits → **Dunkerque** ergangen. Nach Ausflutung von **Richelieu** wurde im gleichen Baudock **Clémenceau** begonnen.*

* Geplant bzw. in der Entwicklung stand eine neue 3,7 cm-⚓₄, von der 2 eingebaut werden sollten.

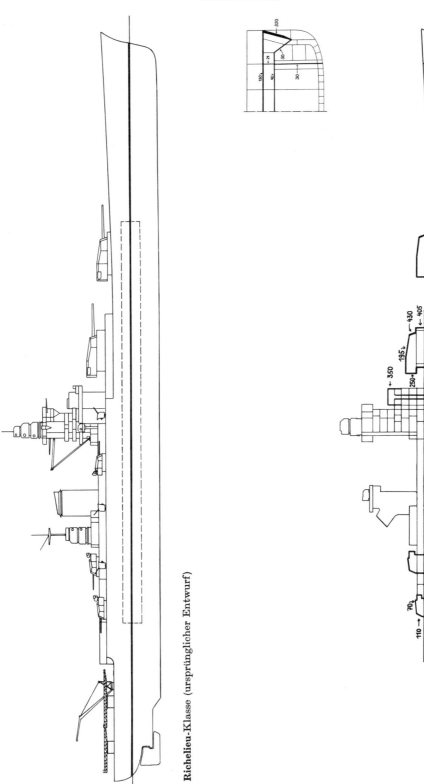

Richelieu-Klasse (ursprünglicher Entwurf)

Richelieu-Klasse (Generalplan)

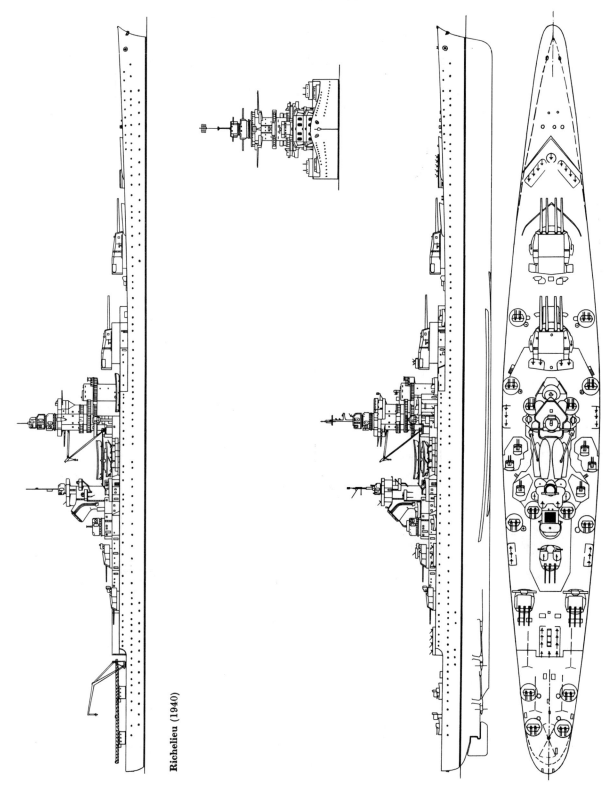

Richelieu (1940)

Richelieu (1950)

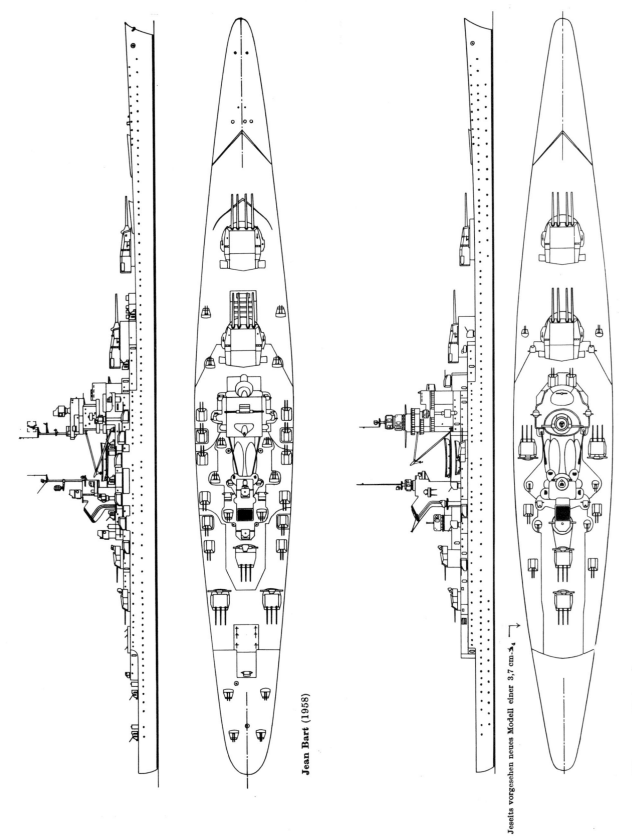

Jean Bart (1958)

Jeseits vorgesehen neues Modell einer 3,7 cm-%4

Clémenceau (Entwurf)

15,2 cm-SK einschließlich ihrer Türme noch nicht an Bord. Behelfsmäßig waren im Frühsommer einige ◊-Waffen → d) eingebaut worden, um gegenüber Flugzeugangriffen verteidigungsbereit zu sein. Die ◊-Halle war bereits fertig installiert, jedoch noch nicht die beiden ◊. Auch fehlte ein Teil der Feuerleitgeräte. Bei der endgültigen Fertigstellung erhielt **Jean Bart** eine außerordentlich starke ◊-Bewaffnung, die die der **Richelieu** bei weitem übertraf. Zusätzlich wurde an der Außenhaut unterhalb der CWL ein im Querschnitt tropfenförmiger T-Wulst angebaut. Damit sollte einmal die Verdrängungsvergrößerung durch die inzwischen eingebauten Mehrgewichte ausgeglichen werden, zum anderen wollte man das Detonationszentrum bei Torpedo- oder Minentreffern weiter nach außen verlegen. Seither unterschied sich **Jean Bart** von **Richelieu** auch durch eine andere Struktur des Turmmastes, der vor allem deshalb niedriger wirkte, weil auf ihm nur ein einziges Feuerleitgerät installiert war. Ursprünglich hatte **Jean Bart** den gleichen Turmmast wie **Richelieu**.

Nur auf **Richelieu**, aber nicht auf **Jean Bart**, waren anfangs die Barbetten der geplanten vorderen 15,2 cm-◊ vorhanden; diese Türme wurden jedoch nie eingebaut, da im Februar 1940 zu Gunsten von zusätzlichen ◊-Waffen auf sie verzichtet wurde.

Der Dampfdruck betrug beim Eintreten in die Turbinen 29 at; es handelte sich also noch nicht um ausgesprochene Hochdruck-Heißdampfanlagen. Die Kessel arbeiteten mit stark forcierter Verbrennung und hohen Gasgeschwindigkeiten. Die aus dem Schornstein tretenden heißen Abgase wurden durch darin angeordnete Gebläse mit kalter Frischluft verdünnt, so daß die Feuerleiteinrichtungen usw. nicht durch die Abgase behindert wurden. Die Maschinenanlagen beider Schiffe haben offenbar sehr gut gearbeitet. Dies zeigte sich, als beide Schiffe im Juni 1940 nach Nordafrika entkommen konnten: **Richelieu** lief noch vor Abschluß der Maschinenerprobungen aus, während **Jean Bart** den Bauhafen verließ, ohne daß die Maschinen zuvor ein einziges Mal gearbeitet hatten!

Clémenceau sollte sich von ihren Vorgängern durch eine teilweise etwas andere Anordnung der Nebenartillerie unterscheiden. Vorgesehen waren 4 ◊ der MA, von denen die beiden vorderen auf den Seitendecks in Höhe zwischen Brücke und Schornstein und die anderen in Mittschiffslinie bei überhöhender Anordnung hinter dem Schornstein aufgestellt werden sollten. Deshalb sollte die achtere BG-Gruppe dort höher als auf den anderen Schiffen angeordnet werden; zugleich damit wurde auch für den Schornstein eine größere Höhe erforderlich. Von den 10 cm-◊$_2$ waren 2 nebeneinander unmittelbar vor dem KdoT. überhöht hinter dem Turm B der SA vorgesehen. Achtern war zwar eine geräumige ◊-Halle geplant, doch war über die Installierung einer ◊-Anlage keine Entscheidung mehr gefallen.

Ein Teil der für **Clémenceau** und **Gascogne** vorgesehenen 38 cm-SK gelangte in deutsche Hände und wurde u.a. in festen Stellungen in Norwegen zur Küstenverteidigung eingesetzt. Nach Kriegsende gelangten sie an Frankreich zurück und wurden zur Neuberohrung von **Jean Bart** verwendet.

Die als 4. Schiff der **Richelieu**-Kl. vorgesehene **Gascogne** folgt im nächsten Abschnitt.

Gascogne-Klasse

Bâtiment de ligne = Schlachtschiff

1	2	3	4	5	6
Gascogne	1938	At. & Ch. de la Loire & Penhoët, St. Nazaire (Baudock)	∞	∞	∞

Obwohl Material bereits am 16. Juni 1939 bestellt, kam die Lieferung nur schleppend in Gang; daher September 1939 Kiellegung vorerst verschoben bis April 1940. Da auch bis dahin Lieferungsschwierigkeiten nicht behoben, Juni 1940 erneut verschoben, da bis dahin erst 6% Material angeliefert. Dieses als deutsche Kriegsbeute → 8 deklariert und später für andere Rüstungszweige ausgenutzt.

a) Ursprünglich war **Gascogne** als 4. Schiff der → **Richelieu**-Kl. vorgesehen und bewilligt worden. 1938 erfolgte für dieses Schiff eine durchgreifende Änderung des Entwurfes, wobei für die SA und auch für die MA eine andere Aufstellung vorgesehen wurde.

b) und c) wie → **Richelieu**-Kl.

d) 8—38 cm-SK L/45 in je 1 ◊ vorn und achtern / 9—15,2 cm-SK L/55 in ◊ / 16—10 cm-◊$_2$ L/45 / 20—3,7 cm-◊$_2$, ◊$_4$[1] / 36 MG-◊$_4$ / 1 ◊, 2 ◊.

e) Dieses Schiff sollte erheblich von der → **Richelieu**-Kl. abweichen. Der wesentlichste Unterschied war die Teilung der SA, womit wieder die Möglichkeit des Heckfeuers geschaffen wurde, denn je 1 ◊ sollten vorn und achtern aufgestellt werden. Die MA war nunmehr einheitlich in Mittschiffslinie postiert, und zwar 2 überhöhend angeordnete ◊ über dem vorderen SA-Turm und 1 ◊ über dem achteren SA-Turm. Diese Verschiebung der Bewaffnung bewirkte auch eine Verschiebung der Aufbauten nach voraus, so daß diese nunmehr fast genau im Mittelschiff standen und nicht mehr — wie bei der → **Richelieu**-Kl. — betont achterlich von der Schiffsmitte. Mit der ◊-Anlage wurden insofern neue Wege beschritten, als die ◊-Halle versenkt im Achterschiff angeordnet werden sollte, ähnlich wie bei amerikanischen Kreuzerneubauten jener Zeit. Dies war vor allem wegen des starken Gasdrucks der SA notwendig geworden.

Schlachtschiff-Projekte 1940 (›Province‹-Klasse)

Bâtiments de ligne = Schlachtschiffe

1	2	3	4	5	6
...	1940	∞	∞ [41]	∞	∞ [46]
...	1940	∞	∞ [44]	∞	∞ [49]

*Bauaufträge nicht mehr erteilt. Als Namen waren die von französischen Provinzen erwogen; zur Auswahl wurden am 15. April 1940 die Namen **Alsace**, **Normandie**, **Flandre** und **Bourgogne** (daher zunächst als ›Province‹-Klasse bezeichnet!) vorgeschlagen.*

---

[1] Geplant bzw. in der Entwicklung stand eine neue 3,7 cm-◊$_4$, von der zwei Stück eingebaut werden sollten.

a)—e) Um zwei Divisionen zu je drei neuen Schlachtschiffen bilden zu können, wurden im Rahmen eines neuen Flottenbauprogrammes vom 1. April 1940 zwei weitere Schlachtschiffe (Ersatzbauten für → **Courbet** und → **Paris**) bewilligt. Zwar war grundsätzlich an einen Typ gedacht, der der → **Gascogne** entsprechen sollte, doch wurden auch weitergehende Möglichkeiten in Bezug auf Größe und Hauptbewaffnung erwogen bzw. untersucht, und zwar:

Typverdrängung:	35 000 ts	40 000 ts	42 500 ts	45 000 ts
SA	8—38 cm-SK	9—38 cm-SK	9—40,6 cm-SK	12—38 cm-SK
Aufstellung	2 ⌑	3 ⌑	3 ⌑	3 ⌑
Anordnung	wie **Gascogne**	2 Türme vorn, 1 Turm achtern		

Die gesamte übrige Bewaffnung sollte bei jeder dieser Alternativlösungen der von → **Gascogne** entsprechen.

Zur Weiterführung der Bauvorhaben ist es infolge der kriegsbedingten Umstände nicht mehr gekommen.

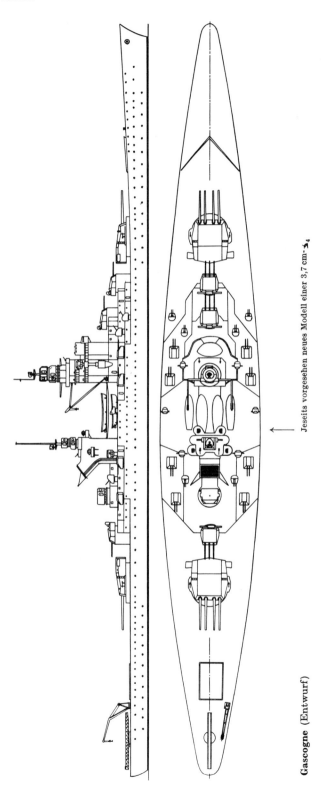

Gascogne (Entwurf)

TÜRKEI
Turkey Turquie Turchia

Erstmals 1909 wurde die Anschaffung von Großkampfschiffen erörtert; das Programm von 1910 sah 2 Schlachtschiffe vor, die an britische Werften vergeben wurden (→ **Reshadije**-Kl.). Die gespannten Beziehungen zu Griechenland veranlaßten die Türkei, das in England für Brasilien im Bau befindliche Schlachtschiff → **Rio de Janeiro** anzukaufen, um sich eine materielle Überlegenheit über die griechische Marine zu sichern.

Die Planung von 1914 sah ein weiteres Schlachtschiff vor, das auf einer neueinzurichtenden türkischen Werft gebaut werden sollte.[1]

[1] Ende 1913 hatte die Türkei mit den britischen Firmen Armstrongs und Vickers einen Vertrag abgeschlossen, wonach die Staatswerft am Goldenen Horn (Izmir) erneuert und erweitert werden sollte. Auf die Dauer von 30 Jahren hätten diese britischen Firmen die neuerrichtete Werft leiten sollen, sowohl im schiffbaulichen Bereich als auch im Reparatur-Bereich.

Keines dieser Schlachtschiffe gelangte in türkische Hand. Das einzige Großkampfschiff, das die türkische Flagge setzen konnte, war die deutsche → **Goeben**, die, nunmehr 60 Jahre alt und damit eines der ›langlebigsten‹ Kriegsschiffe der Welt, seit einigen Jahren auf einen Käufer und Schrottverwerter wartet.

Artillerie

Reshadije-Kl. und **Sultan Osman I.** → Großbritannien → Seite 126
Yavuz → Deutsches Reich → Seite 277.

Farbanstrich

Grau über alles, Aufsatz des vorderen Schornsteines stets schwarz.

Die türkischen Großkampfschiffe

	1	2	3	4	5	6	7	8	9	10	11	12	13
Reshadije **Reshad i Hamiss** **Fatikh**		.	22 780	25 250	160.0	.	170.5	27.7	8.7	900 K + 710 Ö	2120 K	5300/10	.
Sultan Osman I.		.	27 500	30 250	192.6	198.7	204.5	27.1	8.2	1500 K + 620 Ö	3200 K	.	.
Yavuz		19 500[2]	22 734	25 200	.	186.0	186.5	29.5	9.2	984 K	295 2K	4120/14	1013

[2] Leeres Schiff!

Reshadije-Klasse
Hatty-harb-Sirchlissi = Schlachtschiffe

1	2	3	4	5	6
Reshadije	1910	Vickers, Barrow	1. 8. 11	3. 8. 13	∞

Als Reshad V. begonnen, Bau Oktober 1912 stillgelegt (bis dahin fertig bis zum PzD.), ab Mai 1913 beschleunigt weitergeführt. Kurz vor Ablieferung: August 1914 von Großbritannien beschlagnahmt und nach Fertigstellung als → Erin in Dienst gestellt; weiteres Schicksal → Erin.

1	2	3	4	5	6
Reshad i Hamiss	1910	Armstrong, Elswick	6. 12. 11	∞	∞

Arbeiten während des Balkankrieges stillgelegt, danach nicht wieder aufgenommen; Auftrag annulliert, verbautes Material abgebrochen.

1	2	3	4	5	6
Fatikh	1914		∞	∞	∞

Sollte von neueinzurichtender türkischer Werft gebaut werden. Pläne nach Kriegsausbruch aufgegeben.

a)—e) → Großbritannien → **Erin**.

Sultan Osman I.
Hatty-harb-Sirchlissi = Schlachtschiff

1	2	3	4	5	6
Sultan Osman I.	∞	Armstrong, Elswick	14. 9. 11	22. 1. 13	∞

*Als → Rio de Janeiro für → Brasilien begonnen, 9. Januar 1914 halbfertig für 2,725 Mio. £ angekauft; 27. Juli 1914 türkische Besatzung eingetroffen. Übernahme und Antritt der Heimreise für 3. August 1914 vorgesehen, jedoch 2. August 1914 von Großbritannien militärisch besetzt und beschlagnahmt, dann als → **Agincourt** in Dienst gestellt. Weiteres Schicksal → Großbritannien → **Agincourt**.*

a)—e) → Großbritannien → **Agincourt**.

Yavuz
..... = Schlachtkreuzer

1	2	3	4	5	6
Yavuz	∞	Blohm & Voss, Hamburg	7. 12. 09	28. 3. 11	2. 7. 12

*Ex-deutsch → **Goeben**, seit 10. August 1914 in türkischen Gewässern; aus staatsrechlichen Gründen zunächst Verkauf an Türkei vorgetäuscht, daher ab 16. August 1914 auch türkischer Name **Jawus Sultan Selim** gültig. 2. November 1918 endgültig der Türkei überlassen, jedoch bis 1930 nicht verwendungsbereit (Reparatur 1926—28 in Ismir durch Penhoët, St. Nazaire[1]), dann als **Jawus Selim** wieder in Dienst. Ab 1936 neuer Name: **Yavuz**. Seit 1948 Stationär in Ismir. 1963 Rückerwerbsangebot von BRD ausgeschlagen. Seit 1966 zum Verkauf ausgeschrieben.*

a)—b) → Deutsches Reich → **Moltke-Kl.**

c) Bei Grundreparatur Kessel auf Öl-Zusatzfeuerung umgestellt. Bei den darauf folgenden Probefahrten erreichte das Schiff am 17. März 1930 eine Dauerhöchstgeschwindigkeit von 28,6 kn auf 6 Stunden und von 27,1 kn auf 4 Stunden!

d) 10—28 cm-SK L/50 in 5 ∝ Aufstellung → Skizze / 10—15 cm-SK L/45 in Kasematten / 4—8,8 cm-SK bis ~ 1941 / 4—8,8 cm-⚓ / 2 MG-⚓, dafür ab 1941: 10—4 cm-⚓ und 4—2 cm-⚓, zuletzt 22—4 cm-⚓ und 24—2 cm-⚓ (zeitweise nur teilweise an Bord!) / nur noch 2—50 cm-⚓ TR (S).

e) Bis 1941 blieb dieses Schiff praktisch im Ur-Zustand erhalten. Im Hinblick auf die dann erfolgte ⚓-Vermehrung wurde der achtere Mast von Bord gegeben, um den ⚓-Waffen bessere Bestreichungswinkel zu ermöglichen. Als Ersatz für den achteren Mast wurden am achteren Schornstein Antennenspreizen angebracht. B- und H-TR wurden bei der Reparatur 1926—30 ausgebaut.

---

[1] Eigens für dieses Schiff ließ die Türkei 1926 von der Flenderwerft Lübeck ein Schwimmdock in Ismir bauen, in dem es dann von Penhoët, St. Nazaire repariert wurde!

CHILE
Chile   Chili   Cile

Ein 1909 von der Regierung ausgearbeitetes Flottenbauprogramm sah zunächst nur ein Schlachtschiff (23 000 ts, 8—30,5 cm-SK, stärkster Panzer 229 mm, 23 kn Geschwindigkeit) vor, jedoch wurde dieses Programm auf Empfehlung vom Kongreß auf 2 Schlachtschiffe (→ **Almirante Latorre**-Kl.) erweitert und 1911 in Angriff genommen. Mit weiteren Plänen hat man sich danach nicht mehr beschäftigt. 1920 erwog man den Ankauf der britischen → **Inflexible**, kam aber — nicht zuletzt unter dem Eindruck der schlechten Erfahrungen während des Ersten Weltkrieges — davon wieder ab.

Artillerie
Die auf den Schlachtschiffen der → **Almirante Latorre**-Kl. eingebauten bzw. vorgesehenen Geschütze waren britischer Herkunft. SA: 35,6 cm-SK L/45 in ∞, Konstruktionsjahr 1913, Rohrgewicht 86,4 t, Geschoßgewicht 719,2 kg, 2 S/min. MA: 15,2 cm-SK L/50 in Kasematten → **Großbritannien**; 7,6 cm-↯ und 10,2 cm-↯ usw. ebenso.

Bordflugzeuge
Keine Angaben

Farbanstrich
Hellgrau über alles.

Torpedoschutznetze
Auch während seiner Zugehörigkeit zur britischen Flotte führte **Almirante Latorre** nie T-Schutznetze.

Torpedowaffe
↓-TR für 53,3 cm-Torpedos.

Werften
→ **Großbritannien** → Seite 129.

Die chilenischen Großkampfschiffe

1	2	3	4	5	6	7	8	9	10	11	12	13
Almirante Latorre / **Almirante Cochrane**	.	28000¹ / 28600	32120	190.5	.	201.5	28.0	8.9	1150 K + 520 Ö	3300 K	4400/10	1167
Almirante Latorre Umbau	28500	.	32500	„	.	„	31.4	8.5	.	4300 Ö	„	1175
Eagle ⚓-Trg. ×**Alm. Cochrane**	22600	22692	26400	„	.	203.3	28.6 / 32.0² / 30.4³	8.2	2500 Ö	3750 Ö	.	748

¹ Ursprünglicher Entwurf.
² Über Wulste.
³ Größte Breite über Flugdeck.

Almirante Latorre-Klasse
Buque capital = Schlachtschiffe

1	2	3	4	5	6
Almirante Latorre	1911	Armstrong, Elswick	27. 11. 11	27. 11. 13	30. 9. 15

Als **Valparaiso** ˟**Libertad** begonnen, kurz nach Kiellegung umbenannt in **Almirante Latorre**. Während des ersten Baustadiums bemühte sich die Türkei erfolglos um Ankauf! Von Großbritannien August 1914 beschlagnahmt und nach Vollendung als **Canada** in Dienst gestellt. Weiteres Schicksal → Großbritannien → **Canada**. April 1920 an Chile zurückgegeben, als **Almirante Latorre** in Dienst gestellt. 1929—31 Umbau bei Dockyard Devonport. Oktober 1958 außer Dienst gestellt, Mai 1959 abgeschleppt nach Yokohama/Japan, dort abgewrackt.

Almirante Cochrane	1911	Armstrong, Newcastle	22. 1. 13	8. 6. 18	∞

Als **Santiago** ˟**Constitution** begonnen, kurz nach Auftragserteilung umbenannt in **Almirante Cochrane**. August 1914 auf Helling liegend Baustop bis 1917 (dabei von Großbritannien Beschlagnahme und Fertigstellung als → **India** zeitweilig erwogen, aber nicht durchgeführt). Halbfertiger Schiffskörper von Großbritannien käuflich erworben und Fertigbau als → ⌒Träger **Eagle**. Weiteres Schicksal → Großbritannien → **India**.

a) Dem frühen Beispiel seines Nachbarstaates Brasilien folgend, setzte Chile im Etatjahr 1911 die Mittel für 2 Schlachtschiffe ein, die beide nach Großbritannien vergeben wurden. Das erste Schiff konnte noch Ende 1911 begonnen werden, doch die Inbaunahme des 2 Schiffes verzögerte sich, weil abgewartet werden mußte, bis das für Brasilien im Bau befindliche Schlachtschiff → **Rio de Janeiro** die Helling verlassen hatte. — Der ursprüngliche Entwurf sah ein Schiff von 27 400 ts Konstruktionsverdrängung, 23 kn Geschwindigkeit, und 10—35,6 cm-SK und 22—12 cm-SK als Bewaffnung vor. Kurz vor Baubeginn wurden die Pläne auf chilenischen Wunsch hin abgeändert, und zwar dahingehend, daß an Stelle der 22—12 cm-SK nunmehr eine vollwertige MA von 16—15,2 cm-SK vorgesehen wurde. Die Verdrängung stieg dabei nur wenig an, die Geschwindigkeit verringerte sich um 0,25 kn, was kaum ins Gewicht fallen konnte und hingenommen wurde. In seiner technischen Grundkonzeption entsprach dieser Schlachtschiffstyp weitgehend der britischen → **Iron Duke**-Kl., doch fiel er erheblich größer und stärker aus als diese. Letztere hatten 34,3 cm-SK, doch entschieden sich die Chilenen für die wirkungsvollere britische 35,6 cm-SK. Beide Schiffe wurden infolge des bald darauf ausbrechenden Krieges nicht mehr an ihre Auftraggeber abgeliefert. Während das erste Schiff von Großbritannien beschlagnahmt und erst 1920 zurückgegeben wurde, blieb das zweite zunächst unfertig liegen, bis es endlich auf britische Rechnung als ⌒Träger vollendet wurde.

b) PzQ.: 102, 102, 114, 76, 102 / Seitenpzr.: 102, 229 (getäpert ↑ 178), 152—102 / Zitadellpzr. 114 / Horizontalpzr.: Oberdeck 38; o. PzD. 38; u. PzD. 102, 25, 57 / Unterwasserschutz: Keine T-Schotte, nur PzLängsschotte im Bereich der SA-Munitionskammern: 32—51 / SA: Barbetten 254; Türme 254, ..., ... /

MA: Kasematten 152 / KdoT.: v. 279 (152); a. 152 (152—76). *Panzergewicht ~ 7000 ts.*

c) 2 Tu-Sätze, bestehend aus je 1 Brown-Curtis-Hochdruck-Tu und 1 Parsons-Niederdruck-Tu, auf 4 ✶, 1929 ersetzt durch 4 × Parsons-Tu auf 4 ✶ / 21 Yarrow-Kessel (Kohle, Öl, seit 1929 ausschließlich Öl) / Leist. 37 000 WPS; Geschw. 22,75 kn / 1 Ruder.

d) 10—35,6 cm-SK L/45 in ⌒, aufgestellt in je 2 überhöht angeordneten Türmen vorn und achtern und 1 Mittelturm / 16—, ab 1916: 14—15,2 cm-SK L/50 in Kasematten / 2—7,6 cm-⌅, dafür seit 1930: 4—10,2 cm-⌅ / seit 1935: 2—4 cm-⌅ + 2 MG-⌅, zuletzt dafür 18—2 cm-⌅ / 4—53,3 cm-↓ TR (S) — diese anscheinend 1945 (nach 1945?) ausgebaut / Vorübergehend 1 ⌒, 1 ⌒.

e) Stapelaufgewicht 10 700 ts. — Ursprünglicher Entwurf: Statt des vorderen Dreibeinmastes 2 nebeneinander aufgestellte Stumpfmasten, danach geändert → Beiskizze. Die kurz vor Fertigstellung auf **Almirante Latorre** vorgenommenen Änderungen erfolgten, um den besonderen Bedürfnissen der britischen Marine gerecht zu werden (Mast, Brücke, Ladebaumpfosten usw.). Die jeseits unter dem vorderen Schornstein befindlichen 15,2 cm-SK wurden 1916 ausgebaut, da sie durch den Gasdruck des Mittelturms im Gefecht stark behindert wurden und kaum einzusetzen waren. 1918 erhielten die Türme B und D Startplattformen für ⌒. Beim Umbau 1929—31 kamen neue Maschinen an Bord, außerdem wurden die Kessel auf Ölfeuerung umgestellt und T-Wulste von 1,6 m maximaler Breite angesetzt. Ferner kamen neue ⌅ und neue Feuerleitgeräte hinzu. Seither war der achtere Mast etwas höher, die Stenge dafür kürzer. Bis ~ 1938 befand sich auf der Schanz ein ⌒ italienischer Bauart.

Almirante Cochrane wurde nach Ankauf durch Großbritannien gemäß Entwurf von Tennyson d'Eyncourt als ⌒-Träger (Inseltyp) mit 1 Hallendeck und 2 Aufzügen fertiggestellt, und zwar zunächst erprobungsweise mit nur 1 Schornstein usw. → Skizze. Danach ging das Schiff Ende 1920 erneut in die Werft, wo die endgültige Fertigstellung in abgeänderter Form erfolgte → Skizze. Für dieses Schiff galten seither:

b) Seitenpzr. 102, 152, 178 / Horizontalpzr.: PzD. 25—38—102 / Artillerie: Schilde 25 / Unterwasserschutz: T-Wulste von 1,8 m maximaler Breite über 80% der Schiffslänge.

c) 2 × Brown-Vurtis-Tu auf 4 ✶ / 32 Yarrow-Kessel (Öl) / Leist. 50 000 WPS; Geschw. 24,0 kn.

d) 9—15,2 cm-SK L/50, einzeln hinter Schilden, aufgestellt auf den Seitendecks unterhalb des Flugdecks / 5—, ab 1936: 4—10,2 cm-⌅ / 4—4 cm-⌅, dafür seit 1937: 8—4 cm-⌅ + 13 MG-⌅, dafür zuletzt 16—2 cm-⌅ / kein ⌒, 21 ⌒.

e) Während des Krieges diverse Änderungen am vorderen Mast usw. → Skizze.

Chile

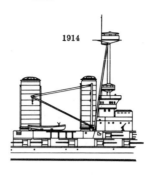

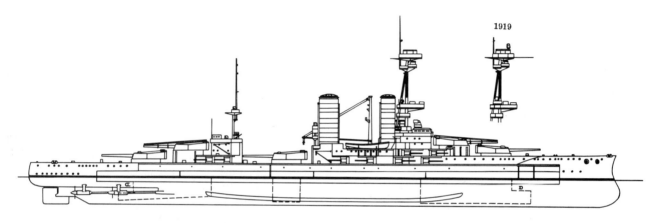

Almirante Latorre = Canada (1916) (✈-Startplattformen auf Türmen B und D erst ab 1918!)

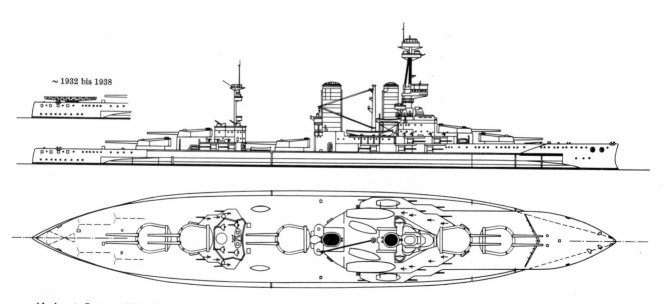

Almirante Latorre (1955)

Almirante Latorre-Klasse

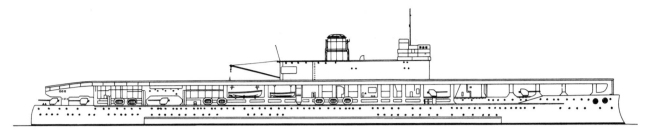

Eagle ×Almirante Cochrane (1920)

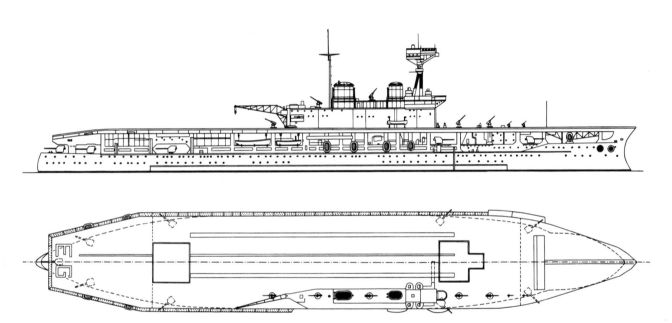

Eagle ×Almirante Cochrane (1931)

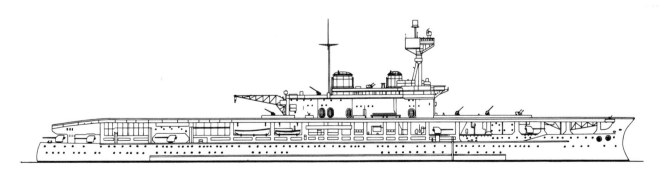

Eagle ×Almirante Cochrane (1942)

GRIECHENLAND
Greece   Grece   Grecia

Obwohl Griechenland erhebliche Anstrengungen unternahm, um Großkampfschiffe in seine Flotte einzureihen, sind die in Auftrag gegebenen Einheiten niemals vollendet worden. Ebensowenig konnte das Ende 1913 verabschiedete Bauprogramm[1] verwirklicht werden.

---

[1] Dieses sah 3 Schlachtschiffe zu je etwa 20 000 ts, 3 Kreuzer zu je 5000 ts, 34 Zerstörer, 20 U-Boote sowie mehrere Hilfsschiffe und die Beschaffung von ⚓ und Luftschiffen vor.

Artillerie
Für **Salamis** waren SK amerikanischer Herkunft vorgesehen: 35,6 cm-SK L/45 → USA → p. 209; 15,2 cm-SK L/50 → Argentinien → p. 428. Die für **Vasilefs Konstantinos** vorgesehene Artillerie sollte aus → Frankreich → p. 439 bezogen werden.

Torpedoschutznetze
Vermutlich vorgesehen gewesen.

Die griechischen Großkampfschiffe

	1	2	3	4	5	6	7	8	9	10	11	12	13
Salamis	Vorentwurf	.	13 500	.	139.6	.	.	21.3	7.0	...K	...K	2500/23	.
	2. Entwurf	.	16 500	.	.	.	.	.	.	...K	...K	.	.
	3. Entwurf	.	19 500	.	.	173.7	.	24.7	7.6	...K	...K	.	.
	4. Entwurf	.	.	.	.	.	.	.	.	.	.	.	.
Vasilefs Konstantinos		.	~23 000	~28 500	.	164.9	165.9	26.9	$\frac{8.9}{9.8}$	+ 900 K 300 Ö	2680 K	4700/12	.

Salamis

D̄orekton = Schlachtschiff

1	2	3	4	5	6
Salamis	1912	AG ›Vulcan‹, Hamburg	23. 7. 13	11. 11. 14	∞ [15]

Ursprünglich vorgesehener Name: **Vasilefs Georgios**. *Bau am 31. Dezember 1914 nach Stapellauf aus kriegsbedingten Gründen stillgelegt. Nach Kriegsende Abnahme des unfertigen Schiffes von Griechenland verweigert, daher 1923 von Bauwerft Prozeß angestrengt, der erst am 23. April 1932 durch Spruch eines deutsch-griechischen Schiedsgerichtes in Paris entschieden wurde. Demnach war der Bauvertrag zu lösen und Griechenland hatte an Bauwerft 30 000 £ zu zahlen, während das Schiff Eigentum der Werft blieb und 1932 in deren Auftrag in Bremen abgewrackt wurde. Die Weiterführung des Baues und Indienststellung als* **Tirpitz** *war von der deutschen Marine niemals ernsthaft beabsichtigt. Diese Frage wurde offenbar nur vorübergehend theoretisch untersucht; eine solche Absicht mußte allein daran scheitern, daß die Fa. Krupp für die Lieferung einer einbaufähigen SA ca. 2 Jahre benötigt hätte.*

a) Kurz bevor am 2. Oktober 1912 der erste Balkankrieg ausbrach, wurde ein Neubauprogramm genehmigt, das der griechischen Marine einen wesentlichen Zuwachs bringen sollte. Es sah den Bau eines ›Panzerschiffes‹ sowie von 4 Zerstörern, 6 Torpedobooten und 2 U-Booten vor. Da eigene leistungsfähige Werften nicht vorhanden waren, mußte im Ausland um Hilfe nachgesucht werden. So wandte sich Griechenland an die Vulcan-Werft in Hamburg, die kurz zuvor 2 Zerstörer für Griechenland gebaut hatte, und übertrug ihr den Bau des bewilligten ›Panzerschiffes‹. Der Bauvertrag wurde im Juli 1912 abgeschlossen und sah ein Schiff etwa von der Größe der kurz zuvor in Italien für die griechische Marine fertiggestellten **Georgios Averoff** vor.
Im Verlaufe des ersten Balkankrieges wurde erkannt, daß man mit einem solchen kleinen Schiff nicht mehr auskommen würde; daher wurde der Vertrag mit der Vulcan-Werft insoweit geändert, als an Stelle des 13 000 ts-Panzerschiffes ein vollwertiges Schlachtschiff von nahezu 20 000 ts zu bauen war. Die SA sollte — wie auch zuvor schon für das Panzerschiff geplant — von der amerikanischen Betlehem Steel Co. geliefert werden. Nachfolgend alle Angaben für den zweiten Entwurf.

b) PzQ.: ..., ... / Seitenpzr.: 100, 250, 80 / Zitadellpzr. 180 / Horizontalpzr.: PzD. 40—75 / Unterwasserschutz ... / SA: Barbetten ...; Türme 250, ..., ... / MA: Kasematten 180 / KdoT.: v. 300 (...); a. ... (...).

c) 3 × AEG-Tu auf 3 ⚙ / 18 Yarrow-Kessel (12 Kohlen-, 8 Öl-) / Leist. 40 000 WPS; Geschw. 23,0 kn.

d) 8—35,6 cm-SK L/45 in je 2 überhöhend angeordneten ∞ vorn und achtern / 12—15,2 cm-SK L/50 in Kasematten / 12—7,5 cm-SK / 3—50 cm-↓ TR (1 H, 2 S) / 1 Ruder.

e) Für die Version als ›Panzerschiff‹, der durchaus schon die Charakteristika des ›all big gun battleship‹ zuzusprechen war, galten:

b) Keine Angaben vorhanden.

c) 2 × Tu auf 2 ⚙ / .. Kessel (...) / Leist. 34 500 WPS; Geschw. 23,0 kn / 1 Ruder.

d) 6—35,6 cm-SK L/45 in 3 ∞ Aufstellung → Skizze / 8—15,2 cm-SK L/50 in Kasematten / 8—7,6 cm-SK / 4—3,7 cm-SK / 2—45 cm-↓ TR (S).

e) Vor dem Turm B großer Laderaum für kleinere Beiboote, Scheinwerfer und Gerät, die dort splittersicher abgestellt werden sollten. Die größeren Beiboote auf Gleissträngen verschiebbar, um Schwenken des Turmes B zu ermöglichen bzw. um dem Gasdruck der schweren Geschütze möglichst weit entzogen zu werden.
Ein Zwischenentwurf — von dem keinerlei Einzelheiten mehr bekanntgeworden sind — sah ein Schiff von 16 500 ts vor.
Der endgültige Entwurf ergibt sich aus der → Skizze. Dabei ist die ›Verwandtschaft‹ mit dem ersten Entwurf unverkennbar. Kurz nach dem Ende des Ersten Weltkrieges entstand noch ein vierter Entwurf, bei dem nunmehr 9—35,6 cm-SK vorgesehen waren, dafür aber eine Steigerung der Geschwindigkeit auf 27—28 kn. Weitere Einzelheiten sind nicht mehr bekanntgeworden. *Die in den USA bestellten 35,6 cm-SK und deren Türme wurden nicht mehr geliefert und bald darauf an Großbritannien verkauft, das damit seine Monitore* **Abercrombie**, **Havelock**, **Raglan** *und* **Roberts** *ausrüstete.*

Vasilefs Konstantinos

D̄orekton = Schlachtschiff

1	2	3	4	5	6
Vasilefs Konstantinos	1914	At. & Ch. de la Loire & Penhoêt, St. Nazaire	∞	∞	∞

Bauauftrag 1914 erteilt, Baubeginn für Juli 1914 vorgesehen, infolge Ausbruchs des Ersten Weltkrieges jedoch nicht mehr erfolgt. Bauvertrag 1915 werftseitig annulliert. Bauausführung vorübergehend von → **Frankreich** *als →* **Savoie** *erwogen. (Der von verschiedenen Quellen zitierte Name* **Ré Constantino** *ist die italienische Form für* **Vasilefs Konstantinos!***)*

a) Als die Türkei nach dem Ende des ersten Balkankrieges erhebliche Anstrengungen unternahm, um in Zukunft über eine Anzahl moderner Großkampfschiffe verfügen zu können, gab dies Griechenland den Anstoß zum Bau eines zweiten Schlachtschiffes; es wandte sich deshalb an Frankreich, um dort ein Schlachtschiff in Bau geben zu können. Um möglichst wenig Zeit zu verlieren, entschloß man sich, dieses Schiff nach dem Muster der französischen → **Provence**-Kl. bauen zu lassen. Nach dem Ausbruch des Ersten Weltkrieges dachte man in Frankreich vorübergehend daran, dieses Schiff dennoch zu bauen und es dann als → **Savoie** in die eigene Flotte einzureihen.

b)—e) → **Frankreich** → **Provence**-Kl. und → **Savoie**.

d) Wie → **Provence**-Kl., jedoch zusätzlich 12—7,6 cm-SK.

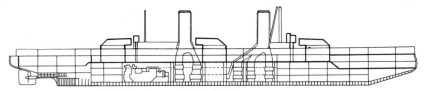

Salamis (Vorentwurf als ›Panzerschiff‹, Generalplan)

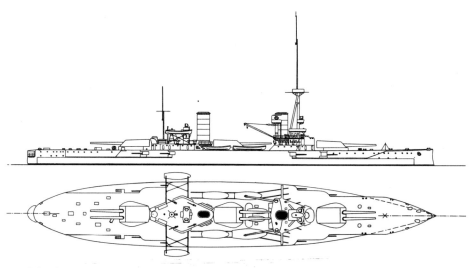

Salamis (Vorentwurf als ›Panzerschiff‹)

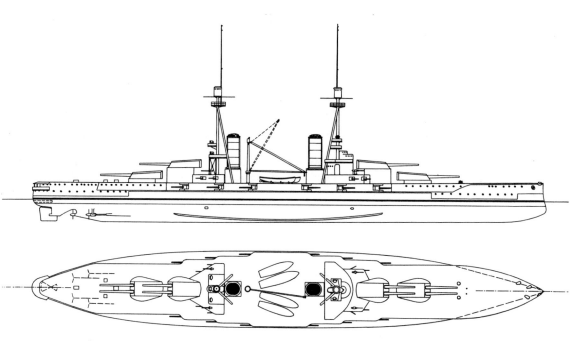

Salamis (endgültiger Entwurf)

NIEDERLANDE
Netherlands   Pays-Bas   Olanda

Zweimal in ihrer Geschichte plante die niederländische Marine den Bau von Großkampfschiffen. In beiden Fällen war dies unmittelbar vor dem Ausbruch der Weltkriege. Dadurch wurden alle Programme hinfällig.

Artillerie

Für die 1914 geplanten Schlachtschiffe waren bestimmte Geschützmodelle bzw. -fabrikate noch nicht festgelegt worden. Schlachtkreuzer-Projekt 1939/40: 28 cm-SK L/54,5 → Deutsches Reich → p. 277. Bei den für sie vorgesehenen 12 cm-L_2 L/45 handelte es sich um ein stabilisiertes, halbautomatisches Modell von Bofors, das erst ~ 1943 frontreif geworden ist; Rohrgewicht 3,4 ts, Geschoßgewicht 21 kg, Schußweite 190 hm/30°, größte Rohrerhöhung 80°, Feuergeschwindigkeit 10—12 S/min, Bedienung 16 Mann. Das Gesamtgewicht des ∝ betrug 58 t. Auch die vorgesehenen 4 cm-L_2 L/60 stammten von Bofors: Konstruktionsjahr 1936, Rohrgewicht 0,18 t, Geschoßgewicht 0,95 kg, größte Rohrerhöhung 90°, Schußweite 720 hm, Feuergeschwindigkeit 90 S/min, Gesamtgewicht der Waffe 3,5 t.

Die niederländischen Großkampfschiff-Projekte

	1	2	3	4	5	6	7	8	9	10	11	12	13
Projekte 1913/14													
Entwurf Germania		.	24 605	26 671	.	184.0	.	28.0	8.4	900 K	2362 K	.	.
Entwurf B & V		.	24 506	26 056	.	172.8	.	29.0	8.7	836 K	2982 K	.	.
Entwurf Vickers		.	25 294	28 033	171.0	179.0	181.5	27.7	9.5	984 K[1]	2952 K[1]	.	.
Projekte 1939/40													
Entwurf 1	27 500	.	30 890	.	235.0	.	29.0	7.5	.	2950 Ö	4500/20	.
Entwurf 2	29 815	.	33 200	.	238.4	.	,,	8.4	.	,,	,,	.
Entwurf 3	28 407	.	31 357	.	237.1	.	30.0	7.8	.	,,	,,	150

[1] Zusatz-Ölvorrat: Keine Angaben vorhanden.

Projekt 1913/14[1]

Slagschepen = Schlachtschiffe

1	2	3	4	5	6
...	∞	∞	∞ [12.14]	∞	∞ [18]
...	∞	∞	∞	∞	∞
und 7 weitere					

Bau des 1. Schiffes bei Thronrede Herbst 1913 angekündigt, für den Bau eines zweiten Schiffes öffentliche Sammlung eingeleitet. Keine Bauaufträge mehr erteilt.

a) Die niederländische Marine plante noch 1911/12 die Anschaffung eines für Niederländisch-Indien bestimmten Geschwaders, das sich aus 4 Küstenpanzerschiffen[2] zusammensetzen sollte. 1912 lehnte die ›Tweede Kamer de staten-generaal‹ diesen Typ jedoch als nicht mehr zeitgemäß ab. Gem. Königlichem Beschluß vom 5. Juni 1912 wurde eine Staatskommission eingesetzt, die zu prüfen hatte, wie Niederländisch-Indien am wirksamsten zu verteidigen sei. Im Mai 1913 legte sie das Ergebnis ihrer Untersuchung vor: In erster Linie sollte die Verteidigung Niederländisch-Indiens der Flotte zufallen, die daher zu verstärken war. Gefordert wurden dafür 9 Schlachtschiffe, dazu 6 Zerstörer, 16 Torpedoboote, 8 große U-Boote und 2 große Minenleger. Für die Kosten wurde ein Rahmenplan aufgestellt, der insgesamt 258 Mio. Gulden auswies, davon für jedes Schlachtschiff 25 Mio. Gulden. An diesem Programm war besonders bemerkenswert die lange Frist, innerhalb derer es verwirklicht werden sollte: 35 Jahre waren dafür veranschlagt, also bis 1949. Das hätte bedeutet, daß zum Zeitpunkt der Fertigstellung des letzten Schlachtschiffes die ersten bereits total veraltet gewesen wären. Unter diesen Umständen mag es als unwahrscheinlich erscheinen, daß die Planung für alle 9 Schiffe den gleichen Entwurf vorsah; vielmehr wären 3 bis 4 verschiedene, jeweils verbesserte Typen zu erwarten gewesen.
Nach den ursprünglichen Absichten sollten die 5 moderneren Schiffe in Niederländisch-Indien stationiert werden, 4 davon im Geschwaderverband, das fünfte als Reserveschiff. Die 4 älteren Schiffe hätten in der Heimat stationiert werden sollen.
Die militärischen Forderungen an die geplanten Schlachtschiffe lauteten: 21 000 ts Normal-Verdrängung, 21 kn Geschwindigkeit, Bewaffnung 8—34,3 cm-SK, 16—15 cm-SK und 12—7,5 cm-SK. Obwohl die Niederlande über eine recht leistungsfähige Schiffbauindustrie verfügten, wurden Angebote aus dem Ausland eingeholt, und zwar aus Deutschland (Germania-Werft Kiel und Blohm & Voß, Hamburg) und Großbritannien (Vickers Ltd.). Die von diesen Werften angefertigten Typentwürfe wurden ab Juli 1914 in der ›Tweede Kamer de staten-generaal‹ beraten; zu einer Einigung auf einen dieser Entwürfe ist es jedoch infolge des Kriegsausbruches nicht mehr gekommen, da damit die elementaren Voraussetzungen entfielen. Nachfolgend werden die einzelnen Entwürfe abgehandelt.

b) Entwurf Germania-Werft Kiel: PzQ.: 200, 200 / Seitenpzr. 150, 250, 150 / Zitadellpzr.: 180 / Horizontalpzr.: Aufbaudeck über MA-Kasematte 25, darunter 25; Haupt-PzD. 25—50 / Unterwasserschutz: T-Schott 40 / SA: Barbetten 300—110; Türme ..., ..., ... / MA: Kasematte 180 / KdoT.: v. 300 (...); a. 300 (...). Entwurf Blohm & Voß, Hamburg: PzQ.: ..., ... / Seitenpzr.: 100, 250, 150 / Zitadellpzr. 180 / Horizontalpzr.: Oberdeck über MA-Kasematte 27, darunter 25; Haupt-PzD. 30 / Unterwasserschutz: T-Schott 30 / SA: Barbetten 300—75; Türme ..., ..., ... / MA: Kasematte 180 / KdoT.: ? / Entwurf Vickers Ltd.: PzQ. 150, 100 / Seitenpzr.: ..., 250, ... / Zitadellpzr.: 180 / Horizontalpzr.: Aufbaudeck über MA-Kasematte 37, darunter 37; Haupt-PzD. 25 / Unterwasserschutz: T-Schott 37 / SA: Barbetten 300—120—50; Türme ..., ..., ... / KdoT.: v. 300 (...); a. 150 (...).

c) Entwurf Germania-Werft Kiel: $3 \times$ Tu auf 3 ⚙ / 7 Kessel (Kohle, Ölzusatzfeuerg.) / Leist. 38 000 WPS; Geschw. 22,0 kn. Entwurf Blohm & Voß, Hamburg: $4 \times$ Tu auf 4 ⚙ / 6 Doppelender-Kessel (Kohle, Ölzusatzfeuerg.) / Leist. 38 000 WPS; Geschw. 22,0 kn. Entwurf Vickers Ltd.: $4 \times$ Tu auf 4 ⚙ / 15 Kessel (Kohle, Ölzusatzfeuerg.) / Leist. 34 000 WPS; Geschw. 22,0 kn / Sämtlich 1 Ruder.

d) 8—35,6 cm-SK in je 2 überhöht angeordneten ∝ vorn und achtern / 16—15 cm-SK in Kasematten / 12—7,5 cm-SK, einzeln, ungeschützt / 5—... cm-↓ TR (1 H, 4 S).

e) Der ursprünglich gesetzte Rahmen — 21 000 ts usw. → a) — wurde nicht eingehalten; bei ihren Entwürfen gingen die Werften statt dessen auf 25 000 ts hinauf, während die SA mit Billigung der Auftraggeber auf 8—35,6 cm-SK festgelegt wurde.

Die Gewichtsverteilung der 3 Alternativ-Entwürfe

Gewichts-gruppe	Entwurf Germania		Entwurf B & V		Entwurf Vickers	
Schiffskörper	7554 ts	= 28,45%	7510 ts	= 29,20%	8535 ts	= 30,76%
Panzerung	9310 ts	= 34,97%	8974 ts	= 34,80%	8820 ts	= 31,77%
Maschinen	2160 ts	= 8,14%	2074 ts	= 7,96%	2406 ts	= 8,67%
Bewaffnung	3565 ts	= 13,43%	2699 ts	= 10,46%	3415 ts	= 12,31%
Brennstoff	2362 ts	= 8,89%	2982 ts	= 11,55%	2952 ts	= 10,64%
Ausrüstung	1624 ts	= 6,12%	1555 ts	= 6,03%	1625 ts	= 5,85%
Gewichts-reserve	275 ts		261 ts		280 ts	
maximal	26 671 ts	= 1000,0%	26 056 ts	= 100,0%	28 033 ts	= 100,0%

Möglicherweise ließ man sich von der zu dieser Zeit bei der AG. ›Vulcan‹ in Hamburg im Bau befindlichen → **Salamis** beeinflussen, für die die gleiche Hauptbewaffnung bei wesentlich geringerer Größe vorgesehen war. Darauf könnte auch die Ähnlichkeit des Germania-Entwurfes mit der → **Salamis** hinweisen.

---

[1] Vgl. hierzu Scheltema de Heere, Slagschip-Ontwerpen voor de Koninklijke Marine (in: Marinblad 5/1965).
[2] Je 7600 ts, 4—28 cm-SK, 10—10,2 cm-SK, 3 TR, Seitenpzr. 152 mm, Turmpzr. 203 mm, $2 \times$ Dreifach-Exp.-Maschinen = 10000 iPS = 18,0 kn.

Schlachtschiff-Projekte 1914

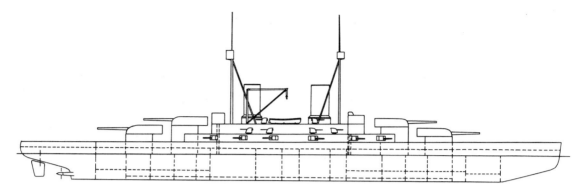

Schlachtschiff-Projekt 1914 (Entwurf Germania-Werft)

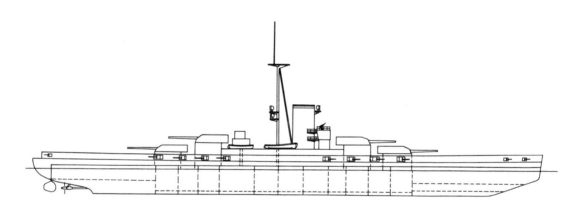

Schlachtschiff-Projekt 1914 (Entwurf Blohm & Voß)

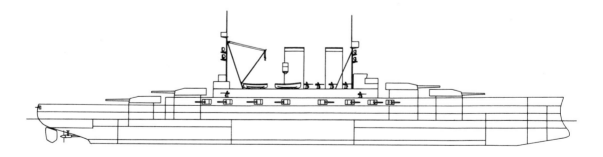

Schlachtschiff-Projekt 1914 (Entwurf Vickers Ltd.)

Projekt 1939/40

Slagkruisers = Schlachtkreuzer

1	2	3	4	5	6
...	1940	∞	∞ [40]	∞	∞ [12. 44]
...	1940	∞	∞ [40/41]	∞	∞ [45]
...	1940	∞	∞ [40/41]	∞	∞ [45]

Bauaufträge nicht mehr erteilt. (Wegen der Bauwerften → e).

a) Die sich immer stärker abzeichnenden machtpolitischen Umwälzungen im südostasiatischen Raum gaben den Niederlanden Veranlassung, sich kurz vor Ausbruch des Zweiten Weltkrieges ebenfalls mit Großkampfschiff-Entwürfen zu befassen. 3 Schiffe wurden für notwendig gehalten, um die auf Niederländisch-Indien gestützten Teile der niederländischen Marine zu unterstützen und zu verstärken. Die entsprechenden Planungsarbeiten begannen im Februar 1939, doch erwies es sich von Anfang als unumgänglich, die Hilfe von im Schlachtschiffbau erfahrenen Nationen in Anspruch zu nehmen. So wandten sich die Niederlande zuerst an das Deutsche Reich, um von dort vor allem die SA und das Panzermaterial zu beziehen, aber auch um Rat in technischer Hinsicht einzuholen. Die ersten Besprechungen niederländischer und deutscher Beauftragter erfolgten dann im April 1939. Zwar zeigte man deutscherseits durchaus Interesse an solchen devisenbringenden Aufträgen, doch war man wenig geneigt, darüber hinaus noch Wünsche zu erfüllen, die letztlich auf die Blockierung deutscher Pläne hinauslaufen mußten. Von deutscher Seite wurden im übrigen statt der vorgesehenen Werkspoor-Kessel die erheblich leistungsfähigeren Höchstdruck-Kessel empfohlen. Die Niederländer stellten jedoch fest, daß ein solcher Schritt zu Schwierigkeiten bei der inneren Unterteilung geführt hätte, wodurch vor allem eine Änderung des Unterwasserschutzsystemes erforderlich geworden wäre. Da Deutschland auch nicht bereit war, die Pläne über das Unterwasserschutzsystem der → **Scharnhorst**-Kl. preiszugeben, wandten sich die Niederländer Anfang 1940 an Italien, wobei sie hofften, dort eines der neuen Schlachtschiffe besichtigen zu dürfen. Aber auch diese Hoffnung erfüllte sich nicht; das einzige, was dabei herauskam, waren einige Empfehlungen von italienischer Seite über die zweckmäßige Gestaltung des Unterwasserschutzes. Nachdem die niederländischen Beauftragten aus Italien zurückgekehrt waren, änderten sie den Entwurf entsprechend ab und setzten die Verhandlungen mit Deutschland fort. Der deutsche Einmarsch in Holland am 10. Mai 1940 machte den gesamten Planungsarbeiten ein rasches Ende. Sie wurden auch unter deutscher Regie nicht mehr wieder aufgenommen.

Nacheinander waren 3 Entwürfe entstanden: Der erste Entwurf datierte vom 11. Juli 1939 und war von der Marine ausgearbeitet worden. Ein 2. Entwurf datierte vom 18. März 1940 und wurde vom Ingenieurskantoor voor Scheepsbouw (IvS) angefertigt, dem nach kurzer Zeit der endgültige Entwurf vom 10. April 1940 folgte. Nachfolgend die für die einzelnen Entwürfe geltenden Angaben.

b) Entwürfe 1—2: Keine Angaben außer: Seitenpzr. 225 / kein Zitadellpzr. / Horizontalpzr.: o. PzD. 100; u. PzD. 30 mit Böschungen 30 / Unterwasserschutz: T-Schott 40. — Entwurf 3: PzQ.: 300, 300 / Seitenpzr.: 100, 225, 100 / kein Zitadellpzr. / Horizontalpzr.: o. PzD. 100; u. PzD. 30 mit Böschungen 30 / Unterwasserschutz: T-Schott 40 (T-Schutzbreite 5,3 m) / SA: Barbetten 250; Türme 250, 100, 130 / MA ohne Panzerschutz / KdoT.: ... (...).

c) 4 × ⊛ Tu auf 4 ⚙ / 8 Werkspoor-Kessel (Öl) / Leist.: Entwurf 1: 155 000 WPS; Entwurf 2—3: 180 000 WPS; Geschw.: Entwurf 1: 33 kn, Entwurf 2—3: 34 kn. 1 Ruder, Entwurf 3: 2 parallele Ruder.

d) Sämtlich 9—28 cm-SK L/45,5 in 2 ⚬ vorn und 1 ⚬ achtern /

Entwurf 1	Entwurf 2	Entwurf 3
8—12 cm-⚙₂ L/45 in 4 ⚬ / 16—4 cm-⚙₂ / 16 MG-⚙₂ /	12—12 cm-⚙₂ L/45 in 6 ⚬ / 16—4 cm-⚙₂ / 16 MG-⚙₂ /	12—12 cm-⚙₂ L/45 in 6 ⚬ / 14—4 cm-⚙₂ / 16 MG-⚙₂, dafür zuletzt 8—2 cm-⚙ /

/ keine TR / 1 ⚓, 3 ⚓.

e) Der endgültige Entwurf zeigte äußerlich eine gewisse Ähnlichkeit mit den um die gleiche Zeit projektierten deutschen Schlachtkreuzern → **O—Q** und im Hinblick auf die SA und ihre Anordnung auch mit der → **Scharnhorst**-Kl., doch wahrte er andererseits unverkennbar die für den damaligen niederländischen Kriegsschiffbau charakteristische Einfachheit und Unkompliziertheit in der architektonischen Ausführung.

Gewichtsverteilung

Schiffskörper	8 782 ts =	28,0%
Maschinen und Hilfsmaschinen	3 445 ts =	11,0%
Panzer	11 190 ts =	36,0%
Bewaffnung	3 000 ts =	10,0%
Ausrüstung	1 990 ts =	6,0%
Typverdrängung	28 407 ts =	91,0%
Brennstoff	2 950 ts =	9,0%
Maximalverdrängung	31 357 ts =	100,0%

4 Werften wären für den Bau dieser 3 Schlachtkreuzer geeignet gewesen:

1. Rotterdamsche Droogdock Mij, Rotterdam;
2. Nederlandsche Scheepsbouw Mij, Amsterdam;
3. Koninklijke Maatschappij De Schelde, Vlissingen;
4. Wilton-Fijenoord, Schiedam.

In Erwartung von Bauaufträgen hatten diese teilweise schon begonnen, ihre Anlagen zu vergrößern; so errichtete die Amsterdamer Werft eine neue Helling von 250 m Länge, die lange Zeit die ›Schlachtkreuzer-Helling‹ genannt wurde.

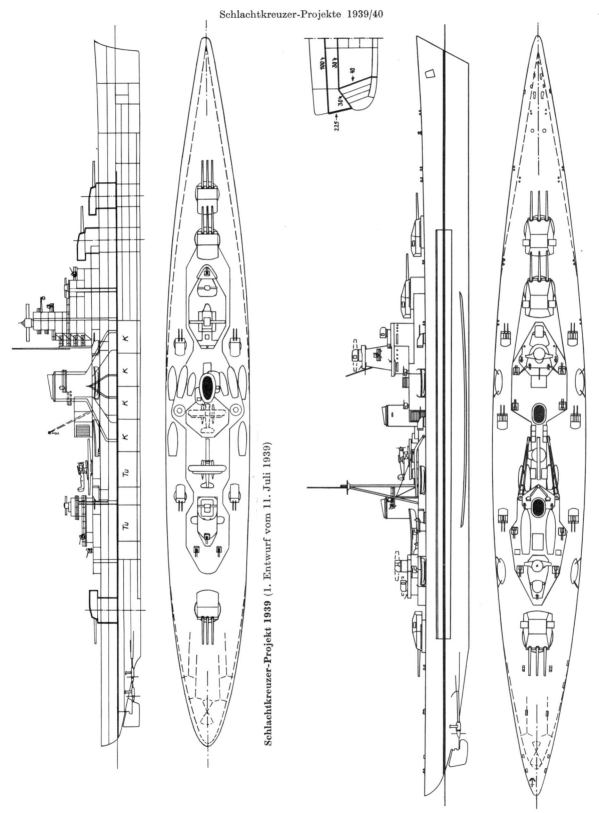

Schlachtkreuzer-Projekt 1939 (1. Entwurf vom 11. Juli 1939)

Schlachtkreuzer-Projekt 1939 (2. Entwurf vom 18. März 1940)

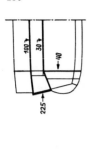
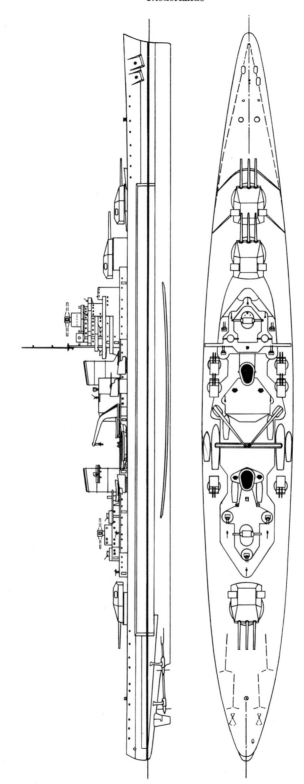

Schlachtkreuzer-Projekt 1939 (3. Entwurf vom 10. April 1940)

JUGOSLAWIEN

Yugoslavia Yougoslavie Jugoslavia

Das einzige Schlachtschiff der gerade neu gegründeten jugoslawischen Marine hatte nur eine ›Lebensdauer‹ von einem Tag.

Zu keinem Zeitpunkt danach befaßte sich die jugoslawische Marine mit Schlachtschiff-Plänen oder -Bauprogrammen.

Das ›jugoslawische‹ Großkampfschiff

1	2	3	4	5	6	7	8	9	10	11	12	13
Yugoslavia (?)	.	21 730	22 500	151.4	160.0	161.0	27.3	$\dfrac{8.2}{8.6}$	900 K	2000 K	4200/10	1060

Ex-Viribus Unitis
Schlachtschiff

1	2	3	4	5	6
Yugoslavia (?)	∞	Stab. Tecnico Triestino	24. 7. 10	20. 6. 11	6. 10. 12

*Ex-österreichisch-ungarisch → **Viribus Unitis**. 1. November 1918 in Pola nach Übergabe an Bevollmächtigte des jugoslawischen Nationalrates (unter neuem Namen **Yugoslavia** ?) von 2 italienischen Seeoffizieren durch Zeitzündermine in 20 m Wassertiefe zum † gebracht (∼400 Tote). 1929—30 an Untergangsstelle abgewrackt.*

a)—e) → Österreich-Ungarn → **Viribus Unitis**-Kl.

PORTUGAL
Portugal Portugal Portogallo

Ein Mitte 1912 vom portugiesischen Parlament bewilligtes Bauprogramm sah neben 3 Kreuzern, 24 Zerstörern und 6 U-Booten auch die Anschaffung von 3 Schlachtschiffen vor. Zunächst war an Schiffe mit 30,5 cm-SK gedacht, die einem verbesserten Typ → **Minas Gerais** entsprechen sollten. Später ging man davon ab und befürwortete Schiffe mit 34,3 cm-SK nach dem Vorbild der britischen → **Orion**-Kl. Zuletzt hielt man Schlachtschiffe mit 38,1 cm-SK für notwendig, wozu vor allem die britische → **Queen Elizabeth**-Kl. die Anregung gegeben hatte. Der Bau der Schiffe sollte in England erfolgen. Aus Mangel an Geldmitteln konnte dieser Plan jedoch nicht verwirklicht werden. Statt dessen gab man einem Kreuzer-Zerstörer-Programm den Vorzug.

Kurz vor dem Abschluß des Washington-Abkommens boten die USA 5 alte Linienschiffe der → **Connecticut**-Kl. zum Kauf an. Dieses Angebot schlug Portugal aus, nicht zuletzt unter dem Eindruck einer Atlantik-Rekordüberquerung des amerikanischen Schlachtschiffes → **Utah**, das kurz zuvor Lissabon einen Besuch abgestattet hatte. Da auch jetzt die Geldmittel zum Bau bzw. zur Beschaffung moderner Schlachtschiffe fehlten, gab Portugal endgültig seine diesbezüglichen Pläne auf.

POLEN
Poland   Pologne   Polonia

Ein erster größerer Flottenbauplan wurde 1936/37 diskutiert. Dieser war als ›Maximalprogramm‹ aufzufassen, das in Zusammenarbeit zwischen der in Gdingen aufgebauten Marinewerft und dem Finanzausschuß des Kriegsministeriums unter Zugrundelegung des vollen Einsatzes der eigenen Zuliefererbetriebe ausgearbeitet worden war. Zunächst sah dieser Plan 2 Schlachtschiffe zu je 25 000 ts Standardverdrängung vor, dazu 2 Schwere Kreuzer.[1] 1938/39 wurde dieser Plan insoweit geändert, als nunmehr 3 Schlachtschiffe zu je 25 000 ts gebaut werden sollten, dazu 1 Flugzeugkreuzer (unter Verzicht auf die ursprünglich geplanten Schweren Kreuzer), 12 Zerstörer, 12 Geleitboote, 18 Torpedoschnellboote, 21 U-Boote, 1 Minenleger und 16 Minensuchboote. Diese für damalige polnische Verhältnisse gigantische Planung hätte in den nächsten 8—10 Jahren kaum verwirklicht werden können, da alle Voraussetzungen dazu fehlten. So gesehen, war der Bau von polnischen Schlachtschiffen wesentlich mehr ein Wunschdenken großmachtsüchtiger Politiker und Militärs als realistische Planung.

Die bis 1939 bearbeiteten Planungen sahen vor:

b) Größte Panzerdicke 350 mm.

c) $4 \times$ ⊕ Tu auf 4 ⚙ / .. Kessel (Öl) / Leist. 120 000—140 000 WPS; Geschw. ..... kn.

d) 9—30,5 cm-SK in ⚙ / 12—15 cm-SK in ... / ⚓-Bewaffnung ... / 6 ↑ TR in Drillingsgruppen an Oberdeck.

e) Vorgesehene Baukosten je 162,5 Mio. Zloty. Regelrechte Entwurfsarbeiten wurden anscheinend nicht mehr durchgeführt.

---

[1] Je 10 000 ts Typverdrängung, 9—20,3 cm-SK, 9—12 cm-⚓, 8 ↑ TR in Vierergruppen an Oberdeck, bis 200 mm dicker Panzer, $4 \times$ Tu = 100 000 WPS. Baukosten je etwa 70 Mio. Zloty.

BIBLIOGRAPHISCHER NACHWEIS
(zugleich Quellenverzeichnis)

Nachfolgend werden alle wichtigeren Veröffentlichungen über Entwicklung, Einsätze und Technik des Schlachtschiffes aufgeführt, und zwar in der Reihenfolge: *Verfasser* bzw. *Herausgeber*, Titel, *Erscheinungsort* und *Erscheinungsjahr*.
Die ursprüngliche Absicht, darüber hinaus auch Aufsätze aus Zeitschriften und dgl. aufzuführen, mußte leider aufgegeben werden, da sie den Umfang dieser Übersicht ganz erheblich überschritten hätte.

Aguilera/Elias, Buques de la Armada Española, *Madrid 1969*.
Almanacco Navale, *Roma, div. Jahrgänge ab 1942*
Almanach für die K. und K. Kriegsmarine, *Pola 1878 ff.*
Ansaldo S.p.A., Ansaldo Navi, *Genua 1959*
Assmann, Deutsche Schicksalsjahre, *Wiesbaden 1951*
Assmann, Deutsche Seestrategie in 2 Weltkriegen, *Heidelberg 1957*
Auphan-Mordal, La Marine Francaise pendant la seconde guerre mondiale, *Paris 1958* (amerikanische Ausgabe: The french Navy in World War II, *Annapolis 1959*, und deutsche Ausgabe: Unter der Trikolore, *Oldenburg 1964*)
Bartsch, Was man über Kriegsschifftypen wissen muß, *Berlin 1942*
Battle Report (6 Bände), *New York 1946—50*
von Baumbach, Ruhmestage der deutschen Marine, *Hamburg 1933*
Bekker, Kampf und Untergang der Kriegsmarine, *Hannover 1953*
Bekker, ... und liebten doch das Leben, *Hannover 1956*
Bekker, Radar, Duell um Dunkel, *Oldenburg 1958*
Bekker, Die versunkene Flotte, *Oldenburg 1961*
Bekker, Flugzeugträger, *Oldenburg 1962*
Bekker, Ostsee, Deutsches Schicksal 1944—1945, *Oldenburg 1959*
Belot, La Marine française pendant la campagne 1939—40, *Paris 1954*
Bennet, Naval Battles of the First World War, *London 1968*
Bensel, Die deutsche Flottenpolitik 1933—1939, *Frankfurt/M. 1958*
Benstadt, HMS ›Rodney‹ at Sea, *London 1932*
Bernotti, La Guerra sui Mari. Nel Conflitto Mondiale (3 Bände), *Livorno 1950—1954*
Bidlingmaier, Einsatz der schweren Kriegsmarineeinheiten im ozeanischen Zufuhrkrieg, *Neckargemünd 1963*
Bidlingmaier, Seegeltung in der deutschen Geschichte, *Darmstadt 1966*
Bethlehem Steel Company, Bethlehem-Built, *New York 1962*
Bley, Geheimnis Radar, *Hamburg 1949*
Blond, Kurs Murmansk, *Oldenburg 1957*
Blond, Königin im Pazifik — Flugzeugträger ›Enterprise‹ von Pearl Harbor bis Okinawa, *Oldenburg 1958*
Bongartz, Seemacht Deutschland, *Essen 1941 und 1944*
Bragadin, Che ha fatto la Marina? *Rom 1948*; amer. Ausg.: The Italian Navy in World War II, *Annapolis 1957*.

Brassey, The British Navy, *London 1882*
Brassey's Naval Annual, *London, div. Jahrgänge*
Bredemeier, Schlachtschiff ›Scharnhorst‹, *Jugenheim 1962*
Brennecke, Schlachtschiff ›Tirpitz‹, *Hamm 1953 und Biberach 1958*
Brennecke, Jäger — Gejagte, *Biberach 1956*
Brennecke, Das große Abenteuer, *Biberach 1958*
Brennecke, Schlachtschiff ›Bismarck‹ *Jugenheim 1960 und Herford 1967*
Breyer, Die Seerüstung der Sowjetunion, *München 1964*
Brix, Der Bau eiserner Kriegs- und Handelsschiffe, *Berlin 1876*
Brodie, A guide to Naval Strategy, *Princeton 1958*
Brown, Carrier Operations in World War II (Band I), *London 1968*
Browne, The floating Bulwark, *London 1963*
Bürkner, Erinnerungen und Gedanken eines alten Kriegsschiffbauers, *Dresden 1940*
Burda, Der Zweite Weltkrieg im Bild (2 Bände), *Offenburg 1952*
Busch, F. O., u. Dr. Ramlow, Deutsche Seekriegsgeschichte, *Gütersloh 1940*
Busch, F. O., Das Buch von der Kriegsmarine, *Leipzig 1936*
Busch, F. O., Kriegsmarine im Dritten Reich, *Berlin 1937*
Busch, F. O., Die Kriegsmarine 1919—1939, *Berlin 1939*
Busch, F. O., u. Dr. Ramlow, Macht auf dem Meere, *Berlin 1940*
Busch, F. O., Narvik, *Gütersloh 1940*
Busch, F. O., Der Seekrieg in Bildern, *Berlin 1942*
Busch, F. O., Die japanische Kriegsmarine, *Berlin 1942*
Busch, F. O., ›Prinz Eugen‹ im ersten Gefecht, *Gütersloh 1943*
Busch, F. O., Das Geheimnis der ›Bismarck‹, *Hannover 1950*
Busch, F. O., Tragödie am Nordkap, *Hannover 1951*
Busch, F. O., Kreuzer ›Prinz Eugen‹, *Hannover 1958*
Busch, F. O., Zehn Zerstörer, *Hannover 1959*
Capper, Battleships of the World, *London 1959*
Cantiere Riunititi dell'Adriatico, Breve Storia, *Trieste 1957*
Churchill, Weltkrisis 1911—1914, *Leipzig 1924*
Churchill, Der zweite Weltkrieg (Memoiren), *deutsche Ausgabe, Stuttgart 1948—1951*
Cowburn, The Warship in History, *London 1965*
Der Bericht des amerikanischen Oberkommandos, *New York 1946*
Der Weltkrieg 1939—1945, *Stuttgart 1954*
Dislère, Die Panzerschiffe der neueren Zeit, *Pola 1877*
Dislère, Die Panzerschiffe 1873, *Pola 1877*
Dodman, Schiffe, *Hannover 1964*
Dönitz, Zehn Jahre und zwanzig Tage, *Bonn 1958*
Dolby, The Steel Navy, *London 1962*
Dunn, Ship Recognition — Warships, *London 1953, 1954 und 1965*
Dupuy, The Naval War in the Pacific: On to Tokyo, *New York 1963*

Ensor, Kurzgefaßte Geschichte des Zweiten Weltkrieges, *Hamburg 1949*
Erdmann, Die Kreuzerfrage, *Berlin 1912*
Evers, Kriegsschiffbau, *Berlin 1943*
Fahey, The Ships and Aircraft of the United States Fleet, *Falls Church/Va., sämtliche Jahrgänge*
Fechter/Schomaekers, Der Seekrieg 1939/45 in Karten (Band I), *Preetz 1967*
Fleming, British Warships, *London 1956*
Fleming, Warships of World War I, *London (ca. 1962)*
Forstmeier, Deutsche Großkampfschiffe 1915—1918. Die Entwicklung der Typenfrage im ersten Weltkrieg. *München 1970 (in Vorbereitung).*
Fraccaroli, Marina Militare Italiana, *Mailand 1946*
Fraccaroli, Italian Naval Construction 1939—45 *(Sonderdruck aus ›Jane's Fighting Ships 1951‹)*
Fraccaroli, Dalla Piroga alla Portaerei, *Mailand 1954*
Fraccaroli, Italian Warships of World War II, *London 1968*
Fuchida/Okumiya, Midway, Die entscheidendste Seeschlacht der Welt, *Oldenburg 1956*
Fukaya, Japanese Naval Vessels at the End of War, *Tokio 1947*
Fukui, Nippon no Gunkan (Warships of Japan), *Tokio 1956*
Fukui, Japanese Naval Vessels survived, *Tokio 1961*
Fukui, Pictorial Recollection of Japanese Fleet, *Tokio (o. J.)*
Franke, Handbuch der neuzeitlichen Wehrwissenschaften, 3. Band: Kriegsmarine, *Berlin 1938*
Fock, Marinekleinkampfmittel, *München 1968*
Gadow, Geschichte der deutschen Marine, *Frankfurt/M. 1943*
Gadow, Jahrbuch der deutschen Kriegsmarine, *Leipzig, diverse Jahrgänge*
Gadow, Geschichte der deutschen Flotte, *Frankfurt/M. 1936*
Georgen, Geschichte des Kriegsschiffbaus vom Altertum bis zur Einführung der Dampfkraft, *Berlin 1919*
Gerolami, Cantieri Riuniti dell'Adriatico, *Trieste 1957*
Giorgerini/Nani, Le Navi di Linea Italiane, *Roma 1962 und 1966*
Giorgerini/Nani, Gli Incrociatori Italiani 1861—1964, *Roma 1964*
Giorgerini/Nani, Le Marina Militare nel Mondo 1960, *Milano 1960*
Gladisch/Schulze-Hinrichs, Seemannschaft, *Berlin 1940*
Goerne, Die Kriegsflotten der Welt und ihre Kampfkraft, *Berlin 1935*
Goerne, Die deutsche Kriegsflotte, *Berlin 1940*
Goerne, Kampf auf den Meeren, *Berlin 1942*
Görlitz, Der Zweite Weltkrieg (2 Bände), *Stuttgart 1951*
Gogg, Österreichs Kriegsmarine 1848—1918, *Salzburg/Stuttgart 1967*
Graf, The Russian Navy in War and Revolution, *München 1923*
Grenfell, Das Ende einer Epoche, *Tübingen 1954*
Grenfell, Jagd auf die ›Bismarck‹, *Tübingen 1963*
Gröner, Die deutschen Kriegsschiffe 1815—1936, *München 1937*
Gröner, Die Schiffe der deutschen Kriegsmarine und Luftwaffe 1939—1945 und ihr Verbleib, *München 1954*
Gröner, Die deutschen Kriegsschiffe 1815—1945 (Band I), *München 1965*

Hadeler, Flugzeugschiffe, *München 1939*
Hadeler, Der Flugzeugträger, *München 1958*
Hadeler, Kriegsschiffbau (2 Bände), *Darmstadt 1968*
Hardy, Everymans History of the Sea War (3 Bände), *London 1948—1955*
Hallmann, Der Weg zum deutschen Schlachtflottenbau, *Stuttgart 1933*
Harris, The Age of the Battleship: 1890—1922, *New York 1965*
Has/Evers, Wilhelmshaven 1853—1945, *Wilhelmshaven 1961*
Herrick, Soviet Naval Strategy, *Annapolis 1968*
Heer und Flotte, *Berlin, diverse Jahrgänge*
Höflich, Die britische Kriegsflotte, *Berlin 1943*
Hori, Gendai non Gunkan (Ships of the Japanese Fleet), *Tokio 1957*
Hough, Dreadnought, A History of the Modern Battleship, *New York 1964*
Hough, Death of the Battleship, *New York 1963*
Hough, The Big Battleship, *London 1966*
Handbuch der deutschen Marine und der Seestreitkräfte des Auslandes, *Kiel 1917*
Howeth, History of Communications-Electronics in the United States Navy, *Washington 1963*
Hubatsch, Die Ära Tirpitz, *Göttingen 1955*
Hubatsch, Die deutsche Besetzung von Norwegen und Dänemark, *Göttingen 1952*
Hubatsch, Der Admiralstab und die obersten Marinebehörden in Deutschland 1848—1945, *Frankfurt/M. 1958*
Hailey/Lancelot, Clear for Action, *New York 1964*
Hümmelchen, Handelsstörer, *München 1960*
Ingrim, Hitlers glücklichster Tag, *Stuttgart 1962*
Inoguchi/Nakajima, Der göttliche Wind, *Oldenburg (o. J.)*
Internationaler Militärgerichtshof (*IMT*), Der Prozeß gegen die Haupt-Kriegsverbrecher vor dem internationalen Militärgerichtshof, verschiedene Bände, *Nürnberg 1949 ff.*
Jane's Fighting Ships, *London, zahlreiche Bände*
Japanese Battleships and Cruisers, *Tokio/London 1963*
Japanese Aircraft Carriers and Destroyers, *Tokio/London 1964*
Jensen, Seemacht Japan, *Berlin 1943*
Jensen, Carrier War, *New York 1945*
Kafka/Pepperburg, Warships of the World, *New York 1946 und 1948*
Kemp, Victory at Sea 1939—1945, *London 1957*
Klepsch, Die fremden Flotten im 2. Weltkrieg und ihre Verluste, *München 1967*
Klingenberg, Das ist Japan, *Königsberg 1940*
Köhlers Flottenkalender, *Minden, zahlreiche Jahrgänge*
Köppen, Die Überwasserstreitkräfte und ihre Technik, *Berlin 1930*
Korotkin, Battle Damage to Surface Ships during World War II, *Alexandria/Va. 1964*
Krancke-Brennecke, Das glückhafte Schiff, *Biberach 1955*
Krohne, Deutsche Seemacht, *Berlin (o. J.)*
Kronenfels, Das schwimmende Flottenmaterial der Seemächte, *Wien 1881*

Kronenfels, Die Kriegsschiffbauten 1881—1882, *Wien 1883*
Kroschel/Evers, Die deutsche Flotte 1848—1945, *Wilhelmshaven 1962*
Kürschner, Armee und Marine, *Hamburg 1907*
Kuntze, Volk und Seefahrt, *Leipzig 1940*
La Marine Americaine, *Paris 1956*
La Marine Britannique, *Paris 1956*
La Marine Française, *Paris 1957*
La Marine Sovietique, *Paris 1957*
Landström, Das Schiff, *Gütersloh 1960*
Le Nostre Navi, *Roma 1958*
Lenton, German Surface Vessels 1, *London 1966*
Lenton, Royal Netherlands Navy, *London 1968*
Lenton, American Battleships, Carriers and Cruisers, *London 1968*
Lenton/Colledge, British Warship Losses of World War II, *London 1964*
Lenton/Colledge, Warships of World War II, Capital Ships, *London 1962*
Laverrentz, Deutschland zur See, *Berlin 1916*
Le Masson, Les Flottes de Combat, *Paris, zahlreiche Jahrgänge*
Le Masson, Forces sur la Mer, *Paris 1945*
Le Masson, La Marine de guerre moderne (2 Bände), *Paris 1945 und 1951*
LeMasson, The French Navy, *London 1967*
Lohmann-Hildebrandt, Die deutsche Kriegsmarine, *Bad Nauheim 1956—1961*
Lohmann, Die deutschen Kriegsschiffe, Namen und Schicksale, *Potsdam 1941*
Lord, Schickt sie auf den Grund des Meeres!, *Bern/München 1968*
Lott, A long Line of Ships, *Annapolis 1954*
Lützow, Skagerrak, *München 1936*
Lützow, Seekrieg und Seemacht (2 Bände), *Berlin 1940—1941*
Lützow, Die heutige Seekriegsführung (2 Broschüren), *Berlin 1942*
Lusar, Die deutschen Waffen und Geheimwaffen während des zweiten Weltkrieges und ihre Weiterentwicklung, *München 1956, 1964*
MacBride, Civil War Ironclads, *Philadelphia 1962*
MacDonald, Evolution of Aircraft Carriers, *Washington 1964*
MacIntyre, The Thunder of the Guns, *London 1959*
MacIntyre, Kriegsschiffe in 5000 Jahren, *Bielefeld 1968*
von Manthey, Seeschlachten-Atlas, *Berlin 1928*
von Manthey, Unsere Kriegsmarine, *Berlin 1934*
von Manthey, Schwere Seestreitkräfte, *Berlin 1935*
Marine-Archiv, Der Krieg zur See, *Berlin 1920 ff.*
Marinerundschau, Beiheft 7/8: Das deutsche Bild der russischen und sowjetischen Marine, *Frankfurt/M. 1962*
Marinkalender, *Uppsala, alle Jahrgänge seit 1938*
Marienfeld, Wissenschaft und Schlachtflottenbau in Deutschland 1897 bis 1906, *Frankfurt/M. 1956*
Martienssen, Hitler and his Admirals, *New York 1949*
Matsumoto, Design and Construction of the Battleships ›Yamato‹ and ›Musashi‹, *Tokio 1961*

Meister, Der Seekrieg in den osteuropäischen Gewässern 1941 bis 1945, *München 1957*
Mers, Marins et Marins de France, *Paris (o. J.)*
Meurer, Seekriegsgeschichte in Umrissen, *Leipzig 1925*
Ministry of Information, East of Malta, West of Suez, *London 1943*
Mitsubishi, Naval Vessels 1887—1945, *Tokio 1957*
Monasterev, Vom Untergang der Zarenflotte, *Berlin 1930*
Moore/Kemble, Our Navys Fighting Ships, *Milwaukee 1947*
Morison, History of United States Naval Operations in World War II, *Boston (alle Bände)*
von Münching, Moderne Oorlogsschepen I, *Alkmaar 1962*
von Münching, Vliegkampschepen, *Alkmaar 1964*
Nagamura, A Naval Constructors Reflection, *Tokio 1956*
Naish, Flying in the Royal Navy 1914—1964, *London 1964*
Nauticus, Jahrbuch für Deutschlands Seeinteressen, *Berlin (alle Jahrgänge)*
Naval History Division, Aviation in the United States Navy, *Washington 1964*
Navy Department, Dictionary of American Naval Fighting Ships, *Washington 1959, 1963, 1968 (bisher 3 Bände)*
Neukirchen, Krieg zur See, *(Ost-)Berlin 1966*
Parkes, British Battleships 1860—1950, *London 1958*
Pater, United States Battleships, *Beverly Hills 1968*
Pears, British Battleships 1892—1957, *London 1957*
Peter, Schlachtkreuzer ›Scharnhorst‹, *Darmstadt 1951*
Piterskij, Die Sowjetflotte im Zweiten Weltkrieg, *Oldenburg 1966*
Ploetz, Geschichte des Zweiten Weltkrieges, *Bielefeld 1961*
Pratt, Amerikas Flotte im Krieg, *New York 1946*
Potter, The United States and Worlds Seapower, *Englewood-Cliffs/N.Y. 1955; Sea Power, 1960*
Prien, Mein Weg nach Scapa Flow, *Berlin 1940*
Prochnow, Deutsche Kriegsschiffe in 2 Jahrhunderten (Band I), *Preetz 1964*
von Puttkammer, Die unheimliche See — Hitler und die Kriegsmarine, *Wien 1952*
Quispel, The Job and the Tools, *Rotterdam 1960*
Radunz, Vom Einbaum zum Linienschiff, *Leipzig 1912*
Raeder, Mein Leben (2 Bände), *Tübingen 1956—1957*
Rasenack, Panzerschiff ›Admiral Graf Spee‹, *Biberach 1957*
Rehder, Die Kriegsschiffverluste der fremden Flotten im Weltkrieg, *München 1933*
Rehder/Sander, Die Verluste der Kriegsflotten 1914—1918, *München 1968*
Reibisch, Die deutsche Kriegsflotte, *München 1940*
Reuter, Scapa Flow, das Grab der deutschen Flotte, *Leipzig 1921*
Reventlow, Der russisch-japanische Krieg (3 Bände), *Berlin 1906*
Röhr, Handbuch der deutschen Marinegeschichte, *Oldenburg 1963*
Rohwer, Seemacht heute, *Oldenburg 1957*
Rohwer, Die U-Booterfolge der Achsenmächte 1939—1945, *München 1968*
Rohwer/Hümmelchen, Chronik des Seekrieges 1939 bis 1945, *Oldenburg 1968*

Roscoe, United States Destroyer Operations in World War II, *Annapolis 1953*
Roskill, The War at Sea (4 Bände), *London 1954 ff.*
Roskill, Royal Navy, Britische Seekriegsgeschichte 1939—1945, *Oldenburg 1961*
Ruge, Entscheidung im Pazifik, *Hamburg 1951*
Ruge, Der Seekrieg 1939—1945, *Stuttgart 1954*
Ruge, Seemacht und Sicherheit, *Tübingen 1955*
Ruge, Seemacht und Sicherheit, *Frankfurt/M. 1968*
Ruge, Scapa Flow, *Oldenburg 1969*
Saunders, The Soviet Navy, *London 1958*
Saunders, Die Rote Flotte, *Oldenburg 1959*
Scheer, Deutschlands Hochseeflotte im Weltkrieg, *Berlin 1920*
Schmalenbach, Die Geschichte der deutschen Schiffsartillerie, *Herford 1968*
Schnepf, Model Warships, *Canoga Park 1968*
von *Schoultz*, Mit der Grand Fleet im Weltkrieg, *Leipzig 1925*
Schüddekopf, Die britische Marinepolitik 1880—1918, *Hamburg 1938*
Schüssler, Weltmachtstreben und Flottenbau, *Witten 1956*
Schwarte, Die Technik im Weltkriege, *Berlin 1920*
Scurrell, Warships of World War I: Battleships of other Nations, *London 1963*
Shankland/Hunter, Durchbruch nach Malta, *München 1963*
Ships of the World *(Jahrbuch)*, *Tokio, verschiedene Jahrgänge*
Silverstone, US Warships of World War II, *London 1965*
Skagerrak-Jahrbuch 1927, *Berlin 1927*
Sokol, The Imperial and Royal Austro-Hungarian Navy, *Annapolis 1969*
Solovjov, Die Schiffsartillerie, *(Ost-)Berlin 1959*
Steensen, Vore Panserskibe 1863—1943, *Lyngby 1969*
Supinski/Blaszcyk, Okrety Wojenne 1900—1966, *Warschau 1967*
Taylor, German Warships of World War II, *London 1966*
Tantum/Hoffschmidt, Navy, Uniforms, Insignias and Warships of World War II, *Old Greenwich 1968*
Teutsch-Lerchenfeld, Deutschland zur See, *Leipzig 1913*
The Worlds Warships, *London, verschiedene Jahrgänge*
Thiel, Vom Winkingerboot zum Tragflügelschiff, *(Ost-)Berlin 1966*
Terzibaschitsch, Schiffe und Flugzeuge der US-Flotte, *München 1966*
Thiess, Tsushima, *Hamburg 1956*
von *Tippelskirch*, Geschichte des Zweiten Weltkrieges, *Bonn 1951*
Tirpitz, Erinnerungen, *Leipzig 1919*
Toeche-Mittler, Die deutsche Kriegsflotte, *Berlin, verschiedene Jahrgänge*
Treue, Der Krimkrieg und die Entstehung der modernen Flotten, *Göttingen 1954*
Trizzino, Die verratene Flotte, *Bonn 1957*
Tomanoga/Yokoi, The Imperial Japanese Navy, *Tokio 1960*
Tomitch, Warships of the Imperial Russian Navy — Battleships, *San Francisco 1968*
Turnbull/Lord, History of US Naval Aviation, *Newhaven/Conn. 1949*
von *Uechtritz-Steinkirch*, Unsere Kriegsschiffe und ihre Waffen, *München (o. J.)*
United States Naval Chronology, World War II, *Washington 1955*
Wallisch, Die Flagge Rot-weiß-rot, *Graz 1956*
Watts, Japanese Warships of World War II, *London 1966*
Wetterhahn, Flottenrevue USA (2 Bände), *Stuttgart 1948*
Weyer's Taschenbuch der Kriegsflotten, *München (sämtliche Bände)*
Weyer's Flottentaschenbuch, *München (sämtliche Bände)*
Weyer's Warships of the World, *Annapolis (alle Bände)*
Wilson, Battleships in Action (2 Bände), *Toronto (o. J.)*
Wolfslast, Herrscher der See, Glanz und Untergang der Schlachtschiffe, *München 1960*
World's Battleships, *Tokio 1963*
Wustrau, Schiff und Seemann, *Flensburg 1944*
Zieb, Logistikprobleme der Marine, *Neckargemünd 1961*

Zeitschriften

Anker-Hefte *(München)*
All Hands *(Washington)*
Atlantische Welt *(Bremen)*
Bureau of Ships Journal *(Washington)*
Deutsche Marinezeitung *(Berlin)*
Die Reichsmarine *(Berlin)*
Die Kriegsmarine *(Berlin)*
Die Seekiste *(Kiel)*
Die Wehrmacht *(Berlin)*
Engineer *(London)*
Flottennachrichten-Ost *(Lübeck)*
Herkenning *(Den Haag)*
Interconair Aviazione Marina *(Genua)*
La Revue Maritime *(Paris)*
Leinen los *(München)*
Le Vie del Mare *(Mailand)*
Life *(New York)*
Marinblad (Den Helder bzw. Hilversum)
Marine News *(London)*
Marine Rundschau *(Berlin/Frankfurt/M.)*
Marine Nationale *(Paris)*
Militärgeschichtliche Mitteilungen *(Freiburg)*
Morskoj Sbornik *(Moskva)*
Naval Record *(London)*
Nautica *(Amsterdam)*
Neptunus *(Oostende)*
Notiziario rassegna attivita della Marina *(Roma)*
Onze Floot (Dordrecht bzw. Amsterdam)
Ordnance *(New York)*
Our Navy *(Brooklyn)*
Revista de Marina *(Santiago)*
Rivista Marittima *(Roma)*
Royal Navy *(Ipswich)*
Sea Classics *(Canoga Park)*
Schiffahrtsarchiv *(Bremen)*

Science of Ship (Fune no Kagaku) (*Tokio*)
Ships of the World (Sekai no Kansan) (*Tokio*)
Ships and the Sea (*Milwaukee*)
Ships Monthly (*London*)
Sveriges Flotta (*Stockholm*)
SOS-Hefte (*München*)
Ships and Shipmodels (*London*)
Soldat und Technik (*Frankfurt/M.*)
The Crownest (*Ottawa*)
The Sphere (*London*)
The Navy (*London*)
The Illustrated London News (*London*)
The Belgian Shiplover (*Brüssel*)
The Koku Fan (*Japan*)
Tidskrift i Sjöväsendet (*Karlskrona*)
Triton (*Paris*)
Truppenpraxis (*Darmstadt*)
Unimare (*Berlin*)
United States Naval Institute Proceedings (*Annapolis*)
Warships International (*Toledo/USA*)
Wehr und Wirtschaft (*Stuttgart*)
Wehrkunde (*München*)
Wehrwissenschaftliche Rundschau (*Frankfurt/M.*)
Wehrtechnische Monatshefte (*Frankfurt/M.*)

Unterlagen aus amtlicher oder halbamtlicher Hand

OKM, Hauptamt der Marinewaffenämter, Waffentechnische Mitteilungen aus fremden Marinen, Tabellenheft nach dem Stand vom 1. August 1943 — M Wa Stab N Nr. 3000 g/43

OKM, Merkblätter über Kriegslehre und Seekriegslehre, Heft 1—7/1940

OKM, Hauptamt Kriegsschiffbau, Material für die Konstruktion von Kriegsschiffen

OKM III Skl, ObdL Führungsstab I c, Kriegsschiff-Erkennungstafeln Sowjetunion, Ausgabe Oktober 1943

OKM III Skl, ObdL Führungsstab I c, Kriegsschiff-Erkennungstafeln Feindmächte I und II, Ausgabe August 1943

OKM, Skizzentafeln, Schiffslisten und dgl. mehr

ObdL, Führungsstab I c, Die Kriegsschiffe und Häfen der Sowjetunion, Stand Juni 1942, Sonderbeilage des Frontnachrichtenblatts der Luftwaffe Nr. 41

ObdL, Kriegsflotten des Mittelmeeres: Italien, Spanien, Griechenland, Türkei, Jugoslawien, Ägypten, zugleich 2. Anlagenheft zur LDv 91/3 ›Handbuch für Schiffstypenkunde / Kriegsschifftafeln‹

ObdL, Englische und französische Kriegsschiffe, zugleich Anlagenheft zur LDv 91/3 ›Handbuch für Schiffstypenkunde Kriegsschifftafeln‹, August 1943

US Navy Department, Office of Naval Intelligence (ONI): Identification of the german naval vessels, Washington 1941, ferner: ONI-Report 41/42 (japanische Kriegsschiffe) und weitere (amerikanische, britische, italienische, deutsche, französische Kriegsschiffe)

US Naval Technical Mission in Europe, div. Technical Reports

US Navy Department, Division of Naval History, Lebensläufe von Schlachtschiffen und dgl. mehr

Booklets of General Plans — US Battleships — *Prepared in Office of Superintending Constructor — Fore River Shipbuilding Co. usw.*

Ministero della Difesa-Marina, Ufficio Storico, Roma: Diverse Unterlagen (Pläne, Fotos, Berichte usw.)

Firma Krupp: R(üstungs)-Mitteilungen.

Ferner: Berichte, Pläne, Fotos und dgl. aus deutscher, britischer, amerikanischer, französischer, niederländischer, österreichischer, schwedischer, finnischer, exilrussischer und belgischer Privathand, Unterlagen verschiedener in- und ausländischer Werften und Konstruktionsbüros sowie Archivbestände des Verfassers.

REGISTER

Das Register enthält alle in diesem Band abgehandelten Namen von Schiffen, geographischen Ortsbezeichnungen, wichtige politische und militärische Ereignisse, Bezeichnungen von einzelnen wichtigen Waffen und Geräten sowie verschiedene sonstige Begriffe von Wichtigkeit, jeweils mit den zugehörigen Seitenzahlen.

Schiffsnamen (einschl. gleichberechtigter Bezeichnungen) sind in halbfetter Schrift gesetzt; soweit auch Seitenzahlen in halbfetter Schrift erscheinen, verweisen diese auf die speziellen Typendarstellungen. Bei mehreren in diesem Buch genannten Schiffen mit dem gleichen Namen ist zur Unterscheidung das Stapellaufjahr in Klammern dahinter angegeben; das ältere Schiff ist stets dem jüngeren vorangestellt. Soweit ein und derselbe Schiffsname bei verschiedenen Nationen auftritt, gilt die alphabetische Reihenfolge nach der Nationalität. Die Schreibweise russischer Schiffsnamen beruht auf dem vom Internationalen Normen-Ausschuß (ISO-Recommendation U 9) und dem Deutschen Normen-Entwurf (DIN 1460) empfohlenen System.

Die geographischen Ortsbezeichnungen sind nur soweit aufgenommen, wie sie im Zusammenhang mit militärischen Ereignissen während der Kriege oder bedeutsamen Unfällen und dgl. stehen. Liege- und Reparaturhäfen, Stützpunkte und Gasthäfen blieben außer Betracht.

»Op.« bedeutet Operation. Alle weiteren Abkürzungen: Vgl. p. 14—15.

A, dtsch. Schlachtkreuzer **Ersatz Friedrich Carl**: 279, 280, 302—304
A, dtsch. Panzerschiff **Deutschland**: 308
›A‹, Schlachtkreuzer-Projekt von Durand-Viel, frz.: 441, **455—456**
›A‹, jap. Schlachtschiff-Entwurf: 385
A, oe. Schlachtschiff: **435—437**
›A-140‹, jap. Schlachtschiff-Entwurf: 385
Aalandsee, Havarieort: 283
Abercrombie (1915), brit. Monitor: 473
Abercrombie, (1942) brit. Monitor: 169
›Able‹, Atomwaffen-Test: 221, 225, 229, 233, 254, 275, 370
Acasta, brit. Zerstörer: 313
Achilles, brit. Leichter Kreuzer: 308
Acworth, brit. Seeoffizier: 93
Aden, brit. Stützpunkt: 168
Admiral Graf Spee, dtsch. Panzerschiff: 175, 278, 279, 280, **307—313**, 457
Admiral Hipper, dtsch. Schwerer Kreuzer: 111
Admiral Lazarev, russ. Panzerschiff: 36
Admiral Scheer, dtsch. Schwerer Kreuzer ex Panzerschiff: 204, 277, 278, 279, 280, **307—313**, 319
Admiral Spiridov, russ. Panzerschiff: 36
›Adolf-Kanonen‹, dtsch.: 327
Aetos-Kl., griech. TBoote: 450
AG 16, us. Schlachtschiff **Utah**: **219—220**
AG 17, us. Schlachtschiff **Wyoming**: 221
Agamemnon, brit. Linienschiff: 130, 133
Agincourt (∞), brit. Schlachtschiff: 129, 155, **159—168**
Agincourt ×**Sultan Osman I.** ×**Rio de Janeiro**, brit. Schlachtschiff: 125, 130, 131, **156—158**, 345, 467
Aitape, Op. gegen: 266
Ajax, brit. Schlachtschiff: 128, 129, 130, **149—151**
Ajax, brit. Leichter Kreuzer: 308, 407

Akagi, jap. Schlachtkreuzer bzw. ⚓-Träger: 77, 86, 87, 92, 351, 352, 353, 375, **377—380**
Aki, jap. Linienschiff: 54, 351, 353, **355—356**, 357
Akron, us. Marineluftschiff: 449
Aktium, Seeschlacht vor: 25
Alabama (BB 60), us. Schlachtschiff: 210, 213, **263—266**
Alaska (CB 1), us. Schlachtkreuzer: 99, 208, 210, 213, 221, **271—273**, 391
Alderney, Beschießung von Zielen auf: 196
Aleuten, Op. gegen: 229, 233, 237, 238, 243, 365
Alexander, A.V., brit. Marineminister: 98
Alexandra, brit. Panzerschiff: 37
Alexandria, Verlustposition: 159
Alexandria-Malta, Convoyroute: 168
Alexandrino de Alcencar, bras. Vizeadmiral: 156
Alfonso XIII., sp. Schlachtschiff: 347, **348—349**
Alfredo Cappellini, ital. Monitor: 405
Algeciras, Beschießung von: 348
Algier, nördl. von, Verlustposition: 168
Alma-Kl., frz. Korvetten: 39
Almeria, Beschießung von: 307
Almirante Cochrane, chil. Schlachtschiff: 130, 168, 468, **469—471**
Almirante Latorre, chil. Schlachtschiff: 130, 168, 468, **469—471**
Alsace, frz. Schlachtschiff-Projekt: **464—465**
Amagi, jap. Schlachtkreuzer: 87, 350, 351, 352, 353, 374, **377—380**
Amboina, Op. gegen: 357
Amethyst, brit. Kreuzer: 56
Amiral Baudin, frz. Panzerschiff: 40
Amiral Charner-Kl., frz. Panzerkreuzer: 58
Amiral Duperré, frz. Panzerschiff: 39, 40
›AN/SPS 8 A‹, us. Radar: 239, 270
›An/SPS 10‹, us. Radar: 270
›AN/SPS 12‹, us. Radar: 270

Ancona, Beschießung von: 433
Andamanen, Op. gegen: 459
Andes, brit. Fahrgastschiff: 188
Andrea Doria, ital. Schlachtschiff: 395, **402—404**
Andrej Pervozvannyi, russ. Linienschiff: 413, 416, 420
Anson (∞), brit. Schlachtkreuzer: 130, 132, **188—192**, 197
Anson (1940), brit. Schlachtschiff: 128, 129, 132, 149, **200—204**
Antonius, röm. Feldherr. 26
Aquitania, brit. Fahrgastschiff: 188
Arado ›Ar 196‹, dtsch. Bordflugzeug: 278
Arashi, jap. Zerstörer: 377
Archangel'sk, sowj. Schlachtschiff: 169, 413, 415, 427
Archerfish (SS 311), us. UBoot: 383
Arc Royal, brit. ✈-Träger: 319
Ardent, brit. Zerstörer: 313
Argus, brit. ✈-Träger: 183
Arizona (BB 39), us. Schlachtschiff: 105, 212, **233—237**
Arkansas (BB 33), us. Schlachtschiff: 71, 212, **221—224**, 261
Arminius, preuß. Panzerfahrzeug: 33
Asdic-Geräte, brit.: 109
Astoria (CL 90), us. Leichter Kreuzer: 229
Atago, jap. Schlachtkreuzer: 77, 352, 353, **377—380**
Atlantic-Charta, Verkündung der: 200
Atlantikflotte, brit.: 128
Atlantikflotte, us.: 210
Atombomben, Versuche mit: 112, 221, 225, 229, 233, 234, 254, 275, 370, 371
Attrappenschiffe, brit.: 129, 151
Aube, frz. Admiral: 44, 57
Audacious, brit. Schlachtschiffe: 81, 128, 129, 130, **149—151**
Audenet, frz. Schiffbau-Ing.: 32
Australia, brit. Schlachtkreuzer: 67, 126, 128, 129, 130, **142—144**
Australien-Neuseeland-England, brit. Convoyroute: 188
Aventurier-Kl., frz. TBoote: 450
Azoren, nördl.: Verlustposition: 344

B, dtsch. Schlachtschiff **Nassau**: 283, 380
B, dtsch. Panzerschiff **Admiral Scheer**: 308
B, dtsch. ✈-Träger: 330
›B‹, Schlachtkreuzer-Projekt von Durand-Viel, frz.: 441, **455—456**
B, oe. Schlachtschiff: **435—437**
›B₂‹, jap. Schlachtschiff-Entwurf: 385
›B-64‹, ›B-65‹, jap. Schlachtkreuzer-Projekte: 350, 351, 352, **391—392**
Baden (1880), dtsch. Panzerschiff: 286
Baden, (1915) dtsch. Schlachtschiff: 279, 280, **300—302**
Bäreninsel, Seegefecht bei der: 307
›Baker‹, Atomwaffen-Test: 221, 225, 229, 233, 254, 275, 370
Baltimore (CA 68), US. Schwerer Kreuzer: 271
Baltische Inseln, Op. gegen: 290, 293, 294, 296, 300
Bardia, Beschießung von: 160, 168, 446
Barham, brit. Schlachtschiff: 105, 128, 129, 131, **159—168**, 445, 446, 457

›Batterie Lindemann‹, dtsch.: 327
Battle-Kl., brit. Zerstörer: 204
Bayern (1878), dtsch. Panzerschiff: 286
Bayern (1915), dtsch. Schlachtschiff: 74, 76, 95, 276, 277, 279, 280, **300—302**, 327
BB 18, us. Linienschiff **Connecticut**: 209, 212, **214**
BB 19, us. Linienschiff **Louisiana** (1904): 209, 212, **214**
BB 20, us. Linienschiff **Vermont**: 209, 212, **214**
BB 21, us. Linienschiff **Kansas**: 209, 212, **214**
BB 22, us. Linienschiff **Minnesota**: 209, 212, **214**
BB 23, us. Linienschiff **Mississippi**: 214
BB 24, us. Linienschiff **Idaho**: 214
BB 25, us. Linienschiff **New Hampshire**: 209, 212, **214**
BB 26, us. Schlachtschiff **South Carolina**: 209, 210, 211, 212, **214—215**
BB 27, us. Schlachtschiff **Michigan**: 209, 210, 211, 212, **214—215**
BB 28, us. Schlachtschiff **Delaware**: 209, 210, 211, 212, **216—217**
BB 29, us. Schlachtschiff **North Dakota**: 209, 210, 211, 212, **216—217**
BB 30, us. Schlachtschiff **Florida**: 209, 210, 211, 212, **219—221**
BB 31, us. Schlachtschiff **Utah**: 209, 210, 211, 212, **219—221**
BB 32, us. Schlachtschiff **Wyoming**: 209, 210, 211, 212, **221—224**
BB 33, us. Schlachtschiff **Arkansas**: 209, 210, 211, 212, **221—224**
BB 34, us. Schlachtschiff **New York**: 209, 210, 211, 212, **225—228**
BB 35, us. Schlachtschiff **Texas**: 209, 210, 211, 212, **225—228**
BB 36, us. Schlachtschiff **Oklahoma**: 209, 210, 211, 212, **229—233**
BB 37, us. Schlachtschiff **Nevada**: 209, 210, 211, 212, **229—233**
BB 38, us. Schlachtschiff **Pennsylvania**: 209, 210, 211, 212, **233—237**
BB 39, us. Schlachtschiff **Arizona**: 209, 210, 211, 212, **233—237**
BB 40, us. Schlachtschiff **New Mexico**: 209, 210, 211, 212, **237—243**
BB 41, us. Schlachtschiff **Mississippi**: 209, 210, 211, 212, **237—243**
BB 42, us. Schlachtschiff **Idaho**: 209, 210, 211, 212, **237—243**
BB 43: us. Schlachtschiff **Tennessee**: 209, 210, 211, 212, **243—247**
BB 44, us. Schlachtschiff **California**: 209, 210, 211, 212, **243—247**
BB 55, us. Schlachtschiff **North Carolina** (1940): 209, 211, 213
BB 45, us. Schlachtschiff **Colorado**: 209, 210, 211, 213, **247—252**
BB 46, us. Schlachtschiff **Maryland**: 209, 210, 211, 213, **247—252**
BB 47, us. Schlachtschiff **Washington** (∞): 209, 210, 211, 213, **247—252**
BB 48, us. Schlachtschiff **West-Virginia**: 209, 210, 211, 213, **247—252**
BB 49, us. Schlachtschiff **South Dakota** (∞): 209, 210, 211, 213, **252—253**
BB 50, us. Schlachtschiff **Indiana** (∞): 209, 210, 211, 213, **252—253**
BB 51, us. Schlachtschiff **Montana** (∞): 209, 210, 211, 213, **252—253**
BB 52, us. Schlachtschiff **North Carolina** (∞): 209, 210, 211, 213, **252—253**
BB 53, us. Schlachtschiff **Iowa** (∞): 209, 210, 211, 213, **252—253**

BB 54, us. Schlachtschiff **Massachusetts** (∞): 209, 210, 211, 213, 252—253
BB 55, us. Schlachtschiff **North Carolina** (1940): 209, 211, 213, 260—262
BB 56, us. Schlachtschiff **Washington** (1940): 209, 211, 213, 260—262
BB 57, us. Schlachtschiff **South Dakota** (1941): 209, 211, 213, 263—266
BB 58, us. Schlachtschiff **Indiana** (1941): 209, 211, 213, 263—266
BB 59, us. Schlachtschiff **Massachusetts** (1941): 209, 211, 213, 263—266
BB 60, us. Schlachtschiff **Alabama** (1942): 209, 211, 213, 263—266
BB 61, us. Schlachtschiff **Iowa** (1942): 209, 211, 213, **266—271**
BB 62, us. Schlachtschiff **New Jersey**: 209, 211, 213, **266—271**
BB 63, us. Schlachtschiff **Missouri**: 209, 211, 213, **266—271**
BB 64, us. Schlachtschiff **Wisconsin**: 209, 211, 213, **266—271**
BB 65, us. Schlachtschiff **Illinois**: 209, 211, 213, **266—271**
BB 66, us. Schlachtschiff **Kentucky**: 209, 211, 213, **266—271**
BB 67, us. Schlachtschiff **Montana** (∞): 209, 210, 211, 213, **273—275**
BB 68, us. Schlachtschiff **Ohio**: 209, 210, 211, 213, **273—275**
BB 69, us. Schlachtschiff **Maine**: 209, 210, 211, 213, **273—275**
BB 70, us. Schlachtschiff **New Hampshire**: 209, 210, 211, 213, **273—275**
BB 71, us. Schlachtschiff **Louisianna**: 209, 210, 211, 213, **273—275**
BBG 1, us. Schlachtschiff **Kentucky**: **266—271**
Béarn, frz. Schlachtschiff bzw. ⚓-Träger: 87, 92, 440, 441, **450—453**
Beatty, David, brit. Admiral: 84
Beatty, brit. Schlachtschiff: **200—204**
Bellerophon (1907), brit. Schlachtschiff: 64, 66, 125, 126, 127, 128, 129, 130, 136, **137—139**
Bellerophon (∞) → brit. Schlachtschiff **Thunderer** (∞): 204—206
Benbow (1895), brit. Linienschiff: 59
Benbow (1913), brit. Schlachtschiff: 81, 130, **151—153**
Benedetto Brin, ital. Schiffbaukonstrukteur: 40
Benedetto Brin, ital. Linienschiff: 83
Bengasi, Beschießung von: 396
Bennett, brit. Seeoffizier: 93
Berlin, geplanter Vorstoß gegen: 181
Berlin, dtsch. Hilfskreuzer: 149
Bertin, Emile, frz. Konstrukteur: 410
Béveziers, frz. UBoot: 169
Bikini-Atoll, Kernwaffenversuche beim: 112, 225, 229, 233, 254, 275, 370
Bismarck, Otto von, dtsch. Reichskanzler: 70
Bismarck, dtsch. Schlachtschiff: 96, 97, 99, 100, 102, 103, 105, 109, 110, 111, 168, 175, 176, 188, 195, 196, 200, 201, 204, 276, 277, 278, 279, 281, **319—324**, 327, 333, 424, 426, 427
Bizerta, Internierungsort: 421
Blackburn ›Ripon‹, brit. Bordflugzeug: 127

Black Prince, brit. Panzerfregatte: 33
Blake-Kl., brit. Kreuzer: 58
Blücher, dtsch. Panzerkreuzer: 65, 304
Bodö, Op. gegen: 200
Boise (CL 47), us. Leichter Kreuzer: 365
Bonin-Inseln, Op. gegen: 260, 263
Borneo, Op. gegen: 357
Borodino (1901), russ. Linienschiff: 53, 416
Borodino (1915), russ. Schlachtkreuzer: 72, 73, 412, 413, 414, 415, **423—425**
Bosporus, Op. gegen: 421
Bougainville, Op. gegen: 254
Bourgogne, frz. Schlachtschiff-Projekt: **464—465**
Bouvet, frz. Linienschiff: 83
Brandenburg, dtsch. Panzerschiff: 40, 48, 49, 54, 55, 64
Braunschweig-Kl., dtsch. Linienschiffe: 51, 64, 282, 305
Bremse, dtsch. kleiner Kreuzer: 423
Brennero, ital. Flottentanker: 95, 402
Breslau, dtsch. Kleiner Kreuzer: 68, 421
Brest, Beschießung von: 160
Bretagne, frz. Schlachtschiff: 111, 433, 440, 441, **445—449**, 456
Britannia, brit. Linienschiff: 83
Britische Ostküste, Vorstoß gegen: 287, 293, 294, 296, 300
British Eastern Fleet: 128, 459
British East Indies Fleet: 128
British Pacific Fleet: 128
Brooklyn (CL 40), us. Leichter Kreuzer: 261
Brummer, dtsch. Kleiner Kreuzer: 423
Bürkner, Hans, dtsch. Konstrukteur: 63
Bulgarische Küste, Op. vor: 421
Bulwark, brit. Linienschiff: 83
Bungo-Straße, Verlustposition: 374

C, dtsch. Panzerschiff **Admiral Graf Spee**: 308
C, oe. Schlachtschiff: **435—437**
C 34, brit. UBoot: 135
Cabot (CVL 28), us. ⚓-Träger: 383
Caen, Beschießung von Zielen bei: 196
Caiman, frz. Panzerschiff: 44
Caio Duilio (1913), ital. Schlachtschiff: 68, 104, 393, 394, 395, **402—404**
Cairo, Konferenz zu: 175
California (BB 44), us. Schlachtschiff: 76, 105, 210, 212, **243—247**, 250, 365
Camden (AOE 2), us. Flottentanker: 267
Canada-England, Convoyroute: 168, 175
Canada, brit. Schlachtschiff: 125, 130, 131, **168**, **469—471**
Canopus-Kl., brit. Linienschiffe: 48
Cape Fear River (nahe Wilmington/USA): 260
Cape Henry, Verlustposition: 260, 287
Captain, brit. Panzerschiff: 38, 41
Capuzzo, Beschießung von: 160
Caracciolo-Kl., ital. Schlachtschiffe: 453
Carnot, frz. Linienschiff: 48, 446

Cartagena, Verlustposition: 348
Casablanca, Op. gegen und im Abschnitt von: 225, 459
Catania, Beschießung von: 160
›Catapult‹, Op.: 111
›Catharina‹, Operationsplan: 109, 171
Cattaro, Beschießung von: 442
CB 1, us. Schlachtkreuzer **Alaska**: 209, 211, 213, **271—273**
CB 2, us. Schlachtkreuzer **Guam**: 209, 211, 213, **271—273**
CB 3, us. Schlachtkreuzer **Hawaii**: 209, 211, 213, **271—273**
CB 4, us. Schlachtkreuzer **Philippines**: 209, 211, 213, **271—273**
CB 5, us. Schlachtkreuzer **Puerto Rico**: 209, 211, 213, **271—273**
CB 6, us. Schlachtkurezer **Samoa**: 209, 211, 213, **271—273**
CBC 1, us. Schlachtkreuzer **Hawaii**: **271—273**
CC 1, us. Schlachtkreuzer **Lexington**: 209, 210, 211, 213, **254—260**
CC 2, us. Schlachtkreuzer **Constellation**: 209, 210, 211, 213, **254—260**
CC 3, us. Schlachtkreuzer **Saratoga**: 209, 210, 211, 213, **254—260**
CC 4, us. Schlachtkreuzer **Ranger**: 209, 210, 211, 213, **254—260**
CC 5, us. Schlachtkreuzer **Constitution**: 209, 210, 211, 213, **254—260**
CC 6, us. Schlachtkreuzer **United States**: 209, 210, 211, 213, **254—260**
Celebes, Op. gegen: 357
Centurion, brit. Schlachtschiff: 128, 129, 130, **149—151**
Červona Ukraina, sowj. Leichter Kreuzer: 426
Česarevic, russ. Linienschiff: 49, 50, 52, 53
Česma, russ. Linienschiff: 423
Ceuta, Beschießung von: 348
Ceylon, Op. gegen: 357, 359, 377
Channel Force, brit.: 128
Charles Martel, frz. Linienschiff: 446
Charleston-Kl., us. Panzerkreuzer: 58
Chen Yuen, chines. Panzerschiff: 47
Cheops, dtsch. Panzerschiff **Prinz Albert**: 39
Cherbourg, Beschießung von: 168, 221, 225, 229
Cherbourg, Küstenverteidigung nahe bei: 443
Chicago (CA 29), us. Schwerer Kreuzer: 210
China-Küste, Op. gegen: 266
Christiaan Huygens, ndl. Transporter: 149
Christian VIII., dän. (Segel-)Linienschiff: 30
Churchill, Winston, brit. Politiker: 74, 75, 85, 97, 98, 99, 100, 109, 175, 195, 200
Clémenceau, frz. Schlachtschiff: 330, 439, 440, 441, **459—464**
Clermont, us. Dampfschiff: 29
Clyde, brit. UBoot: 313
Cobra, brit. Zerstörer: 56
Coles, brit. Seeoffizier: 33, 35, 38, 41
Collingwood, brit. Schlachtschiff: 128, 129, 130, 139
Colorado (BB 45), us. Schlachtschiff: 76, 213, **247—252**
Colossus, brit. Schlachtschiff: 66, 125, 126, 128, 129, 130, **144—145**, 146
Columbus (CA 74), us. Schwerer Kreuzer: 365

›Committee on Designs‹, brit.: 134, 136
Condorcet, frz. Linienschiff: **442—443**
Congress, us. Fregatte (Nordstaaten): 35
Connecticut (BB 18), us. Linienschiff: 212, **214**, 482
Conqueror (1911), brit. Schlachtschiff: 128, 130, **145—147**
Conqueror (∞), brit. Schlachtschiff: 98, 128, 129, 132, **204—206**
Constellation (CC 3), us. Schlachtkreuzer: 213, **254—260**
Constitution, chil. Schlachtschiff: 168, **469—471**
Constitution (CC 5), us. Schlachtkreuzer: 213, **254—260**
Conte di Cavour, ital. Schlachtschiff: 68, 105, 393, 394, 395, **398—402**, 404, 410
Coolidge, Calvin, us. Präsident: 87
Coral Sea (CVB 43), us. ✈-Träger: 273
Cornwallis, brit. Linienschiff: 83
Coronel, Seegefecht bei: 135, 136
Courageous, brit. Schlachtkreuzer bzw. ✈-Träger: 75, 92, 125, 126, 127, 130, 131, **181—188**, 189, 206
Courbet, frz. Schlachtschiff: 438, 440, 441, **443—445**, 446, 452, 465
Couronne, frz. Panzerschiff: 32, 33
Cristoforo Colombo, ital. Schlachtschiff: 395, **405—406**
›Crossroad‹, Op.: 112
Cumberland, us. Fregatte (Nordstaaten): 35, 36
Cuniberti, Vittorio, ital. Konstrukteur: 54, 55, 67, 396, 397, 417
Curtiss SC-1 ›Seahawk‹, us. Bordflugzeug: 210
Curtiss-SO 3 C-2 ›Seamew‹, us. Bordflugzeug: 210
Curtiss-SOC 4 ›Seagull‹, us. Bordflugzeug: 210
Curzon, Lord, brit. Politiker: 78
Cushing (DD 376), us. Zerstörer: 359
CV 2, us. ✈-Träger **Lexington**: **254—260**
CV 3, us. ✈-Träger **Saratoga**: **254—260**
CVB 44, us. ✈-Träger: 273
CVB 56—57, us. ✈-Träger: 273
›CXAM‹, us. Radar: 210, 211
›CXZ‹, us. Radar: 210, 227

›**D**‹, dtsch. Schlachtschiff **Westfalen**: 195, 283
D, dtsch. Panzerschiff-Projekt: 308
D, oe. Schlachtschiff: **435—437**
Dänemarkstraße, Gefecht in der: 319
Dänische Westküste, Vorstoß bis Höhe: 292, 293, 294, 296
Dakar, Op. gegen: 160, 169, 459
Dandolo, ital. Schlachtschiff: 405
Dante Alighieri, ital. Schlachtschiff: 67, 68, 393, 394, 395, **397—398**, 435
Danton, frz. Linienschiff: 67, 83, **442—443**, 457
Dardanellen, Op. in den: 81, 133, 136, 142, 159, 181, 182, 292, 304, 396, 421
de Bacellar, bras. Admiral: 156
Defender, brit. Zerstörer: 200
de Laval, Gustav, schwed. Ingenieur: 56
Delaware (BB 28), us. Schlachtschiff: 67, 86, 208, 212, **216—217**, 219, 221, 225, 230
Delhi, → brit. Schlachtschiff **Emperor of India**: 151

Demokratija, russ. Schlachtschiff: **422—423**
Demologos, us. Kanonenboot: 29
Denby, us. Marinestaatssekretär: 87
Denver (CL 58), us. Leichter Kreuzer: 365
Derfflinger, dtsch. Schlachtkreuzer: 67, 74, 79, 146, 188, 276, 277, 279, 280, 291, **297—300**, 304
Derna, Beschießung von: 396
Derna, ital. Frachter: 149
de **Ruyter**, ndl. Admiral: 29
›**DeTe-Gerät**‹, dtsch.: 278
Deutsch-Britischer Flottenvertrag: 315, 320, 460
Deutsche Bucht, Seegefecht am 28. 8. 1914 in der: 135, 143, 146, 289, 290, 292
Deutsche Bucht, Seegefecht am 17. 11. 1917 in der: 143, 146, 155, 175, 181, 182, 293, 297
›**Deutsches Technisches Gerät**‹, dtsch.: 278
Deutschland (1904), dtsch. Linienschiff: 64, 277, 279, **282**, 283, 305
Deutschland (1931), dtsch. Panzerschiff: 88, 45, 102, 276, 277, 278, 279, 280, **307—313**, 314, 324
Dévastation, frz. Panzerschiff: 31, 32, 37
Devastation, brit. Panzerschiff: 43, 44
Devonshire-Kl., brit. Panzerkreuzer: 58
Diadem-Kl., brit. Kreuzer: 58
Diderot, frz. Linienschiff: **442—443**
Diego Suarez, Beschießung von: 168
Dietrich, Alfred, dtsch. Konstrukteur: 49
di Saint Bon, ital. Admiral: 42
Doggerbank, Seeschlacht auf der: 136, 143, 146, 155, 290, 292, 297
Doggerbank, Vorstoß gegen die: 287, 293, 294, 296
Doria, Andrea, genues. Admiral: 30
Doria (1885), ital. Panzerschiff: 43
Dorsetshire, brit. Schwerer Kreuzer: 105, 319
Drake, John P., brit. Ingenieur: 30
Dreadnought (1879), brit. Panzerschiff: 43
Dreadnought (1906), brit. Schlachtschiff: 57, 61, 62, 64, 65, 66, 67, 69, 102, 125, 126, 128, 129, 130, **133—135**, 136, 138, 139, 144, 153, 214, 216, 283, 344
Dröbak-Enge, Op. in der: 307
›**D-steel**‹: 196
Dünkirchen, Reede von, Op. auf: 170
Dugueslin, frz. Panzerkreuzer: 57
Duilio-Kl. (1876/78), ital. Panzerschiffe: 40, 42, 43, 44
Duke of York, brit. Schlachtschiff: 111, 128, 129, 132, **200—204**, 313
Duncan, brit. Linienschiff: 64
Dunkerque, frz. Schlachtschiff: 88, 93, 95, 96, 201, 314, 398, 405, 406, 438, 439, 440, 441, **457—459**, 460
Dunning, E. H., brit. Squadron-Commander: 183
Dupuy de Lôme, franz. Schiffbaukonstrukteur: 31, 32
Dupuy de Lôme, frz. Panzerkreuzer: 49, 58
Duquesne, frz. Schlachtschiff: 440, 441, **453—454**
Durand-Viel, frz. Konstrukteur: 455

Durazzo, Beschießung von: 397
Dzerzinskij, sowj. Sicherungsschiff: 424

E, dtsch. Panzerschiff-Projekt: 308
E 1, brit. UBoot: 290
E 23, brit. UBoot: 283
E 42, brit. UBoot: 290
EAG 128, us. Schlachtschiff **Mississippi** (BB 41): 238
Eagle, brit. ⚓-Träger: 73, 92, 168, 468, **469—471**
Eaton (DD 510), us. Zerstörer: 267
Eckernförde, Seegefecht vor: 30
Eden, brit. Zerstörer: 56
Edsall (DD 219), us. Zerstörer: 359
Edward III., brit. König: 26
›**Einmottung**‹ von US-Schlachtschiffen: 210
Ekaterina II. (1914), russ. Schlachtschiff: 68, 413, 414, 415, **421—422**
Eleonore Woermann, dtsch. Frachtschiff: 142
Elsaß, dtsch. Linienschiff: 315
Emperor, brit. Geleit-⚓-Träger: 320
Emperor of India, brit. Schlachtschiff: 129, 130, **151—153**
Empress of Britain, brit. Fahrgastschiff: 188
Empress of Canada, brit. Fahrgastschiff: 188
Eniwetok, Op. gegen: 233, 243, 247, 254, 266
Enterprise (CV 6), us. ⚓-Träger: 359, 374, 377, 383
Enterprise (CVA 65), us. ⚓-Träger: 333
Erebus, brit. Monitor: 169, 170
Ericsson, John, schwed.-amerik. Ingenieur: 34, 41
Erin, brit. Schlachtschiff: 73, 125, 129, 131, **158—159**, 467
Ersatz Ägir, dtsch. Schlachtschiff **König Albert**: 294
Ersatz Beowulf, dtsch. Schlachtschiff **Thüringen**: 287
Ersatz Brandenburg, dtsch. Schlachtschiff **Kronprinz (Wilhelm)**: 296
Ersatz Braunschweig, dtsch. Panzerschiff **Admiral Graf Spee**: 308
Ersatz Budapest, oe. Schlachtschiff: **435—437**
Ersatz Freya, dtsch. Schlachtkreuzer: 279, 280, **302—304**
Ersatz Friedrich Carl, dtsch. Schlachtkreuzer: 279, **302—304**
Ersatz Frithjof, dtsch. Schlachtschiff **Oldenburg**: 287
Ersatz Gneisenau, dtsch. Schlachtkreuzer: 279, 280, **304—305**
Ersatz Habsburg, oe. Schlachtschiff: **435—437**
Ersatz Hagen, dtsch. Schlachtschiff **Kaiserin**: 294
Ersatz Heimdall, dtsch. Schlachtschiff **Friedrich der Große**: 294
Ersatz Hildebrand, dtsch. Schlachtschiff **Kaiser**: 294
Ersatz Kurfürst Friedrich Wilhelm, dtsch. Schlachtschiff **Großer Kurfürst**: 296
Ersatz Lothringen, dtsch. Panzerschiff **Admiral Scheer**: 308
Ersatz Monarch, oe. Schlachtschiff: 75, 405, 431, 432, **435—437**
Ersatz Odin, dtsch. Schlachtschiff **Prinzregent Luitpold**: 294
Ersatz Oldenburg, dtsch. Schlachtschiff **Ostfriesland**: 287
Ersatz Preußen, dtsch. Panzerschiff **Deutschland**: 308
Ersatz Scharnhorst, dtsch. Schlachtkreuzer: 279, 280, **304—305**
Ersatz Siegfried, dtsch. Schlachtschiff **Helgoland**: 287
Ersatz Weißenburg, dtsch. Schlachtschiff **Markgraf**: 296
Ersatz Wien, oe. Schlachtschiff: **435—437**

Ersatz Yorck, dtsch. Schlachtkreuzer: 276, 277, 279, 280, 304—305, 314
Erzherzog Franz Ferdinand, oe. Linienschiff: 432, **433**
España, sp. Schlachtschiff: 69, 347, **348—349**
España ×**Alfonso XIII.**, sp. Schlachtschiff: 348
Essex (CV 9), us. ⚓-Träger: 271
Evstafi, russ. Linienschiff: 416
Exeter, brit. Schwerer Kreuzer: 308

F, dtsch. Schlachtschiff **Rheinland**: 283
F, dtsch. Schlachtschiff **Bismarck**: 320
›**F**‹, jap. Schlachtschiff-Entwurf: 388
›**F₃**‹, jap. Schlachtschiff-Entwurf: 388
›**F₄**‹, jap. Schlachtschiff-Entwurf: 388
›**F₅**‹, jap. Schlachtschiff-Entwurf: 388
Faa di Bruno, ital. Monitor: 405
Fairey ›**III F**‹, brit. Bordflugzeug: 127
Fairey ›**Swordfish I**‹, brit. Bordflugzeug: 127
Falkland-Inseln, Seeschlacht bei den: 60, 75, 136, 176
Fatikh, türk. Schlachtschiff: 466, **467**
›**FD**‹, us. Feuerleitgerät: 247
Fencer, brit. Geleit-⚓-Träger: 320
Ferdinand Max, oe. Panzerschiff: 36, 37
Fernando El Catolica, sp. Korvette: 36
Finis Belli, ndl. Galeone: 30
Finnland, Befreiung von: 283
Firth of Forth, brit. Flottenstützpunkt: 146
Fisher, Lord, brit. Admiral: 55, 56, 59, 60, 62, 63, 66, 75, 97, 134, 155, 169, 176, 181, 182, 188, 192
Flandern, Op. gegen: 181
Flandre (1914), frz. Schlachtschiff: 441, 442, **450—453**
Flandre (∞), frz. Schlachtschiff-Projekt: **464—465**
Florida (BB 30), us. Schlachtschiff: 208, 212, **219—221**
›**Force G**‹, brit.: 128
›**Force H**‹, brit.: 128, 398, 404, 407
Formidable, brit. Linienschiff: 64, 83
Formidable, brit. ⚓-Träger: 320, 407
Formosa, nw., Verlustposition: 357
Formosa, Op. gegen: 200, 260, 263, 266, 267
France, frz. Schlachtschiff: 433, 440, 441, **443—445**, 456, 457
France, → frz. Schlachtschiff **Richelieu**: 460
Franceso Caracciolo, ital. Schlachtschiff: 75, 393, 394, 395, **405—406**
Francesco Morosini, ital. Schlachtschiff: 395, **405—406**
Franklin (CV 13), us. ⚓-Träger: 271
Franklin D. Roosevelt (CVB 42), us. ⚓-Träger: 273
Französisch-Indochina, Einsatz vor: 450, 459
Französisch-Nordwestafrika, Landung in: 225, 263
Frauenburg, Artillerieeinsatz vor: 307, 308
Freetown-Capetown, Convoyroute: 160
Freetown-England, Convoyroute: 160
Freya, dtsch. Kreuzer II. Kl.: 304
Friedrich der Große, dtsch. Schlachtschiff: 279. **293—295**
Friedrich Wilhelm zu Pferde, kurbrandenburg. Fregatte: 30

Fulton, Robert, us. Ingenieur: 29
›**Fünf-Ozean-Flottenbaugesetz**‹, us. Bauprogramm: 99
Fürst Bismarck (1897), dtsch. Panzerkreuzer: 49, 58
Fürst Bismarck, dtsch. Schlachtkreuzer: 302
Furious, brit. Schlachtkreuzer bzw. ⚓-Träger: 75, 76, 92, 126, 130, 131, **181—188**, 195, 320
Fujimoto, Kpt. z. S., Schlachtschiff-Entwurf von: 354, **380—383**, 384
Fuso, jap. Schlachtschiff: 73, 77, 92, 110, 350, 351, 352, 353, **365—367**, 374

G, dtsch. Schlachtschiff **Tirpitz**: 320
›**G**‹, jap. Schlachtschiff-Entwurf: 385
›**G₀—A**‹, jap. Schlachtschiff-Entwurf: 388
›**G₁ A**‹, jap. Schlachtschiff-Entwurf: 385
›**G₂—A**‹, jap. Schlachtschiff-Entwurf: 388
G 38, dtsch. TBoot: 297
Galathea, dän. Korvette: 30
Gambier Bay (CVE 73), us. Geleit-⚓-Träger: 357, 370, 383
Gangut, russ. Schlachtschiff: 68, 161, 397, 412, 413, 414, 415, **417—421**, 422, 423, 429
Gard, W. H., brit. Konstrukteur: 55, 56, 59, 134
Gascogne (1914), frz. Schlachtschiff: 440, 441, **450—453**
Gascogne (∞), frz. Schlachtschiff: 330, 438, 439, 440, 441, **464—465**
Gaulois, frz. Linienschiff: 83
Gefion, dän. Fregatte: 30
General-Admiral, russ. Panzerfregatte: 57
General Alekseev, russ. Schlachtschiff: **421—422**
General Wolfe, brit. Monitor: 188
Genf, Konferenz von: 87, 95
Genua, Beschießung von: 175
Georgia-Kl., us. Linienschiffe: 48
Georgios Averoff, gr. Panzerkreuzer: 345, 473
Gervaize, frz. Ingenieur: 31
Gibbs & Cox, us. Schiffbaubüro: 98, 424, 426
Gibraltar, Belagerung von: 30
Gilbert-Inseln, Op. gegen die: 233, 260, 263
Gille, frz. Konstrukteur: 455
Gironde-Mündung, Blockadestellung in der: 446
›**Gittermast**‹, us: 216
Giulio Cesare, ital. Schlachtschiff: 395, **398—402**, 413, 427
Giuseppe Garibaldi, ital. Leichter Kreuzer: 410
Giuseppe Mazzini, ital. Schlachtschiff: 405
Gloire, frz. Panzerschiff: 32, 33
Glorious, brit. Schlachtkreuzer bzw. ⚓-Träger: 75, 92, 129, 131, 177, **181—188**, 206, 313
Gloucester (1909), brit. Kleiner Kreuzer: 290
Gloucester (1937), brit. Leichter Kreuzer: 407
Gneisenau (1906), dtsch. Panzerkreuzer: 62, 65, 304
Gneisenau (1936), dtsch. Schlachtschiff: 96, 104, 109, 111, 160, 168, 175, 176, 181, 188, 195, 196, 277, 278, 279, 281, 308, **313—319**, 457
Gneisenau, dtsch. Fahrgastschiff: 334

Goeben, dtsch. Schlachtkreuzer: 68, 81, 279, **290—292**, 413, 421, 466, 467
Goffredo Mameli, ital. Schlachtschiff: **405—406**
Goodall, Sir Stanley, brit. Konstrukteur: 206
Gotenhafen, Verlustposition: 282, 314
Gotenhafen-Danzig, Artillerieeinsatz im Raum vor: 307
Gourdou-Leseurre GL 810, frz. Bordflugzeug: 440
Graf Spee, dtsch. Schlachtkreuzer: 279, 280, **302—304**
Graf Zeppelin, dtsch. ⚓-Träger: 330, 334
Grand Fleet, brit.: 128, 210
Großer Kurfürst (1875), dtsch. Panzerschiff: 36
Großer Kurfürst, dtsch. Schlachtschiff: 279, 280, **294—297**
Guadalcanal, Op. um und gegen: 254, 260, 263, 357, 359
Guam, Op. gegen: 233, 237, 238, 243, 247, 260, 263, 266
Guam (CB 2), us. Schlachtkreuzer: 213, **271—273**
Guieysse, frz. Ingenieur: 31
Gustav V., schwed. Küstenpanzerschiff: 91

H, dtsch. Schlachtschiff-Projekt: 97, 104, 276, 277, 279, 281, **325—329**, 333, 334, 426
H, Entwurf ›A‹ von 1940: dtsch. Schlachtschiff-Projekt: 281, **333—342**
H, Entwurf ›B‹ von 1940, dtsch. Schlachtschiff-Projekt: 281, **333—342**
›**H 41**‹, dtsch. Schlachtschiff-Projekt: 281, **333—342**
›**H 42**‹, dtsch. Schlachtschiff-Projekt: 281, **333—342**
›**H 43**‹, dtsch. Schlachtschiff-Projekt: 281, **333—342**
›**H 44**‹, dtsch. Schlachtschiff-Projekt: 281, **333—342**
Haddock (SS 231), us. UBoot: 384
Hagikaze, jap. Zerstörer: 377
Haguro, jap. Schwerer Kreuzer: 459
Haireddin Barbarossa, türk. Panzerschiff: 83
Hainan, Trägerraids gegen: 260
Halifax-England, Convoyroute: 196
Hampton Roads, Seegefecht vor: 35
Handelskriegführung durch dtsch. schwere Einheiten: 307, 308, 313
Hannover, dtsch. Linienschiff: 279, **282**, 320
Harding, us. Präsident: 78
Hartlepool, Beschießung von: 290, 292, 293
Haruna, jap. Schlachtkreuzer: 352, 353, **357—364**
Hatsuse, jap. Linienschiff: 52
Havellock, brit. Monitor: 473
Hawaii (CB 3), us. Schlachtkreuzer: 213, **271—273**
Hawker ›Osprey‹, brit. Bordflugzeug: 127
Heinkel ›He-60‹, dtsch. Bordflugzeug: 278
Heinkel ›He-114‹, dtsch. Bordflugzeug: 278
Helgoland, dtsch. Schlachtschiff: 64, 67, 68, 132, 195, 260, 276, 277, 279, **287—289**, 294, 357, 380, 456
Henri IV., frz. Linienschiff: 49, 410
Hercules, brit. Schlachtschiff: 66, 81, 128, 129, 130, **144—145**, 146
Hermes, brit. ⚓-Träger: 129, 459
Hertha, dtsch. Großer Kreuzer: 298

Hessen, dtsch. Linienschiff: 315
Hiei, jap. Schlachtkreuzer: 352, 353, **357—364**
Hindenburg, dtsch. Schlachtkreuzer: 279, 280, **297—300**
Hiraga, Admiral, Schlachtschiff-Entwurf von: 354, **380—383**
Hiroshima-Bucht, Verlustposition: 370
Hitachi, Op. gegen: 200
Hitler, Adolf, dtsch. Reichskanzler: 95, 96, 102, 103, 111, 314, 334, 398
›**HMS Incomparable**‹, brit. Schlachtkreuzer-Projekt: 75, 132, **192—193**
›**HMS Refit**‹, brit. Seemannsjargon für **Renown**-Kl.: 176
›**HMS Repair**‹, brit. Seemannsjargon für **Renown**-Kl.: 176
›**HMS Unapprochable**‹, brit. Panzerkreuzer-Projekt: 59
›**HMS Untakeable**‹, brit. Schlachtschiff-Projekt: 55, 134
Hoare, Sir Samuel, brit. Marineminister: 97
Hoche, frz. Panzerschiff: 40
Hokkaido, Trägerraid gegen: 260, 263, 267
Hollandia, Op. gegen: 263, 266
Home Fleet, brit.: 128
Hongkong, Trägerraids gegen: 260
Hongkong, Besetzung von: 201
Honshu, Trägerraids gegen: 260, 263, 266, 267
Hood, brit. Schlachtkreuzer: 76, 77, 79, 92, 96, 110, 111, 125, 126, 129, 132, 155, **188—192**, 193, 194, 197, 252, 254, 319, 371, 445, 446, 457
Hoofden, Vorstoß in die: 283, 287, 289, 290, 293, 294, 297
Houlgate, Beschießung von: 169
Howe (∞), brit. Schlachtkreuzer: 132, **188—192**, 197
Howe (1940), brit. Schlachtschiff: 128, 129, 132, **200—204**
Huascar, chilen. Panzerfahrzeug: 43
Hughes, Charles E., us. Politiker: 85
Humboldt Bay, Op. gegen: 266
›**Hush-hush-cruiser**‹, brit. Marinejargon für **Courageous**-Kl.: 182
›**HX. 84**‹, brit. Convoy: 308
›**HX-106**‹, brit. Convoy: 168
Hyuga, jap. Schlachtschiff: 73, 77, 92, 350, 351, 352, 353, **367—370**

›**I**‹, jap. Schlachtschiff-Entwurf: 388
I 6, jap. UBoot: 254
I 15, jap. UBoot: 260
I 19, jap. UBoot: 260
I 26, jap. UBoot: 254
I 400, jap. UKreuzer: 383
Ibuki, jap. Panzerkreuzer: 59
Idaho (BB 24), us. Linienschiff: 214
Idaho (BB 42), us. Schlachtschiff: 212, **237—243**
Ikoma, jap. Panzerkreuzer: 59
Ile de Cézembre, Beschießung von: 160
Illinois-Kl., us. Linienschiffe: 48
Illinois (BB 65), us. Schlachtschiff: 213, **266—271**
Illustrious, brit. ⚓-Träger: 398, 402, 407
Imbros, Op. gegen: 290

Imperator Aleksandr III., russ. Schlachtschiff: 304, 414, 415, 421—422
Imperator Nikolaj I. (1889), russ. Panzerschiff: 40
Imperator Nikolaj II., russ. Schlachtschiff: 68, 412, 414, 415, 422—423
Imperator Pavel I., russ. Linienschiff: **416**
Imperatrica Ekaterina II., russ. Schlachtschiff: **421—422**
Imperatrica Marija, russ. Schlachtschiff: 68, 80, 290, 304, 412, 413, 414, 415, **421—422**, 423
Imperieuse, brit. Panzerkreuzer: 54
Impero, ital. Schlachtschiff: 395, **407—411**
Indefatigable, brit. Schlachtkreuzer: 67, 79, 125, 126, 127, 129, 130, **142—144**, 146
Indefatigable, Name für geplanten brit. Schlachtkreuzer: 192—194
Indefatigable, brit. ⚓-Träger: 320
Independence, (CVL 22), us. ⚓-Träger: 383
India, brit. Schlachtschiff: 131, 168, **469—471**
Indiana (BB 50), us. Schlachtschiff: 213, **252—253**
Indiana (BB 58), us. Schlachtschiff: 213, 260, **263—266**
Indochina-Küste, Op. gegen die: 260
Indomitable, brit. Schlachtkreuzer: 81, 128, 129, 130, **135—137**, 146
Indomitable, Name für geplanten brit. Schlachtkreuzer: 192—194
Inflexible (1876), brit. Panzerschiff: 43, 95
Inflexible (1907), brit. Schlachtkreuzer: 75, 81, 128, 129, 130, **135—137**, 176, 468
Inflexible, Name für geplanten brit. Schlachtkreuzer: 192—194
Interventionsfeldzug gegen Bolschewisten: 442, 443
Intrepid (CV 11), us. ⚓-Träger: 383
Invasion an der Normandieküste: 460
Invincible, brit. Schlachtkreuzer: 60, 65, 66, 67, 75, 79, 125, 126, 128, 130, **135—137**, 176, 289, 429
Invincible, Name für geplanten brit. Schlachtkreuzer: **192—194**
Iowa (BB 53), us. Schlachtschiff: 213, **252—253**
Iowa (BB 61), us. Schlachtschiff: 98, 99, 104, 206, 208, 210, 211, 213, 229, 247, **266—271**, 273, 275
Irland, westl., Verlustort: 181
Iron Duke (1871), brit. Panzerschiff: 36
Iron Duke (1912), brit. Schlachtschiff: 74, 125, 126, 129, 130, **151—153**, 446, 469
Irresistible, brit. Linienschiff: 83
Ise, jap. Schlachtschiff: 73, 77, 352, 353, **367—370**
Island, südl., Seegefecht: 313
Island, Landung in: 221, 225
Italia-Kl. (1880/83), ital. Panzerschiffe: 42, 44
Italia ×Littorio, ital. Schlachtschiff: 107, 395, **407—411**
Italienisch-Türkischer Krieg: 396
Ivan Groznyj, → russ. Schlachtschiff **Imperator Nikolaj I. 422—423**
Iwo Jima, Op. gegen: 221, 225, 229, 238, 243, 247, 254, 260, 263, 266, 267, 271
Izmail, russ. Schlachtkreuzer: 414, 415, **423—425**

J, dtsch. Schlachtschiff: 276, 277, 279, 281, **325—329**
J 1, brit. UBoot: 296
›**J₀**‹, jap. Schlachtschiff-Entwurf: 388
›**J₂**‹, jap. Schlachtschiff-Entwurf: 388
›**J₃**‹, jap. Schlachtschiff-Entwürfe: 388
Jaime I., sp. Schlachtschiff: 347
Jan Mayen, Seegefecht bei: 176, 181
Japanisch-Chinesischer Krieg: 47, 59
Jaureguiberry-Kl., frz. Linienschiffe: 50
Java, Op. gegen: 357, 359, 377
Jawus Selim, türk. Schlachtkreuzer: 290, **467**
Jawus Sultan Selim, türk. Schlachtkreuzer: 290, **467**
Jean Bart (1911), frz. Schlachtschiff: 67, 440, 441, **443—445**
Jean Bart (1940), frz. Schlachtschiff: 225, 263, 439, 440, 441, **459—464**
Jeanne d'Arc, frz. Panzerkreuzer: 58
Jellicoe, John R., brit. Admiral: 84, 143
Jellicoe, brit. Schlachtschiff: 129, **200—204**
Jervis Bay, brit. Hilfskreuzer: 308
›**JW. 51 B**‹, brit. Convoy: 307
›**JW. 53 B**‹, brit. Convoy: 313

›**K**‹, dtsch. Schlachtschiff **Helgoland**: 195, 287
K, dtsch. Schlachtkreuzer **Derfflinger**: 298
K, dtsch. Schlachtschiff: 276, 277, 279, 281, **325—329**
›**K**‹, jap. Schlachtschiff-Entwurf: 388
K 21, sowj. UBoot: 319
Kaafjord, Trägerraid gegen: 201
Kaga, jap. Schlachtschiff bzw. ⚓-Träger: 77, 86, 92, 351, 352, 353, **374—377**
Kaiser-Kl. (1874), dtsch. Panzerfregatten: 37
Kaiser-Kl. (1896—1900), dtsch. Linienschiffe: 49, 50, 51
Kaiser (1911), dtsch. Schlachtschiff: 64, 67, 276, 277, 279, 280, **293—295**, 296
Kaiser Barbarossa, dtsch. Panzerschiff: 40
Kaiser Friedrich III., dtsch. Linienschiff: 64, 300
Kaiserin, dtsch. Schlachtschiff: 279, 280, **293—295**
Kaiserin Augusta, dtsch. Kreuzerkorvette: 298
Kaiser Wilhelm II., dtsch. Linienschiff: 300
Kamikaze-Flugzeug, Treffer von: 225, 237, 238, 243, 247, 254, 266
Kanaldurchbruch, dtsch.: 313
Kanalflotte, brit.: 128
›**Kanpon-Linie**‹, jap. Schiffbaumethode: 384
Kansas (BB 21), us. Linienschiff: 212, **214**
Kap Matapan, Seegefecht am: 160, 407
Kap Muroto, Verlustposition: 383
Kap Teulada, Seegefecht beim: 168, 175, 398, 407
Kap Tres Forkas, Verlustposition: 348
Kap Verden, bei, Schadensort: 160
Karasee, Op. in der: 307, 308
Karl V., römisch-deutscher Kaiser: 30
Karlsruhe, dtsch. Kleiner Kreuzer: 136
Kashino, jap. Spezialtransporter: 101, 384

Kasuga, jap. Panzerkreuzer: 52
Kathadin, us. Zielschiff: 216
Kato, jap. Marineminister: 77
Katsura, Graf, jap. Ministerpräsident: 68
Katsuragi, jap. ⚓-Träger: 383
Kavieng, Op. gegen: 237, 238, 243, 260
Kawachi, jap. Schlachtschiff: 68, 80, 350, 351, 352, 363, 356, 357—358
›Kawanishi 94-1‹, jap. Bordflugzeug: 352
›Kawanishi 95‹, jap. Bordflugzeug: 352
Kentucky (BB 66), us. Schlachtschiff: 213, **266—271**
Kerč, Beschießung von Zielen bei: 417
Kerč, sowj. Zerstörer: 421
Keystone ›OL 9‹, us. Bordflugzeug: 210
Kiel, Verlustposition: 308
Kii, jap. Schlachtschiff: 352, 353, **377—380**
Kii, Name für vermutetes jap. Schlachtschiff: 101
Kilkis, griech. Linienschiff: 214, 238
Kinburn, Op. gegen: 31
Kinburn, russ. Schlachtkreuzer: 414, 415, **423—425**
King Edward VII., brit. Linienschiff: 64, 83, 133
King George V. (1911), → brit. Schlachtschiff **Monarch: 145—147**
King George V. (1911), brit. Schlachtschiff: 72, 125, 128, 129, 130, **149—151**, 153, **200—204**, 429
King George V. (1939), brit. Schlachtschiff: 93, 96, 98, 99, 100, 109, 125, 126, 127, 128, 129, 132, 149, **200—204**, 206, 261, 319
Kirishima, jap. Schlachtkreuzer: 110, 263, 352, 353, **357—364**
Kirov, sowj. Schwerer Kreuzer: 424
Kirov, sowj. Sicherungsschiff: 424
Kiska, Beschießung von: 237
Kobe, Trägerraid gegen: 260
Köln, dtsch. Leichter Kreuzer: 195
König, dtsch. Schlachtschiff: 67, 74, 276, 277, 279, 280, **294—297**, 413
König Albert, dtsch. Schlachtschiff: 279, 280, **293—295**
Königsberg, dtsch. Leichter Kreuzer: 315
König Wilhelm, dtsch. Panzerschiff: 36
Kongo, jap. Schlachtkreuzer: 73, 77, 92, 93, 129, 155, 308, 350, 351, 352, 353, **357—364**, 365, 380
›KOR-1‹, sowj. Bordflugzeug: 414
›KOR-2‹ (Be-4), Sowj. Bordflugzeug: 414
Korallensee, Seeschlacht in der: 254
Korea-Küste: Op. vor der: 266, 267
Korea-Straße, Seeschlacht in der: 52
Krasnaja Besarabija, Name für vermutetes sowj. Schlachtschiff: 114
Krasnaja Sibirja, Name für vermutetes sowj. Schlachtschiff: 114
Krasnaja Ukraina, sowj. Schlachtschiff: **426—427**
Kreml, russ. Panzerschiff: 36
Kreta, Räumung von: 159, 160
›**Kreuzer P**‹, dtsch. Projekt: 276, 281, **324—325**, 330
Krim-Feldzug: 421
Krim-Halbinsel, Op. gegen: 290
Krimkrieg: 31, 32

Krim, Räumung der: 151
Kronprinz (Wilhelm), dtsch. Schlachtschiff: 279, 280, 413
Kronprinzessin Cecilie, dtsch. Fahrgastschiff: 129
Kronstadt, Angriffe auf: 416, 417
Kuantan, Luft-Seeschlacht bei: 105, 107, 176, 200
Kure, Trägerraid gegen: 260
Kure, Verlustposition: 359
Kwajalein, Op. gegen: 233, 237, 238, 243, 247, 254, 260, 263, 266
Kwi-Sun, koreanische Galeone: 30
Kyushyu-Inseln, Op. gegen: 260, 271
Kyushyu-Inseln, sw. der, Verlustposition: 383

L, dtsch. Schlachtschiff **Thüringen**: 287
L, dtsch. Schlachtschiff: 276, 277, 279, 281, **325—329**
L ×**Lützow**, dtsch. Schwerer Kreuzer: 97
Lakida (Milos), Beschießung von: 200
Lands Ends, Havarieort: 160
Landton, brit. Admiral: 66
Languedoc, frz. Schlachtschiff: 440, 441, **450—453**
La Plata, Seegefecht vor dem: 308
Lave, frz. Panzerfahrzeug: 31
Lee, brit. Lord: 71
Le Havre, Beschießung von Zielen in und bei: 160, 443
Lemnos, griech. Linienschiff: 214, 238
Lend-lease-Abkommen: 160
Lenin, Name für vermutetes sowj. Schlachtschiff: 114
Leonardo da Vinci, ital. Schlachtschiff: 80, 395, **398—402**
Leopard, brit. Schlachtkreuzer (Projekt): 131, **154—156**
Lepanto, Seeschlacht vor: 26
Lepanto, ital. Panzerschiff: 42
Le Terrible, frz. Flottillenführer: 440
Lexington, us. Schlachtkreuzer (CC 1) bzw. ⚓-Träger (CV 2): 76, 77, 87, 92, 208, 213, 246, 252, **254—260**
Lexington (CV 16), us. ⚓-Träger: 367
Leyte, Op. um: 233, 237, 238, 243, 247, 263, 357, 359, 365, 367, 370
Libertad, chil. Schlachtschiff: 168, **469—471**
Liberté, frz. Linienschiff: 446
Lille, frz. Schlachtschiff: 440, 441, **453—454**
Lingayen-Golf, Op. im: 233, 237, 238, 247
Lion (1910), brit. Schlachtkreuzer: 79, 81, 125, 126, 127, 128, 129, 130, 136, **146—148**, 155, 359 429
Lion (∞), brit. Schlachtschiff: 98, 99, 125, 126, 128, 130, 132, **204—206**
Lissa, Seeschlacht bei: 37, 38
Littorio, ital. Schlachtschiff: 104, 107, 201, **407—411**
Livorno, Minen-Op. vor: 195
Loch Ewe, Havarieort: 195
Loch Swilly, Verlustposition: 149
Lofoten, Raid gegen: 200
›Loire 130‹, frz. Bordflugzeug: 440
›Loire-210‹, frz. Bordflugzeug: 440
London, Flottenabkommen von: 87, 88, 89, 93, 95, 380, 410
Lord Clive, brit. Monitor: 169, 188

Lord Nelson, brit. Linienschiff: 64, 126, 130, **133**, 135
Lorraine, frz. Schlachtschiff: 91, 440, 441, **445—449**
Los Andes, arg. Panzerfahrzeug: 43
Louisiana (BB 19), us. Linienschiff: 210, **214**
Louisiana (BB 71), us. Schlachtschiff: 213, **273—275**
Louisville (CA 28), us. Schwerer Kreuzer: 365
Lowestoft, Beschießung von: 283, 287, 289, 290, 292, 293, 294, 296, 297
Lützow (1913), dtsch. Schlachtkreuzer: 79, 81, 82, 83, 136, 279, 280, **297—300**
Lützow ×**Deutschland (1931)**: 277, 278, 279, 280, **307—313**
Lützow ×**L**, dtsch. Schwerer Kreuzer: 97
Luzon, Op. gegen: 237, 243, 260, 263, 266, 267
Lyon, frz. Schlachtschiff: 438, 439, 440, 441, **453—454**

M, dtsch. Schlachtschiff: 276, 277, 279, 281, **325—329**
M 28, brit. Monitor: 290
›Macchi M 18‹, ital. Bordflugzeug: 394
MacDonald, James R., brit. Premierminister: 87, 88
Mackensen, dtsch. Schlachtkreuzer: 76, 188, 254, 276, 277, 279, 280, 300, **302—304**, 314
Macon, us. Marineluftschiff: 449
Magenta, frz. Panzerschiff: 35
Mahan, Alfred T., us. Admiral: 68
›Maiali‹, ital. Kleinkampfmittel: 159, 160
Maikaze, jap. Zerstörer: 377
Maine (BB 69), us. Schlachtschiff: 213, **273—275**
Majestic-Kl., brit. Linienschiffe: 49, 50, 64, 83
Majuro, Op. gegen: 238, 260, 263, 266
Makarov, russ. Admiral: 52
Makin, Op. gegen: 237, 238, 254, 260, 263
Malaya, brit. Schlachtschiff: 125, 128, 130, 131, **159—168**, 313, 320, 398
Malayische Inseln, Op. gegen: 195
Malbory, Stephen R., us. Marinesekretär (Südstaaten): 33
Malta, Convoys für: 160, 168, 175, 195, 196, 200, 398, 402, 407
Marat, sowj. Schlachtschiff: **417—421**
Marazion, Havarieort: 160
Marcantonio Colonna, ital. Schlachtschiff: 395, **405—406**
Marceau, frz. Panzerschiff: 40
Marcus-Inseln, Op. gegen: 263
Marianen, Op. gegen: 260, 263
›Mark-34‹, us. Feuerleitgerät: 247, 251
Markgraf, dtsch. Schlachtschiff: 279, 280, **294—297**
Marlborough, brit. Schlachtschiff: 81, 129, 130, **151—153**
Marseille, Beschießung von Zielen bei: 229
Marshall-Kl., brit. Monitore: 169
Marshall-Inseln, Op. gegen: 263
Maryland (BB 46), us. Schlachtschiff: 86, 208, 210, 213, 243, **247—252**, 261, 365
MAS 15, ital. Motortorpedoboot: 433
Massachusetts (BB 54), us. Schlachtschiff: 213, **252—253**
Massachusetts (BB 59), us. Schlachtschiff: 213, **263—266**, 460
Mauretania, brit. Fahrgastschiff: 188

Memel, Artillerieeinsatz vor: 307
Merrimack, us. Fregatte (Südstaaten): **33**, 34
Mers el Kebir, Op. gegen: 111, 160, 169, 188, 445, 446, 457
Messoudieh, türk. Panzerschiff: 83
Michigan (BB 27), us. Schlachtschiff: 67, 86, 212, **214—215**, 229
Midway (CVB 41), us. ⚓-Träger: 273
Midway-Inseln, See-Luftschlacht bei den: 110, 237, **357**, 359, 365, 367, 370, 374, 377, 383, 390
Mikasa, jap. Linienschiff: 52
Mikhail Frunze, sowj. Schlachtschiff: **417—421**
Mili-Atoll (Marshall-Inseln), Op. gegen: 266
Minas Gerais, brasil. Schlachtschiff: 69, 129, 158, 343, **344—345**, 443, 482
Mindoro, Op. gegen: 237, 247
Minneapolis (CA 36), us. Schwerer Kreuzer: 365
Minnesota (BB 22), us. Linienschiff: 212, **214**
Minotaur-Kl., brit. Panzerkreuzer: 58, 60, 65, 136
Mirabeau, frz. Linienschiff: **442—443**
Mississippi (BB 23), us. Linienschiff: **214**
Mississippi (BB 41), us. Schlachtschiff: 210, 212, **237—243**, 365
Missouri (BB 63), us. Schlachtschiff: 210, 213, **266—271**
Mitchell, us. Fliegergeneral: 78
›Mitsubishi F 1 M 1‹, jap. Bordflugzeug: 352
Mittelmeerflotte, brit.: 128
MLC-Landungsboote, brit.: 171
Mogami, jap. Schwerer Kreuzer: 91, 275
Moltke, dtsch. Schlachtkreuzer: 67, 81, 276, 277, 279, **290—292**, 467
Monarch (1869), brit. Panzerschiff: 38
Monarch, brit. Schlachtschiff: 128, 130, **145—147**
Monarch-Kl., oe. Linienschiffe: 50
Monsell, Viscount, brit. Politiker: 93
Montana (BB 51), us. Schlachtschiff: 213, **252—253**
Montana (BB 67), us. Schlachtschiff: 99, 104, 208, 213, **273—275**
Montecuccoli, Graf, oe. Admiral: 68, 435
Monte Santo, ital. Monitor: 405
Montevideo, vor: Verlustort: 308
Monitor, us. Panzerfahrzeug (Nordstaaten): 35
Moreno, arg. Schlachtschiff: 428, **429—430**
›Multiple pom-pom‹, brit. Fla-Waffe: 127
Murmansk-Convoys: 196, 200, 201, 260, 263
Musashi, jap. Schlachtschiff: 106, 350, 352, 354, **383—390**
Mutsu, jap. Schlachtschiff: 76, 86, 350, 352, 353, **370—374**
Myoko, jap. Schwerer Kreuzer: 91

N, dtsch. Schlachtschiff: 276, 277, 279, 281, **325—329**
Nabob, brit. Geleit-⚓-Träger: 320
Nachimov, russ. Admiral: 31
Nagato, jap. Schlachtschiff: 76, 77, 213, 275, 350, 351, 352, 353, **371—374**, 377, 380, 385, 405
›Nakajima 90—11‹, ›Nakajima 90—11b‹, jap. Bordflugzeuge: 352
Namur, Op. gegen: 254
Nansai Shoto, Op. gegen: 260, 263, 266, 267

Napoleon III., frz. Kaiser: 31
Napoleon, frz. Fregatte: 32
Napoli, ital. Linienschiff: 395, **396**
Narbeth, J. H., brit. Konstrukteur: 133
Narvik, Op. gegen: 160, 169, 171, 313
Nassau, dtsch. Schlachtschiff: 62, 63, 64, 67, 68, 195, 276, 277, 279, **283—287**, 294, 354, 380
Nauru, Op. gegen: 263
Navarin, russ. Schlachtkreuzer: 414, 415, **423—425**
Nelson, Lord, brit. Admiral: 29
Nelson, brit. Schlachtschiff: 90, 93, 125, 126, 127, 128, 129, 130, 132, 188, **195—200**, 201, 383, 457
Neptune (1878), brit. Panzerschiff: 42
Neptune (1909), brit. Schlachtschiff: 66, 125, 128, 129, 130, **141—142**, 144, 429
Neu Guinea, Op. gegen: 260
›Neutralitäts-Patrouillen‹, us.: 225, 237, 238
Nevada (BB 37), us. Schlachtschiff: 72, 105, 208, 212, **229—233**, 234, 246, 263
New Hampshire (BB 25), us. Linienschiff: 212, **214**
New Hampshire (BB 71), us. Schlachtschiff: 213, **273—275**
New Jersey (BB 62), us. Schlachtschiff: 114, 213, **266—271**
New York (BB 34), us. Schlachtschiff: 72
New Mexico (BB 40), us. Schlachtschiff: 208, 212, **237—243**
New York (BB 34), us. Schlachtschiff: 210, 212, **225—228**, 261
New Zealand, brit. Schlachtkreuzer: 67, 126, 128, 129, 130, **142—144**
Nicobaren, Op. gegen: 175, 459
Nikolaev, Besetzung von: 426
Nimitz (CVA 68), us. ⌒-Träger: 333
Nisshin, Name für vermutetes jap. Schlachtschiff: 101
Nokaze, jap. Zerstörer: 377
Nordafrika-Convoys, Sicherung von: 398, 402
Nordafrika—USA, Convoy-Route: 225
Nordkap, Seegefecht am: 313
Nord-Norwegen, Vorstöße gegen: 200, 459
Nordsee, nördliche, Vorstoß in die: 287, 289, 290, 293, 294, 296, 297, 300
Normandie-Küste, Invasion an der: 169, 195, 196, 221, 225, 229
Normandie, frz. Schlachtschiff: 72, 438, 439, 440, 441, 443, 449, **450—453**
Normandie, frz. Fahrgastschiff: 320
Normandie (∞), frz. Schlachtschiff-Projekt: **464—465**
Northampton (CA 26), us. Schwerer Kreuzer: 210
Northampton (CC 1), us. Führungsschiff: 273
North Carolina (BB 39), → us. Schlachtschiff **Arizona**: 233
North Carolina (BB 52), us. Schlachtschiff: 213
North Carolina (BB 55), us. Schlachtschiff: 97, 98, 100, 208, 213, **260—262**, 263, 266, 273, 275
North Dakota (BB 29), us. Schlachtschiff: 86, 212, **216—217**
Norwegen, Op. um: 160, 175, 176, 195, 307, 313
›Noske‹, → dtsch. Schlachtkreuzer **Ersatz Freya**: 302
Novorossijsk, sowj. Schlachtschiff: 398, 413, 415, 427
Novorossijsk, Beschießung von: 151

Novorossijsk, nahe, Verlustposition: 421
Nr. 11—12, jap. Schlachtschiffe: **377—380**
Nr. 13—16, jap. Schlachtschiff-Projekte: 77, 78, 350, 351, 352, 353, **380—381**
Nr. 111, jap. Schlachtschiff-Projekt: 352, 354, **383—390**
Nr. 795—796, jap. Schlachtkreuzerprojekte: 352, 354, **391—392**
Nr. 797, jap. Schlachtschiff-Projekt: **383—390**
Nr. 798—799, jap. Schlachtschiff-Projekte: 352, 354
Numancia, sp. Panzerschiff: 36

O, dtsch. Schlachtkreuzer: 276, 277, 279, 281, 325, 327, **330—331**, 478
›O‹, jap. Schlachtschiff-Entwürfe: 385, 388
Oahu (Hawaii), Verteidigung von: 260
O'Bannon (DD 450), US. Zerstörer: 260, 359
Ocean, brit. Linienschiff: 83
Océan, frz. Schlachtschiff: **443—445**
Odessa, Beschießung von: 443
Ognevoj, sowj. Zerstörer: 426, 427
Ohio (BB 68), us. Schlachtschiff: 213, **273—275**
Okinawa, Op. gegen: 200, 201, 221, 225, 229, 237, 238, 243, 247, 260, 263, 266, 267, 271
Oklahoma (BB 36), us. Schlachtschiff: 105, 212, **229—233**, 263
Oktavian, röm. Kaiser: 26
Oktjabrskaja revoljucija, sowjet. Schlachtschiff: **417—421**
Oldenburg (1885), dtsch. Panzerschiff: 37
Oldenburg (1910), dtsch. Panzerschiff: 81, 279, **287—289**, 290, 354, 380
Oleg, russ. Fregatte: 36
Oranienbaum, Beschießung von Zielen bei: 417
Orion, brit. Schlachtschiff: 125, 126, 128, 129, 130, **145—147**, 149, 446, 482
Orion, brit. Leichter Kreuzer: 407
Orlando, brit. Panzerkreuzer: 57
Oslo-Fjord, Op. im: 307
Osman I., türk. Schlachtschiff: 73
Ostfriesland, dtsch. Schlachtschiff: 90, 108, 213, 260, 279, **287—289**
Ouistreham, Verlustposition: 443
Owari, jap. Schlachtschiff: 77, 350, 351, 352, 353, **374—380**
Owari, Name für vermutetes jap. Schlachtschiff: 101

P, dtsch. Schlachtkreuzer: 276, 277, 279, 281, 325, 327, **330—331**, 478
P.A.C.-Raketen, brit.: 127
Pagan, Op. gegen: 266
Paixhans, frz. Major: 29
Palau, Op. gegen: 243, 247, 260, 263, 266
Pallada, russ. Kreuzer: 52
Panamakanal: 252, 383
›Panzerkreuzer-Debatte‹: 308
Panzerschiff-Vorprojekte, dtsch.: 280, **305—307**
›Paper basket mast‹, us.: 216
›Papierkorbmast‹, us.: 216

Paris, frz. Schlachtschiff: 440, 441, **443—445**, 465
Paričskaja kommuna, sowj. Schlachtschiff: 414, **417—421**
Parson, Charles A., brit. Erfinder: 56
Pasadena (CL 65), us. Leichter Kreuzer: 229
Pasubio, ital. Monitor: 405
Patrie, frz. Linienschiff: 48, 442
Pazifikflotte, us.: 210
Pearl Harbor, Angriff auf: 105, 109, 110, 219, 229, 233, 243, 246, 247, 250, 357, 374, 377, 391
Pearl Harbor, Verlustposition nahe bei: 225, 229
›Pedestal‹, Op. 168
Peleliu, Op. gegen: 233, 238
Pennsylvania (BB 38), us. Schlachtschiff: 72, 208, 212, **233—237**, 253, 263, 365
Pensacola (CA 24), us. Schwerer Kreuzer: 210
Peresvet, russ. Linienschiff: 53, 83
Perrett, J. R., brit. Konstrukteur: 156
Perth, austral. Leichter Kreuzer: 407
Petard, brit. Zerstörer: 292
Petropavlovsk (1894), russ. Linienschiff: 52, 53
Petropavlovsk (1911), russ. Schlachtschiff: 414, **417—421**
Petr Velikij, russ. Panzerschiff: 43
Phelps (DD 360), us. Zerstörer: 254
Philippeville, Beschießung von: 290
Philippinen, Op. gegen die: 260, 263, 266
Philippinensee, Seeschlacht in der: 260, 263, 266, 359
Philippines (CB 4), us. Schlachtkreuzer: 213, **271—273**
Phoenix (CL 46), us. Leichter Kreuzer: 365
Pisa, ital. Panzerkreuzer: 345
Pobeda, russ. Linienschiff: 52, 53
Poincaré, frz. Staatspräsident: 443
Pola, Verlustposition 433, 481
Pola, ital. Schwerer Kreuzer: 406
›Polaris‹-Atom-U-Schiffe, us.: 114
Poltava (1894), russ. Linienschiff: 53
Poltava (1911), russ. Schlachtschiff: 414, **417—421**
Pommern, dtsch. Linienschiff: 83
›Pom-pom‹ siehe ›Multiple pom-pom‹
Pommern, dtsch. Linienschiff: 279, **282**
Pommernküste, Angriffsplan auf die: 184
Ponape, Op. gegen: 260, 263, 266
Porquerolles, Beschießung von: 446
Port Arthur, Angriff gegen: 52, 53
Port Cros, Beschießung von Zielen bei: 169
Port Darwin, Op. gegen: 359, 374, 377
Port Dikson, Beschießung von: 308
Portland (CA 33), us. Schwerer Kreuzer: 359, 365
Posen, dtsch. Schlachtschiff: 132, 195, 279, **283—287**
Potsdam, dtsch. Fahrgastschiff: 320, 334
Powerful-Kl., brit. Kreuzer: 58
›PQ. 12‹, brit. Convoy: 319
›PQ. 17‹, brit. Convoy: 308, 319
Preußen-Kl. (1873—1875), dtsch. Panzerschiffe: 43
Prince Albert, brit. Panzerschiff: 35, 38

Prince Eugen, brit. Monitor: 188
Prince of Wales, brit. Fürst: 175
Prince of Wales, brit. Schlachtschiff: 98, 105, 106, 107, 109, 128, 132, **200—204**, 319
Princess Royal, brit. Schlachtkreuzer: 81, 128, 129, 130, **146—148**
Prinz Albert, dtsch. Panzerschiff: 39
Prinz Eitel Friedrich, dtsch. Schlachtkreuzer: 302
Prinz Eugen, oe. Schlachtschiff: 431, 432, **433—434**, 441, 456
Prinz Eugen, dtsch. Schwerer Kreuzer: 112, 200
Prinzregent Luitpold, dtsch. Schlachtschiff: 279, 280, **293—295**, 296
Projekt C, dtsch.: 279, 283
Projekt G 7 b, dtsch.: 279, 283
Projekt 10 A, dtsch.: 279, 283
Projekt 1916/17, russ.: 412, 415, **423**
Projekt 1928/29, ital.: 395, **405—406**
Projekte 1930, jap.: 350, **380—383**
Projekte von Durand-Viel, frz. 441, **455—456**
Projekte 1913/14, ndl. Schlachtschiffe: 475, **476—477**
Projekte 1939/40, ndl. Schlachtkreuzer: 475, **478—480**
Projekt von Gille, frz.: 441, **455—456**
Provence, frz. Schlachtschiff: 67, 72, 91, 438, 439, 440, 441, **445—449**, 450, 452, 456, 473
›Province‹-Kl., frz. Schlachtschiff-Projekte: **464—465**
Prussia Cove, Havarieort: 160
Pruth, russ. Minenleger: 290
Puerto Rico (CB 5), us. Schlachtkreuzer: 213, **271—273**
Pugliese, Umberto, ital. Konstrukteur: 95, 402, 410, 426
Punjabi, brit. Zerstörer: 200
Punta Stilo, Seegefecht bei: 160, 169, 398
Pursuer, brit. Geleit-⊶-Träger: 320

Q, dtsch. Schlachtkreuzer: 276, 277, 279, 281, 325, 327, **330—331**, 478
›QP. 8‹, brit. Convoy: 319
›QP. 13‹, brit. Convoy: 308
Quebec, Konferenz von: 175
Queen, brit. (Segel-) Linienschiff: 28, 31
Queen Elizabeth, brit. Schlachtschiff: 74, 75, 76, 91, 105, 125, 126, 128, 129, 131, 155, **159—168**, 169, 193, 267, 371, 405, 423, 427, 482
Queen Mary, brit. Schlachtkreuzer: 79, 128, 129, 130, **146—148**
Queen Mary, brit. Fahrgastschiff: 188, 384
Queen Victoria, brit. Königin: 56
Quiberon-Bucht, Verlustposition: 443

R, dtsch. Schlachtschiff: 281, 330, 460
›R‹-Klasse, brit. Schlachtschiffe: 169
Rabaul, Op. gegen: 254, 357, 374, 377
Radar 79 Y, brit.: 128, 198
Radar 181, brit.: 128
Radar 272, brit.: 128
Radar 273, brit.: 128, 162, 167, 171, 179, 198, 204

Radar 274, brit.: 128, 192
Radar 275, brit.: 128
Radar 279, brit.: 128, 192, 198
Radar 281 B, brit.: 128
Radar 282, brit.: 128, 192, 198
Radar, 284, brit.: 128, 198
Radar 285, brit.: 128, 192, 198
Radetzky, oe. Linienschiff: 49, 431, 432, **433**, 435
Raeder, Dr. h.c. Erich, dtsch. Großadmiral: 102, 334
›Raft body‹-System: 197
Raglan: brit. Monitor: 290, 473
Ramillies, brit. Schlachtschiff: 128, 130, 131, **168—175**, 313
Ramree, Op. gegen: 159
›Range finding baffles‹, brit.: 129
Ranger (CC 4), us. Schlachtkreuzer: 213, **254—260**
Rangoon, Op. gegen: 159
Rawalpindi, brit. Hilfskreuzer: 313
›Re. 2000‹, ital. Bordflugzeug: 394, 411
Ré Constantino, gr. Schlachtschiff **Vasilefs Konstantinos**: 473
Ré d'Italia, ital. Panzerschiff: 36, 37
Reed, brit. Ingenieur: 35
Reggio, Op. gegen: 160
Regina Elena, ital. Linienschiff: 395, **396**
Regina Margherita-Kl., ital. Linienschiffe: 50, 83
Reina Victoria Eugenia, sp. Schlachtschiff-Projekt: 347, 349
Reine Blanche, frz. Panzerschiff: 36
Renown (1897), brit. Linienschiff: 49
Renown (∞), brit. Schlachtschiff: 129, **168—175**
Renown, brit. Schlachtkreuzer: 75, 91, 125, 126, 127, 128, 129, 131, **175—181**, 188, 189, 254, 304, 313, 427
République-Kl.: frz. Linienschiffe: 48, 49
Repulse (∞), brit. Schlachtschiff: 129, **168—175**
Repulse, brit. Schlachtkreuzer: 75, 91, 105, 107, 128, 129, 131, 143, **175—181**, 200, 320
Research, brit. Panzerschiff: 35, 36
Reserveflotte, brit.: 128
Reshad V., türk. Schlachtschiff: 158, 466, **467**
Reshad I Hamiss, türk. Schlachtschiff: 130, 466, **467**
Reshadije, türk. Schlachtschiff: 129, 158, 466, **467**
Resistance, brit. Schlachtschiff: 129, **168—175**
Resistance, brit. Schlachtkreuzer: **175—181**
Resolution, brit. Schlachtschiff: 128, 129, 131, **168—175**, 445, 446, 457, 459
Respublika, russ. Linienschiff: **416**
Retvizan, russ. Linienschiff: 52, 53
Revenge (1892), brit. Linienschiff: 145
Revenge (1915), brit. Schlachtschiff: 74, 75, 125, 126, 128, 129, 131, 146, **168—175**, 176, 193, 427
Rheinland, dtsch. Schlachtschiff: 279, **283—287**
›Rheinübung‹, dtsch. Unternehmen: 319
Riachuelo, bras. Panzerschiff: 43
Riachuelo, bras. Schlachtschiff-Projekt: 75, 130, 343
Richelieu (1939), frz. Schlachtschiff: 96, 100, 330, 438, 439, 440, 441, **459—464**

Rifkabylen-Aufstand, Niederwerfung des: 348
Rigaer Meerbusen, Op. im: 290, 417
Rio de Janeiro, bras. Schlachtschiff: 68, 69, 71, 156, **343**, **345**, 398, 466, 467, 469
Rivadavia, arg. Schlachtschiff: 428, **429—430**
›Ro 43‹, ital. Bordflugzeug: 394
Robert Ley, dtsch. Fahrgastschiff: 320
Roberts, brit. Monitor: 473
Rodney (∞), brit. Schlachtkreuzer: 132, **188—192**
Rodney (1925), brit. Schlachtschiff: 128, 129, 132, 188, **195—200**, 313, 318
›Rösselsprung‹, dtsch. Op.: 307, 308
Roi, Op. gegen: 254, 263
Rolf Krake, dän. Panzerfahrzeug: 33
Rom, Pakt von: 88
Roma, ital. Linienschiff: 395, 396
Roma, ital. Schlachtschiff: 107, 395, **407-411**
›Rômaji-Kai‹-Schrift, jap.: 350
Roosevelt, F.D., us. Präsident: 200, 266
Rota, Op. gegen: 266
Royal Oak, brit. Schlachtschiff: 104, 128, 129, 131, **168—175**
Royal Sovereign (1804), brit. Panzerschiff: 35
Royal-Sovereign-Kl. (1891/92), brit. Linienschiffe: 49, 64
Royal Sovereign (1915), brit. Schlachtschiff: 128, 129, 131, **168—175**, 398, 413, 427
Royan-Gironde Nord, Angriff auf: 446
Rozestvenskij, russ. Admiral: 53
Ruggiero di Lauria, ital. Panzerschiff: 43
Russell, brit. Linienschiff: 83
Russell-Inseln, nw. der, Verlustposition: 359
Russisch-Japanischer Krieg: 51, 52, 53, 54, 59, 355, 416
Ryukyu-Inseln, Trägerraids gegen: 263

S, dtsch. Schlachtschiff **König**: 296
S, dtsch. Schlachtschiff: 281, 330
S 31, brit. Motortorpedoboot: 416
S 88, brit. Motortorpedoboot: 417
Saarenpä, Beschießung von: 417
Sabang, Op. gegen: 159, 160, 175, 254, 459
Sabotino, ital. Monitor: 405
Sachsen (1877), dtsch. Panzerschiff: 40, 44, 286
Sachsen (1916), dtsch. Schlachtschiff: 279, 280, **300—302**
Sacramento (AOE 1), us. Flottentanker: 267
Safi, Op. im Abschnitt von: 225
Saint Louis, frz. Linienschiff: 50
Saipan, Op. gegen: 233, 237, 238, 243, 247, 260, 263, 266
Saito, jap. Vizeadmiral: 73, 76
Sakishima Gunto, Op. gegen: 200
Salamis, gr. Schlachtschiff 305, 472, **473—474**, 476
Salamis, Seeschlacht von: 25
Salawan, Op. gegen: 260
Salerno, Op. gegen: 160, 195
Salomonen, Op. bei den: 260
Salomonen, östliche, Seeschlacht bei den: 254, 370

Saloniki-Palästina, Truppentransportroute: 290
Samar, Op. gegen: 237, 383
Samoa (CB 6), us. Schlachtkreuzer: 213, **271—273**
San Francisco (CA 38), us. Schwerer Kreuzer: 359
San Marcos, us. Zielschiff: 216, 229
Santa Anna, genuesische Karrake: 30
Santa Cruz-Inseln, Seeschlacht bei den: 263
Santander, bei: Verlustposition: 348
Santiago, Seeschlacht vor: 51, 59
Santiago, chil. Schlachtschiff: 168, **469—471**
São Paulo, bras. Schlachtschiff: 130, 343, **344—345**
Saratoga, us. Schlachtkreuzer **(CC 3)** bzw. ⚓-Träger **(CV 3)**: 87, 92, 213, **254—260**
Sardinien, Operationsgebiet vor: 195
›Sasebo 00-F/P‹, jap. Bordflugzeug: 352
Satsuma, jap. Linienschiff: 54, 351, 353, **355—356**
Savoie, frz. Schlachtschiff-Projekt: 441, **455**, 473
Savo Island, Seeschlacht bei: 260, 263, 359
›SC‹, us. Radar: 211, 222, 237, 250, 261, 266
›SC-2‹, us. Radar: 211, 247, 266, 270
Scapa Flow, Verlustposition: 139, 169, 289, 290, 292, 293, 294, 296, 297
Scarborough, Beschießung von: 289, 293, 297, 300
Scharnhorst (1906), dtsch. Panzerkreuzer: 59, 65, 304
Scharnhorst (1936), dtsch. Schlachtschiff: 93, 95, 96, 102, 104, 109, 111, 160, 168, 175, 176, 181, 188, 195, 196, 200, 201, 271, 276, 277, 278, 279, 281, 308, **313—319**, 320, 326, 330, 457, 478
Scharnhorst, dtsch. Fahrgastschiff: 320, 383
Scheer, Reinhard, dtsch. Admiral: 79
›Schiffbauersatzplan‹, dtsch. 308
Schlachtkreuzer 1921, brit.: 132
Schlesien, dtsch. Linienschiff: 91, 279, **282**
Schleswig-Holstein, dtsch. Linienschiff: 91, 279, **282**, 320
›Schulgeschwader‹, us.: 210
Scott, Sir Percy, brit. Admiral: 66, 78, 85, 89
›SD 1400 X‹, Spezialbombe gegen Schiffsziele: 107, 407
Sealion, us. UBoot: 357
Searcher, brit. Geleit ⚓-Träger: 320
Sedd-el-Bahr, Beschießung von: 136
›Seetakt‹-Gerät, dtsch.: 278
Settsu, jap. Schlachtschiff: 68, 77, 352, 353, **357—358**
Sevastopol, Beschießungen von: 31, 417
Sevastopol, Verlustposition: 421, 427
Sevastopol (1895), russ. Linienschiff: 52, 53
Sevastopol (1911), russ. Schlachtschiff: 415, **417—421**
Sevastopol-Reede, Verlustposition: 398
Seydlitz, dtsch. Schlachtkreuzer: 67, 79, 80, 81, 146, 276, 277, 279, **292—293**
Seydlitz, dtsch. Schwerer Kreuzer: 311, 334
›SG‹, us. Radar: 211, 222, 228, 234, 247, 251, 261, 266, 270
Shetland-Norwegen-Enge, Vorstoß bis: 313
Shikishima-Kl., jap. Linienschiffe: 48
Shimusio, Name für vermutetes jap. Schlachtschiff: 101
Shinano, jap. Schlachtschiff bzw. ⚓-Träger: 352, 354, **383—390**

Shinyo, jap. Hilfs-⚓-Träger: 383
Shokaku, jap. ⚓-Träger: 264
Shropshire, austral. Schwerer Kreuzer: 365
Shuri, Beschießung von: 238
Sibirjakov, sowj. Eisbrecher: 308
Sierra Leone-England, Convoyroute: 160
Singapore, Op. gegen: 175
Sinope, Seeschlacht von: 31
Siwami, Name für vermutetes jap. Schlachtschiff: 101
Sizilien, Op. gegen: 160, 200, 201
›SK‹, us. Radar: 211, 222, 231, 234, 239, 247, 251, 261, 266, 270
›SK-2‹, us. Radar: 211, 234, 252, 261, 266, 270
Skagerrakschlacht: 79, 80, 81, 136, 137, 139, 141, 142, 143, 144, 145, 146, 149, 151, 155, 156, 158, 160, 161, 168, 169, 188, 189, 252, 278, 282, 283, 287, 289, 290, 292, 293, 294, 296, 297, 300, 371
Skate (SS 305), us. UBoot: 383
Skoryi, sowj. Zerstörer: 426, 427
Slava, russ. Linienschiff: 83, 294, 413, 417
Soerabaja, Op. gegen: 159, 160, 175, 254, 459
Sollum, Verlustposition: 160
Sopwith ›Camel‹, brit. Bordflugzeug: 127
South Carolina (BB 26), amerik. Schlachtschiff: 67, 68, 72, 74, 86, 208, 212, **214—215**, 229, 344, 429, 435
South Dakota (BB 49), amerik. Schlachtschiff: 76, 77, 91, 208, 213, **252—253**, 254
South Dakota (BB 57), us. Schlachtschiff: 98, 100, 110, 208, 213, 246, 247, **263—266**, 267, 273, 359
South Head, Verlustposition: 143
Sovetskaja Belorossija, Name für vermutetes sowj. Schlachtschiff: 113, 114
Sovetskaja Konstitucia, Name für vermutetes sowj. Schlachtschiff: 114
Sovetskaja Rossija, sowj. Schlachtkreuzer: **427**
Sovetskaja Ukraina, sowj. Schlachtschiff: 281, 333, 414, 415, **426—427**
Sovetskij Sojuz, sowj. Schlachtschiff: 114, 333, 412, 413, 414, 415, 425, **426—427**
›SP‹, us. Radar: 211, 234, 247, 261, 270
Spanisch-Amerikanischer Krieg: 51, 59
Spanischer Bürgerkrieg: 307, 308
›Sparrow Hawk‹, jap. Bordflugzeug: 352
Spearfish, brit. UBoot: 195, 307
Spee, Graf, von, deutscher Vizeadmiral: 75, 176
Spitzbergen, Op. gegen: 313, 320
Springfield (CL 66), us. Leichter Kreuzer: 229
›SRa‹, us. Radar: 211, 222, 227, 231, 234, 239, 246, 251, 266
Stalin, sowj. Schlachtkreuzer: 427
Stalinskaja Konstitucija, sowj. Schlachtkreuzer-Projekt: 414, 415, **427**
St. Andrew, brit. Schlachtschiff-Projekt: 132, **195**
Stavanger, Vorstoß bis Höhe von: 283, 289, 290, 292, 300
St. Clair, brit. Frachtschiff: 137
St. David, brit. Schlachtschiff-Projekt: 132, **195**

Stevens Iron Battery, us. Panzerschiff: 30
Stevens, Robert L., us. Ingenieur: 30
St. George, brit. Schlachtschiff-Projekt: 132, **115**
St. Malo, Beschießung von: 160
St. Mandrier, Beschießung von 169, 446
St. Patrick, brit. Schlachtschiff-Projekt: 132, **195**
Strana Sovetov, Name für vermutetes sowj. Schlachtschiff: 114
Strasbourg,, frz. Schlachtschiff: 93, 96, 440, 441, **457—459**
Straßburg, dtsch. Kleiner Kreuzer: 294
St. Vincent, brit. Schlachtschiff: 64, 66, 125, 126, 128, 129, 130, **139—141**
Südchinasee, Op. in der: 233, 243, 263
Süd-Frankreich, Invasion von: 169, 221, 225, 229, 446
Süd-Italien, Op. gegen: 160
Suez-Australien, Convoyroute: 168, 169
Suezkanal, Südausgang, Havarieort: 160
Suffren, frz. Linienschiff: 83
Sultan Osman I., türk. Schlachtschiff: 130, 156, **345**, 466. 467
Sumatra, Op. gegen: 159, 357, 459
Superb, brit. Schlachtschiff: 128, 130, **137—139**
Superb, brit. Kreuzer: 204
Supermarine ›Sea Otter‹, brit. Bordflugzeug: 127
Supermarine ›Walrus‹, brit. Bordflugzeug: 127
›**Super Yamato**‹, jap. Schlachtschiff-Projekt: 350, 351, **391**
Surigao-Straße, Seeschlacht in der: 110, 233, 238, 243, 247, 365
Svjatoj-Evstafij, russ. Linienschiff: 290
Svobodnaja Rossija, russ. Schlachtschiff: **421—422**
Swinemünde, Verlustposition: 282, 307
Sworbe, Op. bei: 307, 308
Szent István, oe. Schlachtschiff: 82, 431, 432, **433—434**

T, dtsch. Schlachtschiff **Bayern**: 300
Taigei, jap. Troßschiff: 388
Taiho, jap. ✈-Träger: 391
Takamatsu, Name für vermutetes jap. Schlachtschiff: 101
Takao, jap. Schlachtkreuzer: 352, 353, **373—380**
Takasaki, jap. Troßschiff: 388
Tanamerah Bay, Op. gegen: 266
Tarawa, Op. gegen: 237, 238, 243, 247, 254, 260, 263
Tarent, Angriff auf: 104, 105, 402, 407
Tarent, Verlustposition: 398
Taroa, Op. gegen: 263
Taškent, sowj. Großzerstörer: 424
Tegetthott, oe. Admiral: 37
Tegetthoff, oe. Schlachtschiff: 395, 405, 431, 432, **433—434**
Teheran, Konferenz zu: 175, 266
Teja, dtsch. Truppentransporter: 333, 426
Temeraire (1907), brit. Schlachtschiff: 128, 129, 130, **137—139**
Temeraire (∞), brit. Schlachtschiff: 98, 99, 128, 129, 132, **204—206**
Tennessee (BB 43), us. Schlachtschiff: 208, 210, 212, **243—247**, 250, 252, 365
Tennyson d'Eyncourt, Sir Eustace H., brit. Konstrukteur: 155, 156, 469

Terrible, frz. Panzerschiff: 40
›**Terrier**‹-Schiff-Luft-FK-Waffensystem, us. 238, 239
Terror, brit. Monitor: 170
Texas (1892), us. Panzerschiff: 43
Texas, → us. Zielschiff **San Marcos**: 229
Texas (BB 35), us. Schlachtschiff: 208, 210, 212, **225—228**, 229, 263
Themistokles, griech. Feldherr: 25
Thétis, frz. Panzerschiff: 36
Thüringen, dtsch. Schlachtschiff: 279, **287—289**, 441, 456
Thunderer (1877), brit. Panzerschiff: 43
Thunderer (1911), brit. Schlachtschiff: 128, 129, 130, **145—147**
Thunderer (∞), brit. Schlachtschiff: 98, 128, 129, 132, **204—206**
Thurston, Sir George, brit. Konstrukteur: 73, 100, 101, 359
Ticonderoga (CV 14), us. ✈-Träger: 367
›Tiger‹, Op.: 175
Tiger, brit. Schlachtkreuzer: 73, 74, 81, 125, 126, 129, 131, **165—156**, 161, 176, 188, 359
Ting Yuen, chines. Panzerschiff: 43, 47
Tinian, Op. gegen: 243, 247, 260, 266
Tirpitz, Alfred von, dtsch. Großadmiral: 61, 62, 63, 65, 85
Tirpitz ×**Salamis**, dtsch. Schlachtschiff-Projekt: 280, 305, 473
Tirpitz (1939), dtsch. Schlachtschiff: 96, 99, 107, 108, 111, 175, 200, 266, 277, 278, 279, 281, 308, **319—324**
Tobruk, Op. gegen: 396
Tobruk, Op. vor/nahe: 168
Tokio, Trägerraids gegen: 260, 263, 267
Tokuyama-Bucht, Verlustposition: 357
Tondern, Angriff auf: 181, 183
Tone, jap. Schwerer Kreuzer: 91
Tonnante, frz. Panzerfahrzeug: 31, 32
Tosa, jap. Schlachtschiff: 86, 350, 351, 352, 353, **374—377**, 380
Totila, dtsch. Truppentransporter: 333, 426
Toulon, Beschießung von Zielen bei: 169, 229
Toulon, Verlustposition in und nahe bei: 443, 445, 456, 457
Tourville, frz. Schlachtschiff: 440, 441, **453—454**
Trafalgar, Seeschlacht bei: 29
Trafalgar, brit. Linienschiff: 48
Tretij Internacional, sowj. Schlachtkreuzer: 412, 413, 414, 415, 424, **427**
Trincomalee, Havarieort: 160
Tripolis, Beschießung von: 160
Triumph, brit. Linienschiff: 83
Tromsö, Raid gegen: 200
Tromsö, Verlustposition: 320
Truk, Op. gegen: 260, 263, 266
Trumpeteer, brit. Geleit-✈-Träger: 320
Tsukumo, Verlustposition: 357
Tsurugisaki, jap. Troßschiff: 388
Tsushima, Seeschlacht bei: 52, 53, 54, 59, 68, 133, 355
türkische Kohlenhäfen, Beschießung der: 421
Türkisch-Griechischer Krieg: 168
Tulagi, Op. gegen: 254, 260
Tunny (SS 282), us. UBoot: 383

Turbinia, brit. Versuchsschiff: 56
Typ 1 Modell 3 (No. 13), jap. Radar: 352
Typ 2 Modell 1 (No. 21), jap. Radar: 352

U 12, oe. UBoot: 443
U 29, dtsch. UBoot: 133, 181
U 30, dtsch. UBoot: 160
U 31, dtsch. UBoot: 195
U 47, dtsch. UBoot: 169
U 56, dtsch. UBoot: 195
U 64, oe. UBoot: 442
U 73, dtsch. UBoot: 168
U 106, dtsch. UBoot: 160
U 151—154, dtsch. UBoote: 304
U 331, dtsch. UBoot: 160
Ulithi, Op. gegen: 260, 263, 266
›Umbauplan‹, dtsch.: 308, 314
United States (CC 6), us. Schlachtkreuzer: 213, **254—260**
Unryu, jap. ⚓-Träger: 391
›**U.P. 41**‹, sowj. Schlachtschiff-Projekt: 413, 415, **423—424**
U.P. batteries, brit.: 127, 193, 198, 204
Urge, brit. UBoot: 407
USA-Casablanca, Convoy-Route: 221
USA-Gibraltar, Convoy-Route: 225
USA-England, Convoy-Route: 225, 229
USA-Irland, Convoy-Route: 221, 225
USA-Schottland, Convoy-Route: 221, 225
Utah (BB 31), us. Schlachtschiff: 67, 72, 105, 212, **219—221**, 482

Valiant, brit. Schlachtschiff: 105, 128, 129, 131, **159—168**, 427
Valona, Beschießung von: 160
Valparaiso, chil. Schlachtschiff: 168, **469—471**
Vanguard (1870), brit. Linienschiff: 36
Vanguard (1909), brit. Schlachtschiff: 80, 128, 129, 130, **139—141**
Vanguard (1944), brit. Schlachtschiff: 99, 125, 126, 127, 128, 129, 132, **206—207**
Vasilefs Georgios, gr. Schlachtschiff: **473—474**
Vasilefs Konstantinos, gr. Schlachtschiff: 455, 472, **473**
Velox, brit. Zerstörer: 56
Vendée, frz. Schlachtschiff: **450—453**
Verdun, → frz. Schlachtschiff Jean Bart: 460
Vergniaud, frz. Linienschiff: **442—443**
Vermont (BB 20), us. Linienschiff: 212, **214**
Versailler Friedensdiktat: 305, 307, 308
Vestfjord, Gefecht vor dem: 175, 313
Victoria, brit. Panzerschiff: 36, 47
Victoria Louise, dtsch. Kreuzer II. K.: 304
Victorious, brit. ⚓-Träger: 319, 320
Victory, brit. (Segel-) Linienschiff: 28, 29
Vietnam-Krieg: 210
›Vigorous‹, Op.: 149
Vinson-Trammel-Flottenvorlage: 97
Viper, brit. Zerstörer: 56
Virginia (BB 13), us. Linienschiff: 214

Virginia, us. Panzerfahrzeug (Südstaaten): 34, 35, 36
Viribus Unitis, oe. Schlachtschiff: 82, 300, 405, 431, 432, **433—434**, 437, 456, 481
Vittorio Emanuele-Kl., ital. Linienschiffe: 55, 61, 395, **396**
Vittorio Veneto, ital. Schlachtschiff: 95, 100, 107, 393, 394, 395, 405, **407—411**, 424, 426, 427
Volcano-Inseln, Op. gegen: 263
Volja, russ. Schlachtschiff: **421—422**
Voltaire, frz. Linienschiff: **442—443**
von Bülow, Fürst, dtsch. Reichskanzler: 62
Von der Tann, dtsch. Schlachtkreuzer: 65, 67, 79, 142, 276, 277, 279, **289—290**
Vought ›Corsair‹, us. Bordflugzeug: 210
Vought-OS 2 U-1 ›Kingfisher‹, us. Bordflugzeug: 210

Wahrendorf, Baron, schwed. Konstrukteur: 29
Wake, Op. gegen: 233
Wakde, Op. gegen: 260, 266
Walcheren, Op. gegen: 160
Waldeck-Rousseau, frz. Panzerkreuzer: 58
Warrior, brit. Panzerfregatte: 33, 35, 95
Warrior-Kl. (1905), brit. Panzerkreuzer: 65
Warspite (1884), brit. Panzerkreuzer: 57
Warspite (1913), brit. Schlachtschiff: 128, 129, 131, **159—168**, 204, 320, 330, 398
Washington, Flottenvertrag von: 85, 86, 87, 88, 93, 100, 192, 196, 247, 252, 254, 371, 374, 377, 380, 405, 453, 457, 482
Washington-Kl. (1904—1906), amerik. Panzerkreuzer: 58
Washington (BB 47), us. Schlachtschiff: 90, 108, 212, **247—252**
Washington (BB 56), us. Schlachtschiff: 97, 213, **260—262**, 263, 359
Wasp (CV 7), us. ⚓-Träger: 175, 260
Watt, James: brit. Erfinder: 29
Watts, Sir Philip, brit. Konstrukteur: 135
Westerplatte, Angriff auf die: 282
›Westentaschenschlachtschiffe‹, dtsch.: 308
Westfalen, dtsch. Schlachtschiff: 62, 132, 195, 279, **283—287**
West Virginia (BB 48), us. Schlachtschiff: 95, 105, 210, 211, 212, **247—252**, 365
Whitby, Beschießung von: 293
Wien, oe. Linienschiff: 83
Wiesbaden, dtsch. Kleiner Kreuzer: 81
Wilhelm II., dtsch. Kaiser: 61, 62
William D. Porter (DD 579), us. Zerstörer: 266
Wisconsin (BB 64), us. Schlachtschiff: 213, **266—271**
Wittelsbach-Kl., dtsch. Linienschiffe: 48, 49, 51, 64, 95
Wörth, dtsch. Linienschiff: 300
Woleai, Op. gegen: 260, 263, 266
Wolf, dtsch. Hilfskreuzer: 359
Wolga, dtsch. Schlachtschiff: 280, 304, 421
Wollin, Artillerieeinsatz im Raum von: 308
Worcester (CL 144), us. Leichter Kreuzer: 239
Worden, John L., us. Seeoffizier (Nordstaaten): 35
›Wotan hart‹, dtsch. Panzermaterial: 315

›Wotan weich‹, dtsch. Panzermaterial: 315
Wotje, Op. gegen: 254, 263
Württemberg (1878), dtsch. Panzerschiff: 286
Württemberg (1917), dtsch. Schlachtschiff: 279, 280, **300—302**
›Würzburg‹-Gerät, dtsch.: 278, 324
›Wunderland‹, Op. 307, 308
Wyoming (BB 32), us. Schlachtschiff: 67, 72, 91, 208, 212, **221—224**, 225, 226, 229, 238

X 6, brit. Kleinst-UBoot: 320
X 7, brit. Kleinst-UBoot: 320
›XAF‹, us. Radar: 210, 227
Xerxes, pers. König: 25

Yaeyama, jap. Schlachtschiff: 365
Yakaze, jap. Zerstörer: 357
Yalu-Mündung, Seeschlacht vor der: 47, 59
Yamashiro, jap. Schlachtschiff: 73, 77, 110, 352, 353, **365—367**, 385
Yamato, jap. Schlachtschiff: 50, 101, 106, 107, 267, 273, 333, 350, 351, 352, 354, 359, 375, **383—390**, 391
Yamamato, jap. Admiral: 73, 76
Yap, Op. gegen: 260, 263, 266

Yarmouth, Beschießung von: 283, 287, 289, 290, 292, 293, 294, 296, 297
Yashima, jap. Linienschiff: 52
Yavuz, türk. Schlachtkreuzer: 290, 292, 466, **467**
Yisun-Sin, korean. Admiral: 30
Yokosuka, Trägerraid gegen: 260
Yonai, jap. Marineminister: 89
Yorck, dtsch. Panzerkreuzer: 304
Yorktown (CV 5), US. ✈-Träger: 210, 374
Yoshino, jap. Kreuzer: 52
Yubari, jap. Leichter Kreuzer: 91
Yugoslavia, jugosl. Schlachtschiff: 433, **481**

›**Z 11**‹, ital. Schlachtschiff **Giulio Cesare**: 398, 427
Zara, ital. Schwerer Kreuzer: 424
Zenker, Hans, dtsch. Admiral: 306, 307, 308
Zenta, oe. Kleiner Kreuzer: 442, 443
›Z-Plan‹, dtsch. Flottenbauprogramm: 99, 102, 103, 324, 326, 330
Zrinyi, oe. Linienschiff: 432, **433**
Zuikaku, jap. ✈-Träger: 254

1921er Schlachtkreuzer, brit.: 125, 126
›8/8‹-Flottenbauprogramm, jap.: 77, 374, 380